SCHÄFFER
POESCHEL

Christoph Bruns/Frieder Meyer-Bullerdiek

Professionelles Portfoliomanagement

Aufbau, Umsetzung und Erfolgskontrolle strukturierter Anlagestrategien

5., überarbeitete und erweiterte Auflage

2013
Schäffer-Poeschel Verlag Stuttgart

Dr. *Christoph Bruns*, Vorstand, Fondsmanager und Teilhaber, LOYS AG, Oldenburg mit Dienstsitz in Chicago/USA;
Prof. Dr. *Frieder Meyer-Bullerdiek*, Lehrgebiet Bank- und Assetmanagement, Ostfalia Hochschule für angewandte Wissenschaften, Standort Wolfsburg

Die in diesem Buch präsentierte Information wurde aus Quellen zusammengetragen, die allgemein als korrekt und verlässlich gelten, wurde aber nicht in allen Fällen verifiziert. Deshalb übernehmen weder die Autoren noch der Verlag irgendeine Gewährleistung in Bezug auf Richtigkeit, Vollständigkeit oder Aktualität der präsentierten Information. Die Modelle, Methoden und Beispiele in diesem Buch dienen nur dazu, die jeweiligen Konzepte allgemein darzustellen. Um sie für tatsächliche Geschäfte anzuwenden, müssen sie möglicherweise angepasst oder verändert werden. Weiterhin ist die in diesem Buch präsentierte Information nicht gedacht als Finanzberatung oder als Empfehlung für irgendwelche finanziellen Transaktionen. Weder die Autoren noch der Verlag sind verantwortlich für irgendwelche Handlungen, die durch die in diesem Buch dargestellte Information motiviert oder veranlasst wurden.

Bibliografische Information der Deutschen Nationalbibliothek
Die Deutsche Nationalbibliothek verzeichnet diese Publikation in der Deutschen Nationalbibliografie; detaillierte bibliografische Daten sind im Internet über http://dnb.d-nb.de abrufbar.

Gedruckt auf säure- und chlorfreiem, alterungsbeständigem Papier.

ISBN 978-3-7910-3155-2

Dieses Werk einschließlich aller seiner Teile ist urheberrechtlich geschützt. Jede Verwertung außerhalb der engen Grenzen des Urheberrechtsgesetzes ist ohne Zustimmung des Verlages unzulässig und strafbar. Das gilt insbesondere für Vervielfältigungen, Übersetzungen, Mikroverfilmungen und die Einspeicherung und Verarbeitung in elektronischen Systemen.

© 2013 Schäffer-Poeschel Verlag für Wirtschaft · Steuern · Recht GmbH
www.schaeffer-poeschel.de
info@schaeffer-poeschel.de
Einbandgestaltung: Handelsblatt/Jessica Joos
Druck und Bindung: C.H. Beck, Nördlingen

Printed in Germany
Oktober 2013

Schäffer-Poeschel Verlag Stuttgart
Ein Tochterunternehmen der Verlagsgruppe Handelsblatt

Vorwort zur fünften Auflage

Die große Finanzkrise, die in der Insolvenz der US-amerikanischen Investmentbank Lehman Brothers im September 2008 ihren Hauptauslöser fand, konnte für das professionelle Portfoliomanagement nicht ohne Folgen bleiben. Risikomanagementansätze und -systeme mussten angesichts vielfachen Versagens während der Krise auf den Prüfstand gestellt werden. Ratingverfahren und Bewertungstechniken, wie z.B. der Value-at-Risk, sowie Finanzinstrumente, wie z.B. Credit Default Swaps (CDS), – um nur einige zu nennen – wurden hinterfragt. Für die Beurteilung von Wertpapieren, Finanzkontrakten und Portfolien reicht es nicht aus, ausschließlich auf Kurse und deren Vergangenheitsverläufe mit Hilfe ausgefeilter Finanzkennzahlen zu blicken. Ein ganzheitlicher Beurteilungsansatz, der vor allem den Anlagegegenstand selber in all seinen Eigenschaften und Zusammenhängen und keineswegs nur dessen Kursverlauf in seiner Zukunftsfähigkeit quantitativ und qualitativ prüft, ist im professionellen Portfoliomanagement unerlässlich. Inwiefern diese Prüfung delegierbar ist, z.B. an Ratingagenturen, muss im Lichte der Erkenntnisse aus der Krise in vielen Institutionen neu bedacht werden. Heute wird zudem klarer gesehen, dass die fortschreitende Mathematisierung unseres Themengebietes Gefahren von Scheinsicherheiten mit sich bringen kann, wie viele Portfoliomanagement-Institutionen dies während der Krise erleben mussten. Qualitative Beurteilungen, die den gesunden Menschenverstand nutzen, sind notwendiger Teil jedweder ganzheitlichen Analyse.

Die vorliegende Neuauflage, die auf der bewährten inhaltlichen Konzeption der Vorauflagen fußt, trägt den Erkenntniszuwächsen durch die Finanzkrise und den durch sie ausgelösten Veränderungen auf dem Gebiet des Portfoliomanagements Rechnung. Das Werk wurde vollständig überarbeitet und in vielen Bereichen erweitert und ergänzt. Die wichtigsten Änderungen sollen im Folgenden kurz genannt werden.

In Kapitel A wurde im Rahmen der Bestimmung des Value-at-Risk insbesondere die historische Simulation neu mit berücksichtigt. Darüber hinaus wurden aufgrund der zunehmenden Bedeutung in der Praxis der Conditional Value-at-Risk und der Modified Value-at-Risk mit aufgenommen. Mit dem Maximum Drawdown wurde darüber hinaus ein weiteres Risikomaß berücksichtigt. Im Abschnitt zum Thema Absolute Return als Performanceziel wurden Aspekte des Risikomanagements mit einbezogen, das insbesondere bei fallenden Kursen an den Wertpapiermärkten an Bedeutung gewonnen hat.

Kapitel B wurde komplett überarbeitet und um einige Abschnitte erweitert. So wird bei der Erarbeitung der theoretischen Grundlagen nunmehr zunächst eine Aufteilung in risikobehaftete und risikolose Anlagen diskutiert, bevor das Portfolio-Selection-Modell von Markowitz und die Kapitalmarkttheorie erläutert werden. Zusätzlich wurde ein besonderer Abschnitt über Faktormodelle aufgenommen. Dabei wird das Single-Index-Modell ausführlich behandelt und anhand eines Fallbeispiels die Konstruktion eines Portfolios aufgezeigt. Auch das Multi-Index-Modell wird mit Hilfe eines Fallbeispiels ausführlich dargestellt. Vor dem Hintergrund der Erfahrungen aus der Finanzkrise wurden insbesondere z.T. neuere Konzepte der risikobasierten Asset Allocation mit in dieses Kapitel aufgenommen und anhand von Beispielen ausführlich erläutert. Dazu zählen u.a. der Minimum-Varianz-Ansatz, der Risk Parity-Ansatz oder auch der Most-Diversified-Ansatz.

In Kapitel C wurden lediglich kleinere Änderungen vorgenommen. Beispielsweise wurden der Portable Alpha-Ansatz um das sog. Tracking Portfolio erweitert und die Beispiele im Bereich der Portfolio Insurance-Strategien im Sinne einer verbesserten Darstellung erneuert. Zudem wurde das durch das AIFM-Umsetzungsgesetz geschaffene, neue Kapitalanlagegesetzbuch berücksichtigt.

Kapitel D hat einige Kürzungen, Aktualisierungen und Korrekturen erfahren. Bei den Unternehmensbewertungsverfahren wurde ein Überblick über aktuelle Multiples für den deutschen Kapitalmarkt eingefügt. Zudem wurde ein Praxisbeispiel zur wertorientierten Unternehmenssteuerung neu mit aufgenommen.

Im Rahmen des Anleihenmanagements (Kapitel E) wurde vor dem Hintergrund der Erfahrungen aus der aktuellen Finanz- und Schuldenkrise der Bereich Rating ausgeweitet inklusive einer Diskussion über die Macht der Ratingagenturen.

Im Derivate-Teil (Kapitel F) konnte weitgehend auf die vorhandenen Inhalte zurückgegriffen werden, wobei allerdings zahlreiche Aktualisierungen und die Herausnahme vereinzelter Abschnitte erforderlich wurden.

Im Kapitel G (Performanceanalyse) wurden einige Ergänzungen vorgenommen. Neu ist nunmehr eine Betrachtung der bei der Verwendung stetiger Renditen nicht vorliegenden Portfolioeigenschaft. Zudem wurden zahlreiche Performancemaße neu aufgenommen, wie z.B. Modified Sharpe-Ratio, Drawdown-basierte Performancemaße (Calmar-Ratio, Sterling-Ratio und Burke-Ratio), Kappa, Omega, Gain-Loss-Ratio oder die Upside-Potential-Ratio. Ferner wurde das Jensen-Alpha ausführlicher betrachtet. Eine Aktualisierung wurde darüber hinaus bezüglich der Performance Presentation Standards erforderlich, da die DVFA-PPS mittlerweile in den Global Investment Performance Standards (GIPS) aufgegangen sind.

Insgesamt haben wir bei der Überarbeitung abermals besonderes Augenmerk auf die hohe Praxisrelevanz und die Erläuterung anhand zahlreicher Beispiele gelegt. Unsere Erfahrung hat gezeigt, dass das Selbststudium bzw. Nachrechnen der in dem Buch aufgeführten Beispiele nachhaltig zum Verständnis und zum Lernerfolg beiträgt. Allen Leserinnen und Lesern, die uns Anregungen für die Überarbeitung gegeben haben, danken wir herzlich und hoffen, dass die vorliegende Form des Werkes den Bedürfnissen der Portfoliomanagement-Praxis und der Ausbildung von Studierenden noch besser entsprechen kann.

Chicago und Wolfsburg, im August 2013

Dr. Christoph Bruns   Prof. Dr. Frieder Meyer-Bullerdiek

Vorwort zur ersten Auflage

Portfoliomanagement hat in den letzten Jahren national und international an Bedeutung und vor allem an Professionalität gewonnen. Diese dynamische Entwicklung wird sich nach allgemeinem Dafürhalten in den nächsten Jahren fortsetzen. Die Gründe liegen unter anderem in der Vermögensstruktur institutioneller und privater Investoren, der Verfügbarkeit anspruchsvoller Informationstechnologien und auch der voranschreitenden Verbreitung kapitalmarkttheoretischer Erkenntnisse in der Portfoliomanagementpraxis. Daneben erfordern die zunehmende Liberalisierung der Finanzmärkte und der intensivere Wettbewerb um das Management eines in den letzten Jahren ständig wachsenden Vermögens eine zunehmende Professionalität im Portfoliomanagement. Nur diejenigen Portfoliomanager, die eine entsprechende Professionalität aufweisen, werden in diesem hart umkämpften Geschäft dauerhaft erfolgreich agieren können. Dies schließt insbesondere die Berücksichtigung moderner Portfoliomanagementerkenntnisse und -instrumente mit ein, wobei vor allem der Einsatz von Derivaten zu nennen ist. Der teilweise sprunghafte Anstieg der Anzahl gehandelter derivativer Instrumente dokumentiert in eindrucksvoller Weise die Akzeptanz, die Derivate inzwischen bei vielen Marktteilnehmern finden.

In diesem Zusammenhang ist vor allem auf das Risikomanagement zu verweisen, das mittlerweile zu einem Großteil mit Hilfe von Derivaten vorgenommen wird. Diese eröffnen die Möglichkeit, ein dem Anleger entsprechendes Rendite-Risiko-Profil kostengünstig darzustellen. Zu beachten sind hierbei aber die zunehmende Komplexität der Instrumente und ihrer abgeleiteten Kombinationsformen (z.B. exotische Optionen). Um Derivate effizient im Portfoliomanagement einsetzen zu können, bedarf es daher einer fundierten Kenntnis ihrer Funktionsweise, Bewertung und Einsatzmöglichkeiten. Deshalb ist es ein wichtiges Ziel des vorliegenden Werkes, neben der Darstellung eines professionellen Investmentprozesses über das Portfoliomanagement mit relevanten derivativen Instrumenten zu informieren.

Beim Verfassen des Buches haben wir besonderen Wert auf die praxisnahe Behandlung des Themas gelegt. So folgt der Aufbau dem klassischen Ablauf eines Investmentprozesses. Zunächst werden im Kapitel A die Zielvariablen des Portfoliomanagements erörtert. Hierbei stehen neben den Parametern Rendite, Liquidität und Nutzen die mit Kapitalmarktanlagen verbundenen Risiken und deren Ausprägungen im Vordergrund. Die Transformation der Einzelvariablen in marktorientierte Benchmarks schließt das Kapitel ab.

Anschließend gehen wir in knapper Form auf die maßgeblichen theoretischen Grundlagen des modernen Portfoliomanagements ein. Hier erfolgt schwerpunktmäßig die Analyse und Beurteilung der Kapitalmarkteffizienz, die für das professionelle Portfoliomanagement von elementarer Bedeutung ist.

Darauf aufbauend befasst sich Kapitel C mit den zentralen Fragen der Investmentphilosophie und des Investmentstils, bevor anschließend die Grundstruktur und wichtige Einzelkomponenten des Asset Allocation Ansatzes erörtert werden.

Im Kapitel D wird ein detaillierter Überblick über die Zusammensetzung und Größe der verschiedenen nationalen und internationalen Kapitalmärkte und deren Segmente gegeben. Auf diese Weise lässt sich ein Gespür für die Marktdimensionen des Portfoliomanagements gewinnen. Die Darstellung schließt die weltweit bedeutendsten Derivatekontrakte ein.

Den Portfoliomanagementmöglichkeiten, die mit derivativen Instrumenten durchführbar sind, widmet sich das Kapitel E. Dabei stehen Optionen, Futures, Forward Rate Agreements, Swaps und Repos im Mittelpunkt der Betrachtung. Auf Bewertungsfragen wird hierbei ebenso eingegangen, wie auf die Anwendungsmöglichkeiten im Portfoliomanagement. Neben der Erörterung sogenannter Plain Vanilla Instrumente erfolgt auch eine Diskussion von Derivaten der zweiten und dritten Generation (Exotic Derivatives).

Kapitel F befasst sich schließlich in praxisgerechter Weise mit Verfahren und Maßgrößen der Performanceanalyse. Die methodischen Unzulänglichkeiten und Problembereiche der quantitativen Performancemessung werden dabei ebenso aufgeführt wie qualitative Kriterien der Performanceattribution.

Das vorliegende Werk richtet sich in erster Linie an Praktiker, die beruflich und privat mit Kapitalmärkten zu tun haben, insbesondere an Portfoliomanager, Fondsmanager, Wertpapierberater, Investment-Consultants, Researcher, Broker, Salesleute und Händler. Des Weiteren werden sich Mitarbeiter in Wertpapierabteilungen, Fondsboutiquen und angrenzenden Abteilungen durch das Buch angesprochen fühlen.

Darüber hinaus haben wir das Buch auch für Dozenten und Studenten mit Spezialisierungen in Finanzwirtschaft und Bankbetriebslehre entwickelt. Aus eigener Erfahrung ist uns bestens bekannt, dass praxisnahe Literatur auch im Hochschulbereich benötigt und geschätzt wird.

Frankfurt, im März 1996

Dr. Christoph Bruns   Dr. Frieder Meyer-Bullerdiek

Inhaltsverzeichnis

Vorwort zur fünften Auflage V
Vorwort zur ersten Auflage VII
Inhaltsverzeichnis IX
Abkürzungsverzeichnis XIX

A. Strategische Zielsetzung des Portfoliomanagements: Performance 1

I. Marktabhängige Performance-Komponenten 3
   1. Renditen 3
   2. Risiken 8
      a. Volatilität 10
      b. Betafaktor 15
      c. Tracking Error und Residualvolatilität 20
      d. Semivarianz, Lower Partial Moments und Ausfallwahrscheinlichkeit 24
      e. Value-at-Risk 30
      f. Conditional Value-at-Risk 39
      g. Modified Value-at-Risk 43
      h. Maximum Drawdown 44
      i. Schiefe (Skewness) und Wölbung (Kurtosis) 47
      j. Mean-Gini-Koeffizient und stochastische Dominanz 49
   3. Liquidität 50
   4. Zeithorizontaspekte der Performance 51

II. Investorspezifische Performancepräferenzen 54

III. Benchmarks 58
   1. Benchmarks als marktorientierte Performanceziele 58
   2. Benchmarkanforderungen 59
   3. Benchmarkselektion 62
      a. Standardisierte Benchmarks 62
      b. Investorspezifische Benchmarks 63
   4. Benchmarkproblembereiche 64

IV. Absolute Return als Performanceziel und Risikomanagementaspekte 65

B. Theoretische Kernfundamente des Portfoliomanagements 69

I. Portfolio- und Kapitalmarkttheorie 69
   1. Kapitalaufteilung in risikobchaftete und risikolose Anlagen 69
   2. Portfolio-Selection-Modell 77

3. Kapitalmarkttheorie ... 85
   a. Kapitalmarktlinie ... 85
   b. Capital Asset Pricing Model (CAPM) ... 89
   c. Modellerweiterungen des CAPM ... 91
   d. Arbitrage Pricing Theory (APT) ... 92
4. Faktormodelle ... 94
   a. Grundlagen ... 94
   b. Single-Index-Modell ... 96
      ba. Grundlagen ... 96
      bb. Nachweis des Diversifikationseffektes ... 101
      bc. Portfoliokonstruktion mit dem Single-Index-Modell ... 102
      bd. Fallbeispiel zur Portfoliokonstruktion mit dem Single-Index-Modell ... 106
   c. Multi-Index-Modell ... 118
      ca. Grundlagen ... 118
      cb. Fallbeispiel zum Multi-Index-Modell ... 120
   d. Ermittlung der Faktoren ... 128

II. Konzepte der risikobasierten Asset Allocation ... 129
1. Equally-Weighted-Ansatz ... 129
2. Minimum-Varianz-Ansatz ... 133
3. Risk-Parity-Ansatz ... 137
4. Most-Diversified-Ansatz ... 144
5. Vergleich der risikobasierten Asset Allocation-Ansätze ... 146

III. Kapitalmarkteffizienz ... 148
1. Begriff der Kapitalmarkteffizienz ... 148
   a. Kursorientierte Markteffizienz ... 148
   b. Performanceorientierte Markteffizienz ... 150
2. Praktische Bedeutung von Kapitalmarkteffizienz ... 151
3. Markteffizienzforschung ... 152
   a. Ziele ... 152
   b. Methodologische Problembereiche ... 152
   c. Erkenntnisse der Diskussion um die Markteffizienz ... 153

IV. Erklärungsansätze für Irrationalitäten auf Kapitalmärkten ... 156
1. Einführung in die Behavioral Finance ... 156
2. Fads und Fashions ... 157
3. Market Overreaction ... 158
4. Mean Reversion ... 158
5. Noise ... 159
6. Positive Feedback ... 161
7. Home Bias ... 162
8. Informationswahrnehmungs-, -beurteilungs- und -speicherungsprozesse ... 163

V. Mikrosimulation von Finanzmärkten ... 164

C. Ausrichtung des Portfoliomanagements 169

I. Investmentphilosophie 169
   1. Aktives Management 175
      a. Kursvorhersagen – Prognosen 177
         aa. Prophetie 177
         ab. Statistik 177
         ac. Prognostik 178
      b. Prognosen im Portfoliomanagement 178
         ba. Ökonomisch/qualitative Prognosen 178
         bb. Ökonometrisch/quantitative Prognosen 179
         bc. Chartanalytisch/visuelle Prognosen 180
         bd. Prognosepragmatismus 181
      c. Erfolg von Kapitalmarktprognosen 183
   2. Passives Management 184
      a. Indexauswahl 185
      b. Techniken der Indexabbildung 186
   3. Kombinationen aus Aktiv- und Passivmanagement 191
      a. Enhanced Indexing 191
      b. Core-Satellite-Ansatz 192
   4. Grundsätzliche Attraktivität von Assetklassen 193
      a. Standardisierte Assets 194
      b. Nicht standardisierte Assets 195

II. Investmentprozess 197
   1. Zielformulierung 198
   2. Research und Prognose 200
   3. Strategieformulierung und Portfoliokonstruktion 201
   4. Wertpapierhandel 201
   5. Ergebnisanalyse und -Feedback 202

III. Investmentkultur 203

IV. Investmentstil 204
   1. Long-Term versus Short-Term 205
   2. Top-Down versus Bottom-Up 206
   3. Timing versus Selektion 211
   4. Universell versus speziell 216
   5. Value versus Growth 216
   6. Small Cap versus Large Cap 217
   7. Aggressiv versus defensiv 218
   8. Absolute Return-Strategien 218
      a. Überblick 218
      b. Absolute Return-Strategien auf Basis der Risikotragfähigkeit 220
      c. Portable Alpha-Ansatz 220

   d. Portfolio Insurance-Strategien 226
    da. Stop-Loss-Strategie 226
    db. Constant Proportion Portfolio Insurance (CPPI) 227
    dc. Time-Invariant Portfolio Protection (TIPP) 233
    dd. TIPP-M-Strategie 236
  9. Best of Two-Strategie 238

D. Ausgewählte Aspekte des Aktienmanagements 243

I. Grundlagen der Aktienanalyse 243
 1. Fundamentale Aktienanalyse 243
 2. Technische Aktienanalyse 247

II. Unternehmensbewertung 248
 1. Grundlagen der Unternehmensbewertung 248
 2. Einzelbewertungsverfahren zur Unternehmensbewertung 250
 3. Gesamtbewertungsverfahren zur Unternehmensbewertung 251
  a. Grundlagen 251
  b. Barwertorientierte Bewertungsverfahren 252
   ba. Ertragswertmethode 255
    (1) Grundlagen 255
    (2) Berücksichtigung der Unsicherheit bei der Ertragswertmethode 257
    (3) Berücksichtigung von Steuern bei der Ertragswertmethode 265
    (4) Berücksichtigung der Inflation bei der Ertragswertmethode 269
   bb. Discounted Cash flow-Verfahren (DCF-Verfahren) 271
    (1) Grundlagen 271
    (2) Free Cash flow, Total Cash flow und Flow to Equity 272
    (3) Equity-Ansatz 278
    (4) Total Cash flow-Ansatz (TCF-Ansatz) 282
    (5) Weighted Average Cost of Capital-Ansatz (WACC-Ansatz) 283
    (6) Adjusted Present Value-Ansatz (APV-Ansatz) 287
    (7) Bestimmung und Analyse der Eigenkapitalkosten 291
    (8) Bestimmung des Continue Value bei nominellem Wachstum und
      Werttreiberanalyse 296
   bc. Realoptionsansatz 306
  c. Multiplikatorverfahren (Vergleichsverfahren) 312
   ca. Grundlagen 312
   cb. Ablauf der Multiplikatorbewertung 314
   cc. Bestimmung des Unternehmenswertes mit Hilfe
     von Equity-Multiplikatoren 316
    (1) Kurs-Gewinn-Verhältnis (KGV) 317
    (2) Price-Earnings-Growth-Ratio (PEG) 318
    (3) Kurs-Cash-flow-Verhältnis (KCFV) 319
    (4) Kurs-Buchwert-Verhältnis (KBV) 320

cd. Bestimmung des Unternehmenswertes mit Hilfe
   von Enterprise Value-Multiplikatoren 321
   (1) Enterprise Value/EBIT-Verhältnis (EV/EBIT) 323
   (2) Enterprise Value/EBITDA-Verhältnis (EV/EBITDA) 324
   (3) Enterprise Value/Sales-Verhältnis (EV/Sales) 325
   (4) Enterprise Value/Capital Employed-Verhältnis (EV/CE) 326
ce. Zusammenfassung des Fallbeispiels 328
cf. Bestimmung des Unternehmenswertes mit Hilfe
   von branchenspezifischen Multiplikatoren 329
cg. Comparative-Company-Approach versus Market Multiples-Ansatz 330
ch. Beurteilung der Multiplikatorverfahren 332
4. Wertorientierte Konzepte zur Messung des Shareholder Value 333
   a. Economic Value Added (EVA) 334
   b. Cash flow Value Added (CVA) und Cash flow Return on Investment
      (CFROI) 337
   c. Praxisbeispiel zur wertorientierten Unternehmenssteuerung 342

E. Ausgewählte Aspekte des Anleihenmanagements 347

I. Grundlagen der Anleihenanalyse 347
1. Finanzmathematische Grundlagen 347
   a. Present Value-Konzept 347
   b. Bestimmung des Effektivzinses 349
   c. Par Yield Curve, Zero Curve und Forward Rates 352
2. Konzepte zur Quantifizierung des Zinsänderungsrisikos von Anleihen 357
   a. Duration, Modified Duration und Dollar Duration 357
   b. Price Value of a Basis Point (PVBP) 363
   c. Konvexität 364
   d. Effective Duration 367
   e. Key Rate Duration 368
   f. Spread Duration 371
   g. Value-at-Risk-Ansatz zur Bestimmung des Marktwertrisikos von Anleihen 375
   h. Cash flow Mapping 378
      ha. Grundlagen 378
      hb. Duration Mapping 378
      hc. Convexity Mapping 382
      hd. Varianz Mapping 384
3. Rating zur Bestimmung des Bonitätsrisikos von Anleihen 389
   a. Grundlagen 389
   b. Ratingsymbole und ihre Bedeutung für das Portfoliomanagement 391
   c. Bedeutung der Ratingagenturen 393

II. Strategien im Anleihenportfoliomanagement 395
1. Grundlagen 395
2. Aktive Strategien 397

      a. Durationsstrategien 398
      b. Inter- und Intra-Sektor Allokation 399
      c. Selektionsstrategien 401
      d. Leverage Strategien 402
   3. Semiaktive Strategien 404
      a. Laufzeitstrategien 404
      b. Absicherungsstrategien 405
          ba. Klassische Immunisierung 405
          bb. Bedingte Immunisierung 407
          bc. Immunisierungsstrategie zur Rückzahlung von Verbindlichkeiten 408
          bd. Cash flow Matching 408
   4. Passive Strategien 409

F. Zeitgemäße Instrumente des professionellen Portfoliomanagements: Derivate ... 413

   I. Portfoliomanagement mit Optionen 415
      1. Bewertung von „Plain Vanilla" Optionen 415
      2. „Griechische Variablen" 422
          a. Options-Delta 423
          b. Options-Gamma 425
          c. Options-Omega 427
          d. Options-Rho 429
          e. Options-Theta 432
          f. Options-Vega 434
          g. Gesamtüberblick über die Wirkung der verschiedenen
             Sensitivitätskennzahlen 436
      3. Tradingstrategien mit Optionen 441
          a. Einfache Tradingstrategien 443
          b. Kombinierte Tradingstrategien 447
              ba. Die Erzeugung synthetischer Futures mit Optionen 448
              bb. Spread-Strategien mit Optionen 449
              bc. Straddle-Strategien mit Optionen 456
      4. Absicherungsstrategien mit Optionen 460
          a. 1:1 Fixed-Hedge 460
              aa. Protective Put Strategie zur Absicherung einzelner Aktien 460
              ab. Protective Put Strategie zur Absicherung von Portfolios
                  (Portfolio Insurance) 465
              ac. Portfolio Insurance mit Calls 471
          b. Delta-Hedging 473
          c. Gamma-Hedging 477
      5. Arbitragestrategien mit Optionen 483
      6. Der Einsatz von Zinsoptionen 486
          a. Caps 486
          b. Floors 493
          c. Collars 495

  d. Optionen auf Zins-Futures an der Eurex 497
 7. Der Einsatz von Devisenoptionen 498
 8. Der Einsatz exotischer Optionsvarianten.. 501
  a. Exotische Optionen im Devisen- und Aktienmanagement 502
   aa. Barrier Options... 502
   ab. Cliquet Options 506
   ac. Ratchet Options.. 508
   ad. Compound Options 509
   ae. „As you like it" Options... 509
   af. Average Rate Options.. 510
   ag. Basket Options 511
   ah. Binary Options... 511
   ai. Contingent Premium Options 512
   aj. Look Back Options 513
   ak. Range Options 513
   al. Power Options 514
   am. Exploding Options 514
   an. LEPOs... 514
  b. Exotische Optionen im Zinsmanagement 515
   ba. Barrier Caps und Barrier Floors.. 515
   bb. Contingent Premium Caps und Floors.. 521
 9. Der Einsatz von Optionsscheinen... 524

II. Portfoliomanagement mit Financial Futures 527
 1. Grundlagen von Financial Futures 527
  a. Zinsfutures... 530
   aa. Fixed Income Futures... 530
   ab. Geldmarkt-Futures... 537
  b. Aktienindex- und Aktienfutures 542
  c. Devisen-Futures 545
  d. Futures auf Exchange Traded Funds (ETF Futures) 546
  e. Weitere Futures-Kontrakte 547
 2. Bewertung von Financial Futures.. 548
  a. Grundlagen 548
  b. Die Bewertung von Euro-Bund- und DAX-Futures mit dem
   Cost-of-Carry-Ansatz 550
   ba. Die Bewertung von Euro-Bund-Futures..................................... 551
   bb. Die Bewertung von DAX-Futures... 552
   bc. Grenzen des Cost-of-Carry-Ansatzes 554
  c. Die Bewertung von Geldmarkt-Futures... 555
  d. Die Bewertung von Devisen-Futures 560
 3. Trading-Strategien mit Futures.. 562
  a. Spread Trading mit Zinsfutures 563
   aa. Intrakontrakt Spread Trading... 563
   ab. Interkontrakt Spread Trading... 567
   ac. Basis Trading 573
  b. Trading mit Aktienindexfutures 577

4. Arbitragestrategien mit Futures 580
   a. Arbitrage mit Bund- und Bobl-Futures 580
   b. Arbitrage mit Geldmarkt-Futures 584
   c. Arbitrage mit DAX-Futures 585
5. Hedging mit Futures 587
   a. Grundlagen und Systematisierungsansätze 587
   b. Hedging mit Zinsfutures 588
   c. Hedging mit Aktienindexfutures 597
   d. Hedging mit Devisen-Futures 599
   e. Portfoliotheoretische Überlegungen beim Hedging mit Financial Futures 600

III. Portfoliomanagement mit Forward Rate Agreements 601
1. Grundlagen von Forward Rate Agreements (FRAs) 601
2. Bestimmung der Forward Rate 604
3. Quotierung von FRAs 606
4. Bewertung von FRAs 608
5. Einsatz von FRAs im Portfoliomanagement 610

IV. Portfoliomanagement mit Swaps 613
1. Grundlagen von Swaps 613
   a. Zinsswaps 614
   b. Kombinierte Währungs- und Zinsswaps 619
2. Handel mit Swaps 620
3. Quotierung von Swaps 622
4. Bewertung von Swaps 626
   a. Bewertung von Geldmarkt-Zinsswaps 626
   b. Bewertung von Plain Vanilla Zinsswaps 630
      ba. Bewertung von Plain Vanilla Zinsswaps bei Abschluss des Swapgeschäfts 630
      bb. Bewertung von Plain Vanilla Zinsswaps während der Swap-Laufzeit 635
   c. Bewertung von Non-Generic Zinsswaps 638
      ca. Bewertung von Delayed-Start Swaps bei Abschluss des Swapgeschäfts 638
      cb. Bewertung von Forward Swaps bei Abschluss des Swapgeschäfts............ 639
      cc. Bewertung eines Amortisationsswaps bei Abschluss des Swapgeschäfts ... 642
      cd. Bewertung eines Step-up-/Step-down-Swaps bei Abschluss des Swapgeschäfts 643
      ce. Bewertung von Non-Generic Zinsswaps während der Swap-Laufzeit 644
   d. Bewertung von Plain Vanilla Währungsswaps 645
      da. Bewertung eines Fixed-to-Fixed Currency Swaps bei Abschluss des Swapgeschäfts 646
      db. Bewertung eines Fixed-to-Fixed Currency Swaps während der Swap-Laufzeit 650
5. Portfoliomanagement mit Asset Swaps 652
   a. Fixed Income Swaps 652
   b. Equity Swaps 656
6. Hedging und Management von Swap-Portfolios 658
   a. Hedging von Geldmarkt-Zinsswaps mit Geldmarkt-Futures 659

  b. Hedging von Forward Swaps mit Geldmarkt-Futures 662
  c. Hedging des Mismatch-Risikos bei Zinsswaps 666
 7. Der Einsatz von Swaptions im Portfoliomanagement 668

V. Portfoliomanagement mit Devisentermingeschäften 672
 1. Grundlagen von Devisentermingeschäften 672
 2. FX Quotierungen von Spot Rates und Forward Points 674
 3. Devisenswapgeschäft (FX Swaps) 676
  a. Spot-Forward Devisenswap und Forward-Forward Devisenswap 676
  b. Absicherung des Swapsatzrisikos 678

VI. Repurchase Agreements (Repo-Geschäfte) und Wertpapierleihe 680
 1. Überblick 680
 2. Repo-Geschäfte 681
  a. Grundlagen des Repo-Geschäfts 681
  b. Zahlungsströme beim Repo-Geschäft 683
  c. Formen der Abwicklung von Repo-Geschäften 686
  d. Anwendungsmöglichkeiten von Repos 688
  e. Diversifizierung der Sicherheiten 689
 3. Wertpapierleihe 690
  a. Grundlagen 690
  b. Abwicklung der Wertpapierleihe 690
  c. Motivation und Anwendungsmöglichkeiten 691
  d. Die Berücksichtigung von Sicherheiten 692

VII. Portfoliomanagement mit Zertifikaten 693
 1. Grundlagen von Zertifikaten 693
 2. Plain Vanilla-Zertifikate 695
 3. Discount-Zertifikate 696
 4. Bonuszertifikate 697
 5. Expresszertifikate 699
 6. Garantiezertifikate 700

VIII. Portfoliomanagement mit Credit Default Swaps 701
 1. Grundlagen von Kreditderivaten 701
 2. Credit Default Swaps als das bedeutendste Kreditderivat 705
 3. Kreditportfoliomanagement mit Credit Default Swaps 707
 4. Credit Default Swap-Indizes 708

G. Ziel-Controlling: Performanceanalyse 711

I. Grundlagen der Performanceanalyse 711
 1. Einführende Überlegungen 711
 2. Performance-Begriff 713
 3. Externe versus interne Performance-Analyse 715

II. Performancemessung 716
   1. Renditebestimmung 716
      a. Total Return 716
      b. Diskrete versus stetige Renditen 717
      c. Wertgewichtete Rendite 725
      d. Zeitgewichtete Rendite 729
         da. Grundlegende Vorgehensweise 729
         db. Dietz- und Modified Dietz-Methode als Näherungsverfahren 731
         dc. BVI-Methode 733
   2. Berücksichtigung des Risikos 735
   3. Klassische Performancemaße 739
      a. Sharpe-Ratio 739
      b. Treynor-Ratio 744
      c. Jensen-Alpha 745
   4. Weitere Performancemaße 749
      a. Treynor/Black-Appraisal Ratio und Information Ratio 749
      b. Differential Return 753
      c. Risk-Adjusted Performance und M^2-Performancemaß 754
      d. Market Risk-Adjusted Performance und T^2-Performancemaß 755
      e. Modified Sharpe-Ratio 756
      f. Calmar-Ratio, Sterling-Ratio und Burke-Ratio 757
      g. LPM-Performancemaße, Sortino-Ratio, Kappa, Omega, Gain-Loss-Ratio
         und Upside-Potential-Ratio 760
      h. Treynor-Mazuy-Maß 763
      i. Henriksson-Merton-Maß 765

III. Performanceattribution 765
   1. Können oder Glück 766
   2. Renditeorientierte Attributionsanalyse 774
   3. Qualitative Performanceattribution 787

IV. Grundlegende Problembereiche der Performanceanalyse und Lösungsansätze 788
   1. Grundprobleme der Performanceanalyse 788
   2. Problembereiche beim Vergleich verschiedener Performanceergebnisse 790
   3. Problembereiche bei der Präsentation von Performanceergebnissen 792
   4. Problembereiche bei der Performanceanalyse in den Medien 794
      a. Problematik der veröffentlichten Rankings 794
      b. Fonds-Rating als Lösungsansatz 796
   5. Global Investment Performance Standards (GIPS) 799
      a. Entwicklung von Performance Presentation Standards (PPS) 799
      b. Grundlagen der Composite-Bildung 801
      c. Performanceberechnung nach den GIPS 801

Anhang 807
Glossar 809
Literaturverzeichnis 837
Stichwortverzeichnis 877

Abkürzungsverzeichnis

Abb.	Abbildung
ABS	Asset Backed Securities
adj	adjustiert
ADR	American Depository Receipt
AIBD	Association of International Bond Dealers
AIF	Alternativer Investmentfonds
AIFM	Alternativer Investmentfonds Manager
AMEX	American Stock Exchange
ANOVA	Analysis of Variance
APT	Arbitrage Pricing Theory
APV	Adjusted Present Value
ARCH	Autoregressive Conditional Heteroskedasticity
ARIMA	Autoregressive Integrated Average
ARMA	Autoregressive Moving Average
Aufl.	Auflage
AUM	Assets under Management
BAI	Bank Administration Institute
BAs	Bankers Acceptances
BCF	Brutto Cash flow
BFuP	Betriebswirtschaftliche Forschung und Praxis
BIB	Bruttoinvestitionsbasis
BIS	Bank for international Settlements
BIZ	Bank für internationalen Zahlungsausgleich
BOBL	Bundesobligation
B/S	Black & Scholes
BSTBL.	Bundessteuerblatt
BVI	Bundesverband Investment und Asset Management e.V.
CAD	Kanadische Dollar
CAL	Capital Allocation Line
CAPM	Capital Asset Pricing Model
CBOE	Chicago Board Options Exchange
CBoT	Chicago Board of Trade
CCW	Covered Call Writing
CD	Certificates of Deposit
CFROI	Cash flow Return on Investment
CHF	Schweizer Franken
CME	Chicago Mercantile Exchange
CML	Capital Market Line
CPPI	Constant Proportion Portfolio Insurance
CP	Commercial Paper
CRB	Commodity Research Bureau

CROCI	Cash Return on Capital Invested™
CTD	Cheapest-to-Deliver
CVA	Cash Value Added
CVaR	Conditional Value-at-Risk
DAX	Deutscher Aktienindex
DBW	Die Betriebswirtschaft
DD	Drawdown
Diss.	Dissertation
DJIA	Dow Jones Industrial Average
DR	Diversification Ratio
DVFA	Deutsche Vereinigung für Finanzanalyse und Asset Management
EBF	European Banking Federation
EONIA	Euro Overnight Index Average
EP	Economic Profit
ERB	Equal-Risk-Budget
ERC	Equal-Risk-Contribution
ERIC	Earnings less Riskfree Interest Charge
et al.	et altera
ETC	Exchange Traded Commodities
ETF	Exchange Traded Fund
ETN	Exchange Traded Note
ETP	Exchange Traded Products
EUR	Euro
EURIBOR	Euro Interbank Offered Rate
EVA™	Economic Value Added
EWPF	Equally-Weighted-Portfolio
FASM	Frankfurt Artificial Stock Market
FAZ	Frankfurter Allgemeine Zeitung
FCF	Free Cash flow
FED	Federal Reserve Board
FRA	Forward Rate Aggreement
FRN	Floating Rate Note
FTE	Flow to Equity
FTSE	Financial Times Stock Exchange
GAAP	Generally Accepted Accounting Principles
GAMSC	German Asset Management Standards Committee
GARCH	Generalized Autoregressive Conditional Heteroskedasticity
GB	Geschäftsbericht
GBP	Britische Pfund
GE	Geldeinheiten
GRAPE	Growth-Adjusted Price/Earning Ratio

HB	Handelsblatt
HBR	Harvard Business Review
Hrsg.	Herausgeber
HVB	HypoVereinsbank
IAS	International Accounting Standards
ICMA	International Capital Market Association
IDW	Institut der Wirtschaftsprüfer in Deutschland e.V.
IFC	International Finance Corporation
IFRS	International Financial Reporting Standards
IIC	International Index Company
IMM	International Monetary Market
IPO	Initial Public Offering
IRBA	Auf internen Ratings basierender Ansatz
IRR	Implied Repo Rate
ISDA	International Swaps and Derivatives Association
ISIN	International Securities Identification Number
ISMA	International Securities Markets Association
Jg.	Jahrgang
JGBs	Japanese Government Bonds
JM	Jensen-Maß
JPY	Japanische Yen
KAGB	Kapitalanlagegesetzbuch
KBV	Kurs-Buchwert-Verhältnis
KCBoT	Kansas City Board of Trade
KF	Konvertierungsfaktor
KGV	Kurs-Gewinn-Verhältnis
KVG	Kapitalverwaltungsgesellschaft
LDI	Liability driven Investment
LIBOR	London Interbank Offered Rate
LIFFE	London International Financial Futures Exchange
LiFo	Last-in-first-out
MA	Moving Average
MDD	Maximum Drawdown
MDPF	Most-Diversified-Portfolio
MEZ	mitteleuropäische Zeit
MMI	Major Market Index
MSCI	Morgan Stanley Capital Index
MTN	Medium Term Note
MVA	Market Value Added
MVaR	Modified Value-at-Risk
MVPF	Minimum-Varianz-Portfolio

n/a	not available
NAA	Nicht abschreibbare Aktiva
No.	Number
NOPAT	Net Operating Profit after Taxes
NOPLAT	Net Operating Profit less adjusted Taxes
Nr.	Nummer
NYSE	New York Stock Exchange
OECD	Organization for Economic Cooperation and Development
OGAW	Organismen für gemeinsame Anlagen in Wertpapiere
OTC	Over-the-counter
PEX	Deutscher Pfandbriefindex
PP	Protective Put
RAROC	Risk Adjusted Return on Capital
RAPM	Risk Adjusted Performance Measures
RB	Risikobeitrag
REX	Deutscher Rentenindex
REXP	Deutscher Rentenindex als Performanceindex
RORAC	Return on Risk Adjusted Capital
S&P 500	Standard and Poor's 500 Index
SEDOL	Stock Exchange Daily Official List
SFASM	Santa Fe Artificial Stock Market
SFR	Schweizer Franken
SG	Schmalenbach-Gesellschaft für Betriebswirtschaft
SMA	separately managed account
SMI	Swiss Market Index
SolvV	Solvabilitätsverordnung
SPI	Swiss Performance Index
SPX	Standard & Poor's 500 Index
SR	Sharpe-Ratio
STRIPS	Separate Trading of Registered Interest and Principal Securities
TAA	Tactical Asset Allocation
Tab.	Tabelle
TCF	Total Cash flow
TIPP	Time-Invariant Portfolio Protection
TOPIX	Tokyo Price Index
TR	Treynor-Ratio
UK	United Kingdom
USD	US-Dollar
US-GAAP	US Generally Accepted Accounting Principles

VaR	Value-at-Risk
VLCI	Value Line Composite Index
Vol.	Volume
WACC	Weighted Average Cost of Capital
WiSt	Wirtschaftswissenschaftliches Studium
WISU	Das Wirtschaftswissenschaftsstudium
WpHG	Wertpapierhandelsgesetz
WPKN	Wertpapierkennummer
ZAF	Zerobondabzinsfaktor
ZBB	Zeitschrift für Bankrecht und Bankwirtschaft
ZEW	Zentrum für Europäische Wirtschaftsforschung GmbH
ZfB	Zeitschrift für Betriebswirtschaft
ZfbF	Zeitschrift für betriebswirtschaftliche Forschung

A. Strategische Zielsetzung des Portfoliomanagements: Performance

Wirtschaftliches Handeln erfordert, um operational zu sein, stets ein vorgegebenes Ziel mit dazugehörigem Zeitbezug. Im Rahmen des Portfoliomanagements lässt sich die Zielfestlegung i.d.R. mit dem Begriff „Performance" kennzeichnen. Hinter diesem Begriff verbergen sich zumindest zwei Komponenten, die eine hinreichende Quantifizierung von Performance ermöglichen.

Als zentraler Performancebestandteil – und damit zentrales Ziel des Portfoliomanagements – muss in der überwiegenden Anzahl der Fälle die Rendite eines Portfolios angesehen werden. Hinzu kommt als zweite Komponente das Risiko eines Portfolios. Die Bedeutung bzw. Wichtigkeit beider Komponenten im Rahmen des vorzugebenden Performanceziels hängt vom jeweiligen Investor bzw. dessen Risikoeinstellung ab. Es ist durchaus vorstellbar, dass Investoren die Risikokomponente von Portfolios lediglich als Nebenbedingung zur Renditekomponente auffassen. Wie später noch zu zeigen sein wird, stehen erwartbare Renditen und deren (Markt-)Risiken in einem positiven Austauschverhältnis zueinander.[1] Eine simultane Optimierung von Rendite und Risiko ist insbesondere dann gut möglich, wenn beide Werte dimensionsgleich sind. Insofern ist es im Sinne einer optimalen Portfoliokonstruktion sachgerecht, Renditen und Risiken auf der Ebene der Zielfestlegung synchron zu betrachten.

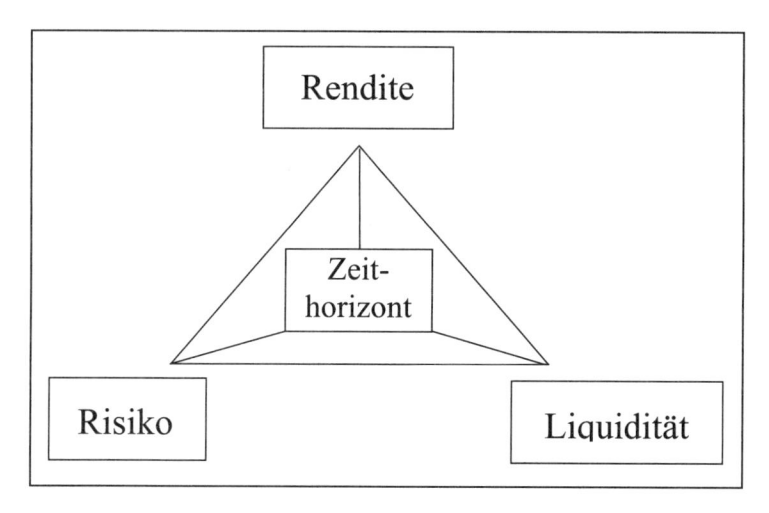

Abb. A.1: Magisches Zieldreieck im Portfoliomanagement

Etwas anders sieht es mit der Liquidität von Portfolios aus. Auch hier kann die Auffassung vertreten werden, dass Liquiditätsaspekte im Rahmen der strategischen Zielfestlegung für ein Portfolio von einiger Bedeutung sind. Aus diesem Grund zählt die Liquidität von Portfolios regelmäßig zu den maßgebenden Zielen im Portfoliomanagement. Liquidität kann definiert werden als jederzeitige Möglichkeit, sich zu fairen Preisen von einem Portfolio

---

[1] Der positive Zusammenhang zwischen erwartbarer Rendite und deren Risiko kann als eine der zentralen Aussagen der Kapitalmarkttheorie angesehen werden.

bzw. einem einzelnen Vermögensgegenstand (Asset) trennen zu können.[1] Anhand von Abbildung A.1, die das sog. „magische Dreieck" bei Kapitalanlagen darstellt, lässt sich ein Überblick über die wichtigsten Performanceziele gewinnen.

Investoren werden unter ansonsten gleichen Bedingungen stets ein liquideres Portfolio einem schwer liquidierbaren Portfolio vorziehen. Gleichwohl erschwert der fehlende theoretische Zusammenhang zwischen Liquidität und Rendite die Berücksichtigung des Liquiditätsaspekts bei der Performanceplanung. Zudem bereitet die Messung von Liquidität im Gegensatz zur Rendite und zum Risiko einige Probleme.[2] Daher bietet es sich an, die Liquidität von Portfolios als Nebenbedingung zu formulieren.[3]

Wie die vorangegangenen Überlegungen gezeigt haben, liegt es aus Praktikabilitätsgründen nahe, Performance als zweidimensionale Zielgröße anzusehen. Mithin kann Performance als risikoadjustierte Rendite definiert werden.[4] Soll Performance mathematisch ausgedrückt werden, dann ergibt sie sich als Anlagerendite dividiert durch das mit der Anlage verbundene Risiko. Das formale Aussehen dieses standardisierten Ausdrucks könnte dann z.B.

$$\text{Performance} = \frac{\text{Anlagerendite}}{\text{Anlagerisiko}}$$

lauten.

Die bisherigen Ausführungen bezogen sich durchweg auf Portfolios. Bekanntermaßen handelt es sich bei Portfolios um die unter Optimierungsgesichtspunkten vorgenommene Aggregation einzelner Assets. Es ist in diesem Zusammenhang wichtig zu erwähnen, dass Portfolios hinsichtlich ihrer Performanceprofile regelmäßig nicht die Summe der einzelnen in ihnen enthaltenen Werte darstellen. Insofern muss zwischen der Portfolioebene und der Ebene der einzelnen Assets getrennt werden.

Die folgenden Abschnitte werden die benannten Performancekomponenten in der gebotenen Detailliertheit beschreiben. Dabei steht neben der Darstellung geeigneter Quantifizierungsverfahren im Rendite- und Risikobereich die Bestimmung operationaler Ziele für Portfolios im Vordergrund. Neben den einzelnen Zielkomponenten des Portfoliomanage-

---

1 Damit wird in diesem Zusammenhang unter Liquidität im Grunde die Liquidierbarkeit des Portfolios als Teil der Liquidität i.w.S. verstanden. Vgl. zu dieser Diskussion *Schmidt-von Rhein* (1998), S. 41 und S. 46ff. Als Maßgröße für die Liquidität eignet sich neben absoluten Umsatzzahlen insbesondere die Geld-Brief-Spanne. Auch der sog. Market Impact, der die Kursveränderung infolge einer Order beschreibt, ist ein Indikator für die Marktliquidität von Wertpapieren. Zum Market Impact vgl. auch *Bauch/Meyer-Bullerdiek* (2000), S. 1438. Für die Deutsche Börse AG wurde das sog. Xetra Liquiditätsmaß (XLM) entwickelt. Mit dieser Kennzahl wird ein innovatives Konzept zur Liquiditätserfassung im elektronischen Orderbuchhandel auf der Basis impliziter Transaktionskosten bereitgestellt. Dabei erfolgt die Erfassung des Liquiditätsangebots im offenen Xetra Limit Orderbuch durch die Market Impact Kosten. Vgl. *Gomber/Schweickert* (2002), S. 485ff., *Deutsche Börse* (2013d) sowie *Krogmann* (2011), S. 37ff.
2 Vgl. *Amihud/Mendelson* (1991), S. 235ff.
3 Neben diesen Anlegerzielen können auch noch die Kriterien Verwaltbarkeit, kleine Stückelung, Mitsprache, Prestige und Spekulation als Anforderungen an Eigenschaften von Anlagen genannt werden. Vgl. *Schmidt-von Rhein* (1998), S. 39ff.
4 Vgl. *Zimmermann* (1991), S. 164.

ments muss zusätzlich der Marktbezug definiert werden. Die Verbindung zwischen Portfoliomanagementzielen und Marktmöglichkeiten stellt die Wahl der Benchmark dar.

I. Marktabhängige Performance-Komponenten

An Finanzmärkten wird über die originäre Höhe von Renditen und Risiken ausschließlich durch den Marktprozess entschieden. Der Markt bestimmt folglich das Renditeniveau eines bestimmten Zeitabschnitts ebenso wie das Risikoniveau. Da zumindest an den großen und wichtigen Finanzmärkten der Welt (z.B. Märkte der G7-Staaten) weitgehend polypolistische Anbieter- und Nachfragerstrukturen vorherrschend sind, können einzelne Marktteilnehmer de facto durch Transaktionen das Marktpreisniveau nicht signifikant beeinflussen, zumal wenn der Betrachtungszeitraum ein strategischer ist.[1]

In welcher Höhe Kapitalmärkte allerdings Renditen und Risiken bieten, hängt nicht unwesentlich von der inhaltlichen Festlegung und methodischen Messung beider Größen durch den Investor ab. Daher werden im Folgenden die wichtigsten Grundlagen der Rendite- und Risikomessung kurz dargestellt.

1. Renditen

Renditegrößen lassen sich unterscheiden bezüglich inhaltlicher und methodischer Charakteristika. Um eine inhaltliche Bestimmung der vom Investor als maßgeblich angesehenen Renditegrößen zu bewerkstelligen, müssen die Zielsetzung des Anlegers und seine spezifischen Anlagebedingungen bekannt sein. Ob z.B. eine Vor- oder eine Nachsteuerrendite als richtige Zielgröße im Rahmen der Performanceerzielung angemessen ist, hängt von den steuerlichen Gegebenheiten des Investors ab.

Das methodische Vorgehen der Renditeberechnung folgt häufig aus inhaltlichen Überlegungen. Fragestellungen der Berechnungsmethodik betreffen die Art und Weise, wie Renditen errechnet und vergleichbar gemacht werden. Einige Optionen für Renditefragestellungen sind exemplarisch in Abbildung A.2 dargestellt.

```
                    Renditen
              ┌────────┴────────┐
          Inhaltlich         Methodisch
```

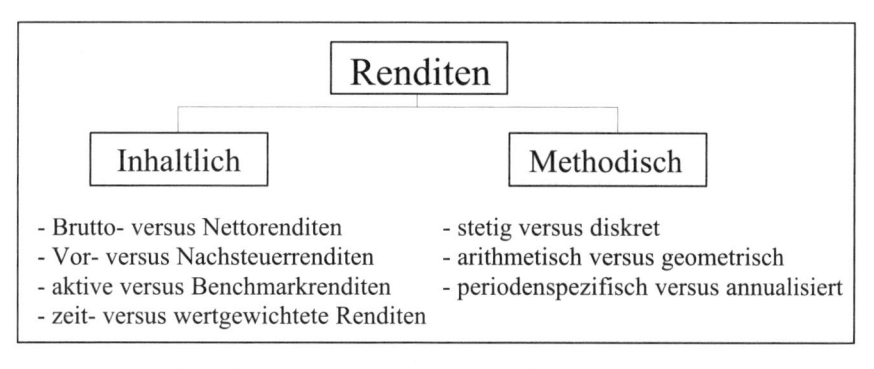

- Brutto- versus Nettorenditen
- Vor- versus Nachsteuerrenditen
- aktive versus Benchmarkrenditen
- zeit- versus wertgewichtete Renditen

- stetig versus diskret
- arithmetisch versus geometrisch
- periodenspezifisch versus annualisiert

Abb. A.2: Exemplarische Unterscheidung von Renditen

---

[1] Als strategisch werden im Folgenden Zeitperioden definiert, die länger als ein Jahr dauern. Auf Fragen der Zeitdauer von Investmententscheidungen wird in Abschnitt I.4. dieses Kapitels eingegangen.

Grundsätzlich bezeichnet man mit dem Begriff Rendite das auf einen bestimmten Zeitraum bezogene und in Prozent ausgedrückte Verhältnis eines Endwerts zu einem Anfangswert. Bezieht sich das Verhältnis genau auf ein Jahr, dann spricht man von annualisierter Rendite. Die Rendite für die gesamte betrachtete Periode kann als Total Return bezeichnet werden. Hierbei wird der Kurs eines Wertpapiers zum Ende der betrachteten Periode zuzüglich zwischenzeitlicher Zahlungen (wie z.B. Dividendenausschüttungen) auf das eingesetzte Kapital bezogen. Formal ergibt sich für die Rendite einer Wertpapieranlage:

$$r_{Total} = \frac{K_{t+1} - K_t + Z_{t,t+1}}{K_t} = \frac{K_{t+1} + Z_{t,t+1}}{K_t} - 1$$

mit

r_{Total} = Total-Rendite (Rendite für die gesamte Periode),
K_t = Kurs des Wertpapiers zum Zeitpunkt t (Anfangszeitpunkt)
K_{t+1} = Kurs des Wertpapiers zum Zeitpunkt t+1 und
$Z_{t,t+1}$ = Rückflusszahlungen aus dem Wertpapier für die Zeit von t bis t+1
  (z.B. Aktiendividende).

Hierbei wird allerdings unterstellt, dass sämtliche Zahlungen erst am Ende der Halteperiode anfallen und entsprechende Zinseszinseffekte nicht berücksichtigt werden. Dies kann bei längeren Zeiträumen zu verzerrten Ergebnissen führen. Infolgedessen sind in diesen Fällen andere Verfahren der Renditeberechnung heranzuziehen, die zwischenzeitliche Zahlungen bzw. Kapitalflüsse berücksichtigen und im Rahmen der Performanceanalyse noch vorzustellen sind.

Für eine Aktie gelten beispielsweise die folgenden Werte:

t   = 31.12.2014, K_t = 200,   Dividende = 10   (fällt annahmegemäß erst am Ende
t+1 = 31.12.2015, K_{t+1} = 245,   der Betrachtungsperiode in t an).

Daraus ergibt sich eine Rendite für das Jahr 2015 von 27,5%:

$$r_{Total,\,2015} = \frac{245 + 10}{200} - 1 = 0{,}275 = 27{,}5\%$$

Die Rendite eines Portfolios wird allgemein in der folgenden Weise bestimmt:

$$r_{PF_t} = \sum_{i=1}^{n} x_i \cdot r_{i_t}$$

mit

x_i = Gewichtung des Wertpapiers i am Periodenbeginn.

Für die Asset Allocation ist insbesondere die erwartete Rendite von Interesse, die ausgedrückt werden kann als

$$E(r_{Total}) = \frac{E(K_{t+1}) + E(Z_{t,t+1})}{E(K_t)} - 1$$

Die erwarteten Renditen können beispielsweise auch als gewichtete Summe verschiedener Ertragsszenarien prognostiziert werden:

$$E(r) = r_1 \cdot P_1 + r_2 \cdot P_2 + \ldots + r_n \cdot P_n \quad , \qquad \sum_{i=1}^{n} P_i = 1; \; P_i > 0$$

mit

P_i = Szenariowahrscheinlichkeiten.

Liegen mehrperiodische Betrachtungszeiträume zugrunde, so ist eine Berechnungsannahme bezüglich des Anfalls von Zinseszinsen auf zwischenzeitlich aufgelaufene Gewinne bzw. Zahlungen zu berücksichtigen. Sollen keine Zinseszinsen berücksichtigt werden, dann bietet sich die Verwendung einer arithmetischen Renditeberechnung an. Hierbei wird davon ausgegangen, dass jährlich eine Entnahme der Gewinne erfolgt. Die geometrische Methode zur Renditeberechnung eignet sich dann, wenn unterstellt wird, dass zwischenzeitlich geleistete Zahlungen bzw. aufgelaufene Gewinne wieder verzinslich angelegt werden.[1] Die hiermit verbundene Vergleichbarkeit von Renditen hat dazu geführt, dass in der Portfoliomanagementpraxis zumeist geometrische Renditen berechnet werden.

Ebenfalls in den Bereich der Methodik fällt die Frage, ob bei Renditeanalysen stetige oder diskrete Renditen verwendet werden sollen. Stetige Renditen lassen sich durch die Logarithmierung diskreter Renditen berechnen. Sie bergen bei komparativen Längsschnittanalysen den Vorteil, dass gleiche absolute Abweichungen auch gleiche prozentuale Folgen aufweisen. Mit anderen Worten: Steigt z.B. der Kurs einer Anleihe in einem Jahr von € 100 auf € 105 und fällt er im nächsten Jahr wieder zurück auf € 100, dann sind die Renditen bei Verwendung logarithmierter Werte gleich.

Die Addition der beiden stetigen Einzelrenditen führt zu dem für die absolute Wertentwicklung richtigen Resultat von Null:

$$\ln\frac{105}{100} + \ln\frac{100}{105} = 4{,}879016\% - 4{,}879016\% = 0$$

Im Vergleich dazu betragen die diskreten Renditen in diesem Beispiel 5% bzw. −4,761905%.

Hinzu kommt, dass stetige Renditen eher normalverteilt sind, da sie nicht auf −100% begrenzt sind, wie das bei diskreten Renditen der Fall ist.

---

1 Vgl. *Steiner/Bruns/Stöckl* (2012), S. 49ff.

Neben methodischen Berechnungsfragen müssen im Rahmen der Bestimmung von Renditen auch inhaltliche Bestandteile geklärt werden. Es ist beispielsweise zweckmäßig, in nominale und reale Renditen zu unterscheiden. Während hierbei der Einfluss der Inflation berücksichtigt wird, verweist das Begriffspaar netto und brutto auf weitere Renditebestandteile wie etwa Transaktionskosten. Ebenfalls angebracht ist die Differenzierung in Vor- und Nachsteuerrenditen. Oftmals ist für die Berechnung von Nachsteuerrenditen allerdings die Bekanntheit des Steuersatzes des Investors Voraussetzung.

Für die Anlagegattung Aktien stellen sich spezielle Fragen bezüglich der Festlegung einer anzustrebenden Rendite. Auf der Grundlage des Marktmodells der Kapitalmarkttheorie lassen sich unterschiedliche Renditedefinitionen entwickeln, die für Optimierungsfragestellungen von Bedeutung sind.[1] Zumeist beziehen die Definitionen einen Kapitalmarktindex als Vergleichsindex – hier zunächst Benchmark genannt – ein.[2] Dem Investor stellt sich in diesem Zusammenhang die Frage nach dem für Portfoliomanagementzwecke anzustrebenden Renditebestandteil. Zu unterscheiden sind hierbei Portfoliorenditen, Überschussrenditen, aktive Renditen, Residualrenditen, Timingrenditen und außergewöhnliche Renditen. Für den später noch zu erörternden Investmentstil besitzt das vorgegebene Renditeziel maßgebliche Implikationen.

Die Überschussrendite eines Portfolios ($r_{PF_ü}$) als Differenz zwischen der Portfoliorendite und dem risikolosen Zinssatz (r_f) kann unter Verwendung des Single-Index-Modells definiert werden als

$$r_{PF_ü} = \alpha_{PF} + \beta_{PF} \cdot r_{m_ü},$$

wobei hier von der noch zu berücksichtigenden Residualrendite abgesehen wird. Mit α_{PF} wird die von der Überschussrendite des Marktindex ($r_{m_ü}$) unabhängige Portfolioüberschussrendite und mit $\beta_{PF} \cdot r_{m_ü}$ die vom Marktindex abhängige Portfolioüberschussrendite bezeichnet, die sich wiederum aus den beiden Komponenten Portfoliosensitivität in Bezug auf den Marktindex (β_{PF}) und Überschussrendite des Marktindex zusammensetzt.

Grundlegend wird mit dem Begriff „Überschussrendite" die Differenz zwischen der Gesamtrendite und einem risikolosen Zinssatz (r_f) bezeichnet. Überschussrenditen können als Risikoprämien interpretiert werden, da nur der über den risikolosen Zinssatz hinausgehende Teil der Rendite eine Entschädigung für das eingegangene Risiko darstellt:

$$r_{PF_ü} = r_{PF} - r_f$$

Die im Weiteren zu definierenden Renditen beziehen sich hier jeweils auf Überschussrenditen, können aber auch auf absolute Renditen übertragen werden.

Mit dem Begriff „aktive Rendite" (r_{PF_a}) wird derjenige Renditeanteil der Überschussrendite des Portfolios bezeichnet, der über die Überschussrendite einer festgelegten Benchmark ($r_{BM_ü}$) hinausgeht:

$$r_{PF_a} = r_{PF_ü} - r_{BM_ü}$$

---

[1] Eine Darstellung der portfolio- und kapitalmarkttheoretischen Modelle einschließlich des Single-Index-Modells findet sich in Kapitel B.I.
[2] Theoretisch angemessen ist die Verwendung des sog. „Marktportfolios", das die Summe sämtlicher risikobehafteter Vermögenstitel umfasst.

Unter (α_{PF}) wird hierbei die von der Überschussrendite der Benchmark ($r_{BM_ü}$) unabhängige Portfolioüberschussrendite verstanden:

$$\alpha_{PF} = r_{PF_ü} - \beta_{PF} \cdot r_{BM_ü}$$

Wie im Rahmen der Unterscheidung von Timing und Selektion als unterschiedliche Investmentstile noch zu zeigen sein wird, lässt sich die Portfolio-Überschussrendite wie folgt aufteilen, wobei Renditebeiträge aus Timing-Aktivitäten identifiziert werden können:[1]

$$r_{PF_ü} = \alpha_{PF} + \underbrace{(\beta_{PF} - 1) \cdot \bar{r}_{BM_ü}}_{\text{Renditebeitrag aus passivem Markt-Timing}} + \underbrace{(\beta_{PF} - 1) \cdot \Delta r_{BM_ü}}_{\text{Renditebeitrag aus aktivem Markt-Timing}} + r_{BM_ü} \quad ; \quad r_{BM_ü} = \bar{r}_{BM_ü} + \Delta r_{BM_ü}$$

mit

β_{PF} = Sensitivität eines Portfolios in bezug auf die kurzfristige Abweichung der Benchmark-Überschussrendite von ihrem langfristigen Durchschnittswert,

$\bar{r}_{BM_ü}$ = langfristige bzw. durchschnittliche Benchmark-Überschussrendite und

$\Delta r_{BM_ü}$ = kurzfristige Abweichung vom langfristigen Durchschnitt der $\bar{r}_{BM_ü}$.

Während beim passivem Markt-Timing das Beta nicht in Abhängigkeit von der künftigen Markteinschätzung festgelegt wird, erfolgt dagegen beim aktiven Markt-Timing die Festlegung des Portfoliobetas in Abhängigkeit von der Einschätzung des Portfoliomanagers im Hinblick auf die kurzfristige Abweichung der Benchmark-Überschussrendite von der langfristigen, durchschnittlichen Benchmark-Überschussrendite.

Schließlich lässt sich unter dem Begriff der „außergewöhnlichen Rendite" (r_{PF_E}) die Summe aus Portfolio-Alpha und Renditebeitrag aus aktivem Markt-Timing definieren:

$$r_{PF_E} = \alpha_{PF} + (\beta_{PF} - 1) \cdot \Delta r_{BM_ü}$$

Der zu wählende Investmentstil des Portfoliomanagers muss in Abhängigkeit der vorgegebenen inhaltlichen Renditeziele festgelegt werden. Um z.B. eine systematische Timingrendite zu erzielen, müssen Verfahren des Markt-Timings eingesetzt werden. Wird eine systematische Timingrendite hingegen nicht angestrebt, dann sollten Timingverfahren im Rahmen des Portfoliomanagements nicht zur Anwendung kommen.

Wie die vorangegangenen Ausführungen gezeigt haben, bedarf die Festlegung von Renditezielen im Prozess der strategischen Performanceplanung für Portfolios einiger Sorgfalt. Investoren müssen sich daher stets fragen, welche inhaltlichen und methodischen Charakteristika die zu erzielenden Renditen aufweisen sollen. Aus der Renditefestlegung folgt dann i.d.R. das marktspezifische Vorgehen im Rahmen des Portfoliomanagementprozesses.

---

1 Vgl. *Ebertz/Scherer* (2002), S. 187.

2. Risiken

Die sachgerechte Bestimmung des Anlagerisikos im Rahmen der Zielfestlegung bei Portfolios zählt zu den neuralgischen Bereichen des Portfoliomanagements. Grundsätzlich wird Risiko nach den Komponenten Unsicherheit und Ungewissheit unterschieden. Während Ungewissheit einen Zustand der Nichtbeschreibbarkeit zukünftiger Ausprägungen von Renditen bezeichnet, lassen sich beim Vorliegen von Unsicherheit zumindest Wahrscheinlichkeiten für das Eintreten bestimmter zukünftiger Renditeausprägungen angeben. Letzterer Begriff von Risiko liegt den im Weiteren darzustellenden Risikomaßen zugrunde. Festzuhalten bleibt aber, dass für das Portfoliomanagement nur die in der Zukunft liegenden Gefahren ein Risiko darstellen, da auf vergangene, d.h. bereits eingetretene Risiken nicht mehr im Sinne einer Vermeidung bzw. Abmilderung reagiert werden kann.

Risiko kann im Detail auf vielfältige Arten definiert und gemessen werden. Die Mehrzahl der bekannten Risikomaße ist quantitativer Natur, wiewohl seit der Finanzkrise 2007ff. eine verstärkte Skepsis gegenüber den rein Kurs- und Vergangenheits-orientierten Risiko-Kennzahlen festzustellen ist. Diese neuerliche Skepsis betrifft auch die Mathematisierung des Risikobegriffs im Allgemeinen. Dem unabweisbaren Vorteil der Mess- und Vergleichbarkeit durch Mathematisierung steht die Gefahr einer Scheinsicherheit und der Auslassung nicht quantifizierbarer Zukunftsgefahren gegenüber. Backtesting-Verfahren etwa nähren die Illusion, auf jedwede zukünftige Risikosituation vorbereitet zu sein.

In der Portfoliomanagementpraxis existieren für bestimmte Risiken auch qualitative Risikokategorien, z.B. in Form von Ratingsymbolen bei der Bonitätsbewertung von Anleiheschuldnern. Außergewöhnliche Risiken können sowohl einzelne Wertpapiere als auch einen Gesamtmarkt betreffen. Während etwa die Energiewende in Deutschland vorwiegend die dortigen Energieversorger betrifft, führte der Atomunfall von Fukushima zu einem Gesamtmarkteinbruch. Man bezeichnet derartige Risiken als „Event Risks". Ein Beispiel für ein Event Risk ist der Ausfall eines Schuldners im Anleihebereich („Default Risk").

Wenn auch in der Portfoliomanagementpraxis quantitative Risikomessungen dominieren, so ist doch auf die unbedingte Notwendigkeit qualitativer Risikobeurteilungen hinzuweisen. Denn quantitative Risikokennzahlen werden stets auf der Basis von Vergangenheitsrealisationen gebildet und basieren überwiegend auf Kurszeitreihen. Kurse sind jedoch stets nur ein Abbild des tatsächlichen Anlagegegenstandes, z.B. eines Unternehmens. Ein ausschließliches Schlussfolgern vom Kurs auf das Unternehmen wird einer ganzheitlichen Risikobetrachtung nicht gerecht. Zudem ist die Vergangenheit oftmals nicht hinreichend indikativ für die Zukunft, obwohl Risikomaße tendenziell stabiler sind als Renditekennzahlen. Am Platzen der amerikanischen Immobilienblase in den Jahren 2007-2008 lässt sich dieses Phänomen gut beobachten. Gerade im Bereich nicht marktbezogener Risiken sind qualitative und damit subjektive Beurteilungen erforderlich. Zur Beurteilung des zukünftigen Risikos von Aktien muss beispielsweise ein ganzer Katalog von nicht quantifizierbaren Fragen beantwortet werden. Dies schließt z.B. die Qualität des Managements und die Konkurrenzsituation des betreffenden Unternehmens ebenso ein wie die zukünftigen Sensitivitäten des Unternehmens in Bezug auf gesamtwirtschaftliche Veränderungen.

Die Entwicklung quantitativer Risikomaße und -kennzahlen basiert im Kern auf der Verbreitung der sog. „Modern Portfolio Theory" in der Portfoliomanagementpraxis. In dieser Interpretation umfasst die „Modern Portfolio Theory" auch die Kapitalmarkttheorie. Eine der Zentralaussagen der Kapitalmarkttheorie besagt, dass zwischen der Rendite und dem Risiko einer Anlage ein positiver Zusammenhang erwartet werden kann. Anlageformen, deren positive Vergangenheitsentwicklung relativ hohe zukünftige Renditen erwarten lassen, tragen dem gemäß auch ein relativ hohes Risiko. Diese Aussage wird in der Portfoliomanagementpraxis mittlerweile nicht mehr allgemein akzeptiert. Antizyklische Anlagestrategien und Value-Stile basieren auf einer gegenteiligen Annahme. Gleichwohl tendieren Anleger bei der Zielformulierung für ihr Portfolio oftmals dazu, eine maximale Rendite bei minimalem Risiko anzugeben. Die Beachtung des ökonomischen Prinzips jedoch legt nahe, dass entweder die erwartete Rendite bei einem im Voraus festgelegten Risikoniveau maximiert wird oder dass für ein geplantes Renditeniveau das Risiko minimiert wird.

Wie in Abbildung A.3 dargestellt ist, lassen sich die quantitativen/statistischen Risikomaße bzw. -definitionen in vier Kategorien einteilen. Die Diskussionen um die Angemessenheit von Risikomaßen bei bestimmten Anlageinstrumenten bzw. -situationen dauern in Wissenschaft und Praxis noch an. Alle genannten Arten der Risikomessung besitzen Vor- und Nachteile. In den folgenden Abschnitten werden die verschiedenen Risikomaße beschrieben.

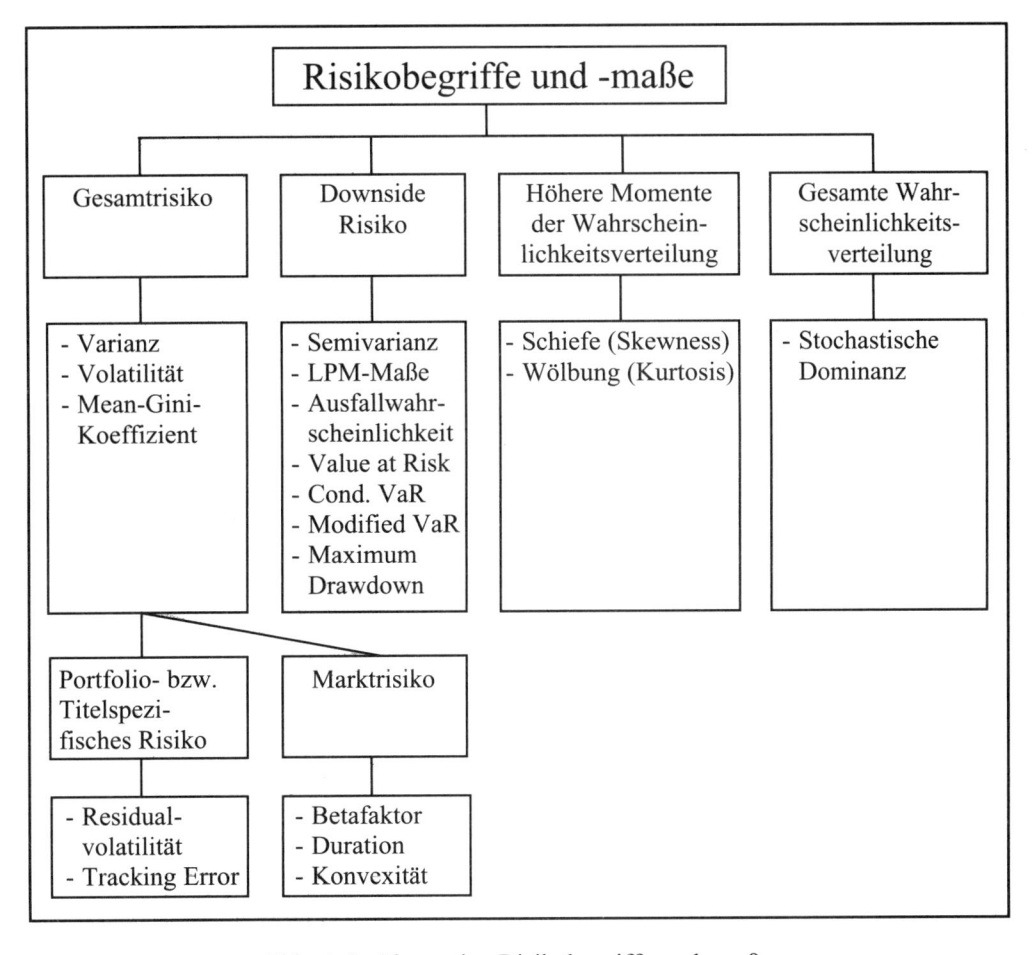

```
                    Risikobegriffe und -maße
    ┌──────────────┬──────────────┬──────────────┬──────────────┐
  Gesamtrisiko   Downside      Höhere Momente   Gesamte Wahr-
                 Risiko        der Wahrschein-  scheinlichkeits-
                               lichkeitsverteilung  verteilung

  - Varianz      - Semivarianz  - Schiefe (Skewness)  - Stochastische
  - Volatilität  - LPM-Maße     - Wölbung (Kurtosis)    Dominanz
  - Mean-Gini-   - Ausfallwahr-
    Koeffizient    scheinlichkeit
                 - Value at Risk
                 - Cond. VaR
                 - Modified VaR
                 - Maximum
                   Drawdown

  Portfolio- bzw.   Marktrisiko
  Titelspezi-
  fisches Risiko

  - Residual-       - Betafaktor
    volatilität     - Duration
  - Tracking Error  - Konvexität
```

Abb. A.3: Alternative Risikobegriffe und -maße

a. Volatilität

Das in der Investmentwelt am weitesten verbreitete Risikomaß ist die Volatilität, die auf dem statistischen Konzept der Varianz basiert und inhaltlich der annualisierten Standardabweichung entspricht. Die Varianz misst als Streuungsmaß der Statistik die quadrierten Abweichungen zwischen den einzelnen Merkmalsausprägungen einer Verteilung und dem Verteilungsmittelwert. Durch Ziehen der Quadratwurzel aus der Varianz erhält man die Standardabweichung, die gegenüber der Varianz den Vorteil der Dimensionsgleichheit mit dem Verteilungsmittelwert aufweist. Die Verwendung der Volatilität als Risikomaß im Portfoliomanagement beruht damit auf einer Risikodefinition, der zufolge Risiko das Abweichen von erwarteten bzw. geplanten Renditen darstellt. Derartige Abweichungen können positiv wie negativ ausfallen. Da unter Risiko im allgemeinen Sprachgebrauch bzw. intuitiv häufig nur eine negative Abweichung vom Zielwert verstanden wird, wird die Volatilität als Risikomaß mitunter kontrovers diskutiert.[1]

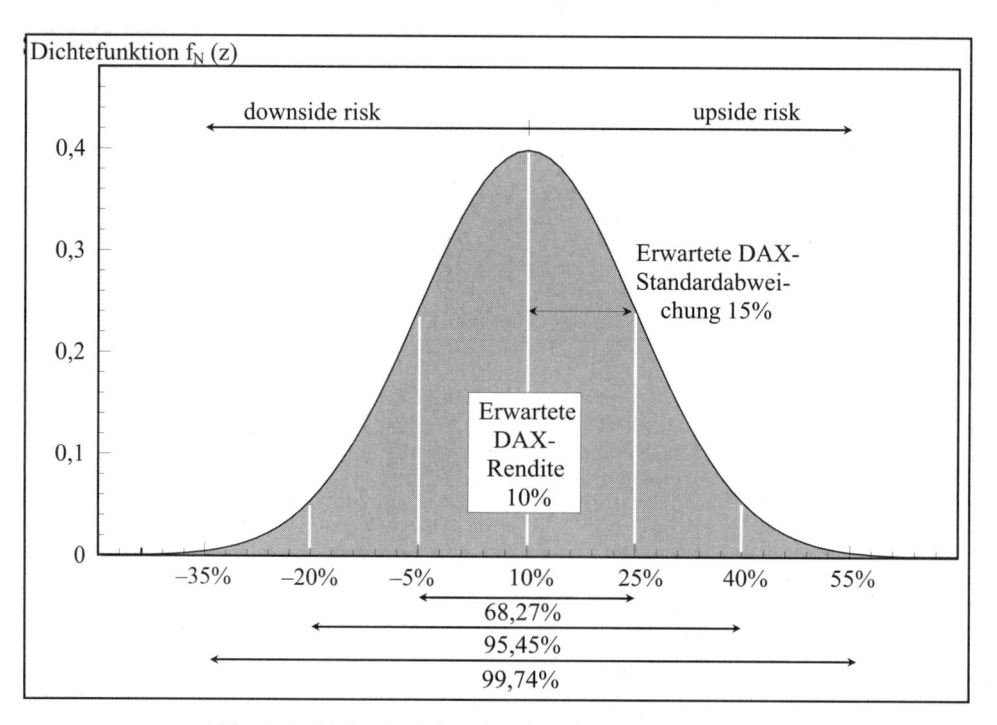

Abb. A.4: Dichtefunktion der Standardnormalverteilung

Anhand von Abbildung A.4 ist zu erkennen, wie die Volatilität eines Assets zu interpretieren ist. Der dargestellte glockenförmige Kurvenverlauf entspricht einer Normalverteilung (Gauß'sche Glockenkurve).

Zunächst ist den Angaben zu entnehmen, dass Volatilitäten i.d.R. in Prozentwerten angegeben werden. Ein Volatilitätswert von 15% p.a. für den DAX bedeutet bei einer unterstellten Renditeerwartung von 10% p.a., dass die Rendite des DAX in etwa 2 von 3 Jah-

---

[1] Zu den verschiedenen Arten der Volatilitätsbestimmung vgl. *Mayhew* (1995), S. 8ff.

ren (Wahrscheinlichkeit ca. 68%) in einem Korridor zwischen –5% p.a. und 25% p.a. liegt, oder – anders ausgedrückt – dass mit ca. 68% Wahrscheinlichkeit erwartet wird, dass für das folgende Jahr die Rendite zwischen –5% und 25% liegen wird. Gleichzeitig bedeuten diese Werte, dass mit ca. 95% Wahrscheinlichkeit eine Rendite zwischen –20% (10% – 2 · 15%) und 40% (10% + 2 · 15%) für das kommende Jahr erwartet wird.[1]

Um die historische Volatilität eines Assets, z.B. eines Wertpapiers zu berechnen, muss zunächst der Mittelwert der realisierten Renditen ermittelt werden. Dies kann auf die folgende Weise erfolgen:

$$\mu = \frac{1}{n} \cdot \sum_{i=1}^{n} r_i$$

Anschließend ergibt sich die Varianz als quadrierte Differenz aus den realisierten Einzelrenditen und deren oben berechnetem Mittelwert zu

$$\sigma^2 = \frac{1}{n} \cdot \sum_{i=1}^{n} (r_i - \mu)^2$$

Liegen nur wenige beobachtete Renditen vor, dann bietet sich der folgende Ausdruck zur Varianzberechnung an:

$$\sigma^2 = \frac{1}{n-1} \cdot \sum_{i=1}^{n} (r_i - \mu)^2$$

Durch Ziehen der Quadratwurzel gemäß dem Term erhält man die Standardabweichung:

$$\sigma = \sqrt{\frac{1}{n} \cdot \sum_{i=1}^{n} (r_i - \mu)^2}$$

mit

r_i = Renditerealisationen in der Periode i,
σ^2 = Varianz der Renditen,
σ = Standardabweichung der Renditen,
μ = Renditemittelwert und
n = Anzahl der Beobachtungen.

Das nachfolgende Beispiel zeigt die Berechnungsweise auf. So liegen die Renditen von zwei verschiedenen Anlagen aus den vergangenen sieben Monaten vor:

---

[1] Berechnungsbeispiele zur Volatilität und anderen Risikomaßen finden sich bei *Steiner/Bruns/Stöckl* (2012), S. 55ff.

Monat	Rendite Anlage A	Rendite Anlage B
1	2%	3%
2	3%	6%
3	–1%	–5%
4	–2%	–7%
5	4%	7%
6	3%	4%
7	5%	6%
µ	2%	2%

Tab. A.1: Beispiel zur Standardabweichung

Den Daten ist zu entnehmen, dass beide Anlagen den gleichen Mittelwert von 2% aufweisen.[1] Gleichzeitig ist unmittelbar erkennbar, dass die Rendite-Schwankungen bei Anlage B höher sind als bei Anlage A, so dass Anlage B zwar ein höheres Risiko, gleichzeitig aber auch eine höhere Chance aufweist.

Als Werte für die Standardabweichungen ergeben sich:[2]

$$\sigma_A = \sqrt{\frac{1}{6} \cdot \begin{bmatrix} (0{,}02-0{,}02)^2 + (0{,}03-0{,}02)^2 + (-0{,}01-0{,}02)^2 + (-0{,}02-0{,}02)^2 + \\ + (0{,}04-0{,}02)^2 + (0{,}03-0{,}02)^2 + (0{,}05-0{,}02)^2 \end{bmatrix}} = 2{,}582\%$$

$$\sigma_B = \sqrt{\frac{1}{6} \cdot \begin{bmatrix} (0{,}03-0{,}02)^2 + (0{,}06-0{,}02)^2 + (-0{,}05-0{,}02)^2 + (-0{,}07-0{,}02)^2 + \\ + (0{,}07-0{,}02)^2 + (0{,}04-0{,}02)^2 + (0{,}06-0{,}02)^2 \end{bmatrix}} = 5{,}657\%$$

Um die Dimensionsgleichheit zwischen Rendite und Risiko zu gewährleisten, sind beide Größen zu annualisieren. So kann dazu beispielsweise zur Annualisierung von logarithmierten Monatsrenditen die mittlere logarithmierte Rendite mit 12 multipliziert werden. Die annualisierte Standardabweichung (d.h. die Volatilität) wird mit Hilfe des Annualisierungsfaktors bestimmt. Bei Verwendung von Monatsrenditen wird die ermittelte Standardabweichung mit $\sqrt{12}$ als Annualisierungsfaktor multipliziert. Somit ergeben sich in dem Beispiel die folgenden annualisierten Werte:

$$\text{Volatilität}_A = 2{,}581989\% \cdot \sqrt{12} = 8{,}94\%$$

$$\text{Volatilität}_B = 5{,}656854\% \cdot \sqrt{12} = 19{,}60\%$$

Allgemein ergibt sich für die Volatilität der Ausdruck

---

[1] Falls es sich um logarithmierte bzw. stetige Renditen handelt, ergibt sich auf diese Weise die durchschnittliche stetige Rendite, d.h. hier eine durchschnittliche Monatsrendite von 2%.
[2] Da in dem Beispiel nur wenige Werte vorliegen, wird in der Formel durch n–1 dividiert.

$$\sigma_{T_1} = \sigma_{T_2} \cdot \sqrt{\frac{T_1}{T_2}}$$

Werden zur Volatilitätsberechnung Tagesrenditen herangezogen, dann lautet der Annualisierungsfaktor $\sqrt{\frac{T_1}{T_2}} = \sqrt{\frac{250}{1}} = \sqrt{250}$.[1] Bei Wochenrenditen beträgt der Annualisierungsfaktor $\sqrt{52}$, bei Monatsrenditen $\sqrt{12}$ und bei Quartalsrenditen $\sqrt{4}$.

Die verwendeten Symbole bedeuten:

σ_{T_1} = Standardabweichung der Renditen, bezogen auf 1 Jahr und
σ_{T_2} = Standardabweichung der Renditen, bezogen auf das betrachtete Zeitintervall T_2.

Beträgt die Monatsvolatilität σ_{T_2} für $T_2 = 1$ Monat beispielsweise 1,44%, so beläuft sich die Jahresvolatilität σ_{T_1} mit $T_1 = 1$ Jahr = 12 Monate auf:

$$\sigma_{T_1} = \sigma_{T_2} \cdot \sqrt{\frac{T_1}{T_2}} = 0,0144 \cdot \sqrt{\frac{12}{1}} = 0,05 = 5\%$$

Umgekehrt kann die Monatsvolatilität aus der Jahresvolatilität wie folgt berechnet werden:

$$\sigma_{T_2} = \sigma_{T_1} \cdot \frac{1}{\sqrt{\frac{T_1}{T_2}}} = 0,05 \cdot \frac{1}{\sqrt{\frac{12}{1}}} = 0,05 \cdot \frac{1}{\sqrt{12}} = 0,0144 = 1,44\%$$

Damit wird hier mit ca. 2/3 Wahrscheinlichkeit erwartet, dass die Rendite im nächsten Monat um nicht mehr als 1,44%-Punkte von der erwarteten Rendite abweichen wird bzw. dass mit ca. 95% Wahrscheinlichkeit die Rendite im nächsten Monat um nicht mehr als 2,88%-Punkte von der erwarteten Rendite abweichen wird.

Im Falle normalverteilter Renditen reicht die Kenntnis des Renditeerwartungswertes und der Volatilität aus, um das Anlagerisiko vollständig zu beschreiben. Liegt hingegen keine Normalverteilung vor, dann ist die Kenntnis weiterer Momente der Verteilung zur vollständigen Risikoerfassung notwendig. Auf die in diesem Zusammenhang zum Tragen kommenden Risikomaße Schiefe und Wölbung einer Verteilung wird später noch eingegangen.

Aus diesen Ausführungen wird deutlich, warum das Vorliegen normalverteilter Renditen wünschenswert erscheint. In diesem Fall eignet sich die Volatilität besonders gut zur Risikoquantifizierung.

---

[1] Die Zahl 250 gibt die approximative Anzahl der Handelstage in einem Jahr an. Je nach Betrachtungsland kann die Anzahl der Handelstage schwanken.

Eine Normalverteilung von Renditen liegt nach der Statistik grundsätzlich um so eher vor, je mehr Werte zur Verfügung stehen. Als Faustregel kann n > 30 dienen. Dabei wird gefordert, dass die Renditen unabhängig voneinander sind und zudem eine identische Verteilung besitzen.[1] Falls demnach z.B. die Volatilität für ein Jahr aus 12 Monatsrenditen berechnet wird, so ist dies rein rechnerisch zwar möglich, die Interpretation des Ergebnisses ist aber in Frage zu stellen, da 12 Werte kaum normalverteilt sein dürften. Aus diesem Grund finden sich Angaben zur Volatilität bei Investmentfonds, die auf Monatsrenditen basieren, häufig erst ab Drei-Jahreszeiträumen. Auch empirische Studien weisen darauf hin, dass Renditen oftmals nicht normalverteilt sind, aber häufig eine sehr ähnliche Form aufweisen. Vor diesem Hintergrund kann die Volatilität nur mit Einschränkungen angewendet bzw. interpretiert werden. Dennoch kann das Risiko mit Hilfe der Volatilität mit größerer Sicherheit geschätzt werden als Renditen.

Bei Anlageentscheidungen ist stets das zukünftige Risiko von Bedeutung. Vergangenheitsdaten können daher nur eine Indikation bezüglich der Risikohöhe in einem abgelaufenen Zeitraum liefern. Um dieses Problem zu mildern, kann bei Risikoschätzungen die Dynamik der Risikomaßentwicklung im Zeitablauf berücksichtigt werden. So können die künftigen Volatilitäten beispielsweise mit Hilfe sogenannter GARCH-Ansätze geschätzt werden. Das Akronym GARCH steht für **G**eneralized **A**uto **R**egressive **C**onditional **H**eteroscedasticity. Heteroskedastizität drückt im Gegensatz zu Homoskedastizität einen Zustand aus, bei dem die Volatilität der Residuen (des Störterms) einer Renditeregression im Zeitablauf nicht konstant ist.[2] Mit Hilfe von GARCH-Ansätzen lassen sich die zeitlichen Veränderungen der Volatilität realitätsnäher modellieren.[3] Dies folgt der in zahlreichen empirischen Untersuchungen nachgewiesenen Erkenntnis, dass die Volatilität von Renditen im Zeitablauf nicht stabil ist.

GARCH-Modelle bestehen aus zwei Gleichungen. Die erste Gleichung beschreibt den Prozess der Überschussrenditegenerierung in der Form

$$r_{PF_{ü,t+1}} = \mu + \gamma \sigma_t^2 + \eta_{t+1}.$$

Die Überschussrendite in t+1 setzt sich aus einer Konstanten μ, einer Risikoprämie $\gamma\sigma_t^2$ und einem zukünftigen heteroskedastischen Störterms η_{t+1} zusammen.[4] Dieser zukünftige Störterm hängt seinerseits von der Standardabweichung in t ab und kann zerlegt werden in den Ausdruck

$$\eta_{t+1} = \sigma_t \cdot \varepsilon_{t+1},$$

wobei ε_{t+1} die Ausprägung des Störterms mit einen Erwartungswert von Null und einer (bedingten) Varianz von σ_t^2 ist.

Mit Hilfe einer Regressionsfunktion des Typs

---

1 Vgl. *Poddig/Dichtl/Petersmeier* (2003), S. 88ff.
2 Vgl. hierzu die Darstellung bei *Steiner/Bruns/Stöckl* (2012), S. 59ff.
3 Vgl. *Geyer/Schwaiger* (1994), S. 684ff.
4 Vgl. *Hentschel* (1995), S. 74f.

$$\sigma_t^2 = a_0 + \sum_{i=1}^{q} a_i \cdot \varepsilon_{t-i}^2 + \sum_{j=1}^{p} a_j \cdot \sigma_{t-j}^2$$

wird anschließend die aktuelle Varianz des Störterms geschätzt.[1] Neben der Konstanten a_0 (z.B. einem langfristigen Mittelwert) setzt sich die Varianz des Störterms im Zeitpunkt t aus dem mit a_i gewichteten Störterm ε_{t-i}^2 und der mit a_j gewichteten Störtermvarianz der Vergangenheit zusammen. Man spricht in diesem Fall von einem GARCH (p,q) Modell, wobei p und q angeben, wie autoregressiv die Varianz des Störterms im Zeitpunkts t ist. Je höher die Ordnungsvariablen p und q sind, desto wichtiger sind die weiter zurückliegenden Vergangenheitswerte für die Varianz im Zeitpunkt t. Besitzt p den Wert Null, dann handelt es sich um ein ARCH (q) Modell:

$$\sigma_t^2 = a_0 + \sum_{i=1}^{q} a_i \cdot \varepsilon_{t-i}^2 \ .$$

Ein GARCH (1,1) Ansatz nimmt beispielsweise das Format

$$\sigma_t^2 = a_0 + a_i \cdot \varepsilon_{t-1}^2 + a_j \cdot \sigma_{t-1}^2$$

an. Der zeitliche Lag beträgt hierbei eine Periode, d.h. die künftige Varianz ist eine Funktion aus der Ausprägung des Störterms und der Varianz der letzten Periode. Als Methodik zur Schätzung der Gleichungsparameter kommt die Regressionsanalyse zur Anwendung.

Die Volatilität beschreibt als theoretisch fundiertes Streuungsmaß das Ausmaß von Wertschwankungen bei Renditen und Kursen. Mit Hilfe der Volatilität lässt sich abschätzen, mit welcher Wahrscheinlichkeit ein bestimmter Renditewert in der Zukunft erreicht bzw. verfehlt wird. Geeignet als Risikomaß ist die Volatilität bei nahezu allen Anlagegattungen. Insofern erlaubt sie Risikovergleiche unterschiedlicher Anlageformen. Ihre große praktische Bedeutung verdankt die Volatilität außerdem ihrer Verwendung als zentrales Risikomaß innerhalb der Portfoliotheorie von *Markowitz*.[2]

b. Betafaktor

Über die Ursache von Rendite- und Preisschwankungen trifft die Volatilität keine Aussage. Hierin ist der wesentliche Unterschied zum Betafaktor (ß-Faktor) zu sehen, der die Sensitivität eines Anlagegutes im Vergleich zum Gesamtmarkt zum Ausdruck bringt. Der ß-Faktor, der hauptsächlich zur Marktrisikoquantifizierung bei Aktien eingesetzt wird, gibt an, wie stark sich die Überschussrendite (= Rendite abzüglich dem risikolosen Zinssatz) der Aktie i ändert, wenn die Überschussrendite des gesamten Aktienmarktes um den Wert x steigt oder fällt.

---

1 Vgl. *Bollerslev* (1986), S. 307ff. und *Engle* (1982), S. 987ff.
2 Vgl. *Markowitz* (1952), S. 77ff. und *Markowitz* (1959).

Das Konzept des ß-Faktors geht zurück auf das **C**apital **A**sset **P**ricing **M**odel (kurz: CAPM) von *Sharpe*, *Lintner* und *Mossin*.[1] Nach dem CAPM werden höhere Marktrisiken, gemessen am ß-Faktor, mit höheren Überschussrenditen belohnt. Einzelwertspezifische Risiken werden demgemäß nicht vom Markt vergütet, da sie durch sachgerechte Diversifikation leicht eliminierbar sind. Man spricht daher beim ß-Faktor vom systematischen Risiko einer Anlage.

Der ß-Faktor wird oftmals auch als relative Volatilität einer Aktie bezeichnet. Um den Zusammenhang zwischen Markt- und Titelrendite herzustellen, greift das Konzept des ß-Faktors auf die Kovarianz bzw. die Korrelation zwischen beiden Größen zurück. Sowohl Kovarianz als auch Korrelation sind als Maße für den Gleichlauf zweier Merkmalsausprägungen aus der deskriptiven Statistik bekannt. Während die Kovarianz – ähnlich wie die Varianz – aufgrund ihrer Dimensionsverschiedenheit von Renditegrößen keiner intuitiven Deutung zugänglich ist, lässt sich die Korrelation (k) als standardisierte Kovarianz leicht interpretieren. Ihr Wertebereich ist auf $-1 \leq k \leq 1$ normiert. Ein hoher Korrelationskoeffizient deutet auf den Gleichlauf zweier Größen hin et vice versa. Bei einem Korrelationskoeffizienten von 0 sind die zwei betrachteten Größen zusammenhanglos.

Zur Errechnung des ß-Faktors wird der folgende Ausdruck verwendet:

$$\text{ß}_i = \frac{\text{Cov}(r_i, r_m)}{\sigma_m^2} = k_{im} \cdot \frac{\sigma_i}{\sigma_m}$$

mit

ß_i = ß-Faktor der Aktie i,
$\text{Cov}(r_i, r_m)$ = Kovarianz zwischen der Aktien- und der Marktrendite,
k_{im} = Korrelation zwischen der Aktien- und der Marktrendite,
σ_m^2 = Varianz der Aktienmarktrendite,
σ_i = Standardabweichung der Aktienrendite i und
σ_m = Standardabweichung der Aktienmarktrendite.

Der Zusammenhang zwischen dem Korrelationskoeffizienten und der Kovarianz wird beschrieben durch den Term

$$k_{im} = \frac{\text{Cov}(r_i, r_m)}{\sigma_i \cdot \sigma_m}$$

Ein ß-Faktor der Aktie i von 1,1 ist wie folgt zu interpretieren: Erzielt der Gesamtmarkt eine Überschussrendite ($r_{m_ü}$) von 1%, dann ist mit einer Überschussrendite ($r_{i_ü}$) von 1,1% für die Aktie i zu rechnen. ß-Werte oberhalb von 1 indizieren ein hohes Marktrisiko et vice versa. Allgemein gilt:

---

[1] Vgl. *Sharpe* (1964), S. 425ff.; *Lintner* (1965), S. 13ff.; *Mossin* (1966), S. 768ff. Eine Darstellung des CAPM findet sich in Kapitel B.I.

I. Marktabhängige Performance-Komponenten 17

$$\underbrace{r_i - r_f}_{r_{i\ddot{u}}} = \underbrace{(r_m - r_f)}_{r_{m\ddot{u}}} \cdot \text{ß}_i$$

mit

r_i, r_m = Rendite der Aktie i bzw. des Marktes m und
r_f = Rendite einer risikolosen Anlage.

ß-Faktoren können auch für Portfolios berechnet werden. In diesem Fall wird der ß-Faktor des Portfolios (ß_{PF}) ermittelt, indem die Summe der mit ihren Portfoliogewichten x_i multiplizierten Einzel-ß-Faktoren der Aktien (ß_i) gebildet wird:

$$\text{ß}_{PF} = \sum_{i=1}^{n} x_i \cdot \text{ß}_i \quad \text{und} \quad \sum_{i=1}^{n} x_i = 1$$

Um zukünftige ß-Faktoren zu schätzen, bieten sich zwei Wege an. Zum einen können historische ß-Faktoren, die mittels eines linearen Regressionsverfahrens gewonnen werden, extrapoliert werden. Zum anderen lässt sich der ß-Faktor in fundamentale Bestandteile wie etwa das „Business Risk" und das „Financial Risk" zerlegen. Die genannten Komponenten lassen sich weiter aufgliedern. Durch Schätzung der einzelnen Bestandteile des ß-Faktors gelangt man zu einem sogenannten fundamentalen ß-Faktor.[1]

Auf der Basis von Vergangenheitswerten werden die Betafaktoren beispielsweise von der Deutschen Börse für einen Zeitraum von 250 Börsentagen ermittelt. Dazu werden die logarithmierten Tagesrenditen der jeweiligen Aktien herangezogen, die wiederum auf Basis der bereinigten Kursdaten ermittelt werden. Diese Bereinigung betrifft die Berücksichtigung z.B. von Dividendenausschüttungen und Nennwertumstellungen.[2]

Die nachfolgende Tabelle A.2 zeigt einige Kennzahlen für die DAX-Aktien im Jahr 2009, wobei sich die Werte der Kennzahlen jeweils auf einen Zeitraum von einem Jahr beziehen.[3]

Zu beachten ist, dass sich die Kennzahlenwerte im Zeitablauf verändern können. Dies wird durch Tabelle A.3 verdeutlicht, die die Kennzahlen für die DAX-Aktien für das Jahr 2012 wiedergibt – ebenfalls auf Basis eines Jahres.[4]

Darüber hinaus ist zu beachten, dass der Berechnung der Betafaktoren in den Tabellen ein Zeitraum von einem Jahr zugrunde liegt, wobei tägliche Renditen verwendet wurden. Andere Zeiträume und andere Zeitperioden zur Bestimmung der Parameter (z.B. Monatsrenditen) führen wiederum zu anderen Werten für die dargestellten Kennzahlen.

---

1 Vgl. *Kleeberg* (1992), S. 474ff. und *Steiner/Beiker/Bauer* (1993), S. 99ff. Zu einer weiteren Unterscheidung von Levered Beta und Unlevered Beta vgl. Kapitel D in diesem Buch.
2 Vgl. hierzu und zu einem Berechnungsbeispiel *Deutsche Börse* (2005), S. 4ff.
3 Vgl. hierzu und zu weiteren Kennzahlen *Deutsche Börse* (2013b).
4 Vgl. hierzu und zu weiteren Kennzahlen *Deutsche Börse* (2013b).

Aktie	Volatilität	Beta	Korrelation
Adidas	37,0642%	0,7751	0,5898
Allianz	47,0220%	1,3381	0,8026
BASF	42,5994%	1,2496	0,8273
Bayer	32,4768%	n/a	n/a
BMW	46,1412%	1,1725	0,7167
Beiersdorf	25,6697%	0,3654	0,4015
Commerzbank	76,1285%	1,7841	0,6610
Daimler	50,3294%	1,5055	0,8437
Deutsche Bank	65,6768%	1,8482	0,7937
Deutsche Börse	47,4861%	1,1751	0,6979
Deutsche Post	40,4379%	1,0838	0,7559
Deutsche Telekom	26,4383%	0,5265	0,5617
E.ON	34,4693%	0,8508	0,6961
Fresenius Medical Care	24,6073%	0,0558	0,0640
Fresenius	33,6595%	0,2734	0,2291
Henkel	29,6909%	0,5902	0,5606
Infineon	87,2490%	1,3009	0,4205
K+S	49,4541%	1,1941	0,6810
Linde	33,4375%	0,8569	0,7228
Lufthansa	36,1569%	0,9635	0,7515
MAN	50,3077%	1,3970	0,7832
Merck	29,9704%	0,3488	0,3283
Metro	39,6373%	0,8200	0,5835
Münchener Rückversicherung	35,9720%	0,8418	0,6600
RWE	25,0116%	0,6258	0,7057
Salzgitter	55,6401%	1,6043	0,8132
SAP	25,7354%	0,5412	0,5931
Siemens	41,8696%	1,2883	0,8678
ThyssenKrupp	52,3869%	1,5428	0,8306
Volkswagen	58,5387%	0,8795	0,4237
DAX	28,2036%	1,0000	1,0000

Tab. A.2: DAX-Kennzahlen per 30.12.2009

I. Marktabhängige Performance-Komponenten 19

Aktie	Volatilität	Beta	Korrelation
Adidas	23,6234%	0,8923	0,7077
Allianz	23,5242%	1,1009	0,8768
BASF	23,4999%	1,1317	0,9023
Bayer	24,5637%	1,0982	0,8377
BMW	29,1700%	1,2541	0,8055
Beiersdorf	19,3464%	0,4387	0,4248
Commerzbank	49,4459%	1,7126	0,6490
Continental	32,1465%	1,2939	0,7542
Daimler	29,5590%	1,3143	0,8331
Deutsche Bank	38,9964%	1,6675	0,8011
Deutsche Börse	27,9433%	0,9153	0,6137
Deutsche Post	23,4610%	0,8927	0,7130
Deutsche Telekom	19,5914%	0,7059	0,6751
E.ON	26,1697%	0,8980	0,6430
Fresenius Medical Care	17,4822%	0,3844	0,4120
Fresenius	18,0232%	0,4151	0,4315
HeidelbergCement	35,5100%	1,5035	0,7933
Henkel	21,0737%	0,6622	0,5887
Infineon	39,5866%	1,3857	0,6558
K+S	25,3655%	0,8760	0,6471
Lanxess	35,2465%	1,3391	0,7118
Linde	19,8422%	0,7669	0,7241
Lufthansa	28,6737%	1,0296	0,6728
Merck	21,0029%	0,6881	0,6138
Münchener Rückversicherung	20,7151%	0,9139	0,8266
RWE	24,9369%	0,9326	0,7007
SAP	20,2288%	0,7180	0,6651
Siemens	18,3473%	0,8138	0,8310
ThyssenKrupp	35,8958%	1,4029	0,7323
Volkswagen	30,1614%	1,1581	0,7194
DAX	18,7363%	1,0000	1,0000

Tab. A.3: DAX-Kennzahlen per 28.12.2012

c. Tracking Error und Residualvolatilität

Ein das Konzept der Volatilität verwendendes Risikomaß, das das Abweichungsrisiko zwischen einem Portfolio und seiner Benchmark misst, ist der Tracking Error. Mit seiner Hilfe kann bestimmt werden, wie genau die Portfoliorendite die Benchmarkrendite widerspiegelt. Daher wird der Tracking Error als Nachbildungsfehler bei Portfolios bezeichnet. Der Tracking Error misst das Risiko, die Rendite einer Benchmark zu verfehlen, und zwar positiv wie auch negativ. Im passiven Asset Management stellt der Tracking Error das zentrale Risikomaß dar.[1]

Mathematisch kann der historische Tracking Error wie folgt bestimmt werden:

$$TE_{PF}^{hist.} = \sigma_{(r_{PF}-r_{BM})}$$

Der Ausdruck ($r_{PF} - r_{BM}$) drückt die Renditedifferenz zwischen Portfolio- und Benchmarkrendite aus. Somit handelt es sich bei dem Tracking Error also um die Standardabweichung dieser Renditedifferenz. Für das folgende, lediglich 10 Vergangenheitsperioden umfassende Beispiel kann der Tracking Error mit Hilfe einer Tabelle ermittelt werden:[2]

Periode	Rendite des Portfolios	Rendite der Benchmark	$r_{PF} - r_{BM}$	$(r_{PF} - r_{BM})$ $- \mu_{(r_{PF}-r_{PF})}$	Quadrat der Spalte (5)
(1)	(2)	(3)	(4)	(5)	(6)
1	5%	4%	1%	1,20%	0,01440%
2	3%	3%	0%	0,20%	0,00040%
3	4%	–2%	6%	6,20%	0,38440%
4	–2%	1%	–3%	–2,80%	0,07840%
5	1%	0%	1%	1,20%	0,01440%
6	–5%	–2%	–3%	–2,80%	0,07840%
7	3%	4%	–1%	–0,80%	0,00640%
8	6%	2%	4%	4,20%	0,17640%
9	–4%	0%	–4%	–3,80%	0,14440%
10	–1%	2%	–3%	–2,80%	0,07840%
Summe	**10%**	**12%**	**–2%**	**0%**	**0,97600%**

Tab. A.4: Beispiel zum Tracking Error

---

1 Zu Methoden des Trackings von Marktindizes im Rahmen des passiven Portfoliomanagements vgl. *Wagner* (2002), S. 813ff.

2 In der Praxis werden oftmals die Monatsrenditen der vergangenen drei Jahre herangezogen. Kritisch ist dazu anzumerken, dass damit lediglich der durchschnittliche Tracking Error der letzten drei Jahre ermittelt wird, der mit dem Tracking Error des aktuellen Portfolios nicht übereinstimmen muss. Aus diesem Grund wird auch die Verwendung von Wochenrenditen als sich überlappende 5-Tages-Renditen vorgeschlagen. Vgl. *Hanau* (2001), S. 452; *Rudolph/Zimmermann* (1998), S. 442.

Der Mittelwert ergibt sich dabei zu:

$$\mu_{(r_{PF}-r_{BM})} = \frac{\sum_{i=1}^{n}(r_{PF}-r_{BM})_i}{n} = \frac{-2\%}{10} = -0,2\%$$

Zur Bestimmung der Varianz wird die Summe der Spalte 6 herangezogen:

$$\sigma_i^2 = \frac{1}{n-1} \cdot \sum_{i=1}^{n}(r_i - \mu)^2 = \frac{0,976\%}{9} = 0,10844\%$$

Die Standardabweichung als Wurzel aus der Varianz entspricht dem gesuchten Tracking Error:

$$\sigma_i = \sqrt{\sigma_i^2} = 3,29309\%$$

In der Praxis findet sich auch die folgende Definition des Tracking Errors, die der obigen Vorgehensweise entspricht und daher zum gleichen Ergebnis führt:

$$TE_{PF} = \frac{1}{n-1} \cdot \sum_{i=1}^{n}\left[(r_{PF_i} - r_{BM_i}) - (\mu_{PF} - \mu_{BM})\right]^2$$

bzw. für das Beispiel: $TE_{PF} = \frac{1}{n-1} \cdot \sum_{i=1}^{n}\left[(r_{PF_i} - r_{BM_i}) - (1\% - 1,2\%)\right]^2$

Zwar bezieht sich der Tracking Error auf die Differenz der Renditen zweier Portfolios, mathematisch gesehen entspricht er jedoch dem Streuungsmaß der Volatilität. Der Tracking Error kann als annualisiertes Risikomaß dargestellt werden. Seine Interpretation ergibt sich aus der Abbildung A.5.

Ein Tracking Error von 3% bedeutet, dass die annualisierte Differenz zwischen der Portfolio- und der Benchmarkrendite in 2 von 3 Jahren in einem Korridor zwischen –3% und +3% liegt, sofern von einem Mittelwert dieser Differenz von Null ausgegangen werden kann. Da der Tracking Error als annualisierte Größe eine Funktion der Zeit ist, bezieht sich der Wert von 3% auf einen Planungszeitraum von einem Jahr.

Noch weniger als bei der Volatilität kann beim Tracking Error von Vergangenheitswerten auf zukünftige Werte geschlossen werden. Letztere sind für die zukunftsorientierte Risikobestimmung im Rahmen der Portfoliokomposition aber einzig relevant. Während zur Berechnung des Tracking Errors der Vergangenheit lediglich die Volatilität der Zeitreihe der Renditedifferenzen zwischen Portfolio und Benchmark berechnet werden muss, bedarf es zur Bestimmung des künftigen, mit dem Portfolio verbundenen Tracking Errors einer Schätzung. Diese hat die Zusammensetzung des Portfolios im Vergleich zur Benchmark zu berücksichtigen. Dabei wird aber nach wie vor auf Vergangenheitswerte zurückgegriffen, indem stabile Kovarianzen unterstellt werden.

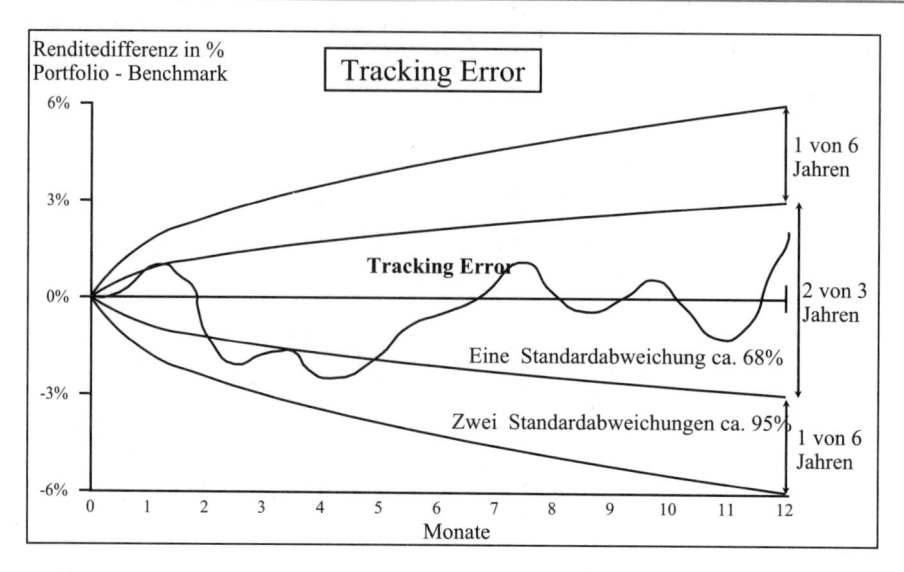

Abb. A.5: Der Tracking Error und seine Wahrscheinlichkeiten im Zeitablauf

Der zukünftige Tracking Error hängt vom einzugehenden systematischen und unsystematischen Risiko ab. Ersteres kann mit Hilfe des prognostizierten ß-Faktors bestimmt werden.[1] Letzteres muss als zu erwartende Residualvolatilität des Portfolios ermittelt werden. Mit Residualvolatilität einer Aktie wird jener Teil der Kursschwankungen bezeichnet, der nicht auf Gesamtmarktbewegungen zurückzuführen ist. Residualvolatilitäten lassen sich sowohl für einzelne Aktien als auch für Portfolios errechnen.

Die zukünftige Residualvolatilität eines Portfolios lässt sich schätzen, falls die Zukunftsgrößen Portfoliovolatilität, Portfoliobeta und Benchmarkvolatilität bekannt sind. Dies entspricht einer Risikozerlegung, wie sie aus dem Single-Index-Modell bekannt ist.[2] Zur Schätzung der Residualvolatilität und damit des unsystematischen Risikos ($\sigma_{\varepsilon_{PF}}$) gelangt die Formel

$$\sigma_{\varepsilon_{PF}} = \sqrt{\sigma_{PF}^2 - \textrm{ß}_{PF}^2 \cdot \sigma_m^2}$$

zur Anwendung, wobei „PF" das Portfolio und „m" den Gesamtmarkt bezeichnen. Anstelle der Varianz des Gesamtmarktes kann auch die Varianz der Benchmark herangezogen werden.[3]

Im obigen Beispiel (Tabelle A.4) zum Tracking Error ergeben sich folgende Werte:

$\sigma_{PF} = 3{,}82971\%$, $\sigma^2_{PF} = 0{,}14667\%$, $\sigma_{BM} = 2{,}20101\%$, $\sigma^2_{BM} = 0{,}04844\%$,
$\textrm{ß}_{PF} = 0{,}89449541$

---

[1] Zum Einsatz des Tracking Errors im Anleihenmanagement im Rahmen der effizienten Laufzeitgewichtung bei relativer Optimierung vgl. *Rathjens* (2002), S. 430ff.
[2] Vgl. *Steiner/Bruns/Stöckl* (2012), S. 15ff. und S. 35ff.
[3] Vgl. *Poddig/Brinkmann/Seiler* (2005), S. 204f.

Hieraus resultiert ein systematisches Risiko von:

$$\text{ß}_{PF}^2 \cdot \sigma_m^2 = 0{,}8945^2 \cdot 0{,}04844\% = 0{,}03876\%$$

Daraus ergibt sich das folgende unsystematische Risiko:[1]

$$\sigma_{\varepsilon_{PF}}^2 = \sigma_{PF}^2 - \text{ß}_{PF}^2 \cdot \sigma_m^2 = 0{,}14667\% - 0{,}03876\% = 0{,}10791\% \Rightarrow \sigma_{\varepsilon_{PF}} = 3{,}28489\%$$

Im Gegensatz zur Standardabweichung setzt sich die Portfoliovarianz additiv aus dem systematischen und dem unsystematischen Risiko zusammen:

$$\sigma_{PF}^2 = \text{ß}_{PF}^2 \cdot \sigma_m^2 + \sigma_{\varepsilon_{PF}}^2 = 0{,}03876\% + 0{,}10791\% = 0{,}14667\%$$

Die Addition der jeweiligen Risiken auf Basis der Standardabweichungen führt hier aber zum falschen Ergebnis:

$$\sigma_{PF} \neq \text{ß}_{PF} \cdot \sigma_m + \sigma_{\varepsilon_{PF}} \Rightarrow 3{,}82971\% \neq 1{,}96879\% + 3{,}28489\% = 5{,}25369\%$$

Sodann kann unter Kenntnis des ß-Faktors und der Residualvolatilität die Abschätzung des künftigen Tracking Errors eines Portfolios vorgenommen werden:

$$TE_{PF}^{erw.} = \sqrt{(\text{ß}_{PF} - 1)^2 \cdot \sigma_{BM}^2 + \sigma_{\varepsilon_{PF}}^2}$$

mit

$TE_{PF}^{erw.}$ = erwarteter Tracking Error,
$\sigma_{\varepsilon_{PF}}^2$ = Residualvarianz des Portfolios (unsystematisches bzw. diversifizierbares Risiko),
ß_{PF} = ß-Faktor des Portfolios (systematisches Portfoliorisiko) und
σ_{BM}^2 = Benchmarkvarianz (Gesamtrisiko der Benchmark).

Ohne Kenntnis des unsystematischen Risikos kann der Tracking Error unter Verwendung von $\sigma_{\varepsilon_{PF}}^2 = \sigma_{PF}^2 - \text{ß}_{PF}^2 \cdot \sigma_m^2$ auch wie folgt ausgedrückt werden:

$$TE_{PF}^{erw.} = \sqrt{\sigma_{PF}^2 + \sigma_{BM}^2 \cdot (1 - 2 \cdot \text{ß}_{PF})}$$

Werden die Werte aus dem obigen Beispiel zum Tracking Error auch für die Zukunft erwartet, so entsprechen sich historischer (3,29309%) und erwarteter Tracking Error:

---

1 Das unsystematische Risiko kann auch als Standardabweichung ausgedrückt werden. In den weiteren Ausführungen in diesem Buch wird daher auch beim systematischen Risiko mitunter ein Hinweis darauf gegeben, dass es auf Basis der Varianz (z.B. des Marktes, der Benchmark oder des Marktindex) ermittelt worden ist.

$$TE_{PF}^{erw.} = \sqrt{(0,894495413-1)^2 \cdot (2,20101\%)^2 + (3,28489\%)^2} = 3,29309\%$$

bzw.

$$TE_{PF}^{erw.} = \sqrt{(3,82971\%)^2 + (2,20101\%)^2 \cdot (1 - 2 \cdot 0,894495413)} = 3,29309\%$$

In diesem Beispiel weichen aber Tracking Error (3,29309%) und Residualvolatilität (3,28489%) leicht voneinander ab. Dies ist darauf zurückzuführen, dass ß ≠ 1. Der Unterschied zwischen den beiden Kennzahlen besteht zumeist in der Bezugsgröße. Die Errechnung des Tracking Errors bezieht sich sinnvollerweise auf Portfolios und schließt die systematische Risikoabweichung mit ein, während die Residualvolatilität oftmals zur Beurteilung einzelner Titel eingesetzt werden kann. Inhaltlich ist der Tracking Error umfassender als die Residualvolatilität, da er auch systematische Risikoabweichungen von der Benchmark berücksichtigt. Identität zwischen Tracking Error und Residualvolatilität besteht somit nur dann, wenn der ß-Faktor 1 beträgt.

In der Portfoliomanagementpraxis erfolgt die Schätzung des zukünftigen Tracking Errors eines Portfolios mit Hilfe von Investmentanalysesoftware. Diese muss in der Lage sein, auf der Basis einer viele Einzeltitel umfassenden Kovarianzmatrix den Tracking Error eines beliebigen Portfolios in bezug auf einen vorzugebenden Benchmarkindex zu schätzen.

d. Semivarianz, Lower Partial Moments und Ausfallwahrscheinlichkeit

Die Umstrittenheit der Volatilität als Risikomaß hat eine Debatte um alternative Risikomaße hervorgerufen. Als Resultat dieser Debatte finden in jüngerer Zeit intuitivere Risikomaße, die Risiko nicht nur als Abweichung von geplanten Werten definieren, in der Portfoliomanagementpraxis Verbreitung. Eine verglichen mit der Volatilität intuitivere Art der Risikowahrnehmung wird durch sogenannte Downside Risikomaße zum Einsatz gebracht.

Im Vordergrund steht bei Downside Risikomaßen die Frage, inwieweit eine negative Abweichung von einem Erwartungswert wahrscheinlich ist bzw. welches Ausmaß eine negative Abweichung annehmen kann. Als Downside Risikomaße sind die Semivarianz, die Lower Partial Moments, die Ausfallwahrscheinlichkeit, der Value-at-Risk, der Conditional Value-at-Risk, der Modified Value-at-Risk und der Maximum Drawdown bekannt.

```
                    Downside Risikomaße
    ┌──────────┬──────────┬──────────┬──────────┬──────────┬──────────┐
Semivarianz  Lower Partial  Ausfallwahr-  Value-at-Risk  Cond. VaR    Maximum
              Moments       scheinlichkeit                Modified VaR Drawdown
```

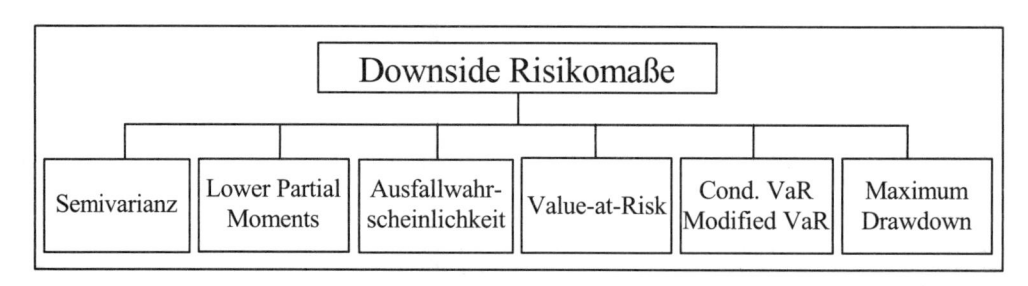

Abb. A.6: Alternative Downside Risikomaße

Bei der Semivarianz werden im Unterschied zur Varianz lediglich die negativen Renditeabweichungen (r_i^-) vom Mittelwert betrachtet. Im Falle positiver Abweichungen werden diese Renditewerte nicht berücksichtigt.

Errechnet wird die empirische Semivarianz (SV) mit Hilfe des Ausdrucks[1]

$$SV = \frac{1}{n} \cdot \sum_{i=1}^{n_k} (r_i^- - \mu)^2$$

mit

r_i^- = Renditeausprägungen, die < μ,
n_k = Zahl der Renditeausprägungen, die < μ,
n = Anzahl aller Renditen, die der Verteilung zugrunde liegen und
i = Index der Renditeausprägungen, die < μ.

Die Wurzel aus der Semivarianz kann dann – vergleichbar der Standardabweichung – als Downside Risiko angesehen werden. Hieraus lässt sich anschließend die annualisierte Semivolatilität (SVOL) errechnen:

$$SVOL = \sqrt{\frac{1}{n} \cdot \sum_{i=1}^{n_k} (r_i^- - \mu)^2} \cdot \sqrt{t} \, .$$

mit

t = Anzahl der Perioden eines Jahres, wobei auf die herangezogenen Daten abzustellen ist.

Zu beachten ist, dass einerseits die Summe in der empirischen Semivarianz nicht über alle Daten geht, andererseits zur Berechnung des arithmetischen Mittels aber alle n Daten herangezogen werden, die zur Verfügung stehen. Auch wird die Summe der quadrierten (negativen) Abweichungen vom Mittelwert durch n geteilt. Anders als bei der empirischen Varianz wird bei der empirischen Semivarianz ein Abzug des Wertes eins vom Nenner n nicht vorgenommen.[2]

Liegt eine symmetrische Renditeverteilung vor, dann beträgt die Semivarianz genau die Hälfte der Varianz. Eine symmetrische Renditeverteilung liegt immer dann vor, wenn eine negative Renditeabweichung vom Mittelwert um x Prozent genauso wahrscheinlich ist, wie eine positive Renditeabweichung um x Prozent. In diesem Fall gelangt man von der Semivolatilität zur üblichen Volatilität durch Multiplikation mit dem Faktor $\sqrt{2}$. Bei Vorliegen einer hinreichend symmetrischen Renditeverteilung, wie dies in Abbildung A.7 der Fall ist, würden somit keine neuen Erkenntnisse bzw. Zusatzinformationen, die über die Varianz

---

1 Vgl. *Poddig/Dichtl/Petersmeier* (2003), S. 131.
2 Vgl. *Poddig/Dichtl/Petersmeier* (2003), S. 130f.

hinausgehen, erlangt, d.h. als Risikomaß würde die Volatilität dann ausreichen. Vielmehr verhalten sich die Risiken in diesem Fall proportional.[1]

Liegen aber asymmetrische Renditeverteilungen vor, so kann die Berechnung der Semivarianz sinnvoll sein. In diesem Fall weicht die Varianz der linken Verteilungshälfte von jener der rechten Verteilungshälfte ab und kann dann als asymmetrisches Risikomaß klassifiziert werden. Allerdings reicht dann auch die Semivarianz zur vollständigen Risikobeschreibung nicht aus, da die Form und das Ausmaß der Asymmetrie wichtige Zusatzinformationen beinhalten.

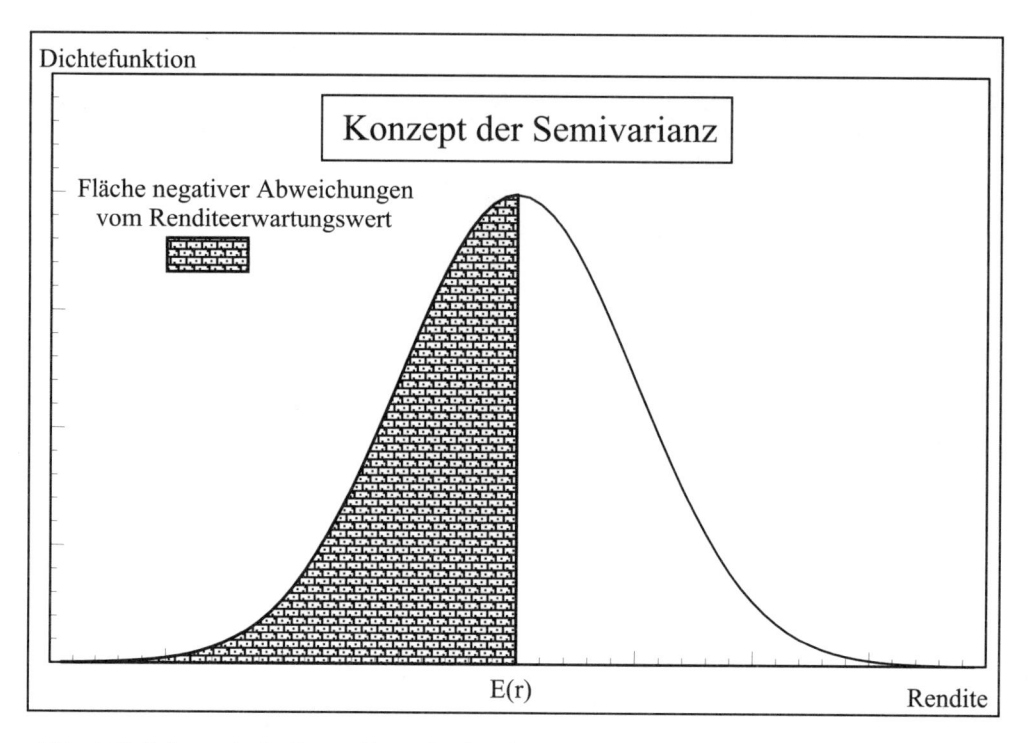

Abb. A.7: Schematische Darstellung der Semivarianz bei symmetrischer Renditeverteilung

In den Fällen einer asymmetrischen Renditeverteilung kann ein Ausfallrisikomaß angeführt werden, das – wie auch die Semivarianz – nur den linken Bereich der Renditeverteilung unterhalb einer bestimmten Sollrendite betrachtet. Hierbei handelt es sich um die sogenannten Lower Partial Moments (LPM). Sie können wie folgt bestimmt werden[2]

$$LPM_m = \sum_{i=0}^{n_k} p_i \cdot \left(r_{min} - r_i^-\right)^m$$

---

1 Vgl. *Poddig/Dichtl/Petersmeier* (2003), S. 132f.
2 Vgl. *Bawa/Lindenberg* (1977), S. 191 und *Harlow* (1991), S. 30.

mit

r_i^- = Renditeausprägungen, die $< r_{min}$,
n_k = Zahl der möglichen Renditeausprägungen, die $< r_{min}$,
i = Index der Renditeausprägungen, die $< r_{min}$,
p_i = Eintrittswahrscheinlichkeit der Abweichung,
r_{min} = geforderte Mindestrendite und
m = Höhe des Momentes.

Mit dem Exponenten m kann angegeben werden, wie der Anleger unterschiedlich hohe negative Abweichungen von der Mindestrendite bewertet. Für m = 1 werden vom Investor die Abweichungen von der Mindestrendite entsprechend ihrer Höhe bewertet. Gegenüber dem LPM_0 wird also zusätzlich das erwartete Ausmaß, mit dem die Sollrendite unterschritten wird, gemessen.

Bei einem Moment von 2 werden aufgrund der Quadrierung höhere negative Abweichungen relativ stärker gewichtet als im Fall von m = 1. Damit drückt das LPM_2 eine höhere Risikoaversion des Investors aus, als das LPM_1. Der Investor wählt entsprechend aus zwei Renditeverteilungen mit gleichen Mittelwerten, Varianzen und Mindestrenditen diejenige aus, die die größere Rechtsschiefe aufweist. Für den Fall, dass die geforderte Mindestrendite dem Erwartungswert µ entspricht, ist das LPM_2 mit der Semivarianz identisch.

Der Vorteil der Lower Partial Moment-Maße liegt darin, dass sie in Abhängigkeit von alternativen Mindestrenditen für beliebige Verteilungsfunktionen bestimmt werden können. Damit werden – anders als bei der Varianz oder Standardabweichung – auch asymmetrische Verteilungen berücksichtigt.

Das folgende Beispiel zeigt die Berechnung der Maße LPM_0, LPM_1 und LPM_2 bei einer geforderten Mindestrendite von 5% auf:

Periode	Rendite	Wahrscheinlichkeit	LPM_0	LPM_1	LPM_2
1	5,00%	10%	0	0	0
2	3,00%	10%	10,00000%	0,20000%	0,00400%
3	7,00%	10%	0	0	0
4	–2,00%	10%	10,00000%	0,70000%	0,04900%
5	4,00%	10%	10,00000%	0,10000%	0,00100%
6	–3,00%	10%	10,00000%	0,80000%	0,06400%
7	6,00%	10%	0	0	0
8	2,00%	10%	10,00000%	0,30000%	0,00900%
9	1,00%	10%	10,00000%	0,40000%	0,01600%
10	8,00%	10%	0	0	0
Summe	**31,00%**	**100%**	**60,0000%**	**2,5000%**	**0,1430%**
µ	**3,1000%**		**(= LPM_0)**	**(= LPM_1)**	**(= LPM_2)**

Tab. A.5: Bestimmung der Lower Partial Moments

Unterstellt wird damit, dass die einzelnen Renditewerte bzw. Perioden mit derselben Eintrittswahrscheinlichkeit 1/n (n = Anzahl der betrachteten Perioden) auftreten. Bei einem Moment von Null steht der Investor der Ausfallhöhe indifferent gegenüber. In diesem Fall ergibt sich als Risikowert die Wahrscheinlichkeit, unter die Mindestrendite zu fallen, wobei das Ausmaß des dadurch festgelegten Verlustes nicht berücksichtigt wird. Daher kann LPM_0 auch als eine Art Ausfallwahrscheinlichkeit angesehen werden und ist folglich nicht als eigenständiges Risikomaß zu bezeichnen. Sie beträgt entsprechend dem LPM_0 in diesem Beispiel 60%, d.h. mit dieser Wahrscheinlichkeit wird die Mindestrendite von 5% in der kommenden Periode voraussichtlich nicht erreicht.

Generell wird aber bei der Bestimmung der Ausfallwahrscheinlichkeit eine Standardnormalverteilung der Renditen unterstellt. Dabei wird die Frage in den Mittelpunkt gerückt, wie hoch die Wahrscheinlichkeit ist, eine vorgegebene Ziel- bzw. Mindestrendite zu verfehlen. Wie bei den Lower Partial Moment-Maßen generell, bedarf es zum sinnvollen Einsatz der Ausfallwahrscheinlichkeit ebenfalls der Kenntnis der investorspezifischen Mindestrenditen. Je nach Zielsetzung des Investors kann dies z.B. 0% (Ziel: kein nomineller Vermögensverlust), die Inflationsrate (Ziel: kein realer Vermögensverlust), der risikolose Zins (Ziel: mindestens die Kosten der Opportunität), die erwartete Rendite einer anderen Anlage (Ziel: mindestens die erwartete Mehrung des Vermögens) oder eine Benchmark (Ziel: mindestens die erwarteten Kosten der Opportunität) sein.[1]

Zur Berechnung der Ausfallwahrscheinlichkeit (AFW) bedient man sich der folgenden Formel:[2]

$$AFW = N\left[\frac{r_{min} - E(r)}{\sigma}\right]$$

mit

r_{min} = Mindestrendite,
$E(r)$ = Renditeerwartungswert,
$N(.)$ = Flächeninhalt der Verteilungsfunktion der Normalverteilung [= $F_N(z)$] und
σ = Standardabweichung bzw. Volatilität der Rendite.

Entspricht der Renditeerwartungswert dem Mittelwert der Renditen µ, so kommt die Ausfallwahrscheinlichkeit dem Wert der Verteilungsfunktion der Standardnormalverteilung $F_N(z)$ gleich mit

$$z = \frac{r_{min} - \mu}{\sigma}$$

Wie aus der Abbildung A.8 ersichtlich ist, gibt die Ausfallwahrscheinlichkeit den Flächeninhalt und damit die Wahrscheinlichkeit an, mit der Renditen unterhalb der festgesetzten Mindestrendite realisiert werden.

---

1 Vgl. *Schmidt-von Rhein* (1996), S. 427ff.
2 Vgl. *Breuer/Gürtler/Schuhmacher* (2006), S. 117.

Ein wichtiges Problem des Ausfallwahrscheinlichkeitsansatzes liegt in der Unbekanntheit des Ausmaßes der Zielverfehlung. Es wird zwar berechnet, mit welcher Wahrscheinlichkeit eine Mindestrendite verfehlt wird, die Höhe der Verfehlung bleibt jedoch unberücksichtigt. Ebenso wie das Risikokonzept der Volatilität fußt auch die Ausfallwahrscheinlichkeit auf der Annahme normalverteilter Renditen.

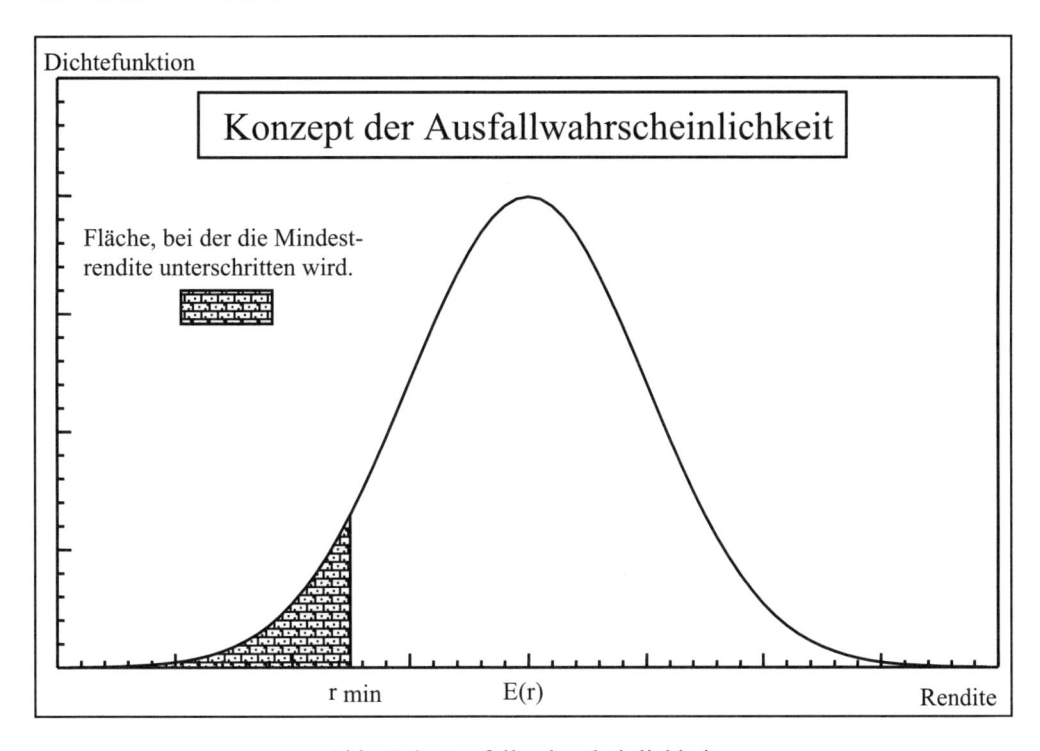

Abb. A.8: Ausfallwahrscheinlichkeit

Für das obige Beispiel zu den Lower Partial Moments ergeben sich die folgenden Werte:

$\mu = 3{,}1\%$, $\sigma = 3{,}6652\%$

$$z = \frac{r_{min} - \mu}{\sigma} = \frac{5\% - 3{,}1\%}{3{,}6652\%} - 0{,}51839608.$$

Für diesen z-Wert kann aus der Verteilungsfunktion der Standardnormalverteilung eine Wahrscheinlichkeit von $F_N(z) = F_N(0{,}51839608) = 69{,}847\% \approx 70\%$ abgeleitet werden. Nach diesem Konzept liegt die Wahrscheinlichkeit, dass die Rendite geringer ausfällt als 5%, bei rund 70%. Unterstellt wird dabei allerdings eine Standardnormalverteilung der Renditen.

e. Value-at-Risk

Ein der Ausfallwahrscheinlichkeit ähnliches Konzept liegt mit dem Value-at-Risk-Ansatz vor, der von J.P. Morgan in der Schrift RiskMetrics™ eingeführt wurde.[1] Hierbei wird gefragt, wie hoch der maximal zu erwartende absolute Verlust ist, der sich unter normalen Bedingungen am Markt ergeben kann. Der Value-at-Risk kann als wahrscheinliche Barwertänderung eines Portfolios beschrieben werden. Die Berechnung erfolgt für eine bestimmte Periode und ein vorgegebenes Wahrscheinlichkeitsniveau (z.B. 1%). So besteht beispielsweise bei einem 99%-igen Wahrscheinlichkeitsintervall eine Restwahrscheinlichkeit von 1%, dass die Verlustgrenze (Value-at-Risk) für eine bestimmte Periode von den tatsächlichen Verlusten überschritten wird. Falls sich beispielsweise bei einem Konfidenzniveau von 95% ein Value-at-Risk von € 100.000 ergibt, wird davon ausgegangen, dass der Verlust mit einer Wahrscheinlichkeit von 5% noch höher als € 100.000 ausfallen kann. Insofern kann auch nicht von einem Maximalverlust gesprochen werden, da die tatsächlichen Verluste durchaus höher sein können.

Im Unterschied zur Ausfallwahrscheinlichkeit drückt das Value-at-Risk-Konzept das bestehende Risiko in Geldeinheiten aus.

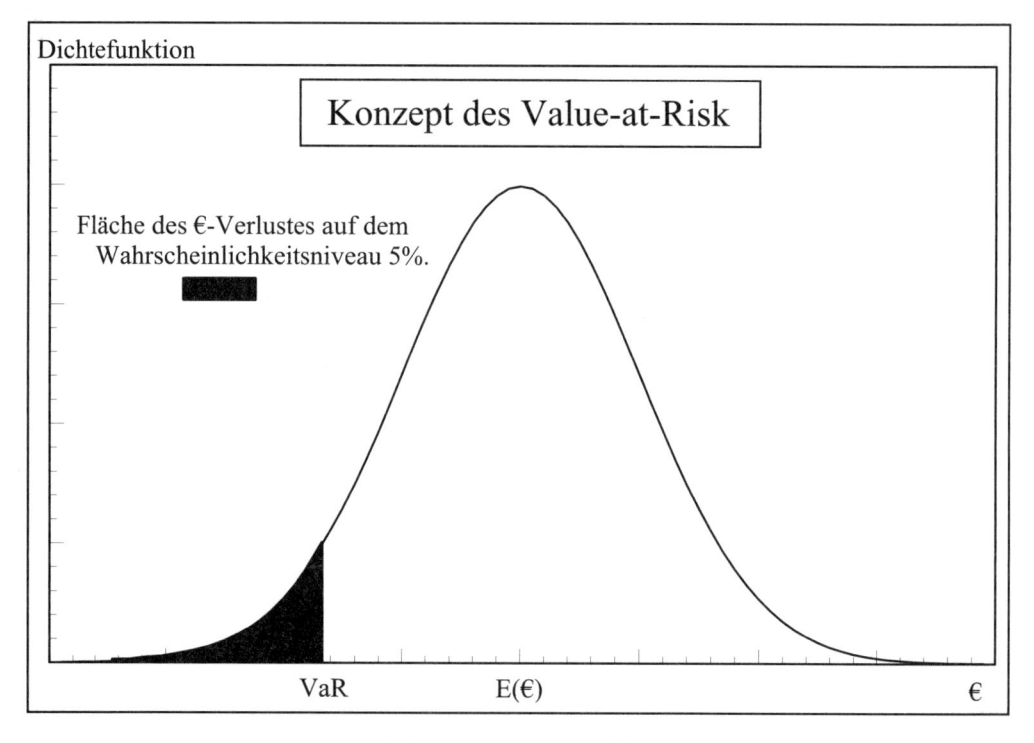

Abb. A.9: Value-at-Risk

Wie beim Vergleich der obigen Graphik zur Ausfallwahrscheinlichkeit (Abbildung A.8) mit Abbildung A.9 deutlich wird, besitzt die Abszisse hier die Dimension €. Anstatt des

---

1 Vgl. *Bode/Mohr* (1996), S. 470.

gewählten Wahrscheinlichkeitsniveaus von 1% wird in der Portfoliomanagementpraxis häufig, so z.B. im Rahmen des Risk-Metrics™-Modells von J.P. Morgan, ein Wahrscheinlichkeitsniveau von 5% gewählt.[1]

Wird eine Normalverteilung der Renditen unterstellt, so kann nach Vorgabe des Wahrscheinlichkeitsniveaus der entsprechende z-Wert der Standardnormalverteilung bestimmt werden. Dieser ist dann noch in den Value-at-Risk zu transformieren. Die Formel dazu lautet wie folgt, wobei das negative Vorzeichen dazu führt, dass der Value-at-Risk als Verlustgröße einen positiven Wert aufweist:[2]

$$VaR = -\text{Volumen} \cdot (\mu + z \cdot \sigma)$$

Bei dem Volumen handelt es sich um das finanzielle Volumen der jeweiligen Risikoposition, z.B. den Marktwert einer Aktienposition. Die Standardabweichung kann auf Basis der Veränderungsraten oder Renditen der zugrunde liegenden Risikoposition ermittelt werden, wobei der Mittelwert der Verteilung μ dann der mittleren Veränderungsrate bzw. Rendite entsprechen würde. Bei der hier vorgestellten Formel werden diskrete, d.h. nicht logarithmierte Renditen unterstellt.

Häufig wird bei der Value-at-Risk-Ermittlung besonders bei einem kurzem Planungshorizont im Risk Management der Banken, wie z.B. 1 Tag oder 10 Tage unterstellt, dass der Mittelwert der Verteilung einen Wert von Null annimmt. Andernfalls würde sich die Standardnormalverteilung z.B. bei einem positiven Erwartungswert nach rechts verschieben. Dies würde zu einem geringeren (absoluten) Betrag für den Value-at-Risk führen; denn der Abstand $z \cdot \sigma$ bleibt gleich und wird ebenfalls nach rechts verschoben. Die Formel für den Value-at-Risk lautet unter Berücksichtigung der Prämisse, dass $\mu = 0$:

$$VaR = -\text{Volumen} \cdot z \cdot \sigma$$

Liegt eine Normalverteilung der Renditen vor, so kann der Value-at-Risk z.B. einer Aktienanlage im Volumen von € 385.000 bei einer Standardabweichung von 8% für ein einseitiges Konfidenzniveau von 97,725% wie folgt bestimmt werden:[3]

$$VaR = -€\ 385.000 \cdot (-2) \cdot 8\% = €\ 61.600$$

Das Ergebnis besagt, dass der Verlust dieser Aktienanlage in der betrachteten Periode mit einer Wahrscheinlichkeit von 2,275% höher als € 61.600 ausfällt.

Zur Bestimmung des Value-at-Risk eines Aktienportfolios, das aus n Aktien besteht, kann auf die folgende Formel zurückgegriffen werden:[4]

$$VaR_{PF} = \sqrt{\begin{array}{l}[\text{Risikovektor}]\\ \cdot [\text{Korrelationskoeffizientenmatrix}]\\ \cdot [\text{Transponente des Risikovektors}]\end{array}}$$

---

1 Vgl. *JP Morgan* (1995), S. 233ff.
2 Vgl. z.B. *Schierenbeck/Lister/Kirmße* (2008), S. 76ff.
3 Die standardnormalverteilte Zufallsvariable z hat in diesem Fall einen Wert von –2, vgl. *Bleymüller* (2012), S. 61.
4 Vgl. *Schierenbeck/Lister/Kirmße* (2008), S. 77; *Arnsfeld* (1999), S. 353ff.

mit

[Risikovektor] = [VaR (Aktie A)   VaR (Aktie B) ...... VaR (Aktie n)].

Die Korrelationskoeffizientenmatrix lässt sich wie folgt darstellen:

	Aktie A	Aktie B	.....	Aktie n
Aktie A	1	Korrelation (A,B)	.....	Korrelation (A,n)
Aktie B	Korrelation (B,A)	1	.....	Korrelation (B,n)
.....	.....	....	.....	....
Aktie C	Korrelation (n,A)	Korrelation (n,B)	.....	1

Tab. A.6: Korrelationskoeffizientenmatrix

Nunmehr soll das folgende, aus drei Aktien bestehende Portfolio betrachtet werden:

	Aktie A	Aktie B	Aktie C
Kurs	50	60	70
Anzahl	7.700	5.000	4.500
Volumen in €	385.000	300.000	315.000
σ	8,00%	12,00%	6,00%
z-Wert	−2	−2	−2
VaR in €	61.600	72.000	37.800

Tab. A.7: Value-at-Risk der Aktien im Beispielportfolio

Darüber hinaus wird folgende Korrelationsmatrix zugrunde gelegt:

	Aktie A	Aktie B	Aktie C
Aktie A	1	0,5	0,7
Aktie B	0,5	1	0,2
Aktie C	0,7	0,2	1

Tab. A.8: Korrelationskoeffizientenmatrix im Beispielportfolio

Aus diesen Angaben lässt sich der Value-at-Risk wie folgt berechnen:

$$\text{VaR}_{PF} = \sqrt{\begin{bmatrix} 61.600 & 72.000 & 37.800 \end{bmatrix} \cdot \begin{bmatrix} 1 & 0,5 & 0,7 \\ 0,5 & 1 & 0,2 \\ 0,7 & 0,2 & 1 \end{bmatrix} \cdot \begin{bmatrix} 61.600 \\ 72.000 \\ 37.800 \end{bmatrix}}$$

$$\text{VaR}_{PF} = \sqrt{19.191.112.000} = 138.531,99$$

Damit beläuft sich mit einer Wahrscheinlichkeit von 97,725% der Verlust des Aktienportfolios innerhalb der betrachteten Periode auf nicht mehr als € 138.531,99. Im Umkehrschluss sagt der Value-at-Risk-Wert aus, dass mit einer Wahrscheinlichkeit von 2,275% der Verlust innerhalb der Periode mehr als € 138.531,99 beträgt.

Der Betrag von € 138.531,99 ist somit deutlich niedriger als die Summe der einzelnen Value-at-Risks (€ 171.400). Dies ist auf die Berücksichtigung der Korrelationen zurückzuführen. Der Value-at-Risk des Portfolios lässt sich im Übrigen auch mit Hilfe der Standardabweichung des gesamten Portfolios bestimmen, wobei Letztere z.B. auf Basis der noch vorzustellenden Varianz-Kovarianz-Matrix ermittelt werden kann:

$$\begin{aligned}\text{VaR}_{PF} &= -\text{Volumen}_{PF} \cdot z \cdot \sigma_{PF} = -(385.000+300.000+315.000)\cdot(-2)\cdot 6,926599\% \\ &= 138.531,99\end{aligned}$$

Zu beachten ist allerdings, dass im Falle der Verwendung von logarithmierten Renditen zur Ermittlung von Mittelwert und Standardabweichung eine Transformation in einen diskreten Wert zu erfolgen hat. In diesem Fall wird der Value-at-Risk wie folgt bestimmt:[1]

$$\text{VaR} = -\text{Volumen} \cdot \left(e^{(\mu+z\cdot\sigma)} - 1\right)$$

mit

e = Euler'sche Zahl = 2,718281828.

Berücksichtigt man nunmehr, dass im Portfoliomanagement eher längerfristige Anlagehorizonte vorherrschen, so erscheint die Unterstellung eines Erwartungswertes (μ) von Null nicht mehr angemessen. Wird dies bei der Value-at-Risk-Ermittlung berücksichtigt, so ist zu beachten, dass die Bedeutung der erwarteten Rendite mit ansteigendem Anlagehorizont gegenüber der Volatilität zunimmt. Dies ist auf die unterschiedliche zeitliche Aggregation bei der stetigen Rendite und der entsprechenden Standardabweichung zurückzuführen.

---

1 Vgl. *Schierenbeck/Lister/Kirmße* (2008), S. 82.

Beispielsweise lässt sich eine stetige Jahresrendite durch Multiplikation der stetigen Monatsrenditen mit dem Faktor 12 berechnen, während die annualisierte Standardabweichung durch Multiplikation der monatlichen Standardabweichung mit der Quadratwurzel von 12 bestimmt wird. Werden diese Aspekte beachtet, so ergibt sich für den Value-at-Risk der folgende Wert:[1]

$$VaR = -Volumen \cdot \left(e^{(\mu \cdot t + z \cdot \sigma \cdot \sqrt{t})} - 1 \right)$$

mit

t = Haltedauer in Jahren,
μ = jährliche erwartete stetige Rendite und
σ = jährliche Standardabweichung der stetigen Renditen.

Im Folgenden soll die Entwicklung des Value-at-Risk bei verschiedenen Zeitintervallen aufgezeigt werden.[2] Dazu wird ein Portfolio betrachtet, das aus 2.000 Aktien einer Gesellschaft besteht, wobei sich der Aktienkurs auf € 30 beläuft. Auf der Basis von logarithmierten bzw. stetigen Renditen der Vergangenheit wurde ein Mittelwert für die jährliche Rendite von 7,0% und eine jährliche Standardabweichung von 11,0% ermittelt. Betrachtet wird ein Konfidenzniveau von 95%, d.h. der entsprechende z-Wert aus der Standardnormalverteilung beträgt 1,644853. Je nach Betrachtungsdauer ergeben sich die folgenden Werte, wobei davon ausgegangen wird, dass der Planungshorizont von beispielsweise 1 Jahr (2 Jahre etc.) insgesamt 250 (500 etc.) Börsentage entspricht:

Börsentage	1	125	250	375	500	750	1.000	1.250	1.500	1.625	1.750	1.875
Jahre (t)	0,004	0,50	1,00	1,50	2,00	3,00	4,00	5,00	6,00	6,50	7,00	7,50
VaR in €	666	5.325	6.300	6.603	6.565	5.893	4.716	3.187	1.376	376	–681	–1.796

Tab. A.9: Value-at-Risk in Abhängigkeit vom Anlagehorizont bei $\mu = 7{,}0\%$

Zur Bestimmung des maximalen Value-at-Risk in Abhängigkeit vom Anlagehorizont t kann zunächst die erste Ableitung der obigen VaR-Funktion nach t mit Null gleichgesetzt werden. Im Ergebnis erhält man die folgenden Werte:

$$t^* = \frac{z^2 \cdot \sigma^2}{4 \cdot \mu^2} = \frac{(-1{,}6448543)^2 \cdot (0{,}11)^2}{4 \cdot (0{,}07)^2} = 1{,}67026$$

$$\Rightarrow VaR = -60.000 \cdot \left(e^{(0{,}07 \cdot 1{,}67026 - 1{,}6448543 \cdot 0{,}11 \cdot \sqrt{1{,}67026})} - 1 \right) = 6.621$$

---

1 Vgl. *Kleeberg/Schlenger* (2000), S. 976ff.
2 Vgl. dazu auch *Kleeberg/Schlenger* (2000), S. 976ff.; *Rohweder* (2000), S. 1021ff.

Der Zeitpunkt t^{**}, bei dem die VaR-Funktion den Wert Null annimmt, lässt sich ebenfalls analytisch bestimmen:

$$t^{**} = \left(\frac{-z \cdot \sigma}{\mu}\right)^2 = \left(\frac{-(-1{,}644853) \cdot 0{,}11}{0{,}07}\right)^2 = 6{,}68103588$$

Grafisch kann der Zusammenhang zwischen dem Anlagehorizont und dem Value-at-Risk für dieses Beispiel wie folgt dargestellt werden:

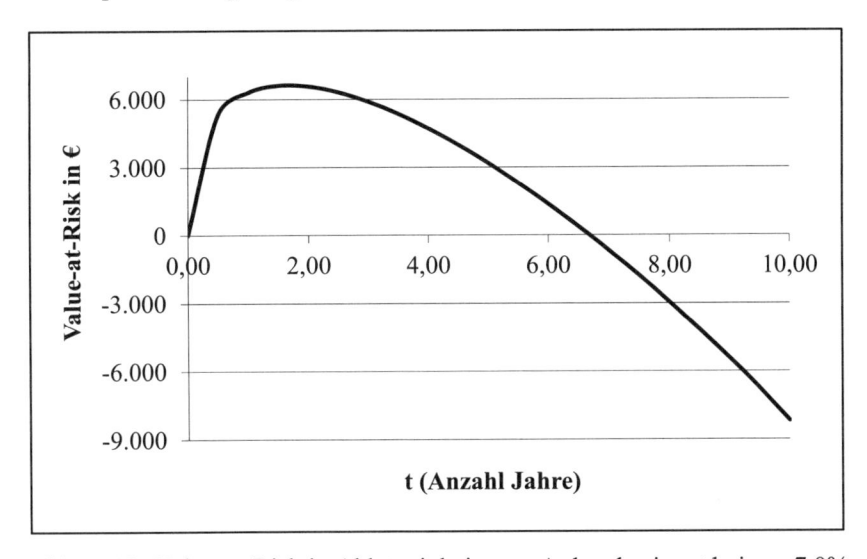

Abb. A.10: Value-at-Risk in Abhängigkeit vom Anlagehorizont bei $\mu = 7{,}0\%$

Wie die Abbildung zeigt, steigt der Value-at-Risk zunächst an, um zum Zeitpunkt $t^* = 1{,}67026$ (= 417,56 Tage) ein Maximum zu erreichen. Danach nimmt der Value-at-Risk immer mehr ab und wird ab dem Zeitpunkt $t^{**} = 6{,}68104$ (= 1.670,26 Tage) sogar negativ. Insofern gilt für dieses Beispiel, dass bei einem Anlagehorizont von 1.670,26 Tagen mit einer Wahrscheinlichkeit von 5% der Wert des Aktienportfolios das eingesetzte Kapital unterschreitet.

Wird dagegen von einem Mittelwert für die jährliche Rendite von 0% (anstelle von 7,0%) ausgegangen, so ergeben sich die folgenden Werte:

Börsentage	1	125	250	375	500	750
Jahre (t)	0,004	0,50	1,00	1,50	2,00	3,00
VaR in €	683	7.206	9.931	11.926	13.546	16.142
Börsentage	1.000	1.250	1.500	1.625	1.750	1.875
Jahre (t)	4,00	5,00	6,00	6,50	7,00	7,50
VaR in €	18.218	19.965	21.481	22.172	22.825	23.444

Tab. A.10: Value-at-Risk in Abhängigkeit vom Anlagehorizont bei $\mu = 0\%$

Die folgende Abbildung stellt die entsprechende Entwicklung grafisch dar:

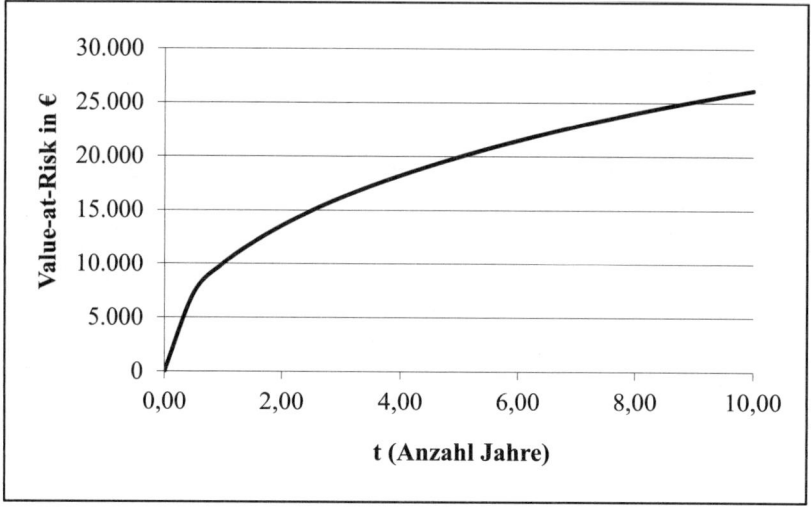

Abb. A.11: Value-at-Risk in Abhängigkeit vom Anlagehorizont bei $\mu = 0\%$

Wird also von einem Mittelwert für die jährliche Rendite von 0% ausgegangen, so steigt der Value-at-Risk kontinuierlich mit zunehmendem Anlagehorizont an. Von besonderem Interesse ist ein kurzfristiger Anlagehorizont, bei dem beide Verläufe verglichen werden können (Abbildung A.12).

Erkennbar ist, dass der Value-at-Risk bei einem Mittelwert (Erwartungswert) von 0% immer oberhalb des Value-at-Risk liegt, bei dem der Erwartungswert von 7% berücksichtigt wird.

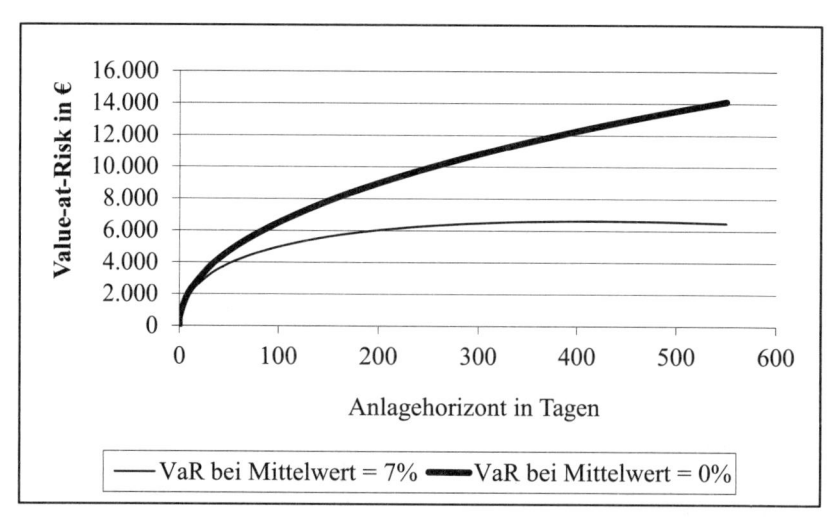

Abb. A.12: Value-at-Risk in Abhängigkeit vom Anlagehorizont
bei $\mu = 0\%$ bzw. $\mu = 7\%$

Bei den hier betrachteten Value-at-Risk-Verläufen wird allerdings unterstellt, dass die Renditen für alle Intervalle seriell unabhängig sind und die Renditeverteilung symmetrisch ist. Darüber hinaus wird von der Konstanz von Mittelwert und Standardabweichung über den gesamten Anlagehorizont ausgegangen. Problematisch sind diese Annahmen besonders in den Fällen, in denen der betrachtete Anlagehorizont nicht mit dem Intervall der Renditemessung übereinstimmt, d.h. dass beispielsweise auf der Basis von Wochenrenditen ein auf ein Jahr bezogener Value-at-Risk bestimmt wird anstatt jährliche Renditen zu seiner Berechnung heranzuziehen.[1]

Grundsätzlich stehen verschiedene Ansätze zur Berechnung eines Value-at-Risk zur Verfügung, wobei die Auswahl einer bestimmten Methode insbesondere von der Art der vorhandenen Finanzinstrumente, der Datenverfügbarkeit und den Möglichkeiten der Informatik abhängt. Oftmals erfolgt die Berechnung anhand der parametrischen Gleichung und unter der Annahme einer Normalverteilung, wobei die parametrische oder die Delta-Bewertungsmethode Kursveränderungen für jedes Finanzinstrument anhand der Volatilität schätzt und bei der Value-at-Risk-Berechnung für ein Portfolio die Korrelationen zwischen den einzelnen Marktpreisveränderungen berücksichtigt. Bei der Delta-Bewertungsmethode werden entweder die impliziten oder die historischen Volatilitäten zugrunde gelegt.[2]

Neben dem analytischen Verfahren können auch Simulationen zur Bestimmung des Value-at-Risk herangezogen werden. Dazu zählen insbesondere die historische Simulation und die Monte-Carlo-Simulation. Bei der historischen Simulation werden Portfolioveränderungen auf Basis der Daten der Vergangenheit generiert. Statistische Parameter sind dazu nicht erforderlich. Jede Periode der Vergangenheit wird dabei sozusagen als mögliches Szenario für die kommende Periode betrachtet. Anschließend werden die Gewinne/Verluste der einzelnen Szenarien in eine Rangfolge gebracht. In Abhängigkeit vom gewählten Konfidenzniveau lässt sich der Value-at-Risk dann durch Abzählen ermitteln. Beispielsweise ergeben sich bei einer historischen Simulation auf Basis der Monatsrenditen der vergangenen 10 Jahre insgesamt 120 Renditen, die anschließend in eine Reihenfolge gebracht werden:

Rendite	Rang	Rendite	Rang	Rendite	Rang
12,1%	1	9,1%	7	−9,5%	115
11,7%	2	8,8%	8	−10,7%	116
11,5%	3	:	:	−11,8%	117
10,8%	4	:	:	−12,3%	118
9,4%	5	−7,4%	113	−14,4%	119
9,2%	6	−8,6%	114	−21,4%	120

Tab. A.11: Beispiel 1 zur historischen Simulation

---

1 Vgl. *Kleeberg/Schlenger* (2000), S. 976ff.
2 Vgl. *Weibel/Dubois* (1997), S. 323ff. Zur Möglichkeit, den Value-at-Risk durch Rechentechniken zu reduzieren vgl. *Bode/Mohr* (1997), S. 695ff.

In diesem Beispiel werden Renditen und nicht absolute Wertveränderungen des Portfolios zugrunde gelegt. Wird dabei ein Konfidenzniveau von 95% unterstellt, so entspricht die an 114. Stelle (120 · 95% = 114) ermittelte Rendite dem Value-at-Risk. Der Value-at-Risk ergibt sich also zu −8,6%, d.h. mit 5% Wahrscheinlichkeit wird der Verlust noch höher ausfallen bzw. die Rendite noch negativer sein. Dies gilt in dem Beispiel für 6 Fälle (= 5% von 120).[1]

Zumeist ergeben sich allerdings in der Praxis keine ganzzahligen Rangfolgewerte. Liegen z.B. 68 Renditen vor, so wäre bei einem Konfidenzniveau von 95% der Rang 64,6 maßgeblich für den Value-at-Risk. Damit würden 5% der beobachteten Renditen 3,4 Renditen entsprechen. In diesem Fall kann durch Interpolation zwischen dem dritt- und dem viertniedrigsten Renditewert der Value-at-Risk bestimmt werden. Beispielsweise sollen folgende Renditewerte betrachtet werden:[2]

Rendite	Rang
11,2%	1
:	:
−9,2%	64
−9,4%	65
−9,5%	66
−9,9%	67
−10,2%	68

Tab. A.12: Beispiel 2 zur historischen Simulation

Der Value-at-Risk liegt entsprechend zwischen dem 64. und 65. Wert und kann wie folgt berechnet werden:

$$VaR = 0,4 \cdot (-9,2\%) + 0,6 \cdot (-9,4\%) = -9,32\%$$

Damit wäre in 3,4 Fällen (5% aller Fälle) die Rendite noch geringer als −9,32%. Zur Bestimmung der entsprechenden absoluten Value-at-Risk-Beträge sind diese Werte noch mit dem Risikovolumen (z.B. dem Anlagebetrag) zu multiplizieren.

Wird ein Portfolio mit mehreren Wertpapieren zugrunde gelegt, so können bei Betrachtung des Gesamtportfolios mit Hilfe einer historischen Simulation jeweils die Gesamtrenditen bzw. die Veränderungen des Gesamtportfoliowertes simuliert werden. Letztere ergeben sich aus den gegen- oder gleichläufigen Wertveränderungen der einzelnen Wertpapiere. Somit werden die zwischen den Wertpapieren bestehenden Korrelationen indirekt berücksichtigt.[3]

---

1 Vgl. *Schierenbeck/Lister/Kirmße* (2008), S. 89ff.
2 Vgl. *Bodie/Kane/Marcus* (2011a), S. 138.
3 Vgl. *Schierenbeck/Lister/Kirmße* (2008), S. 91.

Anders als bei der historischen Simulation werden bei der Monte-Carlo-Simulation nicht die historischen, beobachteten Wertveränderungen zugrunde gelegt, sondern diese Werte werden mit Hilfe von Zufallszahlen generiert. Dabei werden Verteilungsannahmen vorgegeben. Anschließend werden die erhaltenen Ergebnisse auch hier – analog zur historischen Simulation – in eine Reihenfolge gebracht und der Value-at-Risk durch Abzählen bestimmt.[1]

Die Zielsetzung des Value-at-Risk-Ansatzes besteht darin, Risikoabschätzungen für Worst Case Szenarien abgeben zu können. Daher bietet es sich an, Value-at-Risk-Zahlen als Nebenbedingung zu alternativen Risikokennziffern festzulegen. Als alleiniges Risikomaß im Portfoliomanagement ist der Ansatz allerdings kaum geeignet.

Wenngleich dieser Ansatz häufig nur mit den Handels-Aktivitäten der Banken assoziiert wird, so findet er daneben auch im Asset Management im Rahmen des internen Controllings von Mandaten zunehmend Anwendung.[2] Ausgehend von der Annahme, dass das Wertpapierportfolio auf der Basis quantitativer Modelle anhand einer Benchmark gemessen wird, bietet sich der erwartete Tracking Error als Risikogröße an. Um auch hier zu einer absoluten Risikokennzahl zu gelangen, kann auch ein risikobehafteter relativer Vermögenswert in Geldeinheiten ermittelt werden. Bei normalverteilten Portfolio- und Benchmarkrenditen kann z.B. bei einem geschätzten Tracking Error von 7% p.a. ceteris paribus erwartet werden, dass die Benchmarkrendite nach Ablauf eines Jahres mit einer Wahrscheinlichkeit von 2,275% um mehr als 14%-Punkte unterschritten wird. Damit kann allerdings noch keine Aussage über einen absoluten Kapitalverlust getroffen werden, wenn keine Angabe zur erwarteten Benchmarkrendite vorliegt.[3]

Im Rahmen der Portfoliooptimierung lässt sich der Value-at-Risk ebenfalls nutzen. So kann beispielsweise das Portfolio bestimmt werden, das den minimalen Value-at-Risk aufweist.[4]

f. Conditional Value-at-Risk

Bei der Berechnung des Value-at-Risk erfolgt keine nähere Betrachtung der jeweiligen Extremwerte, die unterhalb des Quantils zum Wahrscheinlichkeitsniveau von $p = 1 - \alpha$ liegen, wobei mit α das Konfidenzniveau ausgedrückt wird. Vor diesem Hintergrund wurde das Risikomaß des Conditional Value-at-Risk entwickelt, der mit weiteren, in der Literatur entwickelten Risikomaßen, wie Expected Shortfall, Expected Tail Loss oder auch Conditional Tail Expectation eng verwandt ist. Beispielsweise fällt der Conditional Value-at-Risk mit dem Expected Shortfall in den Fällen zusammen, in denen die zugrunde liegende Verteilungsfunktion eine Dichte besitzt. Mit dem Conditional Value-at-Risk sollen nähere Informationen über die möglichen Verluste in den Fällen erlangt werden, in denen der Verlust noch höher ausfällt als der Value-at-Risk.[5]

Der Conditional Value-at-Risk (CVaR) entspricht dem durchschnittlichen Verlust, der sich bei einem Konfidenzniveau von α im Bereich unterhalb des $(1 - \alpha)$-Quantils ergibt.

---

1 Vgl. *Schierenbeck/Lister/Kirmße* (2008), S. 92ff.
2 Vgl. *Schlenger* (1997), S. 726ff.
3 Vgl. *Schlenger* (1997), S. 726.
4 Vgl. *Gramlich/Peylo/Staaden* (1997), S. 422ff.
5 Vgl. *Fischer* (2010), S. 424; *Gleißner* (2011), S. 140; *Bodie/Kane/Marcus* (2011a), S. 138; *Albrecht* (2003), S. 31f.

Damit kann er darauf hinweisen, welche Abweichung zu erwarten ist, wenn der Value-at-Risk überschritten wird, was bereits als Extremfall gilt. Somit wird nicht nur die Wahrscheinlichkeit einer extremen Abweichung betrachtet, sondern auch wie hoch die darüber hinausgehende Abweichung im Durchschnitt ausfällt. Mithin kann der CVaR auch als Durchschnitt der Value-at-Risk-Werte für den Bereich unterhalb des (1 − α)-Quantils bezeichnet werden. Er kann für ein Konfidenzniveau von α wie folgt dargestellt werden:[1]

$$CVaR_\alpha = -E\left(r \mid r < -VaR_\alpha \right)$$

Grafisch wird das Konzept des Conditional Value-at-Risk in Abbildung A.13 dargestellt.[2]

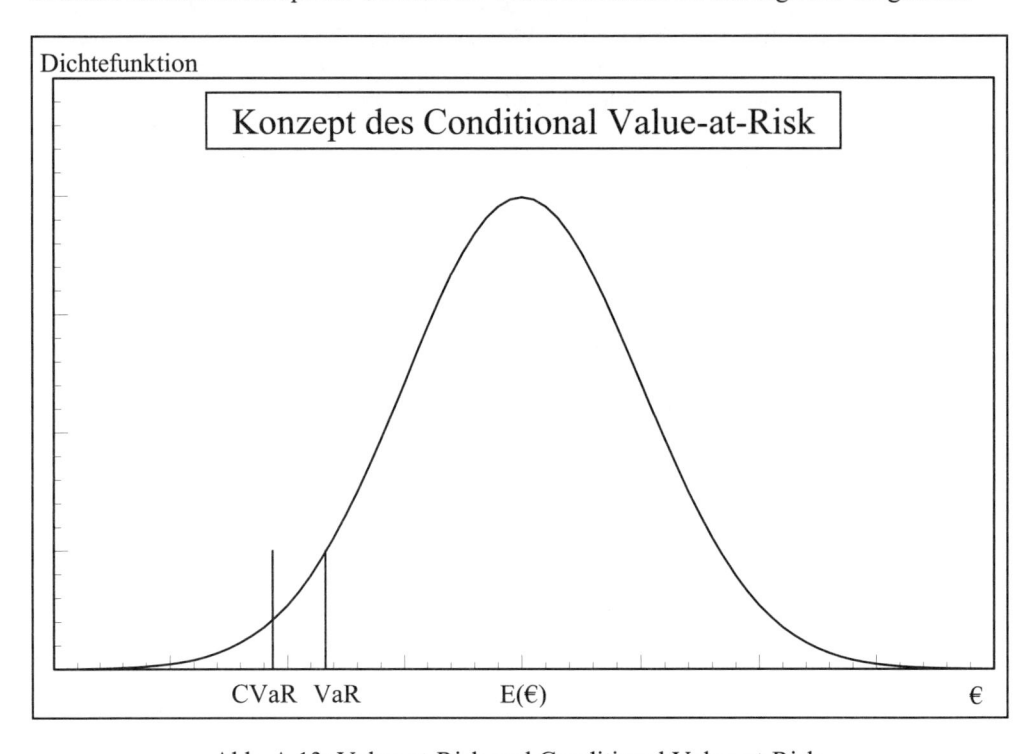

Abb. A.13: Value-at-Risk und Conditional Value-at-Risk

Für den Fall, dass von einer Normalverteilung der Renditen ausgegangen wird, kann der CVaR wie folgt ermittelt werden:[3]

$$CVaR_\alpha = -\mu + \frac{\varphi(z_\alpha)}{1-\alpha} \cdot \sigma$$

---

1 Vgl. *Fischer* (2010), S. 424; *Gleißner* (2011), S. 140; *Albrecht* (2003), S. 31.
2 Vgl. *Albrecht* (2003), S. 33; *Daldrup* (2005), S. 20.
3 Vgl. *Fischer* (2010), S. 425.

mit

μ = Mittelwert der Renditen,
φ = Dichtefunktion der Standardnormalverteilung,[1]
α = Konfidenzniveau und
σ = Standardabweichung.

Für ein Portfolio mit einer erwarteten Rendite (arithmetisches Mittel vergangener Renditen) von 6% und einer Standardabweichung von 25% ergibt sich bei einem Konfidenzniveau von 95% (z = –1,64485363) ein Value-at-Risk von 35,1213%:

$$VaR_{95\%} = -(\mu + z \cdot \sigma) = -(6\% - 1,64485363 \cdot 25\%) = -(6\% - 41,1213\%) = 35,1213\%$$

Mit einer Wahrscheinlichkeit von 5% wird somit in der betrachteten Periode der Verlust höher ausfallen als 35,1213%.

Für den CVaR kann der folgende Wert bestimmt werden:

$$CVaR_{95\%} = -6\% + \frac{\varphi(-1,64485363)}{1-0,95} \cdot 25\% = -6\% + \frac{0,10313564}{0,05} \cdot 25\% = 45,5678\%$$

Würde beispielsweise ein Anlagebetrag von € 1 Mio zugrunde gelegt, so ergeben sich die folgenden absoluten Werte:

$$VaR_{95\%} = 35,1213\% \cdot 1.000.000 € = 351.213 €$$

$$CVaR_{95\%} = 45,5678\% \cdot 1.000.000 € = 455.678 €$$

Im Vergleich zum Value-at-Risk ist der Wert des CVaR immer größer, da zum VaR als Verlust, der mit der Wahrscheinlichkeit von (1 – α) überschritten wird, noch die mittlere Abweichung im Überschreitungsfall hinzukommt:[2]

$$CVaR_\alpha = VaR_\alpha + E(-r - VaR_\alpha \mid r < -VaR_\alpha)$$

Im Fall einer Normalverteilung der Renditen kann die Differenz zwischen CVaR und VaR wie folgt ausgedrückt werden:[3]

$$CVaR_\alpha - VaR_\alpha = E(-r - VaR_\alpha \mid r < -VaR_\alpha) = \frac{\varphi(z_\alpha) + (1-\alpha) \cdot z_\alpha}{1-\alpha} \cdot \sigma$$

---

1 Zur Berechnung der Dichtefunktion der Standardnormalverteilung kann die Excel-Funktion „Norm.vert(x;Mittelwert;Standardabwn;Kumuliert) herangezogen werden, wobei hier für „x" der z-Wert, für „Mittelwert" = 0, für „Standardabweichung" = 1 und für „Kumuliert" = Falsch eingegeben wird.
2 Vgl. *Fischer* (2010), S. 425; *Gleißner* (2011), S. 140.
3 Vgl. *Albrecht/Koryciorz* (2003), S. 6.

Werden die obigen Werte eingesetzt, so ergibt sich:

$$\text{CVaR}_{95\%} - \text{VaR}_{95\%} = \frac{0{,}10313564 + 0{,}05 \cdot (-1{,}64485363)}{0{,}05} \cdot 25\% = 10{,}4465\%$$

$$= 45{,}5678\% - 35{,}1213\% = 10{,}4465\%$$

Je höher das Konfidenzniveau gewählt wird, umso mehr gleichen sich VaR und CVaR an. So ergeben sich beispielsweise die folgenden Werte für ein Konfidenzniveau von 99% ($z = -2{,}32634787$):

$$\text{VaR}_{99\%} = -(\mu + z \cdot \sigma) = -(6\% - 2{,}32634787 \cdot 25\%) = -(6\% - 58{,}1587\%) = 52{,}1587\%$$

bzw. in absoluten Werten ausgedrückt:

$$\text{VaR}_{99\%} = 52{,}1587\% \cdot 1.000.000\,€ = 521.587\,€$$

Mit einer Wahrscheinlichkeit von 1% wird somit in der betrachteten Periode der Verlust höher ausfallen als 52,1587% bzw. € 521.587.

Für den CVaR kann der folgende Wert bestimmt werden:

$$\text{CVaR}_{99\%} = -6\% + \frac{\varphi(-2{,}32634787)}{1 - 0{,}99} \cdot 25\% = -6\% + \frac{0{,}026652142}{0{,}01} \cdot 25\% = 60{,}6304\%$$

bzw. in absoluten Werten ausgedrückt:

$$\text{CVaR}_{99\%} = 60{,}6304\% \cdot €\,1.000.000 = €\,606.304$$

In diesem Beispiel würde bei Eintritt des Extremfalls, d.h. dass der Value-at-Risk von € 521.587 überschritten wird (dieser Fall tritt hier mit einer Wahrscheinlichkeit von 1% auf), ein Verlust von € 606.304 zu erwarten sein. Somit wird nicht nur die Wahrscheinlichkeit betrachtet (hier 1%), dass der Verlust höher als der Value-at-Risk ausfällt, sondern auch noch die durchschnittliche Höhe der darüber hinausgehenden Abweichung. Insgesamt gesehen kann festgestellt werden, dass der Conditional Value-at-Risk als Alternative zum Value-at-Risk eine zunehmende Bedeutung erfahren hat.[1]

Grundsätzlich gilt für alle Downside Risikomaße, dass die Symmetrieeigenschaften von Renditeverteilungen im Zeitablauf relativ instabil sind, so dass die Prognose von Downside Risikomaßen im Vergleich zur Volatilität besonders fehleranfällig ist. Hinzu kommt, dass der Einsatz von Downside Risikomaßen als Optimierungskriterium im Rahmen von Portfoliokonstruktionen äußerst komplex ist.[2]

---

[1] Vgl. *Gleißner* (2006), S. 20.
[2] Vgl. *Jaeger/Rudolf/Zimmermann* (1995), S. 355ff.

g. Modified Value-at-Risk

Liegen keine normalverteilten Renditen vor, so ist die Verwendung des oben dargestellten Value-at-Risks nicht mehr sinnvoll. Vor diesem Hintergrund ist eine Variante der Value-at-Risk-Methode entwickelt worden, die die Schiefe und die Wölbung einer Verteilung berücksichtigt.[1] Dieser sogenannte Modified Value-at-Risk (MVaR) kann insbesondere die spezifische Renditeverteilung von Hedge-Fonds mit einbeziehen. Die Anpassung erfolgt unter Zuhilfenahme der sogenannten *Cornish-Fisher*-Erweiterung. Der z-Wert der Standardnormalverteilung wird entsprechend wie folgt angepasst:[2]

$$z_{CF} = z + \frac{1}{6} \cdot (z^2 - 1) \cdot S + \frac{1}{24} \cdot (z^3 - 3 \cdot z) \cdot W - \frac{1}{36} \cdot (2 \cdot z^3 - 5 \cdot z) \cdot S^2$$

mit:

z_{CF} = z-Wert, der sich aufgrund der *Cornish-Fisher*-Erweiterung ergibt,
z = z-Wert der Standardnormalverteilung,
S = Schiefe und
W = Wölbung.

Für $S = W = 0$ (Normalverteilung) gilt, dass $z_{CF} = z$. Entsprechend der oben dargestellten Bestimmung des Value-at-Risk kann hieraus der folgende MVaR berechnet werden:

$$\text{MVaR} = -\text{Volumen} \cdot (\mu + z_{CF} \cdot \sigma)$$

bzw. für den Fall, dass ein Mittelwert μ von Null unterstellt wird:

$$\text{MVaR} = -\text{Volumen} \cdot z_{CF} \cdot \sigma$$

Der z-Wert zur Berechnung des Value-at-Risk wird somit um die Schiefe und die Wölbung korrigiert. Für Hedge-Fonds, die durch eine negative Schiefe und eine hohe Wölbung gekennzeichnet sind, gilt zumeist, dass sie einen MVaR ausweisen, der höher als der VaR ausfällt. Somit würde das Risiko bei Anwendung des VaR als Risikomaß unterschätzt.[3]

Wird beispielsweise in dem obigen Beispiel für die Renditeverteilung der Aktie A (Tabelle A.7, $z = -2$, $\sigma = 8\%$, Value-at-Risk = € 61.600) eine Schiefe von $-0{,}5$ (linksschiefe Verteilung) und eine Wölbung von 1 (spitzgipflige Verteilung) unterstellt, so ergibt sich ein z_{CF} von $-2{,}291667$ und damit ein Modified Value-at-Risk in Höhe von:

$$\text{MVaR} = -\text{Volumen} \cdot z_{CF} \cdot \sigma = -385.000 \cdot (-2{,}29166667) \cdot 8\% = 70.583{,}33$$

Falls in diesem Beispiel ein Mittelwert μ von 2% vorliegen würde, ergäben sich die folgenden Werte:

$$\text{VaR} = -385.000 \cdot (2\% - 2 \cdot 8\%) = 53.900, \quad \text{MVaR} = -385.000 \cdot (2\% - 2{,}2917 \cdot 8\%) = 62.883$$

---

[1] Zur Schiefe und Wölbung vgl. Abschnitt A.I.2.i. in diesem Buch.
[2] Vgl. *Nolte* (2009), S. 68; *Signer* (2005), S. 216f.; *Mina/Ulmer* (2008), S. 9f.; *Fischer* (2010), S. 417.
[3] Vgl. *Nolte* (2009), S. 68f.; *Signer* (2005), S. 219. Das Konfidenzniveau zur MVaR-Bestimmung sollte aber weder zu hoch sein noch unter 95,84% fallen. Vgl. *Cavenaile/Lejeune* (2010), S. 1ff.

h. Maximum Drawdown

Ein weiteres asymmetrisches Risikomaß stellt der Maximum Drawdown dar. Bei dem Drawdown eines Wertpapiers handelt es sich um den kumulierten Verlust, der zwischen einem Kurs-Höchststand und dem darauffolgenden Tiefstand innerhalb einer bestimmten Periode entstanden ist. Hat ein Anleger das Wertpapier zum Höchststand (High Watermark) gekauft und zum Tiefstand verkauft, so liegt der für ihn ungünstigste Fall vor. Der höchstmögliche dieser Drawdowns wird als Maximum Drawdown bezeichnet, d.h. es handelt sich dabei um den maximalen Verlust, den ein Anleger bei allen möglichen Kombinationen von Kauf- und Verkaufszeitpunkt innerhalb einer bestimmten Periode (z.B. 5 Jahre) realisiert hätte (Worst Case Szenario). Die Länge des für die Aufholung dieses Verlustes benötigten Zeitraums kann als „Time to Recovery" oder auch „Maximum Time under Water" bezeichnet werden.[1]

Das Konzept des Maximum Drawdowns kann wie folgt grafisch dargestellt werden:

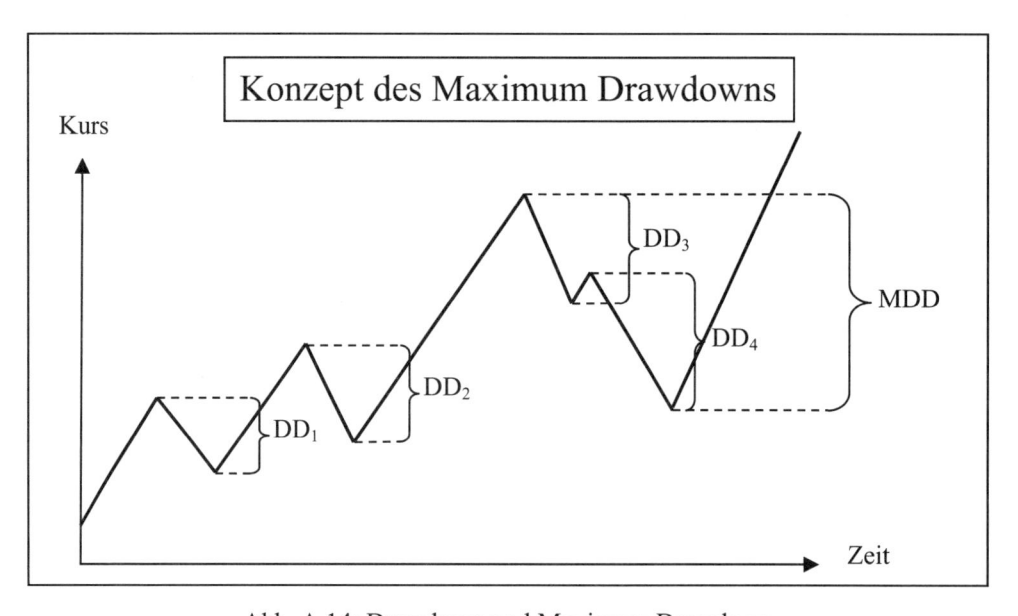

Abb. A.14: Drawdown und Maximum Drawdown

Der Kursverlauf in der Abbildung zeigt 4 Drawdowns DD_1 bis DD_4. Den höchsten Verlust (MDD) hätte ein Anleger erlitten, der zum Zeitpunkt des lokalen Maximums (Beginn von DD_3) gekauft und zum Zeitpunkt des darauffolgenden lokalen Minimums (Ende von DD_4) verkauft hätte. Wie aus der Abbildung erkennbar ist, entspricht der Maximum Drawdown i.d.R. nicht der Differenz zwischen dem Allzeithoch und dem Allzeittief einer Kursreihe. Nur in dem Fall, in dem das Allzeittief der Kurse zeitlich nach dem Allzeithoch auftritt, wäre die Differenz zwischen Allzeithoch und -tief der Maximum Drawdown. Der MDD lässt sich mit Hilfe der folgenden Matrixmethodik messen:[2]

---

[1] Vgl. *Fischer* (2010), S. 500f.; *Kirchhoff* (2011), S. 34, *Solida/Hofmann* (2010), S. 7.
[2] Vgl. *Seitz/Auer* (2008), S. 11f.

I. Marktabhängige Performance-Komponenten 45

von nach	t_1	t_2	t_3	t_4	t_5	...	t_{n-1}
t_2	$r_{t_1 \rightarrow t_2}$	0	0	0	0	0	0
t_3	$r_{t_1 \rightarrow t_3}$	$r_{t_2 \rightarrow t_3}$	0	0	0	0	0
t_4	$r_{t_1 \rightarrow t_4}$	$r_{t_2 \rightarrow t_4}$	$r_{t_3 \rightarrow t_4}$	0	0	0	0
t_5	$r_{t_1 \rightarrow t_5}$	$r_{t_2 \rightarrow t_5}$	$r_{t_3 \rightarrow t_5}$	$r_{t_4 \rightarrow t_5}$	0	0	0
t_6	$r_{t_1 \rightarrow t_6}$	$r_{t_2 \rightarrow t_6}$	$r_{t_3 \rightarrow t_6}$	$r_{t_4 \rightarrow t_6}$	$r_{t_5 \rightarrow t_6}$	0	0
⋮	⋮	⋮	⋮	⋮	⋮	⋮	0
t_n	$r_{t_1 \rightarrow t_n}$	$r_{t_2 \rightarrow t_n}$	$r_{t_3 \rightarrow t_n}$	$r_{t_4 \rightarrow t_n}$	$r_{t_5 \rightarrow t_n}$	...	$r_{t_{n-1} \rightarrow t_n}$

Tab. A.13: Matrix zur Bestimmung des Maximum Drawdown

Die in der Matrix stehenden Werte zeigen jeweils die Renditen des betrachteten Wertpapiers für die angegebenen Zeiträume an. Damit sind sämtliche kumulierten Renditen erfasst, die für die n Perioden des betrachteten Zeitraums vorliegen. Die niedrigste dieser kumulierten Renditen stellt den Maximum Drawdown dar. Auf der Hauptdiagonale liegen die jeweiligen periodischen Renditen. Liegen lediglich positive Renditen vor, so nimmt der Maximum Drawdown den Wert Null an.[1]

Das folgende Beispiel zeigt die Bestimmung des MDD auf. Für eine Aktie konnten die nachfolgenden Kurse der letzten 20 Perioden und die sich daraus ergebenden stetigen Renditen ermittelt werden:[2]

Periode	Aktienkurs	stetige Rendite
1	50	
2	51	1,980%
3	52	1,942%
4	49	−5,942%
5	51	4,001%
6	54	5,716%
7	56	3,637%
8	54	−3,637%
9	53	−1,869%
10	55	3,704%
11	58	5,311%
12	62	6,669%
13	63	1,600%
14	65	3,125%
15	63	−3,125%
16	60	−4,879%
17	57	−5,129%
18	59	3,449%
19	65	9,685%
20	72	10,228%

Tab. A.14: Beispiel zur Bestimmung des Maximum Drawdown, Teil 1

Beispielsweise beträgt die stetige Rendite von t_1 nach t_2 1,98% (= ln(51) − ln(50)). Zur Ermittlung des Maximum Drawdowns wird nun zunächst die oben dargestellte Matrix der kumulierten stetigen Renditen erstellt:

---

1 Vgl. *Seitz/Auer* (2008), S. 11.
2 Stetige Renditen weisen den Vorteil auf, dass die kumulierte stetige Rendite durch einfaches Aufaddieren ermittelt werden kann. Vgl. Kapitel G.II.1.b. in diesem Buch.

von\nach	t_1	t_2	t_3	t_4	t_5	t_6	t_7	t_8	t_9	t_{10}
t_2	2,0%									
t_3	3,9%	1,9%								
t_4	–2,0%	–4,0%	–5,9%							
t_5	2,0%	0,0%	–1,9%	4,0%						
t_6	7,7%	5,7%	3,8%	9,7%	5,7%					
t_7	11,3%	9,4%	7,4%	13,4%	9,4%	3,6%				
t_8	7,7%	5,7%	3,8%	9,7%	5,7%	0,0%	–3,6%			
t_9	5,8%	3,8%	1,9%	7,8%	3,8%	–1,9%	–5,5%	–1,9%		
t_{10}	9,5%	7,6%	5,6%	11,6%	7,6%	1,8%	–1,8%	1,8%	3,7%	
t_{11}	14,8%	12,9%	10,9%	16,9%	12,9%	7,1%	3,5%	7,1%	9,0%	5,3%
t_{12}	21,5%	19,5%	17,6%	23,5%	19,5%	13,8%	10,2%	13,8%	15,7%	12,0%
t_{13}	23,1%	21,1%	19,2%	25,1%	21,1%	15,4%	11,8%	15,4%	17,3%	13,6%
t_{14}	26,2%	24,3%	22,3%	28,3%	24,3%	18,5%	14,9%	18,5%	20,4%	16,7%
t_{15}	23,1%	21,1%	19,2%	25,1%	21,1%	15,4%	11,8%	15,4%	17,3%	13,6%
t_{16}	18,2%	16,3%	14,3%	20,3%	16,3%	10,5%	6,9%	10,5%	12,4%	8,7%
t_{17}	13,1%	11,1%	9,2%	15,1%	11,1%	5,4%	1,8%	5,4%	7,3%	3,6%
t_{18}	16,6%	14,6%	12,6%	18,6%	14,6%	8,9%	5,2%	8,9%	10,7%	7,0%
t_{19}	26,2%	24,3%	22,3%	28,3%	24,3%	18,5%	14,9%	18,5%	20,4%	16,7%
t_{20}	36,5%	34,5%	32,5%	38,5%	34,5%	28,8%	25,1%	28,8%	30,6%	26,9%

Tab. A.15: Beispiel zur Bestimmung des Maximum Drawdown, Teil 2

von\nach	t_{11}	t_{12}	t_{13}	t_{14}	t_{15}	t_{16}	t_{17}	t_{18}	t_{19}
t_{12}	6,7%								
t_{13}	8,3%	1,6%							
t_{14}	11,4%	4,7%	3,1%						
t_{15}	8,3%	1,6%	0,0%	–3,1%					
t_{16}	3,4%	–3,3%	–4,9%	–8,0%	–4,9%				
t_{17}	–1,7%	–8,4%	–10,0%	–13,1%	–10,0%	–5,1%			
t_{18}	1,7%	–5,0%	–6,6%	–9,7%	–6,6%	–1,7%	3,4%		
t_{19}	11,4%	4,7%	3,1%	0,0%	3,1%	8,0%	13,1%	9,7%	
t_{20}	21,6%	15,0%	13,4%	10,2%	13,4%	18,2%	23,4%	19,9%	10,2%

Tab. A.16: Beispiel zur Bestimmung des Maximum Drawdown, Teil 3

Beispielsweise beträgt die kumulierte stetige Rendite von t_7 nach t_9 –5,5% oder von t_{12} nach t_{17} –8,4%. Der MDD als geringste kumulierte Rendite beläuft sich hier auf –13,1% bzw. +13,1%, da der MDD eher als positiver Wert ausgedrückt wird. Diesen Verlust hätte ein Investor erlitten, der die Aktien in t_{14} gekauft hätte und in t_{17} verkauft hätte.

Die Kennzahl des Maximum Drawdown ist leicht und intuitiv verständlich. Zudem kann sie das asymmetrische Risikoempfinden von Investoren realitätsnah abbilden und hat eine große Bedeutung für Anleger, die sehr hohe Verluste vermeiden möchten.[1]

---

1 Vgl. *Kirchhoff* (2011), S. 34f.

i. Schiefe (Skewness) und Wölbung (Kurtosis)

Bei nicht normalverteilten Renditen reichen der Mittelwert und die Standardabweichung zur vollständigen Verteilungsbeschreibung nicht aus. Zusätzlich müssen die Verteilungsschiefe und die Wölbung der Verteilung berücksichtigt werden.

Als Schiefe (englisch Skewness) wird in der Statistik das dritte zentrale Moment einer Wahrscheinlichkeitsverteilung bezeichnet. Die Schiefe gibt an, wie symmetrisch die jeweilige Verteilung ist. Bekanntermaßen sind Normalverteilungen vollkommen symmetrisch, so dass in diesem Fall für die Schiefe ein Wert von Null resultiert. Unter Verwendung der bekannten Symbolik wird die Schiefe (S) errechnet anhand des Ausdrucks

$$S = \frac{\frac{1}{n} \cdot \sum_{i=1}^{n}(r_i - \mu)^3}{\sigma^3}$$

Negative Werte weisen auf das Vorliegen einer linksschiefen Verteilungsdichte (die auch als rechtssteil bezeichnet werden kann) hin et vice versa.

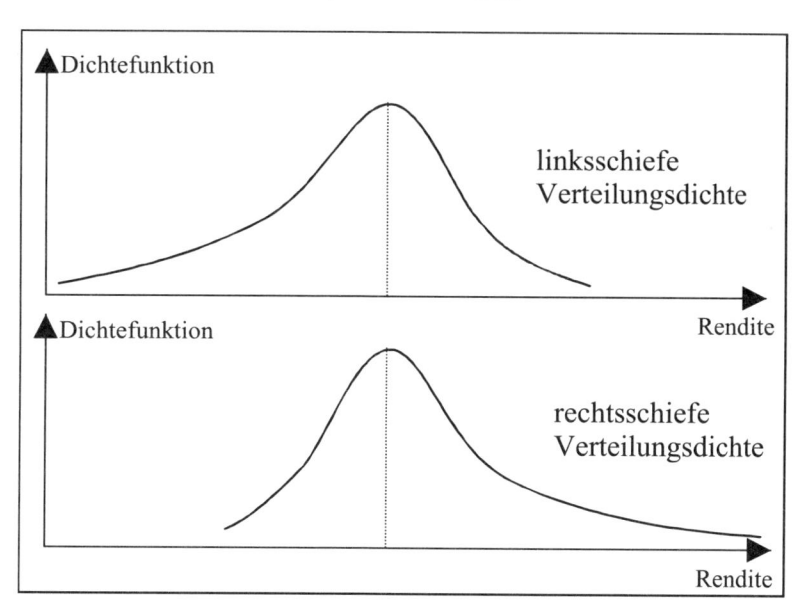

Abb. A.15: Schiefe bei der Renditedichte

Von Bedeutung ist die Kenntnis der Schiefe einer Verteilung insofern, als risikoscheue Anleger eine rechtsschiefe Verteilungsdichte stets einer linksschiefen Verteilungsdichte vorziehen. Denn bei gleichem Mittelwert und gleicher Standardabweichung bergen linksschiefe Verteilungen die Gefahr hoher negativer Extremwerte, wie aus der Abbildung A.15 ersichtlich ist.[1]

---

1 Vgl. *Poddig/Dichtl/Petersmeier* (2003), S. 141f.

Die Symmetrieeigenschaften von Renditeverteilungen spielen für Optionsstrategien eine wichtige Rolle, da hier versucht wird, asymmetrische Performanceprofile zu erzeugen. Gerade bei Portfolio-Insurance Konzepten kommt der Kenntnis der Schiefe Bedeutung zu.

Anhand empirischer Untersuchungen konnte nicht nur nachgewiesen werden, dass Renditeverteilungen zeitweilig schief sind, sondern auch, dass die Verteilung von Renditen – besonders bei Aktien und Währungen – oftmals stärker um den Mittelwert der Verteilung konzentriert ist und breitere Enden aufweist als eine Normalverteilung. Damit ist die Wölbung (englisch Kurtosis) der Verteilung angesprochen. Bei Normalverteilungen liegt der mathematische Wert der Wölbung bei Null. Liegen die Werte oberhalb von Null, so spricht man von einer spitzgipfligen bzw. leptokurtischen Verteilung. Bei Werten von kleiner als Null ist das absolute Maximum der Dichte kleiner als das Maximum der entsprechenden Normalverteilung mit gleicher Varianz, so dass eine sog. platykurtische Verteilung vorliegt.[1]

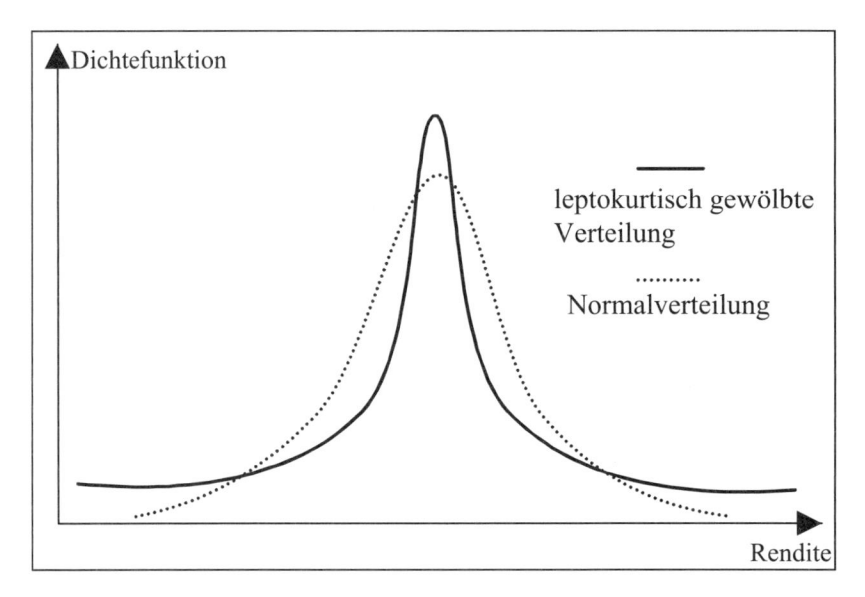

Abb. A.16: Wölbung einer Renditedichte

Von Relevanz ist die Wölbung der Renditeverteilung z.B. für Optionspreise, da hierdurch z.T. erklärt werden kann, warum der sog. „Smile-Effekt" bei out-of-the-money Optionen auftritt.[2] Offenbar ist das Eintreten von Extremwerten wahrscheinlicher, als dies bei normalverteilten Renditen anzunehmen wäre.

Somit betrifft die Wölbung (W) einer Verteilungsdichte die Konzentration der Renditen um den Erwartungswert und an den Rändern. Die Errechnung der Wölbung einer Renditeverteilung erfolgt mit Hilfe des Ausdrucks

---

[1] Vgl. *Poddig/Dichtl/Petersmeier* (2003), S. 143.
[2] Mit dem Smile-Effekt wird die empirische Beobachtung bezeichnet, nach der der Wert von Optionen (insbesondere Verkaufs-Optionen), die weit aus dem Geld liegen, deutlich größer ist als der Wert, den das Black-Scholes Modell anzeigt.

$$W = \frac{\frac{1}{n} \cdot \sum_{i=1}^{n}(r_i - \mu)^4}{\sigma^4} - 3$$

mit

W = Wölbung einer Renditeverteilung.[1]

j. Mean-Gini-Koeffizient und stochastische Dominanz

Einen zur Varianz alternativen Ansatz der Quantifizierung des Gesamtrisikos stellt der Mean-Gini-Koeffizient dar. Bei der Gini-Mittelwert-Differenz handelt es sich um eine Kennziffer, die – ähnlich der Volatilität – die Variabilität einer Zufallsvariable beschreibt. Grundlage ist dabei die erwartete absolute Differenz zwischen allen Renditeausprägungen eines Assets. Somit hängt die Gini-Mittelwert-Differenz – anders als die Varianz – von der Abweichung der einzelnen Renditeausprägungen untereinander ab, d.h. es liegt keine Abhängigkeit von der Abweichung gegenüber einem Zentralwert vor.[2] Für die Wahrscheinlichkeitsverteilungen von Wertpapierrenditen ist der einfache Mean-Gini-Koeffizient (MGK) als die halbe Gini-Mittelwert-Differenz gemäß der Formel

$$MGK = \frac{1}{n^2} \cdot \sum_{i=1}^{n} \sum_{j>i}^{n} |r_i - r_j|$$

definiert.[3] Beispielsweise müssen bei vier Renditeausprägungen insgesamt sechs Differenzen erhoben werden, um den Gini-Koeffizienten berechnen zu können.

Die Beschreibung des Risikos eines Wertpapiers erfolgt beim Mean-Gini-Ansatz nicht über einzelne Momente einer Wahrscheinlichkeitsverteilung. Wie beim Mittelwert-Varianz-Ansatz wird zwar auch beim Mean-Gini-Ansatz die Wahrscheinlichkeitsverteilung durch zwei Kennziffern charakterisiert (Renditeerwartungswert und Mean-Gini-Koeffizient als Risikomaß). Im Vergleich zur Standardabweichung werden dabei aber die extremen Abweichungen in geringerem Maße gewichtet.[4] Anders als beim klassischen μσ-Ansatz der Portfoliotheorie ist die Verwendung des Mean-Gini-Ansatzes nicht an das Vorliegen einer Normalverteilung gebunden. So können mit dem Mean-Gini-Ansatz über die Normalverteilung hinaus für weitere Verteilungen konsistente Ergebnisse erzielt werden. So stimmen die Resultate des Mittelwert-Varianz-Ansatzes mit denen des Mean-Gini-Ansatzes für die Normalverteilung, die logarithmierte Normalverteilung, die Exponential- und die Gleichverteilung überein.[5]

---

1 Vgl. *Poddig/Dichtl/Petersmeier* (2003), S. 142f. und S. 336, Fußnote 103.
2 Vgl. *Shalit/Yitzhaki* (1984), S. 1451; *Kendall/Stuart/Ord* (1977), S. 58.
3 Zur Definition des diskreten Gini-Koeffizienten siehe *Bey/Howe* (1984), S. 331. Vgl. *Steiner/ Meyer-Bullerdiek/Spanderen* (1996), S. 55.
4 Vgl. *Caroll/Thistle/Wei* (1992), S. 420.
5 Vgl. *Bey/Howe* (1984), S. 332.

Analog zur Standardabweichung gilt beim Mean-Gini-Ansatz die Entscheidungsregel, dass bei gleichem Renditeerwartungswert jenes Asset das geringste Risiko aufweist, dessen Gini-Koeffizient der kleinste ist.[1] Der Mean-Gini-Ansatz ist in die Modelle der Portfolio- und Kapitalmarkttheorie integrierbar und kann daher auch für Portfolios als Risikomaß eingesetzt werden.[2]

Ein weiteres Risikomaß ist die sogenannte stochastische Dominanz. Anders als beim Mittelwert-Varianz-Ansatz (Zwei-Momente-Ansatz) werden bei der stochastischen Dominanz nicht einzelne Momente, sondern gleichzeitig alle Momente einer Wahrscheinlichkeitsverteilung betrachtet. Damit erfolgt die Berücksichtigung des exakten Verlaufs der Renditeverteilung.[3] Infolgedessen kann das Risiko eines Wertpapiers durch die vollständige Wahrscheinlichkeitsverteilung der Renditen beschrieben werden und damit nicht nur durch einzelne Momente. Da dazu die gesamte Renditeverteilung bekannt sein muss, ist die Identifizierung von risikoreicheren Assets komplizierter.

Aufgrund der Erfassung des Risikos eines Assets auf der Grundlage der gesamten Wahrscheinlichkeitsverteilung der Renditen, brauchen bei der stochastischen Dominanz keine Prämissen über die Renditeverteilung gesetzt zu werden. Mithin kann die stochastische Dominanz für alle Renditeverteilungen eine zulässige Methode zur Vorteilsmessung darstellen. Hinzu kommt, dass bei Verwendung der stochastischen Dominanz auf die Kenntnis der mathematischen Form der Nutzenfunktion des Investors (z.B. Polynom zweiter oder dritter Ordnung) verzichtet werden kann.[4]

Allerdings können für die praktische Anwendung die Methoden, die auf den Momenten der Wahrscheinlichkeitsverteilung basieren, als vorteilhafter im Vergleich zur stochastischen Dominanz angesehen werden. So müssen bei der stochastischen Dominanz alle einzelnen Renditeausprägungen zweier Assets miteinander verglichen werden. Hingegen sind z.B. beim Mittelwert-Varianz-Ansatz der Portfoliotheorie nur der Erwartungswert und die Standardabweichung der Assets zu vergleichen. Hierdurch wird die Anwendung der stochastischen Dominanz komplexer und damit weniger praktikabel.

Die stochastische Dominanz lässt sich in weitere Abstufungen untergliedern, wobei auf jeder höheren Stufe strengere Annahmen bezüglich der generellen Eigenschaften der Nutzenfunktion des Anlegers unterstellt werden. Bedeutung erlangt haben vor allem die stochastischen Dominanzen ersten, zweiten und dritten Grades.[5]

3. Liquidität

Die Liquidität eines Portfolios gehört zu den zentralen Zielen des Portfoliomanagements. Oftmals wird diesem Aspekt jedoch nicht in angemessener Weise Rechnung getragen, da eine Konzentration auf Renditen und Risiken stattfindet.

---

1 Vgl. *Shalit/Yitzhaki* (1984), S. 1453.
2 Zum Zusammenhang zwischen dem Mean-Gini-Koeffizienten und einem weiteren Risikomaß, dem sogenannten dualen Risiko, vgl. *Gürtler* (2004), S. 7ff.
3 Vgl. *Levy/Sarnat* (1972), S. 244.
4 Vgl. *Jean* (1975), S. 151ff.; *Jean/Helms* (1988), S. 573.
5 Vgl. *Steiner/Meyer-Bullerdiek/Spanderen* (1996), S. 50. Vgl. dazu auch die bei *Steiner/Meyer-Bullerdiek/ Spanderen* (1996), S. 57ff. vorgelegten Ergebnisse einer empirischen Untersuchung zur Effizienz der stochastischen Dominanz und zum Mean-Gini-Ansatz für die Werte des DAX. Eine ausführliche Betrachtung der stochastischen Dominanz findet sich bei *Breuer/Gürtler/ Schumacher* (2006), S. 83ff.

Marktliquidität bzw. Markttiefe kann definiert werden als wertgewichtete Anzahl der Aktien, die gekauft oder verkauft werden kann, ohne den Kurs zu verändern. Insofern orientiert sich diese Definition am sogenannten „market impact". In vergleichbarer Weise kann Marktliquidität für andere Anlagegattungen bestimmt werden. Aus Portfoliosicht besteht Liquidität in der jederzeitigen Möglichkeit, sich zu fairen Preisen von dem Portfolio trennen zu können.

Im Gegensatz zu Risiken lässt sich Liquidität nur unzureichend durch quantitative Maße abbilden. Die Liquidität von Assets unterliegt im Zeitablauf zudem erheblichen Schwankungen. Gerade in Krisenszenarien, in denen Liquidität besonders wichtig ist, erweisen sich Assets oftmals als kaum liquide.

Für die Beurteilung der Liquidität können als Indikatoren sowohl qualitative als auch quantitative Kriterien herangezogen werden. Bei Aktien sollte auf die Börsenumsätze und den Streubesitz (free float) geachtet werden. Ferner sollte analysiert werden, wie preisbewegend Kauf- bzw. Verkaufsorders sind. Oft können Charts hierüber eine Aussage liefern. Auch Unterschiede bei Kauf- und Verkaufsorders sind von Bedeutung. Insofern können Kurszusätze, die von der Börse veröffentlicht werden, Informationen bezüglich der Liquidität eines Titels enthalten. Wichtig ist außerdem die Geld-Brief-Spanne, mit der ein Wertpapier gehandelt wird, und die Anzahl der in einer bestimmten Periode abgeschlossenen Geschäfte. Die Handelsplätze können ebenfalls einen Anhaltspunkt für die Liquiditätseinschätzung einer Aktie liefern.

Bei Anleihen stellen Renditespreads zu liquiden Staatsanleihen i.d.R. einen guten Indikator für die Liquidität dar. Zudem liefert das Gesamtvolumen einer Emission Aufschlüsse über die Marktgängigkeit einer Anleihe.

4. Zeithorizontaspekte der Performance

Um der bei der Zielbeschreibung geforderten Operationalität Rechnung zu tragen, müssen die beschriebenen Performancekomponenten in einen Zeitbezug gesetzt werden. Dies gilt sowohl für die Renditen, die Risiken als auch für die Liquidität, wenngleich der Risikoaspekt im Zusammenhang mit Zeithorizontfragen regelmäßig die größte Bedeutung einnimmt. Gerade bei der Anlagegattung Aktien spielen Zeithorizontfragen des Risikos eine große Rolle. Die sich hierbei ergebende zentrale Frage lautet, ob das Risiko einer Aktienanlage mit steigendem Zeithorizont zunehmend, abnehmend oder gleichbleibend ist.

Die Beantwortung der Frage hängt von der Wahl des Risikomaßes ab. Wird – wie oft üblich – zur Risikomessung die Volatilität eingesetzt, dann lässt sich zeigen, dass das absolute Risiko einer Aktienanlage im Zeitablauf zunehmend ist. Denn der aus der Volatilitätsdarstellung bekannte Term $\sigma_{T_1} = \sigma_{T_2} \cdot \sqrt{\frac{T_1}{T_2}}$ = VOL_i (= annualisierte Volatilität) indiziert im Zeitablauf ein Ansteigen des Risikos in Höhe des Faktors $\sqrt{\frac{T_1}{T_2}}$.[1]

Der degressive Kurvenverlauf der Volatilität in Abbildung A.17 weist auf eine unterproportionale Risikozunahme hin. Die Unterproportionalität der Risikozunahme wird dadurch erklärt, dass sich die Volatilität aus der Quadratwurzel der Zeit multipliziert mit

---
1 Vgl. *Bruns* (1996), S. 38ff.

der Einjahresvolatilität errechnet. Hieran lässt sich auch erkennen, dass die Varianz offenbar proportional zur Zeit verlaufen muss. Angesichts dieses Resultates muss festgehalten werden, dass sich das als Volatilität gemessene Risiko mit der Zeit nicht eliminieren lässt, sondern mit zunehmendem Anlagehorizont steigt.[1] Aufgrund seiner inhaltlichen Verwandtschaft zur Volatilität ergibt sich für das Downsiderisikomaß Semivarianz das gleiche Resultat.

Volatilitätsentwicklung in Abhängigkeit von der Zeit

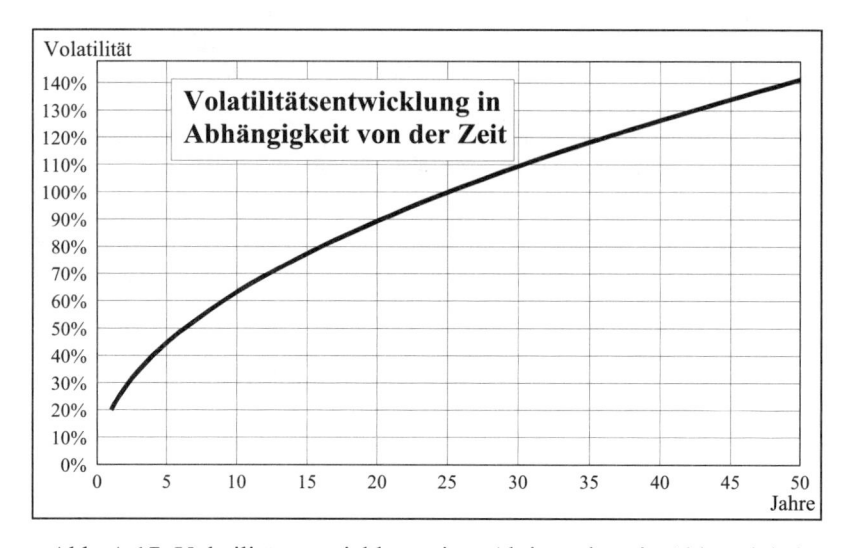

Abb. A.17: Volatilitätsentwicklung einer Aktienanlage in Abhängigkeit von der Zeit

Ein anderes Bild ergibt sich bei Verwendung der Ausfallwahrscheinlichkeit zur Risikomessung. Die Gefahr, eine vorgegebene Mindestrendite zu verfehlen, nimmt mit zunehmender Zeitdauer ab, sofern der Renditeerwartungswert oberhalb der Mindestrendite liegt. Je niedriger die Volatilität der Rendite ist, desto früher kann eine Mindestrendite mit relativ hoher Wahrscheinlichkeit garantiert werden.

Die bisherigen Überlegungen zum Zeiteffekt des Risikos bei Aktienanlagen basierten auf der Prämisse normalverteilter Renditen. Die Verteilungseigenschaften der Renditen eines Portfolios lassen sich durch die Verwendung von Optionen und/oder die Hinzunahme von Zerobonds signifikant verändern. Durch die genannten Maßnahmen gehen z.B. die unterstellten Symmetrieeigenschaften verloren.[2] Hieraus folgt, dass die Anwendung des Risikomaßes Volatilität nicht mehr sachgerecht ist. Zur Verdeutlichung kann man sich eine Anlagestrategie vorstellen, bei der zum Ende des Anlagehorizontes zumindest der Anfangswert wieder erreicht wird. Mit Hilfe des Erwerbs von Zerobonds kann dieses Ziel problemlos erreicht werden. Bei einem Marktzinsniveau von 6,5% muss der Investor 93,90% (= 1 / 1,065) seines Portfoliowertes in einen einjährigen Zerobond investieren, um

---

1 Vgl. *Samuelson* (1963), S. 1ff.
2 Vgl. *Zenger* (1994), S. 249ff.

nach einem Jahr am Laufzeitende 100% sicher zu erhalten.[1] Die restlichen 6,10% des Portfoliowertes können dann in Aktien angelegt werden.

Wird dieses Beispiel auf einen Anlagehorizont von 5 (10) Jahren ausgedehnt, dann muss der Investor bei gleichem Zinsniveau von 6,5% lediglich 72,99% (53,27%) seines Vermögens in einen fünfjährigen (zehnjährigen) Zerobond anlegen. Der Anteil der Aktien kann entsprechend auf 27,01% (46,73%) zunehmen. In Abbildung A.18 ist der Zeithorizonteffekt dargestellt. Wie zu erkennen ist, verringert sich unter Zugrundelegung des Substanzerhaltungsziels der Zerobondanteil im Portfolio mit zunehmendem Anlagehorizont. Entsprechend kann der Aktienanteil mit zunehmendem Zeithorizont aufgestockt werden.[2]

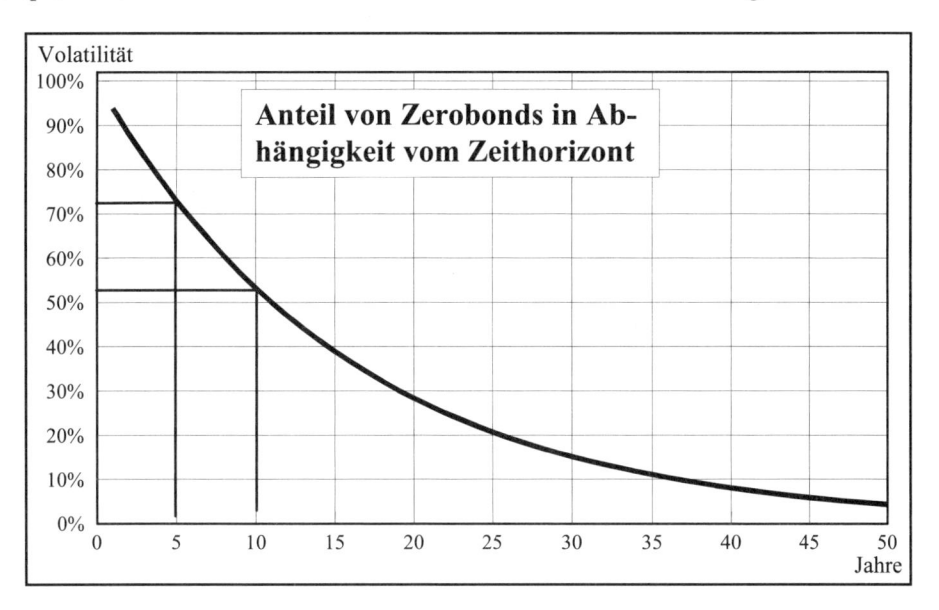

Abb. A.18: Anteil von Zerobonds in Abhängigkeit vom Zeithorizont

Die asymmetrische Renditeverteilung führt offenbar dazu, dass mit zunehmendem Anlagehorizont der Aktienanteil steigen kann, ohne die Zielsetzung eines Mindestportfoliowertes zu verletzen. Gleichzeitig erhöht sich der Vermögenserwartungswert des Portfolios im Zeitablauf, da die Assetklasse Aktien positive Renditeerwartungswerte aufweist.

Zur Beantwortung der Frage nach dem Risiko einer Aktienanlage in Abhängigkeit des Zeithorizonts ist es aufschlussreich, optionspreistheoretische Aspekte zu betrachten. Dabei wird gefragt, ob die zusätzlichen Versicherungskosten für den vom Aktienanleger unerwünschten Fall, dass die Rendite einer Aktienanlage geringer ist als jene einer risikolosen Anlage, im Zeitverlauf sinken. Ist dies der Fall, dann lässt sich hieraus der Schluss ziehen, dass das Aktienrisiko kürzerfristig höher ist als längerfristig.

Versicherungsprämien können als Optionspreise, genauer gesagt als Put-Prämien interpretiert werden. Fällt der Wert des versicherten Gegenstands (hier: Aktienrendite) zu einem bestimmten Zeitpunkt unter einen vertraglich festgelegten Mindestwert (hier: Rendite einer

---

1 Dieses Vorgehen wird auch als 90:10-Strategie bezeichnet.
2 Vgl. *Steiner/Bruns/Stöckl* (2012), S. 79ff.; *Zenger* (1994), S. 253f.

Geldmarktanlage), dann erstattet die Versicherung (Stillhalter der Option) die Differenz. Dafür kassiert sie beim Vertragsabschluss die Versicherungsprämie. Folglich muss der Investor im Zeitpunkt t = 0 einen Anlagebetrag von € 100 aufteilen auf den in die Aktienanlage fließenden Teil und die Put-Prämie. Es gilt daher der Zusammenhang

$$100 = A + P \quad \text{oder} \quad A = 100 - P.$$

A beschreibt den in die Aktienanlage investierten Betrag und P bezeichnet den Wert des Puts. Unter Verwendung des in der Portfoliomanagementpraxis weit verbreiteten Optionspreismodells von Black & Scholes kann der Wert des Puts als Anteil des Aktienbetrages bestimmt werden, so dass unter Vereinfachungen der Ausdruck

$$\frac{P}{A} = N(d_1) - N(d_2)$$

mit

$$d_1 = \frac{VOL \cdot \sqrt{t}}{2} \quad \text{und}$$

$$d_2 = \frac{-VOL \cdot \sqrt{t}}{2}$$

resultiert.[1] Dabei bezeichnet t die Optionslaufzeit in Jahren und VOL die Volatilität der Aktienrendite. Ferner bezeichnet $N(d_i)$ den Wert der Standardnormalverteilung an der Stelle d_i. Wie der obige Term erkennen lässt, hängt die Höhe der gesuchten Relation ausschließlich von t und VOL ab. Die Zunahme der Absicherungskosten im Zeitablauf ist fallend, so dass eine Absicherung zwar absolut mit der Zeitdauer steigt, jedoch pro zusätzliche Zeiteinheit immer geringer ansteigt.

II. Investorspezifische Performancepräferenzen

In den vorangegangenen Abschnitten wurden die einzelnen Performancekomponenten erläutert. Der Prozess der Zielfestlegung im Portfoliomanagement hat die einzelnen Zielvariablen im Anschluss an deren Auswahl und Spezifizierung vor dem Hintergrund der Anlegerpräferenzen zu bewerten.[2]

Die eigentliche Zielgröße für Investoren besteht nicht in der Maximierung oder Minimierung einzelner Performancekomponenten, sondern in der Maximierung ihres Nutzens. Im Allgemeinen wird davon ausgegangen, dass Investoren risikoscheu sind. Unter dieser Prämisse kann der mathematische Zusammenhang zwischen dem Nutzen und den beiden zentralen Performanceparametern des Portfoliomanagements, Rendite und Risiko, beschrieben werden. Hierzu ist die Kenntnis eines sog. Risikoaversionsparameters A notwen-

---

1 Vgl. *Bodie* (1995), S. 19.
2 Vgl. *Gügi* (1995), S. 50ff. und S. 138ff.

dig. Er gibt an, wie viel Risiko ein Investor pro zu erwartender Risikoeinheit zu tragen bereit ist.

Nutzenfunktionen lassen sich nur unter Festlegung eines vom Investor akzeptierten Risikomaßes sinnvoll definieren. Überwiegend wird im Rahmen der Definition von Nutzenfunktionen auf die Volatilität als Risikomaß zurückgegriffen. Beispielsweise kann für einen solchen Fall eine quadratische Nutzenfunktion des folgenden Typs definiert werden:[1]

$$U_{PF} = E(r_{PF}) - \frac{1}{2} \cdot A \cdot \sigma_{PF}^2$$

mit

U_{PF}	=	Nutzen des Portfolios für den Investor,
$E(r_{PF})$	=	erwartete Portfoliorendite,
A	=	Risikoaversionsparameter des Investors und
σ_{PF}^2	=	Varianz der Portfoliorenditen.

Anhand der Funktion ist erkennbar, dass der Nutzen für den Anleger mit zunehmender erwarteter Rendite steigt. Die Risikoneigung wird durch A ausgedrückt. Ist A positiv, dann liegt der Normalfall eines risikoscheuen Investors vor, denn von der Rendite wird das als quadrierte Volatilität gemessene und mit ½·A gewichtete Risiko abgezogen. Je größer die Werte des Risikoaversionsparameters sind, desto höher ist die Nutzeneinbuße bei hohen Volatilitätsausprägungen. Anstatt des gesamten Portfoliorisikos kann auch das relative Risiko zur Benchmark in Form des Tracking Errors verwendet werden. Dies hängt von den Zielsetzungen des Investors ab. In diesem Fall beschreibt die Nutzenfunktion den Zusammenhang zwischen aktiver Rendite und Tracking Error in der folgenden Form:

$$U_{PF} = E(r_a) - \frac{1}{2} \cdot A \cdot TE_{PF}^2$$

Im weithin als unrealistisch angesehenen Fall eines negativen A-Wertes steigt der Nutzen des Investors mit zunehmender Volatilität an. Risikoneutralität wird durch ein A von Null ausgedrückt. In diesem Fall spielt das Portfoliorisiko für den Investor keine Rolle.

Für praktische Überlegungen ist die Höhe des Risikoaversionsparameters entscheidend. Denn die Zielfestlegung für ein Portfolio hat den Grad an Risikoscheu des Investors zu berücksichtigen. Bei gleichem absolutem Nutzenniveau muss pro in Kauf genommener Risikoeinheit in Abhängigkeit der Risikoeinstellung des Investors eine unterschiedliche Renditeerwartung vorliegen.

Anhand eines Beispiels lässt sich die Konsequenz eines unterschiedlichen Risikoaversionsparameters verdeutlichen. Für risikoaverse Investoren mit unterschiedlichen Risikoaversionsparametern (1, 2 und 4) ergeben sich z.B. für ein Nutzenniveau von 5% die in Tabelle A.17 dargestellten erwarteten Mindestrenditen in Abhängigkeit vom Risiko.

---

1 Vgl. *Bodie/Kane/Marcus* (2011a), S. 162f.

σ	E(r) bei A = 1	E(r) bei A = 2	E(r) bei A = 4
0,00%	5,00%	5,00%	5,00%
2,50%	5,03%	5,06%	5,13%
5,00%	5,13%	5,25%	5,50%
7,50%	5,28%	5,56%	6,13%
10,00%	5,50%	6,00%	7,00%
12,50%	5,78%	6,56%	8,13%
15,00%	6,13%	7,25%	9,50%
17,50%	6,53%	8,06%	11,13%
20,00%	7,00%	9,00%	13,00%
22,50%	7,53%	10,06%	15,13%
25,00%	8,13%	11,25%	17,50%
27,50%	8,78%	12,56%	20,13%
30,00%	9,50%	14,00%	23,00%
32,50%	10,28%	15,56%	26,13%
35,00%	11,13%	17,25%	29,50%

Tab. A.17: Erwartete Renditen bei unterschiedlichen Risiken je nach Risikoaversion

Ein risikoaverser Anleger X mit einem A-Wert von 4 ist nur dann bereit, eine Volatilität seines Portfolios von 30% zu akzeptieren, wenn er dafür mindestens eine Rendite von 23% erwarten kann. Besitzt A bei einem Anleger Y nur die Ausprägung 2, dann erreicht dieser Investor bereits bei einem Risiko-/Rendite-Verhältnis von 30% zu 14% ein Nutzenniveau von 5%:

$$U_{PF} = 0{,}23 - \frac{1}{2} \cdot 4 \cdot 0{,}3^2 = 0{,}05 = 5\% \quad \text{bzw.} \quad U_{PF} = 0{,}14 - \frac{1}{2} \cdot 2 \cdot 0{,}3^2 = 0{,}05 = 5\%$$

Der Verlauf der verschiedenen Nutzenkurven wird in Abbildung A.19 gezeigt. Je höher der Risikoaversionsparameter, d.h. je risikoscheuer der Anleger, desto steiler wird die Kurve. Diese Nutzenkurven werden auch als Indifferenzkurven bezeichnet. Sie verbinden alle Rendite-Risiko-Kombinationen, die für den Anleger den gleichen Nutzen aufweisen. Der Investor ist also indifferent bzgl. dieser unterschiedlichen Kombinationen.[1]

---

1 Vgl. *Bodie/Kane/Marcus* (2011a), S. 165 und S. 177.

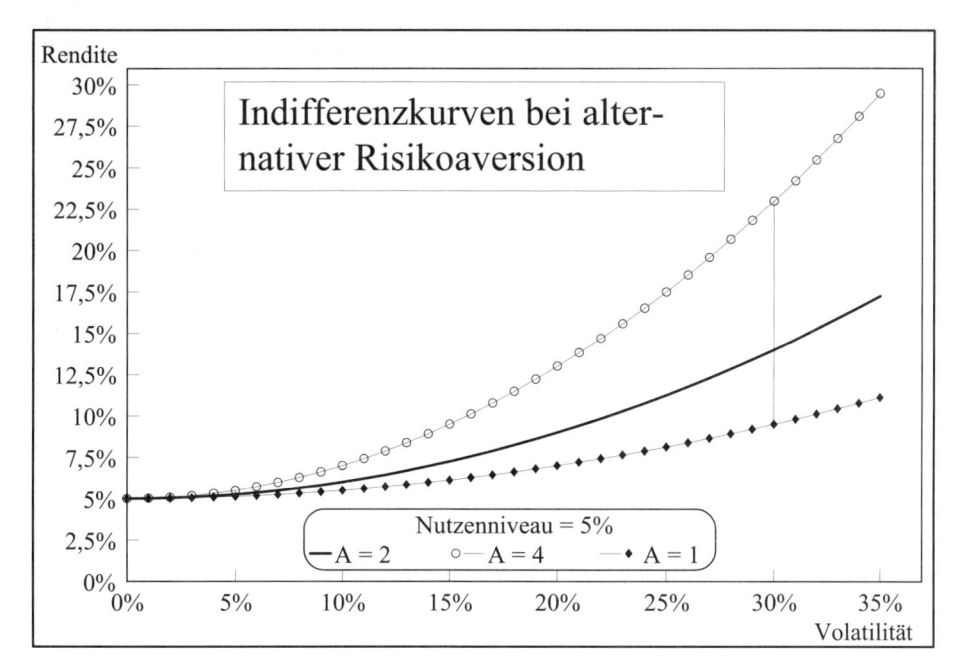

Abb. A.19: Indifferenzkurven bei alternativer Risikoaversion

Für die eher unrealistischen Fälle eines risikoneutralen Investors (A = 0) und eines risikofreudigen Investor (A < 0) mit einem A-Wert von beispielsweise −2 würden sich die folgenden Risiko-Rendite-Kombinationen im obigen Beispiel ergeben:

σ	E(r) bei A = 0	E(r) bei A = −2
0,00%	5,00%	5,00%
5,00%	5,00%	4,75%
10,00%	5,00%	4,00%
15,00%	5,00%	2,75%
20,00%	5,00%	1,00%
25,00%	5,00%	−1,25%
30,00%	5,00%	−4,00%
35,00%	5,00%	−7,25%

Tab. A.18: Erwartete Renditen bei unterschiedlichen Risiken für A = 0 und A < 0

Indifferenzkurven, die höher liegen, weisen ein höheres Nutzenniveau auf. So würden diese Kurven für ein Nutzenniveau von beispielsweise 7% bei einer erwarteten Rendite von 7%

beginnen (d.h. bei einem Risiko von 0) und bei jedem Risikowert jeweils um 2%-Punkte oberhalb der in Abbildung A.19 dargestellten Kurven liegen.

Die Bestimmung der Risikoaversion und der Form der Nutzenfunktion von Investoren zählt zu den neuralgischen Punkten des Portfoliomanagements. Zwar sind mathematische Festlegungen oftmals kaum möglich, eine approximative Einschätzung kann jedoch vorgenommen werden. Für die Zielfestlegung bei einem Portfolio kann es schon hilfreich sein, eine relative Einschätzung der Risikoeinstellung des Investors zu besitzen.

Es gibt inzwischen mehrere Verfahren, die dabei helfen können, die Risikoaversion von Investoren abzuschätzen. Mit Hilfe von Sensitivitätsanalysen und Fragebögen können Investoren hinsichtlich ihrer Haltung zu simulierten Marktszenarien analysiert werden. Ziel solcher Analysen ist die Einordnung der Investoren in Risikoklassen, die ein bestimmtes Risikoaversionsniveau widerspiegeln.[1]

Nicht unüblich ist beispielsweise die Klassifizierung in drei bis fünf Gruppen. Für jede der Gruppen werden sogenannte Musterportfolios gebildet, die ein Performanceprofil aufweisen, das den gruppenspezifischen Nutzenpräferenzen entspricht. Die Musterportfolios werden einem Backtesting unterzogen, das alle Worst-, Best- und Normalcase-Szenarien offenkundig werden lässt. Anschließend ist der Investor erneut mit den Rendite- und Risikowerten der Musterportfolios zu konfrontieren.

III. Benchmarks

Die vorangegangenen Abschnitte haben mit den Komponenten Rendite, Risiko, Liquidität und Nutzen die einzelnen Bestandteile von Performance beschrieben. Um die genannten Ziele erreichen zu können, muss schließlich der Bezug zu den Kapitalmärkten hergestellt werden; denn jedes Portfolio muss – um operational zu sein – ein am Kapitalmarkt orientiertes Ziel aufweisen. Dies gelingt durch die Festlegung einer Benchmark. Sie drückt als Messlatte für ein Portfolio aus, welches am Markt realisierbare Performance-Profil vom jeweiligen Investor angestrebt wird. Insofern kann die Benchmarkwahl als Transformation der einzelnen Zielvariablen in eine aggregierte Zielsetzung angesehen werden.

1. Benchmarks als marktorientierte Performanceziele

Die verschiedenen Segmente des Kapitalmarktes bieten unterschiedliche Rendite-, Risiko- und Liquiditätsprofile. Mit der Festlegung einer Benchmark durch den Anleger wird die Verknüpfung zwischen der Marktdimension und den Anlegerzielen bewerkstelligt. Dabei muss eine Benchmark nicht ausschließlich auf einen Vergleichsindex beschränkt sein, wie dies häufig in der Portfoliomanagementpraxis der Fall ist. Denn Marktindizes weisen regelmäßig Rendite-Risiko-Profile auf, die nur eingeschränkt den Zielen der Investoren entsprechen. Ein Grund hierfür sind z.B. die Symmetrieeigenschaften von Kapitalmarktindizes.

In der Portfoliomanagementpraxis hat sich gezeigt, dass Anleger oftmals Performanceprofile bevorzugen, wie sie beispielhaft in der folgenden Abbildung dargestellt sind.

---

1 Vgl. dazu und zu einem Beispiel für einen Fragebogen *Bodie/Kane/Marcus* (2011a), S. 165ff.

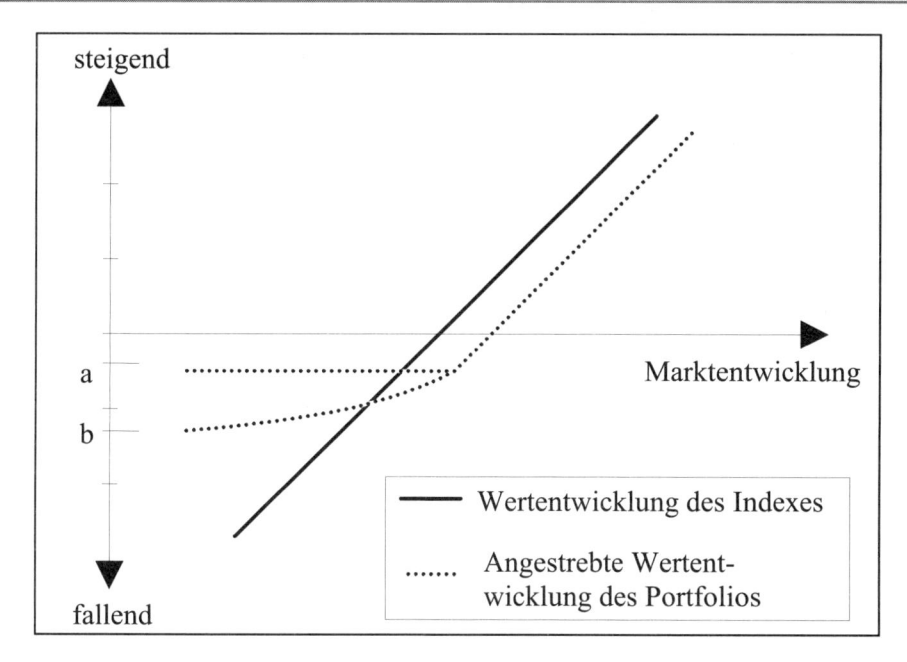

Abb. A.20: Symmetrieeigenschaften von Benchmarks

Offenbar bevorzugt der Investor in diesem Fall ein asymmetrisches Performanceprofil; denn während bei einer positiven Marktentwicklung die Gewinne unbegrenzt sind, führt eine negative Marktentwicklung zu einem maximalen Verlust in Höhe des wahlweise vorgegebenen Wertes von a oder b. Ein solches Performanceprofil lässt sich auf der Basis von Marktindizes nicht konstruieren, da Kapitalmarktindizes weitgehend symmetrisch verlaufen. Gleichwohl kann im Rahmen der Benchmarkfestlegung den Zielsetzungen des Investors entsprochen werden. Insofern lässt sich differenzieren in standardisierte und investorspezifische Benchmarks. Erstere repräsentieren im weitesten Sinne alle verfügbaren Kapitalmarktindizes, während Letztere als sog. „customized benchmarks" anzusehen sind. Letztlich stellt eine anspruchsvolle Benchmark die Synthese zwischen Anlegerzielen und Marktmöglichkeiten dar.

2. Benchmarkanforderungen

Bevor im Detail auf die einzelnen Möglichkeiten und Unterscheidungen eingegangen wird, muss zunächst über die grundsätzlichen Anforderungen gesprochen werden, die an Benchmarks zu stellen sind.

In Anlehnung an den Nobelpreisträger für Wirtschaftswissenschaften von 1990, *William F. Sharpe*, werden fünf Kriterien als bestimmend für Benchmarks definiert.[1]

- Bei der Benchmark sollte es sich um eine real erwerbbare bzw. darstell- oder nachbildbare Anlagealternative handeln.

---

1 Vgl. *Sharpe* (1992), S. 16.

- Der reale Erwerb der Benchmark sollte kostengünstig durchführbar sein.
- Die Benchmark sollte sehr gut diversifiziert und deshalb schwer risikoadjustiert zu schlagen sein.
- Die Benchmark sollte bereits bekannt sein, bevor Anlageentscheidungen getroffen werden.
- Die Benchmark sollte den gleichen Restriktionen unterliegen, wie das Portfolio.

Das erste Kriterium der realen Erwerbbarkeit bzw. Abbildbarkeit stellt sicher, dass die Marktdimension einer Benchmark erfüllt ist. Bei Nichterfüllung dieses Merkmals scheidet die Option passiven Managements, also der bestmöglichen Benchmarknachbildung hinsichtlich ihres Performanceprofils, aus erkennbaren Gründen aus. Eine Neutralposition zur Benchmark kann ohne das Vorliegen des ersten Kriteriums nicht eingenommen werden. Problematisch wird die exakte Benchmarknachbildung vor allem dann, wenn in der Benchmark auch kleine Werte enthalten sind, die häufig nicht mit ausreichender Liquidität gehandelt werden. Ein Erwerb dieser Nebenwerte ist oftmals nicht in der notwendigen Größenordnung möglich bzw. nur zu im Vergleich zum fairen Wert erhöhten Kursen. Darüber hinaus werden insbesondere für den deutschen Rentenmarkt zum Teil synthetische Benchmark-Indizes verwendet, wie z.B. der REX-Index. Da diese Benchmark nicht aus einem tatsächlichen Anleihenportfolio, sondern aus Anleihenrenditen am Markt ermittelt wird und zudem von einer täglichen Reinvestition der Stückzinsen ausgegangen wird, ist sie nicht durch reale Anleihen genau nachbildbar.[1]

Mit dem zweiten Merkmal wird sichergestellt, dass die Option des passiven Managements eine sinnvolle Alternative darstellt. Dies ist immer nur dann der Fall, wenn passives Management kostengünstig durchführbar ist. Falls aber z.B. das Volumen des zu managenden Portfolios relativ gering ist, so ist dies – abgesehen davon, dass es mit dem geringen Volumen möglicherweise auch gar nicht möglich ist, den entsprechenden Index (z.B. einen Weltaktienindex) vollständig nachzubilden – mit relativ hohen Kosten verbunden, da nur sehr kleine Volumina in bestimmte Werte investiert werden (möglicherweise nur eine Aktie bei einer aus sehr vielen Werten bestehenden Benchmark).

Das dritte Merkmal sichert das Qualitätsniveau der Benchmark und damit auch des Portfoliomanagers. Ist dieses Kriterium nicht gegeben, dann kann eine Benchmark zu leicht geschlagen werden, d.h. dass die Performance des Portfolios das Risiko-Ertrags-Ergebnis der Benchmark sehr leicht übertreffen kann. Da der Portfoliomanager meist nur die Verantwortung für die relative Abweichung zur Benchmark trägt, liegt ein zu starker Einfluss des Portfoliomanagers bei der Benchmarkauswahl nicht im Interesse des Anlegers.[2]

Mit dem vierten Merkmal wird die Operationalität der Zielfestlegung sichergestellt, denn ohne die Kenntnis der Benchmark kann keine adäquate Portfoliomanagementstrategie implementiert werden. Nur bei genauer Bekanntheit der Benchmark hat der Portfoliomanager die Möglichkeit, die ihm vorgegebene Richtschnur zu beobachten und die Zusammensetzung des Portfolios notfalls zu revidieren.

Schließlich sorgt das fünfte Kriterium für die fundamentale Vergleichbarkeit zwischen dem zu strukturierenden Portfolio und dessen Benchmark. Kann der Portfoliomanager sich z.B. aus rechtlichen Gründen (etwa den Restriktionen des Kapitalanlagegesetzbuches) nicht so exponieren wie die Benchmark, dann sind allein aus diesem Grund Performanceabwei-

---

1 Vgl. *Günther* (2002), S. 228ff.
2 Vgl. *Günther* (2002), S. 231f.

chungen zu erwarten. Die Festlegung der Benchmark soll jedoch so vollzogen werden, dass die hiermit gesteckten Ziele erreichbar sind.

Als weitere wichtige Anforderung an eine Benchmark ist die Akzeptanz durch den Anleger zu nennen; denn bei der Benchmark soll es sich um ein Spiegelbild der Zielvorstellungen des Anlegers handeln. Insofern liegt die Verantwortung für die Wertentwicklung der Benchmark bzw. für die Risikobereitschaft des Anlegers beim Anleger selbst. Nur wenn die Benchmark vom Anleger akzeptiert wird, hat der Portfoliomanager eine klare Richtschnur, an der er gemessen werden kann.

Problematisch wird dies allerdings dann, wenn der Auftrag des Anlegers auch die Anlage in Werte beinhaltet, die grundsätzlich nicht in der Benchmark enthalten sind. So legen deutsche Anleger häufig eine deutsche Aktien abdeckende Benchmark zugrunde, wie z.B. den DAX. Dennoch wird dem Portfoliomanager die Anlage in internationale Werte gestattet, falls sich hier besondere Chancen ergeben. Wäre in diesem Fall das Resultat ein gegenüber dem DAX erfolgreicheres Portfolio, so kann hieraus nicht unbedingt auf die besonderen Selektionsfähigkeiten des Portfoliomanagers geschlossen werden. Möglicherweise ist der Erfolg lediglich auf die Berücksichtigung von Anlagen zurückzuführen ist, die durch die Benchmark nicht abgedeckt sind, aber insgesamt eine höhere Performance als die Benchmark erzielt haben.[1] Falls sich ein anderer Portfoliomanager exakt an die vorgegebene Benchmark gehalten hat und nur die entsprechenden Märkte abgedeckt hat, so konnte er allein aus diesem Grund eine nur vergleichsweise geringere Performance erzielen als sein Konkurrent. Insofern wären die Leistungen dann kaum miteinander vergleichbar.

Für den Fall, dass ein Anleger mehrere Aufträge an verschiedene Portfoliomanager vergeben hat, ist besonders darauf zu achten, dass die vorgegebenen Benchmarks genau eingehalten werden und die Aufträge überschneidungsfrei sind. Andernfalls kann es zu einer Kumulierung von Risiken kommen. Umgekehrt könnte ein Portfoliomanager, der den amerikanischen Markt abdecken soll, einen Wert verkaufen, der gleichzeitig von dem Manager, dem der DAX als Benchmark vorgegeben wurde, als zusätzlicher Wert in das Portfolio gekauft wird. Falls die Aufträge aller Portfoliomanager den Kauf von Werten ermöglichen, die von der jeweiligen Benchmark nicht abgedeckt sind, so kann hierdurch ein sehr hoher Diversifizierungsgrad entstehen und der Anleger infolgedessen eine sehr gute Annäherung an das Marktportfolio erhalten. Somit ist aber in diesem Fall insgesamt das Erzielen einer aktiven Rendite kaum noch möglich, so dass sich ein aktives Portfoliomanagement erübrigen würde.[2]

Sind die genannten Kriterien erfüllt, so lassen sich die Portfolioergebnisse sinnvoll mit den Resultaten der Benchmark vergleichen. Ist eine Benchmark nach den obigen Merkmalen operational bestimmt worden, dann können eventuelle Abweichungen später im Rahmen der Performanceanalyse interpretiert und zugeordnet werden. Somit lässt sich schließlich die Qualität des Portfoliomanagers bewerten, wobei darauf hingewiesen werden muss, dass hierzu zusätzlich ein geeigneter Vergleichszeitraum festzulegen ist. Hierzu wird auf die Ausführungen im Kapitel „Performanceanalyse" verwiesen.

---

1 Vgl. *Günther* (2002), S. 229ff.
2 Vgl. *Günther* (2002), S. 230.

3. Benchmarkselektion

Die Selektion einer Benchmark sollte nach gemeinsamer Analyse aller Optionen und in enger Übereinstimmung zwischen dem Geldgeber (Sponsor) und dem Portfoliomanager erfolgen. Idealerweise trifft der Sponsor, beraten vom Portfoliomanager, die Entscheidung für eine Benchmark. Nur so ist gewährleistet, dass spätere Performanceverantwortlichkeiten eindeutig geregelt sind. Denn die Zielsetzung für ein Portfolio muss vom Sponsor verantwortet werden, während Zielverfehlungen in den Verantwortungsbereich des Portfoliomanagers fallen.

Die Rolle des Portfoliomanagers in dem Stadium der Zielfestlegung besteht zunächst in der Darlegung aller zur Verfügung stehenden Möglichkeiten für die Benchmarkwahl. Ebenso muss der Portfoliomanager die Vor- und Nachteile bestimmter Benchmarks dem Sponsor verdeutlichen.

a. Standardisierte Benchmarks

Charakteristisches Zeichen standardisierter Benchmarks ist deren Orientierung an bestimmten Segmenten des Kapitalmarktes. Nicht ein Performanceprofil des Segments, sondern ein Kapitalmarktsegment steht im Mittelpunkt dieser Benchmarkfestlegung. Eine Performanceerwartung ergibt sich daher nur mittelbar aus der Festlegung einer standardisierten Benchmark.

Üblicherweise sind mit einem Kapitalmarktsegment Rendite- und Risikoerwartungen verbunden, die zumeist aus den erzielten Werten der Vergangenheit in die Zukunft extrapoliert werden. Tabelle A.19 gibt einen Überblick über mögliche standardisierte Benchmarks für verschiedene Assetkategorien:

Assetkategorie	Beispiele für standardisierte Benchmarks
Deutsche Anleihen:	REX, PEX, iBoxx Euro Deutschland
Deutsche Aktien:	DAX, MDAX, SDAX, TecDAX, MSCI Germany
Europäische Aktien:	Euro STOXX 50, STOXX Europe 50, MSCI Europe
Internationale Anleihen:	J.P. Morgan World Government Bond Index, Citigroup World Government Bond Index
Internationale Aktien:	Morgan Stanley Capital International (MSCI) Indices
Emerging Markets:	S&P Emerging BMI, FTSE Emerging Markets Indices
US-Anleihen:	Citigroup US Broad Investment-Grade Bond Index
US-Aktien:	Dow Jones Industrial Average, S&P 500, Nasdaq-100
Rohstoffe/Commodities:	Commodity Research Bureau (CRB) Indizes

Tab. A.19: Standardisierte Kapitalmarktindizes als Benchmarks

Benchmarks müssen nicht statisch sein. Vielmehr kann in bestimmten Zeitabständen eine Benchmarkmodifikation erfolgen. Diese kann durch die Marktentwicklung oder durch Veränderungen der Investorpräferenzen induziert sein. Ein dynamisches Vorgehen kann sich insbesondere bei standardisierten Benchmarks anbieten, da diese an Kapitalmarktsegmente gebunden sind, deren relative Attraktivität im Zeitablauf schwankt. Allerdings verursacht ein Benchmarkwechsel Transaktionskosten, da Umschichtungen erforderlich sind, um das Portfolio in eine neutrale Position zur Benchmark zu bringen. Ohne Umschichtungen wird das aktive Risiko durch einen Benchmarkwechsel erhöht. Ein häufiges Wechseln der Benchmark erscheint daher nicht ratsam.

b. Investorspezifische Benchmarks

Benchmarks, die nach den individuellen Vorgaben der Investoren strukturiert werden, können als „customized" bzw. „tailored" Benchmarks bezeichnet werden. Derartige Benchmarks sind immer dann erforderlich, wenn Investoren ein Performanceprofil wünschen, das mit den verfügbaren Marktindizes nicht abgebildet werden kann. Insofern lässt sich von Performancebenchmarks sprechen, die im Gegensatz zu Kapitalmarktsegmentbenchmarks stehen.

Der einfachste Fall einer „customized" Benchmark ist ein gemischter Index, der sich aus zwei oder mehreren der dargestellten Marktindizes zusammensetzt. Ist es etwa das Ziel eines deutschen Investors, ein auf Deutschland beschränktes und zu gleichen Teilen gemischtes Aktien- und Rentenportfolio zu konstruieren, dann könnte die Benchmark z.B. 50% DAX + 50% REXP lauten. Das Performanceprofil, das dieser Benchmarkauswahl zugrunde liegt, könnte in etwa so lauten: Das zu strukturierende Portfolio soll längerfristig eine höhere Rendite als eine rein deutsche Rentenanlage erwirtschaften, zugleich aber im Risiko – hier gemessen als Volatilität der Renditen – hinter einem rein deutschen Aktienportfolio zurückbleiben.

In der beschriebenen Weise können verschiedene Marktindizes so kombiniert werden, dass von einem Portfolio, das der konstruierten Benchmark stark ähnelt, erwartet werden darf, dass es zukünftig die vom Investor vorspezifizierten Rendite-Risikocharakteristika aufweist.

Wie bereits weiter oben erwähnt, besitzen Kapitalmarktindizes weitgehend symmetrische Verteilungseigenschaften bezüglich ihrer Renditen. Daran ändert auch die Kombination von verschiedenen Indizes zu einer Benchmark nichts. Besitzen Investoren asymmetrische Performanceziele, so muss auch die Benchmark entsprechend angepasst werden. Wiederum ist der erste Schritt die Quantifizierung des gewünschten und am Kapitalmarkt darstellbaren Rendite-Risikoprofils des Investors. Hieraus folgt die Bestimmung der Benchmark.

Wird, wie im obigen Beispiel, vom Investor ein Rendite-Floor gewünscht, der den maximalen Verlust einer Periode auf einen vorgegebenen Wert beschränkt, so muss das hierzu notwendige Instrumentarium auch in der Benchmark Berücksichtigung finden. Andernfalls handelt es sich bei dem Managementansatz von vornherein um einen aktiven Investmentstil. Dies steht im Widerspruch zu den oben in Anlehnung an *Sharpe* spezifizierten Benchmarkanforderungen. Folglich sollte eine Benchmark niemals inkongruent mit den Performancezielen des Investors sein. Aus dem Performanceziel eines Anlegers folgt notwendig seine Benchmark. Ob das reale Portfolio stets mit der Benchmark übereinstimmt, ist eine andere Frage. In diesem Zusammenhang stellt sich das Problem des aktiven bzw. des passiven Portfoliomanagements.

Bevor auf einzelne Problembereiche der Benchmarkfestlegung eingegangen wird, soll schließlich die Bestimmung einer Benchmark bei asymmetrischen Performancecharakteristika dargestellt werden.

Angenommen, ein deutscher Investor wünscht längerfristig eine Performance, die den Rendite-Risikorealisationen des deutschen Aktienmarktes der letzten zehn Jahre entspricht. Hinzu kommt, dass in keinem Jahr ein Wertverlust des Portfolios eintreten soll, der 10% überschreitet. Dafür ist der Investor bereit, Abstriche in der Upside-Performance des deutschen Aktienmarktes zu machen. Eine solche Zielsetzung ist z.B. in eine Benchmark zu überführen, bei der neben dem DAX noch eine Verkaufsoption (Put) auf den DAX einbezogen wird. Der Basispreis der Verkaufsoption muss so festgelegt sein, dass unter Berücksichtigung der auftretenden Kosten der Portfoliomindestwert nicht unterschritten werden kann. Auf diese Weise ist den Zielen des Investors Genüge getan. Wird anschließend ein Portfolio gemäß den Vorgaben der Benchmark gebildet, dann ist gewährleistet, dass die Ziele des Investors zu keinem Zeitpunkt verfehlt werden. Weicht das Portfolio jedoch von der gemäß den Zielen des Investors spezifizierten Benchmark ab, dann besteht das Risiko der Zielverfehlung.

Einem ähnlichen Konstruktionsprinzip folgen sogenannte „Dual Benchmarks". Die Benchmark wird so festgelegt, dass der Investor nach Abschluss der Anlageperiode die Wahl zwischen zwei Alternativen hat, beispielsweise der DAX-Performance und dem Geldmarktsatz. Duale Benchmarks verwenden Optionsstrukturen, um die Möglichkeit der Wahl zwischen der Performance von zwei Marktsegmenten zu gewährleisten. Die anfallenden Optionsprämien müssen allerdings als zusätzliche Kosten einkalkuliert werden.

4. Benchmarkproblembereiche

Die Verwendung von gängigen Marktindizes als Benchmark ist in der Praxis nicht unumstritten, weil diese Indizes entsprechend der Marktkapitalisierung bzw. der Streubesitz-Marktkapitalisierung der eingehenden Werte gewichtet sind und nicht unter Effizienzgesichtspunkten strukturiert werden.[1] Wie gezeigt werden kann, ist ein kapitalgewichteter Index nur dann effizient, wenn die folgenden Voraussetzungen erfüllt sind: homogene Erwartungen der Anleger, keine Restriktionen bezüglich Leerverkäufen, einheitlicher Steuersatz und kein Kauf von Anlagen, die nicht im Index enthalten sind.[2] In der Portfoliomanagementpraxis hat sich jedoch gezeigt, dass Marktindizes offenbar eine hohe Effizienz aufweisen, da sie von den Portfoliomanagern kaum dauerhaft und signifikant übertroffen werden können.[3]

Darüber hinaus muss bei der Festlegung einer Benchmark seitens eines Investors berücksichtigt werden, welchen Teil des Gesamtvermögens des Investors die Benchmark abdecken soll. Bezieht sich die Benchmark auf das gesamte Vermögen, dann ist die Volati-

---

1 Beispielsweise wird der Deutsche Aktienindex DAX auf Basis der Streubesitz-Marktkapitalisierung gewichtet, d.h. maßgeblich für die Gewichtung der einzelnen Titel im DAX ist der Wert der frei handelbaren Aktien bzw. der Streubesitzanteil („Free Float"). Vgl. *Deutsche Börse* (2013c), S. 14ff.
2 Vgl. *Haugen/Baker* (1991), S. 35ff.; *Kleeberg* (1995), S. 31ff.
3 Auf diesen Aspekt wird noch in Kapitel G im Rahmen der Performancemessung eingegangen.

lität als zu verwendendes Risikomaß angebracht. Ist aber das zu managende Geld nur ein Teil des Gesamtvermögens, dann sollte schon bei der Benchmarkfestsetzung berücksichtigt werden, inwiefern das Benchmarkprofil zur Optimierung des Gesamtvermögens beiträgt. Dies kann zur Folge haben, dass es sachgerechter ist, den Betafaktor als Risikomaß für die Benchmark vorzugeben.

Nicht unüblich in der Portfoliomanagementpraxis ist oftmals der Vergleich eines Portfolios mit Wettbewerberportfolios. Diese dienen dann als sog. „Peer-Group Benchmarks". Gerade in der Investmentfondsbranche – bei Publikums- und Spezialfonds gleichermaßen – tritt ein derartiges Denken häufig zu Tage. Allerdings muss bei einer solchen Benchmarkfestlegung bedacht werden, dass eine auf diese Weise bestimmte Benchmark in ihrer Zusammensetzung ex ante nicht bekannt ist. Außerdem unterliegt die Benchmark Veränderungen, auf die der Manager keinen Einfluss nehmen kann. Insofern handelt es sich um ein sog. „moving target" , das schwer abzubilden ist. Die Einnahme einer neutralen Position zur Benchmark ist somit ex ante unmöglich. Hinzu kommt, dass der Anlagestil des Vergleichsportfolios irrational bzw. im Zeitablauf wechselnd sein kann. Allein schon durch die Auswechslung des Portfoliomanagers können sich in diesem Bereich Probleme ergeben, die Peer-Group Benchmarks als Referenzgrößen unbrauchbar erscheinen lassen. Ebenso können unterschiedliche Mittelzuflüsse Verzerrungen mit sich bringen. Wenn überhaupt, dann sollte aus Stabilitätsgründen eher ein Median bzw. ein Mittelwert aus mehreren Konkurrenzportfolios herangezogen werden.

Als Hauptargument gegen die Verwendung von Peer-Group Benchmarks muss daher deren nicht gegebene Operationalität angesehen werden. Zwar ist es generell wünschenswert, eine bessere Performance als bestimmte Konkurrenzportfolios aufzuweisen, nicht zuletzt aus Marketingsicht, allerdings muss sich dieses Resultat als Folge einer operationalen Benchmarksetzung ergeben.

IV. Absolute Return als Performanceziel und Risikomanagementaspekte

Wenn die Aktienkurse über einen längeren Zeitraum fallen, kann es zu einer kritischeren Sicht der Benchmarkorientierung als Anlagestrategie kommen. Möglicherweise unterschätzen die Anleger in diesen Marktsituationen die mit benchmarkorientierten Strategien verbundenen kurzfristigen Risiken der Kapitalmärkte bei der Ausrichtung ihrer Portfolios. Infolgedessen kann in solchen Marktsituationen die Risikotragfähigkeit bei den meisten institutionellen Investoren sehr stark eingeschränkt sein, so dass zumeist auch kein Spielraum zur Erhöhung des Risikobudgets vorhanden ist.[1] Eine hohe Risikotragfähigkeit ist aber erforderlich, um bei einer langfristigen Ausrichtung des Portfolios kurz- und mittelfristige Schwankungen aushalten zu können, wobei dies allerdings nicht für solche Anleger gilt, die frei sind von Bilanzierungs- und Rechtfertigungszwängen. Da davon ausgegangen werden kann, dass die meisten Anleger nur über eine begrenzte Risikotragfähigkeit verfügen, sollte die Zusammensetzung des Portfolios in Abhängigkeit von der Risikotragfähigkeit gesteuert werden.

Vor dem Hintergrund der zurückgehenden Risikobereitschaft der Anleger wurde gefordert, im Vergleich zu den benchmarkorientierten Anlagen weniger Verlustrisiko zu tolerie-

---

1 Vgl. *Specht* (2006), S. 29.

ren. Darüber hinaus wurde das sog. Asset-Liability-Matching gefordert, d.h. dass die Kapitalanlagen (Assets) enger an die Verbindlichkeiten (Liabilities) gekoppelt werden sollen. Dabei sollen die Kapitalanlagen in der Weise ausgerichtet werden, dass aktuelle und zukünftige Verpflichtungen jederzeit gedeckt sind bei gleichzeitiger Maximierung der Rendite unter Einhaltung gewisser Rahmenbedingungen und Gewährleistung der finanziellen Stabilität.[1]

Daneben wurde an benchmarkorientierten Anlagen kritisiert, dass die üblicherweise als Benchmark verwendeten Aktien- oder Rentenindizes nicht nach Risiko-Ertrags-Überlegungen im Sinn der Investoren, sondern auf Basis der Marktkapitalisierung bzw. der Streubesitz-Marktkapitalisierung zusammengesetzt sind. Kommen zudem recht instabile Benchmarkgewichtungen hinzu, erscheint ein Abrücken von der klassischen Benchmarkausrichtung und der Trend zu benchmarkfreien Absolute Return-Ansätzen nachvollziehbar.

Mit Absolute Return wird eine Rendite bezeichnet, die für den Anleger akzeptabel ist, weil sie eine von ihm gesetzte Mindestrendite für einen bestimmten Anlagehorizont erreicht bzw. übertrifft. Beispielsweise könnte eine Mindestrendite von Null für ein Jahr (d.h. Kapitalerhalt) vorgegeben werden. Die Mindestrenditevorgabe sollte durch die Gesamtrendite (Total Return) des Absolute Return-Produkts in jeder Anlageperiode mit großer Wahrscheinlichkeit (im Extremfall mit Sicherheit) übertroffen werden. Gleichzeitig sollte das Produkt über zahlreiche Anlageperioden im Durchschnitt ein attraktives Risiko-Ertrags-Profil aufweisen. Die geforderte Mindestrendite ist i.d.R. geringer als eine risikolose Geldmarktverzinsung, während aber die mittlere geforderte Gesamtrendite als Zielrendite höher als die risikolose Verzinsung liegen kann. So könnte beispielsweise eine positive Absolutrendite von Euribor + 100 Basispunkten vorgegeben werden. Dabei ist zu beachten, dass die Mindestrendite und die Zielrendite voneinander abhängen, d.h. sie bedingen sich gegenseitig. In der Praxis erscheint die Vorgabe einer Mindestrendite im Rahmen von Absolute Return-Strategien tauglicher als die Vorgabe einer Zielrendite.[2]

Absolute Return-Eigenschaften können solchen Produkten zugeschrieben werden, die in negativen Marktphasen eine Gesamtrendite in Aussicht stellen (oder vielleicht sogar garantieren), die nicht unter die Mindestrendite fällt. Gleichzeitig sollen in normalen Marktphasen aber Renditen erwartet werden können, die regelmäßig besser als die Mindestrendite ausfallen.

Mit Hilfe des Absolute Return-Konzeptes sollen die Abhängigkeit von der Wertentwicklung der Benchmark gelöst werden und auch über kürzere Zeiträume eine stabile Wertentwicklung realisiert werden. Entsprechend geben Investoren eine zu erzielende Absolutrendite vor, die von den Kursentwicklungen an den Märkten unabhängig ist. Dabei soll das sog. Alpha generiert werden, d.h. ein stabiler, positiver Ertrag, der nicht von der Gesamtmarktentwicklung abhängt. Dafür ist der Anleger aber auch bereit, auf die Ertragspotentiale bei Teilnahme an der Gesamtmarktentwicklung zu verzichten. Letztere hängen von der Höhe des Portfolio-Betas ab.

Zu beachten ist, dass in der Realität gängige Rentenbenchmarks (bei denen die Duration[3] etwa fünf Jahre beträgt) und Aktienbenchmarks relativ hohe Marktrisiken aufweisen, so

---

1 Vgl. *Krämer* (2004b), S. 4ff. und *Hafner* (2005), S. 4. In diesem Zusammenhang wird auch von Liability-driven Investments (LDI) gesprochen, vgl. *Hafner/Scheuenstuhl* (2006).
2 Vgl. *Rohweder/Hafner* (2004), S. 4.
3 Zur Duration vgl. Kapitel E in diesem Buch.

dass dabei Absolute Return-Eigenschaften nicht hinreichend vorliegen. Dies trifft nicht nur auf die Aktien und Anleihen zu, sondern auch auf Mischungen aus beiden.[1]

In der Praxis sind zahlreiche Absolute Return-Strategien entwickelt worden, von denen an späterer Stelle einige exemplarisch erläutert werden.[2] Grundsätzlich müssen sich Absolute Return-Strategien daran messen lassen, ob sie dazu führen, dass das Rendite-Risiko-Verhältnis des Portfolios verbessert werden kann oder nicht. Entsprechend sollten Absolute Return-Strategien auf mittlere Sicht eine eigene attraktive Rendite-Risiko-Relation aufweisen, solche Ertragsquellen nutzen, die bei benchmarkorientierten Investments nicht möglich sind und möglichst gering mit klassischen Anlagen korreliert sein. Der letztere Aspekt hat eine diversifizierende Wirkung auf das Gesamtportfolio.[3]

Als eigentliches Risiko im institutionellen Portfoliomanagement kann die Gefahr verstanden werden, dass die Erfüllung der eingegangenen Leistungsversprechen der Portfoliomanager unter bestimmten Bedingungen nicht mehr möglich ist. Infolgedessen können Kapitalverluste mit existenzbedrohenden Ausmaßen das schwerwiegendste Risiko institutioneller Anleger darstellen. Das Risikomanagement hat demzufolge die Aufgabe, darauf hinzuarbeiten, dass solche Risiken bzw. Kapitalverluste, die sich als Folge der Kumulation von Einzelrisiken ergeben können, vermieden bzw. kontrolliert werden. Von wesentlicher Bedeutung ist, dass Kapitalverluste, die eine existenzbedrohende Wirkung entfalten können, jederzeit vermieden werden. Somit handelt es sich bei dem Risikomanagement um eine kontinuierliche Aufgabe.[4]

Risiken mit existenzbedrohenden Ausmaßen können auch als anlegerspezifische Worst Case-Risiken bezeichnet werden. Diese lassen sich jedoch von sogenannten Going Concern-Risiken unterscheiden. Darunter versteht man in diesem Zusammenhang Verluste oder Ergebnisschwankungen, die im normalen Geschäftsbetrieb auftreten können. Portfoliomanager nehmen diese Risiken bewusst in Kauf, da sie mit einer angemessenen Risikoprämie rechnen können. Entsprechend kann eine solche Risikopositionierung auch als Risikomanagement aufgefasst werden.

In diesem Fall wäre das Risikomanagement vom Verlustmanagement zu unterscheiden, dessen Ziel die Vermeidung von Verlusten in einer festgelegten Höhe (Worst Case) ist. Entsprechend kann eine Unterscheidung von Risiko- und Verlustaversion vorgenommen werden.[5]

Die Risikoaversion kann durch den o.g. Risikoaversionsparameter, der im Rahmen der Nutzenermittlung herangezogen wird, zum Ausdruck gebracht werden. Dabei erfolgt die Maximierung des Nutzens unter Berücksichtigung möglicher Anlage- und Risikorestriktionen. Wie oben gezeigt, setzt sich das gesamte Portfoliorisiko aus dem systematischen und dem unsystematischen Risiko zusammen. Als weiteres Risiko kann dabei auch das sog. Schätzrisiko mit berücksichtigt werden, das dadurch entsteht, dass der geschätzte Parameter vom wahren Parameter der Renditeverteilung, der nicht beobachtbar ist, abweicht.[6]

Anlegern mit einer hohen Risikoaversion sind Portfolios zu empfehlen, die einen relativ hohen Anleihenanteil aufweisen und eher passiv oder leicht aktiv gemanagt werden, um

---

1 Vgl. *Rohweder/Hafner* (2004), S. 4.
2 Vgl. Kapitel C in diesem Buch.
3 Vgl. *Tönnes/Becker* (2004), S. 261.
4 Vgl. *Dichtl/Petersmeier/Schlenger* (2003), S 184f.
5 Vgl. *Funke/Johanning/Rudolph* (2006), S. 7.
6 Vgl. *Funke/Johanning/Rudolph* (2006), S. 8.

unsystematische Risiken möglichst gering zu halten. Je geringer die Risikoaversion, desto höher kann der Anteil an Aktien und Alternativen Assets im Vergleich zu Anleihen ausfallen und desto eher können auch aktive Portfoliostrategien zugrunde gelegt werden.[1]

Hingegen zielt die Verlustaversion auf den Ausschluss von existenzbedrohenden Verlusten, d.h. nicht auf Verluste, die im normalen Geschäftsbetrieb anfallen. Liegt eine geringe Verlustaversion vor, so ist der Verlust, der in jedem Fall vermieden werden soll, relativ groß. Ist die Verlustaversion hoch bzw. die Risikotragfähigkeit gering, so ist dieser extreme Verlust relativ niedrig.

Investoren können das Ziel der Maximierung einer risikoadjustierten Performance haben (bei gemäßigter Risikoeinstellung), aber gleichzeitig eine hohe Verlustaversion aufweisen. Dies trifft beispielsweise auf solche Anleger zu, die zwar ihre Verluste begrenzen möchten, gleichzeitig aber für die Performancemessung ein Maß verwenden, das als Risikomaß ein symmetrisches Maß wie die Standardabweichung einbezieht. Für Investoren mit Verlustaversion können Absicherungsstrategien, wie Portfolio Insurance Strategien zur Verlustbegrenzung herangezogen werden. Bei hoher Verlustaversion wäre das zu sichernde Vermögensniveau relativ hoch, während bei keiner vorliegenden Verlustaversion eine Investition ohne eine Absicherungsgrenze erfolgen kann. In diesem Fall hängt die Anlage nur von der Höhe der Risikoaversion ab.[2]

Vor dem Hintergrund dieser Betrachtungen haben *Funke, Johanning* und *Rudolph* eine Einordnung der Risiko- und Verlustpräferenzen in eine sog. Asset-Management-Produktmatrix mit den beiden Dimensionen Risikoaversion und Verlustaversion vorgelegt. Letztere werden jeweils in drei Stufen unterteilt (Risikoaversion: hoch, mittel, gering; Verlustaversion: hoch, mittel, keine). Hierdurch können neun Produktsegmente aufgezeigt werden, die unterschiedliche Verlust- und Risikopräferenzen aufweisen. Aus der Kombination der verschiedenen Verlust- und Risikoeinstellungen können die für den jeweiligen Investor optimalen Anlageprodukte bestimmt werden. In der empirischen Studie von *Funke, Johanning* und *Rudolph* konnte gezeigt werden, dass sich die institutionellen Anleger selbst zumeist als hoch verlustavers und gleichzeitig risikoavers einschätzen, wobei sich dies allerdings nicht immer in der Umsetzung der Kapitalanlage widerspiegelte.[3]

---

1 Vgl. *Funke/Johanning/Rudolph* (2006), S. 10.
2 Vgl. *Funke/Johanning/Rudolph* (2006), S. 9.
3 Vgl. *Funke/Johanning/Rudolph* (2006), S. 10ff. und S. 29.

B. Theoretische Kernfundamente des Portfoliomanagements

Der Zielfestlegung im Rahmen des professionellen Portfoliomanagements folgt die Bestimmung methodischer Grundsätze. Hierbei lassen sich mehrere Ebenen unterscheiden. Zunächst muss der Bereich der Anlagephilosophie geklärt werden. Die Anlage- bzw. Investmentphilosophie stellt das Fundament des weiteren strategischen Vorgehens dar. Anlagephilosophie kann definiert werden als Grundhaltung zu zentralen Fragen der Kapitalmärkte. Eine solche zentrale Frage ist z.B. die nach der Effizienz der Kapitalmärkte. Aus der Anlagephilosophie lassen sich anschließend Folgerungen für den Anlage- bzw. Investmentstil ziehen. Hierbei stehen Fragen der Anlagemethodik im Vordergrund.

Fragen der Investmentphilosophie werden auf der Grundlage der Portfolio- und Kapitalmarkttheorie erörtert. Deren Theoriegerüst basiert wiederum auf Annahmen der Investmentphilosophie. Aus der Akzeptanz bzw. Nichtakzeptanz der Modellaussagen der Portfolio- und Kapitalmarkttheorie lassen sich direkte Schlussfolgerungen für die Investmentphilosophie ableiten. Ob ein aktiver oder ein passiver Investmentansatz zur Erreichung vorspezifizierter Ziele eingesetzt werden soll, ist eine der wichtigsten Fragen der Anlagephilosophie.

I. Portfolio- und Kapitalmarkttheorie

1. Kapitalaufteilung in risikobehaftete und risikolose Anlagen

Die grundlegende Aufteilung der Assetklassen ist entscheidend für den Erfolg einer Kapitalanlage.[1] In Abhängigkeit vom Risikoprofil des Investors stellt sich zunächst die Frage, welcher Anteil des zur Verfügung stehenden Kapitals in eine risikobehaftete und welcher Anteil in eine risikolose Anlage investiert werden soll. Damit kann in einfacher Weise eine Steuerung des Risikos des gesamten – aus risikobehafteter und risikoloser Anlage bestehenden – Portfolios (PF_G) erfolgen.

Das nachfolgende Beispiel zeigt diese Möglichkeit der Risikosteuerung auf. Dabei werden das risikobehaftete Portfolio als PF_R und die risikofreie Anlagemöglichkeit als PF_f bezeichnet. Das Portfolio PF_R wiederum setzt sich in dem Beispiel aus einem Aktienfonds („Equities", E) und einem Anleihenfonds („Bonds", B), der aus Industrieanleihen besteht, zusammen. Damit ist die Zusammensetzung des risikobehafteten Portfolios in diesem Fall vorgegeben. Bei einer Veränderung der Aufteilung von PF_R und PF_f im gesamten Portfolio (PF_G) sollen die relativen Anteile der Fonds innerhalb von PF_R gleichbleiben.[2]

Zur Verfügung steht ein Vermögen von € 500.000, das der Investor in der folgenden Weise anlegt:

- € 180.000, d.h. 36% werden in die risikolose Anlage investiert,
- € 320.000, d.h. 64% werden in die risikobehaftete Anlage investiert,
  davon € 192.000 in den Aktienfonds und € 128.000 in den Anleihenfonds.

---

[1] Vgl. z.B. *Gleißner* (2008), S. 8.
[2] Vgl. dazu auch das Beispiel bei *Bodie/Kane/Marcus* (2011a), S. 168f.

Damit ergeben sich diese Gewichtungen der beiden Investmentfonds innerhalb des PF_R:

Aktienfonds: $\dfrac{192.000}{320.000} = 60\%$; Anleihenfonds: $\dfrac{128.000}{320.000} = 40\%$

Da der Anteil des PF_R am PF_G 64% beträgt, ergeben sich – bezogen auf das Gesamtportfolio – die folgenden Anteile:

Aktienfonds: $x_E = \dfrac{192.000}{500.000} = 38,4\% = 0,64 \cdot 0,60$

Anleihenfonds: $x_B = \dfrac{128.000}{500.000} = 25,6\% = 0,64 \cdot 0,40$

Nunmehr möchte der Investor das Risiko verringern und senkt den Anteil des risikobehafteten Portfolios von 64% auf 52%. Nunmehr setzt sich das Portfolio wie folgt zusammen:

- Investition in das risikobehaftete Portfolio: $0,52 \cdot €\,500.000 = €\,260.000$
  - davon - Investition in den Aktienfonds: $0,60 \cdot €\,260.000 = €\,156.000$
  - Investition in den Anleihenfonds: $0,40 \cdot €\,260.000 = €\,104.000$
- Investition in die risikolose Anlage: $0,48 \cdot €\,500.000 = €\,240.000$

Somit werden € 36.000 aus dem Aktienfonds und € 24.000 aus dem Anleihenfonds verkauft und in die risikolose Anlage investiert. Die Anteile der beiden Fonds innerhalb des risikobehafteten Portfolios (PF_R) bleiben nach dem Verkauf gleich:

Aktienfonds: $\dfrac{192.000 - 36.000}{320.000 - 60.000} = 60\%$

Anleihenfonds: $\dfrac{128.000 - 24.000}{320.000 - 60.000} = 40\%$

Das gesamte Portfolio (PF_G) setzt sich somit aus den folgenden Anteilen zusammen:

Aktienfonds: $x_E = \dfrac{156.000}{500.000} = 31,20\%$

Anleihenfonds: $x_B = \dfrac{104.000}{500.000} = 20,80\%$

Risikolose Anlage: $x_f = \dfrac{240.000}{500.000} = 48,00\%$

Im Folgenden soll nun der Frage nachgegangen werden, wie sich Rendite und Risiko für verschiedene Kombinationen des risikobehafteten Portfolios und der risikolosen Anlage zueinander verhalten. Zunächst lässt sich die erwartete Rendite des gesamten Portfolios (r_G) wie folgt bestimmen, wobei sich im Folgenden die Gewichtungen der einzelnen Assetklassen immer auf das Gesamtportfolio beziehen:

$$E(r_G) = x_R \cdot E(r_R) + (1 - x_R) \cdot r_f = r_f + x_R \cdot [E(r_R) - r_f]$$

mit

x_R	=	Anteil des risikobehafteten Portfolios (PF_R) am Gesamtportfolio (PF_G),
$x_f = 1 - x_R$:	=	Anteil des risikolosen Portfolios (PF_f) am Gesamtportfolio (PF_G),
$E(r_R)$	=	erwartete Rendite des risikobehafteten Portfolios und
r_f	=	risikoloser Zinssatz.

Das Risiko als Varianz ergibt sich für dieses aus zwei Anlagen bestehende Portfolio wie folgt:[1]

$$\sigma_G^2 = x_R^2 \cdot \sigma_R^2 + x_f^2 \cdot \sigma_f^2 + 2 \cdot x_R \cdot x_f \cdot k_{Rf} \cdot \sigma_R \cdot \sigma_f$$

mit

σ_G^2	=	Varianz der Renditen des gesamten Portfolios,
σ_R^2	=	Varianz der Renditen des risikobehafteten Portfolios,
σ_f^2	=	Varianz der Renditen der risikolosen Anlage und
k_{Rf}	=	Korrelationskoeffizient zwischen den Renditen des risikobehafteten Portfolios und der risikolosen Anlage.

Das Gesamtrisiko lässt sich somit nicht durch einfache Addition der Risiken der einzelnen Anlagen ermitteln, sondern berücksichtigt u.a. auch den Zusammenhang zwischen den Renditen der beiden Anlagen mit Hilfe der Korrelation.[2] Dabei entspricht das Produkt aus dem Korrelationskoeffizienten und den beiden Standardabweichungen der Kovarianz zwischen den beiden Anlagen:

$$k_{Rf} \cdot \sigma_R \cdot \sigma_f = \text{Cov}(r_R, r_f)$$

Da in der obigen Betrachtung eine Anlage risikolos ist und somit $\sigma_f = 0$, kann die Formel für die Varianz des gesamten Portfolios deutlich vereinfacht werden:

$$\sigma_G^2 = x_R^2 \cdot \sigma_R^2$$

---

1 Vgl. *Perridon/Steiner/Rathgeber* (2012), S. 263.
2 Im 3-Anlagen-Fall (Anlagen X, Y, Z) ergibt sich die Varianz des Portfolios P wie folgt:
$$\sigma_P^2 = x_X^2 \cdot \sigma_X^2 + x_Y^2 \cdot \sigma_Y^2 + x_Z^2 \cdot \sigma_Z^2 + 2 \cdot x_X \cdot x_Y \cdot \text{Cov}(r_X, r_Y) + 2 \cdot x_X \cdot x_Z \cdot \text{Cov}(r_X, r_Z) + 2 \cdot x_Y \cdot x_Z \cdot \text{Cov}(r_Y, r_Z)$$

Infolgedessen ergibt sich für den Anteil des risikobehafteten Portfolios am Gesamtportfolio der folgende Ausdruck:

$$x_R^2 = \frac{\sigma_G^2}{\sigma_R^2} \quad \text{bzw.} \quad x_R = \frac{\sigma_G}{\sigma_R}$$

Daher lässt sich die erwartete Rendite des gesamten Portfolios auch wie folgt darstellen:

$$E(r_G) = r_f + x_R \cdot [E(r_R) - r_f] = r_f + \frac{\sigma_G}{\sigma_R} \cdot [E(r_R) - r_f] = r_f + \frac{E(r_R) - r_f}{\sigma_R} \cdot \sigma_G$$

Somit handelt es sich um eine Geradengleichung, die als Capital Allocation Line (CAL) bezeichnet werden kann. Das Steigungsmaß dieser Geraden wird auch als „Reward-to-Volatility Ratio" bezeichnet und entspricht der sogenannten Sharpe-Ratio:[1]

$$SR = \frac{E(r_R) - r_f}{\sigma_R}$$

Im dem folgenden Beispiel sind diese Daten bekannt: $E(r_R) = 10\%$, $E(r_f) = 3\%$, $\sigma_R = 25\%$. Hieraus kann die erwartete Rendite des gesamten Portfolios in Abhängigkeit von der Standardabweichung des Portfolios wie folgt ermittelt werden:

$$E(r_G) = r_f + \frac{E(r_R) - r_f}{\sigma_R} \cdot \sigma_G = 3\% + \frac{10\% - 3\%}{25\%} \cdot \sigma_G = 3\% + 0{,}28 \cdot \sigma_G$$

Die Steigung der CAL beträgt demnach 0,28. Die folgende Tabelle zeigt einige Werte in Abhängigkeit von der Gewichtung des risikobehafteten Portfolios im Gesamtportfolio:

x_R	x_f	σ_G	$E(r_G)$
0	1	0,0%	3,0%
0,2	0,8	5,0%	4,4%
0,4	0,6	10,0%	5,8%
0,6	0,4	15,0%	7,2%
0,8	0,2	20,0%	8,6%
1	0	25,0%	10,0%
1,2	–0,2	30,0%	11,4%
1,4	–0,4	35,0%	12,8%

Tab. B.1: Werte der Capital Allocation Line

Die Capital Allocation Line lässt sich auch grafisch darstellen:

---

[1] Vgl. *Bodie/Kane/Marcus* (2011a), S. 171f. Zur Sharpe-Ratio vgl. Kapitel G in diesem Buch.

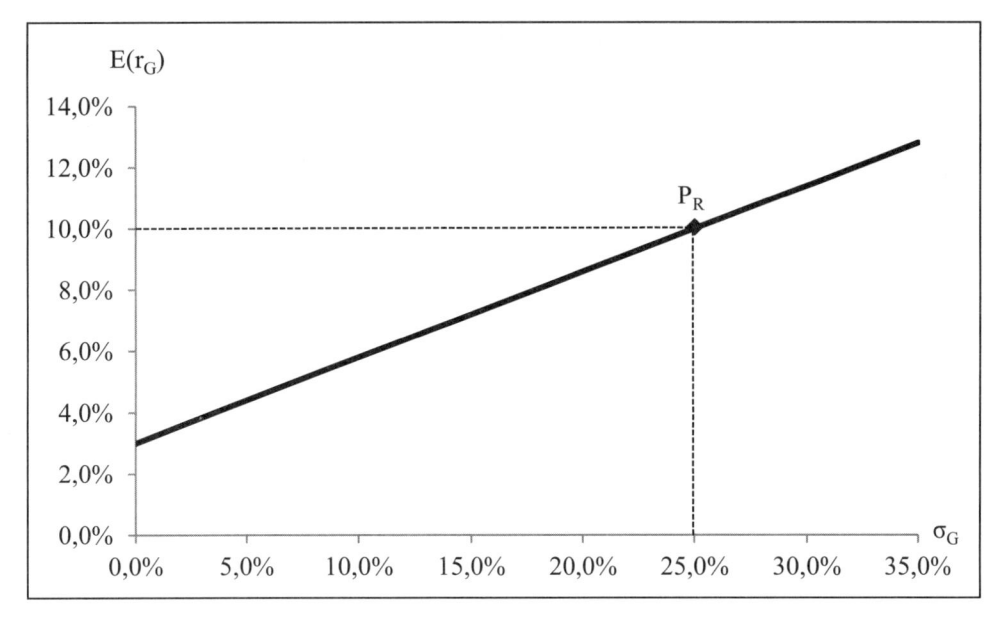

Abb. B.1: Capital Allocation Line

Bei der dargestellten Capital Allocation Line wird unterstellt, dass es möglich ist, auch mehr als 100% des Vermögens in das risikobehaftete Portfolio zu investieren ($x_R > 1$). Wird beispielsweise $x_R = 1{,}2$ eingesetzt, so bedeutet dies gleichzeitig, dass $x_f = -0{,}2$ beträgt, mithin also ein Kredit zum risikolosen Zinssatz (in diesem Fall 3%) aufgenommen wird. In diesem Fall ergibt sich für die Standardabweichung des gesamten Portfolios ein Wert von 30% und für die erwartete Rendite von 11,4%:

$$x_R = \frac{\sigma_G}{\sigma_R} \Leftrightarrow \sigma_G = x_R \cdot \sigma_R = 1{,}2 \cdot 25\% = 30\%$$

$$E(r_G) = 3\% + 0{,}28 \cdot \sigma_G = 3\% + 0{,}28 \cdot 30\% = 11{,}4\%$$

Für Investoren in der Praxis ist eine Kreditaufnahme zum risikolosen Zinssatz i.d.R. nicht möglich. Aus diesem Grund verändern sich die Werte der obigen Tabelle und auch der Verlauf der Capital Allocation Line (CAL) ab den Werten für eine 100%ige Investition in das risikobehaftete Portfolio. Die CAL ist daher an der Stelle P_R geknickt.

Wird beispielsweise mit einem Kreditzins von 6% gerechnet, so können die in der folgenden Tabelle dargestellten Werte abgeleitet werden. Ab $x_R = 1$ verändert sich entsprechend die Steigung der CAL, sie wird flacher:[1]

$$SR = \frac{10\% - 3\%}{25\%} = 0{,}28 \text{ für } 0 \leq x_R \leq 1 \quad \text{und} \quad SR = \frac{10\% - 6\%}{25\%} = 0{,}16 \text{ für } x_R > 1$$

---

[1] Vgl. dazu auch die Darstellung bei *Bodie/Kane/Marcus* (2011a), S. 173.

x_R	x_f	σ_G	$E(r_G)$
0	1	0,0%	3,0%
0,2	0,8	5,0%	4,4%
0,4	0,6	10,0%	5,8%
0,6	0,4	15,0%	7,2%
0,8	0,2	20,0%	8,6%
1	0	25,0%	10,0%
1,2	–0,2	30,0%	10,8%
1,4	–0,4	35,0%	11,6%

Tab. B.2: Werte der Capital Allocation Line bei einem Kreditzins > r_f

Die Grafik verdeutlicht den Verlauf der CAL unter Berücksichtigung eines Kreditzinses, der oberhalb des risikolosen Zinssatzes liegt.

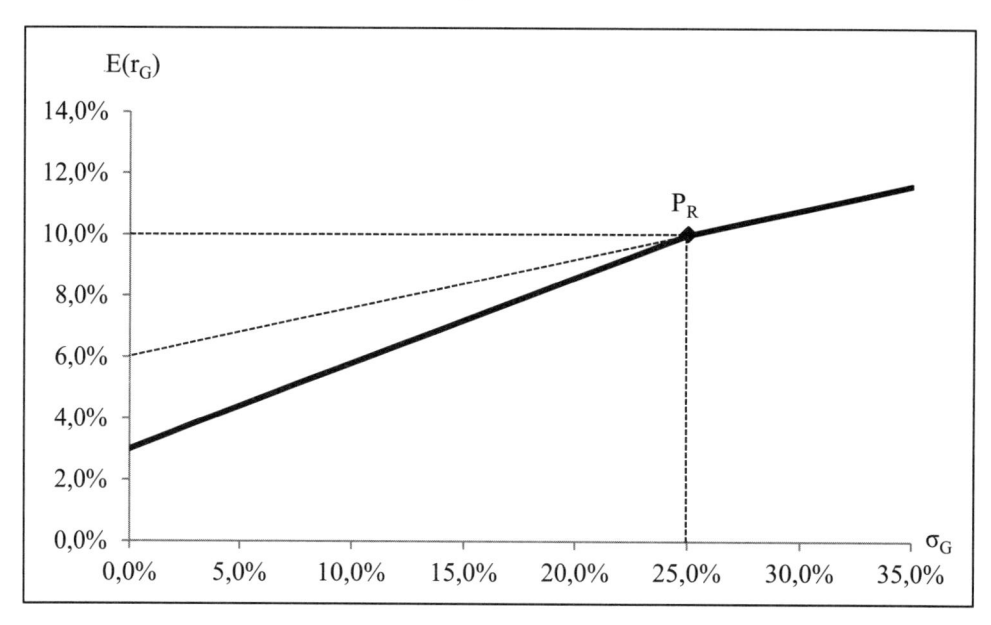

Abb. B.2: Capital Allocation Line bei einem Kreditzins > r_f

Die Capital Allocation Line spiegelt alle möglichen Risiko-Rendite-Kombinationen zwischen der risikolosen und der risikobehafteten Anlage wider. Nunmehr gilt es für den Investor, die optimale Aufteilung zu ermitteln. Dazu wird als Kriterium der mit der jeweiligen Kombination verbundene Nutzen des Gesamtportfolios (U_G) für den Investor herangezogen, der auf Basis der o.g. Nutzenfunktion bestimmt werden kann, wobei A für den Risikoaversionsparameter steht:[1]

---

1 Vgl. Kapitel A.II. in diesem Buch.

$$U_G = E(r_G) - \frac{1}{2} \cdot A \cdot \sigma_G^2$$

Für die Gewichtungen x_R von 0% bis 100% und einen Risikoaversionsparameter von z.B. 3 und 5 ergeben sich in dem obigen Beispiel die folgenden Nutzenwerte, wobei von der Möglichkeit der Kreditaufnahme abgesehen wird:

x_R	x_f	σ_G	$E(r_G)$	U_G bei A=3	U_G bei A=5
0	1	0,0%	3,0%	3,00%	3,00%
0,1	0,9	2,5%	3,7%	3,61%	3,54%
0,2	0,8	5,0%	4,4%	4,03%	3,78%
0,3	0,7	7,5%	5,1%	4,26%	3,69%
0,4	0,6	10,0%	5,8%	4,30%	3,30%
0,5	0,5	12,5%	6,5%	4,16%	2,59%
0,6	0,4	15,0%	7,2%	3,83%	1,58%
0,7	0,3	17,5%	7,9%	3,31%	0,24%
0,8	0,2	20,0%	8,6%	2,60%	–1,40%
0,9	0,1	22,5%	9,3%	1,71%	–3,36%
1	0	25,0%	10,0%	0,63%	–5,63%

Tab. B.3: Nutzenwerte für verschiedene Kombinationen von PF_R und PF_f

Erkennbar ist, dass sowohl für einen Investor mit A=3 als auch einen Investor mit A=5 der Nutzen zunächst mit zunehmendem Anteil am risikobehafteten Portfolio ansteigt. In diesem Fall ist es sinnvoll, höhere Risiken einzugehen, da hierdurch der Nutzen erhöht wird. Allerdings nimmt der Nutzen nach Erreichen eines bestimmten Niveaus wieder ab. Dann wirken sich weitere Risikoerhöhungen stärker aus als die damit verbundenen höheren Renditeerwartungswerte, so dass sich der Nutzen verringert.[1] Während die Tabelle für den risikoscheueren Investor (A=5) bereits bei einem Anteil von 20% am Gesamtportfolio den höchsten Wert ausweist, ist dies bei dem etwas risikofreudigeren Anleger (A=3) bei der Kombination 40% risikobehaftete Anlage und 60% risikolose Anlage der Fall.

Allerdings sind die einzelnen Gewichtungsabstände mit 10%-Punkten relativ hoch. Um für Investoren jeweils den genauen optimalen Anteil der risikobehafteten Anlage zu bestimmen, muss die o.g. Nutzenfunktion maximiert werden. Dazu wird die erste Ableitung nach x_R bestimmt und mit Null gleichgesetzt.[2]

$$\text{Max } U_G = E(r_G) - \frac{1}{2} \cdot A \cdot \sigma_G^2 = r_f + x_R \cdot [E(r_R) - r_f] - \frac{1}{2} \cdot A \cdot x_R^2 \cdot \sigma_R^2$$

$$\Rightarrow \quad \frac{\delta U_G}{\delta r_G} = E(r_R) - r_f - A \cdot x_R \cdot \sigma_R^2 \overset{!}{=} 0 \quad \Leftrightarrow \quad x_R^* = \frac{E(r_R) - r_f}{A \cdot \sigma_R^2}$$

---

1 Vgl. *Bodie/Kane/Marcus* (2011a), S. 174.
2 Vgl. *Poddig/Brinkmann/Seiler* (2005), S. 95.

Bezogen auf das obige Beispiel führt diese Formel zu einem optimalen Anteil x^*_R von 37,33% für den Investor mit A = 3. Zur Nutzenmaximierung sollte dieser Investor daher 37,33% seines Vermögens in das risikobehaftete Portfolio und 62,67% in die risikolose Anlage investieren. Der Investor mit einem Risikoaversionsparameter von A = 5 kommt zu einem optimalen Anteil x^*_R von 22,40%:

$$A = 3: \quad x^*_R = \frac{10\% - 3\%}{3 \cdot 0,25^2} = 37,33\% \, , \quad A = 5: \quad x^*_R = \frac{10\% - 3\%}{5 \cdot 0,25^2} = 22,40\%$$

Damit ist der Risikoaversionsparameter von entscheidender Bedeutung für die Höhe des optimalen Anteils der risikobehafteten Anlage am Gesamtportfolio. Für beide Investoren ergeben sich die folgenden erwarteten Renditen und Standardabweichungen:

$$A = 3: \quad E(r_G) = r_f + x_R \cdot [E(r_R) - r_f] = 3\% + 0,3733 \cdot [10\% - 3\%] = 5,6133\%$$
$$\sigma_G = x_R \cdot \sigma_R = 0,3733 \cdot 25\% = 9,3333\%$$

$$A = 5: \quad E(r_G) = r_f + x_R \cdot [E(r_R) - r_f] = 3\% + 0,2240 \cdot [10\% - 3\%] = 4,5680\%$$
$$\sigma_G = x_R \cdot \sigma_R = 0,2240 \cdot 25\% = 5,6000\%$$

Die Reward-to-Volatility Ratio beträgt in beiden Fällen nach wie vor 0,28, da die jeweiligen Kombinationen auf der oben dargestellten CAL liegen:

$$A = 3: \quad SR = \frac{5,6133\% - 3\%}{9,3333\%} = 0,28 \quad A = 5: \quad SR = \frac{4,5680\% - 3\%}{5,6000\%} = 0,28$$

Im Hinblick auf den Nutzen gelangt man für beide Investoren zu den folgenden Werten:

$$A = 3: \quad U_G = 5,6133\% - \frac{1}{2} \cdot 3 \cdot 0,093333^2 = 4,3067\%$$

$$A = 5: \quad U_G = 4,5680\% - \frac{1}{2} \cdot 5 \cdot 0,056^2 = 3,7840\%$$

Für den Investor mit A = 3 stellt der Nutzen von 4,3067% den höchstmöglichen Nutzen dar, der mit einer Kombination auf der Capital Allocation Line (CAL) gerade noch realisiert werden kann. Falls von diesem Investor ein höherer Nutzen angestrebt wird, so kann er ihn zumindest mit der vorliegenden CAL nicht realisieren.

Die Lösung des Nutzenmaximierungsproblems kann auch grafisch erfolgen. Dazu werden in das oben dargestellte Diagramm der CAL die Indifferenzkurven des Investors mit jeweils unterschiedlichen Nutzenniveaus eingebunden. Die höchstmögliche Indifferenzkurve, die gerade noch die CAL tangiert, repräsentiert den höchsten, gerade noch realisierbaren Nutzen. Somit weist dann der Tangentialpunkt die Standardabweichung und die erwartete Rendite des optimalen Gesamtportfolios für den spezifischen Investor auf.[1]

---

1 Zu den Indifferenzkurven vgl. Kapitel A.II. in diesem Buch.

In Abbildung B.3 sind drei Indifferenzkurven für einen Investor mit A = 3 dargestellt, wobei I_1 mit 6% das höchste Niveau aufweist. Jedoch erreicht die CAL an keiner Stelle diese Indifferenzkurve, so dass das Nutzenniveau von 6% nicht realisiert werden kann. Anders verhält es sich bei den beiden Indifferenzkurven I_2 und I_3. So entspricht I_3 einem Nutzenwert von 3%. Dieses Nutzenniveau lässt sich an zwei Stellen der CAL realisieren. Dennoch gibt es für den Anleger eine noch bessere Lösung, nämlich das Portfolio P_G.

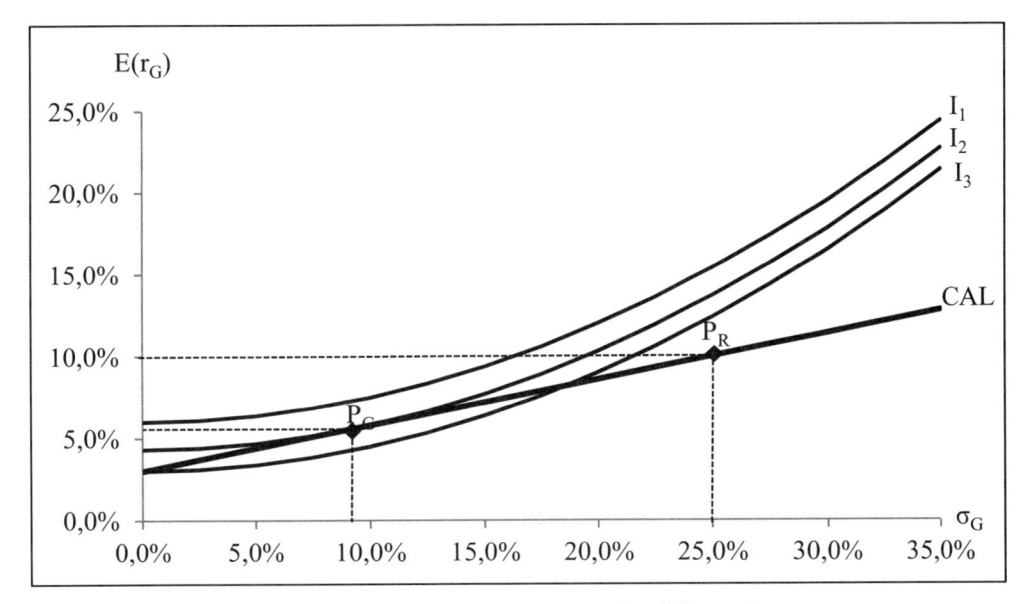

Abb. B.3: Capital Allocation Line und Indifferenzkurven

Bei dem Portfolio P_G handelt es sich um den Tangentialpunkt der CAL mit der Indifferenzkurve I_2, die auf allen ihren Punkten ein Nutzenniveau von 4,3067% repräsentiert. P_G ist – wie oben gezeigt – durch $E(r_G)$ = 5,6133% und σ_G = 9,3333% charakterisiert. Somit lässt sich das Nutzenoptimierungsproblem auch grafisch lösen.[1]

2. Portfolio-Selection-Modell

Im obigen Abschnitt wurden die grundlegenden Zusammenhänge bezüglich der Aufteilung zwischen risikobehafteter und risikoloser Anlage betrachtet. Im Folgenden geht es nun um die Identifizierung des optimalen risikobehafteten Portfolios, d.h. um die optimale Kombination von risikobehafteten Anlagen, die das beste Risiko-Rendite-Verhältnis für den Investor erbringt.

Bei der Zusammenstellung des optimalen risikobehafteten Portfolios wird der sog. Diversifikationseffekt berücksichtigt. Hiermit ist die in der Praxis beobachtbare Vorgehens-

---

[1] Vgl. *Bodie/Kane/Marcus* (2011a), S. 174. Zu einer ähnlichen Vorgehensweise bzw. Darstellung, bei der allerdings der Risikoaversionsparameter aus dem Benchmarkportfolio mit x_R = 1 abgeleitet wird, vgl. *Poddig/Brinkmann/Seiler* (2005), S. 94ff.

weise von Investoren gemeint, das anzulegende Vermögen auf mehrere Anlagetitel aufzuteilen, mit dem Ziel das unsystematische Risiko zu verringern.

Während sich die Rendite eines Portfolios aus den (gewichteten) Renditen seiner einzelnen Bestandteile, d.h. Wertpapiere, ergibt, liegen die Risiken für diversifizierte Portfolios unter der Summe der Risiken der Einzelwerte. Dieser Zusammenhang wurde von *Markowitz* dargestellt.[1] Darüber hinaus wird in diesem Ansatz aus den Renditen der Vergangenheit das zukünftige Risiko abgeleitet. Als Risikomaß wird die Standardabweichung der Vergangenheitsrenditen zugrunde gelegt. Dabei wird gleichzeitig von konstanten Korrelationen zwischen den Anlagen ausgegangen.

Für die erwartete Portfoliorendite E(r_{PF}), die – als Mittelwert der realisierten Renditen – auch als μ_{PF} ausgedrückt werden kann, ergibt sich:

$$\mu_{PF} = \sum_{i=1}^{n} x_i \cdot \mu_i$$

mit

x_i = Portfolioanteil (Gewichtung) des Wertpapiers i und
μ_i = erwartete Rendite des Wertpapiers i (als Mittelwert der realisierten Renditen).

Demgegenüber lautet die allgemeine Formel zur Ermittlung der Portfoliovarianz (σ_{PF}^2):

$$\sigma_{PF}^2 = \sum_{i=1}^{n} \sum_{j=1}^{n} x_i \cdot x_j \cdot Cov(r_i, r_j)$$

mit

$Cov(r_i, r_j) = k_{ij} \cdot \sigma_i \cdot \sigma_j$ = Kovarianz zwischen den Renditen der Wertpapiere i und j.

Die erwartete Standardabweichung der Renditen des Portfolios lässt sich aus der Quadratwurzel der Varianz bestimmen, so dass beispielsweise im Zwei-Anlagen-Fall gilt:

$$\sigma_{PF} = \sqrt{x_1^2 \cdot \sigma_1^2 + x_2^2 \cdot \sigma_2^2 + 2 \cdot x_1 \cdot x_2 \cdot k_{12} \cdot \sigma_1 \cdot \sigma_2}$$

Durch eine Kombination von Anlagen, die möglichst schwach miteinander korrelieren, kann eine Struktur erstellt werden, die trotz gleicher Rendite geringere Wertschwankungen, d.h. ein geringeres Risiko aufweist als jeder einzelne Wert des Portfolios. Dies kann für den einfachen Zwei-Anlagen-Fall anhand des folgenden Beispiels gezeigt werden:

Gegeben sind die nachstehenden Renditen für die Anlagen A und B aus den vergangenen sechs Perioden:

---

1   Vgl. *Markowitz* (1952), S. 77ff.

Periode	Anlage A	Anlage B
1	5%	–2%
2	6%	11%
3	–2%	2%
4	6%	–1%
5	1%	4%
6	2%	7%
μ	3%	3,5%
σ	3,2249031%	4,92950302%

Tab. B.4: Beispiel zur Diversifikation: Ausgangsdaten

Hieraus ergibt sich eine Korrelation zwischen den Renditen von Anlage A und Anlage B von 0,01258086. Für verschiedene Kombinationen aus beiden Anlagen lassen sich die folgenden Werte bestimmen:

Anteil Anlage A	Anteil Anlage B	μ_{PF}	σ_{PF}
100%	0%	3,000%	3,225%
90%	10%	3,050%	2,950%
80%	20%	3,100%	2,773%
70%	30%	3,150%	2,714%
60%	40%	3,200%	2,780%
50%	50%	3,250%	2,962%
40%	60%	3,300%	3,242%
30%	70%	3,350%	3,595%
20%	80%	3,400%	4,004%
10%	90%	3,450%	4,452%
0%	100%	3,500%	4,930%

Tab. B.5: Beispiel zur Diversifikation: Ergebnisse der Kombinationen

Das Ergebnis dieser Kombinationen lässt sich auch grafisch darstellen (Abbildung B.4). In der Grafik charakterisiert jeder Punkt der Kurve das Risiko-/Renditeprofil eines Portfolios, das aus den beiden Anlagen A und B in den jeweiligen Kombinationen zusammengesetzt ist. Erkennbar ist, dass sich durch die Portfoliobildung das Portfoliorisiko auf Werte verringern lässt, die unterhalb der Werte der beiden Einzelrisiken liegen.

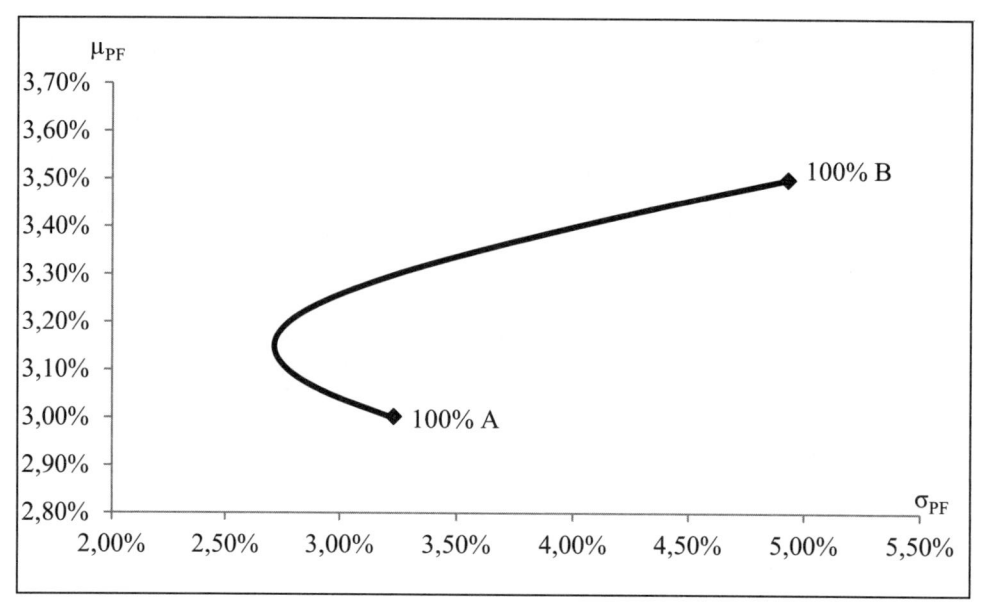

Abb. B.4: Risiko-/Renditeprofil eines aus zwei Anlagen bestehenden Portfolios

Aus der o.g. Formel zur Bestimmung der Standardabweichung der Renditen des Portfolios im Zwei-Anlagen-Fall ist erkennbar, dass das Risiko von den jeweiligen Gewichtungen der beiden Wertpapiere und der Korrelation zwischen den Renditen der Wertpapiere abhängt. Beispielhaft soll die Standardabweichung für unterschiedliche Korrelationskoeffizienten aufgezeigt werden. Für den Fall, dass die Korrelation = 1 ist, resultiert im Zwei-Anlagen-Fall unter Berücksichtigung, dass $x_2 = 1 - x_1$, der folgende Wert:[1]

$$\sigma_{PF} = \sqrt{x_1^2 \cdot \sigma_1^2 + x_2^2 \cdot \sigma_2^2 + 2 \cdot x_1 \cdot x_2 \cdot \sigma_1 \cdot \sigma_2} = \sqrt{(x_1 \cdot \sigma_1 + x_2 \cdot \sigma_2)^2} = x_1 \cdot \sigma_1 + x_2 \cdot \sigma_2$$

Da im Zwei-Anlagen-Fall $x_2 = 1 - x_1$, ergibt sich: $\sigma_{PF} = x_1 \cdot \sigma_1 + (1 - x_1) \cdot \sigma_2$. Ein Diversifikationseffekt kann somit im Fall einer Korrelation von 1 nicht erzielt werden.

Eine Korrelation $k_{12} = 0$ führt zu folgendem Wert:

$$\sigma_{PF} = \sqrt{x_1^2 \cdot \sigma_1^2 + (1 - x_1)^2 \cdot \sigma_2^2}$$

Falls die Korrelation vollständig negativ ist ($k_{12} = -1$), erhält man:

$$\sigma_{PF} = \sqrt{x_1^2 \cdot \sigma_1^2 + x_2^2 \cdot \sigma_2^2 - 2 \cdot x_1 \cdot x_2 \cdot \sigma_1 \cdot \sigma_2} = \sqrt{(x_1 \cdot \sigma_1 - x_2 \cdot \sigma_2)^2} = |x_1 \cdot \sigma_1 - x_2 \cdot \sigma_2|$$

---

1 Vgl. *Perridon/Steiner/Rathgeber* (2012), S. 263 sowie *Poddig/Brinkmann/Seiler* (2005), S. 56ff.

I. Portfolio- und Kapitalmarkttheorie 81

In diesem Fall ($k_{12} = -1$) kann eine Standardabweichung der Renditen des Portfolios von Null erzielt werden (risikoloses Portfolio) bei einem positiven Erwartungswert für die Portfoliorendite. Die Gewichtungen können dann wie folgt bestimmt werden:

$$x_1 \cdot \sigma_1 - x_2 \cdot \sigma_2 = 0 \quad \Rightarrow \quad x_1 \cdot \sigma_1 - (1 - x_1) \cdot \sigma_2 = 0 \quad \Leftrightarrow \quad x_1 \cdot \sigma_1 - \sigma_2 + x_1 \cdot \sigma_2 = 0$$

$$\Leftrightarrow \quad x_1 \cdot (\sigma_1 + \sigma_2) - \sigma_2 = 0 \quad \Leftrightarrow \quad x_1 = \frac{\sigma_2}{\sigma_1 + \sigma_2} \quad \Rightarrow \quad x_2 = 1 - \frac{\sigma_2}{\sigma_1 + \sigma_2} = \frac{\sigma_1}{\sigma_1 + \sigma_2}$$

Dieser Zusammenhang soll anhand eines Beispiels näher betrachtet werden. Beispielsweise liegen folgende Daten vor:

Wertpapier X: $\mu_X = 8\%$, $\sigma_X = 20\%$
Wertpapier Y: $\mu_Y = 12\%$, $\sigma_Y = 25\%$

Hieraus ergeben sich für die Korrelationskoeffizienten $k_{XY} = -1$, 0 und +1 die folgenden Kurvenverläufe:

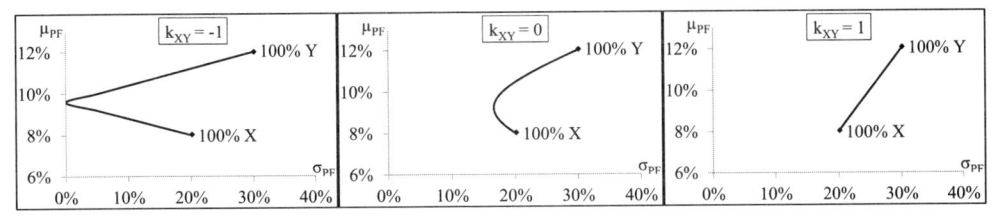

Abb. B.5: Risiko-/Renditeprofil im Zwei-Anlagen-Fall bei verschiedenen Korrelationen

Im Fall einer Korrelation von −1 lassen sich die entsprechenden Gewichtungen beider Wertpapiere berechnen:

$$x_X = \frac{\sigma_Y}{\sigma_X + \sigma_Y} = \frac{30\%}{20\% + 30\%} = 60\% \quad \Rightarrow \quad x_Y = 1 - \frac{30\%}{20\% + 30\%} = \frac{20\%}{20\% + 30\%} = 40\%$$

Die dazugehörigen Werte für die Rendite und die Standardabweichung lauten:

$$\mu_{PF} = \sum_{i=1}^{n} x_i \cdot \mu_i = 0{,}6 \cdot 8\% + 0{,}4 \cdot 12\% = 9{,}6\%$$

$$\sigma_{PF} = |x_1 \cdot \sigma_1 - x_2 \cdot \sigma_2| = |0{,}6 \cdot 20\% - 0{,}4 \cdot 30\%| = 0$$

Wie bereits gezeigt, lässt sich das gesamte Portfoliorisiko in die beiden Komponenten „systematisches (nicht diversifizierbares) Risiko" und „unsystematisches (diversifizierbares) Risiko" aufteilen. Durch Aufnahme weiterer Wertpapiere in das Portfolio kann das unsystematische Risiko des Portfolios beseitigt werden, was als Diversifikationseffekt bezeichnet wird.[1]

Für ein aus vielen Anlagen bestehendes Portfolio kann entsprechend für sämtliche Portfoliokombinationen das Rendite-Risiko-Profil berechnet und mit den anderen Kombinationen verglichen werden. Zur Berechnung der Varianz eines Portfolios mit n Wertpapieren kann auf die sogenannte Varianz-Kovarianz-Matrix zurückgegriffen werden:[2]

	A	B	C	.....	....	n
A	σ_A^2	$Cov(r_A,r_B)$	$Cov(r_A,r_C)$			$Cov(r_A,r_n)$
B	$Cov(r_B,r_A)$	σ_B^2	$Cov(r_B,r_C)$			$Cov(r_B,r_n)$
C	$Cov(r_C,r_A)$	$Cov(r_C,r_B)$	σ_C^2			$Cov(r_C,r_n)$
:						
:						
n	$Cov(r_n,r_A)$	$Cov(r_n,r_B)$	$Cov(r_n,r_C)$			σ_n^2

Tab. B.6: Varianz-Kovarianz-Matrix

Unterhalb der Hauptdiagonalen, die die jeweiligen Varianzen angibt, befinden sich die gleichen Kovarianzen wie oberhalb der Diagonalen. Daher kann die allgemeine Formel der Portfoliovarianz wie folgt vereinfacht werden:

$$\sigma_{PF}^2 = \sum_{i=1}^{n} x_i^2 \cdot \sigma_i^2 + 2 \cdot \sum_{i=1}^{n} \sum_{j=i+1}^{n} x_i \cdot x_j \cdot Cov(r_i, r_j).$$

Zur Ermittlung des Beitrages eines einzelnen Wertpapiers zum Portfolio-Gesamtrisiko kann die folgende Formel herangezogen werden:

$$\text{Absoluter Risikobeitrag} \;=\; x_i \cdot \sum_{j=1}^{n} x_j \cdot Cov(r_i, r_j) = x_i \cdot Cov(r_i, r_{PF})$$

mit

$Cov(r_i, r_{PF})$ = Kovarianz zwischen den Renditen des Wertpapiers i und des Portfolios.

Wird dieser absolute Risikobeitrag auf das Portfolio-Gesamtrisiko bezogen, so ergibt sich der relative Beitrag zum Gesamtrisiko:

---

[1] Zum Nachweis vgl. *Poddig/Brinkmann/Seiler* (2005), S. 53ff. sowie *Bodie/Kane/Marcus* (2011a), S. 217ff.
[2] Vgl. *Garz/Günther/Moriabadi* (1997), S. 44f.

$$\text{Relativer Risikobeitrag} = x_i \cdot \frac{\text{Cov}(r_i, r_{PF})}{\sigma_{PF}^2} = x_i \cdot \text{ß}_i$$

mit

ß_i = Betafaktor des Wertpapiers i.

Anhand der folgenden Tabelle kann die Bestimmung der Varianz des Portfolios nachvollzogen werden. Dabei wird zur vereinfachten Darstellung für die Kovarianz zwischen den Renditen von Wertpapier i und j der folgende Ausdruck geschrieben: $\text{Cov}(r_i, r_j) = \sigma_{ij}$.

	A	B	C	.....	....	n	Σ
A	$x_A \cdot x_A \cdot \sigma_A^2$	$x_A \cdot x_B \cdot \sigma_{AB}$	$x_A \cdot x_C \cdot \sigma_{AC}$			$x_A \cdot x_n \cdot \sigma_{An}$	$x_A \cdot \sigma_{APF}$
B	$x_B \cdot x_A \cdot \sigma_{BA}$	$x_B \cdot x_B \cdot \sigma_B^2$	$x_B \cdot x_C \cdot \sigma_{BC}$			$x_B \cdot x_n \cdot \sigma_{Bn}$	$x_B \cdot \sigma_{BPF}$
C	$x_C \cdot x_A \cdot \sigma_{CA}$	$x_C \cdot x_B \cdot \sigma_{CB}$	$x_C \cdot x_C \cdot \sigma_C^2$			$x_C \cdot x_n \cdot \sigma_{Cn}$	$x_C \cdot \sigma_{CPF}$
:							
:							
n	$x_n \cdot x_A \cdot \sigma_{nA}$	$x_n \cdot x_B \cdot \sigma_{nB}$	$x_n \cdot x_C \cdot \sigma_{nC}$			$x_n \cdot x_n \cdot \sigma_n^2$	$x_n \cdot \sigma_{nPF}$
Σ	$x_A \cdot \sigma_{APF}$	$x_B \cdot \sigma_{BPF}$	$x_C \cdot \sigma_{CPF}$			$x_n \cdot \sigma_{nPF}$	σ_{PF}^2

Tab. B.7: Mit den Portfolioanteilen gewichtete Varianz-Kovarianz-Matrix

In Tabelle B.7 geben die Summen jeweils die Risikobeiträge an. Als Gesamtsumme erhält man schließlich die Varianz des Portfolios.

Mit Hilfe der Renditen und Risiken sämtlicher möglicher Kombinationen von Wertpapieren können diejenigen Portfolios ermittelt werden, die im Hinblick auf die beiden Dimensionen Rendite und Risiko effizient sind.

Als effizient werden Portfolios bezeichnet, wenn bei gleicher Rendite kein Portfolio konstruiert werden kann, das ein geringeres Risiko aufweist, bzw. wenn bei gleichem Risiko kein Portfolio konstruiert werden kann, das eine höhere Rendite ergibt. Die Rendite von effizienten Portfolios kann daher nur erhöht werden, wenn auch gleichzeitig das Risiko erhöht wird. Die Menge der Portfolios, die als effizient bezeichnet werden können, wird im Rahmen eines Rendite-Risiko-Diagramms durch eine Effizienzlinie begrenzt, wie aus Abbildung B.6 hervorgeht.

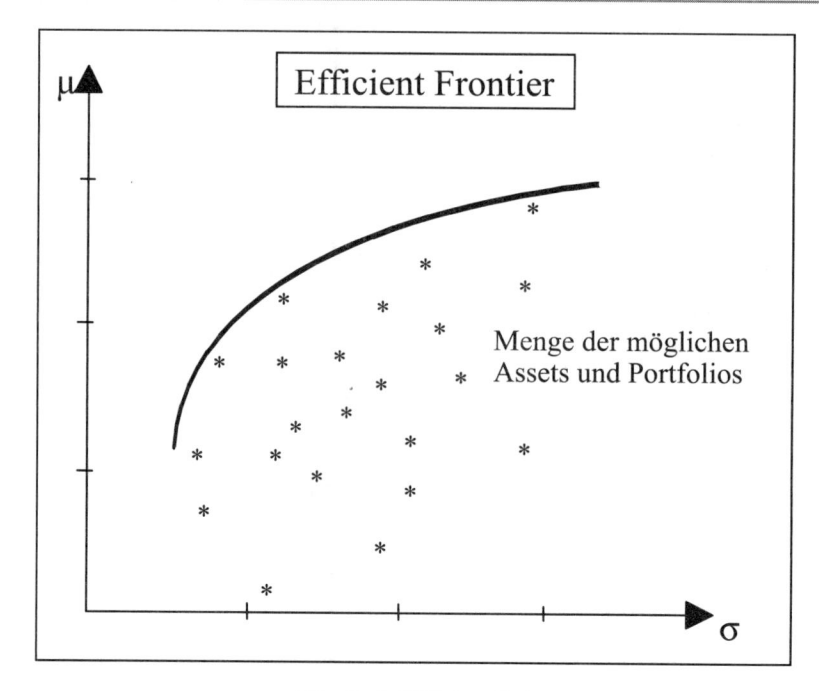

Abb. B.6: Effizienzlinie

In Anlehnung an *Markowitz* werden von rationalen Anlegern nur solche Portfolios gekauft, die auf der Effizienzlinie liegen. Dieses sogenannte Opportunity-Set entspricht damit der Menge aller zulässigen Portfolios. Die Menge sämtlicher Anlagemöglichkeiten wird als Universum bezeichnet. Bei der dargestellten Effizienzlinie werden ganz bestimmte Annahmen unterstellt:

- Die erwarteten Anlagerückflüsse am Ende der Periode werden mit subjektiven Wahrscheinlichkeiten unterlegt, wobei eine Normalverteilung unterstellt wird
- Als Risikomaß gilt die Standardabweichung (σ) um den Erwartungswert (μ)
- Zielgrößen sind entsprechend σ und μ
- Die Anleger sind risikoavers
- Wertpapiere lassen sich beliebig teilen
- Es werden keine Transaktionskosten berücksichtigt

Auf diese Weise kann das erwartete Verhalten des Finanzmarktes abgebildet werden, das als Informationsbasis für die Bildung des optimalen Portfolios gilt. Zur Entscheidung, welches der effizienten Portfolios für den Anleger optimal ist, ist als weitere Information die individuelle Risikoneigung bzw. die entsprechende Nutzenfunktion des Investors erforderlich. Bei Unsicherheit kann dabei auf die sogenannte Neumann-Morgenstern-Nutzenfunktion zurückgegriffen werden.[1] Grundsätzlich wird ein sehr risikoaverser Anle-

---

[1] Vgl. *Gügi* (1995), S. 51ff. und die dort angegebenen Literaturhinweise.

ger ein Portfolio auswählen, das links unten auf der Effizienzlinie liegt, während ein etwas risikobereiterer Anleger eines kauft, das sich weiter oben befindet.

Mit der Entwicklung des Portfolio-Selection-Modells von *Markowitz* gelang die explizite Berücksichtigung des Risikos von Wertpapieranlagen. Gleichzeitig konnte die bis dahin vorherrschende eindimensionale Betrachtungsweise (Rendite) durch die bis heute aktuelle zweidimensionale Betrachtung ersetzt werden. Dabei kommt es nicht so sehr auf die Menge der ins Portfolio aufgenommenen Werte an, sondern vielmehr auf die Korrelation zwischen den in einem Portfolio befindlichen Werten. Allerdings gelingt die Umsetzung der gewonnenen Erkenntnisse in die Praxis nur unter Datensicherheit bzw. unter Verwendung historischer Daten. Für den Anleger ist aber die Kenntnis zukünftig effizienter Portfolios von Bedeutung. Darüber hinaus ist bei der Ermittlung der Daten zu beachten, dass eine große Menge zu schätzender Werte für die Berechnung der Effizienzlinie erforderlich ist. So müssen für n Anlagetitel n erwartete Renditen, n Varianzen und n·(n–1)/2 Kovarianzen ermittelt werden. Zudem wird im Markowitz-Modell das Timing vernachlässigt. Selbst bei Klarheit über die Zusammensetzung des Portfolios besteht immer noch die Notwendigkeit der Suche nach den optimalen Ein- und Ausstiegszeitpunkten. Eine weitere Schwäche des Ansatzes liegt darin, dass die erwarteten Renditen als gegeben angenommen werden und keine Aussagen zu ihren Berechnungen gemacht werden.

Aus Sicht der Praxis ist noch darauf hinzuweisen, dass nicht alle Portfolios auf der Effizienzlinie auch den Rahmenbedingungen der Anleger entsprechen. So können bei Fonds beispielsweise aufgrund rechtlicher Restriktionen Anteile in einzelnen Anlagen beschränkt sein; oder im Rahmen von Vermögensverwaltungen werden bestimmte Grenzen von Seiten des Anlagekunden festgelegt. Darüber hinaus fallen bei Umschichtungen zu effizienteren Portfolios auch Transaktionskosten an. Eine Umschichtung ist aus diesem Grund nur dann sinnvoll, wenn (bei gleichem Risiko) der Renditeanstieg höher ausfällt, als die damit verbundenen Kosten. Durch diese Rahmenbedingungen werden die Möglichkeiten der Optimierung beschränkt, so dass sich möglicherweise das aus Praxissicht effizienteste Portfolio nicht auf der theoretisch korrekten Effizienzlinie befindet. Schließlich können die Investoren unterschiedliche Erwartungen bezüglich der Renditen, Varianzen und Kovarianzen haben, so dass die Effizienzlinie je nach Investor unterschiedlich ausfallen kann.

Trotz dieser Kritikpunkte hat die Portfoliotheorie eine weite Verbreitung erfahren. Sie dient heutzutage in Wissenschaft und Praxis als Grundlage zahlreicher Ansätze zur Implementierung und Kontrolle von Anlagestrategien.

3. Kapitalmarkttheorie

a. Kapitalmarktlinie

Zur Bestimmung des optimalen Portfolios entsprechend der Portfoliotheorie ist die Kenntnis der individuellen Risikonutzenfunktion des Anlegers erforderlich, da die optimalen Portfolios überall auf der Effizienzlinie liegen können. Um dieses Problem zu umgehen, erfolgt im Rahmen der Kapitalmarkttheorie die Berücksichtigung der Anlage zu einem risikolosen Zinssatz (r_f), zu dem jederzeit beliebig viel Geld angelegt und aufgenommen werden kann. Durch die Hinzunahme der risikolosen Anlage kann es nun zu einer Mischung der individuellen (risikobehafteten) Portfolios mit der risikolosen Anlagemöglichkeit kommen. Dies kann grafisch anhand der Abbildung B.7 gezeigt werden. Dabei wird deutlich, dass es eine Effizienzgerade gibt, die alle anderen Geraden in Bezug auf die Rendite-Risiko-Effizienz dominiert (bei gleichem Risiko weist sie jeweils eine höhere Rendite bzw. bei gleicher Rendite ein niedrigeres Risiko auf als die übrigen Kombinationen der auf der Effizienzlinie liegenden Portfolios mit der risikolosen Anlage). Insofern handelt es sich um die Gerade mit der höchsten Steigung, die gerade noch als Kombination von risikoloser Anlage mit einem effizienten Portfolio realisierbar ist.

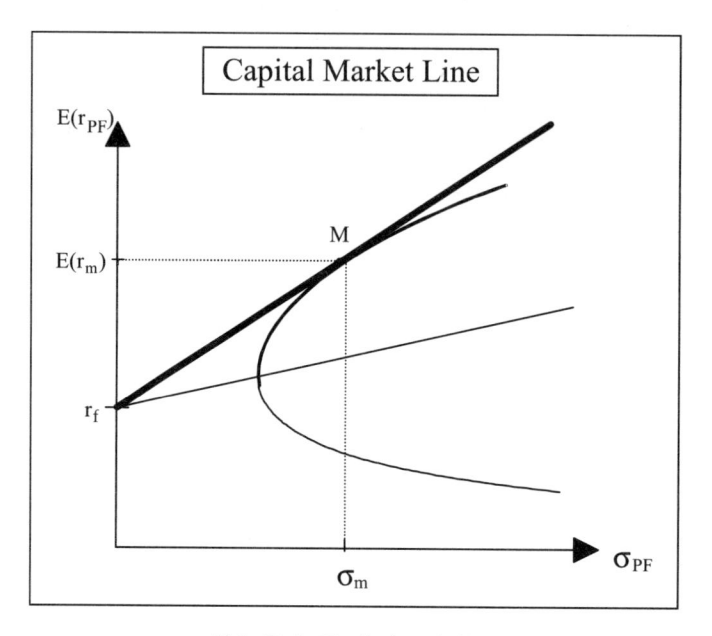

Abb. B.7: Kapitalmarktlinie

Zwei Punkte determinieren die Lage dieser Effizienzgeraden, die als Kapitalmarktlinie bezeichnet wird: Zum einen der Ordinatenabschnitt r_f und zum anderen der Tangentialpunkt mit der Effizienzlinie riskanter Portfolios. Dieser Tangentialpunkt kennzeichnet das sogenannte Marktportfolio M, wobei es sich hierbei um die optimale Zusammensetzung der Wertpapiere handelt. Jegliche andere Kombination kann nicht zu effizienteren Ergebnissen führen, da die Gerade zwischen dem risikolosen Zins und dem Marktportfolio immer oberhalb der anderen Kombinationen liegt. Entsprechend kann daraus abgeleitet werden, dass die Anleger anstelle eines individuellen Portfolios jeweils die gleiche Portfoliozusammensetzung anstreben (bei homogenen Erwartungen). Lediglich die jeweiligen Anteile des Marktportfolios und der risikolosen Anleihe werden von Anleger zu Anleger variieren. Dies hängt wiederum von der individuellen Risikoeinstellung des jeweiligen Anlegers ab.

Die mathematische Gleichung der Kapitalmarktlinie entspricht formal einer Gradengleichung, deren Achsenabschnitt und Steigung der Abb. B.7 zu entnehmen sind. Daraus ergibt sich die folgende Gleichung, die der o.g. Gleichung für die Capital Allocation Line in dem Fall entspricht, dass es sich bei dem risikobehafteten Portfolio um das Marktportfolio handelt:

$$E(r_{PF}) = r_f + \frac{E(r_m) - r_f}{\sigma_m} \cdot \sigma_{PF}$$

mit

$E(r_{PF})$ = Renditeerwartungswert des Portfolios,[1]
$E(r_m)$ = Renditeerwartungswert des Marktportfolios,[2]
σ_{PF} = Standardabweichung des Portfolios,
σ_m = Standardabweichung des Marktportfolios und
r_f = Zinssatz für eine risikolose Anlagemöglichkeit.

Entsprechend der obigen Formel können also Anleger, die bereit sind, Risiko zu tragen, eine Risikoprämie in Höhe von $\{E(r_m)-r_f\}\cdot\sigma_{PF}/\sigma_m$ erwarten.

Zur Bestimmung der Zusammensetzung des Marktportfolios ist die Steigung der Capital Allocation Line (CAL), die durch die risikolose Anlage (PF_f) und ein (risikobehaftetes) Portfolio (PF_R) auf der Effizienzlinie läuft, zu maximieren. Somit ist die Sharpe-Ratio für jede Kombination von Anlagen innerhalb des risikobehafteten Portfolios zu maximieren:

$$\underset{x_i}{\text{Max SR}} = \frac{E(r_R) - r_f}{\sigma_R}, \quad \text{wobei} \quad \sum_{i=1}^{n} x_i = 1$$

Für den Zwei-Anlagen-Fall (Wertpapiere A und B) lässt sich die Zusammensetzung des Marktportfolios wie folgt bestimmen. In die Formel für die Sharpe-Ratio können für $E(r_R)$ und für σ_R die beiden nachfolgenden Ausdrücke eingesetzt werden:

$$E(r_R) = x_A \cdot E(r_A) + x_B \cdot E(r_B), \quad \sigma_R = \sqrt{x_A^2 \cdot \sigma_A^2 + x_B^2 \cdot \sigma_B^2 + 2 \cdot x_A \cdot x_B \cdot \text{Cov}(r_A, r_B)}$$

$$x_B = 1 - x_A$$

Die Ableitung der Sharpe-Ratio nach x_A und anschließende Gleichsetzung mit Null führt zu folgendem Ergebnis:[3]

$$x_A = \frac{E(r_{A_ü}) \cdot \sigma_B^2 - E(r_{B_ü}) \cdot \text{Cov}(r_{A_ü}, r_{B_ü})}{E(r_{A_ü}) \cdot \sigma_B^2 + E(r_{B_ü}) \cdot \sigma_A^2 - [E(r_{A_ü}) + E(r_{B_ü})] \cdot \text{Cov}(r_{A_ü}, r_{B_ü})}$$

mit

$r_{A_ü} = r_A - r_f$ = Überschussrendite der Anlage A.

---

1 Bei diesem Portfolio handelt es sich entsprechend der Darstellung in Kapitel B.I.1. um das gesamte Portfolio (PF_G), das aus einem risikobehafteten Portfolio (PF_R, hier: Marktportfolio M) und der risikolosen Anlage (PF_f) besteht. Der Renditeerwartungswert $E(r_{PF})$ entspricht hier somit $E(r_G)$.
2 Entsprechend der Darstellung in Kapitel B.I.1. handelt es sich hier um den Renditeerwartungswert des risikobehafteten Portfolio ($E(r_R)$).
3 Vgl. *Bodie/Kane/Marcus* (2011a), S. 208.

Dieser Zusammenhang kann für das nachfolgende Beispiel aufgezeigt werden. Gegeben sind die beiden Wertpapiere A und B mit $E(r_A) = 6\%$, $E(r_B) = 12\%$, $\sigma_A = 14\%$ und $\sigma_B = 22\%$. Der risikolose Zinssatz r_f beträgt 4%, und die Korrelation beläuft sich auf 0,2. Somit können die folgenden Werte bestimmt werden:

$$E(r_{A_ü}) = 2,00\%, \quad E(r_{B_ü}) = 8,00\%, \quad \sigma^2_A = 1,96\%, \quad \sigma^2_B = 4,84\%, \quad Cov(r_{A_ü}, r_{B_ü}) = 0,616\%$$

Eingesetzt in die obige Formel ergibt sich für die optimale Zusammensetzung des Portfolios bzw. das aus den beiden Wertpapieren bestehende „Marktportfolio" „M", das nicht dem theoretischen Marktportfolio M aus allen möglichen Anlagen entspricht:

$$x_A = \frac{2\% \cdot 4,84\% - 8\% \cdot 0,616\%}{2\% \cdot 4,84\% + 8\% \cdot 1,96\% - [2\% + 8\%] \cdot 0,616\%} = 24,75\%$$

$$x_B = 1 - x_A = 1 - 0,2475 = 0,7525 = 75,25\%$$

Für das optimale Portfolio „M" können sodann der Erwartungswert und die Standardabweichung bestimmt werden:

$$E(r_m) = 0,2475 \cdot 6\% + 0,7525 \cdot 12\% = 10,515\%$$

$$\sigma_m = \sqrt{0,2475^2 \cdot 1,96\% + 0,7525^2 \cdot 4,84\% + 2 \cdot 0,2475 \cdot 0,7525 \cdot 0,616\%} = 17,5789\%$$

Grafisch kann das optimale risikobehaftete Portfolio wie folgt ermittelt werden:

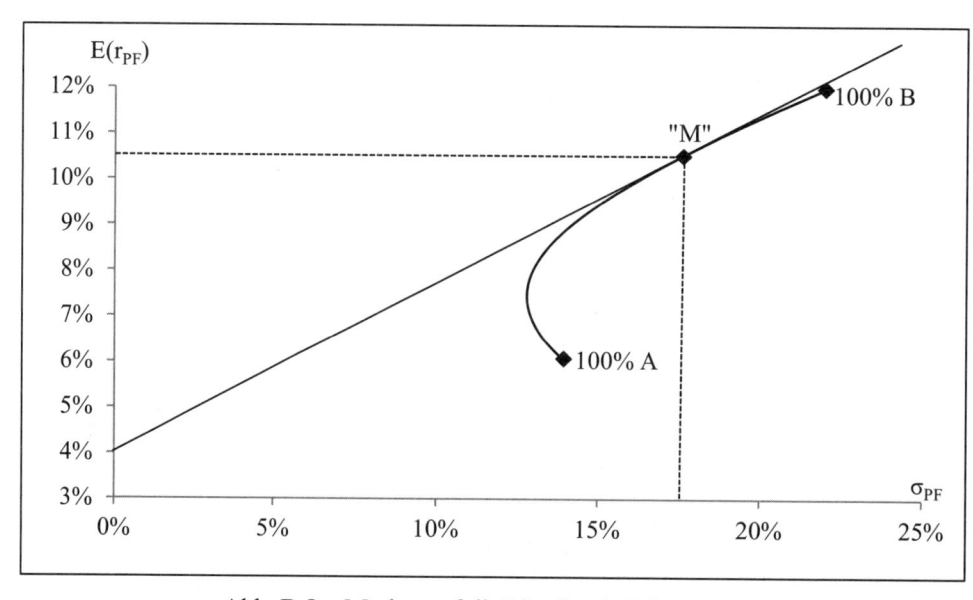

Abb. B.8: „Marktportfolio" im Zwei-Anlagen-Fall

b. Capital Asset Pricing Model (CAPM)

Aus der Kapitalmarktlinie und der entsprechenden Quantifizierung der erwarteten Risikoprämie der Anleger lässt sich der Preis bzw. die Renditeerwartung für einzelne Wertpapiere des Marktportfolios im Kapitalmarktgleichgewicht herleiten.[1] Als Ergebnis erhält man die sogenannte Wertpapierlinie, die auch als Security Market Line bezeichnet wird und die Grundlage des Capital Asset Pricing Model (CAPM) bildet. Sie ist in Abbildung B.9 dargestellt.

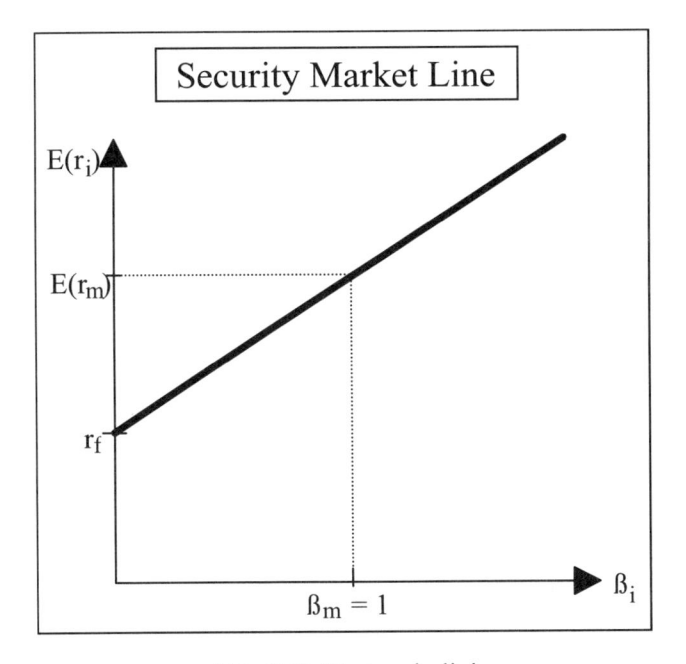

Abb. B.9: Wertpapierlinie

Aus der Abbildung wird deutlich, dass für ein einzelnes Wertpapier nur der sogenannte Betafaktor ($ß_i$) als Risikomaß von Bedeutung ist. Dieser Faktor beschreibt, wie stark ein Wertpapier auf die Einflussgröße „Markt" reagiert und spiegelt damit lediglich das systematische, d.h. das nicht wegdiversifizierbare Risiko wider. Den systematischen Teil des Risikos muss daher jeder Investor tragen, wofür er aber auch mit einer Risikoprämie belohnt wird. Für die Übernahme von unsystematischen, d.h. titelspezifischen oder wegdiversifizierbaren Risiken wird dagegen keine Risikoprämie gewährt. Begründet wird dies damit, dass diese Risiken durch eine Diversifikation vollständig eliminiert werden können. Der Betafaktor für das Marktportfolio ($ß_m$) beträgt definitionsgemäß eins.[2]

Formal kann die Gleichung für das CAPM bzw. die Wertpapierlinie wie folgt beschrieben werden:

$$E(r_i) = r_f + [E(r_m) - r_f] \cdot ß_i$$

---

[1] Zur Herleitung vgl. *Steiner/Bruns/Stöckl* (2012), S. 24ff.
[2] Zum Betafaktor vgl. Kapitel A.I.2.b. in diesem Buch.

mit

$$\beta_i = k_{im} \cdot \frac{\sigma_i}{\sigma_m} = \frac{Cov(r_i, r_m)}{\sigma_m^2}$$

k_{im} = Korrelationskoeffizient zwischen der Wertpapierrendite und der Marktrendite.

Für eine einzelne risikobehaftete Kapitalanlage kann im Kapitalmarktgleichgewicht offenbar eine Rendite erwartet werden, die sich aus einem risikolosen Zinssatz zuzüglich einer Risikoprämie zusammensetzt.

Zu kritisieren ist am CAPM, dass die reale Welt komplexer ist, als von diesem Modell angenommen.[1] Darüber hinaus lassen sich die zukünftigen Werte von Renditen und Risiken nicht messen und müssen stattdessen auf der Basis von Vergangenheitswerten geschätzt werden. Diese Schätzwerte variieren in der Praxis aber von Anleger zu Anleger, so dass – wie oben bereits erläutert – unterschiedliche Effizienzlinien entstehen können. Entsprechend realisiert jeder einzelne Anleger eine Kombination aus der risikolosen Anlage und dem (individuell) optimalen Tangentialportfolio und damit eine individuelle Effizienzgerade. Infolgedessen unterscheiden sich die Portfolios der Anleger sowohl im Hinblick auf das Mischungsverhältnis zwischen der risikofreien Anlage und dem Tangentialportfolio als auch in Bezug auf die Zusammensetzung dieses Portfolios. Das Marktportfolio dürfte entsprechend selten mit dem Tangentialportfolio übereinstimmen.[2]

Darüber hinaus werden im Rahmen des CAPM sämtliche Renditen nur von einem Risikofaktor abgeleitet. Das Modell geht also davon aus, dass die übrigen (unsystematischen) Risiken unkorreliert sind und sich bei einer hinreichenden Diversifikation gegenseitig aufheben. In der Praxis ist aber zu beobachten, dass noch viele andere Faktoren auf den unsystematischen Teil des Risikos einwirken.

Dennoch liefert das Modell Anhaltspunkte bezüglich der Höhe der zu erwartenden Rendite im Gleichgewicht bei einem bestimmten Risiko. Im Gegensatz dazu sind die Renditen im Rahmen der Portfoliotheorie nach *Markowitz* vorgegeben.

Das CAPM ist in vielen Untersuchungen im Hinblick auf die Gültigkeit seiner Kernaussagen getestet worden. Dabei konnte weder eine Bestätigung noch eine eindeutige Falsifizierung der Modellthesen festgestellt werden. Häufig wird aber auch die Testbarkeit des CAPM in Frage gestellt, da das theoretisch korrekte Marktportfolio, das sämtliche Assets enthält, bei solchen Tests nicht eingesetzt werden kann. Wird stattdessen lediglich ein Index als Ersatz-Marktportfolio verwendet, so kann mit Hilfe eines empirischen Tests grundsätzlich nur geprüft werden, ob der verwendete Index effizient im Sinne der Portfoliotheorie ist. Allerdings weisen andere Untersuchungen darauf hin, dass die Wahl des Marktportfolios von nicht so großer Bedeutung ist.[3]

---

1 Vgl. *Elton/Gruber* (1991), S. 302.
2 Vgl. *Kleeberg* (1995), S. 32ff.
3 Vgl. *Steiner/Bruns/Stöckl* (2012), S. 28; *Stambaugh* (1982), S. 238.

c. Modellerweiterungen des CAPM

Aufgrund der Kritik an dem klassischen CAPM wurden zahlreiche Modellerweiterungen vorgenommen, die realitätsnähere Modellkonzeptionierungen erlauben. Beispielhaft seien die sogenannten Intertemporalen Modelle und das Generalized CAPM genannt. Beiden liegt eine mehrdimensionale Interpretation des CAPM zugrunde. Intertemporale Modelle berücksichtigen einen kontinuierlichen Zeitablauf und zugleich mehrere Faktoren. Dabei werden Investitionsentscheidungen über mehrere Perioden berücksichtigt.[1] Auch beim Generalized CAPM werden die realitätsfernen Annahmen des CAPM zum Anlass genommen, ein allgemeineres Modell zu konstruieren. So wird davon ausgegangen, dass nicht alle Marktteilnehmer dasselbe Marktportfolio halten, sondern aufgrund von Transaktionskosten und neueren Finanzprodukten in erheblich weniger Wertpapiere investieren.[2]

Eine weitere mehrfaktorielle Version des CAPM ist das sogenannte Multi-Beta CAPM. Dabei erfolgt eine Aufspaltung des Betafaktors in eine beliebige Zahl von Einzelbetas, wobei das Marktportfolio als Kombination von Teil-Portfolios interpretiert wird.

Für die Bewertungsgleichung des CAPM ergibt sich in seiner Multi-Beta-Fassung der folgende Ausdruck:[3]

$$E(r_i) = r_f + [E(r_m) - r_f] \cdot \sum_{k=1}^{K} \frac{\sigma(F_k)}{\sigma(r_m)} \cdot \text{ß}_{mk} \cdot \text{ß}_{ik}$$

mit

ß$_{mk}$ = Sensitivität der Rendite des Marktportfolios in Bezug auf die Ausprägungen des Risikofaktors k,

ß$_{ik}$ = Sensitivität der Rendite des Wertpapiers i in Bezug auf die Ausprägungen des Risikofaktors k,

$\sigma(F_k)$ = Varianz des k-ten Risikofaktors und

$\sigma(r_m)$ = Varianz der Rendite des Marktportfolios.

Durch das Multi-Beta CAPM wird die erwartete Rendite eines Wertpapiers über den risikolosen Zinssatz und K Risikoprämien erklärt. Durch die Überführung des Marktrisikos in faktorbezogene Risiken lassen sich explizit mehrere Risikomaße berücksichtigen. Allerdings ist die Gleichsetzung des Marktrisikos mit den Faktorrisiken nur unter der Voraussetzung eines vollständig diversifizierten Marktportfolios zulässig. Auch hier wird wiederum die zentrale Stellung des Marktportfolios deutlich. Nur wenn die Effizienz dieses Portfolios bewiesen werden kann, lässt sich das CAPM auch empirisch bestätigen.

Ein weiteres Modell sieht die Einbeziehung des sogenannten Gini-Koeffizienten als Risikomaß anstelle der Varianz bzw. Standardabweichung vor.[4] Das CAPM, das auf der

---

1 Vgl. *Alexander/Francis* (1986), S. 229.
2 Vgl. *Levy* (1978), S. 644f.; *Levy* (1990), S. 236 und S. 240. Einen guten Überblick über verschiedene Modellerweiterungen des CAPM gibt *Nowak* (1994), S. 40ff.
3 Vgl. *Sharpe* (1977), S. 134, dessen Gleichung aber leicht hiervon abweicht, weil er auf die Annahme unkorrelierter Faktoren verzichtet.
4 Zum Mean-Gini-Ansatz vgl. Kapitel A.I.2.j. in diesem Buch.

Grundlage des Mean-Gini-Ansatzes basiert, beruht im Wesentlichen auf denselben Annahmen wie das klassische CAPM.[1] Als zusätzliche Annahmen werden eine spezielle Nutzenfunktion des Investors, die den Erwartungswert gegen den Gini-Koeffizienten gewichtet, und die Minimierung des Gini-Koeffizienten für einen gegebenen Erwartungswert seitens des Investors unterstellt. Anstatt µσ-effiziente Portfolios zu halten, wird der Investor mit Hilfe des Mean-Gini-Ansatzes solche Portfolios konstruieren, die zur effizienten Menge nach der stochastischen Dominanz zweiten Grades gehören.[2]

Für normalverteilte Wertpapierrenditen liegt eine Übereinstimmung des µσ-Betas und des Mean-Gini-Betas vor.[3] Sind die Wertpapierrenditen nicht normalverteilt, so weichen die beiden Betas voneinander ab, wobei das Mean-Gini-Beta allerdings die theoretisch besser fundierten Werte liefern kann.

d. Arbitrage Pricing Theory (APT)

Als ein theoretisches Modell, das auf der Annahme eines Faktorenmodells aufbaut, kann die sogenannte Arbitrage Pricing Theory (APT) angeführt werden.[4] Sie stellt eine Alternative zum CAPM dar, wobei der Rendite-Risiko-Zusammenhang durch mehrere, explizit ausgewiesene Risikofaktoren erklärt wird. Anders als beim CAPM, bei dem sämtliche Faktoren in nur einer Risikokennzahl, dem Betafaktor, zusammengefasst werden, kann bei der APT eine mehrdimensionale Analyse der Risikoquellen erfolgen.[5] Zur Herleitung der APT-Grundgleichung werden zwei Annahmen unterstellt: zum einen wird vorausgesetzt, dass die Entstehung von Wertpapierrenditen durch ein lineares Mehrfaktorenmodell beschrieben werden kann; zum anderen wird angenommen, dass die Märkte arbitragefrei sind. Letzteres bedeutet, dass durch Transaktionen auf den Wertpapiermärkten, bei denen per saldo kein Kapitaleinsatz erfolgt und durch die der Anleger kein Risiko eingeht, keine positive Renditen erzielt werden können. Von Transaktionskosten bei Arbitrageprozessen wird dabei allerdings abstrahiert.

Als wichtige Gleichung der APT kann die folgende Bestimmung der Rendite des Wertpapiers i in einer Periode angesehen werden:[6]

$$r_i = E(r_i) + b_{i1} \cdot f_1 + b_{i2} \cdot f_2 + ... + b_{iK} \cdot f_K + \varepsilon_i$$

mit

f_k = unerwarteter Teil der Ausprägung des Faktors k für k = 1 bis K,
$E(r_i)$ = erwartete Rendite des Wertpapiers i am Periodenbeginn,
b_{iK} = Sensitivität der Rendite des Wertpapiers i gegenüber dem k-ten Faktor,
ε_i = wertpapierspezifische, zufällige Störgröße und
K = Anzahl der Faktoren.

---

1 Die Herleitung des CAPM auf der Grundlage des Mean-Gini-Ansatzes erfolgt sowohl für den einfachen als auch für den erweiterten Gini-Koeffizienten bei *Shalit/Yitzhaki* (1984), S. 1457ff.
2 Zur stochastischen Dominanz vgl. Kapitel A.I.2.h.
3 Vgl. *Shalit/Yitzhaki* (1984), S. 1460.
4 Vgl. *Ross* (1976), S. 341ff.
5 Vgl. *Perridon/Steiner/Rathgeber* (2012), S. 288ff.
6 Vgl. *Perridon/Steiner/Rathgeber* (2012), S. 289, *Poddig/Brinkmann/Seiler* (2005), S. 407.

Die obige APT-Gleichung beschreibt die Rendite eines Wertpapiers i als Linearkombination aus der erwarteten Rendite und mehrerer mit den jeweiligen Faktorsensitivitäten gewichteter unerwarteter Abweichungen der Faktoren von ihren Faktorerwartungswerten sowie einer zufälligen Störgröße. Falls es zu Abweichungen der tatsächlichen Wertpapierrendite von der erwarteten kommt, so können diese sowohl durch die gesamtmarktbezogene Risikofaktoren als auch durch wertpapierspezifische Ereignisse, die in dem Zufallsfehler zum Ausdruck kommen, verursacht sein.

Der APT liegen die folgenden Annahmen zugrunde:[1]

- uneingeschränkte Möglichkeit von Leerverkäufen,
- vollkommener arbitragefreier Kapitalmarkt,
- Abhängigkeit der Renditen von mehreren Faktoren,
- risikoscheue Anleger als Nutzenmaximierer,
- homogene Erwartungen bezüglich der Wertpapierrenditen und
- Existenz einer risikolosen Kapitalanlage- und -aufnahmemöglichkeit.

Die Annahmen der APT sind im Vergleich zum CAPM weniger streng. Beispielsweise ist keine Normalverteilung der Wertpapierrenditen bzw. das Vorliegen einer quadratischen Nutzenfunktion für die Anleger erforderlich. Demgegenüber werden aber bei der APT genaue Vorgaben zum Renditegenerierungsprozess aufgestellt, die beim CAPM nicht benötigt werden. Hierdurch wird der Gültigkeitsbereich der APT eingeschränkt.[2]

Hingegen ist bei der APT die Kenntnis des Marktportfolios – anders als beim CAPM – nicht erforderlich. Auch besteht nicht mehr das Problem der Renditeerklärung über einen Faktor. Allerdings ist für eine gewinnbringende Nutzung die Kenntnis der konkreten Faktoren nötig, die für die Rendite von Wertpapieren bestimmend sind. Bei der empirischen Anwendung der APT werden die Faktoren meist über Plausibilitätsüberlegungen im Voraus bestimmt. In empirischen Tests wird auf die Überlegenheit der APT gegenüber dem CAPM im Hinblick auf die Renditeerklärung abgestellt, wobei bislang allerdings noch keine eindeutige Klärung erfolgt ist.[3]

Für sämtliche Modelle zur Portfoliooptimierung gilt, dass die Qualität der Ergebnisse in besonderer Weise von der Qualität der einfließenden Daten abhängt. Hierbei handelt es sich immer um prognostizierte und damit unsichere Daten für die Zukunft, auch wenn sie mit Hilfe analytischer Modelle und Prognoseverfahren aus der Vergangenheit abgeleitet worden sind. Sollten die Daten nicht zutreffen oder sich im Laufe der Anlageperiode verändern, so sind die Gewichtungen in den Portfolios nicht mehr korrekt, und das optimale Ergebnis ist nicht mehr erzielbar. Zudem müssten in diesen Fällen die Portfolios aufgrund der neuen Datenlage neu angepasst werden, was mit Transaktionskosten verbunden ist. Diese verhindern das Erreichen der erwarteten Rendite. Somit muss in diesen Fällen jeweils abgewogen werden, ob eine Anpassung des Portfolios zu einem theoretisch optimaleren Portfolio vor dem Hintergrund zusätzlicher Kosten gerechtfertigt ist.

---

1 Vgl. *Steiner/Bruns/Stöckl* (2012), S. 30.
2 Vgl. *Perridon/Steiner/Rathgeber* (2012), S. 289f. Zur empirischen Anwendung der APT vgl. *Nowak* (1994), S. 114ff.
3 Vgl. *Steiner/Bruns/Stöckl* (2012), S. 32f.

4. Faktormodelle

a. Grundlagen

Zur Implementierung des Portfolio-Selection-Modells von Markowitz ist grundsätzlich die Prognose sämtlicher Renditen, Rendite-Varianzen und Kovarianzen der Renditen zwischen den einzelnen Wertpapieren des Anlageuniversums erforderlich. Dies ist mit einem relativ hohen Schätzaufwand verbunden. So müssen beispielsweise für ein Portfolio von 250 Aktien 31.625 Werte geschätzt werden, wie die nachfolgende Tabelle zeigt:

Modell von Markowitz		
Variablen	**Anzahl**	**Beispiel**
$E(r_i)$ für alle i	n	250
$Var(r_i)$ für alle i	n	250
$Cov(r_i, r_j)$ für alle $i \neq j$	$\dfrac{n \cdot (n-1)}{2}$	31.125
Summe	$\dfrac{n \cdot (n+3)}{2}$	**31.625**

Tab. B.8: Inputdaten beim Markowitz-Modell

Neben der Kritik an der hohen Anzahl erforderlicher Daten wird an der Portfoliotheorie noch kritisiert, dass sie zwar die Vorgehensweise aufzeigt, wie bei vorliegenden Daten vorgegangen werden soll, aber kaum Hinweise zur Verfügung stellt, wie die notwendigen Daten generiert werden können. Von wesentlicher Bedeutung ist daher die Prognose der für die Zukunft geltenden Kovarianzen.[1]

Die Korrelationen zwischen verschiedenen Wertpapieren können jeweils nur geschätzt werden und stimmen möglicherweise nicht mit den tatsächlichen Korrelationen überein. Aus diesem Grund sind sie dann möglicherweise – anders als die tatsächlichen Korrelationen – auch nicht konsistent, wie das folgende Beispiel zeigen kann:[2]

Beispielsweise werden für die Wertpapiere A, B und C eines Portfolios die folgenden Werte prognostiziert:

	A	B	C
σ_i	40%	10%	15%
x_i *	20%	30%	50%
* Gewichtungsanteil am Portfolio			

Tab. B.9: Beispiel zu nicht konsistenten Korrelationen, Teil 1

---

1 Vgl. *Wallmeier* (1997), S. 20.
2 Vgl. *Bodie/Kane/Marcus* (2011a), S. 247.

Korrelationen	A	B	C
A	1	0,1	–0,9
B	0,1	1	–0,8
C	–0,9	–0,8	1

Tab. B.10: Beispiel zu nicht konsistenten Korrelationen, Teil 2

Hieraus würde die folgende, mit den Portfolioanteilen gewichtete Varianz-Kovarianz-Matrix resultieren:

Gewichtete Kov.	A	B	C	Summe
A	0,640% *	0,024% **	–0,540% ***	**0,124%**
B	0,024%	0,090%	–0,180%	**–0,066%**
C	–0,540%	–0,180%	0,563%	**–0,158%**
Summe	**0,124%**	**–0,066%**	**–0,158%**	**–0,100%**

* $\quad 0{,}640\% = x_A \cdot x_A \cdot k_{AA} \cdot \sigma_A \cdot \sigma_A = 0{,}20 \cdot 0{,}20 \cdot 1 \cdot 0{,}40 \cdot 0{,}40$

** $\quad 0{,}024\% = x_A \cdot x_B \cdot k_{AB} \cdot \sigma_A \cdot \sigma_B = 0{,}20 \cdot 0{,}30 \cdot 0{,}1 \cdot 0{,}40 \cdot 0{,}10$

*** $\quad -0{,}540\% = x_A \cdot x_C \cdot k_{AC} \cdot \sigma_A \cdot \sigma_C = 0{,}20 \cdot 0{,}50 \cdot (-0{,}9) \cdot 0{,}40 \cdot 0{,}15$

Tab. B.11: Beispiel zu nicht konsistenten Korrelationen, Teil 3

Im Ergebnis würde sich eine Portfoliovarianz von –0,1% ergeben, was nicht möglich ist, weil Portfoliovarianzen nicht negativ sein können. Infolgedessen sind die Inputdaten in der Korrelationsmatrix offensichtlich gegenseitig nicht konsistent. Tatsächliche Korrelationen sind dagegen immer konsistent – sie sind jedoch nicht bekannt und können nur geschätzt werden. Auch aus diesem Grund wird ein Modell präferiert, das einfacher zu implementieren ist.[1]

Vor dem Hintergrund dieser Probleme wurden Faktormodelle entwickelt, die unterstellen, dass sich Bewegungen von Wertpapierrenditen durch eine begrenzte Anzahl an Faktoren erklären lassen. Bei diesen Faktoren handelt es sich um ökonomische Variablen. Dabei wird häufig davon ausgegangen, dass sich die Wirkungen der jeweiligen Faktoren separieren lassen. Aus den sich so kumulierenden Renditeeinflüssen, die jeweils additiv verknüpft werden, entsteht eine lineare Modellstruktur. Für das Grundmodell der Faktormodelle gilt folgender Zusammenhang:[2]

---

[1] Vgl. *Bodie/Kane/Marcus* (2011a), S. 247.
[2] Vgl. *Wallmeier* (1997), S. 21f. Anstelle auf die (absolute) Rendite r_i kann sich das Modell auch auf die Überschussrendite ($r_i - r_f$) beziehen. Vgl. *Kleeberg* (1995), S. 62. Eine kurze Diskussion bzgl. der Verwendung von absoluten Renditen oder Überschussrenditen wird im folgenden Abschnitt zum Single-Index-Modell geführt.

$$r_i = \alpha_i + \sum_{k=1}^{K} \beta_{ik} \cdot F_k + \varepsilon_i \qquad \text{für } i = 1, \ldots, n$$

mit

r_i	= Rendite des Wertpapiers i,
F_k	= Faktor k als k-ter systematischer Einflussfaktor
α_i	= wertpapierspezifischer, faktorunabhängiger Renditebestandteil,
β_{ik}	= Sensitivität der Rendite des Wertpapiers i bezüglich des Faktors k und
ε_i	= Residualrendite bzw. Zufallsfehler oder Störeinfluss.

Dabei ist zu beachten, dass sich die Werte für die Faktoren im Zeitablauf verändern können. Darüber hinaus sind folgende Annahmen bezüglich der Residualrenditen zu beachten:[1]

$E(\varepsilon_i) = 0$ $\qquad\qquad \sigma_{\varepsilon_i}^2 = $ konstant für alle i

$Cov(\varepsilon_i, F_k) = 0$ für alle i, k $\qquad Cov(\varepsilon_i, \varepsilon_j) = 0$ für alle i, j, i ≠ j

Somit wird bei den Faktormodellen davon ausgegangen, dass die Wertpapierrenditen in systematischer Weise von den Faktoren F_k abhängen, wohingegen die Störeinflüsse einzelner Wertpapiere unabhängig voneinander sind und unsystematisch wirken und für jede Aktie spezifisch sind. Auch die Werte für ß sind für das jeweilige Wertpapier individuell zu ermitteln.

Bei der Bestimmung der Faktoren ergibt sich die Problematik der inhaltlichen Abgrenzung der gemeinsamen Einflüsse der Faktoren auf die Wertpapierrendite. Zur Verringerung der Wahrscheinlichkeit der Abhängigkeiten der Faktoren untereinander, sollten möglichst wenige Faktoren herangezogen werden. Angestrebt wird die Identifizierung derjenigen Faktoren, die die Varianz der Wertpapierrenditen mit einem möglichst hohen Anteil erklären können.[2]

Bei Faktormodellen handelt es sich somit um Modelle, die die Rendite eines Wertpapiers als lineare Funktion zu einem oder zu mehreren Faktoren in Beziehung setzen.[3] Sie lassen sich – abhängig von der Anzahl der in dem Modell berücksichtigten Faktoren – in Single-Index- und Multi-Index-Modelle unterscheiden.

b. Single-Index-Modell

ba. Grundlagen

Das Single-Index Modell wurde von *Sharpe* mit dem Ziel der Reduzierung der Inputdaten zur Bestimmung der Effizienzlinie aus der Portfoliotheorie entwickelt. Dabei handelt es sich um ein Einfaktormodell. Die zentrale Annahme ist hierbei die Aussage, dass sich die

---

1 Vgl. *Poddig/Brinkmann/Seiler* (2005), S. 405.
2 Vgl. *Poddig/Brinkmann/Seiler* (2005), S. 405f.
3 Vgl. *Alexander/Sharpe/Bailey* (1993), S. 241ff.

Renditen einzelner Anlagen entsprechend den Bewegungen des Indexes entwickeln.[1] Unterstellt wird ein linearer Zusammenhang zwischen der Überschussrendite eines Wertpapiers und der Überschussrendite eines Marktindex, wobei die Überschussrendite eines Wertpapiers i aus der absoluten Rendite abzüglich dem risikolosen Zinssatz (r_f) ermittelt wird ($r_{i_ü} = r_i - r_f$).

Durch das Single-Index-Modell wird ein Zusammenhang zwischen der Entwicklung von Wertpapierrenditen und der Entwicklung des Gesamtmarktes zum Ausdruck gebracht, der aus Beobachtungen der Finanzmärkte abgeleitet wird. Dabei werden die nach der Portfoliotheorie für die Risikoermittlung erforderlichen Korrelationen der Renditen zwischen den einzelnen Wertpapieren durch die Korrelation mit der Marktindexrendite substituiert. Als einzige Erklärungsgröße für die systematische bzw. marktabhängige Wertpapierrendite ergibt sich die Marktindexrendite. Die Überschussrendite des Wertpapiers i kann mit Hilfe einer Regressionsanalyse wie folgt ermittelt werden:[2]

$$r_{i_ü} = \alpha_i + \beta_i \cdot r_{m_ü} + \varepsilon_i = \alpha_i + \beta_i \cdot (r_m - r_f) + \varepsilon_i$$

mit

α_i = von der Überschussrendite des Marktindex unabhängige Wertpapierüberschussrendite,

β_i = Sensitivität der Überschussrendite des Wertpapiers i gegenüber der Überschussrendite des Marktindex,

$\beta_i \cdot (r_m - r_f)$ = systematische Wertpapierüberschussrendite,

r_m = Rendite des Marktindex und

ε_i = Residualrendite bzw. Zufallsfehler oder Störeinfluss.

Damit lässt sich die Überschussrendite eines Wertpapiers in die beiden Komponenten „marktbezogene Überschussrendite" ($\beta_i \cdot r_{m_ü}$) und „unternehmensbezogene Renditebestandteile" (α_i und ε_i) zerlegen. Bei β_i handelt es sich um den Regressionskoeffizienten, der die Höhe des Einflusses der Marktüberschussrendite auf die Wertpapierüberschussrendite aufzeigt.

An dieser Stelle soll darauf hingewiesen werden, dass die Definition der risikolosen Anlage in der Praxis auf Schwierigkeiten stoßen kann. Aus diesem Grund wird oftmals eine Version des Single-Index-Modells auf Basis von absoluten Renditen („total returns") herangezogen, um die Betawerte zu schätzen. Zwischen den Schätzwerten für die Betafaktoren auf Basis von Überschussrenditen und von absoluten Renditen bestehen nur sehr geringe Unterschiede, die vernachlässigbar sind. Darüber hinaus ist der risikolose Zinssatz bei Verwendung von täglichen Renditen sehr gering, so dass absolute Renditen und Überschussrenditen fast nicht zu unterscheiden sind.[3]

---

1 Vgl. *Sharpe* (1963), S. 282. Mit dem Single-Index-Modell eng verbunden ist das sogenannte Marktmodell, dessen Bezeichnung auf *Fama* zurückzuführen ist, vgl. *Fama* (1968), S. 29ff.; *Fama* (1970), S. 383ff.; *Steiner/Bruns/Stöckl* (2012), S. 15ff. und S. 35ff.
2 Vgl. *Brown/Warner* (1980), S. 207ff.; *Fama* (1976), S. 66ff.
3 Vgl. *Rudolph/Zimmermann* (1998), S. 439; *Bodie/Kane/Marcus* (2011a), S. 249.

Das Single-Index-Modell basiert nicht auf einem direkten theoretischen Hintergrund, es lässt sich aber ökonomisch begründen. So kann als unbestritten gelten, dass Aktienkursentwicklungen durch gesamtwirtschaftliche Veränderungen beeinflusst werden und infolgedessen von der Entwicklung des Gesamtmarktes abhängen, die wiederum durch einen Marktindex abgebildet wird.

Für das Single-Index-Modell gelten entsprechend der allgemeinen Darstellung des Faktormodells die folgenden Annahmen:[1]

$E(\varepsilon_i) = 0$ $\qquad\qquad\qquad$ $\sigma^2_{\varepsilon_i} =$ konstant für alle i

$Cov(\varepsilon_i, r_m) = 0$ für alle i $\qquad\qquad$ $Cov(\varepsilon_i, \varepsilon_j) = 0$ für alle i, j, i ≠ j

Somit werden die systematischen Veränderungen der Überschussrenditen der jeweiligen Wertpapiere ausschließlich durch die Überschussrenditeveränderungen des Marktindex erklärt.

In der o.g. Regressionsgleichung sind die Variablen α_i und β_i konstant, während sich die Werte für $r_{i_ü}$, $r_{m_ü}$ und ε_i verändern können. Unter Berücksichtigung der o.g. Annahmen lassen sich die folgenden Zusammenhänge ableiten:[2]

$$\underbrace{\sigma^2_i}_{\text{Gesamtrisiko}} = \underbrace{\beta^2_i \cdot \sigma^2_m}_{\text{Systematisches Risiko}} + \underbrace{\sigma^2_{\varepsilon_i}}_{\substack{\text{Unsystematisches Risiko} \\ \text{bzw. Residualvarianz}}}$$

$$Cov(r_i, r_j) = \underbrace{\beta_i \cdot \beta_j}_{\text{Beta-Produkt}} \cdot \underbrace{\sigma^2_m}_{\text{Marktindex-Risiko}}$$

Beispielsweise entspricht dann aufgrund der o.g. Annahmen in diesem Fall die Kovarianz des Wertpapiers i mit sich selbst und damit die Varianz des Wertpapiers i dem systematischen Risiko dieses Wertpapiers:

$$Cov(r_i, r_i) = \beta^2_i \cdot \sigma^2_m$$

Schließlich lässt sich für diesen Fall der folgende Zusammenhang für die Korrelation (k_{ij}) zwischen den Renditen der beiden Wertpapiere i und j bestimmen:[3]

$$k_{ij} = \frac{\beta_i \cdot \beta_j \cdot \sigma^2_m}{\sigma_i \cdot \sigma_j} = \frac{\beta_i \cdot \sigma^2_m \cdot \beta_j \cdot \sigma^2_m}{\sigma_i \cdot \sigma_m \cdot \sigma_j \cdot \sigma_m} = k_{im} \cdot k_{jm}$$

Hierbei kann darauf hingewiesen werden, dass für den Fall, dass das Gesamtrisiko lediglich aus dem systematischen Risiko besteht, gilt: $k_{im} = 1$:

---

1 Vgl. *Poddig/Brinkmann/Seiler* (2005), S. 410.
2 Vgl. *Poddig/Brinkmann/Seiler* (2005), S. 412f. Das unsystematische Risiko kann auch als Standardabweichung ausgedrückt werden. In den weiteren Ausführungen in diesem Buch wird daher auch beim systematischen Risiko mitunter ein Hinweis darauf gegeben, dass es auf Basis der Varianz (z.B. des Marktes, der Benchmark oder des Marktindex) ermittelt worden ist.
3 Vgl. *Bodie/Kane/Marcus* (2011a), S. 250.

$$k_{im} = \frac{\beta_i \cdot \beta_m \cdot \sigma_m^2}{\sigma_i \cdot \sigma_m} = \frac{\beta_i \cdot 1 \cdot \sigma_m^2}{(\beta_i \cdot \sigma_M) \cdot \sigma_m} = 1$$

Werden die unsystematischen Risiken mit einbezogen, so kann das gesamte Risiko eines Portfolios dann mit Hilfe des Portfoliobetas und der Varianz-Kovarianz-Matrix der Residuen bestimmt werden. Letztere besteht jedoch nur aus einer Diagonalmatrix, bei der die Werte mit Ausnahme der Diagonalelemente (d.h. hier der Varianzen der Residuen) den Wert Null annehmen, da die Kovarianzen zwischen den Residualrenditen von zwei verschiedenen Wertpapieren annahmegemäß Null betragen. Dabei gilt aber für die Kovarianz zwischen den Renditen von zwei identischen Wertpapieren, dass sie der Varianz der Renditen des Wertpapiers entspricht. Somit ergeben sich die folgenden Formeln:[1]

$$Cov(\varepsilon_i, \varepsilon_i) = \sigma_{\varepsilon_i}^2$$

$$\sigma_{PF}^2 = \beta_{PF}^2 \cdot \sigma_m^2 + \sigma_{\varepsilon_{PF}}^2 = \left(\sum_{i=1}^n x_i \cdot \beta_i\right)^2 \cdot \sigma_m^2 + \sum_{i=1}^n x_i^2 \cdot \sigma_{\varepsilon_i}^2$$

Aus diesen Darstellungen ist ersichtlich, dass für das Single-Index-Modell wesentlich weniger Inputdaten benötigt werden, nämlich für das jeweilige Wertpapier die Werte für α, β, und σ_ε sowie die Überschussrendite und die Varianz des Marktindexes. Die nachfolgende Tabelle zeigt die zu schätzenden Inputdaten für das Single-Index-Modell für ein Beispiel-Portfolio von 250 Aktien.

Während im Markowitz-Modell bei 250 Aktien insgesamt 31.625 Inputdaten geschätzt werden müssen, sind dies im Single-Index-Modell lediglich 752. Dies ist insbesondere darauf zurückzuführen, dass die zahlreichen Kovarianzen nicht mehr geschätzt zu werden brauchen, sondern sich mit Hilfe der o.g. Formel aus dem Produkt der Betafaktoren und dem Marktindex-Risiko ermitteln lassen.

Single-Index-Modell		
Variablen	Anzahl	Beispiel
$E(r_{m_{\ddot{u}}})$	1	1
σ_m^2	1	1
$\sigma_{\varepsilon_i}^2$ für alle i	n	250
α_i für alle i	n	250
β_i für alle i	n	250
Summe	$3 \cdot n + 2$	**752**

Tab. B.12: Inputdaten beim Single-Index-Modell

---

[1] Vgl. *Poddig/Brinkmann/Seiler* (2005), S. 414f. Aus diesem Grund kann das Single-Index-Modell auch als Diagonalmodell bezeichnet werden. Vgl. *Poddig/Brinkmann/Seiler* (2005), S. 415.

Wie oben bereits gezeigt, kann der Zusammenhang zwischen der Überschussrendite eines einzelnen Wertpapiers und der Überschussrendite des Marktindex über eine lineare Einfachregression unter Berücksichtigung der o.g. Annahmen geschätzt werden, wobei zusätzlich angenommen wird, dass die unternehmensspezifischen Überschussrenditen (α_i) unkorreliert sind:[1]

$$r_{i_ü} = \alpha_i + \beta_i \cdot r_{m_ü} + \varepsilon_i$$

Wie gut die Wertpapierüberschussrenditen mit Hilfe der Regression geschätzt werden können, lässt sich durch das lineare Bestimmtheitsmaß (R^2) bestimmen. Dieses lässt sich aus dem Verhältnis zwischen dem systematischen Risiko und dem Gesamtrisiko des Wertpapiers i wie folgt ermitteln:[2]

$$\text{Gesamtrisiko} = \sigma_i^2 = \beta_i^2 \cdot \sigma_m^2 + \sigma_{\varepsilon_i}^2$$

$$R_i^2 = \frac{\text{systematisches Risiko}}{\text{Gesamtrisiko}} = \frac{\beta_i^2 \cdot \sigma_m^2}{\beta_i^2 \cdot \sigma_m^2 + \sigma_{\varepsilon_i}^2}$$

Somit kann R^2 den Anteil des Gesamtrisikos bestimmen, der durch das Marktrisiko erklärt ist. So würde ein Wert von 80% bedeuten, dass 80% der Portfoliovarianz durch die Varianz des Marktindex erklärt werden. Folglich kann R^2 auch ausgedrückt werden als 100% minus des Anteils der Portfoliovarianz, der nicht durch die Überschussrenditen des Marktes erklärt werden kann:

$$R_i^2 = 1 - \frac{\text{unsystematisches Risiko}}{\text{Gesamtrisiko}} = 1 - \frac{\sigma_{\varepsilon_i}^2}{\beta_i^2 \cdot \sigma_m^2 + \sigma_{\varepsilon_i}^2}$$

Für die o.g. lineare Einfachregression kann der Regressionskoeffizient aus der empirischen Kovarianz zwischen den Renditen des Wertpapiers i und des Marktindex sowie der empirischen Varianz der Marktrenditen wie folgt geschätzt werden:[3]

$$\beta_i = \frac{\text{Cov}(r_i, r_m)}{\sigma_m^2} = k_{im} \cdot \frac{\sigma_i}{\sigma_m}$$

Wird β_i in die Formel für R^2 eingesetzt, ergibt sich bei einer Einfachregression für R^2 der quadrierte Korrelationskoeffizient zwischen den Renditen des Wertpapiers i und dem Marktindex:

$$R_i^2 = \frac{\beta_i^2 \cdot \sigma_m^2}{\beta_i^2 \cdot \sigma_m^2 + \sigma_{\varepsilon_i}^2} = \frac{\left(k_{im} \cdot \frac{\sigma_i}{\sigma_m}\right)^2 \cdot \sigma_m^2}{\sigma_i^2} = \frac{k_{im}^2 \cdot \sigma_i^2}{\sigma_i^2} = k_{im}^2$$

---

1 Vgl. *Steiner/Bruns/Stöckl* (2012), S. 36.
2 Vgl. *Bodie/Kane/Marcus* (2011a), S. 257.
3 Vgl. *Poddig/Dichtl/Petersmeier* (2003), S. 237.

bb. Nachweis des Diversifikationseffektes

Für ein Portfolio können die Überschussrendite und die Varianz in der folgenden Weise bestimmt werden:[1]

$$r_{PF_{ü}} = \alpha_{PF} + \beta_{PF} \cdot r_{m_{ü}} + \varepsilon_{PF}$$

$$\sigma_{PF}^2 = \beta_{PF}^2 \cdot \sigma_m^2 + \sum_{i=1}^{n} x_i^2 \cdot \sigma_{\varepsilon_i}^2$$

Für ein sog. naives Portfolio, bei dem die jeweiligen Anteile der n Wertpapiere gleich gewichtet sind (d.h. $x_i = 1/n$) ergeben sich die folgenden Ausdrücke:[2]

$$r_{PF_{ü}} = \sum_{i=1}^{n} x_i \cdot r_{i_{ü}} = \frac{1}{n} \cdot \sum_{i=1}^{n} r_{i_{ü}} = \frac{1}{n} \cdot \sum_{i=1}^{n} \left(\alpha_i + \beta_i \cdot r_{m_{ü}} + \varepsilon_i \right)$$

$$r_{PF_{ü}} = \frac{1}{n} \cdot \sum_{i=1}^{n} \alpha_i + \left(\frac{1}{n} \cdot \sum_{i=1}^{n} \beta_i \right) \cdot r_{m_{ü}} + \frac{1}{n} \cdot \sum_{i=1}^{n} \varepsilon_i$$

Somit lassen sich für das naive Portfolio die folgenden Formeln ermitteln:

$$\beta_{PF} = \frac{1}{n} \cdot \sum_{i=1}^{n} \beta_i \ , \quad \alpha_{PF} = \frac{1}{n} \cdot \sum_{i=1}^{n} \alpha_i \ , \quad \varepsilon_{PF} = \frac{1}{n} \cdot \sum_{i=1}^{n} \varepsilon_i$$

Die Varianz der Renditen des naiven Portfolios lautet dann wie folgt, wobei die Annahme zu berücksichtigen ist, dass die Residuen von zwei unterschiedlichen Wertpapieren nicht korreliert sind, d.h. $\mathrm{Cov}(\varepsilon_i, \varepsilon_j) = 0$:

$$\sigma_{PF}^2 = \beta_{PF}^2 \cdot \sigma_m^2 + \sum_{i=1}^{n} \left(\frac{1}{n} \right)^2 \cdot \sigma_{\varepsilon_i}^2 = \beta_{PF}^2 \cdot \sigma_m^2 + \frac{1}{n} \cdot \left(\frac{1}{n} \sum_{i=1}^{n} \sigma_{\varepsilon_i}^2 \right) = \beta_{PF}^2 \cdot \sigma_m^2 + \frac{1}{n} \cdot \overline{\sigma}_{\varepsilon_i}^2$$

mit

$\overline{\sigma}_{\varepsilon_i}^2$ = Durchschnitt der Residualrisiken.

Hieraus wird ersichtlich, dass das systematische Portfoliorisiko vom Portfoliobeta sowie von der Varianz des Marktindex abhängt und damit unabhängig von der Anzahl n der im Portfolio enthaltenen Wertpapiere ist. Hingegen würde der Term $(1/n) \cdot \overline{\sigma}_{\varepsilon_i}^2$ bei einer gro-

---

[1] Zur Herleitung der Portfoliovarianz vgl. *Poddig/Brinkmann/Seiler* (2005), S. 413f.
[2] Vgl. *Poddig/Brinkmann/Seiler* (2005), S. 414f. sowie *Bodie/Kane/Marcus* (2011a), S. 252ff.

ßen Anzahl von Wertpapieren gegen Null gehen, so dass das unsystematische Risiko wegdiversifiziert werden kann. Somit verbleibt das systematische Risiko, so dass der Effekt der Diversifikation letztendlich wiederum begrenzt ist.

bc. Portfoliokonstruktion mit dem Single-Index-Modell

Die Problematik des Portfolio Selection-Modells von *Markowitz* liegt insbesondere darin, dass für jedes Wertpapier die erwartete Rendite zu schätzen ist, die jeweils von makroökonomischen und auch unternehmensspezifischen Prognosen abhängt. Dabei können innerhalb einer Portfoliomanagement-Organisation, in der viele Wertpapieranalysten tätig sind, die makroökonomischen Prognosen der Analysten inkonsistent sein. Hingegen werden im Single-Index-Modell die beiden Einflussgrößen auf die Wertpapierrenditen getrennt betrachtet, so dass eine größere Konsistenz unter den Analysten zu erwarten ist. So werden die Überschussrendite und das Risiko des Marktindex mit Hilfe von makroökonomischen Analysen prognostiziert, während statistische Analysen zur Bestimmung der Betafaktoren und des Residualrisikos herangezogen werden. Mit diesen Angaben lassen sich die erwarteten Wertpapierrenditen bestimmen, ohne dass eine Analyse des jeweiligen Wertpapiers erfolgt. Insofern kann die auf Basis des Marktes bestimmte erwartete Wertpapierrendite auch als Benchmark herangezogen werden. Demgegenüber können nun individuelle Wertpapieranalysen zu erwarteten Renditen führen, die von dieser Benchmark abweichen. Die Abweichung drückt sich in dem Alpha α_i des jeweiligen Wertpapiers aus. Da gemäß den o.g. Annahmen der Erwartungswert der Residualrenditen Null ist ($E(\varepsilon_i) = 0$), kann folgender Zusammenhang hergestellt werden:[1]

$$E(r_{i_{ü}}) = \alpha_i + \beta_i \cdot E(r_{m_{ü}}) \quad \Leftrightarrow \quad \alpha_i = E(r_{i_{ü}}) - \beta_i \cdot E(r_{m_{ü}})$$

Damit handelt es sich bei dem Alpha um die von der Marktrendite unabhängige Wertpapierüberschussrendite, die durch eine Wertpapieranalyse ermittelt werden kann. Anhand von Alpha kann beurteilt werden, ob ein Wertpapier ge- oder verkauft werden sollte. Bei einem positiven Alphawert handelt es sich um ein unterbewertetes Wertpapier und sollte daher im Vergleich zum (passiven) Marktindexportfolio in einem Gesamtportfolio übergewichtet sein.

Im Folgenden soll davon ausgegangen werden, dass der Marktindex als (passives) Asset in ein vom Portfoliomanager zu verwaltendes Gesamtportfolio eingeht. Letzteres soll somit aus einem aktiv gemanagtem Portfolio („aktives Portfolio") und dem Marktindex bestehen. Falls der Portfoliomanager insgesamt n verschiedene Wertpapiere analysiert, sind für das Gesamtportfolio Schätzungen für die folgenden Inputdaten erforderlich:[2]

- Überschussrendite des Marktindex,
- Standardabweichung der Überschussrenditen des Marktindex,
- Betawerte für n Wertpapiere,
- Residualvarianzen für n Wertpapiere und
- Alphawerte für n Wertpapiere.

---

[1] Vgl. *Bodie/Kane/Marcus* (2011a), S. 250 und S. 261f.
[2] Vgl. hierzu und zu den folgenden Ausführungen *Bodie/Kane/Marcus* (2011a), S. 262ff.

Somit können auf Basis der o.g. Formel zusammen mit der Überschussrendite des Marktindex insgesamt n+1 erwartete Überschussrenditen bestimmt werden. Zur Ermittlung des optimalen risikobehafteten Portfolios (bestehend aus einem aktiven Portfolio und dem Marktindexportfolio) kann – angelehnt an die oben dargestellte Vorgehensweise – als Ziel die Maximierung der Sharpe-Ratio formuliert werden, wobei hier der Index PF auf das risikobehaftete Portfolio hindeutet:

$$\underset{x_i}{\text{Max}} \; SR = \frac{E(r_{PF_{ü}})}{\sigma_{PF}}, \quad \text{wobei hier gilt:} \; \sum_{i=1}^{n+1} x_i = 1$$

Für die erwartete Überschussrendite des risikobehafteten Portfolios ergibt sich:

$$E(r_{PF_{ü}}) = \alpha_{PF} + \beta_{PF} \cdot E(r_{m_{ü}}) = \underbrace{\sum_{i=1}^{n+1} x_i \cdot \alpha_i}_{\alpha_{PF}} + \underbrace{\sum_{i=1}^{n+1} x_i \cdot \beta_i}_{\beta_{PF}} \cdot E(r_{m_{ü}})$$

$$\sigma_{PF}^2 = \beta_{PF}^2 \cdot \sigma_m^2 + \sigma_{\varepsilon_{PF}}^2 = \left(\sum_{i=1}^{n+1} x_i \cdot \beta_i\right)^2 \cdot \sigma_m^2 + \sum_{i=1}^{n+1} x_i^2 \cdot \sigma_{\varepsilon_i}^2$$

Dabei gilt für den Marktindex:

$$\alpha_{n+1} = \alpha_m = 0, \qquad \beta_{n+1} = \beta_m = 1, \qquad \sigma_{\varepsilon_{n+1}}^2 = \sigma_{\varepsilon_m}^2 = 0$$

Nunmehr wird davon ausgegangen, dass nur dann vollständig in das Marktindexportfolio investiert würde, wenn der Investor lediglich an einer breiten Diversifizierung seiner Anlage interessiert wäre. Mithilfe der Wertpapieranalyse sollen nun aber n Wertpapiere mit einem positiven Alpha ermittelt werden, die in einem aktiven Portfolio („APF") verwaltet werden. Daher wird die Gewichtung dieser Wertpapiere von der Gewichtung im (passiven) Marktindex („m") abweichen.

Zur Bestimmung des optimalen Anteils des aktiven Portfolios wird zunächst auf die o.g. Bestimmung des optimalen Anteils einer risikobehafteten Anlage in einem Gesamtportfolio – bestehend aus risikobehafteter und risikoloser Anlage – zurückgegriffen:

$$x_R^* = \frac{E(r_R) - r_f}{A \cdot \sigma_R^2}$$

Ein Investor, der keine besonderen Erwartungen bezüglich der Renditen und Risiken einzelner Wertpapiere eines Benchmarkportfolios hat, würde nur dieses Benchmarkportfolio halten, so dass $x_R^* = x_m^* = 1$ wäre. Damit ergibt sich in diesem Fall für den Risikoaversionsparameter aus dem Benchmarkportfolio:[1]

---

1 Vgl. *Poddig/Brinkmann/Seiler* (2005), S. 94f.

$$A = \frac{E(r_m) - r_f}{\sigma_m^2}$$

Kommt nun zusätzlich ein aktives Portfolio hinzu, so kann der durch das aktive Management erzielbare Zusatznutzen („Value Added") herangezogen werden, der zu maximieren ist:[1]

$$\text{Value Added} = IR \cdot TE - \frac{1}{2} \cdot A \cdot TE^2$$

mit

TE = Tracking Error und

IR = Information Ratio = $\dfrac{\alpha}{TE}$

Falls ß = 1, entsprechen sich der Tracking Error und das Residualrisiko, so dass die Information Ratio für das aktive Portfolio in diesem Fall auch wie folgt dargestellt werden kann:[2]

$$IR_{APF} = \frac{\alpha_{APF}}{TE_{APF}} = \frac{\alpha_{APF}}{\sigma_{\varepsilon_{APF}}}$$

Die Ableitung der zu maximierenden Value-Added-Funktion führt zum optimalen Anteil des aktiven Portfolios[3], wobei hier das Symbol „An" beim optimalen Anteil darauf hinweist, dass es sich um den anfänglichen Anteil handelt, der für ß = 1 gilt:

$$TE_{APF} = \frac{IR_{APF}}{A \cdot x_{APF}^{An}} = \frac{\alpha_{APF}}{\sigma_{\varepsilon_{APF}} \cdot A \cdot x_{APF}^{An}}$$

Hieraus lässt sich der optimale anfängliche Anteil des aktiven Portfolios bestimmen:

$$x_{APF}^{An} = \frac{\alpha_{APF}}{\sigma_{\varepsilon_{APF}} \cdot A \cdot TE_{APF}} = \frac{\alpha_{APF}}{\sigma_{\varepsilon_{APF}} \cdot A \cdot \sigma_{\varepsilon_{APF}}}$$

Unter Berücksichtigung des o.g. Risikoaversionsparameters des hier zugrunde liegenden Investors kann der optimale anfängliche Anteil des aktiven Portfolios auch wie folgt ermittelt werden:

---

1 Vgl. *Kleeberg/Schlenger* (2000), S. 265ff.
2 Vgl. Kapitel A.I.2.c. in diesem Buch.
3 Vgl. *Kleeberg/Schlenger* (2000), S. 271.

$$x_{APF}^{An} = \frac{\alpha_{APF}}{\sigma_{\varepsilon_{APF}} \cdot \frac{E(r_m) - r_f}{\sigma_m^2} \cdot \sigma_{\varepsilon_{APF}}} = \frac{\alpha_{APF}}{\sigma_{\varepsilon_{APF}}^2 \cdot \frac{E(r_{m_ü})}{\sigma_m^2}}$$

Dieser anfängliche Anteil kann zur Berücksichtigung des tatsächlichen Betawertes des aktiven Portfolios noch in der folgenden Weise modifiziert werden:[1]

$$x_{APF}^{*} = \frac{x_{APF}^{An}}{1 + (1 - \beta_{APF}) \cdot x_{APF}^{An}}$$

Entsprechend ergibt sich der Anteil des Indexportfolios:

$$x_m^{*} = 1 - x_{APF}^{*}$$

Mit Hilfe dieser Anteile können die Erwartungswerte für die Rendite, die Standardabweichung und die Sharpe-Ratio des optimalen risikobehafteten Portfolios bestimmt werden. Letztere nimmt gegenüber der Sharpe-Ratio des Marktindexportfolios einen um die quadrierte Information Ratio erhöhten Wert an:[2]

$$S_{PF}^2 = S_m^2 + \left[\frac{\alpha_{APF}}{\sigma_{\varepsilon_{APF}}}\right]^2, \quad \text{wobei} \quad \left[\frac{\alpha_{APF}}{\sigma_{\varepsilon_{APF}}}\right]^2 = \sum_{i=1}^{n}\left[\frac{\alpha_i}{\sigma_{\varepsilon_i}}\right]^2$$

Zur Maximierung der Sharpe-Ratio des risikobehafteten Portfolios ist somit die Information Ratio des aktiven Portfolios zu maximieren. Der dazu erforderliche, anfängliche Anteil jedes einzelnen Wertpapiers innerhalb des aktiven Portfolios beträgt:[3]

$$x_i^{An} = \frac{\alpha_i}{\sigma_{\varepsilon_i}^2}$$

Um relative Anteilswerte innerhalb des aktiven Portfolios zu erhalten, die sich auf 100% aufaddieren, sind die Werte von x_i^{An} noch durch die Summe der einzelnen x_i^{An} zu dividieren:

$$x_i = \frac{x_i^{An}}{\sum_{i=1}^{n} x_i^{An}}$$

---

[1] Vgl. *Bodie/Kane/Marcus* (2011a), S. 264.
[2] Vgl. *Bodie/Kane/Marcus* (2011a), S. 265.
[3] Vgl. *Bodie/Kane/Marcus* (2011a), S. 266. Zu beachten ist, dass es sich hierbei um die jeweiligen Anteile am aktiven Portfolio handelt. Die Gewichte der Wertpapiere innerhalb des Marktindexportfolios werden dabei nicht berücksichtigt, so dass – bezogen auf ihr Gewicht am gesamten Portfolio – die einzelnen Gewichte der im aktiven Portfolio enthaltenen Wertpapiere insgesamt noch etwas höher ausfallen.

Bezogen auf das gesamte risikobehaftete Portfolio ergeben sich damit die folgenden optimalen Anteile:

$$x_i^* = x_{APF}^* \cdot \frac{\frac{\alpha_i}{\sigma_{\varepsilon_i}^2}}{\sum_{i=1}^{n} \frac{\alpha_i}{\sigma_{\varepsilon_i}^2}}$$

Bei einem negativen Wert für α_i würde sich bei einem positiven Anteil des aktiven Portfolios am risikobehafteten Portfolio (x^*_{APF}) und einem positiven Wert für $\sum_{i=1}^{n} \frac{\alpha_i}{\sigma_{\varepsilon_i}^2}$ auch ein negativer Anteil des entsprechenden Wertpapiers am optimalen risikobehafteten Portfolio ergeben, d.h. $x^*_i < 0$. Dies entspricht einem Leerverkauf. Falls Leerverkäufe jedoch nicht möglich sind, würde ein Wertpapier mit einem negativen Alpha dann nicht in das optimale Portfolio aufgenommen, so dass dem entsprechenden Anteil x^*_i der Wert Null zugewiesen würde. Je mehr Wertpapiere mit $\alpha \neq 0$ (bzw. in dem o.g. Fall mit $\alpha > 0$ bei Verbot von Leerverkäufen) in das Portfolio aufgenommen werden, desto größer wird auch der Anteil des aktiven Portfolios und desto kleiner der Anteil des Marktindexportfolios am gesamten risikobehafteten Portfolio. Gilt für alle Wertpapiere des Indexportfolios $\alpha = 0$, so handelt es sich bei dem Indexportfolio um ein effizientes Portfolio.[1]

bd. Fallbeispiel zur Portfoliokonstruktion mit dem Single-Index-Modell

Das folgende Beispiel soll diese Zusammenhänge aufzeigen:[2] Für den betrachteten Wertpapiermarkt können die folgenden makroökonomischen Inputdaten ermittelt werden:

	$E(r_i)$	σ_i
Risikolose Anlage	3%	0
Marktindexportfolio	12%	20%

Tab. B.13: Beispiel zur Portfoliokonstruktion: Makroökonomische Inputdaten

Für die 4 betrachteten Aktien A, B, C und D sind die folgenden Daten bekannt:

Aktie	$E(r_i)$	β_i	σ_{ε_i}
A	14,5%	1,1	30%
B	14,9%	1,2	40%
C	10,0%	0,9	20%
D	12,5%	1,0	10%

Tab. B.14: Beispiel zur Portfoliokonstruktion: Aktiendaten

---

1 Vgl. *Bodie/Kane/Marcus* (2011a), S. 265f.
2 Vgl. zu diesem Beispiel auch *Bodie/Kane/Marcus* (2011a), S. 277, *Bodie/Kane/Marcus* (2011b), S. 8-6ff.

Hieraus ergeben sich die in der folgenden Tabelle dargestellten Werte:

Aktie	$E(r_{i_{ü}})$	α_i	$\sigma^2_{\varepsilon_i}$
A	11,5%	1,60% *	9%
B	11,9%	1,10%	16%
C	7,0%	−1,10%	4%
D	9,5%	0,50%	1%

* $\alpha_A = E(r_{A_ü}) - E(r_{m_ü}) \cdot \beta_A = 11{,}5\% - 9\% \cdot 1{,}1 = 11{,}5\% - 9{,}9\% = 1{,}6\%$

Tab. B.15: Beispiel zur Portfoliokonstruktion: Aktienwerte

Aus diesen Angaben kann nun das optimale risikobehaftete Portfolio bestimmt werden, das sich zum einen aus dem aktiven Portfolio mit 4 analysierten Aktien und zum anderen aus dem Marktindexportfolio zusammensetzt. Dazu wird zunächst das optimale aktive Portfolio ermittelt. Die erforderlichen, anfänglichen Anteile jeder einzelnen Aktie innerhalb des aktiven Portfolios betragen:

Aktie	$x_i^{An} = \dfrac{\alpha_i}{\sigma^2_{\varepsilon_i}}$	$x_i = \dfrac{x_i^{An}}{\sum_{i=1}^{n} x_i^{An}}$
A	17,7778%	37,7025%
B	6,8750%	14,5803%
C	−27,5000%	−58,3211%
D	50,0000%	106,0383%
Gesamt	47,1528%	100,0000%

Tab. B.16: Beispiel zur Portfoliokonstruktion: Anteile am aktiven Portfolio

Die negative Gewichtung der Aktie C deutet auf einen Leerverkauf hin. Aus den Daten dieser Tabelle können unter Berücksichtigung der nachfolgenden Formeln die in der unten stehenden Tabelle dargestellten Werte für das aktive Portfolio abgeleitet werden:

$$\alpha_{APF} = \sum_{i=1}^{n} x_i \cdot \alpha_i \; , \quad \beta_{APF} = \sum_{i=1}^{n} x_i \cdot \beta_i \; , \quad \sigma^2_{\varepsilon_{APF}} = \sum_{i=1}^{n} x_i^2 \cdot \sigma^2_{\varepsilon_i}$$

108　B. Theoretische Kernfundamente des Portfoliomanagements

Aktie	$x_i \cdot \alpha_i$	$x_i \cdot \beta_i$	$x^2_i \cdot \sigma^2_{\varepsilon_i}$
A	0,6032%	0,4147	1,2793%
B	0,1604%	0,1750	0,3401%
C	0,6415%	–0,5249	1,3605%
D	0,5302%	1,0604	1,1244%
Gesamt	**1,9353%**	**1,1252**	**4,1044%**

Tab. B.17: Beispiel zur Portfoliokonstruktion: Anteile am aktiven Portfolio

Somit können nun der optimale anfängliche Anteil (für ß = 1) und der entsprechende Anteil (unter Berücksichtigung des tatsächlichen Betawertes) des aktiven Portfolios ermittelt werden:

$$x^{An}_{APF} = \frac{\alpha_{APF}}{\sigma^2_{\varepsilon_{APF}} \cdot \frac{E(r_{m_ü})}{\sigma^2_m}} = \frac{1{,}9353\%}{4{,}1044 \cdot \frac{9\%}{(20\%)^2}} = 20{,}9568\%$$

$$x^*_{APF} = \frac{x^{An}_{APF}}{1 + (1 - \beta_{APF}) \cdot x^{An}_{APF}} = \frac{20{,}9568\%}{1 + (1 - 1{,}1252) \cdot 20{,}9568\%} = 21{,}5214\%$$

Für den Anteil des Marktindexportfolios am risikobehafteten Portfolio resultiert somit:
$$x^*_m = 1 - x^*_{APF} = 1 - 21{,}5214\% = 78{,}4786\%$$

Gemäß der Formel

$$x^*_i = x^*_{APF} \cdot \frac{\frac{\alpha_i}{\sigma^2_{\varepsilon_i}}}{\sum_{i=1}^{n} \frac{\alpha_i}{\sigma^2_{\varepsilon_i}}}$$

können die jeweiligen Anteile der Positionen des optimalen risikobehafteten Portfolios bestimmt werden (Tabelle B.18).

Festzustellen ist dabei, dass für die Aktie C mit einem negativen Alpha auch ein negativer Anteil am optimalen risikobehafteten Portfolio resultiert.

Asset	$x_i = \dfrac{x_i^{An}}{\sum_{i=1}^{n} x_i^{An}}$	$x_i^* = x_{APF}^* \cdot x_i$
Aktie A	37,7025%	8,1141%
Aktie B	14,5803%	3,1379%
Aktie C	–58,3211%	–12,5515%
Aktie D	106,0383%	22,8209%
Marktindexportfolio	---	78,4786%
Gesamt	**100,0000%**	**100,0000%**

Tab. B.18: Beispiel zur Portfoliokonstruktion: Anteile am risikobehafteten Portfolio

Für die Sharpe-Ratio dieses risikobehafteten Portfolios kann folgender Wert bestimmt werden:

$$S_{PF}^2 = S_m^2 + \left[\frac{\alpha_{APF}}{\sigma_{\varepsilon_{APF}}}\right]^2 = \left(\frac{E(r_{m_{\ddot{u}}})}{\sigma_m}\right)^2 + \left[\frac{\alpha_{APF}}{\sigma_{\varepsilon_{APF}}}\right]^2 = \left(\frac{9\%}{20\%}\right)^2 + \left[\frac{1,9353\%}{\sqrt{4,1044\%}}\right]^2$$

$$S_{PF}^2 = (0,45)^2 + [0,095529]^2 = 0,211625694$$

$$S_{PF} = \sqrt{0,211625694} = 0,460028$$

Somit kann die Sharpe-Ratio des Marktindex (0,45) durch die zusätzliche Berücksichtigung des aktiven Portfolios um den Wert von 0,010028 erhöht werden.

Schließlich soll noch unterstellt werden, dass der Investor – wie oben bereits erwähnt – keine besonderen Erwartungen bezüglich der Renditen und Risiken einzelner Wertpapiere eines Benchmarkportfolios hat und somit grundsätzlich nur dieses Benchmarkportfolio halten würde. Wie oben gezeigt, ergibt sich in diesem Fall für den Risikoaversionsparameter:

$$A = \frac{E(r_{m_{\ddot{u}}})}{\sigma_m^2} = \frac{9\%}{(20\%)^2} = 2,25$$

Mit dieser Angabe lässt sich ein gesamtes Portfolio konstruieren, das sich aus dem optimalen risikobehafteten Portfolio und der risikolosen Anlage zusammensetzt:[1]

---

[1] In den obigen Formeln wurde anstelle von „PF" der Index „R" herangezogen, um deutlich zu machen, dass es sich um das risikobehaftete Portfolio handelt, das in diesem Beispiel aus dem Marktindexportfolio und dem aktiv gemanagten Portfolio besteht. Im Folgenden soll aber das risikobehaftete Portfolio zunächst weiterhin mit „PF" gekennzeichnet werden.

$$x^*_{PF} = \frac{E(r_{PF_ü})}{A \cdot \sigma^2_{PF}}$$

Die für diese Formel benötigten Werte werden im Folgenden ermittelt. Zur Berechnung der erwarteten Überschussrendite des risikobehafteten Portfolios sind noch die Werte für Alpha und Beta dieses Portfolios erforderlich:

$$\alpha_{PF} = x^*_m \cdot \alpha_m + x^*_{APF} \cdot \alpha_{APF} = 78{,}4786\% \cdot 0 + 21{,}5214\% \cdot 1{,}9353\% = 0{,}4165\%$$

$$\beta_{PF} = x^*_m \cdot \beta_m + x^*_{APF} \cdot \beta_{APF} = 78{,}4786\% \cdot 1 + 21{,}5214\% \cdot 1{,}1252 = 1{,}026941363$$

Somit beträgt die erwartete Überschussrendite des risikobehafteten Portfolios in diesem Beispiel 9,659%:

$$E(r_{PF_ü}) = \alpha_{PF} + \beta_{PF} \cdot E(r_{m_ü}) = 0{,}4165\% + 1{,}026941363 \cdot 9\% = 9{,}6590\%$$

Die Portfoliovarianz ergibt sich wie folgt:

$$\sigma^2_{PF} = \beta^2_{PF} \cdot \sigma^2_m + \underbrace{\left(x^2_m \cdot \sigma^2_{\varepsilon_m} + x^2_{APF} \cdot \sigma^2_{\varepsilon_{APF}}\right)}_{\sigma^2_{\varepsilon_{PF}}}$$

$$\sigma^2_{PF} = \underbrace{1{,}026941363^2 \cdot 4\%}_{4{,}2184\%} + \underbrace{\left((78{,}4786\%)^2 \cdot 0 + (21{,}5214\%)^2 \cdot 4{,}1044\%\right)}_{0{,}1901\%} = 4{,}4085\%$$

Hieraus lässt sich nun der Anteil des optimalen risikobehafteten Portfolios am Gesamtportfolio bestimmen:

$$x^*_{PF} = \frac{E(r_{PF_ü})}{A \cdot \sigma^2_{PF}} = \frac{9{,}6590\%}{2{,}25 \cdot 4{,}4085\%} = 97{,}3765\%$$

Entsprechend beläuft sich der Anteil der risikolosen Anlage auf 2,6235% (= 100% - x^*_{PF}).

Bei einer rein passiven Strategie des risikobehafteten Portfolios (d.h. eine ausschließliche Investition in den Marktindex) würden bei dem Risikoaversionsparameter von 2,25 genau 100% des Vermögens in das risikobehaftete Portfolio investiert:

$$x^*_{PF} = \frac{E(r_{m_ü})}{A \cdot \sigma^2_m} = \frac{9\%}{2{,}25 \cdot 4\%} = 100\%$$

Schließlich lassen sich nun die Anteile x_i^{**} der einzelnen Assets am Gesamtportfolio bestimmen:

Asset	$x_i^* = x_{APF}^* \cdot x_i^*$	$x_i^{**} = x_{PF}^* \cdot x_i^*$
Aktie A	8,1141%	7,9012%
Aktie B	3,1379%	3,0556%
Aktie C	-12,5515%	-12,2222%
Aktie D	22,8209%	22,2222%
Marktindexportfolio	78,4786%	76,4198%
Risikolose Anlage		2,6235%
Gesamt	100,0000%	100,0000%

Tab. B.19: Beispiel zur Portfoliokonstruktion: Anteile am Gesamtportfolio

Schließlich lassen sich für dieses Gesamtportfolio die folgenden Werte ableiten:[1]

$$E(r_G) = x_R \cdot E(r_R) + x_f \cdot r_f = 97,3765\% \cdot 12,659\% + 2,6235\% \cdot 3\% = 12,4056\%$$

$$E(r_{G_ü}) = x_R \cdot E(r_{R_ü}) + x_f \cdot r_{f_ü} = 97,3765\% \cdot 9,659\% + 2,6235\% \cdot 0\% = 9,4056\%$$

$$\sigma_G^2 = x_R^2 \cdot \sigma_R^2 + x_f^2 \cdot \sigma_f^2 + 2 \cdot x_R \cdot x_f \cdot k_{Rf} \cdot \sigma_R \cdot \sigma_f = (97,3765\%)^2 \cdot 4,4085\% + 0 + 0 = 4,1803\%$$

$$\sigma_G = \sqrt{4,1803\%} = 20,4457\%$$

$$SR = \frac{E(r_{G_ü})}{\sigma_G} = \frac{9,4056\%}{20,4457\%} = 0,460028$$

$$\beta_G = x_R^* \cdot \beta_R + x_f \cdot \beta_f = 97,3765\% \cdot 1,026941363 + 2,6235\% \cdot 0 = 1,00$$

Das Gesamtrisiko lässt sich aufspalten in einen systematischen und einen unsystematischen Teil. Dabei beträgt das systematische Risiko:

$$\beta_G^2 \cdot \sigma_m^2 = 1^2 \cdot 4\% = 4\%$$

Das unsystematische Risiko des gesamten Portfolios kann wie folgt bestimmt werden:

$$\sigma_{\varepsilon_G}^2 = x_R^2 \cdot \sigma_{\varepsilon_R}^2 + x_f^2 \cdot \sigma_{\varepsilon_f}^2 = (97,3765\%)^2 \cdot 0,1901\% + (2,6235\%)^2 \cdot 0 = 0,1803\%$$

Beide Teilrisiken können auch mit Hilfe einer Varianz-Kovarianz-Matrix ermittelt werden:

---

[1] Hier soll nun zur Verdeutlichung, dass es sich bei dem Portfolio „PF" um das risikobehaftete Portfolio handelt, wiederum der Index „R" herangezogen werden. Der Index „f" deutet auf das risikolose Portfolio hin und „G" steht für das Gesamtportfolio.

Kovari-anzen	Risikolose Anlage ("F")	Marktindex-portfolio ("m")	Aktie A	Aktie B	Aktie C	Aktie D
F	0	0	0	0	0	0
m	0	4,00%	4,40%	4,80%	3,60%	4,00%
A	0	4,40%	4,84%	5,28%	3,96%	4,40%
B	0	4,80%	5,28%	5,76%	4,32%	4,80%
C	0	3,60%	3,96%	4,32%	3,24%	3,60%
D	0	4,00%	4,40%	4,80%	3,60%	4,00%

Tab. B.20: Varianz-Kovarianz-Matrix zur Bestimmung des systematischen Risikos[1]

Mit den aus Tabelle B.19 (rechte Spalte) abgeleiteten Anteilen der einzelnen Assets am Gesamtportfolio und den Kovarianzen aus Tabelle B.20 können die in Tabelle B.21 dargestellten gewichteten Kovarianzen bestimmt werden. Aus dieser Darstellung ergibt sich für die Varianz ein Wert von 4%. Hierbei handelt es sich jedoch aufgrund der o.g. Annahmen um das systematische Risiko.

	F	m	A	B	C	D	Σ
F	0	0	0	0	0	0	0
m	0	2,3360%	0,2657%	0,1121%	–0,3362%	0,6793%	3,0568%
A	0	0,2657%	0,0302%	0,0127%	–0,0382%	0,0773%	0,3477%
B	0	0,1121%	0,0127%	0,0054%	–0,0161%	0,0326%	0,1467%
C	0	–0,3362%	–0,0382%	–0,0161%	0,0484%	–0,0978%	–0,4400%
D	0	0,6793%	0,0773%	0,0326%	–0,0978%	0,1975%	0,8889%
Σ		3,0568%	0,3477%	0,1467%	–0,4400%	0,8889%	4,0000%

Tab. B.21: Gewichtete Varianz-Kovarianz-Matrix zur Bestimmung des systemat. Risikos

Auch das unsystematische Risiko kann – wiederum unter Berücksichtigung der mit dem Single-Index-Modell verbundenen Annahmen – mit Hilfe einer Varianz-Kovarianz-Matrix bestimmt werden:

---

[1] Die einzelnen Kovarianzen werden hierbei über die Formel $\text{Cov}(r_i, r_j) = \beta_i \cdot \beta_j \cdot \sigma_m^2$ bestimmt.

Kovari-anzen	Risikolose Anlage ("F")	Marktindex-portfolio ("m")	Aktie A	Aktie B	Aktie C	Aktie D
F	0	0	0	0	0	0
m	0	0	0	0	0	0
A	0	0	9,00%	0	0	0
B	0	0	0	16,00%	0	0
C	0	0	0	0	4,00%	0
D	0	0	0	0	0	1,00%

Tab. B.22: Varianz-Kovarianz-Matrix zur Bestimmung des unsystematischen Risikos

Bei dieser Varianz-Kovarianz-Matrix wird deutlich, dass bei den Aktien alle Elemente der Matrix mit Ausnahme der Diagonalelemente (d.h. der Varianzen der Residuen der jeweiligen Aktien) den Wert Null annehmen. Daher wird das Single-Index-Modell auch als Diagonalmodell bezeichnet.[1]

Mit den aus Tabelle B.19 (rechte Spalte) abgeleiteten Anteilen der einzelnen Assets am Gesamtportfolio können die folgenden gewichteten Kovarianzen bzw. Varianzen der Residuen bestimmt werden:

	F	m	A	B	C	D	Σ
F	0	0	0	0	0	0	0
m	0	0	0	0	0	0	0
A	0	0	0,0562%	0	0	0	0,0562%
B	0	0	0	0,0149%	0	0	0,0149%
C	0	0	0	0	0,0598%	0	0,0598%
D	0	0	0	0	0	0,0494%	0,0494%
Σ	0	0	0,0562%	0,0149%	0,0598%	0,0494%	0,1803%

Tab. B.23: Gewichtete Varianz-Kovarianz-Matrix zur Bestimmung des unsystemat. Risikos

Aus dieser Darstellung ergibt sich für die Varianz ein Wert von 0,1803% für das unsystematische Risiko.

Das Gesamtrisiko beträgt somit:

$$\sigma_G^2 = \beta_G^2 \cdot \sigma_m^2 + \sigma_{\varepsilon_G}^2 = 4\% + 0,1803\% = 4,1803\% \quad \text{bzw.} \quad \sigma_G = \sqrt{4,1803\%} = 20,4457\%$$

---

[1] Vgl. *Poddig/Brinkmann/Seiler* (2005), S. 414f.

Für den Fall einer rein passiven Strategie, d.h. es werden bei einem Risikoaversionsparameter von 2,25 in diesem Fall 100% des Vermögens in das Marktindexportfolio investiert, ergeben sich die folgenden Werte:

$$E(r_G) = x_R \cdot E(r_R) + x_f \cdot r_f = 100\% \cdot 12\% + 0 \cdot 3\% = 12\%$$

$$\sigma_G^2 = x_R^2 \cdot \sigma_R^2 + x_f^2 \cdot \sigma_f^2 + 2 \cdot x_R \cdot x_f \cdot k_{Rf} \cdot \sigma_R \cdot \sigma_f = (100\%)^2 \cdot 4\% + 0 + 0 = 4\%$$

$$\sigma_G = \sqrt{4\%} = 20\%$$

$$SR = \frac{E(r_{G_ü})}{\sigma_G} = \frac{9\%}{20\%} = 0,45$$

$$\beta_G = x_R^* \cdot \beta_R + x_f \cdot \beta_f = 100\% \cdot 1,0 + 0 \cdot 0 = 1,00$$

Das Beispiel kann auch für den Fall betrachtet werden, dass Leerverkäufe nicht zulässig sind. In diesem Fall würden Aktien mit einem negativen Alpha nicht in das Portfolio einbezogen werden.[1] Somit würde in diesem Beispiel die Aktie C ein Gewicht von Null erhalten. Dies würde bereits bei der Berechnung der Aktienanteile am aktiven Portfolio berücksichtigt, indem für die Aktie C für $x_i^{An} = \frac{\alpha_i}{\sigma_{\varepsilon_i}^2}$ der Wert Null eingesetzt wird. Dadurch ergeben sich insgesamt die folgenden Anteile am Gesamtportfolio (für A = 2,25):

Asset	$x_i^{**} = x_{PF}^* \cdot x_i^*$
Aktie A	7,9012%
Aktie B	3,0556%
Aktie C	0,0000%
Aktie D	22,2222%
Marktindexportfolio	65,4198%
Risikolose Anlage	1,4012%
Gesamt	**100,0000%**

Tab. B.24: Beispiel zur Portfoliokonstruktion: Anteile am Gesamtportfolio ohne Leerverkäufe

In diesem Fall lassen sich die folgenden Werte bestimmen: $E(r_{G_ü}) = 9,2711\%$

$$\sigma_G^2 = x_R^2 \cdot \sigma_R^2 + x_f^2 \cdot \sigma_f^2 + 2 \cdot x_R \cdot x_f \cdot k_{Rf} \cdot \sigma_R \cdot \sigma_f = 98,5988\%^2 \cdot 4,2385\% + 0 + 0 = 4,1205\%$$

---

[1] Vgl. *Bodie/Kane/Marcus* (2011b), S. 8-8ff.

$$\sigma_G = \sqrt{4,1205\%} = 20,2990\%$$

$$SR = \frac{E(r_{G_a})}{\sigma_G} = \frac{9,2711\%}{20,2990\%} = 0,456728$$

Zusammenfassend werden die obigen Ergebnisse in Tabelle B.25 dargestellt, wobei zusätzlich noch der Nutzen der jeweiligen Strategien auf Basis der folgenden Formel einbezogen wird:

$$U_G = E(r_G) - \frac{1}{2} \cdot A \cdot \sigma_G^2$$

	Mit Leerverkäufen	Ohne Leerverkäufe	Passive Strategie
Anteil Aktie A	7,9012%	7,9012%	0
Anteil Aktie B	3,0556%	3,0556%	0
Anteil Aktie C	−12,2222%	0,0000%	0
Anteil Aktie D	22,2222%	22,2222%	0
Anteil Indexportfolio	76,4198%	65,4198%	100,0000%
Anteil risikolose Anlage	2,6235%	1,4012%	0
Gesamte Anteile	**100,0000%**	**100,0000%**	**100,0000%**
Erwartete Rendite	12,4056%	12,2711%	12,0000%
Systematisches Risiko (Varianz)	4,0000%	4,0000%	4,0000%
Unsystematisches Risiko (Varianz)	0,1803%	0,1205%	0
Gesamtrisiko (Varianz)	4,1803%	4,1205%	4,0000%
Standardabweichung	20,4457%	20,2990%	20,0000%
Gesamtbeta	1,00	1,00	1,00
Nutzen	7,7028%	7,6356%	7,5000%
Sharpe-Ratio	0,460028	0,456728	0,450000

Tab. B.25: Beispiel zur Portfoliokonstruktion: Ergebnisvergleich für A = 2,25

Nunmehr kann das Beispiel auch für einen Investor mit einem alternativen Risikoaversionsparameter berechnet werden. Dabei soll die grundlegende Aufteilung des Marktindexportfolios und des aktiven Portfolios innerhalb des risikobehafteten Portfolios gleich bleiben (diese Aufteilung wurde auf Basis des Risikoaversionsparameters aus dem Benchmark- bzw. Marktindexportfolio, d.h. hier 2,25 ermittelt). Ein alternativer Risikoaversionsparameter des Investors wirkt sich bei dieser Annahme somit lediglich auf die Aufteilung des Gesamtportfolios – bestehend aus risikobehaftetem Portfolio und risikoloser Anlage – aus. Hieraus resultieren beispielsweise für einen risikoscheueren Investor mit einem Risikoaversionsparameter von 4 die folgenden Ergebnisse:

	Mit Leerverkäufen	Ohne Leerverkäufe	Passive Strategie
Anteil Aktie A	4,4444%	4,4444%	0
Anteil Aktie B	1,7188%	1,7188%	0
Anteil Aktie C	−6,8750%	0,0000%	0
Anteil Aktie D	12,5000%	12,5000%	0
Anteil Indexportfolio	42,9861%	36,7986%	56,2500%
Anteil risikolose Anlage	45,2257%	44,5382%	43,7500%
Gesamte Anteile	**100,0000%**	**100,0000%**	**100,0000%**
Erwartete Rendite	8,2906%	8,2150%	8,0625%
Systematisches Risiko (Varianz)	1,2656%	1,2656%	1,2656%
Unsystematisches Risiko (Varianz)	0,0570%	0,0381%	0
Gesamtrisiko (Varianz)	1,3227%	1,3038%	1,2656%
Standardabweichung	11,5007%	11,4182%	11,2500%
Gesamtbeta	0,5625	0,562500	0,562500
Nutzen	5,6453%	5,6075%	5,5313%
Sharpe-Ratio	0,460028	0,456728	0,450000

Tab. B.26: Beispiel zur Portfoliokonstruktion: Ergebnisvergleich für A = 4

Im Vergleich zum Portfolio-Selection-Modell von *Markowitz* beinhaltet das Single-Index-Modell wesentlich weniger Flexibilität im Hinblick auf die Modellierung der Kovarianzen zwischen den einzelnen Wertpapieren. Allerdings besteht das Problem beim Portfolio-Selection-Modell darin, dass die Kovarianzen nur geschätzt werden und somit nicht genau vorhergesagt werden können. Ein möglicher kumulierender Effekt von Schätzfehlern beim

Portfolio-Selection-Modell kann dazu führen, dass das Single-Index-Modell zu besseren Portfolioergebnissen führt. Zudem ist es geeignet, Makroanalysen und Wertpapieranalysen voneinander getrennt durchzuführen.[1]

Allerdings sind auch die aus der Regressionsanalyse abgeleiteten Betafaktoren für die Zukunft zu schätzen, wobei Vergangenheitswerte zugrunde gelegt werden. Letztere stellen möglicherweise nicht die besten Schätzer für die zukünftigen Betas dar, so dass eine Anpassung hilfreich ist. In der Praxis wird dazu oftmals ein sog. „Adjusted Beta" ermittelt. Dabei wird davon ausgegangen, dass relativ hohe Betawerte im Zeitablauf sinken und relativ niedrige Betawerte steigen, wobei sie sich jeweils dem Wert eins nähern. Da der durchschnittliche Betawert über alle Wertpapiere eins beträgt, kann daraus geschlossen werden, dass ohne Schätzung der Betawerte die beste Prognose für Beta ein Wert von eins wäre. Je größer somit der aus Vergangenheitsdaten geschätzte Betawert von eins abweicht, desto größer ist auch die Wahrscheinlichkeit eines größeren Schätzfehlers. Vor diesem Hintergrund kann die folgende Anpassung vorgenommen werden, die Verzerrungen historischer Daten korrigieren soll:[2]

$$ß_{t+1} = a + b \cdot ß_t$$

Dabei können in der Praxis für die Parameter a und b die Werte 1/3 und 2/3 herangezogen werden:[3]

$$ß_{t+1} = \frac{1}{3} + \frac{2}{3} \cdot ß_t$$

Diese Formel lässt sich auch mit dem Betafaktor des Gesamtmarktes bzw. Marktindexes darstellen, der – wie oben gezeigt – einen Wert von 1 annimmt:

$$ß_{t+1} = \frac{1}{3} \cdot ß_M + \frac{2}{3} \cdot ß_t$$

Somit wird der geschätzte Betawert zu einem Drittel mit dem Betafaktor des Marktindex und zu zwei Dritteln mit dem historischen Betafaktor des Unternehmens gewichtet. Diese Vorgehensweise ist geeignet, die Markterwartungen widerzuspiegeln, weil sie in der betrieblichen Praxis verbreitet ist. Darüber hinaus kann die Adjustierung mit der o.g. Aussage begründet werden, nämlich dass die beste Vorhersage für Beta der Wert eins ist, da dies dem durchschnittlichen Betawert aller Wertpapiere des Marktindex entspricht. Zudem kann berücksichtigt werden, dass Unternehmen im Zeitverlauf markttypischer werden, d.h. z.B. dass die Unternehmen mit zunehmendem Alter bei Wachstum oftmals breiter diversifiziert werden und sich allmählich dem Gesamtmarkt annähern.[4]

Würde beispielsweise aus einer Regressionsanalyse ein Betawert von 1,9 abgeleitet, so würde die Adjustierung den folgenden Wert ergeben:

---

[1] Vgl. *Bodie/Kane/Marcus* (2011a), S. 268f.
[2] Vgl. *Kern/Mölls* (2010), S. 445; *Bodie/Kane/Marcus* (2011a), S. 271f.
[3] Vgl. *Kern/Mölls* (2010), S. 445; *Bodie/Kane/Marcus* (2011a), S. 271.
[4] Vgl. *Kern/Mölls* (2010), S. 445; *Bodie/Kane/Marcus* (2011a), S. 271.

$$\text{ß}_{t+1} = \frac{1}{3} \cdot 1 + \frac{2}{3} \cdot 1{,}9 = 1{,}6$$

Somit wird in diesem Beispiel der Betawert aus der Regressionsanalyse um ein Drittel in Richtung ß = 1 bewegt.

c. Multi-Index-Modell

ca. Grundlagen

Bei dem Single-Index-Modell besteht grundsätzlich die Gefahr der zu starken Vereinfachung, da eine Beschränkung auf nur einen renditebestimmenden Faktor vorgenommen wird. Dabei können wichtige Beziehungen zwischen den Wertpapierrenditen vernachlässigt werden, die jedoch im Modell von *Markowitz* durch die Kovarianzen zwischen den einzelnen Wertpapieren erfasst werden. Dies ist vor allem dann der Fall, wenn die Korrelation der Wertpapierrenditen mit dem gewählten Index nicht sehr stark ist und eine entsprechend hohe Residualkorrelation zwischen den Störtermen ε_i auftritt. Beispielhaft sei auf bestimmte Brancheneffekte verwiesen, die zwar bei den Aktien der entsprechenden Branche parallele Kursbewegungen auslösen, die aber nicht durch den Marktfaktor erfasst werden können; denn dieser übt definitionsgemäß einen Einfluss auf alle Wertpapiere aus. Notwendig werden deshalb weitere erklärende Variablen.

Aus dieser Kritik heraus entstanden Mehrfaktorenmodelle, die insbesondere bei der Analyse von Aktienrisiken eine bedeutende Rolle spielen. Dabei wird versucht, das Marktrisiko weiter in seine Einzelbestandteile zu zerlegen, um schließlich einen größeren Anteil des Gesamtrisikos von Aktien zu erklären, als dies Einfaktorenmodelle in der Lage sind. Grundsätzlich liegt Faktormodellen die Annahme zugrunde, dass sich die Renditebewegungen der Wertpapiere durch eine bestimmte Anzahl ökonomischer Faktoren erklären lassen.[1]

Im Folgenden wird das Multi-Index-Modell vorgestellt, das eine Erweiterung des Single-Index-Modell um zusätzliche, systematische Einflussgrößen vorsieht. Die Rendite eines Wertpapiers i kann dann wie folgt bestimmt werden:[2]

$$r_i = \alpha_i + \text{ß}_{i1} \cdot F_1 + \text{ß}_{i2} \cdot F_2 + \ldots + \text{ß}_{iK} \cdot F_K + \varepsilon_i$$

mit

α_i	= von der systematischen Rendite unabhängige Wertpapierrendite,
F_k	= systematischer Einflussfaktor k für k = 1 bis K,
ß_{iK}	= Sensitivität der Rendite des Wertpapiers i gegenüber dem Faktor F_k,
ε_i	= Residualrendite bzw. Zufallsfehler oder Störeinfluss und
K	= Anzahl der Faktoren.

Für die Wertpapiere können – ähnlich wie beim Single-Index-Modell die nachfolgenden Annahmen formuliert werden, die für sämtliche K Faktoren gelten:[3]

---

1 Vgl. *Albrecht/Maurer/Mayser* (1996), S. 3.
2 Vgl. *Poddig/Brinkmann/Seiler* (2005), S. 425.
3 Vgl. *Poddig/Brinkmann/Seiler* (2005), S. 425f.

$E(\varepsilon_i) = 0$ $\quad\quad\quad\quad\quad\quad$ $\sigma^2_{\varepsilon_i}$ = konstant für alle i

$\sigma^2_{F_k}$ = konstant für alle k $\quad\quad$ $Cov(\varepsilon_i, \varepsilon_j) = 0$ für alle i, j, i ≠ j

$Cov(\varepsilon_i, F_k) = 0$ für alle i, k $\quad$ $Cov(F_k, F_l) = 0$ für alle k, l, k ≠ l

Dabei ist zu berücksichtigen, dass die Annahme $Cov(F_k, F_l) = 0$ auch vernachlässigt werden kann. Gilt diese Annahme, so handelt es sich um die Diagonalform des Multi-Index-Modells, andernfalls um die Kovarianzform.

Die Varianz der Renditen des Wertpapiers i ergibt sich je nachdem, ob die Diagonalform oder die Kovarianzform vorliegt, wie folgt:[1]

Diagonalform: $\quad \sigma^2_i = \sum_{k=1}^{K} \beta^2_{ik} \cdot \sigma^2_{F_k} + \sigma^2_{\varepsilon_i}$

Kovarianzform: $\quad \sigma^2_i = \sum_{k=1}^{K} \sum_{l=1}^{K} \beta_{ik} \cdot \beta_{il} \cdot Cov(F_k, F_l) + \sigma^2_{\varepsilon_i}$

Für den Kovarianzwert zwischen zwei Wertpapieren, der das systematische Risiko betrifft, ergibt sich:

Diagonalform: $\quad Cov(r_i, r_j)_{systematisch} = \sum_{k=1}^{K} \beta_{ik} \cdot \beta_{jk} \cdot \sigma^2_{F_k}$

Kovarianzform: $\quad Cov(r_i, r_j)_{systematisch} = \sum_{k=1}^{K} \sum_{l=1}^{K} \beta_{ik} \cdot \beta_{jl} \cdot Cov(F_k, F_l)$

Zur Ermittlung der gesamten Kovarianz zwischen den Renditen beider Wertpapiere müssen zusätzlich noch die Kovarianzen zwischen den jeweiligen Residualrenditen ε_i und ε_j einbezogen werden, wobei dann die Annahme, dass $Cov(\varepsilon_i, \varepsilon_j) = 0$ verworfen werden kann.

Zwar sind beim Multi-Index-Modell gegenüber dem Single-Index-Modell mehr Inputdaten zu schätzen. Im Vergleich zum Portfolio-Selection-Modell von *Markowitz* enthält das Multi-Index-Modell aber deutlich weniger zu schätzende Werte. Für die Diagonalform müssen beispielsweise bei n Wertpapieren und K Faktoren insgesamt 2·n + 2·K + n·K Daten geschätzt werden. Diese Daten lassen sich mit Hilfe einer multivariaten Regressionsanalyse auf der Basis von vergangenen Renditen der betrachteten Wertpapiere und von vergangenen Faktorenrenditen schätzen. Aus den Ergebnissen der Regressionsanalyse können dann die Werte für α_i, β_{ik} und $\sigma^2_{\varepsilon_i}$ ermittelt werden. Das nachfolgende Beispiel zeigt diese Zusammenhänge auf.[2]

---

[1] Vgl. *Poddig/Brinkmann/Seiler* (2005), S. 427f.
[2] Vgl. *Poddig/Brinkmann/Seiler* (2005), S. 429ff. sowie auch die dort vorgestellte Fallstudie.

cb. Fallbeispiel zum Multi-Index-Modell

In dem betrachteten Portfolio befinden sich die beiden Wertpapiere i und j, deren Renditen sich jeweils durch die Faktoren F_1, F_2 und F_3 beschreiben lassen. Als Faktoren können makroökonomische Größen, wie z.B. Inflationsrate, Höhe der industriellen Produktion, Zinsniveau, Wechselkurs, Geschäftsklimaindex, Geldmenge, Energiepreisindex etc. in Frage kommen.[1] Zugrunde gelegt werden in dem hier dargestellten Beispiel die folgenden Renditezeitreihen:

t	Faktor 1	Faktor 2	Faktor 3	Wertpapier i	Wertpapier j
1	1%	4%	1%	2%	3%
2	2%	–3%	2%	–1%	2%
3	4%	–2%	–3%	–2%	–2%
4	–3%	1%	–5%	1%	–1%
5	5%	3%	7%	6%	3%
6	–1%	2%	2%	3%	2%
7	5%	7%	11%	9%	6%
8	4%	9%	5%	4%	7%
9	–1%	2%	1%	2%	3%
10	8%	4%	7%	5%	6%
11	4%	3%	6%	4%	4%
12	9%	5%	6%	5%	6%
13	2%	7%	4%	7%	3%
14	1%	1%	2%	4%	2%
15	–10%	2%	2%	5%	4%
Mittelwert	2,000000%	3,000000%	3,200000%	3,600000%	3,200000%
Std.abw.	4,659859%	3,229330%	4,056740%	2,898275%	2,512824%
Varianz	0,217143%	0,104286%	0,164571%	0,084000%	0,063143%

Tab. B.27: Beispiel zum Multi-Index-Modell: Ausgangsdaten

Für beide Wertpapiere soll die Abhängigkeit der Kursentwicklung von den jeweiligen Faktoren analysiert werden:

$$r_i = \alpha_i + \beta_{i1} \cdot F_1 + \beta_{i2} \cdot F_2 + \beta_{i3} \cdot F_3 + \varepsilon_i \quad \text{bzw.} \quad r_j = \alpha_j + \beta_{j1} \cdot F_1 + \beta_{j2} \cdot F_2 + \beta_{j3} \cdot F_3 + \varepsilon_j$$

---

1 Vgl. *Wallmeier* (1997), S. 29f.

Die Schätzung der Parameter mittels Regressionsanalyse kann mit Hilfe des Softwareprogramms Microsoft Excel durchgeführt werden und führt – zunächst für das Wertpapier i – zu den folgenden Ergebnissen:

Regressions-Statistik	
Multipler Korrelationskoeffizient	0,915643
Bestimmtheitsmaß	0,838403
Adjustiertes Bestimmtheitsmaß	0,794331
Standardfehler	0,013144
Beobachtungen	15

ANOVA[1]

	Freiheitsgrade (df)	Quadratsummen	Prüfgröße (F)	F krit
Regression	3	0,009860	19,023506	0,000116
Residue	11	0,001900		
Gesamt	14	0,011760		

	Koeffizienten	Standardfehler	t-Statistik	P-Wert
Schnittpunkt	0,012285	0,004804	2,557110	0,026655
Faktor 1	–0,200260	0,089729	–2,231820	0,047375
Faktor 2	0,379887	0,139080	2,731434	0,019528
Faktor 3	0,510113	0,125553	4,062938	0,001874

Tab. B.28: Beispiel zum Multi-Index-Modell: Regressions-Statistik für Wertpapier i

Aus diesen Ergebnissen lautet die Gleichung für die Schätzung der Rendite des Wertpapiers i in einer Periode wie folgt, wobei $E(\varepsilon_i) = 0$:

$$\hat{r}_i = \alpha_i + \text{ß}_{i1} \cdot F_1 + \text{ß}_{i2} \cdot F_2 + \text{ß}_{i3} \cdot F_3$$

$$\hat{r}_i = 0,012285 - 0,200260 \cdot F_1 + 0,379887 \cdot F_2 + 0,510113 \cdot F_3$$

Die Regressions-Statistik zeigt einen Wert für das Bestimmtheitsmaß (R^2) von 83,84%. Somit lässt sich die gesamte Schwankung der einperiodischen Rendite des Wertpapiers i zu rund 83,84% durch die Entwicklung der drei Faktoren erklären. R^2 kann auch aus den Daten der Quadratsummen abgeleitet werden. Werden diese Summen jeweils durch n–1 (hier: 14) dividiert, so ergeben sich die Werte für die Stichprobenvarianz, das systematische und das unsystematische Risiko (als Varianz):

---

1 „ANOVA" steht für „Analysis of Variance". Vgl. *Bodie/Kane/Marcus* (2011), S. 256.

$$\text{Systematisches Risiko} = \frac{0{,}009860}{14} = 0{,}070426\%$$

$$\text{Unsystematisches Risiko} = \frac{0{,}001900}{14} = 0{,}013574\%$$

$$\text{Stichprobenvarianz} = \frac{0{,}011760}{14} = 0{,}084000\%$$

$$R^2 = \frac{\text{systematisches Risiko}}{\text{Gesamtrisiko}} = \frac{0{,}070426\%}{0{,}084000\%} = 0{,}838403 \quad \text{bzw.} \quad R^2 = \frac{0{,}009860}{0{,}011760} = 0{,}838403$$

Darüber hinaus entspricht R^2 hier dem quadrierten Korrelationskoeffizienten:

$$R^2 = (0{,}915643)^2 = 0{,}838403$$

Der Wert für das adjustierte R^2 korrigiert eine mögliche Verzerrung des R^2, die darauf zurückgeführt werden kann, dass die angepassten und nicht die tatsächlichen (aber nicht zu beobachtenden) Werte für Alpha und die ß-Faktoren herangezogen werden.[1]

Die Koeffizienten (ß-Faktoren) sind statistisch signifikant von Null verschieden und zwar mit einer Irrtumswahrscheinlichkeit von weniger als 1%. Darauf deutet der Wert für „F krit" hin. Somit besteht ein Zusammenhang zwischen der Wertpapierrendite und den Faktoren als erklärende Variablen. Die t-Statistik deutet darauf hin, dass alle einzelnen Koeffizienten für den Schnittpunkt (α) sowie für die Regressionskoeffizienten (ß-Faktoren) signifikant von Null verschieden sind, da die maximal zulässige Irrtumswahrscheinlichkeit von 5% (die oftmals gefordert wird) nicht überschritten wird, worauf die jeweiligen P-Werte hinweisen.[2]

Mit Hilfe der obigen Gleichung für die Schätzung der Rendite des Wertpapiers i kann der tatsächliche Renditewert in jeder Periode mit dem aufgrund der Gleichung geschätzten Wert verglichen werden. Diese Abweichung ergibt die ex post geschätzte Residualrendite für eine Periode t:[3]

$$\hat{\varepsilon}_{it} = r_{it} - \hat{r}_{it}$$

Für das Wertpapier i zeigt Tabelle B.29 die entsprechenden Werte.

Wird die Varianz der Renditen des Wertpapiers i mit Hilfe der o.g. Kovarianzform ermittelt, so gilt – wie oben bereits dargestellt – folgende Formel:

$$\text{Kovarianzform:} \quad \sigma_i^2 = \sum_{k=1}^{K} \sum_{l=1}^{K} \text{ß}_{ik} \cdot \text{ß}_{il} \cdot \text{Cov}(F_k, F_l) + \sigma_{\varepsilon_i}^2$$

---

1 Vgl. *Bodie/Kane/Marcus* (2011), S. 255f.
2 Vgl. *Poddig/Brinkmann/Seiler* (2005), S. 431f.
3 Vgl. *Poddig/Brinkmann/Seiler* (2005), S. 432f.

Für das Wertpapier i werden dazu zunächst die Kovarianzen zwischen den einzelnen Faktoren ermittelt. Hierbei wird auf die Microsoft Excel-Funktion „Kovarianz.S" zurückgegriffen. Die entsprechenden Werte zeigt Tabelle B.30.

t	Wertpapier i	Geschätzte Rendite des Wertpapiers i (systematische Rendite)	Residualrendite (unsystematische Rendite)
1	2%	3,057898%	–1,057898%
2	–1%	0,708543%	–1,708543%
3	–2%	–1,862656%	–0,137344%
4	1%	–0,341402%	1,341402%
5	6%	4,937650%	1,062350%
6	3%	3,208758%	–0,208758%
7	9%	8,497650%	0,502350%
8	4%	6,397005%	–2,397005%
9	2%	2,698644%	–0,698644%
10	5%	4,716757%	0,283243%
11	4%	4,627797%	–0,627797%
12	5%	4,386270%	0,613730%
13	7%	5,527638%	1,472362%
14	4%	2,428351%	1,571649%
15	5%	5,011098%	–0,011098%
Mittelwert	3,600000%	3,600000%	0,000000%
Std.abw.	2,898275%	2,653787%	1,165082%
Varianz	0,084000%	0,070426%	0,013574%

Tab. B.29: Beispiel zum Multi-Index-Modell: Residualrendite des Wertpapiers i

Kovarianzen	Faktor 1	Faktor 2	Faktor 3
Faktor 1	0,217143%	0,045000%	0,102143%
Faktor 2	0,045000%	0,104286%	0,081429%
Faktor 3	0,102143%	0,081429%	0,164571%

Tab. B.30: Beispiel zum Multi-Index-Modell: Kovarianzen der Faktoren (Kovarianzform)[1]

---

1 Die Werte der Diagonalen enthalten die Varianzen der jeweiligen Faktoren.

Werden diese Kovarianzen jeweils mit den Betafaktoren gewichtet, so ergeben sich die in Tabelle B.31 dargestellten Werte:

	Faktor 1	Faktor 2	Faktor 3	Summe
Faktor 1	0,008708%	–0,003423%	–0,010434%	**–0,005150%**
Faktor 2	–0,003423%	0,015050%	0,015780%	**0,027406%**
Faktor 3	–0,010434%	0,015780%	0,042824%	**0,048169%**
Summe	**–0,005150%**	**0,027406%**	**0,048169%**	**0,070426%**

Tab. B.31: Beispiel zum Multi-Index-Modell: Mit ßs gewichtete Kovarianzen der Faktoren, Wertpapier i (Kovarianzform)

In der Summe resultiert hieraus das systematische Risiko des Wertpapiers i (0,070426%). Das unsystematische Risiko entspricht der Varianz der Residualrenditen und kann für das Wertpapier i der obigen Tabelle entnommen werden: 0,013574%. In der Summe erhält man die Varianz der Renditen des Wertpapiers i:

$$\sigma_i^2 = \sum_{k=1}^{K}\sum_{l=1}^{K} \text{ß}_{ik} \cdot \text{ß}_{il} \cdot \text{Cov}(F_k, F_l) + \sigma_{\varepsilon_i}^2 = 0,070426\% + 0,013574\% = 0,0840\%$$

Die Diagonalform des Multi-Index-Modells geht von der Annahme aus, dass $\text{Cov}(F_k, F_l) = 0$. In diesem Fall ergäben sich folgende Werte für das Wertpapier i:

Kovarianzen	Faktor 1	Faktor 2	Faktor 3
Faktor 1	0,217143%	0	0
Faktor 2	0	0,104286%	0
Faktor 3	0	0	0,164571%

Tab. B.32: Beispiel zum Multi-Index-Modell: Kovarianzen der Faktoren (Diagonalform)

	Faktor 1	Faktor 2	Faktor 3	Summe
Faktor 1	0,008708%	0	0	**0,008708%**
Faktor 2	0	0,015050%	0	**0,015050%**
Faktor 3	0	0	0,042824%	**0,042824%**
Summe	**0,008708%**	**0,015050%**	**0,042824%**	**0,066582%**

Tab. B.33: Beispiel zum Multi-Index-Modell: Mit ßs gewichtete Kovarianzen der Faktoren (Diagonalform)

Somit würde in dem Fall, dass keine Korrelation zwischen den Faktoren vorliegt, das systematische Risiko des Wertpapiers i 0,066582% betragen und die gesamte Varianz den folgenden Wert annehmen:

Diagonalform: $\quad \sigma_i^2 = \sum_{k=1}^{K} \beta_{ik}^2 \cdot \sigma_{F_k}^2 + \sigma_{\varepsilon_i}^2 = 0,066582\% + 0,013574\% = 0,080156\%$

Dieser Wert weicht jedoch von der oben berechneten und der der Stichprobenvarianz entsprechenden Varianz ab, so dass die Annahme unkorrelierter Faktoren in diesem Beispiel nicht weiter berücksichtigt wird.

Nunmehr sollen auch die Ergebnisse für das Wertpapier j einbezogen werden, um anschließend ein Portfolio aus beiden Wertpapieren zusammenzustellen.

Regressions-Statistik	
Multipler Korrelationskoeffizient	0,893748
Bestimmtheitsmaß	0,798785
Adjustiertes Bestimmtheitsmaß	0,743908
Standardfehler	0,012716
Beobachtungen	15

ANOVA

	Freiheitsgrade (df)	Quadratsummen	Prüfgröße (F)	F krit
Regression	3	0,007061	14,555963	0,000380
Residue	11	0,001779		
Gesamt	14	0,008840		

	Koeffizienten	Standardfehler	t-Statistik	P-Wert
Schnittpunkt	0,011235	0,004648	2,417128	0,034180
Faktor 1	–0,054883	0,086810	–0,632214	0,540165
Faktor 2	0,295738	0,134555	2,197897	0,050270
Faktor 3	0,405964	0,121468	3,342146	0,006568

Tab. B.34: Beispiel zum Multi-Index-Modell: Regressions-Statistik für Wertpapier j

Hieraus ergibt sich für die geschätzte Rendite einer Periode:

$\hat{r}_j = 0,011235 - 0,054883 \cdot F_1 + 0,295738 \cdot F_2 + 0,405964 \cdot F_3$

Werden die Kovarianzen zwischen den drei Faktoren jeweils mit den Betafaktoren gewichtet, so ergeben sich die in Tabelle B.35 dargestellten Werte für das Wertpapier j:

	Faktor 1	Faktor 2	Faktor 3	Summe
Faktor 1	0,000654%	–0,000730%	–0,002276%	**–0,002352%**
Faktor 2	–0,000730%	0,009121%	0,009776%	**0,018167%**
Faktor 3	–0,002276%	0,009776%	0,027122%	**0,034623%**
Summe	**–0,002352%**	**0,018167%**	**0,034623%**	**0,050438%**

Tab. B.35: Beispiel zum Multi-Index-Modell: Mit ßs gewichtete Kovarianzen der Faktoren, Wertpapier j (Kovarianzform)

Bei einem unsystematischen Risiko des Wertpapiers j (Varianz) von 0,012705% erhält man die folgende Varianz der Renditen des Wertpapiers j:

$$\sigma_j^2 = \sum_{k=1}^{K}\sum_{l=1}^{K} \text{ß}_{jk} \cdot \text{ß}_{jl} \cdot \text{Cov}(F_k, F_l) + \sigma_{\varepsilon_j}^2 = 0,050438\% + 0,012705\% = 0,063143\%$$

Soll nun ein Portfolio zusammengestellt werden, das aus den beiden Wertpapiere i und j besteht, so ist zusätzlich noch die Kovarianz der Renditen beider Wertpapiere erforderlich. Der das systematische Risiko betreffende Teil kann mit Hilfe der folgenden Formel bestimmt werden:

$$\text{Cov}(r_i, r_j)_{\text{systematisch}} = \sum_{k=1}^{K}\sum_{l=1}^{K} \text{ß}_{ik} \cdot \text{ß}_{jl} \cdot \text{Cov}(F_k, F_l)$$

Die daraus resultierenden Werte können der folgenden Tabelle entnommen werden:

	Faktor 1	Faktor 2	Faktor 3	Summe
Faktor 1	0,002387%	–0,000938%	–0,002860%	**–0,001411%**
Faktor 2	–0,002665%	0,011716%	0,012284%	**0,021335%**
Faktor 3	–0,008304%	0,012558%	0,034081%	**0,038335%**
Summe	**–0,008583%**	**0,023336%**	**0,043505%**	**0,058259%**

Tab. B.36: Beispiel zum Multi-Index-Modell: Bestimmung der (systematischen) Cov(r_i, r_j) (Kovarianzform)

In der Tabelle steht unten rechts der Wert für die systematische Komponente der Kovarianz der Renditen zwischen den beiden Wertpapieren i und j (0,058259%). Dieser Wert ergibt sich im Übrigen auch, wenn die Kovarianz zwischen den mit dem Multi-Index-Modell geschätzten Renditen mit Hilfe der Microsoft Excel-Funktion „Kovarianz.S" ermittelt wird:

$$\text{Cov}(\hat{r}_i, \hat{r}_j) = 0,058259\%$$

Mit der gleichen Excel-Funktion kann die unsystematische Komponente der Kovarianz, d.h. die Kovarianz zwischen den Residualrenditen der beiden Wertpapiere berechnet werden. Sie ergibt sich zu –0,007402%. Die gesamte Kovarianz beläuft sich damit auf 0,050857%:

$$\text{Cov}(r_i, r_j) = \underbrace{\sum_{k=1}^{K} \sum_{l=1}^{K} \beta_{ik} \cdot \beta_{jl} \cdot \text{Cov}(F_k, F_l)}_{0,058259\%} + \underbrace{\text{Cov}(\varepsilon_i, \varepsilon_j)}_{-0,007402\%} = 0,050857\%$$

Schließlich lässt sich auch die Varianz der Renditen eines Portfolios berechnen, das sich z.B. zu 60% aus Wertpapier i und zu 40% aus Wertpapier j zusammensetzt:

Systematisches Portfoliorisiko:

$$\sigma^2_{PF,\,\text{systematisch}} = x_i^2 \cdot \sigma^2_{i,\,\text{systematisch}} + x_j^2 \cdot \sigma^2_{j,\,\text{systematisch}} + 2 \cdot x_i \cdot x_j \cdot \text{Cov}(r_i, r_j)_{\text{systematisch}}$$

$$\sigma^2_{PF,\,\text{systematisch}} = 0,6^2 \cdot 0,070426\% + 0,4^2 \cdot 0,050438\% + 2 \cdot 0,6 \cdot 0,4 \cdot 0,058259\% = 0,061387\%$$

Unsystematisches Portfoliorisiko:

$$\sigma^2_{\varepsilon_{PF}} = x_i^2 \cdot \sigma^2_{\varepsilon_i} + x_j^2 \cdot \sigma^2_{\varepsilon_j} + 2 \cdot x_i \cdot x_j \cdot \text{Cov}(\varepsilon_i, \varepsilon_j)$$

$$\sigma^2_{\varepsilon_{PF}} = 0,6^2 \cdot 0,013574\% + 0,4^2 \cdot 0,012705\% + 2 \cdot 0,6 \cdot 0,4 \cdot (-0,007402\%) = 0,003367\%$$

Das Gesamtrisiko beträgt somit:

$$\sigma^2_{PF} = \sigma^2_{PF,\,\text{systematisch}} + \sigma^2_{\varepsilon_{PF}} = 0,061387\% + 0,003367\% = 0,064754\%$$

Dieser Wert lässt sich auch über die folgende Beziehung berechnen:

$$\sigma^2_{PF} = x_i^2 \cdot \sigma_i^2 + x_j^2 \cdot \sigma_j^2 + 2 \cdot x_i \cdot x_j \cdot \text{Cov}(r_i, r_j)$$

$$\sigma^2_{PF} = 0,6^2 \cdot 0,084\% + 0,4^2 \cdot 0,063143\% + 2 \cdot 0,6 \cdot 0,4 \cdot 0,050857\% = 0,064754\%$$

Insgesamt gesehen lassen sich mit Hilfe des Multi-Index-Modells im Vergleich zum Single-Index-Modell weitere Einflüsse auf die Wertpapierrenditen als nur der Faktor Marktindex berücksichtigen, die gemeinsam auf die jeweiligen Wertpapierrenditen wirken. Nunmehr stellt sich die Frage, welche Arten von Faktoren unterschieden bzw. wie die Faktoren bestimmt werden können.

d. Ermittlung der Faktoren

Im Rahmen der Faktormodelle wird eine bestimmte Struktur der Wertpapierrenditen postuliert, wobei allerdings offen bleibt, wie sich die gemeinsamen Renditeeinflüsse inhaltlich unterscheiden. Hierzu wurden in der Literatur einige Möglichkeiten aufgezeigt.[1] So bietet sich beispielsweise die Faktorenanalyse als ein multivariates statistisches Verfahren an, mit dem versucht wird, eine Vielzahl von Variablen durch wenige Faktoren zu erklären. Gleichzeitig lassen sich die Faktorbetas ermitteln, die auch als Faktorladungen bezeichnet werden. Bei der Faktorenanalyse muss entweder die Anzahl der Faktoren im Voraus festgelegt werden, oder es wird die Vorgabe von Abbruchkriterien bei Hinzunahme weiterer Einflussgrößen erforderlich. Allerdings kann es zu unterschiedlichen Ergebnissen kommen je nachdem, welche Methode zum Einsatz kommt.[2]

Eine weitere Möglichkeit, die relevanten Faktoren zu bestimmen, besteht in der Vorabauswahl von gesamtwirtschaftlichen Variablen auf der Basis plausibler ökonomischer Überlegungen. Als solche Faktoren kommen beispielsweise die Inflationsrate, die Höhe der industriellen Produktion, die Zinsstrukturkurve und die Risikoprämie in Frage.[3] Letztere wird hierbei als Renditedifferenz zwischen Staatsanleihen bester Bonität und Anleihen mit einem niedrigeren Rating, jeweils bezogen auf die gleiche Laufzeit, verstanden.

Diese Modelle werden auch als makroökomische Faktormodelle bezeichnet. Deren Form der Faktorenbestimmung ist ökonomisch unmittelbar nachvollziehbar, während dies bei der Nichtvorgabe bestimmter Faktoren im Rahmen der o.g. Faktorenanalyse problematischer ist. Jedoch besteht das Problem der Subjektivität bei der Auswahl der Faktoren, zumal eine eindeutige Regel bezüglich der Auswahl nicht vorliegt. Allerdings lässt sich der Zusammenhang der jeweiligen Faktoren mit den Wertpapierrenditen mit Hilfe statistischer Verfahren überprüfen. Ein weiteres Problem besteht darin, dass makroökonomische Faktoren aus demselben Bereich häufig untereinander korrelieren, wodurch eine Bereinigung der Faktoren erforderlich werden kann. Eine Unterscheidung von makroökonomischen Faktoren hinsichtlich verschiedener Bereiche kann z.B. wie folgt vorgenommen werden:[4]

- Kapitalmarktfaktoren (z.B. verschiedene Aktienmarkt- oder Rentenmarktindizes)
- Monetäre Faktoren (z.B. Geldmenge, Inflationsrate, Zinsstrukturkurve)
- Konjunkturelle Faktoren (z.B. Geschäftsklimaindex, Auftragseingänge)
- Außenhandelsfaktoren (z.B. Wechselkurse, Rohstoffpreise, Energiepreisindex)

Als weitere Möglichkeit wird auch vorgeschlagen, mikroökonomische Faktoren vorzugeben, von denen die Faktorsensitivitäten abhängen.[5] Im Rahmen dieser sogenannten fundamentalen oder auch mikroökonomischen Faktormodelle wird unterstellt, dass die Sensitivität gegenüber einem bestimmten Risikofaktor aus einer linearen Verknüpfung von quantifizierbaren Unternehmensmerkmalen bestimmt werden kann, wobei für sämtliche Unternehmen die gleiche Verknüpfungsvorschrift angenommen wird. Die einfließenden fundamentalen Daten sind vorab zu bestimmen, wobei die vielversprechendsten Kennzahlen durch Experimentieren ermittelt werden können.

---

1 Vgl. *Wallmeier* (1997), S. 27 und die dort angegebene Literatur.
2 Vgl. *Wallmeier* (1997), S. 28 und die dort angegebene Literatur.
3 Vgl. *Chen/Roll/Ross* (1986), S. 385ff.
4 Vgl. *Wallmeier* (1997), S. 29ff., S. 32; *Poddig/Brinkmann/Seiler* (2005), S. 450ff.
5 Vgl. *Rosenberg* (1974), S. 263ff.

Zu unterscheiden sind dabei fundamentale und marktspezifische Kennzahlen. Letztere betreffen aktienmarktspezifische Größen, wie Umsatzvolumina der Aktien oder auch Aktienkursvolatilitäten der Vorperiode. Zu den fundamentalen Kennzahlen können z.B. Dividende, Eigenkapitalrendite oder Liquiditätskennzahlen zählen. Die Vorabspezifikation von mikroökonomischen Variablen hat im praktischen Portfoliomanagement eine große Bedeutung gewonnen.[1]

II. Konzepte der risikobasierten Asset Allocation

Aufgrund der Erfahrungen aus der Finanzmarktkrise wird die bisherige strategische Asset Allocation, die traditionell kapitalgewichtet erfolgt, kritischer gesehen. So entspricht beispielsweise die Aufteilung des Kapitals auf die verschiedenen Assetklassen (z.B. 50% Anleihen und 50% Aktien) innerhalb eines Portfolios zumeist nicht der Aufteilung des Risikos (das überwiegend im Aktienbereich entsteht). Eine Assetklassen-Gewichtung entsprechend des eingegangenen Risikos erscheint daher sinnvoll.[2]

Darüber hinaus wird auch die Wirkung der Diversifikation kritischer gesehen, die in Krisenzeiten aufgrund der dann steigenden Korrelationen geringer ausfällt. Auch gut diversifizierte Portfolios haben während der Finanzmarktkrise z.T. hohe Verluste und Wertschwankungen gezeigt. Schließlich kann aufgrund der zunehmenden Anzahl an Assetklassen in den Portfolios die Diversifikation an Grenzen stoßen, da gerade Assetklassen, die eine geringe Liquidität und Transparenz aufweisen, auch zusätzliche Risiken mit sich bringen können.[3]

Vor diesem Hintergrund wurden Konzepte entwickelt, die nicht auf der Prognose von Renditen, sondern nur auf Volatilitäts- und Korrelationsannahmen basieren. Grundlegend erfolgt dabei die Steuerung der Asset Allocation auf der Basis des Risikos. So wird beispielsweise eine Reduzierung des Gewichts einer Assetklasse in den Fällen vorgenommen, in denen ihre Volatilität bzw. ihre Korrelation zu einer anderen Assetklasse steigt. Unterschieden werden können die Konzepte Equally-weighted-Ansatz, Minimum-Varianz-Ansatz, Risk-Parity-Ansatz und Most-Diversified-Ansatz.[4]

1. Equally-Weighted-Ansatz

Als einfachster Asset Allocation Ansatz zur Diversifizierung eines Portfolios kann der Equally-Weighted-Ansatz bezeichnet werden. Die Gewichtung jedes der n Wertpapiere innerhalb eines Portfolios ergibt sich dabei wie folgt:

$$x_i = \frac{1}{n}$$

mit

x_i = Gewichtung des Wertpapiers i.

---

1 Vgl. *Wallmeier* (1997), S. 38f.; *Poddig/Brinkmann/Seiler* (2005), S. 455ff.; *MSCI Barra* (2007), S. 1ff.
2 Vgl. *o.V.* (2010).
3 Vgl. *Neumann/Konrad* (2011), S. B10.
4 Vgl. *Neumann/Konrad* (2011), S. B10.

Damit wird keine Rücksicht darauf genommen, welche Assetklassen bzw. welche Wertpapiere in das Portfolio aufgenommen werden. Auch spielen die Rendite- und Risikokennzahlen der einbezogenen Assets (z.B. Wertpapiere) keine Rolle. Vor diesem Hintergrund wird diese Strategie auch eher als Benchmark zur Beurteilung der Performance anderer Asset Allocation Strategien herangezogen. Sofern die Wertpapiere die gleichen Korrelationen mit den anderen Wertpapieren des Portfolios aufweisen und zusätzlich gleiche Renditen und Volatilitäten vorliegen, kann für diesen speziellen Fall gezeigt werden, dass es sich um das optimale Portfolio handelt. Zu beachten ist, dass der Equally-Weighted-Ansatz in den Fällen, in denen die Risiken der Wertpapiere in einem Portfolio sehr unterschiedlich sind, letztlich zu einer Risikokonzentration führt, weil alle Wertpapiere das gleiche Gewicht erhalten, also sowohl das Wertpapier mit dem höchsten als auch das mit dem geringsten Risiko.[1]

Wie oben bereits gezeigt, können für dieses auch als naives Portfolio bezeichnete Portfolio mit Hilfe des Single-Index-Modells die folgenden Ausdrücke abgeleitet werden, wobei die Annahme zu berücksichtigen ist, dass die Residuen von zwei unterschiedlichen Wertpapieren nicht korreliert sind, d.h. $\text{Cov}(\varepsilon_i, \varepsilon_j) = 0$:[2]

$$r_{PF_0} = \frac{1}{n} \cdot \sum_{i=1}^{n} \alpha_i + \left(\frac{1}{n} \cdot \sum_{i=1}^{n} \beta_i \right) \cdot r_{m_0} + \frac{1}{n} \cdot \sum_{i=1}^{n} \varepsilon_i$$

$$\beta_{PF} = \frac{1}{n} \cdot \sum_{i=1}^{n} \beta_i \ , \qquad \alpha_{PF} = \frac{1}{n} \cdot \sum_{i=1}^{n} \alpha_i \ , \qquad \varepsilon_{PF} = \frac{1}{n} \cdot \sum_{i=1}^{n} \varepsilon_i$$

$$\sigma_{PF}^2 = \beta_{PF}^2 \cdot \sigma_m^2 + \sum_{i=1}^{n} \left(\frac{1}{n} \right)^2 \cdot \sigma_{\varepsilon_i}^2 = \beta_{PF}^2 \cdot \sigma_m^2 + \frac{1}{n} \cdot \left(\frac{1}{n} \sum_{i=1}^{n} \sigma_{\varepsilon_i}^2 \right) = \beta_{PF}^2 \cdot \sigma_m^2 + \frac{1}{n} \cdot \overline{\sigma}_{\varepsilon_i}^2$$

mit

$\overline{\sigma}_{\varepsilon_i}^2$ = Durchschnitt der Residualrisiken.

Wie aus der letzten Formel ersichtlich, würde der Term $(1/n) \cdot \overline{\sigma}_{\varepsilon_i}^2$ bei einer großen Anzahl von Wertpapieren gegen Null gehen, so dass das unsystematische Risiko wegdiversifiziert werden kann. Das systematische Risiko wird von den jeweiligen Werten für die Betafaktoren der einzelnen Wertpapiere im Portfolio beeinflusst.

Das folgende Beispiel, das auch für die nachfolgenden Ansätze der risikogewichteten Asset Allocation herangezogen werden soll, kann die Aufteilung auf die einzelnen Assetklassen bzw. (hier) Wertpapiere und die daraus resultierenden risikobezogenen Ergebnisse aufzeigen: Gegeben ist ein Portfolio mit drei Wertpapieren A, B, C, für die die Standardabweichungen bzw. Volatilitäten $\sigma_A = 20\%$, $\sigma_B = 10\%$, und $\sigma_C = 25\%$, ermittelt werden

---

1 Vgl. *Lee* (2011), S. 14.
2 Vgl. *Poddig/Brinkmann/Seiler* (2005), S. 414f.; *Bodie/Kane/Marcus* (2011a), S. 252ff. sowie Kapitel B.I.4.b.bb. in diesem Buch.

konnten. Ferner werden folgende Korrelationen zwischen den Renditen der drei Wertpapiere unterstellt:

Korrelationen	A	B	C
A	1	0,3	0,4
B	0,3	1	0,2
C	0,4	0,2	1

Tab. B.37: Beispiel zur risikogewichteten Asset Allocation: Korrelationen

Hieraus lassen sich unter Berücksichtigung der o.g. Standardabweichungen die folgenden Kovarianzen ableiten:

Kovarianzen	A	B	C
A	4,00%	0,60%	2,00%
B	0,60%	1,00%	0,50%
C	2,00%	0,50%	6,25%

Tab. B.38: Beispiel zur risikogewichteten Asset Allocation: Kovarianzen

Der Equally-Weighted-Ansatz führt dazu, dass die drei Wertpapiere mit einem Gewicht von je 1/3 in das Portfolio eingehen. Entsprechend ergeben sich die folgenden Werte für die gewichtete Varianz-Kovarianz-Matrix:

Gewichtete Kov.	A	B	C	Summe
A	0,4444%	0,0667%	0,2222%	**0,7333%**
B	0,0667%	0,1111%	0,0556%	**0,2333%**
C	0,2222%	0,0556%	0,6944%	**0,9722%**
Summe	**0,7333%**	**0,2333%**	**0,9722%**	**1,9389%**

Tab. B.39: Beispiel zum Equally-Weighted-Ansatz: gewichtete Korvarianzen

Damit beträgt die Varianz des Equally-Weighted-Portfolios 1,9389%. Die Standardabweichung des Portfolios beläuft sich auf:

$$\sigma_{EWPF} = \sqrt{1,9389\%} = 13,9244\%$$

Die Summenwerte für die einzelnen Wertpapiere in der Tabelle geben die jeweiligen Risikobeiträge an. Wie oben gezeigt, ergibt sich der absolute Risikobeitrag eines Wertpapiers wie folgt:

Absoluter Risikobeitrag $= x_i \cdot \sum_{j=1}^{n} x_j \cdot Cov(r_i, r_j) = x_i \cdot Cov(r_i, r_{PF})$

mit

$Cov(r_i, r_{PF})$ = Kovarianz zwischen den Renditen des Wertpapiers i und des Portfolios.

Die Summe der Risikobeiträge aller Wertpapiere im Portfolio ergibt die Varianz des Portfolios als Gesamtrisiko. Wird der jeweilige Risikobeitrag auf das Portfolio-Gesamtrisiko bezogen, so ergibt sich der relative Beitrag zum Gesamtrisiko:

Relativer Risikobeitrag $= x_i \cdot \dfrac{Cov(r_i, r_{PF})}{\sigma_{PF}^2} = x_i \cdot \text{ß}_i$

mit

x_i = Gewichtung des Wertpapiers i und
ß_i = Betafaktor des Wertpapiers i.

Der absolute Risikobeitrag kann auch auf die Standardabweichung des Portfolios (σ_{PF}) bezogen werden. In diesem Fall müssen die o.g. jeweiligen Risikobeiträge noch durch σ_{PF} dividiert werden:[1]

Absoluter Risikobeitrag $= \dfrac{x_i \cdot \sum_{j=1}^{n} x_j \cdot Cov(r_i, r_j)}{\sigma_{PF}} = \dfrac{x_i \cdot Cov(r_i, r_{PF})}{\sigma_{PF}}$

In der nachfolgenden Tabelle werden die absoluten Risikobeiträge (RB) bezogen auf die Standardabweichung, die relativen Risikobeiträge und die Betafaktoren bezogen auf das Equally-Weighted-Portfolio (EWPF) dargestellt:

	Absoluter RB	Relativer RB	ß_i^{EWPF}	$x_i \cdot \text{ß}_i^{EWPF}$
A	5,2665%	37,8223%	1,1347	0,378223
B	1,6757%	12,0344%	0,3610	0,120344
C	6,9821%	50,1433%	1,5043	0,501433
Summe	**13,9244%**	**100,00%**		**1,0000**

Tab. B.40: Beispiel zum Equally-Weighted-Ansatz: Risikobeiträge und Betas

Aufgrund der gleichen Gewichtung der Wertpapiere im Portfolio trägt Wertpapier B ($\sigma_B = 10\%$) am wenigsten und Wertpapier C ($\sigma_B = 25\%$) am meisten zum Gesamtrisiko bei.

---

1 Vgl. *Roncalli* (2012), S. 17.

2. Minimum-Varianz-Ansatz

Im Rahmen der Portfoliotheorie wird das Portfolio mit dem geringsten Risiko als Minimum-Varianz-Portfolio (MVPF) bezeichnet und lässt sich durch partielle Ableitung der Funktion der Portfoliovarianz nach den Gewichten der einzelnen Anlagen i im Portfolio (x_i) und anschließende Nullsetzung ermitteln.[1]

$$\frac{\partial \sigma_{PF}^2}{\partial x_i} = 0 \quad \forall \, i$$

Dabei ist die folgende Budgetrestriktion zu beachten:[2]

$$\sum_{i=1}^{n} x_i = 1$$

Im Falle des Ausschlusses von Leerverkäufen ist noch die folgende Nebenbedingung zu berücksichtigen:

$$x_i \geq 0$$

Somit ist die erwartete Rendite für die Bestimmung des MVPF nicht erforderlich. Vielmehr geht es nur um die Minimierung der Portfoliovarianz. Analytisch lässt sich die Zusammensetzung des MVPF im Zwei-Anlagen-Portfolio (Wertpapiere A und B) wie folgt zeigen:

$$\sigma_{PF}^2 = x_A^2 \cdot \sigma_A^2 + x_B^2 \cdot \sigma_B^2 + 2 \cdot x_A \cdot x_B \cdot Cov(r_A, r_B)$$
$$= x_A^2 \cdot \sigma_A^2 + (1 - x_A)^2 \cdot \sigma_B^2 + 2 \cdot x_A \cdot (1 - x_A) \cdot Cov(r_A, r_B)$$

Das Gleichsetzen der partiellen Ableitung mit Null führt zu den folgenden Gleichungen:

$$\frac{\partial \sigma_{PF}^2}{\partial x_A} = 2 \cdot \sigma_A^2 \cdot x_A - 2 \cdot (1 - x_A) \cdot \sigma_B^2 + (2 - 4 \cdot x_A) \cdot Cov(r_A, r_B) = 0$$

$$2 \cdot \sigma_A^2 \cdot x_A - 2 \cdot \sigma_B^2 + 2 \cdot x_A \cdot \sigma_B^2 + 2 \cdot k \cdot \sigma_A \cdot \sigma_B - 4 \cdot x_A \cdot Cov(r_A, r_B) = 0$$

$$\Leftrightarrow 2 \cdot \sigma_A^2 \cdot x_A - 2 \cdot \sigma_B^2 + 2 \cdot x_A \cdot \sigma_B^2 + 2 \cdot Cov(r_A, r_B) - 4 \cdot x_A \cdot Cov(r_A, r_B) = 0$$

$$\Leftrightarrow x_A \cdot \left[2 \cdot \sigma_A^2 + 2 \cdot \sigma_B^2 - 4 \cdot Cov(r_A, r_B) \right] = 2 \cdot \sigma_B^2 - 2 \cdot Cov(r_A, r_B)$$

Hieraus resultiert die Gewichtung des Wertpapiers A im MVPF:

---

1 Vgl. *Kleeberg* (1995), S. 13ff.
2 Vgl. *Poddig/Brinkmann/Seiler* (2005), S. 110.

$$x_{MVPF}(A) = \frac{2 \cdot \sigma_B^2 - 2 \cdot Cov(r_A, r_B)}{2 \cdot \sigma_A^2 + 2 \cdot \sigma_B^2 - 4 \cdot Cov(r_A, r_B)} = \frac{\sigma_B^2 - Cov(r_A, r_B)}{\sigma_A^2 + \sigma_B^2 - 2 \cdot Cov(r_A, r_B)}$$

$$x_{MVPF}(B) = 1 - x_{MVPF}(A)$$

Für das obige Beispiel der beiden Wertpapiere A und B (Abbildung B.8, σ_A = 14%, σ_A^2 = 1,96%, σ_B = 22%, σ_B^2 = 4,84%, k_{AB} = 0,2 und damit Cov (r_A, r_B) = 0,616%) ergeben sich folgende Gewichtungen:

$$x_{MVPF}(A) = \frac{4,84\% - 0,616\%}{1,96\% + 4,84\% - 2 \cdot 0,616\%} = 0,75862, \quad x_{MVPF}(B) = 1 - 0,75862 = 0,24138$$

Somit ist das MVPF durch die folgenden Werte für die Rendite und die Standardabweichung charakterisiert:

$$E(r_{MVPF}) = 0,75862 \cdot 6\% + 0,24138 \cdot 12\% = 7,448\%$$

$$\sigma_{MVPF} = \sqrt{0,75862^2 \cdot 1,96\% + 0,24138^2 \cdot 4,84\% + 2 \cdot 0,75862 \cdot 0,24138 \cdot 0,616\%} = 12,789\%$$

Auch grafisch lässt sich das MVPF ermitteln:

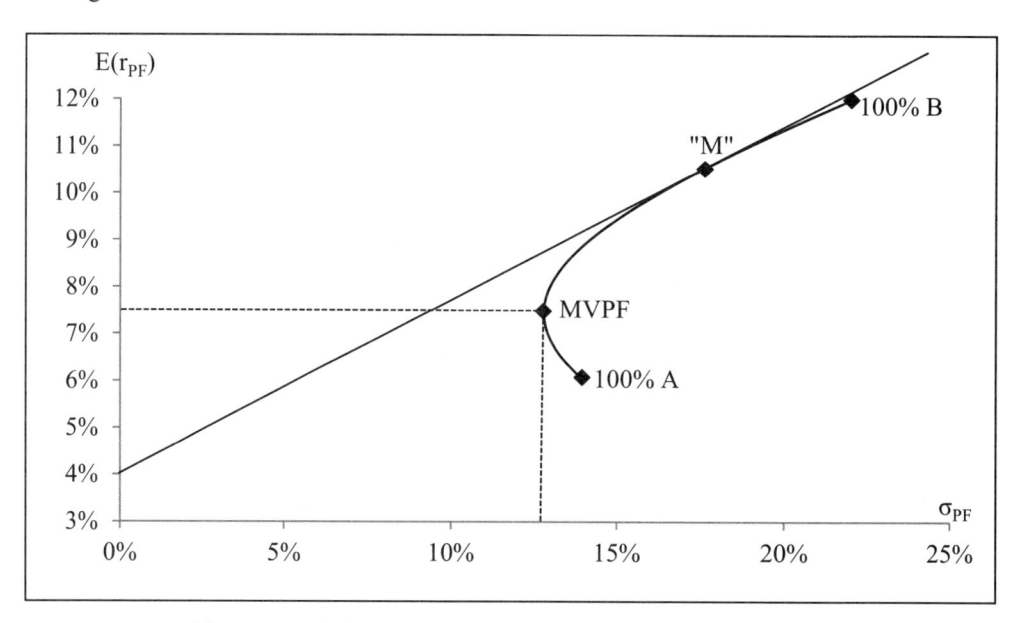

Abb. B.10: Minimum-Varianz-Portfolio im Zwei-Anlagen-Fall

Wie allerdings aus der Abbildung ersichtlich ist, lassen sich durch die Berücksichtigung einer risikolosen Anlagemöglichkeit Wertpapiermischungen realisieren, die bei gleicher

Rendite ein geringeres Risiko aufweisen als das MVPF. Daher handelt es sich bei dem MVPF um eine ineffiziente Anlagemöglichkeit. So lässt sich beispielsweise mit einer Kombination des Marktportfolios M mit dem risikolosen Asset, die das gleiche Gesamtrisiko wie das MVPF aufweisen soll, eine höhere Rendite erzielen.

Im Folgenden soll noch kurz gezeigt werden, dass die Kovarianz des MVPF mit einem beliebigen anderen Wertpapier bzw. Portfolio Z seiner Varianz entspricht. Die Varianz dieses gemischten Portfolios kann folgendermaßen bestimmt werden:

$$\sigma_{PF}^2 = x_{MVPF}^2 \cdot \sigma_{MVPF}^2 + (1 - x_{MVPF})^2 \cdot \sigma_Z^2 + 2 \cdot x_{MVPF} \cdot (1 - x_{MVPF}) \cdot Cov(r_{MVPF}, r_Z)$$

Das sich daraus ergebende Portfolio mit der minimalen Varianz kann wiederum durch Ableitung nach x_{MVPF} und anschließendes Gleichsetzen mit Null ermittelt werden:

$$\frac{\partial \sigma_{PF}^2}{\partial x_{MVPF}} = 2 \cdot \sigma_{MVPF}^2 \cdot x_{MVPF} - 2 \cdot (1 - x_{MVPF}) \cdot \sigma_Z^2 + (2 - 4 \cdot x_{MVPF}) \cdot Cov(r_{MVPF}, r_Z) = 0$$

Nunmehr ist zu berücksichtigen, dass jede Veränderung der Gewichtung von Wertpapieren in dem MVPF zu einer höheren Portfoliovarianz als die Varianz des MVPFs führen würde. Dies ist darauf zurückzuführen, dass alle im MVPF enthaltenen Wertpapiere so gewichtet sind, dass das Gesamtrisiko bereits minimiert wird. Eine Gewichtungsveränderung in dem Portfolio würde somit in einer höheren Portfoliovarianz resultieren. Aus dieser Überlegung folgen die Gewichtungen $x_{MVPF} = 100\%$ und $x_Z = 0\%$, woraus sich ergibt:[1]

$$\frac{\partial \sigma_{PF}^2}{\partial x_{MVPF}} = 2 \cdot \sigma_{MVPF}^2 - 2 \cdot Cov(r_{MVPF}, r_Z) = 0 \quad \Leftrightarrow \quad \sigma_{MVPF}^2 = Cov(r_{MVPF}, r_Z)$$

Damit entspricht die Kovarianz des MVPF mit einem beliebigen anderen Wertpapier bzw. Portfolio Z seiner Varianz. Zu beachten ist dabei aber, dass dieser Zusammenhang dann gilt, wenn keine weiteren Nebenbedingungen zur MVPF-Bestimmung, wie z.B. eine maximale Gewichtung einzelner Aktien im Portfolio oder ein Verbot von Leerverkäufen berücksichtigt werden müssen. Andernfalls kann es vorkommen, dass die Varianz des MVPF nicht mit der Kovarianz des MVPF mit einem beliebigen anderen Wertpapier bzw. Portfolio Z übereinstimmt.

Vor dem Hintergrund dieser Überlegungen kann auch der Betafaktor aus dem CAPM für das MVPF bestimmt werden. Da die Kovarianz des MVPFs mit einem anderen Portfolio, das aus im MVPF enthaltenen Wertpapieren besteht, der Varianz des MVPF entspricht, ergibt sich – unter der Beachtung, dass keine Nebenbedingungen zur Bestimmung des MVPFs zu berücksichtigen sind:[2]

$$\beta_{MVPF} = \frac{Cov(r_{MVPF}, r_m)}{\sigma_m^2} = \frac{\sigma_{MVPF}^2}{\sigma_m^2} < 1$$

---

1 Vgl. *Kleeberg* (1995), S. 17ff.
2 Vgl. *Kleeberg* (1995), S. 27f., *Eisenhofer* (2004), S. 6.

Die Varianz des MVPFs fällt dabei geringer aus als die Varianz des Marktportfolios. Aus diesem Grund ist ß$_{MVPF}$ kleiner als 1.

Abschließend soll auch für den Minimum-Varianz-Ansatz das o.g. Beispielportfolio mit den drei Wertpapieren A, B, C und den Standardabweichungen $\sigma_A = 20\%$, $\sigma_B = 10\%$, und $\sigma_C = 25\%$ sowie den o.g. Korrelationen bzw. Kovarianzen zwischen den Renditen der drei Wertpapiere betrachtet werden.

Der Minimum-Varianz-Ansatz führt dazu, dass die drei Wertpapiere mit den folgenden Gewichten in das Portfolio eingehen, wobei als Restriktion gilt, dass Leerverkäufe ausgeschlossen werden („Long-Only-Portfolio"):[1]

$$x_{MVPF}(A) = 7{,}6961\% \;,\quad x_{MVPF}(B) = 86{,}6435\% \;,\quad x_{MVPF}(C) = 5{,}6604\%$$

Die sich daraus ergebenen Werte für die gewichtete Varianz-Kovarianz-Matrix zeigt die folgende Tabelle:

Gewichtete Kov.	A	B	C	Summe
A	0,0237%	0,0400%	0,0087%	0,0724%
B	0,0400%	0,7507%	0,0245%	0,8152%
C	0,0087%	0,0245%	0,0200%	0,0533%
Summe	0,0724%	0,8152%	0,0533%	0,9409%

Tab. B.41: Beispiel zum Minimum-Varianz-Ansatz: gewichtete Kovarianzen

Damit beträgt die Varianz des MVPF 0,9409%. Die Standardabweichung des Portfolios beläuft sich auf:

$$\sigma_{MVPF} = \sqrt{0{,}9409\%} = 9{,}7001\%$$

In der nachfolgenden Tabelle werden die absoluten Risikobeiträge (RB) bezogen auf die Standardabweichung, die relativen Risikobeiträge und die Betafaktoren bezogen auf das MVPF dargestellt:

	Absoluter RB	Relativer RB	ß$_i^{MVPF}$	x$_i$ · ß$_i^{MVPF}$
A	0,7465%	7,6961%	1,0000	0,076961
B	8,4045%	86,6435%	1,0000	0,866435
C	0,5491%	5,6604%	1,0000	0,056604
Summe	9,7001%	100,00%		1,0000

Tab. B.42: Beispiel zum Minimum-Varianz-Ansatz: Risikobeiträge und Betas

---

1 In diesem Beispiel würden sich allerdings bei Wegfall der Restriktion dieselben Gewichtungen ergeben.

Wie die Tabelle zeigt, entsprechen die relativen Risikobeiträge der einzelnen Wertpapiere des MVPF zum MVPF-Gesamtrisiko den jeweiligen Gewichtungen der einzelnen Wertpapiere. Dies ist darauf zurückzuführen – wie oben gezeigt –, dass die Kovarianzen der einzelnen Wertpapiere mit dem MVPF jeweils der Varianz des MVPF entsprechen:

$$\text{Cov}(r_A, r_{MVPF}) = 0{,}9409\% = \sigma^2_{MVPF}$$

$$\Rightarrow \text{Relativer RB} = x_A \cdot \frac{\text{Cov}(r_A, r_{MVPF})}{\sigma^2_{MVPF}} = x_A \cdot \text{ß}^{MVPF}_A = 7{,}6961\% \cdot \frac{0{,}9409\%}{0{,}9409\%} = 7{,}6961\%$$

$$\text{Cov}(r_B, r_{MVPF}) = 0{,}9409\% = \sigma^2_{MVPF}$$

$$\Rightarrow \text{Relativer RB} = x_B \cdot \frac{\text{Cov}(r_B, r_{MVPF})}{\sigma^2_{MVPF}} = x_B \cdot \text{ß}^{MVPF}_B = 86{,}6435\% \cdot \frac{0{,}9409\%}{0{,}9409\%} = 86{,}6435\%$$

$$\text{Cov}(r_C, r_{MVPF}) = 0{,}9409\% = \sigma^2_{MVPF}$$

$$\Rightarrow \text{Relativer RB} = x_C \cdot \frac{\text{Cov}(r_C, r_{MVPF})}{\sigma^2_{MVPF}} = x_C \cdot \text{ß}^{MVPF}_C = 5{,}6604\% \cdot \frac{0{,}9409\%}{0{,}9409\%} = 5{,}6604\%$$

Der Erfolg des MVPFs wurde auch in mehreren empirischen Untersuchungen getestet. Dabei konnte mehrfach festgestellt werden, dass das MVPF ein geringeres Risiko bei einer gleichzeitig höheren Rendite als die entsprechenden Marktindizes erzielen konnte.[1]

3. Risk-Parity-Ansatz

Die mit dem Risk-Parity-Ansatz verbundene Gleichgewichtung des Risikos der jeweiligen Anlagen (z.B. Wertpapiere) in einem Portfolio soll das Problem vermeiden, dass z.B. bei einer Aufteilung des Portfoliowertes in 50% Aktien und 50% Anleihen (Balanced Asset Class Portfolio) die Performance des Portfolios im Wesentlichen durch die Performance des Aktienanteils beeinflusst wird. Hingegen kann davon ausgegangen werden, dass der 50%ige Anleihenanteil nur einen relativ geringen Einfluss auf das Risiko des Portfolios hat. Wird eine Gewichtung vorgenommen, die darauf abzielt, dass beide Assetklassen gleichermaßen zum Gesamtrisiko beitragen (Balanced Risk Portfolio), so kann das aufgezeigte Problem behoben werden, d.h. Assetklassen, die ein hohes Risiko aufweisen, erhalten einen entsprechend geringeren Anteil im Portfolio. Der Risk-Parity-Ansatz hat während der Fi-

---

[1] Vgl. z.B. *Haugen* (1990), S. 1ff., zitiert bei *Kleeberg* (1995), S. 49. Zu weiteren Untersuchungen am US-amerikanischen Aktienmarkt vgl. *Kleeberg* (1995), S. 49ff. Zu Untersuchungen an dem deutschen Aktienmarkt vgl. *Kleeberg* (1995), S. 55ff. sowie *Kleeberg* (1995), S. 117ff. und *Kleeberg* (2002), S. 367ff. Zu jüngeren empirischen Untersuchungen vgl. *Wagner/Wolpers* (2007), S. 1ff. sowie *Brandt/Prontera* (2009), S. 4ff.

nanzmarktkrise oftmals eine vergleichsweise gute Performance im Vergleich zu traditionellen Ansätzen zeigen können.[1]

Wie auch der Minimum-Varianz-Ansatz benötigt der Risk-Parity-Ansatz keine Prognosen bezüglich der erwarteten Renditen. Hingegen müssen ebenfalls Risikokennzahlen und Korrelationen geschätzt werden. In dem ursprünglichen Konzept war die Schätzung von Korrelationen jedoch nicht erforderlich, da die Gewichtung der einzelnen Wertpapiere im Portfolio in Abhängigkeit von ihrer inversen Volatilität vorgenommen wurde. Mithin ergibt sich der Anteil des Wertpapiers i in diesem auch als Equal-Risk-Budget- (ERB-) Strategie bezeichneten Ansatz wie folgt:[2]

$$x_i = \frac{1/\sigma_i}{\sum_{i=1}^{n} 1/\sigma_i}$$

Auch für die ERB-Strategie wird auf das o.g. Beispielportfolio mit den drei Wertpapieren A, B, C und den Standardabweichungen $\sigma_A = 20\%$, $\sigma_B = 10\%$, und $\sigma_C = 25\%$ sowie den o.g. Korrelationen bzw. Kovarianzen zwischen den Renditen der drei Wertpapiere zurückgegriffen.

Die ERB-Strategie führt dazu, dass die drei Wertpapiere mit den folgenden Gewichten in das Portfolio eingehen:

$x_{ERB}(A) = 26{,}3158\%$, $x_{ERB}(B) = 52{,}6316\%$, $x_{ERB}(C) = 21{,}0526\%$

Die Ermittlung dieser Werte kann mit Hilfe der folgenden Tabelle nachvollzogen werden:

	A	B	C	Summe
σ_i	20%	10%	25%	
$1/\sigma_i$	5	10	4	19
x_i	26,3158%	52,6316%	21,0526%	100,00%
$x_i \cdot \sigma_i$	5,2632%	5,2632%	5,2632%	

Tab. B.43: Beispiel zum Risk-Parity-Ansatz als ERB-Strategie

Die ERB-Strategie führt somit dazu, dass die mit den Portfolioanteilen gewichtete Standardabweichung für jedes Wertpapier 5,2632% beträgt.

Die sich aus den Portfolioanteilen ergebenen Werte für die gewichtete Varianz-Kovarianz-Matrix zeigt die folgende Tabelle:

---

1 Vgl. *Kula/Schuller* (2012), S. 1.
2 Vgl. *Leote de Carvalho/Lu/Moulin* (2011), S. 7.

Gewichtete Kov.	A	B	C	Summe
A	0,2770%	0,0831%	0,1108%	**0,4709%**
B	0,0831%	0,2770%	0,0554%	**0,4155%**
C	0,1108%	0,0554%	0,2770%	**0,4432%**
Summe	**0,4709%**	**0,4155%**	**0,4432%**	**1,3296%**

Tab. B.44: Beispiel Risk-Parity-Ansatz als ERB-Strategie: gewichtete Kovarianzen

Damit beträgt die Varianz des ERB-Portfolios 1,3296%. Die Standardabweichung des Portfolios beläuft sich auf:

$$\sigma_{ERB} = \sqrt{1,3296\%} = 11,5310\%$$

In der nachfolgenden Tabelle werden die absoluten Risikobeiträge (RB) bezogen auf die Standardabweichung, die relativen Risikobeiträge und die Betafaktoren bezogen auf das ERB-Portfolio dargestellt:

	Absoluter RB	Relativer RB	β_i^{ERB}	$x_i \cdot \beta_i^{ERB}$
A	4,0839%	35,4167%	1,3458	0,354167
B	3,6034%	31,2500%	0,5938	0,312500
C	3,8437%	33,3333%	1,5833	0,333333
Summe	**11,5310%**	**100,00%**		**1,0000**

Tab. B.45: Beispiel zum Risk-Parity-Ansatz als ERB-Strategie: Risikobeiträge und Betas

Wie die Tabelle zeigt, unterscheiden sich die Risikobeiträge der einzelnen Wertpapiere. Dies ist darauf zurückzuführen, dass bei der Ermittlung der Anteile der jeweiligen Wertpapiere die Korrelationen zwischen den Renditen der sich im Portfolio befindenden Wertpapiere nicht berücksichtigt werden. Diversifikationseffekte spielen dabei somit keine Rolle.

Zur Berücksichtigung der Korrelationen wird die sogenannte Equal-Risk-Contribution- (ERC-) Strategie (die auch als Equally-Weighted-Risk-Contribution-Strategie bezeichnet werden kann) vorgeschlagen, die darauf abzielt, dass die Risikobeiträge der einzelnen Wertpapiere zum Gesamtrisiko jeweils gleich sind.[1]

Wie bereits oben gezeigt, kann der absolute Risikobeitrag wie folgt bestimmt werden:

$$\text{Absoluter Risikobeitrag} = x_i \cdot \sum_{j=1}^{n} x_j \cdot \text{Cov}(r_i, r_j) = x_i \cdot \text{Cov}(r_i, r_{PF})$$

Damit kann der ERC-Ansatz mit Hilfe des nachfolgenden nicht-linearen Gleichungssystems in allgemeiner Form gelöst werden:[2]

---

[1] Vgl. *Maillard/Roncalli/Teiletche* (2009), S. 4ff.; *Leote de Carvalho/Lu/Moulin* (2011), S. 8.
[2] Vgl. *Roncalli* (2012), S. 19.

$$x_1 \cdot \sum_{j=1}^{n} x_j \cdot Cov(r_1, r_j) = x_2 \cdot \sum_{j=1}^{n} x_j \cdot Cov(r_2, r_j)$$

$$x_1 \cdot \sum_{j=1}^{n} x_j \cdot Cov(r_1, r_j) = x_3 \cdot \sum_{j=1}^{n} x_j \cdot Cov(r_3, r_j)$$

$$\vdots$$

$$x_1 \cdot \sum_{j=1}^{n} x_j \cdot Cov(r_1, r_j) = x_n \cdot \sum_{j=1}^{n} x_j \cdot Cov(r_n, r_j)$$

$$x_1 + x_2 + x_3 + \ldots + x_n = 1$$

$$x_1 > 0, \; x_2 > 0, \; x_3 > 0, \; \ldots \; x_n > 0$$

Da hier davon ausgegangen werden soll, dass die Anteile x_i jeweils positiv sind, kann auch von einer „Long-only"-Strategie gesprochen werden.

Für das ERC-Portfolio gilt somit, dass die relativen Risikobeiträge der einzelnen Wertpapiere identisch sind, so dass auch folgender Zusammenhang zutrifft:[1]

$$\text{Relativer Risikobeitrag im ERC-Portfolio} = x_i^{ERC} \cdot \frac{Cov(r_i, r_{PF})}{\sigma_{PF}^2} = x_i^{ERC} \cdot \beta_i^{ERC} = \frac{1}{n}$$

$$\Leftrightarrow \quad x_i^{ERC} = \frac{1}{n \cdot \beta_i^{ERC}}$$

Im Zwei-Anlagenfall (Wertpapiere A und B) lässt sich der ERC-Ansatz leicht lösen, wie die folgende Darstellung zeigt:

$$\underbrace{x_A^2 \cdot \sigma_A^2 + x_A \cdot x_B \cdot Cov(r_A, r_B)}_{\text{Risikobeitrag}_A} = \underbrace{x_B^2 \cdot \sigma_B^2 + x_B \cdot x_A \cdot Cov(r_A, r_B)}_{\text{Risikobeitrag}_B}$$

$$\Rightarrow \quad x_A^2 \cdot \sigma_A^2 = x_B^2 \cdot \sigma_B^2 \quad \Rightarrow \quad x_A \cdot \sigma_A = x_B \cdot \sigma_B$$

Darüber hinaus gilt:

$$x_A + x_B = 1 \quad \Leftrightarrow \quad x_B = 1 - x_A$$

$$\Rightarrow \quad x_A \cdot \sigma_A = (1 - x_A) \cdot \sigma_B = \sigma_B - x_A \cdot \sigma_B \quad \Leftrightarrow \quad x_A \cdot \sigma_A + x_A \cdot \sigma_B = \sigma_B$$

$$\Leftrightarrow \quad x_A \cdot (\sigma_A + \sigma_B) = \sigma_B \quad \Leftrightarrow \quad x_A = \frac{\sigma_B}{\sigma_A + \sigma_B} \quad \Rightarrow \quad x_B = 1 - \frac{\sigma_B}{\sigma_A + \sigma_B} = \frac{\sigma_A}{\sigma_A + \sigma_B}$$

---

[1] Vgl. dazu auch *Maillard/Roncalli/Teiletche* (2009), S. 6. sowie *Clarke/de Silva/Thorley* (2012), S. 16.

Damit spielen in diesem Zwei-Anlagen-Fall die Korrelationen keine Rolle. Das Ergebnis entspricht dem Ergebnis der Equal-Risk-Budget-Strategie.

Auch für die ERC-Strategie wird auf das o.g. Beispielportfolio mit den drei Wertpapieren A, B, C und den Standardabweichungen $\sigma_A = 20\%$, $\sigma_B = 10\%$, und $\sigma_C = 25\%$ sowie den o.g. Korrelationen bzw. Kovarianzen zwischen den Renditen der drei Wertpapiere zurückgegriffen.

Die Lösung des o.g. Gleichungssystems führt in diesem Fall zu den folgenden Gewichten im ERC-Portfolio:

$$x_{ERC}(A) = 24{,}8710\% \; , \quad x_{ERC}(B) = 54{,}2742\% \; , \quad x_{ERC}(C) = 20{,}8547\%$$

Hieraus lassen sich die folgenden absoluten Risikobeiträge in der Spalte „Summe" der nachfolgenden Tabelle ableiten:

Gewichtete Kov.	A	B	C	Summe
A	0,2474%	0,0810%	0,1037%	**0,4322%**
B	0,0810%	0,2946%	0,0566%	**0,4322%**
C	0,1037%	0,0566%	0,2718%	**0,4322%**
Summe	**0,4322%**	**0,4322%**	**0,4322%**	**1,2965%**

Tab. B.46: Beispiel 1 zum Risk-Parity-Ansatz als ERC-Strategie: gewichtete Kovarianzen

Damit beträgt die Varianz des ERC-Portfolios 1,2965%. Die Standardabweichung des Portfolios beläuft sich auf:

$$\sigma_{PF} = \sqrt{1{,}2965\%} = 11{,}3862\%$$

Die absoluten Risikobeiträge (RB) können auch bezogen auf die Standardabweichung dargestellt werden. Zusätzlich enthält die folgende Tabelle noch die relativen Risikobeiträge und die Betafaktoren bezogen auf das ERC-Portfolio:

	Absolute RB	Relative RB	β_i^{ERC}	$x_i \cdot \beta_i^{ERC}$
A	3,7954%	33,3333%	1,3402	0,3333
B	3,7954%	33,3333%	0,6142	0,3333
C	3,7954%	33,3333%	1,5984	0,3333
Summe	**11,3862%**	**100,00%**		**1,00**

Tab. B.47: Beispiel 1 zum Risk-Parity-Ansatz als ERC-Strategie: Risikobeiträge und Betas

Aus der Tabelle wird deutlich, dass die gewichteten Betawerte den relativen Risikobeiträgen entsprechen, wie auch die o.g. Formel zeigt:

Relativer Risikobeitrag im ERC-Portfolio = $x_i^{ERC} \cdot ß_i^{ERC} = \dfrac{1}{n}$

Würde in diesem Beispiel unterstellt, dass sämtliche Korrelationen zwischen den Wertpapieren gleich sind (z.B. 0,1), so würden sich die gleichen Gewichtungen für die einzelnen Wertpapiere wie bei der Equal-Risk-Budget- (ERB-) Strategie ergeben, wobei zusätzlich noch eine identische Sharpe Ratio für sämtliche Wertpapiere gefordert wird:[1]

Korrelationen	A	B	C
A	1	0,1	0,1
B	0,1	1	0,1
C	0,1	0,1	1

Tab. B.48: Beispiel 2 zum Risk-Parity-Ansatz als ERC-Strategie: Korrelationen

Kovarianzen	A	B	C
A	4,00%	0,20%	0,50%
B	0,20%	1,00%	0,25%
C	0,50%	0,25%	6,25%

Tab. B.49: Beispiel 2 zum Risk-Parity-Ansatz als ERC-Strategie: Kovarianzen

Die Lösung des o.g. Gleichungssystems führt in diesem Fall zu denselben Gewichten im ERC-Portfolio, die auch für das ERB-Portfolio ermittelt wurden:

$x_{ERC}(A) = 26{,}3158\%$, $x_{ERC}(B) = 52{,}6316\%$, $x_{ERC}(C) = 21{,}0526\%$

Hieraus lassen sich die folgenden absoluten Risikobeiträge in der Spalte „Summe" der nachfolgenden Tabelle ableiten:

Gewichtete Kov.	A	B	C	Summe
A	0,2770%	0,0277%	0,0277%	**0,3324%**
B	0,0277%	0,2770%	0,0277%	**0,3324%**
C	0,0277%	0,0277%	0,2770%	**0,3324%**
Summe	**0,3324%**	**0,3324%**	**0,3324%**	**0,9972%**

Tab. B.50: Beispiel 2 zum Risk-Parity-Ansatz als ERC-Strategie: gewichtete Kovarianzen

---

1 Vgl. *Leote de Carvalho/Lu/Moulin* (2011), S. 8.

Damit beträgt die Varianz des ERC-Portfolios in diesem Beispiel 0,9972%. Die Standardabweichung des Portfolios beläuft sich auf:

$$\sigma_{PF} = \sqrt{0{,}9972\%} = 9{,}9861\%$$

Die auf die Standardabweichung bezogenen absoluten Risikobeiträge (RB) und die relativen Risikobeiträge nehmen in diesem Fall die folgenden Werte an:

	Absolute RB	Relative RB	β_i^{ERC}	$x_i \cdot \beta_i^{ERC}$
A	3,3287%	33,3333%	1,2667	33,3333%
B	3,3287%	33,3333%	0,6333	33,3333%
C	3,3287%	33,3333%	1,5833	33,3333%
Summe	**9,9861%**	**100,00%**		**100,00%**

Tab. B.51: Beispiel 2 zum Risk-Parity-Ansatz als ERC-Strategie: Risikobeiträge und Betas

Sofern neben den Korrelationen noch die Volatilitäten sämtlicher Wertpapiere im Portfolio identisch sind, entsprechen sich die Wertpapiergewichtungen des ERC-Portfolios und des Equally-Weighted-Ansatzes.[1]

Werden diese beiden Ansätze mit dem Minimum-Varianz-Ansatz verglichen, so kann gezeigt werden, dass die Ex-ante-Volatilität des ERC-Portfolios immer zwischen den Ex-Ante-Volatilitäten des Equally-Weighted-Portfolios (EWPF) und des Minimum-Varianz-Portfolios (MVPF) liegt:[2]

$$\sigma_{MVPF} < \sigma_{ERC} < \sigma_{EWPF}$$

Für das o.g. Beispielportfolio (mit den unterschiedlichen Korrelationen) ergeben sich folgende Werte:

9,7001% < 11,3862% < 13,9244%

Insgesamt gesehen ist – wie auch bei der Portfolio- und Kapitalmarkttheorie – zu beachten, dass für die verschiedenen Strategien innerhalb des Risk-Parity-Ansatzes die Prognosewerte für die Volatilitäten und die Korrelationen aus Vergangenheitswerten abgeleitet werden.[3] Darüber hinaus ist zu berücksichtigen, dass die Risk-Parity-Ansätze von einer langfristig gleichen risikoadjustierten Rendite für alle Assetklassen ausgehen, da nur in diesem Fall die Gleichverteilung des Risikos als optimal angesehen werden kann.[4]

---

1 Vgl. *Leote de Carvalho/Lu/Moulin* (2011), S. 8.
2 Vgl. *Leote de Carvalho/Lu/Moulin* (2011), S. 8.
3 Vgl. *Kula/Schuller* (2012), S. 1.
4 Vgl. hierzu und zu weiteren Kritikpunkten an den Risk-Parity-Ansätzen *Kula/Schuller* (2012), S. 2f.

4. Most-Diversified-Ansatz

Mit Hilfe des Most-Diversified-Ansatzes, der auch als „Maximum-Diversification-Ansatz" bezeichnet werden kann, soll der Diversifikationseffekt eines Portfolios maximiert werden. Zur Messung des Diversifikationseffektes wird auf die sogenannte Diversification Ratio (DR) zurückgegriffen, die wie folgt definiert ist:[1]

$$DR = \frac{\sum_{i=1}^{n} x_i \cdot \sigma_i}{\sigma_{PF}}$$

Die Diversification Ratio (DR) stellt somit das Verhältnis des gewichteten Durchschnitts der Standardabweichungen der Assets zur Standardabweichung des Portfolios dar, das aus diesen Assets besteht. Für ein Portfolio ohne Leerverkaufsmöglichkeiten („Long-Only") ist DR $\geq$ 0. Bei dem Most-Diversified-Portfolio (MDPF) handelt es sich um das Portfolio, das DR maximiert. Somit wird mit dem MDPF der Abstand zwischen zwei Volatilitätsmaßen desselben Portfolios maximiert. Der Zähler der DR gibt das Portfoliorisiko für den Fall an, dass keine Diversifikation vorliegen würde (d.h. sämtliche Korrelationen zwischen den Wertpapieren würden Eins betragen), während im Nenner die tatsächliche Volatilität steht, die Diversifikation berücksichtigt.[2]

Auch für das MDPF wird auf das o.g. Beispielportfolio mit den drei Wertpapieren A, B, C und den Standardabweichungen σ_A = 20%, σ_B = 10%, und σ_C = 25% sowie den o.g. Korrelationen bzw. Kovarianzen zwischen den Renditen der drei Wertpapiere zurückgegriffen.

Die Maximierung der Diversification Ratio führt in diesem Fall zu den folgenden Gewichten im MDPF, wobei wiederum von einer Long-Only-Strategie ausgegangen wird:

$$x_{MDPF}(A) = 21,3676\% \; , \quad x_{MDPF}(B) = 57,6923\% \; , \quad x_{MDPF}(C) = 20,9401\%$$

Hieraus lassen sich die folgenden absoluten Risikobeiträge in der Spalte „Summe" der nachfolgenden Tabelle ableiten:

Gewichtete Kov.	A	B	C	Summe
A	0,1826%	0,0740%	0,0895%	0,3461%
B	0,0740%	0,3328%	0,0604%	0,4672%
C	0,0895%	0,0604%	0,2741%	0,4239%
Summe	0,3461%	0,4672%	0,4239%	1,2372%

Tab. B.52: Beispiel zum Most-Diversified-Portfolio: gewichtete Kovarianzen

---

1 Vgl. *Choueifaty/Froidure/Reynier* (2013), S. 50f.
2 Vgl. *Lee* (2011), S. 15; *Choueifaty/Froidure/Reynier* (2013), S. 50f.

Damit beträgt die Varianz des Most-Diversified-Portfolio 1,2372%. Die Standardabweichung des Portfolios beläuft sich auf:

$$\sigma_{PF} = \sqrt{1{,}2372\%} = 11{,}1231\%$$

Die absoluten Risikobeiträge (RB) können auch bezogen auf die Standardabweichung dargestellt werden. Zusätzlich enthält die folgende Tabelle noch die relativen Risikobeiträge und die Betafaktoren bezogen auf das Most-Diversified-Portfolio:

	Absolute RB	Relative RB	β_i^{MDPF}	$x_i \cdot \beta_i^{MDPF}$
A	3,1114%	27,9721%	1,3091	0,279721
B	4,2003%	37,7622%	0,6545	0,377622
C	3,8114%	34,2657%	1,6364	0,342657
Summe	**11,1231%**	**100,00%**		**1,00**

Tab. B.53: Beispiel zum Most Diversified Portfolio: Risikobeiträge und Betas

Für die Diversification Ratio ergibt sich in diesem Beispiel der folgende Wert:

$$DR = \frac{\sum_{i=1}^{n} x_i \cdot \sigma_i}{\sigma_{PF}} = \frac{21{,}3676\% \cdot 0{,}20 + 57{,}6923\% \cdot 0{,}10 + 20{,}9401\% \cdot 0{,}25}{0{,}111231} = \frac{15{,}278\%}{11{,}123\%} = 1{,}3735$$

Um zur maximalen Diversification Ratio zu gelangen, kann der Optimierer grundsätzlich sowohl beim Zähler als auch beim Nenner ansetzen. So erhöht sich der Wert des Zählers durch einen größeren Anteil risikoreicher Wertpapiere, während der Nenner sich verringert, wenn Wertpapiere so mit anderen Wertpapieren kombiniert werden, dass das Gesamtrisiko möglichst gering ausfällt. Letztlich geht es bei der Optimierung darum, den größten Unterschied zwischen der Summe der Einzelrisiken und dem kombinierten Gesamtrisiko zu ermitteln. Dabei spielen die Korrelationen der Wertpapiere untereinander eine wesentliche Rolle. Zu beachten ist aber, dass der Name „Most-Diversified-Portfolio" auch irreführend sein kann, da andere Portfoliozusammenstellungen mit den gleichen Wertpapieren zu einem geringeren Gesamtrisiko führen können.[1]

Zu kritisieren ist an dem Most-Diversified-Portfolio, dass diese Strategie weder die Risikominimierung, noch eine Rendite- oder Sharpe-Ratio-Maximierung zum Ziel hat. Vielmehr wird das Risiko-Rendite-Profil des sich ergebenden Portfolios nicht in die Betrachtung einbezogen und prinzipiell eine identische Sharpe-Ratio für alle Assets gefordert, damit das MDPF ein effizientes Portfolio ist. Nur in diesem letzteren Fall handelt es sich beim MDPF um das Portfolio mit der maximalen Sharpe-Ratio.[2]

---

1 Vgl. *Taliaferro* (2012), S. 121.
2 Vgl. *Taliaferro* (2012), S. 127; *Lee* (2011), S. 16; *Leote de Carvalho/Lu/Moulin* (2011), S. 9.

5. Vergleich der risikobasierten Asset Allocation-Ansätze

Abschließend sollen die Ergebnisse der jeweiligen risikobasierten Asset Allocation-Ansätze für das Beispielportfolio zusammenfassend präsentiert werden, wobei noch einige weitere Fälle mit aufgenommen werden:[1]

	Volatilität	Korrelationen			Equally-Weighted				Minimum-Varianz-Portfolio "Long Only"			
		A	B	C	x_i	absoluter RB	relativer RB	DR	x_i	absoluter RB	relativer RB	DR
A	15,00%	1	0,1	0,1	33,33%	3,16%	33,33%		33,33%	3,16%	33,33%	
B	15,00%	0,1	1	0,1	33,33%	3,16%	33,33%		33,33%	3,16%	33,33%	
C	15,00%	0,1	0,1	1	33,33%	3,16%	33,33%		33,33%	3,16%	33,33%	
					σ_{PF}:	9,49%		1,581	σ_{PF}:	9,49%		1,581
A	15,00%	1	0,3	0,4	33,33%	3,88%	35,42%		27,97%	3,05%	27,97%	
B	15,00%	0,3	1	0,2	33,33%	3,42%	31,25%		37,76%	4,12%	37,76%	
C	15,00%	0,4	0,2	1	33,33%	3,65%	33,33%		34,27%	3,74%	34,27%	
					σ_{PF}:	10,95%		1,369	σ_{PF}:	10,92%	σ_{PF}:	1,374
A	20,00%	1	0,1	0,1	33,33%	4,32%	35,74%		15,40%	1,39%	15,40%	
B	10,00%	0,1	1	0,1	33,33%	1,33%	11,03%		75,88%	6,84%	75,88%	
C	25,00%	0,1	0,1	1	33,33%	6,43%	53,23%		8,72%	0,79%	8,72%	
					σ_{PF}:	12,09%		1,517	σ_{PF}:	9,01%		1,426
A	20,00%	1	0,3	0,4	33,33%	5,27%	37,82%		7,70%	0,75%	7,70%	
B	10,00%	0,3	1	0,2	33,33%	1,68%	12,03%		86,64%	8,40%	86,64%	
C	25,00%	0,4	0,2	1	33,33%	6,98%	50,14%		5,66%	0,55%	5,66%	
					σ_{PF}:	13,92%		1,317	σ_{PF}:	9,70%		1,198

	Volatilität	Korrelationen			Equal-Risk-Budget				Equal-Risk-Contribution			
		A	B	C	x_i	absoluter RB	relativer RB	DR	x_i	absoluter RB	relativer RB	DR
A	15,00%	1	0,1	0,1	33,33%	3,16%	33,33%		33,33%	3,16%	33,33%	
B	15,00%	0,1	1	0,1	33,33%	3,16%	33,33%		33,33%	3,16%	33,33%	
C	15,00%	0,1	0,1	1	33,33%	3,16%	33,33%		33,33%	3,16%	33,33%	
					σ_{PF}:	9,49%		1,581	σ_{PF}:	9,49%		1,581
A	15,00%	1	0,3	0,4	33,33%	3,88%	35,42%		31,85%	3,65%	33,33%	
B	15,00%	0,3	1	0,2	33,33%	3,42%	31,25%		34,76%	3,65%	33,33%	
C	15,00%	0,4	0,2	1	33,33%	3,65%	33,33%		33,39%	3,65%	33,33%	
					σ_{PF}:	10,95%		1,369	σ_{PF}:	10,94%		1,371
A	20,00%	1	0,1	0,1	26,32%	3,33%	33,33%		26,32%	3,33%	33,33%	
B	10,00%	0,1	1	0,1	52,63%	3,33%	33,33%		52,63%	3,33%	33,33%	
C	25,00%	0,1	0,1	1	21,05%	3,33%	33,33%		21,05%	3,33%	33,33%	
					σ_{PF}:	9,99%		1,581	σ_{PF}:	9,99%		1,581
A	20,00%	1	0,3	0,4	26,32%	4,08%	35,42%		24,87%	3,80%	33,33%	
B	10,00%	0,3	1	0,2	52,63%	3,60%	31,25%		54,27%	3,80%	33,33%	
C	25,00%	0,4	0,2	1	21,05%	3,84%	33,33%		20,85%	3,80%	33,33%	
					σ_{PF}:	11,53%		1,369	σ_{PF}:	11,39%		1,371

Tab. B.54: Vergleich der risikobasierten Asset Allocation-Strategien, Teil 1

---

1 Vgl. zu einem ähnlichen Beispiel und einer ähnlichen Darstellung *Leote de Carvalho/Lu/Moulin* (2012), S. 13.

	Volatilität	Korrelationen			Most Diversified "Long-Only"			
		A	B	C	x_i	absoluter RB	relativer RB	DR
A	15,00%	1	0,1	0,1	33,33%	3,16%	33,33%	
B	15,00%	0,1	1	0,1	33,33%	3,16%	33,33%	
C	15,00%	0,1	0,1	1	33,33%	3,16%	33,33%	
					σ_{PF}:	9,49%		1,581
A	15,00%	1	0,3	0,4	27,97%	3,05%	27,97%	
B	15,00%	0,3	1	0,2	37,76%	4,12%	37,76%	
C	15,00%	0,4	0,2	1	34,27%	3,74%	34,27%	
					σ_{PF}:	10,92%		1,374
A	20,00%	1	0,1	0,1	26,32%	3,33%	33,33%	
B	10,00%	0,1	1	0,1	52,63%	3,33%	33,33%	
C	25,00%	0,1	0,1	1	21,05%	3,33%	33,33%	
					σ_{PF}:	9,99%		1,581
A	20,00%	1	0,3	0,4	21,37%	3,11%	27,97%	
B	10,00%	0,3	1	0,2	57,69%	4,20%	37,76%	
C	25,00%	0,4	0,2	1	20,94%	3,81%	34,27%	
					σ_{PF}:	11,12%		1,374

Tab. B.55: Vergleich der risikobasierten Asset Allocation-Strategien, Teil 2

Anzumerken ist, dass sowohl der Minimum-Varianz- als auch der Most-Diversified-Ansatz bei dem hier vorliegenden Beispiel auch bei Weglassen der Restriktion "Long Only" zu den jeweils gleichen Ergebnissen führen würden. Bei Unterstellung von z.B. anderen Korrelationswerten können aber jeweils unterschiedliche Ergebnisse in Abhängigkeit vom Vorliegen der Restriktion "Long Only" resultieren.

Insgesamt können aus den Tabellen die folgenden Zusammenhänge abgeleitet werden:[1] Sofern sich die Volatilitäten und die Korrelationen der einzelnen Wertpapier im Portfolio entsprechen (Fall 1), führen alle fünf betrachteten Ansätze zu den gleichen Ergebnissen. Liegen zwar gleiche Volatilitäten, aber unterschiedliche Korrelationen vor (Fall 2), so entsprechen sich einerseits der Equally-Weighted- und der Equal-Risk-Budget-Ansatz und andererseits der Minimum-Variance- und der Most-Diversified-Ansatz. Bei unterschiedlichen Volatilitäten und gleichen Korrelationen (Fall 3) führen der Equal-Risk-Budget-, der Equal-Risk-Contribution- und der Most-Diversified-Ansatz zu denselben Ergebnissen. Nur im „Normalfall" unterschiedlicher Volatilitäten und Korrelationen der jeweiligen Wertpapiere kommen sämtliche dargestellten Ansätze zu unterschiedlichen Ergebnissen. Wie zu erwarten ist, erzielt dabei der Minimum-Varianz-Ansatz die geringste Volatilität (9,70%) und der Most-Diversified-Ansatz die höchste Diversification Ratio (1,374).

Insgesamt gesehen ist zu berücksichtigen, dass bei den risikobasierten Asset Allocation-Ansätzen Renditeprognosen nicht in die Betrachtung eingehen.[2]

---

1 Vgl. *Leote de Carvalho/Lu/Moulin* (2012), S. 13.
2 Vgl. *Lee* (2011), S. 16.

III. Kapitalmarkteffizienz

Kaum eine Frage ist in Theorie und Anlagepraxis derartig ausgiebig untersucht worden, wie die Frage nach der Effizienz der Kapitalmärkte. Zu einer gesicherten Erkenntnis sind die Anstrengungen dabei bislang nicht gelangt. Überraschend ist die Vielzahl der Analysen jedoch keineswegs, wenn man bedenkt, dass mit der Antwort auf die Frage nach der Markteffizienz maßgebliche Implikationen für den Investmentstil verbunden sind. Interessanterweise spaltet die Frage nach der Markteffizienz i.d.R. Theorie und Praxis. Während der überwiegende Teil der akademischen Literatur die Existenz effizienter Märkte mehr oder minder bejaht, findet sich unter Praktikern zumeist eine Ablehnung der Effizienzhypothese. Kritiker der Markteffizienzhypothese argumentieren vielfach mit sog. Kursanomalien, um die ihrer Meinung nach nicht gegebene Markteffizienz nachzuweisen. Ihr Argument lautet, dass auf effizienten Märkten keine wiederkehrenden Kursverlaufsmuster erkennbar sein dürften. Nur dann sei ein echter „random walk" der Kurse gegeben, wie er durch die Markteffizienzhypothese impliziert werde. Abweichungen von einem reinen Zufallspfad der Kurse widersprechen der Gültigkeit der „efficient market hypothesis".

Ökonomisch interessant ist die Frage, bis zu welchem Grad Finanzmärkte effizient sind. Um diese Frage zu beantworten, bedarf es einer Definition von Markteffizienz. Dabei können im Mittelpunkt der Betrachtung sowohl die Kursentwicklungen auf den Kapitalmärkten als auch die Performanceentwicklungen stehen. Entsprechend lassen sich kursorientierte und performanceorientierte Markteffizienz unterscheiden.

1. Begriff der Kapitalmarkteffizienz

a. Kursorientierte Markteffizienz

Der Begriff der Kapitalmarkteffizienz ist vielschichtig. Nach *Loistl* lassen sich die in der folgenden Tabelle dargestellten drei Formen der Markteffizienz unterscheiden.[1]

Kapitalmarkteffizienz		
Technische Effizienz	**Informations-verarbeitungseffizienz**	**Institutionen-Effizienz**
- Erwartungswert-Varianz-Effizienz - Allokations-Effizienz - Pareto-Effizienz	- Preis-Effizienz - Random Walk-Effizienz - Arbitrage-Effizienz	- Wettbewerbs-Effizienz - Handels-Effizienz - Transaktions-Effizienz - Marktzugangs-Effizienz

Tab. B.56: Formen der Kapitalmarkteffizienz

Unter technischer Effizienz wird letztlich die Gültigkeit der Portfoliotheorie von *Markowitz* verstanden. Aktienmärkte können in dem Fall als technisch effizient gelten, in dem Vermögensumschichtungen keine Verbesserung der Rendite-Risiko-Position ergeben.

---
1 Vgl. *Loistl* (1990), S. 63ff.

Institutionen-Effizienz beschreibt demgegenüber die institutionellen Durchführungs- bzw. Abwicklungsmöglichkeiten von Kapitalmarkttransaktionen. Je schneller beispielsweise die Ausführung von Kauf- und Verkaufsaufträgen erfolgt, desto effizienter ist das Handelssystem.

Im engeren Sinn entspricht Kapitalmarkteffizienz der Informationsverarbeitungseffizienz (kurz: Informationseffizienz) von Kapitalmärkten. Die bekannteste Definition von Informationseffizienz geht auf *Fama* zurück, der Märkte als effizient ansieht, falls „security prices at any time ‚fully reflect' all available information".[1] Danach können hinsichtlich der Informationseffizienz drei Unterteilungen vorgenommen werden:[2]

- Schwache Informationseffizienz
  Märkte sind schwach informationseffizient, falls alle Informationen über die Kursentwicklung der Vergangenheit bereits in den aktuellen Marktpreisen enthalten sind.[3] Aus der schwachen Informationseffizienz folgt somit, dass durch den Einsatz der technischen Aktienanalyse keine Überrenditen zu erzielen sind.[4]
- Halb-strenge Informationseffizienz
  Eine halb-strenge Informationseffizienz ist gegeben, falls alle öffentlich verfügbaren Informationen bereits von den Marktpreisen reflektiert werden. Demzufolge erweist sich die Informationsauswertung im Rahmen der fundamentalen Aktienanalyse als nutzlos, da sie zu keinen Überrenditen führen kann.[5]
- Strenge Informationseffizienz
  Eine strenge Informationseffizienz liegt vor, falls jedwede, also auch nichtöffentliche Informationen (zu denken ist besonders an Insiderinformationen) bereits in den Marktpreisen enthalten sind.

Als hinreichende Bedingungen für das Vorliegen von Markteffizienz werden drei Punkte angesehen:[6] Erstens dürfen keine Transaktionskosten beim Handel von Wertpapieren auftreten. Zweitens müssen die verfügbaren Informationen allen Marktteilnehmern kostenlos zur Verfügung stehen, und drittens bestehen hinsichtlich der Wirkung von Informationen auf die Kurse homogene Erwartungen unter den Anlegern.

Aufgrund der damit verbundenen Problematik hat *Fama* 1976 eine neue Definition von Markteffizienz eingeführt. Ihr zufolge kann ein Kapitalmarkt als effizient gelten, falls er

---

1 *Fama* (1970), S. 383.
2 Vgl. *Fama* (1970), S. 383ff.
3 Prägnant lässt sich auch sagen: „Efficient markets have no memory". *Brealey/Myers* (1988), S. 289.
4 Die technische Aktienanalyse versucht anhand von Kursbildern (Charts) Prognosen über den zukünftigen Trend der Aktienkurse abzuleiten. Deshalb wird sie häufig als Chartanalyse bezeichnet. Zu den Verfahren der Chartanalyse siehe *Welcker* (1991) und *Loistl* (1996), S. 64ff.
5 Gegenstand der fundamentalen Aktienanalyse ist die Bestimmung des inneren Wertes von Aktien anhand von gesamtwirtschaftlichen und unternehmensindividuellen Kriterien. Ist der innere Wert einer Aktie bekannt, dann kann anhand eines Vergleichs mit dem tatsächlichen Kurs eine Über- bzw. Unterbewertung festgestellt werden. Zur fundamentalen Aktienanalyse vgl. *Loistl* (1996), S. 185ff. und Kapitel D in diesem Buch.
6 Vgl. *Fama* (1970), S. 387.

einerseits keine relevanten Informationen bei der Bepreisung von Wertpapieren vernachlässigt und auf ihm andererseits rationale Erwartungen vorherrschen.[1]

Eine abweichende Terminologie der oben genannten drei Kategorien von Informationseffizienz, die ebenfalls auf *Fama* zurückgeht, bezieht sich auf die zwischenzeitlich zu diesem Thema durchgeführten empirischen Untersuchungen. Erstens wird unterschieden in Tests der Prognosefähigkeit von Renditen der Vergangenheit für künftige Renditen. Dies entspricht der Überprüfung der schwachen Form der Informationseffizienz, wobei allerdings eine Erweiterung hinsichtlich der Problemstellung bzw. des sich hieraus ergebenden Testumfangs vorgenommen wird.[2]

Zweitens werden sogenannte Ereignisstudien angeführt, die dem Test der halb-strengen Informationseffizienz entsprechen. Im Rahmen dieser Studien wird untersucht, wie rasch sich die Informationsverarbeitung auf Kapitalmärkten vollzieht bzw. wie schnell sich die Marktpreise an einen neuen Informationsstand anpassen. Die Ereignisstudien untersuchen demzufolge die Wirkung von „Public Information" auf Aktienpreise. Unter „Public Information" versteht man Informationen, die im Moment ihres Bekanntwerdens die Marktpreise bereits beeinflusst haben.[3]

Schließlich besteht weitgehende Kongruenz zwischen dem Test auf private Informationen und der strengen Informationseffizienz. Private Informationen sind dabei zu verstehen als Informationen, die erst durch ihre Umsetzung in ein Handeln (Kaufen oder Verkaufen) zu Preisveränderungen führen und somit gewinnbringend genutzt werden können.

b. Performanceorientierte Markteffizienz

Die oben angeführten Definitionen von Markteffizienz können als preisorientiert bezeichnet werden, da sie sich mit dem Verhalten von Wertpapierkursen im Zeitablauf beschäftigen. Eine um den Kostenaspekt erweiterte Definition von Markteffizienz geht auf *Jensen* zurück. Hiernach ist ein Markt informationseffizient, wenn auf der Basis verfügbarer Informationen kein ökonomischer Gewinn, gemessen als risikoadjustierter Nettogewinn, erzielbar ist.[4]

Damit liegt eine performanceorientierte Definition vor, die Märkte für effizient erklärt, falls auf diesen keine Überrenditen durch Informationsausnutzung nach Transaktionskosten erzielbar sind. Mit anderen Worten: Märkte sind effizient, falls der Nutzen der Informationsausnutzung die Kosten der Informationsbeschaffung und -auswertung nicht übersteigt. Ökonomisch erscheint diese Definition zweckmäßig, wenn man bedenkt, dass hiermit eine klare Handlungsanweisung verbunden ist.[5]

Entsprechend dieser Definition der Markteffizienz werden offenbar nicht die Zeitreihen von Wertpapierkursen betrachtet, sondern vielmehr die Performance von Investmentprofis, namentlich Investmentfonds und Pensionskassen. Denn aus einer unterstellten Nichtgege-

---

1 Vgl. *Fama* (1976), S. 7ff.
2 Beispielsweise fällt in diese Kategorie nunmehr auch die Untersuchung der Frage, ob aus der Kenntnis aktueller Kurs-Gewinn-Verhältnisse, Book-to-Price-Ratios oder Dividendenrenditen künftige Überrenditen erzielt werden können. Die früheren Tests auf schwache Informationseffizienz beschränken sich ausschließlich auf die Frage, ob anhand der Kurse der Vergangenheit zukünftige Überrenditen erzielbar sind. Vgl. *Fama* (1991), S. 1576f.
3 Vgl. *French/Roll* (1986), S. 9.
4 Vgl. *Jensen* (1978), S. 96. Siehe hierzu auch die vergleichbare Definition von *Roll* (1992), S. 30f.
5 Vgl. *Fama* (1991), S. 1575.

benheit von Markteffizienz folgt, dass offenbar Chancen bestehen, besser als der Markt abzuschneiden. Sind Märkte – ökonomisch betrachtet – nicht hinreichend effizient, dann sollten professionelle Kapitalanleger in der Lage sein, besser als vergleichbare Marktindizes (Benchmarks) abzuschneiden. Um die Frage der Markteffizienz zu beantworten, reicht es folglich aus, die Ergebnisse professioneller Investmentanleger zu analysieren.

Wie sich bei empirischen Untersuchungen zur Anlageperformance herausgestellt hat, lässt sich die Nullhypothese einer „Outperformance" der Investmentprofis eindeutig verwerfen.[1] Der Median der untersuchten Marktprofis liegt unterhalb der korrespondierenden Benchmarkergebnisse. Eine Normalverteilung der Ergebnisse um das Benchmarkresultat als Zentralwert liegt nicht vor. Hinzu kommt, dass die Ergebnisse wenig stationär sind. Auch Zeithorizonteffekte spielen hierbei eine Rolle. Es hat sich gezeigt, dass mit zunehmendem Investmenthorizont die Anzahl der besser als der Markt liegenden Investoren stetig zurückgeht. Fälschlicherweise argumentieren Kritiker der Markteffizienzhypothese oftmals mit den Ergebnissen weniger ausgewählter Investmentprofis, die aber als Ausnahmen zu qualifizieren sind, die die Regel bestätigen. Dabei wird übersehen, dass ein derartig positives Ergebnis im Vergleich zur Benchmark allein schon statistisch erwartbar ist.

2. Praktische Bedeutung von Kapitalmarkteffizienz

In den Modellen der Kapitalmarkttheorie nimmt die Annahme effizienter Märkte eine zentrale Rolle ein. Die Portfolio- und Kapitalmarkttheorie, die für die Bepreisung von Wertpapieren einen hohen Stellenwert besitzt, baut auf der Prämisse effizienter Kapitalmärkte auf.[2] Die Klärung der Frage nach der Markteffizienz erlaubt Rückschlüsse auf die Güte der genannten Theorien und Modelle.

Auch die praktischen Implikationen sind weitreichend. Auf effizienten Kapitalmärkten ist es z.B. theoretisch nutzlos, für die Beschaffung und Auswertung von Informationen über Wertpapiere Geld auszugeben, wie dies im Research-Bereich bei Banken und Brokern in großem Umfang der Fall ist. Zudem wäre die Suche nach über- und unterbewerteten Wertpapieren bei Vorliegen von Kapitalmarkteffizienz zwecklos, da falsch bewertete Anlagetitel auf effizienten Märkten nicht existieren können. Hingegen erhalten passive Anlagemanagementtechniken im Gegensatz zu auf „Stock-Picking" und „Timing" basierenden Strategien durch das Bestehen effizienter Märkte argumentatorische Unterstützung.

Unter der Hypothese der Kapitalmarkteffizienz lässt sich beispielsweise die in den 1960er und 1970er Jahren beobachtbare Tendenz der Unternehmen zur Diversifikation bzw. zur Bildung von Konglomeraten beurteilen. Sind nämlich Kapitalmärkte effizient, dann ist die Diversifizierung der Unternehmen aus Gründen der Risikoreduktion nicht erforderlich, da Anleger diese Art der Diversifikation (unter Berücksichtigung ihrer individu-

---

1 Vgl. *Malkiel* (1995), S. 559ff. und *Kahn/Rudd* (1995), S. 43ff.
2 Am Beispiel der multinationalen Portfoliodiversifikation zeigen *Bode/van Echelpoel/Sievi*, dass Marktteilnehmer häufig nicht den theoretisch begründeten und praktisch nachgewiesenen Erkenntnissen der Kapitalmarkttheorie folgen. Obwohl der Nutzen multinationaler Diversifikation seit langem bekannt ist, legen inländische Investoren zum überwiegenden Teil ihr Kapital in inländische Anlagetitel an. Vgl. *Bode/van Echelpoel/Sievi* (1994), S. 202ff. Zu ähnlichen Ergebnissen kommen auch *Fidora/Fratzscher/Thimann* (2006), S. 29.

ellen Risikoeinstellung) selber durch den Kauf der entsprechenden Aktien herbeiführen können.[1]

Offenbar steht die Theorie der effizienten Kapitalmärkte im Widerspruch zu einigen, in der Portfoliomanagementpraxis vorzufindenden Erscheinungen. Es lässt sich konstatieren, dass kaum ein theoretisches Konzept in der betroffenen Praxis auf soviel Widerstand und Unverständnis gestoßen ist.[2]

3. Markteffizienzforschung

a. Ziele

Im Rahmen der Markteffizienzforschung geht es in erster Linie nicht um die Frage, ob Kapitalmärkte vollkommen informationseffizient sind oder nicht. Vielmehr steht der Grad der Informationseffizienz im Mittelpunkt der Betrachtung. Dass Kapitalmärkte nicht vollkommen informationseffizient sind, wird auch von wissenschaftlicher Seite nicht bestritten. Schließlich ist die Hypothese der Informationseffizienz ein Modell, das ein ungefähres Abbild der Realität liefern soll.

Ziel der Erforschung der Markteffizienz ist es, herauszufinden, ob die Hypothese der Informationseffizienz von Kapitalmärkten eine brauchbare Arbeitshypothese darstellt. Darüber hinaus muss überprüft werden, ob sich das Modell für alle Anlagegattungen gleichermaßen eignet oder ob bedeutende Unterschiede auftreten. Ferner gilt es zu untersuchen, inwiefern die einzelnen Aktienmarktsegmente (an der Deutschen Börse z.B. die Transparenzstandards Prime Standard, General Standard, Entry Standard oder die gesetzlichen Marktsegmente Regulierter Markt und Open Market (Freiverkehr)) unterschiedliche Grade von Informationseffizienz aufweisen.

b. Methodologische Problembereiche

Wertpapierkurse können theoretisch nur dann alle verfügbaren Informationen beinhalten, wenn die Ware „Information" zum Nulltarif gehandelt wird. Bei Nichtgegebenheit kostenloser Informationen würde sich entsprechend die Nichtexistenz informationseffizienter Märkte folgern lassen.[3]

Der Begriff der Informationseffizienz ist aber – wie oben bereits angedeutet – in der performanceorientierten Betrachtungsweise weiter zu fassen. Folgt man dieser Definition, so sind neben den Informationsbeschaffungs- und -auswertungskosten auch Transaktionskosten und Steuern ins Kalkül mit einzubeziehen. Um die Hypothese der Markteffizienz eindeutig zu widerlegen, muss daher eine Anlagestrategie entwickelt werden, die unter Berücksichtigung der genannten Aspekte eine risikoadjustierte Überrendite erwirtschaftet.[4]

---

1 Vgl. *LeRoy* (1989), S. 1584. Dies gilt insbesondere für Länder, in denen die Rechtsform der börsennotierten Aktiengesellschaft weit verbreitet ist. In diesem Zusammenhang sind vor allem anglo-amerikanische Länder zu nennen. Aufgrund der vergleichsweise geringen Anzahl börsennotierter Aktiengesellschaften in Deutschland verliert das Argument hierzulande an Gewicht.
2 Vgl. *Kromschröder* (1984), S. 1077 und *Schredelseker* (1984), S. 44.
3 Vgl. *Grossman/Stiglitz* (1980), S. 393ff.
4 Vgl. *Shiller* (1988), S. 58f. Dabei kann die Berücksichtigung des Risikos z.B. auf der Basis des CAPM erfolgen.

Das Hauptproblem der Theorie effizienter Märkte besteht in der Notwendigkeit, verbundene Hypothesen (Joint-Hypothesis) zu untersuchen. Zur Feststellung, ob Überrenditen mittels einer Informationsauswertung erzielbar sind, bedarf es einer genauen Quantifizierung von Überrenditen. Da es sich gemäß der Kapitalmarkttheorie um risikoadjustierte Überrenditen handeln muss, ist im Rahmen empirischer Untersuchungen zunächst ein Modell zu bestimmen, das die adäquaten Überrenditen ermitteln kann. Dies erfordert u.a. die Festlegung einer allgemein akzeptierten Risikodefinition. Erst dann lässt sich überprüfen, ob eine Informationsauswertung gewinnbringend ist. Dieses Dilemma wird von *Fama* beschrieben:

„Thus, market efficiency per se is not testable. ... It is a disappointing fact that, because of the joint-hypothesis problem, precise inferences about the degree of market efficiency are likely to remain impossible."[1]

c. Erkenntnisse der Diskussion um die Markteffizienz

Frühe empirische Untersuchungen in den 1960er Jahren zum Thema Markteffizienz gelangen zu dem Ergebnis, dass dem amerikanischen Aktienmarkt Informationseffizienz zuzumessen sei.[2] Bis in die Mitte der 1970er Jahre finden sich eindeutige Bestätigungen der Theorie. Dies wird auch durch die folgende Feststellung von *Jensen* unterstrichen:

„I believe there is no other proposition in economics which has more solid empirical evidence supporting it than the Efficient Market Hypothesis."[3]

Gegen Ende der 1970er, besonders aber seit Anfang der 1980er Jahre sind erhebliche Zweifel an der Gültigkeit der Hypothese von der Markteffizienz aufgetaucht. Hervorgerufen wurden diese Zweifel durch die Entdeckung sogenannter Kapitalmarktanomalien in empirischen Untersuchungen. Unter Kapitalmarktanomalien versteht man empirisch zu beobachtende Renditeentwicklungen, die im Widerspruch zu den Theorieaussagen der Kapitalmarkttheorie – und somit auch zur Theorie effizienter Märkte – stehen.[4] Kapitalmarktanomalien lassen sich in Saisonalitäten und Anomalien im engeren Sinn differenzieren. Von der Vielzahl der vermeintlichen Phänomene haben sich zunächst besonders der Januareffekt als Renditesaisonalität und der Kleinfirmeneffekt als Renditeanomalie als signifikant erwiesen. Zwischen beiden besteht allerdings eine positive Korrelation.[5] Auch das Minimum-Varianz-Portfolio kann in diesem Zusammenhang angeführt werden.[6]

Entscheidendes Gewicht kommt der Interpretation der beobachteten Anomalien zu. Entweder sind die auftretenden Erscheinungen im Rahmen von effizienten Märkten erklär-

---

1 *Fama* (1991), S. 1575f.
2 Dies gilt zumindest für die schwache und die halb-strenge Informationseffizienz. Einen Überblick über die Markteffizienz der europäischen Aktienmärkte findet sich bei *Hawawini/Jaquillat* (1993), S. 80ff. Dabei gelangen die Autoren zu dem Ergebnis, dass zumindest die großen europäischen Märkte halb-streng effizient sind.
3 *Jensen* (1978), S. 95.
4 Vgl. *Tversky/Thaler* (1990), S. 201ff.
5 Vgl. *Roll* (1983), S. 18ff. und Stock (1990), S. 518ff. Eine Analyse des deutschen Aktienmarktes hierzu findet sich bei *Beiker* (1993), S. 23ff. sowie bei *Oertmann* (1994), S. 229ff. Zu Saisonalitäten und Anomalien im allgemeinen vgl. *Frantzmann* (1989) und *Schnittke* (1989) und die dort angegebene Literatur. Zum sog. „Closed-End Fund Puzzle" siehe *Lee/Shleifer/ Thaler* (1991), S. 75ff. Zu weiteren Renditesaisonalitäten vgl. *Spiwoks* (2002), S. 131ff. und die dort angegebene umfangreiche Literatur.
6 Vgl. *Kleeberg* (1995), S. 31ff.

bar, oder aber sie stehen in fundamentalem Widerspruch zu diesen. In der Literatur gibt es diesbezüglich keine einheitliche Meinung. Da das Auftreten einiger Anomalien nach ihrem Bekanntwerden nicht mehr beobachtbar ist bzw. stichhaltige Begründungen für bestimmte Anomalien gefunden wurden (z.B. fiskalischer Natur), erscheint eine Verwerfung der Hypothese von der Markteffizienz voreilig.[1] Dies um so mehr, als die Ergebnisse der empirischen Untersuchungen nicht widerspruchsfrei und zudem sensitiv hinsichtlich der betrachteten Untersuchungszeiträume sowie weiterer Modellierungsdetails sind.[2]

Dabei ist allerdings zu berücksichtigen, dass sich die Ergebnisse empirischer Untersuchungen nicht ohne weiteres mit den Ergebnissen unter realen Marktgegebenheiten vergleichen lassen. Dies wird auch anhand des untenstehenden Zitats von *Fama* unterstrichen. Dabei geht es um das sogenannte „Value Line Enigma".[3] Die von der Firma „Value Line" in den USA herausgegebene Publikation „Value Line Investment Survey" gruppiert amerikanische Aktien in fünf verschiedene Segmente ein. In der Gruppe Eins befinden sich jene Aktien, bei denen Value Line die höchste Wahrscheinlichkeit einer überdurchschnittlichen Performance des Marktes erwartet. Gemäß verschiedener diesbezüglicher empirischer Tests konnte nachgewiesen werden, dass sich die in Gruppe Eins befindlichen Aktien tatsächlich besser als andere Aktien niedrigerer Gruppen entwickeln.[4] Ein Vergleich der real erzielbaren Wertentwicklung mit entsprechenden empirischen, aus Simulationen gewonnenen Testergebnissen führt jedoch zu stark abweichenden Werten, wie folgendes Zitat verdeutlicht:

„Over the 6.5 years from 1984 to mid-1990, group 1 stocks earned 16.9% per year compared with 15.2% for the Wilshire 5000 Index. During the same period, Value Line Centurion Fund, which specializes in group 1 stocks, earned 12.7% per year – live testimony to the fact that there can be large gaps between simulated profits from private information and what is available in practice."[5]

Ähnliche Äußerungen finden sich auch bei *Roll*, der versucht hat, durch die Ausnutzung vermeintlicher Marktanomalien Überrenditen zu erzielen:

„I have attempted to exploit the so called year-end anomalies and a whole variety of strategies supposedly documented by academic research. And I have yet to make a nickel on any of these supposed market inefficiencies."[6]

Bei allen in der Vergangenheit beobachteten Kursanomalien muss auf deren ökonomische Signifikanz geachtet werden. Statistische Signifikanz ist oftmals nicht hinreichend, um von einer echten Anomalie zu sprechen. Erst wenn eine zukünftige ökonomische Ausnutzbarkeit der erkannten Anomalie gegeben ist, müssen Kapitalmarktanleger hellhörig werden.

---

1 Der Kleinfirmeneffekt scheint z.B. kaum noch aufzutreten, vgl. *Kolb* (1992), S. 584. Der Januareffekt lässt sich mit der „Tax-Loss-Selling"-Hypothese und mit dem Portfolio-Rebalancing-Ansatz gut begründen, vgl. *Reinganum* (1983), S. 89ff. und *Beiker* (1993), S. 459. Des Weiteren wird mitunter vermutet, dass bei kleinen Firmen die Erfassung des Risikos in Form der Volatilität nicht ausreichend ist. Von Bedeutung könnte stattdessen Kennzahlen wie der sog. „Free Float" sein. Einen ausführlichen Überblick über diesbezügliche Untersuchungen gibt *Beiker* (1993), S. 32ff.
2 Vgl. *Beiker* (1993), S. 463.
3 Zum „Value Line Enigma" siehe *Huberman/Kandel* (1987), S. 577ff.; *Stickel* (1985), S. 121ff. und *Copeland/Mayers* (1982), S. 289.
4 Vgl. *Stickel* (1985), S. 121ff. und *Copeland/Mayers* (1982), S. 289ff.
5 *Fama* (1991), S. 1604f. Der Wilshire 5000 ist ein kapitalgewichteter Aktienindex, der die Wertentwicklung von fünftausend amerikanischen Aktiengesellschaften umfasst.
6 *Roll* (1992), S. 30.

Nachdem zunächst die Entdeckung einiger vermeintlicher Kursanomalien zu einer breiten Infragestellung der Markteffizienzhypothese geführt hatte, erwiesen sich die gefundenen Anomalien ganz überwiegend als nicht ökonomisch signifikant. Der Analysefokus wandte sich daher seit Mitte der achtziger Jahre der Rationalität des Anlageverhaltens der Marktteilnehmer zu. Um die Falsifikation der Markteffizienzhypothese nachweisen zu können, wurde das Verhalten und die Psychologie der Marktteilnehmer untersucht. Irrationalitäten, die sich in übertriebener Volatilität und in Abweichungen der Aktienkurse von deren inneren Werten zeigten, wurden zum Anlass genommen, die Effizienz der Märkte aus dieser Richtung in Frage zu stellen.

In diesem Zusammenhang haben insbesondere spekulative „Bubbles" und überhöhte Volatilitäten an den Kapitalmärkten zur Infragestellung der Rationalität der Marktteilnehmer geführt.[1] Dabei wird nicht in erster Linie mit Überrenditen argumentiert, sondern mit Abweichungen zwischen den Marktkursen und den fundamental gerechtfertigt erscheinenden Kursen.

Entsprechend versteht man unter „Bubbles" die temporären Abweichungen von Preisen für Anlageobjekte von ihren fundamentalen Werten. Zumeist handelt es sich dabei um Aktien, bei denen die fundamentalen Werte mit Hilfe von Dividendendiskontierungsmodellen bestimmt werden. Aber auch für andere Assetklassen, wie z.B. Währungen oder Commodities sind Bubbles denkbar. Dies gilt auch für überhöhte Volatilitäten, die auch als „Excess Volatility" bezeichnet werden und sich auf die Schwankungen der fundamentalen Kurse im Vergleich zu den am Markt beobachtbaren Aktienkursen beziehen. Die Hypothese von der „Excess Volatility" besagt, dass die Marktkurse permanent stärker schwanken, als dies durch die fundamentale Informationslage gerechtfertigt ist. Liegt Markteffizienz vor, dürften Wertpapierkurse nur in solchen Fällen schwanken, in denen neue relevante Informationen an den Markt gelangen.[2]

Immerhin wäre die Grundprämisse der Markteffizienz, der zufolge sich die Marktteilnehmer rational verhalten, falsifiziert, falls temporäre „Bubbles" und permanent überhöhte Volatilitäten überzeugend nachgewiesen werden können. Hinsichtlich der Interpretation von „Bubbles" und überhöhten Volatilitäten im Kontext der Forschung zur Effizienz von Kapitalmärkten besteht in der einschlägigen Literatur aber kein Konsens.[3] Gleichwohl ist festzustellen, dass sich in der Wissenschaft eine zunehmende Abkehr vom Paradigma der Markteffizienz abzeichnet. Die Kursexzesse an den Aktienbörsen seit Mitte der 1990er Jahre haben dazu ebenso beigetragen wie die Erkenntnisfortschritte auf dem Forschungsgebiet der „Behavioral Finance", auf die im folgenden Abschnitt eingegangen wird.[4]

---

1 Vgl. dazu den Überblick bei *Shiller* (1988), S. 56ff. Eine gute Einführung hierzu findet sich bei *Jüttner* (1987), S. 1ff.
2 Vgl. *Bruns* (1994), S. 2; *Smith/Suchanek/Williams* (1988), S. 1119ff.
3 Vgl. *Allen/Gorton* (1993), S. 813.
4 Zur Diskussion um die Markteffizienz vgl. die eher populärwissenschaftlichen Bücher von *Haugen* (1999) und *Shiller* (2000).

IV. Erklärungsansätze für Irrationalitäten auf Kapitalmärkten

1. Einführung in die Behavioral Finance

Anders als etwa auf dem Gebiet des Marketing haben psychologische, d.h. über die Rationalität hinausgehende Einflussfaktoren in der wissenschaftlichen Diskussion über die Preisbildung auf den Finanzmärkten lange Zeit eine nur geringe Rolle gespielt. Stattdessen steht im Kontext der neoklassischen Finanzierungstheorie das rational handelnde Individuum (Homo Oeconomicus) im Mittelpunkt kapitalmarkttheoretischer Modelle.[1] Allerdings wird auch in der Kapitalmarktforschung nicht geleugnet, dass psychodynamische Faktoren (z.B. Emotionen, Motivationen etc.) Einfluss auf die Kurse von Finanzierungstiteln und dabei vor allem auf Aktien besitzen.[2] Aus Gründen der einfacheren Modellbildung wird i.d.R. aber auf deren explizite Berücksichtigung verzichtet.[3]

Wenn psychodynamische bzw. behavioristische Komponenten einen wesentlich stärkeren Kurseinfluss auf Wertpapiere besitzen, als dies in den Modellen der Finanzierungs- und Kapitalmarkttheorie zum Ausdruck kommt, so hätte dies weitreichende Implikationen. Durch eine geschickte Investor-Relation-Strategie müsste dann z.B. eine positive Beeinflussung der Anleger möglich sein, die höhere Aktienkurse nach sich zieht. Die sich seit einiger Zeit in Deutschland vollziehende Diskussion um die Mehrung des Shareholder Value ist möglicherweise ein Indiz für die kurssteigernden Folgen derartiger Strategien.

Zu beobachten ist, dass seit einigen Jahren verhaltenswissenschaftliche Aspekte zunehmend Eingang in Ansätze zur Erklärung der Kursbewegungen an den Finanzmärkten finden. Hintergrund ist neben der in der Finanzpresse oftmals zur Erklärung angeführten Dynamik psychologischer Prozesse vor allem die kritische Analyse der Annahme eines rational handelnden Marktteilnehmers in den finanzierungstheoretischen Modellen. Gerade die ausschließliche Existenz von rational handelnden Marktteilnehmern wird dabei angezweifelt. So wird beispielsweise eine von emotionalen und kognitiven Faktoren begrenzte Rationalität unterstellt, so dass nicht ein nutzenmaximierendes, sondern ein an Anspruchsniveaus orientiertes Verhalten von Individuen angenommen wird.[4]

Das noch junge Forschungsgebiet „Behavioral Finance" geht ebenfalls von dem Grundgedanken des Strebens nach Optimalität aus, bezieht aber das Verhalten von Personen durch die Entwicklung entsprechender Modelle mit in die Überlegungen ein. Insofern wird auch von einer Erweiterung der Kapitalmarkttheorie um psychologische Erkenntnisse gesprochen. Analysiert werden im Rahmen dieser Forschungsansätze die Informationsaufnahme und -verarbeitung sowie die Bildung von Erwartungen und Entscheidungskriterien. Dabei erfolgt auch die Berücksichtigung des tatsächlichen Verhaltens der Marktteilnehmer. Insofern liegt das Ziel der Behavioral Finance sowohl in der Analyse und Erklärung des Verhaltens der Marktteilnehmer als auch in der theoretischen Ableitung von Aussagen über individuelle Investoren und Marktgrößen. Geschehnisse an den Finanzmärkten, die mit den traditionellen Methoden nicht erklärbar sind, sollen nunmehr durch die Verbindung von

---

1 Vgl. *Menkhoff/Röckmann* (1994), S. 278.
2 Vgl. *Roll* (1992), S. 29ff.
3 Vgl. *Stöttner* (1992), S. 271. De Bondt/Thaler haben nachgewiesen, dass sich auch Wertpapieranalysten z.T. irrational verhalten, vgl. *De Bondt/Thaler* (1990), S. 52ff.
4 Vgl. *Unser* (1999), S. 13f.; *Schäfer/Vater* (2002), S. 741f.; *Kahneman/Riepe* (1998).

finanzierungstheoretischen und psychologischen Erkenntnissen begründet werden. Unterstellt wird dabei, dass Individuen nicht nur die Gewinnerzielung als Handelsmotiv haben und auch nicht über vollständige Informationen verfügen. Zudem können sie sich nur beschränkt rational verhalten, wobei sich die Beschränkungen neben motivationalen und emotionalen Limitierungen auch auf die kognitiven Kapazitäten im Hinblick auf die Informationsaufnahme und -verarbeitung beziehen.[1]

Angenommen wird, dass die Erkenntnisse der Behavioral Finance im Portfoliomanagement vor allem dann hilfreich sein können, wenn das Verhalten von individuellen Investoren bzw. Marktteilnehmern in bestimmten Situationen prognostiziert werden muss. Beispielsweise könnte die Berücksichtigung der individuellen Aversionen und Neigungen des Investors zu einer mehr auf die Anleger-Bedürfnisse zugeschnittenen Portfoliostrukturierung durch den Portfoliomanager führen.[2] So könnten z.B. Gefühle im Laufe der Zeit Einfluss auf die Risikotoleranz und die Portfolioauswahl haben. In diesem Zusammenhang wird auch von der sog. emotionalen Zeitachse gesprochen.[3]

Im Folgenden werden einige Erklärungsansätze zur Begründung von rational kaum erklärlichen Kapitalmarktanomalien aufgezeigt, wobei das Verhalten der Marktteilnehmer jeweils eine bedeutende Rolle spielt.

2. Fads und Fashions

Zur Begründung von rational kaum erklärlichen Kapitalmarktanomalien wird seit Mitte der 1980er Jahre häufig auf sog. „Market-Fads" bzw. -„Fashions" verwiesen.[4] Unter den Begriffen „Fads" und „Fashions" sind Launen bzw. Modeströmungen des Marktes zu verstehen, bei denen die Kurse durch irrationales Verhalten der Investoren spekulativ verzerrt sind. „Fads"- und „Fashion"-Modelle gehen folglich davon aus, dass die Transaktionsentscheidungen der Marktteilnehmer mit der ökonomischen Realität unkorreliert sind.

Das Zurückführen von Kursabweichungen zwischen dem Marktkurs und dem fundamentalen Wert auf „Fads" klingt intuitiv plausibel. „Fads" und „Bubbles" können identisch sein, falls steigende (fallende) Kurse zu einer irrationalen Hausse- (Baisse-)Laune unter den Marktteilnehmern führen.

Aus der Existenz von „Fads" lassen sich keine direkten Handelsstrategien ableiten. Hierin könnte der Grund dafür bestehen, dass die gewinnbringende Ausnutzung von „Fads" nicht in dem Umfang möglich ist, wie dies intuitiv zu erwarten wäre. Für die Beurteilung der Kapitalmarkteffizienz besitzt diese Aussage eine große Bedeutung, da Kritiker des „Fads"-Ansatzes damit argumentieren, dass systematische Überrenditen mit diesem Ansatz nicht erzielbar seien.[5]

Problematisch an „Fads"-Modellen ist zudem deren fehlende ökonometrische Beschreibbarkeit. Modelle, die – wie bei psychologischen Modellen nicht unüblich – lediglich

---

1 Vgl. *Unser* (1999), S. 2; *Schäfer/Vater* (2002), S. 740ff.; *Oehler* (2000), S. 718ff.; *Oehler* (2002), S. 848ff.; *Neher/Otterbach* (2001), S. 767ff.
2 Vgl. *Schäfer/Vater* (2002), S. 748. Die Erkenntnisse der Behavioral Finance können auch im Rahmen von Investmentfonds genutzt werden, wie z.B. beim Behavioral Value Fund, vgl. *Rudzio* (1999).
3 Vgl. *Shefrin* (2000), S. 134ff.
4 Vgl. *Shiller* (1989), S. 9ff. und *Shiller* (1984), S. 29.
5 Vgl. *Shiller* (1988), S. 58f. und *Roll* (1992), S. 30f.

auf nachvollziehbaren Plausibilitätsüberlegungen beruhen, entziehen sich zumeist einer empirischen Überprüfung. Es besteht daher eine Kontroverse darüber, welchen Wert derartige Modelle besitzen.

Die Bezeichnung „Fads" wird von manchen Autoren als eine geschickte Bezeichnung für jenes Residuum bei Aktienkursen dargestellt, das bei Regressionsanalysen nicht irgendwelchen erklärenden Kursbestimmungsfaktoren zugeordnet werden kann.

„The central problem for fad models is overcoming this charge that they are just a catchy name for a residuum."[1]

3. Market Overreaction

Gemäß der Hypothese von der „Market Overreaction" an Aktienmärkten kommt es infolge der Veröffentlichung neuer kursrelevanter Informationen zu einem „Overshooting" bzw. übertriebenen Kursreaktionen seitens der Marktteilnehmer.[2] Dies wird beschrieben in folgender behavioristischer Aussage:

„... people show a tendency to ‚overreact', i.e., they overweight recent information and underweight base rate data."[3]

Die Hypothese von der „Market Overreaction" unterstellt, dass Aktienkurse temporär von ihren fundamentalen Werten abweichen. Zurückzuführen sind die temporären Abweichungen auf Wellen von Optimismus und Pessimismus.[4] Stimmungen können einen Herdentrieb („Herding") auslösen, der das Eintreten von Überreaktionen beschleunigt.

Diese Hypothese kann zur Erklärung erhöhter Volatilität auf den Aktienmärkten beitragen. Mit „Market Overreaction" lässt sich möglicherweise auch das in Crashs zu beobachtende Verhalten erklären, welches die Kurse auf ein scheinbar ungerechtfertigt niedriges Niveau fallen lässt.[5]

4. Mean Reversion

Die empirische Beobachtung, dass ökonomische Daten im Allgemeinen und Aktienkurse im Besonderen eine ausgeprägte Tendenz aufweisen, zu ihren längerfristigen Mittelwerten bzw. fundamentalen Werten zurückzukehren, wird als „Mean Reversion" bezeichnet. Inhaltlich ist der „Mean Reversion"-Prozess eng mit der These von der „Market Overreaction" verwandt; denn als Begründung für den „Mean Reversion"-Prozess wird die Umkehrung von Überreaktionen genannt. Aktuelle Daten – gleichgültig, ob positiv oder negativ – werden von den Investoren bei der Erstellung von Prognosen zu Lasten der langfristig

---

1   *Cochrane* (1991), S. 480.
2   Vgl. *DeBondt/Thaler* (1985), S. 795. Das Problem des „Overshooting" im Bereich von Währungen stellen *Fastrich/Hepp* (1991), S. 65f. dar.
3   *DeBondt/Thaler* (1987), S. 557.
4   Vgl. *Conrad/Kaul* (1993), S. 39. Als Begründung für „Market Overreaction" geben *De Long/ Shleifer/Summers/Waldmann* (1990a), S. 394 „Positive Feedback" an.
5   Vgl. *Stöttner* (1989), S. 157.

wertbestimmenden Daten übergewichtet, und erst nach einer bestimmten Zeitspanne kehren die Kurse zu ihren fundamentalen Werten zurück.[1]

Wenn die These von der „Mean Reversion" zutrifft, dann sind Aktienkurse zum Teil prognostizierbar, da sie keinem reinen Random Walk folgen. Dann können aus der „Mean Reversion"-These Handlungsstrategien abgeleitet werden. Diese lassen sich mit der Handlungsregel „Buy Losers, Sell Winners" charakterisieren. Infolgedessen sollen Portefeuilles, die aus Aktien mit einer „Underperformance" in der Vergangenheit zusammengesetzt sind, sich positiver entwickeln als Portefeuilles, die aus Aktien bestehen, deren Vergangenheitsperformance überdurchschnittlich war.[2]

Zur Messung einer möglichen „Mean Reversion" können Autokorrelationstests herangezogen werden. Mit deren Hilfe messen empirische Untersuchungen jeweils die Korrelation aufeinanderfolgender Aktienrenditen (serielle Korrelation). Insgesamt zeigen die Ergebnisse der empirischen Untersuchungen eine Tendenz zu positiver Autokorrelation bei kurzfristigen und negativer Autokorrelation bei längerfristigen Renditen auf.[3] Zur Einordnung von Mean-Reversion muss auf die konzeptionelle Nähe zu charttechnischen Methoden hingewiesen werden. Die Verwendung von Trendlinien, Trendkanälen und (gleitenden) Durchschnittslinien stellt einen andersnamigen Versuch dar, Preisschwankungen um Durchschnittswerte auszunutzen.

Die besondere Gefahr des Mean-Reversion-Ansatzes liegt, wie bei der Chartanalyse auch, in der fehlenden Theorieunterstützung. Für die Dauer einer Rückkehr zum Mittelwert gibt es allenfalls Messdaten der Vergangenheit. Schocks oder sog. Regime-Shifts können nicht prognostiziert werden. Gerade deren korrekte Prognose birgt die Chance hoher Überrenditen. Zudem lässt sich über die Höhe der Abweichungen vom Mittelwert keine fundierte Aussage treffen.

5. Noise

Der Terminus „Noise" – zu Deutsch „Rauschen" – ist abzugrenzen gegen den Begriff der „Information" und beschreibt eine nicht objektiv nachprüfbare Kurskomponente.[4] Diese sorgt für zufällige Schwankungen der erwarteten Aktienrenditen im Zeitablauf und setzt sich aus vielen – im Einzelnen schwer zu identifizierenden und im Zeitablauf veränderlichen – Faktoren zusammen, die für Abweichungen zwischen dem Marktkurs und dem fundamentalen Wert verantwortlich sind.[5]

---

1 Vgl. *DeBondt/Thaler* (1989), S. 190ff.
2 Siehe bezüglich empirischer Untersuchungen zur Mean-Reversion *DeBondt/Thaler* (1985), S. 799; *Shefrin/ Statman* (1985), S. 777ff.; *Zarowin* (1990), S. 113ff.; *Stock* (1990), S. 518ff.; *Fama/French* (1988), S. 246; *Cutler/Poterba/Summers* (1990), S. 63ff.; *Cutler/Poterba/Summers* (1991), S. 529; *Kim/Nelson/Startz* (1991), S. 516; *McQueen* (1992), S. 1ff.; *Schwert/Seguin* (1990), S. 1139.
3 Vgl. *De Long/Shleifer/Summers/Waldmann* (1990a), S. 394 und *Poterba/Summers* (1988), S. 27ff. Dort sind auch empirische Untersuchungen für den deutschen Aktienmarkt durchgeführt worden, siehe S. 40f.
4 Vgl. *Black* (1986), S. 529.
5 Vgl. *Campbell/Kyle* (1993), S. 4. Ein mathematisches Modell zur Beschreibung von „Noise" formulieren *De Long/Shleifer/Summers/Waldmann* (1990b), S. 703ff. Hierbei hängt die Preisverzerrung von der Anzahl der „Noise-Trader" und der Risikoneigung der Marktteilnehmer ab.

Die Marktteilnehmer auf Kapitalmärkten lassen sich unterscheiden in sogenannte „Noise Trader" und „Information-Investors" bzw. „Smart Money-Investors". Erstere folgen bei ihren Kauf- bzw. Verkaufsentscheidungen Stimmungen, Gerüchten und Marktlaunen. Daher fußen ihre Investitionsentscheidungen auf einer verzerrten Wahrscheinlichkeitsverteilung künftiger Renditen.[1] Die „Smart Money-Investors" treffen ihre Transaktionsentscheidungen auf der Basis von Informationen. Dies deutet darauf hin, dass „Smart Money Investors" im Vergleich zu „Noise Tradern" risikoaverser eingestellt sind.[2] „Noise Trader" neigen zudem zu Überreaktionen in die positive wie auch in die negative Richtung.

Auch die Anhänger der Technischen Analyse basieren ihre Entscheidungen nicht auf Überlegungen hinsichtlich des fundamentalen Wertes von Aktien. Vielmehr können Transaktionen, die infolge der Technischen Analyse durchgeführt werden, zu „Noise" und damit zu einer zunehmenden Kursabweichung vom fundamentalen Wert führen, da derartige Strategien i.d.R. prozyklisch sind („Trend Chasing"). Infolgedessen werden sie auch als „Momentum-Strategies" im Gegensatz zu „Value-Strategies" bezeichnet.[3]

Der Einfluss von „Noise" auf Aktienkurse führt dazu, dass diese verzerrt (noisy) sind und folglich nur ein ungefähres Abbild ihres fundamentalen Wertes darstellen. Für das Funktionieren von Kapitalmärkten ist die Existenz von „Noise" wichtig, da ansonsten kein Handel stattfinden würde. „Noise Trader" sorgen durch ihre Transaktionen für Marktliquidität.[4]

Allerdings ist darauf hinzuweisen, dass „Noise" für die Marktteilnehmer ein zusätzliches systematisches Risiko bedeutet und deshalb – je nach seinem Umfang – hohe volkswirtschaftliche Wohlfahrtskosten verursachen kann.[5]

Im Zusammenhang mit „Bubbles" wird häufig die Frage aufgeworfen, ob nicht durch Arbitrageprozesse eine erkennbare Überbewertung eines Marktes sofort ausgeglichen wird. Arbitrageprozesse können lediglich auf friktionsfreien und effizienten Märkten die Entstehung von „Bubbles" verhindern. Liegt „Noise" vor, dann bildet Arbitrage nur einen unzureichenden Schutz vor Kursabweichungen vom fundamentalen Wert.[6]

Wie schon die Parabel vom Schönheitswettbewerb bei *Keynes* zeigt, können Investoren auf Märkten, auf denen „Noise" existiert, Arbitragegewinne nicht aufgrund besserer Informationen bezüglich des fundamentalen Wertes, sondern nur dann erzielen, falls sie in der Lage sind, zu antizipieren, „what average opinion expects average opinion to be".[7] Ein gutes Beispiel für das Nichtfunktionieren des Arbitragearguments sind börsennotierte ge-

---

1 Vgl. *Menkhoff/Röckmann* (1994), S. 283.
2 Vgl. *Campbell/Kyle* (1993), S. 2.
3 Vgl. *Hill/Jones* (1988), S. 29.
4 Vgl. *Black* (1986), S. 529ff. Würden auf einem Markt hingegen ausschließlich „Information Investors" existieren mit der Folge effizienter Preise, dann kommt es nicht zu Umsätzen, da Transaktionen auf der Basis von neuen Informationen keinen Gewinn versprechen; denn die Kurse reflektieren im Augenblick der Informationsbekanntgabe bereits die Information. Vgl. dazu insbesondere *Grossman/Stiglitz* (1979), S. 393ff.; *Schredelseker* (1984), S. 44ff. und *Schneider* (1993), S. 1429ff.
5 Das durch „Noise" induzierte Risiko ist nicht diversifizierbar, da es sich um ein Gesamtmarktrisiko handelt. Vgl. *De Long/Shleifer/Summers/Waldmann* (1989), S. 681ff. Ähnlich äußern sich auch *Menkhoff/Röckmann* (1994), S. 284.
6 Vgl. *Girard/Gruber* (1993), S. 11f.
7 *Keynes* (1936), S. 156.

schlossene Länderfonds. Diese notieren häufig deutlich unter- oder oberhalb ihrer inneren Werte.

Aktienkurse sind als Signale für den Wert eines Unternehmens (z.B. den Strom der zukünftigen Cash Flows) zu deuten. Auch wenn die Aktienkurse durch „Noise" verzerrt sind, so sind sie nicht deshalb als Wert-Signale wertlos bzw. unbrauchbar.

Aus den Ausführungen lässt sich folgern, dass „Noise" für Kursabweichungen von den fundamentalen Werten verantwortlich sein kann und so die Entstehung von „Bubbles" wie auch eine erhöhte Volatilität unterstützt.[1] Einschränkend muss jedoch angemerkt werden, dass so manche Kursabweichung vom fundamentalen Wert, die in statistischen Tests als „Bubble" erscheint, sich schließlich als „Noise" erweist.

6. Positive Feedback

„Positive Feedback" entstammt massenpsychologischen Ursprüngen und kann als positive Rückkopplung verstanden werden. Häufig äußert sich „Positive Feedback" in einem zeitweiligen Herdentrieb („Herding") unter den Investoren oder zumindest einer Anzahl von Marktteilnehmern. Charakteristisch für „Feedback-Trader" ist die Fundierung ihrer Transaktionsentscheidungen auf vergangene Kursentwicklungen anstatt auf fundamentale Daten.[2]

Ein Herdentrieb zeichnet sich durch gleichgerichtetes Verhalten einer Gruppe von Marktteilnehmern aus, wobei sowohl fundamentale als auch nichtfundamentale Gründe diesen Herdentrieb bewirken können. Die in einem Herdentrieb zum Vorschein kommende Homogenisierung von Anlagemeinungen wird möglicherweise von den bestehenden Entlohnungssystemen für Portfoliomanager verursacht oder zumindest begünstigt.[3] Ein existierender Performancedruck, wie er zumindest für institutionelle Vermögensanleger, wie z.B. Investmentfonds und Pensionskassen besteht, kann zu gleichgerichtetem Anlageverhalten beitragen, um nicht schlechter als die Konkurrenz dazustehen. Das Verhalten anderer Marktteilnehmer kann bestimmend für die Entscheidungen einzelner Investoren sein. Fundamentale Überlegungen spielen dabei zeitweilig eine unbedeutende Rolle.

Für die Existenz von „Positive Feedback" lassen sich drei plausible Begründungen anführen:[4]

- Das menschliche Denken neigt zur Extrapolation von Trends der Vergangenheit.
- Komplexe Entscheidungssituationen werden häufig durch die Verwendung vereinfachter Methoden (z.B. die Nutzung von Kurscharts) bewältigt.
- Aufgrund massenpsychologischer Untersuchungen ist bekannt, dass sich der Mensch mit seinen Entscheidungen wohler fühlt, wenn diese im Einklang mit dem Verhalten anderer Marktteilnehmer stehen.

„Positive Feedback" wird des Öfteren als Ursache für diverse empirisch beobachtbare Preisabweichungsphänomene, wie sie z.B. im Rahmen von „Bubbles" hervortreten, genannt.[5] Dies steht im Einklang mit den sich selbst erfüllenden Erwartungen, die für die

---

1 Vgl. *Menkhoff/Röckmann* (1994), S. 284f.
2 Vgl. *Cutler/Poterba/Summers* (1990), S. 63.
3 Vgl. *Wallich* (1979), S. 38.
4 Vgl. *Menkhoff* (1992), S. 131.
5 Vgl. *Menkhoff/Röckmann* (1994), S. 286.

Kursentwicklung im Rahmen von „Bubbles" verantwortlich sind. So vermag ein Herdentrieb unter völliger Vernachlässigung fundamentaler Bewertungskriterien Kurse maßgeblich zu beeinflussen.

Einem Herdentrieb kann durch eine „Signalling"-Strategie Vorschub geleistet werden. Dabei veröffentlichen wichtige Marktteilnehmer ihre Anlagestrategie in der Hoffnung, dass weitere Marktteilnehmer dieser Strategie aufgrund des ausgesendeten Signals folgen. Auch der Börsencrash des Oktobers 1987 wurde maßgeblich durch „Positive Feedback" beeinflusst.[1]

„Feedback"-Modelle erscheinen plausibel und können zur Erklärung scheinbar irrationaler Kursbewegungen beitragen. Dies gilt umso mehr, je kurzfristiger die Betrachtung ist. Allerdings scheinen „Feedback"-Modelle derzeit noch nicht ausgereift zu sein, um einen allumfassenden Erklärungsansatz für das langfristige Verhalten von Investoren auf Kapitalmärkten zu bieten.[2]

7. Home Bias

Das Phänomen des „Home Bias" das auch als „Domestic Bias" bezeichnet wird, betrifft die internationale Portfoliodiversifikation. Anleger verhalten sich nach diesem Ansatz nicht wie rationale Entscheider und realisieren somit kein effizientes Portfolio im Sinne der Portfoliotheorie nach *Markowitz*. Vielmehr werden Investitionen in Wertpapiere des jeweiligen Heimatstandortes übergewichtet. Die Verzerrungen („Bias") treten daher aufgrund der Abweichung von der unter Effizienzgesichtspunkten optimalen Portfoliostruktur auf. Ein zu stark gewichtetes inländisches Aktienportfolio würde somit beispielsweise bei gleicher Renditeerwartung ein höheres Risiko aufweisen als ein international breit diversifiziertes Portfolio. Eine Studie aus dem Jahr 2006 dokumentiert dieses Anlegerverhalten. Die Ergebnisse (per 2003) werden in der folgenden Tabelle gezeigt:[3]

Anlage aus \ Anlage in	USA	Deutschland	Großbritannien	Frankreich	Italien	Japan
USA	86,2%	0,7%	2,8%	0,9%	0,3%	1,7%
Deutschland	5,4%	62,9%	6,3%	3,9%	1,2%	1,1%
Großbritannien	8,9%	1,5%	69,7%	2,3%	1,0%	3,6%
Frankreich	4,2%	3,1%	2,6%	73,6%	1,8%	1,2%
Italien	4,9%	1,5%	2,0%	2,3%	58,2%	1,3%
Japan	5,1%	0,3%	1,2%	0,4%	0,1%	90,3%
Anteil an der weltweiten Aktienmarktkapitalisierung	44,5%	3,4%	7,7%	4,2%	1,9%	9,5%

Tab. B.57: Internationale Gewichtung in Aktienportfolios (Stand: 2003)

---

1 Vgl. *Cochrane* (1991), S. 481 und *Jüttner* (1989), S. 477. Während des Oktober-Crashs 1987 kam es zu einer Art Kettenreaktion, die – ausgehend von dem US-amerikanischen Markt – alle bedeutenden Weltbörsenplätze in Mitleidenschaft gezogen hat.
2 Vgl. *Shiller* (1990), S. 61.
3 Vgl. *Fidora/Fratzscher/Thimann* (2006), S. 29.

Die Bedeutung der dargestellten Aktienmärkte wird in der Tabelle durch den jeweiligen Anteil an der weltweiten Aktienmarktkapitalisierung wiedergegeben. In der Summe weisen die aufgeführten Märkte einen Anteil von 71,2% an der gesamten, weltweiten Marktkapitalisierung auf. Die in der Tabelle aufgezeigten Untersuchungsergebnisse zeigen, dass die Portfoliogewichtung der einzelnen Länder offensichtlich vor allem davon abhängt, in welchem Land diese Gewichtung vorgenommen wird. Der wesentliche Aktienanteil im Portfolio besteht jeweils aus Aktien des Heimatmarktes. Die internationale Diversifikation wird somit in nicht ausreichender Weise umgesetzt.

Auch frühere Studien konnten diese Ergebnisse bestätigen[1], wobei für den US-Markt auch ein „Home Bias at Home„, d.h. regionale bzw. lokale Präferenzen der Anleger innerhalb eines Marktes, festgestellt werden konnten.[2]

Zur Erklärung des Home Bias werden u.a. Wechselkurse, Quellensteuer, zusätzliche Transaktionskosten bei Nutzung ausländischer Finanzplätze, Marktzugangsbeschränkungen, regulatorische Maßnahmen oder auch besondere politische und ökonomische Risiken herangezogen. Insbesondere aber wird das Argument angeführt, dass Anleger einen subjektiven Informations- und Kompetenzvorteil gegenüber inländischen Aktien empfinden. Dies kann auch damit zusammenhängen, dass die Qualität der zur Verfügung stehenden Informationen bei heimischen Aktien hochwertiger ist, so dass die Informationen von den Portfoliomanagern besser ausgewertet werden können. Darüber hinaus wird die Entwicklung der inländischen Aktien im Vergleich zu den ausländischen Aktien oftmals optimistischer bewertet.[3]

8. Informationswahrnehmungs-, -beurteilungs- und -speicherungsprozesse

Zur Erklärung des Kursverhaltens bei Aktien kann es fruchtbar sein, den Prozess der Informationsgewinnung bei Marktteilnehmern zu analysieren. Dabei steht z.B. die Frage im Vordergrund, wie zu erklären ist, dass über eine bestimmte Aktie derzeit besonders viel gesprochen wird, d.h., dass sie in Mode ist. Zu klären ist in diesem Zusammenhang ebenfalls, welche situativen Umweltbedingungen die Aufmerksamkeit von Anlegern bezüglich bestimmter Aktien ansteigen lassen. Angesichts des beschränkten menschlichen Aufnahmevermögens können einzelne Anleger nicht zur gleichen Zeit alle Aktien im Sinn haben. Daher ist die Art und Weise von Interesse, wie Anleger auf jene Titel aufmerksam geworden sind, über die sie sich derzeit eine Anlageeinschätzung bilden wollen.

Die psychologische Wahrnehmungsforschung kommt zu dem Ergebnis, dass Informationen von Personen dann besonders schnell aufgenommen werden, wenn die Informationen sich konsistent zu den bereits vorliegenden Einstellungen verhalten. Aufgrund dieser selektiven Wahrnehmung beansprucht die Aufnahme bzw. Verarbeitung von Informationen, die den eigenen Haltungen widersprechen, oft mehr Zeit.[4] Die Informationswahrnehmung, die Informationsbeurteilung und die Informationsspeicherung sind als kognitive Prozesse einzustufen. Dabei ist die Verarbeitung von Informationen durch den Verstand angesprochen. Maßgeblich für die Anlageentscheidungen von Marktteilnehmern können Erlebnisse und

---

1 Vgl. *Oehler* (2002), S. 865f. und die dort angegebene Literatur; *French/Poterba* (1991), S. 222.
2 Vgl. *Coval/Moskowitz* (1999), S. 2045ff.
3 Vgl. *Coval/Moskowitz* (1999), S. 2046; *Oehler* (2002), S. 866; *Schäfer/Vater* (2002), S. 746.
4 Vgl. *Langfeldt* (1993), S. 211ff., *Oehler* (1991), S. 600.

Erfahrungen sein. Hier kommt es zunächst darauf an, wie ein Anleger Informationen aufnimmt. Ist ein Anleger leicht beeinflussbar, so wird er Informationen anders aufnehmen und verarbeiten, als wenn er weniger leicht beeinflussbar ist.[1]

Individuen besitzen einen natürlichen Spieltrieb („Homo Ludens"). In der Kapitalmarkttheorie wird jedoch davon ausgegangen, dass Anlageentscheidungen von Investoren ausschließlich auf der Basis (ihnen bekannter) Nutzenfunktionen getroffen werden. Die Existenz eines Spieltriebes, der möglicherweise für manche Anleger die eigentliche Motivation zu einem Engagement an Kapitalmärkten darstellt, wird oftmals nicht hinreichend berücksichtigt.[2] Die Investition in Aktien ist nicht frei von Emotionen. Wie Studien zeigen, empfinden Anleger es als befriedigend und z.T. freudvoll, eigene Entscheidungen hinsichtlich der Aktienauswahl zu treffen.[3] Es ist deshalb denkbar, dass ein Teil der Investoren seine Entscheidungen nicht auf der Basis von Informationen trifft, die mit dem fundamentalen Wert eines Anlagetitels in Zusammenhang stehen.

„Individuals often do apparently stupid things. Economic theories that ignore this fact are often remarkably successful at explaining market – or aggregate – level phenomena."[4]

V. Mikrosimulation von Finanzmärkten

Ein neuer und vielversprechender Ansatz in der Kapitalmarktforschung ist die Mikrosimulation von Kapitalmärkten mit Hilfe von Multi-Agenten-Modellen.[5] Dabei werden einzelne Akteure in einer Simulationsumwelt kreiert, die unterschiedliche Verhaltensweisen an den Tag legen. Die Verhaltensausstattung der Akteure orientiert sich im Groben und Ganzen an dem, was über das Verhalten von Kapitalmarktteilnehmern bekannt ist. Mit unterschiedlichen Handelsstrategien bemüht sich jeder dieser virtuellen Marktteilnehmer darum, für ihn günstige Anlageentscheidungen zu treffen. Die Kauf- und Verkaufsentscheidungen der Akteure werden über eine Börse gebündelt, so dass der Kursverlauf eine Resultante der einzelnen Investitionsentscheidungen ist. Das Potential einer solchen Kapitalmarktsimulation besteht darin, die dynamischen Marktprozesse, die durch die Interaktionen vieler virtueller Marktteilnehmer zustande kommen, besser beobachten und verstehen zu können. Die Komplexität realer Marktprozesse wird hier erstmals systematisch zum Untersuchungsgegenstand gemacht.

Die Disziplin der Mikrosimulation von Finanzmärkten fand mit dem Santa Fe Artificial Stock Market (SFASM) seinen Anfang, der noch heute öffentlich über das Internet verfügbar ist.[6] Den Agenten stehen in diesem Aktienmarktmodell 60 Handelsstrategien zur Auswahl, die sie mit Hilfe eines genetischen Algorithmus auswählen. Die Handelsstrategien berücksichtigen drei Aspekte:

---

1 Vgl. *Bitz/Oehler* (1993), S. 376 u. S. 385ff. Die Beeinflussung von Aktienmarktteilnehmern durch andere Investoren haben *Shiller/Pound* (1989), S. 47ff. und *Lakonishok/Shleifer/Vishny* (1991) untersucht. Dabei kommen die Autoren zu dem Ergebnis, dass von einem starken Einfluss der Marktteilnehmer untereinander ausgegangen werden muss.
2 Vgl. *Fischer/Koop/Müller* (1994), S. 15.
3 Vgl. *Shiller* (1988), S. 62f. und die dort angegebenen Untersuchungen.
4 *Cochrane* (1991), S. 483.
5 Vgl. *Judd/Tesfatsion* (2006).
6 Vgl. *Arthur/Holland/LeBaron/Palmer/Taylor* (1996) sowie http://sourceforge.net/projects/artstkmkt/.

- Unter welchen Voraussetzungen dürfen sie angewendet werden? (Beispielsweise, wenn der Kurs mehr als x% in y Tagen gestiegen ist.)
- Welche Handlungen werden dadurch erforderlich? (Beispielsweise Kauf oder Verkauf von Wertpapieren.)
- Wie erfolgreich waren die Akteure mit ihrer jeweiligen Handelsstrategie in jüngster Zeit?

Der genetische Algorithmus ist eine Heuristik nach biologischem Vorbild. Das Verfahren arbeitet nach dem Prinzip von Mutation und Selektion. Der Pool von bestehenden Handelsstrategien wird zufällig verändert (mutiert), indem zum Beispiel Werte wie x% und y Tage aus obigem Beispiel variiert werden und die erfolgreichste Strategie in regelmäßigen Zeitintervallen aus dem Pool ausgewählt (selektiert) wird. Jeder Agent verfügt über eine Anzahl von Aktien und Geld und entscheidet jeden Handelstag über Kauf und Verkauf einer Aktie. Die aggregierten Zahlen für Angebot und Nachfrage führen zu einem positiven oder negativen Nachfrageüberschuss und ziehen dementsprechend eine positive oder negative Preisveränderung nach sich. Die Preisveränderung ihrerseits hat Auswirkungen auf den Erfolg der Handelsstrategien und führt zu einem Rückkoppelungseffekt, der die Preise nachhaltig beeinflussen kann. Die auf diese Weise erzeugte Zeitreihe von Preisen zeigt bereits eine teilweise Übereinstimmung mit den statistischen Eigenschaften von realen Wertpapierpreisen. Der SFASM konnte zeigen, dass endogene Eigenschaften wie die Lerngeschwindigkeit der Agenten und nicht nur exogene Faktoren wie fundamentale Daten zu typischen Preisveränderungen führen, wie sie an realen Wertpapiermärkten beobachtet werden können.

Cont und *Boucheaud*[1] untersuchen mit ihrem Marktmodell, inwieweit das Herdenverhalten von Finanzinvestoren Einfluss auf die Preisentwicklung hat. Die Agenten werden vor Simulationsbeginn in zufällige Cluster oder Gruppen eingeteilt. Die Agenten innerhalb einer Gruppe koordinieren ihr Verhalten und kaufen und verkaufen gleichzeitig. Die Entscheidung über Kauf oder Verkauf erfolgt zufällig. Ähnlich wie beim SFASM werden der Nachfrageüberschuss berechnet und die Preisveränderung entsprechend angepasst. Das Modell zeigt bereits eine hohe Übereinstimmung mit den statistischen Eigenschaften der Wertpapiermärkte.[2] Durch die statistische Analyse realer Märkte haben sich unabhängig vom gehandelten Gut übereinstimmende Eigenschaften ergeben. Bei Aktien-, Renten-, Devisen-, Derivate- und Rohstoffmärkten lassen sich stabile Phänomene, auch stilisierte Fakten genannt, feststellen. Dabei handelt es sich beispielsweise um die leptokurtische Verteilung der Renditen (Fat Tails), die Korrelation der gehandelten Volumina mit der Volatilität oder das gebündelte Auftreten starker Kursschwankungen (Volatility Clustering). Im Modell von *Cont* und *Boucheaud* konnte erstmals die leptokurtische Verteilung der Renditen erzeugt werden.

Im Aktienmarktmodell von *Lux* und *Marchesi*[3] wurden das Herdenverhalten von Agenten durch einen Stimmungsindikator verwirklicht und zwei verschiedene Agententypen eingeführt. Trend-Agenten beobachten den Preis und handeln entsprechend dem aktuellen Preistrend. Gleichzeitig verfolgen sie einen Stimmungsindikator, der Aufschluss über die Marktmeinung der anderen Agenten gibt. Stimmungsindikator und Preistrend zusammen führen zu einem optimistischen (Kauf) oder pessimistischen (Verkauf) Handelsverhalten.

---

1 Vgl. *Cont/Bouchaud* (2000).
2 Vgl. *Cont* (2001).
3 Vgl. *Lux/Marchesi* (2000).

Fundamentale Agenten orientieren sich an einem exogen generierten, fundamentalen Wert. Ist der Preis höher (niedriger) als der fundamentale Wert, werden Verkäufe (Käufe) ausgelöst. Es besteht für die Akteure die Möglichkeit eines Wechsels zwischen der Trend-Strategie und der fundamentalen Strategie, je nachdem welche Strategie die höhere Profitabilität aufweist. Die generierten Zeitreihen zeigen die Eigenschaften der leptokurtischen Renditeverteilung und der Nicht-Stationarität. Damit ist bereits eine hohe Übereinstimmung mit realen Märkten gegeben.

Das jüngste, öffentlich zugängliche Modell ist der Frankfurt Artificial Stock Market (FASM) von *Hein, Schwind* und *Spiwoks*.[1] Die Idee des Herdenverhaltens von Finanzinvestoren wurde mit Hilfe dieses Multi-Agenten-Systems weiterentwickelt. Die Akteure haben die Möglichkeit über ein Kommunikationsnetzwerk Informationen mit ihren direkten Nachbarn auszutauschen. Auf diese Weise kommt es zu einer Informationsdiffusion – ähnlich einer Ansteckungswelle bei Infektionskrankheiten. Die Topologie des Netzwerkes hat dabei wesentlichen Einfluss auf die Ausbreitungsgeschwindigkeit.[2] Trend-Agenten und fundamentale Agenten handeln – ähnlich wie im Modell von *Lux* und *Marchesi* – fiktive Aktien an einer virtuellen Börse. Im Unterschied zu früheren Marktmodellen wird ein reales Auktionsverfahren verwendet.

Ein dritter Agententyp, der uninformierte Kleinanleger (Retail-Agent), verfügt bei Simulationsbeginn über keine Handelsstrategie und ist anfänglich auch nicht aktiv. Erst bei einem Preisanstieg, der über einer bestimmten Schwelle liegen muss, werden Retail-Agenten aktiv und suchen in ihrer Nachbarschaft nach einer profitablen Handelsstrategie. Verfügt der Nachbar über eine erfolgreiche Strategie, wird diese Strategie imitiert und entsprechend gehandelt. Kommt es zu einem starken Preisrückgang, deaktivieren sich die Retail-Agenten für eine bestimmte Zeit. Ist dieser Zeitraum beendet, kann der Zyklus von vorne beginnen. Abbildung B.11 zeigt den Kursverlauf einer Simulation mit 500 Agenten und 3.000 Handelstagen. Abbildung B.12 zeigt die Anzahl Agententypen über den Simulationsverlauf. Es lässt sich deutlich erkennen, dass es in Phasen mit einer höheren Anzahl von aktivierten Retail-Agenten, die die Trend-Strategie übernommen haben (Abb. B.13, gepunktete Linie), zu größeren Abweichungen des Preises vom inneren Wert kommt (Abb. B.11). Trends innerhalb des fundamentalen Wertes werden von den Trend-Agenten verlängert und können bei ausreichender Stärke zur Aktivierung der Retail-Agenten führen. Ein großer Teil der Retail-Agenten übernehmen die Trend Strategie, die bei länger steigenden Kursen erfolgreicher ist. Der Trend wird dadurch nochmal unterstützt. Der Preis fällt erst dann, wenn die fundamentalen Agenten die Überbewertung nutzen, um größere Volumen an Aktien zu verkaufen. Die Verluste führen zur Deaktivierung der Retail-Agenten, der Kurs fällt dabei zeitweise weit unter den fundamentalen Wert.

Es wurde festgestellt, dass die Art des Kommunikationsnetzwerkes Einfluss auf die Preisentwicklung hat.[3] Zentralisierte Netzwerke führen zu höherer Volatilität. Fortgesetzte Zentralisierungstendenzen in realen Märkten durch einflussreiche Marktteilnehmer wie Hedge-Fonds, Pensionskassen, Banken und Investmentfonds könnten somit der Grund für steigende Volatilitäten sein.

---

1 Das Modell ist kostenlos unter http://galileo.mnd.th-mittelhessen.de/fachbereich/personen/professoren/702.html-forschung/702-forschung erhältlich.
2 Vgl. *Hein/Schwind/Spiwoks* (2012).
3 Vgl. *Hein/Schwind/Spiwoks* (2008).

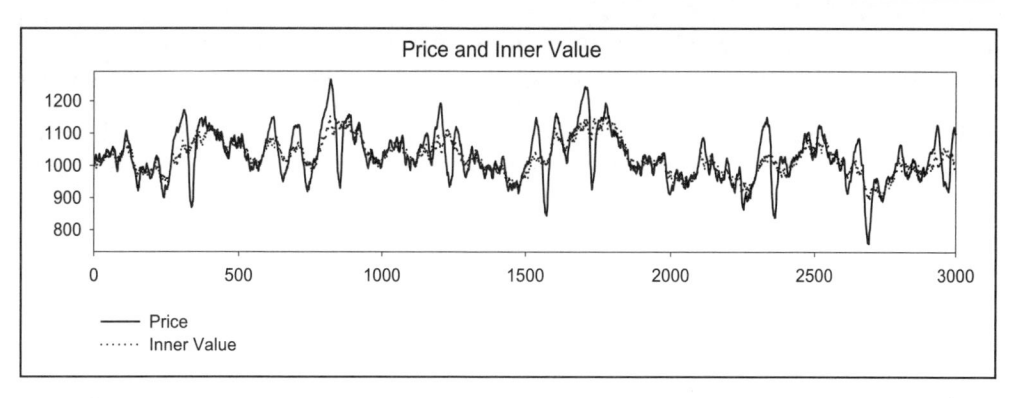

Abb. B.11: Der Kursverlauf einer Simulation des Frankfurt Artificial Stock Markets[1]

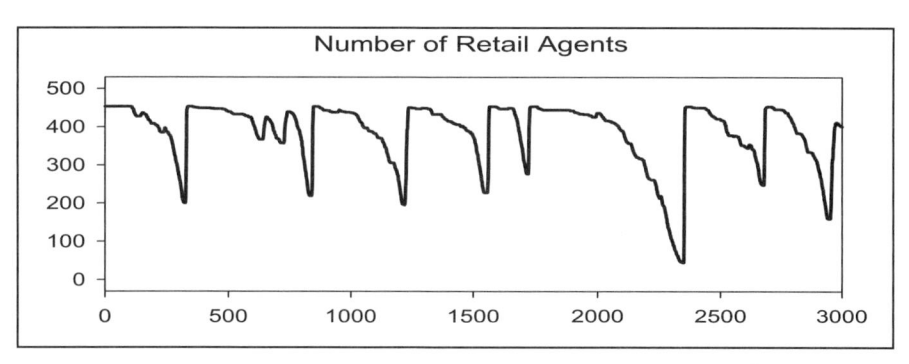

Abb. B.12: Entwicklung der Anzahl von Retail-Agenten[2]

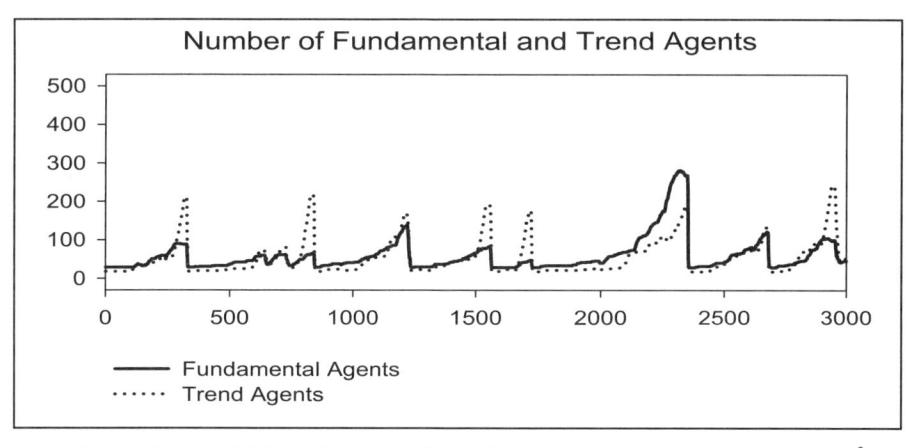

Abb. B.13: Entwicklung der Anzahl von fundamentalen und Trend-Agenten[3]

---

1 *Hein/Schwind/Spiwoks* (2012), S. 220.
2 *Hein/Schwind/Spiwoks* (2012), S. 223.
3 *Hein/Schwind/Spiwoks* (2012), S. 223.

Der Frankfurt Artificial Stock Market ist ein Beispiel für ein modernes Kapitalmarktmodell, das in der Lage ist, Phänomene an den Wertpapiermärkten besser zu beschreiben als klassische analytische Modelle. Das Herdenverhalten von Finanzinvestoren lässt sich mit Hilfe der Mikrosimulation besser auf seine Ursachen und Bestimmungsgrößen hin untersuchen. Es ist zu erwarten, dass Multi-Agenten-Systeme in der Zukunft noch erhebliche Erkenntnisfortschritte in der Kapitalmarktforschung ermöglichen werden.

C. Ausrichtung des Portfoliomanagements

Investmentphilosophie, Investmentprozess und Investmentkultur sind Schlüsselbegriffe des professionellen Portfoliomanagements. Während die Investmentphilosophie über Ziele, Bedingungen und Objekte von Kapitalanlagen Aussagen trifft, fokussiert der Investmentprozess auf die Bestimmung organisatorischer Portfoliomanagementstrukturen und -abläufe. Die Investmentkultur beschreibt schließlich die gelebten Verhältnisse innerhalb einer Portfoliomanagementorganisation. In dieser Reihenfolge ist das Kapitel geordnet. Zunächst wird daher eine Darstellung der Gedanken zur Investmentphilosophie vorgenommen. Darauf aufbauend lassen sich verschiedenartige Elemente des Investmentprozesses darstellen, um anschließend Überlegungen zur Gestaltung von Investmentkulturen anzustellen. Abgeschlossen wird das Kapitel mit der Erörterung unterschiedlicher Investmentstile.

I. Investmentphilosophie

Die Investmentphilosophie ist der intellektuelle Überbau des Portfoliomanagements. Alle weiteren Aspekte des Portfoliomanagements sind aus der Investmentphilosophie abgeleitet. Zu nennen sind dabei vor allem die Investmentkultur und der Investmentprozess. Der Erfolg des institutionellen Portfoliomanagements hängt nicht zuletzt von der Kompatibilität dieser drei Elemente ab.

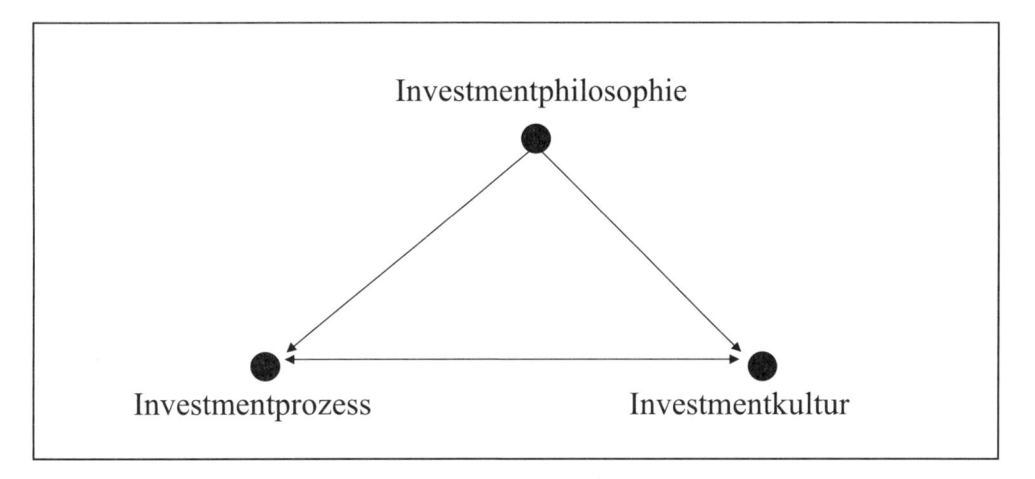

Abb. C.1: Investmentphilosophie als Überbau des institutionellen Portfoliomanagements

Daher muss fortwährend überprüft werden, ob die Strukturen und Tätigkeiten im Portfoliomanagement zu der gewählten Investmentphilosophie passen. Investmentphilosophie wird im Folgenden verstanden als Grundsatzhaltung des Portfoliomanagers bzw. der Portfoliomanagementinstitution zu maßgeblichen theoretischen und praktischen Fragen des Investmentmanagements. Es ist festzuhalten, dass sich der Begriff Investmentphilosophie auf die Person des Portfoliomanagers bzw. der Portfoliomanagementinstitution bezieht. Drei wesentliche Fragen stehen im Vordergrund der Investmentphilosophie:

- Welche Ziele werden mit der Kapitalanlage verfolgt?
- Soll aktives oder passives Management oder eine Kombination aus beiden betrieben werden?
- Welche Anlagegattungen sind grundsätzlich attraktiv?

Der Festlegung geeigneter Ziele kommt im Rahmen der Investmentphilosophie herausragende Bedeutung zu.[1] Denn aus dem Anlageziel folgt der Zielerreichungspfad. Wenngleich eine Anzahl verschiedener Anlageziele benannt werden kann, muss zunächst geklärt werden, ob ein absolutes oder ein relatives Anlageziel verfolgt werden soll. In der Kapitalanlagepraxis werden relative Ziele festgelegt, indem z.B. ein gewählter Kapitalmarktindex hinsichtlich seiner Performance von dem betrachteten Portfolio in einem festgelegten Zeitraum übertroffen werden soll. Es handelt sich aufgrund des Bezugs auf eine andere Größe (z.B. den Kapitalmarktindex als Benchmark) um eine relative Zielsetzung. Aus dieser Zielsetzung folgt ein relativer Managementansatz, der die Abweichungen zwischen der Benchmark und dem Portfolio steuern muss.

Bei absoluter Zielsetzung, die beispielsweise in der Festlegung einer angestrebten Mindestverzinsung für ein Portfolio liegt, spielen relative Überlegungen keine Rolle. Aus dieser Zielsetzung folgt ein absoluter Managementansatz. Die Frage der Zielsetzung ist oft mit der Marktphase des Börsenzyklus verbunden. Während bei steigenden Märkten relative Anlageziele stärker berücksichtigt werden, steigt in der Baisse der Wunsch nach absoluten Anlagezielen. Bezüglich der Marktphasen sind die Anlageziele insofern in praxi oftmals asymmetrisch. Ein eher selten auftretender Fall dürfte die Kombination von passiver Investmentphilosophie und absoluter Anlagezielsetzung sein, wie sie im vierten Quadranten des folgenden Schaubilds dargestellt ist. In dem Schaubild wird beispielhaft ein Index als Benchmark unterstellt.

Investmentphilosophie und Zieldimension

		I-Philosophie	
		aktiv	passiv
ZIEL	RELATIV	Indexorientierung mit prognosebasierten Abweichungen	Indexabbildung
	ABSOLUT	Prognosebasierte Engagements ohne Indexorientierung	Anlagen mit fixierter, dem Ziel entsprechender Performance während der Laufzeit

Abb. C.2: Investmentphilosophie und Anlageziele

---

1 Vgl. hierzu Kapitel A in diesem Buch.

Die zentrale Frage der Investmentphilosophie ist die Frage nach der Markteffizienz. Damit ist hier und im Weiteren die Informationsverarbeitungseffizienz von Kapitalmärkten gemeint. Aus der Grundsatzhaltung des Portfoliomanagers zur Frage der Markteffizienz ergeben sich für den Investmentprozess weitreichende Folgen. Die wichtigste Entscheidung ist diejenige für oder gegen aktives Management.

Wenngleich große Assetmanagementgesellschaften oftmals sowohl aktiv als auch passiv verwaltete Portfolios in ihrem Produktsortiment führen, erfordert die Leistungserstellung im Portfoliomanagement ein gänzlich verschiedenes Vorgehen. Das Anbieten sowohl von passiv als auch von aktiv verwalteten Portfolios geschieht vielfach aufgrund von Marketingerwägungen der betreffenden Gesellschaften. Gleichwohl besteht die Grundentscheidung jedes Assetmanagers in der Wahl eines passiven oder eines aktiven Anlageansatzes. Eine aktive Investmentphilosophie strebt die Erzielung überdurchschnittlicher Performance an, während im Rahmen der passiven Investmentphilosophie die Erzielung der jeweiligen Marktperformance angestrebt wird. Während die passive Investmentphilosophie das Eingehen von Abweichungsrisiken gegenüber der definierten Benchmark weitgehend ausschließt, besteht aktives Management gerade in der Inkaufnahme solcher Risiken zur Erzielung überdurchschnittlicher Performance.

Die Antwort auf die Frage nach der Markteffizienz kann sinnvoll nicht grundsätzlich, sondern nur markt- bzw. assetklassenspezifisch ausfallen. Denn es gilt sowohl theoretisch als auch praktisch als gesicherte Erkenntnis, dass der Grad an erreichter Markteffizienz an den Weltmärkten sich von lokalem Markt zu lokalem Markt bzw. von Assetklasse zu Assetklasse stark unterscheidet. Das Segment der 30 Dow Jones Werte an der New York Stock Exchange ist gewiss effizienter als einige Aktienmärkte z.B. in den Emerging Markets. Neben anderen Einflussfaktoren liegt dies auch an der Verfügbarkeit derivativer Instrumente, die sich auf die einzelnen Dow Jones Titel beziehen.[1] Der Vergleich von Anleihen und Aktien im Hinblick auf die Markteffizienz ihrer jeweiligen Märkte lässt sich demgegenüber nicht zweifelsfrei beantworten. Es kommt auf das betrachtete Marktsegment an, in dem sich ein Anleger betätigen will. Grundsätzlich dürfte die Markteffizienz im festverzinslichen Bereich höher liegen als bei Aktien, da die zeitlich und betragsmäßig festgelegten Zins- und Tilgungszahlungen den möglichen Fehlbewertungen engere Grenzen als bei Aktien setzen.

Die Frage nach der Markteffizienz ist in zweifacher Weise auch vor dem Hintergrund des Zeithorizonts zu stellen. Denn Markteffizienz muss als dynamischer Prozess gedacht werden, der z.B. durch Fortschreibungen des Wertpapierrechts ständigen Änderungen und Neuerungen unterliegt.[2] Der Wettbewerb der Finanzdienstleister bleibt ebenfalls nicht ohne Konsequenzen für die Markteffizienz. Dabei gilt, dass mit zunehmender Zahl der am Markt teilnehmenden Wettbewerber die Markteffizienz ceteris paribus steigt. In Zeiten kursschwacher Finanzmärkte kommt es häufig zu Konsolidierungen unter Banken und Brokern. Mit abnehmender Anzahl der Anbieter dürfte auch das Niveau der Markteffizienz sinken. Außerdem tendieren Banken und Broker in Baissephasen zu Kostenreduzierungen durch die Verkleinerung der Analysespektren. Auf diese Weise kann es passieren, dass z.B. Aktien mit kleiner Marktkapitalisierung von nur wenigen Analysten verfolgt werden. Entspre-

---

1 Als weitere Gründe sind z.B. Marktabdeckung durch Researcher und Portfoliomanager sowie gesetzliche Publizitäts- und Anlegerschutzbestimmungen anzuführen.
2 Zu denken ist beispielsweise an die erhöhten Transparenzanforderungen durch das Wertpapierhandelsgesetz (WpHG).

chend gering dürfte dann in diesen Marktsegmenten die Markteffizienz sein. Man könnte somit schlussfolgern, dass in Baissezeiten die Markteffizienz aus den genannten institutionellen Gründen geringer ist als in Haussezeiten. Dem steht jedoch gegenüber, dass in Haussezeiten der Börse viele schlecht informierte Anleger an den Markt drängen, während in Baissephasen die professionellen Anleger weitgehend unter sich sind.[1]

Es kann davon ausgegangen werden, dass Kapitalmarktteilnehmer ihre Informationsauswertung und Vorhersageausrichtung auf einen bestimmten Zeitbereich der Vergangenheit bzw. der Zukunft beziehen. Daher muss die Investmentphilosophie die Frage der Markteffizienz in Abhängigkeit der (Vorhersage-)Zeit beantworten. Die Wahl des Vorhersagehorizonts sollte zu den Einschätzungen der Markteffizienz im Zeitablauf kompatibel sein. Wählt ein Investor einen einjährigen Anlagehorizont mit entsprechender Einjahresvorhersage, dann ist damit implizit unterstellt, dass die diagnostizierte gegenwärtige Fehlbewertung im Verlauf eines Jahres abgebaut ist. Während eine Vielzahl von Modellen wie z.B. neuronale Netze, Trendfolgesysteme etc. versucht, kurzzeitige Kursineffizienzen an den Märkten auszunutzen, gehen fundamental orientierte Portfoliomanager implizit von Ineffizienzen im längerfristigen Bereich aus. Mithin unterstellen diese Marktakteure, dass sich kurz- bis mittelfristige Irrationalitäten an der Börse im Laufe der Zeit wieder einebnen.[2]

Es macht also einen gravierenden Unterschied, ob Investoren davon ausgehen, dass der Markt kurzfristig ineffizient und längerfristig effizient ist oder umgekehrt. Während in beiden Fällen aktives Management zur Ausnutzung der unterstellten Ineffizienzen betrieben werden sollte, werden sich der Anlagehorizont und der Anlagestil stark unterscheiden. Die Ausnutzung kurzfristiger Ineffizienzen erfordert eine entsprechend kurzfristige Handlungsweise, die viele Transaktionen bedingt. Diese wiederum verursachen Transaktionskosten und erfordern eine auf diesen Stil ausgerichtete Organisation des Portfoliomanagements.

Ähnlich wie bei Renditestruktur- und Volatilitätskurven kann auch für die Markteffizienz eine zweidimensionale Darstellung gewählt werden, die den Effizienzgrad von Kapitalmärkten in Abhängigkeit des Zeitablaufs darstellt. Im Unterschied zu Renditestruktur- und Volatilitätskurven handelt es sich jedoch um konjekturale Kurven, da die Markteffizienz nicht konkret bestimmbar ist.

In Abbildung C.3 sind derartige Markteffizienzkurven dargestellt. Es werden vier verschiedene Szenarien für die Markteffizienz unterschieden. Szenario a kennzeichnet einen zu 100 Prozent effizienten und im Zeitablauf konstant effizient bleibenden Markt. Dieser Fall ist nur von theoretischem Interesse. Die Gerade d beschreibt ebenfalls ein zeitkonstantes Niveau der Markteffizienz. Die Höhe des Niveaus ist für die Darstellung hier nicht entscheidend. Szenario c weist auf ein im Zeitablauf abnehmendes Niveau der Markteffizienz hin. Vorhersagen zur Ausnutzung von Fehlbewertungen sind folglich um so angebrachter, je länger ihr Vorhersagezeithorizont ist. Der umgekehrte Fall ist in Szenario b dargestellt. In diesem Fall zeigen sich die Märkte allenfalls kurzfristig, d.h. in einer Frist von Minuten, Stunden und Tagen ineffizient. Bei einer unterstellten Richtigkeit dieses Szenarios bieten sich Kurzfristvorhersagen an.

---

1 In der Regel gehen die Börsenumsätze in Baissephasen zurück.
2 Allerdings ist zu bedenken, dass der Anlageerfolg der meisten professionellen Marktteilnehmer kurzfristig gemessen wird, so dass ein längerfristiges Agieren erschwert ist.

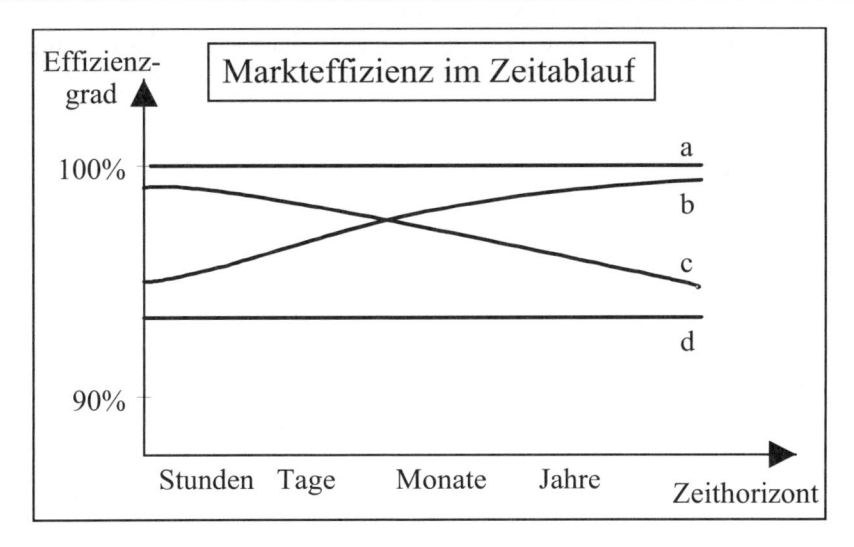

Abb. C.3: Markteffizienz im Zeitablauf

Eine allgemeingültige Einschätzung bezüglich des Grades an vorliegender Markteffizienz ist schwer zu treffen, zumal keine Zeitkonstanz unterstellt werden kann. Immerhin kann gesagt werden, dass die Zweifel an der These effizienter Märkte in den letzten Jahre erheblich zugenommen haben.[1] Für das praktische Portfoliomanagement sollte trotzdem eine diesbezügliche Arbeitshypothese aufgestellt werden. Üblicherweise wird im aktiven Portfoliomanagement mit der impliziten Annahme gearbeitet, dass Märkte nicht effizient sind. Die Richtigkeit dieser Annahme kann durch die Erzielung einer signifikanten und dauerhaften überdurchschnittlichen Performance untermauert werden. Es stellt sich jedoch die Frage, ob nicht die eher selten anzutreffende Prämisse, nämlich dass Märkte effizient sind, eine klügere Ausgangshypothese darstellt. Insoweit könnte man von einer Beweislastumkehr sprechen, die ggf. zu disziplinierteren Investmententscheidungen im Sinne intensiverer Risikoabwägungen führt. Es darf an dieser Stelle nicht übersehen werden, dass die Entscheidung zugunsten eines aktiven Investmentansatzes oftmals aus Marketinggründen erfolgt. Denn aktives Management wird von den Anlegern wesentlich besser honoriert als passives Management. Allerdings ist auch der zu erbringende Aufwand beim aktiven Management um ein Vielfaches höher.

Die Beurteilung der grundsätzlichen Markt- bzw. Assetklassenattraktivität hängt von Prognosen der künftigen Performance verschiedener Assetklassen ab. Das Erstellen und Umsetzen von Prognosen ist der Kern des aktiven Managementansatzes, der wiederum seine theoretische Fundierung aus der Annahme nicht vollständiger Markteffizienz bezieht. Während jedoch beim passiven Management nur einmal und zwar grundsätzlich über die Zukunftsaussichten von Assetklassen nachgedacht werden muss, besteht das Wesen des aktiven Managements im fortlaufenden Erstellen, Überprüfen, Modifizieren, Revidieren von Portfolios durch Umsetzung von Prognosen in Transaktionen.[2]

---

1 Vgl. *Haugen* (1999) und *Shiller* (2000).
2 Vgl. zur Portfoliorevision *Schmidt-von Rhein* (1996), S. 31ff.

Aus den investorspezifischen Antworten auf die dargestellten Fragen der Investmentphilosophie lassen sich praktische Implikationen für das Portfoliomanagement ableiten. Neben den bereits oben genannten Konsequenzen für den Anlagehorizont und den Anlagestil kann der Grad des aktiven Managements festgelegt werden. Beispielhaft sind diesbezügliche Optionen in Abbildung C.4 aufgeführt.

```
                    Anlagephilosophie
         ┌───────────────┼───────────────┐
    Aktives          Tilted          Passives
   Management      Management       Management
         │               │               │
  TrackingError   Tracking Error    TrackingError
     > 3,5 %       > 0 und < 3,5 %      min !
```

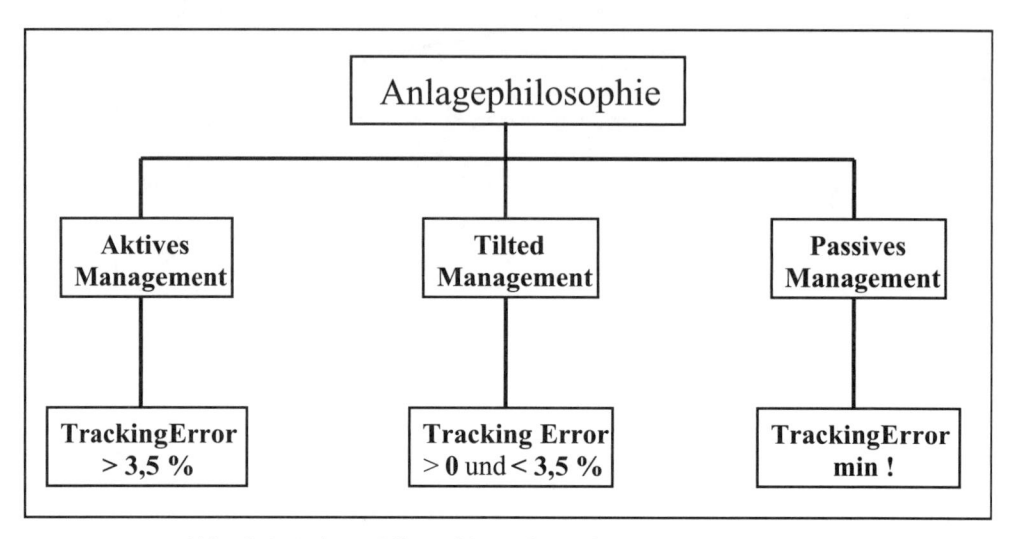

Abb. C.4: Anlagephilosophie und Tracking Error Festlegungen

Wird der Tracking Error als richtiges Maß der aktiven Abweichung eines Portfolios von seiner Benchmark akzeptiert, dann lassen sich die drei dargestellten Optionen entwickeln. Die Höhe des Tracking Errors ist letztlich vom Anleger festzulegen und für den Investmenterfolg maßgeblich. Als grobe Faustregel kann beispielsweise für das passive Aktienportfoliomanagement eine Tracking Error-Vorgabe seitens des Investors von i.d.R. unter 0,5% angegeben werden. Hingegen kann bei den meisten (normalen) aktiven Aktienmandaten von einer Tracking Error-Vorgabe von 3-4% ausgegangen werden, wobei aber auch realisierte Tracking Errors von 5-6% vorkommen, die beispielsweise im Small Cap-Bereich noch darüber liegen können (z.B. mehr als 8%).

Anzumerken ist, dass mit dem Ansatz des „Tilted Management" der Versuch eines Mittelwegs zwischen aktivem und passivem Management unternommen werden kann. „Tilted Management" bedeutet – ausgehend von einer passiven Strategie – die systematische Abweichung von der gewählten Benchmark bei bestimmten Gelegenheiten und/oder in bezug auf einige ausgewählte ökonomische Faktoren. Aktive Portfoliowetten werden dabei nur in begrenztem und vor allem kontrolliertem Umfang eingegangen. Wenn der Tracking Error zwischen 0,5% und 2,5% liegt, kann auch von Enhanced Indexing gesprochen werden.[1]

---

1 Vgl. *Krämer* (2004a), S. 4 und S. 6.

1. Aktives Management

In den überwiegenden Fällen der Portfoliomanagementpraxis bildet aktives Management die anlagephilosophische Grundlage der Investmententscheidungen. Das Ziel des aktiven Managements besteht in der Erzielung einer Performance, die oberhalb der angestrebten Benchmarkperformance liegt. Insofern steht die risikoadjustierte aktive Rendite, verstanden als Differenz zwischen risikoadjustierter Portfolio- und Benchmarkrendite im Mittelpunkt aktiven Portfoliomanagements. Um Missverständnissen vorzubeugen, muss darauf hingewiesen werden, dass der Begriff „aktives Management" sich nicht auf die Handlungshäufigkeit innerhalb eines Portfolios bezieht. Der Begriff „aktiv" weist lediglich auf die bewusste (Rendite-Risiko-)Exposuredifferenz zur Benchmark hin. Das Wesen des aktiven Managements liegt im Treffen und Umsetzen von Vorhersagen.[1] Um diese Aussage nachzuvollziehen, ist es sinnvoll, über das Problem bzw. den Engpass des aktiven Investmentmanagementansatzes kurz nachzudenken. Wie Abbildung C.5 verdeutlicht, lassen sich im aktiven Portfoliomanagement zwei wesentliche Tätigkeitsschritte klar voneinander unterscheiden. Der erste und wichtigste Schritt – die Kursvorhersage – ist deshalb schwierig, weil es keine Algorithmen bzw. Wissenschaften zutreffender Kurs- bzw. Renditeprognosen gibt.[2] Wären Vorhersagen mit Treffsicherheit behaftet, so würde sich das Problem der Portfoliobildung gar nicht stellen, da ausschließlich in das höchst rentierliche Wertpapier investiert würde.

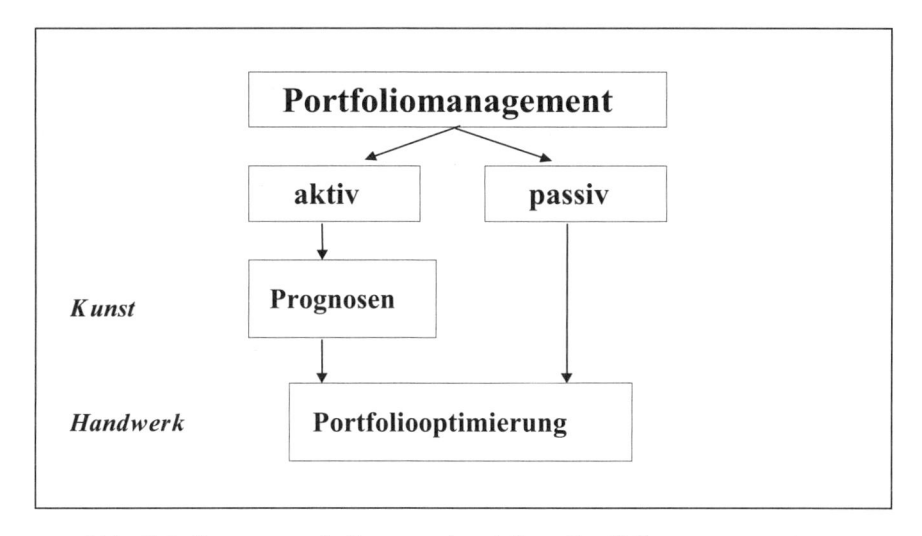

Abb. C.5: Prognosen als Engpass des aktiven Portfoliomanagements

Vorhersagen sind jedoch mit Unsicherheit behaftet. Eigenschaften wie Kreativität und Phantasie spielen bei Zukunftsvorhersagen eine Rolle. Die Bedeutung von Kreativität und

---

1 Vgl. *Grinold/Kahn* (1995), S. 217.
2 Streng genommen müsste man von Prognostik im engeren Sinne sprechen, um eine sinnvolle Abgrenzung gegenüber der Statistik zu treffen. Sodann umfasst Prognostik im weiteren Sinne jedwede Form von Vorhersagen. Da es in der Portfoliomanagementpraxis jedoch üblich ist, die Begriffe Prognose und Vorhersage als Synonyme anzusehen, wird im Weiteren ebenso verfahren.

Phantasie für die Erstellung von Kursvorhersagen weist eine Parallele zum künstlerischen Schaffen auf. Insofern ist der Satz nachvollziehbar, dass gute Prognosen die Kunst der Kapitalanlage sind.

Erst nachdem Kursprognosen erstellt sind, kann die Kombination derselben mittels der Portfoliooptimierung erfolgen. Ohne den Kreativität erfordernden Schritt der Prognoseerstellung ist der zweite Schritt der Prognoseverwertung in der Form der Portfoliobildung und -optimierung hinfällig. Daher sind treffende Kursvorhersagen der Engpass im aktiven Portfoliomanagement.

Im Gegensatz zur Vorhersageerstellung können die computergestützten Techniken der Portfoliooptimierung bzw. -konstruktion als handwerkliche Leistung verstanden werden. Die Fähigkeit treffende Kursvorhersagen abzugeben ist insofern auch das wichtigste Unterscheidungsmerkmal von Portfoliomanagementeinheiten bei Assetmanagementgesellschaften.[1] Demgegenüber können die vorhandenen Techniken zur Portfoliobildung und -optimierung, da sie auf wiederholbaren Algorithmen fußen, als Standardinstrumente angesehen werden, die potentiell allen Assetmanagementinstitutionen zur Verfügung stehen. Zu denken ist dabei besonders an das Portfolio-Selection-Modell von Markowitz und dessen Erweiterungen.[2]

In diesem Zusammenhang ist eine Relativierung des oben verwendeten Begriffs „Optimierung" angebracht. Keineswegs darf der Terminus „optimiert" mit „optimal" im Sinne von nichtverbesserbar verwechselt werden. Optimieren lassen sich Portfolios nur bei gegebenen Datensituationen. Die im Rahmen der ökonometrisch/quantitativen Analysemethodik häufig anzutreffenden Optimierungsverfahren sind nur in der Lage, für eine bekannte Datenlage der Vergangenheit optimale Portfolios zu konstruieren. Da zukünftige Kapitalmarktdaten mit Unsicherheit behaftet sind, kann die Optimalität eines optimierten Portfolios nur ex post festgestellt werden. Eine Optimierung der Zukunft ist definitionsgemäß unmöglich. Allenfalls können Portfolios hinsichtlich gegebener Zukunftserwartungen und Nebenbedingungen optimiert werden. Hinzu kommt, dass Optimierungsmodelle hinsichtlich ihres Outputs sehr sensibel auf kleine Inputveränderungen bei den Renditeprognosen reagieren.[3] Insofern darf der Einsatz quantitativer Optimierungsalgorithmen dem Anwender nicht die Illusion vermitteln, die konstitutive Unsicherheit über künftige Wertpapierpreise ausschalten zu können. Hinzu kommt, dass Optimierungsverfahren nicht ohne Definition dessen auskommen, was unter Risiko zu verstehen ist. In der Investmentpraxis gibt es jedoch kein Risikomaß, das allgemein als richtiges Risikomaß akzeptiert ist.

Organisatorisch wird der dargestellten Engpassbetrachtung in der Assetmanagementpraxis oftmals dadurch entsprochen, dass für die Prognoseerstellung Wertpapieranalysten und für die Portfoliozusammensetzung Portfoliomanager eingesetzt werden. Allerdings ist dies eine Frage des Investmentprozesses und der Investmentkultur, zu der später noch Stellung genommen wird.

---

1 Zum Thema „Güte von Renditeprognosen" vgl. *Spiwoks* (2002), S. 180ff.; *Black* (1993), S. 36ff.; *Dowen* (1989), S. 71ff. und *Elton/Gruber* (1987), S. 598ff.
2 Siehe hierzu Abschnitt B.I. und *Farrell* (1997), S. 17ff.
3 Vgl. zur Portfoliooptimierung und Inputformulierung *Black/Litterman* (1992), S. 28ff.

a. Kursvorhersagen – Prognosen

Da aktives Management auf der Annahme einer nicht gegebenen Markteffizienz beruht – zumindest in den anlagerelevanten Marktsegmenten, Zeitphasen und Ländern – muss über Methodiken nachgedacht werden, die eine performancesteigernde Ausnutzung der angenommenen Marktineffizienzen wahrscheinlich erscheinen lassen. Dazu bedarf es der Vorhersage zukünftiger Kursentwicklungen. Mit Hilfe von Prophetie, Prognostik und Statistik lassen sich drei grundsätzliche Wege zur Vorhersage zukünftiger Entwicklungen benennen. Für Kursvorhersagen im Rahmen des Portfoliomanagements eignen sich die Verfahren von Prognostik und Statistik.

Kennzeichen dieser Methodiken ist deren Rationalität. Prognosemodelle stellen daher stets auch Erklärungsmodelle dar.[1] Kursvorhersagen, die auf der Basis von Prognostik oder Statistik erstellt werden, sind für Dritte nachvollziehbar. Die wesentlichen Kennzeichen der drei genannten Vorhersagemethodiken lassen sich wie folgt beschreiben:

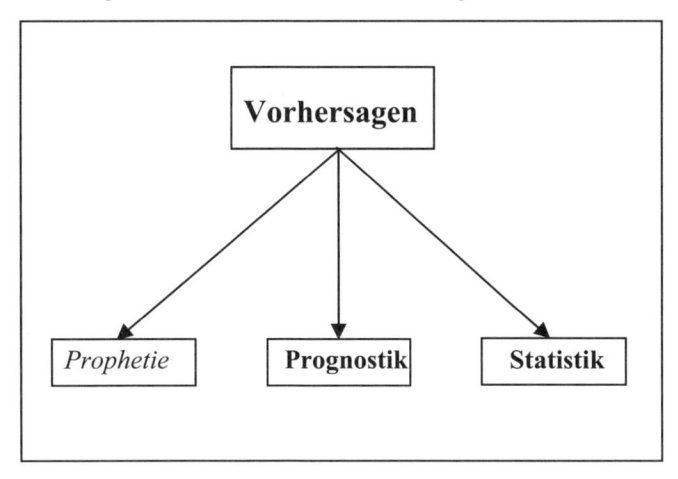

Abb. C.6: Grundsätzliche Vorhersagemethodiken

aa. Prophetie

Prophezeiungen werden von Propheten abgegeben, die am Kapitalmarkt zumeist als Börsen-Gurus bezeichnet werden. Um das Eintreffen ihrer Prophezeiungen für wahrscheinlich zu halten, müsste man diesen Personen Glauben schenken. Kennzeichen für Prophezeiungen ist das Fehlen von Nachprüfbarkeit der Vorhersage. Denn die Prophezeiung bedarf nicht der Anhaltspunkte der Erfahrung. Sodann sind Plausibilitätsüberprüfungen nicht möglich. Gegen eine Prophezeiung lässt sich folglich nicht argumentieren.[2]

ab. Statistik

Die Statistik betrachtet die Kursverläufe der Vergangenheit als Stichproben von Zufallsereignissen. Durch die ökonometrische Auswertung von Stichproben lassen sich Aussagen über deren Verteilungsparameter gewinnen. Anhand der errechneten Verteilungsparameter

---

1 Vgl. *Wöhe* (1993), S. 40.
2 Vgl. *Pieper* (1950), S. 35ff.

und auf der Basis zu setzender Verteilungsannahmen für die Zukunft lassen sich dann Wahrscheinlichkeiten für zukünftige Kursverläufe bestimmen.[1]

ac. Prognostik

Die Prognostik bedient sich der kausalen Deduktion zur Vorhersage künftiger Kurse. Dabei gewinnt die ökonomisch/qualitative Prognostik ihre Anhaltspunkte ebenso aus der Vergangenheit wie die Statistik. Aber ihr Umgang mit diesen Erfahrungswerten verläuft gänzlich anders. Unter Zuhilfenahme von Kreativität und Phantasie werden Vorhersagen als schlüssige und für kundige Dritte nachvollziehbare Erkenntnisse über die Zukunft abgeleitet.

b. Prognosen im Portfoliomanagement

Der Kern des aktiven Portfoliomanagements besteht also in der Erarbeitung und Umsetzung von Prognosen. Über das Thema Prognosen lässt sich problemlos ein eigenes Buch schreiben, wenn man allein die verschiedenen Techniken und Anlageinstrumente bedenkt. Dies würde jedoch den Rahmen des vorliegenden Buches sprengen, so dass hier nur auf wesentliche Elemente von Prognosen eingegangen werden kann.

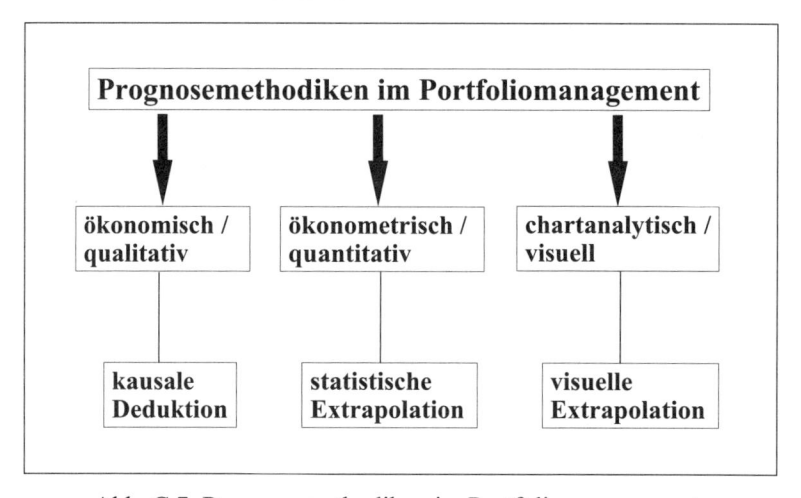

Abb. C.7: Prognosemethodiken im Portfoliomanagement

ba. Ökonomisch/qualitative Prognosen

Die am häufigsten zur Anwendungen gelangende Prognosemethode besteht in der kausalen Deduktion von Kurs- und Marktentwicklungen. Diese Technik lässt sich auf sämtliche Anlagegattungen anwenden. Man könnte mit Berechtigung von der traditionellen Art und Weise des Prognostizierens sprechen. Dabei macht sich der Analyst bzw. der Portfolioma-

---

[1] In der Vergangenheit sind mehrere prominente Fälle bekannt geworden, wo die Anwendung statistischer Vorhersageverfahren versagt hat. Viele Versicherungsgesellschaften mussten in der Folge der Terroranschläge vom 11.09.2001 in New York feststellen, dass ihre Schadensprognosen viel zu gering angesetzt waren. Auch der Zusammenbruch des Hedge Fonds LTCM im Jahr 1998 fußte auf der Verwendung von finanzmathematischen Extrapolationsrechnungen, die sich durch das Auftreten der sog. Russland-Krise als falsch erwiesen.

nager ein Bild über den künftigen Wert des Anlagegegenstandes, indem er Annahmen über die zugrunde liegenden Werttreiber setzt und auf dieser Basis einen fairen Wert kalkuliert. Dazu wird in aller Regel ein auf dem Prinzip des Barwertmodells beruhendes Bewertungsmodell verwendet.[1]

Zu den wertbestimmenden Annahmen, die – neben der Modellspezifikation – für die Berechnung des fairen Wertes entscheidend sind, gelangt der Analyst/Portfoliomanager durch intellektuelle Abwägung – d.h. Auswahl, Bewertung und Gewichtung – aller als potentiell wertbestimmend anzusehenden Faktoren. Relevant ist dabei die Gesamtschau der Dinge. Der Vergleich des ermittelten fairen Wertes mit dem Börsenkurs führt dann unter zusätzlicher Beachtung von Risikofaktoren und einer Sicherheitsmarge zur Prognose bzw. Handlungsempfehlung.

Wie sich zeigt, liegt der Schwerpunkt des ökonomisch/qualitativen Arbeitens auf der Interpretation von Informationen. Ohne bessere Informationen zu besitzen kann die richtigere Interpretation derselben Prognosevorteile verschaffen. Gerade in der Fähigkeit zur Interpretation von Informationen zeigt sich die Stärke des menschlichen Gehirns gegenüber algorithmischen Verfahren. Kreativität, Phantasie und Intuition spielen bei diesem Ansatz eine wichtige Rolle.

Während bei der Aktienprognose eher mikroökonomische Variable dominieren, stehen bei der Prognose festverzinslicher Titel makroökonomische Faktoren im Vordergrund.[2] Die Schätzung der künftigen Zinsstrukturkurve erweist sich als neuralgischer Punkt der Prognose bei festverzinslichen Wertpapieren. Aufgrund der zentralen Rolle der Zinsstrukturkurve für die Anleihenbewertung und der daraus folgenden Beobachtungsintensität durch alle Marktteilnehmer dürfte diese Prognose besonders schwierig sein. Die Prognose fairer Aktienwerte wird hingegen durch die größere Vielzahl zu schätzender mikroökonomischer Einflussfaktoren erschwert.

bb. Ökonometrisch/quantitative Prognosen

In den vergangenen drei Jahrzehnten hat die ökonometrisch/quantitative Prognose, die in der Portfoliomanagementpraxis zumeist unter dem Begriff quantitative Analyse firmiert, große Verbreitung gefunden. Die Popularisierung der Kapitalmarkttheorie hat dieser Prognoserichtung einen breiten Instrumentenkasten an die Hand gegeben. Besonders beim Thema Risikoeinschätzung wurden durch die quantitative Analyse wesentliche Beiträge zum professionellen Portfoliomanagement geleistet.

Bei der ökonometrisch/quantitativen Prognosemethode kommen die vielfältigen Verfahren der ökonometrischen Zeitreihenanalyse zur Anwendung. Die Verbreitung dieser Methodik in den letzten Jahren hängt u.a. mit der kostengünstigen Verfügbarkeit großer Computerkapazitäten zusammen. Die Vielzahl der zu berechnenden Kursindikatoren führt im Rahmen der ökonometrischen Tests (Back Testing) zu umfangreichen Rechenoperationen.[3] Ein unbestreitbarer Vorteil der quantitativen Analyse liegt in der Menge und Geschwindigkeit der verarbeitbaren Informationen. Gerade bei der Schätzung von Korrelationen zwischen den einzelnen Wertpapieren erweisen sich ökonometrisch/quantitative Verfahren als

---

1 Vgl. Kapitel D und E in diesem Buch.
2 Bei Unternehmensanleihen kann dies angesichts der titelspezifischen Risiken durchaus anders sein.
3 Detaillierte Beschreibungen ökonometrisch/quantitativer Prognosetechniken finden sich bei *Poddig* (1996) sowie *Poddig* (1999).

nützlich. Da Korrelationsdaten stabiler sind als Renditedaten, ist der Einsatz ökonometrischer Methoden zu ihrer Schätzung auch gängig.[1] Die Schätzung von Korrelationsdaten erfolgt zumeist mithilfe von Mehrfaktorenmodellen. Dabei wird der Zusammenhang zwischen den Wertpapierpreisen und ökonomischen Faktoren bzw. Indikatoren gemessen.

Zu den am häufigsten eingesetzten ökonometrisch/quantitativen Verfahren zählen Filtertechniken, neuronale Netze und sog. „Screening"-Modelle, die eine Vielzahl von ökonomischen Einzelindikatoren verknüpfen.[2] Diese Techniken, sowie auch das von den Mehrfaktorenmodellen bekannte Faktor-Tilting, werden begrifflich in die Rubrik der aktiven quantitativen Managementtechniken eingeordnet. Vorteile der benannten Verfahren liegen in der Schnelligkeit der Informationsverarbeitung, dem großen Volumen an verarbeitbaren Daten, der disziplinierten Signalumsetzung (emotionsloses Handeln), der Konsistenz mit den aufgestellten Handelsregeln sowie der intersubjektiven Nachvollziehbarkeit. Ferner eignen sich ökonometrisch/quantitative Verfahren recht gut zur Prognose verschiedener quantitativer Risikokennzahlen.

Dem stehen Nachteile wie eine geringe Flexibilität, eine nicht gegebene Kreativität, eine vollkommene Vergangenheitsbasierung und die Gefahr von zu schlechter Qualität der verwendeten Zeitreihen aufgrund von Noise oder Strukturbrüchen gegenüber. Fehler bei der Modellspezifikation sind ebenfalls denkbar. Gerade bei Renditeprognosen reicht die Stabilität von Zeitreihen i.d.R. nicht aus, um mit Hilfe ökonometrisch/quantitativer Verfahren zu brauchbaren Schätzungen zu gelangen.[3] Zudem können Strukturbrüche, wie z.B. die fundamentalen Auswirkungen politisch-gesellschaftlicher Veränderungen in ökonometrisch/quantitativen Modellen nicht angemessen berücksichtigt werden, wenn es sich beispielsweise um sich in naher Zukunft abzeichnende Veränderungen handelt.

Das Aufkommen der Forschungsdisziplin „Behavioral Finance" lenkt den Blick auch auf die Begrenzungen der quantitativen Analyse. Der rein rationale Charakter des ökonometrisch/quantitativen Prognostizierens vermag dem menschlichen Einfluss auf die Wertpapierkurse kaum hinreichend Rechnung zu tragen.

bc. Chartanalytisch/visuelle Prognosen

Eine dritte, in der Kapitalmarktpraxis durchaus weit verbreitete und zugleich kontroverse Prognosemethodik, besteht in der sog. Technische Analyse, die oftmals auch als charttechnische Analyse (kurz: Chartanalyse) bezeichnet wird. Das Wesen der Chartanalyse ist die visuelle Auswertung von Kurs- und Umsatzverläufen der Vergangenheit anhand von Charts. Die Chartanalyse reklamiert für sich, die Börsenpsychologie besser als andere Verfahren erfassen zu können, da sich selbige in den Kursen widerspiegele.

Das Einsatzgebiet der Charttechnik ist zumeist auf Timing-Entscheidungen begrenzt. Dort werden die Verfahren unterstützend zur Fundamentalanalyse eingesetzt. Die Bedeutung der Chartanalyse ist besonders bei solchen Anlageformen hoch, die sehr kurzfristige Schwankungen aufweisen. Erfahrungsgemäß findet die Chartanalyse bei Derivaten und im Währungsbereich relativ weite Verbreitung. Aufgrund der eher untergeordneten Stellung

---

1 Allerdings hat sich gezeigt, dass Korrelationen in Phasen besonders starker Marktbewegungen zunehmen und somit den Diversifikationseffekt gerade dann mindern, wenn Investoren seiner besonders bedürfen.
2 Zum Einsatz künstlicher neuronaler Netze in der Finanzanalyse vgl. *Wittkemper* (1994).
3 Vgl. *Black* (1993), S. 36ff. und *Sittampalam* (1993), S. 153f.

der Chartanalyse im institutionellen Portfoliomanagement soll hier jedoch nicht weiter auf diese Prognosemethodik eingegangen werden.[1]

bd. Prognosepragmatismus

Die bisherigen Darstellungen haben den Eindruck entstehen lassen, als bestünde ein striktes entweder/oder in der Frage der ökonometrisch/quantitativen, der ökonomisch/qualitativen und der charttechnisch/visuellen Prognosemethodiken. Alle drei Verfahren haben Vor- und Nachteile. Tatsächlich werden daher alle drei Methodiken komplementär im institutionellen Portfoliomanagement angewendet. Die beiden erstgenannten Verfahren überwiegen dabei deutlich.

Im Rahmen der ökonometrisch/quantitativen Prognosemethodik kann beispielsweise ein sog. „qualitativer Overlay" die erhaltenen Vorhersagen auf Plausibilität und Konsistenz überprüfen. Bei der ökonomisch/qualitativen Prognosemethodik können ökonometrisch/quantitative Signale als Analyse-Input verwendet werden. Zudem lassen sich Risikokennzahlen recht gut mit Hilfe ökonometrisch/quantitativer Methoden schätzen. Ebenso können ökonometrisch/quantitative Verfahren wichtige Arbeitserleichterungen bei der Vorselektion (Screening) großer Wertpapieruniversen darstellen. Darüber hinaus verwenden auch ökonomisch/qualitativ ausgerichtete Portfoliomanager mitunter charttechnische Verfahren zur Bestimmung geeigneter Kauf- bzw. Verkaufszeitpunkte.

Das verbindende Element zwischen ökonometrisch/quantitativer und charttechnischer Analyse besteht in dem ausschließlichen Rückgriff auf vergangene Zeitreihen. Zudem basieren beide auf der gleichen Prämisse, nämlich der Prognostizierbarkeit zukünftiger Daten-, Kurs- und Renditeentwicklungen aus den Realisierungen der Vergangenheit. Da die ökonometrisch/quantitative Analyse z.T. viele einzelne Indikatoren – und zwar i.d.R. fundamentale Faktoren – in mathematisch aufwendiger Weise verknüpft, kann sie als deutlich anspruchsvoller gegenüber der rein visuellen Chartanalyse gelten. Es darf jedoch nicht übersehen werden, dass quantitative Analysemethoden sich letztlich auf gleicher theoretischer Grundlage mit der technischen Analyse befindet, wie aus dem folgenden Tableau zu ersehen ist.

Prognoseverfahren	Investmentphilosophie	Theoriefundierung[2]
charttechnisch/visuell	aktives Management	schwache Markteffizienz
ökonometrisch/quantitativ	aktives Management	schwache Markteffizienz
ökonomisch/qualitativ	aktives Management	halbstrenge Markteffizienz
konsensorisch/implizit	passives Management	strenge Markteffizienz

Tab. C.1: Investmentphilosophie und Theoriefundierung

Es kann ferner davon ausgegangen werden, dass Prognosen bei festverzinslichen Wertpapieren häufiger ökonometrisch/quantitativ ermittelt werden. Verantwortlich dafür ist zum

---
1 Eine kompakte Einführung zur Chartanalyse findet sich bei *Steiner/Bruns/Stöckl* (2012), S. 270ff.
2 Vgl. *Fama* (1970), S. 395ff.

einen der klare mathematische Zusammenhang zwischen den Preisen für festverzinsliche Titel und der Zinsstrukturkurve und zum anderen die starke volkswirtschaftliche Komponente der Zinsstrukturkurvenprognose. Die Vorhersage volkswirtschaftlicher Daten fußt ihrerseits zu einem nicht geringen Teil auf einer ökonometrischen Analyse.

Demgegenüber überwiegen bei der Aktienprognose jene Vorhersagemethoden, die der Heterogenität und Volatilität dieser Anlageklasse eher gerecht werden. Da es bei Aktien keinen mathematischen Kursbestimmungsfaktor wie die Zinsstrukturkurve bei festverzinslichen Titeln gibt, nehmen die titelspezifischen Gegebenheiten bei der Aktienprognose einen breiteren Raum ein.[1] Hierdurch und durch die zumeist wesentlich höhere Duration bei Aktien gewinnen ökonomisch/qualitative Einschätzungen einen größeren Raum bei der Aktienprognose.

Entscheidend bleibt letztlich die Frage, wie die Investmententscheidung zustande kommt. Angesichts der dynamischen Marktentwicklungen mit im Detail nicht wiederkehrenden Preisverläufen und dem daraus zu folgernden Resultat, dass es sich bei Kapitalmärkten nicht um mathematisch exakt bestimmbare naturgesetzliche Verläufe handelt, liegt eine Tendenz zugunsten der Vorherrschaft der ökonomisch/qualitativen Prognosemethodik nahe. Anders ausgedrückt ließe sich sagen, dass Portfoliomanagement – anders als etwa die Naturwissenschaften – mit einer Situation andauernder Unsicherheit bezüglich der Variablenausprägung und -gewichtung in der Zukunft konfrontiert ist. Rein ökonometrisch/quantitative und damit ausschließlich vergangenheitsorientierte Verfahren, die durch die scheinbar präzise Angabe errechneter Kursziele den Anschein von Objektivität erwecken, können nicht darüber hinwegtäuschen, dass Portfoliomanager bzw. Wertpapieranalysten subjektive Bewertungsentscheidungen treffen müssen. Eine Überquantifizierung des Prognoseprozesses birgt somit die Gefahr der Verschüttung menschlicher Kreativität als maßgeblicher Prognosequelle.[2] Die seit einigen Jahren populär gewordenen verhaltensorientierten Erklärungsansätze des Börsenverhaltens deuten insofern auf eine Rückbesinnung auf qualitative Prognoseelemente hin.

Für praktische Belange dürfte es am vernünftigsten sein, keine der genannten Prognosemethoden zu ignorieren. Denn allein schon der Umstand ihrer Befolgung durch viele Marktteilnehmer verleiht allen drei Verfahren Relevanz. Ein solcher pragmatischer Ansatz dürfte die größten Chancen auf treffende Prognosen eröffnen.

Durch den parallelen Einsatz aller genannten Verfahren lässt sich etwa überprüfen, ob Widerspruchsfreiheit zwischen den Kursvorhersagen vorliegt oder nicht. Dadurch lässt sich ggf. die Prognosequalität verbessern. Wird die ökonomisch/qualitative Prognose zur Bestimmung des fairen Wertes des Anlagegegenstandes und die ökonometrisch/quantitative Prognose für die Schätzung von Risikofaktoren eingesetzt, so kann durch die chartanalytisch/visuelle Prognose schließlich die zu treffende Timingentscheidung unterstützt werden.

Gleichwohl ist die kausale Deduktion letztlich die überzeugendste singuläre Prognosemethodik. Unter Beachtung der Ausprägungen in der Vergangenheit vermag sie die Stärken der Vernunft am ehesten mit den Fähigkeiten menschlicher Kreativität zu verbinden. Nur ist dabei zu beachten, dass der personale Einfluss bei dieser Prognosemethodik am höchsten ist. Für die Gestaltung der Investmentkultur und den Investmentprozess hat dies weitreichende Implikationen.

---

1 Es sei daran erinnert, dass die Kursentwicklung festverzinslicher Titel in theoretisch bestimmbaren engen Grenzen verläuft, was bei Aktien nicht der Fall ist.
2 Vgl. *Gray* (1997), S. 5ff.

c. Erfolg von Kapitalmarktprognosen

Kapitalmarktentwicklungen zuverlässig zu prognostizieren, ist eine Herausforderung, der viele Finanzmarktanalysten offenbar nicht gewachsen sind. Bei der Auswertung von Zeitreihen historischer Kapitalmarktprognosen konnten folgende Charakteristika gezeigt werden, wobei die genannten Eigenschaften bei Aktien-, Wechselkurs- und Zinsprognosen gleichermaßen auftraten und auch bei verschiedenen Prognosehorizonten (1, 3, 6, 12 oder 24 Monate) konstant zu beobachten waren.[1]

- Ein Großteil der Prognosezeitreihen bleibt selbst hinter dem Vergleichsstandard der naiven Prognose zurück. Stets den aktuellen Wert als Prognose für die Zukunft zu nehmen, führt also zumeist zu einer Verbesserung des Prognoseergebnisses.
- Die Charakteristik der gegenwartsorientierten Verlaufsanpassung[2] liegt bei fast allen Zeitreihen von Kapitalmarktprognosen vor. Die Prognosen reflektieren also stärker die Kapitalmarktsituation zum Zeitpunkt der Prognoseabgabe als die künftigen Entwicklungen am Kapitalmarkt.
- Beinahe alle Prognosezeitreihen erweisen sich als verzerrt. Dies ist insbesondere auf Autokorrelationen bei den Residualen zurückzuführen. Hier zeigt sich ein Zusammenhang zur gegenwartsorientierten Verlaufsanpassung der Prognosezeitreihen: Bei fallenden (steigenden) Kapitalmarktentwicklungen kommt es zu anhaltenden Überschätzungen (Unterschätzungen). Die Residuale sind daher nicht unabhängig verteilt.[3]

Diese ernüchternde Bilanz wirft die Frage nach den Ursachen für den unbefriedigenden Prognoseerfolg auf. Die großen Fortschritte im Bereich der Behavioral Finance lassen den früher üblichen Hinweis auf eine strenge oder halbstrenge Informationseffizienz der Kapitalmärkte nicht mehr überzeugend erscheinen. Vielversprechend stellen sich hingegen Ansätze zur Untersuchung etwaigen Herdenverhaltens bei Finanzmarktanalysten dar. Der in den zurückliegenden Jahren intensiv diskutierte Ansatz der Informational Cascades konnte zwar letztlich nicht überzeugen,[4] doch erhält Keynes' Ansatz des Reputational Herding wieder zunehmende Aufmerksamkeit. So wies Keynes darauf hin, dass es aus der Sicht eines Finanzmarktanalysten rational sein kann, seine Prognosen weniger an seinem eigenen Kenntnisstand als vielmehr an der herrschenden Meinung der anderen Analysten auszurichten.[5] Das reputationsbedingte Herdenverhalten von Finanzmarktanalysten könnte sich als zentrale Ursache für die Schwächen der Kapitalmarktprognosen erweisen.[6]

---

1 Vgl. z.B. *Spiwoks* (2003), S. 294ff.; *Bofinger/Schmidt* (2003), S. 438ff.; *Spiwoks* (2004a), S. 565ff.; *Scheier/Spiwoks* (2006), S. 71ff.; *Spiwoks/Hein* (2007), 46ff.; *Spiwoks/Bedke/Hein* (2008), S. 357ff.; *Spiwoks/Bedke/Hein* (2009), S. 10ff. sowie *Spiwoks/Bedke/Hein* (2010), S. 17ff.
2 Zum Begriff der gegenwartsorientierten Verlaufsanpassung vgl. *Andres/Spiwoks* (1999), S. 514ff. Umfassende empirische Ergebnisse finden sich bei *Spiwoks/Gubaydullina/Hein* (2011). Gegenwartsorientierte Verlaufsanpassungen bei Finanzmarktprognosen können auch als Status-Quo-Bias interpretiert werden. Zu entsprechenden empirischen Ergebnissen vgl. *Gubaydullina/Hein/Spiwoks* (2011).
3 Vgl. *Spiwoks/Bedke/Hein* (2010).
4 Vgl. *Huck/Oechssler* (2000) und *Spiwoks/Bizer/Hein* (2008b).
5 Vgl. *Keynes* (1936), S. 158 sowie z.B. *Spiwoks* (2004b), S. 58ff.
6 Vgl. *Spiwoks/Bizer/Hein* (2006), S. 5ff.; *Spiwoks/Bizer/Hein* (2008a), S. 177ff.; *Bedke/Bizer/Spiwoks* (2009).

2. Passives Management

Die Nachbildung geeigneter Kapitalmarktindizes als Wertpapierportfolios wird als passives Management bzw. Indextracking bezeichnet. Die Entscheidung, passives Management zu betreiben, basiert zumeist auf der Überzeugung, dass Kapitalmärkte effizient sind.[1] Empirische Untersuchungen zur Outperformance von aktiv veranlagten Fonds bestärken diese Einschätzung ganz überwiegend. Zudem realisieren passive Investoren, dass relatives Management ein Nullsummenspiel ist.[2] Zusätzlich ist der passive Portfoliomanagementansatz durch die Existenz der Theorie effizienter Märkte theoretisch fundiert.[3] Ein weiterer Grund für die Anwendung passiver Portfoliomanagementtechniken, die allesamt quantitativ ausgerichtet sind, kann in der Nichtverfügbarkeit von Ressourcen liegen, die einen aktiven Managementansatz aussichtsreich erscheinen lassen. Dies gilt insbesondere für die Assetklasse Aktien, da angesichts der Vielzahl von zur Verfügung stehenden Werten für ein aktives Management ein großer Researchaufwand betrieben werden muss. Zunehmend muss dieses Argument auch für festverzinsliche Anlagen ins Feld geführt werden. Denn der Anteil der Unternehmensanleihen am gesamten Anleihenbestand nimmt seit Jahren zu.

Auch Risikoüberlegungen sind für Entscheidungen bezüglich einer passiven Investmentphilosophie bedeutsam. Denn das vorliegende Paradoxon der Investmentphilosophie besteht in der Erkenntnis, dass passives Management zum ersten äußerst kostengünstig ist, zum zweiten nur ein minimales relatives Risiko entstehen lässt und zum dritten eine Rendite gewährleistet, die – bei ex post Betrachtung – i.d.R. für einen Platz im oberen Quartil der meisten Rankinglisten qualifiziert. Demgegenüber ist aktives Portfoliomanagement deutlich aufwendiger, risikoreicher (bei Verwendung des Tracking Errors als Risikomaß) und oftmals inferior hinsichtlich der erzielten Renditen. Insofern ist die Klassifizierung einer passiven Investmentphilosophie als „Risikomanagement" gegenüber einem in erster Linie an der erzielbaren Rendite orientierten aktiven Portfoliomanagement sachgerecht.

Ein weiterer Grund für passives Management besteht in der vorliegenden Theoriefundierung. Die empirisch zu beobachtenden Performanceergebnisse werden von der Theorie der Kapitalmarkteffizienz deutlich gestützt. Ähnlich wie bei vielen sog. „Kapitalmarktanomalien" hat sich gezeigt, dass theoretisch erklärbare Phänomene nachhaltiger wirken als rein empirisch festgestellte Sachverhalte.[4]

Allerdings ist auf die Existenz des sog. „Informationsparadoxons" hinzuweisen. Kapitalmärkte können nur dann effizient sein, wenn sich hinreichend viele Marktteilnehmer um die Verbreitung, Auswertung und Umsetzung von Informationen bemühen. Mit anderen Worten: Kapitalmarkteffizienz kann nur vorliegen, wenn genügend viele Marktteilnehmer nicht an deren Existenz glauben. Passives Portfoliomanagement verdankt seine überdurchschnittlichen Vergangenheitsergebnisse mithin dem Umstand, dass die Mehrheit der Akteure eine aktive Investmentphilosophie besitzt und praktiziert. Ändert sich dies, so könnte die Argumentationslage zugunsten eines passiven Portfoliomanagements tendenziell erodieren. Zugunsten des passiven Managements ließe sich ferner argumentieren, dass aktives Management in der Anlagepraxis aus Marketinggründen praktiziert wird, da sich mit ihm we-

---

1 Dabei wird Markteffizienz weniger an der Informationsverarbeitung als vielmehr anhand der Performance aktiv verwalteter Fonds gemessen. Vgl. Abschnitt B.II.1.b.
2 Berücksichtigt man Transaktionskosten, dann ist relatives Management sogar weniger als ein Nullsummenspiel.
3 Vgl. *Fama* (1970), S. 395ff. und *Fama* (1991), S. 1575ff.
4 Vgl. hierzu die ausführlichen Darstellungen im Kapitel B.

sentlich höhere Gebühren erzielen lassen. Solange dies der Fall ist, wird aktives Management auch nicht aufhören, zu existieren, es sei denn, es finden sich keine Anleger mehr bereit, in aktive Mandate zu investieren. Insofern deutet die weite Verbreitung des aktiven Managements seinerseits auf eine Markineffizienz hin.

Gleichwohl ist der Begriff „passives Management" insofern irreführend, als vom Investor eigene Entscheidungen von strategischer Bedeutung verlangt werden. Die Wahl der Assetklasse und einer zu den Anlagezielen passenden Benchmark muss letztlich vom Investor vorgenommen werden. Die Wertentwicklung des Portfolios ist nach erfolgter Benchmarkwahl an die Performance des gewählten Index gebunden. Angesichts der Vielzahl und Veränderlichkeit der zur Verfügung stehenden Indizes ist dies kein leichtes Unterfangen. Differenzen in der Indexgestaltung können einen signifikanten Einfluss auf die Indexperformance haben.

a. Indexauswahl

Für die Auswahl eines Aktienindex im Rahmen des passiven Portfoliomanagements sind zahlreiche Fragen zu beantworten. Eine Auswahl der wichtigsten Fragen soll im Folgenden kurz besprochen werden.

Welche Art von Aktiengesellschaften soll in dem Index repräsentiert werden? Diese Frage bezieht sich auf das vorherrschende Profil der Indexgesellschaften. Ein Blue Chip Index wie der DAX weist offenbar andere Unternehmenscharakteristika auf als der TecDAX.

Welche internationale Streuung soll der Index aufweisen? Hierbei geht es um die regionale Reichweite der gewählten Benchmark. Ein nationaler Index wie der DAX ist stärker an die deutsche Wirtschaftsentwicklung gebunden als etwa der Euro STOXX 50 oder der MSCI World.

Welche Währungsimplikationen sind mit der Indexwahl verbunden? Aus der Indexwahl resultieren Währungsexposures, die von dem Investor akzeptiert bzw. erwogen werden müssen. Im Sinne eines Asset-Liability Managements gilt es dabei zu überprüfen, welche Währungsrisiken dabei auftreten können. Gegebenenfalls ist ein Hedging der Währungsrisiken anzustreben.

Welches Risikoprofil soll der Index aufweisen? Durch ein vergangenheitsorientiertes Kennzahlen-Screening kann der Anleger die Ausprägungen verschiedener Risikokennzahlen für alternative Indizes überprüfen und anschließend Präferenzen festlegen.

Wie repräsentativ soll der Index sein, bzw. wie viele Mitglieder soll er haben? Die Frage nach der Anzahl der Indexgesellschaften hat Konsequenzen für die Repräsentativität und technische Abbildbarkeit des Index.

Gibt es liquide Derivate, die sich auf den Index beziehen? Durch die Verwendung von Indexderivaten lässt sich das passive Management erheblich vereinfachen. Zudem wird die Durchführung von Baisse-Strategien durch Derivate möglich. Ebenso sind Hedgingtransaktionen vergleichsweise einfach durchführbar.

Welches Gewichtungsschema kommt zur Anwendung? Das Gewichtungsschema eines Aktienindex hat Konsequenzen für die Auswahl und Gewichtung der in ihm vertretenen Gesellschaften. Eine Gewichtung mit der Marktkapitalisierung des Eigenkapitals kommt zu anderen Ergebnissen als eine Gewichtung mit dem Grundkapital oder dem Marktwert des Free Float der Unternehmen.

Wie häufig wird der Index hinsichtlich der Zusammensetzung seiner Mitglieder und Gewichtung überprüft bzw. modifiziert? Die Häufigkeit der Indexanpassung hat Auswirkungen auf die Transaktionskosten und die Abbildbarkeit des Index und somit auf den Tracking Error.

Wie effizient soll der Index sein? Ein Aktienindex kann als Portfolio aufgefasst werden, das seinerseits hinsichtlich der Größen Rendite und Risiko hohe Effizienzgrade erreicht. Für Anleger, die im Rahmen ihres passiven Managements einen im Sinne der Portfoliotheorie relativ effizienten Aktienindex suchen, liegt die Analyse der zur Auswahl stehenden Indizes nach diesen Kriterien nahe.

b. Techniken der Indexabbildung

Im Rahmen des passiven Portfoliomanagements findet i.d.R. eine Konzentration auf kostenminimales Management statt. Ziel hierbei ist es, eine vorgegebene Benchmark kostengünstig und möglichst genau hinsichtlich ihres Rendite-Risiko-Profils abzubilden.[1] Die beiden genannten Zielsetzungen verhalten sich konfliktär zueinander. Daher muss ein Algorithmus verwendet werden, der den Trade Off zwischen Aufwand und Abbildungspräzision optimiert.

Auch in diesem Sinne ist der Begriff „passives Management" irreführend, denn Zu- und Abflüsse erfordern eine kontinuierliche Anpassung des Portfolios. Daher kann das Aktivitätsniveau des Portfoliomanagers bei passivem Management gegenüber einem aktiven Managementansatz durchaus hoch sein.

Anhand des DAX als Benchmark für ein deutsches Aktienportfolio soll das Problem genauer betrachtet werden. Eine präzise Benchmarkabbildung gelingt offenbar um so besser, je mehr der im DAX enthaltenen 30 Werte auch mit ihrer DAX-Gewichtung in das Portfolio genommen werden. Sieht man einmal von Ganzzahligkeitsproblemen, Transaktionskosten und Steuern ab, dann kann der Tracking Error auf Null minimiert werden, indem das komplette DAX-Portfolio gehalten wird. Da aber mit zunehmender Aktienanzahl im Portfolio auch die Transaktions-, Informations- und Dokumentationskosten ansteigen, kann es sinnvoll sein, von einer vollkommenen Nachbildung (full replication approach) des DAX abzusehen. Bei enger Auslegung des passiven Managementbegriffs erfüllt jedoch nur ein vollständiger Nachbildungsansatz die Kriterien des passiven Managements. Jede Abweichung von dem abzubildenden Index ist somit ein aktives Managementvorgehen.

In dem speziellen Fall des DAX kann es möglich sein, dass die Vorschriften des Kapitalanlagegesetzbuches die vollständige Nachbildung des DAX durch Investmentfonds zusätzlich erschweren, da nicht mehr als 10% des sog. inländischen OGAW (Organismen für gemeinsame Anlagen in Wertpapiere) in einem Wert investiert sein dürfen. Dabei darf der Gesamtwert aller 5% übersteigenden Anteile 40% des Wertes des inländischen OGAW nicht übersteigen.[2] Die Gewichtung der Siemens-Aktie im DAX lag beispielsweise zum Ende des Jahres 2012 knapp oberhalb dieser Grenze, so dass eine vollständige Replizierung bei institutionellen Portfolios nicht möglich wäre.[3] Kleinere nationale Märkte sind von

---

1 Vgl. *Meyer/Padberg* (1995), S. 270.
2 Vgl. § 202 Abs. 1 KAGB.
3 Durch die Aufnahme neuer Aktien kann es darüber hinaus zu Gewichtungsverschiebungen innerhalb des DAX kommen.

diesem Problem sogar wesentlich gravierender betroffen.[1] Erst mit der Einführung echter Indexfonds konnte dieses Problem gelöst werden. So sieht § 205 KAGB die Überschreitung der o.g. Grenzen z.B. in den Fällen vor, in denen – bei Vorliegen weiterer Voraussetzungen – ein von der Bundesanstalt für Finanzdienstleistungsaufsicht (BaFin) anerkannter Wertpapierindex nachgebildet werden soll.

Ist eine vollständige Index-Nachbildung nicht möglich oder nicht gewünscht, bietet sich ein „sampling approach" als Verfahren des passiven Portfoliomanagements an. Hierbei wird der Tracking Error des zu bildenden Portfolios minimiert. Als Nebenbedingung wird die Anzahl der maximal im Portfolio enthaltenen Aktien formuliert. Für das Beispiel des DAX könnte der Zusammenhang zwischen Tracking Error (TE) und Kosten (K_T) folgendermaßen graphisch aussehen:

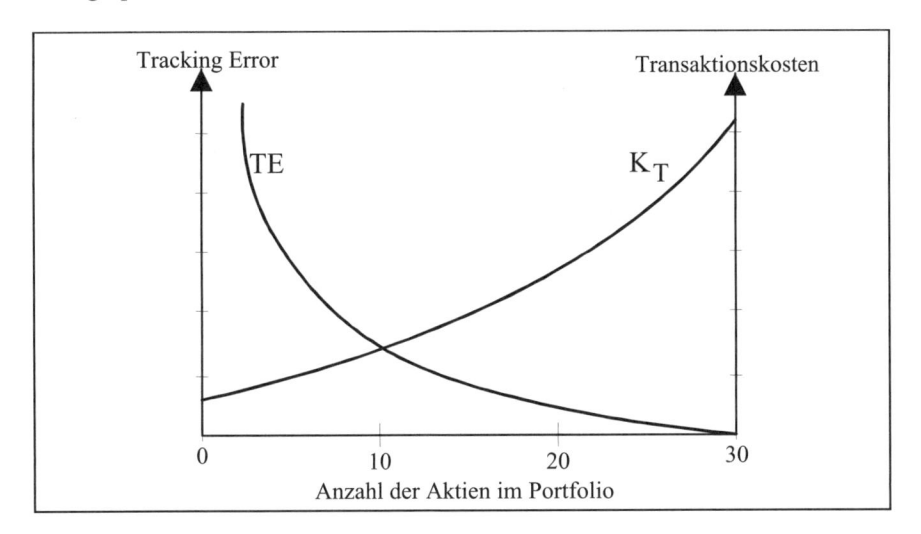

Abb. C.8: Gegensätzlicher Verlauf von Tracking Error und Transaktionskosten

Die sinnvolle Anzahl an DAX-Werten beträgt in Abbildung C.8 genau 10 und liegt im Schnittpunkt der beiden Kurven. Ab diesem Punkt führt eine weitere Verringerung des Tracking Errors zu einer überproportionalen Steigerung der Transaktionskosten, so dass der Gesamtnutzen sein Optimum erreicht. Der DAX sollte in diesem Fall folglich mit 10 Aktien abgebildet werden.

Schließlich sei noch auf ein weiteres praktisches Beispiel verwiesen, anhand dessen die ungefähre Dimension des Tracking Errors in Abhängigkeit der in das Portfolio aufzunehmenden Aktien bestimmt wird (Abbildung C.9). Wie zu erkennen ist, fällt das Ausmaß der Tracking Error-Reduzierung und damit auch der zusätzliche Nutzen der Diversifikation sehr rasch. Der FT-Europe Index, der aus 500 großen europäischen Aktiengesellschaften besteht, kann mit ca. 100 Titeln gut hinsichtlich seines Rendite-Risikoprofils nachgebildet werden. In diesem Fall beträgt der Tracking Error ca. 1%.

---

1 Vgl. *Günther* (2002), S. 231.

Tracking Error beim FT Europe

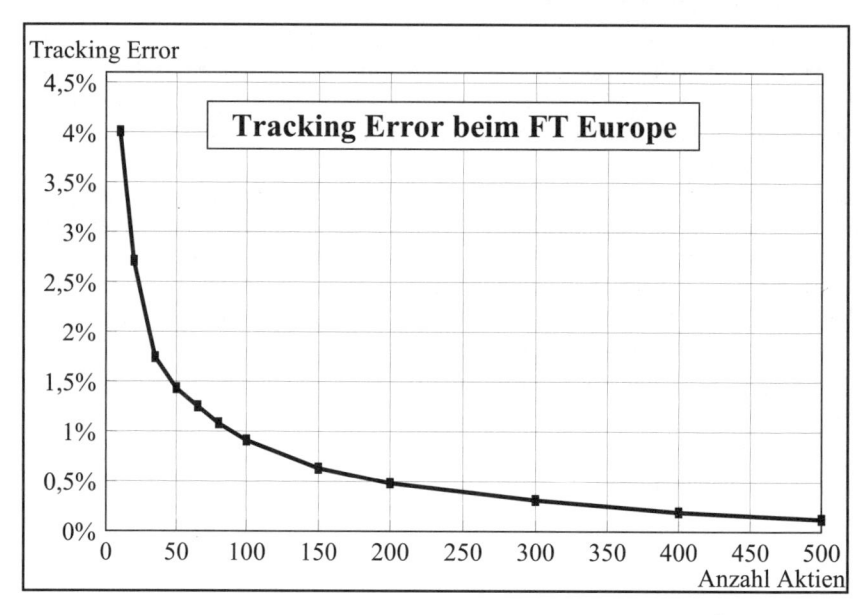

[Diagramm: Tracking Error (y-Achse, 0% bis 4,5%) über Anzahl Aktien (x-Achse, 0 bis 500), fallende Kurve von ca. 4% bei wenigen Aktien auf nahe 0% bei 500 Aktien]

Abb. C.9: Tracking Error am Beispiel des FT Europe[1]

Der Aufwand des am DAX orientierten passiven Managements wird durch Indexanpassungen seitens der entsprechenden Indexanbieter beeinflusst. Veränderungen der Indexzusammensetzungen sowie deren Gewichtungsschemata führen stets zu Umschichtungsnotwendigkeiten bei passiven Portfolios. Da die Zeitpunkte der Indexumstellung und der Umstellungsbekanntmachung regelmäßig auseinanderfallen, resultiert aus Indexanpassungen für Indexmanager jeweils ein Tracking Error Risiko. Der Einsatz von Indexderivaten kann in diesen Fällen zur Verminderung dieses Effektes führen.

Liegen zahlreiche erhebliche Indexanpassungen vor, so lassen diese den Begriff des passiven Managements insofern als fragwürdig erscheinen, als das Underlying – der Index – als dynamisches Anlagegut angesehen werden muss. Ein Blick auf das nachstehende Tableau belegt diese Indexdynamik am Beispiel des DAX. Zahlreiche Auswechselungen von Indexgesellschaften haben das Bild des Index im Laufe der Zeit deutlich verändert. Wichtigster Grund für Indexveränderungen waren Übernahmen und Fusionen von Indexgesellschaften in der Vergangenheit. Der Eindruck eines sogenannten Survivorship Bias, mit dem die Überzeichnung der Indexwertentwicklung aufgrund einer positiven Selektion der Indexgesellschaften im Zeitablauf gemeint ist, könnte sich bei der Betrachtung der dargestellten DAX-Komponenten aufdrängen.

Die Gewichtung der einzelnen Werte im DAX erfolgt seit Juni 2002 auf Basis ihrer Streubesitz-Marktkapitalisierung, d.h. maßgeblich für die Gewichtung ist der Wert der frei handelbaren Aktien („free float") und damit nicht der gesamte Börsenwert des jeweiligen Unternehmens. Sofern ein Anteilseigner Anteile hält, die kumuliert mindestens 5% des auf eine Aktiengattung entfallenden Grundkapitals einer Gesellschaft ausmachen (Festbesitz), so werden diese Anteile nicht in die Gewichtung einbezogen.[2]

---

1 Vgl. *Kleeberg/Schlenger* (1994), S. 229ff.
2 Vgl. *Deutsche Börse* (2013c), S. 6 und S. 12ff.

31.12.1987		31.12.1994		31.12.2000	
Titel	Gewicht	Titel	Gewicht	Titel	Gewicht
Daimler Benz	11,92%	Allianz	11,92%	Deutsche Telekom	13,60%
Allianz	8,41%	Daimler Benz	8,78%	Siemens	10,40%
Siemens	8,37%	Siemens	8,04%	Allianz	10,23%
Bayer	8,07%	Deutsche Bank	7,71%	SAP	6,80%
BASF	6,95%	Veba	5,90%	Münchener Rück	6,69%
Höchst	6,86%	Bayer	5,58%	Daimler Benz	6,25%
Deutsche Bank	6,74%	RWE	5,35%	Deutsche Bank	5,95%
Veba	5,05%	Höchst	4,46%	Infineon	5,49%
RWE	4,55%	BASF	4,25%	E.ON	4,20%
VW	3,30%	Dresdner Bank	4,08%	Bayer	3,31%
BMW	3,29%	Mannesmann	3,46%	Hypo-Vereinsbk.	3,02%
Dresdner Bank	2,98%	BMW	3,41%	BASF	2,98%
Bayer. Hypo	2,45%	VW	3,20%	Dresdner Bank	2,58%
Commerzbank	2,18%	Commerzbank	2,75%	BMW	2,37%
Thyssen	1,60%	Viag	2,24%	Commerzbank	2,13%
Lufthansa	4,59%	Bayer. Hypo	2,19%	RWE	2,10%
Metro	1,59%	Bayer. Vereinsbk.	2,08%	VW	1,81%
Bayer. Vereinsbk.	1,53%	Thyssen	2,08%	Metro	1,38%
Nixdorf	1,52%	Schering	4,56%	Schering	1,29%
Karstadt	1,51%	Preussag	1,54%	Lufthansa	1,02%
Mannesmann	1,26%	MAN	1,50%	Thyssen-Krupp	0,98%
Linde	1,22%	Linde	1,41%	Henkel	0,97%
Degussa	1,13%	Lufthansa	1,39%	Epcos	0,80%
Viag	1,02%	Karstadt	1,07%	Fresenius MC	0,73%
Schering	0,98%	Metro	1,02%	Preussag	0,73%
MAN	0,92%	Degussa	0,90%	Linde	0,56%
Henkel	0,83%	Henkel	0,84%	MAN	0,56%
Feldmühle	0,82%	Continental	0,48%	Degussa-Hüls	0,49%
Continental	0,81%	Metallgesellschaft	0,46%	Karstadt-Quelle	0,37%
Babcock	0,52%	Babcock	0,33%	Adidas-Salomon	0,29%

Tab. C.2: DAX-Mitglieder und Gewichtungen im Zeitablauf

24.03.2003		28.12.2007		28.12.2012	
Titel	Gewicht	Titel	Gewicht	Titel	Gewicht
Deutsche Telekom	11,26%	E.ON	10,06%	Siemens	10,11%
Siemens	11,19%	Siemens	9,93%	BASF	9,86%
Deutsche Bank	8,59%	Allianz	8,37%	Bayer	9,10%
Daimler Chrysler	8,37%	Daimler	8,16%	SAP	8,22%
E.ON	8,36%	BASF	6,18%	Allianz	7,20%
SAP	6,78%	Bayer	6,00%	Daimler	6,18%
BASF	6,51%	Deutsche Bank	5,63%	Deutsche Bank	4,57%
Allianz	4,84%	RWE	5,61%	E.ON	4,03%
Bayer	4,02%	Deutsche Telekom	5,26%	Deutsche Telekom	3,83%
Münchener Rück	3,35%	SAP	3,96%	VW	3,71%
RWE	3,32%	Münchener Rück	3,64%	Linde	3,70%
VW	2,99%	Deutsche Börse	3,41%	BMW	3,53%
BMW	2,82%	VW	2,78%	Münchener Rück	3,27%
Schering	2,26%	Deutsche Post	2,48%	RWE	2,31%
ThyssenKrupp	1,43%	Commerzbank	1,98%	Deutsche Post	2,26%
Deutsche Börse	1,40%	ThyssenKrupp	1,86%	Adidas	2,12%
Hypo-Vereinsbk.	1,28%	Continental	1,81%	Fresenius	1,71%
Deutsche Post	1,25%	BMW	1,71%	Henkel	1,64%
Henkel	1,24%	Linde	1,45%	Fresenius MC	1,64%
Adidas-Salomon	1,21%	MAN	1,41%	Deutsche Börse	1,31%
Lufthansa	1,07%	Adidas	1,31%	Continental	1,05%
Metro	0,99%	Lufthansa	1,05%	ThyssenKrupp	1,04%
Altana	0,98%	Hypo Real Estate	0,91%	Infineon	1,01%
Infineon	0,94%	Henkel	0,86%	Lufthansa	1,00%
Linde	0,93%	Fresenius MC	0,86%	Merck	0,98%
Commerzbank	0,92%	Infineon Tech.	0,76%	HeidelbergCement	0,97%
Fresenius MC	0,52%	Metro	0,74%	Commerzbank	0,95%
TUI	0,51%	Merck	0,72%	K+S	0,92%
MAN	0,50%	Dt. Postbank	0,63%	Beiersdorf	0,92%
MLP	0,17%	TUI	0,48%	LANXESS	0,85%

Tab. C.2: DAX-Mitglieder und Gewichtungen im Zeitablauf (Fortsetzung)[1]

---

1 Die aktuelle Zusammensetzung des DAX kann unter http://dax-indices.com/DE/index.aspx?pageID=4 abgerufen werden (Stand: Januar 2013).

Eine Möglichkeit der Renditeerhöhung bei passivem Management liegt in der Nutzung der Wertpapierleihe, bei der die im Portfolio befindlichen Aktien gegen Entgelt anderen Marktteilnehmern zur vorübergehenden Nutzung überlassen werden.[1] Neben anderen Marktteilnehmern nutzen bestimmte Hedge Fonds-Strategien die Wertpapierleihe intensiv, um die geliehenen Aktien im Rahmen von Baisse-Spekulationen zu verkaufen. Zum Erfolg führt dieses Vorgehen dann, wenn die Aktien in der Zukunft günstiger zurückgekauft werden können. Diese Art der Spekulation wird als Leerverkauf bezeichnet.

In Deutschland gibt es zahlreiche zum Vertrieb zugelassene Indexfonds. Durch die vorgenommenen Liberalisierungen des Finanzmarktes und die Einführung börsengehandelter Indexfonds – sogenannter ETF (Exchange Traded Funds) – hat sich das Volumen passiver Fonds deutlich ausgeweitet. Neben der leichten Handelbarkeit an der Börse haben insbesondere Kostenargumente für den Auftrieb bei diesen Fonds gesorgt.[2] In den USA wird diese Entwicklung dadurch versinnbildlicht, dass der Vanguard S&P 500 Indexfonds, der mit einer Full Replication-Strategie den S&P 500 nachbildet, zu den größten Fonds weltweit zählt.

3. Kombinationen aus Aktiv- und Passivmanagement

a. Enhanced Indexing

Grundsätzlich kann die Frage, ob aktives oder passives Portfoliomanagement sinnvoller ist, nicht eindeutig beantwortet werden. Beide Ansätze können nützlich sein und einen Mehrwert für den Anleger schaffen. Letztlich muss der Investor vor dem Hintergrund seiner individuellen Bedürfnisse und seiner Risikotoleranz darüber entscheiden, welcher Ansatz für welches Produkt und für welchen Zeitpunkt den besten Beitrag zum Portfolio zu liefern imstande ist.[3]

Insbesondere in Zeiten fallender Aktienkurse kann es aber dazu kommen, dass die Anleger weder mit dem passiven Management (Indextracking) noch mit dem aktiven Management zufrieden sind. Vor allem in den Jahren 2000 bis 2003 zeigte sich, dass das reine Duplizieren von Indizes nicht sinnvoll ist, da der Portfoliowert entsprechend der Benchmark immer geringer wurde, ohne dass es zu einem Eingreifen des Portfoliomanagers kam. Zudem sind bei Indexumstellungen die Investitionsströme passiv gemanagter Portfolios leicht vorherzusagen, so dass dies durch andere Marktteilnehmer, wie z.B. Hedge Fonds über Markttiming-Strategien (z.B. Vorkaufen) ausgenutzt werden kann.

Vor diesem Hintergrund haben neben den Absolute Return-Konzepten auch Kombinationen von aktivem und passivem Portfoliomanagement an Bedeutung gewonnen. Dabei sollen die Vorteile beider Ansätze genutzt werden, ohne die gesamten Nachteile zum Tragen kommen zu lassen. Den Portfoliomanagern wird ein gewisser Tracking Error eingeräumt zur Steigerung der Chancen einer moderaten Outperformance. Für sog. Enhanced Mandate liegt der Tracking Error im Bereich von 0,5% – 2,5%.

Beim Enhanced Indexing wird das gesamte zur Verfügung stehende Kapital in einer Assetklasse auf einige wenige große Mandate aufgeteilt. Bei diesen Mandaten werden den Portfoliomanagern eine kleinere aktive Rolle und ein gewisser Spielraum für aktive Wetten

---

1 Vgl. zur Wertpapierleihe die Ausführungen in Kapitel F.
2 Vgl. *Groffmann/Weber* (1998), S. 536.
3 Vgl. hierzu und zu den folgenden Ausführungen insbesondere *Krämer* (2004a), S. 4ff.

eingeräumt. Hierdurch kann die vollständige Abhängigkeit von einem Index als Benchmark vermieden werden. Dadurch, dass der Tracking Error begrenzt wird, können die Ertragserwartungen im Vergleich zu den Indizes einigermaßen berechenbar bleiben. Anders als beim rein passiven Management können die Portfoliomanager beim Enhanced Indexing in fallenden Märkten sinnvolle Abweichungen von der Benchmark vornehmen. Somit geht in diesem Fall das aktive Portfoliomanagement mit einer größeren Risikokontrolle und Berechenbarkeit einher. Auch kann gezeigt werden, dass das Enhanced Indexing theoretisch zu einer verbesserten Risiko-Ertrags-Effizienz als passive oder stärker aktive Strategien führen kann, wobei dies z.B. in einer höheren Information Ratio bzw. einem geringeren Risiko zum Ausdruck kommen kann.[1]

b. Core-Satellite-Ansatz

Mit Hilfe des Core-Satellite Ansatzes soll eine klare Trennung zwischen dem aktiven und dem passiven Teil eines Portfolios erreicht werden. Das gesamte Portfoliovermögen kann mithin in ein Kernportfolio („Core") und ein oder mehrere Satelliteninvestments („Satellite") unterteilt werden. Dabei wird das Kernportfolio, das den Großteil des zu investierenden Kapitals umfasst, in breit diversifizierte Anlageinstrumente investiert, die einen wichtigen Index nachbilden. Es wird somit passiv bzw. annähernd passiv gemanagt, so dass zu relativ günstigen Kosten die Rendite des Marktes erwirtschaftet werden kann. Als passive, effiziente Produkte kommen beispielsweise Exchange Traded Funds (ETFs) oder auch entsprechende Zertifikate infrage, wobei aber auch Anlagen in eine begrenzte Anzahl von Kernaktien möglich wären, die nicht oder nur sehr selten im Portfolio bewegt werden. Als Core-Komponente kommen beispielsweise breite Marktindizes wie der DAX oder der MSCI Europe in Frage. Alternativ könnte auch eine eine optimale Mischung aus Sektoren- oder Länder-Indizes das Core-Portfolio bilden.

Letztendlich weicht das Portfolio somit im Wesentlichen aufgrund der sogenannten Satellites von dem Vergleichsindex ab. Die Satelliten stellen den kleineren Teil des Portfolios dar, die aber aktiv gemanagt werden. Insofern hat das Portfoliomanagement Spielraum zum Einsatz von Handelsstrategien, mit denen es über den Kernbereich des Portfolios hinaus zusätzliche Renditen erzielen kann. Die Auswahl der Satelliten hat somit zwei Ziele: Zum einen sollen sie die Performance des Gesamtportfolios verbessern bzw. zumindest – aufgrund des Diversifikationseffektes – das Risiko reduzieren, indem sie geringe Korrelationen zu dem Kernportfolio aufweisen. Zum anderen sollen die Satelliten – vor dem Hintergrund einer geringeren Markteffizienz – überdurchschnittliche Renditebeiträge („Alpha") erzielen. Als Anlagethemen können beispielsweise Anlagen in Schwellenländer, hochverzinsliche Anleihen („High Yield Bonds"), Small Caps, Themenfonds oder auch Rohstoffe genannt werden. Da die Themen aber auch wechseln, ist eine aktivere Auswahl und eine dynamische Asset Allocation erforderlich.[2]

Allerdings ist zu beachten, dass Satellitenanlagen auch zu einer Reduzierung der Gesamtperformance führen können. So wird im Satellitenbereich gern auf sog. Zukunftsthemen gesetzt, die aber oftmals vielschichtig und in ihrem zeitlichen und technologischen Anlauf nicht gut fassbar sind. Die Erfolge stellen sich z.B. bei Themen wie Wasser, Energie

---

1 Vgl. *Krämer* (2004a), S. 7; *Roe* (2003a) und *Roe* (2003b).
2 Vgl. *Michalik* (2008), S. 3 und *Brestel* (2007), S. 20.

oder Infrastruktur eher langfristig ein. Darüber hinaus können die Renditebeiträge der Satelliteninvestments aufgrund der höheren Risiken auch negativ ausfallen.

Festzulegen ist das Verhältnis, in dem das Kernportfolio und der Satellit zueinander stehen sollen. Oftmals wird ein gewisses Anfangsverhältnis festgelegt, wobei Risikoüberlegungen eine wichtige Rolle spielen. Allerdings besteht bei Core-Satellite-Strategien die Gefahr, dass ein anfangs konstruiertes Portfolio vor dem Hintergrund immer neuer Themen und Märkte, die in das Portfolio aufgenommen werden, zu stark in Richtung Satellitenanlagen abgleitet. Ein abnehmender Einfluss des Kernportfolios kann zu einer volatileren und schlechteren Performance bei steigenden Kosten führen. Daher ist eine entsprechende Disziplin bei der praktischen Umsetzung erforderlich. So erfordert diese Strategie vor allem bei den Satellitenanlagen eine sorgfältige und kontinuierliche Planung und Überwachung.[1]

Von besonderer Bedeutung für eine Verbesserung des Risiko-Ertrags-Verhältnisses des Gesamtportfolios bei einer Core-Satellite-Strategie ist eine positive Ertragserwartung in Kombination mit einer attraktiven Korrelations-Konstellation für die Satellitenanlage. Je geringer die Korrelation ausfällt, desto größer fällt der Diversifikationseffekt durch die dem Core beigemischte Assetklasse aus. Somit lässt sich durch Aufnahme weiterer Assetklassen eine Performanceverbesserung bei gleichem Risiko erzielen.[2]

4. Grundsätzliche Attraktivität von Assetklassen

Eine weitere wichtige Frage der Investmentphilosophie ist jene nach der grundsätzlichen Attraktivität von Assetklassen. Kommt die Investmentphilosophie zu dem Ergebnis, dass bestimmte Assetklassen effizient sind, dann stellt sich dennoch die Frage, ob die erwartbaren strukturellen Renditen dieser Assetklasse bzw. des jeweiligen Marktes ein attraktives Investment darstellen. Für Investoren, die einen passiven Anlageansatz bevorzugen, ist die Beantwortung dieser Frage von herausgehobenem Interesse.

Eine Assetklasse besteht aus gleichartigen Vermögenswerten, die ein homogenes Rendite-Risikoprofil zueinander und ein heterogenes zu anderen Vermögenswerten aufweisen. Für die Klassifikation als eigenständige Assetklasse ist nicht die Verbriefung oder die Handelbarkeit ausschlaggebend, sondern das heterogene Performanceprofil im Vergleich zu anderen Assetklassen.

Zur Beschreibung der verschiedenen denkbaren Assetklassen ist eine Unterscheidung in standardisierte und nicht standardisierte Assets zweckmäßig. Denn die Portfoliomanagementpraxis hat gezeigt, dass sich der weit überwiegende Teil des institutionellen Portfoliomanagements auf standardisierte Anlageformen konzentriert.

In rechtlicher Hinsicht wird in dem im Juli 2013 in Kraft getretenen Kapitalanlagegesetzbuch (KAGB)[3] zwischen Investmentvermögen als sogenannten „Organismen für gemeinsame Anlagen in Wertpapieren" (OGAW) und sogenannten „alternativen Investmentfonds" (AIF) unterschieden. Zu den OGAWs zählen zahlreiche Aktien- und Rentenfonds. Bei geschlossenen Fonds handelt es sich um AIF. Nicht als OGAW geltende, investmentrechtlich regulierte offene Investmentfonds zählen ebenfalls zu den AIF, wie vor allem

---

1 Vgl. *Brestel* (2007), S. 21.
2 Vgl. *Stahlhacke* (2008), S. 41f.
3 Das KAGB wurde durch das AIFM-Umsetzungsgesetz geschaffen, wobei AIFM für „Alternative Investment Fund Manager" steht. Vgl. *Gänßler* (2013), S. 18. Zu Hintergrund und Bedeutung des KAGB als umfassendes Gesetzeswerk für alle Vermögensanlagen vgl. *Arora* (2013), S. 14ff.

offene Spezialfonds und offene Immobilienfonds. Im Vergleich zu den OGAW-Verwaltern gelten für Verwalter von AIF unterschiedliche Zulassungsanforderungen und Berichtspflichten. Auch die Kapitalverwaltungsgesellschaften (KVGen) unterscheiden sich hinsichtlich der Art des verwalteten Investmentvermögens in OGAW-KVG und AIF-KVG.[1]

a. Standardisierte Assets

Die für die Asset Allocation in Frage kommenden Anlagegattungen lassen sich bezüglich ihrer Handelbarkeit kategorisieren. Im Vordergrund des institutionellen Portfoliomanagements stehen die standardisierten Assetklassen. Mit der Standardisierung ist die Fungibilität der Vermögensgegenstände verbunden. Die Fungibilität erleichtert wiederum die Handelbarkeit. Erst die Handelbarkeit rückt eine Anlagegattung in das Blickfeld der Kapitalanleger. Zur systematischen Analyse der Anlagegattung ist ferner das Vorliegen von öffentlich zugänglichen Informationen bedeutsam. Schließlich bedarf der Handel einer gewissen Mindestliquidität, um Anleger anzulocken. Standardisierte Assets weisen in aller Regel eine höhere Liquidität auf als nicht standardisierte Assets. Gleichwohl spielen die Letztgenannten gerade im Bereich von gehobenen Privatkundenportfolios (high net worth individuals) durchaus eine Rolle. Die Berücksichtigung nicht standardisierter Assets in einem Portfolio hängt von dem Portfoliovolumen, dem Anlagehorizont und insbesondere von der Risikotoleranz des Anlegers ab.

Bei den standardisierten Assets stehen Wertpapieranlagen im Vordergrund. In erster Linie ist dabei an Aktien und Anleihen zu denken. Als typischerweise genannte dritte Komponente können Geldmarktanlagen angesehen werden, d.h. die Anlage liquider Mittel für einen fest vereinbarten Zeitraum als Termingeld oder als täglich verfügbare Anlage am Geldmarkt.[2] Alle drei genannten Assetklassen lassen sich auch mit Hilfe von Investmentfonds und Derivaten abbilden.

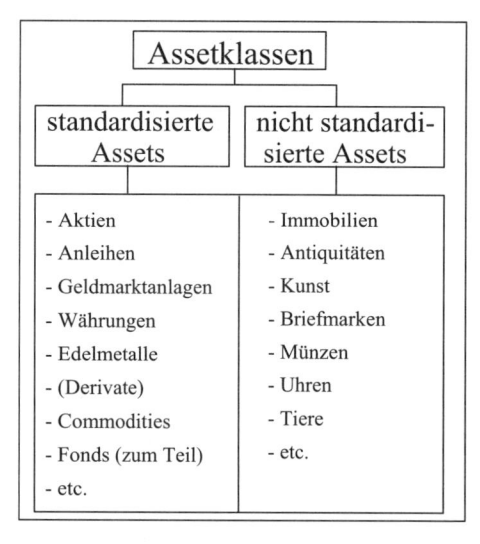

```
                    Assetklassen
                   ┌──────┴──────┐
          standardisierte    nicht standardi-
             Assets          sierte Assets
          ┌──────────────┐   ┌──────────────┐
          │ - Aktien     │   │ - Immobilien │
          │ - Anleihen   │   │ - Antiquitäten│
          │ - Geldmarktanlagen│ - Kunst    │
          │ - Währungen  │   │ - Briefmarken│
          │ - Edelmetalle│   │ - Münzen     │
          │ - (Derivate) │   │ - Uhren      │
          │ - Commodities│   │ - Tiere      │
          │ - Fonds (zum Teil)│ - etc.     │
          │ - etc.       │   │              │
          └──────────────┘   └──────────────┘
```

Abb. C.10: Potentielle Assetklassen

---

1 Vgl. *BVI* (2013), S. 41f.
2 Vgl. *Tilley/Latainer* (1985), S. 33.

Derivate sind in der obigen Abbildung lediglich in Klammern gesetzt worden, da sie grundsätzlich nicht als Assetklasse charakterisiert werden können, aus praktischen Erwägungen heraus aber eine solche Einteilung sinnvoll erscheint. Diese Instrumente weisen Rendite-Risikoprofile auf, die sich auch mit den anderen Assetklassen bzw. mit Kombinationen aus diesen herstellen lassen. Insofern sind Derivate lediglich als Substitute und nicht als Assetklasse zu charakterisieren. Dennoch ist zu berücksichtigen, dass die Herstellung der Rendite-Risiko-Profile von Derivaten mit Hilfe anderer Assetklassen in der Praxis zum Teil recht kostenintensiv und zeitaufwendig ist. Eine schnellere, einfachere und billigere Abbildung der entsprechenden Profile ist über Derivate möglich. Diese Argumente sprechen grundsätzlich für eine Einordnung von Derivaten als eigenständige Assetklasse.

Dies gilt besonders für Derivate auf Commodities. Angesichts der problematischen Liefer- und Lagerbarkeit von Commodities können Portfoliomanager ein Exposure in diesen Märkten oftmals nur mittels des Einsatzes von Derivaten bewerkstelligen. Insofern stellen diese Instrumente bei exotischen Assets die einzige praktikable Möglichkeit dar, auf diesen Märkten Investments für Portfolios zu tätigen. Zudem gelingt durch den Einsatz von Derivaten die Transformation z.T. nicht standardisierter Assets in standardisierte Assets. Sofern es sich nämlich um börsengehandelte Futures und Optionen handelt, sind die Kontraktmerkmale genau spezifiziert.

Darüber hinaus spielen für die Asset Allocation auch Währungen und Waren (Commodities) eine Rolle, zumal wenn der Investmentscope über das eigene Referenzland hinausreicht. Während Währungen i.d.R. direkt am Devisenmarkt erworben werden, bietet sich auch bei Investments in Commodities das Zurückgreifen auf entsprechende derivative Instrumente an.

b. Nicht standardisierte Assets

Als nicht standardisierte Assets können solche Vermögensgegenstände klassifiziert werden, die aufgrund ihrer Produkteigenschaften als nicht austauschbare Einzelstücke anzusehen sind. Aufgrund der nicht gegebenen Fungibilität findet in nicht standardisierten Assets kein regelmäßiger Handel statt. Daher besteht das größte Problem dieser Assetklassen in der geringen Marktliquidität.

Die wichtigsten nicht standardisierten Assets sind Immobilien, Kunstwerke, Antiquitäten, Münzen, Briefmarken, Uhren und ggf. Tiere (z.B. Rennpferde). Am ehesten sind nicht standardisierte Assets mit der Assetklasse „Commodities" zu vergleichen. Laufende Zahlungen in Form von Zinsen oder Dividenden fließen i.d.R. nicht, es sei denn, die Gegenstände werden Dritten zur Nutzung überlassen, wie dies etwa bei Immobilien in Form von Vermietungen der Fall ist.[1] Positive Renditen müssen sich nahezu vollständig aus dem Wertzuwachs der Vermögensgegenstände ergeben.

Dem Problem der geringen Liquidität nicht standardisierter Assets kann u.U. begegnet werden, indem diese in einem Fonds gehalten werden. Bei Immobilien ist dieses Vorgehen nicht unüblich. Offene Immobilienfonds können täglich vom Investor zum Nettoinventar-

---

1 In diesem Zusammenhang sollte der fundamentale Unterschied zwischen Mieteinnahmen bei Immobilien und beispielsweise Zinseinnahmen bei Anleihen bedacht werden. Während Mieteinnahmen nur bei Nutzungsüberlassung des erworbenen Gegenstandes (Immobilie) fließen, ergeben sich bei Anleihen Kuponzahlungen ohne die Überlassung der Anleihenutzung. Durch die Nutzungsüberlassung in Form der Wertpapierleihe können zusätzliche Erträge erzielt werden.

wert zurückgegeben werden und können daher als liquide angesehen werden. Geschlossene Fondskonzepte existieren ebenfalls. Ein liquider Handel kann jedoch nur entstehen, wenn die geschlossenen Fonds an einer Börse notiert werden. Bei geschlossenen Fonds, die ihre Anlagepolitik auf nicht standardisierte Assetklassen konzentrieren, ist dies jedoch die Ausnahme.

Trotz der Problembereiche, die mit nicht standardisierten Assets verbunden sind, kann die Aufnahme dieser Anlageformen aus Gründen der Diversifikation sinnvoll sein, zumal die erwartbaren Korrelationen mit anderen Assetklassen niedrig sind. Bei großen institutionellen und privaten Vermögen ist eine breite Streuung, die neben den gängigen Assetklassen auch nicht standardisierte Assets berücksichtigt, nicht unüblich.

Die Klassifizierung von Anlagewerten als Assetklassen lässt sich exemplarisch bei Währungen aufzeigen. Streng genommen sind Währungen keine Assetklasse im eigentlichen Sinn.[1] Währungen lassen im Gegensatz etwa zu Aktien und Anleihen keine zukünftigen Cash Flows erwarten, so dass eine zukünftige Währungsrendite von Null anzunehmen ist.[2] Im Rahmen der Investmentphilosophie muss dann erwogen werden, ob ein Engagement in einem Anlagegegenstand, dessen Markt als effizient angesehen wird und der einen Erwartungswert für die Währungsrendite von Null aufweist, sinnvoll ist. Wie die Überlegungen zeigen, erscheinen Währungen nicht sui generis als attraktive Anlagegattung. Für die Investmentphilosophie ist daraus die Konsequenz zu ziehen, Zurückhaltung bei aktiven Währungswetten zu üben, da die Performance ausschließlich aus Kursbewegungen stammt.

In gleicher Weise muss für andere Anlagegattungen hinterfragt werden, wie attraktiv diese grundsätzlich sind. Dabei muss der Gefahr ausgewichen werden, die Kursentwicklungen der Vergangenheit zum Maßstab der Beurteilung zu machen. Allenfalls können vergangene Kursentwicklungen eine Indikation für Attraktivität sein. Die Fortschreibung vergangener Entwicklungen in die Zukunft kann zu großen Fehlallokationen führen.[3] Daher sind theoretische Überlegungen zur Assetklassenattraktivität prioritär anzustellen. Zurückhaltung ist oft angeraten bei Anlagegattungen, deren Renditen ausschließlich aus der Kursveränderung stammen. Dies betrifft zumeist reale Wirtschaftsgüter wie z.B. Rohstoffe.[4]

In den vergangenen Jahren wurden zusätzlich zu den traditionellen Anlagen Aktien, Anleihen und Immobilien unterschiedliche Misch- und Spezialformen entwickelt. Dazu zählen beispielsweise Asset Backed Securities- (ABS-)Produkte, Private Equity-Konstruktionen oder auch strukturierte Zinsprodukte, die mehr oder weniger zu den bestehenden Assetklassen verwandt sind. Grundsätzlich sollte im Hinblick auf die Aufnahme neuer

---

1 Der Begriff Asset lässt sich treffend mit Vermögensgegenstand übersetzen. Bei Währungen bzw. Wechselkursen handelt es sich jedoch nur um eine Austauschrelation zwischen den Zahlungsmitteln zweier Währungsgebiete. Auch in den Begriffsrahmen des Kapitalmarktes passen Währungen bei enger Auslegung kaum, da sie weder Eigen- noch Fremdkapital darstellen.
2 Die Vereinfachung besteht in der Vernachlässigung des sogenannten „Siegel-Paradoxons". Dieses zeigt auf, dass bei prozentualer Betrachtungsweise ein leicht positiver Währungsreturn zu erwarten ist. Vgl. *Siegel* (1972), S. 303ff. Ein praktisches Beispiel zum Siegel-Paradoxon findet sich bei *Gügi* (1995), S. 182.
3 Zu denken ist beispielsweise an die erhebliche Aufstockung der Aktienquoten bei Versicherungsgesellschaften zulasten der Anleihegewichtungen in den 1990er Jahren. Das wesentliche Argument für diese Allokationsverschiebung lag in der Attraktivität der Aktienanlage in der Vergangenheit. Allerdings können dann viele Versicherungsgesellschaften bei einem länger anhaltenden Aktienkursrückgang möglicherweise in finanzielle Bedrängnis geraten.
4 Zu Rohstoffen als Assetklasse im Portfoliomanagement vgl. *Mezger/Eibl* (2005), S. 8ff.

Assetklassen in ein Portfolio darauf geachtet werden, dass diese Assetklassen aufgrund geringer Korrelationen zueinander einen hohen Diversifikationseffekt bewirken, zu einer Renditeverstetigung der Gesamtanlagen führen und eine ausreichende Fungibilität und Liquidität aufweisen. Vor diesem Hintergrund erscheint auch die Assetklasse Volatilität als Investitionsmöglichkeit attraktiv.[1]

II. Investmentprozess

Der Investmentprozess beschreibt die Organisation und den Ablauf des zielorientierten Treffens und Vollziehens von Kapitalanlageentscheidungen und deren Kontrolle. In chronologischer Reihenfolge charakterisiert er somit die Arbeitsabläufe im Portfoliomanagement. Ein grobes dreiteiliges Schema des Investmentprozesses findet sich in Abbildung C.11.

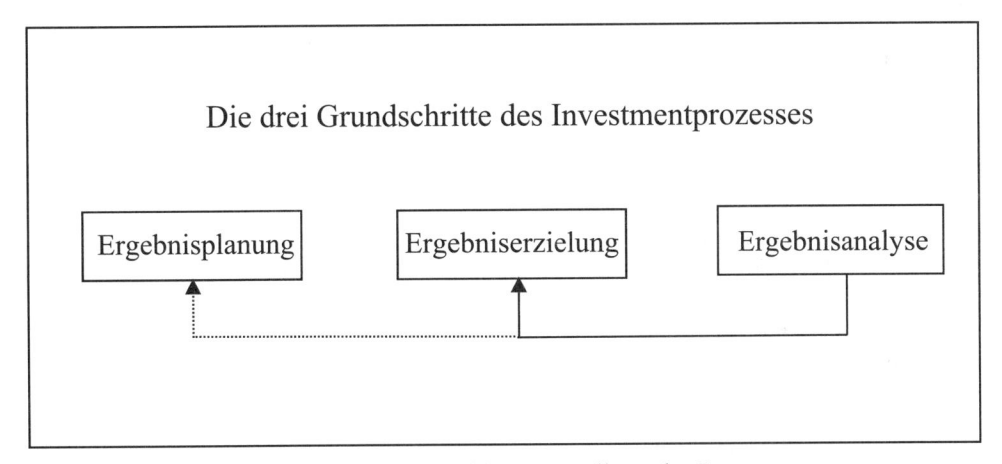

Die drei Grundschritte des Investmentprozesses

Ergebnisplanung   Ergebniserzielung   Ergebnisanalyse

Abb. C.11: Schematische dreigliedrige Darstellung des Investmentprozesses

Entscheidende Bedeutung kommt dem mittleren Schritt der Ergebniserzielung zu. Hier können sich Assetmanagementgesellschaften besonders voneinander differenzieren. Unterstellt man, dass sich der Investor für einen aktiven Managementansatz entschieden hat, so ist eine weitere Differenzierung des Ergebniserzielungsschrittes geboten. In diesem Fall lässt sich der Investmentprozess als fünfstufigen Ablauf kennzeichnen. Bei der Verfolgung eines passiven Managementansatzes entfallen der zweite und dritte Schritt des dargestellten Investmentprozesses weitgehend.

---

1 Vgl. *Edele/Reibis* (2007), S. 12 und *Hafner/Wallmeier* (2006), S. 511ff.

Investmentprozess

Zielfestlegung	Informationssammlung und -auswertung	Strategieformulierung, Portfoliokonstruktion	Markttransaktionen	Ergebniskontrolle
Benchmark	*Research*	*Asset Allocation*	*Trading*	*Performanceanalyse*

Kernfunktionen des Portfoliomanagements

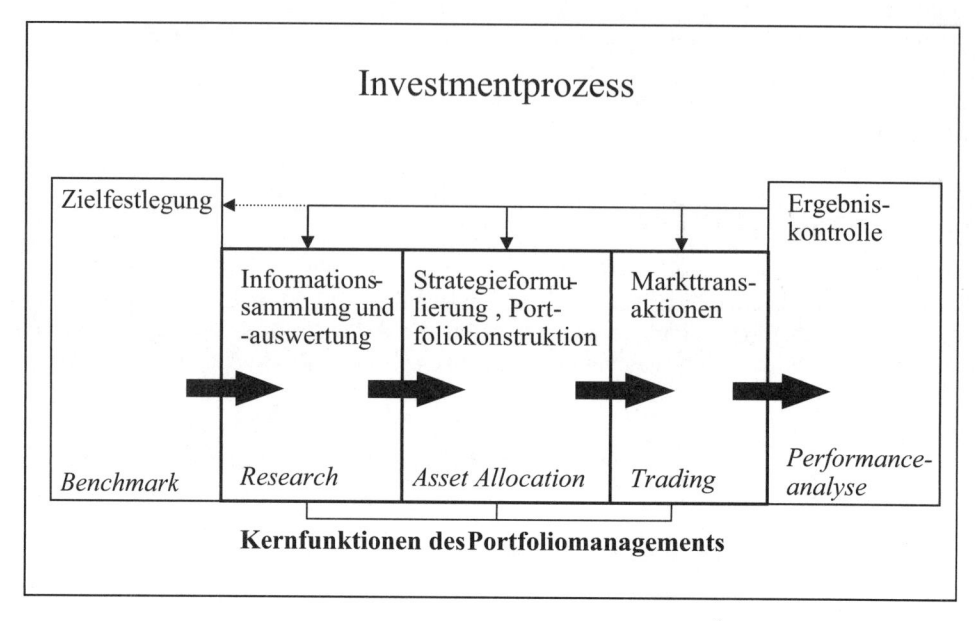

Abb. C.12: Fünfstufiger Investmentprozess[1]

Die in der obigen Grafik als Kernfunktionen gekennzeichneten Tätigkeiten sind organisatorisch im Portfoliomanagement anzusiedeln. Demgegenüber liegt die Zieldefinition, d.h. die Benchmarkfestlegung für die Portfolios, häufig in der Hand der Kunden. Diese werden bei Assetmanagementgesellschaften intern zumeist durch die Marketingabteilung vertreten. Auch die Performanceanalyse ist, um Interessenkonflikten aus dem Weg zu gehen, organisatorisch zumeist kein Bestandteil des Portfoliomanagements. Das Feedback der Ergebniskontrolle geht unmittelbar in die Kernfunktionen des Portfoliomanagements ein. Gegebenenfalls wird auch die Zielfestlegung von der Performanceanalyse tangiert.

1. Zielformulierung

Am Anfang des Investmentprozesses steht die Zielfestlegung. Wie in Kapital A dargestellt, sollte der Diskussion einzelner Zielvariablen die Transformation in eine i.d.R. marktorientierte Benchmark folgen. Von der Situation des Investors hängt es ab, welches Ziel für ihn geeignet ist. Während Pensionseinrichtungen und Versicherungsgesellschaften überwiegend auf Asset/Liability-Überlegungen fokussieren, zielen Kapitalanlagegesellschaften eher auf die Erzielung überdurchschnittlicher Performance gegenüber gängigen Kapitalmarktindizes ab. Privatinvestoren, sofern sie nicht als reine Spekulanten agieren, konzentrieren sich zumeist auf das Übertreffen der für sie geltenden Anlage-Opportunität. Diese besteht oftmals in einer Termingeldanlage.

---

[1] Der Aufbau der Grafik ist angelehnt an die Wertkettendarstellung von Porter. Vgl. *Porter* (1986), S. 72ff.

Assetmanagementgesellschaften verwenden bei institutionellen Kunden auf die Festlegung geeigneter Anlageziele viel Aufmerksamkeit, da Ungenauigkeiten bei der Zieldefinition erfahrungsgemäß im Fall von Zielverfehlungen zu Problemen führen. Eine Zielberatung kann dem Kunden dabei die Vielzahl der Möglichkeiten und deren Kombination transparent machen. Besonders der Zusammenhang und die Festlegung von Renditezielen und Risikolimiten muss kommuniziert werden. Damit das Portfoliomanagement zielorientiert arbeiten kann, ist es wünschenswert, die gewählten Ziele für einen längeren Zeitraum beizubehalten. Bei der Auswahl des Zieles ist daher mit Sorgfalt und Weitsicht vorzugehen. Die Darstellung verschiedener Zukunftsszenarien kann hierbei wichtige Hilfestellungen bieten. Letztlich muss es dem Investor überlassen sein, zu entscheiden, welches Anlageziel er anstrebt.

Wie wichtig eine gründliche Zielplanung für eine gedeihliche Kundenbeziehung ist, soll an einem kurzen Beispiel demonstriert werden. Anleger besitzen nicht selten die Erwartung, ihr Aktienportfolio werde eine durchschnittliche jährliche Rendite von 10% aufweisen. Zudem bekunden und glauben viele Investoren, sie seien langfristig ausgerichtet.

Bei einem Renditeerwartungswert von 10% p.a. (stetige Rendite), einer geplanten Anlagedauer von 10 Jahren und einer angenommenen Volatilität der normalverteilten, stetigen Renditen von 20% p.a. ergibt sich eine 68,27%ige Wahrscheinlichkeit dafür, dass die jährliche durchschnittliche stetige Rendite zwischen 3,675% und 16,325% liegen wird. Dies lässt sich wie folgt zeigen:[1]

$$r_{stetig, 10\,Jahre} = 10\% \cdot 10 = 100\% \quad , \quad \sigma_{10\,Jahre} = 20\% \cdot \sqrt{10} = 63,25\%$$

Somit wird mit 68,27% Wahrscheinlichkeit erwartet, dass für die folgende Periode von 10 Jahren gilt:

$$100\% - 63,25\% \leq r_{stetig, 10\,Jahre} \leq 100\% + 63,25\%$$

bzw.

$$36,75\% \leq r_{stetig, 10\,Jahre} \leq 163,25\%$$

Darüber hinaus kann die durchschnittliche stetige Rendite wie folgt bestimmt werden:

$$\bar{r}_{stetig} = \frac{1}{n} \cdot \sum_{t=1}^{n} r_{t_{stetig}} \quad bzw. \quad r_{stetig, 1\,Jahr} = \frac{1}{10} \cdot \sum_{t=1}^{10} r_{t_{stetig}} = \frac{r_{stetig, 10\,Jahre}}{10}$$

Hieraus ergibt sich mit einer Wahrscheinlichkeit von 68,27% die folgende Bandbreite für die jährliche durchschnittliche stetige Rendite:

$$3,675\% \leq r_{stetig, 1\,Jahr} \leq 16,325\%$$

---

1 Vgl. zu den Berechnungen Kapitel A.

Zudem wird bei dieser Datenlage eine jährliche durchschnittliche Mindestrendite (stetige Rendite) von nur 1% während der Anlagedauer mit einer Wahrscheinlichkeit von 7,74% unterschritten:

$$r_{stetig, 10 Jahre, min} = 10\%$$

$$z = \frac{r_{min} - \mu}{\sigma} = \frac{10\% - 100\%}{63,25\%} = -1,4229249$$

Aus der Standardnormalverteilung lässt sich für dieses z ein Wert der Verteilungsfunktion von 7,74% ermitteln:

$$F_N(-1,4229249) = 7,74\%$$

Dieses Beispiel verdeutlicht, dass die vom Anleger erwartete, durchschnittliche jährliche Rendite von 10% durchaus niedriger ausfallen kann. Damit kann die Orientierung von Anlegerzielen an Durchschnittswerten der Vergangenheit zu falschen Erwartungen führen. Eine Sensibilisierung der Anleger durch entsprechende Beispielrechnungen kann daher zur Vermeidung von Enttäuschungen führen. Das Übertreffen gesetzter Ziele ist demgegenüber unproblematisch.[1]

2. Research und Prognose

Dem Schritt der Zielformulierung folgt i.d.R. die Informationssammlung und -auswertung. Für Assetmanagementgesellschaften erweist sich dieser Arbeitsschritt als komplexes Problem. Da das Anlagespektrum dieser Gesellschaften aus Gründen des Marketing zumeist global ausgerichtet ist, ist eine Vielzahl von Märkten und Wertpapieren zu analysieren. Dies erfordert Teams von Analysten und Portfoliomanagern, die ihre Arbeitsergebnisse kommunizieren und dokumentieren müssen. Ab einer gewissen Teamgröße ist ein formaler Prozess des Informationsaustausches unerlässlich. Neben der Agenda muss z.B. festgelegt werden, in welcher Besetzung und Regelmäßigkeit Teamsitzungen stattfinden sollen. Es zeigt sich, dass die Festlegung eines Investmentprozesses wichtige personelle Dimensionen aufweist. Der Investmentprozess muss zu den handelnden Personen und deren Investmentphilosophien passen, um funktionieren zu können. Nicht zuletzt deshalb muss der Festlegung des Investmentprozesses höchste Priorität gegeben werden.

Der Researchprozess mündet in der Erstellung von Prognosen für die betrachteten Märkte und Wertpapiere. Das Format der Prognosen muss, um für die Weiterverarbeitung geeignet zu sein, normiert werden. Beispielsweise muss entschieden werden, ob ordinale (z.B. überdurchschnittlich attraktiv, unterdurchschnittlich attraktiv) oder kardinale (z.B. 15% Total Return, 10% Total Return) Prognosen erstellt werden sollen. Für andere Prognosevariablen wie Korrelationen und Risikomaße gilt Ähnliches.

---

1 Hier zeigt sich abermals der bisweilen asymmetrische Charakter von Anlagezielen. Es sei daran erinnert, dass das Risiko überwiegend als Abweichung von geplanten Ergebnissen gemessen wird.

3. Strategieformulierung und Portfoliokonstruktion

Auf der Basis der gewonnenen Prognosen wird anschließend die Anlagestrategie formuliert. Im Rahmen des Investmentprozesses sind die Verantwortlichkeiten für die Entscheidungen und die daraus resultierende Performance festzulegen. Dabei spielen Risikoerwägungen eine wichtige Rolle. Unter Anlagestrategie wird das prognosebasierte und am Kapitalmarkt umzusetzende konkrete Resultat der Asset Allocation verstanden. Der Begriff der Asset Allocation ist hierbei weit zu interpretieren und umfasst auf der oberen Entscheidungsebene Anlagegattungen, Länder und Währungen. Dies schließt Optimierungsüberlegungen bezüglich der Portfoliokonstruktion mit ein.

Die Verdichtung der vorliegenden Prognosen zu einer Anlagestrategie mit anschließender Portfoliokonstruktion ist die Kernaufgabe eines Portfoliomanagers. Der Begriff Wertpapierprogrammentscheidung kennzeichnet diese Tätigkeit treffend. Während Research und Handel delegierbar sind, findet der Portfoliomanager seine Hauptzuständigkeit in der strategiegemäßen Zusammenstellung von Wertpapierdepots. Im Hinblick auf den Investmentprozess ist festzulegen, woher der Portfoliomanager die relevanten Prognosen erhält. Neben internen Quellen sind auch externe Bezugsquellen wie z.B. Broker bzw. die Wertpapieranalyseabteilungen von Banken vorstellbar. Ebenso ist denkbar, dass der Portfoliomanager in Personalunion auch für das Research und die Prognoseerstellung zuständig ist.

Bei personeller Trennung von Prognose und Portfoliokonstruktion dient der Portfoliomanager als zusätzlicher Qualitätsfilter für die ihm zugehenden Prognosen. Im Investmentprozess ist zu definieren, ob und in welchen Fällen der Portfoliomanager zur Umsetzung der Prognosen im Portfolio gezwungen wird. Insofern sind Freiheitsgrade für Portfoliomanager zu definieren, innerhalb derer sie agieren können.

Ferner ist festzulegen, in welcher Form und Häufigkeit Gremien in die Entscheidungen einbezogen werden sollen.

4. Wertpapierhandel

Die Umsetzung beschlossener Strategien in Kapitalmarkttransaktionen findet durch den Wertpapierhandel statt. Im Rahmen des Investmentprozesses muss die Rolle des Wertpapierhandels definiert werden. Dazu sind einige Fragen zu beantworten:

- Was wird von dem Handel erwartet?
- Welcher Personenkreis soll den Handel ausführen und ihn verantworten?
- Wo soll der Handel innerhalb des Portfoliomanagements organisatorisch angesiedelt werden?

Werden vom Wertpapierhandel positive eigenständige Performancebeiträge erwartet, so erfordert dies ein anderes Maß an Professionalität als bei einer reinen Ausführungsfunktion für das Portfoliomanagement. Ist Letzteres der Fall, dann käme dem Wertpapierhandel nur eine Hilfsfunktion innerhalb des Portfoliomanagements zu. Konsequenterweise steht dann die Entlastungsfunktion für den die Anlageentscheidungen treffenden Portfoliomanager im Vordergrund. Falls vom Wertpapierhandel ein eigenständiger Performancebeitrag erwartet wird, muss darüber entschieden werden, wie viel Handelsrisiko eingegangen werden soll und darf.[1]

Alternativ dazu könnte der Wertpapierhandel vom Portfoliomanager selber durchgeführt werden. In diesem Fall ist zu überlegen, ob der Portfoliomanager dadurch den Fokus auf seine Kernaufgabe – Strategiefestlegung und Portfoliokonstruktion – verliert. Wertpapierhandel und Portfoliomanagement sind sehr unterschiedliche Tätigkeiten. Während der Handel einen äußerst kurzfristigen Zeithorizont aufweist, wird das Portfoliomanagement eher durch mittel- bis längerfristige Zeithorizonte gekennzeichnet. Entsprechend müssen die Kulturen ausgestaltet sein. Werden beide Aufgaben von der gleichen Person ausgeführt, dann wird damit ein eher generalistischer Ansatz verfolgt. Demgegenüber sieht ein auf Spezialistentum aufbauender Investmentansatz die Trennung von Research und Prognose einerseits und Portfoliokonstruktion andererseits vor. Konsequenterweise müsste dann der Handel ebenfalls von darauf spezialisierten Mitarbeitern durchgeführt werden. Für die nachfolgend beschriebene Performanceanalyse bietet die klare Entscheidungszuordnung an Analysten, Portfoliomanager und Händler Vorteile.

5. Ergebnisanalyse und -Feedback

Die im Rahmen des Investmentprozesses zu betreibende Ergebnisanalyse folgt dem Ziel, den Investmentprozess zu durchleuchten und zu verbessern. Im Kapitel F wird das Thema Performanceanalyse ausführlich dargestellt und um weitere, hier nicht relevante Fragestellungen und Perspektiven erweitert. An dieser Stelle geht es ausschließlich um ein fortwährendes Lernen und Verbessern des Investmentprozesses durch ausgewählte Verfahren und Erkenntnisse der Performanceanalyse. Die verursachungsgemäße Beurteilung der erzielten Performance stellt den Mittelpunkt dieser Tätigkeit dar. Aus den Gründen für über- und unterdurchschnittliche Performance lassen sich Schlussfolgerungen für notwendige Modifikationen des Investmentprozesses ableiten. Insbesondere sind Erkenntnisse bezüglich der Güte des Research zu erwarten. Festgestellte Prognosefähigkeiten können z.B. zu einem gezielteren Zuschnitt der Arbeitsaufgaben im Portfoliomanagement führen.

Im Fall diagnostizierter Schwachstellen müssen Fragen der richtigen personellen Besetzung gestellt und beantwortet werden. Die Performanceanalyse im Rahmen des Investmentprozesses hat also die Aufgabe einer internen Stärken/Schwächen-Analyse. Dabei müssen alle Elemente des Investmentprozesses ständig kritisch hinterfragt werden. Zum Thema Kommunikation innerhalb des Portfoliomanagements lassen sich beispielsweise folgende Fragen stellen: Erfolgt die Umsetzung guter Prognosen in allen dafür infrage kommenden Portfolios? Wie sieht es mit der Homogenität der erzielten Performance aus und was besagt das über die Zusammenarbeit der Portfoliomanager? Konkret: Was sagt die unterschiedliche Performance ähnlich strukturierter Portfolios über die Kommunikation der Portfoliomanager aus?

Im Spezialfondsmanagement sollte zudem ein Kundenfeedback zur Verbesserung des Investmentprozesses durchgeführt werden.

Schließlich muss die Performanceanalyse den Entscheidungsträgern im Portfoliomanagement Hinweise auf die Markteffizienz verschaffen. Daraus wiederum müssen Konsequenzen für das Risiko gezogen werden, welches bei der Anlage in bestimmten Marktsegmenten eingegangen werden soll.

---

1 Vgl. *Grinold/Kahn* (1999), S. 191ff.

III. Investmentkultur

Von Investmentkultur ist weniger oft die Rede als von Investmentphilosophie und -prozess. Daraus darf jedoch nicht geschlossen werden, dass die Investmentkultur weniger wichtig wäre als die beiden anderen Pfeiler des Portfoliomanagements. Mit Investmentkultur sind die praktizierten Formen und Mechanismen des Arbeitens innerhalb einer Portfoliomanagementorganisation gemeint. Die informellen Elemente der Investmentkultur spielen dabei eine herausgehobene Rolle. Es geht also um die gelebte, nicht um die auf Papier niedergeschriebene Kultur. Die personale Dimension der Investmentkultur ist unübersehbar. Mit Berechtigung könnte man von den weichen Faktoren des Portfoliomanagements sprechen.

Professionalität ist Kennzeichen einer guten Investmentkultur. Gründlichkeit, Engagement, Belehrbarkeit, Offenheit und Erfahrung sind Indikatoren für eine hohes Maß an Professionalität im Portfoliomanagement. Die Aus- und Weiterbildung der Portfoliomanager trägt zur Professionalität im Portfoliomanagement bei. Persönliche Eigenschaften wie Kommunikationsfähigkeit, Teamfähigkeit, Frustrationstoleranz und Kritikfähigkeit bilden das Fundament einer Investmentkultur. Letztlich muss sich die Professionalität jedoch am Anlageergebnis messen lassen. Das Dilemma der Beurteilung der Investmentkultur anhand der Performance besteht jedoch in der möglichen statistischen Insignifikanz der Ergebnisse.[1]

In Ermangelung hinreichend langer Beobachtungsphasen muss die Professionalität der Investmentkultur daher anhand anderer Kriterien überprüft werden. Die oben genannten Faktoren können deshalb als Professionalitätsindikatoren angesehen werden.

Die Verschiedenartigkeit von Assetmanagementgesellschaften zeigt sich am klarsten in der Investmentkultur. Unterschiede treten z.B. zwischen Pensionsfonds, Spezialfonds, Publikumsfonds, Versicherungsgesellschaften und Privatbankiers auf. In der Regel erklären sich die Unterschiede durch die verschiedenartigen Anlagezielsetzungen der Kunden. Auch die soziodemographischen Unterschiede der Kunden können ausschlaggebend für die entwickelten Investmentkulturen sein. Die Heterogenität der Investmentkulturen verschiedener Assetmanagementgesellschaften erklärt sich zudem aus unterschiedlichen gesetzlichen Rahmenbedingungen für die einzelnen Branchen. Des Weiteren spielen länderspezifische Einflüsse eine Rolle bzgl. der Investmentkultur. Schließlich ist bedeutsam, ob eine Aktien- oder eine Bondkultur besteht.

Im Abschnitt über aktives Management wurde dargestellt, warum die Fähigkeit zur Erstellung treffender Prognosen als Engpass dieses Ansatzes anzusehen ist. Gleichzeitig wurde darauf hingewiesen, dass Eigenschaften wie Kreativität und Phantasie der Prognoseerstellung dienlich sind. Folglich sollte die Investmentkultur ein Arbeitsklima schaffen, das Eigenschaften wie Kreativität und Phantasie fördert. Eine eher formalistische Investmentkultur wird dieses Ziel schwerlich erreichen können. Die Investmentkultur sollte also derart ausgestaltet sein, dass sie alles unternimmt, was die Erarbeitung treffender Prognosen fördert. Durch geeignete Anreizstrukturen lässt sich beispielsweise der Fokus auf Prognosefähigkeiten richten. Analysten und Portfoliomanager gehen bei der Abgabe von Prognosen ein persönliches Risiko ein. Die Investmentkultur sollte den Umgang mit unzutreffenden

---

1 Zur Überprüfung der statistischen Signifikanz sowie zur Frage, welchen Zeitraum der Portfoliomanager benötigt, um sein Können signifikant unter Beweis zu stellen vgl. Kapitel G.III.1. in diesem Buch.

Prognosen bedenken, so dass keine falsche Risikoaversion der Betroffenen gegen die Abgabe von Prognosen entsteht.

Die Kommunikation von Informationen und Researchergebnissen stellt ein neuralgisches Element der Investmentkultur dar. Die Analysen und Prognosen der einzelnen Analysten bzw. Portfoliomanager beeinflussen die Arbeit anderer Portfoliomanager. Oftmals bauen die Prognosen aufeinander auf. Um eine stringente Gesamtstrategie zu entwickeln, müssen widersprüchliche Prognosen und deren Annahmen transparent gemacht werden. Hierzu sind Formate zu entwickeln, die jedem Mitglied des Portfoliomanagements Einblick in die Prognosen der anderen Teammitglieder ermöglicht. Es stellt sich somit die Frage der Dokumentation von Analysen und Prognosen. Standardisierte Formate bieten dabei den Vorteil leichter Orientierung für alle Teammitglieder. Möglicherweise werden die gewählten Standards jedoch nicht allen einzelnen Wertpapieren gerecht. Es gilt hier einen Weg zu finden, der einerseits einen schnellen Überblick über die vorliegenden Analysen und Prognosen liefert und andererseits die Portfoliomanager nicht zu Berichtschreibern macht. Die Zeitallokation der Portfoliomanager sollte so gut wie möglich auf den Engpass des Handelns gerichtet sein.

Typischerweise verwalten Assetmanagementgesellschaften Portfolios mit verschiedenen Assetklassen wie z.B. Aktien und Bonds. Während im Aktienportfoliomanagement eher ein mikroanalytischer Prognoseansatz dominiert, orientiert sich die Analyse der Kreditmärkte stärker an makroökonomischen Parametern. Dies kann zur Folge haben, dass sich jeweils eigene Subkulturen innerhalb des Portfoliomanagements bilden. Im Rahmen der Investmentkultur ist daher dafür zu sorgen, dass der Austausch zwischen Aktien- und Bondportfoliomanagern gefördert wird, um für beide Gruppen Nutzen zu stiften. Bei gemischten Portfolios kommt die Asset Allocation Entscheidung als eigenständige Portfoliomanagemententscheidung hinzu. Dabei ist sicher zu stellen, dass sowohl Aktien- als auch Rentenportfoliomanager ihren Prognoseinput an den Asset Allocation Portfoliomanager liefern.

Angesichts der Vielzahl an Märkten, Marktsegmenten und Einzeltiteln zeigt sich, dass Portfoliomanagement ein hochgradig arbeitsteiliger Prozess ist. Gleichzeitig weist die Tätigkeit des Portfoliomanagers starke persönliche Elemente auf. Die Steuerung dieser Balance von Zusammenarbeit und Individualismus ist der neuralgische Punkt der Investmentkultur.

IV. Investmentstil

Unter Investment- bzw. Anlagestil ist die Art und Weise zu verstehen, nach der ein Portfolio gemanagt wird. Dabei spielen Themen wie Anpassungshäufigkeit des Portfolios, Umschlagshäufigkeit, Entscheidungsfindungsmethodik und präferierte Anlagesegmente eine Rolle. Der Investmentstil bezieht sich im Gegensatz zur Investmentphilosophie auf Portfolios. Unter dem Dach einer einheitlichen Investmentphilosophie können verschiedene Anlagestile praktiziert werden.

In den letzten Jahren tendieren institutionelle Anleger zur Diversifizierung der Investmentstile bei den von ihnen vergebenen Mandaten. Es ist beispielsweise üblich, dass große Pensionskassen mehrere Portfoliomanagementmandate vergeben. Hiermit wird versucht, der Erkenntnis Rechnung zu tragen, dass Portfoliomanager i.d.R. Stärken auf speziellen Gebieten besitzen. So erzielen manche Portfoliomanager z.B. in bestimmten Marktphasen

(Bull- oder Bearmarket) herausragende Resultate. Andere wiederum scheinen besondere Fähigkeiten in bestimmten Marktsegmenten (z.B. Small Caps) zu besitzen.

Im Einzelnen lassen sich mehrere typische Investmentstile beschreiben. Zu denken ist dabei etwa an Zeithorizontfragen, Risikotoleranzen, Marktsegmente etc. Im Folgenden werden die wesentlichen Optionen, die im Bereich des Investmentstils vorliegen, erörtert. Dabei ist zu bedenken, dass die einzelnen Investmentstile Interdependenzen mit anderen Investmentstilen aufweisen. Insofern wird sich ein Investmentstil in der Portfoliomanagementpraxis als Mischung mehrerer Stilelemente darstellen.

1. Long-Term versus Short-Term

Einer der maßgeblichen Aspekte des Investmentstils für ein Portfolio ist der gewählte Investmenthorizont. Die Festlegung eines Investmenthorizontes wird im allgemeinen der Antwort auf die Frage folgen, auf welchen Zeithorizont hin der Portfoliomanager die treffsichersten Prognosen abgeben kann. Hier unterscheiden sich Portfoliomanager erheblich. Während einige Portfoliomanager bessere Trefferquoten bei Kurzfristprognosen aufweisen, konzentrieren sich andere Portfoliomanager auf längerfristige Prognosen.

Eine grobe Einteilung des Investmenthorizontes lässt sich der Abbildung C.13 entnehmen.

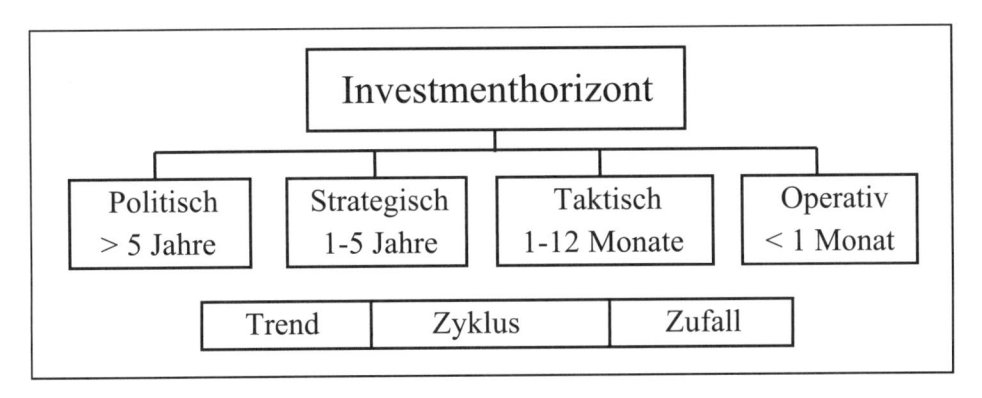

Abb. C.13: Investmenthorizont bei Wertpapierportfolios

Dabei werden zunächst vier zeitliche Einteilungen vorgenommen. Während Broker und Wertpapierhändler am kurzen Ende des Zeitspektrums operieren, sollten sich Portfoliomanager eher um mittel- und längerfristige Prognosehorizonte bemühen. Denn Markttrends weisen in aller Regel längere Verläufe auf, so dass ein entsprechender Investmenthorizont erforderlich ist, um einen Trend effektiv ausnutzen zu können. Insofern ist die Einteilung in Taktik und Strategie von Bedeutung. Gegebenenfalls kann außerdem die Zusatzkategorie „Politik" gewählt werden. Pensionsfonds und Versicherungsgesellschaften sind z.B. für ihre ausgewiesene Langfristorientierung bekannt. Die konkrete Folge dieses Anlageverhaltens ist, dass aktuelle Kapitalmarktentwicklungen keinen Einfluss auf die Portfolioausrichtung haben. Man könnte hier von passivem Management im eigentlichen Wortsinn sprechen.

Der Investmenthorizont ist nicht unabhängig von der Assetklasse. Je nach Länge von Trends und je nach Einstellung zur Frage der Markteffizienzkurve können für verschiedene Anlagegattungen unterschiedliche Investmenthorizonte angebracht sein. Im allgemeinen kann man davon ausgehen, dass der Prognosehorizont bei Anleihen kürzer ist als bei Aktien. Denn die Rentenmärkte weisen eine größere Synchronität zur realen Wirtschaftsentwicklung auf als die Aktienmärkte. Bei Letzteren ist der Umfang an preisbestimmenden Einflussfaktoren umfassender und aufgrund der unlimitierten Laufzeiten schwieriger zu prognostizieren. Ferner verkürzt sich die Restlaufzeit eines Anleihenportfolios automatisch, so dass zur Beibehaltung der gewünschten Portfoliocharakteristika häufige Adjustierungen erforderlich sind.

Eine Rolle spielt auch die gewählte Prognosemethodik, denn wenn beispielsweise ökonometrisch/quantitative Prognosemodelle eingesetzt werden, dann ergibt sich oftmals ein kürzerer Investmenthorizont. Dies hängt jedoch von den verwendeten Modellen ab und kann nicht generalisiert werden.

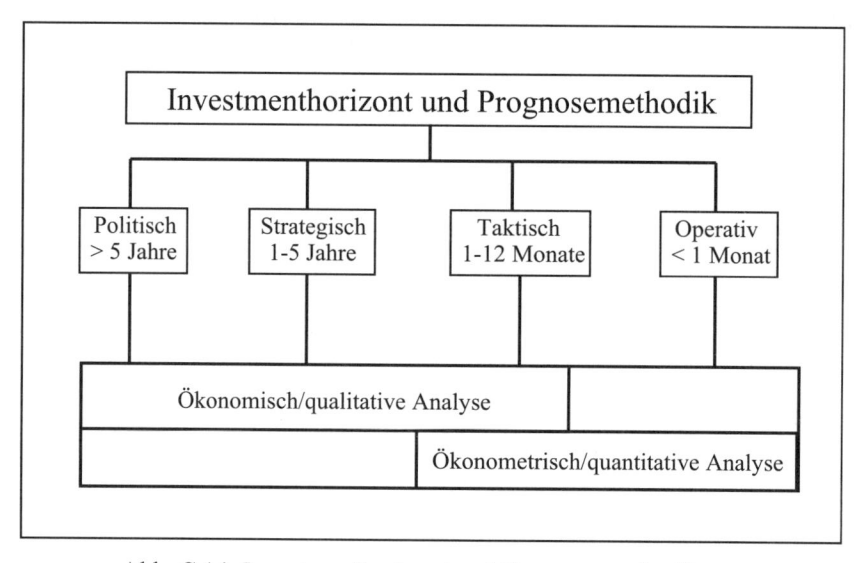

Abb. C.14: Investmenthorizont und Prognosemethodik

Wie aus Abbildung C.14 ersichtlich wird, decken ökonometrisch/quantitative Prognosen i.d.R. den taktisch/operativen Zeitbereich ab. Längerfristige Prognosen bleiben im Wesentlichen einer ökonomisch/qualitativen Analyse vorbehalten.

2. Top-Down versus Bottom-Up

Eine weitere Frage des Investmentstils betrifft die Entscheidungsfindungsmethodik bei der Portfoliokonstruktion. Zwei grundsätzliche Methoden bieten sich an: zum einen der Top-Down-Ansatz, der Portfoliostrukturierung gemäß der Analysereihenfolge vornimmt und dabei von den großen Aggregaten zu den kleinen Betrachtungseinheiten übergeht; zum anderen der Bottom-Up-Ansatz, der über die Einzeltitelanalyse und -selektion zu einer Portfoliokonstruktion gelangt. Bei Verwendung eines reinen Top-Down-Ansatzes wird das

Abweichungspotential des Portfoliomanagers auf die Bereiche der Assetklassen-, Länder-, Branchen- und Währungsselektion beschränkt. Die Umsetzung in Einzelwerte erfolgt passiv, so dass beispielsweise ein Länderaktienmarkt übergewichtet wird, jedoch die einzelnen Aktien möglichst genau den gewählten Länderindex abbilden. Im Rahmen eines reinen Top-Down-Ansatzes werden daher ausschließlich Makrowetten eingegangen. Sinnvoll ist ein solches Vorgehen insbesondere dann, wenn überdurchschnittliche Prognosefähigkeiten bei Makrovariablen vorliegen und zugleich die Ressourcen für die Abdeckung der vielen Einzeltitel nicht gegeben sind.

Umgekehrt hält sich ein reiner Bottom-Up-Ansatz, der keine Makrowetten eingehen will, an die Benchmarkvorgaben in den Fragen der Assetklassen-, Länder- und Währungsselektion. Innerhalb der einzelnen Länder und Branchen wird jedoch versucht, die besten Einzeltitel ausfindig zu machen und diese zulasten der diagnostizierten Underperformer überzugewichten. Somit konzentriert sich der Bottom-Up-Ansatz im Wesentlichen auf titelspezifische Auswahlkriterien. Insofern ist der Begriff der Mikrowetten angebracht.[1] Ein solcher Ansatz erfordert größere Research- bzw. Prognosekapazitäten als ein an Makrovariablen orientierter Anlagestil.

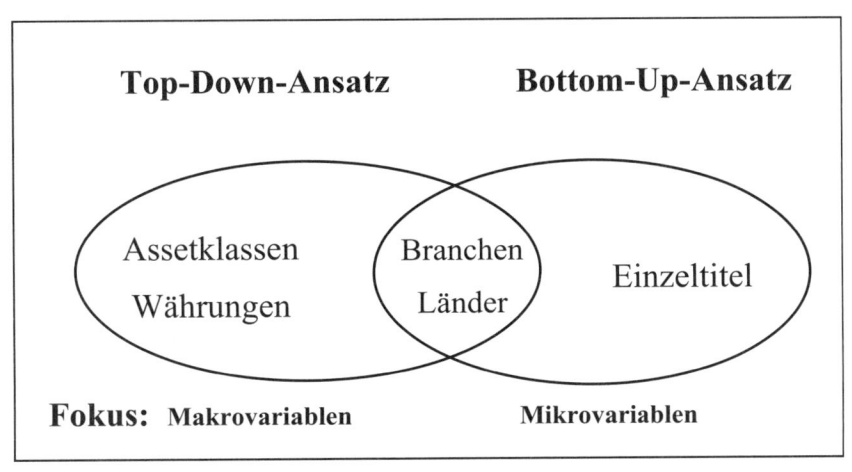

Abb. C.15: Top-Down- und Bottom-Up-Ansatz

Neben den beiden genannten Extrema lassen sich auch Mischformen der Ansätze entwickeln, zumal bei Branchen- und Länderanalysen Überlappungen auftreten, wie die obige Grafik zeigt. Es kann sogar als weit verbreitet angenommen werden, dass die überwiegende Anzahl der Portfoliomanager sowohl Mikro- als auch Makrowetten eingeht. Nicht unberücksichtigt bleiben kann in diesem Zusammenhang der Risikoaspekt eines Vorgehens, das sich entweder an einem reinen Top-Down-Ansatz oder an einem reinen Bottom-Up-Ansatz orientiert. Denn Makrowetten sind in aller Regel weitreichender als Mikrowetten. Falsche Prognosen auf der Ebene der Länderallokation sind z.B. schwerer in ihren Performanceauswirkungen zu korrigieren als eine falsche Einzeltitelauswahl. Folglich bedarf es zum Treffen von Asset Allocation Entscheidungen besonders guter Prognosefähigkeiten, da einzelne Fehlentscheidungen mitunter erhebliche und kaum reversible Performancekonse-

---

1 Vgl. *Sittampalam* (1993), S. 134f.

quenzen nach sich ziehen. Der Grund hierfür liegt in der größeren Anzahl kleinerer Wetten bei Befolgung des Bottom-Up-Ansatzes. Dies führt zu einer Diversifikation des Prognoserisikos.

Es muss außerdem bedacht werden, dass die Verfolgung eines bestimmten Investmentstils marktphasenabhängig ist. In bestimmten Marktphasen orientieren sich Wertpapiere stärker an der Gesamtmarktentwicklung als dies in anderen Marktphasen der Fall ist.

Die Auffassungen über die Vorziehenswürdigkeit einer der beiden Ansätze gehen in der Portfoliomanagementpraxis weit auseinander. Zum Teil wird die Diskussion ideologisch geführt. Insgesamt scheint eine Tendenz zugunsten des Top-Down-Ansatzes vorzuliegen. Dies steht im Einklang mit der sog. „Modern Portfolio Theory", die letztlich Grundlage des Top-Down-Ansatzes ist. Insbesondere empirische Mehrfaktorenmodelle liegen dem Top-Down-Ansatz zugrunde.

Die Argumentation zu Gunsten eines Top-Down-Investmentansatzes stützt sich im Wesentlichen auf empirische Renditedekompositionen, die ihrerseits auf Modelle der Portfolio- und Kapitalmarkttheorie zurückgreifen. Zum Beleg der Überlegenheit des Asset Allocation Ansatzes gegenüber Selektions- bzw. Timingverfahren wird oftmals auf die empirischen Untersuchungen von *Brinson/Hood/Beebower* und *Brinson/Singer/Beebower* hingewiesen.[1] Allerdings sind die dortigen Ergebnisse methodisch umstritten.[2] Folglich lässt sich nicht grundsätzlich behaupten, dass die richtige Anlagegattungs- bzw. Länder- und Währungswahl performancerelevanter als die Auswahl von Einzeltiteln ist. Vielmehr lassen sich folgende Aussagen treffen: Die Performance eines Portfolios, das sich in seinem Anlagestil auf die Aktienselektion konzentriert, wird ganz überwiegend von der Güte der Selektionsentscheidungen bestimmt. Die Performance eines Portfolios, das nach Kriterien der Asset Allocation gestaltet wird, hängt von der Güte der Asset Allocation Entscheidungen ab.

Als zusätzliches Argument zugunsten eines Top-Down-Ansatzes lässt sich anführen, dass ein vom Umfang her kleineres Entscheidungsuniversum gegenüber dem Bottom-Up-Ansatz vorliegt. Insoweit ist der notwendige Analyseaufwand erheblich geringer und damit kostengünstiger. Dies trifft für Aktienportfolios zu, während bei Anleihenportfolios der Titelselektion nur eine geringe – wenn auch angesichts der Verbreitung von Unternehmensanleihen steigende – Bedeutung zukommt. Daher stellt sich die Frage nach dem angemessenen Investmentansatz in erster Linie bei Aktienanlagen. Auch in der einschlägigen Investmentliteratur lässt sich eine organisationelle Tendenz zugunsten eines Top-Down-Ansatzes feststellen, wie folgendes typische Zitat zeigt:

„…an international investment organization should be organized along primarily top-down lines, and its analysts should be specialized by country, and possibly by a few international sectors, such as oil stocks."[3]

Allerdings ist auch diese Auffassung nicht unumstritten. Das starke Aufkommen von Hedge Fonds seit den 1990er Jahren deutet eine Renaissance des spezialisierten Mikroresearchs an. Die Kombination eines eng definierten Anlageuniversums mit sehr genauer Kenntnis der Anlageobjekte sowie die Personalunion von Analyst und Portfoliomanager scheint bei Hedge Fonds der wesentliche Erfolgsfaktor zu sein.

---

1 Vgl. *Brinson/Hood/Beebower* (1986), S. 39ff. und *Brinson/Singer/Beebower* (1991), S. 40ff.
2 Vgl. *Jahnke* (1997), S. 109ff.; *Nuttall/Nuttall* (1998) und *Nuttall/Jahnke/Ibbotson/Kaplan* (2000), S. 16ff.
3 *Solnik* (1991), S. 43.

Die Ausgestaltung des Top-Down-Ansatzes lässt sich anhand der Abbildung C.16 nachvollziehen. Dabei stellt die globale Wirtschaftslage den Ausgangspunkt der Analysen dar. Im nächsten Schritt werden Währungsanalysen vorgenommen. Seit der Einführung des Euros hat dieser Analyseschritt allerdings an Gewicht verloren.

Top-Down-Ansatz

Analyse & Prognose

- Analyse der globalen Wirtschaftslage
- Währungsanalysen und Prognosen

Länderansatz | *Branchenansatz*

- Länderanalysen und -prognosen | Branchenanalysen und -prognosen
- Länderallokation | Branchenallokation
- Branchenallokation innerhalb der festgelegten Ländergewichtungen | Länder- und Währungsadjustierung innerhalb der festgelegten Branchengewichtungen
- Titelselektion | Titelselektion

TAA

Allokation und Umsetzung

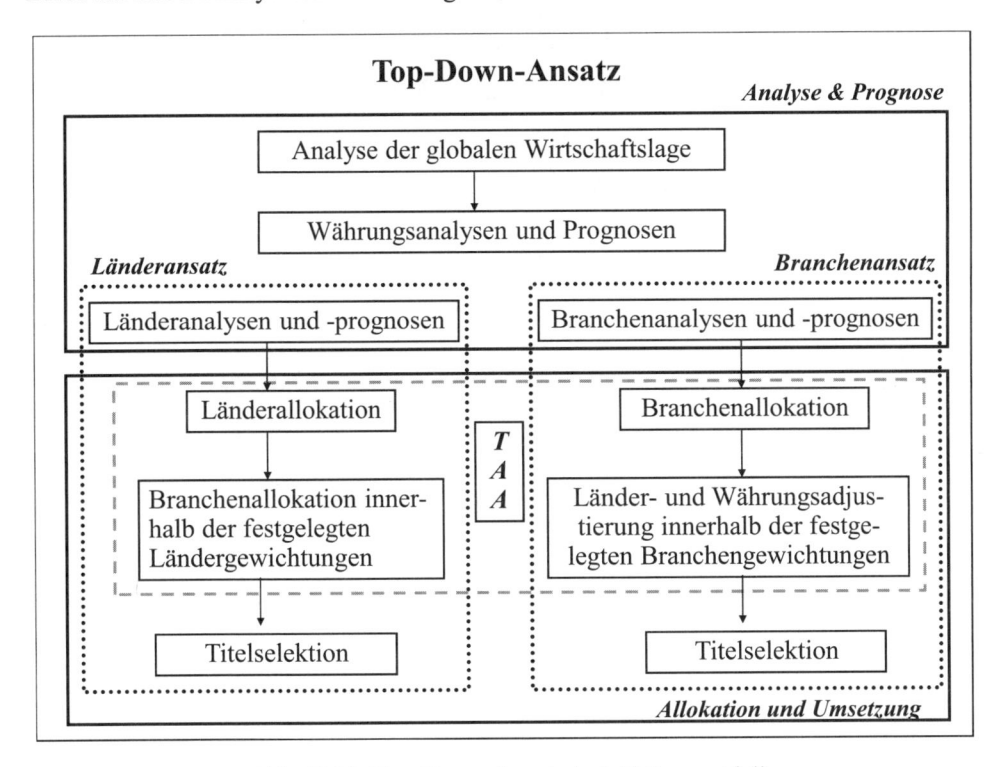

Abb. C.16: Top-Down Ansatz bei Aktienportfolios

Der erste Abschnitt des Top-Down-Ansatzes – Analyse und Prognose – endet mit Prognosen für die betrachteten Regionen, Ländern und Branchen. Je nachdem, ob ein Länder- oder ein Branchenansatz verfolgt wird, verläuft der nächste Schritt des Top-Down-Prozesses unterschiedlich. Beim Länderansatz wird auf Basis der Prognosen zunächst eine Länder- und Währungsallokation festgelegt. Anschließend werden die Branchengewichte innerhalb der Länder definiert. Mitunter wird dieser Schritt übergangen und direkt von der Wertpapierselektion gefolgt. Demgegenüber steht beim Branchenansatz die Fokussierung auf Branchen im Vordergrund. Länderprognosen spielen allenfalls für Portfolioadjustierungen eine Rolle. Währungsallokationen werden als Portfolio-Overlay vorgenommen, falls die sich aus der Branchenallokation implizit ergebenen Währungsgewichte aktiv verändert werden sollen. Die Einzeltitelauswahl rundet den Prozess ab. Kurzfristige Anpassungen der Länder- bzw. Branchengewichte werden im Rahmen der sog. Tactical Asset Allocation (TAA) durchgeführt. Hierzu sind derivative Instrumente wie z.B. Indexfutures und -optionen gut geeignet.[1]

---

1 Zur Beschreibung der TAA siehe *Farrell* (1997), S. 281ff.

Auch bei Befolgung eines Bottom-Up-Ansatzes können Elemente der TAA zum Einsatz kommen. Diese bestehen in Länder-, Währungs- und Branchenoverlays. Ansonsten ist das Vorgehen jedoch gänzlich verschieden zum Top-Down-Ansatz angelegt, wie Abbildung C.17 demonstriert.

Bottom-Up-Ansatz

Universum der betrachteten Wertpapiere
↓
Analyse und Prognose aller Wertpapiere
↓
Wertpapierselektion und Portfoliobildung

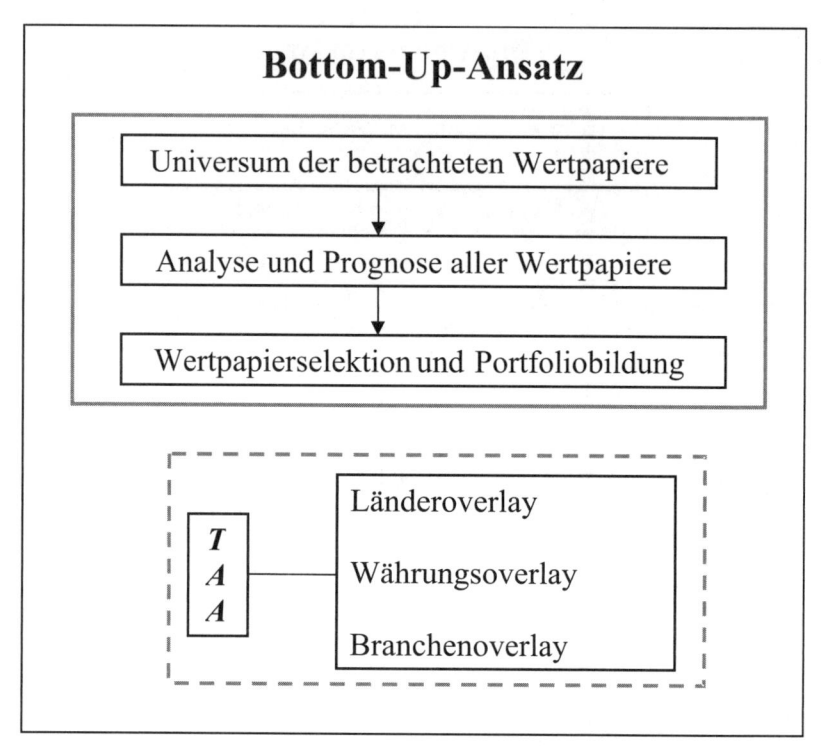

TAA — Länderoverlay, Währungsoverlay, Branchenoverlay

Abb. C.17: Bottom-Up-Ansatz bei Aktienportfolios

Die Mikroanalyse der einzelnen Wertpapiere bildet den Kern des Bottom-Up-Ansatzes. Aus der Selektion der attraktivsten Einzeltitel ergeben sich implizit die Länder, Währungs- und Branchenstrukturen. Deren Adjustierung kann mittels der TAA vorgenommen werden.

Die Entscheidung für einen der beiden Ansätze besitzt direkte Folgen für die Umsetzung von Portfolioentscheidungen. Im Wertpapierhandel werden z.B. bei Verwendung eines Top-Down-Ansatzes die Methoden des Basket- bzw. Portfolio-Tradings häufig eingesetzt. Ziel dieser Handelsmethoden ist die möglichst transaktionskostengünstige Implementierung der strategischen Allokationsentscheidungen in dem Portfolio. Dies gelingt, indem ganze Portfolios bzw. Körbe von Einzelwerten auf einmal gehandelt werden. Derartige Körbe sind in der Regel diversifiziert und können daher, im Gegensatz zu Einzelwerten, kostengünstig von dem Handelspartner mittels gängiger Derivate gehedgt werden. Auf diese Weise lassen sich die Transaktionskosten auf einige Basispunkte reduzieren. Es ist eine organisatorische Frage des Investmentprozesses, ob der Handel der Wertpapiere von den Portfoliomanagern oder etwa von einem zentralen Handelstisch durchzuführen ist.

Dem Top-Down-Ansatz ist die Gefahr inhärent, dass bei einer Makrobetrachtung eines Landes ein falsches Bild von der Gewinndynamik der einzelnen Unternehmen entsteht.

Beispielsweise können sich Unternehmen durch Kostensenkungen mitunter gesamtwirtschaftlichen Schwächephasen entziehen. Daher gelangt die Aggregation der Bottom-Up geschätzten Unternehmensgewinne mitunter zu anderen Einschätzungen für einen Aktienmarkt als ein rein an volkswirtschaftlichen Gesamtdaten (Makroanalysen) ausgerichtetes Top-Down-Verfahren. Aus diesem Grund sind zahlreiche Assetmanagementhäuser in den letzten Jahren dazu übergegangen, dem Länderansatz einen Branchenansatz vorzuziehen. Auf diese Weise wird zudem der wirtschaftlichen Integration der einzelnen Volkswirtschaften im Zuge der Globalisierung Rechnung getragen.

Insgesamt erscheint daher ein gemischter Ansatz, der sowohl Entscheidungen auf der Makroebene als auch Entscheidungen auf der Mikroebene berücksichtigt, grundsätzlich am sinnvollsten. Welche Marktwetten schließlich eingegangen werden sollen, kann dann von der Prognosekonfidenz abhängig gemacht werden. Ein „Added Value" kann sowohl durch Makro- als auch durch Mikrowetten bei entsprechenden Prognosefähigkeiten erzielt werden. Dem Gesetz der großen Zahlen folgend ist es jedoch weniger risikoreich, viele kleinere Einzelwetten als einige wenige große Wetten einzugehen. In diesem Zusammenhang spricht man vom Gesetz des aktiven Managements.[1]

3. Timing versus Selektion

Eine der Hauptfragen im Bereich des Investmentstils betrifft den Bereich von Timing und Selektion. Wie ein einfacher Blick auf den Kurschart einer Anleihe, einer Aktie oder eines Indexes zeigt, eröffnen richtige Timingentscheidungen hohe Gewinnpotentiale. Mit nahezu jedem liquiden Anlagevehikel ließen sich bei perfekten Timingkenntnissen große Gewinne erzielen. Allerdings wird diese enorme Chance von dem beträchtlichen Risiko falscher Timingentscheidungen begleitet, sofern sie sich auf Gesamtmarktvariablen beziehen. Timingentscheidungen sind in diesem Fall gegenüber Wertpapierselektionsentscheidungen risikoreicher, da Letztere stets nur einen Anteil des diversifizierten Portfolios betreffen. Dies hat zur Folge, dass einzelne Fehlentscheidungen in der Wertpapierauswahl mit einer gewissen Wahrscheinlichkeit von anderen Selektionsentscheidungen ausgeglichen werden.

Das Diversifikationsprinzip funktioniert bei Timingentscheidungen hingegen nicht. Insofern ist eine Klassifizierung von Timingentscheidungen als „risikoreich" angebracht. Ein Investmentstil, der sich allein auf Timingentscheidungen verlässt, sollte daher mit sehr guten Prognosefähigkeiten unterlegt sein. Timingstrategien basieren häufig auf technisch/ quantitativen Modellen. Diese konzentrieren sich zumeist auf einen operativen bis taktischen Investmenthorizont. Insofern ist erklärlich, dass Timingstrategien häufig bei handelsorientierten Marktteilnehmern anzutreffen sind. Demgegenüber liegt der Fokus von Selektionsentscheidungen eher auf einem strategischen Investmenthorizont.

Grundsätzlich kann erwartet werden, dass Portfoliomanager, die über Timingfähigkeiten verfügen, bei ansteigenden Kursen den Anteil am Marktportfolio erhöhen, während sie bei sinkenden Kursen ihren Anteil verringern.[2] Diese Portfoliomanager werden dann in ansteigenden Marktphasen ein hohes Portfoliobeta realisieren, z.B. durch den Abbau von Liquidität oder den Tausch in Aktien mit einem hohen Beta, und in fallenden Marktphasen umgekehrt handeln.

---

1 Vgl. *Grinold/Kahn* (1995), S. 117ff.
2 Vgl. *Wittrock* (1995a), S. 89f.

Während bei Selektionsstrategien eine risikoadjustierte Selektionsrendite durch die Auswahl der besten Einzelwerte gegenüber der Benchmark im Vordergrund steht, konzentrieren sich Timingstrategien auf die Prognose des optimalen Zeitpunktes für einen Gesamtmarkteinstieg, d.h. sie beziehen sich auf die Einschätzung der Gesamtmarktentwicklung. Mithin steht die systematische Marktrendite im Mittelpunkt von Timingstrategien.

Inwieweit Portfoliomanager Timing- und/oder Selektionsfähigkeiten gezeigt haben, kann im Nachhinein festgestellt werden. Zur formalen Ermittlung von Timing- und Selektionsfähigkeiten kann auf die an das Single-Index Modell angelehnte Renditeformel zurückgegriffen werden. Ausgangspunkt ist dabei im Folgenden die lineare Regression der Überschussrenditen des Portfolios auf die Überschussrenditen der Benchmark. Als entsprechende Regressionsgleichung erhält man die folgende Formel:[1]

$$r_{PF_ü} = \alpha_{PF} + r_{BM_ü} \cdot \beta_{PF} + \varepsilon_{PF}$$

mit

$r_{PF_ü}$ = Überschussrendite des Portfolios,

α_{PF} = von der Überschussrendite des Marktportfolios (Benchmark) unabhängige Portfolioüberschussrendite,

$r_{BM_ü}$ = Überschussrendite des Marktportfolios (Benchmark) = r_{BM} - r_f,

β_{PF} = Portfoliobeta = Portfoliosensitivität in Bezug auf die Benchmark,

$r_{BM_ü} \cdot \beta_{PF}$ = systematische Portfoliorendite und

ε_{PF} = Residualrendite bzw. Zufallsfehler oder Störeinfluss

mit $E(\varepsilon_{PF}) = Cov(\varepsilon_{PF}; r_{BM_ü}) = 0$.

Nunmehr soll die Benchmark-Überschussrendite wie folgt unterteilt werden:[2] in eine langfristige bzw. durchschnittliche Komponente ($\bar{r}_{BM_ü}$) und in kurzfristige Abweichungen von dieser langfristigen Komponenten ($\Delta r_{BM_ü}$). Unter Berücksichtigung einer weiteren Umformung kann die Portfolio-Überschussrendite wie folgt dargestellt werden:

$$r_{PF_ü} = \alpha_{PF} + (\beta_{PF} - 1) \cdot r_{BM_ü} + r_{BM_ü} + \varepsilon_{PF}$$

$$r_{PF_ü} = \alpha_{PF} + (\beta_{PF} - 1) \cdot (\bar{r}_{BM_ü} + \Delta r_{BM_ü}) + r_{BM_ü} + \varepsilon_{PF}$$

$$r_{PF_ü} = \alpha_{PF} + (\beta_{PF} - 1) \cdot \bar{r}_{BM_ü} + (\beta_{PF} - 1) \cdot \Delta r_{BM_ü} + r_{BM_ü} + \varepsilon_{PF}$$

---

1 Vgl. z.B. *Wittrock* (1995a), S. 30f. sowie die Ausführungen zum Single-Index-Modell in Kapitel B dieses Buches.
2 Vgl. *Ebertz/Scherer* (2002), S. 186f.

Diese einzelnen Komponenten der Portfolio-Überschussrendite lassen sich wie folgt interpretieren:[1]

α_{PF} : Renditebeitrag aus aktiver Allokation (Über- und Untergewichtung von einzelnen Assetklassen) bzw. Selektion (Titelauswahl innerhalb einer Assetklasse)

$(\beta_{PF}-1)\cdot \bar{r}_{BM_\ddot{u}}$: Renditebeitrag aus passivem Benchmark- bzw. Markt-Timing

$(\beta_{PF}-1)\cdot \Delta r_{BM_\ddot{u}}$: Renditebeitrag aus aktivem Benchmark- bzw. Markt-Timing

$r_{BM_\ddot{u}}$: Renditebeitrag der Benchmark bzw. des Marktes

ε_{PF} : Renditebeitrag aus aktiver Selektion (Störgröße der Regression).

Der Renditebeitrag aus passivem Benchmark-Timing entsteht dadurch, dass der Portfoliomanager generell ein höheres oder geringeres aktives Risiko (d.h. $\beta_{PF} \neq 1$) gegenüber der Benchmark eingenommen hat. Obwohl in diesem Fall zwar ein aktives Beta (da $\beta_{PF} \neq 1$) vorliegt, wird das Beta nicht in Abhängigkeit von der künftigen Markteinschätzung festgelegt.

Wird das Portfoliobeta jedoch in Abhängigkeit von der Einschätzung des Portfoliomanagers im Hinblick auf eine kurzfristige Benchmark-Überschussrendite festgelegt, die von der langfristigen, durchschnittlichen Benchmark-Überschussrendite abweicht, so liegt ein aktives Benchmark-Timing vor.

Anhand des folgenden Beispiels sollen die vorstehenden Überlegungen verdeutlicht werden. Zugrunde gelegt werden soll zunächst ein Portfoliomanager, der über keine Selektionsfähigkeiten verfügt, d.h. der Wert für das Alpha aus der Regressionsgleichung ist Null. In diesem Fall entspricht der Verlauf der Regressionsgerade dem ex post-CAPM, d.h. – unter Vernachlässigung der Störgröße – entsprechen die Portfoliorenditen in den einzelnen Perioden genau den aus dem CAPM zu berechnenden Werten.[2] Angegeben sind in der Tabelle C.3 neben den Benchmark-Überschussrenditen auch die Betafaktoren in den einzelnen Perioden sowie die sich daraus ergebenden Portfolio-Überschussrenditen, wobei es sich wiederum um stetige Renditen handelt. Zusätzlich werden die Renditebeiträge aus passivem und aktivem Benchmark- bzw. Markt-Timing angegeben, wobei sich $\bar{r}_{BM_\ddot{u}}$ zu 1,70% ergibt.

Die Differenz zwischen den Mittelwerten der Portfolio-Überschussrendite und der Benchmark-Überschussrendite lässt sich demnach auf einen Renditebeitrag aus passivem Benchmark-Timing in Höhe von 0,102% und einen Renditebeitrag aus aktivem Benchmark-Timing in Höhe von 1,248% zurückführen. Im Übrigen ist auch direkt aus den Daten der Tabelle zu erkennen, dass der Portfoliomanager über insgesamt gute Timingfähigkeiten verfügt, da er immer in den Phasen, in denen die Benchmark-Überschussrendite oberhalb des Mittelwertes in Höhe von 1,70% lag, ein Beta von 1,3 realisierte, während er in den übrigen Phasen mit einem Beta unter 1 (hier jeweils immer 0,7) agierte. Dass aber bei einer

---

1 Vgl. *Ebertz/Scherer* (2002), S. 187; *Wittrock* (2002), S. 965.
2 Vgl. *Wittrock* (1995a), S. 81 und S. 36.

positiven Benchmark-Überschussrendite (Periode 9) ein Beta unter 1 nicht sinnvoll ist, wird weiter unten gezeigt.

Die Entwicklung der kumulierten Überschussrenditen in den einzelnen Perioden zeigt ebenfalls an, dass offenbar Timingfähigkeiten vorlagen. Dies lässt sich aus der grafischen Darstellung in Abbildung C.18 ablesen.

Periode	$r_{BM_ü}$	β_{PF}	$r_{Pf_ü} = (r_{BM_ü} \cdot \beta_{PF})$	$(\beta_{PF} - 1) \cdot \bar{r}_{BM_ü}$	$(\beta_{PF} - 1) \cdot \Delta r_{BM_ü}$
1	3,50%	1,3	4,55%	0,51%	0,54%
2	4,50%	1,3	5,85%	0,51%	0,84%
3	7,50%	1,3	9,75%	0,51%	1,74%
4	−1,50%	0,7	−1,05%	−0,51%	0,96%
5	−8,50%	0,7	−5,95%	−0,51%	3,06%
6	−4,50%	0,7	−3,15%	−0,51%	1,86%
7	4,50%	1,3	5,85%	0,51%	0,84%
8	7,50%	1,3	9,75%	0,51%	1,74%
9	0,50%	0,7	0,35%	−0,51%	0,36%
10	3,50%	1,3	4,55%	0,51%	0,54%
Mittelwert	1,70%		3,05%	0,1020%	1,2480%

Tab. C.3: Beispiel zur Identifikation von Timingfähigkeiten

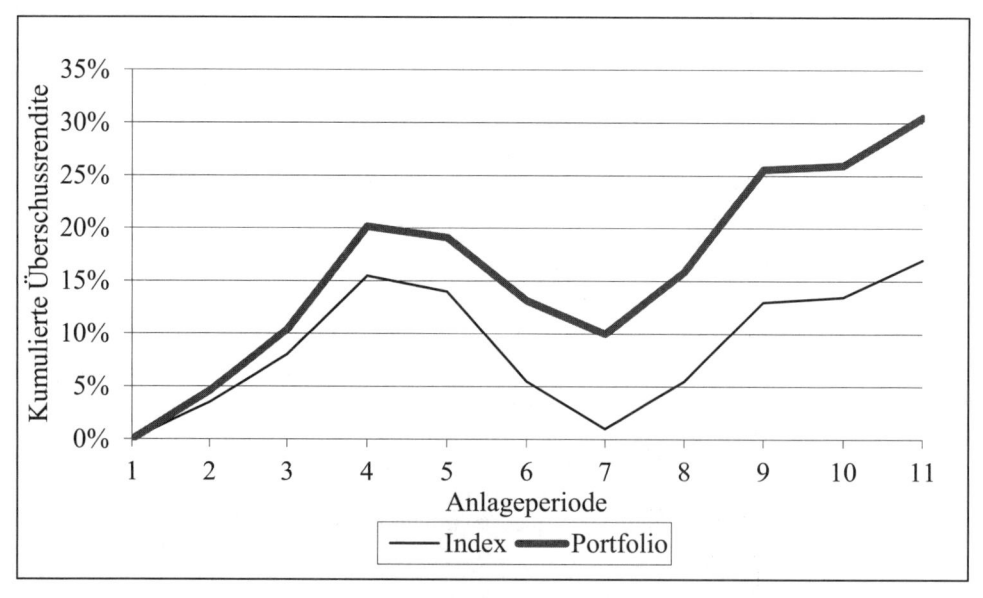

Abb. C.18: Beispiel zur Identifikation von Timingfähigkeiten

Wird in diesem Beispiel ein konstantes Beta in allen Perioden unterstellt von z.B. 0,7, so würde dies zu einem Mittelwert der Portfolio-Überschussrendite in Höhe 1,19% führen. Die Differenz zum Mittelwert der Benchmark-Überschussrendite (1,70%) in Höhe von −0,51% ist in diesem Fall allein auf den Renditebeitrag aus passivem Benchmark-Timing zurückzuführen, da die Summe der jeweiligen $\Delta r_{BM_ü}$ bei konstantem Beta gleich Null ist. Anzumerken ist an dieser Stelle aber, dass in der obigen Darstellung ein positiver Renditebeitrag aus aktivem Benchmark-Timing auch dann entsteht, wenn bei positiver Benchmark-Überschussrendite ($r_{BM_ü}$), die aber unterhalb der langfristigen Benchmark-Überschussrendite ($\bar{r}_{BM_ü}$) liegt, ein Beta unter 1 realisiert wird. Dies trifft in dem Beispiel auf die Periode 9 zu. Insofern wird das niedrige Beta dann positiv gesehen. Diese Sichtweise ist aber kritisch zu hinterfragen; denn insgesamt gesehen ist es immer dann sinnvoll, ein Beta oberhalb von 1 zu realisieren, wenn überhaupt eine positive Benchmark-Überschussrendite vorliegt, d.h. in der Periode 9 wäre ein Beta von 1,3 sinnvoller gewesen. Dies zeigt sich im Übrigen in dem gesamten Timing-Beitrag, der nach der obigen Vorgehensweise negativ ist (−0,51% + 0,36%). Wäre hier ein Beta von 1,3 zugrunde gelegt worden, so hätte sich zwar ein Renditebeitrag aus aktivem Benchmark-Timing von −0,36% ergeben, der Renditebeitrag aus passivem Benchmark-Timing (+0,51%) würde diesen Wert aber überkompensieren. Zudem wäre dann insgesamt eine Portfolio-Überschussrendite von 3,08% erzielt worden. Die Beurteilung der Timingfähigkeit von Portfoliomanagern wäre daher in Abhängigkeit von der Benchmark-Überschussrendite sinnvoller; denn sobald dieser Wert positiv ist, sollte mit einem Beta über 1 agiert werden.

Ein Hauptproblem bei Timingstrategien ist offenbar der zeitlich unregelmäßige Prozess der Renditegenerierung. An den Kapitalmärkten finden große Wertveränderungen oftmals in nur wenigen Zeitperioden statt, während die restliche Zeit von unterdurchschnittlichen Preisveränderungen geprägt ist. Ob die Phasen wesentlicher Preisveränderungen kurzfristig vorhersehbar sind, ist im Rahmen der Investmentphilosophie vor dem Hintergrund der Markteffizienzhypothese zu beantworten. Empirische Studien lassen die Bejahung dieser Frage zweifelhaft erscheinen.[1]

Wie schon bei der Kontroverse um den Bottom-Up- und den Top-Down-Ansatz lassen sich aus den beschriebenen Extrempositionen praxistaugliche Mittelwege ableiten. Eine ausschließliche Spezialisierung auf entweder Selektion oder Timing erscheint nicht angeraten, zumal methodische Fragen nicht vollkommen unabhängig von der Marktlage beantwortet werden können.

Die Festlegung des richtigen Timings erfolgt in der Portfoliomanagementpraxis zumeist mit Rückgriff auf das Instrumentarium der Chartanalyse bzw. auf die markttechnische Analyse. Investoren kommen nicht umhin, sich bezüglich der Bestimmung geeigneter Kauf- und Verkaufszeitpunkte für die einzelnen Anlagen ihrer Portfolios Gedanken zu machen. Insofern kann die Frage des Timings keinesfalls vollständig vernachlässigt werden. Im Falle nicht gegebener Timingfähigkeiten kann sich eine Strategie des „cost-averaging" anbieten. Dabei wird die Position in einem Anlagetitel sukzessive und nicht ad hoc aufgebaut. Der Kauf bzw. Verkauf einer Assetklasse oder eines Einzeltitels in mehreren Tran-

---

[1] Vgl. *Admati/Bhattacharya/Pfleiderer/Ross* (1986), S. 715ff.; *Chang/Lewellen* (1984), S. 57ff.; *Henriksson* (1984), S. 73ff.; *Lee/Rahman* (1990), S. 261ff.; *Samuelson* (1989), S. 4ff.; *Steiner/ Wittrock* (1994), S. 593ff.; *Vandell/Stevens* (1989), S. 38ff.; *Wittrock* (1995a), S. 55 und *Zimmermann/Zogg-Wetter* (1992), S. 133ff.

chen führt dazu, dass ein von der jeweiligen Tagesverfassung unabhängiger Kurs erzielt wird. Es handelt sich dann um einen Durchschnittskurs.

4. Universell versus speziell

Im Zusammenhang mit dem Investmentstil steht die Frage nach dem Anlageuniversum, auf das sich ein Portfolio bezieht. Das Anlageuniversum kann sowohl nach Regionen als auch nach Anlageinstrumenten bzw. Assetklassen bestimmt werden. Zur Kennzeichnung des Anlageuniversums lässt sich der Begriff „Investmentscope" verwenden. In Abbildung C.19 ist das denkbare Spektrum dargestellt.

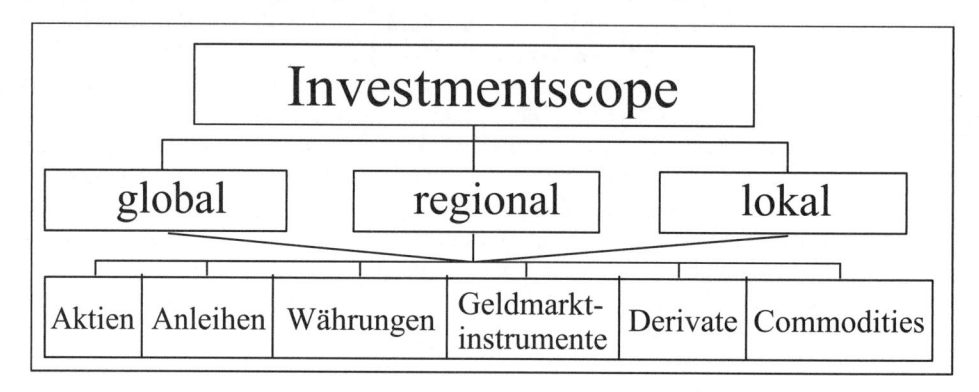

Abb. C.19: Investmentscope des Portfoliomanagements

Eine Konzentration auf eine Assetklasse und/oder eine Region macht insbesondere dann Sinn, wenn die zu verteilenden Ressourcen zu knapp sind, um alle gebotenen Möglichkeiten auf einem hohen Qualitätsniveau abzudecken. Dies wird bei den meisten Portfoliomanagern der Fall sein, da die Vielzahl der Märkte und Instrumente eine Konzentration auf einige Segmente naheliegend erscheinen lässt.

Es stellt sich in diesem Zusammenhang die Frage nach der Spezialisierung des Portfoliomanagers. Gerade im Bereich gemischter Portfolios, die eine aus mehreren Assetklassen bestehende Benchmark aufweisen, tritt dieses Problem auf.

Das Argument der Marktkomplexität und der daraus ableitbaren Marktspezialisierung spricht z.B. für eine Betrachtung gemischter Aktien- und Anleihenportfolios als drei separate Portfolios: zum einen der Teilbereich Aktien, zum anderen der Teilbereich Anleihen und schließlich der Teilbereich Asset Allocation, der über die Aufteilung in Aktien, Anleihen und Geldmarkttitel befinden muss.

5. Value versus Growth

Eine der klassischen Fragen des Investmentstils bei Aktienportfolios und mithin der Unterscheidung von Portfoliomanagern besteht in dem Begriffspaar „Value" und „Growth". Gelegentlich wird für den Begriff „Value" der Begriff „Yield" verwendet. Die Klassifizierung von Portfolios und Managern in die genannten Kategorien ist in den USA und in Großbritannien weit verbreitet.

Ein wertorientierter Anlagestil konzentriert sich auf Anlagen, die gemessen an den Marktdurchschnittswerten bestimmter Kennzahlen zu niedrig bewertet sind. Derlei Kennzahlen können z.B. das Kurs-Gewinn-Verhältnis (KGV), das Kurs-Buchwert-Verhältnis (KBV) oder die Dividendenrendite sein. Eine dem wertorientierten Investmentstil zugrundeliegende Prämisse betrifft die oftmals empirisch zu beobachtende Tendenz von Aktienkursen, längerfristig zu ihren durchschnittlichen Bewertungskennzahlen zurückzukehren. Dieser Prozess wird als „Mean-Reversion" bezeichnet und konnte bei anderen Assetklassen ebenfalls festgestellt werden.[1]

Demgegenüber zeichnet sich ein wachstumsorientierter Investmentstil durch die Fokussierung auf Aktien überdurchschnittlich stark wachsender Gesellschaften aus. Da diese Titel in der Regel auch hoch bewertet sind, lautet die Grundannahme eines „Growth"-Managers, dass die Bewertung durch die hohen längerfristigen Wachstumspotentiale gerechtfertigt ist.

Die Frage nach Value und Growth ist nicht unabhängig von anderen Elementen des Investmentstils zu beantworten. Wie sich gezeigt hat, befinden sich die echten Wachstumsaktien oftmals in der gleichen Branche oder sind zumindest in einigen wenigen Branchen konzentriert, so dass mit der Festlegung eines Stils gleichzeitig eine Branchenwette eingegangen wird.[2] Diese Frage tangiert wiederum die Top-Down/Bottom-Up Diskussion. Fragen des Investmenthorizonts und der Unternehmensgröße sind ebenfalls betroffen.

6. Small Cap versus Large Cap

Ebenso wie es Portfoliomanager gibt, die sich auf Value- oder Growth-Titel konzentrieren, existieren Spezialisten für bestimmte Größensegmente von Aktien. Größe wird dabei zumeist als Marktkapitalisierung gemessen. Beide Investmentstilentscheidungen sind nicht gänzlich unabhängig voneinander. Eine Vielzahl empirischer Untersuchungen hat gezeigt, dass echte Wachstumswerte eher im Bereich der sog. „Small Caps" zu finden sind. Die Diskussion um überdurchschnittliche Renditen bei Kleinfirmen hat in den 1980er Jahren breiten Platz im einschlägigen Schrifttum eingenommen.[3]

Zumindest in Ländern mit mittlerer und kleinerer Marktkapitalisierung ist in den letzten Jahren jedoch ein Trend zu sog. „Large Cap Stocks" erkennbar. Ein Grund hierfür stellt neben der größeren Liquidität, die gerade institutionellen Investoren ein Engagement überhaupt erst ermöglicht, die Verfügbarkeit von derivativen Instrumenten zum Hedging dar. Damit können erweiterte Möglichkeiten des Aktienhandels genutzt werden. Zu denken ist beispielsweise an Volatilitäts- und Downside-Strategien. Der sogenannte Market Impact, der die Kursveränderung einer Aktie aufgrund einer Order beschreibt, ist bei Large Caps im

---

1 Vgl. *DeBondt/Thaler* (1985), S. 799; *Shefrin/Statman* (1985), S. 777ff.; *Zarowin* (1990), S. 113ff.; *Stock* (1990), S. 518ff.; *Fama/French* (1988), S. 246; *Cutler/Poterba/Summers* (1990), S. 63ff.; *Cutler/Poterba/ Summers* (1991), S. 529; *Kim/Nelsen/Startz* (1991), S. 516; *McQueen* (1992), S. 1ff. und *Schwert/Seguin* (1990), S. 1139.
2 Zu denken ist beispielsweise an den Computer- und Biotechnologiesektor, in dem sich sehr viele Wachstumswerte befinden, während etwa in der Ölbranche i.d.R. ausschließlich „Value"-Aktien vorzufinden sind.
3 Vgl. *Roll* (1983), S. 18ff.; *Stock* (1990), S. 518ff.; *Beiker* (1993), S. 23ff.; *Oertmann* (1994), S. 229ff.; *Frantzmann* (1989) und *Schnittke* (1989).

Vergleich zu Small Caps geringer. Außerdem eignen sich Large Caps aufgrund ihrer höheren Marktgängigkeit besser zur Durchführung von Basket Trades.

Allerdings dürfte es bei Large Caps schwerer sein, Informationsvorteile zu erwerben, da diese Aktien sehr intensiv beobachtet werden. Die geringere Markteffizienz bei Small Caps spricht somit für größere Chancen des aktiven Managements in diesem Segment.

Neben den genannten Spezialisierungen auf bestimmte größenabhängige Marktsegmente oder inhaltliche Eigenschaften wie Value und Growth lassen sich weitere denkbare Positionierungen im Bereich der Investmentstile bestimmen. Zu denken ist hierbei z.B. an sog. „Turn-around"-Werte oder Portfolios, die sich auf potentielle „Take-over"-Unternehmen, d.h. Übernahmekandidaten spezialisieren.

7. Aggressiv versus defensiv

Das Aggressivitätsniveau innerhalb von Portfolios kann ebenfalls kennzeichnend für einen Investmentstil sein. Dabei steht die Frage im Vordergrund, wie aggressiv bzw. defensiv vorliegende Prognosen in einem Portfolio umgesetzt werden. Als Maßstab für die Aggressivität von Aktienportfolios lassen sich die klassischen Risikomaße Volatilität, Korrelation, ß-Faktor und Tracking Error heranziehen. Bei eher fundamentaler Betrachtung kann eine aggressive Strategie so definiert werden, dass ein Portfolio aus solchen Aktien eines Marktes gebildet wird, welche die höchsten erwarteten Zuwächse in der Größe „Gewinn pro Aktie" erwarten lassen.

Hedge Fonds nutzen nicht selten einen Leverage, um gezielte Wetten mit großem Hebel einzugehen. Viele dieser Strategien sind insofern als aggressiv im Sinne von hochriskant einzuschätzen.

Im Anleihenbereich eignen sich die verschiedenen Durations- und Konvexitätsmaße zur Charakterisierung des vorliegenden Aggressivitätsniveaus. Darüber hinaus sind qualitative Daten wie z.B. Ratings unerlässlich. Es ist zu berücksichtigen, dass nur bei Bekanntheit einer Benchmark die Feststellung gelingen kann, ob ein Portfolio einem aggressiven oder einem defensiven Investmentstil folgt. Letztlich betrifft die Bestimmung des Aggressivitätsniveaus die vom Portfoliomanager aufzubringende Risikotoleranz.

8. Absolute Return-Strategien

a. Überblick

Mit Hilfe von Absolute Return-Strategien möchten sich die Anleger von der Wertentwicklung einer Benchmark bzw. des Marktes abkoppeln, um auch über kürzere Planungshorizonte eine stabile Wertentwicklung zu erzielen. Entsprechend wird dem Portfoliomanager eine positive Absolutrendite von z.B. Euribor + 100 Basispunkten vorgegeben.

Im Vordergrund der benchmarkfreien Absolute Return-Strategien steht dementsprechend die Reduzierung des Marktrisikos bei einer gleichzeitig stärkeren Betonung der aktiven Leistung des Portfoliomanagers. Diese aktive Leistung soll zu einem positiven Alpha führen, das für die Überschussrendite steht, die z.B. durch Wertpapierselektion zusätzlich zur Benchmarkrendite erwirtschaftet wird. Hinter dem Alpha stehen somit von der Gesamtmarktentwicklung unabhängige (jährliche) Erträge, die notwendig sind, um Absolute

Returns zu erwirtschaften. Dafür wird auf bestimmte Ertragspotentiale verzichtet, die mit dem Betafaktor, d.h. mit der Gesamtmarktentwicklung zusammenhängen.[1]

Zu beachten ist bei der Anwendung von Absolute Return-Strategien allerdings, dass sie andere (statistische) Eigenschaften aufweisen als die klassischen Benchmarkinvestments und mit anderen Risiken behaftet sind. So liegt beispielsweise keine symmetrische und damit auch keine Normalverteilung der Renditen vor. Entsprechend sind bei quantitativen Modellansätzen in diesem Bereich u.a. die Autokorrelation und die Schiefe von Verteilungen zur Risikobeschreibung zu berücksichtigen. Darüber hinaus kann an steigenden Aktienmärkten nur in begrenzter Form partizipiert werden. Möglicherweise wird ein Absolute Return-Mandat sogar vollständig abgesichert, sobald die vereinbarte absolute Rendite erzielt worden ist. Dies würde dazu führen, dass an weiter steigenden Kursen nicht mehr partizipiert werden kann.[2]

Grundlegend lassen sich Absolute Return-Strategien in drei Gruppen unterteilen. Die erste Gruppe betrifft das ursprüngliche Konzept, das durch Hedge Fonds im quasi nicht regulierten Raum umgesetzt wurde. Dabei erfolgt eine Konzentration allein auf die Erwirtschaftung von absoluten positiven Renditen unter weitgehender Vermeidung von Verlusten, wobei spezifische Kundenrestriktionen oder Kapitalmarktregularien weniger betrachtet werden. Mit diesen Strategien sollen minimale Preisineffizienzen in bestimmten Marktsegmenten unter Einsatz von Short-Positionen und Leverage umgesetzt werden.

Bei der zweiten Gruppe von Absolute Return-Strategien handelt es sich um Strategien, die im Wesentlichen Derivate einbeziehen. Zu den Absolute Return-Ansätzen mit Derivaten zählt beispielsweise der Collar-Ansatz auf Index-Optionen, bei dem im Rahmen eines aus Aktien und Anleihen bestehenden Portfolios der Aktienteil durch den Kauf von Puts abgesichert wird. Gleichzeitig werden Calls mit einem höherem Basispreis verkauft, so dass sich das Aktienportfolio bei Kursen, die zwischen den Basispreisen von Put und Call liegen, wie ein ungesichertes Portfolio verhält. Steigen die Kurse deutlich an, bewirkt zwar der Call eine Performancebegrenzung. Allerdings wird dieser negative Effekt durch eine Veränderung der Aufteilung der Assetklassen hin zu mehr Aktien reduziert. Als weitere Strategie können z.B. Portfolio Insurance Konzepte, wie das klassische Constant Proportion Portfolio Insurance- (CPPI-)Konzept genannt werden. Dabei wird eine systematische Asset Allocation zwischen Aktien und Geld- bzw. Rentenmarkt vorgenommen, wobei die Gewichtung von der Marktentwicklung und dem zur Verfügung stehenden Risikobudget abhängt. Bei diesem Konzept können z.B. Aktienindexfutures eingesetzt werden. Aber auch Konzepte, bei denen das Marktrisiko über einen systematischen Overlay gesteuert wird, können dieser Gruppe zugeordnet werden. Dazu zählt auch das noch darzustellende Konzept des sog. Portable Alpha.[3]

Der Schwerpunkt der dritten Gruppe von Absolute Return-Strategien liegt auf der Risikobegrenzung durch eine breite Diversifikation im Rahmen einer taktischen Asset Allocation auf der Grundlage der Risikotragfähigkeit der Investoren.[4]

Im Folgenden wird zunächst auf die dritte Gruppe und anschließend auf die zweite Gruppe der Absolute Return-Strategien näher eingegangen.

---

1 Vgl. *Krämer* (2007), S. 4f.
2 Vgl. *Krämer* (2004b), S. 10ff.
3 Vgl. *Tönnes/Becker* (2004), S. 262; *Krämer* (2004b), S. 5; *Krämer* (2007), S. 5f.
4 Eine alternative Klassifizierung von Absolute Return-Strategien sieht eine Aufteilung in Beta-basierte und Alpha-basierte Absolute Return-Konzepte vor. Vgl. *Zimmerer* (2011), S. 76ff.

b. Absolute Return-Strategien auf Basis der Risikotragfähigkeit

Zur Erzielung von Diversifikationseffekten können verschiedene Assetklassen in ein Portfolio aufgenommen werden. Die entsprechenden Strategien setzen auf den hohen langfristigen Ertrag bei gleichzeitig risikobegrenzenden Diversifikationseffekten von Mischportfolios, die beispielsweise aus Aktien und Anleihen bestehen. Allerdings können trotz positiver Diversifikationseffekte bei kurzfristigen Planungshorizonten hohe Risiken auftreten. Da aber viele Investoren nur über eine begrenzte Risikotragfähigkeit verfügen, ist eine Steuerung der Asset Allocation zwischen Anleihen und Aktien in Abhängigkeit von der Risikotragfähigkeit bzw. vorab definierten Risikobudgets erforderlich. Das Risikobudget kann als Differenz zwischen dem aktuellen Portfoliowert und dem abdiskontierten Portfoliomindestwert bestimmt werden.[1]

Als Kennzahl wird das Shortfall Risk herangezogen, das den maximalen Verlust angibt, den ein Investor in einer bestimmten Zeitperiode gerade noch tragen kann. Entsprechend wird bei einem gegebenen Anlagehorizont die Wahrscheinlichkeit berechnet, dass die Rendite unter einem durch das vorhandene Risikobudget bestimmten Wert liegt. Die Wahrscheinlichkeit, die angestrebte Rendite nicht zu erreichen, soll möglichst klein sein. Beispielsweise könnte ein Anleger definieren, dass der Kapitalerhalt (= 0% Mindestrendite) mit einer Wahrscheinlichkeit von 95% erreicht oder übertroffen werden soll. Dabei ist zu beachten, dass bei geringerem verfügbarem Risikokapital eine höhere Wahrscheinlichkeit der Erzielung der Mindestrendite bzw. eine geringere geforderte Mindestrendite zugrunde gelegt werden sollte. Bei einer höheren Mindestrendite werden volatilere Assetklassen in das Portfolio aufgenommen, die aber aufgrund des höheren Risikos auch ein höheres Risikokapital bedingen. Bei längeren Anlagehorizonten kann allerdings auch der Anteil volatilerer Anlagen höher ausfallen.[2]

c. Portable Alpha-Ansatz

Vor dem Hintergrund fallender Aktienkurse in den Jahren 2000–2003 und fallender Kurse am Rentenmarkt in den Jahren 2005–2007 haben viele Anleger ihr Augenmerk stärker auf eine Risikobegrenzung und auf benchmarkfreie Investments gelegt. In diesem Zusammenhang wurden von den Fondsgesellschaften u.a. sog. Portable Alpha-Ansätze entwickelt. Ziel ist dabei die Erzielung eines Mehrertrages und zwar unabhängig von der Marktentwicklung.

Grundsätzlich lassen sich die Rendite und das Risiko in einem aktiv gemanagten Portfolio in die beiden Bestandteile Alpha und Beta zerlegen. Dabei betrifft der Betafaktor das Marktrisiko bzw. systematische Risiko und bezieht sich somit auf die Marktrendite. Der Zusammenhang kann – wie oben bereits gezeigt – aus der an das Single-Index-Modell angelehnten Renditeformel abgeleitet werden. Dabei bedient man sich einer linearen Regression, wobei die Überschussrenditen des zu beurteilenden Portfolios auf die Überschussrenditen der Benchmark regressiert werden. Im Ergebnis erhält man folgende Formel, wo-

---

1 Vgl. *Rohweder/Hafner* (2004), S. 4; *Krämer* (2004b), S. 7f.
2 Vgl. *Krämer* (2004b), S. 8.

bei hier von der noch zu berücksichtigenden Störgröße der Regression (Zufallsfehler) abgesehen wird:[1]

$$\alpha_{PF} = r_{PF_{ü}} - r_{BM_{ü}} \cdot \beta_{PF} = r_{PF} - r_f - (r_{BM} - r_f) \cdot \beta_{PF}$$

mit

$r_{PF_{ü}}$ = Überschussrendite des Portfolios,

α_{PF} = von der Überschussrendite des Marktportfolios (Benchmark) unabhängige Portfolioüberschussrendite,

$r_{BM_{ü}}$ = Überschussrendite des Marktportfolios (Benchmark) = $r_{BM} - r_f$,

β_{PF} = Portfoliobeta = Portfoliosensitivität in Bezug auf die Benchmark und

$r_{BM_{ü}} \cdot \beta_{PF}$ = systematische Portfoliorendite.

Dabei kann die Regressionskonstante α_{PF} auch als autonome Eigenrendite des Portfolios bezeichnet werden, die von der Benchmark unabhängig ist. Hingegen drückt die systematische Wertpapierrendite den durch die Benchmark erklärten Renditeanteil des Portfolios aus.[2]

Entspricht die Benchmarkrendite der erwarteten Gesamtmarktrendite, so kann der Zusammenhang auch mit dem CAPM aufgezeigt werden:

$$\alpha_{PF} = r_{PF} - \underbrace{[r_f + (r_m - r_f) \cdot \beta_{PF}]}_{r_i \text{ nach dem CAPM}}$$

Ein Alphawert kann durch aktive Über- und Untergewichtungen der im Portfolio enthaltenen Anlagen im Vergleich zur Benchmark erzielt werden.

Im Rahmen der Portable Alpha-Strategien kann eine Trennung des Managements von Alpha und Beta mit Hilfe von Derivaten erfolgen. Damit kann das Alpha zu einem anderen Marktindex oder einer anderen Assetklasse transportiert werden. Für den Investor ergibt sich der Vorteil, dass er an Zusatzerträgen aus solchen Märkten partizipieren kann, die bisher aus Risikogesichtspunkten kaum oder gar nicht in seinem Portfolio berücksichtigt wurden.[3]

Eine mögliche praktische Umsetzung dieses Konzept soll beispielhaft anhand eines Investors aufgezeigt werden, dessen Risikokapital nicht für ein offenes Aktienmandat ausreicht. Dennoch könnte der Investor z.B. ein Mandat für ein aktives Management von deutschen Aktien vergeben, wobei aber gleichzeitig vereinbart wird, dass der Portfoliomanager das gesamte Marktexposure permanent mit entsprechenden Aktienfutures absichert, so dass das systematische Risiko (Marktrisiko) vollständig beseitigt ist. Theoretisch würde der Investor somit lediglich das reine Alpha des Portfoliomanagers erhalten zuzüglich einer Geldmarktverzinsung aufgrund des Aufbaus einer risikolosen Position (Aktienportfolio und

---

1 Vgl. z.B. *Wittrock* (1995a), S. 30f. und die Darstellung des Single-Index-Modells in Kapitel B dieses Buches.
2 Vgl. *Poddig/Brinkmann/Seiler* (2005), S. 615.
3 Vgl. *Union Investment Institutional* (2007), S. 2f.

verkaufte Aktienfutures). Möchte der Anleger zusätzlich ein Rentenmarktexposure aufbauen, so könnte er noch entsprechende Anleihenfutures kaufen. Insgesamt kann er durch eine solche Strategie das Anleihenmarktbeta, das Aktienalpha und eine Geldmarktverzinsung erzielen. Dieses Beispiel zeigt, dass die Entscheidung über die Alpha- und Betarisiken vollständig getrennt werden kann.[1]

Beim Portable Alpha-Ansatz kann die strategische Allokation grundsätzlich über ein neutrales Portfolio beschrieben werden, wobei es sich um eine risikofreie Zinsanlage über einen Anlagehorizont von z.B. einem Jahr handeln kann, so dass hierfür das Renditeziel eine absolute Rendite darstellt. Soll eine höhere Rendite erzielt werden, so ist das entsprechende Exposure dann jeweils mit dem aktiven Risikobudget in Einklang zu bringen. Entsprechend bietet der Portfoliomanager sein Produkt nach dem Verhältnis von Rendite und Risiko an. Die Folge einer solchen Zerlegung des Risikobudgets ist, dass – wie auch beim o.g. Core-Satellite-Ansatz – eine Spezialisierung der Portfoliomanager nach Produktkategorien erfolgt.[2]

Die Alpha-Beta-Separierung hat die folgenden Vorteile: Hierdurch wird die Wertschöpfungskette im Asset Management ein weiteres Mal aufgebrochen. Damit konzentrieren sich die Portfoliomanager auf die Tätigkeiten, die sie am besten ausüben können. Zudem wird deutlicher gemacht, welche Verantwortlichkeiten vorliegen, d.h. ein aktiver Manager soll sich auch nur um die Erzielung der risikoadjustierten Outperformance (Alpha) kümmern, während sich ein anderer Manager mit dem Beta des Portfolios beschäftigt. Dieser kann als Overlay-Manager bezeichnet werden, der unter Zuhilfenahme von Derivaten die von den anderen Managern eingegangenen aktiven Risiken begrenzt und u.U. auch taktisch ergänzt. Dabei wird der Rahmen des Overlay-Managers von dem Risikobudget vorgegeben, das insgesamt zur Verfügung steht.[3]

Somit verbleibt für den Portfoliomanager nicht nur die Spezialisierung nach Produktkategorien, sondern es kommt eine weitere Management-Kategorie hinzu und zwar sowohl in der separaten Funktion als Overlay-Manager, als auch integriert in den Absolute-Return-Ansatz. Diese Management-Kategorie besteht im Wesentlichen im Risikomanagement hinsichtlich kurzfristiger Bilanzziele des Investors.[4]

Für den Anleger wird der Investmentprozess flexibler, einfacher, transparenter und evtl. auch kostengünstiger. Der Kapitaleinsatz des Investors kann leichter optimiert werden, da ihm mehr Freiheitsgrade bei der Entscheidungsfindung zur Verfügung stehen. Somit kann das vorliegende Risikobudget in effizienterer und variablerer Weise eingesetzt werden. Schließlich brauchen die Anleger zur Generierung von Alpha nicht mehr das Beta-Exposure zu tragen. Vielmehr haben sie die Möglichkeit der Auswahl von Portfoliomanagern, die in einer bestimmten Assetklasse eine nachhaltige Outperformance erzielen, und können deren Alpha mit dem von ihnen benötigten Beta kombinieren. Beispielsweise kann auf Aktienportfoliomanager zurückgegriffen werden, die in Euroland-Aktien investieren, ohne das damit verbundene Euroland-Marktrisiko übernehmen zu müssen.[5]

Grundsätzlich haben die Anleger mit diesem Ansatz die Möglichkeit, ihr gesamtes Risikobudget auf Beta- und Alpha-Quellen aufzuteilen. Bei einem geringeren Beta-Anteil kann

---

1 Vgl. *Krämer* (2007), S. 5f.
2 Vgl. *König* (2005), S. 1374 (S. 24).
3 Vgl. *König* (2005), S. 1374 (S. 24); *Krämer* (2007), S. 5f.
4 Vgl. *König* (2005), S. 1374 (S. 24).
5 Vgl. *Krämer* (2007), S. 6.

der Spielraum für den aktiven Manager zur Alpha-Generierung entsprechend höher ausfallen. Gleichzeitig wäre es wünschenswert, wenn die Alphaquellen untereinander und mit den Betaquellen möglichst gering korreliert sind. Hierdurch kann das Gesamtrisiko weiter reduziert werden.

Diese Zusammenhänge sollen im Folgenden verdeutlicht werden. Wie oben bereits gezeigt, kann das Gesamtrisiko eines Portfolios in zwei Komponenten aufgeteilt werden: ein Teil des Risikos wird durch die Benchmark erklärt und der andere Teil durch das Restrisiko oder residuale Risiko (wobei hier die Risiken als Varianzen ausgedrückt werden):[1]

$$\sigma_{PF}^2 = \beta_{PF}^2 \cdot \sigma_{BM}^2 + \sigma_{\varepsilon_{PF}}^2$$

mit

σ_{PF}^2 = Gesamtrisiko des Portfolios,

$\beta_{PF}^2 \cdot \sigma_{BM}^2$ = systematisches Portfoliorisiko, wobei die Benchmark den Markt darstellt,

$\sigma_{\varepsilon_{PF}}^2$ = unsystematisches Portfoliorisiko (Restrisiko oder residuales Risiko).

Beispielhaft soll von folgenden Daten ausgegangen werden:

- risikoloser Zinssatz = 4%,
- Marktrendite (= Benchmarkrendite) = 7% und
- systematisches Risiko bzw. Marktrisiko (auf Basis der Standardabweichung) = 12%.

Als Gesamtrisiko für das Portfolio soll eine Standardabweichung in Höhe von 12% vorgegeben werden, die somit dem Marktrisiko entspricht. Wird nunmehr versucht, das Marktrisiko zugunsten des unsystematischen Risikos zu reduzieren, so stellt sich zum einen die Frage, um wie viel das systematische Risiko des „Benchmarkanteils" gesenkt werden soll und zum anderen welches Portfolioalpha dadurch erzielt werden kann. Der Zusammenhang zwischen dem erzielten Alpha und dem zur Erzielung des Alphas eingegangenen unsystematischen Risiko kann über die Information Ratio eines Portfolios (IR_{PF}) zum Ausdruck gebracht werden, bei der das Portfolioalpha durch das entsprechende annualisierte Residualrisiko dividiert wird:[2]

$$IR_{PF} = \frac{\alpha_{PF}}{\sigma_{\varepsilon_{PF}}}$$

mit

α_{PF} = Portfolioalpha und

$\sigma_{\varepsilon_{PF}}$ = Residualrisiko (als Standardabweichung).

---

1 Vgl. *Poddig/Brinkmann/Seiler* (2005), S. 206 und S. 413.
2 Vgl. *Wittrock* (1995a), S. 82f.; *Fischer* (2010), S. 464f. und 283f.; *Ebertz/Scherer* (2002), S. 195.

An dieser Stelle sei angemerkt, dass in der Literatur teilweise unterschiedliche Definitionen des Residualrisikos verwendet werden, wobei diese aber letztendlich zueinander äquivalent sind. Bei dem Residualrisiko handelt es sich hier um das unsystematische Risiko.[1]

Für das obige Beispiel soll von einer Information Ratio von 0,1 und einem unsystematischen Risiko als Standardabweichung von 6% ausgegangen werden. Für Alpha ergibt sich dann ein Wert von 0,6%. Damit das Gesamtrisiko (als Standardabweichung) aber weiterhin bei 12% verbleibt, muss das systematische Risiko (auf Basis der Standardabweichung, $\sqrt{\beta_{PF}^2 \cdot \sigma_{BM}^2}$) auf 10,3923% gesenkt werden:

$$\sigma_{PF}^2 = (10,3923\%)^2 + (6,00\%)^2 = 1,4400\%$$

$$\Rightarrow \sigma_{PF} = \sqrt{1,4400\%} = 12,00\%$$

Entsprechend ergibt sich ein Wert für den Betafaktor von 0,8660254:

$$\beta_{PF}^2 \cdot \sigma_{BM}^2 = \beta_{PF}^2 \cdot (12\%)^2 = (10,3923\%)^2 = 1,0800\%$$

$$\Leftrightarrow \beta_{PF}^2 = \frac{1,0800\%}{\sigma_{BM}^2} = \frac{1,0800\%}{1,4400\%} = 0,75 \qquad \Rightarrow \qquad \beta_{PF} = \sqrt{0,75} = 0,8660254$$

Für die Rendite des gesamten Portfolios kann dann der folgende Wert von 7,1981% abgeleitet werden, der die Marktrendite um 0,1981% übersteigt:

$$r_{PF} = \alpha_{PF} + [r_f + (r_{BM} - r_f) \cdot \beta_{PF}] = 0,6\% + [4\% + (7\% - 4\%) \cdot 0,8660254] = 7,1981\%$$

bzw. anders ausgerechnet:

$$r_{PF_ü} = \alpha_{PF} + r_{BM_ü} \cdot \beta_{PF} = 0,6\% + 3\% \cdot 0,8660254 = 3,1981\%$$

$$\Rightarrow r_{PF} = r_{PF_ü} + r_f = 3,1981\% + 4\% = 7,1981\%$$

Würde man eine Information Ratio von 0,2 zugrunde legen, ergäbe sich eine Rendite von 7,7981% (wenn das gleiche unsystematische Risiko unterstellt würde).

Weist also ein Portfoliomanager eine höhere Information Ratio auf, wird mit dem eingegangenen Residualrisiko ein höherer Alphawert und somit eine höhere Outperformance erzielt. Dies wiederum wirkt sich positiv auf die Rendite des gesamten Portfolios aus. Entsprechend könnte bei einer höheren nachhaltig erzielbaren Information Ratio mehr Marktrisiko zugunsten des aktiven Risikos aufgegeben werden.[2]

---

1 Vgl. *Poddig/Brinkmann/Seiler* (2005), S. 205 und S. 413.
2 Vgl. *Specht* (2006), S. 30.

In einem weiteren Beispiel kann gezeigt werden, wie ein positives Alpha realisiert werden kann, ohne dass ein systematisches Risiko (Marktrisiko) eingegangen wird. Beispielsweise identifiziert ein Portfoliomanager im Rahmen der Wertpapieranalyse ein unterbewertetes Portfolio, für das auf Basis des Single-Index-Modell der folgende Zusammenhang ermittelt werden kann:

$$r_{PF_{ü}} = \alpha_{PF} + r_{BM_{ü}} \cdot \beta_{PF} + \varepsilon_{PF} = 0{,}03 + r_{BM_{ü}} \cdot 1{,}5 + \varepsilon_{PF}$$

Würde das Portfolio nun gekauft, könnte eine negative Gesamtmarktentwicklung dazu führen, dass der Portfoliomanager Verluste erleidet (bei einem recht hohen Betawert), obwohl das Portfolio (PF) selbst möglicherweise unterbewertet war. Um aber von der Gesamtmarktentwicklung unabhängig zu sein und gleichzeitig von dem identifizierten positiven Alphawert zu profitieren, kann ein sogenanntes Tracking-Portfolio (TPF) gebildet werden, dass den systematischen Teil der Rendite des Portfolios PF abbildet. Entsprechend muss TPF den gleichen Betawert wie PF (1,5) und möglichst kein unsystematisches Risiko aufweisen. Dieses Profil kann konstruiert werden, indem ein Anteil von 150% in den Marktindex (Benchmark) und ein Anteil von –50% in die risikolose Anlage investiert wird. Letzteres bedeutet eine Kreditaufnahme zum risikolosen Zinssatz. Der Alphawert des TPF beträgt entsprechend Null. Mit dem Kauf des Portfolios PF ist nun gleichzeitig eine Short-Position in dem Tracking Portfolio TPF aufzubauen, so dass sich die systematischen Risiken aufheben. Das gesamte Portfolio weist damit kein Marktrisiko auf, wohl aber das unsystematische Risiko des Portfolios PF. Insgesamt ergibt sich damit für die Portfolioüberschussrendite des gesamten Portfolios G:[1]

$$r_{G_{ü}} = \underbrace{0{,}03 + r_{BM_{ü}} \cdot 1{,}5 + \varepsilon_{PF}}_{r_{PF_{ü}}} - \underbrace{r_{BM_{ü}} \cdot 1{,}5}_{r_{TPF_{ü}}} = 0{,}03 + \varepsilon_{PF}$$

Das verbleibende unsystematische Risiko kann durch eine breite Diversifizierung des Portfolios PF gering gehalten werden. Somit kann der Portfoliomanager von dem identifizierten Alphawert von 3% profitieren, ohne dem Marktrisiko ausgesetzt zu sein.

Grundsätzlich erscheint der Portable Alpha-Ansatz recht einfach. Allerdings hängt der Erfolg bei Umsetzung in der Praxis wesentlich davon ab, inwieweit es gelingt, Portfoliomanager zu identifizieren, die auch nachhaltig Alpha generieren, wobei sich auch die Frage stellt, wie stabil diese Alphawerte sind. Als Bestimmungsfaktoren zur Generierung von Alpha können vor allem die sog. Manager Skills herangezogen werden, d.h. die Fähigkeiten und Erfahrungen des Portfoliomanagers, der einen entsprechenden Track Record und auch Kontinuität vorweisen sollte. Gleichzeitig müssen aber auch die erforderlichen Rahmenbedingungen vorliegen. So kann der Spielraum des Portfoliomanagers durch die Investment Guidelines oder durch Kundenrestriktionen eingeschränkt sein. Auch sind die gesetzlichen Rahmenbedingungen zu beachten. So wurden Absolute Return- und Portable Alpha-Strategien im eigentlichen Sinne erst durch den erweiterten Spielraum zur Nutzung von Derivaten im Rahmen des ehemaligen Investmentgesetzes und der Derivateverordnung ermöglicht. Darüber hinaus hängen die Möglichkeiten des Portfoliomanagers zur Generierung von Alpha auch von den Marktbedingungen ab. Bei einer höheren Marktvolatilität

---

1 Vgl. *Bodie/Kane/Marcus* (2011a), S. 273f.

kann ein Portfoliomanager eher eine Outperformance erzielen. Insofern kann das Alpha im Zeitablauf durchaus schwanken. Schließlich spielen auch die Liquidität und Transparenz eines Marktes eine wichtige Rolle. Es kann erwartet werden, dass in illiquideren und weniger transparenten Märkten mehr Ineffizienzen vorliegen, die die Generierung von Alpha vereinfachen. So erscheint die Erwirtschaftung einer dauerhaften Outperformance z.B. im Bereich von US-Staatsanleihen deutlich schwieriger als in den Bereichen Emerging Markets Renten oder Small Caps.[1]

Zu beachten ist dabei allerdings, dass in weniger effizienten Märkten nicht immer entsprechende börsengehandelte Derivate vorliegen, die zur Betaseparierung benötigt werden, so dass weitere Risiken entstehen können.

d. Portfolio Insurance-Strategien

Neben den aufgezeigten Investmentstilen kann sich das Management von Portfolios auch im Hinblick auf mögliche Absicherungsstrategien unterscheiden. Strategien zur Absicherung sind besonders für Aktienportfolios relevant, bei denen die Gefahr unerwünschter Marktentwicklungen in besonderer Weise ausgeprägt ist. Insofern werden im Folgenden Portfolio Insurance-Strategien am Beispiel von Aktienportfolios dargestellt. Grundsätzlich können diese Strategien Absicherungen mit oder ohne Derivate beinhalten. Im Folgenden wird auf mögliche Strategien unter Verzicht auf derivative Instrumente eingegangen. Die aufzuzeigenden Strategien können vergleichsweise einfach im Portfoliomanagement umgesetzt werden.[2]

Verglichen werden die dynamischen Absicherungsstrategien Constant Proportion Portfolio Insurance (CPPI) und Time-Invariant Portfolio Protection (TIPP) jeweils mit der sog. Buy and Hold-Strategie. Bei der Buy and Hold-Strategie wird die zu Anfang festgelegte Zusammensetzung des Portfolios während der Laufzeit nicht durch Portfolioumschichtungen verändert.

da. Stop-Loss-Strategie

Die Stop-Loss-Strategie kann als einfachste und wohl auch am meisten verbreitete Portfolio Insurance Strategie klassifiziert werden.[3] Zunächst erfolgt im Rahmen dieser Strategie eine Investition des gesamten Vermögens in Aktien, wobei gleichzeitig ein Portfoliomindestwert (Floor) zum Ende des Planungshorizontes festgelegt wird. Zur Bestimmung des aktuellen Wertes (Barwertes) des Floors kann auf die folgende Formel zurückgegriffen werden:

$$PV_t^{Floor} = F \cdot (1+r_f)^{-(T-t)}$$

mit

---

1 Vgl. *Krämer* (2007), S. 7f.
2 Vgl. *Ebertz/Schlenger* (1995), S. 302f. Portfolio Insurance Strategien können grundsätzlich auch auf Anleihenportfolios angewendet werden, vgl. *Black/Jones* (1987), S. 48. Zu Absicherungsstrategien mit Derivaten vgl. Kapitel F.
3 Vgl. *Meyer-Bullerdiek* (1999), S. 182 und *Steiner/Bruns/Stöckl* (2012), S. 394f. Die Stop-Loss-Strategie kann auch als *die* klassische Portfolio Insurance Strategie bezeichnet werden, vgl. *Bossert/Burzin* (2002), S. 136.

PV_t^{Floor} = Present Value (Barwert) des Floors zum Zeitpunkt t,
F = Floor,
r_f = (konstanter) risikoloser Zins für den Zeitraum bis zum Planungshorizont und
T = gesamter Planungshorizont in Jahren.

In dem Fall, in dem der Wert des Aktienportfolios bis auf den Present Value des Floors fällt, muss entsprechend der Stop-Loss Regel das Portfolio veräußert werden. Der resultierende Verkaufserlös wird dann zum risikolosen Zins angelegt. Da nunmehr die risikolose Position bis zum Ende des Planungshorizontes beibehalten wird, ist sichergestellt, dass dann der Floor-Wert erreicht wird. Diese Vorgehensweise bedeutet auch, dass die Zusammensetzung des Portfolios höchstens einmal während des Planungshorizontes verändert wird, so dass auch von einer statischen Absicherungsstrategie gesprochen werden kann. Steigen anschließend wieder die Aktienkurse, so kann davon nicht mehr profitiert werden.

Charakteristisch für dynamische Absicherungsstrategien sind hingegen laufende Anpassungen der Portfoliostruktur aufgrund bestimmter Marktveränderungen im Zeitablauf. Auch für die Stop-Loss Strategie kann eine entsprechende Modifizierung vorgenommen werden, bei der auch nach der Unterschreitung des Floor-Barwertes noch an einer steigenden Kursentwicklung teilgenommen werden kann, d.h. der Endwert am Ende des Planungshorizontes kann trotz der zwischenzeitlichen Floor-Barwert-Unterschreitung noch oberhalb von 100% sein. Verbunden sind mit dieser modifizierten Stop-Loss-Strategie mehrere Umschichtungen zwischen Aktien und risikoloser Anlage.[1]

db. Constant Proportion Portfolio Insurance (CPPI)

Zu den dynamischen Portfolio Insurance Strategien zählt u.a. die CPPI-Strategie.[2] Im Rahmen dieser Strategie werden – wie auch bei der modifizierten Stop-Loss-Strategie – Portfolioumschichtungen zwischen Aktien und einer risikolosen festverzinslichen Anlage vorgenommen. Ziel ist die Garantie eines Portfoliomindestwertes bei gleichzeitiger Wahrnehmung von Kursgewinnchancen.

Als wesentliche Elemente der CPPI-Strategien lassen sich die folgenden identifizieren:[3]

- Floor (F) = Mindestwert des Portfolios, der möglichst während des Planungszeitraums nicht unterschritten werden soll
- Exposure (E) = Portfolioanteil, der in Aktien investiert wird
- Vermögen (V) = Gesamtanlagebetrag
- Cushion (C) = max (V – F; 0)
- Multiplikator (m) = Ausdruck der Risikoneigung des Investors mit m ≥ 1. Je höher m, desto risikofreudiger ist der Investor. Da sich der Multiplikator grundsätzlich ändern kann, soll im Folgenden der anfängliche Multiplikator mit „m" bezeichnet werden. Ein im Laufe des Planungszeitraums veränderter Multiplikator soll mit „M" bezeichnet werden.

---

[1] Vgl. *Bird/Dennis/Tippet* (1988), S. 35ff.
[2] Vgl. *Black/Jones* (1987), S. 48ff. und *Black/Jones* (1988), S. 33ff.
[3] Vgl. *Bossert/Burzin* (2002), S. 139f.

Exposure und Cushion hängen in der folgenden Weise zusammen:

$$E = m \cdot C = m \cdot \max(V - F; 0).$$

Hieraus ergibt sich der folgende Zusammenhang:

$$\frac{1}{m} = \frac{V-F}{E} \quad \text{für } V - F \geq 0.$$

Der Kehrwert des Multiplikators gibt somit den Prozentsatz an, bis zu dem die Aktienposition an Wert verlieren darf, damit es nicht zu einer Floor-Unterschreitung kommt, die eine Portfolioanpassung zur Folge hätte.

Das folgende Beispiel zeigt die Funktionsweise der CPPI-Strategie auf. Zum Laufzeitbeginn soll ein Betrag in Höhe von € 1 Mio angelegt werden, wobei eine Portfoliountergrenze (Floor) von € 850.000 vereinbart wird.[1] Der Multiplikator soll aufgrund der individuellen Risikoeinstellung des Anlegers 2,5 betragen. Das anfängliche Exposure lässt sich demnach wie folgt bestimmen:

$$E = m \cdot C = m \cdot \max(V - F; 0) = 2,5 \cdot \max(€\,1.000.000 - €\,850.000; 0) = €\,375.000$$

Infolgedessen teilt sich der Gesamtanlagebetrag zu Beginn der Laufzeit wie folgt auf: € 375.000 werden in Aktien und € 625.000 in eine sichere Festzinsanlage angelegt. In diesem Beispiel kann somit der Wert der Aktienposition um 40% (= 1/m) – d.h. um € 150.000 – auf € 225.000 sinken, ohne dass es zu einer Unterschreitung des Floors von € 850.000 kommt.

Nunmehr sei angenommen, dass die Kurse am Aktienmarkt um 10% fallen. Dies führt zu einem neuen Wert der Aktienposition von € 337.500. Werden die Festgeldzinsen vernachlässigt, so beträgt der Gesamtwert des Portfolios nunmehr € 962.500 (= € 337.500 + € 625.000). Das Cushion beläuft sich auf € 112.500. Daraus resultieren ein neues Aktien-Exposure (gesamte Aktienanlage) von € 281.250 und eine Festgeldanlage in Höhe von € 681.250.

In Tabelle C.4 wird beispielhaft die Entwicklung des Wertes der CPPI-Strategie aufgezeigt, wobei Festgeldzinsen für die Zinsposition vernachlässigt werden. Um dies zu verdeutlichen, wird in der Tabelle das Festgeld durch eine (zinslose) Kasseposition ersetzt. Unterstellt wird dabei eine im Zeitablauf stetig fallende Aktienmarktentwicklung. Der Multiplikator m beträgt 2,5.

---

[1] Bei Einbeziehung eines Zinseffektes bzw. eines Zinsertrags für die risikofreie Portfoliokomponente kann der jeweils aktuelle Floor auch als Barwert des vom Investor vorgegebenen Floorwertes festgelegt werden. Vgl. *Faber* (2007), S. 52 und S. 212.

t	Wert Aktien-index	Floor	Vermögen	Cushion	Wert Aktien-anlage (vor Um-schichtung)	Wert Kasse (vor Um-schichtung)	Exposure (= neue Aktien-anlage)	Neue Anlage in Kasse
0	100%	850.000	1.000.000	150.000	375.000	625.000	375.000	625.000
1	90%	850.000	962.500	112.500	337.500	625.000	281.250	681.250
2	80%	850.000	931.250	81.250	250.000	681.250	203.125	728.125
3	70%	850.000	905.859	55.859	177.734	728.125	139.648	766.211
4	60%	850.000	885.910	35.910	119.699	766.211	89.774	796.136
5	50%	850.000	870.947	20.947	74.812	796.136	52.368	818.579
6	40%	850.000	860.474	10.474	41.895	818.579	26.184	834.290
7	30%	850.000	853.928	3.928	19.638	834.290	9.819	844.109
8	20%	850.000	850.655	655	6.546	844.109	1.637	849.018
9	10%	850.000	849.836	0	818	849.018	0	849.836
10	0%	850.000	849.836	0	0	849.836	0	849.836

Tab. C.4: CPPI-Strategie bei stetig fallender Aktienmarktentwicklung

Somit wird der Floor von € 850.000 nur knapp unterschritten. Hinzuweisen ist darauf, dass sich der Wert der Aktienposition (vor der Umschichtung) beispielsweise in t_2 (der Aktienindex ist auf 80% gefallen) wie folgt ergibt:

$$\frac{€\ 281.250}{0{,}9} \cdot 0{,}8 = €\ 250.000$$

Hieraus resultiert dann der Gesamtwert für das Portfolio in t_2 in Höhe von € 931.250 (= € 250.000 + € 681.250), von dem nunmehr € 203.125 in Aktien und € 728.125 in die Kasseposition zu investieren sind.

Ein Vergleich zur Buy and Hold-Strategie zeigt, dass sich die CPPI-Strategie in dieser Situation einer stetigen Abwärtsbewegung im Aktienmarkt durchaus zur Absicherung eignen kann. Gleiches gilt auch für den Fall kontinuierlich steigender Aktienkurse, da sich das Exposure dann immer mehr ausweitet und an der positiven Aktienmarktentwicklung mit einem höheren Aktienengagement partizipiert wird:[1]

---

[1] Zu Beginn der Buy and Hold-Strategie werden ebenfalls € 375.000 in Aktien und € 625.000 in eine (unverzinsliche) Kasseposition angelegt, wobei hier aber die Portfoliostruktur im Zeitablauf nicht verändert wird.

t	Aktien-index	Buy + Hold	CPPI
0	100%	1.000.000	1.000.000
1	90%	962.500	962.500
2	80%	925.000	931.250
3	70%	887.500	905.859
4	60%	850.000	885.910
5	50%	812.500	870.947
6	40%	775.000	860.474
usw.			

t	Aktien-index	Buy + Hold	CPPI
0	100%	1.000.000	1.000.000
1	110%	1.037.500	1.037.500
2	120%	1.075.000	1.080.114
3	130%	1.112.500	1.128.054
4	140%	1.150.000	1.181.526
5	150%	1.187.500	1.240.727
6	160%	1.225.000	1.305.848
usw.			

Tab. C.5: Vergleich Buy and Hold versus CPPI bei stetiger Aktienmarktentwicklung

In dem hier betrachteten Fall einer stetigen Aktienmarktentwicklung ergibt sich der in Abbildung C.20 dargestellte konvexe Kurvenverlauf der CPPI-Strategie im Vergleich zum linearen Verlauf der Buy and Hold-Strategie:

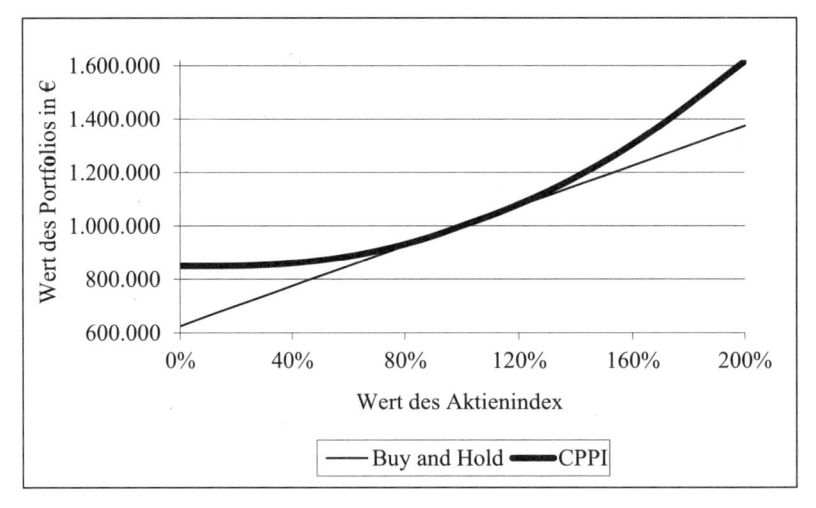

Abb. C.20: CPPI und Buy and Hold bei kontinuierlicher Aktienmarktentwicklung

In dem Fall, dass m weiter erhöht wird, verstärkt sich dieser Konvexitätseffekt.[1] Wird m = 1 gesetzt, so führen die CPPI-Strategie und die Buy and Hold-Strategie zu denselben Ergebnissen. In diesem Fall würden im obigen Beispiel zunächst € 150.000 in Aktien und € 850.000 (= Floor) in die Kasseposition investiert. Vor diesem Hintergrund lässt sich die Buy and Hold-Strategie als Spezialfall der CPPI interpretieren.[2]

---

1 Vgl. *Bossert/Burzin* (2002), S. 144f.
2 Vgl. *Steiner/Bruns/Stöckl* (2012), S. 407.

Zu berücksichtigen ist allerdings, dass die in dem obigen Beispiel unterstellte kontinuierliche Aktienentwicklung nicht der Realität entspricht. Daher soll nunmehr die Abhängigkeit der CPPI-Wertentwicklung vom Verlauf der Aktienmarktentwicklung, d.h. die Pfadabhängigkeit der CPPI-Strategie aufgezeigt werden.

Bei Annahme der gleichen Ausgangsdaten wie in dem obigen Beispiel (m = 2,5, Floor = € 850.000, Vermögen = € 1 Mio) ergeben sich für die in Tabelle C.6 dargestellte Aktienmarkt-Entwicklung die dort aufgeführten Werte.

t	Wert Aktienindex	Floor	Vermögen	Cushion	Wert Aktienanlage (vor Umschichtung)	Wert Kasse (vor Umschichtung)	Exposure (= neue Aktienanlage)	Neue Anlage in Kasse
0	100%	850.000	1.000.000	150.000	375.000	625.000	375.000	625.000
1	114%	850.000	1.052.500	202.500	427.500	625.000	506.250	546.250
2	124%	850.000	1.096.908	246.908	550.658	546.250	617.270	479.638
3	128%	850.000	1.116.820	266.820	637.182	479.638	667.050	449.770
4	122%	850.000	1.085.552	235.552	635.782	449.770	588.880	496.672
5	108%	850.000	1.017.976	167.976	521.303	496.672	419.939	598.037
6	97%	850.000	975.204	125.204	377.167	598.037	313.010	662.194
7	86%	850.000	939.708	89.708	277.514	662.194	224.270	715.438
8	90%	850.000	950.139	100.139	234.701	715.438	250.348	699.791
9	97%	850.000	969.611	119.611	269.819	699.791	299.027	670.584
10	100%	850.000	978.859	128.859	308.275	670.584	322.147	656.712

Tab. C.6: CPPI-Strategie bei nicht stetiger Aktienmarktentwicklung

In diesem Fall liegt der Wert der CPPI-Strategie z.B. in t_5 (€ 1.017.976) unterhalb des Wertes der Buy and Hold Strategie, die einen Wert von € 1.030.000 aufweisen würde. Somit kann also das Ergebnis der CPPI-Strategie – je nach Aktienkursentwicklung im Zeitablauf – auch unterhalb des Ergebnisses der Buy and Hold Strategie liegen. Darüber hinaus hängt das Ergebnis auch von der Häufigkeit der Anpassung ab.

Die in Tabelle C.6 dargestellte Abhängigkeit der CPPI-Wertentwicklung vom Verlauf der Aktienmarktentwicklung wird auch durch die folgende grafische Darstellung deutlich, wobei noch ein Vergleich zur reinen Aktienanlage, d.h. ohne Absicherungstransaktion vorgenommen wird:

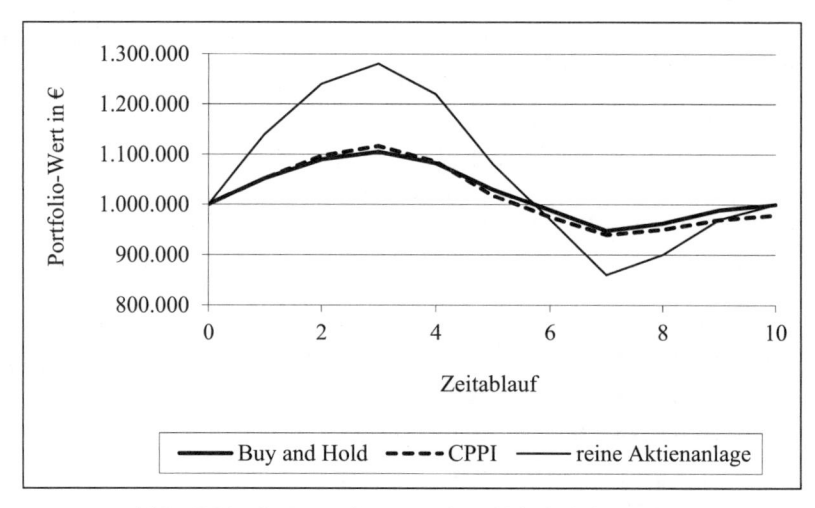

Abb. C.21: CPPI und Buy and Hold bei nicht stetiger Aktienmarktentwicklung

Zu beachten sind bei Anwendung der CPPI-Strategie auch die mit jeder Umschichtung verbundenen Transaktionskosten. Infolgedessen kann es sinnvoll sein, eine Toleranzgrenze festzulegen, bis zu deren Niveau keine Umschichtungen vorgenommen werden. Beispielsweise könnte festgesetzt werden, dass erst ab Kursveränderungen von ± 5% Umschichtungen erfolgen sollen.

Darüber hinaus ist zu beachten, dass – bei einem relativ geringen Multiplikator – für eine wirksame Beteiligung an steigenden Aktienkursen ein recht niedriger Floor festgelegt werden muss. Beispielsweise müsste im obigen Beispiel zunächst ein Floor von € 800.000 zugrunde gelegt werden, wenn bei einem Multiplikator von 2,5 ein (von der Risikogewichtung ausgeglichenes) Portfolio realisiert werden soll, das zu 50% in Aktien und zu 50% in Festgeld investiert ist:

$$E = m \cdot (V - F) \quad \Leftrightarrow \quad F = V - \frac{E}{m} \quad ; \quad \text{jeweils für } V - F \geq 0$$

$$\Rightarrow \quad F = €\ 1.000.000 - \frac{€\ 500.000}{2,5} = €\ 1.000.000 - €\ 200.000 = €\ 800.000$$

Ferner werden bei einem statischen, d.h. nicht veränderbaren Floor die während der Laufzeit erzielten Gewinne nicht abgesichert, so dass sich in diesem Fall der prozentuale Anteil des Floors am Wert des Gesamtportfolios verringert. Dies führt wiederum zu einer verringerten prozentualen Absicherung bei steigenden Aktienkursen. Unterstellt wird somit eine Erhöhung der Risikobereitschaft des Anlegers, die aber grundsätzlich nicht zutrifft.

Als positiv zu werten ist die einfache Handhabbarkeit der CPPI-Strategie, da aufwendige mathematische Berechnungen nicht erforderlich sind und die Strategie leicht nachvollzogen werden kann.

dc. Time-Invariant Portfolio Protection (TIPP)

Die sogenannte Time Invariant Portfolio Protection (TIPP) beinhaltet die Anpassung des Floors bei gestiegenen Aktienkursen.[1] Grundsätzlich handelt es sich hierbei ebenfalls um eine CPPI-Strategie, die aber insofern modifiziert ist, als dass aufgrund der Floor-Anpassung grundsätzlich jeweils der höchste während der Laufzeit erreichte Floorwert gesichert werden kann. Dazu wird der Floor als fester Prozentsatz des anzulegenden Vermögens festgelegt.

Die Vorgehensweise lässt sich wie folgt charakterisieren:[2]

(1) Ermittlung des Portfoliowertes (Aktien und Anleihen),
(2) Multiplikation des Portfoliowertes mit dem festgelegten Floor-Prozentsatz,
(3) Festlegung des neuen Floors (ein neuer Floorwert ergibt sich nur in dem Fall, dass das Ergebnis aus (2) größer ist als der bisherige Floor),
(4) Ermittlung des Cushion ($C = \max(V - F; 0)$),
(5) Ermittlung des Exposures ($E = m \cdot C$) und
(6) Realisierung des Exposures durch Kauf oder Verkauf von Aktien.

Infolgedessen erfolgt bei fallenden Aktienkursen keine Anpassung des Floors. Sinnvoll kann die TIPP-Strategie grundsätzlich für Vermögensanlagen über längere bzw. zeitlich unbegrenzte Zeiträume sein aufgrund der stetigen Flooranpassungen an veränderte Marktverhältnisse.[3]

Zur Veranschaulichung soll wiederum auf das obige Beispiel zurückgegriffen werden (Portfolioanfangswert = € 1 Mio, m = 2,5), wobei der Floor-Prozentsatz mit 85% festgelegt werden soll. Entsprechend werden wiederum zunächst € 375.000 in Aktien und € 625.000 in eine sichere Festzinsanlage (hier: unverzinsliche Kassaposition) angelegt. Bei stetig fallender Aktienkursentwicklung ergeben sich dann bei der TIPP-Strategie die gleichen Werte wie bei der CPPI-Strategie, da es zu keiner Anpassung des Floors kommt.

Steigen allerdings die Aktienkurse kontinuierlich an, so führt dies zu den in Tabelle C.7 dargestellten Flooranpassungen und Portfoliowerten. Beispielsweise ergibt sich der neue Floor in t_1 wie folgt:

Neuer Floor in t_1 = € 1.037.500 · 0,85 = € 881.875

Hieraus resultieren ein Cushion von € 155.625 und ein Exposure von € 389.063. Da der Wert der Aktienposition aus t_0 in t_1 aber € 412.500 beträgt, müssen entsprechend Aktien verkauft werden, so dass mit weniger Aktien als z.B. bei der Buy and Hold-Strategie an der stetig positiven Aktienentwicklung partizipiert werden kann. Hier offenbart sich bereits ein wesentlicher Unterschied zur CPPI-Strategie, da sich in dem dortigen Beispiel die neue Aktienanlage auf € 468.750 erhöht und somit mit einem höheren Aktienanteil als bei der Buy and Hold-Strategie an der positiven Entwicklung teilgenommen werden kann.

---

1 Vgl. *Estep/Kritzman* (1988), S. 38ff.
2 Vgl. *Estep/Kritzman* (1988), S. 39. Bei Einbeziehung eines Zinseffektes bzw. eines Zinsertrags für die risikofreie Portfoliokomponente kann der jeweils aktuelle Floor – wie auch bei einer CPPI-Strategie – auch als Barwert des vom Investor vorgegebenen Floorwertes festgelegt werden. Vgl. *Faber* (2007), S. 52 und S. 212.
3 Vgl. *Brennan/Schwartz* (1988), S. 283f.

t	Wert Aktien-index	Floor	Vermögen	Cushion	Wert Aktienanlage (vor Umschichtung)	Wert Kasse (vor Umschichtung)	Exposure (= neue Aktienanlage)	Neue Anlage in Kasse
0	100%	850.000	1.000.000	150.000	375.000	625.000	375.000	625.000
1	110%	881.875	1.037.500	155.625	412.500	625.000	389.063	648.438
2	120%	911.939	1.072.869	160.930	424.432	648.438	402.326	670.543
3	130%	940.437	1.106.396	165.959	435.853	670.543	414.899	691.498
4	140%	967.565	1.138.312	170.747	446.814	691.498	426.867	711.445
5	150%	993.482	1.168.802	175.320	457.357	711.445	438.301	730.501
6	160%	1.018.319	1.198.022	179.703	467.521	730.501	449.258	748.764
7	170%	1.042.186	1.226.101	183.915	477.337	748.764	459.788	766.313
8	180%	1.065.175	1.253.147	187.972	486.834	766.313	469.930	783.217
9	190%	1.087.366	1.279.255	191.888	496.037	783.217	479.720	799.534
10	200%	1.108.828	1.304.503	195.675	504.969	799.534	489.189	815.314

Tab. C.7: TIPP-Strategie bei stetig steigender Aktienmarktentwicklung

Im Vergleich zur CPPI-Strategie erscheint die TIPP-Strategie bei einer solchen stetig steigenden Aktienkursentwicklung nicht sinnvoll, wie auch die Tabelle C.8 verdeutlicht.

In dem hier betrachteten Fall einer stetigen Aktienmarktentwicklung ergibt sich der in Abbildung C.22 dargestellte Kurvenverlauf der TIPP-Strategie im Vergleich zum linearen Verlauf der Buy and Hold-Strategie.

t	Aktienindex	Buy and Hold	CPPI	TIPP
0	100%	1.000.000	1.000.000	1.000.000
1	110%	1.037.500	1.037.500	1.037.500
2	120%	1.075.000	1.080.114	1.072.869
3	130%	1.112.500	1.128.054	1.106.396
4	140%	1.150.000	1.181.526	1.138.312
5	150%	1.187.500	1.240.727	1.168.802
6	160%	1.225.000	1.305.848	1.198.022
usw.				

Tab. C.8: Vergleich Buy and Hold, CPPI und TIPP bei stetiger Aktienmarktentwicklung

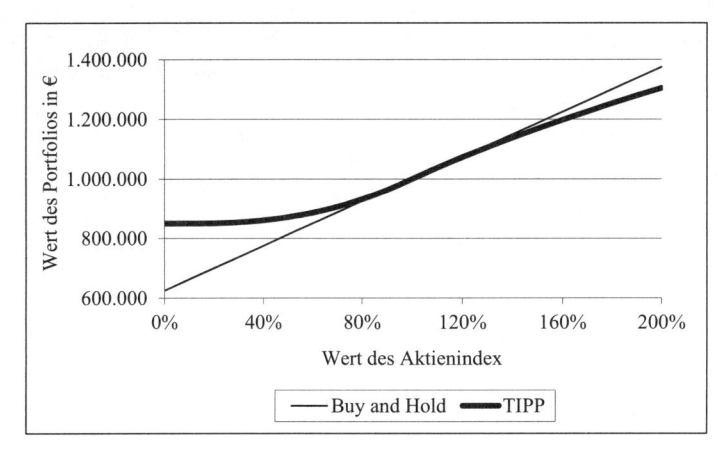

Abb. C.22: TIPP und Buy and Hold bei kontinuierlicher Aktienmarktentwicklung

Auch für die TIPP-Strategie gilt die für die CPPI-Strategie bereits aufgezeigte Pfadabhängigkeit, so dass das Ergebnis jeweils von der zwischenzeitlichen Entwicklung des Aktienindex abhängt.[1] Angenommen werden soll die gleiche Aktienkursentwicklung wie auch schon bei der CPPI-Strategie. Damit ergeben sich die in Tabelle C.9 aufgeführten Werte (m beträgt nach wie vor 2,5).

t	Wert Aktienindex	Floor	Vermögen	Cushion	Wert Aktienanlage (vor Umschichtung)	Wert Kasse (vor Umschichtung)	Exposure (= neue Aktienanlage)	Neue Anlage in Kasse
0	100%	850.000	1.000.000	150.000	375.000	625.000	375.000	625.000
1	114%	894.625	1.052.500	157.875	427.500	625.000	394.688	657.813
2	124%	924.053	1.087.122	163.068	429.309	657.813	407.671	679.451
3	128%	935.232	1.100.272	165.041	420.821	679.451	412.602	687.670
4	122%	935.232	1.080.932	145.700	393.261	687.670	364.250	716.681
5	108%	935.232	1.039.132	103.901	322.451	716.681	259.752	779.380
6	97%	935.232	1.012.676	77.445	233.296	779.380	193.612	819.065
7	86%	935.232	990.720	55.489	171.656	819.065	138.722	851.998
8	90%	935.232	997.172	61.941	145.174	851.998	154.852	842.320
9	97%	935.232	1.009.216	73.985	166.896	842.320	184.962	824.254
10	100%	935.232	1.014.937	79.705	190.683	824.254	199.264	815.673

Tab. C.9: TIPP-Strategie bei nicht stetiger Aktienmarktentwicklung

---

1 Trotz der Anhebung des Floors kann die TIPP-Strategie in Abhängigkeit vom Startzeitpunkt zu positiven oder negativen Ergebnissen im Vergleich zu einem Aktienindex führen. Vgl. *Choie/Seff* (1989), S. 108.

Während in diesem Fall in t_5 der Wert der CPPI-Strategie (€ 1.017.976) unterhalb des Wertes der Buy and Hold-Strategie (€ 1.030.000) lag, führt die TIPP-Strategie nun zu dem höchsten Wert (€ 1.039.132). Dies ist auf den angestiegenen Floor und die damit relativ geringe neue Aktienanlage in t_4 zurückzuführen. Während gemäß der Buy and Hold-Strategie das neue Aktienexposure in t_4 € 457.500 beträgt, beläuft sich die Aktieninvestition nach der CPPI-Strategie auf € 588.880 und nach der TIPP-Strategie auf € 364.250. Der nachfolgende Aktienkursrückgang trifft somit die TIPP-Strategie am geringsten.

Auch für die TIPP-Strategie soll die Entwicklung des Vermögens bei nicht stetiger Aktienmarktentwicklung grafisch gezeigt werden:

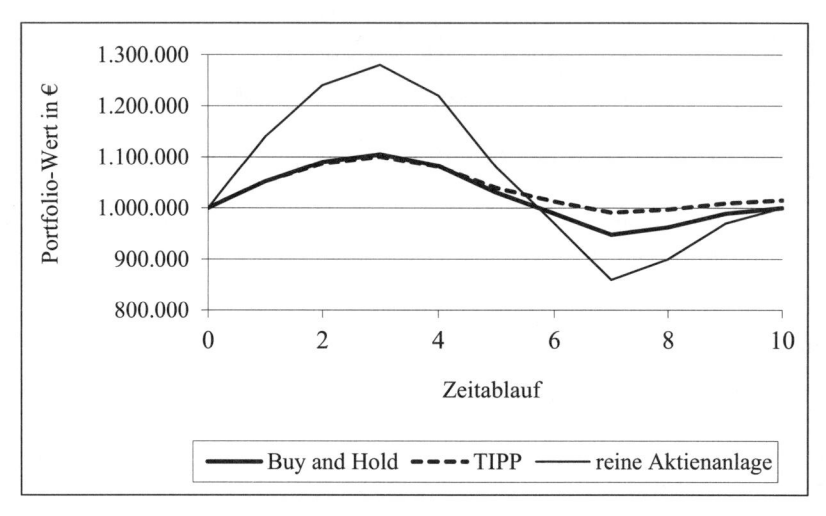

Abb. C.23: TIPP und Buy and Hold bei nicht stetiger Aktienmarktentwicklung

Die angeführten Beispiele beziehen sich auf Aktienportfolios. Grundsätzlich kann davon ausgegangen werden, dass die Bedeutung der Portfolioabsicherung für Aktien- im Vergleich zu Anleihenportfolios aufgrund der größeren Kursschwankungen höher einzustufen ist.

Zu beachten ist ferner, dass Absicherungsstrategien im Rahmen der Portfolio Insurance in den Fällen zu Umschichtungen führen, in denen sich die Marktpreise verändert haben. Damit reagieren diese Strategien nicht auf neu zur Verfügung stehende Informationen. Wird von den Marktteilnehmern erkannt, dass beispielweise die Kursveränderungen bestimmter Aktien lediglich auf Absicherungsstrategien zurückzuführen sind, so kann nicht davon ausgegangen werden, dass die Marktteilnehmer hieraus Rückschlüsse ziehen im Hinblick auf veränderte Markttrends oder neue fundamentale Informationen.

dd. TIPP-M-Strategie

Bei der CPPI- und der TIPP-Strategie handelt es sich um Strategien, die sich am Markttrend orientieren. Infolgedessen wird bei steigenden Kursen das Exposure ausgeweitet und bei sinkenden Kursen verringert. So ist bei diesen Strategien jeweils der im Zeitpunkt der Überprüfung aktuelle Kurs maßgebend. Allerdings kann dies unter Umständen eine nicht sachgerechte Veränderung des Exposures zur Folge haben. Im Folgenden soll eine Variante der TIPP-Strategie vorgestellt werden, durch die die mit der Verwendung außerhalb des Trends liegender Zufallskurse verbundenen Schwankungen des variablen Faktors vermieden und die Nutzung des Trends im Portfolio verstärkt werden können.

Diese Strategie wird als TIPP-M-Strategie bezeichnet, wobei „M" für „modifziert" steht. Sie passt den Floor entsprechend der Wertentwicklung des Index an. Daneben soll außerdem die Konvexität der CPPI-Strategie übernommen werden. Diese Konvexität kann zudem verändert werden, indem – neben der Anpassung der Aktienquote – auch der Faktor „m" entsprechend der Wertenwicklung verändert wird.

Vorgeschlagen wird, den Mittelwert aus den letzten vorliegenden sechs Indexwerten zu bilden. Dadurch sollen starke Schwankungen des Index in einem volatilen Marktumfeld ausgeglichen werden. Hierdurch kann verhindert werden, dass sich zu große Marktschwankungen zwischen einzelnen Perioden direkt auf das Portfolio auswirken. Diese Volatilität hätte einen negativen Einfluss auf die Anzahl der Transaktionen und somit unmittelbar auf die Höhe der Transaktionskosten. Liegen noch keine sechs Perioden für die Bildung des Mittelwertes vor, kann auf den Mittelwert der bereits vorangegangenen Perioden zurückgegriffen werden. Die Anpassung des Faktors „m" wird mithilfe des Mittelwerts durchgeführt. Im Anschluss an die erstmalige Veränderung des Faktors wird die Bezeichnung des Faktors „m" in Faktor „M" vorgenommen. Die Aktualisierung des Faktors „M" kann dabei in den gleichen Abständen wie die Anpassung des Floors erfolgen. Die folgende Formel stellt die Bestimmung des Faktors M dar:[1]

$$M_t = \frac{\text{Aktienindex}}{MW_{\text{Aktienindex}}^{t=n-5 \text{ bis } n}} \cdot M_{t-1} \quad , \text{ wobei } M_t \geq 1$$

mit

M_t = aktueller Multiplikator,
M_{t-1} = Multiplikator der vergangenen Periode,
Aktienindex = Wert des investierten Aktienindex und
$MW_{\text{Aktienindex}}^{t=n-5 \text{ bis } n}$ = Mittelwert aus den Aktienindexständen der vergangenen fünf Perioden und dem aktuellen Stand.

Dabei besteht die Grundeigenschaft des Faktors „m" der CPPI- und TIPP-Strategie, dessen Wert nicht kleiner als eins betragen darf, weiterhin. Beispielsweise kann vorgeschlagen werden, den doppelten Wert des zu Anlagebeginn gewählten Faktors als Maximum zu definieren. Hierdurch kann ein Korridor für den neuen Faktor bestimmt werden:

$$1 \leq M_t \leq 2 \cdot m$$

mit

m = Multiplikator (Faktor) zu Anlagebeginn und
M_t = Multiplikator (Faktor) nach Anpassung.

---

1 Vgl. hierzu und zu den folgenden Ausführungen *Meyer-Bullerdiek/Schulz* (2004), S. 75ff. sowie *Meyer-Bullerdiek/Schulz* (2003), S. 565ff.

Unterstellt man beispielsweise eine wöchentliche Anpassung, kann die Vorgehensweise zur Festlegung des neuen Multiplikators wie folgt dargestellt werden:[1]

$$\frac{\text{Aktienindex}}{\text{MW}_{\text{Aktienindex}}^{t=n-5 \text{ bis } n}} \cdot M_{t-1} < 1 ? \xrightarrow{\text{ja}} M = 1$$

nein

$$\frac{\text{Aktienindex}}{\text{MW}_{\text{Aktienindex}}^{t=n-5 \text{ bis } n}} \cdot M_{t-1} > 2 \cdot m ? \xrightarrow{\text{ja}} M = 2 \cdot m$$

nein

$$M_t = \frac{\text{Aktienindex}}{\text{MW}_{\text{Aktienindex}}^{t=n-5 \text{ bis } n}} \cdot M_{t-1}$$

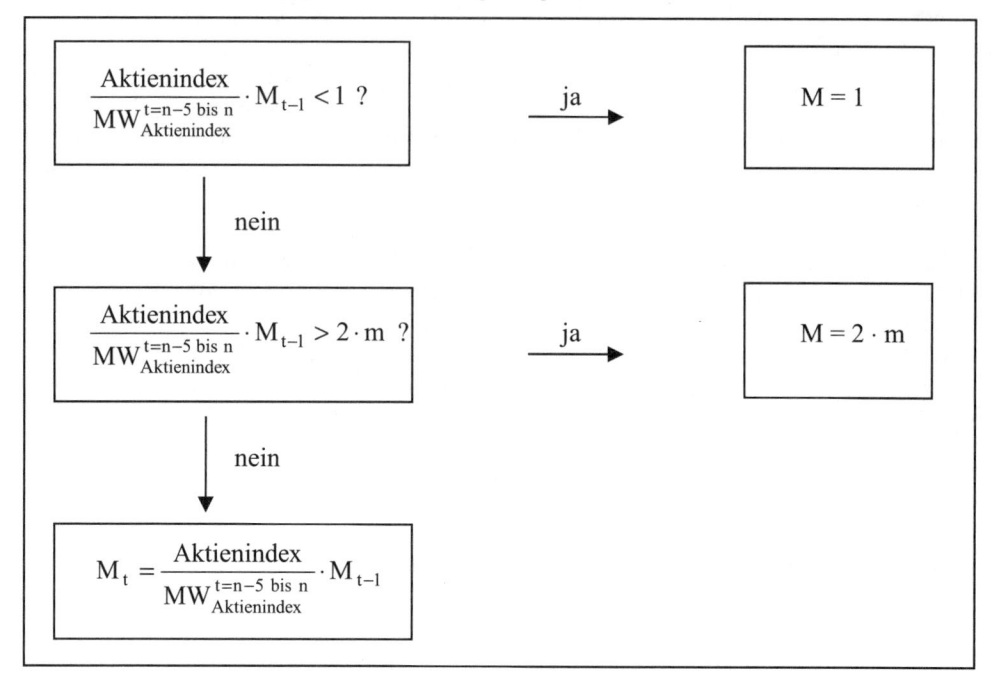

Abb. C.24: Vorgehensweise zur Multiplikatorbestimmung bei der TIPP-M-Strategie

Wenn in dieser Form eine regelmäßige Anpassung erfolgt, so wird in positiven Börsenphasen der Wert des Faktors bis zum definierten Maximum erhöht, so dass an den Kurssteigerungen des Marktes deutlicher partizipiert werden kann. Hingegen reduziert sich der Wert des M-Faktors in negativen Börsenphasen bis zum Minimum, um die Aktienquote bei negativen Börsentrends zu reduzieren. Hierdurch wird erreicht, dass zusätzlich zur aktiven Anpassung des Exposures eine Steuerung des Risikos vorgenommen werden kann.[2]

9. Best of Two-Strategie

Vor dem Hintergrund einer stärkeren Berücksichtigung der Risikotragfähigkeit nach einer Phase fallender Kurse kommt der Balanced-Entscheidung, d.h. der Frage nach dem Anteil von Aktien und Renten im Rahmen der Allokationsentscheidung eine besondere Bedeutung zu. In diesem Zusammenhang soll mit der sogenannten Best of Two-Strategie eine spezielle Strategie vorgestellt werden, bei der der Anleger am Ende des festgelegten Anlagehorizonts eine Portfoliorendite vereinnahmen kann, die beim Renditevergleich zwischen zwei vorher festgelegten Assetklassen (z.B. Aktien Deutschland und Renten Deutschland) der Rendite

---

1 Vgl. *Meyer-Bullerdiek/Schulz* (2004), S. 77.
2 Zu entsprechenden Beispielen und Ergebnissen empirischer Untersuchungen – auch im Vergleich zur CPPI- und TIPP-Strategie vgl. *Meyer-Bullerdiek/Schulz* (2004), S. 78f.

der besseren Assetklasse entspricht. Damit erhält der Anleger zwar keine sichere Mindestrendite, er hat aber im Nachhinein die richtige Assetklasse von zweien gewählt.[1]

Die Umsetzung dieser Strategie ist allerdings mit entsprechenden Kosten verbunden, so dass der Gesamtvorteil ex ante erst durch einen anlegerindividuellen Kosten-Nutzen-Vergleich beurteilt werden kann, wobei das erwartete Kapitalmarktszenario mit berücksichtigt werden muss.

Bei der Best of Two-Strategie handelt es sich um eine regelgebundene Strategie, d.h. das Portfolio wird nach eindeutig definierten Regeln bzw. Mechanismen strukturiert. Für den Anleger können somit die Anlageentscheidungen objektiv nachvollzogen werden. Somit würden unterschiedliche Entscheidungsträger bei identischen Rahmenbedingungen auch die gleichen Entscheidungen treffen. Dabei werden für die Verteilung der verschiedenen Assetklassen keine (eher unsicheren) Renditeprognosen, wohl aber Risikoprognosen benötigt.

Die Funktionsweise der Best of Two-Strategie kann an einem einfachen Beispiel aufgezeigt werden: Ein Anleger investiert in ein Balanced Portfolio, das zu 50% aus Aktien und zu 50% aus Anleihen besteht. Am Ende des Planungshorizontes ergeben sich die folgenden Renditewerte:

- Aktien: +20%, Anleihen: +4%

Daraus ergibt sich für das 50:50 Balanced Portfolio eine Rendite in Höhe von 12% (= 0,5 · 20% + 0,5·4%).

Wird die Best of Two-Strategie angewendet, so können die Assetklasse B (z.B. die Anleihen) als Basisinstrument und die Assetklasse A (z.B. die Aktien) als Austauschinvestment definiert werden. Das Portfolio besteht dann in t=0 aus dem Basisinvestment und einer Austauschoption, die sich auf das Austauschinvestment A bezieht. Eine Austauschoption beinhaltet das Recht, bei Fälligkeit eine Einheit des risikobehafteten Basisinvestments gegen eine Einheit des risikobehafteten Austauschinvestments zu ersetzen. Dabei steht der Basispreis nicht fest, sondern ist selbst eine Zufallsvariable, die dem Wert des Basisinvestments zum Ende des Planungshorizontes (T) entspricht. Sollte der Marktwert des Austauschinvestments in T oberhalb des Marktwertes des Basisinvestments liegen, wird die Option ausgeübt. Andernfalls verfällt sie in T wertlos. Zur Bewertung kann auf das *Margrabe*-Modell als spezieller Modifikation des *Black/Scholes*-Modells zurückgegriffen werden. Nach diesem Modell ergibt sich der Optionswert zum Zeitpunkt t (C(t)) wie folgt:[2]

$$C(t) = A(t) \cdot N(d_1) - B(t) \cdot N(d_2) \quad , \text{ wobei } \quad d_1 = \frac{\ln\left(\frac{A(t)}{B(t)}\right) + 0{,}5 \cdot \sigma_{A-B}^2 \cdot (T-t)}{\sigma_{A-B} \cdot \sqrt{T-t}},$$

$$d_2 = d_1 - \sigma_{A-B} \cdot \sqrt{T-t}$$

$$\sigma_{A-B} = \sqrt{\sigma_A^2 + \sigma_B^2 - 2 \cdot k_{AB} \cdot \sigma_A \cdot \sigma_B}$$

---

[1] Vgl. hierzu und zu den folgenden Ausführungen *Dichtl/Schlenger* (2002), S. 30ff.
[2] Vgl. *Margrabe* (1978), S. 177ff., zitiert bei *Dichtl/Schlenger* (2002), S. 32. Zum *Black/Scholes*-Modell vgl. Kapitel F in diesem Buch.

mit

A(t) = Marktwert des Austauschinvestments zum Zeitpunkt t,
B(t) = Marktwert des Basisinvestments zum Zeitpunkt t,
ln = natürlicher Logarithmus,
$N(d_i)$ = Flächeninhalt unter der Verteilungsdichtefunktion der Standardnormalverteilung,
T = Planungshorizont,
σ_{A-B} = Volatiltiät des Spreads zwischen den Assetklassen A und B und
k_{AB} = Korrelationskoeffizient zwischen den Assets A und B.

Für das obige Beispiel sollen die folgenden Werte angenommen werden:

$A(t=0) = 100\%$, $B(t=0) = 100\%$, $\sigma_A = 18\%$, $\sigma_B = 10\%$, $k_{AB} = 0{,}6$, $T = 1$

Hieraus resultieren die folgenden Werte:

$$\sigma_{A-B} = \sqrt{0{,}0324 + 0{,}01 - 2 \cdot 0{,}6 \cdot 0{,}18 \cdot 0{,}10} = 0{,}1442 = 14{,}42\%$$

$$d_1 = \frac{\ln\left(\frac{100\%}{100\%}\right) + 0{,}5 \cdot 0{,}0208 \cdot (1-0)}{14{,}42\% \cdot \sqrt{1-0}} = 7{,}2111\% \quad \Rightarrow \quad N(d_1) = 0{,}52874$$

$$d_2 = 7{,}2111\% - 14{,}42\% \cdot \sqrt{1-0} = -7{,}2111\% \quad \Rightarrow \quad N(d_2) = 0{,}47126$$

Für den Wert der Austauschoption ergibt sich:

$$C(t) = A(t) \cdot N(d_1) - B(t) \cdot N(d_2) = 100\% \cdot 0{,}52874 - 100\% \cdot 0{,}47126 = 5{,}7487\%$$

Somit sind bei der Best of Two-Strategie die Kosten für die Option (hier: 5,7487%) noch zu berücksichtigen. Da aber nur 100% Vermögen zur Verfügung stehen, kann eine Umsetzung der Strategie nur zu 94,56% (= 1/1,057487) erfolgen. Am Ende des Planungshorizontes (T=1) kann der Anleger aufgrund seiner Option in das Austauschinvestment A wechseln, mit dem eine Rendite von 20% erwirtschaftet wurde, die annahmegemäß oberhalb der Rendite der Anleihen (4%) liegt. Für das Portfolio ergibt sich dann folgende Rendite:

$$r_{PF} = 94{,}5638\% \cdot (1+0{,}20) - 1 = 13{,}4766\%$$

Dieser Wert liegt oberhalb der Rendite des 50:50 Balanced Portfolios. Der Erfolg der Strategie hängt von den Inputfaktoren ab. So verringert sich die Spreadvolatilität bei einer höheren Korrelation zwischen den beiden Assets. Falls im obigen Beispiel $k_{AB} = 0{,}8$, ergibt sich hieraus eine Spreadvolatilität σ_{A-B} von 11,66%, was zu einem Wert der Austauschoption von 4,6498% und einer Portfoliorendite in T=1 von 14,6682% führt. Auch Veränderungen der Volatilitäten der beiden Assetklassen führen zu Veränderungen der Spreadvolatilität, wobei allerdings keine generelle Richtung der Veränderung angegeben werden kann. Im obigen Beispiel führt eine Erhöhung der Volatilität der Assetklasse B auf 12% zu einer Erhöhung der Spreadvolatilität auf 14,45%. Aber auch eine Verringerung der Volatilität dieser Assetklasse auf 8% erhöht die Spreadvolatilität, die in diesem Fall 14,67% beträgt, während aber eine Assetklassen-Volatilität von 11% zu einer Verringerung der Spreadvolatilität auf 14,40% führt (bei jeweiliger Konstanz der übrigen Inputdaten).

Problematisch könnte allerdings die Umsetzung der Best of Two-Strategie mit Hilfe von Austauschoptionen in der Praxis sein, da die Verfügbarkeit von entsprechenden standardisierten Optionen am Markt gegeben sein muss. Auch wenn spezifisch abgestimmte OTC-Austauschoptionen vorliegen sollten, so würde sich die Frage nach einer fairen Bewertung und einer ausreichenden Liquidität der Instrumente stellen.

Vor diesem Hintergrund erscheint eine alternative Darstellung der Best of Two-Strategie mit ihrem optionsartigen Payoff-Profil sinnvoll: die dynamische Replizierung der Austauschoption, d.h. die Nachbildung des charakteristischen Auszahlungsprofils der Option, ohne die Option selbst halten zu müssen.[1] Dabei erfolgt eine Investition in beide Assetklassen und ein kontinuierliches Rebalancing zum Vorteil der jeweils besser abschneidenden Assetklasse. Die Kosten dieser Strategie entstehen dabei sukzessive und implizit im Zeitablauf.

Die Bestimmung des jeweiligen Anlageverhältnisses zwischen den beiden Assetklassen erfolgt über die Ermittlung des Optionsdeltas, wobei das ermittelte Delta die im Portfolio zu realisierende Gewichtung des Basisinvestments angibt. Eine exakte Duplikation liegt dann vor, wenn das Optionsdelta dem Delta des Arbitrageportfolios entspricht. In diesem Fall stimmen die Auszahlungsstruktur des Duplikationsportfolios und der Austauschoption überein. Allerdings verändert sich das Optionsdelta laufend bei Veränderungen des zugrunde liegenden Assets, so dass eine ständige Anpassung der Asset-Gewichtungen im Duplikationsportfolio erforderlich würde.[2]

Die Umsetzung der Strategie wird aber grundsätzlich nicht zu 100% dem theoretischen Konzept der Optionsreplizierung entsprechen können. So erscheint eine kontinuierliche Anpassung der Asset Allocation im Zeitablauf wenig sinnvoll – auch vor dem Hintergrund der Transaktionskosten. Das konkrete Rebalancing-Intervall kann mit Hilfe von Monte Carlo-Simulationen ermittelt werden. Anstelle von Aktien und Anleihen können auch transaktionskostengünstigere Futures eingesetzt werden, sofern entsprechende liquide Kontrakte vorliegen, die fair bewertet sind.[3]

Ein unter realen Bedingungen durchgeführter Backtest über einen Zeitraum von 30 Jahren hat gezeigt, dass die dynamische Allokation zwischen DAX und REXP auf der Grundlage der Best of Two-Strategie zu einem attraktiven Rendite-Risiko-Profil führt. Das Konzept kann auch im Sinne eines Core-Satellite-Ansatzes mit einer passiven Core-Anlage (z.B. ein fixer Anleihenbestand) kombiniert werden. Grundsätzlich können zwei beliebige risikobehaftete Assetklassen eingesetzt werden, so dass z.B. auch eine Strategie mit europäischen und amerikanischen Aktien denkbar ist.[4]

---

1 Zur Optionsreplizierung vgl. *Hull* (2003), S. 447ff.
2 Vgl. *Vitt/Leifeld* (2005), S. 21. Zum Optionsdelta vgl. Kapitel F in diesem Buch.
3 Vgl. *Dichtl/Schlenger* (2002), S. 32ff. und *Dichtl/Schlenger* (2003), S. 810ff.
4 Vgl. *Dichtl/Schlenger* (2002), S. 34f. und *Dichtl/Schlenger* (2003), S. 812f.

D. Ausgewählte Aspekte des Aktienmanagements
I. Grundlagen der Aktienanalyse
1. Fundamentale Aktienanalyse

Bei der Fundamentalanalyse handelt es sich um die am weitesten verbreitete Konzeption der Aktienanalyse, die auch die längste Tradition innerhalb der Wertpapieranalyse besitzt. Das Ziel der Fundamentalanalyse ist die Ermittlung des inneren Wertes von Aktien, wobei davon ausgegangen wird, dass der Marktpreis (Kurs) einer Aktie um ihren inneren Wert schwankt. Der innere Wert wird auf Basis des Barwertkonzepts aus der Investitions- und Finanzierungstheorie mit Hilfe allgemein verfügbarer gesamtwirtschaftlicher, branchen- und unternehmensbezogener Daten abgeschätzt. Dazu werden die erwarteten zukünftigen und mit der Aktienanlage verbundenen Zahlungen auf den Bewertungszeitpunkt abgezinst. Der Vergleich des so ermittelten Barwertes (Present Value) mit dem aktuellen Börsenkurs zeigt an, ob eine Über- oder Unterbewertung der Aktie vorliegt. Eine Unterbewertung, d.h. der Börsenkurs notiert unter dem inneren Wert der Aktie, kann durch den Kauf der Aktie ausgenutzt werden, wobei davon ausgegangen wird, dass die Fehlbewertung vom Markt korrigiert wird.[1]

Wie auch bei der Anleihenanalyse wird bei der fundamentalen Aktienanalyse auf das Present Value-Konzept zurückgegriffen. Anders als bei der Anleihenanalyse ist aber die Unsicherheit bezüglich der zukünftigen Rückzahlungen bzw. Gewinne (hinsichtlich der Höhe und des Zeitpunktes) erheblich größer. So kann z.B. die Dauer des Bestehens einer Aktiengesellschaft im Vergleich zur Laufzeit von Anleihen nicht näher bestimmt werden. Grundsätzlich lässt sich auf Basis des Present Value-Konzepts der innere Wert einer Aktie wie folgt bestimmen:

$$PV = \sum_{t=0}^{\infty} \frac{G_t}{(1+r)^t}$$

mit

PV = Present Value,
r = zugrunde liegender Kalkulationszinsfuß und
G_t = Rückflüsse aus der Aktie bzw. Gewinne zum Zeitpunkt t.

Wie die Formel zeigt, basiert der Present Value insbesondere auf der Kenntnis der zukünftigen Gewinne der betrachteten Aktiengesellschaft. Die Abschätzung dieser Gewinne kann von Aktienanalysten vorgenommen werden. So gilt die Kennzahl EPS (Earnings per Share) auch als eine wichtige Kennzahl im Rahmen der Ermittlung des Wertes einer Unternehmung. Festgestellt werden soll dabei die Ertragskraft aus der operativen Tätigkeit eines Unternehmens. Somit geht es um die aus gewöhnlichen (im Sinne von wiederkehrenden) Ertragsquellen resultierenden Gewinne und Verluste. Entscheidend für die Beurteilung, was

---

1 Vgl. z.B. *Steiner/Bruns/Stöckl* (2012), S. 230; *Priermeier* (2002), S. 12 und *Schmidt* (1995), Sp. 829ff.

als gewöhnlich, operativ oder wiederkehrend identifiziert werden kann, ist die Definition des Kerngeschäfts eines Unternehmens, die von den Analysten zugrunde gelegt wird. So dürften beispielsweise bei einem Warenhauskonzern Spekulationsgewinne mit Immobilien nicht zu den operativen Gewinnen zählen, sofern sie nicht (häufig) wiederkehrende Posten darstellen und das operative Geschäft des Warenhauskonzerns aus dem Verkauf von Waren und nicht der Aktiva besteht. Durch Veränderungen des Geschäftsmodells oder der Struktur des Konzerns könnten allerdings möglicherweise auch Spekulationsgewinne mit Immobilien dem operativen Gewinn zuzurechnen sein.[1]

Für den Investor ist dabei von besonderer Bedeutung, dass die Earnings per Share (EPS) von verschiedenen Unternehmen vergleichbar sind. Daher muss die Vorgehensweise zur Bestimmung der EPS den Investoren bekannt sein. Nur in diesem Fall können verschiedene Unternehmen untereinander verglichen werden. Zu den Aufgaben der Finanzanalysten zählen daher die Identifizierung der nicht-operativen Posten in der Berichterstattung des Unternehmens und die Beurteilung der Wesentlichkeit der Sondereinflüsse. Zudem müssen die Sondereinflüsse den jeweiligen Positionen der Gewinn- und Verlustrechnung zugeordnet werden.

Vor diesem Hintergrund ist ein Verfahren zur Vereinheitlichung der EPS für die Transparenz der Finanzberichterstattung von großer Bedeutung. Auch die Deutsche Vereinigung für Finanzanalyse und Asset Management (DVFA) unterstützt die Bemühungen zur Erarbeitung eines Industriestandards für die Bereinigung von Ergebnissen. So galt das Ergebnis je Aktie nach DVFA/SG bzw. das DVFA-Ergebnis in den 1980er und 1990er Jahren als wichtiger Standard zur Ermittlung eines von Sondereinflüssen bereinigten Jahresergebnisses, das praktisch von allen großen deutschen Unternehmen berichtet wurde.[2]

Jedoch hat die Bedeutung des DVFA-Ergebnisses vor dem Hintergrund der zunehmenden Relevanz internationaler Bilanzierungsregeln und der vermehrten Ansprache ausländischer Investoren deutlich abgenommen. Infolge dieser Entwicklung veröffentlichen nur noch wenige und vor allem kleinere Unternehmen im Rahmen ihrer Finanzberichterstattung ihre Zahlen entsprechend dem Ergebnis nach DVFA/SG. Auch die internationalen Rechnungslegungsvorschriften sehen IAS/IFRS-Regelungen zur Ermittlung des Ergebnisses je Aktie vor.[3] So hatte die Rechnungslegung nach den internationalen IFRS für sich das Ziel der Eliminierung von Wahlrechten und der Herstellung einer echten Vergleichbarkeit.[4]

Allerdings ist dies aus Sicht der DVFA nur in eingeschränkter Form gelungen, da auch gemäß den IFRS-Regelungen die Anforderungen der Investoren nicht genügend befriedigt würden. Aus diesem Grund und aufgrund des Bedarfs nach einer Vereinheitlichung der Ermittlungsschritte eines EPS-Ergebnisses wurde von der DVFA eine Bereinigungsmethode zur Ermittlung von wertorientierten Ergebnissen bzw. Value-based Earnings (Arbeitstitel) entwickelt. Dabei umfasst die vollständige Ergebnisbereinigung neben den nach IFRS oder US-GAAP gesondert anzugebenden außergewöhnlichen Erfolgsbestandteilen auch

---

1 Vgl. *Frank* (2007), S. B4.
2 Vgl. *Frank* (2007), S. B4 und *DVFA/SG* (2000). DVFA steht für Deutsche Vereinigung für Finanzanalyse und Asset Management, SG steht für Schmalenbach-Gesellschaft für Betriebswirtschaft, vgl. *DVFA* (2007) und *SG* (2007). Zu Empfehlungen zur Ermittlung prognosefähiger Ergebnisse vgl. *DVFA/SG* (2003), S. 1913ff.
3 IAS steht für „International Accounting Standards", IFRS steht für „International Financial Reporting Standards".
4 Vgl. *Wadewitz* (2006), S. 9 und *Kirsch* (2003), S. 375ff.

diejenigen Positionen, die aus der Änderung von Wertansätzen und anderen nicht regelmäßig wiederkehrenden Sachverhalten resultieren.[1]

Ziel ist die Verankerung des Konzepts der Value Based Earnings (VBE) als Standard im europäischen Kapitalmarkt. So soll u.a. der Erkenntnisgewinn von VBE in einem europäischen Kontext verdeutlicht werden anhand der Ergebnisrechnung für spezifische Sektoren.[2]

Zur Bestimmung des inneren Wertes einer einzelnen Aktie werden im Rahmen der Fundamentalanalyse alle fundamentalen Daten einbezogen, die als relevant angesehen werden können, d.h. auch gesamtwirtschaftliche, länderspezifische und branchenbezogene Daten. In jedem Fall ist aber zu beachten, dass letztlich Angebot und Nachfrage die Aktienkurse bestimmen. Dabei spielt das vorhandene Geldvermögen der Anleger sowie die Attraktivität alternativer Geldanlagen (wie z.B. Anleihen oder Geldmarktanlagen) eine wichtige Rolle. So kann es vorkommen, dass sich Unternehmen und Aktie nicht in gleicher Weise entwickeln. Insofern können auch solche Daten von Bedeutung sein, die nicht unmittelbar mit der zu beurteilenden Aktie zusammenhängen.

Grundsätzlich kann in globale Faktoren, branchenbezogene Aspekte sowie in einzelbetriebliche Daten differenziert werden. Entsprechend lässt sich die Fundamentanalyse bei Aktien in die drei Bereiche Globalanalyse, Branchenanalyse und Unternehmensanalyse unterteilen. Bei der Globalanalyse geht es im Wesentlichen um die Analyse und Einschätzung der internationalen und nationalen Wirtschaftslage, wobei die Parameter Konjunkturverlauf, Zinsentwicklung, Inflation, Entwicklung der Wechselkurse und auch die Börsenentwicklung in anderen Ländern eine besondere Bedeutung haben. Beispielsweise liefert eine positive konjunkturelle Entwicklung (und eine damit einhergehende steigende Importnachfrage) in den USA positive Impulse für exportintensive Länder. Daneben ist die Entwicklung der Rohstoffpreise gerade für rohstoffarme Länder sehr wichtig für die wirtschaftliche Entwicklung des Landes.[3]

Als wichtiger Frühindikator für die konjunkturelle Entwicklung in Deutschland kann der ifo-Geschäftsklimaindex genannt werden, der monatlich durch die Befragung von ca. 7.000 Unternehmen des Verarbeitenden Gewerbes, des Bauhauptgewerbes, des Großhandels und des Einzelhandels ermittelt wird. Dabei werden die Unternehmen gebeten, ihre gegenwärtige Geschäftslage zu beurteilen und ihre Erwartungen für die nächsten sechs Monate mitzuteilen. Sie können ihre Lage mit „gut", „befriedigend" oder „schlecht" und ihre Geschäftserwartungen für die nächsten sechs Monate als „günstiger", „gleich bleibend" oder „ungünstiger" einstufen. Für die gegenwärtige Geschäftslage ergibt sich der Saldowert aus der Differenz der Prozentanteile der Antworten „gut" und „schlecht", der Saldowert der Erwartungen entspricht der Differenz der Prozentanteile der Antworten „günstiger" und „ungünstiger". Aus den Salden der Geschäftslage und der Erwartungen wird das Geschäftsklima abgeleitet.

Zur Berechnung der Indexwerte werden die transformierten Salden jeweils auf den Durchschnitt des Basisjahres[4] normiert. Würden beispielsweise von 100 befragten Unternehmen 45% ihre Lage als befriedigend einschätzen sowie 30% als gut und 25% als schlecht, so wird lediglich die Differenz von 5%-Punkten (30% – 25%) als Lageeinschätzung herangezogen. Somit wird die Lageeinschätzung durch die Unternehmen, die die Lage

---

1 Vgl. *Wadewitz* (2006), S. 9 und *Frank* (2007), S. B4.
2 Vgl. *Frank* (2007), S. B4.
3 Vgl. *Steiner/Bruns/Stöckl* (2012), S. 231ff.
4 Das Basisjahr ist derzeit das Jahr 2005, Stand: April 2013.

als befriedigend ansehen, nicht beeinflusst. Bei der Differenz von 5%-Punkten handelt es sich um die erste Teilkomponente des Geschäftsklimas in Saldendarstellung, wobei der Wert ohne % herangezogen wird. In analoger Weise werden die Erwartungen für die nächsten sechs Monate berechnet. Aus beiden Werten wird der ifo-Geschäftsklima-Saldo für den betreffenden Berichtsmonat wie folgt bestimmt:[1]

$$\text{Business Climate} = \sqrt{(\text{situation} + 200) \cdot (\text{expectations} + 200)} - 200$$

Falls beispielsweise alle befragten Unternehmen die Lage schlecht einschätzen und eine Verschlechterung der Entwicklung erwarten, ergibt sich ein Wert von −100. Umgekehrt führt der Fall, dass alle Unternehmen die Lage gut einschätzen und eine Verbesserung der Entwicklung erwarten, zu einem Wert von +100.

Für die Berechnung der Indexwerte des Geschäftsklimas und der beiden Komponenten Geschäftslage und Erwartungen wird eine Erhöhung der Salden um jeweils 200 und eine Normierung auf den Durchschnitt eines Basisjahres vorgenommen, wie die folgende Formel zeigt:[2]

$$\text{Index value} = \frac{\text{balance in the current month} + 200}{\text{average balance in the base year} + 200} \cdot 100$$

Beispielsweise ergibt sich bei einem Saldo von 5 für die Beurteilung der Geschäftslage und einem Saldo von 15 für die Beurteilung der Erwartungen ein Wert für das Business Climate von 9,94. Wird beispielsweise ein Durchschnittswert von −0,78 für das Basisjahr zugrunde gelegt, so ergibt sich ein Indexwert von 105,38:

$$\text{Business Climate} = \sqrt{(5 + 200) \cdot (15 + 200)} - 200 = 9{,}94$$

$$\text{Index value} = \frac{9{,}94 + 200}{-0{,}78 + 200} \cdot 100 = 105{,}38$$

Viele volkswirtschaftliche Daten liegen allerdings nur monatlich oder quartalsweise vor und werden zudem mit einer gewissen zeitlichen Verzögerung publiziert. Daher sollte die Fundamentalanalyse im Grundsatz eher längerfristig angelegt sein und eignet sich eher zur mittel- bis längerfristigen Trendeinschätzung als zur kurzfristigen Prognose.[3]

Im Rahmen der Branchenanalyse steht die Analyse der wirtschaftlichen Perspektive der einzelnen Wirtschaftsbranchen im Vordergrund. Dabei sollen die Branchen mit den besten Entwicklungsmöglichkeiten identifiziert werden. Einzelne Branchen können unterschiedliche Konjunkturverläufe aufweisen. Als wichtige Kennzahlen können z.B. die Auftragslage und die durchschnittlichen Lagerbestände innerhalb einer Branche genannt werden, die ein Bild von der jeweiligen Nachfrageentwicklung abgeben können. Aber auch Unterschiede in

---

1 Vgl. *CESifo* (2013).
2 Vgl. *CESifo* (2013).
3 Vgl. *Priermeier* (2002), S. 12.

den wirtschaftlichen Rahmenbedingungen, wie gesetzgeberische, steuerliche und sonstige administrative Eingriffe spielen eine wichtige Rolle.[1]

Schließlich stellt auch die Unternehmensanalyse einen wichtigen Baustein der Fundamentalanalyse dar. Unternehmen werden dabei zunehmend als Einkommensquelle für die Eigenkapitalgeber gesehen, wobei es im Wesentlichen darum gehen sollte, unter Einhaltung der gesetzlichen Vorschriften und aller vertraglichen Vereinbarungen den Marktwert des Eigenkapitals zu maximieren. Der hiermit verbundene Gedanke der wertorientierten Steuerung von Unternehmen entspricht dem Shareholder Value-Konzept. Zur Quantifizierung des Unternehmenswertes wird häufig auf die künftigen, aus der operativen Geschäftstätigkeit erzielten Überschüsse zurückgegriffen.[2]

Zur Bestimmung des Unternehmenswertes sind zahlreiche Verfahren entwickelt worden, die weiter unten näher vorgestellt werden.

2. Technische Aktienanalyse

Anders als die Fundamentalanalyse stehen bei der technischen Analyse die Kurs- und die Umsatzentwicklung an der Börse im Mittelpunkt, wobei angenommen wird, dass beide Größen das wahre Verhältnis der Marktkräfte an der Börse reflektieren. Im Rahmen der technischen Analyse sollen Aktienkursverlaufmuster rechtzeitig erkannt werden, wobei angenommen wird, dass sie sich in der Zukunft wiederholen. Somit ist das Ziel der technischen Analyse die rechtzeitige Erkennung bzw. Prognose von Trendänderungen bei den Aktienkursen, wobei auf die vergangenen Kursentwicklungen zurückgegriffen wird. Entsprechend kann die technische Analyse auch kurzfristige Marktphasen analysieren und interpretieren und wird oftmals als Signalgeber für kürzerfristige Engagements an den Aktienmärkten herangezogen.[3]

Analysegegenstand der technischen Analyse sind Charts, bei denen es sich um Kursbilder handelt, die insbesondere den Kursverlauf eines Wertpapiers oder auch eines Gesamtmarktes über eine vergangene Zeitperiode darstellen. Zu den gängigsten Chartformen zählen Liniencharts, Balkencharts, Point & Figure-Charts sowie Candlestick-Charts. Auf dieser Basis kann eine Chartanalyse erfolgen, die ihren Ursprung in der sogenannten Dow Theorie findet. Gemäß diesem Ansatz können Trends als wiederkehrende Kursbewegungen unterschieden werden. Darüber hinaus wurden zahlreiche charttechnische Methoden für die Gesamtmarktanalyse entwickelt, wie z.B. die Advance-Decline-Linie, Unterstützungs- und Widerstandslinien, Elliot-Wellen-Theorie, Gleitende Durchschnittslinien, Momentum, Trendlinien und –kanäle oder auch spezielle sogenannte Oszillatoren. Von diesen Methoden eignen sich viele auch für eine Einzelwertanalyse, für die zudem auch spezielle Charttechniken für einzelne Aktien entwickelt worden sind, wie z.B. die Relative Stärke, Filterregeln oder verschiedene Chart-Formationen.[4]

---

1 Vgl. *Steiner/Bruns/Stöckl* (2012), S. 237ff.
2 Vgl. *Steiner/Bruns/Stöckl* (2012), S. 240ff.
3 Vgl. *Priermeier* (2002), S. 13.
4 Vgl. *Steiner/Bruns/Stöckl* (2012), S. 269ff. Dort findet sich eine ausführliche Beschreibung der einzelnen Verfahren, Indikatoren und Formationen der technischen Analyse.

II. Unternehmensbewertung

1. Grundlagen der Unternehmensbewertung

Um darüber zu entscheiden, ob ein Anleger in ein Unternehmen investieren soll oder nicht, muss er diese Investitionsmöglichkeit bewerten. Dabei ergibt sich der Wert eines Unternehmens aus dem subjektiven Nutzen, den der (Anteils-)Eigner aus dem Unternehmen ziehen kann. Grundsätzlich ist eine Unterscheidung zwischen Wert und Preis vorzunehmen. Während sich ein Preis aus dem Zusammenspiel von Angebot und Nachfrage am Markt ergibt und dabei mehrere Faktoren eine Rolle spielen (z.B. monetäre und nicht-monetäre Nutzenvorstellungen, die Marktstruktur oder auch taktische und psychologische Überlegungen), ist der Wert nur ein Faktor, der in die Preisbildung eines Unternehmens einfließt. Dabei ist aber eine enge Verbundenheit zwischen Preis und Wert festzustellen. So wird einerseits ein Gut nur dann gekauft, wenn es vom (rationalen) Käufer höher bewertet wird als der Marktpreis. Andererseits verkauft ein rationaler Verkäufer ein Gut nur, wenn er es niedriger bewertet als der Marktpreis.[1]

Grundlage der Unternehmensbewertung kann ein entsprechender Vertrag sein, in dem u.a. das Bewertungsobjekt, der Bewertungsanlass, das Bewertungsverfahren etc. vereinbart werden. Dabei hängt die Bewertung eines Unternehmens grundsätzlich vom Bewertungsanlass ab. Diese Anlässe können beispielsweise in Anlehnung an den idealtypischen Lebenszyklus eines Unternehmens eingeteilt werden. Den jeweiligen Phasen dieses Zyklus lassen sich z.B. die folgenden Maßnahmen bzw. Strategien zuordnen, die eine Unternehmensbewertung erforderlich machen können:[2]

- Gründung
  - Unternehmensbewertung durch den Gründer
  - Unternehmensbewertung durch Kapitalgeber (z.B. Venture Capital, Private Equity)
- Expansion
  - Bewertung von Wachstumsoptionen
  - Preisermittlung neuer Anteile (z.B. bei einem IPO oder einer Kapitalerhöhung)
  - Unternehmenszukäufe
  - Verkäufe von Unternehmensteilen
- Krise
  - Bewertung von Liquidationsoptionen
  - Bewertung im Rahmen von Restrukturierungen (z.B. Sanierungskredite, Debt-Equity-Swaps, Neugestaltung der Kapitalstruktur).

Ferner lassen sich weitere Anlässe, die kontinuierlich stattfinden können, anführen:

- Wertorientierte Unternehmensführung anhand des Shareholder Value
- Rechnungslegung nach IFRS/US-GAAP
- Veränderungen in der Eigentümerstruktur (z.B. Einstieg eines Großaktionärs)

---

[1] Vgl. *Seppelfricke* (2012), S. 1f.
[2] Vgl. *Drukarczyk/Schüler* (2009), S. 2 und *Bömelburg* (2005), S. 92f. Zu typischen Anlässen für eine internationale Unternehmensbewertung vgl. *Ernst/Amann/Großmann/Lump* (2012), S. 21.

- Abfindung von Minderheiten
- Steuerliche Gründe
  (z.B. Ermittlung von Bemessungsgrundlagen für Substanzsteuern).

Als häufigster Bewertungsanlass in der Praxis kann der Kauf und Verkauf von Unternehmen bzw. Unternehmensteilen identifiziert werden. Dabei ist insbesondere der Handel von Aktien von Bedeutung.[1]

Die Unternehmensbewertung ist durch eine Vielfalt unterschiedlicher Bewertungsverfahren gekennzeichnet, die sich entsprechend der folgenden Übersicht einteilen lassen.[2]

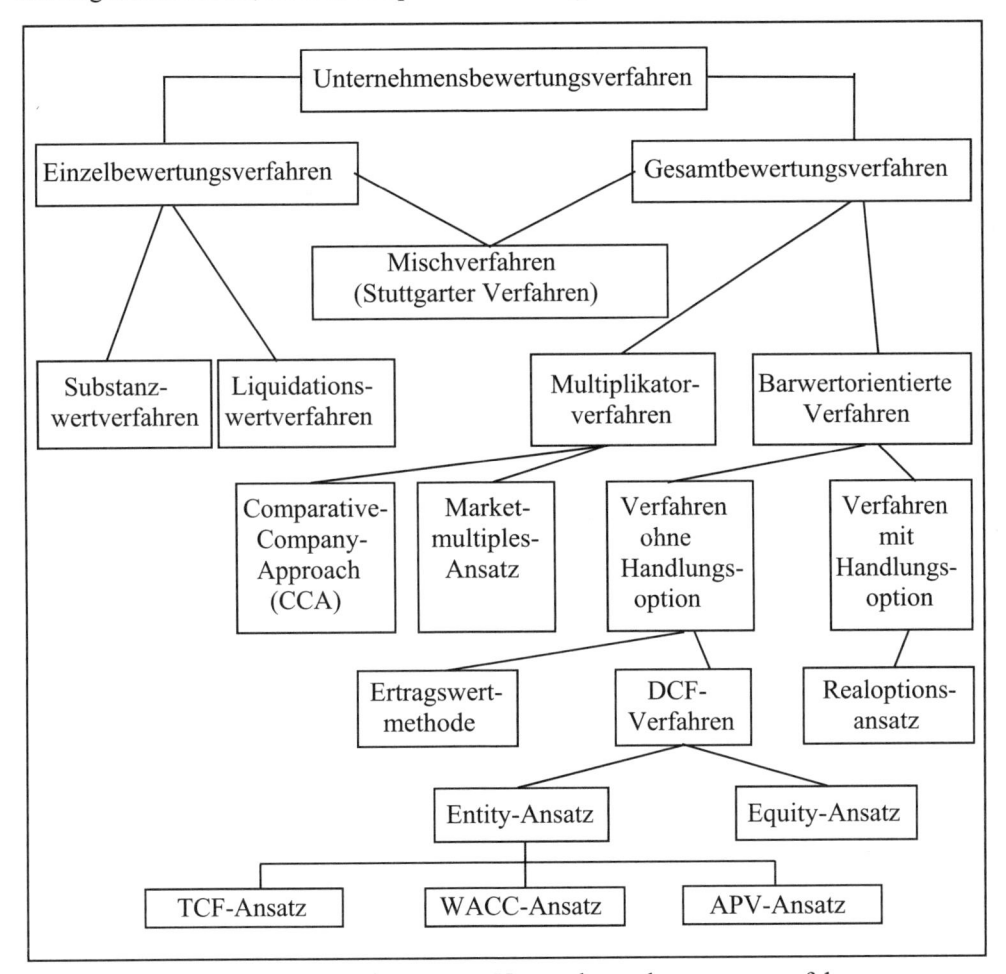

Abb. D.1: Systematisierung von Unternehmensbewertungsverfahren

---

[1] Vgl. *Seppelfricke* (2012), S. 5f.
[2] Zu ähnlichen Systematisierungsansätzen vgl. *Kusterer* (2003), S. 59; *Seppelfricke* (2012), S. 12f.; *Ballwieser* (2011), S. 8 und *Mandl/Rabel* (2005), S. 51. Zur Diskussion um eine Harmonisierung der Bewertungsmethoden vgl. *Olbrich/Rapp* (2012), S. 234 und *Schwetzler/Aders/Adolff* (2012), S. 238f. Zu den Bewertungsmethoden in der Rechtsprechung vgl. *Barthel* (2010), S. 449ff.

Wie die Abbildung zeigt, lassen sich grundsätzlich die drei Verfahrensgruppen Einzelbewertungsverfahren, Gesamtbewertungsverfahren und Mischverfahren unterscheiden. Zu den Mischverfahren kann insbesondere das sog. Stuttgarter Verfahren gezählt werden, das eine Kombination von Gesamt- und Einzelbewertungsverfahren darstellt und von der Finanzverwaltung z.B. für die Bewertung nicht notierter Anteile (z.B. an einer GmbH) angewendet wurde. Es lässt sich auf einen Erlass des Finanzpräsidenten von Stuttgart zurückführen. In Abbildung D.1 ist dieses steuerrechtliche Verfahren in Klammern gesetzt worden, da es mit dem Erbschaftsteuerreformgesetz zum Jahresbeginn 2009 abgeschafft wurde. Es diente als spezielles Verfahren der Finanzverwaltung zur Ermittlung des sog. gemeinen Wertes von nicht notierten Anteilen an Kapitalgesellschaften, sofern dieser Wert nicht aus Verkäufen abgeleitet werden konnte.[1] Trotz der Abschaffung scheint es in der Praxis der Unternehmensbewertung noch weit verbreitet zu sein.[2]

2. Einzelbewertungsverfahren zur Unternehmensbewertung

Die Einzelbewertungsverfahren sind dadurch charakterisiert, dass Aktiva und Passiva in der Bilanz einzeln bewertet werden und sich der Unternehmensgesamtwert aus der Summe der Werte der einzelnen Unternehmensvermögensbestandteile abzüglich der Schulden ergibt. Problematisch bei dieser Vorgehensweise ist die Vernachlässigung der Verbundeffekte zwischen den Vermögenswerten und des selbstgeschaffenen (originären) Geschäfts- oder Firmenwertes. Diese Größen können aber gerade den Mehrwert eines Unternehmens ausmachen. Zu unterscheiden sind das Substanzwertverfahren und das Liquidationswertverfahren.[3]

Der Grundgedanke des Substanzwertverfahrens besteht in der Frage nach den Aufwendungen für den Nachbau des Unternehmens in seiner bilanziellen Gestalt sozusagen „auf der grünen Wiese". Gemäß diesem Ansatz spiegelt der Substanzwert den Unternehmenswert wider, der für eine identische Reproduktion des Unternehmens aufzuwenden wäre für den Fall, dass das Unternehmen fortgeführt würde. Die zu bewertenden Vermögensgegenstände können dabei in betriebsnotwendige und nicht betriebsnotwendige Vermögensgegenstände unterteilt werden. Während erstere zu Wiederbeschaffungskosten zu bewerten sind, erfolgt die Bewertung der nicht betriebsnotwendigen Vermögensgegenstände mit Veräußerungserlösen (Liquidationswerten).[4]

Im Hinblick auf den Umfang der einbezogenen Vermögensgegenstände und Schulden können beim Substanzwert ein Teilreproduktionswert und ein Vollreproduktionswert unterschieden werden.[5] Als Teilreproduktionswert umfasst die Bewertung lediglich die greifbaren, marktgängigen materiellen Objekte des Unternehmens (z.B. Maschinen, Gebäude, Büroeinrichtungen etc.). Werden darüber hinaus nicht greifbare immaterielle Unternehmenswerte (z.B. Geschäfts- oder Firmenwert, Kundenstamm, Qualität von Management und Mitarbeiter) mit einbezogen, so wird von Vollreproduktionswert gesprochen. Hierbei wird bereits deutlich, dass mit dem Vollreproduktionswert ein entsprechender Ermessens-

---

1 Vgl. *Peemöller* (2005), S. 22; *Ernst/Schneider/Thielen* (2012), S. 7.
2 Vgl. *Kehrel/Konrad* (2013), S. 30.
3 Vgl. *Ballwieser* (2011), S. 10.
4 Vgl. *Ballwieser* (1993), S. 169f.
5 Zu einer weitergehenden Unterscheidung der verschiedenen Varianten vgl. *Sieben/Maltry* (2005), S. 380ff.

spielraum verbunden ist, so dass der Teilreproduktionswert als objektiver gelten kann. Allerdings fließen beim Teilreproduktionswert wertmindernde Faktoren, wie z.B. schlechte Qualität des Managements, schlechter Standort, hoher Konkurrenzdruck, angeschlagenes Unternehmensimage oder auch negative Konjunkturaussichten nicht in die Bestimmung des Wertes ein.[1]

Kritisch zu beurteilen ist, dass die Reproduktion eines Unternehmens in seiner komplexen Ausgestaltung in der Praxis kaum realisierbar sein dürfte. Darüber hinaus erscheint die Ermittlung der Wiederbeschaffungspreise für die immateriellen Vermögensgegenstände problematisch. Vor diesem Hintergrund kann der Substanzwert auch als aussagelos bezeichnet werden.[2]

Während das Substanzwertverfahren von der Going-Concern-Prämisse ausgeht, wird beim Liquidationswertverfahren davon ausgegangen, dass die Liquidation (Zerschlagung) des Unternehmens sinnvoller ist als die Fortführung des Unternehmens. Der Liquidationswert ergibt sich dann aus der Summe der Zerschlagungswerte sämtlicher Vermögensgegenstände abzüglich der Schulden im Zeitpunkt der Zerschlagung und der Liquidationskosten. Bei der Wertermittlung sind noch die Zerschlagungsgeschwindigkeit und die Auflösungsintensität (Einzelveräußerung aller Vermögensgegenstände oder Verkauf zusammengehörender Unternehmensteile) zu berücksichtigen. Beispielsweise kann davon ausgegangen werden, dass eine sofortige Liquidation unter Zeitdruck zu geringeren Werten führt als wenn ohne Zeitdruck interessierte Käufer gesucht werden können. Sofern die Unternehmensfortführung sinnvoll ist, stellt der Liquidationswert die Wertuntergrenze des Unternehmens dar.[3]

Insgesamt gesehen ist der Liquidationswert grundsätzlich nicht geeignet zur Unternehmensbewertung, da die Bewertung i.d.R. gerade nicht für den Fall der Zerschlagung, sondern für den Fall der Fortführung eines Unternehmens erfolgen soll. Wie beim Substanzwertverfahren als Teilreproduktionswert finden auch beim Liquidationswertverfahren mögliche zukünftige Marktchancen bzw. Ertragspotentiale, die sich aus dem Zusammenspiel der Vermögensgegenstände ergeben, keine Berücksichtigung.

3. Gesamtbewertungsverfahren zur Unternehmensbewertung

a. Grundlagen

Im Rahmen der Gesamtbewertungsverfahren erfolgt eine Betrachtung des Unternehmens als Bewertungseinheit, so dass der Unternehmenswert den Gesamtertrag reflektiert, der aus dem Unternehmen für die Investoren in der Zukunft zu erwarten ist. Infolgedessen wird eine Bewertung auf Basis einzelner Vermögensgegenstände und Schulden nicht vorgenommen. In Anlehnung an die Investitionstheorie erfolgt vielmehr eine Bewertung in Form eines Vergleichs mit einer alternativen Anlagemöglichkeit am Kapitalmarkt.

Die Gesamtbewertungsverfahren können unterschieden werden in barwertorientierte (klassische, fundamental-analytische) Bewertungsverfahren und in Multiplikatorverfahren als Kapitalmarktbewertungsverfahren (Vergleichsverfahren).

---

1 Vgl. *Hommel/Braun* (2005), S. 51ff.
2 Vgl. *Ballwieser* (2011), S. 10.
3 Vgl. *Hommel/Braun* (2005), S. 59.

b. Barwertorientierte Bewertungsverfahren

Entsprechend den barwertorientierten Bewertungsverfahren wird der Unternehmenswert als Zukunftserfolgswert aufgefasst und entspricht als Eigenkapitalmarktwert dem Barwert der mit dem Kapitalanteil verbundenen künftig erwarteten Nettozuflüsse an die Anteilseigner. Dabei kann der Marktwert des Eigenkapitals direkt durch Abzinsung lediglich der Nettozuflüsse an die Eigenkapitalgeber oder indirekt durch die Ermittlung des Gesamtunternehmenswertes und anschließende Subtraktion des Marktwertes des Fremdkapitals bestimmt werden. Im letzteren Fall sind die Zuflüsse an sämtliche Kapitalgeber die Grundlage der Barwertbestimmung, d.h. nicht nur die Nettozuflüsse an die Anteilseigner.

Zu den wichtigen wertbestimmenden Faktoren bei der Unternehmenswertberechnung zählen die künftigen Nettozuflüsse an die Kapitalgeber, der Kapitalkostensatz, der Planungszeitraum, der Fortführungswert und die Planungsmethode. Die künftigen Nettozuflüsse an die Kapitalgeber können aus vergangenheitsorientierten Daten abgeleitet und in die Zukunft fortgeschrieben werden, wobei Ertrags- oder Cash-flow-Größen berücksichtigt werden können.[1] Der Kapitalkostensatz umfasst je nach Betrachtungsweise nur den Eigenkapitalkostensatz oder sowohl den Eigenkapital- als auch den Fremdkapitalkostensatz (unter Berücksichtigung steuerlicher Effekte). Hinsichtlich des Planungszeitraumes sollte zunächst ein angemessener Planungshorizont festgelegt werden, der eine sachgerechte Planung der Erfolgsgrößen erlaubt (z.B. 3 bis 5 Jahre). Hierzu kann auf die vergangene Entwicklung der Umsatz- und Kostenstrukturen, aber auch auf zukünftige Erwartungen unter Berücksichtigung verschiedener Szenarien zurückgegriffen werden. Für den anschließenden Zeitraum kann der Fortführungswert oder Continue Value bestimmt werden – z.B. bei Unterstellung eines unendlichen Planungszeitraums auf Basis der ewigen Rente. Dabei wird allerdings angenommen, dass sich das Unternehmen nach Ende des Planungszeitraumes unverändert weiterentwickelt, d.h. es wird von konstanten oder weiter wachsenden finanziellen Überschüssen ausgegangen.[2]

Schließlich ist noch die Planungsmethode von Bedeutung. So wird – vor dem Hintergrund der Ungewissheit der Dauer des Bestehens des Unternehmens – bei dem sog. Rentenmodell von gleich bleibenden Rückflüssen für einen unendlich langen Zeitraum ausgegangen. Im Stufen- oder Phasenmodell wird zunächst eine detaillierte Planung der ersten Jahre durchgeführt und für die anschließende (unendlich lange) Periode der Continue Value bestimmt.

Formal lässt sich im Rentenmodell (d.h. Annahme konstanter Rückflüsse für die gesamte Unternehmensdauer) der Unternehmenswert wie folgt bestimmen:

$$UW_{Barwert} = \sum_{t=1}^{n} \frac{E}{(1+r)^t} = E \cdot RBF_n^r = E \cdot \frac{(1+r)^n - 1}{(1+r)^n \cdot r}$$

---

[1] Zu der für die Prognose der künftigen Rückflüssen erforderlichen Vergangenheits- und Lageanalyse vgl. insbesondere *Popp* (2005), S. 104ff. Zu den Problemen, die mit der Ermittlung künftiger Gewinne oder Cash flows verbunden sind, vgl. *Helbling* (2005), S. 172ff.

[2] Vgl. *Kusterer* (2003), S. 67f. Die Annahme der Ewigkeit der Rückflüsse von Unternehmen im Rahmen der Unternehmensbewertung kann als empirisch tauglich bezeichnet werden. Vgl. *Lobe/Hölzl* (2011), S. 252ff.

mit

UW$_{Barwert}$ = Unternehmenswert als Barwert,
E = finanzielle Ertragsgröße/Rückflüsse,
r = zugrunde liegender Kapitalkostensatz,
t = Periodenindex,
n = Laufzeit und
RBF = Rentenbarwertfaktor.

Da die Laufzeit gegen unendlich geht, ergibt sich für den Rentenbarwertfaktor der folgende Ausdruck:

$$\lim_{n \to \infty}(RBF_n^r) = \lim_{n \to \infty}\left(\frac{(1+r)^n - 1}{(1+r)^n \cdot r}\right) = \lim_{n \to \infty}\left(\frac{(1+r)^n}{(1+r)^n \cdot r} - \frac{1}{(1+r)^n \cdot r}\right) = \lim_{n \to \infty}\left(\frac{1}{r} - \frac{1}{(1+r)^n \cdot r}\right) = \frac{1}{r}$$

Aus dieser Überlegung folgt für den Unternehmenswert gemäß Rentenmodell:

$$UW_{Barwert} = \frac{E}{r}$$

Unter den Annahmen, dass die finanzielle Ertragsgröße für n Perioden unterschiedlich und anschließend konstant ist, ergibt sich der Unternehmenswert im Stufen- oder Phasenmodell wie folgt:

$$UW_{Barwert} = \sum_{t=1}^{n} \frac{E_t}{(1+r)^t} + \frac{CV_n}{(1+r)^n} = \sum_{t=1}^{n} \frac{E_t}{(1+r)^t} + \frac{E_{n+1}}{r \cdot (1+r)^n} \text{ , wobei } CV_n = \frac{E_{n+1}}{r}$$

mit

E$_t$ = finanzielle Ertragsgröße in der ersten Phase und
CV$_n$ = Continue Value (Fortführungswert) als Barwert der finanziellen Ertragsgröße in der zweiten Phase.

Falls in der zweiten Phase mit konstant wachsenden finanziellen Überschüssen gerechnet wird, lässt sich der Continue Value folgendermaßen bestimmen:[1]

$$CV_n = \frac{E_{n+1}}{r - g}$$

mit g = Wachstumsrate, wobei gilt: g < r

---

[1] Vgl. *Mandl/Rabel* (2005), S. 59. Der Continue Value kann auch als Terminal Value bezeichnet werden. Vgl. *Ernst/Amann/Großmann/Lump* (2012), S. 107

Bezüglich der dauerhaften und konstanten Wachstumsrate g muss eine begründete Annahme getroffen werden, da der Wert für g einen großen Einfluss auf den Unternehmenswert ausübt. Empfohlen wird beispielsweise die folgende Vorgehensweise zu Bestimmung der Wachstumsrate der finanziellen Überschüsse:[1]

$$g = ROIC \cdot b$$

mit

ROIC = Return on Invested Capital und
b = Thesaurierungsquote, d.h. der Anteil der thesaurierten Überschüsse an den gesamten Überschüssen.

Mitunter wird noch der Barwert der erwarteten Liquidationserlöse aus der Veräußerung nicht betriebsnotwendigen Vermögens berücksichtigt. Dies soll aber hier und bei den weiteren Ausführungen vernachlässigt werden, d.h. es wird im Folgenden angenommen, dass ein solches nicht betriebsnotwendiges Vermögen nicht vorhanden ist.

Wird beispielsweise von konstanten erwarteten finanziellen Ertragsgrößen, die das gesamte Kapital betreffen, in Höhe von € 300 Mio p.a. ausgegangen, so ergibt sich im Rentenmodell ein Unternehmenswert bei einem Kalkulationszinsfuß von 8% von € 3.750 Mio:

$$UW_{Barwert} = \frac{E}{r} = \frac{\text{€ 300 Mio}}{0{,}08} = \text{€ 3.750 Mio}$$

Nach Abzug des Marktwertes des Fremdkapitals in Höhe von z.B. € 1.050 Mio ergibt sich ein Marktwert des Eigenkapitals von € 2.700 Mio.

Liegen z.B. die nachfolgenden konkreteren Planwerte für die ersten 5 Jahre vor, so lässt sich der Unternehmenswert nach dem Phasenmodell berechnen (Angaben in Mio €):

Periode t	Finanzielle Ertragsgröße
1	120
2	250
3	280
4	310
5 bis ∞	320

Tab. D.1: Beispiel zu den barwertorientierten Bewertungsverfahren

$$UW_{Barwert} = \sum_{t=1}^{n} \frac{E_t}{(1+r)^t} + \frac{CV_n}{(1+r)^n} = \frac{120}{(1{,}08)^1} + \frac{250}{(1{,}08)^2} + \frac{280}{(1{,}08)^3} + \frac{310}{(1{,}08)^4} + \frac{4.000}{(1{,}08)^4} = 3.716 \text{,}$$

wobei $\quad CV_4 = \dfrac{320}{0{,}08} = 4.000$

---

1 Vgl. *DVFA* (2012), S. 13; *Bodie/Kane/Marcus* (2011a), S. 593.

Die barwertorientierten Bewertungsverfahren lassen sich in statische und dynamische Verfahren aufteilen. Während bei den statischen Verfahren keine Berücksichtigung künftiger Handlungsoptionen des Managements zum Bewertungszeitpunkt erfolgt und damit die künftige Unternehmensstrategie zum Bewertungszeitpunkt festgelegt wird, ist bei den dynamischen Verfahren die künftige Unternehmensstrategie zum Bewertungszeitpunkt nicht fixiert. Vielmehr wird versucht, aus den künftigen Handlungsmöglichkeiten des Managements einen zusätzlichen Wertbeitrag zu quantifizieren. Im sogenannten Realoptionsansatz werden diese Möglichkeiten berücksichtigt. Zu den statischen barwertorientierten Bewertungsverfahren zählen die Ertragswertmethode und die Discounted-Cash-flow-Verfahren (DCF-Verfahren), die wiederum in den Equity-Ansatz und den Entity-Ansatz unterteilt werden können.

ba. Ertragswertmethode

(1) Grundlagen

Der Ertragswert stellt den Barwert der künftig zu erwartenden Erträge aus dem Unternehmen dar, wobei es sich bei den Erträgen um die am Bewertungsstichtag künftig erwarteten Nettoausschüttungen aus dem Unternehmen an die Eigentümer handelt.[1] Generell kann der Unternehmensertrag in diesem Sinne als Summe aller Vorteile verstanden werden, die der Eigentümer aus dem Unternehmen in der Zukunft erwarten darf. Der Kalkulationszinsfuß r kann aus der besten alternativen Kapitalanlage des Investors abgeleitet werden. Dabei muss allerdings vorausgesetzt werden, dass Unternehmenserträge und Alternativerträge miteinander vergleichbar sind u.a. hinsichtlich der Kriterien Laufzeitstruktur, Verfügbarkeit und Unsicherheit. Eine solche Vergleichbarkeit kann z.B. durch Zuschläge zum Kalkulationszinsfuß erreicht werden.[2]

Die zukünftigen Erträge umfassen gemäß dem Gesamtertragsprinzip aus theoretischer Sicht neben dem finanziellen auch den nicht finanziellen Nutzen. Würden die nicht finanziellen Ertragskomponenten, wie z.B. Reputation, Macht, Selbständigkeit oder emotional Bindungen bei der Kaufpreisfindung nicht mit einbezogen, würde der Unternehmenswert unvollständig erfasst. Dennoch werden die nicht finanziellen Komponenten im Allgemeinen aus Vereinfachungsgründen nicht bei der Unternehmenswertbestimmung berücksichtigt. Daher geht es auch im Folgenden um die Ermittlung der finanziellen Zukunftserträge.[3]

Gemäß dem Zuflussprinzip richtet sich der Unternehmenswert nach den Konsummöglichkeiten, die den Eigentümern aufgrund der Beteiligung am Unternehmen in Zukunft ermöglicht werden. Insofern sind die Ausschüttungen des Unternehmens an die Eigentümer relevant. Thesaurierte Gewinne (z.B. zur Finanzierung von künftigen Investitionen) werden nur insoweit im Unternehmenswert berücksichtigt, als dass sie Mehrausschüttungen in der Zukunft ermöglichen. Entsprechend dem Gesamtertragsprinzip sind sämtliche Nettozuflüsse an die Eigentümer von Bedeutung, die sie aus der Investition in das Unternehmen bekommen. Auch beim Ertragswertverfahren gemäß dem Standard des IDW sind als bewer-

---

1 Vgl. *Ballwieser* (1993), S. 153. In der Rechtsprechung in Deutschland hat die Ertragswertmethode eine sehr große Bedeutung, vgl. *Piltz* (2005), S. 783.
2 Vgl. *Mandl/Rabel* (2005), S. 52.
3 Vgl. *Hommel/Braun* (2005), S. 80 und *Mandl/Rabel* (2005), S. 52.

tungsrelevante Erfolgsgrößen nur die Zukunftserfolge anzusehen, die den Eigenkapitalgebern zufließen.[1]

Anders als bei dem (ähnlichen) Netto-Cash-flow-Konzept wird oftmals bei den Nettoausschüttungen auf persönliche Steuerwirkungen beim Kapitaleigner aus Vereinfachungsgründen verzichtet. Grundsätzlich kann die Bewertung auf Basis der Einzahlungsüberschüsse des Unternehmens erfolgen, wobei vereinfachend die sog. Vollausschüttungsfiktion unterstellt wird. Entsprechend wird angenommen, dass zukünftig in jeder Periode der gesamte Einzahlungsüberschuss, der im Unternehmen erwirtschaftet wird, vollständig an die Kapitaleigner ausgeschüttet wird. Dabei werden sämtliche Zahlungen an die Fremdkapitalgeber vom Einzahlungsüberschuss abgezogen. Somit ergibt sich der Ertragswert eines Unternehmens wie folgt:[2]

$$EK_{Ertragswert}^{M} = \sum_{t=1}^{\infty} \frac{E_{t,EK}}{(1+r)^t}$$

mit

$EK_{Ertragswert}^{M}$ = Marktwert des Eigenkapitals nach der Ertragswertmethode,
r = Kalkulationszinsfuß und
$E_{t,EK}$ = künftig erwarteter Unternehmensertrag in der Periode t, der an die Eigenkapitalgeber ausgeschüttet werden kann.

Werden beispielsweise für die Zukunft konstante jährliche Unternehmensgewinne in Höhe von € 70 Mio erwartet, die voll ausgeschüttet werden sollen, so ergibt sich bei Anwendung des Rentenmodells und einem Kalkulationszinsfuß von 8% ein Ertragswert in Höhe von € 875 Mio:

$$EK_{Ertragswert}^{M} = \frac{E_{EK}}{r} = \frac{70.000.000}{0,08} = 875.000.000$$

Dieser Ertragswert basiert lediglich auf dem finanziellen Ertragsstrom. Möglicherweise gibt es potentielle Käufer, die über den finanziellen Ertragsstrom hinaus auch nicht finanzielle Vorteile aus dem Unternehmenserwerb ziehen können, so dass die Rückflüsse entsprechend höher anzusetzen wären.

Sollte sich herausstellen, dass die erwarteten Gewinne der ersten drei Jahre komplett in das Unternehmen investiert werden müssen (thesaurierte Gewinne), damit auch zukünftig gleich hohe Gewinne erzielt werden können, die ab dem Jahr 4 voll ausgeschüttet werden sollen, so ergibt sich gemäß obiger Rechnung am Ende des 3. Jahres ein Ertragswert in Höhe von € 875 Mio. Der aktuelle Wert beträgt dann € 694,6 Mio:

---

1 Vgl. *Hommel/Braun* (2005), S. 82; *Peemöller/Kunowski* (2005), S. 207ff. und *IDW* (2008), S. 3f. Zu einem modifizierten Ertragswertverfahren für kleine und mittlere Unternehmen vgl. *Behringer* (2009), S. 210ff.
2 Vgl. *Mandl/Rabel* (2005), S. 52 und S. 54f.

$$EK^M_{Ertragswert} = \frac{875.000.000}{(1+0,08)^3} = 694.603.211$$

Würden in diesem Fall die Gewinne z.B. des 1. Planjahres ausgeschüttet, so kann der erwartete Gewinn nicht wiederangelegt werden und die späteren Gewinne würden niedriger ausfallen. Bei Nichtausschüttung dürfen in diesem Beispiel daher zur Ertragswertbestimmung die Gewinne der ersten drei Jahre nicht erfasst werden. Andernfalls würden die erwarteten Gewinne der ersten drei Jahre doppelt erfasst.[1]

(2) Berücksichtigung der Unsicherheit bei der Ertragswertmethode
Aufgrund der Unsicherheit bezüglich der künftigen Unternehmenserträge wird in der Bewertungspraxis dieses Risiko gesondert berücksichtigt, wobei die zukünftigen Risiken durch die Investoren i.d.R. stärker gewichtet werden als die Chancen, die aus dem unternehmerischen Engagement entstehen können. Die Unsicherheit kann durch die Summe der möglichen positiven und negativen Abweichungen von dem Erwartungswert der künftigen Rückflüsse zum Ausdruck gebracht werden. Sie lässt sich im Rahmen der Unternehmensbewertung in der folgenden Weise berücksichtigen: Zum einen kann das jeweilige Sicherheitsäquivalent der einzelnen Erwartungswerte der Rückflüsse bestimmt werden, das anschließend mit dem risikolosen Zinssatz auf den Bewertungsstichtag abgezinst wird (Sicherheitsäquivalenzmethode). Zum anderen kann das Risiko aber auch durch einen entsprechenden Zuschlag auf den risikolosen Zinssatz berücksichtigt werden. In diesem Fall werden die erwarteten Rückflüsse mit dem risikoangepassten Zinssatz abgezinst (Risikozuschlagsmethode).[2]

Gemäß der Sicherheitsäquivalenzmethode werden die Erwartungswerte der künftigen Einzahlungsüberschüsse um einen Risikoabschlag vermindert und zu Sicherheitsäquivalenten (SÄ) zusammengefasst. Bei dem Sicherheitsäquivalent einer Wahrscheinlichkeitsverteilung handelt es sich um den sicheren Betrag, der den gleichen Nutzen stiftet wie die in der Wahrscheinlichkeitsverteilung erfassten mehrwertigen Rückflüsse. Dazu werden die geschätzten Ertragsbandbreiten zu Sicherheitsäquivalenten zusammengefasst. Insofern rechnet der Investor einen für ihn unsicheren Zahlungsstrom (Erwartungswert der Rückflüsse) in einen für ihn quasi-sicheren Zahlungsstrom (Sicherheitsäquivalent) um. Falls der Investor risikoneutral ist, entspricht der Erwartungswert der möglichen Ergebnisse (µ) dem Sicherheitsäquivalent. Für risikoscheue Bewerter gilt:[3]

$M_t \leq SÄ_t < \mu_t$

mit

M_t = Mindestrückfluss der Wahrscheinlichkeitsverteilung zum Zeitpunkt t,
μ_t = Erwartungswert der Rückflüsse zum Zeitpunkt t und
$SÄ_t$ = Sicherheitsäquivalent der Ausschüttungsverteilung zum Zeitpunkt t (inkl. evtl. Veräußerungserlös).

---

1 Vgl. *Hommel/Braun* (2005), S. 83f.
2 Vgl. *Peemöller/Kunowski* (2005), S. 234f.
3 Vgl. *Ballwieser* (1993), S. 155f. und *Peemöller/Kunowski* (2005), S. 235.

258 D. Ausgewählte Aspekte des Aktienmanagements

Zur Bestimmung des Sicherheitsäquivalents muss die individuelle Risikoeinstellung des Investors bekannt sein. Diese Risikoeinstellung kann anhand der subjektiven Risikonutzenfunktion ermittelt werden. Hierin liegt auch die Problematik in der praktischen Anwendung dieser theoretisch gut begründbaren Methode; denn zum einen bereitet die Bestimmung der Risikonutzenfunktionen praktische Schwierigkeiten. Zum anderen gelten diese Funktionen jeweils nur für einen spezifischen Entscheider.[1]

Der Ertragswert lässt sich nach der Sicherheitsäquivalenzmethode wie folgt berechnen:

$$EK^M_{Ertragswert} = \sum_{t=1}^{\infty} \frac{S\ddot{A}_{(E_{EK})_t}}{(1+r_f)^t}$$

mit

r_f = risikoloser Zinssatz und
E_{EK} = (künftige erwartete) Erträge, die an die EK-Geber ausgeschüttet werden.

Das folgende Beispiel zeigt die Ermittlung des Ertragswertes auf Basis der Sicherheitsäquivalenzmethode. Dabei wird unterstellt, dass die beiden angegebenen Werte der Bandbreite (minimaler und maximaler Wert) mit der gleichen Wahrscheinlichkeit auftreten. Darüber hinaus wird angenommen, dass es sich bei der Risikonutzenfunktion des Bewerters um die Logarithmus-naturalis-Funktion handelt. Entsprechend ergibt sich für das Sicherheitsäquivalent (SÄ):[2]

$$S\ddot{A} = e^{0,5 \cdot [\ln(x_{min}) + \ln(x_{max})]}$$

mit

ln = natürlicher Logarithmus.

Ferner wird in dem Beispiel davon ausgegangen, dass das Unternehmen nach sechs Jahren wieder veräußert wird. Bei einem Kalkulationszinsfuß von 6% ergeben sich die folgenden Werte (Angaben in Mio €):

Periode t	geringster Ertrag	höchster Ertrag	SÄ	Barwert des SÄ
1	120	160	138,56	130,72
2	100	190	137,84	122,68
3	90	205	135,83	114,05
4	95	215	142,92	113,20
5	90	212	138,13	103,22
6	390	480	432,67	305,01

Tab. D.2: Beispiel zur Sicherheitsäquivalenzmethode

---

1 Vgl. *Peemöller/Kunowski* (2005), S. 236.
2 Vgl. *Ballwieser* (2011), S. 68ff.

Der Ertragswert als Summe der Barwerte der Sicherheitsäquivalente beläuft sich entsprechend auf € 888,88 Mio.

Die zweite Möglichkeit der Berücksichtigung der Unsicherheit besteht in der sog. Risikozuschlagsmethode. Hierbei erfolgt die Risikobewertung im Nenner der Formel zur barwertigen Unternehmensbewertung. Der risikolose Zinssatz wird um einen unternehmensspezifischen Risikozuschlag z erhöht. Zur Bestimmung des Ertragswertes werden die Erwartungswerte der (risikobehafteten) Unternehmenserträge mit dem somit risikoäquivalenten Kalkulationszinsfuß diskontiert.[1]

$$EK^M_{Ertragswert} = \sum_{t=1}^{\infty} \frac{\mu_{(E_{EK})_t}}{(1+r_f+z_t)^t}$$

mit

$\mu_{(E_{EK})_t}$ = Erwartungswert der (risikobehafteten) Unternehmenserträge an die Eigenkapitalgeber in der Periode t und

z_t = unternehmensspezifischer Risikozuschlag in der Periode t.

Um der Gefahr willkürlicher Risikozuschläge bei der Risikozuschlagsmethode zu entgegnen, ist ein Vergleich mit den Ergebnissen der Sicherheitsäquivalenzmethode sinnvoll, wobei aber zu beachten ist, dass sich das individuelle Sicherheitsäquivalent lediglich aus der Risikonutzenfunktion des Bewerters ergibt, die aber in der Realität kaum zu ermitteln ist. Im Einperiodenfall muss entsprechend gelten:[2]

$$EK^M_{EW} = \frac{S\ddot{A}_1}{(1+r_f)^1} = \frac{\mu_{(E_{EK})_1}}{(1+r_f+z_1)^1} \Leftrightarrow r_f + z_1 = \frac{\mu_{(E_{EK})_1} \cdot (1+r_f)}{S\ddot{A}_1} - 1$$

Somit kann im Rahmen einer Plausibilitätskontrolle eine simultane Bestimmung von Sicherheitsäquivalent und Risikozuschlag zur Überprüfung der Konsistenz und zur Eliminierung unzulässiger Zuschläge durchgeführt werden. Beispielsweise kann der maximale Risikozuschlag durch Gleichsetzen von SÄ mit dem geringsten Wert innerhalb der Bandbreite der Erträge bestimmt werden:[3]

$$r_f + z_1^{max} = \frac{\mu_{(E_{EK})_1} \cdot (1+r_f)}{E_1^{min}} - 1$$

mit

E_1^{min} = geringster Wert innerhalb der Bandbreite der Erträge.

Im Mehrperiodenfall würde analog gelten:

---

1 Vgl. *Ballwieser* (1993), S. 157 und *Hommel/Braun* (2005), S. 111.
2 Vgl. *Hommel/Braun* (2005), S. 127ff.
3 Vgl. *Ballwieser* (1993), S. 160f. und *Hommel/Braun* (2005), S. 128f.

$$EK_{EW}^M = \sum_{t=1}^{n} \frac{SÄ_t}{(1+r_f)^t} = \sum_{t=1}^{n} \frac{\mu(E_{EK})_t}{(1+r_f+z_t)^t}$$

Gemäß dieser Formel würden beliebig viele Risikozuschläge in den einzelnen Perioden zum gleichen Ertragswert wie bei der Sicherheitsäquivalenzmethode führen. Zur Vermeidung dieses Problem, kann folgende Anforderung zugrunde gelegt werden:

$$\frac{SÄ_t}{(1+r_f)^t} = \frac{\mu(E_{EK})_t}{(1+r_f+z_t)^t}$$

Diese Anforderung aber hat zur Folge, dass die Diskontierung von periodisch konstanten Sicherheitsäquivalenten mit dem risikolosen Zinssatz zu im Zeitablauf sinkenden Risikozuschlägen führt. Umgekehrt würden bei konstantem Risikozuschlag im Zeitablauf die Sicherheitsäquivalente sinken. Ursachen für diese Entwicklung können nicht ein zunehmendes Risiko oder eine zunehmende Risikoaversion des Investors sein; denn die Verteilung der künftigen Erträge und auch die Risikoneigung ändern sich nicht. Die Ursache kann aber „in der implizit unterstellten unterschiedlichen stochastischen Verknüpfung aufeinander folgender Überschussverteilungen"[1] liegen.

Liegt in diesem Fall aber stochastische Unabhängigkeit der einzelnen Perioden vor, so sind die Sicherheitsäquivalente in den Perioden alle gleich; denn die in der Wahrscheinlichkeitsverteilung der Periode t enthaltene Unsicherheit löst sich allein in t auf. Somit ist die in Periode t eintretende bedingte Wahrscheinlichkeitsverteilung immer gleich – unabhängig von dem in der Vorperiode realisierten Umweltzustand. Wird die Risikozuschlagsmethode herangezogen, müssen infolgedessen die jeweiligen Erwartungswerte der Verteilung in t zunächst mit dem risikoangepassten Zinssatz auf den Zeitpunkt t–1 abgezinst werden und anschließend mit dem risikolosen Zinssatz auf den Bewertungsstichtag diskontiert werden. Hieraus folgt:[2]

$$EK_{EW}^M = \sum_{t=1}^{n} \frac{SÄ_t}{(1+r_f)^t} = \sum_{t=1}^{n} \frac{\mu(E_{EK})_t}{(1+r_f+z_t)^1 \cdot (1+r_f)^{(t-1)}}$$

Zur Vermeidung beliebig vieler Lösungen, wird – wie oben – auf die strengere Anforderung verwiesen, so dass gilt:

$$\frac{SÄ_t}{(1+r_f)^t} = \frac{\mu(E_{EK})_t}{(1+r_f+z_t)^1 \cdot (1+r_f)^{(t-1)}} \Leftrightarrow (1+r_f+z_t)^1 = \frac{\mu(E_{EK})_t}{SÄ_t \cdot (1+r_f)^{(t-1)}} \cdot (1+r_f)^t$$

$$\Leftrightarrow z_t = \frac{\mu(E_{EK})_t}{SÄ_t} \cdot (1+r_f) - 1 - r_f$$

---

1 *Schwetzler* (2000), S. 473, zitiert bei *Hommel/Braun* (2005), S. 134. Vgl. dazu auch *Ballwieser* (1993), S. 157f. und *Hommel/Braun* (2005), S. 131ff.
2 Vgl. *Hommel/Braun* (2005), S. 134ff. und *Drukarczyk/Schüler* (2009), S. 46f.

Für den Fall einer unendlichen Rente können folgende Herleitungen erfolgen:

$$EK_{EW}^{M} = \sum_{t=1}^{\infty} \frac{\mu_{(E_{EK})_t}}{(1+r_f+z_t)^1 \cdot (1+r_f)^{(t-1)}}$$

$$= \frac{\mu_{(E_{EK})_1}}{(1+r_f+z_t)^1 \cdot (1+r_f)^0} + \frac{\mu_{(E_{EK})_2}}{(1+r_f+z_t)^1 \cdot (1+r_f)^1} + \frac{\mu_{(E_{EK})_3}}{(1+r_f+z_t)^1 \cdot (1+r_f)^2} + \ldots \text{usw.}$$

$$= \frac{\mu_{(E_{EK})_1} \cdot (1+r_f)}{(1+r_f+z_t)^1 \cdot (1+r_f)^1} + \frac{\mu_{(E_{EK})_2} \cdot (1+r_f)}{(1+r_f+z_t)^1 \cdot (1+r_f)^2} + \frac{\mu_{(E_{EK})_3} \cdot (1+r_f)}{(1+r_f+z_t)^1 \cdot (1+r_f)^3} + \ldots \text{usw.}$$

Im Fall einer unendlichen Rente ist der Term $\dfrac{\mu_{(E_{EK})_t} \cdot (1+r_f)}{(1+r_f+z_t)}$ konstant, da $\mu_{(E_{EK})_t}$ und $SÄ_t$ konstant sind; denn in diesem Fall ist auch z_t konstant, da $z_t = \dfrac{\mu_{(E_{EK})_t}}{SÄ_t} \cdot (1+r_f) - 1 - r_f$.

Daher kann der Index t weggelassen werden. Im Ergebnis resultiert hieraus:

$$EK_{EW}^{M} = \frac{SÄ}{r_f} = \frac{\mu_{(E_{EK})}}{r_f} \cdot \frac{(1+r_f)}{(1+r_f+z)}$$

Liegt hingegen eine stochastische Abhängigkeit der einzelnen Perioden voneinander vor, so beeinflussen die in den der Periode t vorangehenden Perioden realisierten Umweltzustände die Zahlungsverteilung der Periode t. Infolgedessen löst sich die in der Zahlungsverteilung enthaltene Unsicherheit gleichmäßig über den gesamten Zeitraum von Periode 0 bis t auf.[1]

Aufgrund der gleichmäßigen Risikoauflösung über den gesamten Zeitraum gilt bei Anwendung der Risikozuschlagsmethode, dass das durch z repräsentierte Risiko nicht nur in Periode t auftritt, sondern in jeder Periode von 1 bis t–1. In diesem Fall berechnet die Risikozuschlagsmethode mit konstanten Risikozuschlägen im Zeitablauf den Ertragswert korrekt.[2]

Das nachfolgende Beispiel soll die aufgezeigten Zusammenhänge verdeutlichen.[3] Ein potentieller Investor möchte das Z-Unternehmen erwerben, wobei er zunächst lediglich von einer Anlagedauer von einem Jahr ausgeht. Der risikolose Zins beläuft sich auf 4%. Als mögliche Erträge in t_1 konnten folgende Werte identifiziert werden, wobei die verschiedenen Szenarien mit gleicher Wahrscheinlichkeit auftreten (Angaben in €):

Szenario	A	B	C	D	E	F
erwartete Nettoeinnahmen	220.000	250.000	290.000	320.000	340.000	350.000

---
1 Vgl. *Hommel/Braun* (2005), S. 138.
2 Vgl. *Hommel/Braun* (2005), S. 140f.
3 Vgl. hierzu und zu den nachfolgenden Ausführungen auch den Fall 12 bei *Hommel/Braun* (2005), S. 126ff.

Der Investor berücksichtigt das von ihm empfundene Risiko in einem sicherheitsäquivalenten Ertrag in Höhe von 284.000, wobei in diesem Beispiel nicht die Logarithmus-naturalis-Funktion als Risikonutzenfunktion zugrunde liegt. Gemäß Sicherheitsäquivalenzmethode ergibt sich dann ein Ertragswert von 273.077:

$$EK_{EW}^{M} = \frac{SÄ_1}{(1+r_f)^1} = \frac{284.000}{(1+0,04)^1} = 273.077$$

Für den Fall, dass Risikozuschlagsmethode und Sicherheitsäquivalenzmethode zum gleichen Ertragswert führen sollen, ergibt sich in diesem Einperiodenfall ein impliziter Risikozuschlag auf den risikolosen Zins von 4,0282%:

$$\mu(E_{EK})_1 = \frac{220+250+290+320+340+350}{6} \cdot 1.000 = \frac{1.770}{6} \cdot 1.000 = 295.000$$

$$\Rightarrow r_f + z_1 = \frac{\mu(E_{EK})_1 \cdot (1+r_f)}{SÄ_1} - 1 = \frac{295.000 \cdot (1+0,04)}{284.000} - 1 = 8,0282\%$$

Somit ergibt sich auch mit der Risikozuschlagsmethode ein Ertragswert von 273.077:

$$EK_{EW}^{M} = \frac{\mu(E_{EK})_1}{(1+r_f+z_1)^1} = \frac{295.000}{(1+0,04+0,040282)^1} = 273.077$$

Darüber hinaus können auch der maximale Risikozuschlag und anschließend der minimale Ertragswert bestimmt werden durch Gleichsetzen des Sicherheitsäquivalents mit dem geringsten Wert innerhalb der Bandbreite der Ausschüttungen.

$$r_f + z_1^{max} = \frac{\mu(E_{EK})_1 \cdot (1+r_f)}{E_1^{min}} - 1 = \frac{295.000 \cdot (1+0,04)}{220.000} - 1 = 39,4545\%$$

$$\Rightarrow z_1^{max} = 35,4545\%$$

$$\Rightarrow EK_{EW}^{M,min} = \frac{\mu(E_{EK})_1}{(1+r_f+z_1^{max})^1} = \frac{295.000}{(1+0,04+0,354545)^1} = 211.538 = \frac{E_1^{min}}{(1+r_f)^1} = \frac{220.000}{(1+0,04)^1}$$

Nunmehr soll vom Mehrperiodenfall ausgegangen werden, wobei die Anlagedauer mit fünf Jahren angegeben wird. Angenommen wird, dass für jedes Jahr die o.g. Szenarien und erwarteten Nettoeinnahmen zugrunde gelegt werden. Zudem soll der sicherheitsäquivalente Ertrag des Investors weiterhin 284.000 betragen. Wenn Risikozuschlags- und Sicherheitsäquivalenzmethode zum gleichen Ergebnis führen sollen, können die einzelnen Risikozuschläge pro Jahr in der nachfolgenden Weise abgeleitet werden. Zunächst ergibt sich mit der Sicherheitsäquivalenzmethode ein Ertragswert von 1.264.318:

$$EK_{EW}^{M} = \sum_{t=1}^{n} \frac{S\ddot{A}_t}{(1+r_f)^t}$$

$$= \frac{284.000}{(1+0,04)^1} + \frac{284.000}{(1+0,04)^2} + \frac{284.000}{(1+0,04)^3} + \frac{284.000}{(1+0,04)^4} + \frac{284.000}{(1+0,04)^5} = 1.264.318$$

Zusätzlich gilt: $EK_{EW}^{M} = \sum_{t=1}^{n} \frac{S\ddot{A}_t}{(1+r_f)^t} = \sum_{t=1}^{n} \frac{\mu(E_{EK})_t}{(1+r_f+z_t)^t}$

Zur Vermeidung beliebig viele Risikozuschläge in den einzelnen Perioden, die zum gleichen Ertragswert wie bei der Sicherheitsäquivalentmethode führen würden, wird als strengere Anforderung formuliert:

$$\frac{S\ddot{A}_t}{(1+r_f)^t} = \frac{\mu(E_{EK})_t}{(1+r_f+z_t)^t}$$

Hieraus resultiert:

$$(1+r_f+z_t)^t = \frac{\mu(E_{EK})_t}{S\ddot{A}_t} \cdot (1+r_f)^t \quad \Leftrightarrow \quad 1+r_f+z_t = \sqrt[t]{\frac{\mu(E_{EK})_t}{S\ddot{A}_t}} \cdot (1+r_f)$$

$$\Leftrightarrow \quad z_t = \sqrt[t]{\frac{\mu(E_{EK})_t}{S\ddot{A}_t}} \cdot (1+r_f) - 1 - r_f$$

Im obigen Beispiel ergibt sich für das Z-Unternehmen für Periode 1 ein Risikozuschlag von 4,0282% und für Periode 2 ein Zuschlag von 1,995%:

$$z_1 = \sqrt[1]{\frac{\mu(E_{EK})_1}{S\ddot{A}_1}} \cdot (1+r_f) - 1 - r_f = \frac{295.000}{284.000} \cdot 1,04 - 1 - 0,04 = 4,0282\%$$

$$z_2 = \sqrt[2]{\frac{\mu(E_{EK})_2}{S\ddot{A}_2}} \cdot (1+r_f) - 1 - r_f = \sqrt[2]{\frac{295.000}{284.000}} \cdot 1,04 - 1 - 0,04 = 1,9950\%$$

Für die weiteren Perioden können die in Tabelle D.3 dargestellten Werte ermittelt werden.

264   D. Ausgewählte Aspekte des Aktienmanagements

t	1	2	3	4	5	SUMME
Erwartungswert	295.000	295.000	295.000	295.000	295.000	
impliziter Risikozuschlag	4,0282%	1,9950%	1,3258%	0,9927%	0,7934%	
impliziter Zinssatz	8,0282%	5,9950%	5,3258%	4,9927%	4,7934%	
Barwert bei diesem Risikozuschlag	273.077	262.574	252.475	242.764	233.427	**1.264.318**

Tab. D.3: Beispiel: Vergleich von Sicherheitsäquivalenz- und Risikozuschlagsmethode (1)

Somit stimmen die Ertragswerte gemäß Risikozuschlags- und Sicherheitsäquivalenzmethode überein.

Nunmehr soll unterstellt werden, dass der Risikozuschlag aus dem Einperiodenfall in Höhe von 4,0282% auf alle weiteren Jahre angewendet wird, so dass der Kalkulationszinsfuß in allen fünf Jahren jeweils 8,0282% beträgt. Die Risikozuschlagsmethode führt dann zu folgendem Ertragswert:

$$EK_{EW}^{M} = \sum_{t=1}^{n} \frac{\mu_{(E_{EK})_t}}{(1+r_f+z_t)^t}$$

$$= \frac{295.000}{(1+0{,}080282)^1} + \frac{295.000}{(1+0{,}080282)^2} + \ldots + \frac{295.000}{(1+0{,}080282)^5} = 1.176.976$$

Wiederum soll angenommen werden, dass Sicherheitsäquivalenz- und Risikozuschlagsmethode zum gleichen Ertragswert führen:

$$EK_{EW}^{M} = \sum_{t=1}^{n} \frac{S\ddot{A}_t}{(1+r_f)^t} = \sum_{t=1}^{n} \frac{\mu_{(E_{EK})_t}}{(1+r_f+z_t)^t}$$

Um zu vermeiden, dass beliebig viele Sicherheitsäquivalente in den einzelnen Perioden zum gleichen Ertragswert führen, wie bei der Risikozuschlagsmethode, wird wiederum die folgende strengere Anforderung formuliert:

$$\frac{S\ddot{A}_t}{(1+r_f)^t} = \frac{\mu_{(E_{EK})_t}}{(1+r_f+z_t)^t} \quad \Leftrightarrow \quad S\ddot{A}_t = \frac{\mu_{(E_{EK})_t} \cdot (1+r_f)^t}{(1+r_f+z_t)^t}$$

Werden die entsprechenden Werte in diese Formel eingesetzt, lassen sich folgende (jährlich abnehmenden) impliziten Sicherheitsäquivalente ableiten:

t	1	2	3	4	5	SUMME
Erwartungswert	295.000	295.000	295.000	295.000	295.000	
risikoloser Zinssatz	4,0000%	4,0000%	4,0000%	4,0000%	4,0000%	
Zinssatz	8,0282%	8,0282%	8,0282%	8,0282%	8,0282%	
implizite SÄ	284.000	273.410	263.215	253.400	243.952	
Barwert bei Abzinsung der SÄ mit r_f	273.077	252.783	233.997	216.608	200.510	**1.176.976**

Tab. D.4: Beispiel: Vergleich von Sicherheitsäquivalenz- und Risikozuschlagsmethode (2)

Die Ursache für die unterschiedlichen Ertragswerte von 1.264.318 und 1.176.976 kann – wie oben bereits dargelegt – „in der implizit unterstellten unterschiedlichen stochastischen Verknüpfung aufeinander folgender Überschussverteilungen"[1] liegen.

Im Folgenden soll nun unterstellt werden, dass die Wahrscheinlichkeitsverteilungen der einzelnen Perioden untereinander stochastisch unabhängig sind. Entsprechend sind die Sicherheitsäquivalente in allen Perioden gleich. Unter Berücksichtigung der oben aufgezeigten Formeln

$$EK_{EW}^{M} = \sum_{t=1}^{n} \frac{SÄ_t}{(1+r_f)^t} = \sum_{t=1}^{n} \frac{\mu(E_{EK})_t}{(1+r_f+z_t)^1 \cdot (1+r_f)^{(t-1)}} \quad \text{und} \quad z_t = \frac{\mu(E_{EK})_t}{SÄ_t} \cdot (1+r_f) - 1 - r_f$$

können die folgenden Werte bestimmt werden:

t	1	2	3	4	5	SUMME
Erwartungswert	295.000	295.000	295.000	295.000	295.000	
SÄ	284.000	284.000	284.000	284.000	284.000	
impliziter Risikozuschlag	4,0282%	4,0282%	4,0282%	4,0282%	4,0282%	
risikoloser Zinssatz	4,0000%	4,0000%	4,0000%	4,0000%	4,0000%	
Barwert bei diesem Risikozuschlag	273.077	262.574	252.475	242.764	233.427	**1.264.318**
Barwert bei Abzinsung der SÄ mit r_f	273.077	262.574	252.475	242.764	233.427	**1.264.318**

Tab. D.5: Beispiel: Vergleich von Sicherheitsäquivalenz- und Risikozuschlagsmethode (3)

Beide Verfahren führen somit zum gleichen Ertragswert von 1.264.318.

(3) Berücksichtigung von Steuern bei der Ertragswertmethode
Im Rahmen der Unternehmensbewertung sollten Steuern auf zweifache Weise berücksichtigt werden. Zum einen sind die künftigen Steuerbelastungen bei den erwarteten Unternehmenserträgen einzubeziehen. Zum anderen ist auch die alternative Kapitalanlage um die darauf anfallenden Steuern des Bewerters zu korrigieren. Somit kann eine Vergleichbarkeit mit den künftigen Erfolgen aus der Unternehmung nach Steuern hergestellt werden; denn

---

[1] *Schwetzler* (2000), S. 473, zitiert bei *Hommel/Braun* (2005), S. 134.

letztendlich sind nur die Zahlungsströme nach Steuern für den Investor relevant, da nur die Nettoerträge für Konsumzwecke zur Verfügung stehen.[1]

Nach Berücksichtigung der Einkommensteuer des Investors bei den Erträgen ergibt sich folgender Nettoertrag, wobei in der Formel unterstellt wird, dass die gesamten Bruttoerträge als Steuerbemessungsgrundlage der persönlichen Einkommensteuer unterliegen:[2]

Nettoertrag $= E_t - S_{ESt,t} = E_t - s_{ESt} \cdot E_t = E_t \cdot (1 - s_{ESt})$

mit

E_t = Bruttoertrag,
$S_{ESt,t}$ = Einkommensteuerzahlung für die Periode t und
s_{ESt} = Einkommensteuersatz.

Auch die Erträge der Alternativanlage sind steuerpflichtig, so dass die darauf anfallenden Steuerzahlungen des Investors auch beim Kalkulationszinsfuß einbezogen werden müssen. Damit kann der Ertragswert wie folgt bestimmt werden, wobei hier unterstellt wird, dass ein einheitlicher Steuersatz für Unternehmens- und Alternativverträge gilt und zudem die gesamten Bruttoerträge der persönlichen Einkommensteuer unterliegen:

$$EK_{EW,\text{mit Einkommensteuer}}^M = \sum_{t=1}^{n} \frac{E_t \cdot (1 - s_{ESt})}{(1 + r \cdot (1 - s_{ESt}))^t} + \frac{\frac{E_{n+1} \cdot (1 - s_{ESt})}{r \cdot (1 - s_{ESt})}}{(1 + r \cdot (1 - s_{ESt}))^n}$$

Beispielsweise können für ein Unternehmen die nachfolgenden erwarteten (sicheren) Erträge für die kommenden Jahre abgeleitet werden, wobei ab t_5 von einer ewigen Rente ausgegangen wird:[3]

Jahr	t	2	3	4	ab Jahr 5
Erträge	120.000	130.000	170.000	200.000	250.000

Falls die Anlage in dieses Unternehmen und auch die alternative Kapitalanlage steuerfrei wären, würde sich bei einem Kalkulationszinsfuß von 7% vor Steuern folgender Ertragswert ergeben:

$$EK_{EW}^M = \sum_{t=1}^{n} \frac{E_t}{(1+r)^t} + \frac{\frac{E_{n+1}}{r}}{(1+r)^n}$$

---

1 Vgl. *Peemöller/Kunowski* (2005), S. 240.
2 Vgl. *Hommel/Braun* (2005), S. 148.
3 Vgl. dazu auch den Fall 13 bei *Hommel/Braun* (2005), S. 145ff.

$$EK_{EW}^M = \frac{120.000}{(1+0,07)} + \frac{130.000}{(1+0,07)^2} + \frac{170.000}{(1+0,07)^3} + \frac{200.000}{(1+0,07)^4} + \frac{\frac{250.000}{0,07}}{(1+0,07)^4} = 3.241.672$$

Falls nunmehr die Anlage in das Unternehmen und die Alternative jeweils einem Einkommensteuersatz von 40% unterliegen, ergibt sich der folgende Ertragswert:

$$EK_{EW,\text{mit Einkommensteuer}}^M = \sum_{t=1}^{n} \frac{E_t \cdot (1-s_{ESt})}{(1+r \cdot (1-s_{ESt}))^t} + \frac{\frac{E_{n+1} \cdot (1-s_{ESt})}{r \cdot (1-s_{ESt})}}{(1+r \cdot (1-s_{ESt}))^n}$$

$$= \frac{120.000 \cdot (1-0,4)}{(1+0,07 \cdot (1-0,4))} + \frac{130.000 \cdot (1-0,4)}{(1+0,07 \cdot (1-0,4))^2} + \frac{170.000 \cdot (1-0,4)}{(1+0,07 \cdot (1-0,4))^3}$$

$$+ \frac{200.000 \cdot (1-0,4)}{(1+0,07 \cdot (1-0,4))^4} + \frac{\frac{250.000 \cdot (1-0,4)}{0,07 \cdot (1-0,4)}}{(1+0,07 \cdot (1-0,4))^4} = 3.362.385$$

Die Ergebnisse in dem Beispiel deuten auf das sog. Steuerparadoxon hin, mit dem das Phänomen bezeichnet wird, dass die Berücksichtigung der Einkommensteuer des Investors zu einem höheren Ertragswert führt als ohne Einbezug von Steuerzahlungen.[1]

Unter bestimmten Voraussetzungen ist allerdings die Besteuerung bei der Unternehmensbewertung irrelevant. So gilt beispielsweise im Fall der ewigen Rente bei konstanten erwarteten (sicheren) Erträgen, konstantem Kalkulationszinsfuß und einem einheitlichen Steuersatz für Unternehmens- und Alternativerträge der folgende Zusammenhang:[2]

$$EK_{EW,\text{mit Einkommensteuer}}^M = \frac{E \cdot (1-s_{ESt})}{r \cdot (1-s_{ESt})} = \frac{E}{r}$$

Somit gilt in diesem Fall Einkommensteuerneutralität bzw. Irrelevanz der persönlichen Steuern. Für das Beispielunternehmen ergibt sich ein Continue Value nach dem 4. Jahr von 3.571.429:

$$EK_{EW,\text{mit Einkommensteuer}}^M = \frac{E \cdot (1-s_{ESt})}{r \cdot (1-s_{ESt})} = \frac{E}{r} = \frac{250.000}{0,07} = 3.571.429$$

Neben dem persönlichen Einkommensteuersatz des Bewerters müssen darüber hinaus auch die Ertragsteuern berücksichtigt werden, die von dem zu bewertenden Unternehmen abzuführen sind. Hierbei hängt aber die Besteuerung von der Rechtsform des zu bewertenden

---

1 Vgl. *Hommel/Braun* (2005), S. 150 und die dort angegebene Literatur.
2 Vgl. *Mandl/Rabel* (2005), S. 60.

Unternehmens und des Unternehmenseigners ab. Von den Unternehmen müssen die Gewerbeertragsteuer, die bei der Ermittlung der finanziellen Überschüsse abzuziehen ist, und die Körperschaftsteuer, die bei Kapitalgesellschaften anfällt, abgeführt werden. Letztere fällt unabhängig davon an, ob die Gewinne thesauriert oder ausgeschüttet werden. Insgesamt ergibt sich der Ertragswert dann wie folgt:

$$EK_{EW, \text{mit allen Steuern}}^M = \sum_{t=1}^{n} \frac{\text{Nettoertrag}_t}{(1 + r \cdot (1 - s_{ESt}))^t} + \frac{\frac{\text{Nettoertrag}_{n+1}}{r \cdot (1 - s_{ESt})}}{(1 + r \cdot (1 - s_{ESt}))^n}$$

Hierbei wird der Nettoertrag folgendermaßen bestimmt:

Nettoertrag = $G - S_{GewSt} - S_{KSt} - S_{ESt}$

mit

G = Gewerbeertrag vor Abzug der Gewerbesteuer,
S_{GewSt} = Gewerbesteuerschuld,
S_{KSt} = Körperschaftsteuerschuld und
S_{ESt} = Einkommensteuerschuld.

Grundsätzlich muss allerdings darauf hingewiesen werden, dass eine allgemein gültige Ertragswertformel, die alle Auswirkungen der Besteuerung korrekt erfasst, nicht vorliegt. Als Gründe dafür können einerseits die Abhängigkeit der Besteuerung von der Rechtsform des zu bewertenden Unternehmens und des Unternehmenseigners und andererseits die Abhängigkeit des Diskontierungszinssatzes von der Art der Alternativinvestition und der entsprechenden Steuerart genannt werden, der die Erträge aus dieser Alternativanlage unterliegen.[1]

Problematisch wird nämlich die Berücksichtigung der Steuerwirkungen bei der alternativen Kapitalanlage, wenn die Erträge in unterschiedlicher Weise besteuert werden (z.B. unterschiedliche Steuersätze für Anleihen und Aktien oder unterschiedliche Besteuerung von Kursgewinnen). Für diese Fälle wurden Konzeptionen entwickelt, wie z.B. das sog. Tax-CAPM.[2]

Im Hinblick auf die ab 2009 erhobene Abgeltungssteuer auf Einkünfte aus Kapitalvermögen unterliegen neben Zinsen und Dividenden auch Veräußerungsgewinne einem einheitlichen Abgeltungssteuersatz in Höhe von 25% zuzüglich Solidaritätszuschlag und Kirchensteuer.[3] Bezüglich der Abbildung dieser Form der Einkommensteuer im Rahmen der Unternehmensbewertung kann gezeigt werden, dass sowohl bei Annahme einer sehr langen Haltedauer der alternativen Kapitalanlage als auch einer Haltedauer von nur einer Periode Irrelevanz der Einkommensteuer für die Unternehmensbewertung vorliegt. Grundsätzlich liegt ein Steuerparadoxon nicht vor, wenn das Bewertungsobjekt und die alternative Kapi-

---

1 Vgl. *Hommel/Braun* (2005), S. 153.
2 Zum Tax-CAPM vgl. *Beyer/Gaar* (2005), S. 242ff.
3 Für Steuerpflichtige mit niedrigerem Einkommensteuersatz kann der individuelle Steuersatz herangezogen werden. Dieser Fall soll in den weiteren Ausführungen vernachlässigt werden.

talanlage systematisch und gleichgerichtet besteuert werden. Zudem führt die Abgeltungssteuer dazu, dass sowohl Anleihen als auch Aktien einheitlich besteuert werden.[1]

Vor diesem Hintergrund wird vom Institut der Wirtschaftsprüfer in Deutschland e.V. (IDW) formuliert: „Die praktische Umsetzung der Berücksichtigung persönlicher Ertragsteuern im Rahmen der objektivierten Unternehmensbewertung erfordert daher grundsätzlich Typisierungen hinsichtlich der Höhe des effektiven persönlichen Steuersatzes des Anteilseigners als Ausfluss seiner steuerlich relevanten Verhältnisse und Verhaltensweisen. So sind bei der Bewertung von Kapitalgesellschaften bei differenzierter Effektivbesteuerung von Dividenden und Veräußerungsgewinnen zusätzliche Annahmen, z.B. über den Zeitraum des Haltens der Unternehmensanteile, zu treffen."[2]

Im Falle einer Unternehmensbewertung z.B. im Rahmen von Kaufpreisverhandlungen kann hinsichtlich des Informationsbedürfnisses und der Informationserwartungen der Adressaten der Bewertung sowie vor dem Hintergrund der Internationalisierung der Kapitalmärkte und der Unternehmenstransaktionen davon ausgegangen werden, dass die Nettozuflüsse aus dem Bewertungsobjekt und aus der alternativen Kapitalanlage in ein Aktienportfolio auf der Anteilseignerebene einer vergleichbaren persönlichen Besteuerung unterliegen. Wird dieser Annahme gefolgt, so kann auf eine explizite Berücksichtigung persönlicher Steuern bei den finanziellen Überschüssen und dem Kapitalisierungszinssatz verzichtet werden.[3]

Auch vor dem Hintergrund der empirischen Anteilseignerstruktur deutscher Aktiengesellschaften und der empirisch auftretenden Unternehmenserwerber kann die Berücksichtigung von persönlichen Einkommensteuern auf Dividenden und Kapitalgewinne nicht empfohlen werden. Eine unbeschränkt steuerpflichtige, inländische natürliche Person entspricht als relevanter Anteilseigner nicht dem Konzept des „markttypischen Erwerbers", bei dem regelmäßig keine persönlichen Steuern in den Bewertungsmodellen angewendet werden.[4]

(4) Berücksichtigung der Inflation bei der Ertragswertmethode

Vor dem Hintergrund, dass die zukünftig realisierbaren Konsummöglichkeiten, die durch das Unternehmen ermöglicht werden, für die Unternehmensbewertung von Relevanz sind, erhalten die Kaufkraft der Ausschüttungen und die Kaufkraft der Erträge aus der alternativen Kapitalanlage eine besondere Bedeutung. Da zukünftige Veränderungen des Preisniveaus die Kaufkraft der Unternehmenserträge und die Kaufkraft der Alternativerträge beeinflussen, muss zwischen nominalen Erträgen (d.h. unter Berücksichtigung der Inflation) und realen Erträgen (d.h. kaufkraftbereinigt) unterschieden werden. Darüber hinaus ist zu berücksichtigen, dass Inflationswirkungen neben der Kaufkraft der Erträge auch die Erträge selbst beeinflussen. Dabei können Preisänderungen sowohl die Beschaffungspreise als auch die Absatzpreise beeinflussen und müssen daher mit in die Ertragsprognosen einbezogen werden.

Grundsätzlich kann das Unternehmen die Inflationswirkungen in unterschiedlicher Weise auf die Kunden überwälzen. So kann im Hinblick auf die künftigen Erträge zwischen inflationsproportionalem Wachstum, realem Wachstum und Kaufkraftabnahme unterschieden werden. Liegt inflationsproportionales Wachstum vor, verändern sich die künftigen

---

1 Vgl. *Richter* (2007), S. 6ff.
2 *IDW* (2008), S. 11f.
3 Vgl. *IDW* (2008), S. 9ff. Vgl. dazu auch *Ernst/Schneider/Thielen* (2012), S. 128ff.
4 Vgl. *DVFA* (2012a), S. 12f.

Erträge entsprechend der Inflationsrate. In diesem Fall bleibt die durch Abzinsung der jeweiligen Erträge mit der Inflationsrate berechnete Kaufkraft der Erträge konstant. Bei realem Wachstum steigen die erwarteten Ausschüttungen in einem über der Inflationsrate liegenden Ausmaß an, so dass ein über die Inflationsrate hinausgehendes Unternehmenswachstum erwartet wird. In diesem Fall erhöht sich die Kaufkraft im Zeitablauf. Im umgekehrten Fall, d.h. bei Unternehmenserträgen, die ein Wachstum unterhalb der Inflationsrate aufweisen, nimmt die Kaufkraft ab.[1]

Im Hinblick auf die alternative Kapitalanlage ist für Investoren der reale Zinssatz, d.h. unter Berücksichtigung der Inflationsrate, von Interesse. Der Zusammenhang zwischen nominalem und realem Zinssatz stellt sich wie folgt dar:[2]

$$r_{real} = \frac{1+r}{1+IR} - 1 = \frac{r-IR}{1+IR}$$

mit

IR = Inflationsrate.

Beispielsweise würde ein nominaler Zinssatz von 4% bei einer Inflationsrate von 2% zu einem realen Zinssatz von 1,96% führen:

$$r_{real} = \frac{1,04}{1,02} - 1 = \frac{0,02}{1,02} = 1,96\%$$

Auch im Hinblick auf die Unternehmensbewertung lassen sich Nominal- und Realrechnung unterscheiden. In der Nominalrechnung ermittelt sich der Ertragswert im Fall einer ewigen Rente mit konstanter nominaler Wachstumsrate g folgendermaßen:[3]

$$EK^M_{EW,\,konstantes\,Wachstum} = \frac{E_0 \cdot (1+g)}{r-g} = \frac{E_1}{r-g}$$

Die Wachstumsrate g kann dabei, muss aber nicht der Inflationsrate entsprechen. Im Rahmen der Realrechnung erfolgt eine Umrechnung der nominalen Wachstumsrate g in die reale Wachstumsrate g_{real}. Sie gibt das Wachstum der Kaufkraft (der Unternehmenserträge) an, die auf den Bewertungsstichtag bezogen wird. Der reale Ertrag zum Zeitpunkt t ergibt dann:

$$E^{real}_t = E^{real}_{t-1} \cdot \frac{1+g}{1+IR} \qquad \Rightarrow \qquad g_{real} = \frac{E^{real}_t}{E^{real}_{t-1}} - 1 = \frac{1+g}{1+IR} - 1 = \frac{g-IR}{1+IR}$$

---

1 Vgl. *Hommel/Braun* (2005), 187ff.
2 Vgl. *Hommel/Braun* (2005), S. 195.
3 Vgl. *Mandl/Rabel* (2005), S. 61f.

Wie letztere Formel zeigt, ist ein inflationsproportionales Wachstum der Erträge nur möglich, wenn sich Wachstumsrate und Inflationsrate entsprechen.

Im Fall einer ewigen Rente mit konstanter nominaler Wachstumsrate g ergibt sich der folgende Ertragswert:

$$EK_{EW,\,konstantes\,Wachstum}^{M} = \frac{E_0 \cdot (1+g_{real})}{r_{real} - g_{real}} \,,\; wobei\; r_{real} = \frac{r-IR}{1+IR} \; und \; g_{real} = \frac{g-IR}{1+IR}$$

Durch Einsetzen der beiden Werte für r_{real} und g_{real} in diese Formel kann gezeigt werden, dass sich auch in der Realrechnung der folgende Ertragswert ergibt:

$$EK_{EW,\,konstantes\,Wachstum}^{M} = \frac{E_1}{r-g}$$

Somit führen Realrechnung und Nominalrechnung zum selben Ergebnis.[1] Gemäß dem IDW werden die zu erwartenden Preissteigerungen bei der Unternehmensbewertung im Rahmen einer Nominalrechnung berücksichtigt. Somit sind finanzielle Überschüsse und der Kalkulationszinsfuß in einer Nominalrechnung zu veranschlagen, die die erwarteten Preissteigerungen einschließt. Auch wird darauf hingewiesen, dass der als Basiszinssatz herangezogene landesübliche risikofreie Zinssatz (als Bestandteil des Kapitalisierungszinssatzes) eine Geldentwertungsprämie enthält und somit eine Nominalgröße darstellt.[2] Auch im Rahmen der Discounted Cash flow-Verfahren (DCF-Verfahren) wird die Nominalrechnung empfohlen.[3]

bb. Discounted Cash flow-Verfahren (DCF-Verfahren)

(1) Grundlagen

Im Rahmen der DCF-Verfahren erfolgt die Ermittlung des Unternehmenswertes durch Diskontierung der künftigen Cash flows eines Unternehmens mit einem risikoäquivalenten Diskontierungszinssatz, wobei die Cash flows erwartete Zahlungen des Unternehmens an seine Kapitalgeber darstellen. Die konkreten Cash flows unterscheiden sich in Abhängigkeit von der eingesetzten Variante der DCF-Verfahren. Grundsätzlich lässt sich der Unternehmenswert direkt durch eine Nettokapitalisierung als auch indirekt durch eine Bruttokapitalisierung bestimmen.[4]

Bei der Nettokapitalisierung erfolgt die Bestimmung des Unternehmenswertes in einem Schritt durch Abdiskontierung der erwarteten Cash flows an die Eigentümer. Der Diskontierungssatz entspricht der risikoäquivalenten Renditeforderung der Eigenkapitalgeber. Als Variante der DCF-Verfahren basiert der sog. Equity-Ansatz auf der Nettokapitalisierung und entspricht damit grundsätzlich der Ertragswertmethode, wobei sich beide Verfahren aber hinsichtlich der Bestimmung des Kalkulationszinsfußes unterscheiden können.[5]

---

1 Vgl. dazu auch *Mandl/Rabel* (2005), S. 62; *Hommel/Braun* (2005), S. 197; *Baetge/Niemeyer/Kümmel* (2005), S. 333f. und *Friedl/Schwetzler* (2011), S. 352ff.
2 Vgl. *IDW* (2008), S. 20.
3 Vgl. *Baetge/Niemeyer/Kümmel* (2005), S. 334.
4 Vgl. *Baetge/Niemeyer/Kümmel* (2005), S. 269ff.
5 Vgl. *Ballwieser* (1993), S. 166f. und *Baetge/Niemeyer/Kümmel* (2005), S. 269ff.

Anders als bei der Nettokapitalisierung wird der Unternehmenswert bei der Bruttokapitalisierung in zwei Schritten bestimmt. Zunächst wird der Marktwert des Gesamtkapitals als Summe der Marktwerte der erwarteten Cash flows des Unternehmens an die Eigen- und Fremdkapitalgeber ermittelt. Zur Berechnung des Marktwertes des Eigenkapitals wird der Marktwert des Fremdkapitals anschließend vom Gesamtkapitalmarktwert abgezogen. Als verschiedene Varianten dieses sog. Entity-Ansatzes können im Hinblick auf die unterschiedliche Berücksichtigung der mit der Fremdfinanzierung verbundenen Steuervorteile die folgenden Ansätze unterschieden werden:

- TCF-Ansatz (Total Cash flow-Ansatz)
- WACC-Ansatz (Weighted Average Cost of Capital-Ansatz)
- APV-Ansatz (Adjusted Present Value-Ansatz)

Bei den nachfolgenden Betrachtungen der DCF-Verfahren wird ein einfaches Steuersystem unterstellt, bei dem nur eine Unternehmensteuer mit einem konstanten Unternehmensteuersatz vorliegt. Darüber hinaus wird davon ausgegangen, dass die von den Unternehmen zu zahlenden Fremdkapitalzinsen steuerlich absetzbar sind, so dass dadurch die Unternehmensteuer verringert wird. Von persönlichen Steuern für Eigentümer und Fremdkapitalgeber wird bei den nachfolgenden Ausführungen abgesehen. Ferner wird angenommen, dass die Erfassung des Risikos bei der Ermittlung der Renditeforderung der Eigenkapitalgeber mit einem risikoangepassten Eigenkapitalkostensatz erfolgt. Dementsprechend können die Cash flows an die Eigenkapitalgeber als Erwartungswerte aufgefasst werden.[1]

(2) Free Cash flow, Total Cash flow und Flow to Equity
Bei den DCF-Verfahren werden zur Bestimmung des Unternehmenswertes Cash flows abdiskontiert. Dabei werden zahlungsunwirksame Erträge und Aufwendungen nicht berücksichtigt, indem Cash flows als Zahlungsstromgröße oder Zahlungsmittelüberschuss definiert werden. Im Rahmen der DCF-Verfahren, die auf der Bruttokapitalisierung basieren, geht es um die vom Unternehmen erwirtschafteten operativen Einzahlungsüberschüsse, die in den zukünftigen Perioden an die Eigen- und Fremdkapitalgeber ausgezahlt werden können. Im Hinblick auf die Art und Weise, wie dabei der Einfluss der Finanzierung auf die zu zahlenden Unternehmenssteuern berücksichtigt wird, lassen sich im Rahmen der Bruttokapitalisierung Free Cash flows und Total Cash flows unterscheiden.[2]

Zur Bestimmung des Free Cash flows (FCF) wird von einer Trennung des Unternehmens in einen Leistungsbereich und einen Finanzierungsbereich ausgegangen. Erfasst werden nur die von der Finanzierung unabhängigen Einzahlungsüberschüsse aus der laufenden Investitions- und Geschäftstätigkeit, die allein im Leistungsbereich anfallen, so dass lediglich die Cash flows des operativen Geschäfts betrachtet werden. Insofern erfolgt auch keine Berücksichtigung von Zahlungsströmen des Finanzbereichs, wie z.B. Kredittilgungen oder Fremdkapitalzinsen. Infolgedessen entsprechen sich die FCF von einem rein eigenfinanzierten Unternehmen und einem ganz oder teilweise fremdfinanzierten Unternehmen. Somit

---

[1] Vgl. *Ballwieser* (1993), S. 166 und *Baetge/Niemeyer/Kümmel* (2005), S. 270f. Die Berücksichtigung der steuerlichen Abzugsfähigkeit der Fremdkapitalzinsen (Tax Shield) bei der Unternehmensbewertung kann auch in Frage gestellt werden. Vgl. *Pawelzik* (2013), S. 261ff.

[2] Vgl. hierzu und zu dem Begriff der operativen Einzahlungsüberschüsse *Baetge/Niemeyer/Kümmel* (2005), S. 271f.

wird bei der FCF-Ermittlung von der Fiktion einer vollständigen Eigenfinanzierung des Unternehmens ausgegangen, so dass die FCF den Cash flows entsprechen, die den Eigenkapitalgebern zufließen bei unterstellter vollständiger Eigenfinanzierung. Liegt ein positiver FCF vor, so kann er an die Eigenkapital- und an die Fremdkapitalgeber verteilt werden, d.h. über diesen Betrag kann das Unternehmen frei zur Befriedigung der Ansprüche der Kapitalgeber verfügen (z.B. in Form von Dividendenzahlungen, Fremdkapitalzinsen oder Kredittilgungen). Ein negativer FCF ist entsprechend durch Kreditaufnahmen oder Eigenkapitalerhöhungen zu decken.[1]

Vor diesem Hintergrund stellen die Free Cash flows finanzielle Überschüsse nach Investitionen und Unternehmenssteuern dar, aber vor Zinsen sowie nach Veränderungen des Nettoumlaufvermögens. Werden Cash flows thesauriert, so erfolgt deren Berücksichtigung durch die Veränderung entsprechender Bilanzposten.[2]

Entsprechend dem amerikanischen Grundmodell kann der FCF grundsätzlich wie folgt bestimmt werden:[3]

      Earnings before interest and taxes (EBIT)
−   Taxes on EBIT
+   Depreciation
+/− Change in Working Capital
−   Capital Expenditures

=   Free Cash flow (FCF)

In der deutschen Literatur wird oftmals das folgende stark vereinfachte Schema zur Ermittlung des FCF vorgeschlagen:[4]

      Operatives Ergebnis vor Zinsen und Steuern
      (EBIT, Earnings before interest and taxes)
−   (Adaptierte) Steuern auf das operative Ergebnis

=   Operatives Ergebnis vor Zinsen, nach adaptierten Steuern
      (NOPLAT, Net Operating Profits Less Adjusted Taxes)
+/− Abschreibungen/Zuschreibungen
+/− Erhöhungen/Verminderungen der langfristigen Rückstellungen
−/+ Zunahme/Abnahme des Net Working Capital
−/+ Investitionen/Desinvestitionen im Anlagevermögen

=   Free Cash flow

---

1 Vgl. *Hommel/Braun* (2005), S. 242f. und *Baetge/Niemeyer/Kümmel* (2005), S. 272.
2 Vgl. *IDW* (2008), S. 26f.
3 Der FCF kann in diesem Zusammenhang auch als „Free Cash flow to the Firm" bezeichnet werden. Vgl. *Damodaran* (2002), S. 383. Vgl. zum amerikanischen Grundmodell auch *Mandl/Rabel* (2005), S. 64f.
4 Vgl. *Hommel/Braun* (2005), S. 244 und die dort angegebene Literatur sowie *Baetge/Niemeyer/Kümmel* (2005), S. 283. Zur Berücksichtigung des deutschen Steuersystems bei der FCF-Berechnung vgl. *Baetge/Niemeyer/Kümmel* (2005), S. 325ff. sowie das Beispiel ab S. 350.

Die vom EBIT abgezogenen Steuerzahlungen werden als adaptierte Steuern bezeichnet, weil sie von den tatsächlichen Steuerzahlungen abweichen; denn bei den adaptierten Steuerzahlungen erfolgt – anders als bei den tatsächlichen Steuerzahlungen – keine Berücksichtigung der steuerlichen Abzugsfähigkeit der Fremdkapitalzinsen. Diese Vorgehensweise entspricht der unterstellten Eigenfinanzierung bei der FCF-Ermittlung. Insofern haben Fremdkapitalzinsen und auch Veränderungen des Fremdkapitals keinen Einfluss auf den FCF, so dass der FCF nicht von der tatsächlichen Finanzierung abhängt und somit den vom Unternehmen erwirtschafteten Einzahlungsüberschuss vor Berücksichtigung von Außenfinanzierungsmaßnahmen darstellt. Somit wird der FCF für den Leistungsbereich des Unternehmens prognostiziert. Der Finanzierungsbereich umfasst hingegen die Außenfinanzierungsmaßnahmen durch die Kapitalgeber.[1]

Als weitere indirekte Methode kann sich der FCF auch aus Plan-Gewinn- und Verlustrechnungen wie folgt ergeben:[2]

    Jahresüberschuss
+ Fremdkapitalzinsen
− Unternehmenssteuer-Ersparnis infolge der Abzugsfähigkeit der Fremdkapitalzinsen (Tax Shield)

= NOPLAT
+/−Abschreibungen/Zuschreibungen
+/−weitere zahlungsunwirksame Aufwendungen/zahlungsunwirksame Erträge
+/−Erhöhungen/Verminderungen der langfristigen Rückstellungen
−/+Zunahme/Abnahme des Net Working Capital
−/+Investitionen/Desinvestitionen im Anlagevermögen

= Free Cash flow

Vor dem Hintergrund der Annahme einer reinen Eigenfinanzierung werden bei der FCF-Ermittlung keine Gewinn mindernden Fremdkapitalzinsen berücksichtigt. Daher muss die durch den Abzug der Fremdkapitalzinsen bewirkte Steuerersparnis im Jahresüberschuss korrigiert werden.

Als weitere Cash flow-Definition kann der sog. Total Cash flow (TCF) angeführt werden. Im Unterschied zum FCF werden beim TCF die Steuervorteile aus der Fremdfinanzierung (Tax Shield) mit einbezogen. Das Berechnungsschema des TCF stellt sich wie folgt dar:[3]

---

1 Vgl. *Hommel/Braun* (2005), S. 245f. und *Mandl/Rabel* (2005), S. 65.
2 Vgl. *IDW* (2008), S. 26f. und *Hommel/Braun* (2005), S. 246.
3 Vgl. *Hommel/Braun* (2005), S. 247 und *Mandl/Rabel* (2005), S. 65.

Operatives Ergebnis vor Zinsen und Steuern (EBIT)
− Fremdkapitalzinsen

= Operatives Ergebnis vor Steuern und nach Zinsen
  (EBT, Earnings before tax)
− Steuern auf das operative Ergebnis

= Operatives Ergebnis nach Steuern und nach Zinsen
+/− Abschreibungen/Zuschreibungen
+/− Erhöhungen/Verminderungen der langfristigen Rückstellungen
−/+ Zunahme/Abnahme des Net Working Capital
−/+ Investitionen/Desinvestitionen im Anlagevermögen
+   Fremdkapitalzinsen

= Total Cash flow

Wie das Schema zeigt, wird die auf die Fremdkapitalzinsen entfallende Steuerersparnis bei der Berechnung der vom Unternehmen zu leistenden Steuerzahlungen berücksichtigt. Der TCF stellt ebenfalls einen Zahlungsstrom dar, der allen Kapitalgebern zuzuordnen ist, so dass die vom EBIT abgezogenen Fremdkapitalzinsen am Ende wieder hinzuzurechnen sind. Anders als der FCF bezieht hingegen der TCF die real geplante Finanzierung mit ein.

Der Zusammenhang zwischen FCF und TCF kann auch wie folgt wiedergegeben werden:[1]

   Free Cash flow
+ Steuervorteil aus der Fremdfinanzierung (Tax Shield)

= Total Cash flow

Schließlich soll auch der sog. Flow to Equity (FTE) als Cash flow-Größe betrachtet werden. Dabei handelt es sich um die Zahlungsüberschüsse, die allein den Eigenkapitalgebern aus dem Unternehmen zufließen. Der FTE enthält sämtliche Finanzierungseffekte, da er als Einzahlungsüberschuss aus der operativen Unternehmenstätigkeit nach Abzug aller Zins-, Steuer-, Investitions- und Kreditzahlungen definiert ist. Er ist somit nur den Eigenkapitalgebern zuzuordnen, z.B. in Form von Dividenden oder Kapitalerhöhungen. Zur Berechnung des FTE kann wie folgt vorgegangen werden:[2]

---

1 Vgl. *Hommel/Braun* (2005), S. 247f. und *Mandl/Rabel* (2005), S. 69.
2 Vgl. *Hommel/Braun* (2005), S. 248.

Operatives Ergebnis vor Zinsen und Steuern (EBIT)
− Fremdkapitalzinsen

= Operatives Ergebnis vor Steuern und nach Zinsen (EBT)
− Steuern auf das operative Ergebnis

= Operatives Ergebnis nach Steuern und nach Zinsen
+/− Abschreibungen/Zuschreibungen
+/− Erhöhungen/Verminderungen der langfristigen Rückstellungen
−/+ Zunahme/Abnahme des Net Working Capital
−/+ Investitionen/Desinvestitionen im Anlagevermögen
+/− Kreditaufnahmen/Kredittilgungen

= Flow to Equity

Im Ergebnis besteht somit der folgende Zusammenhang zwischen FCF, TCF und FTE:

Free Cash flow
+ Steuervorteil aus der Fremdfinanzierung

= Total Cash flow
− Fremdkapitalzinsen
+/− Kreditaufnahmen/Kredittilgungen

= Flow to Equity

Somit mindern beim FTE – anders als bei FCF und TCF – Zinszahlungen und Kredittilgungen den Cash flow. Letztlich umfasst der FTE lediglich den Zahlungssaldo mit den Eigenkapitalgebern, während FCF und TCF allen Kapitalgebern zustehen. Im Unterschied zu FTE und TCF, die jeweils die reale Unternehmensverschuldung mit einbeziehen, wird beim FCF die Steuerlast grundsätzlich zu hoch bemessen. Allerdings liegt der Vorteil des FCF darin, dass Leistungs- und Finanzierungsbereich getrennt werden können und somit die Cash flows ohne Berücksichtigung der Kapitalstruktur bzw. des künftigen Fremdkapitals prognostiziert werden.[1]

Das nachfolgende Beispiel zeigt die Ermittlung der verschiedenen Cash flow-Werte. Dabei sollen die folgenden Daten vorliegen, die langfristig vom Unternehmen erwartet werden:[2]

Fremdkapital (Buchwert = Marktwert):	€ 800.000	EBIT:	€ 200.000
Anlagevermögen:	€ 700.000	Abschreibungen:	€ 90.000
Investitionen in das Anlagevermögen:	€ 100.000	Fremdkapitalzinssatz:	8,00%
Zunahme des Working Capital:	€ 10.000	Steuersatz:	25,00%

Aus diesen Angaben resultiert ein FCF von € 130.000:

---
[1] Vgl. *Hommel/Braun* (2005), S. 249f.
[2] Vgl. hierzu auch das Beispiel bei *Hommel/Braun* (2005), S. 241ff.

EBIT	200.000
− (Adaptierte) Steuern auf das operative Ergebnis	− 50.000
= NOPLAT	= 150.000
+/− Abschreibungen/Zuschreibungen	+ 90.000
−/+ Zunahme/Abnahme des Net Working Capital	− 10.000
−/+ Investitionen/Desinvestitionen im Anlagevermögen	− 100.000
= Free Cash flow	= 130.000

Für den TCF ergibt sich ein Wert von € 146.000:

EBIT	200.000
− Fremdkapitalzinsen	− 64.000
= EBT	= 136.000
− Steuern auf das operative Ergebnis	− 34.000
= Operatives Ergebnis nach Steuern und nach Zinsen	= 102.000
+/− Abschreibungen/Zuschreibungen	+ 90.000
−/+ Zunahme/Abnahme des Net Working Capital	− 10.000
−/+ Investitionen/Desinvestitionen im Anlagevermögen	− 100.000
+ Fremdkapitalzinsen	+ 64.000
= Total Cash flow	= 146.000

Schließlich beläuft sich der FTE auf € 82.000:

EBIT	200.000
− Fremdkapitalzinsen	− 64.000
= EBT	= 136.000
− Steuern auf das operative Ergebnis	− 34.000
= Operatives Ergebnis nach Steuern und nach Zinsen	= 102.000
+/− Abschreibungen/Zuschreibungen	+ 90.000
−/+ Zunahme/Abnahme des Net Working Capital	− 10.000
−/+ Investitionen/Desinvestitionen im Anlagevermögen	− 100.000
+/− Kreditaufnahmen/Kredittilgungen	0
= Flow to Equity	= 82.000

Diese Werte können auch direkt aus dem FCF abgeleitet werden:

Free Cash flow	130.000
+ Steuervorteil aus der Fremdfinanzierung	+ 16.000
= Total Cash flow	= 146.000
− Fremdkapitalzinsen	− 64.000
+/− Kreditaufnahmen/Kredittilgungen	0
= Flow to Equity	= 82.000

(3) Equity-Ansatz

Beim Equity-Ansatz, der auf der Nettokapitalisierung basiert, wird eine direkte Ermittlung des Unternehmenswertes durch Abdiskontierung des Flow to Equity (FTE) vorgenommen, der allein den Eigenkapitalgebern zusteht. Dabei erfolgt die Abzinsung mit dem hinsichtlich des leistungs- und finanzwirtschaftlichen Risikos adäquaten Eigenkapitalkostensatz des verschuldeten Unternehmens. Für das Rentenmodell ergibt sich der Eigenkapitalmarktwert entsprechend dem Equity-Ansatz für ein verschuldetes Unternehmen wie folgt:[1]

$$EK^M_{Equity_V} = \frac{FTE}{r^*_{EK_V}}$$

mit

$EK^M_{Equity_V}$ = Eigenkapitalmarktwert gemäß Equity-Ansatz für ein verschuldetes Unternehmen und

$r^*_{EK_V}$ = geforderte Eigenkapitalrendite (= Eigenkapitalkostensatz) des verschuldeten Unternehmens, wobei „V" für „verschuldetes Unternehmen" steht.

Die steuerliche Abzugsfähigkeit der Fremdkapitalzinsen (Tax Shield) von der Steuerbemessungsgrundlage findet im FTE und somit im Zahlungsstrom seine explizite Berücksichtigung.

Im Stufen- oder Phasenmodell lässt sich folgender Zusammenhang herstellen, wobei davon ausgegangen wird, dass die FTE in der ersten Phase periodengenau angegeben werden und in der zweiten Phase über einen unbegrenzten Zeitraum gleich hohe erwartete FTE in allen Perioden vorliegen:[2]

$$EK^M_{Equity_V} = \sum_{t=1}^{n} \frac{FTE_t}{\prod_{j=0}^{t-1}\left(1 + r^*_{EK_{V,j}}\right)} + \frac{CV_n}{\prod_{j=0}^{n-1}\left(1 + r^*_{EK_{V,j}}\right)}$$

---

1 Vgl. *Hommel/Braun* (2005), S. 214.
2 Vgl. *Wallmeier* (1999), S. 1475ff.

$$= \frac{FTE_1}{\left(1+r^*_{EK_{V,0}}\right)} + \frac{FTE_2}{\left(1+r^*_{EK_{V,0}}\right)\cdot\left(1+r^*_{EK_{V,1}}\right)} + \frac{FTE_3}{\left(1+r^*_{EK_{V,0}}\right)\cdot\left(1+r^*_{EK_{V,1}}\right)\cdot\left(1+r^*_{EK_{V,2}}\right)} + \ldots + \frac{CV_n}{\prod_{j=0}^{n-1}\left(1+r^*_{EK_{V,j}}\right)}$$

Da $CV_n = \dfrac{FTE_{n+1}}{r^*_{EK_V}}$, ergibt sich: $EK^M_{Equity_V} = \sum_{t=1}^{n} \dfrac{FTE_t}{\prod_{j=0}^{t-1}\left(1+r^*_{EK_{V,j}}\right)} + \dfrac{FTE_{n+1}}{r^*_{EK_{V,n}} \cdot \prod_{j=0}^{n-1}\left(1+r^*_{EK_{V,j}}\right)}$

mit

$r^*_{EK_{V,j}}$ = geforderte Eigenkapitalrendite (= Eigenkapitalkostensatz) des verschuldeten Unternehmens für die Periode von j bis j+1.

Bei diesen Formeln ist zu berücksichtigen, dass eine Transformationsvorschrift angegeben werden kann, nach der die geforderte Eigenkapitalrendite für ein verschuldetes Unternehmen eindeutig der geforderten Eigenkapitalrendite für ein unverschuldetes Unternehmen zugeordnet werden kann und umgekehrt. Entsprechende Anpassungen gehen auf *Miles/Ezzell* und *Modigliani/Miller* zurück. So gilt für den Fall eines für die Zukunft unterstellten konstanten Verschuldungsgrades (FK^M/EK^M = konstant) des zu bewertenden Unternehmens gemäß der sogenannten *Miles/Ezzell*-Anpassung der folgende Zusammenhang:[1]

$$r^*_{EK_V} = r^*_{EK_U} + \left(r^*_{EK_U} - r_{FK_f}\right) \cdot \frac{1 + r_{FK_f} \cdot (1-s)}{1 + r_{FK_f}} \cdot \frac{FK^M}{EK^M}$$

mit

$r^*_{EK_V}$ = geforderte Eigenkapitalrendite des verschuldeten Unternehmens,

$r^*_{EK_U}$ = geforderte Eigenkapitalrendite des unverschuldeten Unternehmens,

r_{FK_f} = risikoloser Zinssatz,
s = Steuersatz,
FK^M = Marktwert des Fremdkapitals und
EK^M = Marktwert des Eigenkapitals.

In diesem Fall gilt der abgeleitete Eigenkapitalkostensatz in allen Perioden, so dass in der obigen Formel zur Bestimmung des Marktwertes des Eigenkapitals auf Basis des Equity-Ansatzes mit einem konstanten Diskontierungssatz abgezinst werden kann. Wird nicht von einem konstanten Verschuldungsgrad ausgegangen, sondern von einem sich in deterministischer Weise ändernden Verschuldungsgrad, so ist die Anwendung periodenspezifischer

---

[1] Vgl. *Miles/Ezzell* (1980), S. 719ff.; *Modigliani/Miller* (1963), S. 438ff.; *Miller/Modigliani* (1966), S. 339ff. und *Wallmeier* (1999), S. 1476.

Kapitalkostensätze erforderlich und die *Miles/Ezzell*-Anpassung ist für jede Periode neu mit dem jeweils gültigen Verschuldungsgrad vorzunehmen.[1]

Sofern im Bewertungszeitpunkt die Verschuldungsgrade der künftigen Perioden festgelegt werden, spricht man von einer unternehmenswertorientierten Finanzierungsstrategie. Entsprechend muss der absolute Fremdkapitalbestand in der Zukunft modifiziert werden, um die im Bewertungszeitpunkt festgelegten Verschuldungsgrade auch einzuhalten. Somit erfolgt eine Ausrichtung der künftigen Fremdkapitalbestände am jeweils erzielten Unternehmenswert. Zur Ermittlung der FTE müssen aber die Veränderungen der Fremdkapitalbestände und die Fremdkapitalzinsen bekannt sein. Eine exakte Bestimmung der künftigen FTE wäre somit erst möglich, wenn die künftigen Eigenkapitalmarktwerte bereits bekannt sind, die aber mit dem Equity-Ansatz ermittelt werden sollen Insofern stellt sich dieser Fall als problematisch dar.[2]

Erfolgt aber bereits im Bewertungszeitpunkt eine Festlegung der Fremdkapitalbestände für alle künftigen Perioden, so wird von einer autonomen Finanzierungsstrategie gesprochen. In diesem Fall hängt somit die Entwicklung des Fremdkapitals nicht vom Eigenkapitalmarktwert ab. Die künftigen FTE lassen sich daher problemlos ableiten. Allerdings ist zu beachten, dass die Verschuldungsgrade im Zeitablauf schwanken, wenn die künftigen FTE schwanken; denn in diesem Fall resultieren hieraus schwankende Eigenkapitalmarktwerte. Unterschiedliche Verschuldungsgrade im Zeitablauf bedeuten ein unterschiedliches Kapitalstrukturrisiko. Daher variieren auch die geforderten Eigenkapitalrenditen für das verschuldete Unternehmen. Sie sind periodenindividuell wie folgt zu ermitteln:[3]

$$r^*_{EK_{V,t+1}} = r^*_{EK_U} + \left(r^*_{EK_U} - r_{FK_f}\right) \cdot \frac{FK^M_t - TS^M_t}{EK^M_t}$$

mit

$r^*_{EK_{V,t+1}}$ = geforderte Eigenkapitalrendite in der Periode t+1 für ein verschuldetes Unternehmen,

r_{FK_f} = risikoloser Zinssatz und

TS^M_t = Marktwert des Tax Shields (Marktwert des Steuervorteils aufgrund der anteiligen Fremdfinanzierung) in der Periode t.

In der Formel können zwar die Marktwerte des Fremdkapitals und des Tax Shields bei autonomer Finanzierungspolitik (und damit bekannten Fremdkapitalbeständen) in den einzelnen Perioden bestimmt werden. Jedoch lässt sich der Marktwert des Eigenkapitals erst mit Hilfe der geforderten Eigenkapitalrendite bestimmen, für deren Ermittlung aber wiederum der Eigenkapitalmarktwert erforderlich ist. Dieses Zirkularitätsproblem lässt sich allerdings bei rekursiver Berechnung mit dem Equity-Ansatz lösen.[4]

---

1 Vgl. *Wallmeier* (1999), S. 1476.
2 Vgl. *Baetge/Niemeyer/Kümmel* (2005), S. 313.
3 Vgl. *Baetge/Niemeyer/Kümmel* (2005), S. 302 und 312f.
4 Vgl. *Baetge/Niemeyer/Kümmel* (2005), S. 313ff.

Für den Fall eines vorgegebenen, konstanten Fremdkapitalbestandes bei gleichem Erwartungswert aller zukünftigen Cash flows (Rentenmodell) kommt die sog. *Modigliani/Miller*-Anpassung zum Tragen:[1]

$$r^*_{EK_V} = r^*_{EK_U} + \left(r^*_{EK_U} - r_{FK_f}\right) \cdot (1-s) \cdot \frac{FK^M}{EK^M}$$

Hierbei wird wiederum deutlich, dass zur Bestimmung der geforderten Eigenkapitalrendite der Marktwert des Eigenkapitals erforderlich ist, der aber gerade mit Hilfe dieser Eigenkapitalrendite bestimmt werden soll. Dieses Zirkularitätsproblem kann aber für den Fall eines vorgegebenen, konstanten Fremdkapitalbestandes bei gleichem Erwartungswert aller zukünftigen Cash flows gemäß *Modigliani/Miller*-Anpassung auf analytischem Wege gelöst werden:

$$EK^M_{Equity_V} = \frac{FTE}{r^*_{EK_V}}$$

$$\Rightarrow FTE = r^*_{EK_V} \cdot EK^M_{Equity_V} = \left(r^*_{EK_U} + \left(r^*_{EK_U} - r_{FK_f}\right) \cdot (1-s) \cdot \frac{FK^M}{EK^M_{Equity_V}}\right) \cdot EK^M_{Equity_V}$$

$$\Leftrightarrow FTE = r^*_{EK_U} \cdot EK^M_{Equity_V} + \left(r^*_{EK_U} - r_{FK_f}\right) \cdot (1-s) \cdot FK^M$$

$$\Leftrightarrow EK^M_{Equity_V} = \frac{FTE - \left(r^*_{EK_U} - r_{FK_f}\right) \cdot (1-s) \cdot FK^M}{r^*_{EK_U}}$$

Beispielsweise soll ein Unternehmen bewertet werden, für das die folgenden Angaben vorliegen:

- Fremdkapital (Buchwert = Marktwert): 1.600.000 (konstant)
- EBIT: 420.000
- Steuersatz: 25%
- Fremdkapitalzinssatz (risikoloser Zinssatz): 6%
- erwartete Eigenkapitalrendite für ein unverschuldetes Unternehmen: 9%

---

[1] Vgl. *Wallmeier* (1999), S. 1476. Zu dem Fall einer beliebigen deterministischen Entwicklung des Fremdkapitalbestandes vgl. *Wallmeier* (1999), S. 1477, Formel (1b). Zur Frage, ob eine autonome Finanzierungsstrategie, die zudem einen konstanten Fremdkapitalbestand unterstellt, oder eine wertorientierte Finanzierungsstrategie, die zudem einen konstanten Verschuldungsgrad annimmt, höhere Unternehmenswerte liefert, vgl. *Kruschwitz/Lorenz* (2011), S. 94ff.

Da keine Angaben über die weiteren Größen zur FTE-Bestimmung vorliegen (wie z.B. Abschreibungen oder Investitionen im Anlagevermögen), ergibt sich für den FTE der folgende Wert:

$$FTE = (EBIT - r_{FK} \cdot FK) \cdot (1-s) = (420.000 - 0,06 \cdot 1.600.000) \cdot (1-0,25) = 243.000$$

Der Marktwert des Eigenkapitals beträgt in diesem Fall 2.300.000:

$$EK^M_{Equity_V} = \frac{FTE - \left(r^*_{EK_U} - r_{FK_f}\right) \cdot (1-s) \cdot FK^M}{r^*_{EK_U}}$$

$$= \frac{243.000 - (0,09 - 0,06) \cdot (1 - 0,25) \cdot 1.600.000}{0,09} = 2.300.000$$

Konzeptionell entspricht der Equity-Ansatz dem Ertragswertverfahren, sofern beiden Verfahren dieselben Daten zugrunde liegen und vor allem die risikoangepassten Opportunitätskosten in identischer Weise erfasst werden. Werden die entsprechenden Cash flows als künftige, bewertungsrelevante und ausschüttbare Erträge herangezogen, so können das Ertragswertverfahren und der Equity-Ansatz als DCF-Verfahren zu identischen Ergebnissen gelangen.[1]

(4)   Total Cash flow-Ansatz (TCF-Ansatz)
Der TCF-Ansatz zählt zu dem Entity-Ansatz und ist damit der o.g. Bruttokapitalisierung zuzuordnen. Der Marktwert des Eigenkapitals wird dabei in zwei Schritten bestimmt. Zunächst wird der Marktwert des Gesamtkapitals ermittelt und davon anschließend der Marktwert des Fremdkapitals abgezogen. Somit ergibt sich der Eigenkapitalmarktwert im Rentenmodell wie folgt:[2]

$$EK^M_{Entity,TCF_V} = \frac{TCF}{k^{TCF}_{GK}} - FK^M, \quad \text{wobei} \quad k^{TCF}_{GK} = \frac{EK^M}{GK^M} \cdot r^*_{EK_V} + \frac{FK^M}{GK^M} \cdot r_{FK}$$

mit

k^{TCF}_{GK} = Gesamtkapitalkostensatz gemäß TCF-Ansatz und
r_{FK} = risikoäquivalente Forderung der Fremdkapitalgeber.

Somit wird bei diesem Ansatz der durch die Fremdfinanzierung entstehende Steuervorteil bei der Prognose des zu diskontierenden Cash flows berücksichtigt. Problematisch ist aber das Zirkularitätsproblem, da zur Bestimmung des Gesamtkapitalkostensatzes der Marktwert des Eigenkapitals bekannt sein muss, der aber erst mit Hilfe des Gesamtkapitalkostensatzes

---

1 Vgl. *Ballwieser* (2005), S. 367f.; *Ernst/Schneider/Thielen* (2012), S. 10
2 Vgl. *Hommel/Braun* (2005), S. 217 und *Baetge/Niemeyer/Kümmel* (2005), S. 274f.

bestimmt werden soll. Legt man beispielsweise das obige Beispiel im Rahmen des Equity-Ansatzes zugrunde, so wird auf den dort ermittelten Eigenkapitalmarktwert und die geforderte Eigenkapitalrendite eines verschuldeten Unternehmens unter den Bedingungen der o.g. *Modigliani/Miller*-Anpassung zurückgegriffen:

$$r^*_{EK_V} = r^*_{EK_U} + \left(r^*_{EK_U} - r_{FK_f}\right) \cdot (1-s) \cdot \frac{FK^M}{EK^M}$$

$$= 0{,}09 + (0{,}09 - 0{,}06) \cdot (1 - 0{,}25) \cdot \frac{1.600.000}{2.300.000} = 10{,}565217\%$$

Hieraus ergibt sich für den Gesamtkapitalkostensatz der folgende Wert, der zur Bestimmung des Eigenkapitalmarktwertes gemäß TCF-Ansatz genutzt wird:

$$k^{TCF}_{GK} = \frac{EK^M_V}{GK^M_V} \cdot r^*_{EK_V} + \frac{FK^M}{GK^M_V} \cdot r_{FK} = \frac{2.300.000}{3.900.000} \cdot 0{,}10565217 + \frac{1.600.000}{3.900.000} \cdot 0{,}06 = 8{,}692308\%$$

Unter den Annahmen des o.g. Beispiels kann folgender TCF abgeleitet werden:

$$TCF = EBIT \cdot (1-s) + \underbrace{r_{FK} \cdot FK \cdot s}_{\text{Tax Shield}} = 420.000 \cdot (1-0{,}25) + 0{,}06 \cdot 1.600.000 \cdot 0{,}25 = 339.000$$

Hieraus resultiert wiederum ein Eigenkapitalmarktwert von 2.300.000:

$$EK^M_{\text{Entity},TCF_V} = \frac{TCF}{k^{TCF}_{GK}} - FK^M = \frac{339.000}{0{,}08692308} - 1.600.000 = 2.300.000$$

Wie die Berechnung des TCF zeigt, sind die Cash flows nicht mehr unabhängig von der Finanzierung des zu bewertenden Unternehmens planbar, da die Tax Shields im Cash flow berücksichtigt werden und daher die künftigen Fremdkapitalbestände bzw. die entsprechenden Fremdkapitalzinsen bekannt sein müssen. Insofern kann dieser Ansatz Schwierigkeiten bei der praktischen Anwendung bereiten. In der Praxis kommt der TCF-Ansatz eher selten zur Anwendung.[1]

(5) Weighted Average Cost of Capital-Ansatz (WACC-Ansatz)

Der WACC-Ansatz kann als eine in der Bewertungspraxis sehr weit verbreitete Variante der DCF-Verfahren bezeichnet werden.[2] Er wird dem Entity-Ansatz zugerechnet. Als Verfahren der Bruttokapitalisierung wird zunächst der Marktwert des Gesamtkapitals ermittelt und davon anschließend der Marktwert des Fremdkapitals abgezogen. Im Zähler stehen nur

---

1 Vgl. *Baetge/Niemeyer/Kümmel* (2005), S. 275 und S. 301 und *Mandl/Rabel* (2005), S. 69.
2 Vgl. *Baetge/Niemeyer/Kümmel* (2005), S. 272. So wurde im Rahmen einer Befragung der DAX100-Unternehmen deutlich, dass der WACC-Ansatz als Hauptmethode der Unternehmensbewertung am häufigsten verwendet wird (61%), vgl. *Aders et al.* (2003), S. 722.

die künftigen Free Cash flows (FCF), so dass die steuerliche Abzugsfähigkeit der Fremdkapitalzinsen – anders als beim TCF-Ansatz – nicht im Zähler erfolgt. Daher müssen die Steuervorteile im Nenner berücksichtigt werden. Für das Rentenmodell ergibt sich der Eigenkapitalmarktwert entsprechend dem WACC-Ansatz für ein verschuldetes Unternehmen wie folgt:[1]

$$EK_{Entity,WACC_V}^M = \frac{FCF}{k_{GK}^{WACC}} - FK^M \quad, \text{wobei} \quad k_{GK}^{WACC} = \frac{EK^M}{GK^M} \cdot r_{EK_V}^* + \frac{FK^M}{GK^M} \cdot r_{FK} \cdot (1-s)$$

mit

k_{GK}^{WACC} = Gesamtkapitalkostensatz gemäß WACC-Ansatz und

r_{FK} = risikoäquivalente Forderung der Fremdkapitalgeber.

Im Stufen- oder Phasenmodell wird der Marktwert des Eigenkapitals wie folgt bestimmt:[2]

$$EK_{Entity,WACC_V}^M = \sum_{t=1}^n \frac{FCF_t}{\prod_{j=0}^{t-1}\left(1+k_{GK,j}^{WACC}\right)} + \frac{CV_n}{\prod_{j=0}^{n-1}\left(1+k_{GK,j}^{WACC}\right)} - FK^M$$

Da $CV_n = \frac{FCF_{n+1}}{k_{GK,n}^{WACC}}$, ergibt sich für den Marktwert des Eigenkapitals:

$$EK_{Entity,WACC_V}^M = \sum_{t=1}^n \frac{FCF_t}{\prod_{j=0}^{t-1}\left(1+k_{GK,j}^{WACC}\right)} + \frac{FCF_{n+1}}{k_{GK,n}^{WACC} \cdot \prod_{j=0}^{n-1}\left(1+k_{GK,j}^{WACC}\right)} - FK^M,$$

wobei $k_{GK,j}^{WACC} = \frac{EK_j^M}{GK_j^M} \cdot r_{EK_V,j}^* + \frac{FK_j^M}{GK_j^M} \cdot r_{FK} \cdot (1-s)$

mit

$k_{GK,j}^{WACC}$ = durchschnittlicher Gesamtkapitalkostensatz für die Periode von j bis j+1.

Auch beim WACC-Ansatz besteht grundsätzlich ein Zirkularitätsproblem, da zur Bestimmung des Gesamtkapitalkostensatzes der Marktwert des Eigenkapitals erforderlich ist, der aber gerade mit Hilfe dieses Gesamtkapitalkostensatzes bestimmt werden soll.

---

1 Vgl. *Hommel/Braun* (2005), S. 218f.
2 Vgl. *Wallmeier* (1999), S. 1477.

Für den Fall einer unternehmenswertorientierten Finanzierungsstrategie mit im Zeitablauf konstantem Verschuldungsgrad des zu bewertenden Unternehmens gelten gemäß der *Miles/ Ezzell*-Anpassung die folgenden Kapitalkostensätze:[1]

$$r^*_{EK_V} = r^*_{EK_U} + \left(r^*_{EK_U} - r_{FK_f}\right) \cdot \frac{1 + r_{FK_f} \cdot (1-s)}{1 + r_{FK_f}} \cdot \frac{FK^M}{EK^M}$$

und $$k^{WACC}_{GK} = \left(1 + r^*_{EK_U}\right) \cdot \left(1 - \frac{r_{FK_f} \cdot s \cdot \frac{FK^M}{GK^M}}{1 + r_{FK_f}}\right) - 1$$

mit

$r^*_{EK_V}$ = geforderte Eigenkapitalrendite des verschuldeten Unternehmens,

$r^*_{EK_U}$ = geforderte Eigenkapitalrendite des unverschuldeten Unternehmens,

r_{FK_f} = risikoloser Zinssatz,

s = Steuersatz und

FK^M, EK^M = Marktwert des Fremdkapitals bzw. des Eigenkapitals.

Beide Kapitalkostensätze gelten in allen Perioden, so dass in der obigen Formel zur Bestimmung des Marktwertes des Eigenkapitals auf Basis des WACC-Ansatzes mit einem konstanten Diskontierungssatz abgezinst werden kann. Aus diesem Grund besteht in diesem Fall auch kein Zirkularitätsproblem, da der Gesamtkapitalkostensatz konstant ist und die künftigen Verschuldungsgrade (und damit Kapitalstrukturen) bereits im Bewertungszeitpunkt feststehen.

Da der Term $\dfrac{FK^M}{GK^M} = \dfrac{\frac{FK^M}{EK^M}}{1 + \frac{FK^M}{EK^M}}$ konstant ist, kann auch k^{WACC}_{GK} ohne Kenntnis des Eigenkapitalmarktwertes bestimmt werden, wobei aber unterstellt wird, dass die geforderte Eigenkapitalrendite eines unverschuldeten Unternehmens bekannt und im Bewertungszeitraum konstant ist.[2]

Werden zum Bewertungszeitpunkt im Zeitablauf variierende Verschuldungsgrade festgelegt, so ist die *Miles/Ezzell*-Anpassung weiterhin anwendbar. Allerdings müssen die Verschuldungsgrade periodenindividuell eingesetzt werden. Im Ergebnis lässt sich zeigen, dass mit dem WACC-Ansatz auch bei im Zeitablauf unterschiedlichen Verschuldungsgra-

---

1 Vgl. *Miles/Ezzell* (1980), S. 719ff. und *Wallmeier* (1999), S. 1476. Beide Kapitalkostensätze gelten sowohl für das Stufen- oder Phasenmodell als auch für das Rentenmodell, vgl. *Wallmeier* (1999), S. 1478.
2 Zur Bestimmung der Rendite eines unverschuldeten Unternehmens vgl. *Baetge/Niemeyer/Kümmel* (2005), S. 304.

den eine zirkularitätsfreie Ermittlung des Eigenkapitalmarktwertes möglich ist, sofern eine Übereinstimmung zwischen der tatsächlichen Unternehmensfinanzierung und den für die künftigen Perioden fixierten Verschuldungsgraden vorliegt.[1]

Werden die künftigen absoluten Fremdkapitalbestände im Bewertungszeitpunkt festgelegt (autonome Finanzierungsstrategie), schwanken die Verschuldungsgrade im Zeitablauf. Aus diesem Grund sind die Eigen- und Fremdkapitalquoten (Marktwerte), die für die Bestimmung der Gesamtkapitalkostensätze erforderlich sind, in jeder Periode neu zu bestimmen. Zusätzlich muss die geforderte Eigenkapitalrendite periodenspezifisch an die neue Kapitalstruktur angepasst werden. Dabei gilt im Stufen- oder Phasenmodell bei vorgegebenem Fremdkapitalbestand:[2]

$$r^*_{EK_{V,t+1}} = r^*_{EK_U} + \left(r^*_{EK_U} - r_{FK_f}\right) \cdot \frac{FK^M_t - TS^M_t}{EK^M_t}$$

mit

$r^*_{EK_{V,t+1}}$ = geforderte Eigenkapitalrendite in der Periode t+1 für ein verschuldetes Unternehmen,

r_{FK_f} = risikoloser Zinssatz und

TS^M_t = Marktwert des Tax Shields (Marktwert des Steuervorteils aufgrund der anteiligen Fremdfinanzierung) in der Periode t.

In der Formel können zwar die Marktwerte des Fremdkapitals und des Tax Shields bei autonomer Finanzierungspolitik (und damit bekannten Fremdkapitalbeständen) in den einzelnen Perioden bestimmt werden. Jedoch lässt sich der Marktwert des Eigenkapitals erst mit Hilfe der geforderten Eigenkapitalrendite bestimmen, für deren Ermittlung aber wiederum der Eigenkapitalmarktwert erforderlich ist. Dieses Zirkularitätsproblem lässt sich allerdings bei rekursiver Berechnung mit dem WACC-Ansatz lösen.[3]

Für den Fall eines vorgegebenen, konstanten Fremdkapitalbestandes bei gleichem Erwartungswert aller zukünftigen Cash flows (Rentenmodell) kommt auch im WACC-Ansatz die *Modigliani/Miller*-Anpassung zum Tragen:[4]

$$r^*_{EK_V} = r^*_{EK_U} + \left(r^*_{EK_U} - r_{FK_f}\right) \cdot (1-s) \cdot \frac{FK^M}{EK^M} \quad \text{und} \quad k^{WACC}_{GK} = r^*_{EK_U} \cdot \left(1 - s \cdot \frac{FK^M}{GK^M}\right)$$

---

1 Vgl. *Baetge/Niemeyer/Kümmel* (2005), S. 308f. und die dort angegebene Literatur sowie *Wallmeier* (1999), S. 1476f.
2 Vgl. *Casey* (2002), S. 92 (S. 13) und *Baetge/Niemeyer/Kümmel* (2005), S. 307 und die dort angegebene Literatur.
3 Vgl. *Baetge/Niemeyer/Kümmel* (2005), S. 307. Zu den Roll-Back-basierten Lösungen sowie zu weiteren Lösungsmethoden vgl. *Casey* (2002), S. 91ff. (S. 12ff.).
4 Vgl. *Wallmeier* (1999), S. 1476. Zu dem Fall einer beliebigen deterministischen Entwicklung des Fremdkapitalbestandes vgl. *Wallmeier* (1999), S. 1477, Formel (1b).

Entsprechend lässt sich der Marktwert des Eigenkapitals in diesem Fall wie folgt bestimmen:

$$EK^M_{Entity,WACC_V} + FK^M = GK^M = \frac{FCF}{k^{WACC}_{GK}}$$

Wird in diese Formel für den Gesamtkapitalkostensatz $k^{WACC}_{GK} = r^*_{EK_U} \cdot \left(1 - s \cdot \frac{FK^M}{GK^M}\right)$ eingesetzt, so kann der folgende Zusammenhang hergeleitet werden:[1]

$$EK^M_{Entity,WACC_V} = \frac{FCF}{r^*_{EK_U}} + s \cdot FK^M - FK^M$$

Da alle Größen auf der rechten Seite der Formel zum Bewertungszeitpunkt bekannt sind, kann das Zirkularitätsproblem bei konstantem Fremdkapitalbestand im Rentenfall analytisch gelöst werden.

Für das obige Beispielunternehmen ergibt sich in diesem Fall der folgende Marktwert des Eigenkapitals:

$$EK^M_{Entity,WACC_V} = \frac{FCF}{r^*_{EK_U}} + s \cdot FK^M - FK^M = \frac{315.000}{0,09} + 0,25 \cdot 1,6 \text{ Mio} - 1,6 \text{ Mio} = 2.300.000$$

Der Gesamtkapitalkostensatz beträgt entsprechend:

$$k^{WACC}_{GK} = \frac{EK^M}{GK^M} \cdot r^*_{EK_V} + \frac{FK^M}{GK^M} \cdot r_{FK} \cdot (1-s) = \frac{2,3 \text{ Mio}}{3,9 \text{ Mio}} \cdot 0,10565 + \frac{1,6 \text{ Mio}}{3,9 \text{ Mio}} \cdot 0,06 \cdot (1-0,25)$$

$$= 8,076923\%$$

bzw. $k^{WACC}_{GK} = r^*_{EK_U} \cdot \left(1 - s \cdot \frac{FK^M}{GK^M}\right) = 0,09 \cdot \left(1 - 0,25 \cdot \frac{1,6 \text{ Mio}}{3,9 \text{ Mio}}\right) = 8,076923\%$

(6)   Adjusted Present Value-Ansatz (APV-Ansatz)
Wie TCF- und WACC-Ansatz wird auch der APV-Ansatz dem Entity-Ansatz zugerechnet. Entsprechend wird wiederum als Verfahren der Bruttokapitalisierung zunächst der Marktwert des Gesamtkapitals ermittelt und davon anschließend der Marktwert des Fremdkapitals abgezogen. Zur Bestimmung des Gesamtkapitalmarktwertes erfolgt zunächst die Berechnung des Eigenkapitalmarktwertes eines als unverschuldet angenommenen Unternehmens. Dazu werden die Free Cash flows (FCF) mit der geforderten Eigenkapitalrendite

---
1   Vgl. *Baetge/Niemeyer/Kümmel* (2005), S. 306.

eines unverschuldeten Unternehmens abgezinst. Dabei erfolgt jedoch keine Berücksichtigung der Auswirkungen einer Fremdfinanzierung. Da aber eine teilweise Fremdfinanzierung dazu führt, dass im Vergleich zu einem identischen, unverschuldeten Unternehmen ein Steuervorteil (Tax Shield) aufgrund der Abzugsfähigkeit der Fremdkapitalzinsen von der Steuerbemessungsgrundlage entsteht, ist der Tax Shield-Barwert zum Eigenkapitalmarktwert des unverschuldeten Unternehmens hinzuzurechnen. Dieser Barwert wird auch als Wertbeitrag der Fremdfinanzierung bezeichnet.[1]

Somit wird – wie beim WACC-Ansatz – auch beim APV-Ansatz der Steuervorteil aus der Fremdfinanzierung nicht im Cash flow berücksichtigt, so dass bei beiden Ansätzen jeweils der Free Cash flow abgezinst wird. Anders als im WACC-Ansatz wird beim APV-Ansatz der Steuervorteil aber nicht bei der Bestimmung des Diskontierungssatzes, sondern durch Anpassung des Gesamtkapitalmarktwertes eines unverschuldeten Unternehmens um den Barwert des Tax Shields berücksichtigt. Grundsätzlich gilt somit:

$$EK^M_{Entity, APV_V} = \sum_{t=1}^{\infty} \frac{FCF_t}{\left(1 + r^*_{EK_U}\right)^t} + \sum_{t=1}^{\infty} \frac{TS_t}{\left(1 + r_{FK}\right)^t} - FK^M$$

Dabei wird die Höhe des Tax Shields eines teilweise fremdfinanzierten Unternehmens für eine Periode t wie folgt bestimmt:[2]

$$TS_t = s \cdot r_{FK} \cdot FK_{t-1}$$

mit

FK_{t-1} = zinspflichtiges Fremdkapital zu Beginn der Periode t und
r_{FK} = risikoadäquater Kalkulationszinsfuß.

Im Fall einer unternehmenswertorientierten Finanzierungsstrategie erfolgt eine Festlegung der Verschuldungsgrade der künftigen Perioden bereits zum Bewertungszeitpunkt. Sofern die künftigen Free Cash flows schwanken, sind die Eigenkapitalmarktwerte und damit auch die künftigen Fremdkapitalbestände nicht mehr bekannt. Aufgrund dieser Unsicherheit ist eine Abzinsung mit dem risikolosen Zinssatz nicht erlaubt. Der Wert des Tax Shields in t ist nur von der jeweils vorhergehenden Bewertungsperiode t–1 aus betrachtet sicher. Für die restlichen Perioden gilt er als genauso unsicher wie die im Zeitablauf schwankenden Cash flows. Der Tax Shield-Barwert kann durch Abzinsung der aus Sicht der jeweils vorhergehenden Periode sicheren Steuervorteile für eine Periode mit dem risikolosen Zinssatz erfolgen. Zur Abzinsung für die restlichen Perioden bis zum Bewertungszeitpunkt kann auf die Renditeforderung der Eigenkapitalgeber des unverschuldeten Unternehmens zurückgegriffen werden. Somit ergibt sich im Stufen- oder Phasenmodell die folgende Formel zur Berechnung des Eigenkapitalmarktwertes:[3]

---

1 Vgl. *Baetge/Niemeyer/Kümmel* (2005), S. 275f.
2 Vgl. *Baetge/Niemeyer/Kümmel* (2005), S. 276.
3 Vgl. *Baetge/Niemeyer/Kümmel* (2005), S. 311 und *Wallmeier* (1999), S. 1477.

$$EK^M_{Entity,APV_V} = \underbrace{\sum_{t=1}^{n} \frac{FCF_t}{\left(1+r^*_{EK_U}\right)^t} + \frac{FCF_{n+1}}{r^*_{EK_U} \cdot \left(1+r^*_{EK_U}\right)^n}}_{GK^M \text{ des unverschuldeten Unternehmens}}$$

$$+ \underbrace{\sum_{t=1}^{n} \frac{s \cdot r_{FK_f} \cdot FK^M_{t-1}}{\left(1+r_{FK_f}\right) \cdot \left(1+r^*_{EK_U}\right)^{t-1}} + \frac{s \cdot r_{FK_f} \cdot FK^M_n}{r^*_{EK_U} \cdot \left(1+r^*_{EK_U}\right)^{n-1} \cdot \left(1+r_{FK_f}\right)}}_{\text{Barwert des Tax Shields}} - FK^M$$

mit

$r^*_{EK_U}$	=	geforderte Eigenkapitalrendite des unverschuldeten Unternehmens,
r_{FK_f}	=	risikoloser Zinssatz,
s	=	Steuersatz,
GK^M	=	Marktwert des Gesamtkapitals,
FK^M	=	Marktwert des Fremdkapitals und
EK^M	=	Marktwert des Eigenkapitals.

Wie die Formel zeigt, müssen bei unternehmenswertorientierter Finanzierungsstrategie die im Zeitablauf schwankenden, unsicheren Fremdkapitalbestände bekannt sein. Diese Bestände können aber mithilfe des anfänglich festgelegten Verschuldungsgrades nur bei Kenntnis des gesuchten Eigenkapitalmarktwertes bestimmt werden. Infolgedessen lassen sich auch die Tax Shields aus der anteiligen Fremdfinanzierung erst nach Kenntnis des Eigenkapitalmarktwertes berechnen. Das hiermit angesprochene Zirkularitätsproblem kann bei rekursiver Berechnung des Unternehmenswertes aufgelöst werden.[1]

Im Fall einer autonomen Finanzierungspolitik werden die künftigen Fremdkapitalbestände bereits im Bewertungszeitpunkt festgelegt und sind daher bekannt und somit sicher. Infolgedessen ist auch das Tax Shield sicher, so dass eine Abzinsung der Steuervorteile mit dem unterstellten konstanten und daher risikolosen Zinssatz vorgenommen werden kann. Für das Stufen- oder Phasenmodell gilt dann:[2]

$$EK^M_{Entity,APV_V} = \underbrace{\sum_{t=1}^{n} \frac{FCF_t}{\left(1+r^*_{EK_U}\right)^t} + \frac{FCF_{n+1}}{r^*_{EK_U} \cdot \left(1+r^*_{EK_U}\right)^n}}_{GK^M \text{ des unverschuldeten Unternehmens}} + \underbrace{\sum_{t=1}^{n} \frac{s \cdot r_{FK_f} \cdot FK^M_{t-1}}{\left(1+r_{FK_f}\right)^t} + \frac{s \cdot FK^M_n}{\left(1+r_{FK_f}\right)^n}}_{\text{Barwert des Tax Shields}} - FK^M$$

Werden darüber hinaus konstante Fremdkapitalbestände unterstellt, kann zur Bestimmung des Barwertes des Tax Shields auf das Rentenmodell zurückgegriffen werden:

---

1 Vgl. *Baetge/Niemeyer/Kümmel* (2005), S. 311.
2 Vgl. *Baetge/Niemeyer/Kümmel* (2005), S. 310 und *Wallmeier* (1999), S. 1477.

Barwert des Tax Shields $= \sum_{t=1}^{\infty} \frac{s \cdot r_{FK_f} \cdot FK^M}{(1+r_{FK_f})^t} = \frac{s \cdot r_{FK_f} \cdot FK^M}{r_{FK_f}} = s \cdot FK^M$

Zusätzlich soll nunmehr noch von konstanten FCF ausgegangen werden, so dass sich im Rentenmodell der folgende Eigenkapitalmarktwert gemäß APV-Ansatz ergibt:

$$EK^M_{Entity,APV_V} = \frac{FCF}{r^*_{EK_U}} + s \cdot FK^M - FK^M$$

Diese Formel entspricht dem oben aufgezeigten Ergebnis des WACC-Ansatzes im Fall eines vorgegebenen, konstanten Fremdkapitalbestandes bei gleichem Erwartungswert aller zukünftigen FCF (Rentenmodell), wobei die *Modigliani/Miller*-Anpassung berücksichtigt wird:

$$EK^M_{Entity,WACC_V} = \frac{FCF}{r^*_{EK_U}} + s \cdot FK^M - FK^M$$

Da alle Größen auf der rechten Seite der Formel zum Bewertungszeitpunkt bekannt sind, kann der Eigenkapitalmarktwert zirkularitätsfrei berechnet werden.

Für das obige Beispielunternehmen ergibt sich somit der gleiche Marktwert des Eigenkapitals wie im WACC-Ansatz:[1]

$$FCF = EBIT \cdot (1-s) = 420.000 \cdot (1-0,25) = 315.000$$

$$EK^M_{Entity,APV_V} = \frac{FCF}{r^*_{EK_U}} + s \cdot FK^M - FK^M$$
$$= \frac{315.000}{0,09} + 0,25 \cdot 1.600.000 - 1.600.000 = 2.300.000$$

Soll die geforderte Eigenkapitalrendite für das unverschuldete Unternehmen aus der geforderten Eigenkapitalrendite für das verschuldete Unternehmen abgeleitet werden, so kann in diesem Fall auf die *Modigliani/Miller*-Anpassung zurückgegriffen und die entsprechende Formel umgestellt werden:[2]

$$r^*_{EK_V} = r^*_{EK_U} + \left(r^*_{EK_U} - r_{FK_f}\right) \cdot (1-s) \cdot \frac{FK^M}{EK^M}$$

---

[1] Zur Diskussion, inwieweit WACC- und APV-Ansatz zu identischen Ergebnissen führen vgl. *Kruschwitz/Löffler* (2003), S. 731f. und *Ballwieser* (2003), S. 734.
[2] Vgl. *Wallmeier* (1999), S. 1476.

$$\Leftrightarrow r_{EK_U}^* = \frac{r_{EK_V}^* + r_{FK_f} \cdot (1-s) \cdot \frac{FK^M}{EK^M}}{1 + (1-s) \cdot \frac{FK^M}{EK^M}}$$

Bei unternehmenswertorientierter Finanzierungsstrategie liegt im APV-Ansatz grundsätzlich ein Zirkularitätsproblem vor. Hingegen kann gezeigt werden, dass mit dem WACC-Ansatz auch bei im Zeitablauf unterschiedlichen Verschuldungsgraden eine zirkularitätsfreie Ermittlung des Eigenkapitalmarktwertes möglich ist, sofern eine Übereinstimmung zwischen der tatsächlichen Unternehmensfinanzierung und den für die künftigen Perioden fixierten Verschuldungsgraden vorliegt.

Im Fall einer autonomen Finanzierungsstrategie lässt sich der Eigenkapitalmarktwert grundsätzlich nur mit Hilfe des APV-Ansatzes zirkularitätsfrei berechnen, es sei denn, es kann von einem konstanten Fremdkapital im Rentenfall ausgegangen werden (*Modigliani-Miller*-Anpassung). In letzterem Fall kann der Eigenkapitalmarktwert auch beim WACC-Ansatz oder beim Equity-Ansatz zirkularitätsfrei ermittelt werden. Allerdings kann das Zirkularitätsproblem bei diesen Ansätzen auch durch rekursives Vorgehen gelöst werden.

Wie das einfache Beispiel zeigt, muss bei gleicher Datenkonstellation und gleichen Bewertungsprämissen mit den Varianten der DCF-Verfahren der gleiche Eigenkapitalmarktwert ermittelt werden. Grundsätzlich haben in der Praxis autonome Finanzierungsstrategien eine größere Bedeutung als unternehmenswertorientierte Finanzierungsstrategien.[1]

(7) Bestimmung und Analyse der Eigenkapitalkosten

Grundsätzlich wird zur Berücksichtigung des Risikos im Rahmen der DCF-Verfahren auf die Risikozuschlagsmethode zurückgegriffen. Somit erfolgt die Berücksichtigung des Risikos im Kapitalkostensatz. Zur Bestimmung der Eigenkapitalkosten im Rahmen der Unternehmensbewertung wird zunehmend auf das Capital Asset Pricing Model (CAPM) zurückgegriffen. Dabei ergibt sich die geforderte Eigenkapitalrendite für ein Unternehmen i wie folgt:[2]

$$E(r_i) = r_f + [E(r_m) - r_f] \cdot \beta_i = r_{EK_i}^*, \quad \text{wobei} \quad \beta_i = k_{im} \cdot \frac{\sigma_i}{\sigma_m} = \frac{Cov_{im}}{\sigma_m^2}$$

mit

---

[1] Vgl. *Baetge/Niemeyer/Kümmel* (2005), S. 314f.
[2] Vgl. *Ballwieser* (2011), S. 97 und *Hense/Kleinbielen/Witthaus* (2005), S. 628. Zum CAPM vgl. Kapitel B in diesem Buch. Eine empirische Untersuchung deutet allerdings darauf hin, dass vor allem in Krisenzeiten eine Korrektur der CAPM-basierten Kapitalkosten vorgenommen werden sollte. Vgl. *Zimmermann/Meser* (2013), S. 3ff. Zur Vergleichbarkeit von Kapitalisierungszinssätzen in der IFRS-Rechnungslegung und in der Unternehmensbewertung vgl. *Eyck/Wendel* (2011), S. 359ff.

r_f = Zinssatz für eine risikolose Anlagemöglichkeit,
$E(r_m)$ = Renditeerwartungswert des Marktportfolios,
k_{im} = Korrelationskoeffizient zwischen der Wertpapierrendite und der Marktrendite,
σ_i = Standardabweichung des Portfolios i und
σ_m = Standardabweichung des Marktportfolios.

Die Betafaktoren lassen sich bei börsennotierten Unternehmen durch eine lineare Regression ermitteln, bei der die Aktienrenditen des Unternehmens i auf die Marktrendite regressiert werden. Für die Marktrendite kann dabei auf die Rendite eines marktbreiten Indexes zurückgegriffen werden, wobei in der Literatur unterschiedliche Auffassungen darüber bestehen, ob das arithmetische oder das geometrische Mittel herangezogen werden sollte.[1] Ist das zu bewertende Unternehmen jedoch nicht börsennotiert, liegen keine Aktienrenditen vor, die am Kapitalmarkt zu beobachten wären. In diesem Fall können die Betafaktoren branchen- und risikogleicher Unternehmen herangezogen werden, die an einer Börse notieren.[2] Dabei müssen das zu bewertende Unternehmen und die Vergleichsunternehmen ein ähnliches operatives Risiko beinhalten.[3]

Für Unternehmen der gleichen Branche dürften die operativen Risiken i.d.R. vergleichbar sein. Allerdings können sich die Unternehmen trotz der gleichen Branchenzugehörigkeit im Hinblick auf das Kapitalstrukturrisiko (bzw. Leverage-Risiko aus der Fremdfinanzierung) unterscheiden. Da aber die Betafaktoren sowohl das operative Risiko als auch das Kapitalstrukturrisiko widerspiegeln, muss – bei unterschiedlicher Kapitalstruktur von zu bewertendem Unternehmen und Vergleichsunternehmen – der Betafaktor entsprechend angepasst werden. Dazu könnten zunächst die geschätzten Betas der Vergleichsunternehmen um das individuelle Kapitalstrukturrisiko bereinigt werden. Vereinfachend kann die folgende Formel herangezogen werden, wobei zu beachten ist, dass diese Formel für das Rentenmodell entwickelt worden ist und ein System mit einer einfachen Gewinnsteuer und risikolosen steuerlichen Vorteilen unterstellt wird:[4]

$$\beta_U = \frac{\beta_V}{\left(1 + (1-s) \cdot \frac{FK^M}{EK^M}\right)}$$

mit

---

1 Vgl. *Baetge/Niemeyer/Kümmel/Schulz* (2009), S. 378. Zur Bestimmung der Marktrisikoprämie ($E(r_m) - r_f$) vgl. *Drukarczyk/Schüler* (2009), S. 218ff. In einer aktuellen empirischen Studie konnte gezeigt werden, dass die Indexwahl zur Approximation des Marktportfolios einen signifikanten Einfluss auf die Höhe des Betafaktors und den Risikozuschlag hat. Ein nationaler Index erscheint für Zwecke der Unternehmensbewertung zur Approximation des Marktportfolios wenig sinnvoll. Vgl. *Watrin/Stöver* (2012), S. 126ff. Zu den Auswirkungen der Finanz- und Schuldenkrise auf die Parameter der Kapitalkosten für die Unternehmensbewertung vgl. *Zeidler/Tschöpel/Bertram* (2012), S. 70ff.
2 Zu möglichen Verfahren vgl. *Arbeitskreis „Finanzierung" der Schmalenbach-Gesellschaft* (1996), S. 543ff.
3 Zur Berücksichtigung von Risiken bei der Bewertung von Unternehmen, die nicht an der Börse notiert sind, vgl. *Gleißner/Ihlau* (2012), S. 312ff.
4 Vgl. *Seppelfricke* (2012), S. 70 und *Drukarczyk/Schüler* (2009), S. 225.

ß$_U$ = Beta des unverschuldeten Unternehmens („Unlevered Beta") und
ß$_V$ = Beta des verschuldeten Unternehmens („Levered Beta").

Das „Unlevered Beta" kann auch als Asset Beta (ß$_{Asset}$), das „Levered Beta" als Equity Beta (ß$_{Equity}$) bezeichnet werden.[1] Als repräsentativen Wert für den Betawert der Vergleichsunternehmen könnte das arithmetische Mittel der Unlevered Betas zugrunde gelegt werden. Um anschließend das Kapitalstrukturrisiko des zu bewertenden Unternehmens zu berücksichtigen, kann die obige Formel umgestellt werden:

$$ß_V = ß_U \cdot \left(1 + (1-s) \cdot \frac{FK^M}{EK^M}\right)$$

Zu beachten sind bei dieser Formel die Annahme eines einfachen Steuersystems mit konstantem Gewinnsteuersatz und steuerlicher Abzugsfähigkeit der Fremdkapitalzinsen. Darüber hinaus wird unterstellt, dass das Fremdkapital konstant und risikolos und auch die Tax Shields risikolos sind sowie der Rentenfall (d.h. ewige Existenz des Unternehmens und konstante erwartete Cash flows) vorliegt. Die hier dargestellte Vorgehensweise, Unternehmen mit unterschiedlichen Kapitalstrukturen über die Anpassung des Betafaktors vergleichbar zu machen, kann auch als De-levering (d.h. Ermittlung des Asset Betas aus dem Equity Beta) bzw. Re-levering (d.h. Ermittlung des Equity Betas aus dem Asset Beta) bezeichnet werden.[2]

Entsprechend dem CAPM ergibt sich die geforderte Eigenkapitalrendite für ein unverschuldetes Unternehmen durch Berücksichtigung des Unlevered Beta des Unternehmens wie folgt:[3]

$$r^*_{EK_U} = r_f + (E(r_m) - r_f) \cdot ß_U$$

Analog kann die geforderte Eigenkapitalrendite für ein verschuldetes Unternehmen bestimmt werden:[4]

$$r^*_{EK_V} = r_f + (E(r_m) - r_f) \cdot ß_V$$

Mit Hilfe dieser Erkenntnisse soll beispielhaft der Wert eines nicht börsennotierten Unternehmens A auf Basis des APV-Ansatzes ermittelt werden. Folgende Daten liegen vor (Angaben in €):[5]

---

[1] Vgl. *Arnold/Lahmann/Schwetzler* (2012), S. 410ff.
[2] Vgl. *Drukarczyk/Schüler* (2009), S. 225f.; *Arnold/Lahmann/Schwetzler* (2012), S. 410ff.; *Arnold/Lahmann/Schwetzler* (2011), S. 434. Der Betawert des Fremdkapitalrisikos beträgt in diesem Fall Null, vgl. *Hommel/Braun* (2005), S. 258 und die dort angegebene Literatur.
[3] Vgl. *Hommel/Braun* (2005), S. 257.
[4] Vgl. *Baetge/Niemeyer/Kümmel* (2005), S. 303.
[5] Vgl. hierzu auch den Fall 22 bei *Hommel/Braun* (2005), S. 263ff.

- Fremdkapital (Buchwert = Marktwert): 1.000.000 (= konstant)
- Eigenkapital (Buchwert): 1.000.000
- Steuersatz: 25%
- risikoloser Fremdkapitalzinssatz: 6%
- erwartete Rendite des Marktes: 10%
- (ewige, konstante) EBIT p.a.: 500.000
- Abschreibungen: 150.000
- Investitionen in das Anlagevermögen: 127.500
- Zunahme des Working Capital: 60.000

Darüber hinaus sollen zur Bestimmung der Eigenkapitalkosten die Daten des identischen, aber börsennotierten Unternehmens B herangezogen werden:

- Betafaktor (β_V) des Unternehmens B: 1,20
- Marktwert des Eigenkapitals von Unternehmen B: 2.000.000
- Marktwert des Fremdkapitals von Unternehmen B: 1.600.000

Aus diesen Angaben resultiert für das Unternehmen A ein Free Cash flow von 337.500:

	EBIT	500.000
−	(Adaptierte) Steuern auf das operative Ergebnis	− 125.000
=	NOPLAT	= 375.000
+/−	Abschreibungen/Zuschreibungen	+ 150.000
−/+	Zunahme/Abnahme des Net Working Capital	− 60.000
−/+	Investitionen/Desinvestitionen im Anlagevermögen	− 127.500
=	Free Cash flow	= 337.500

Zur Bestimmung der Renditeforderung der Eigenkapitalgeber für ein unverschuldetes Unternehmen ist zunächst das Unlevered Beta durch Rückgriff auf das Levered Beta und den Verschuldungsgrad des Referenzunternehmens zu berechnen:

$$\beta_U = \frac{\beta_V}{\left(1+(1-s)\cdot\frac{FK^M}{EK^M}\right)} = \frac{1,2}{\left(1+(1-0,25)\cdot\frac{1.600.000}{2.000.000}\right)} = 0,75$$

$$\Rightarrow r^*_{EK_U} = r_f + (E(r_m) - r_f) \cdot \beta_U = 0,06 + (0,10 - 0,06) \cdot 0,75 = 0,09$$

Für das vorliegende Beispiel kann somit der Eigenkapitalmarktwert berechnet werden:

$$EK_{Entity,APV_V}^M = \underbrace{\frac{FCF}{r_{EK_U}^*}}_{GK^M \text{ des unverschuldeten Unternehmens}} + \underbrace{s \cdot FK^M}_{\text{Barwert des Tax Shields}} - FK^M$$

$$= \frac{337.500}{0,09} + 0,25 \cdot 1.000.000 - FK^M = 3.750.000 + 250.000 - 1.000.000 = 3.000.000$$

Für das Unternehmen A können noch die folgenden Werte abgeleitet werden:

- aktueller Verschuldungsgrad $= V = \dfrac{FK^M}{EK^M} = \dfrac{1.000.000}{3.000.000} = 0,3333$

- $\text{ß}_V = \text{ß}_U \cdot \left(1 + (1-s) \cdot \dfrac{FK^M}{EK^M}\right) = 0,75 \cdot \left(1 + (1-0,25) \cdot \dfrac{1.000.000}{3.000.000}\right) = 0,9375$

- $r_{EK_V}^* = r_f + (E(r_m) - r_f) \cdot \text{ß}_V = 0,06 + (0,10 - 0,06) \cdot 0,9375 = 9,750\%$

- $k_{GK}^{WACC} = \dfrac{EK^M}{GK^M} \cdot r_{EK_V}^* + \dfrac{FK^M}{GK^M} \cdot r_{FK} \cdot (1-s)$

  $= \dfrac{3 \text{ Mio}}{4 \text{ Mio}} \cdot 0,0975 + \dfrac{1 \text{ Mio}}{4 \text{ Mio}} \cdot 0,06 \cdot (1 - 0,25) = 8,4375\%$

bzw. $k_{GK}^{WACC} = r_{EK_U}^* \cdot \left(1 - s \cdot \dfrac{FK^M}{GK^M}\right) = 0,09 \cdot \left(1 - 0,25 \cdot \dfrac{1 \text{ Mio}}{4 \text{ Mio}}\right) = 8,4375\%$

Auf Basis dieser Werte lässt sich schließlich auch der Marktwert des Eigenkapitals mit dem WACC-Ansatz berechnen:

- $EK_{Entity,WACC_V}^M = \dfrac{FCF}{k_{GK}^{WACC}} - FK^M = \dfrac{337.500}{0,084375} - 1.000.000 = 3.000.000$

Im Beispielfall können ferner noch für verschiedene Verschuldungsgrade (V) jeweils die Levered Betas (ß_V) und die geforderte Eigenkapitalrendite ($r_{EK_V}^*$) angegeben werden. Letztere kann – aufgrund der vorliegenden Voraussetzungen im Beispielfall – sowohl mit Hilfe der Formel

$$r_{EK_V}^* = r_f + (E(r_m) - r_f) \cdot \text{ß}_V$$

als auch mit der *Modigliani/Miller*-Anpassung bestimmt werden:

$$r^*_{EK_V} = r^*_{EK_U} + \left(r^*_{EK_U} - r_f\right) \cdot (1-s) \cdot V$$

V	ß$_V$	r$^*_{EK_V}$
0,00	0,750000	9,00%
0,33	0,937500	9,75%
0,50	1,031250	10,13%
1,00	1,312500	11,25%
1,50	1,593750	12,38%
2,00	1,875000	13,50%

Tab. D.6: Levered Beta und geforderte Eigenkapitalrendite im Beispielfall

(8) Bestimmung des Continue Value bei nominellem Wachstum und Werttreiberanalyse
Im Rahmen der DCF-Verfahren erfolgt häufig eine Unterteilung des Planungszeitraums in zwei Phasen. Der Detailplanungszeitraum betrifft dabei die Planung der Cash flows explizit auf Basis eines Business Plans und der entsprechenden Angaben aus Gewinn- und Verlustrechnung, Bilanz, Finanzierungsrechnung und Steuerrechnung. Diese Phase beläuft sich in der Praxis meist nur auf drei bis fünf Jahre. Zur Bestimmung des Continue Value, der sich aus den Annahmen bezüglich des Fortführungszeitraums ergibt, kann auf das sog. nominelle *Gordon*-Wachstumsmodell zurückgegriffen werden, bei dem ein konstantes, unendliches geometrisches Wachstums der Dividenden bzw. (hier) Cash flows unterstellt wird.[1]

Grundsätzlich können dabei nominelle Preissteigerungen in einer Nominalrechnung oder in einer Realrechnung abgebildet werden, wobei – wie oben gezeigt – beide Verfahren bei konsistenter Anwendung zu gleichen Bewertungsergebnissen führen. Für den Rückgriff auf die Nominalrechnung lassen sich bei Anwendung der DCF-Verfahren die folgenden Gründe anführen: So ist für die Ermittlung der finanziellen Überschüsse auf Nominalbasis ohnehin die Berechnung der Ertragsteuern erforderlich. Auch beim risikolosen Zinssatz als Basis für den Kalkulationszinsfuß handelt es sich um eine Nominalgröße, die bereits eine Geldentwertungsprämie beinhaltet. Zudem basieren sowohl die Jahresabschlüsse der Vergangenheit als auch die Planungsrechnungen auf nominellen Daten. Schließlich würde die Verwendung realer Planzahlen die Komplexität erhöhen, denn alle (nominellen) Planzahlen müssten in diesem Fall um die Inflationsrate bereinigt werden.[2]

Der Continue Value soll anfangs im Rahmen des WACC-Ansatzes betrachtet werden. Dazu erfolgt zunächst ein Rückgriff auf die obige Formel zur Bestimmung des Eigenkapitalmarktwertes gemäß dem WACC-Ansatz:

$$EK^M_{Entity, WACC_V} = \sum_{t=1}^{n} \frac{FCF_t}{\prod_{j=0}^{t-1}\left(1+k^{WACC}_{GK,j}\right)} + \frac{CV_n}{\prod_{j=0}^{n-1}\left(1+k^{WACC}_{GK,j}\right)} - FK^M$$

---

1 Vgl. *Bodie/Kane/Marcus* (2011a), S. 589.
2 Vgl. *Aders/Schröder* (2004), S. 99ff.

Dabei ergibt sich der FCF zum Zeitpunkt t in vereinfachter Form wie folgt:

$$FCF_t = EBIT_t \cdot (1-s) - \Delta IC_t = NOPLAT_t - \Delta IC_t$$

mit

ΔIC_t = Veränderung des investierten Kapitals („Invested Capital", IC)[1] in Periode t, d.h. von t–1 bis t,
= „Net Investment" in Periode t und
$NOPLAT_t$ = Net Operating Profit less adjusted Taxes in Periode t.

Die Veränderung des investierten Kapitals resultiert aus Neuinvestitionen, wenn davon ausgegangen wird, dass die Ersatzinvestitionen gerade den Abschreibungen entsprechen.[2] Aus den Werten für NOPLAT und dem investierten Kapital zu Beginn der Periode kann der Return on Invested Capital (ROIC) in Periode t abgeleitet werden:[3]

$$ROIC_t = \frac{NOPLAT_t}{IC_{t-1}}$$

Die Wachstumsrate des investierten Kapitals (g) kann wie folgt bestimmt werden:

$$g_t^{IC} = \frac{\Delta IC_t}{IC_{t-1}}$$

Für den Free Cash flow gilt somit:

$$FCF_t = NOPLAT_t - \Delta IC_t = ROIC_t \cdot IC_{t-1} - g_t^{IC} \cdot IC_{t-1} \Leftrightarrow FCF_t = IC_{t-1} \cdot \left(ROIC_t - g_t^{IC}\right)$$

Darüber hinaus wird der Quotient aus dem Net Investment (ΔIC_t) und NOPLAT als Investment Rate (INR) bezeichnet:[4]

$$INR_t = \frac{\Delta IC_t}{NOPLAT_t} = \frac{\Delta IC_t}{ROIC_t \cdot IC_{t-1}} = \frac{g_t^{IC}}{ROIC_t}$$

Im Folgenden soll unterstellt werden, dass das investierte Kapital („Invested Capital", IC) mit der konstanten Wachstumsrate g anwächst und der Return on Invested Capital (ROIC) ebenfalls konstant ist. Da $NOPLAT_t = ROIC_t \cdot IC_{t-1}$, wächst in diesem Fall auch NOPLAT mit der gleichen Wachstumsrate:

---

[1] Das Invested Capital entspricht grundsätzlich dem Anlagevermögen zuzüglich des Working Capital bzw. dem Eigenkapital zuzüglich des verzinslichen Fremdkapitals. Vgl. *Aders/Schröder* (2004), S. 103.
[2] Vgl. *Loderer et al.* (2005), S. 624f.
[3] Vgl. hierzu und im Folgenden *Aders/Schröder* (2004), S. 104ff.
[4] Vgl. *Koller/Goedhart/Wessels* (2005), S. 61.

$$\frac{\Delta \text{NOPLAT}}{\text{NOPLAT}_t} = \frac{\text{NOPLAT}_{t+1} - \text{NOPLAT}_t}{\text{NOPLAT}_t} = \frac{\text{ROIC} \cdot \text{IC}_t - \text{ROIC} \cdot \text{IC}_{t-1}}{\text{ROIC} \cdot \text{IC}_{t-1}} = \frac{\text{ROIC} \cdot \Delta \text{IC}_t}{\text{ROIC} \cdot \text{IC}_{t-1}}$$

$$= \frac{\Delta \text{IC}_t}{\text{IC}_{t-1}} = g_t^{IC}$$

In diesem Fall kann für den Continue Value zum Zeitpunkt n der folgende Zusammenhang abgeleitet werden, wobei von einer konstanten Wachstumsrate des investierten Kapitals ab der Periode n+1 ($g_{n+1}^{IC} = g^{IC}$), von einem ab Periode n+1 konstanten Free Cash flow (Rentenmodell, $FCF_{n+1} = FCF$), von einem ab Periode n+1 konstanten ROIC ($ROIC_{n+1} = ROIC$) und von einem konstanten Gesamtkapitalkostensatz ($k_{GK,n}^{WACC} = k_{GK}^{WACC}$) ausgegangen wird:

$$CV_n^{WACC} = \frac{FCF_{n+1}}{k_{GK,n}^{WACC} - g_{n+1}^{IC}} = \frac{IC_n \cdot (ROIC - g^{IC})}{k_{GK}^{WACC} - g^{IC}}$$

Aus der Formel ist ersichtlich, dass eine Wertsteigerung des Continue Value nur in dem Fall möglich ist, dass $(ROIC - g) > (k_{GK}^{WACC} - g)$, d.h. $ROIC > k_{GK}^{WACC}$. Grundsätzlich kann davon ausgegangen werden, dass der ROIC nur dann größer als die Kapitalkosten ausfallen dürfte, wenn nachhaltig Erweiterungsinvestitionen getätigt werden und es dadurch zu Wachstum kommen kann.

Da $IC_n = \frac{NOPLAT_{n+1}}{ROIC_{n+1}}$, folgt für den Continue Value:

$$CV_n^{WACC} = \frac{NOPLAT - \frac{NOPLAT}{ROIC} \cdot g^{IC}}{k_{GK}^{WACC} - g^{IC}} \Leftrightarrow CV_n^{WACC} = \frac{NOPLAT \cdot \left(1 - \frac{g^{IC}}{ROIC}\right)}{k_{GK}^{WACC} - g^{IC}}$$

Bei dieser Formel handelt es sich um die wesentliche Werttreiberformel, die auch als „Zen of Corporate Finance" bezeichnet wird.[1]

Zur Bestimmung des Continue Value kann im Zähler anstelle von ROIC auch die erwartete Rendite des neu investierten Kapitals stehen (erwarteter „Return on new invested capital", RONIC):

$$CV_n^{WACC} = \frac{NOPLAT - \frac{NOPLAT}{RONIC} \cdot g^{IC}}{k_{GK}^{WACC} - g^{IC}} = \frac{NOPLAT \cdot \left(1 - \frac{g^{IC}}{RONIC}\right)}{k_{GK}^{WACC} - g^{IC}}$$

---

[1] Vgl. *Koller/Goedhart/Wessels* (2005), S. 61ff.

Für den Fall, dass RONIC = k_{GK}^{WACC}, gilt:

$$CV_n^{WACC} = \frac{NOPLAT \cdot \left(1 - \frac{g^{IC}}{k_{GK}^{WACC}}\right)}{k_{GK}^{WACC} - g^{IC}} = \frac{NOPLAT \cdot \left(\frac{k_{GK}^{WACC}}{k_{GK}^{WACC}} - \frac{g^{IC}}{k_{GK}^{WACC}}\right)}{k_{GK}^{WACC} - g^{IC}}$$

$$= \frac{NOPLAT \cdot \left(\frac{k_{GK}^{WACC} - g^{IC}}{k_{GK}^{WACC}}\right)}{k_{GK}^{WACC} - g^{IC}} = \frac{NOPLAT}{k_{GK}^{WACC}}$$

In diesem Fall würde neues Wachstum nicht zur Wertsteigerung beitragen.[1]

Die Formeln zur Bestimmung des Continue Value lassen sich auf die Bestimmung des Unternehmenswertes als aktuellen Marktwert des Gesamtkapitals übertragen, sofern dabei von den gleichen Voraussetzungen ausgegangen wird (konstanter Free Cash flow, konstante Wachstumsrate g^{IC}, konstanter Gesamtkapitalkostensatz (WACC) und konstanter Return on Invested Capital (ROIC). Somit können dann als Unternehmenswerttreiber im WACC-Ansatz der ROIC, der Gesamtkapitalkostensatz k_{GK}^{WACC} und die Wachstumsrate g^{IC} identifiziert werden. So ist ein schneller wachsendes Unternehmen mehr wert als ein langsamer Wachsendes (Voraussetzung: beide Unternehmen erwirtschaften bei gleichem k_{GK}^{WACC} den gleichen ROIC, ROIC > k_{GK}^{WACC} und g^{IC} < k_{GK}^{WACC}).

Der ROIC deutet daraufhin, dass ein Unternehmen mit höherem Gewinn pro investiertem Kapital mehr wert ist als ein Unternehmen mit einer geringeren Rendite. Er kann auch wie folgt ausgedrückt werden:

$$ROIC = \underbrace{\frac{NOPLAT}{Umsatz}}_{Umsatz-rendite} \cdot \underbrace{\frac{Umsatz}{IC}}_{Kapital-umschlag} = \frac{NOPLAT}{IC}$$

Diese Zusammenhänge sollen an einem einfachen Beispiel verdeutlicht werden. Für das Unternehmen A liegen die folgenden Daten vor:

- Invested Capital in t_0 = 5.000 Mio
- konstante Wachstumsrate g^{IC} = 6,0%
- konstanter Gesamtkapitalkostensatz k_{GK}^{WACC} = 11,0%
- ROIC = RONIC (in allen künftigen Perioden) = 20,0%

---

1 Vgl. *Koller/Goedhart/Wessels* (2005), S. 284.

Aus diesen Angaben können die folgenden Daten mit Hilfe der o.g. Formeln abgeleitet werden:

Jahr	0	1	2	3	4	5	6	7	8	9	10
IC	5.000	5.300	5.618	5.955	6.312	6.691	7.093	7.518	7.969	8.447	8.954
NOPLAT		1.000	1.060	1.124	1.191	1.262	1.338	1.419	1.504	1.594	1.689
Nettoinvestitionen		300	318	337	357	379	401	426	451	478	507
Free Cash flow		700	742	787	834	884	937	993	1.053	1.116	1.183
Investment Rate		30%	30%	30%	30%	30%	30%	30%	30%	30%	30%
RONIC			20%	20%	20%	20%	20%	20%	20%	20%	20%

Tab. D.7: Invested Capital, NOPLAT und Free Cash flow für das Beispielunternehmen A

Der Marktwert des Gesamtkapitals in t_0 ($GK^M_{Entity,WACC_V}$), der auch als Unternehmenswert oder „Value" bezeichnet werden kann, ergibt sich damit für das Unternehmen A zu (Angaben in Mio €):

$$GK^M_{Entity,WACC_V} = \frac{FCF_{t_1}}{k^{WACC}_{GK} - g^{IC}} = \frac{700}{0,11 - 0,06} = 14.000$$

oder anders ausgerechnet:

$$GK^M_{Entity,WACC_V} = \frac{NOPLAT_{t_1} \cdot \left(1 - \frac{g^{IC}}{ROIC}\right)}{k^{WACC}_{GK} - g^{IC}} = \frac{1.000 \cdot \left(1 - \frac{0,06}{0,20}\right)}{0,11 - 0,06} = 14.000$$

Für ein weiteres Unternehmen B liegen beispielsweise die folgenden Daten vor:

- Invested Capital in t_0 = 10.000 Mio
- konstante Wachstumsrate g^{IC} = 6,0%
- konstanter Gesamtkapitalkostensatz k^{WACC}_{GK} = 11,0%
- ROIC = RONIC (in allen künftigen Perioden) = 10,0%

Diese Angaben führen zwar zu denselben Werten für NOPLAT wie bei Unternehmen A. Um das Wachstum der NOPLATs aber auch in Zukunft wie in Unternehmen A zu gestalten, sind aufgrund des geringeren ROIC aber höhere Nettoinvestitionen erforderlich. Die Investment Rate beläuft sich auf 60% (A: 30%). Daher muss Unternehmen B doppelt soviel reinvestieren, um auf die gleiche Wachstumsrate g wie Unternehmen A zu kommen.

Jahr	0	1	2	3	4	5	6	7	8	9	10
IC	10.000	10.600	11.236	11.910	12.625	13.382	14.185	15.036	15.938	16.895	17.908
NOPLAT		1.000	1.060	1.124	1.191	1.262	1.338	1.419	1.504	1.594	1.689
Nettoinvestitionen		600	636	674	715	757	803	851	902	956	1.014
FCF		400	424	449	476	505	535	567	601	638	676
INR		60%	60%	60%	60%	60%	60%	60%	60%	60%	60%
RONIC			10%	10%	10%	10%	10%	10%	10%	10%	10%

Tab. D.8: Invested Capital, NOPLAT und Free Cash flow für das Beispielunternehmen B

Für Unternehmen B ergibt sich folgender Marktwert des Gesamtkapitals in t_0 (Angaben in Mio €):

$$GK^M_{Entity, WACC_V} = \frac{FCF_{t_1}}{k^{WACC}_{GK} - g^{IC}} = \frac{400}{0,11 - 0,06} = 8.000$$

bzw. $$GK^M_{Entity, WACC_V} = \frac{NOPLAT_{t_1} \cdot \left(1 - \frac{g^{IC}}{ROIC}\right)}{k^{WACC}_{GK} - g^{IC}} = \frac{1.000 \cdot \left(1 - \frac{0,06}{0,10}\right)}{0,11 - 0,06} = 8.000$$

Nunmehr soll das Unternehmen A etwas genauer betrachtet werden. Falls das Unternehmen seine Wachstumsrate z.B. auf 9% steigern möchte, muss es 45% des NOPLAT pro Jahr reinvestieren:

$$INR_t = \frac{g^{IC}_t}{ROIC} = \frac{0,09}{0,20} = 0,45$$

Somit können in diesem Fall folgende Werte für Unternehmen A bestimmt werden:

Jahr	0	1	2	3	4	5	6	7	8	9	10
IC	5.000	5.450	5.941	6.475	7.058	7.693	8.386	9.140	9.963	10.859	11.837
NOPLAT		1.000	1.090	1.188	1.295	1.412	1.539	1.677	1.828	1.993	2.172
Nettoinvestitionen		450	491	535	583	635	692	755	823	897	977
FCF		550	600	653	712	776	846	922	1.005	1.096	1.195
INR		45%	45%	45%	45%	45%	45%	45%	45%	45%	45%
RONIC			20%	20%	20%	20%	20%	20%	20%	20%	20%

Tab. D.9: Invested Capital, NOPLAT und Free Cash flow für das Beispielunternehmen A bei veränderter Wachstumsrate

Der Marktwert des Gesamtkapitals in t_0 ($GK^M_{Entity, WACC_V}$) bzw. Unternehmenswert („Value") ergibt sich damit für das Unternehmen A zu (Angaben in Mio €):

$$GK^M_{Entity, WACC_V} = \frac{FCF_{t_1}}{k^{WACC}_{GK} - g^{IC}} = \frac{550}{0{,}11 - 0{,}09} = 27.000$$

Diese Werte zeigen bereits, dass es für Investoren sinnvoll ist, geringere Cash flows in den anfänglichen Jahren zu akzeptieren, wenn die Cash flows in den späteren Jahren stärker ansteigen. Daher ist die Betrachtung nur der kurzfristigen Cash flows nicht sinnvoll.

Die folgende Übersicht zeigt den Einfluss von ROIC und der Wachstumsrate g auf den Unternehmenswert unter den folgenden Annahmen:[1]

- IC in $t_0 = 5.000$,
- $k^{WACC}_{GK} = 11\%$,
- ROIC = konstant und
- g = konstant.

ROIC \ G	10,00%	11,00%	15,00%	20,00%	30,00%
0,00%	4.545	5.000	6.818	9.091	13.636
2,00%	4.444	5.000	7.222	10.000	15.556
6,00%	4.000	5.000	9.000	14.000	24.000
8,00%	3.333	5.000	11.667	20.000	36.667
	← Wert wird vernichtet	neutral	→ Wert wird generiert		

Tab. D.10: Zusammenhang zwischen ROIC und Wachstumsrate g

Wie die Tabelle zeigt, wird Wert nur in den Fällen geschaffen, in denen der Return on Investment (ROIC) größer als der Gesamtkapitalkostensatz (k^{WACC}_{GK}) ausfällt (in dem Beispiel 11%). Diese Annahme eines unendlich andauernden, Wert schaffenden Wachstums wird aber häufig nicht der Realität entsprechen; denn dabei wird unterstellt, dass in jedem Jahr, bis in alle Ewigkeit, Projekte mit einem positiven Kapitalwert (Net Present Value) gefunden und durchgeführt werden. Somit würde jedes Jahr zusätzliches Geld in Projekte investiert, die alle Wert schöpfen. Da aber Projekte mit positivem Net Present Value Wettbewerber anziehen, kann es aufgrund des zunehmenden Konkurrenzkampfes zu sinkenden Margen und damit sinkenden Net Present Values kommen. Wenn davon ausgegangen wird, dass in einem reifen Markt die Unternehmen nach einigen Jahren auf den zusätzlichen Investitionen gerade noch die Kapitalkosten verdienen, kann die Restwertperiode, für die

---

1 Vgl. auch die Darstellung bei *Koller/Goedhart/Wessels* (2005), S. 60 sowie das Beispiel ab S. 55ff.

der Continue Value bestimmt werden soll, in zwei Perioden unterteilt werden. Die erste Periode, in der das Unternehmen Projekte mit positivem Net Present Value durchführen kann, kann als Periode mit Wettbewerbsvorteilen oder Competitive Advantage Period (CAP) bezeichnet werden. Im Anschluss an die CAP ist dann das Unternehmen nur noch in der Lage, Projekte anzunehmen, die einen Net Present Value von Null aufweisen.[1]

Grundsätzlich lässt sich eine Aufteilung der Restwertperiode in zwei Perioden auch formal darstellen. Dabei kann davon ausgegangen werden, dass zunächst die Wachstumsrate g und ROIC relativ hoch ausfallen und die Werte für diese beiden Kennzahlen in der anschließenden Periode geringer sind:[2]

$$CV_n^{WACC} = \left[\frac{NOPLAT_{n+1} \cdot \left(1 - \frac{g_A^{IC}}{RONIC_A}\right)}{k_{GK}^{WACC} - g_A^{IC}} \right] \cdot \left[1 - \left(\frac{1 + g_A^{IC}}{1 + k_{GK}^{WACC}}\right)^N \right]$$

$$+ \left[\frac{NOPLAT_{n+1} \cdot \left(1 + g_A^{IC}\right)^N \cdot \left(1 - \frac{g_B^{IC}}{RONIC_B}\right)}{\left(k_{GK}^{WACC} - g_B^{IC}\right) \cdot \left(1 + k_{GK}^{WACC}\right)^N} \right]$$

mit

n	=	Anzahl Jahre der Phase (explizite Prognoseperiode) vor der Restwertperiode,
N	=	Anzahl Jahre der 1. Phase der Restwertperiode,
g_A^{IC}	=	Wachstumsrate in der 1. Phase der Restwertperiode,
g_B^{IC}	=	Wachstumsrate in der 2. Phase der Restwertperiode,
$RONIC_A$	=	Return on new invested capital während der 1. Phase der Restwertperiode und
$RONIC_B$	=	Return on new invested capital während der 2. Phase der Restwertperiode.

Diese Formel gilt für $g_B^{IC} < k_{GK}^{WACC}$. Zudem wird davon ausgegangen, dass ROIC während der Restwertperiode konstant bleibt und sich somit – neben der Wachstumsrate – nur der RONIC (einmalig) ändert.[3]

Eine vergleichbare Analyse des Continue Value und der formalen Unternehmenswerttreiber kann auch im APV-Ansatz durchgeführt werden, wobei es sich bei den Werttreibern um die Free Cash flows und die Eigenkapitalkosten eines unverschuldeten Unternehmens handelt.

---

1 Vgl. *Loderer et al.* (2005), S. 632.
2 Vgl. *Koller/Goedhart/Wessels* (2005), S. 287f.
3 Vgl. *Koller/Goedhart/Wessels* (2005), S. 289.

Der Fortführungswert (Continue Value) wird dabei sowohl für das operative Geschäft als auch für das Tax Shield unter Berücksichtigung einer konstanten Wachstumsrate g und eines dauerhaft konstanten ROIC ermittelt:[1]

$$CV_n^{APV,operativ} = \frac{IC_n \cdot \left(ROIC - g_{n+1}^{IC}\right)}{r_{EK_U}^* - g_{n+1}^{IC}}$$

Nach einigen Umformungen kann die folgende Gleichung abgeleitet werden, wobei für NOPLAT der Wert zum Zeitpunkt n+1 zugrunde gelegt wird:

$$CV_n^{APV,operativ} = \frac{NOPLAT - \frac{NOPLAT}{ROIC} \cdot g^{IC}}{r_{EK_U}^* - g^{IC}} = \frac{NOPLAT \cdot \left(1 - \frac{g^{IC}}{ROIC}\right)}{r_{EK_U}^* - g^{IC}}$$

Der Continue Value für das Tax Shield beträgt:

$$CV_n^{APV,TS} = \frac{r_{FK} \cdot FK_n^M \cdot s}{r_{FK} - g^{IC}}$$

Zu erkennen ist dabei, dass für eine Wertsteigerung des Fortführungswertes im operativen Geschäft gelten muss: $\left(ROIC - g^{IC}\right) > \left(r_{EK_U}^* - g^{IC}\right)$, d.h. $ROIC > r_{EK_U}^*$. Für den Fall, dass $ROIC \leq r_{EK_U}^*$ und gleichzeitig aber $ROIC > k_{GK}^{WACC}$ resultiert der zusätzliche Wert nur aus dem Wertbeitrag des Tax Shields aufgrund der Fremdfinanzierung und nicht aus dem operativen Geschäft. Insofern können bei Anwendung des APV-Ansatzes die Quellen der Wertschaffung transparenter offen gelegt werden als beim WACC-Ansatz. Entsprechend lassen sich die Werttreiber im APV-Ansatz wie in Abbildung D.2 gezeigt darstellen.

Im WACC-Ansatz können die Werttreiber analog dargestellt werden (Abbildung D.3), wobei sich der Gesamtkapitalkostensatz nach der folgenden Formel bestimmen lässt:[2]

$$k_{GK}^{WACC} = \frac{EK^M}{GK^M} \cdot r_{EK_V}^* + \frac{FK^M}{GK^M} \cdot r_{FK} \cdot (1-s)$$

---

1 Vgl. *Aders/Schröder* (2004), S. 105.
2 Vgl. die Darstellungen bei *Aders/Schröder* (2004), S. 102f.

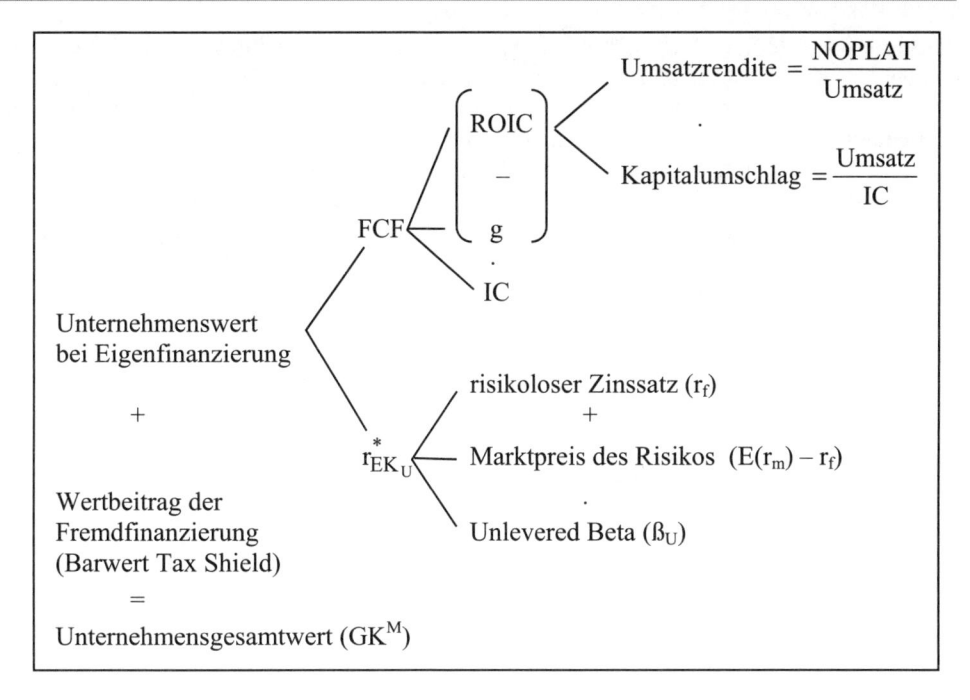

Abb. D.2: Darstellung der Werttreiber im APV-Ansatz

Unternehmenswert bei Eigenfinanzierung
+
Wertbeitrag der Fremdfinanzierung (Barwert Tax Shield)
=
Unternehmensgesamtwert (GK^M)

- FCF
  - ROIC
    - Umsatzrendite = $\frac{NOPLAT}{Umsatz}$
    - Kapitalumschlag = $\frac{Umsatz}{IC}$
  - g
  - IC
- $r^*_{EK_U}$
  - risikoloser Zinssatz (r_f)
  - + Marktpreis des Risikos ($E(r_m) - r_f$)
  - Unlevered Beta (β_U)

Abb. D.2: Darstellung der Werttreiber im APV-Ansatz

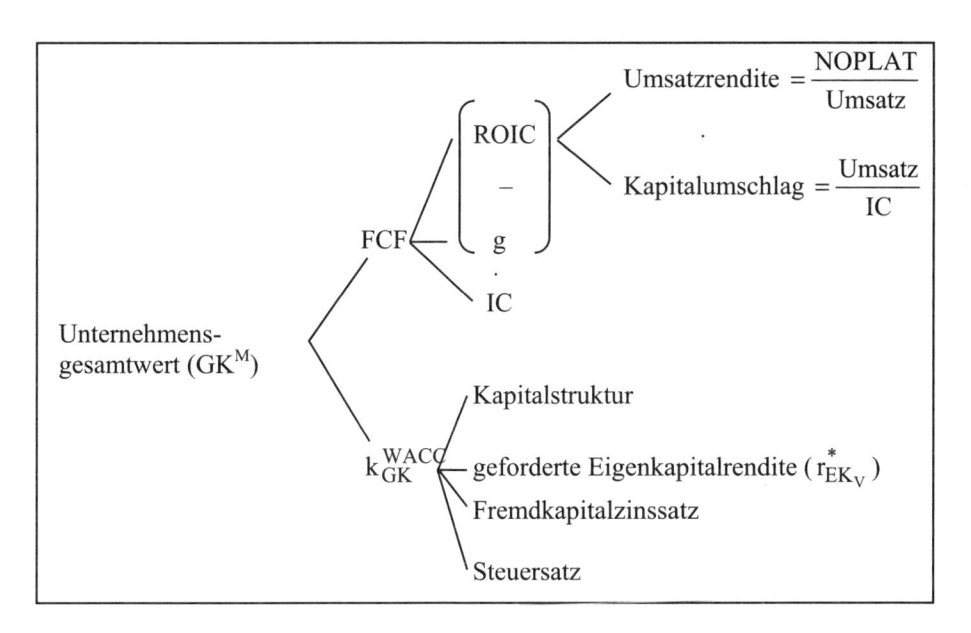

Abb. D.3: Darstellung der Werttreiber im WACC-Ansatz

Unternehmensgesamtwert (GK^M)

- FCF
  - ROIC
    - Umsatzrendite = $\frac{NOPLAT}{Umsatz}$
    - Kapitalumschlag = $\frac{Umsatz}{IC}$
  - g
  - IC
- k^{WACC}_{GK}
  - Kapitalstruktur
  - geforderte Eigenkapitalrendite ($r^*_{EK_V}$)
  - Fremdkapitalzinssatz
  - Steuersatz

Abb. D.3: Darstellung der Werttreiber im WACC-Ansatz

Die hier dargestellten Werttreiber können im Rahmen einer strategischen Analyse näher analysiert und geplant werden. Für die Güte einer Unternehmensbewertung sind die strategische Analyse und das Verständnis von Geschäftsmodell und Business Plan von großer Bedeutung. Geschäftsmodelle werden i.d.R. durch drei bis fünf strategische Erfolgsfaktoren maßgeblich bestimmt, die im Rahmen der strategischen Analyse identifiziert werden und mit den Unternehmenswerttreibern verbunden werden müssen. Zur Ableitung strategischer Erfolgsfaktoren kann das durch eine SWOT-Analyse erstellte unternehmensspezifische Chancen-Risiken-Profils mit den im Business Plan niedergelegten Strategien kombiniert werden. Als Verbindungsglied zwischen den strategischen Erfolgsfaktoren und den Unternehmenswerttreibern dienen die Cash flow- und Kapitalkosten-Treiber. So können folgende Cash flow-Treiber, die im direkten Wirkungszusammenhang mit strategischen Erfolgsfaktoren stehen können, herangezogen werden: Absatzmenge, Absatzpreis, Produktmix, Economies of Scale, Economies of Scope, Kosteneffizienz, Erweiterungsinvestitionen und Steuerpolitik. Als Kapitalkostentreiber können angeführt werden: Marktrisiko, leistungswirtschaftliches Risiko, finanzwirtschaftliches Risiko und Unternehmensrating.[1]

Auf Basis der Unternehmenswerttreiber kann eine Grobplanung durchgeführt werden mit dem Ziel, dass sich die Werttreiber am Ende des Planungshorizontes in einem eingeschwungenen Zustand befinden und von da ab konstant sind. Für den Übergang von der Grobplanung in den Fortführungswert ist von besonderer Relevanz, ob das Unternehmen aufgrund spezifischer Erfolgsfaktoren und Unternehmenswerttreiber dauerhaft Überrenditen erwirtschaften kann, d.h. dass ROIC > k_{GK}^{WACC}, oder ob ROIC aufgrund der Wettbewerbsdynamik am Ende der Periode gegen den Gesamtkapitalkostensatz konvergiert. Falls am Ende des Planungshorizontes die ROIC > k_{GK}^{WACC}, ist eine Liquidierung des Bewertungsobjekts und die Verwendung eines endlichen Bewertungshorizontes zu prüfen.

Die Competitive Advantage Period (CAP), d.h. der Zeitraum, in dem ROIC > k_{GK}^{WACC}, ist nur mit Hilfe einer fundierten strategischen Analyse zu prognostizieren. Grundsätzlich sollten Detail- und Grobplanungsphase zusammen mindestens der Länge der CAP entsprechen. Wie oben bereits angedeutet ist zu erwarten, dass nur wenige börsennotierte Unternehmen in der Lage sind, länger als 10 Jahre Überrenditen zu erwirtschaften. Daher darf nicht von einem konstanten Wachstum nach dem Ende der CAP ausgegangen werden. Unterstellt man für die Periode nach der CAP, dass ROIC nachhaltig dem Gesamtkapitalkostensatz entspricht, so kann am Ende der CAP das investierte Kapital (IC) als Fortführungswert angesetzt werden. Dieser Wert muss dann noch auf den Bewertungszeitpunkt diskontiert werden.[2]

bc. Realoptionsansatz

Ein Problem der traditionellen barwertorientierten Bewertungsverfahren (Ertragswert- und DCF-Verfahren) besteht darin, dass mögliche zukünftige Handlungsspielräume der Unternehmensführung als Wertkomponente nicht korrekt erfasst werden. Dies führt zu einer systematischen Unterbewertung, die dem Wert der sog. Realoption entspricht. So gehen die traditionellen barwertorientierten Bewertungsverfahren von der Annahme eines erwarteten, feststehenden Szenarios im Hinblick auf die Entwicklung der künftigen finanziellen Über-

---

1 Vgl. *Aders/Schröder* (2004), S. 108f.
2 Vgl. *Aders/Schröder* (2004), S. 109.

schüsse aus. Beim Realoptionsansatz werden zusätzlich zum statischen Unternehmenswert künftige Handlungsspielräume des Managements berücksichtigt, d.h. die Möglichkeiten des Managements, zukünftig auf neue Informationen wertorientiert reagieren zu können. So können beim Eintritt negativer Umweltbedingungen mögliche drohende Verluste z.B. durch Desinvestitionsstrategien begrenzt werden und beim Eintritt positiver Umweltbedingungen zusätzliche Maßnahmen ergriffen werden, die zur Gewinnerhöhung beitragen.[1]

Die Möglichkeiten eines Unternehmens, auf neue Informationen entsprechend in seinem Sinne reagieren zu können, können als realwirtschaftliche Optionsrechte (oder kurz: „Realoptionen") bezeichnet werden, die sich werterhöhend auswirken. Grundsätzlich können Realoptionsrechte z.B. darin bestehen, dass das Management Investitionsprojekte verschieben, erweitern, abbrechen oder während der Laufzeit auf andere Art und Weise verändern kann. Somit haben Realoptionsrechte besonders für Unternehmen eine große Bedeutung, die sich in besonders unsicheren Märkten bewegen, wie z.B. innovative junge Unternehmen, bei denen nur ein geringer Teil des Unternehmenswertes aus künftigen Zahlungsüberschüssen aus bereits bestehenden Projekten resultiert und die Wachstumschancen zum Großteil Optionscharakter aufweisen.[2]

Zur Bestimmung des Wertes von Realoptionen kann auf für Finanzoptionen entwickelte Verfahren zurückgegriffen werden, wobei grundsätzlich numerische Optionspreisverfahren (z.B. Binomialmodell von Cox/Ross/Rubinstein) und analytische Optionspreismodelle (z.B. Black-Scholes-Modell) in Frage kommen.[3]

Im Bereich der Realoptionen ist das Black-Scholes-Modell aufgrund der sehr restriktiven Annahmen nur begrenzt anwendbar. Infolgedessen wird im Folgenden lediglich auf das Binomialmodell eingegangen, bei dem ein Entscheidungsbaum der zu bewertenden Strategie in diskreten Zeitintervallen abgebildet wird. Im Rahmen dieses Modells wird unterstellt, dass am Ende jeder Periode der Kurs des Basisinstruments nur zwei Zustände in Abhängigkeit vom Ausgangskurs annehmen kann: entweder ein Kursanstieg mit der Wachstumsrate u („upward") oder eine Kursverringerung um die Rate d („downward"). Die Wachstumsraten können auf Basis der Volatilität des Basisinstruments bestimmt werden.[4]

Bei Betrachtung mehrerer künftiger Perioden wird die Wertentwicklung des Underlying mit Hilfe des Binomialbaums modelliert. Daraus ergeben sich die zustandsabhängigen Auszahlungsströme der Option am Options-Verfalltag. Ausgehend von diesem Verfalltag wird der Optionswert Periode für Periode und Zustand für Zustand rekursiv bestimmt, bis der Anfangszeitpunkt t_0 erreicht ist.

Als Beispiel zur Bewertung einer Realoption mit Hilfe des Binomialmodells soll von einem Unternehmen ausgegangen werden, das die Option hat, in einen neuen geographischen Markt zu expandieren. Die Investitionskosten belaufen sich auf € 1.200.000 und der Barwert der zukünftigen Free Cash flows aus dem neuen Markt beträgt € 1.000.000. Somit würde sich ein Kapitalwert (Net Present Value) bei einem sofortigen Markteintritt von

---

[1] Vgl. hierzu und zu den folgenden Ausführungen *Peemöller/Beckmann* (2005), S. 797ff. und *Matschke/Brösel* (2013), S. 738ff.
[2] Zu den verschiedenen Typen von Realoptionen, die in strategische und operative Optionen unterteilt werden können, vgl. *Peemöller/Beckmann* (2005), S. 806 und *Ernst/Haug/Schmidt* (2004), S. 397ff.
[3] Vgl. *Cox/Ross/Rubinstein* (1979), S. 229ff. und *Black/Scholes* (1973), S. 637ff.
[4] Vgl. hierzu und zu den folgenden Ausführungen *Peemöller/Beckmann* (2005), S. 802ff. und *Matschke/Brösel* (2013), S. 741ff.

€ –200.000 ergeben, so dass das Projekt nicht durchgeführt würde, wenn anhand des Kapitalwertes entschieden würde.[1]

Nunmehr soll aber unterstellt werden, dass dem Unternehmen die Möglichkeit, in den neuen Markt vorzustoßen, für fünf Jahre offen steht, d.h. diese Option hat eine Laufzeit von fünf Jahren. Während dieser Zeit sollen die Investitionskosten konstant bleiben. Der Basispreis der Option beträgt somit € 1.200.000. Hierbei soll angenommen werden, dass es sich um eine sog. exklusive Option handelt und damit nicht um eine sog. kollektive Option. Kollektive Realoptionen sind dadurch gekennzeichnet, dass sie auch von anderen Wettbewerbern ausgeübt werden können. Der risikolose Zinssatz soll 6% betragen. Bei einer Standardabweichung (σ) des Barwertes der Free Cash flows (auf Basis von Simulationsrechnungen) von 30% soll der Wachstumsfaktor (1+u) wie folgt bestimmt werden:[2]

$$1 + u = e^{\left(\sigma \cdot \sqrt{\frac{t}{n}}\right)} = e^{\left(0{,}30 \cdot \sqrt{\frac{5}{5}}\right)} = 1{,}34985881$$

mit

σ = Standardabweichung des Barwertes der Free Cash flows,
t = Optionslaufzeit und
n = Anzahl der Intervalle.

Der Schrumpfungsfaktor im Binomialbaum soll folgendermaßen bestimmt werden:

$$1 + d = \frac{1}{1+u} = \frac{1}{1{,}34985881} = 0{,}7408182$$

Für das Basisinstrument kann somit folgende Wertentwicklung als Binomialbaum dargestellt werden:

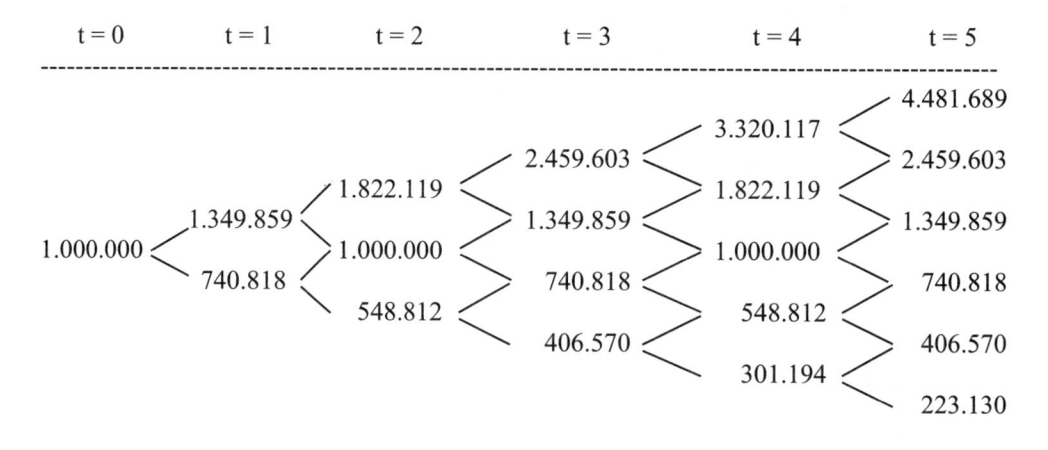

t = 0	t = 1	t = 2	t = 3	t = 4	t = 5
					4.481.689
				3.320.117	
			2.459.603		2.459.603
		1.822.119		1.822.119	
	1.349.859		1.349.859		1.349.859
1.000.000		1.000.000		1.000.000	
	740.818		740.818		740.818
		548.812		548.812	
			406.570		406.570
				301.194	
					223.130

---

1 Vgl. auch das Beispiel bei *Peemöller/Beckmann* (2005), S. 807ff.
2 Vgl. *Ernst/Haug/Schmidt* (2004), S. 410.

Der Wert einer Call-Option wird nun rekursiv bestimmt. Dazu wird für jedes Szenario zunächst der innere Wert der Option bei Optionsfälligkeit (hier in t_5) berechnet. Beispielsweise ergibt sich für den inneren Wert eines Calls im Szenario „fünfmal hintereinander Kursanstieg um die Wachstumsrate u" ein Wert von 3.281.689:

$$C_5^{uuuuu} = \max.(4.481.689 - 1.200.000 \, ; \, 0) = 3.281.689$$

Für das Szenario „viermal hintereinander Kursanstieg um die Wachstumsrate u und einmal Kursverringerung um die Rate d" kann der folgende innere Wert für den Call berechnet werden:

$$C_5^{uuuud} = \max.(2.459.603 - 1.200.000 \, ; \, 0) = 1.259.603$$

Für sämtliche Szenarien werden in dieser Weise die inneren Werte bei Optionsfälligkeit ermittelt. Anschließend können die Optionswerte per t_4 gemäß folgender Formel, die für eine Call-Option gilt, bestimmt werden:[1]

$$C_t = \frac{\left(\frac{r_f - d}{u - d}\right) \cdot C_{t+1}^u + \left(\frac{u - r_f}{u - d}\right) \cdot C_{t+1}^d}{1 + r_f}$$

mit

C_t	=	Wert der Call-Option zum Zeitpunkt t,
r_f	=	risikoloser Zinssatz,
u	=	Wachstumsrate u („upward"),
d	=	Schrumpfungsrate d („downward"),
C_{t+1}^u	=	Call-Optionswert in t+1 für den Fall eines um die Wachstumsrate u steigenden Kurses des Basisinstruments und
C_{t+1}^d	=	Call-Optionswert in t+1 für den Fall eines um die Schrumpfungsrate d sinkenden Kurses des Basisinstruments.

So ergibt sich z.B. der Call-Optionswert per t_4 für den Fall eines viermaligen Kursanstiegs des Basisinstrumentes in Folge:

$$C_4^{uuuu} = \frac{\left(\frac{0{,}06 + 0{,}259}{0{,}350 + 0{,}259}\right) \cdot 3.281.689 + \left(\frac{0{,}350 - 0{,}06}{0{,}350 + 0{,}259}\right) \cdot 1.259.603}{1 + 0{,}06} = 2.188.041$$

---

1 Vgl. *Steiner/Bruns/Stöckl* (2012), S. 329. Der Unterschied in der Formel bei *Peemöller/Beckmann* (2005), S. 809, ist darauf zurückzuführen, dass dort die Werte für u und d anders definiert sind (dort würden u aus diesem Beispiel 1,35 und d 0,74 (=1/1,35) betragen.

310 D. Ausgewählte Aspekte des Aktienmanagements

Für den Fall eines dreimaligen Kursanstiegs des Basisinstrumentes in Folge und einer danach stattfinden Kurssenkung beläuft sich der Call-Optionswert per t_4 auf:

$$C_4^{uuud} = \frac{\left(\frac{0{,}06+0{,}259}{0{,}350+0{,}259}\right) \cdot 1.259.603 + \left(\frac{0{,}350-0{,}06}{0{,}350+0{,}259}\right) \cdot 149.859}{1+0{,}06} = 690.043{,}33$$

Insgesamt kann somit der aktuelle Wert der Markteintrittsoption in rekursiver Form berechnet werden:

```
t = 0        t = 1       t = 2        t = 3        t = 4        t = 5

                                                               3.281.689
                                                   2.188.041
                                       1.391.607                1.259.603
                         856.137                     690.043
             513.783                    374.429                  149.859
302.415                   201.568                     74.091
             107.789                     36.631                        0
                          18.111                          0
                                             0                         0
                                                          0
                                                                       0
```

Somit hat die Realoption per t_0 einen Wert von € 302.414,50. Hieraus resultiert ein Kapitalwert des Investitionsobjektes unter Berücksichtigung der Realoption von („erweiterter Kapitalwert"):

€ –1.200.000 + € 1.000.000 + € 302.414,50 = € 102.414,50

Hingegen ist der statische Kapitalwert (d.h. ohne Berücksichtigung der Realoption) negativ (€ –200.000).

Ein weiteres Beispiel zur Unternehmensbewertung mit Hilfe des Realoptionsansatzes auf Basis des Binomialmodell soll von folgenden Daten ausgehen:

- Free Cash flow (FCF) des Unternehmens: t_1: € + 2.280.000, t_2: € + 3.898.800,
- k_{GK}^{WACC} = 14% = konstant für alle Perioden und
- risikoloser Zins = 3%.

In t_1 besteht eine Handlungsoption für eine zusätzliche Investitionsmöglichkeit (I_1) in Höhe von € 800.000. Der zusätzliche Cash-flow dieser Investition in t_2 beträgt bei günstiger Marktentwicklung: € 1.299.600 und bei ungünstiger Marktentwicklung: € 649.800. Beide Szenarien treten jeweils mit einer Wahrscheinlichkeit von 50% ein.

Ohne Berücksichtigung der Handlungsoption ergibt sich gemäß WACC-Ansatz der folgende Gesamtkapitalmarktwert:

$$GK_{Entity,WACC}^{M} = \frac{2.280.000}{1,14} + \frac{3.898.800}{1,14^2} = 5.000.000$$

Nunmehr soll die Realoption bewertet werden. Dazu sind zunächst die Barwerte der Rückflüsse der Handlungsoption per t_1 zu bestimmen:

- bei günstiger Marktentwicklung: $\dfrac{1.299.600}{1,14} = 1.140.000$

- bei ungünstiger Marktentwicklung: $\dfrac{649.800}{1,14} = 570.000$

Hieraus resultiert ein Erwartungswert für den Barwert dieser Rückflüsse per t_0 von:

$$\frac{0,5 \cdot 1.140.000 + 0,5 \cdot 570.000}{1,14} = 750.000$$

Im nachfolgenden Schritt sind die inneren Werte der Call-Option bei Fälligkeit in t_1 zu bestimmen:

- bei günstiger Marktentwicklung: $C^u = \max.(1.140.000 - 800.000\,;\,0) = 340.000$
- bei ungünstiger Marktentwicklung: $C^d = \max.(570.000 - 800.000\,;\,0) = 0$

Für den Wachstumsfaktor $1+u$ und den Schrumpfungsfaktor $1+d$ ergeben sich im Binomialbaum:

$$1+u = \frac{1.140.000}{750.000} = 1,52 \quad \Leftrightarrow \quad u = 0,52$$

$$1+d = \frac{570.000}{750.000} = 0,76 \quad \Leftrightarrow \quad d = -0,24$$

Aus diesen Angaben kann der Realoptionswert in t_0 ermittelt werden:

$$C_0 = \frac{\left(\dfrac{r_f - d}{u - d}\right) \cdot C_1^u + \left(\dfrac{u - r_f}{u - d}\right) \cdot C_1^d}{1 + r_f} = \frac{\left(\dfrac{0,03 + 0,24}{0,52 + 0,24}\right) \cdot 340.000 + \left(\dfrac{0,52 - 0,03}{0,52 + 0,24}\right) \cdot 0}{1 + 0,03} = 117.271,33$$

Dieser Wert wird zum $GK_{Entity,WACC}^{M}$ von € 5.000.000 hinzuaddiert, so dass sich folgender gesamter Unternehmenswert ergibt:

€ 5.000.000 + € 117.271,33 = € 5.117.271,33

Hierbei kann der Barwert der prognostizierten Zahlungsströme aus den bereits vorhandenen Vermögensgegenständen bzw. der Barwert der Geschäftstätigkeit auf Basis der eingeschlagenen Strategie auch als „real assets" bezeichnet werden. Er beträgt in diesem Beispiel € 5.000.000. Unter Berücksichtigung der Flexibilitätspotentiale des Managements ergibt sich ein Wert von € 5.117.271,33, der den Wert der Realoption mit einschließt.

Vor allem bei hohen zukünftigen Wachstumsmöglichkeiten und großer Unsicherheit der zukünftigen Umweltentwicklung erscheint die Anwendung des Realoptionsansatzes als Ergänzung zu den traditionellen barwertorientierten Bewertungsverfahren sinnvoll. Daher sollten sowohl die traditionellen barwertorientierten Bewertungsverfahren und auch der Realoptionsansatz gemeinsam angewendet werden, um sämtliche Werteffekte eines Unternehmens zu erfassen. Die sinnvolle Anwendung des Realoptionsansatzes ist allerdings an die Voraussetzungen gebunden, dass das Management des zu bewertenden Unternehmens den Optionsansatz verinnerlicht hat, die bestehenden Optionen erkennt und in der Lage ist, die bestehenden Optionen auch wertsteigernd auszuüben.

Beim Einsatz des Realoptionsansatzes in der Praxis ergeben sich allerdings einige Probleme, die u.a. auf die Komplexität der Bewertungsansätze und das Problem der Nachvollziehbarkeit der Bewertungsergebnisse zurückgeführt werden können. Auch sind die bewertungsrelevanten Parameter zeitintensiv zu schätzen. So kann nach wie vor von einer großen Lücke zwischen Theorie und Praxis bei diesem Ansatz ausgegangen werden. Dennoch sollte dem Realoptionsansatz ein großes Potential eingeräumt werden, so dass seine Bedeutung in der Zukunft zunehmen sollte.[1]

c. Multiplikatorverfahren (Vergleichsverfahren)

ca. Grundlagen

Mit Hilfe der Multiplikatorverfahren soll eine Unternehmensbewertung durchgeführt werden, ohne dass künftige Cash flows oder Diskontierungssätze zu prognostizieren sind. Dabei geht es darum, zunächst vergleichbare Unternehmen bzw. Transaktionen (bei Fusionen und Übernahmen) zu finden. Für diese sog. Comparables werden anschließend Wertmultiplikatoren einer einfach zu beobachtenden Variablen ermittelt. Zur Bestimmung des zu berechnenden Unternehmenswertes wird dann der Multiplikator mit dem Wert der gleichnamigen Kennzahl des zu bewertenden Unternehmens multipliziert. Insofern erscheint die Multiplikatormethode besonders in den Fällen sinnvoll zu sein, in denen aus nur rudimentären Informationen über Geschäftszahlen frühzeitig und schnell ein Unternehmenswert ermittelt werden soll. Insbesondere in den USA hat die Multiplikatormethode einen besonderen Stellenwert erlangt aufgrund der großen Zahl von Unternehmenstransaktionen und zugänglichen Datenbanken.[2]

Grundsätzlich kann der Unternehmenswert mit Hilfe der Multiplikatorverfahren wie folgt bestimmt werden:

$$UW^M_{Multiplikator} = BG_B \cdot M_V$$

---

1 Vgl. *Peemöller/Beckmann* (2005), S. 811 und *Klosterberg* (2006), S. 311.
2 Vgl. *Loderer et al.* (2005), S. 753 und *Hommel/Braun* (2005), S. 63 und die dort angegebene Literatur.

mit

BG$_B$ = Bezugsgröße des zu bewertenden Unternehmens
(z.B. Jahresüberschuss, Cash flow, EBIT etc.) und

M$_V$ = Multiplikator der Vergleichsunternehmen.

Dabei wird der Multiplikator eines Vergleichsunternehmens i als Quotient aus dem Unternehmenswert des Vergleichsunternehmens (UW$_i$) und dem Wert der Bezugsgröße des Vergleichsunternehmens (BG$_i$) bestimmt:

$$M_i = \frac{UW_i}{BG_i}$$

Die Berechnung des Unternehmenswertes kann für verschiedene Aggregate durchgeführt werden, z.B. für eine einzelne Aktie, das Eigenkapital oder das gesamte Unternehmen. Soll der Marktwert des Eigenkapitals bestimmt werden, so kommen als Bezugsgrößen z.B. der Gewinn, der Cash flow oder der Buchwert des Eigenkapitals in Frage. Zur Bestimmung des Gesamtwertes des Unternehmens (Gesamtkapitalmarktwert, Enterprise Value) können als adäquate Bezugsgrößen die operativen Ergebnisse (z.B. EBIT), die allen Kapitalgebern zustehen, oder auch der Buchwert des gesamten investierten Kapitals herangezogen werden.

Da nicht davon ausgegangen werden kann, dass ein dem zu bewertenden Unternehmen vollständig vergleichbares Unternehmen existiert, sind die adäquaten Multiplikatoren anhand von mehreren Vergleichsunternehmen (Peer Group) zu bestimmen – z.B. als arithmetisches Mittel oder Median der Multiplikatoren der Vergleichsgruppe. Dadurch können die Wirkungen von zufallsbedingten Ausreißern oder unternehmensspezifischen Besonderheiten abgeschwächt werden.[1]

Als arithmetisches Mittel der Multiplikatoren von Vergleichsunternehmen ergibt sich der gesuchte Multiplikator wie folgt:

$$M_V^{artihm.Mittel} = \frac{1}{n} \cdot \sum_{i=1}^{n} M_i = \frac{1}{n} \cdot \sum_{i=1}^{n} \frac{UW_i}{BG_i}$$

Das arithmetische Mittel stellt einen effizienten Schätzer für den Erwartungswert dar, wenn die Multiplikatoren der Vergleichsunternehmen normalverteilt sind. Da dies aber i.d.R. nicht der Fall sein dürfte und das arithmetische Mittel insbesondere durch Ausreißer stark verzerrt werden kann, sind die durchschnittlichen Multiplikatorwerte nicht sehr aussagekräftig.[2]

Zur Eliminierung der verzerrenden Wirkung von Ausreißern wird häufig der Median zur Schätzung des Multiplikators vorgeschlagen.[3] Der Median ist definiert als „die Merkmalsausprägung desjenigen Elements, das in der der Größe nach geordneten Beobachtungs-

---

1 Vgl. *Seppelfricke* (2012), S. 146ff.
2 Vgl. *Seppelfricke* (2012), S. 171 und *Loderer et al.* (2005), S. 755.
3 Vgl. z.B. *Schwetzler/Arnold* (2012), S. 319.

reihe in der Mitte steht"[1]. Werden die Multiplikatorwerte der einzelnen Vergleichsunternehmen der Größe nach geordnet, so kann der Median wie folgt bestimmt werden:

$$M_V^{Median} = \begin{cases} M_{V, \frac{n+1}{2}} & \text{bei ungeradem n} \\ \frac{1}{2} \cdot \left(M_{V, \frac{n}{2}} + M_{V, \frac{n}{2}+1} \right) & \text{bei geradem n} \end{cases}$$

Die Eliminierung der Ausreißer kann allerdings auch nachteilig ausgelegt werden, da die Ausreißer nicht zufällig entstanden sind, sondern wertvolle Marktinformationen reflektieren können. Insofern werden nicht alle Informationen beim Median genutzt.[2]

cb. Ablauf der Multiplikatorbewertung

Der Ablauf einer Multiplikatorbewertung kann in fünf Schritten erfolgen (s. Abbildung D.4). Zunächst ist eine genaue Analyse des zu bewertenden Unternehmens vorzunehmen, insbesondere im Hinblick auf die Branchenzugehörigkeit, die Wettbewerbsposition, die Kapitalstruktur, das erwartete Unternehmenswachstum und die künftige Margenstruktur. Dabei können im Rahmen der operativen Analyse entsprechende Kennzahlen und im Rahmen der strategischen Analyse die Erfolgspotentiale des zu bewertenden Unternehmens ermittelt werden. Im Hinblick auf die Prognose künftiger Kosten- und Ertragsstrukturen können entsprechende Planungsrechnungen vorgenommen werden.[3]

Im zweiten Schritt erfolgt die Auswahl der heranzuziehenden Multiplikatoren, die grundsätzlich in Equity- und Enterprise Value-Multiplikatoren unterschieden werden können. Als Referenzgröße bei den Equity-Multiplikatoren wird der Marktwert des Eigenkapitals herangezogen – entweder als gesamte Marktkapitalisierung oder als Wert einer einzelnen Aktie. Bei der entsprechenden Erfolgsgröße handelt es sich um eine operative Erfolgsgröße nach Zinszahlungen. Hingegen erfolgt bei den Enterprise Value-Multiplikatoren die Bewertung einer operativen Erfolgsgröße vor Zinszahlungen bzw. einer Kapitalgröße inklusive Fremdkapital.[4]

Der dritte Schritt im Rahmen der Multiplikatormethode betrifft die Auswahl vergleichbarer Unternehmen („Comparable Company Analysis") und/oder Transaktionen („Comparable Transaction Analysis"). Der wesentliche Unterschied zwischen beiden Vorgehensweisen besteht darin, dass der Preis bei einer Unternehmenstransaktion von der jeweiligen individuellen Verhandlungssituation abhängt. Hingegen erfolgt die Bewertung börsennotierter Unternehmen im Wesentlichen auf der Basis aktueller und prognostizierter Erfolgsgrößen.

---

1 *Bleymüller* (2012), S. 15.
2 Vgl. *Seppelfricke* (2012), S. 171.
3 Vgl. *Löhnert/Böckmann* (2005), S. 410f. und *Seppelfricke* (2012), S. 150f.
4 Vgl. *Seppelfricke* (2012), S. 151.

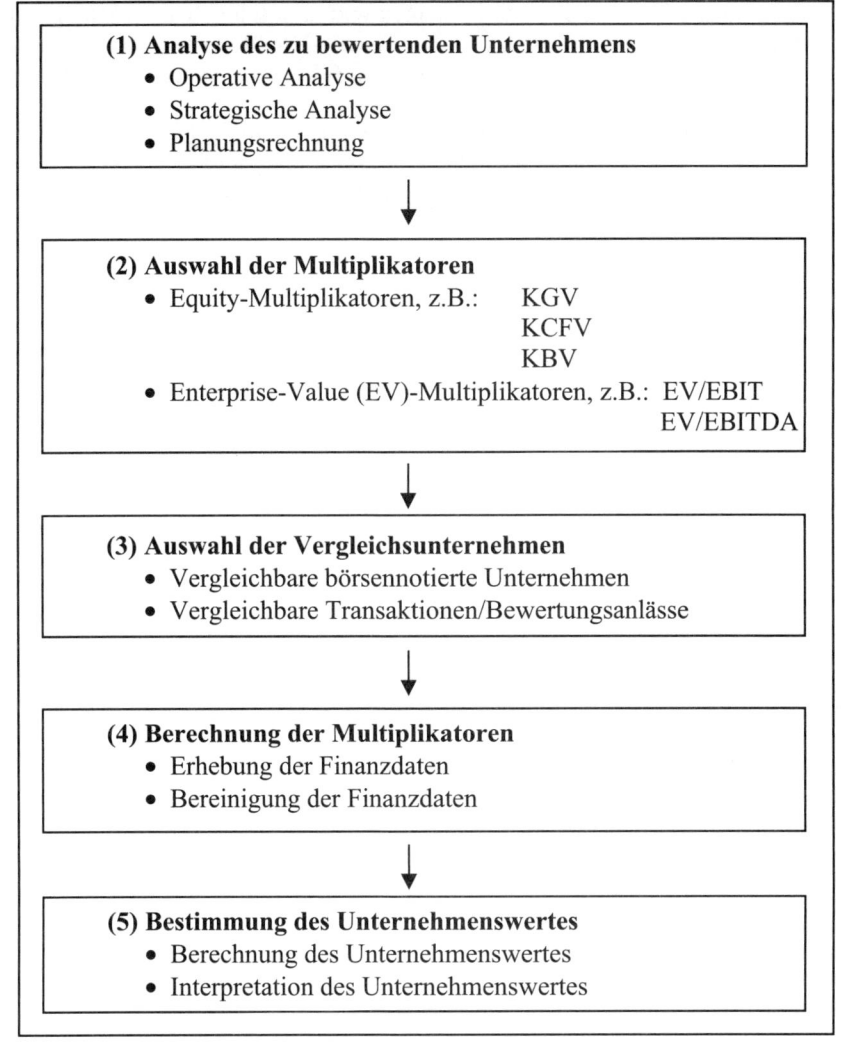

```
┌─────────────────────────────────────────────────────────┐
│  (1) Analyse des zu bewertenden Unternehmens            │
│      • Operative Analyse                                │
│      • Strategische Analyse                             │
│      • Planungsrechnung                                 │
└─────────────────────────────────────────────────────────┘
                            ↓
┌─────────────────────────────────────────────────────────┐
│  (2) Auswahl der Multiplikatoren                        │
│      • Equity-Multiplikatoren, z.B.:    KGV             │
│                                         KCFV            │
│                                         KBV             │
│      • Enterprise-Value (EV)-Multiplikatoren, z.B.:     │
│                                         EV/EBIT         │
│                                         EV/EBITDA       │
└─────────────────────────────────────────────────────────┘
                            ↓
┌─────────────────────────────────────────────────────────┐
│  (3) Auswahl der Vergleichsunternehmen                  │
│      • Vergleichbare börsennotierte Unternehmen         │
│      • Vergleichbare Transaktionen/Bewertungsanlässe    │
└─────────────────────────────────────────────────────────┘
                            ↓
┌─────────────────────────────────────────────────────────┐
│  (4) Berechnung der Multiplikatoren                     │
│      • Erhebung der Finanzdaten                         │
│      • Bereinigung der Finanzdaten                      │
└─────────────────────────────────────────────────────────┘
                            ↓
┌─────────────────────────────────────────────────────────┐
│  (5) Bestimmung des Unternehmenswertes                  │
│      • Berechnung des Unternehmenswertes                │
│      • Interpretation des Unternehmenswertes            │
└─────────────────────────────────────────────────────────┘
```

Abb. D.4: Ablauf einer Multiplikatorbewertung[1]

Von besonderer Bedeutung für die Ermittlung eines vergleichbaren Unternehmens ist die Identität oder Vergleichbarkeit der Branche bzw. des jeweiligen Branchensegments; denn hierdurch wird gewährleistet, dass sich das zu bewertende Unternehmen und die Vergleichsunternehmen in einem vergleichbaren Marktumfeld befinden (d.h. i.d.R. ähnliche Wachstumspotentiale, Zyklen und operative Risiken). Weitere qualitative Kriterien können eine vergleichbare Reifephase, ein vergleichbares Geschäftsmodell, angemessene Verschuldungsgrade, ein vergleichbarer Diversifizierungsgrad oder auch ein vergleichbares Management/eine vergleichbare Strategie sein. Zu beachten ist bei der Heranziehung ausländischer Unternehmen als Vergleichsobjekte, dass Fremdkapital- und Eigenkapitalkosten

---

1 Vgl. *Löhnert/Böckmann* (2005), S. 410ff. und *Seppelfricke* (2012), S. 151.

aufgrund unterschiedlicher risikofreier Anlagen und unterschiedlicher Risikoprämien deutlich voneinander abweichen können. Darüber hinaus sollte die Aussagekraft der Aktienkurse der einzelnen Vergleichsunternehmen geprüft werden, da sie aufgrund nur geringer Handelsumsätze möglicherweise gering ist.[1]

Im 4. Schritt erfolgt die Berechnung der Multiplikatoren, die bei börsennotierten Unternehmen anhand veröffentlichter Finanzdaten ermittelt werden können. Da die Multiplikatoren auf der Basis nachhaltiger Ergebnisse ermittelt werden sollten, ist eine Bereinigung der Finanzdaten erforderlich. Zur Bestimmung der Multiplikatoren wird der aktuelle Marktwert des Eigenkapitals bzw. Unternehmenswert durch die Bezugsgröße dividiert. Dabei ist darauf zu achten, dass Wertgröße und Gewinngröße in konsistenter Weise bestimmt werden. So wäre beispielsweise die Berechnung eines Umsatzmultiplikators, bei dem die Marktkapitalisierung (Eigenkapitalmarktwert) durch den Umsatz dividiert würde, wenig sinnvoll; denn der Umsatz ist mit dem gesamten zur Verfügung stehenden Kapital erzielt worden. Ein Vergleich von zwei Unternehmen, die einen unterschiedlichen Verschuldungsgrad aufweisen, würde zu falschen Ergebnissen führen. Daher ist ein Umsatzmultiplikator aus dem Quotient von Enterprise Value und Umsatz zu bestimmen. Im Vergleich zur Berechnung von Multiplikatoren börsennotierter Unternehmen ist die Bewertung auf Basis vergleichbarer Transaktionen problematischer, da die erforderlichen Informationen, z.B. bzgl. des Kaufpreises oftmals nicht veröffentlicht werden. Zudem hängt beispielsweise der Kaufpreis vom Kaufvertrag ab. So kann sich die Übernahme umfangreicher Gewährleistungen und Garantien durch den Verkäufer Kaufpreis erhöhend auswirken.[2]

Der letzte Schritt betrifft die Berechnung des Unternehmenswertes. Hierzu wird der Multiplikator mit der Bezugsgröße des zu bewertenden Unternehmens multipliziert. Der Eigenkapitalmarktwert kann bei den Equity-Multiplikatoren direkt bestimmt werden. Bei den Enterprise Value-Multiplikatoren sind von dem Produkt aus Multiplikator und Bezugsgröße noch die Nettofinanzverbindlichkeiten abzuziehen.[3]

cc. **Bestimmung des Unternehmenswertes mit Hilfe von Equity-Multiplikatoren**

Mit Hilfe von Equity-Multiplikatoren kann der Eigenkapitalmarktwert grundsätzlich wie folgt bestimmt werden:

$$EK^M_{Multiplikator} = BG_B \cdot M_V$$

mit

$EK^M_{Multiplikator}$ = Eigenkapitalmarktwert gemäß Multiplikatormethode.

Der Multiplikator M_V lässt sich aus den Multiplikatoren der einzelnen Vergleichsunternehmen ableiten, wobei typischerweise der Median der Branche des zu bewertenden Unter-

---

[1] Vgl. *Löhnert/Böckmann* (2005), S. 414f. und *Seppelfricke* (2012), S. 169f.
[2] Vgl. *Löhnert/Böckmann* (2005), S. 415f.
[3] Vgl. *Löhnert/Böckmann* (2005), S. 416.

nehmens bzw. einer Stichprobe ähnlicher Transaktionen im Falle von Fusionen und Übernahmen herangezogen wird.[1]

(1) Kurs-Gewinn-Verhältnis (KGV)
Ein weitverbreiteter Multiplikator ist das Kurs-Gewinn-Verhältnis (KGV), das auch als Price-Earnings-Ratio (P/E-Ratio) bezeichnet werden kann. Es wird als Quotient aus dem Kurs einer Aktie und dem dazugehörigen geschätzten Zukunftsgewinn je Aktie ermittelt. Das KGV einer einzelnen Aktie kann dann z.B. mit dem Branchen-KGV verglichen werden, wobei es sich auch anbietet, einen historischen Vergleich durchzuführen. Für ein Vergleichsunternehmen i kann das KGV wie folgt ermittelt werden:

$$KGV_i = \frac{\text{Kurs der Aktie}_i}{\text{Gewinn je Aktie}_i} = \frac{MKap_i}{\text{Gewinn}_i}$$

mit

$MKap_i$ = Marktkapitalisierung des Vergleichsunternehmens i.

Zur Bestimmung des Unternehmenswertes ist keine aufwändige Datenanalyse erforderlich, da lediglich der Gewinn pro Aktie (Earnings per share, EPS) des zu bewertenden Unternehmens und die P/E-Ratios der vergleichbaren Unternehmen erforderlich sind. Die Bezugsgröße ist in diesem Fall also der Gewinn (je Aktie).[2]

Eine Aktienbewertung auf Basis des KGV ist allerdings problematisch, wenn Vergleiche von Unternehmen in einer Turn-Around-Situation oder am Beginn des Lebenszyklus vorgenommen werden, da beim KGV von einer nachhaltig realistischen Ertragslage ausgegangen wird, d.h. zumindest im nächsten oder übernächsten Jahr muss das betrachtete Unternehmen über einen realistischen Gewinn verfügen. Zudem hängt die Aussagekraft des KGV vom Verschuldungsgrad ab; denn mit höheren Verschuldungsgraden stellen die Kapitalgeber höhere Renditeforderungen, so dass das KGV niedriger sein sollte. Somit würde ein Vergleich von KGVs bei Unternehmen mit unterschiedlichem Verschuldungsgrad zu falschen Ergebnissen führen. Problematisch ist schließlich auch die Vergleichbarkeit von KGVs, wenn sich die zugrunde liegenden Rechnungslegungsvorschriften unterscheiden.[3] Darüber hinaus ist zu beachten, dass negative KGVs bei Betrachtung der Vergleichsgruppe ausgeschlossen sind. Somit kann die Verwendung von KGVs von jungen, wachstumsstarken Unternehmen stark eingeschränkt sein, da bei diesen Unternehmen in den Anfangsjahren der wirtschaftlichen Tätigkeit häufig eine vergleichsweise geringe Ertragskraft vorliegt.[4]

Zur Bestimmung des Eigenkapitalmarktwertes des betrachteten Unternehmens wird das KGV der Vergleichsunternehmen mit dem Gewinn des zu bewertenden Unternehmens multipliziert:

---

1 Vgl. *Loderer et al.* (2005), S. 754.
2 Zur Berechnung des Gewinns je Aktie vgl. *Seppelfricke* (2012), S. 152f.
3 Vgl. *Seppelfricke* (2012), S. 153f. und *Löhnert/Böckmann* (2005), S. 411.
4 Vgl. *Seppelfricke* (2012), S. 169 und *Kusterer* (2003), S. 124.

$$EK^M_{Multiplikator} = Gewinn_B \cdot KGV_V$$

mit

$Gewinn_B$ = Gewinn des zu bewertenden Unternehmens und
KGV_V = KGV der Vergleichsunternehmen als Durchschnittswert oder Median.

Beträgt beispielsweise der Gewinn des zu bewertenden Unternehmens € 24 Mio, so ergibt sich bei einem KGV als Median der Vergleichsunternehmen von z.B. 17 der folgende Marktwert des Eigenkapitals:

$$EK^M_{Multiplikator} = € \, 24 \, Mio \cdot 17 = € \, 408 \, Mio$$

Hat das Unternehmen 10 Mio Aktien emittiert, so ermittelt sich ein Marktwert pro Aktie von € 40,8.

Unterschieden werden kann – je nachdem, ob es sich bei den Gewinnen bzw. Earnings um das aktuelle, realisierte und damit bereits bekannte Ergebnis (E_0) oder um das geschätzte Ergebnis der laufenden Periode (E_1) handelt – beim KGV bzw. der P/E-Ratio zwischen der Trailing P/E-Ratio und der Leading P/E-Ratio (oder auch Forward P/E-Ratio):[1]

$$\text{Trailing P/E ratio} = \frac{P_0}{E_0} \qquad \text{Leading P/E-Ratio} = \frac{P_0}{E_1}$$

Eine analoge Unterscheidung kann grundsätzlich auch für die weiteren, noch vorzustellenden Multiplikatoren vorgenommen werden.

(2) Price-Earnings-Growth-Ratio (PEG)
Bei der Price-Earnings-Growth-Ratio handelt es sich um eine Weitentwicklung des KGV-Multiplikators, wobei versucht wird, die Gewinndynamik und künftige Wachstumserwartungen bei der Unternehmensbewertung zu berücksichtigen. Damit stellt diese Kennzahl insbesondere auf Wachstumsunternehmen ab. Die Kennzahl kann durch Division des KGVs auf Basis des Gewinns des folgenden Jahres durch die annualisierte Wachstumsrate des Gewinns oder des Umsatzes berechnet werden:[2]

$$PEG_i = \frac{KGV_i}{CAGR_i}$$

mit

---

[1] Vgl. *Bodie/Kane/Marcus* (2011b), S. 18-2; *Schwetzler/Arnold* (2012), S. 320; *Arnold/Lahmann/Schwetzler* (2011), S. 432.
[2] Vgl. *Kusterer* (2003), S. 130f. Ein weiteres Konzept sieht im Nenner den Ausdruck (CAGR +1) vor. Die so veränderte Kennzahl wird als Growth-Adjusted Price/Earnings Ratio (GRAPE) bezeichnet, vgl. *Streich* (2001), S. 454ff.

PEG$_i$ = Price-Earnings-Growth-Ratio des Unternehmens i und
CAGR$_i$ = Compound Annual Growth Rate des Unternehmens i.

Mit Hilfe der PEG, die häufig auf Basis der Wachstumsrate der kommenden drei Jahre berechnet wird, kann der Vergleich von Unternehmen mit unterschiedlichen Wachstumsprofilen verbessert werden. Allerdings wird an der PEG kritisiert, dass sie unterschiedliche Wachstumsraten nur auf eine sehr grobe Weise berücksichtigt. Zudem ist wiederum eine Beeinflussung durch den Verschuldungsgrad möglich.[1]

Für den Marktwert des Eigenkapitals des zu bewertenden Unternehmens ergibt sich somit:[2]

$$EK_{Multiplikator}^{M} = Gewinn_B \cdot CAGR_B \cdot \frac{KGV_V}{CAGR_V}$$

mit

CAGR$_V$ = CAGR der Vergleichsunternehmen.

Für das obige Unternehmen X kann bei einer CAGR$_V$ von 10% und einem CAGR des zu bewertenden Unternehmens (CAGR$_B$) von 11% und somit einem Wert für den Multiplikator von 170 der folgender Marktwert des Eigenkapitals bestimmt werden:

$$EK_{Multiplikator}^{M} = €\,24\,Mio \cdot 11\% \cdot \frac{17}{10\%} = €\,448.800.000$$

Damit ergibt sich ein Marktwert pro Aktie von € 44,88.

(3)   Kurs-Cash-flow-Verhältnis (KCFV)
Vor dem Hintergrund, dass aus Aktionärssicht letztendlich die verwendbaren Zahlungsströme relevant sind, haben am Cash flow orientierte Kennzahlen eine große Bedeutung. Durch die Nutzung des Cash flows können die Spielräume der Bilanzpolitik weitgehend ausgeschaltet werden. Cash flows können sowohl die Ertrags- als auch die Innenfinanzierungskraft eines Unternehmens zum Ausdruck bringen und diesbezüglich einen stabilen und international vergleichbaren Maßstab darstellen. Gerade international unterschiedliche Bewertungsmethoden und Rechnungslegungen können dazu führen, dass bei verschiedenen Unternehmen wichtige (nicht zahlungswirksame) Aufwandspositionen, wie Abschreibungen auf Sachanlagen oder Pensionsaufwendungen nicht vergleichbar sind. Die Bereinigung dieser Positionen wird im Rahmen der Cash flow-Ermittlung vorgenommen. Dennoch stellt sich ein Bewertungsvergleich von Unternehmen mit unterschiedlicher Kapitalintensität problematisch dar, weil Unternehmen mit einer höhere Kapitalintensität mehr Cash für die Finanzierung von Investitionen vorhalten müssen. Somit wäre der Free Cash flow eher geeignet als eine Cash flow-Größe je Aktie.[3]

---

1 Vgl. *Seppelfricke* (2012), S. 154 und *Löhnert/Böckmann* (2005), S. 413.
2 Vgl. *Kusterer* (2003), S. 130.
3 Vgl. *Seppelfricke* (2012), S. 154f.

Das KCFV kann wie folgt bestimmt werden:

$$KCFV_i = \frac{Kurs_i}{Cash\ flow\ je\ Aktie_i} = \frac{MKap_i}{Cash\ flow_i}$$

mit

$MKap_i$ = Marktkapitalisierung des Vergleichsunternehmens i.

Zur Bestimmung des Eigenkapitalmarktwertes des betrachteten Unternehmens wird das KCFV der Vergleichsunternehmen mit dem Cash flow des zu bewertenden Unternehmens multipliziert:

$$EK^M_{Multiplikator} = Cash\ flow_B \cdot KCFV_V$$

mit

Cash flow$_B$ = Cash flow des zu bewertenden Unternehmens und
$KCFV_V$ = KCFV der Vergleichsunternehmen als Durchschnittswert oder Median.

Beträgt beispielsweise der Cash flow des zu bewertenden Unternehmens X € 28 Mio, so ergibt sich bei einem KCFV als Median der Vergleichsunternehmen von z.B. 15 der folgende Marktwert des Eigenkapitals:

$$EK^M_{Multiplikator} = €\ 28\ Mio \cdot 15 = €\ 420\ Mio$$

Hat das Unternehmen 10 Mio Aktien emittiert, so ermittelt sich ein Marktwert pro Aktie von € 42,0.

(4) Kurs-Buchwert-Verhältnis (KBV)
Neben Stromgrößen als Multiplikatoren können auch Bestandsgrößen (sog. Asset Multiples) zur Unternehmensbewertung herangezogen werden, wobei im Rahmen der Equity-Multiplikatoren das Kurs-Buchwert-Verhältnis (KBV), das auch als Price/Book-Multiple bezeichnet wird, von besonderer Bedeutung ist. Das KBV ergibt sich als Quotient aus Eigenkapitalmarktwert und Buchwert:[1]

$$KBV_i = \frac{MKap_i}{EK_i^{Buchwert}}$$

mit

$MKap_i$ = Marktkapitalisierung des Vergleichsunternehmens i und

---

[1] Vgl. *Seppelfricke* (2012), S. 156.

$EK_i^{Buchwert}$ = Buchwert des Eigenkapitals des Vergleichsunternehmens i.

Zur Bestimmung des Eigenkapitalmarktwertes des betrachteten Unternehmens wird das KBV der Vergleichsunternehmen mit dem Eigenkapital-Buchwert des zu bewertenden Unternehmens multipliziert:

$$EK_{Multiplikator}^{M} = EK_B^{Buchwert} \cdot KBV_V$$

mit

$EK_B^{Buchwert}$ = Buchwert des Eigenkapitals des zu bewertenden Unternehmens und
KBV_V = KBV der Vergleichsunternehmen als Durchschnittswert oder Median.

Beträgt beispielsweise der Eigenkapital-Buchwert des zu bewertenden Unternehmens X € 206 Mio, so ergibt sich bei einem KBV als Median der Vergleichsunternehmen von z.B. 2 der folgende Marktwert des Eigenkapitals:

$$EK_{Multiplikator}^{M} = €\,206\,Mio \cdot 2 = €\,412\,Mio$$

Hat das Unternehmen 10 Mio Aktien emittiert, so ermittelt sich ein Marktwert pro Aktie von € 41,2.

Problematisch ist bei dem KBV, dass die ermittelten KBV-Werte aufgrund unterschiedlicher Bilanzierungsmethoden häufig nicht miteinander vergleichbar sind, so dass umfassende und wenig praktikable Bereinigungen erforderlich wären. Zudem wird beim KBV lediglich die Substanz und nicht das zukünftige Ertragspotential bewertet.[1]

cd. Bestimmung des Unternehmenswertes mit Hilfe von Enterprise Value-Multiplikatoren

Während die Multiplikatoren zur Bestimmung des Eigenkapitalmarktwertes eines Unternehmens Bezugsgrößen berücksichtigen, die aus Sicht des Aktienwertes wichtig sind (z.B. Gewinne, Cash flows etc.), enthalten Multiplikatoren zur Bestimmung des Unternehmenswertes (Enterprise Value-Multiplikatoren) üblicherweise Bezugsgrößen, die sich auf das Unternehmen als Ganzes beziehen (z.B. Umsatz, EBIT, Free Cash flow etc.) und operative Ergebnisgrößen darstellen. Hierdurch wird die Abhängigkeit der Ergebnisgröße vom Verschuldungsgrad vermieden, und es erfolgt eine Bewertung der Ertragskraft der eigentlichen Geschäftätigkeit. Dies fördert die internationale Vergleichbarkeit der verschiedenen Multiplikatoren. Da die operativen Ergebnisgrößen zur Bedienung von Eigen- und Fremdkapital genutzt werden können, ist nicht die Marktkapitalisierung, sondern der Enterprise Value als Summe aus Eigen- und Fremdkapitalmarktwert die relevante Kapitalgröße. Der Enterprise Value (EV) kann wie folgt bestimmt werden:[2]

---

1 Vgl. *Seppelfricke* (2012), S. 156.
2 Vgl. *Loderer et al.* (2005), S. 766; *Löhnert/Böckmann* (2005), S. 412 und *Seppelfricke* (2012), S. 156. Zu erforderlichen Bereinigungen des Enterprise Value vgl. *Seppelfricke* (2012), S. 157f.

$$EV = BG_B \cdot M_V$$

mit

BG_B = Bezugsgröße des zu bewertenden Unternehmens und
M_V = Multiplikator der Vergleichsunternehmen.

Die Definition des Enterprise Value enthält i.d.R. den Marktwert der Anteile Dritter abzüglich des Marktwertes der Beteiligungen. Somit wird ausschließlich auf das Kerngeschäft des Unternehmens im Sinne aller konsolidierten Beteiligungen abgestellt. Auch operative Ergebnisgrößen wie z.B. EBIT beinhalten die Ergebnisanteile Dritter, was mit der Abbildung des Wertes dieser Anteile Dritter im Enterprise Value konsistent ist. Ausgehend von der Marktkapitalisierung lässt sich der Enterprise Value wie folgt bestimmen, wobei hier zur Vereinfachung von möglichen steuerlichen Verlustvorträgen sowie einer evtl. erforderlichen Aktivierung von Pensions- und Leasingverpflichtungen abgesehen wird:[1]

    Marktkapitalisierung
+ Wert des Fremdkapitals (zinstragende Verbindlichkeiten)
+ Anteile Dritter
− Wert der nicht-operativen (nicht betriebsnotwendigen) Vermögensgegenstände
----
= Enterprise Value

Wird unterstellt, dass es sich bei den nicht betriebsnotwendigen Vermögensgegenständen ausschließlich um Finanzanlagen handelt, ermittelt sich der EV wie folgt:

    Marktkapitalisierung
+ Nettofinanzverschuldung oder „Net Debt"
    (= zinstragende Verbindlichkeiten − Finanzanlagen)
+ Anteile Dritter

= Enterprise Value

Der Multiplikator M_V lässt sich aus den Multiplikatoren der einzelnen Vergleichsunternehmen ableiten, wobei wiederum z.B. der Median der Branche des zu bewertenden Unternehmens herangezogen werden kann. Grundsätzlich stellen sich die Multiplikatoren der einzelnen Vergleichsunternehmen i dabei wie folgt dar:

$$M_i = \frac{EV_i}{\text{operatives Ergebnis}_i}$$

Bei dieser Vorgehensweise wird unterstellt, dass bei vergleichbaren operativen Ergebnissen auch vergleichbare Unternehmenswerte vorliegen. In der Realität kann jedoch beobachtet werden, dass der Verschuldungsgrad eines Unternehmens Einfluss auf den Unternehmens-

---
[1] Vgl. *Löhnert/Böckmann* (2005), S. 412 und *Seppelfricke* (2012), S. 158.

wert hat. Darüber hinaus wird bei den Enterprise Value-Multiplikatoren der Steuereffekt unterschiedlicher Kapitalstrukturen nicht berücksichtigt. Daher sollten die Verschuldungsgrade und zudem die steuerlichen Rahmenbedingungen der zu vergleichenden Unternehmen zumindest in etwa ähnlich sein, da andernfalls ein Bewertungsvergleich kaum sinnvoll sein kann.[1]

(1)   Enterprise Value/EBIT-Verhältnis (EV/EBIT)
Die Ergebnisgröße EBIT (Earnings before interest and taxes) stellt gemäß der deutschen Rechnungslegung das Ergebnis eines Unternehmens vor Finanzergebnis und vor Ertragsteuern dar. Sie beschreibt die operative Ertragsstärke eines Unternehmens. Auf der Grundlage der GuV kann das EBIT sowohl nach dem Umsatzkosten- als auch nach dem Gesamtkostenverfahren gemäß HGB ermittelt werden:[2]

Umsatzkostenverfahren: Umsatz
                          − Herstellungskosten
                          − Vertriebs- und Verwaltungskosten
                          +/−sonstige betriebliche Erträge/Aufwendungen
                          ----
                          = EBIT

Gesamtkostenverfahren: Gesamtleistung
                          − Materialaufwand
                          − Personalaufwand
                          − Abschreibungen
                          +/−sonstige betriebliche Erträge/Aufwendungen
                          ----
                          = EBIT

Das EBIT kann die Ertragsdynamik des originären Geschäfts eines Unternehmens aufzeigen und liefert somit eine gute Grundlage, um die künftige Ertragskraft des Unternehmens zu prognostizieren. Zu beachten ist jedoch, dass bilanzpolitische Spielräume in den verschiedenen Aufwandspositionen bestehen, so dass Vergleiche auf Basis des EBIT möglicherweise nicht sehr aussagekräftig sind. Sinnvoll wären entsprechende Bereinigungen. So sollten z.B. Firmenwert-Abschreibungen zurückaddiert und Beteiligungserträge i.d.R. als nicht operative Posten herausgerechnet werden. Anders als mit operativen Cash flow-Größen kann mit Hilfe des EBIT ein sinnvoller Vergleich von Unternehmen mit unterschiedlicher Kapitalintensität vorgenommen werden.[3] Auch auf internationaler Ebene wird der Vergleich erleichtert, da national unterschiedliche Zins- und Steuerbelastungen ausgeschlossen werden.

Der Multiplikator „Enterprise Value/EBIT-Verhältnis" (EV/EBIT) eines Unternehmens i ergibt sich wie folgt:

$$M_i = \frac{EV_i}{EBIT_i}$$

---

1 Vgl. *Seppelfricke* (2012), S. 157f.
2 Vgl. *Seppelfricke* (2012), S. 160.
3 Vgl. *Seppelfricke* (2012), S. 160 und *Löhnert/Böckmann* (2005), S. 413.

Zur Bestimmung des Enterprise Value des betrachteten Unternehmens wird dieser Multiplikator z.B. als Median der Enterprise Value/EBIT-Verhältnisse der Vergleichsunternehmen mit dem EBIT des zu bewertenden Unternehmens multipliziert:

$$EV = EBIT_B \cdot M_V$$

mit

$EBIT_B$ = EBIT des zu bewertenden Unternehmens.

Unter Berücksichtigung der Nettofinanzverschuldung und unter Vernachlässigung der Anteile Dritter ergibt sich gemäß der o.g. Definition des EV der folgende Ausdruck für den Marktwert des Eigenkapitals:

$$EK^M_{Multiplikator} = EBIT_B \cdot M_V - NFV_B$$

mit

NFV_B = Nettofinanzverschuldung des zu bewertenden Unternehmens.

Beträgt beispielsweise das EBIT des zu bewertenden Unternehmens X € 45 Mio, so ergibt sich bei einem EV/EBIT als Median der Vergleichsunternehmen von z.B. 12 und einer Nettofinanzverschuldung (NFV_B) von € 140 Mio der folgende Marktwert des Eigenkapitals:

$$EK^M_{Multiplikator} = € \ 45 \text{Mio} \cdot 12 - € \ 140 \ \text{Mio} = € \ 400 \text{Mio}$$

Hat das Unternehmen 10 Mio Aktien emittiert, so ermittelt sich ein Marktwert pro Aktie von € 40,0.

(2) Enterprise Value/EBITDA-Verhältnis (EV/EBITDA)
Um die wesentlichen Verzerrungen der verschiedenen EBIT-Ergebnisse zu vermeiden, die z.B. auf eine international unterschiedliche Behandlung von Abschreibungen oder des Goodwill zurückgeführt werden können, kann das sog. EBITDA- (Earnings before interest, taxes, depreciation and amortization-)Ergebnis als gut vergleichbare Kennzahl herangezogen werden. Sie ergibt sich aus dem EBIT wie folgt:

      EBIT
+   Abschreibungen auf das Sachanlagevermögen

=   EBDIT (Earnings before depreciation, interest and taxes)
+   Abschreibungen auf immaterielle Vermögenswerte
    (insbesondere auf den entgeltlich erworbenen Goodwill)

=   EBITDA (Earnings before interest, taxes, depreciation and amortization)

Somit kann das EBITDA-Ergebnis anzeigen, inwieweit aus der gewöhnlichen Geschäftstätigkeit des Unternehmens ein Zahlungsüberschuss erzielt wird, da es sich um das Vorsteuerergebnis handelt unter Vernachlässigung der Finanzierungsstruktur und nicht auszahlungswirksamer Aufwendungen. Der Multiplikator „Enterprise Value/EBITDA-Verhältnis" (EV/EBITDA) eines Unternehmens i ergibt sich wie folgt:[1]

$$M_i = \frac{EV_i}{EBITDA_i}$$

Beim Vergleich von Unternehmen mit unterschiedlicher Kapitalintensität ist allerdings zu beachten, dass z.B. aufgrund höherer Investitionsauszahlungen eine somit höhere Kapitalintensität zu einem geringeren EV/EBITDA-Verhältnis führen sollte.[2]

Zur Bestimmung des Enterprise Value des zu bewertenden Unternehmens kann anlog wie beim EV/EBIT-Verhältnis vorgegangen werden. Beträgt beispielsweise das EBITDA des zu bewertenden Unternehmens X € 60 Mio, so ergibt sich bei einem EV/EBITDA als Median der Vergleichsunternehmen von z.B. 9 und einer Nettofinanzverschuldung von € 140 Mio der folgende Marktwert des Eigenkapitals:

$$EK^M_{Multiplikator} = € \, 60 \, Mio \cdot 9 - € \, 140 \, Mio = € \, 400 \, Mio$$

Hat das Unternehmen 10 Mio Aktien emittiert, so ermittelt sich ein Marktwert pro Aktie von € 40,0.

(3)   Enterprise Value/Sales-Verhältnis (EV/Sales)
Auch der Umsatz („Sales") kann als Ergebnisgröße zur Bestimmung von Multiplikatoren herangezogen werden. Da auch bei unterschiedlichen Methoden der Rechnungslegung und Bilanzierungspolitik hierbei meist keine aufwändigen Bereinigungen erforderlich sind, kann die Vergleichbarkeit dieser Größe als recht hoch eingestuft werden.[3]
Der Multiplikator EV/Sales eines Unternehmens i ergibt sich wie folgt:

$$M_i = \frac{EV_i}{Sales_i}$$

Zur Bestimmung des Enterprise Value des betrachteten Unternehmens wird dieser Multiplikator z.B. als Median der Enterprise Value/Sales-Verhältnisse der Vergleichsunternehmen mit dem Umsatz des zu bewertenden Unternehmens multipliziert:

$$EV = Umsatz_B \cdot M_V$$

mit

$Umsatz_B$ = Umsatz („Sales") des zu bewertenden Unternehmens.

---

1 Vgl. *Seppelfricke* (2012), S. 160. und *Kusterer* (2003), S. 128f.
2 Vgl. *Seppelfricke* (2012), S. 160.
3 Vgl. *Seppelfricke* (2012), S. 163.

Unter Berücksichtigung der Nettofinanzverschuldung des zu bewertenden Unternehmens (NFV$_B$) und unter Vernachlässigung der Anteile Dritter ergibt sich gemäß der o.g. Definition des EV der folgende Ausdruck für den Marktwert des Eigenkapitals:

$$EK^M_{Multiplikator} = Umsatz_B \cdot M_V - NFV_B$$

Beträgt beispielsweise der Umsatz des zu bewertenden Unternehmens X € 510 Mio, so ergibt sich bei einem EV/Sales als Median der Vergleichsunternehmen von z.B. 1,5 und einer Nettofinanzverschuldung von € 140 Mio der folgende Marktwert des Eigenkapitals:

$$EK^M_{Multiplikator} = € \, 510 \, Mio \cdot 1,5 - € \, 140 \, Mio = € \, 625 \, Mio$$

Hat das Unternehmen 10 Mio Aktien emittiert, so ermittelt sich ein Marktwert pro Aktie von € 62,5.

Mit Hilfe des Multiplikators EV/Sales können auch dann Bewertungsvergleiche vorgenommen werden, wenn sich das betrachtete Unternehmen in einer Verlust- oder Turn-Around-Situation befindet. So kommt dieser Multiplikator vor allem auch bei der Bewertung von Wachstumsunternehmen in Frage, die vielfach noch keine Gewinne erzielen. Allerdings können Umsätze nur als grobe Indikatoren für die künftige Ergebnisentwicklung eines Unternehmens bezeichnet werden, so dass die Aussagekraft des EV/Sales-Verhältnisses eher gering ist. Am besten eignet sich dieser Multiplikator zur Unternehmensbewertung, wenn die zu vergleichenden Unternehmen im Hinblick auf andere Größen, wie z.B. Branche, Marktposition, Ertragskraft, Risikoprofil oder auch Wachstumsperspektiven, sehr ähnlich sind.[1]

(4)   Enterprise Value/Capital Employed-Verhältnis (EV/CE)
Der Multiplikator Enterprise Value/Capital Employed-Verhältnis (EV/CE) ermöglicht einen Vergleich zwischen dem Buchwert des Unternehmens (Capital Employed) und dem Marktwert des Unternehmens (Enterprise Value). Dabei kann das Capital Employed in Anlehnung an die Investmentbank Lehman Brothers wie folgt definiert werden:[2]

    Eigenkapital
+ Anteile Dritter zu Marktwerten
+ Steuerrückstellungen
+ Kumulierte Goodwill-Abschreibungen bzw. Wert des gegen das Eigenkapital verrechneten Goodwill
+ Finanzverbindlichkeiten
+ Pensionsrückstellungen
− Liquide Mittel
   (nicht bei Anlagenbauern, bei denen Zinserträge zum operativen Gewinn zählen)
− Beteiligungen zu Marktwerten

= Capital Employed

---

1 Vgl. *Seppelfricke* (2012), S. 163 und *Kusterer* (2003), S. 131.
2 Vgl. *Löhnert/Böckmann* (2005), S. 423.

Capital Employed und Enterprise Value werden grundsätzlich in kongruenter Weise ermittelt. Der Multiplikator EV/CE eines Unternehmens i ergibt sich wie folgt:[1]

$$M_i = \frac{EV_i}{\text{Capital Employed}_i}$$

Grundsätzlich sollten Unternehmen, die eine nachhaltige erwartete Rendite erzielen, die oberhalb der gewichteten Kapitalkosten liegt, mit einer Prämie auf das Capital Employed bewertet werden, so dass sich ein entsprechend hoher Wert für den Multiplikator EV/CE ergibt. Umgekehrt sollten Unternehmen, bei denen der Kapitalmarkt eine unterhalb der Kapitalkosten liegende Rendite auf das eingesetzte Kapital erwartet, mit einem Abschlag auf das Capital Employed bewertet werden. Grundsätzlich kann zur besseren Beurteilung von Unternehmen neben dem Multiplikator EV/CE gleichzeitig auch der Return on Capital Employed (RoCE) mit in die Beurteilung einbezogen werden. Beispielsweise würde ein hoher RoCE bei einem niedrigen EV/CE darauf hinweisen, dass das zu bewertende Unternehmen wahrscheinlich gute Renditen erzielen wird, der Markt aber von nicht so guten und/oder nicht nachhaltig zu erzielenden Renditen ausgeht. Möglicherweise befindet sich das Unternehmen auch an einem Höhepunkt im Zyklus, wobei der Markt bereits einen Abschwung berücksichtigt.[2]

Zur Bestimmung des Enterprise Value des betrachteten Unternehmens kann dieser Multiplikator z.B. als Median der Enterprise Value/CE-Verhältnisse der Vergleichsunternehmen mit dem Capital Employed des zu bewertenden Unternehmens multipliziert werden:

$$EV = CE_B \cdot M_V$$

mit

CE_B = Capital Employed des zu bewertenden Unternehmens.

Unter Berücksichtigung der Nettofinanzverschuldung und unter Vernachlässigung der Anteile Dritter ergibt sich gemäß der o.g. Definition des EV der folgende Ausdruck für den Marktwert des Eigenkapitals:

$$EK^M_{\text{Multiplikator}} = CE_B \cdot M_V - NFV_B$$

mit

NFV_B = Nettofinanzverschuldung des zu bewertenden Unternehmens.

Beträgt beispielsweise das Capital Employed des zu bewertenden Unternehmens X € 300 Mio, so ergibt sich bei einem EV/CE-Verhältnis als Median der Vergleichsunternehmen von z.B. 1,9 und einer Nettofinanzverschuldung von € 140 Mio der folgende Marktwert des Eigenkapitals:

---

[1] Eine vergleichbarer Multiplikator ist der „Enterprise Value to Book", vgl. *Damodaran* (2002), S. 534f.
[2] Vgl. *Löhnert/Böckmann* (2005), S. 424f.

$$EK^M_{Multiplikator} = €\ 300\,Mio \cdot 1{,}9 - €\ 140\ Mio = €\ 430\,Mio$$

Hat das Unternehmen 10 Mio Aktien emittiert, so ermittelt sich ein Marktwert pro Aktie von € 43,0.

cc. Zusammenfassung des Fallbeispiels

Für das Unternehmen X werden die ermittelten Marktwerte des Eigenkapitals in Tabelle D.11 zusammengestellt.

Kennzahl	Kennzahl-Wert$_X$	Multiplikator-Wert$_V$	Multi-plikator	EK-Marktwert$_X$
Gewinn	24.000.000	17	KGV	408.000.000
Buchwert	206.000.000	2	KBV	412.000.000
Cash-flow	28.000.000	15	KCFV	420.000.000
Gewinn · CAGR	2.640.000	170	PEG	448.800.000
EBIT	45.000.000	12	EV/EBIT	400.000.000
EBITDA	60.000.000	9	EV/EBITDA	400.000.000
Umsatz	510.000.000	1,5	EV/Sales	625.000.000
Capital Employed	300.000.000	1,9	EV/CE	430.000.000

Tab. D.11: Ergebnisse des Fallbeispiels zur Unternehmensbewertung mit Multiplikatoren

Beim Vergleich der einzelnen Eigenkapital-Marktwerte fällt auf, dass der auf Basis des EV/Sales-Multiplikators ermittelte Wert deutlich über den anderen Werten liegt. Somit müsste bei dem vorliegenden Umsatz des Unternehmens der Unternehmenswert deutlich höher sein. Dies wird aber durch die anderen Multiplikatoren auf Basis operativer Ergebnisgrößen nicht bestätigt. Vielmehr fallen die damit berechneten Unternehmenswerte geringer aus. Offenbar ist also die Umsatzrendite des zu bewertenden Unternehmens geringer als bei den Vergleichsunternehmen. Da keine Angaben darüber vorliegen, ob das zu bewertende Unternehmen die durchschnittliche Umsatzrendite der Vergleichsunternehmen erreichen wird, sollte der Umsatzmultiplikator im Rahmen dieser Bewertung nicht berücksichtigt werden.

Somit liegt der Marktwert des Eigenkapitals, der auf Basis der Multiplikatoren ermittelt wurde, bei ca. € 400 – 450 Mio. Daneben könnte auch ein Unternehmenswert mit Hilfe von Multiplikatoren vergleichbarer Transaktionen bestimmt werden. Sollten mit einer Transaktion Synergieerwartungen des Käufers verbunden sein, können sich diese Erwartungen in einem Unternehmenswert ausdrücken, der oberhalb des Wertes liegt, der auf Basis der Multiplikatoren börsennotierter Unternehmen bestimmt worden ist.[1]

---

[1] Vgl. *Löhnert/Böckmann* (2005), S. 420. Zur Berücksichtigung von Synergieeffekten bei der Unternehmensbewertung vgl. *Angermayer/Oser* (2005), S. 763ff.

cf. Bestimmung des Unternehmenswertes mit Hilfe von branchenspezifischen Multiplikatoren

Neben den o.g., aus der Rechnungslegung abgeleiteten Ergebnisgrößen wurden auch weitere, branchenspezifische Multiplikatoren entwickelt, die als Stellvertreter für die unternehmensspezifischen Werttreiber angesehen werden können. Dabei entspricht der Multiplikator dem Quotienten aus dem Enterprise Value und einer Kennzahl, die Einnahmen und Gewinne für das Unternehmen generiert (Performanceindikator):

$$M_i = \frac{EV_i}{PI_i}$$

mit

PI_i = Performanceindikator, der für das Unternehmen i herangezogen wird.

Beispielsweise werden für bestimmte Branchen die nachfolgenden Multiplikatoren vorgeschlagen:[1]

Internet Service Provider oder Telekommunikation: $M = \dfrac{EV}{\text{Anzahl Teilnehmer}}$

Internet Portale: $M = \dfrac{EV}{\text{Anzahl Besucher der Website}}$

Stahl: $M = \dfrac{EV}{\text{produzierter Stahl (in Tonnen)}}$

Einzelhandel: $M = \dfrac{EV}{\text{Anzahl Kunden}}$

Vermögensverwaltung: $M = \dfrac{EV}{\text{Assets under Management}}$

Grundsätzlich können noch zahlreiche weitere Multiplikatoren herangezogen werden.[2] Sie können insbesondere zur Bewertung von jungen, wachstumsstarken Unternehmen genutzt werden, bei denen aktuelle Werte für Umsatz und Ertrag noch nicht aussagekräftig genug sind. Zu prüfen ist aber in jedem Fall, ob auch ein tatsächlicher konkreter Zusammenhang zwischen Performanceindikator und Performance vorliegt. Beispielsweise ist die Kundenanzahl eines Unternehmens unterschiedlich zu bewerten, je nachdem wie viel Geld von den Kunden ausgegeben wird. Auch eine hohe Anzahl von Besuchern (bzw. Clicks pro Besucher) bei einem Internetportal muss nicht zwangsläufig auch zu einer positiven Umsatz- und Gewinnentwicklung führen.[3]

---

1 Vgl. *Damodaran* (2002), S. 566ff. und *Seppelfricke* (2012), S. 164.
2 Zu Multiplikatoren, die insbesondere zur Bewertung von Internet-Unternehmen herangezogen werden können, vgl. ausführlich *Gommlich/Tieftrunk* (2000), S. 309ff.
3 Vgl. *Damodaran* (2002), S. 567f. und *Seppelfricke* (2012), S. 164.

cg. Comparative-Company-Approach versus Market Multiples-Ansatz

Bei den Multiplikatorverfahren lassen sich als zwei grundsätzliche Verfahren der Comparative-Company-Approach (CCA) und der Market Multiples-Ansatz (MMA) unterscheiden.

Beim CCA wird zur Unternehmenswertbestimmung von tatsächlich realisierten Markt-(Börsen-)preisen für Vergleichsunternehmen ausgegangen. Auf Basis dieser realisierten Marktpreise wird der Wert des betrachteten Unternehmens abgeleitet, wobei die Multiplikatoren dem Quotienten aus dem Marktpreis der Vergleichsunternehmen und den jeweiligen Ergebnis- oder Kapitalgrößen (z.B. Gewinne, Cash flows, EBIT, Eigenkapital-Buchwert etc.) entsprechen. Problematisch ist dabei insbesondere bei geringer Datenbasis die Auswahl der Vergleichsunternehmen. Unterschieden werden im Rahmen des CCA die Methoden Similar Public Company Method, Recent Acquisitions Method und Initial Public Offerings.[1]

Mit Hilfe der Similar Public Company Method werden nicht an der Börse notierte Unternehmen auf der Grundlage der Börsenkurswerte der Vergleichsunternehmen bewertet. Dabei können auch Abschläge für das zu bewertende (nicht börsennotierte) Unternehmen aufgrund einer geringeren Fungibilität der Unternehmensanteile vorgenommen werden. Umgekehrt sind bei Verkauf ganzer Unternehmen bzw. von Mehrheitsanteilen auch pauschale Zuschläge möglich (Paketzuschlag oder Kontrollzuschlag).[2]

Im Rahmen der Recent Acquisitions Method wird auf die Kaufpreise aus zeitnahen, am Markt tatsächlich realisierten Verkäufen vergleichbarer Unternehmen zurückgegriffen, die sowohl börsennotiert als auch nicht börsennotiert sein können. Erforderlich ist allerdings zum einen das Vorliegen einer entsprechend großen Anzahl zeitnaher Transaktionen vergleichbarer Unternehmen und zum anderen der Zugriff auf die tatsächlich gezahlten Kaufpreise. Somit müssen öffentlich zugängliche Informationen über Unternehmenstransaktionen und die dazugehörigen Preise vorliegen.

Die Initial Public Offering Method wird i.d.R. zur Schätzung des im Rahmen von Börseneinführungen zu ermittelnden Emissionspreises herangezogen. Dieser wird aus den Emissionspreisen für Anteile an neu an der Börse eingeführten Vergleichsunternehmen bestimmt. Auch bei diesem Verfahren hängt die Datenbeschaffung insbesondere von der Verfügbarkeit geeigneter Informationsquellen ab.

Trotz Kritik von Seiten der Wissenschaft kann aber die zunehmende Vergleichbarkeit der Unternehmensdaten aufgrund der Globalisierung der Finanzmärkte zu einem Bedeutungsgewinn der CCA-Verfahren beitragen.[3] Allerdings sind diese Verfahren nicht zur Bestimmung von Entscheidungswerten geeignet. Vielmehr geht es um die Abschätzung erzielbarer Marktpreise.[4]

Ähnlich wie der CCA wird der Unternehmenswert auch beim Market Multiples-Ansatz (MMA) mit Hilfe von Multiplikatoren ermittelt. Diese Methode kann auch als „Multiplikatormethode" bezeichnet werden. Bei den Market Multiples handelt es sich beim MMA allerdings im Allgemeinen um Erfahrungssätze oder auch „Daumenregeln", die aus den

---

1 Vgl. hierzu und zu den nachfolgenden Ausführungen *Mandl/Rabel* (2005), S. 75ff. und *Hommel/Braun* (2005), S. 73ff.
2 Vgl. *Hayn* (2005), S. 502.
3 Zu Argumenten, die von der Wissenschaft gegen die Anwendung von Multiplikatoren zur Unternehmensbewertung genannt werden, vgl. *Löhnert/Böckmann* (2005), S. 406 und die dort angegebene Literatur.
4 Vgl. *Mandl/Rabel* (2005), S. 78.

branchenspezifischen, in der Vergangenheit realisierten Marktpreisen für Unternehmensverkäufe abgeleitet werden. Sie werden als Orientierungshilfe zur Abschätzung des Wertes von Unternehmen einer bestimmten Branche herangezogen. Somit muss der Bewerter das betrachtete Unternehmen lediglich einer bestimmten Branche zuordnen und den branchenspezifischen Multiplikator kennen. Informationen über tatsächlich realisierte Kaufpreise oder Börsenwerte für bestimmte Vergleichsunternehmen sind für den Bewerter dann nicht erforderlich. Die Bezugsgrößen zur Ermittlung der Branchenmultiplikatoren können den Bezugsgrößen beim Comparative-Company-Approach entsprechen.[1]

Für den deutschen Kapitalmarkt wurden beispielsweise per 15.7.2012 und 15.01.2013 die in Tabelle D.12 dargestellten Branchen-Multiplikatoren vom Lehrstuhl für Finanzmanagement und Banken an der Handelshochschule Leipzig erstellt. Dabei handelt es sich jeweils um Median-Werte, wobei für die Berechnung der Multiplikatoren solche Unternehmen nicht berücksichtigt wurden, bei denen eine negative P/E-Ratio oder ein negativer EV/EBIT-Multiplikator ermittelt wurde. Die dargestellten Branchen sind an die Brancheneinteilung des Prime Standard der Deutschen Börse AG angelehnt. Dargestellt sind in Tabelle D.12 jeweils die sog. Trailing-Multiplikatoren, die die aktuellen, realisierten Ergebnisse einbeziehen. Leading- oder Forward-Multiplikatoren berücksichtigen hingegen die Schätzungen für die Ergebnisse des laufenden Geschäftsjahres:[2]

Branche	P/E		EV/EBIT		EV/Sales	
	7/2012	1/2013	7/2012	1/2013	7/2012	1/2013
Automobil	8,3	8,9	9,3	10,7	0,7	0,8
Grundstoffe	10,4	15,1	9,3	7,5	0,9	0,6
Chemie	16,9	19,0	10,8	12,0	1,2	1,2
Bauindustrie	22,8	22,9	12,0	12,7	0,8	0,9
Konsumgüter	14,7	14,0	10,5	10,3	0,6	0,7
Nahrungsmittel und Getränke	10,7	6,0	5,9	6,2	0,8	0,8
Industriegüter	12,3	13,1	9,3	11,8	0,5	0,6
Medien	13,1	17,1	13,0	13,7	1,2	1,0
Pharma	18,4	21,7	14,8	15,1	1,4	1,5
Einzelhandel	10,9	12,9	8,7	8,1	0,4	0,5
Software	16,7	20,0	8,7	10,9	0,9	1,2
Technology	11,2	14,7	6,7	7,8	0,6	0,6
Telekommunikation	11,0	14,8	13,2	15,7	0,7	0,8
Transport und Logistik	17,8	15,9	10,6	10,8	0,4	0,4
Versorger	19,2	16,6	10,1	11,3	0,7	0,7

Tab. D.12: Multiples für den deutschen Kapitalmarkt per 15.7.2012 und 15.1.2013[3]

---

1 Vgl. *Mandl/Rabel* (2005), S. 78f.; *Kusterer* (2003), S. 59 und *Volk* (2005), S. 647.
2 Vgl. *Schwetzler/Arnold* (2012), S. 319ff.; *Hammer/Lahmann/Schwetzler* (2013), S. 94ff. und *Deutsche Börse* (2013a).
3 Vgl. *Schwetzler/Arnold* (2012), S. 320f. sowie *Hammer/Lahmann/Schwetzler* (2013), S. 94ff. Aktuelle Werte können auf *www.finexpert.info* abgerufen werden.

ch. Beurteilung der Multiplikatorverfahren

Die Multiplikatorverfahren können insbesondere zur Vereinfachung der Unternehmensbewertung genutzt werden. Sie erscheinen besonders dann vorteilhaft, wenn aus nur groben Informationen über Geschäftszahlen frühzeitig und schnell ein möglicher Kaufpreis oder eine Kaufpreisspanne ermittelt werden soll.[1] Als Vorteile der Multiplikatorverfahren können somit auch die vergleichsweise geringe Komplexität und leichte Verständlichkeit genannt werden. Dabei ist die Anzahl der benötigten Informationen und Daten relativ gering. Ferner kann davon ausgegangen werden, dass viele Praktiker mit den entsprechenden Multiplikatoren und Bewertungszusammenhängen vertraut sind. Auch ist die Durchführung internationaler Kennzahlenvergleiche mit Hilfe von Multiplikatoren relativ leicht und schnell möglich. Zudem hat die Verwendung von Marktpreisen den Vorteil, dass sie nachprüfbare Preise darstellen, die für jeden Marktteilnehmer gelten und gleichzeitig divergierende Wertvorstellungen der Marktteilnehmer durch den Markt ausgeglichen werden.

Als problematisch könnte sich aber die Auswahl der Vergleichsunternehmen erweisen, da nach solchen börsennotierten Unternehmen zu suchen ist, deren Geschäftsmodelle möglichst dem des zu bewertenden Unternehmens ähneln. Um das Bewertungsobjekt hinsichtlich der gegebenen Risiko- und Erfolgsfaktoren aber mit den entsprechenden Unternehmen vergleichbar zu machen, sind möglicherweise Zu- oder Abschläge bei der Multiplikatorbildung erforderlich. Dabei stellt sich auch die Frage, ob das zu bewertende Unternehmen tatsächlich eng mit dem Branchendurchschnitt korreliert. Sofern es sich darüber hinaus bei dem zu bewertenden Unternehmen um einen Mischkonzern handelt, kann das Unternehmen möglicherweise nicht eindeutig einer bestimmten Branche zugeordnet werden. Ferner können auch die Multiplikatoren selber im Wert schwanken, da die unterstellten Relationen häufig nicht über die Zeit konstant sind. Schließlich ist noch darauf hinzuweisen, dass die Börsenkurse aus Angebot und Nachfrage abgeleitet werden und sich somit auch diese Faktoren werttreibend auf das Bewertungsergebnis auswirken können.[2]

Insgesamt gesehen handelt es sich bei den Multiplikatorverfahren um einen vereinfachten Preisfindungsprozess, der insbesondere im Rahmen der Bewertung kleiner und mittlerer Unternehmen herangezogen werden kann. Auch von Seiten des Instituts der Wirtschaftsprüfer in Deutschland e.V. (IDW) wird entsprechend darauf hingewiesen, dass diese Verfahren im Einzelfall Anhaltspunkte bieten können für eine Plausibilitätskontrolle der Bewertungsergebnisse nach dem Ertragswert- bzw. den DCF-Verfahren. Liegt z.B. eine Differenz zwischen dem Ertragswert und dem Wert aufgrund des Multiplikatorverfahrens vor, so kann hierdurch eine kritische Prüfung der zur Plausibilitätskontrolle herangezogenen Größen sowie der der Ertragswertberechnung zugrunde gelegten Ausgangsdaten und Prämissen veranlasst werden. Der branchen- bzw. unternehmensspezifische Multiplikator kann dabei insbesondere als Ausdruck der aktuellen Kapitalkosten, der Risikoneigung potentieller Erwerber sowie des Verhältnisses zwischen Angebot und Nachfrage auf dem Markt für Unternehmenstransaktionen angesehen werden.[3]

---

1 Zur Betrachtung eines theoretischen Zusammenhangs zwischen den Multiplikatorverfahren und den DCF-Verfahren vgl. *Dreher* (2010), S. 159ff.
2 Zu den Vor- und Nachteilen der Multiplikatorverfahren vgl. *Hommel/Braun* (2005), S. 63 und S. 70ff. und *Löhnert/Böckmann* (2005), S. 405ff.
3 Vgl. *IDW* (2008), S. 29 und S. 33.

4. Wertorientierte Konzepte zur Messung des Shareholder Value

Die Konzepte zur Umsetzung des Shareholder Value-Ansatzes in der Unternehmensführung greifen auf Verfahrensweisen der Investitionsrechnung und der strategischen Planung zurück, wobei verschiedene Kennzahlen einer am Wert der Investoren orientierten Unternehmensführung herangezogen werden können. Mit den wertorientierten Kennzahlen sollen Strategien sowohl ex ante (im Rahmen der Planung) als auch ex post (Messung und Kontrolle der Steigerung des Unternehmenswertes) bewertet werden können. Entsprechend besteht die Zielsetzung dieser Kennzahlen in der Ermittlung der Wertgenerierung in einer bestimmten Periode.[1]

Zu den Hauptanwendungsbereichen dieses sog. Value Based Management (VBM) zählen Planung, Performancemessung und Managemententlohnung. Dabei kann die wertorientierte Planung sowohl einzelne Investitionsprojekte als auch Geschäftsfelder oder ganze Unternehmen betreffen. Die wertorientierte Perfomancemessung kann sich einerseits auf interne Steuerungszwecke im Rahmen des Controlling beziehen, wobei es um die Koordination und Unterstützung von Entscheidungen geht, damit diese im Sinne der Eigenkapitalgeber getroffen werden. Andererseits ist die wertorientierte Performancemessung für das Value Reporting, d.h. für die entsprechende Berichterstattung nach außen von Bedeutung. Zur Sicherstellung, dass sich das Management im Sinne der Shareholder verhält, können wertorientierte Anreizsysteme im Rahmen der wertorientierten Managemententlohnung eingerichtet werden.[2]

Als wesentliches Instrument des Value Based Management dienen Kennzahlen zur Bestimmung des Wertbeitrags, die als periodenbezogene absolute Wertbeitragskennzahlen oftmals in Form von Residualgewinnen oder Übergewinnen definiert werden. Der Residualgewinn kann als Gewinn nach Steuern, aber vor Zinsen („Net Operating Profit after Taxes", NOPAT) abzüglich der Kapitalkosten auf das investierte Kapital definiert werden.[3]

Zu den in der Praxis verbreiteten Residualgewinnkonzepten zählen beispielsweise die Konzepte Economic Value Added (EVA), Cash flow Return on Investment (CFROI), Cash Value Added (CVA) und Economic Profit (EP). Dabei unterscheiden sich die praxisorientierten Residualgewinnkonzepte vor allem durch die Vornahme von sog. Conversions (Modifikationen) und die Verwendung eines risikoangepassten Zinssatzes zur Kapitalkostenberechnung. Zur Bestimmung von NOPAT und investiertem Kapital werden die handelsrechtlichen Größen durch die Conversions angepasst. Neben den genannten Konzepten kommen auch sog. Risk Adjusted Performance Measures (RAPM) vor. Zu nennen sind beispielsweise der Return on Risk Adjusted Capital (RORAC) und der Risk Adjusted Return on Capital (RAROC), die ihren Ursprung im Bankenbereich haben und speziell zur Risikosteuerung entwickelt wurden.[4] Ein neueres Konzept ermittelt den Residualgewinn als Earnings less Riskfree Interest Charge (ERIC), bei dem die Berechnung der Kapitalkosten auf Basis des risikofreien Zinssatzes erfolgt und somit nicht auf Basis eines risikoangepassten Zinssatzes.[5]

---

1 Vgl. *Wenzel* (2005), S. 42.
2 Vgl. *Velthuis* (2004), S. 296.
3 Vgl. *Rappaport* (1999), S. 144.
4 Vgl. *Wenzel* (2005), S. 43f.; *Velthuis* (2004a), S. 296f. und *Velthuis* (2004b), S. 2. Zu den Ergebnissen einer Befragung bzgl. der Shareholder Value-Kennzahlen, die von den DAX100-Unternehmen verwendet werden, vgl. *KPMG* (2003), S. 2 und *Aders et al.* (2003), S. 720.
5 Vgl. *Velthuis* (2004a), S. 300ff. und *Velthuis* (2004b), S. 3ff.

Im Folgenden sollen die zwei wertorientierten Konzepte Economic Value Added (EVA) und Cash Value Added (CVA) i.V.m. dem Cash flow Return on Investment (CFROI) vorgestellt werden.

a. Economic Value Added (EVA)

Der Economic Value Added (EVA^{TM})[1] soll insbesondere unternehmensintern zur Performance-Messung des Managements bzw. unternehmensextern zur Beurteilung der Wertsteigerung einer Periode herangezogen werden. Mit dem Konzept wird zum Ausdruck gebracht, dass nur dann Wert für die Eigenkapitalgeber des Unternehmens geschaffen wird, wenn die Rendite der Investitionen höher ausfällt als die Rendite der Opportunität. Auf Basis dieser Grundüberlegung können im Rahmen des Entity-Ansatzes der DCF-Verfahren zwei Methoden genannt werden. Zum einen handelt es sich dabei um den Capital Charge-Ansatz und zum anderen um den Value Spread-Ansatz.[2]

Wird der Capital Charge-Ansatz angewendet, so ergibt sich der EVA wie folgt:[3]

$$EVA_t = NOPAT_t - k_{GK}^{WACC} \cdot IC_{t-1}$$

mit

NOPAT	=	Net Operating Profit after Taxes,
IC_{t-1}	=	Invested Capital in t–1, d.h. in t–1 eingesetztes Kapital und
$k_{GK}^{WACC} \cdot IC_{t-1}$	=	kalkulatorische Kapitalkosten.

Der NOPAT stellt den betrieblichen Gewinn nach Abzug von adjustierten Steuern und vor Finanzierungskosten dar, wobei die adjustierten Steuern einen Steueraufwand repräsentieren, der bei einem unverschuldeten Unternehmen, d.h. bei vollständiger Eigenfinanzierung entstehen würde. Wie beim WACC-Ansatz wird die steuerliche Abzugsfähigkeit der Fremdkapitalzinsen (Tax Shield) nicht in der Gewinngröße, sondern in den Gesamtkapitalkosten berücksichtigt.[4]

Das investierte Kapital setzt sich aus dem Anlagevermögen, dem Net Working Capital sowie den sog. Equity Equivalents zusammen. Bei Letzteren handelt es sich um eigenkapitalähnliche Positionen, wie z.B. Deferred Income Tax Reserve (die den passiven latenten Steuern entsprechen), Vorratserhöhung um LiFo-Reserve, Goodwill-Abschreibungen, nichtaktivierter Goodwill, Aufwendungen mit Investitionscharakter (Intangibles, z.B. F&E- oder Markteinführungsaufwand), Vollkostenaktivierung oder auch Aktivierung des außerordentlichen Aufwands (Ertrags). Das investierte Kapital kann auch passivisch definiert

---

1 Bei dem Begriff EVA^{TM} handelt es sich um ein eingetragenes Warenzeichen der *Stern Stewart & Co* Unternehmensberatungsgesellschaft in New York.
2 Vgl. *Steiner/Bruns/Stöckl* (2012), S. 256ff. und *Hommel/Braun* (2005), S. 289f.
3 Vgl. *Hommel/Braun* (2005), S. 288.
4 Vor dem Hintergrund der Berücksichtigung von Steuern und der Vornahme umfangreicher Bereinigungen kann NOPAT noch besser als EBIT die Ertragskraft des operativen Geschäfts nachzeichnen, vgl. *Seppelfricke* (2012), S. 196. Zu den Anpassungen der Gewinn- und der Kapitalgröße vgl. auch *Hommel/Braun* (2005), S. 289f.

werden und führt zum gleichen Ergebnis.[1] Mitunter wird im Rahmen der EVA-Berechnung bei dem investierten Kapital auch von „Net Operating Assets" (NOA) gesprochen, da dieser Begriff weniger mit dem Begriff „Gesamtkapital" verwechselt wird.[2]

Als zweiter Ansatz zur Bestimmung des EVA kann auf den Value Spread-Ansatz zurückgegriffen werden. Demnach gilt folgender Zusammenhang:

$$EVA_t = \left(ROIC_t - k_{GK}^{WACC}\right) \cdot IC_{t-1}$$

mit

$$ROIC_t = \text{Return on Invested Capital in } t = \frac{NOPAT_t}{IC_{t-1}}.$$

Dabei kann die Differenz $\left(ROIC_t - k_{GK}^{WACC}\right)$ als betriebliche Überrendite bezeichnet werden.[3] Value Spread- und Capital Charge-Ansatz lassen sich ineinander überführen:

$$EVA_t = \left(ROIC_t - k_{GK}^{WACC}\right) \cdot IC_{t-1} = \left(\frac{NOPAT_t}{IC_{t-1}} - k_{GK}^{WACC}\right) \cdot IC_{t-1} = NOPAT_t - k_{GK}^{WACC} \cdot IC_{t-1}$$

Das Vorzeichen des EVA-Wertes bringt somit zum Ausdruck, ob Wert geschaffen (positives Vorzeichen, d.h. die Rendite auf das eingesetzte Kapital ist größer als der Kapitalkostensatz) oder vernichtet (negatives Vorzeichen) worden ist.

Durch Diskontierung der erwarteten EVA-Werte der künftigen Perioden mit dem Gesamtkapitalkostensatz lässt sich der sog. Market Value Added (MVA) ermitteln, der auch als Geschäfts- oder Firmenwert betrachtet werden kann. Er wird mit Hilfe des Stufen- oder Phasenmodells wie folgt berechnet:[4]

$$MVA_0 = \sum_{t=1}^{n} \frac{EVA_t}{\left(1+k_{GK}^{WACC}\right)^t} + \frac{EVA_{n+1}}{k_{GK}^{WACC} \cdot \left(1+k_{GK}^{WACC}\right)^n} \qquad \text{für } k_{GK}^{WACC} = \text{konstant}$$

Wird zum MVA das im Bewertungszeitpunkt investierte Kapital (das zu Buchwerten gemessen wird) hinzuaddiert, ergibt sich der Marktwert des Gesamtkapitals (Entity-Ansatz), wobei hier unterstellt wird, dass nicht betriebsnotwendiges Vermögen nicht vorliegt:

$$GK_0^M = IC_0 + MVA_0$$

mit

IC_0 = zum Bewertungszeitpunkt investiertes Kapital.

---

1 Vgl. *Drukarczyk/Schüler* (2009), S. 437 und *Hommel/Braun* (2005), S. 289f.
2 Vgl. *Langguth/Marks* (2003), S. 616 sowie zur Berechnung des Net Operating Profit *Langguth/Marks* (2003), S. 620f.
3 Vgl. *Hommel/Braun* (2005), S. 288.
4 Vgl. *Hommel/Braun* (2005), S. 291.

Beispielsweise liegen für ein Unternehmen die folgenden Daten vor, wobei von einem Gesamtkapitalkostensatz k_{GK}^{WACC} ausgegangen wird, der in jeder Periode 8% beträgt:[1]

Periode	t_0	t_1	t_2	ab t_3
IC am Periodenbeginn		4.000.000	4.570.000	5.040.000
Abschreibungen		230.000	230.000	230.000
Investitionen		800.000	700.000	230.000
IC am Periodenende	4.000.000	4.570.000 *	5.040.000	5.040.000
NOPAT		700.000	800.000	500.000
ROIC		17,5000% **	17,5055%	9,9206%
EVA		380.000 ***	434.400	96.800

* $4.570.000 = 4.000.000 - 230.000 + 800.000$

** $17,5\% = ROIC_1 = \dfrac{NOPAT_1}{IC_0} = \dfrac{700.000}{4.000.000}$

*** $380.000 = EVA_1 = \left(ROIC_1 - k_{GK}^{WACC}\right) \cdot IC_0 = (0,175 - 0,08) \cdot 4.000.000$

Tab. D.13: Economic Value Added (EVA)

Da nicht betriebsnotwendiges Vermögen nicht vorliegt, können MVA und GK^M zum Zeitpunkt t_0 wie folgt bestimmt werden:

$$MVA_0 = \frac{380.000}{(1+0,08)^1} + \frac{434.400}{(1+0,08)^2} + \frac{96.800}{0,08 \cdot (1+0,08)^2} = 1.761.659,81$$

$$GK_0^M = IC_0 + MVA_0 = 4.000.000 + 1.761.659,81 = 5.761.659,81$$

Auch mit dem WACC-Ansatz kann dieser Wert ermittelt werden, wobei NOPAT als Ausgangsgröße um die geplanten Abschreibungen erhöht und um die geplanten Investitionen verringert wird:

Periode	t_0	t_1	t_2	ab t_3
NOPAT		700.000	800.000	500.000
+ Abschreibungen		230.000	230.000	230.000
- Investitionen		800.000	700.000	230.000
Free Cash flow		130.000	330.000	500.000

Tab. D.14: Market Value Added mit dem WACC-Ansatz

---

[1] Vgl. hierzu auch den Fall 26 bei *Hommel/Braun* (2005), S. 286ff.

$$GK^M_{\text{Entity,WACC}_V} = \frac{130.000}{(1+0,08)^1} + \frac{330.000}{(1+0,08)^2} + \frac{500.000}{0,08 \cdot (1+0,08)^2} = 5.761.659,81$$

Somit führen in diesem Fall EVA- und WACC-Ansatz zum gleichen Wert. Im Ergebnis unterscheiden sich beide Verfahren dadurch, dass beim EVA-Ansatz eine Aufteilung des Gesamtkapitalmarktwertes in zwei Werte vorgenommen wird: (1) einen Wert (IC_0), der nur das gegenwärtig vorhandene Vermögen widerspiegelt, das lediglich den Kapitalkostensatz verdient, und (2) einen Wert für die künftigen Strategien, deren Realisierung zu einer Überrendite führen kann, die über den Kapitalkostensatz hinausgeht.[1]

b. Cash flow Value Added (CVA) und Cash flow Return on Investment (CFROI)

Wie der EVA-Ansatz stellt auch der Cash Value Added-Ansatz (CVA-Ansatz) ein Residualgewinnkonzept dar. Anders als der EVA basiert der CVA aber auf einem Cash flow-Ansatz. Bei der aus den Cash flows ermittelten Rendite handelt es sich um den sog. Cash flow Return on Investment (CFROI). Zur Ermittlung der Residualrendite, die auch als Überrendite oder Spread bezeichnet werden kann, wird der CFROI dem Gesamtkapitalkostensatz gegenübergestellt. Nach Multiplikation mit dem zum Wiederbeschaffungswert bewerteten investierten Vermögen, der sog. Bruttoinvestitionsbasis (BIB) ergibt sich der CVA einer Periode t, wie die folgende Formel zeigt:[2]

$$CVA_t = \left(CFROI_t - k_{GK}^{WACC}\right) \cdot BIB_{t-1}$$

mit

$CFROI_t$ = Cash flow Return on Investment in der Periode t,
BIB_{t-1} = Bruttoinvestitionsbasis zum Zeitpunkt t–1 und
k_{GK}^{WACC} = gewichteter Gesamtkapitalkostensatz.

Mit dem Konzept des Cash Flow Return on Investment (CFROI) soll der Erfolg operativer Geschäftsbereiche fortlaufend kontrolliert werden.[3] Zur Bestimmung des CFROI wurden zwei Wege vorgeschlagen, auf die im Folgenden eingegangen wird.

Entsprechend der ersten Variante handelt es sich beim CFROI um den internen Zinsfuß eines Cash flow-Profils, das aus Jahresabschlussdaten nach bestimmten Modalitäten ermittelt wird. Dabei wird ein Geschäftsbereich als ein einziges Investitionsprojekt behandelt, dessen Cash flow-Profil aus den Anschaffungskosten der Aktiva im Bewertungszeitpunkt (Bruttoinvestitionsbasis, BIB) und den in jeder Periode konstanten Zahlungsüberschüssen

---

[1] Vgl. zu einem kritischen Vergleich beider Verfahren *Hommel/Braun* (2005), S. 293ff. und die dort angegebene Literatur.
[2] Vgl. *Coenenberg/Mattner/Schultze* (2003), S. 10 und *Wenzel* (2005), S. 47.
[3] Zu dem CFROI-Konzept vgl. insbesondere *Lewis/Lehmann* (1992), S. 1ff. und *Credit Suisse HOLT* (2007). Zu dem ähnlichen Cash Return on Capital Invested™- (CROCI)-Ansatz vgl. *Kempe/Meyer* (2003), S. 850ff.

(Brutto Cash flow) besteht. Die BIB ergibt sich aus den auf den Bewertungszeitpunkt inflationierten historischen Anschaffungskosten des Sachanlagevermögens und dem Buchwert des Umlaufvermögens abzüglich des nicht verzinslichen Fremdkapitals. Die Brutto Cash flows stellen den Zahlungsüberschuss vor Zinsen und nach Steuern dar. Zusätzlich wird am Ende der Nutzungsdauer des Sachanlagevermögens der Vermögenswert der nicht abgeschriebenen Aktiva berücksichtigt (Residualwert). Damit wird unterstellt, dass die nicht abgeschriebenen Aktiva dann liquidiert werden. Grundlage für die Bestimmung des CFROI ist somit der folgende Zusammenhang:[1]

$$0 = -BIB_0 + \sum_{t=1}^{n} \frac{BCF_t}{(1+CFROI)^t} + \frac{NAA_n}{(1+CFROI)^n}$$

mit

BIB_0 = Bruttoinvestitionsbasis zum Zeitpunkt t=0,
BCF_t = Brutto Cash flow in der Periode t und
NAA_n = Nicht abschreibbare Aktiva (Nettowert).

Ziel des CFROI ist die Ermöglichung einer besseren Erfolgsbeurteilung als herkömmliche Rentabilitätsmaße wie die Umsatz-, Eigenkapital- und Gesamtkapitalrentabilität. So berücksichtigt die Umsatzrentabilität nicht das eingesetzte Kapital. Bei der Eigenkapitalrentabilität kann eine Beeinträchtigung in ihrer Vergleichbarkeit durch den Leverage-Effekt erfolgen. An der Gesamtkapitalrentabilität kann die Abhängigkeit von der gewählten Abschreibungsmethode und von der Altersstruktur der Anlagen kritisiert werden. Bei konstantem Einzahlungsüberschuss würde sich die Gesamtkapitalrentabilität mit zunehmender Abnutzung der Anlagen und dadurch sinkender Kapitalbasis erhöhen.

Der CFROI entspricht der Rentabilität einer fiktiven Investition, bei der die benötigen Vermögensgegenstände im Bewertungszeitpunkt zum Preis der BIB beschafft werden und zu im Zeitablauf konstanten Einzahlungsüberschüssen führen. Die Hauptkritikpunkte an diesem Ansatz sind in dem gedanklichen Konstrukt einer Neuinvestition und in der häufig unrealistischen Annahme gleich bleibender BCF zu sehen. Die angenommene Nutzungsdauer kann zudem nur eine durchschnittliche Nutzungsdauer sein, wobei Ermessensspielräume bestehen.[2]

Darüber hinaus besteht ein Problem dieser Vorgehensweise im Hinblick auf die Übereinstimmung der CVA-Barwerte mit dem Kapitalwert der Investition auf Basis von mit dem gewichteten Kapitalkostensatz diskontierten Brutto Cash flows, wie das folgende Beispiel zeigt. Ausgegangen wird von einer Investition in Höhe von € 16 Mio, Rückflüssen aus der Investition von € 5 Mio p.a. über 4 Jahre und einem gewogenen Gesamtkapitalkostensatz von 8%. Hieraus resultiert ein CFROI als interner Zinsfuß von 9,564227%. Die entsprechenden CVA-Werte und Barwerte von CVA und den Brutto Cash flows zeigt die nachfolgende Tabelle:[3]

---

1 Vgl. *Steiner/Bruns/Stöckl* (2012), S. 263f. und *Wenzel* (2005), S. 46ff.
2 Vgl. *Steiner/Bruns/Stöckl* (2012), S. 263f.
3 Vgl. auch das Beispiel bei *Coenenberg/Mattner/Schultze* (2003), S. 11ff.

Jahr	1	2	3	4
Brutto Cash flow (BCF)	5.000.000	5.000.000	5.000.000	5.000.000
Bruttoinvestitionsbasis (BIB)	16.000.000	16.000.000	16.000.000	16.000.000
CFROI als interner Zinsfuß	9,564227%	9,564227%	9,564227%	9,564227%
Gesamtkapitalkostensatz (k_{GK})	8,00%	8,00%	8,00%	8,00%
CVA	250.276,39	250.276,39	250.276,39	250.276,39
CVA-Barwert (Abzinsung mit CFROI)	228.428,93	208.488,60	190.288,94	173.677,98
Cash flow-Barwert (Abzinsung mit k_{GK})	4.629.629,63	4.286.694,10	3.969.161,21	3.675.149,26

Tab. D.15: CFROI als Interner Zinsfuß und Continue Value Added (CVA)

In der Summe ergeben sich ein CVA-Barwert von € 800.884,45 und ein Brutto Cash flow-Barwert von € 16.560.634,20. Damit beträgt der Kapitalwert (Net Present Value) der Brutto Cash flows € 560.634,20. Die Unterschiede zwischen dem CVA-Barwert und dem Brutto Cash flow-Kapitalwert ergeben sich aufgrund der mit der Internen Zinsfuß-Methode verbundenen Wiederanlageprämisse der Brutto Cash flows zum internen Zinsfuß.[1] Würde in diesem Beispiel der Gesamtkapitalkostensatz den CFROI-Wert annehmen, so würde der Barwert der Brutto Cash flows insgesamt € 16 Mio (Kapitalwert = 0) betragen bei einem CVA-Barwert von Null.

Vor dem Hintergrund dieser Kritikpunkte wurde eine modifizierte Methodik vorgeschlagen, nach der der CFROI nicht mehr als interner Zins ermittelt wird, sondern als Quotient aus dem um die sog. „ökonomische Abschreibung" reduzierten BCF und der BIB:[2]

$$CFROI = \frac{BCF - Ab^{ök}}{BIB}$$

mit

$Ab^{ök}$ = ökonomische Abschreibungen.

Dabei charakterisieren die ökonomischen Abschreibungen den mit dem Gesamtkapitalkostensatz k_{GK}^{WACC} zu verzinsenden Betrag, „der in jede Periode einbehalten werden muss, um hinsichtlich des abnutzbaren Vermögens am Ende der Nutzungsdauer die erforderlichen Ersatzinvestitionen vornehmen zu können"[3]. Damit wird die unter Berücksichtigung von Zinseffekten erforderliche konstante Ansparung ermittelt, damit am Ende der Nutzungsdauer der ursprüngliche Investitionsbetrag wieder verfügbar ist. Vereinfacht können die ökonomischen Abschreibungen wie folgt bestimmt werden:[4]

---

[1] Zum internen Zinsfuß vgl. *Perridon/Steiner/Rathgeber* (2012), S. 55ff.
[2] Vgl. *Wenzel* (2005), S. 47.
[3] *Matschke/Brösel* (2013), S. 524.
[4] Vgl. *Matschke/Brösel* (2013), S. 524; *Damodaran* (2002), S. 878f.; *Coenenberg/Mattner/Schultze* (2003), S. 12 und *Schaffer* (2005), S. 26.

$$Ab^{ök} = \frac{(BIB - B^{naA}) \cdot k_{GK}^{WACC}}{(1 + k_{GK}^{WACC})^n - 1}$$

mit

B^{naA} = Buchwert nicht abnutzbarer Aktiva und
n = durchschnittliche Nutzungsdauer.

Für das obige Beispiel können die in Tabelle D.16 dargestellten Werte abgeleitet werden, wobei unterstellt wird, dass nicht abnutzbare Aktiva nicht vorliegen.

Der nach 4 Jahren vorliegende Endwert der ökonomischen Abschreibungen unter Berücksichtigung eines gewogenen Gesamtkapitalkostensatzes von 8% beläuft sich auf € 16 Mio, was der BIB entspricht:

$$3.550.733 \cdot (1 + 0,08)^3 + 3.550.733 \cdot (1 + 0,08)^2 + 3.550.733 \cdot (1 + 0,08)^1 + 3.550.733 = 16 \text{ Mio}$$

Der CFROI beträgt in diesem Fall in allen Perioden 9,0579%. Die Summe der CVA-Barwerte ergibt sich zu 560.634 und die Summe der Brutto Cash flow-Barwerte beträgt wiederum 16.560.634 (Kapitalwert = 560.634), so dass sich in diesem Fall CVA-Barwert und Brutto Cash flow-Kapitalwert entsprechen.

Jahr	1	2	3	4
Brutto Cash flow (BCF)	5.000.000	5.000.000	5.000.000	5.000.000
ökonomische Abschreibung ($Ab^{ök}$)	3.550.733	3.550.733	3.550.733	3.550.733
BCF – $Ab^{ök}$	1.449.267	1.449.267	1.449.267	1.449.267
Bruttoinvestitionsbasis (BIB)	16.000.000	16.000.000	16.000.000	16.000.000
Gesamtkapitalkosten	1.280.000	1.280.000	1.280.000	1.280.000
CVA	169.267	169.267	169.267	169.267
CFROI	9,0579%	9,0579%	9,0579%	9,0579%
CVA-Barwert (Abzinsung mit k_{GK})	**156.729**	**145.119**	**134.370**	**124.416**
Cash flow-Barwert (Abzinsung mit k_{GK})	**4.629.630**	**4.286.694**	**3.969.161**	**3.675.149**

Tab. D.16: Continue Value Added (CVA) und CFROI bei konstanter Bruttoinvestitionsbasis

In diesem Beispiel wurde bislang von einer im Zeitablauf konstanten ökonomischen Abschreibung und damit konstanten BIB ausgegangen. Betrachtet man aber Abschreibungen und Gesamtkapitalkosten zusammen als Annuität der BIB, so ergeben sich bei gleichbleibenden Gesamtkosten im Zeitablauf steigende Abschreibungen und sinkende Gesamtkapitalkosten (aufgrund einer abnehmenden BIB):

$$\text{Annuität} = 16.000.000 \cdot \frac{(1+0{,}08)^4 \cdot 0{,}08}{(1+0{,}08)^4 - 1} = 4.830.733 \ .$$

Jahr	1	2	3	4
ökonomische Abschreibung ($Ab^{ök}$)	3.550.733	3.834.792	4.141.575	4.472.901
Gesamtkapitalkosten	1.280.000	995.941	689.158	357.832
Annuität	**4.830.733**	**4.830.733**	**4.830.733**	**4.830.733**

Tab. D.17: Ökonomische Abschreibungen und Gesamtkapitalkosten im Zeitablauf

Aufgrund der erhöhten Abschreibungen sinken entsprechend in jeder Periode die Werte für die BIB. Gleichzeitig steigen die CFROI-Werte (s. Tabelle D.18).

Für die CVA-Werte gilt somit der folgende Zusammenhang, wobei zu berücksichtigen ist, dass sich die Tabellenwerte für BIB auf den Anfang der jeweiligen Periode beziehen:

$$CVA_t = \left(CFROI_t - k_{GK}^{WACC}\right) \cdot BIB_{t-1} = BCF_t - \left(Ab_t^{ök} + k_{GK}^{WACC} \cdot BIB_{t-1}\right)$$

mit

BIB_{t-1} = Bruttoinvestitionsbasis am Anfang von Periode t.

Jahr	1	2	3	4
Brutto Cash flow (BCF)	5.000.000	5.000.000	5.000.000	5.000.000
ökonomische Abschreibung ($Ab^{ök}$)	3.550.733	3.834.792	4.141.575	4.472.901
BCF – $Ab^{ök}$	1.449.267	1.165.208	858.425	527.099
Bruttoinvestitionsbasis (BIB)	16.000.000	12.449.267	8.614.476	4.472.901
Gesamtkapitalkosten	1.280.000	995.941	689.158	357.832
CVA	169.267	169.267	169.267	169.267
CFROI	9,0579%	9,3597%	9,9649%	11,7843%
CVA-Barwert (Abzinsung mit k_{GK})	**156.729**	**145.119**	**134.370**	**124.416**
Cash flow-Barwert (Abzinsung mit k_{GK})	**4.629.630**	**4.286.694**	**3.969.161**	**3.675.149**

Tab. D.18: Continue Value Added (CVA) und CFROI bei abnehmender Bruttoinvestitionsbasis

Die Tabelle D.18 zeigt, dass im Ergebnis die gleichen CVA-Barwerte resultieren wie im obigen Beispiel mit konstanten ökonomischen Abschreibungen. Die im obigen Beispiel geringeren Abschreibungen werden aber durch die Beibehaltung der anfänglichen BIB und die daraus resultierenden höheren Gesamtkapitalkosten genau ausgeglichen. Insofern kann diese vereinfachte Berechnung als unbedenklich eingestuft werden.[1]

---

1 Vgl. *Coenenberg/Mattner/Schultze* (2003), S. 13f.

Der grundsätzliche Zusammenhang

$$CVA = \left(CFROI - k_{GK}^{WACC}\right) \cdot BIB = BCF - \left(Ab^{ök} + k_{GK}^{WACC} \cdot BIB\right)$$

zeigt darüber hinaus, dass die Untergrenze des BCF, der in einer Periode zu erwirtschaften ist, durch die ökonomischen Abschreibungen und die Gesamtkapitalkosten bestimmt wird. Mit anderen Worten sind somit Strategien dann als vorteilhaft zu bewerten, wenn der CFROI oberhalb des für das Unternehmen geltenden Gesamtkapitalkostensatzes liegt.[1]

Eine Variation des CVA-Konzepts stellt der sog. Real Asset Value Enhancer (RAVE™) dar. Dieses Konzept soll zur Steuerung personal- und marketingintensiver Dienstleistungsunternehmen herangezogen werden. Dabei erfolgt eine Berechnung der Wertschaffung pro Mitarbeiter unter Berücksichtigung des Personalaufwandes pro Mitarbeiter. Hieraus kann ein CVA aus der Human-Resource-Sicht bestimmt werden:[2]

$$CVA_t = \left(\frac{CVA^{vorPA}}{P_t} - \frac{PA_t}{P_t}\right) \cdot P_t$$

mit

CVA^{vorPA} = CVA vor Personalaufwand,
P = Anzahl der Mitarbeiter und
PA = Personalaufwand.

Wie der Ausdruck in der Klammer zeigt, wird zusätzlicher Wert geschaffen, sofern der Wertzuwachs pro Mitarbeiter höher ist als die Kosten pro Mitarbeiter. In ähnlicher Weise kann auch ein Wertbeitrag pro Kunde ermittelt werden, indem mit dem Vertriebs- und Marketingaufwand gerechnet wird.[3]

c. Praxisbeispiel zur wertorientierten Unternehmenssteuerung

Anhand des Konzernbereichs Automobile der Volkswagen AG soll die Umsetzung der wertorientierten Steuerung in der Praxis aufgezeigt werden. So sieht das finanzielle Zielsystem des Volkswagen Konzerns die kontinuierliche und nachhaltige Steuerung des Unternehmenswertes als Kernelement vor. Zur effizienten Gestaltung und zur Messung des Erfolgs des Ressourceneinsatzes im Konzernbereich Automobile wird der sogenannte Wertbeitrag herangezogen, der dem Economic Value Added entspricht. Dieser ergibt sich aus dem operativen Ergebnis nach Steuern und den Kapitalkosten des investierten Vermögens, wobei derzeit ein durchschnittlicher Steuersatz von 30% zugrunde gelegt wird.[4]

„Das investierte Vermögen berechnet sich aus der Summe der Vermögenswerte, die dem eigentlichen Betriebszweck dienen (Sachanlagen, Immaterielle Vermögenswerte,

---

1 Vgl. *Matschke/Brösel* (2013), S. 524.
2 Vgl. *Schaffer* (2005), S. 27f. und die dort angegebene Literatur.
3 Vgl. *Schaffer* (2005), S. 27f.
4 Vgl. *Volkswagen AG* (2013), S. 186. Eine ausführlichere Darstellung der finanziellen Steuerungsgrößen des *Volkswagen Konzerns* findet sich bei *Volkswagen AG* (2009).

Vorräte und Forderungen), vermindert um das unverzinsliche Abzugskapital (Verbindlichkeiten aus Lieferungen und Leistungen sowie erhaltene Anzahlungen). Da das Konzept der wertorientierten Steuerung nur das operative Geschäft umfasst, werden Vermögenspositionen aus dem Beteiligungsengagement oder aus der Anlage liquider Mittel bei der Berechnung des investierten Vermögens nicht berücksichtigt. Diese Vermögenspositionen werden über das Finanzergebnis verzinst."[1]

Zur Bestimmung des Eigenkapitalkostensatzes wird auf das CAPM zurückgegriffen. Dabei wird seit dem Jahr 2010 für die Ermittlung der Marktrisikoprämie der Morgan Stanley Capital International (MSCI) World Index zugrunde gelegt. Zuvor wurde der DAX als Vergleichsindex verwendet. Jedoch machten erhebliche Kursschwankungen der Volkswagen Aktie in den Jahren 2008 und 2009 sowie der Wechsel der Aktiengattung im DAX von der Stammaktie zur Vorzugsaktie im Jahr 2010 den Wechsel vom DAX zum MSCI World erforderlich. Als risikolose Rendite wird der Zinssatz langfristiger risikofreier Bundesanleihen herangezogen. Die Berechnung des Betafaktors erfolgt über einen Zeitraum von 5 Jahren mit Hilfe jährlicher Betawerte auf täglicher Basis und einer anschließenden Durchschnittsbildung. Schließlich kann der Gesamtkapitalkostensatz mit Hilfe der o.g. Formel im Rahmen des WACC-Ansatzes berechnet werden:[2]

$$k_{GK,j}^{WACC} = \frac{EK_j^M}{GK_j^M} \cdot r_{EK_{V,j}}^* + \frac{FK_j^M}{GK_j^M} \cdot r_{FK} \cdot (1-s)$$

mit

$k_{GK,j}^{WACC}$ = durchschnittlicher Gesamtkapitalkostensatz für die Periode von j bis j+1.

Für den Konzernbereich Automobile der Volkswagen AG wird zur Bestimmung des Fremdkapitalkostensatzes auf die durchschnittliche Verzinsung langfristiger Kredite zurückgegriffen. Zudem wird ein festes Verhältnis der Marktwerte von Eigen- und Fremdkapital unterstellt, so dass sich ergibt:[3]

$$k_{GK,j}^{WACC} = 0{,}667 \cdot r_{EK_{V,j}}^* + 0{,}333 \cdot r_{FK} \cdot (1-s)$$

Für das Jahr 2012 resultiert daraus beispielsweise ein Gesamtkapitalkostensatz nach Steuern von 7,8%:

$$k_{GK,j}^{WACC} = 0{,}667 \cdot 10{,}4\% + 0{,}333 \cdot 7{,}8\% \cdot (1-0{,}30) = 7{,}8\%$$

Aus den Geschäftsberichten (GB) der Volkswagen AG können für den Konzernbereich Automobile die folgenden Daten entnommen werden:

---

1 *Volkswagen AG* (2013), S. 186.
2 Vgl. *Volkswagen AG* (2011), S. 176.
3 Vgl. *Volkswagen AG* (2013), S. 186.

Bilanzstichtag	31.12.2012	31.12.2011	31.12.2010	31.12.2009	31.12.2008	31.12.2007
Operatives Ergebnis nach Steuern (Mio €)	10.911	9.375	5.859	1.673	4.469	3.567
Investiertes Vermögen (Durchschnitt, Mio €)	65.749	52.881	43.525	43.561	40.966	37.500
Kapitalrendite (RoI)	16,6%	17,7%	13,5%	3,8%	10,9%	9,5%
Kapitalkostensatz	7,80%	7,0%	6,3%	6,9%	7,2%	7,6%
Kapitalkosten des investierten Vermögens (Mio €)	5.128	3.702	2.742	3.006	2.950	2.850
RoI abzüglich Kapitalkostensatz	8,8%	10,7%	7,2%	−3,1%	3,7%	1,9%
Wertbeitrag (Mio €)	5.783	5.673	3.117	−1.332	1.519	717
Quelle	GB 2012	GB 2012	GB 2011	GB 2010	GB 2009	GB 2008

Tab. D.19: Entwicklung des Wertbeitrags des Konzernbereichs Automobile der Volkswagen AG, 2007 bis 2012

Bilanzstichtag	31.12.2006	31.12.2005	31.12.2004	31.12.2003	31.12.2002	31.12.2001
Operatives Ergebnis nach Steuern (Mio €)	829	1.000	528	786	2.876	3.345
Investiertes Vermögen (Mio €)	40.159	42.105	41.458	40.221	39.099	35.707
Kapitalrendite (RoI)	2,1%	2,4%	1,3%	2,0%	7,4%	9,4%
Kapitalkostensatz	7,6%	7,0%	7,7%	7,4%	7,7%	8,1%
Kapitalkosten des investierten Vermögens (Mio €)	3.052	2.947	3.192	2.976	3.010	2.892
RoI abzüglich Kapitalkostensatz	−5,5%	−4,6%	−6,4%	−5,4%	−0,3%	1,3%
Wertbeitrag (Mio €)	−2.223	−1.947	−2.664	−2.190	−134	453
Quelle	GB 2007	GB 2006	GB 2005	GB 2004	GB 2003	GB 2002

Tab. D.20: Entwicklung des Wertbeitrags des Konzernbereichs Automobile der Volkswagen AG, 2001 bis 2006

Diese Entwicklung lässt sich auch grafisch darstellen, wie die folgende Abbildung zeigt:

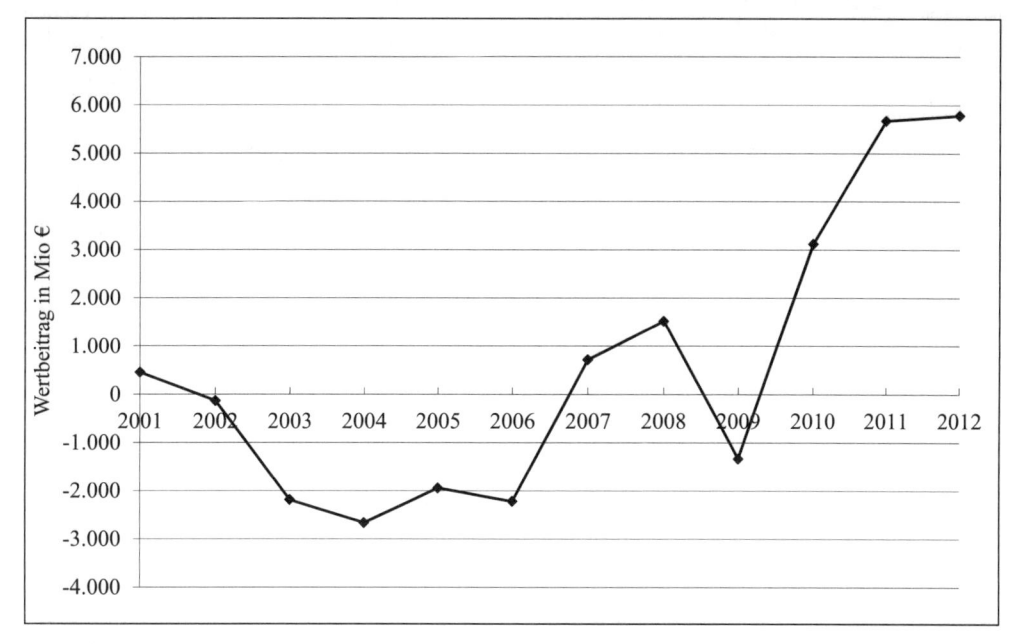

Abb. D.5: Wertbeitragsentwicklung des Konzernbereichs Automobile der Volkswagen AG

Zu beachten ist bei der Interpretation dieser Grafik, dass die absoluten Wertbeiträge dargestellt sind, die auch bei gleichbleibenden Werten für Kapitalrendite und Kapitalkostensatz ansteigen können – nämlich dann, wenn sich das investierte Vermögen erhöht.

E. Ausgewählte Aspekte des Anleihenmanagements
I. Grundlagen der Anleihenanalyse

Auch an den Anleihemärkten können mitunter z.T. deutliche Kursschwankungen beobachtet werden. Daher ist eine umfassende Analyse von Anleihen sinnvoll, die aber dadurch erschwert wird, dass die am Markt zu verzeichnenden Anleihenkonstruktionen komplexer geworden sind. Um ein grundlegendes Verständnis für die Analyse von Anleihen zu erhalten, scheint insbesondere die Untersuchung sogenannter „Plain Vanilla Bonds" angebracht zu sein. Bei einem solchen Bond handelt es sich um eine Anleihe, die mit einer festen Laufzeit, einem konstanten Kupon und einem Rückzahlungskurs von 100% ausgestattet ist.[1] Vor diesem Hintergrund werden im Rahmen der folgenden Ausführungen zur Anleihenanalyse jeweils „Plain Vanilla Bonds" unterstellt.

1. Finanzmathematische Grundlagen
a. Present Value-Konzept

Der theoretische Preis einer Anleihe ergibt sich als Barwert aller künftigen Cash Flows (i.d.R. Kupons und Tilgung) aus dem Papier. Zur Diskontierung kann, je nach Berechnungsmethodik, der Abzinsungsfaktor $(1+r)^t$ eingesetzt werden, so dass sich die folgende Formel ergibt.[2]

$$PV = \sum_{t=1}^{n} \frac{CF_t}{(1+r)^t}$$

mit

PV = Present Value (Barwert),
CF_t = zukünftige Cash Flows (Zins- und Tilgungszahlungen einer Anleihe),
r = einheitlicher Zinssatz für alle Laufzeiten (Kalkulationszinsfuß),
t = Zeitpunkt der Cash Flows und
n = letzter Zeitpunkt eines Cash Flows.

Beispielsweise ergibt sich für eine Anleihe A, die mit einem Kupon von 7% ausgestattet ist und eine Restlaufzeit von 3 Jahren aufweist, bei einem Kalkulationszinsfuß von 4% ein Present Value in Höhe von 108,33%:

$$PV_A = \frac{7\%}{1{,}04} + \frac{7\%}{1{,}04^2} + \frac{107\%}{1{,}04^3} = 108{,}33\%$$

---

[1] Vgl. *Rathjens* (2002), S. 412f.
[2] Zu weiteren Berechnungsvergleichen vgl. *Doerks* (1991), S. 275ff. und *Meyer-Bullerdiek* (2003), S. 298f.

Alternativ kann auch der Rentenbarwertfaktor zur Present-Value-Berechnung verwendet werden:

$$PV_A = 7\% \cdot \frac{1{,}04^3 - 1}{1{,}04^3 \cdot 0{,}04} + \frac{100\%}{1{,}04^3} = 108{,}33\%$$

Eine andere Anleihe B (Kupon = 5%, Restlaufzeit 4 Jahre) weist bei einem Kalkulationszinsfuß von 5%, der somit dem Kupon entspricht, einen Present Value von 100% auf:

$$PV_B = \frac{5\%}{1{,}05} + \frac{5\%}{1{,}05^2} + \frac{5\%}{1{,}05^3} + \frac{105\%}{1{,}05^4} = 100{,}00\%$$

Diese Barwerte können mit den an der Börse notierten Werten verglichen werden. Wird beispielsweise die Anleihe A an der Börse mit 108,00% gehandelt, so ist die Anleihe offenbar unterbewertet. Damit wäre der Kauf der Anleihe günstiger als die Anlage zum Kalkulationszinsfuß. Die Fehlbewertung kann mit Hilfe des Kapitalwertes bzw. Net Present Values (NPV) bestimmt werden. Für die Anleihe A ergibt sich der folgende Wert:

$$NPV_A = -108{,}00\% + \frac{7\%}{1{,}04} + \frac{7\%}{1{,}04^2} + \frac{107\%}{1{,}04^3} = -108{,}00\% + 108{,}33\% = 0{,}33\%$$

Bei der hier aufgezeigten Present Value-Formel wird davon ausgegangen, dass keine Stückzinsen zu berücksichtigen sind. Ist dies aber der Fall, so kann in Anlehnung an die ISMA- (International Securities Market Association-)Methode wie folgt gerechnet werden:

$$PV = \sum_{t=1}^{n} \frac{CF_t}{(1+r)^{t/T}}$$

mit

t = Anzahl der Tage bis zu den jeweiligen zukünftigen Cash flows und
T = Länge eines Jahres in Tagen.

Die in die Formel einzusetzenden Werte für t und T hängen von der gewählten Usance der Zinstagezählung ab. Bei dem auf diese Weise bestimmten Present Value handelt es sich um den sogenannten „Dirty Price", d.h. den Preis inkl. Stückzinsen.[1]

Im folgenden Beispiel soll von der Zinsusance Actual/Actual ausgegangen werden, d.h. sowohl im Zähler als auch im Nenner erfolgt eine Berücksichtigung der tatsächlichen Anzahl an Tagen. Dabei soll hier unterstellt werde, dass kein Schaltjahr vorliegt. Erwirbt ein Anleger 95 Tage vor der nächsten (jährlichen) Kuponzahlung eine 4,25%ige Kuponanleihe

---

[1] Die Rendite nach ISMA ist der Zinssatz, bei dem der Barwert der zukünftigen Zahlungen gerade gleich dem heutigen Kurs (Clean Price) der Anleihe zuzüglich der Stückzinsen ist. Vgl. *Eller et al.* (2001), S. 15.

(Anleihe C) mit einer Restlaufzeit von 3 Jahren und 95 Tagen, so fallen Stückzinsen (SZ) für 270 Tage seit der letzten Kuponzahlung in Höhe von 3,14% an:

$$SZ_C = Kupon_C \cdot \frac{T-t}{365} = 4,25\% \cdot \frac{270}{365} = 3,14\%$$

Bei einem Marktzinsniveau von 4,5% ergibt sich der Dirty Price wie folgt:[1]

$$PV_C = \frac{4,25\%}{(1,045)^{95/365}} + \frac{4,25\%}{(1,045)^{460/365}} + \frac{4,25\%}{(1,045)^{825/365}} + \frac{104,25\%}{(1,045)^{1190/365}} = 102,38\%$$

Dieser Dirty Price kann auch berechnet werden, indem zunächst der Dirty Price zum Zeitpunkt der nächsten Kuponzahlung (d.h. in der Beispielanleihe in 95 Tagen) bestimmt und der sich ergebende Wert anschließend auf den Bewertungsstichtag abgezinst wird:

$$PV_C = \frac{1}{(1,045^{95/365})} \cdot \left(4,25\% + \frac{4,25\%}{1.045} + \frac{4,25\%}{(1,045)^2} + \frac{104,25\%}{(1,045)^3}\right) = 102,38\%$$

Die Stückzinsen sind bei der Formel bereits berücksichtigt, was unmittelbar einsichtig ist, da bei einem Marktzinsniveau von 4,5% und einem Kupon von 4,25% der Clean Price unterhalb von 100% liegen muss.

Der Clean Price der Anleihe C kann somit wie folgt bestimmt werden:

Clean Price = 102,38% – 3,14% = 99,24%

An der Börse notiert der Clean Price als Anleihekurs. Der tatsächlich zu zahlende Preis für die Anleihe beinhaltet aber auch die Stückzinsen und entspricht somit dem Dirty Price.[2]

b. Bestimmung des Effektivzinses

Zur Bestimmung des Effektivzinses von Anleihen kann auf die o.g. Formel zur Present Value-Ermittlung zurückgegriffen werden. Dabei entspricht der Effektivzins als internem Zinsfuß genau dem Kalkulationszinsfuß, bei dem der Net Present Value Null beträgt. Wird – wie im weiteren Verlauf der Betrachtungen – unterstellt, dass die Bewertung zum Kuponzahlungstag nach Kuponzahlung erfolgen soll (d.h. Stückzinsen werden nicht berücksichtigt), so lässt sich die Ausgangsformel zur Effektivzinsbestimmung wie folgt darstellen:

$$NPV = 0 = -K_0 + \sum_{t=1}^{n} \frac{CF_t}{(1+r)^t} \qquad \text{mit} \quad K_0 = \text{Anleihekurs zum Bewertungszeitpunkt.}$$

---

[1] Die Abzinsung des ersten (unterjährigen) Kupons kann auch mit 1/(1+0,045·(95/365)) erfolgen, so dass eine Potenzierung unterbleibt. Dies führt zu einem leicht abweichenden Ergebnis im Nachkommastellenbereich. Vgl. *Eurex* (2007c), S. 12f.
[2] Vgl. *Wiedemann* (2007), S. 45.

Die Auflösung der Formel nach dem Effektivzins r erweist sich allerdings als problematisch, sofern es sich um ein Polynom mit einem Grad größer als vier handelt; denn in diesem Fall liegt im Allgemeinen keine Lösungsformel mehr vor. Somit muss dann auf Näherungsverfahren zurückgegriffen werden. Ein solches Verfahren stellt die lineare Interpolation dar, bei der sich der Näherungswert wie folgt bestimmen lässt:[1]

$$r = r_1 - NPV_1 \cdot \frac{r_2 - r_1}{NPV_2 - NPV_1}$$

mit

r = Effektivzins,
r_1 = Kalkulationszinsfuß des „ersten Versuchs",
r_2 = Kalkulationszinsfuß des „zweiten Versuchs",
NPV_1 = Net Present Value bei Einsetzen von r_1 in die Net Present Value-Formel und
NPV_2 = Net Present Value bei Einsetzen von r_2 in die Net Present Value-Formel.

Beispielsweise soll für eine Anleihe D mit einer Restlaufzeit von 5 Jahren und einem Kupon von 3,5% bei einem Kurs von 99,00% der Effektivzins berechnet werden. Durch Probieren sind nun die zur NPV-Berechnung einzusetzenden Zinssätze zu bestimmen. Da der Kurs unter 100% liegt, muss der Effektivzins etwas oberhalb von 3,5% liegen. Bei Einsetzen von 3,7% für r_1 und 3,8% für r_2 ergeben sich folgende Werte:

$$r_1 = 3,7\% \Rightarrow NPV = -99\% + \frac{3,5\%}{1,037} + \frac{3,5\%}{1,037^2} + \frac{3,5\%}{1,037^3} + \frac{3,5\%}{1,037^4} + \frac{103,5\%}{1,037^5} = 0,1021\%$$

$$r_2 = 3,8\% \Rightarrow NPV = -99\% + \frac{3,5\%}{1,038} + \frac{3,5\%}{1,038^2} + \frac{3,5\%}{1,038^3} + \frac{3,5\%}{1,038^4} + \frac{103,5\%}{1,038^5} = -0,3431\%$$

$$r = 3,7\% - 0,1021\% \cdot \frac{3,8\% - 3,7\%}{-0,3431\% - 0,1021\%} = 3,72293\%$$

Weitere Annäherungen an diesen Wert führen zu dem korrekten Ergebnis von 3,72288% für den Effektivzins.

Zu beachten ist auch die Häufigkeit der Kuponzahlung. Beispielsweise gibt es Anleihen, bei denen der Kupon halbjährlich gezahlt wird. Damit können die während des Jahres gezahlten Zinsen bereits unterjährig wieder angelegt und mitverzinst werden. Um die Renditen einer Anleihe mit einem jährlichen („annual") Kupon und einer Anleihe mit einem halbjährlichen („semi-annual") Kupon zu vergleichen, müssen beide Renditen auf die gleiche Grundlage gestellt werden. Die entsprechende Renditeumrechnung erfolgt in der folgenden Weise:[2]

---

1 Vgl. *Perridon/Steiner/Rathgeber* (2012), S. 55ff.
2 Vgl. *Heidorn* (2009), S. 32f.

$$r_a = \left(1 + \frac{r_s}{2}\right)^2 - 1 \qquad \Leftrightarrow \qquad r_s = 2 \cdot \left(\sqrt{1 + r_a} - 1\right)$$

mit

r_a = (jährliche) Rendite bei jährlicher Kuponzahlung („annual") und
r_s = (jährliche) Rendite bei halbjährlicher Kuponzahlung („semi-annual").

Betrachtet werden soll zur Veranschaulichung eine Anleihe E, die mit einem Kupon von 4% ausgestattet ist. Zunächst wird von einer jährlichen Kuponzahlung ausgegangen. Falls der Present Value 100% beträgt, resultiert daraus eine jährliche Rendite (r_a) von 4%.

Nunmehr soll unterstellt werden, dass der (jährliche) Kupon von 4% halbjährlich gezahlt wird (Anleihe F). Wird weiterhin von einer jährlichen Rendite r_a in Höhe von 4% ausgegangen, so ergibt sich ein Present Value von 100,18%:

$$PV_F = \sum_{t=0,5}^{5} \frac{CF_t}{(1+r_a)^t} = \frac{2\%}{(1+r_a)^{0,5}} + \frac{2\%}{(1+r_a)^1} + \frac{2\%}{(1+r_a)^{1,5}} + \ldots + \frac{2\%}{(1+r_a)^{4,5}} + \frac{102\%}{(1+r_a)^5}$$

$$= \frac{2\%}{(1+0,04)^{0,5}} + \frac{2\%}{(1+0,04)^1} + \frac{2\%}{(1+0,04)^{1,5}} + \ldots + \frac{2\%}{(1+0,04)^{4,5}} + \frac{102\%}{(1+0,04)^5} = 100,18\%.$$

Falls die Anleihe F aber auch zu 100% notiert, resultiert hieraus – mithilfe der linearen Interpolation – ein Wert für die (jährliche) effektive Rendite bei jährlicher Kuponzahlung (r_a) von 4,04% und eine (jährliche) Rendite bei halbjährlicher Kuponzahlung (r_s) von 4,00%:

$$r_s = 2 \cdot \left(\sqrt{1 + 0,0404} - 1\right) = 4,0000\%$$

Wird nämlich $r_a = \left(1 + \frac{r_s}{2}\right)^2 - 1$ in die obige PV-Formel eingesetzt, ergibt sich:

$$PV_F = \sum_{t=0,5}^{5} \frac{CF_t}{\left(1+\frac{r_s}{2}\right)^{2 \cdot t}} = \frac{2\%}{\left(1+\frac{r_s}{2}\right)^1} + \frac{2\%}{\left(1+\frac{r_s}{2}\right)^2} + \frac{2\%}{\left(1+\frac{r_s}{2}\right)^3} + \ldots + \frac{2\%}{\left(1+\frac{r_s}{2}\right)^9} + \frac{102\%}{\left(1+\frac{r_s}{2}\right)^{10}}$$

$$= \frac{2\%}{\left(1+\frac{0,04}{2}\right)^1} + \frac{2\%}{\left(1+\frac{0,04}{2}\right)^2} + \frac{2\%}{\left(1+\frac{0,04}{2}\right)^3} + \ldots + \frac{2\%}{\left(1+\frac{0,04}{2}\right)^9} + \frac{102\%}{\left(1+\frac{0,04}{2}\right)^{10}} = 100\%$$

Wird wiederum die Anleihe E betrachtet und soll der Present Value bei nunmehr halbjährlicher Kuponzahlung und einem r_a von 4% wiederum 100% betragen, so müsste sich der (jährliche) Kupon bei halbjährlicher Zinszahlung r_s auf 3,96078% belaufen (Anleihe G):

$$r_S = 2 \cdot \left(\sqrt{1+0{,}0400} - 1\right) = 3{,}96078\%$$

Die einzelnen halbjährlichen Kupons betragen somit 1,98039% (= 3,96078% · 0,5):

$$PV_G = \sum_{t=0,5}^{5} \frac{CF_t}{(1+r_a)^t} = \frac{1{,}9804\%}{(1+r_a)^{0,5}} + \frac{1{,}9804\%}{(1+r_a)^1} + \frac{1{,}9804\%}{(1+r_a)^{1,5}} + \ldots + \frac{1{,}9804\%}{(1+r_a)^{4,5}} + \frac{101{,}9804\%}{(1+r_a)^5}$$

$$= \frac{1{,}9804\%}{(1+0{,}04)^{0,5}} + \frac{1{,}9804\%}{(1+0{,}04)^1} + \frac{1{,}9804\%}{(1+0{,}04)^{1,5}} + \ldots + \frac{1{,}9804\%}{(1+0{,}04)^{4,5}} + \frac{101{,}9804\%}{(1+0{,}04)^5} = 100{,}00\%$$

Schließlich sollen noch Stückzinsen berücksichtigt werden. In diesem Fall kann der Effektivzins in analoger Weise bestimmt werden, wobei im Folgenden wiederum von nur einmal jährlich stattfindenden Kuponzahlungen ausgegangen wird. Entsprechend muss der Net Present Value unter Berücksichtigung des Dirty Price den Wert von Null ergeben. Beträgt beispielsweise 40 Tage vor der nächsten Kuponzahlung der an der Börse notierte Clean Price der o.g. Anleihe C 99%, so ergibt sich unter Berücksichtigung sämtlicher Nachkommastellen bei Stückzinsen von 3,784246575% ein Effektivzins von 4,59915165%, der auf der Basis der folgenden Formel und mit Hilfe der linearen Interpolation bestimmt werden kann:

$$NPV_C = 0 = -99\% - 3{,}78\% + \frac{4{,}25\%}{(1+r)^{40/365}} + \frac{4{,}25\%}{(1+r)^{405/365}} + \frac{4{,}25\%}{(1+r)^{770/365}} + \frac{104{,}25\%}{(1+r)^{1135/365}}$$

Bei den hier dargestellten Berechnungen wird jeweils mit einem konstanten Zins diskontiert. Die damit verbundene Annahme einer für alle Laufzeiten gleichen Rendite, d.h. einer flachen Zinsstrukturkurve, entspricht aber nicht der Realität, da i.d.R. für unterschiedliche Laufzeiten auch unterschiedliche Zinssätze vorliegen. Sind die langfristigen Zinssätze höher als die kurzfristigen Sätze, wird von einer normalen Zinsstrukturkurve gesprochen. Im umgekehrten Fall (kurzfristige Zinssätze > langfristige Zinssätze) liegt eine inverse Zinsstrukturkurve vor. Bei einem einheitlichen Zinsniveau für alle Laufzeitbereiche handelt es sich um eine flache Zinsstrukturkurve. Die jeweils betrachtete Zinsstrukturkurve kann die Effektivrenditen von Kuponanleihen oder von Zerobonds oder auch Forward Rates abbilden. Hierauf wird im folgenden Abschnitt näher eingegangen.

c. Par Yield Curve, Zero Curve und Forward Rates

Soll die Lage der Zinsstrukturkurve bei der Bewertung von Anleihen mit in die Betrachtung einfließen, so ist eine Renditestrukturkurve heranzuziehen, die die Fristigkeitsstruktur der Renditen solcher Kuponanleihen aufzeigt, die kein Kreditausfallrisiko tragen. Hierbei entsprechen die angegebenen Renditen jeweils dem internen Zinsfuß für die betrachtete Restlaufzeit. Da aber die Kuponanleihen nicht nur am Laufzeitende, sondern auch zu jedem Kupontermin Zahlungen aufweisen, liegt eigentlich eine gemischte Laufzeit vor. So ist die ökonomische Laufzeit umso geringer, je höher der jeweilige Kupon ist. Zur Lösung dieses Problems kann auf die Par Yield Curve zurückgegriffen werden, die die Effektivrenditen von normierten Kuponanleihen angibt, deren Kurs bei gegebener Laufzeit 100% beträgt. In diesem Fall entsprechen sich Kupon und Rendite.[1]

Ein eleganterer Weg zur Lösung des Problems ist aber die Erkenntnis, dass eine Kuponanleihe aus mehreren Zerobonds kombiniert ist. Ein Zerobond weist nur zwei Zahlungszeitpunkte auf, nämlich eine Einzahlung zum aktuellen Bewertungszeitpunkt und eine Rückzahlung am Ende der Laufzeit. Somit besitzen Zerobonds eine eindeutig laufzeitabhängige Verzinsung. Die jeweiligen laufzeitabhängigen Effektivzinssätze von Zerobonds werden als Spot Rates bezeichnet. Bei der daraus resultierenden Zinskurve kann von Nullkuponkurve oder Zero Curve gesprochen werden.[2]

Die Spot Rates lassen sich mit Hilfe des Bootstrapping-Verfahrens aus den Par Yields ableiten. Grundlage ist dabei die Present Value-Formel unter Berücksichtigung der Abzinsung mit Spot Rates:

$$PV_{\text{Spot Rates}} = \sum_{t=1}^{n} \frac{CF_t}{\left(1 + r_t^{NK}\right)^t} = \frac{CF_1}{\left(1 + r_1^{NK}\right)^1} + \frac{CF_2}{\left(1 + r_2^{NK}\right)^2} + \ldots + \frac{CF_n}{\left(1 + r_n^{NK}\right)^n}$$

mit

r_t^{NK} = Nullkuponrendite (Spot Rate) für die Laufzeit t.

Für die im Zähler der Formel stehenden Cash flows werden die Par Yields für die jeweilige Restlaufzeit eingesetzt. Hieraus lassen sich dann – beginnend mit t=1 – die einzelnen Nullkuponrenditen in sukzessiver Weise gemäß der folgenden Formel ableiten:[3]

$$r_n^{NK} = \sqrt[n]{\frac{CF_n}{PV - \frac{CF_1}{\left(1 + r_1^{NK}\right)^1} - \frac{CF_2}{\left(1 + r_2^{NK}\right)^2} - \ldots - \frac{CF_{n-1}}{\left(1 + r_{n-1}^{NK}\right)^{n-1}}}}$$

Zunächst wird der Zinssatz für 1 Jahr ermittelt. Dabei wird unterstellt, dass der Present Value der Anleihe im Bewertungszeitpunkt jeweils dem Nominalwert von 100% entspricht.

Die einzelnen Spot Rates sollen beispielsweise für die folgenden Par Yields bestimmt werden:

$t_0 - t_1$: 3,20% $t_0 - t_2$: 3,40% $t_0 - t_3$: 3,70% $t_0 - t_4$: 4,10%

---

1 Vgl. *Steiner/Bruns/Stöckl* (2012), S. 152ff. und *Adams et al.* (2003), S. 39.
2 Vgl. *Steiner/Bruns/Stöckl* (2012), S. 153 und *Meyer-Bullerdiek* (2003), S. 298ff.
3 Vgl. *Meyer-Bullerdiek* (2003), S. 301ff.

Die Spot Rate für ein Jahr entspricht der Par Yield:

$$n = 1: \quad 100\% = \frac{103{,}2\%}{\left(1 + r_1^{NK}\right)^1} \quad \Leftrightarrow \quad r_1^{NK} = \frac{103{,}2\%}{100\%} - 1 = 3{,}20\%$$

Anschließend werden die übrigen Spot Rates in der folgenden Weise hergeleitet:

$$n = 2: \quad 100\% = \frac{3{,}4\%}{(1+0{,}032)^1} + \frac{103{,}4\%}{\left(1 + r_2^{NK}\right)^2} \quad \Leftrightarrow \quad r_2^{NK} = \sqrt[2]{\frac{103{,}4\%}{100\% - \frac{3{,}4\%}{(1+0{,}032)^1}}} - 1 = 3{,}4034\%$$

$$n = 3: \quad 100\% = \frac{3{,}7\%}{(1+0{,}032)^1} + \frac{3{,}7\%}{(1+0{,}034034)^2} + \frac{103{,}7\%}{\left(1 + r_3^{NK}\right)^3}$$

$$\Leftrightarrow \quad r_3^{NK} = \sqrt[3]{\frac{103{,}7\%}{100\% - \frac{3{,}7\%}{(1+0{,}032)^1} - \frac{3{,}7\%}{(1+0{,}034034)^2}}} - 1 = 3{,}7138\%$$

$$n = 4: \quad 100\% = \frac{4{,}1\%}{(1+0{,}032)^1} + \frac{4{,}1\%}{(1+0{,}034034)^2} + \frac{4{,}1\%}{(1+0{,}037138)^3} + \frac{104{,}1\%}{\left(1 + r_4^{NK}\right)^4}$$

$$\Leftrightarrow \quad r_4^{NK} = \sqrt[4]{\frac{104{,}1\%}{100\% - \frac{4{,}1\%}{(1+0{,}032)^1} - \frac{4{,}1\%}{(1+0{,}034034)^2} - \frac{4{,}1\%}{(1+0{,}037138)^3}}} = 4{,}1371\%$$

Die Spot Rates entsprechen den Renditen von Zerobonds mit der jeweiligen Laufzeit. Somit können hieraus direkt die sogenannten Zerobondabzinsfaktoren (ZAF) bestimmt werden, die jeweils den Barwert eines Zerobonds mit der entsprechenden Restlaufzeit angeben:

$$t_0 - t_1: \quad 3{,}2000\% \quad \Rightarrow \quad ZAF_1 = \frac{1}{(1{,}032000)^1} = 96{,}8992\%$$

$$t_0 - t_2: \quad 3{,}4034\% \quad \Rightarrow \quad ZAF_2 = \frac{1}{(1{,}034034)^2} = 93{,}5256\%$$

$$t_0 - t_3: \quad 3{,}7138\% \quad \Rightarrow \quad ZAF_3 = \frac{1}{(1{,}037138)^3} = 89{,}6377\%$$

$$t_0 - t_4: \quad 4{,}1371\% \quad \Rightarrow \quad ZAF_4 = \frac{1}{(1{,}041371)^4} = 85{,}0312\%$$

Diese Spot Rates und ZAF führen beispielsweise bei den folgenden Anleihen zu diesen Present Values:

Anleihe H: Restlaufzeit: 4 Jahre, Kupon = 3,5%
=> $PV_H = 3{,}5\% \cdot ZAF_1 + 3{,}5\% \cdot ZAF_2 + 3{,}5\% \cdot ZAF_3 + 103{,}5\% \cdot ZAF_4 = 97{,}8094\%$

Anleihe I: Restlaufzeit: 4 Jahre, Kupon = 4,1%
=> $PV_I = 4{,}1\% \cdot ZAF_1 + 4{,}1\% \cdot ZAF_2 + 4{,}1\% \cdot ZAF_3 + 104{,}1\% \cdot ZAF_4 = 100{,}0000\%$

Anleihe J: Restlaufzeit: 4 Jahre, Kupon = 4,5%
=> $PV_J = 4{,}5\% \cdot ZAF_1 + 4{,}5\% \cdot ZAF_2 + 4{,}5\% \cdot ZAF_3 + 104{,}5\% \cdot ZAF_4 = 101{,}4604\%$

Für Laufzeiten bis zu einem Jahr können ZAF in der folgenden Weise bestimmt werden, wobei eine lineare unterjährige Zinsverrechnung unterstellt wird:[1]

$$ZAF_{unterjährig} = \frac{1}{1 + r \cdot \dfrac{\text{Laufzeit in Tagen}}{\text{Tage pro Jahr}}}$$

mit

r = Rendite p.a. für die jeweilige Laufzeit.

Aus der Nullkuponkurve können die jeweiligen Forward Rates (r_{FR}) direkt hergeleitet werden. Dabei wird von folgender Grundüberlegung ausgegangen:

$$[1 + r_x^{NK}]^{t_x} \cdot [1 + r_{FR}]^{t_{FR}} = [1 + r_y^{NK}]^{t_y} \quad \Leftrightarrow \quad r_{FR} = \sqrt[t_{FR}]{\frac{[1 + r_y^{NK}]^{t_y}}{[1 + r_x^{NK}]^{t_x}}} - 1$$

Dabei ist $t_x + t_{FR} = t_y$. Falls $t_x = 1$ Jahr und $t_{FR} = 1$ Jahr, ergibt sich für die Forward Rate von t_x nach t_y:

$$r_{FR} = \sqrt[1]{\frac{[1 + 0{,}034034]^2}{[1 + 0{,}032000]^1}} - 1 = 3{,}6072\%$$

So beläuft sich in diesem Beispiel die Forward Rate von t_1 nach t_4 auf 4,4514%:

$$r_{FR} = \sqrt[3]{\frac{[1 + 0{,}041371]^4}{[1 + 0{,}032000]^1}} - 1 = 4{,}4514\%$$

---

1 Vgl. *Schierenbeck* (2003), S. 171.

Auch die ermittelten Forward Rates stellen jeweils wiederum Nullkuponrenditen dar, die nun aber die zukünftigen Perioden betreffen. Zusammenfassend ergeben sich folgende aktuelle und zukünftige deterministische Nullkuponkurven (= Zero Curves):

t aus Sicht von t_0	Zero Curve in t_0			
1	3,2000%	Zero Curve in t_1		
2	3,4034%	3,6072%	Zero Curve in t_2	
3	3,7138%	3,9716%	4,3373%	Zero Curve in t_3
4	4,1371%	4,4514%	4,8760%	5,4175%

Tab. E.1: Zero Curve und Forward Zero Curve

t aus Sicht von t_0				
1	Zero Curve in t_1			
2	$\sqrt[1]{\dfrac{[1+0{,}034034]^2}{[1+0{,}032000]^1}} - 1$	Zero Curve in t_2		
3	$\sqrt[2]{\dfrac{[1+0{,}037138]^3}{[1+0{,}032000]^1}} - 1$	$\sqrt[1]{\dfrac{[1+0{,}037138]^3}{[1+0{,}034034]^2}} - 1$	Zero Curve in t_3	
4	$\sqrt[3]{\dfrac{[1+0{,}041371]^4}{[1+0{,}032000]^1}} - 1$	$\sqrt[2]{\dfrac{[1+0{,}041371]^4}{[1+0{,}034034]^2}} - 1$	$\sqrt[1]{\dfrac{[1+0{,}041371]^4}{[1+0{,}037138]^3}} - 1$	

Tab. E.2: Berechnung der Forward Zero Curve

Hieraus lassen sich direkt die entsprechenden (Forward-)Zerobondabzinsfaktoren nach der oben gezeigten Vorgehensweise ableiten:[1]

t aus Sicht von t_0	ZAF in t_0			
1	96,899225%	ZAF in t_1		
2	93,525557%	96,518375%	ZAF in t_2	
3	89,637689%	92,506095%	95,842988%	ZAF in t_3
4	85,031161%	87,752158%	90,917567%	94,860948%

Tab. E.3: ZAF und Forward-ZAF

Aus den Werten der aktuell vom Markt angebotenen zukünftigen Nullkuponkurven lassen sich die zukünftigen Kurswerte durch Multiplikation der Anleihen-Cash flows mit den jeweiligen ZAF berechnen, indem die jeweiligen Cash flow-Barwerte zu jedem Zeitpunkt aufaddiert werden. Hierbei handelt es sich um arbitragefreie zukünftige Kurswerte, die bereits zum aktuellen Zeitpunkt realisiert werden können.[2]

---

[1] Vgl. hierzu auch *Marusev/Pfingsten* (1992), S. 169ff.
[2] Vgl. *Marusev/Pfingsten* (1992), S. 172ff. sowie das Beispiel bei *Meyer-Bullerdiek* (2003), S. 305f.

2. Konzepte zur Quantifizierung des Zinsänderungsrisikos von Anleihen

a. Duration, Modified Duration und Dollar Duration

Die Duration wurde zunächst von *Macaulay* als Maß für die durchschnittliche Kapitalbindungsdauer einer festverzinslichen Anleihe in Jahren eingeführt.[1] Dabei werden Zeitpunkt und Höhe der bereits vor Fälligkeit erfolgenden Rückflüsse berücksichtigt, so dass sämtliche Informationen über die zeitliche Struktur des mit einer Anleihe verbundenen Zahlungsstroms in einer Kennzahl zusammengefasst werden können.

Nach *Hicks* kann die Duration auch als Maß für das Zinsänderungsrisiko bei festverzinslichen Anleihen interpretiert werden.[2] Dahinter steht die Frage, um welchen Wert sich der Kurs der Anleihe ändert, wenn der Zinsfuß sich infinitesimal verschiebt. Der Risikobegriff der Duration bezieht sich somit auf die Frage nach der Kursänderung eines Titels bzw. eines Portfolios in Abhängigkeit von Marktzinsänderungen. Daher ist die Duration als Maß für das Marktzinsänderungsrisiko bei Anleihen zu klassifizieren.

Die Duration (D) und damit das Marktrisiko der Anleihe errechnet sich durch Bildung der ersten Ableitung der Barwertfunktion nach dem Zinsfuß, wobei hier nicht von gebrochenen Restlaufzeiten ausgegangen wird und t für jährliche Perioden steht:

$$\frac{\Delta PV}{\Delta r} = -\frac{1}{1+r} \cdot \sum_{t=1}^{n} t \cdot CF_t \cdot (1+r)^{-t} \quad \Leftrightarrow \quad \frac{\frac{\Delta PV}{PV}}{\frac{\Delta r}{1+r}} = -\frac{\sum_{t=1}^{n} t \cdot CF_t \cdot (1+r)^{-t}}{PV} = -D$$

Damit kann die Duration in der folgenden Weise ausgedrückt werden:

$$D = \frac{\sum_{t=1}^{n} t \cdot CF_t \cdot (1+r)^{-t}}{\sum_{t=1}^{n} CF_t \cdot (1+r)^{-t}} = \frac{\sum_{t=1}^{n} t \cdot CF_t \cdot (1+r)^{-t}}{PV}$$

Die Bestimmung der Duration soll beispielhaft anhand der folgenden Anleihe K gezeigt werden. Die Anleihe hat einen Kupon von 5,25% und eine Restlaufzeit von 5 Jahren. Die Nullkuponstrukturkurve hat folgendes Aussehen:

$t_0 - t_1$: 3,5% $t_0 - t_2$: 4,0% $t_0 - t_3$: 4,5% $t_0 - t_4$: 5% $t_0 - t_5$: 5,5%

Hieraus können der Present Value bzw. Dirty Price in Höhe von

---

1 Vgl. *Macaulay* (1938), S. 44ff.
2 Vgl. *Hicks* (1939), S. 12ff.

$$PV_K = \sum_{t=1}^{n} \frac{CF_t}{(1+r_t)^t} = \frac{5,25\%}{1,035} + \frac{5,25\%}{(1,04)^2} + \frac{5,25\%}{(1,045)^3} + \frac{5,25\%}{(1,05)^4} + \frac{105,25\%}{(1,055)^5} = 99,3765\%$$

und der interne Zinsfuß von 5,395587% ermittelt werden. Die Duration der Anleihe lässt sich wie folgt bestimmen, wobei die jeweilige Abzinsung der Werte der Zahlungsreihe mit dem internen Zinsfuß erfolgt:

t	Zahlungsreihe	Nenner (Barwert)	Zähler (gewichteter Barwert)
1	5,25%	4,9812%	4,9812%
2	5,25%	4,7262%	9,4525%
3	5,25%	4,4843%	13,4528%
4	5,25%	4,2547%	17,0188%
5	105,25%	80,9301%	404,6504%
	Summe	99,3765%	449,5557%
		= *PV*	= *Summe*

Tab. E.4: Beispiel zur Duration

Damit ergibt sich für diese Anleihe K eine Duration von 4,5238 (= Summe / PV).

Als Einflussfaktoren der Duration können die Kuponhöhe, die Restlaufzeit und die Marktrendite identifiziert werden. So ergibt sich für die Beispielanleihe bei einem Kupon von 10% eine Duration von 4,2482. Bei einer Kürzung der Restlaufzeit verkürzt sich – wie unmittelbar einsichtig – auch die Duration. Falls sich lediglich die Marktrendite verändert, so würde die Duration im Beispielfall bei einer Zinsstruktur, die in jedem Laufzeitbereich um 2%-Punkte nach oben verschoben wäre, 4,5002 betragen.

Allgemein gilt:

- Je höher der Nominalzins, desto geringer die Duration
- Je höher die Restlaufzeit, desto höher die Duration
- Je höher die Rendite, desto geringer die Duration

Letzteres gilt nicht bei Zerobonds, da hier immer die Duration mit der Restlaufzeit übereinstimmt.

Für Portfolios wird die Portfolio-Duration (D_{PF}) berechnet, indem die Summe der mit ihren Portfoliogewichten x_i multiplizierten Einzel-Durationen (D_i) der jeweiligen Assets i gebildet wird:

$$D_{PF} = \sum_{i=1}^{n} x_i \cdot D_i \qquad \text{mit} \quad \sum_{i=1}^{n} x_i = 1$$

$$D_{PF} = x_1 \cdot D_1 + x_2 \cdot D_2 + \ldots + x_n \cdot D_n$$

Wird die Formel der Duration weiter umgeformt, so kann gezeigt werden, dass mit Hilfe der Duration die Zinselastizität von Anleihewerten abgeschätzt werden kann:

$$-\frac{\frac{\Delta PV}{PV}}{\frac{\Delta r}{r}} = \frac{r}{1+r} \cdot D = \varepsilon$$

mit

ε = Zinselastizität.

Die Formel macht deutlich, dass die Zinselastizität des Present Value eine linear fallende Funktion der Duration ist, da der Faktor r / (1 + r) für ein gegebenes Marktzinsniveau konstant ist. Beide Kennzahlen stellen somit äquivalente Maße für die Zinsempfindlichkeit des Barwertes der Anleihe dar.

Nach einer weiteren Umformung der Formel kann der Ausdruck für die absolute Kurswertänderung aufgrund einer Marktzinsänderung bestimmt werden:

$$\Delta PV = -\frac{\Delta r \cdot D \cdot PV}{1+r}$$

Soll lediglich die relative Kurswertänderung aufgrund einer Marktzinsänderung abgeschätzt werden, so kann dies über den folgenden Ausdruck erfolgen:

$$\frac{\Delta PV}{PV} = -\frac{\Delta r \cdot D}{1+r} = -MD \cdot \Delta r$$

mit

$$MD = \frac{D}{1+r} = -\frac{\frac{\Delta PV}{PV}}{\Delta r} = \text{Modified Duration}$$

Für die o.g. Beispielanleihe K berechnet sich die Modified Duration zu:

$$MD = \frac{4,5238}{1+0,05395587} = 4,2922$$

Steigt somit der interne Zinsfuß um 1%-Punkt (= 100 Basispunkte), so müsste demnach der Present Value um 4,2922% (nicht %-Punkte!) von 99,3765% auf 95,1111% sinken. Die absolute Kursveränderung wird dann wie folgt berechnet:

$$\Delta PV = -\frac{0,01 \cdot 4,5238 \cdot 99,3765\%}{1+0,05395587} = -MD \cdot 0,01 \cdot 99,3765\% = -4,2654 \text{ \%-Punkte}$$

Auf Basis der Present-Value-Formel sinkt der Kurs tatsächlich aber auf nur 95,2259%:

$$PV = \sum_{t=1}^{n} \frac{CF_t}{(1+r)^t} = \frac{5,25\%}{1,0640} + \frac{5,25\%}{(1,0640)^2} + \frac{5,25\%}{(1,0640)^3} + \frac{5,25\%}{(1,0640)^4} + \frac{105,25\%}{(1,0640)^5} = 95,2259\%$$

Damit wird deutlich, dass die Duration die Kursveränderung nur grob abschätzen kann. Dies hängt insbesondere damit zusammen, dass es sich hierbei um ein lineares Risikomaß handelt, während der effektive Zusammenhang zwischen Anleihekurs und Marktzins aber konvex verläuft. Infolgedessen werden bei einer Abschätzung mit der Duration Kurssteigerungen grundsätzlich unterschätzt und Kursverluste überschätzt.

Im Falle halbjährlicher Kuponzahlungen werden die *Macaulay* Duration und die Modified Duration wie folgt bestimmt:[1]

$$D = \frac{\sum_{t=0,5}^{n} 2 \cdot t \cdot CF_t \cdot (1+\frac{r}{2})^{-2 \cdot t}}{2 \cdot PV} \quad \text{und} \quad MD = \frac{D}{1+\frac{r}{2}}$$

Für eine Anleihe mit einem Kupon von 4,5% (der halbjährlich gezahlt wird) und einer Rendite von ebenfalls 4,5% ergeben sich die in Tabelle E.5 dargestellten Werte.

t	Zahlungsreihe	Nenner (Barwert)	Zähler (gewichteter Barwert)
0,5	2,25%	2,20%	2,20%
1	2,25%	2,15%	4,30%
1,5	2,25%	2,10%	6,31%
2	2,25%	2,06%	8,23%
2,5	2,25%	2,01%	10,07%
3	2,25%	1,97%	11,81%
3,5	2,25%	1,93%	13,48%
4	2,25%	1,88%	15,06%
4,5	2,25%	1,84%	16,58%
5	102,25%	81,85%	818,52%
	Summe	100,00%	906,57%
		= *PV*	= *Summe*

Tab. E.5: Beispiel zur Duration bei halbjährlicher Kuponzahlung

---

1 Vgl. *Fabozzi* (2007a), S. 176.

Die Duration beläuft sich entsprechend auf 4,5329 und die Modified Duration auf 4,4331:

$$D = \frac{906{,}57\%}{2 \cdot 100\%} = 4{,}5329 \quad \text{und} \quad MD = \frac{4{,}5329}{1 + \frac{0{,}045}{2}} = 4{,}4331$$

Die hier dargestellte Vorgehensweise zur Bestimmung von Duration und Modified Duration eignet sich allerdings nicht für Anleihen, die mit Optionen („Embedded Options") ausgestattet sind, wie z.B. einem Kündigungsrecht. In diesem Fall kann auf die folgende Näherungsformel zur Durations-Bestimmung zurückgegriffen werden, wobei es sich um eine Kurzversion zur Ermittlung der Modified Duration handelt, die allerdings bei größeren Δr zu etwas anderen Ergebnissen führt:[1]

$$MD_{\text{Näherung}} = \frac{PV^- - PV^+}{2 \cdot PV \cdot \Delta r}$$

mit

PV^- = Present Value, nachdem der Marktzins um Δr gesunken ist,
PV^+ = Present Value, nachdem der Marktzins um Δr gestiegen ist und
PV = anfänglicher Present Value.

Für die Beispielanleihe K (Kupon = 5,25%, Restlaufzeit = 5 Jahre, Interner Zinsfuß = 5,3956%) führt dies zu dem folgenden Wert, falls von einem Δr von 0,1% ausgegangen wird:

$$MD = \frac{99{,}8042\% - 98{,}9511\%}{2 \cdot 99{,}3765\% \cdot 0{,}1\%} = 4{,}2922$$

Dieser Wert stimmt mit der oben auf Basis der aus der Macaulay Duration abgeleiteten Modified Duration überein. Werden allerdings größere Werte für Δr herangezogen (z.B. Δr = 1%), so weichen die beiden Modified Durations voneinander ab. Mitunter wird in der Literatur die Modified Duration vereinfachend als Duration bezeichnet.[2] In dem vorliegenden Buch soll aber im Folgenden weiterhin mit der Duration die *Macaulay* Duration gemeint sein.

Um die Duration in Geldeinheiten darzustellen, kann die sog. Dollar Duration herangezogen werden. Sie wird durch Multiplikation der modifizierten Duration mit dem Marktwert (Dirty Price) der Anleihe in Geldeinheiten (GE) ermittelt, wobei dieser Wert noch durch 100 dividiert wird. Dabei muss der Wert nicht unbedingt in Dollar ausgewiesen werden. Der Vorteil der Dollar Duration besteht in der intuitiven Interpretierbarkeit und in der einfachen Aggregation bei einem Anleihenportfolio. So ist lediglich die Summe der Dollar

---

1 Vgl. *Fabozzi* (2007a), S. 176 i.V.m. S. 169. Zu den sog. Embedded Options vgl. *Fabozzi* (2007a), S. 14ff.
2 Vgl. z.B. *Wiedemann* (2004), S. 99. Vgl. dazu auch *Fabozzi* (2007a), S. 176.

Durationen der einzelnen Anleihen zu bilden, um die Dollar Duration des gesamten Portfolios zu bestimmen.[1]

$$\text{Dollar Duration} = \frac{\text{MD} \cdot \text{Dirty Price}(\text{in GE})}{100}$$

Das nachfolgende Beispiel soll diese Zusammenhänge verdeutlichen. Betrachtet wird das folgende Anleihenportfolio:

	Marktwert (€)	Rest-LFZ (Jahre)	Kupon	Rendite	Duration	MD
Anleihe A	2.500.000	4	5,00%	7,00%	3,71215444	3,46930322
Anleihe B	4.000.000	6	7,00%	8,00%	5,07590131	4,69990862
Anleihe C	1.500.000	3	4,50%	5,00%	2,87172273	2,73497403

Tab. E.6: Beispiel zur Portfolio-Duration I

Der Gesamtwert des Portfolios beläuft sich auf € 8 Mio. Unter Berücksichtigung der jeweiligen Anteile am Portfolio können Duration und Modified Duration des Portfolios bestimmt werden:

	relativer Anteil	gewichtete Duration	gewichtete Modified Duration
Anleihe A	31,25%	1,160048264	1,084157256
Anleihe B	50,00%	2,537950656	2,349954311
Anleihe C	18,75%	0,538448013	0,512807631
Summe	**100,00%**	**4,236446932**	**3,946919198**

Tab. E.7: Beispiel zur Portfolio-Duration II

Die Modified Duration des Portfolios beträgt somit 3,9469192. Infolgedessen wird unterstellt, dass die relative Marktwertveränderung des Portfolios bei einer Zinserhöhung um 100 Basispunkte –3,9469192% beträgt:

$$\frac{\Delta PV}{PV} = -\text{MD} \cdot \Delta r = -3,9469192 \cdot 0,01 = -3,9469192\%$$

Multipliziert mit dem aktuellen Marktwert des Portfolios von € 8 Mio ergibt sich ein Wert von € 315.753,54, der den Marktwertverlust des Portfolios bei einer Marktzinserhöhung um 100 Basispunkte (= 1%-Punkt) darstellt, der wiederum mit Hilfe der Modified Duration geschätzt wird. Dieser Wert entspricht der Dollar Duration des Portfolios, wie die folgende Tabelle zeigt:

---

[1] Vgl. *Eller* (2001), S. 67.

	Modified Duration	Dollar Duration
Anleihe A	3,46930322	86.732,58 *
Anleihe B	4,69990862	187.996,34
Anleihe C	2,73497403	41.024,61
Summe		**315.753,54**

* 86.732,58 = 3,46930322 · 2.500.000 · 0,01

Tab. E.8: Beispiel zur Dollar Duration eines Portfolios

Abschließend ist darauf hinzuweisen, dass die Abschätzung künftiger Preisveränderungen mit Hilfe der Duration bzw. der Modified Duration nur unvollkommen gelingt (insbesondere bei großen Marktzinsänderungen). Ursächlich hierfür ist insbesondere die statische Betrachtungsweise der Durationskonzeption, die zudem auf einer flachen Renditestrukturkurve beruht. Darüber hinaus muss bedacht werden, dass die Barwertfunktion nicht linear verläuft. Nichtflache Renditestrukturkurven sowie deren Drehungen und Verschiebungen werden im Durationsansatz nicht adäquat berücksichtigt. Aus diesem Grund wurden Verfeinerungen des Konzepts entwickelt, die eine genauere Prognose der zukünftigen Preisveränderungen von Anleihen in Abhängigkeit von Renditestrukturveränderungen am Bondmarkt ermöglichen. Zu nennen sind in diesem Zusammenhang die Konvexität, die Effective Duration und die Key Rate Duration. Bevor auf diese Konzeptionen eingegangen wird, soll im Folgenden der Price Value of a Basis Point vorgestellt werden.

b. Price Value of a Basis Point (PVBP)

Die Kennzahl Price Value of a Basis Point (PVBP) oder – kürzer – Basis Point Value (BPV) ist eng mit der Modified Duration verwandt. Mit dieser Kennzahl wird die absolute Preisveränderung einer Anleihe angegeben bei einer Veränderung der Marktrendite um einen Basispunkt, d.h. um 0,01%-Punkte.[1] Betrachtet man positive und negative Abweichungen der Marktrendite, so kommt es zu leichten Abweichungen im Nachkommastellenbereich. Beispielhaft sind die Werte für vier verschiedene Anleihen in Tabelle E.9 dargestellt.

Die ermittelten Kurse bei den verschiedenen Renditeszenarien wurden mit dem Present Value-Konzept bestimmt. Möglich ist auch eine Abschätzung mit Hilfe der Modified Duration, die bei einer sehr kleinen Renditeveränderung wie z.B. einem Basispunkt auch zu guten Ergebnissen führt, wie Tabelle E.10 zeigt.

---

[1] Vgl. *Eller* (2001), S. 50 und *Fabozzi* (2007a), S. 182f.

364   E. Ausgewählte Aspekte des Anleihenmanagements

Anleihe	A	B	C	D
Kupon	5%	5%	7%	7%
Restlaufzeit	4	8	4	8
Rendite	5%	5%	5%	5%
Kurs bei Rendite = 5,00%	100,0000%	100,0000%	107,0919%	112,9264%
Rendite	4,99%	4,99%	4,99%	4,99%
Kurs bei Rendite = 4,99%	100,0355%	100,0647%	107,1290%	112,9963%
PVBP bei ΔRendite = –1Bp	0,03547%	0,06466%	0,03712%	0,06989%
Rendite	5,01%	5,01%	5,01%	5,01%
Kurs bei Rendite = 5,01%	99,9645%	99,9354%	107,0548%	112,8566%
PVBP bei ΔRendite = +1Bp	–0,03545%	–0,06461%	–0,03710%	–0,06983%

Tab. E.9: Price Value of a Basis Point

Anleihe	A	B	C	D
Modified Duration	3,54595	6,46321	3,46496	6,18611
ΔPV gemäß Modified Duration bei ΔRendite = –1Bp	0,03546%	0,06463%	0,03711%	0,06986%
PVBP bei ΔRendite = –1Bp	0,03547%	0,06466%	0,03712%	0,06989%
ΔPV gemäß Modified Duration bei ΔRendite = +1Bp	–0,03546%	–0,06463%	–0,03711%	–0,06986%
PVBP bei ΔRendite = +1Bp	–0,03545%	–0,06461%	–0,03710%	–0,06983%

Tab. E.10: Price Value of a Basis Point versus Modified Duration

c.   Konvexität

Zur Berücksichtigung der o.g. Nichtlinearität der Barwertfunktion von Anleihen in Abhängigkeit von Zinsänderungen, muss die Krümmung der Barwertfunktion berechnet werden. Dies geschieht mit Hilfe der Konvexität (C).[1] Die Konvexität kann über die zweite Ableitung der Barwertfunktion nach dem Zinsfuß bestimmt werden und ergibt sich zu:[2]

$$C = \frac{\sum_{t=1}^{n} t \cdot (t+1) \cdot CF_t \cdot (1+r)^{-t}}{(1+r)^2 \cdot \sum_{t=1}^{n} CF_t \cdot (1+r)^{-t}} = \frac{\sum_{t=1}^{n} t \cdot (t+1) \cdot CF_t \cdot (1+r)^{-t}}{(1+r)^2 \cdot PV}$$

Die Einschätzung der relativen Wertveränderung erfolgt allgemein über:[3]

---

1   Vgl. *Doerks/Hübner* (1993), S. 102ff.
2   Vgl. *Wilkens* (1996), S. 179ff.
3   Vgl. *Schierenbeck/Lister/Kirmße* (2008), S. 306f.; *Fabozzi/Mann* (2010), S. 363.

$$\frac{\Delta PV}{PV} = -\frac{D}{1+r} \cdot \Delta r + 0.5 \cdot C \cdot (\Delta r)^2 = -MD \cdot \Delta r + 0.5 \cdot C \cdot (\Delta r)^2$$

Damit kann für die absolute Veränderung des Present Value der folgende Ausdruck festgehalten werden:

$$\Delta PV = -MD \cdot \Delta r \cdot PV + 0.5 \cdot C \cdot (\Delta r)^2 \cdot PV = \left(-MD \cdot \Delta r + 0.5 \cdot C \cdot (\Delta r)^2\right) \cdot PV$$

Für die o.g. Beispielanleihe K (Kupon = 5,25%, Restlaufzeit = 5 Jahre, Interner Zinsfuß = 5,3956%) bestimmt sich die Konvexität wie folgt:

$$C = \frac{\sum_{t=1}^{n} t \cdot (t+1) \cdot CF_t \cdot (1+r)^{-t}}{(1+r)^2 \cdot PV}$$

$$= \frac{1 \cdot 2 \cdot 5,25 \cdot (1,053956)^{-1} + 2 \cdot 3 \cdot 5,25 \cdot (1,053956)^{-2} + \ldots + 5 \cdot 6 \cdot 105,25 \cdot (1,053956)^{-5}}{1,053956^2 \cdot 99,3765} = 23,5994$$

Entsprechend ergibt sich eine relative Preisveränderung mit Hilfe von Duration und Konvexität von

$$\frac{\Delta PV}{PV} = -MD \cdot \Delta r + 0.5 \cdot C \cdot (\Delta r)^2 = -4,2922 \cdot 0,01 + 0,5 \cdot 23,5994 \cdot (0,01)^2 = -4,1742\%$$

Zusammenfassend zeigt die folgende Tabelle, dass mit Hilfe der Modified Duration (MD) *und* der Konvexität eine recht gute Abschätzung der Kursveränderung der obigen Anleihe K bei einer Erhöhung des *internen Zinsfußes* (IZF) um 1%-Punkt auf 6,3955866% gelingt.

	Modified Duration	MD und Convexity	tatsächlich (Abzinsung mit dem IZF)
$\frac{\Delta PV}{PV}$	−4,2922%	−4,1742%	−4,1767%
ΔPV	−4,2654%	−4,1482%	−4,1507%
PV	95,1111%	95,2284%	95,2259%

Tab. E.11: Anleihenkursabschätzung mit verschiedenen Kennzahlen

Hingewiesen werden soll an dieser Stelle darauf, dass der tatsächliche Present Value bei einer Erhöhung der jeweiligen Nullkupons um ebenfalls jeweils 1%-Punkt von dem tatsächlichen Wert aus der Tabelle abweicht. Er beläuft sich auf 95,235250%. Der damit verbundene interne Zinsfuß beträgt 6,39326256%, d.h. der interne Zinsfuß hätte sich in diesem Fall um nicht ganz 1%-Punkt erhöht.

366   E. Ausgewählte Aspekte des Anleihenmanagements

Auch für die Konvexität kann eine Näherungsformel angegeben werden:[1]

$$C_{\text{Näherung}} = \frac{PV^+ + PV^- - 2 \cdot PV}{PV \cdot (\Delta r)^2}$$

mit

PV^+ = Present Value, nachdem der Marktzins um Δr gestiegen ist und
PV^- = Present Value, nachdem der Marktzins um Δr gesunken ist,
PV = anfänglicher Present Value.

In dem Fall der Anleihe K führt die Näherungsformel zu einem fast gleichen Ergebnis, falls von einem Δr von 0,1% ausgegangen wird:

$$C_{\text{Näherung}} = \frac{PV^+ + PV^- - 2 \cdot PV}{PV \cdot (\Delta r)^2} = \frac{98{,}9511\% + 99{,}8042\%}{99{,}3765\% \cdot (0{,}1\%)^2} = 23{,}5995$$

Werden allerdings größere Werte für Δr herangezogen (z.B. Δr = 1%), so führt die Näherungsformel zu etwas größeren Abweichungen von der obigen Formel zur Berechnung der Konvexität.

Die Konvexität kann auch zu Kaufentscheidungen herangezogen werden. Falls ein Anleger zwischen zwei Anleihen mit gleicher Duration und Rendite, aber unterschiedlicher Konvexität auswählen soll, so sollte er die Anleihe kaufen, die die größere Konvexität aufweist. Dies ergibt sich unmittelbar aus den obigen Formeln. Allerdings kann davon ausgegangen werden, dass sich am Kapitalmarkt aufgrund der höheren Nachfrage für Anleihen mit höherer Konvexität auch ein höherer Preis bildet.

Darüber hinaus soll noch darauf hingewiesen werden, dass sich die Duration auch zur sogenannten Immunisierung von Anleihenportfolios einsetzen lässt. Mit der Duration wird der Zeitraum festgelegt, bei dem trotz einer Marktzinsänderung die effektive Rendite der Anleihe konstant bleibt, d.h. dass sich hierbei das Kurswertänderungsrisiko und das Wiederanlagerisiko ausgleichen. Falls der Planungshorizont der Duration entspricht, wird somit sowohl bei steigenden als auch bei fallenden Zinsen mindestens das Endvermögen erreicht, das der Anleger bei konstantem Zinssatz realisiert (geplantes Endvermögen). Fallen z.B. die Zinsen, so kompensieren die steigenden Kurse den negativen Effekt der geringeren Wiederanlageverzinsung der Kuponerträge. Dieser Immunisierungseffekt tritt aber nur unter bestimmten Bedingungen auf, wie eine flache Zinsstrukturkurve, eine Parallelverschiebung der Zinsstrukturkurve bei Zinsänderungen sowie der Annahme, dass die unterstellte einmalige Zinsänderung direkt nach dem Kauf einer Anleihe stattfindet.[2]

Finden am Markt mehrere Zinsänderungen während des Planungszeitraums statt, so ist zu berücksichtigen, dass sich der Immunisierungszeitpunkt im Zeitablauf verschiebt. Dies kann anhand der folgenden Anleihe verdeutlicht werden (Kupon = 5%, Restlaufzeit = 4

---

1 Vgl. *Fabozzi* (2007b), S. 84f. und *Fabozzi/Mann* (2010), S. 363.
2 Auf die Immunisierungsstrategien wird noch näher in Kapitel E.II.3.b. in diesem Buch eingegangen.

Jahre, Marktzinsniveau, d.h. interner Zinsfuß = 7%). Aus heutiger Sicht ergibt sich damit eine Duration von 3,7122. Nach einem Jahr (Restlaufzeit dann 3 Jahre) beträgt die Duration der Anleihe 2,8553, d.h. aus heutiger Sicht liegt der Immunisierungszeitpunkt dann in 3,8553 Jahren. Die folgende Übersicht zeigt die übrigen Werte:[1]

Beobachtungs-Zeitpunkt	Restlaufzeit	Duration	Immunisierungszeitpunkt aus heutiger Sicht (t = 0)
0	4	3,712154	3,712154
1	3	2,855274	3,855274
2	2	1,951518	3,951518
3	1	1,000000	4,000000

Tab. E.12: Verschiebung des Immunisierungszeitpunktes im Zeitablauf

Infolgedessen besteht mit voranschreitender Haltedauer die Notwendigkeit, die Duration durch Umschichtungen dem jeweiligen Planungshorizont anzupassen.

d. Effective Duration

Zu den Verfeinerungen des Durations-Konzepts zählen auch die Effective Duration und die Key Rate Duration. Im Rahmen der Effective Duration (ED) wird der Barwert einer Anleihe nicht mit Hilfe eines einheitlichen Zinsfußes berechnet, sondern mit den laufzeitadäquaten Marktzinssätzen (Spot Rates), die der am Kapitalmarkt beobachtbaren Nullkuponstrukturkurve entnommen werden können, wobei die Abzinsung zum internen Zinsfuß und mit den Spot Rates im Ergebnis zum gleichen Present Value führen:

$$PV = \sum_{t=1}^{n} \frac{CF_t}{(1+r_t)^t}$$

mit r_t = Spot Rate (Nullkuponrendite) für die Periode t.

Analog zur Duration führt die erste Ableitung der Barwertfunktion nach den Zinssätzen zur Effective Duration, die die Kursveränderungen bei einer Parallelverschiebung (Parallel Shift) der Renditestrukturkurve angibt:[2]

$$ED = \frac{\sum_{t=1}^{n} t \cdot CF_t \cdot (1+r_t)^{-t}}{PV}$$

---

[1] Vgl. *Wilkens* (1996), S. 191.
[2] Vgl. *Bühler/Hies* (1995), S. 113.

Inwieweit die Werte der oben dargestellten Duration nach *Macaulay* von der Effective Duration abweichen, hängt davon ab, wie steil die Renditestrukturkurve ist. Zumeist dürfte es nicht zu bedeutenden Abweichungen kommen, wie auch bei der Beispielanleihe K:

t	Zahlungsreihe	Nenner (Barwert)	Zähler (gewichteter Barwert)
1	5,25%	5,0725%	5,0725%
2	5,25%	4,8539%	9,7078%
3	5,25%	4,6006%	13,8017%
4	5,25%	4,3192%	17,2768%
5	105,25%	80,5304%	402,6520%
Summe		**99,3765%**	**448,5107%**
		= *PV*	= *Summe*

Tab. E.13: Beispiel zur Effective Duration

Die Effective Duration beläuft sich demnach auf 4,5132 (= Summe / PV). Bezieht man diesen Wert analog zur Modified Duration auf den Term 1+r, so erhält man den nachfolgenden Wert. Dabei handelt es sich bei r um den Internen Zinsfuß (IZF).[1]

$$\text{MED} = \frac{\text{ED}}{1+r} = \frac{4,5132}{1+0,053956} = 4,2822 = \text{Modified Effective Duration}$$

e. Key Rate Duration

Ein darüber hinausgehendes Konzept, das nicht nur die Form der Renditestrukturkurve, sondern auch deren Drehung (Twist) um Schlüsselpunkte (Key Rates) erfasst, liegt mit der Key Rate Duration (KRD) vor. Insofern wird auf die eher realitätsfernen Annahmen einer flachen Renditestrukturkurve (bei der Duration nach *Macaulay*) und einer Parallelverschiebung der Renditestrukturkurve (bei der Duration nach *Macaulay* und der Effective Duration) verzichtet.

Hierbei wird zunächst separat die Kursänderung von Anleihen in Bezug auf Änderungen einzelner Sätze der Nullkuponkurve berechnet. Die jeweilige Key Rate Duration zum Zeitpunkt t (KRD_t) beschreibt – wie auch die Modified Duration – die prozentuale Veränderung des Present Value einer Anleihe aufgrund der Veränderung der Key Rate r_t zum Zeitpunkt t:[2]

$$KRD_t = \frac{1}{1+r_t} \cdot \frac{\frac{t \cdot CF_t}{(1+r_t)^t}}{PV} = \frac{1}{1+r_t} \cdot D_t$$

---

[1] Zu einer alternativen Bestimmung der Effective Duration und zur Ermittlung einer Effective Convexity vgl. *Buetow/Johnson* (2000), S. 44ff.
[2] Vgl. *Bühler/Hies* (1995), S. 113ff. und *Dattatreya/Fabozzi* (1995), S. 45ff.

I. Grundlagen der Anleihenanalyse

Dabei ist zu beachten, dass für die Anleihen, deren Cash Flows nicht den Key Rates entsprechen, die Key Rate Duration numerisch approximiert werden muss. Hierzu werden die Present Values vor und nach der Bewegung der jeweiligen Key Rate r_t ermittelt. Anschließend kann die Key Rate Duration zum Zeitpunkt t wie folgt bestimmt werden:

$$\Delta PV_t = -PV \cdot KRD_t \cdot \Delta r_t \quad \Leftrightarrow \quad KRD_t = -\frac{\Delta PV_t}{PV \cdot \Delta r_t}$$

Nunmehr kann mit Hilfe der einzelnen KRD_t durch die Summenbildung der jeweiligen Kursänderungen die durch die einzelnen Key-Rate-Shifts verursachte Veränderung des Present Values der Anleihe insgesamt ermittelt werden:

$$\Delta PV = -PV \cdot \sum_{t=1}^{n} KRD_t \cdot \Delta r_t = -PV \cdot \left(KRD_1 \cdot \Delta r_1 + KRD_2 \cdot \Delta r_2 + \ldots + KRD_n \cdot \Delta r_n\right)$$

Für die Beispielanleihe K sollen die nachfolgenden Veränderungen der jeweiligen Key Rates der Nullkuponkurve unterstellt werden:

Shift 1: Δr_1 = 0,70%-Punkte,
Shift 2: Δr_2 = 0,50%-Punkte,
Shift 3: Δr_3 = 0,40%-Punkte,
Shift 4: Δr_4 = 0,30%-Punkte und
Shift 5: Δr_5 = 0,10%-Punkte.

Zur Bestimmung der neuen Barwerte wird auf die nachfolgende Tabelle zurückgegriffen, wobei die Abzinsung mit den jeweiligen Spot Rates erfolgt – unter Berücksichtigung der o.g. Shifts:

t	Shift 1		Shift 1		Shift 1		Shift 1		Shift 1	
t	Null-kupon	Barwert	Null-kupon	Barwert	Null-kupon	Barwert	Null-kupon	Barwert	Null-kupon	Barwert
1	4,2%	5,0384%	3,5%	5,0725%	3,5%	5,0725%	3,5%	5,0725%	3,5%	5,0725%
2	4,0%	4,8539%	4,5%	4,8076%	4,0%	4,8539%	4,0%	4,8539%	4,0%	4,8539%
3	4,5%	4,6006%	4,5%	4,6006%	4,9%	4,5481%	4,5%	4,6006%	4,5%	4,6006%
4	5,0%	4,3192%	5,0%	4,3192%	5,0%	4,3192%	5,3%	4,2702%	5,0%	4,3192%
5	5,5%	80,530%	5,5%	80,530%	5,5%	80,530%	5,5%	80,530%	5,6%	80,150%
Σ		99,34%		99,33%		99,32%		99,33%		99,00%

Tab. E.14: Beispiel zur Key Rate Duration

Daraus ergeben sich entsprechend der obigen Formel für die einzelnen KRD$_t$ (PV = 99,3765%):

	Shift 1	Shift 2	Shift 3	Shift 4	Shift 5
KRD$_t$	0,0490	0,0933	0,1319	0,1644	3,8297

Tab. E.15: Bestimmung der Key Rate Duration

Eingesetzt in die obige Formel ergibt sich:

$$\frac{\Delta PV}{PV} = -\sum_{t=1}^{n} KRD_t \cdot \Delta r_t$$

$$= -(0,0490 \cdot 0,7\% + 0,0933 \cdot 0,5\% + 0,1319 \cdot 0,4\% + 0,1644 \cdot 0,3\% + 3,8297 \cdot 0,1\%) = -0,566\%$$

Nach der Änderung der jeweiligen Key Rates würde sich somit folgender neuer Marktwert der Anleihe berechnen:

99,3765% − 0,565959% · 99,3765% = 98,814089%

Schließlich kann dieser Wert überprüft werden, indem der Barwert der Anleihe auf Basis der neuen Nullkuponkurve bestimmt wird:

t	Zahlungsreihe	Nullkupons – neu –	Nenner (Barwert)
1	5,25%	4,20%	5,038388%
2	5,25%	4,50%	4,807582%
3	5,25%	4,90%	4,548130%
4	5,25%	5,30%	4,270176%
5	105,25%	5,60%	80,149813%
Summe			**98,814089%**

Tab. E.16: Bestimmung des Barwertes nach den Key Rate Shifts

Der neue interne Zinsfuß beträgt 5,52792509%.

Wie das Beispiel zeigt, handelt es sich bei der Berechnung dieser Risikokennzahl um ein relativ einfaches Verfahren, um die Annahme einer Parallelverschiebung der Renditestrukturkurve zu umgehen.

f. Spread Duration

Im Vergleich zu als bonitätsrisikolos geltenden Anleihen (wie z.B. Bundesanleihen) müssen bonitätsrisikobehaftete Anleihen (z.B. Corporate Bonds) bei gleichem Kurs mit einem höheren Kupon ausgestattet sein. Dieser Kupon setzt sich aus dem risikolosen Marktzins und den bonitätsspezifischen Risikokosten zusammen. Letztere können als Spread bezeichnet werden und entsprechen der Differenz aus der Rendite der bonitätsrisikobehafteten Anleihe und z.B. der laufzeitgleichen Rendite von Bundesanleihen. Für jede Risikoklasse kann eine eigene Spreadkurve abgeleitet werden.[1]

Der Spread stellt die Prämie für die Übernahme des Bonitätsrisikos dar. Er betrifft somit nicht das Zinsänderungsrisiko. Eine Veränderung des Spreads hat Auswirkungen auf den Marktwert der Anleihe. Zur Abschätzung dieser Auswirkungen kann die sogenannte Spread Duration herangezogen werden, die die Sensitivität des Anleihe-Marktwertes bei Veränderungen des Spreads zum Ausdruck bringt.[2]

Anhand eines Beispiels sollen die Zusammenhänge verdeutlicht werden. Zur Vereinfachung wird die Darstellung auf Zerobonds bezogen. Verglichen werden zunächst die Auswirkungen einer allgemeinen Marktzinsänderung auf die Marktwerte von bonitätsrisikofreien Staatsanleihen und bonitätsrisikobehafteten Corporate Bonds, die beide jeweils eine Laufzeit von 5 Jahren aufweisen. Die Spot Rate des 5-jährigen Staats-Zerobonds soll 4,50% betragen. Bei einem unterstellten Spread von 120 Basispunkten beläuft sich die Spot Rate des 5-jährigen Corporate-Zerobonds entsprechend auf 5,70%. Als Kurswerte dieser Zerobonds ergeben sich:

Staats-Zerobond: $\quad PV = \dfrac{1}{(1+0{,}045)^5} = 80{,}2451\%$

Corporate-Zerobond: $\quad PV = \dfrac{1}{(1+0{,}057)^5} = 75{,}7923\%$

Abbildung E.1 zeigt die Entwicklung der Marktwerte beider Anleihen, wenn sich die Marktrenditen ändern, wobei von einem konstanten Spread ausgegangen wird.

Zusätzlich sollen die Auswirkungen einer Spreadveränderung auf den Marktwert des Corporate-Zerobonds betrachtet werden, wobei von einem Spreadanstieg um 60 Basispunkte ausgegangen werden soll. Die entsprechenden preislichen Auswirkungen können der Abbildung E.2 entnommen werden. Dabei werden sowohl die Auswirkungen der Marktzinsänderung als auch der Spreadveränderung erfasst.

---

1 Vgl. *Wiedemann* (2007), S. 80ff.
2 Vgl. *Leibowitz/Krasker/Nozari* (1990), S. 46.

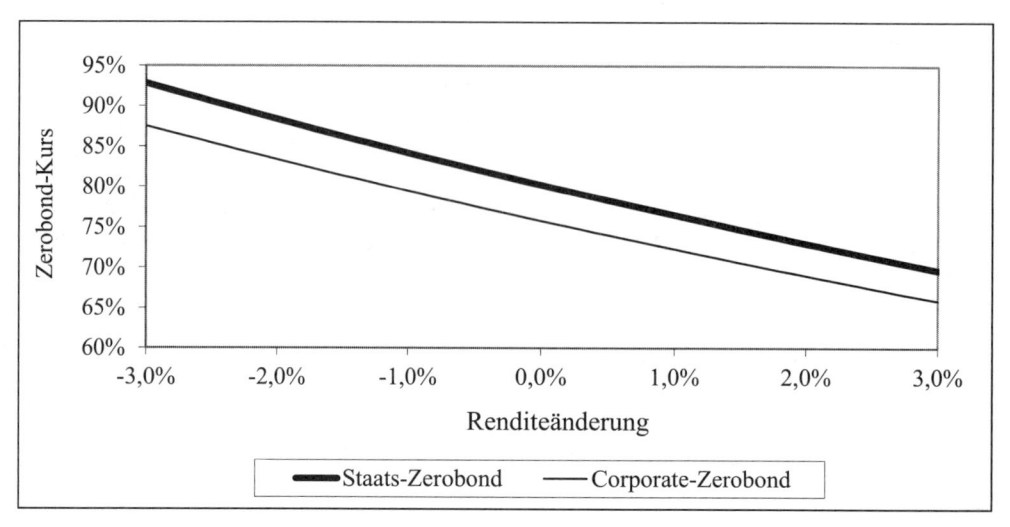

Abb. E.1: Kursverläufe von Staats-Zerobond und Corporate-Zerobond

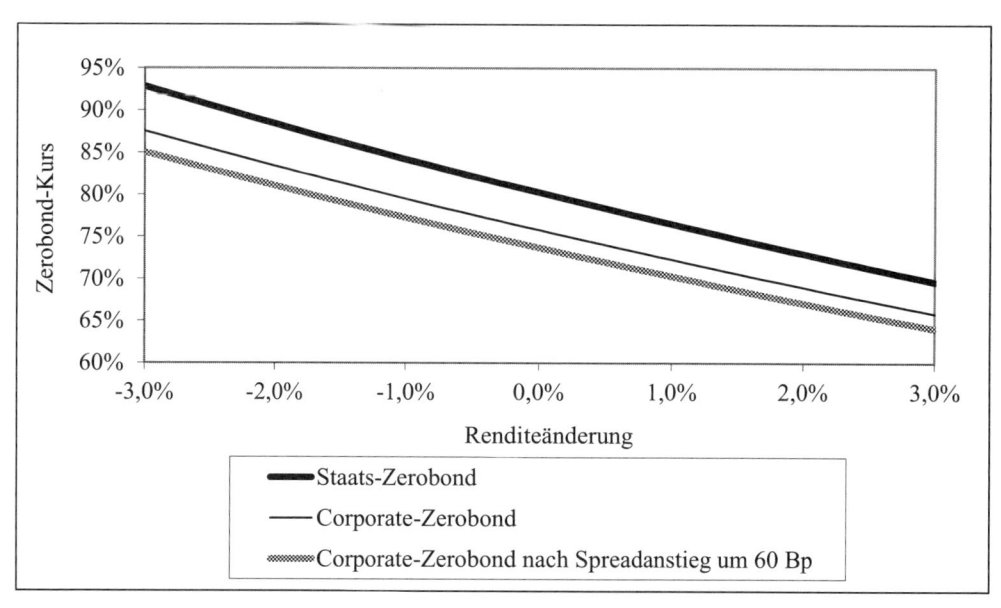

Abb. E.2: Kursverläufe von Staats- und Corporate-Zerobond nach Spreadanstieg

Der Effekt der Spreadveränderung kann isoliert betrachtet werden, indem von unveränderten Marktzinsen ausgegangen wird. In Abbildung E.3 ist die relative Preisveränderung des Corporate-Zerobonds in Abhängigkeit von der Spreadveränderung dargestellt, wobei konstante Marktzinsen (Spot Rates der Staatsanleihen) unterstellt werden. Ausgangspunkt ist dabei ein Spread von 120 Basispunkten im Laufzeitbereich von fünf Jahren.

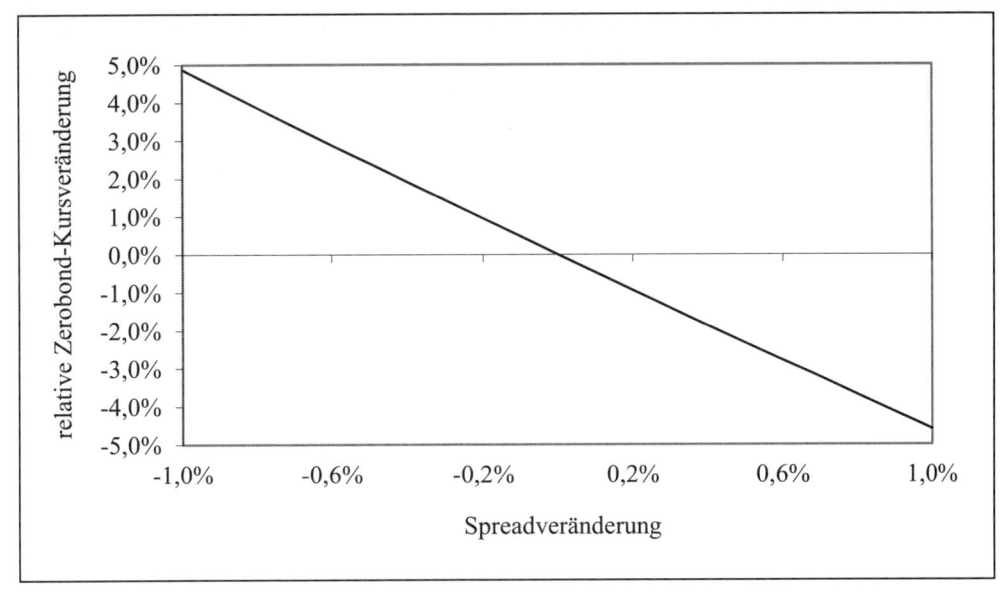

Abb. E.3: Relative Kursveränderung des Corporate-Zerobonds bei Spreadveränderungen

Die Abschätzung der relativen Kursveränderungen kann auch über die Modified Duration vorgenommen werden, die bei dem Corporate-Zerobond 4,7304 beträgt:

$$MD = \frac{D}{1+r} = \frac{5}{1+0,057} = 4,73036897$$

In diesem Fall entspricht die Modified Duration des Zerobonds der sog. Spread Duration, da bei konstanten Marktzinssätzen eine Spreadveränderung den gleichen Einfluss auf die Kursveränderung wie eine allgemeine Marktzinsänderung hat.[1] Insofern stellt die Spread Duration eine mit der Modified Duration vergleichbare Kennzahl dar. Im Beispiel wird somit unterstellt, dass eine Spread-Erhöhung um z.B. 100 Basispunkte zu einem Kursverlust von 4,73% führen würde, der aber tatsächlich etwas geringer ausfällt, da die Durationskennzahl ein lineares Risikomaß darstellt und der effektive Zusammenhang zwischen Anleihekurs und Spread aber konvex verläuft. Infolgedessen werden bei einer Abschätzung mit der Spread Duration Kurssteigerungen grundsätzlich unterschätzt und Kursverluste überschätzt.

Zur Bestimmung der Spread Duration eines Portfolios können die marktwertgewichteten Spread Durationen der einzelnen Anleihen im Portfolio aufsummiert werden.[2] Beispielsweise befinden sich im Portfolio der o.g. 5-jährige Staats-Zerobond (70% des Portfolio-Marktwertes) und ein 7-jähriger Corporate-Zerobond (30% des Portfoliomarktwertes), der bei einer Spot Rate für Staatsanleihen im 7-jährigen Bereich von 4,7% und einem Spread von 120 Basispunkten eine Rendite von 5,9% aufweist. Wird wiederum unterstellt, dass sich die Marktzinssätze nicht verändern, reagiert das Portfolio entsprechend der ge-

---

1 Vgl. *Leibowitz/Krasker/Nozari* (1990), S. 47.
2 Vgl. *Fabozzi* (2007a), S. 493.

wichteten Spread Duration des Corporate Zerobonds auf Spread-Veränderungen, da der Spread des Staats-Zerobonds Null beträgt:

$$SD_{Corporate-Zerobond} = \frac{D}{1+r} = \frac{7}{1+0,059} = 6,61000944$$

$$SD_{Portfolio} = 0,7 \cdot 0 + 0,3 \cdot 6,61000944 = 1,98300283$$

mit SD = Spread Duration.

Hingegen beträgt die Modified Duration (MD) des Portfolios 5,332:

$$MD_{Corporate-Zerobond} = \frac{D}{1+r} = \frac{7}{1+0,059} = 6,61000944$$

$$MD_{Staats-Zerobond} = \frac{D}{1+r} = \frac{5}{1+0,045} = 4,784689$$

$$MD_{Portfolio} = 0,7 \cdot 4,784689 + 0,3 \cdot 6,61000944 = 5,33228513$$

Die hier vorgenommene Bestimmung der Spread Duration eines Portfolios als wertgewichtetes Mittel der einzelnen Spread Durationen ist allerdings problematisch; denn der Spread umfasst unterschiedliche Aspekte, wie marktsystematische Komponenten (z.B. allgemeine Risikoaversion), Assetklassenspezifika (z.B. Ratingklasse) und Charakteristika, die den Emittenten und die Emission selbst (z.B. Besicherung) betreffen.[1]

Zur Umgehung dieser Problematik wird vorgeschlagen, zunächst eine Spreadveränderung als allgemeine Benchmark im Unternehmensanleihenmarkt zu definieren. Beispielsweise kann die marktwertgewichtete Spreadveränderung aller Anleihen eines Corporate Bond-Index als Benchmark herangezogen werden. Anschließend können für spezielle Anleihegruppen (Sektoren) innerhalb dieses Corporate Bond-Index sektorspezifische „Spread Betas" auf Basis empirischer Untersuchungen geschätzt werden. Diese Betawerte repräsentieren den Betrag, um den sich die marktwertgewichteten durchschnittlichen Spreads für jeden Sektor verändern, wenn sich der gesamte Spread für alle im Index enthaltenden Corporate Bonds verändert. Zur Bestimmung der Spread Duration des Portfolios sind entsprechend zunächst die Sektorgewichte durch Multiplikation der Sektor Spread Betas mit dem wertmäßigen prozentualen Anteil des Sektors am Portfolio zu berechnen. Anschließend werden die einzelnen Durationen mit diesen Sektorgewichten multipliziert und die Ergebnisse addiert.[2]

Beispielsweise soll ein Portfolio betrachtet werden, das sich zu 55% aus Staatsanleihen mit einer Duration von 8 und zu 45% aus Corporate Bonds mit einer Duration von 6 zusammensetzt. Das Sektor Spread Beta der Corporate Bonds soll 1,4 betragen. Da das Sektor

---

1 Vgl. *Wingenroth* (2004), S. 56f.
2 Vgl. *Leibowitz/Krasker/Nozari* (1990), S. 49.

Spread Beta der Staatsanleihen Null beträgt, resultiert hieraus eine Portfolio Spread Duration von 3,78:

Sektorgewicht$_{\text{Corporate Bond}}$ = 0,45 · 1,4 = 0,63

Sektorgewicht$_{\text{Staatsanleihen}}$ = 0,55 · 0 = 0

Portfolio Spread Duration = 0,63 · 6 + 0 · 8 = 3,78

Ist dieser Wert höher als die Spread Duration des Benchmark-Index, so liegt für das Portfolio ein höheres Spread Risiko vor als für den Benchmark-Index.

Zu kritisieren ist an dem Spread Beta-Ansatz, dass es dabei nicht möglich ist, dass sich in einem Sektor A die Spreads ausweiten, während sie gleichzeitig in einem anderen Sektor B konstant bleiben, es sei denn, für das Beta des Sektors B wird der Wert Null angenommen, was allerdings unrealistisch erscheint. Darüber hinaus kann bei diesem Ansatz die Spread Duration keine Aussage treffen, mit welcher Wahrscheinlichkeit und in welchem Ausmaß eine Ausweitung des Spreads auftreten wird. Vor diesem Hintergrund wird u.a. vorgschlagen, mehrere Risikofaktoren als Ursache für Spreadausweitungen zu berücksichtigen, die untereinander korreliert sind.[1]

Die Spread Duration stellt ein einfaches Instrument zur Bestimmung des Spread Risikos für kurzfristige Planungshorizonte dar. Allerdings kommen auch bei dieser Kennzahl die mit der Duration verbundenen und oben bereits erläuterten Probleme zum Tragen.

g. Value-at-Risk-Ansatz zur Bestimmung des Marktwertrisikos von Anleihen

Das Marktwertrisiko von Anleihen kann auch mit Hilfe des Value-at-Risk-Ansatzes ermittelt werden. Dieser Ansatz wurde von J.P. Morgan in der Schrift RiskMetrics^{TM} eingeführt.[2] Der Value-at-Risk (VaR) entspricht dem absoluten Verlust, der mit einer bestimmten, vorgegebenen Wahrscheinlichkeit (z.B. 1%) in der betrachteten Periode überschritten wird. Werden diskrete Renditen zur Bestimmung der Standardabweichung (σ) verwendet, so kann der Value-at-Risk in der nachfolgenden Form berechnet werden. Dabei wird eine Standardnormalverteilung unterstellt, wobei – wie oben bereits diskutiert – davon ausgegangen wird, dass der Mittelwert μ einen Wert von Null annimmt:[3]

$$\text{VaR} = -\text{RV} \cdot z \cdot \sigma$$

mit

RV = Risikovolumen.

Als Risikoparameter dieses auf Basis des Varianz-Kovarianz-Verfahrens ermittelten Value-at-Risk kann die Veränderungsrate der Zerobondabzinsfaktoren (ZAF) für verschiedene

---

1 Vgl. *Wingenroth* (2004), S. 57 und S. 229ff.
2 Vgl. *Bode/Mohr* (1996), S. 470.
3 Vgl. Kapitel A.I.2.e. in diesem Buch.

Laufzeiten herangezogen werden, um das Zinsänderungsrisiko zu quantifizieren. Für die jeweiligen Cash Flows einer Anleihe kann der Value-at-Risk wie folgt bestimmt werden:[1]

$$VaR_t^{ZAF} = -RV_t^{ZAF} \cdot \sigma_t^{ZAF} \cdot z$$

mit

σ_t^{ZAF} = Standardabweichung der Veränderungsrate der ZAF und
RV_t^{ZAF} = $CF_t \cdot ZAF_t$.

Werden noch die Korrelationen (k) zwischen den Veränderungsraten der verschiedenen ZAF berücksichtigt, so kann der Value-at-Risk einer Anleihe wie folgt berechnet werden:

$$VaR^{ZAF} = \sqrt{\begin{bmatrix} VaR_1^{ZAF} \\ VaR_2^{ZAF} \\ \ldots \\ VaR_t^{ZAF} \end{bmatrix}^T \cdot \begin{bmatrix} 1 & k_{ZAF_1,ZAF_2} & \cdots & k_{ZAF_1,ZAF_t} \\ k_{ZAF_2,ZAF_1} & 1 & \cdots & k_{ZAF_2,ZAF_t} \\ \vdots & \vdots & 1 & \vdots \\ k_{ZAF_t,ZAF_1} & k_{ZAF_t,ZAF_2} & \cdots & 1 \end{bmatrix} \cdot \begin{bmatrix} VaR_1^{ZAF} \\ VaR_2^{ZAF} \\ \ldots \\ VaR_t^{ZAF} \end{bmatrix}}$$

Zur Verdeutlichung der Value-at-Risk-Berechnung wird auf eine Beispielanleihe L mit einer Restlaufzeit von 4 Jahren und einem Kupon von 4% zurückgegriffen. Bei einer Investition in Höhe eines Nominalwertes von € 1.000.000 ergeben sich die in Tabelle E.17 dargestellten zukünftigen Cash Flows der Anleihe.

Unter Berücksichtigung der in Tabelle E.18 aufgeführten, angenommenen Standardabweichungen der wöchentlichen Veränderungsraten der 1-, 2-, 3- und 4-jährigen ZAF können die Value-at-Risks bzgl. der jeweiligen Cash Flows berechnet werden. Dabei soll in diesem Beispiel ein z-Wert von –2 unterstellt werden. Da $F_N(-2) = 2{,}275\%$, wird daher derjenige Verlustwert gesucht, der mit einer Wahrscheinlichkeit von 2,275% übertroffen wird. Dem Beispiel liegen die nachfolgenden Nullkuponrenditen (Spot Rates) zugrunde:

$t_0 - t_1$: 3,00% $t_0 - t_2$: 3,20% $t_0 - t_3$: 3,40% $t_0 - t_4$: 3,60%

t	Zahlungsreihe (in €)
1	40.000
2	40.000
3	40.000
4	1.040.000

Tab. E.17: Zahlungsreihe für die Value-at-Risk-Berechnung

---

[1] Vgl. hierzu und zu den folgenden Ausführungen *Schierenbeck/Lister/Kirmße* (2008), S. 320ff. sowie *Meyer-Bullerdiek* (2003), S. 311ff.

I. Grundlagen der Anleihenanalyse

t	Cash Flow	ZAF	σ	z · σ	Risikovolumen	VaR
1	40.000	97,0874%	0,2%	–0,40%	38.834,95	155,34
2	40.000	93,8946%	0,3%	–0,60%	37.557,84	225,35
3	40.000	90,4562%	0,4%	–0,80%	36.182,48	289,46
4	1.040.000	86,8082%	0,5%	–1,00%	902.805,75	9.028,06

Tab. E.18: Value-at-Risk-Berechnung

Wie die Tabelle zeigt, sinkt beispielsweise der aktuelle Marktwert bzw. Barwert des in 2 Jahren vorliegenden Cash Flows (Barwert = 37.557,84 = 40.000 · 0,938946) innerhalb einer Woche mit einer Wahrscheinlichkeit von 2,275% um mehr als € 225,35. Das gesamte Risikovolumen, d.h. der Marktwert der Anleihe beträgt € 1.015.381,03:

Marktwert = 38.834,95 + 37.557,84 + 36.182,48 + 902.805.75 = 1.015.381,03

Soll der Value-at-Risk der gesamten Cash Flows der Anleihe bestimmt werden, so sind noch die Korrelationen zwischen den jeweiligen wöchentlichen Veränderungsraten der ZAF zu berücksichtigen. Falls eine Korrelation von Eins vorliegen würde, könnten die jeweiligen VaR der einzelnen Cash Flows einfach zum Gesamt-VaR addiert werden (Ergebnis = € 9.698,20).

	ZAF 1 Jahr	ZAF 2 Jahre	ZAF 3 Jahre	ZAF 4 Jahre
ZAF 1 Jahr	1	0,45	0,4	0,35
ZAF 2 Jahre	0,45	1	0,6	0,5
ZAF 3 Jahre	0,4	0,6	1	0,7
ZAF 4 Jahre	0,35	0,5	0,7	1

Tab. E.19: Korrelationen der ZAF

Unter Berücksichtigung der Korrelationen ergibt sich ein Value-at-Risk von:

$$VaR = \sqrt{\begin{bmatrix} 155,34 \\ 225,35 \\ 289,46 \\ 9.028,06 \end{bmatrix}^T \cdot \begin{bmatrix} 1,00 \cdot 155,34 + 0,45 \cdot 225,35 + 0,40 \cdot 289,46 + 0,35 \cdot 9.028,06 \\ 0,45 \cdot 155,34 + 1,00 \cdot 225,35 + 0,60 \cdot 289,46 + 0,50 \cdot 9.028,06 \\ 0,40 \cdot 155,34 + 0,60 \cdot 225,35 + 1,00 \cdot 289,46 + 0,70 \cdot 9.028,06 \\ 0,35 \cdot 155,34 + 0,70 \cdot 225,35 + 0,70 \cdot 289,46 + 1,00 \cdot 9.028,06 \end{bmatrix}}$$

$$= 9.406,65$$

Der auf diese Weise ermittelte Wert für den Value-at-Risk besagt, dass der aktuelle Marktwert der Anleiheposition (€ 1.015.381,03) innerhalb einer Woche mit einer Wahrscheinlichkeit von 2,275% um mehr als € 9.406,65 sinkt. Damit ist der Verlust mit einer Wahrscheinlichkeit von 97,725% innerhalb einer Woche geringer oder gleich € 9.406,65.

Anders als bei den Durationskennzahlen wird beim Value-at-Risk-Ansatz nicht nach der möglichen Marktwertveränderung gefragt, wenn sich der Marktzins um einen bestimmten, vorgegebenen Wert verändern würde. Vielmehr werden mit dem Ansatz tatsächliche Veränderungen der unterschiedlichen Nullkupons bzw. Zerobondabzinsfaktoren aus der Vergangenheit berücksichtigt, so dass eine Vorstellung von dem tatsächlichen Verlustrisiko einer Anleihe, das mit einer bestimmten Wahrscheinlichkeit unter normalen Marktbedingungen nicht überschritten wird, vermittelt werden kann.

h. Cash flow Mapping

ha. Grundlagen

Bei zahlreichen unterjährigen Cash flows, die in einem Portfolio zu unterschiedlichen Zeitpunkten anfallen, kann es sinnvoll sein, die Cash flow-Struktur zu vereinfachen. Hierzu kann das sogenannte Cash flow Mapping herangezogen werden. Dabei werden die Cash flows auf ausgewählte Stützstellen der Zinsstrukturkurve, d.h. auf bestimmte Zahlungszeitpunkte verteilt. Somit wird ein Zahlungsstrom in einen anderen Zahlungsstrom umgewandelt. Angestrebt wird, einen komplizierten Zahlungsstrom mit vielen Stützstellen zu einem Cash flow zu vereinfachen, bei dem nur noch wenige ausgewählte Laufzeitbänder übrig bleiben. Beispielsweise kann ein originärer Cash flow mit einem monatlichen Fälligkeitsraster auf Jahresbänder verdichtet werden. Durch die Vereinfachung der Cash flow-Struktur kann die Steuerung des Zinsänderungsrisikos erleichtert werden. Dabei ist allerdings darauf zu achten, dass die Kosten der Cash flow-Umschichtung nicht die Vorteile des geringeren Steuerungsaufwandes überwiegen.[1]

Bei Mapping-Verfahren müssen zwei Bedingungen gleichzeitig erfüllt werden: So müssen sowohl der Barwert als auch das Risiko des originären und des gemappten Cash flows übereinstimmen, wobei allerdings eine absolute Identität des Risikos nicht erforderlich ist. Für praktische Steuerungszwecke ist es vielmehr ausreichend, wenn eine möglichst gleiche Reagibilität der Barwerte auf Marktzinsänderungen vorliegt.

Als Verfahren des Cash flow-Mapping können verschiedene Ansätze unterschieden werden, wobei alle Verfahren die Bedingung des gleichen Barwertes erfüllen. Allerdings unterscheiden sich die Verfahren in Abhängigkeit vom verwendeten Risikomodell, wobei Abweichungen bei den Risikomaßen zwischen dem originären und dem gemappten Cash flow vorliegen können. Im Folgenden werden das Duration Mapping, das Convexity Mapping und das Varianz Mapping vorgestellt.

hb. Duration Mapping

Sowohl beim Duration Mapping als auch beim Convexity Mapping erfolgt eine Konstruktion des gemappten Cash flows in der Weise, dass sich die zinsinduzierten Barwertsensitivitäten des originären Cash flows und die des gemappten Cash flows entsprechen. Somit weisen die Barwerte das gleiche Risiko auf, da sie auf Marktzinsänderungen gleichermaßen reagieren. Im Rahmen des Duration Mapping wird als Sensitivitätsmaß die Modified Duration herangezogen, wobei – aufgrund der Berücksichtigung der Nullkuponrenditen (Zero

---

[1] Vgl. hierzu und zu den folgenden Ausführungen *Wiedemann* (2004), S. 96ff. Auch die additive Zusammenfassung von Cash flows zu einem Gesamt-Zahlungsstrom wird in der Literatur als Cash flow Mapping bezeichnet. Vgl. *Wolke* (2007), S. 114.

Coupons) – die Modified Durations den Key Rate Durations entsprechen. Für das Duration Mapping können die beiden folgenden Gleichungen verwendet werden:[1]

(1) $BW_t = BW_1 + BW_2 \quad \Leftrightarrow \quad BW_2 = BW_t - BW_1$

(2) $BW_t \cdot MD_t = BW_1 \cdot MD_1 + BW_2 \cdot MD_2 \Leftrightarrow \dfrac{BW_t \cdot MD_t - BW_2 \cdot MD_2}{MD_1} = BW_1$

mit

BW_t = Barwert des originären Cash flows der Stützstelle t,
$BW_1\ (BW_2)$ = Barwert des gemappten Cash flows der ersten (zweiten) Stützstelle,
MD_t = Modified Duration des originären Cash flows der Stützstelle t und
$MD_1\ (MD_2)$ = Modified Duration des gemappten Cash flows der 1. (2.) Stützstelle.

Hieraus lassen sich die folgenden Gleichungen und der Barwert des gemappten Cash flows der ersten Stützstelle ableiten:

$$BW_1 = \dfrac{BW_t \cdot MD_t - (BW_t - BW_1) \cdot MD_2}{MD_1} = \dfrac{BW_t \cdot MD_t - BW_t \cdot MD_2 + BW_1 \cdot MD_2}{MD_1}$$

$$\Leftrightarrow BW_1 = \dfrac{BW_t \cdot (MD_t - MD_2)}{MD_1} + \dfrac{BW_1 \cdot MD_2}{MD_1}$$

$$\Leftrightarrow BW_1 \cdot \left(1 - \dfrac{MD_2}{MD_1}\right) = \dfrac{BW_t \cdot (MD_t - MD_2)}{MD_1}$$

$$\Leftrightarrow BW_1 = \dfrac{BW_t \cdot (MD_t - MD_2)}{MD_1 \cdot \left(1 - \dfrac{MD_2}{MD_1}\right)} = \dfrac{BW_t \cdot (MD_t - MD_2)}{MD_1 - MD_2} = BW_t \cdot \dfrac{MD_t - MD_2}{MD_1 - MD_2}$$

Als Barwert des gemappten Cash flows der zweiten Stützstelle ergibt sich:

$$BW_2 = BW_t \cdot \dfrac{MD_1 - MD_t}{MD_1 - MD_2}$$

Liegen beispielsweise für die Zeitpunkte t_3, $t_{3,5}$ und t_4 die originären Cash flows vor und soll der Cash flow in $t_{3,5}$ auf die beiden anderen verteilt werden, so entsprechen BW_t dem Cash flow-Barwert des originären Cash flows in $t_{3,5}$, MD_t der Modified Duration für das

---

[1] Vgl. *Wiedemann* (2004), S. 99.

380 E. Ausgewählte Aspekte des Anleihenmanagements

Laufzeitband $t_{3,5}$, MD_1 der Modified Duration für das Laufzeitband t_3 und MD_2 der Modified Duration für das Laufzeitband t_4.

Zunächst sind daher die Barwerte der originären Cash flows und die laufzeitspezifischen Modified Durations des zu betrachtenden Portfolios zu bestimmen. Das nachfolgende Beispiel soll die Ableitung der gemappten Cash flows aufzeigen. Für das betrachtete Portfolio liegen die in Tabelle E.20 dargestellten Daten vor.[1]

Laufzeit (Jahre)	Zero Coupon	Cash flow	CF-Barwert	LFZ-spezifische Modified Duration	Barwertgewichtete Duration
1	3,000%	20.000	19.417,48	0,9709	0,0878
1,5	3,200%	30.000	28.615,52 *	1,4535 **	0,1937 ***
2	3,400%	40.000	37.412,69	1,9342	0,3370
2,5	3,500%	70.000	64.231,37	2,4155	0,7225
3	3,600%	10.000	8.993,33	2,8958	0,1213
3,5	3,800%	60.000	52.657,53	3,3719	0,8268
4	4,000%	4.000	3.419,22	3,8462	0,0612
SUMME			214.747,14		2,3502

* $28.615{,}52 = \dfrac{30.000}{(1+0{,}032)^{1,5}}$ ** $1{,}4535 = \dfrac{1{,}5}{(1+0{,}032)}$

*** $0{,}1937 = \dfrac{28.615{,}52}{214.747{,}14} \cdot 1{,}4535$

Tab. E.20: Duration Mapping: Ausgangssituation

Im Folgenden sollen nun die Zahlungen in $t_{1,5}$ (d.h. in 1,5 Jahren) auf die Zeitpunkte t_1 und t_2, die Zahlungen in $t_{2,5}$ auf die Zeitpunkte t_2 und t_3 sowie die Zahlungen in $t_{3,5}$ auf die Zeitpunkte t_3 und t_4 verteilt werden. Unter Berücksichtigung der o.g. Formeln ergeben sich die in Tabelle E.21 gezeigten Werte.

Der gemappte Cash flow-Barwert in Höhe von 214.747,14 GE entspricht dem gesamten Barwert der originären Cash flows. Auch die Modified Duration des Portfolios hat sich nicht geändert: Sie beträgt auch nach dem Duration Mapping 2,3502:

$$MD_{PF} = \frac{33.698}{214.747} \cdot 0{,}9709 + \frac{83.833}{214.747} \cdot 1{,}9342 + \frac{67.418}{214.747} \cdot 2{,}8958 + \frac{29.799}{214.747} \cdot 3{,}8462 = 2{,}3502$$

---

1 Vgl. hierzu auch das Beispiel bei *Wiedemann* (2004), S. 101 ff.

Laufzeit (Jahre)	$t_{1,5}$: CF-Barwerte nach Mapping auf t_1 und t_2	$t_{2,5}$: CF-Barwerte nach Mapping auf t_2 und t_3	$t_{3,5}$: CF-Barwerte nach Mapping auf t_3 und t_4	Originäre CF-Barwerte	Gesamte gemappte CF-Barwerte
1	14.280,03			19.417,48	**33.697,51**
1,5					
2	14.335,49 *	32.084,65 **		37.412,69	**83.832,83**
2,5					
3		32.146,71	26.278,04	8.993,33	**67.418,08**
3,5					
4			26.379,50	3.419,22	**29.798,71**
SUMME					**214.747,14**

$$* \quad 14.335,49 = BW_2 = BW_t \cdot \frac{MD_1 - MD_t}{MD_1 - MD_2} = 28.615,52 \cdot \frac{0,9709 - 1,4535}{0,9709 - 1,9342}$$

$$** \quad 32.084,65 = BW_1 = BW_t \cdot \frac{MD_t - MD_2}{MD_1 - MD_2} = 64.231,37 \cdot \frac{2,4155 - 2,8958}{1,9342 - 2,8958}$$

Tab. E.21: Duration Mapping: Bestimmung der gemappten Cash flow-Barwerte

Schließlich können noch die jeweiligen (nominalen) Cash flows aus den Cash flow-Barwerten ermittelt werden. Die Ergebnisse sind in Tabelle E.22 aufgeführt.

Laufzeit (Jahre)	Originäre Cash flows	Gemappte CF-Barwerte	Gemappte Cash flows
1	20.000	33.697,51	**34.708,43**
1,5	30.000		
2	40.000	83.832,83	**89.630,38 ***
2,5	70.000		
3	10.000	67.418,08	**74.964,50**
3,5	60.000		
4	4.000	29.798,71	**34.860,28**

$$* \quad 89.630,38 = 83.832,83 \cdot (1 + 0,034)^2$$

Tab. E.22: Duration Mapping: Bestimmung der gemappten (nominalen) Cash flows

hc. Convexity Mapping

Anders als beim Duration Mapping wird beim Convexity Mapping auch die Konvexität berücksichtigt, so dass die Genauigkeit der Ergebnisse hinsichtlich des Kriteriums der Risikoneutralität zunimmt. Diese Betrachtung führt zu den folgenden drei Gleichungen.[1]

(1) $BW_t = BW_1 + BW_2 + BW_3$

(2) $BW_t \cdot MD_t = BW_1 \cdot MD_1 + BW_2 \cdot MD_2 + BW_3 \cdot MD_3$

(3) $BW_t \cdot C_t = BW_1 \cdot C_1 + BW_2 \cdot C_2 + BW_3 \cdot C_3$

mit

BW_t	=	Barwert des originären Cash flows der Stützstelle t,
BW_1 (BW_2, BW_3)	=	Barwert des gemappten Cash flows der ersten (zweiten, dritten) Stützstelle,
MD_t	=	Modified Duration des originären Cash flows der Stützstelle t,
MD_1 (MD_2, MD_3)	=	Modified Duration des gemappten Cash flows der ersten (zweiten, dritten) Stützstelle,
C_t	=	Convexity des originären Cash flows der Stützstelle t und
C_1 (C_2, C_3)	=	Convexity des gemappten Cash flows der ersten (zweiten, dritten) Stützstelle.

Hieraus lassen sich die folgenden Barwerte für die gemappten Cash flows der drei Stützstellen ableiten:

$$BW_1 = BW_t \cdot \frac{C_t \cdot (MD_3 - MD_2) + C_2 \cdot (MD_t - MD_3) + C_3 \cdot (MD_2 - MD_t)}{C_1 \cdot (MD_3 - MD_2) + C_2 \cdot (MD_1 - MD_3) + C_3 \cdot (MD_2 - MD_1)}$$

$$BW_2 = BW_t \cdot \frac{C_t \cdot (MD_3 - MD_1) + C_1 \cdot (MD_t - MD_3) + C_3 \cdot (MD_1 - MD_t)}{C_1 \cdot (MD_2 - MD_3) + C_2 \cdot (MD_3 - MD_1) + C_3 \cdot (MD_1 - MD_2)}$$

$$BW_3 = BW_t - BW_1 - BW_2$$

Für das obige Beispiel können die in Tabelle E.23 aufgeführten laufzeitspezifischen und barwertgewichteten Konvexitäten abgeleitet werden.

Die Konvexität des Portfolios beträgt somit 8,4075.

---

1 Vgl. hierzu und zu den folgenden Ausführungen *Wiedemann* (2004), S. 107ff.

Laufzeit (Jahre)	Zero Coupon	Cash flow	CF-Barwert	LFZ-spezifische Convexity	Barwertgewichtete Convexity
1	3,000%	20.000	19.417,48	1,8852	0,1705
1,5	3,200%	30.000	28.615,52	3,5210 *	0,4692 **
2	3,400%	40.000	37.412,69	5,6119	0,9777
2,5	3,500%	70.000	64.231,37	8,1682	2,4431
3	3,600%	10.000	8.993,33	11,1805	0,4682
3,5	3,800%	60.000	52.657,53	14,6179	3,5844
4	4,000%	4.000	3.419,22	18,4911	0,2944
SUMME			**214.747,14**		**8,4075**

$$* \quad 3{,}5210 = \frac{1{,}5 \cdot (1{,}5 + 1)}{(1 + 0{,}032)^2} \qquad ** \quad 0{,}4692 = \frac{28.615{,}52}{214.747{,}14} \cdot 3{,}5210$$

Tab. E.23: Convexity Mapping: Ausgangssituation

Auf Basis des Convexity Mapping kann jeder Cash flow auf drei beliebige Stützstellen aufgeteilt werden. Im Folgenden sollen nun die Zahlungen in $t_{1,5}$ (d.h. in 1,5 Jahren) auf die Zeitpunkte t_1, t_2 und t_3, die Zahlungen in $t_{2,5}$ auf die Zeitpunkte t_2, t_3 und t_4 sowie die Zahlungen in $t_{3,5}$ ebenfalls auf die Zeitpunkte t_2, t_3 und t_4 verteilt werden. Unter Berücksichtigung der o.g. Formeln ergeben sich die in Tabelle E.24 gezeigten Werte.

Laufzeit (Jahre)	$t_{1,5}$: CF-Barwerte nach Mapping auf t_1, t_2 und t_3	$t_{2,5}$: CF-Barwerte nach Mapping auf t_2, t_3 und t_4	$t_{3,5}$: CF-Barwerte nach Mapping auf t_2, t_3 und t_4	Originäre CF-Barwerte	Gesamte gemappte CF-Barwerte
1	10.710,23			19.417,48	**30.127,70**
1,5					
2	21.481,95	23.976,96 *	–6.481,18	37.412,69	**76.390,42**
2,5					
3	–3.576,66	48.456,94	39.316,19	8.993,33	**93.189,81**
3,5					
4		–8.202,53	19.822,52	3.419,22	**15.039,21**
SUMME					**214.747,14**

$$* \quad 23.976{,}96 = BW_1 = BW_t \cdot \frac{C_t \cdot (MD_3 - MD_2) + C_2 \cdot (MD_t - MD_3) + C_3 \cdot (MD_2 - MD_t)}{C_1 \cdot (MD_3 - MD_2) + C_2 \cdot (MD_1 - MD_3) + C_3 \cdot (MD_2 - MD_1)}$$

$$= 64.231{,}37 \cdot \frac{8{,}1682 \cdot (3{,}8462 - 2{,}8958) + 11{,}1805 \cdot (2{,}4155 - 3{,}8462) + 18{,}4911 \cdot (2{,}8958 - 2{,}4155)}{5{,}6119 \cdot (3{,}8462 - 2{,}8958) + 11{,}1805 \cdot (1{,}9342 - 3{,}8462) + 18{,}4911 \cdot (2{,}8958 - 1{,}9342)}$$

Tab. E.24: Convexity Mapping: Bestimmung der gemappten Cash flow-Barwerte

Der gemappte Cash flow-Barwert in Höhe von 214.747,14 GE entspricht wiederum dem gesamten Barwert der originären Cash flows. Auch die Konvexität des Portfolios hat sich nicht geändert: Sie beträgt auch nach dem Convexity Mapping 8,4075:

$$C_{PF} = \frac{30.128}{214.747} \cdot 1,8852 + \frac{76.390}{214.747} \cdot 5,6119 + \frac{93.190}{214.747} \cdot 11,1805 + \frac{15.039}{214.747} \cdot 18,4911 = 8,4075$$

Schließlich können noch die jeweiligen gemappten (nominalen) Cash flows aus den Cash flow-Barwerten ermittelt werden. Die Ergebnisse sind in Tabelle E.25 aufgeführt.

Laufzeit (Jahre)	Originäre Cash flows	Gemappte CF-Barwerte	Gemappte Cash flows
1	20.000	30.127,70	**31.031,54**
1,5	30.000		
2	40.000	76.390,42	**81.673,28 ***
2,5	70.000		
3	10.000	93.189,81	**103.620,98**
3,5	60.000		
4	4.000	15.039,21	**17.593,74**

* $81.673,28 = 76.390,42 \cdot (1 + 3,40\%)^2$

Tab. E.25: Convexity Mapping: Bestimmung der gemappten (nominalen) Cash flows

hd. Varianz Mapping

Beim Varianz Mapping wird versucht, die Risikoberechnung möglichst genau zu gestalten. Dabei werden die laufzeitspezifischen Volatilitäten und die Korrelationen zwischen den Veränderungen der Zero Coupons bzw. der Zerobondabzinsfaktoren der verschiedenen Laufzeiten berücksichtigt. Diese Betrachtung führt zu den folgenden drei Gleichungen, wobei die Value-at-Risk-Betrachtung hier vereinfachend für z = 1 vorgenommen werden soll.[1]

(1) $BW_t = BW_1 + BW_2$

(2) $VaR_t = BW_t \cdot \sigma_t = \sqrt{VaR_1^2 + VaR_2^2 + 2 \cdot VaR_1 \cdot VaR_2 \cdot k_{1,2}}$

(3) $BW_1 = x \cdot BW_t$ und $BW_2 = (1-x) \cdot BW_t$ mit $0 \leq x \leq 1$

---

1 Vgl. hierzu und zu den folgenden Ausführungen *Wiedemann* (2004), S. 115ff. und *Bode/Mohr* (1996), S. 470ff. Zum Value-at-Risk eines Portfolios vgl. *Wolke* (2007), S. 72.

I. Grundlagen der Anleihenanalyse 385

mit

BW$_t$ = Barwert des originären Cash flows der Stützstelle t,
BW$_1$ (BW$_2$) = Barwert des gemappten Cash flows der ersten (zweiten) Stützstelle,
σ$_t$ = Standardabweichung des Zerobondabzinsfaktors (ZAF), der zwischen den beiden Laufzeitbändern 1 und 2 liegt,
k$_{1,2}$ = Korrelation der Änderungen der Zinssätze bzw. ZAF zwischen den beiden Laufzeitbändern 1 und 2
VaR$_t$ = Value-at-Risk des originären Cash flows der Stützstelle t und
VaR$_1$ (VaR$_2$) = Value-at-Risk des gemappten Cash flows der ersten (zweiten) Stützstelle.

Die dritte Gleichung bewirkt, dass die Vorzeichen der Cash flows nach dem Mapping mit den Vorzeichen der originären Cash flows übereinstimmen.

Die Varianz des Zero Coupons (bzw. Zerobondabzinsfaktors, ZAF), der zwischen den beiden Laufzeitbändern 1 und 2 liegt, kann aus den obigen Formeln wie folgt abgeleitet werden:

$$\sigma_t^2 = x^2 \cdot \sigma_1^2 + (1-x)^2 \cdot \sigma_2^2 + 2 \cdot x \cdot (1-x) \cdot k_{1,2} \cdot \sigma_1 \cdot \sigma_2$$

Diese Formel kann umgeformt werden und nach x mit Hilfe der Vorgehensweise zur Lösung einer quadratischen Gleichung aufgelöst werden:

$$\underbrace{\left(\sigma_1^2 + \sigma_2^2 - 2 \cdot k_{1,2} \cdot \sigma_1 \cdot \sigma_2\right)}_{a} \cdot x^2 + \underbrace{2 \cdot \left(-\sigma_2^2 + k_{1,2} \cdot \sigma_1 \cdot \sigma_2\right)}_{b} \cdot x + \underbrace{\left(\sigma_2^2 - \sigma_t^2\right)}_{c} = 0$$

$$x_{1,2} = \frac{-b \pm \sqrt{b^2 - 4 \cdot a \cdot c}}{2 \cdot a}, \quad \text{wobei} \quad 0 \leq x \leq 1$$

Mit Hilfe der Gewichtungsfaktoren x und (1–x) können die aufzuteilenden Cash flow-Barwerte auf zwei Stützstellen verteilt werden. Die Vorgehensweise soll wiederum anhand des obigen Beispiels verdeutlicht werden.

Für das Beispiel sollen die in den Tabellen E.26 und E.27 dargestellten Volatilitäten und Korrelationen angenommen werden.

Laufzeit (Jahre)	Zero Coupon	Volatilitäten
1	3,000%	0,50%
1,5	3,200%	0,60%
2	3,400%	0,90%
2,5	3,500%	1,10%
3	3,600%	1,40%
3,5	3,800%	1,50%
4	4,000%	1,80%

Tab. E.26: Varianz Mapping: Angenommene Volatilitäten

	1	2	3	4
1	1	0,7	0,8	0,6
2	0,7	1	0,9	0,5
3	0,8	0,9	1	0,75
4	0,6	0,5	0,75	1

Tab. E.27: Varianz Mapping: Angenommene Korrelationen zwischen den Laufzeitbändern

Nunmehr werden der Cash flow in $t_{1,5}$ auf die umliegenden Stützstellen t_1 und t_2, der Cash flow in $t_{2,5}$ auf die umliegenden Stützstellen t_2 und t_3 sowie der Cash flow in $t_{3,5}$ auf die umliegenden Stützstellen t_3 und t_4 aufgeteilt. Die daraus resultierenden Gewichtungsfaktoren können der Tabelle E.28 entnommen werden.

Laufzeit (Jahre)	a	b	c	x	1-x
Mapping des CF in $t_{1,5}$ auf 1 und 2 Jahre	0,000043	–0,000099	0,000045	0,6232763	0,3767237
Mapping des CF in $t_{2,5}$ auf 2 und 3 Jahre	0,000050 *	–0,000165 **	0,000075 ***	0,54388414	0,45611586
Mapping des CF in $t_{3,5}$ auf 3 und 4 Jahre	0,000142	–0,000270	0,000099	0,49611053	0,50388947

* $a = \sigma_1^2 + \sigma_2^2 - 2 \cdot k_{1,2} \cdot \sigma_1 \cdot \sigma_2 = 0,009^2 + 0,014^2 - 2 \cdot 0,9 \cdot 0,009 \cdot 0,014 = 0,00005$

** $b = 2 \cdot (-\sigma_2^2 + k_{1,2} \cdot \sigma_1 \cdot \sigma_2) = 2 \cdot (-(0,014^2) + 0,9 \cdot 0,009 \cdot 0,014) = -0,000165$

*** $c = (\sigma_2^2 - \sigma_t^2) = (0,014^2 - 0,011^2) = 0,000075$

Tab. E.28: Varianz Mapping: Gewichtungsfaktoren

Die Gewichtungsfaktoren ergeben sich aus der o.g. Formel zur Lösung einer quadratischen Gleichung, wobei die jeweiligen Werte für die Parameter a, b und c eingesetzt werden und zu beachten ist, dass $0 \leq x \leq 1$. Die Ergebnisse sind in Tabelle E.29 dargestellt.

Der gesamte gemappte Cash flow-Barwert in Höhe von 214.747,14 GE entspricht wiederum dem gesamten Barwert der originären Cash flows.

Nunmehr soll noch geprüft werden, ob die zweite Bedingung erfüllt ist:

$$VaR_t = BW_t \cdot \sigma_t = \sqrt{VaR_1^2 + VaR_2^2 + 2 \cdot VaR_1 \cdot VaR_2 \cdot k_{1,2}}.$$

Für die Laufzeiten 1,5 Jahre, 2,5 Jahre und 3,5 Jahre ergeben sich aus den originären Cash flows die in Tabelle E.30 dargestellten Werte für den Value-at-Risk (wobei zur Vereinfachung ein z-Wert von 1 angenommen wird).

Laufzeit (Jahre)	$t_{1,5}$: CF-Barwerte nach Mapping auf t_1 und t_2	$t_{2,5}$: CF-Barwerte nach Mapping auf t_2 und t_3	$t_{3,5}$: CF-Barwerte nach Mapping auf t_3 und t_4	Originäre CF-Barwerte	Gesamte gemappte CF-Barwerte
1	17.835,38			19.417,48	37.252,85
1,5					
2	10.780,15	34.934,42 *		37.412,69	83.127,26
2,5					
3		29.296,95 **	26.123,96	8.993,33	64.414,24
3,5					
4			26.533,58	3.419,22	29.952,79
SUMME					214.747,14

* $BW_1 = x \cdot BW_t = 0,54388414 \cdot 64.231,37 = 34.934,42$

** $BW_2 = (1-x) \cdot BW_t = (1 - 0,54388414) \cdot 64.231,37 = 29.296,95$

Tab. E.29: Varianz Mapping: Bestimmung der gemappten Cash flow-Barwerte

Laufzeit (Jahre)	Originäre Cash flow-Barwerte	Volatilitäten	VaR
1,5	28.615,52	0,0060	171,69 *
2,5	64.231,37	0,0110	706,55
3,5	52.657,53	0,0150	789,86

* $VaR_t = BW_t \cdot \sigma_t = 28.615,52 \cdot 0,0060 = 171,69$

Tab. E.30: Varianz Mapping: Überprüfung der zweiten Bedingung (1)

Im nächsten Schritt werden die Value-at-Risk-Werte für die jeweils auf die Stützstellen aufgeteilten Cash flows ermittelt. Die resultierenden Werte sind in Tabelle E.31 gezeigt.

Mit Hilfe der o.g. Formel können die VaR der Laufzeitbänder 1,5 Jahre, 2,5 Jahre und 3,5 Jahre auch wie folgt bestimmt werden:

$$VaR_{1,5} = \sqrt{89,18^2 + 97,02^2 + 2 \cdot 89,18 \cdot 97,02 \cdot 0,7} = 171,69$$

$$VaR_{2,5} = \sqrt{314,41^2 + 410,16^2 + 2 \cdot 314,41 \cdot 410,16 \cdot 0,9} = 706,55$$

$$VaR_{3,5} = \sqrt{365,74^2 + 477,60^2 + 2 \cdot 365,74 \cdot 477,60 \cdot 0,75} = 789,86$$

Da diese Werte mit denen aus Tabelle E.30 übereinstimmen, ist also die zweite Bedingung erfüllt.

Laufzeit (Jahre)	$t_{1,5}$: CF-Barwerte nach Mapping auf t_1 und t_2	VaR	$t_{2,5}$: CF-Barwerte nach Mapping auf t_2 und t_3	VaR	$t_{3,5}$: CF-Barwerte nach Mapping auf t_3 und t_4	VaR
1	17.835,38	89,18				
1,5						
2	10.780,15	97,02 *	34.934,42	314,41		
2,5						
3			29.296,95	410,16	26.123,96	365,74
3,5						
4					26.533,58	477,60

* $\text{VaR}_t = \text{BW}_t \cdot \sigma_t = 10.780{,}15 \cdot 0{,}0090 = 97{,}02$

Tab. E.31: Varianz Mapping: Überprüfung der zweiten Bedingung (2)

Schließlich können auch bei diesem Verfahren die jeweiligen gemappten (nominalen) Cash flows aus den Cash flow-Barwerten angegeben werden (vgl. Tabelle E.32).

Laufzeit (Jahre)	Originäre Cash flows	Gemappte CF-Barwerte	Gemappte Cash flows
1	20.000	37.252,85	38.370,44
1,5	30.000		
2	40.000	83.127,26	88.876,00 *
2,5	70.000		
3	10.000	64.414,24	71.624,42
3,5	60.000		
4	4.000	29.952,79	35.040,53

* $88.876{,}00 = 83.127{,}26 \cdot (1 + 3{,}40\%)^2$

Tab. E.32: Varianz Mapping: Bestimmung der gemappten (nominalen) Cash flows

Insgesamt gesehen führen damit die verschiedenen Mapping-Verfahren auch zu unterschiedlichen Cash flows. Zurückzuführen ist dies auf die unterschiedlichen Gewichtungsfaktoren, die zur Verteilung der Barwerte herangezogen werden. Während beim Duration Mapping die Verteilung der Barwerte in proportionaler Weise zu den laufzeitspezifischen Durationen erfolgt, werden beim Convexity Mapping Mischungen der Durations- und Convexity-Kennzahlen herangezogen. Hingegen sind beim Varianz Mapping die Volatilitäten und Korrelationen der verschiedenen Laufzeitbänder relevant. Zu berücksichtigen ist allerdings bei dem Varianz Mapping, dass die Gestaltung des Cash flow-Profils deutlich eingeschränkt ist aufgrund der Berücksichtigung der Korrelationen und aufgrund der Restriktion der übereinstimmenden Vorzeichen.[1]

3. Rating zur Bestimmung des Bonitätsrisikos von Anleihen

a. Grundlagen

Neben dem Zinsänderungsrisiko ist insbesondere vor dem Hintergrund der Finanz- und Wirtschaftskrise 2008 sowie der Schuldenkrise innerhalb der Europäischen Union in 2011/2012 die Kreditwürdigkeit von Anleiheemittenten in den Blickpunkt gerückt. Vor diesem Hintergrund hat die Einschätzung der Bonität einer Anleihe und/oder eines Emittenten an Bedeutung gewonnen. Internationale Ratingagenturen haben sich zur Aufgabe gestellt, die Wahrscheinlichkeit und das potentielle Ausmaß von Zins- und Tilgungsausfällen bei festverzinslichen Wertpapieren anhand von Ratingsymbolen zu klassifizieren.

Für den Ratingbegriff existiert keine einheitliche Definition. Mit Bezug auf wirtschaftliche Vorgänge wird Rating mit der Bonitätseinstufung von Schuldnern bzw. der qualitativen und quantitativen Klassifizierung von Finanztiteln in Zusammenhang gebracht. Das Ziel besteht dabei in der Beurteilung von Anleihen, anderen Forderungsrechten, verbrieften Wertpapieren und deren jeweilige Emittenten. Rating kann auch als Aussage darüber verstanden werden, inwieweit ein Schuldner in der Lage ist seine finanziellen Verpflichtungen termingerecht und vollständig zu erfüllen. Bei dieser Definition, die im Zusammenhang mit den Eigenkapitalregeln des Baseler Ausschusses steht, steht die Einschätzung von Wahrscheinlichkeiten über den Eintritt von Leistungs- und Zahlungsstörungen im Vordergrund.[2]

Beispielsweise wird ein Ratingsystem in der Solvabilitätsverordnung wie folgt definiert: „Ein Ratingsystem ist die Gesamtheit aller Methoden, Verfahrensabläufe, Steuerungs- und Überwachungsproceduren und Datenerfassungs- und Datenverarbeitungssysteme, die die Einschätzung von Adressrisiken, die Zuordnung von IRBA-Positionen zu Ratingstufen oder Risikopools (Rating) und die Quantifizierung von Ausfall- und Verlustschätzungen für eine bestimmte Art von IRBA-Positionen unterstützen."[3]

Grundsätzlich kann der Rating-Begriff als Ratingprozess oder als Ratingurteil bzw. Ratingsymbol aufgefasst werden. Der Ratingprozess beschreibt das Verfahren zur Bonitätsbeurteilung eines Schuldners, während das Ratingsymbol das Urteil über die Höhe der Ausfallwahrscheinlichkeit eines Kredites des Schuldners bedeutet.[4]

Unterschieden werden kann zwischen bankinternen Ratings und externen Ratings. Erstere betreffen die Bonitätsbeurteilung von Bankkunden auf Basis hausinterner Verfahren zur Klassifizierung von Kreditengagements im Hinblick auf das Ausfall- bzw. Kreditrisiko. Diese Ratings werden normalerweise nicht veröffentlicht und zumeist nur zu internen Zwecken im Rahmen des Risikomanagements bzw. Risikocontrollings verwendet. Dahingegen werden externe Ratings von privaten Ratingagenturen durchgeführt und i.d.R. auch veröffentlicht. Oftmals beauftragt beispielsweise ein Unternehmen eine Agentur mit der Durch-

---

1 Vgl. *Wiedemann* (2004), S. 117 und S. 120f.
2 Vgl. *Schneck/Morgenthaler/Yesilhark* (2003), S. 43f.
3 § 60 Solvabilitätsverordnung (SolvV). Die Abkürzung „IRBA" steht dabei für „Auf internen Ratings basierender Ansatz", vgl. Kapitel 4 der SolvV.
4 Vgl. *Schneck/Morgenthaler/Yesilhark* (2003), S. 44.

führung des Ratings.[1] Ein externes Rating kann durch die öffentliche Verwendung die Markttransparenz erhöhen und als Indikator für die Zukunftsfähigkeit eines Schuldners herangezogen werden. Dabei wird die erwartete Bonitätssituation des Schuldners für eine längere Zeitperiode beurteilt, wobei mögliche negative Konjunktur- bzw. Branchenentwicklungen durch die Agenturen berücksichtigt werden. Entsprechend liegt den externen Ratings eine sogenannte „Through-the-Cycle"-Rating-Philosophie zugrunde, bei der ein Zeitraum von mindestens einem Konjunkturzyklus betrachtet wird. Eine eher langfristig orientierte Einschätzung der Bonität ist oftmals auch im Interesse von Investoren in klassische Buy-and-Hold-Finanzanlagen. Die Kosten für ein solches externes Rating werden von den Emittenten übernommen, die das Rating in Auftrag gegeben haben.[2]

Unterschieden werden kann zwischen Emissionsrating und Emittentenrating. Bei einem Emissionsrating geht es zumeist um die Bewertung einzelner Finanztitel. Dabei wird ein Ratingurteil über die Bonität eines Schuldners abgegeben, z.B. im Hinblick auf eine bestimmte Anleihe oder ein spezielles Finanzierungsprogramm. Wenngleich das Rating im Wesentlichen von der Kreditwürdigkeit des Emittenten abhängt, so werden zusätzlich aber beispielsweise die Bonität von Garantiegebern, die Besicherung oder auch die Rangfolge im Konkursfall berücksichtigt. Letztere Aspekte können dazu führen, dass sich für verschiedene Anleihen desselben Unternehmens unterschiedliche Ratings ergeben. Unterschieden werden kurz- und langfristige Emissionsratings. Demgegenüber beziehen sich Emittentenratings auf die grundsätzliche Kreditwürdigkeit eines Schuldners (hinsichtlich nicht nachrangiger, unbesicherter Forderungen), d.h. insbesondere auf die Fähigkeit (und Bereitschaft) zur Zahlung fälliger Verbindlichkeiten und damit nicht auf bestimmte, einzelne Emissionen.[3]

Darüber hinaus lassen sich Ratings in Solicited Rating und Unsolicited Rating unterscheiden. Beim Solicited Rating erteilt das zu bewertende Unternehmen der Ratingagentur den Auftrag zur Erstellung eines Ratings. Liegt ein solcher Auftrag nicht vor und wird trotzdem ein Rating erstellt (z.B. weil ein Investor ein entsprechendes Rating nachfragt), so handelt es sich um ein Unsolicited Rating. In diesem Fall wirkt das zu analysierende Unternehmen somit nicht mit, so dass die Agentur auf öffentlich zugängliche Informationen zurückgreifen muss, was u.U. die Aussagekraft im Vergleich zum Solicited Rating verringert.

Schließlich können noch Debt Rating und Equity Rating unterschieden werden. Beiden Ratingarten liegt eine Untersuchung der grundlegenden Unternehmensstruktur zugrunde. Während aber mit dem Debt Rating das Ziel der Lieferung entscheidungsrelevanter Informationen für Fremdkapitalgeber (vor allem über die Bonität im Hinblick auf die Kreditausfallwahrscheinlichkeit) verbunden ist, geht es beim Equity Rating im Wesentlichen um Ausmaß und Stabilität der Unternehmensgewinne.[4]

---

1 Vgl. *Schneck/Morgenthaler/Yesilhark* (2003), S. 50f; *Daldrup* (2006), S. 4.
2 Vgl. *Daldrup* (2006), S. 11ff.
3 Vgl. *Schneck/Morgenthaler/Yesilhark* (2003), S. 52f.
4 Vgl. *Schneck/Morgenthaler/Yesilhark* (2003), S. 52f.

b. Ratingsymbole und ihre Bedeutung für das Portfoliomanagement

Das von den Ratingagenturen abgegebene Urteil über die Bonität eines Schuldners wird zu einer einzelnen Bewertungsgröße verdichtet. Dieses Gesamturteil wird in Buchstaben-Kombination, Buchstaben-Ziffern-Kombination oder durch eine Ziffer ausgedrückt. Mit jedem Ratingsymbol ist die Einordnung in eine bestimmte Risikoklasse verbunden, für die wiederum die durchschnittliche Ausfallwahrscheinlichkeit und/oder die durchschnittliche Wahrscheinlichkeit für einen Ratingklassenwechsel (Migration) für bestimmte Betrachtungszeiträume ermittelt werden können.

Die bekanntesten Rating-Agenturen Moody's, Standard & Poor's und FitchRatings verwenden als Ratingsymbole Buchstaben-Kombinationen sowie Buchstaben-Ziffern-Kombinationen, die an das amerikanische Notensystem angelehnt sind und auch mittelständischen Ratingagenturen als Vorbild dienen. Für langfristige Emissionen werden die in Tabelle E.33 dargestellten Long Term-Rating-Symbole verwendet.[1]

Emittenten, die ein Rating von mindestens Baa3 bzw. BBB- aufweisen, können für sich die Klassifizierung ‚Investment Grade' beanspruchen. Dies ist insofern von Bedeutung, als viele institutionelle Portfoliomanager oftmals Vorgaben haben, in Anleihen zu investieren, die in die Kategorie Investment Grade einzuordnen sind.

Ist ein Schuldner in Zahlungsverzug geraten, so können bei S&P die Ratingsymbole „SD" (selective default) oder „D" herangezogen werden. Sofern S&P der Meinung ist, dass der Ausfall ein genereller Ausfall sein wird und der Schuldner seine fälligen Verbindlichkeiten nicht zurückzahlen kann, wird ein D vergeben. Falls sich der Ausfall aber nur auf eine bestimmte Emission oder Art von Schuldverschreibungen bezieht und gleichzeitig andere, ausstehende Verbindlichkeiten zeitnah bedient werden, so kann das Symbol SD vergeben werden. Zusätzlich kann bei S&P das Symbol „R" vergeben werden, das darauf hinweist, dass ein Unternehmen unter Aufsicht gestellt wurde. Das Symbol „RD (restricted default)" bei Fitch ist mit dem Symbol „SD" bei S&P vergleichbar.[2]

Zu berücksichtigen ist, dass die jeweiligen Abstände zwischen den einzelnen Ratingurteilen nicht metrisch interpretierbar sind. Während die Abstände in den oberen Ratingkategorien vergleichsweise gering sind, unterscheiden sie sich in den unteren Kategorien stärker voneinander. Letztlich beschränkt sich das Ratingurteil auf den Vergleich, ob einzelne Emissionen bzw. Emittenten mit einem höheren Risiko behaftet sind als andere, so dass das Rating eher einer Rangfolge ähnelt.[3]

Letztlich können mit Hilfe des Ratings quantitative und qualitative Kriterien in die Wahrscheinlichkeit eines Ausfalls übertragen werden. Zu beachten ist, dass auch die beste Ratingklasse ein Ausfallrisiko aufweist und dass sich die Ausfallwahrscheinlichkeiten, die den jeweiligen Ratingeinstufungen zugeordnet werden können, im Zeitablauf verändern können.[4]

---

1 Vgl. *Schneck/Morgenthaler/Yesilhark* (2003), S. 60f; *Daldrup* (2006), S. 4; *Bertram/Wendler* (2010a), S. 13ff.; *Absolut Research* (2008), S. 7ff.
2 Vgl. *Bertram/Wendler* (2010b); *Absolut Research* (2008), S. 7ff.
3 Vgl. *Schneck/Morgenthaler/Yesilhark* (2003), S. 62f.
4 Vgl. *Daldrup* (2006), S. 4.

Bonitätsbewertung	Long Term-Rating-Symbole		
	Moody's	S&P	Fitch
Sehr gute Anleihen: Beste Qualität, geringstes Ausfallrisiko. Hohe Qualität, aber etwas größeres Risiko als die Spitzengruppe.	Aaa Aa1 Aa2 Aa3	AAA AA+ AA AA-	AAA AA+ AA AA-
Gute Anleihen: Gute Qualität, viele gute Investmentattribute, aber auch Elemente, die sich bei veränderter Wirtschaftsentwicklung negativ auswirken können. Mittlere Qualität, dabei mangelnder Schutz gegen die Einflüsse einer sich verändernden Wirtschaftsentwicklung.	A1 A2 A3 Baa1 Baa2 Baa3	A+ A A- BBB+ BBB BBB-	A+ A A- BBB+ BBB BBB-
Spekulative Qualität: Spekulative Anlage, nur mäßige Deckung für Zins- und Tilgungsleistungen. Sehr spekulativ, generell fehlende Charakteristika eines sicheren Investments, langfristige Zinszahlungserwartung gering	Ba1 Ba2 Ba3 B1 B2 B3	BB+ BB BB- B+ B B-	BB+ BB BB- B+ B B-
Junk Bonds: Sehr niedrige Qualität, sehr geringer Anlegerschutz. Hohes Ausfallrisiko.	Caa Ca	CCC CC C	CCC CC C
Zahlungsausfall: Niedrigste Qualität, geringster Anlegerschutz. In Zahlungsverzug.	C	SD D	RD D

Tab. E.33: Long Term-Ratingsymbole von Moody's, Standard and Poor's und Fitch

Neben den o.g. Long-Term-Rating-Symbolen können auch Short-Term-Rating-Symbole für kurzfristige Finanzverbindlichkeiten vergeben werden. In Frage kommen dazu beispielsweise kurzfristige Schuldverschreibungen oder Finanzierungsprogramme. Für das Rating von Commercial Papers finden sich im Investment Grade-Bereich bei S&P die Symbole A-1+, A-1, A-2 und A-3, bei Moody's P-1, P-2 und P-3 (wobei „P" für „Prime") steht sowie bei Fitch F-1+, F-1, F-2 und F-3.[1]

Das Rating spielt für das Portfoliomanagement im Anleihenbereich eine wichtige und mitunter sogar zentrale Rolle. Empirisch konnte gezeigt werden, dass zwischen dem Ausfall eines Schuldners und dem ihm zugehörigen Rating-Symbol ein enger Zusammenhang besteht. So werden beispielsweise von der Ratingagentur Standard & Poor's die historischen, 1-jährigen durchschnittlichen Unternehmensausfallraten in Abhängigkeit vom Ra-

---

1 Vgl. *Fabozzi* (2007b), S. 180.

ting oder auch die historischen, durchschnittlichen kumulativen Ausfallraten in Abhängigkeit vom Rating veröffentlicht. Dabei kann festgestellt werden, dass die kumulativen durchschnittlichen Ausfallraten i.d.R. mit zunehmend schlechterer Bonität ansteigen, wobei kein linearer Zusammenhang vorliegt. Auch die Wanderungsbewegungen der Unternehmens-Ratings innerhalb eines Jahres werden von Standard & Poor's veröffentlicht. Ermittelt wird dabei die Wahrscheinlichkeit, mit der ein Unternehmen am Ende des Jahres das gleiche Rating beibehält bzw. in die jeweils anderen Ratingkategorien wandert. Die entsprechenden Darstellungen können auch als Migrationsmatrizen bezeichnet werden.[1]

Vor dem Hintergrund der Finanzkrise 2008/2009 und der Turbulenzen in der Eurozone sind insbesondere die Ratingurteile von Staatsanleihen in der Diskussion. Dabei können sich die Ratingeinschätzungen der jeweiligen Agenturen auch unterscheiden.

c. Bedeutung der Ratingagenturen

Das mit Hilfe standardisierter Verfahren zustande gekommene Bonitätsurteil der Ratingagenturen soll potentiellen Investoren auf einen Blick das Ausfallrisiko einzelner Emissionen oder des Emittenten verdeutlichen. Somit sollen Investoren in die Lage versetzt werden, die Kreditwürdigkeit von Emittenten zu beurteilen. Damit kommen die Ratingagenturen dem Informationsbedürfnis der Anleger und auch des gesamten Kapitalmarkts nach. Gleichzeitig verringern sie die Informationsasymmetrie zwischen Emittent und Investor.[2]

Neben den bekanntesten Ratingagenturen Moody's, Standard & Poor's und Fitch Ratings gibt es noch weitere kleinere Agenturen. Grundsätzlich kann gerade bei kleineren Ratingagenturen das Problem bestehen, die Unabhängigkeit von dem Auftraggeber zu wahren. Es kann davon ausgegangen werden, dass eine Ratingagentur an einem Auftrag für ein Folgerating interessiert ist, womit die Gefahr verbunden sein könnte, dass tendenziell zu positive Ratings vergeben werden; denn mit einem besseren Rating sind für das beauftragende Unternehmen auch günstigere Refinanzierungen über den Kapitalmarkt verbunden. Daher könnte ein positives Rating die Wahrscheinlichkeit für einen weiteren Ratingauftrag erhöhen. Entsprechend ist denkbar, dass ein Mandat bei einer negativen Beurteilung der Kreditwürdigkeit in der nachfolgenden Periode an eine konkurrierende Agentur oder gar nicht mehr vergeben wird. Allerdings ist dem entgegenzuhalten, dass tendenziell zu positive Ratingurteile durch eine externe Agentur zu einem Reputationsverlust führen können, was wiederum einen Marktanteilsverlust zur Folge haben könnte. Dies kann nicht im Interesse der Ratingagenturen sein. Grundsätzlich kann zudem davon ausgegangen werden, dass der von den zu bewertenden Unternehmen ausübbare Druck bei zunehmender Größe und Reputation der beauftragten Ratingagentur abnimmt.[3]

Neben den aufgezeigten, möglichen Interessenkonflikten durch ein Ratingurteil kommt dem Rating eine besondere Bedeutung dadurch zu, dass die Emittenten von den Ratingagenturen faktisch abhängig sind. Während ein positives Rating einen erleichterten Finanzmarktzugang zur Folge hat, kann ein Rating, das nicht die Klassifizierung „Investment Grade" erreicht, den Finanzmarktzugang deutlich erschweren. Zudem können beispielswei-

---

1 Vgl. *Schierenbeck/Lister/Kirmße* (2008), S. 175.
2 Vgl. *Forschner* (2012), S. 6f.
3 Vgl. *Steiner/Bruns/Stöckl* (2012), S. 191; *Daldrup* (2006), S. 14.

se Versicherungsunternehmen durch die Finanzaufsicht dazu verpflichtet werden, nur in solche Finanztitel zu investieren, die ein Investment Grade-Rating aufweisen.[1]

Beispielsweise gilt für Versicherungsunternehmen in Deutschland gemäß Rundschreiben 4/2011 der Bundesanstalt für Finanzdienstleistungsaufsicht (BaFin): „Sofern erstrangige Vermögensanlagen wie z.B. börsennotierte Inhaberschuldverschreibungen marktüblich geratet werden, sind bei der Beurteilung der Sicherheit einer Vermögensanlage auch die Bewertungen von Ratingagenturen zu berücksichtigen, die nach der Verordnung (EG) Nr. 1060/2009 geprüft und registriert worden sind. Von ihnen geratete Vermögensanlagen, die über ein Investment-Grade-Rating (z.B. langfristige Ratings BBB- nach Standard & Poor's und Fitch oder Baa3 nach Moody's und z.B. kurzfristige Ratings A-3 nach Standard & Poor's, F 3 nach Fitch oder Prime 3 nach Moody's) verfügen, können dem gebundenen Vermögen zugeführt werden. Grundsätzlich ist die Berücksichtigung von zwei Ratingagenturen ausreichend; bei zwei unterschiedlichen Ratings ist das Rating mit der niedrigeren Bewertung maßgebend."[2]

Allerdings dürfen Versicherungsunternehmen auch in so genannte High-Yield-Anleihen, die mindestens mit einem Rating von B- (S&P und Fitch) oder B3 (Moody's) versehen sind, investieren, wobei aber der direkt oder indirekt gehaltene Anteil an diesen Anleihen 5% des Sicherungsvermögens und des sonstigen gebundenen Vermögens nicht übersteigen darf.[3]

Darüber hinaus können die Ratingurteile der Agenturen auch eine rechtliche Bedeutung haben. So hängen die sich aus der Solvabilitätsverordnung ergebenen erforderlichen Eigenmittel der Kreditinstitute u.a. von den Risiken der von ihnen vergebenen Kredite ab. Diese Risiken können mit Hilfe der Ratingurteile von Ratingagenturen quantifiziert werden. Durch diese Möglichkeit ist die Macht der Ratingagenturen ausgeweitet worden. Schließlich ist zu berücksichtigen, dass die Rechtsprechung verschiedentlich auf die Ratingurteile der Agenturen Bezug nimmt.[4]

Insgesamt gesehen hat die Kritik an den Ratingagenturen und deren Macht in den vergangenen Jahren zugenommen. Im Zuge einiger prominenter Unternehmensinsolvenzen, wie z.B. Enron (2001), Worldcom (2002) oder Lehman Brothers (2008) wurde die Kompetenz der Ratingagenturen und die Qualität ihrer Ratingurteile kritisiert. Dies gilt auch für fehlerhafte Ratingurteile, die für komplexe Finanzinstrumente vor Ausbruch der Finanzkrise 2008 vergeben wurden.[5]

Zu berücksichtigen ist dabei allerdings, dass die Bewertung aller in den USA ausgegebenen Wertpapiere zu über 96% durch die drei großen Ratingagenturen (S&P, Fitch und Moody's) erfolgt. Somit kann gemutmaßt werden, dass der Imageschaden für eine Ratingagentur aufgrund eines fehlerhaften Ratingurteils nicht allzu groß ausfällt, weil es sowohl für Emittenten als auch für Investoren nur wenige Alternativen gibt.[6]

Da sich die meisten Marktteilnehmer an den Ratingurteilen dieser Agenturen orientieren bzw. orientieren müssen, ist die objektive Richtigkeit der Ratingurteile nicht entscheidend für die ökonomischen Konsequenzen, die daraus entstehen. Auch wenn ein Marktteilneh-

---

1 Vgl. *Forschner* (2012), S. 8.
2 *BaFin* (2013), B.3.1 c).
3 Vgl. *BaFin* (2013), B.3.1 e).
4 Vgl. *Forschner* (2012), S. 9ff.
5 Vgl. *Schätzle* (2011), S. 1f.
6 Vgl. *Guerrera* (2013).

mer ein vergebenes Rating für falsch hält, so muss er es dann berücksichtigen, wenn ihm bekannt ist, dass sich andere Marktteilnehmer an dem Ratingurteil ausrichten und z.B. Umschichtungen des Portfolios aufgrund von gesetzlichen Regelungen vornehmen müssen.[1]

Kritisiert wird auch das sog. Sovereign Ceiling, das das Verhalten der Ratingagenturen zum Ausdruck bringt, das Ratingurteil und damit die Kreditwürdigkeit eines Staates als Obergrenze für das Rating der im Staat ansässigen Emittenten und deren Emissionen heranzuziehen. Wenngleich einige Lockerungen vorgenommen wurden, so gilt dieses Prinzip auch weiterhin – wenn auch in abgeschwächter Form, wie z.B. eine Höchstgrenze für ein Rating inländischer Emittenten, die maximal drei Notenstufen oberhalb des langfristigen Länderratings liegen darf. Eine strenge Auslegung dieses Sovereign Ceiling kann bei einer Herabstufung des Länderratings schwerwiegende Konsequenzen für die Unternehmen haben, die in einem solchen Land ansässig sind, insbesondere auch, weil sich die Risikoaufschläge mit zunehmender Rating-Herabstufung überproportional erhöhen.[2]

Schließlich wird an den Ratingagenturen noch kritisiert, dass sie zwar über die von ihnen verwendeten Kriterien für die Ratingerstellung informieren, nicht aber über die Gewichtung der Kriterien. Hierdurch wird die Nachvollziehbarkeit der Bonitätsurteile für Dritte erschwert.[3]

In Europa erfolgte im Hinblick auf die Regulierung von Ratingagenturen eine Einigung wichtiger Gremien über Änderungen zur EU-Ratingverordnung. Beispielsweise dürfen die Ratingurteile für Staaten nur noch an drei festgelegten Terminen pro Jahr bekanntgegeben werden. Außerdem können Investoren oder Emittenten in den Fällen, in denen von der Ratingagentur vorsätzlich oder grob fahrlässig Schäden herbeigeführt wurden, Schadensersatzansprüche gegen die Agenturen geltend machen. Darüber hinaus sind die Emittenten von risikoreichen Finanzprodukten verpflichtet, die zur Beurteilung dieser Produkte herangezogenen Ratingagenturen nach einigen Jahren zu wechseln.[4]

II. Strategien im Anleihenportfoliomanagement

1. Grundlagen

Mit der Bildung von Anleihenportfolios ist die Zielsetzung verbunden, das Risiko zu reduzieren bei gleichzeitiger Aufrechterhaltung bzw. Erhöhung der Renditeerwartungen. Dabei sollte die Zusammensetzung der Anleihenportfolios auf der Grundlage einer entsprechenden Strategie erfolgen. Grundlegend können aktive und passive Strategien unterschieden werden. Mit Hilfe einer aktiven Strategie soll eine Rendite erzielt werden, die über einer dem eingegangenen Risiko entsprechenden Marktrendite liegt. Hingegen zielen passive Strategien zum einen darauf ab, die Performance einer Benchmark möglichst genau zu erreichen. Zum anderen zählt hierzu auch der Aufbau eines Portfolios, das bis zum Planungshorizont bzw. bis zur Fälligkeit gehalten wird (Buy-and-hold-Strategie).

---

1 Vgl. *Käfer/Michaelis* (2012), S. 95f.
2 Vgl. *Käfer/Michaelis* (2012), S. 96.
3 Vgl. *Käfer/Michaelis* (2012), S. 95.
4 Vgl. *VÖB* (2013), *o.V.* (2013b).

Zur weiteren Klassifizierung der Portfoliostrategien im Anleihenmanagement kann der Grad betrachtet werden, bis zu dem das Risikoprofil des Portfolios von dem Benchmark-Profil abweicht. Eine mögliche Vorgehensweise für indexorientierte Strategien stellt die folgende Einteilung dar:[1]

- *Pure Bond Index Matching*
  Hierbei handelt es sich um die Strategie, die im Hinblick auf Risiko und Rendite das geringste Risiko aufweist, die Performance des Index zu unterschreiten. Um ein genaues Abbild der Benchmark zu erhalten, sind grundsätzlich alle Anleihen in das Portfolio aufzunehmen, die in der Benchmark enthalten sind, wobei allerdings zu beachten ist, dass möglicherweise nicht alle Anleihen eines breiten Index auch tatsächlich zu erwerben sind.
  Als Gründe für eine solche Strategie können beispielsweise die historisch zu beobachtende relativ geringe Performance von aktiven Bond Managern oder auch die geringeren Transaktionskosten genannt werden. Beispielsweise liegen die Advisory Fees, die von aktiven Managern erhoben werden, i.d.R. zwischen 15 und 50 Basispunkten, während die entsprechenden Gebühren für Indexorientierte Strategien zwischen 1 und 20 Basispunkten liegen, wobei sich die höheren Gebühren auf das Enhanced Indexing beziehen. Aber auch im Rahmen von aktiven Strategien können reine Indexstrategien für Teilportfolios sinnvoll sein, wenn z.B. nicht die notwendigen Kenntnisse bzgl. eines Sektors vorliegen, um eine Outperformance zu erzielen.

- *Enhanced Indexing/Matching Risk Factors*
  Diese Strategie ist insbesondere für kleinere Fonds geeignet, da nicht alle Anleihen, die im Index enthalten sind, mit in das Portfolio aufgenommen werden. Dennoch wird zumindest den wesentlichen Risikofaktoren des Index entsprochen. Erfolgt die Nachbildung des Index allerdings mit relativ wenigen Titeln, so sind zwar die Transaktionskosten geringer, aber das Risikoprofil des Index weicht möglicherweise deutlich von dem des Portfolios ab. Als Strategien können das sog. Cell Matching (oder auch Stratified Sampling) oder die Tracking Error Minimization Methode angewendet werden.

- *Enhanced Indexing/Minor Risk Factor Mismatches*
  Portfolios, die auf Basis dieser Strategie zusammengestellt werden, weisen kleinere Abweichungen von den Risikofaktoren des Index auf. Dennoch müssen sich aber zumindest die Durationen von Portfolio und Benchmark entsprechen.

- *Active Management/Larger Risk Factor Mismatches*
  Bei aktiven Strategien können größere Abweichungen zwischen Portfolio und Index vorliegen, wobei z.B. Begrenzungen bzgl. der Abweichungen der Durationen festgelegt werden können. Möglicherweise weicht das Portfolio auch von der Benchmark ab hinsichtlich der im Index enthaltenen Sektoren oder auch der in der Benchmark vereinbarten Rating-Klassifizierungen.

---

1 Vgl. *Fabozzi* (2007a), S. 503ff.

- *Unrestricted Active Management*
  Gemäß dieser Strategie liegen keine Begrenzungen hinsichtlich der Portfoliozusammenstellung vor. So kann es zu deutlichen Abweichungen zwischen Portfolio und Index z.B. hinsichtlich Duration und Sektoren kommen.

Unter Berücksichtigung dieser Einteilung können neben den aktiven und passiven auch sog. semiaktive Strategien berücksichtigt werden. Eine mögliche Einteilung von Portfoliomanagementstrategien im Anleihenbereich ist in Abbildung E.5 gezeigt.

```
                    Strategien im Anleihenportfoliomanagement
                    ┌──────────────────┼──────────────────┐
                Aktive            Semiaktive           Passive
              Strategien          Strategien          Strategien

         ─ Durationsstrategien   ─ Laufzeit-      ─ Absicherungs-    ─ Buy-and-Hold
                                   strategien       strategien
         ─ Inter- und Intra-                                         ─ Indexierung
           Sektor Allokation
                                 ─ Bullet         ─ Klassische Immunisierung
         ─ Selektionsstrategien
                                 ─ Barbell        ─ Bedingte Immunisierung
         ─ Leverage Strategien
                                 ─ Ladder         ─ Strategie zur Rückzahlung
                                                    von Verbindlichkeiten

                                                  ─ Cash flow Matching
```

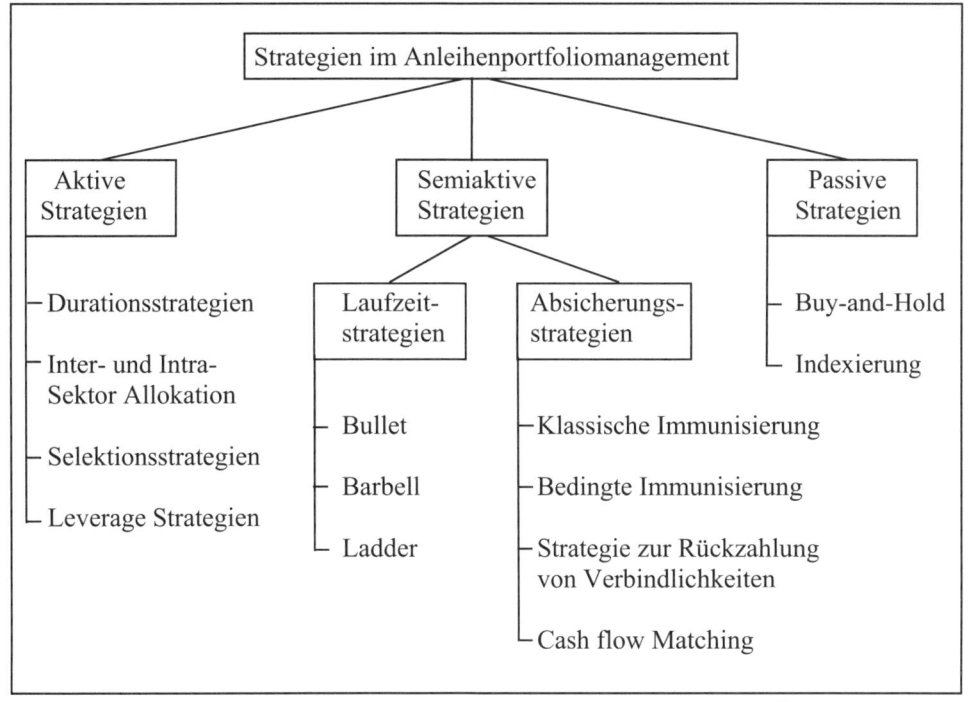

Abb. E.4: Strategien im Anleihenportfoliomanagement[1]

2. Aktive Strategien

Aktiven Strategien liegt die Annahme zugrunde, dass die Kapitalmärkte nicht effizient sind. Somit sollen mit Hilfe geeigneter Analysetechniken positive aktive Renditen erzielt werden, d.h. Renditen, die oberhalb einer Benchmarkrendite liegen. Diese aktive Rendite kann z.B. als Alpha bezeichnet werden. Für diese Strategien findet sich auch der Begriff Value Added Strategien.[2] Neben dem Alpha ist auch die Schwankung der aktiven Rendite (Tracking Error) als Risikofaktor von Bedeutung. Zur Erzielung einer positiven aktiven Rendite sind entsprechende Prognosefähigkeiten im Hinblick auf die künftige Zinsentwicklung erforderlich. Unterschieden werden kann bei den aktiven Renditen zwischen Durationsstra-

---

1 Vgl. *Meyer/Padberg* (1995), S. 268 und *Fabozzi* (2007a), S. 507ff.
2 Vgl. *Fabozzi* (2007a), S. 507.

tegien, Inter- und Intra-Sektor Allokation, Selektionsstrategien sowie Leverage Strategien, auf die im Einzelnen in den folgenden Abschnitten eingegangen wird.

a. Durationsstrategien

Die Durationsstrategien können auch als Interest Rate Expectations Strategies bezeichnet werden. Dieser Begriff deutet bereits darauf hin, dass von einer guten Prognosefähigkeit des Portfoliomanagers ausgegangen wird im Hinblick auf die künftige Marktzinsentwicklung. Auf Basis der Prognosen wird die Duration des Portfolios festgelegt und ggf. neu angepasst. Eine im Vergleich zur Benchmark hohe Duration bedeutet, dass der Wert des Anleihenportfolios stärker auf Zinsänderungen reagiert als die Benchmark. Wird von fallenden Marktzinsen ausgegangen, muss die Portfolio-Duration entsprechend erhöht werden und umgekehrt. Der Grad der Abweichung von der Duration der Benchmark ist von dem Anleger festzulegen.

Die Ziel-Duration für das Portfolio kann durch den Kauf/Verkauf von Anleihen oder mittels eines Swaps realisiert werden. Alternativ oder zusätzlich können auch Zinsfutures eingesetzt werden.

Der Erfolg der Durationsstrategien hängt im Wesentlichen von der Fähigkeit des Portfoliomanagers ab, die Marktzinsentwicklung korrekt vorherzusagen. Dabei spielt die Determinierung der Konfidenz der Vorhersage eine bedeutende Rolle. Unterschieden wird zwischen den drei Konfidenzstufen niedrig, moderat und hoch. Liegt eine niedrige Konfidenz für eine Long-Strategie vor, so würde dies zu einer Absicherung der Longposition (gegen die Benchmarkduration) führen. Bei moderater Konfidenz sollte eine Positionierung vorliegen, die den Vorhersagen entspricht. Liegt eine hohe Konfidenz vor, so führt dies dazu, dass extreme Wetten eingegangen werden mit Hilfe von Instrumenten mit Hebelwirkung.[1] Aufgrund der Ergebnisse empirischer Untersuchungen kann aber nicht davon ausgegangen werden, dass die künftigen Marktzinsen zur Erzielung positiver aktiver Renditen dauerhaft genau prognostiziert werden können.[2]

Unter Umständen kann ein Portfoliomanager aber auch spekulativ im Hinblick auf eine bestimmte Zinsentwicklung investieren, um eine im Vergleich zur Benchmark zu niedrige Rendite zu vermeiden. Wird der Manager beispielsweise nach einem Jahr bewertet und liegt drei Monate vor Ende dieses einjährigen Anlagehorizontes eine deutlich geringere Rendite als die der Benchmark vor, so könnte sich der Manager dazu veranlasst sehen, auf Zinsentwicklungen zu spekulieren. Dies könnte insbesondere dann der Fall sein, wenn der Manager befürchtet, sein Mandat zu verlieren. Tritt die erhoffte Zinsentwicklung ein, kann er das Mandat behalten, andernfalls wird er es möglicherweise verlieren, da die Performance sich dann noch schlechter darstellt. Ein Investor kann derartige Verhaltensweisen von Portfoliomanagern verhindern, indem dem Portfoliomanager von vornherein entsprechende Beschränkungen hinsichtlich der möglichen Abweichung der Duration des Portfolios von der Duration der Benchmark auferlegt werden.

---

1 Vgl. *Hagenstein/Bangemann* (2001), S. 11f.
2 Zum Erfolg von entsprechenden Kapitalmarktprognosen vgl. Abschnitt C.I.1.c. in diesem Buch und die dort angegebenen Literaturhinweise.

b. Inter- und Intra-Sektor Allokation

Im Hinblick auf die Inter-Sektor Allokation geht es um die Zusammensetzung des Portfolios bezüglich der wesentlichen Anleihensektoren. Als Ausgangsbasis soll das in Tabelle E.40 dargestellte und willkürlich zusammengestellte Portfolio dienen, wobei zum Vergleich ein fiktiver Bond Index herangezogen wird. Dabei sind die verschiedenen wertmäßigen Anteile am Portfolio in Abhängigkeit von den Anleihensektoren und den Durationsbandbreiten dargestellt. Darüber hinaus werden die jeweiligen Beiträge der einzelnen Sektoren zur gesamten Spread Duration angegeben. Diese Werte ergeben sich aus den aufsummierten gewichteten einzelnen Spread Durationen für jedes Durationsband – und zwar sowohl für den Index (als Benchmark) als auch für das Portfolio.[1]

	Wertmäßige Anteile nach Durationsbandbreiten											Beitrag zur Spread Duration	
	0-2		2-5		5-8		8-10		über 10		GESAMT			
Sektor	IX	PF	IX	PF	IX	PF	IX	PF	IX	PF	IX	PF	IX	PF
S	3%	1%	4%	2%	5%	0%	6%	5%	1%	2%	19%	10%	0	0
GKÖ	2%	1%	3%	2%	1%	4%	5%	4%	4%	3%	15%	14%	0,96	0,89
ÖR	1%	0%	3%	4%	3%	1%	1%	3%	2%	1%	10%	9%	0,57	0,55
MO	2%	1%	0%	1%	2%	0%	1%	2%	1%	1%	6%	5%	0,35	0,33
CB	8%	9%	14%	18%	14%	15%	6%	8%	3%	5%	45%	55%	2,46	3,08
ABS	2%	3%	2%	2%	1%	2%	0%	0%	0%	0%	5%	7%	0,17	0,25
Σ	18%	15%	29%	29%	27%	22%	19%	22%	7%	12%	100%	100%	4,51	5,10

IX = Index
PF = Portfolio
S = Staatsanleihen
GKÖ = Anleihen von Gebietskörperschaften
ÖR = Anleihen von öffentlich-rechtlichen Unternehmen
MO = Anleihen von multinationalen Organisationen
CB = Corporate Bonds
ABS = Asset Backed Securities

Tab. E.40: (Willkürliche) Zusammensetzung des Beispiel-Anleihenportfolios im Vergleich zum Index

Aus diesen Werten kann unmittelbar abgeleitet werden, in welchen Sektoren eine Über- bzw. Untergewichtung des Portfolios gegenüber der Benchmark (Index) vorliegt. Die damit angesprochene Inter-Sektor Allokation wird in Tabelle E.41 dargestellt.

Wie die Tabelle zeigt, ist das vorgeschlagene Portfolio gegenüber dem Bereich der öffentlichen Schuldner (Staat, Gebietskörperschaften, öffentlich-rechtliche Unternehmen, multinationale Organisationen etc.) unter- und gegenüber dem Corporate Bond- und ABS-Sektor übergewichtet. Eine deutliche Untergewichtung liegt bei den Staatsanleihen vor, während Corporate Bonds stark übergewichtet sind. Aus Tabelle E.40 kann darüber hinaus entnommen werden, dass in den Sektoren Corporate Bonds und ABS die Beiträge zur Spread Duration des Portfolios oberhalb der jeweiligen Beiträge des Index liegen. Die Be-

---

[1] Vgl. dazu auch das Beispiel bei *Fabozzi* (2007a), S. 508ff. Zu Asset-Backed Securities (ABS) vgl. *Fabozzi* (2007a), S. 67ff.

stimmung dieser Beiträge hängt bei den einzelnen Sektoren auch mit der laufzeitmäßigen Aufteilung der einzelnen Anleihen im Index und im Portfolio zusammen. Offenbar soll mit der dargestellten Allokations-Strategie von Spread-Produkten profitiert werden, d.h. von solchen Anleiheprodukten, bei denen ein Kreditrisiko vorliegt. Verändern sich die Spreads, so kann mit der Spread Duration die Wertveränderung des Portfolios abgeschätzt werden.

Sektor	Anteile im Index	Anteile im Portfolio	Gewichtung
Staatsanleihen	19%	10%	untergewichtet
Anleihen von Gebietskörperschaften	15%	14%	untergewichtet
Anleihen von öffentlich-rechtlichen Unternehmen	10%	9%	untergewichtet
Anleihen von multinationalen Organisationen	6%	5%	untergewichtet
Corporate Bonds	45%	55%	übergewichtet
Asset Backed Securities	5%	7%	übergewichtet

Tab. E.41: Inter-Sektor Allokation anhand eines selbstgewählten Beispiels[1]

Die Intra-Sektor Allokation betrifft die Anleihenzusammenstellung innerhalb eines Sektors. Beispielsweise könnte der Sektor „Corporate Bonds", der in den Tabellen E.40 und E.41 aufgeführt ist, weiter unterteilt werden in Subsektoren, wie z.B. Industrieunternehmen, Finanzunternehmen, Dienstleistungs- und Handelsunternehmen. Für jeden Subsektor können die Beiträge zur gesamten Spread Duration in Abhängigkeit von dem Rating sowohl für den Index als auch für das vorgeschlagene Portfolio bestimmt werden. Dies ist für das obige Beispiel in Tabelle E.42 dargestellt, wobei die Zahlen wiederum willkürlich zusammengestellt wurden.

Wie aus der Tabelle ersichtlich ist, entspricht die Summe der Beiträge zur Spread Duration dem Beitrag des Subsektors Corporate Bonds zur Spread Duration des gesamten Anleihenportfolios bzw. des Index.

Darüber hinaus können weitere Unterteilungen z.B. hinsichtlich der Bandbreiten der Spread Duration der einzelnen Anleihen innerhalb eines Sektors sinnvoll sein.

Grundsätzlich zeigt die Inter- und Intra-Sektor Allokation an, inwieweit ein Portfoliomanager bestimmte Spreadänderungen erwartet. Falls davon ausgegangen wird, dass sich der Spread in einem bestimmten Sektor oder Subsektor einengt, d.h. geringer wird, so sollte der Bereich entsprechend übergewichtet werden und umgekehrt.

Zur Prognose der künftigen Spreadentwicklung können volkswirtschaftliche Erwartungen und/oder historische Credit Spread-Entwicklungen herangezogen werden. Bei Letzterem wird unterstellt, dass für bestimmte Sektoren ein „normaler" Credit Spread vorliegt. Sofern der aktuelle Spread davon abweicht, wird davon ausgegangen, dass sich der Spread künftig wieder auf das normale Niveau einpendeln wird. Hierbei wird unterstellt, dass das

---

1 Vgl. dazu auch *Fabozzi* (2007a), S. 510.

normale Niveau eine Art innerer Wert darstellt und dass in diesem Fall eine Mean Reversion vorliegt. Allerdings kann eine solche Entwicklung auch ausbleiben, wenn es zu strukturellen Veränderungen im Markt kommt.[1]

Sub-Sektor	AAA-AA			A			BBB			GESAMT		
	IX	PF	Abw.	PF	IX	Abw.	IX	PF	Abw.	PF	IX	Abw.
I	0,11	0,25	**0,14**	0,41	0,59	**0,18**	0,38	0,41	**0,03**	0,9	1,25	**0,35**
F	0,18	0,25	**0,07**	0,29	0,42	**0,13**	0,17	0,21	**0,04**	0,64	0,88	**0,24**
D	0,32	0,14	**−0,18**	0,17	0,22	**0,05**	0,06	0,22	**0,16**	0,55	0,58	**0,03**
H	0,15	0,18	**0,03**	0,11	0,14	**0,03**	0,11	0,05	**−0,06**	0,37	0,37	**0**
Σ	0,76	0,82	**0,06**	0,98	1,37	**0,39**	0,72	0,89	**0,17**	2,46	3,08	**0,62**

IX = Index PF = Portfolio, Abw. = Abweichung
I = Anleihen von Industrieunternehmen F = Anleihen von Finanzunternehmen
D = Anleihen von Dienstleistungsunternehmen H = Anleihen von Handelsunternehmen

Tab. E.42: Im Beispiel unterstellte Beiträge zur Spread Duration innerhalb der Corporate Bonds

c. Selektionsstrategien

Nach der Festlegung der Inter- und Intra-Sektor Allokation sind vom Portfoliomanager die Anleihen im Einzelnen auszuwählen. Typischerweise wird nicht in alle Anleihen eines Sektors investiert, sondern in eine repräsentative Anzahl von Anleiheemissionen.

Im Rahmen der Selektionsstrategien werden zunächst über- bzw. unterbewertete Anleihetitel identifiziert, indem der aktuelle Marktpreis mit dem „wahren" bzw. theoretisch richtigen Wert der Anleihe verglichen wird. Anschließend werden dann beim sog. Bond-Picking die unterbewerteten Titel gekauft und die überbewerteten verkauft. Dabei wird davon ausgegangen, dass die Fehlbewertung nur temporär vorliegt und somit – im Falle einer Unterbewertung – die gekauften Anleihen die anderen Anleihen des Sektors während des Planungshorizonts outperformen werden.

Die Identifizierung der Fehlbewertungen kann mit Hilfe der von Banken und Ratingagenturen entwickelten Verfahren zur Anleihenbewertung erfolgen. Eine Anleihe kann zum einen unterbewertet sein, weil die Rendite höher ist als bei Anleihen mit einem vergleichbaren Rating. Zum anderen kann eine Anleihe als unterbewertet eingestuft werden, wenn davon ausgegangen wird, dass der Emittent in Kürze ein besseres Rating (Rating Upgrade) erhalten und sich somit der Spread verringern wird.

---

1 Vgl. *Fabozzi* (2007a), S. 512. Zu theoretisch-empirischen Determinanten der Credit Spreads vgl. *Heinke* (1998), S. 83ff.

Neben den bonitätsbedingten können auch laufzeitbedingte („Riding the Yield Curve") und kuponbedingte (Nachfrageüberhang nach Anleihen mit niedriger Kuponausstattung) Renditedifferenzen unterschieden werden.

Ist das Portfolio zusammengestellt, können auch swaporientierte Strategien in Frage kommen. Dabei wird ein sog. Substitution Swap oder Asset Swap von im Portfolio enthaltenen Anleihen mit solchen Anleihen durchgeführt, die im Hinblick auf Kupon, Laufzeit und Kreditqualität vergleichbar sind, aber eine höhere Rendite aufweisen. Ein solcher Swap hängt von den gegebenen Marktunvollkommenheiten ab.[1]

d. Leverage Strategien

Leverage Strategien zielen darauf ab, den Erwerb von Anleihen durch Aufnahme eines Krediteszu finanzieren, verbunden mit der Hoffnung, eine Rendite zu erzielen, die oberhalb der Kreditkosten liegt. Somit kann die Gesamtrendite erhöht werden, die bei einer Preisveränderung der Anleihe realisiert werden kann. Das Risiko besteht darin, dass die Kreditkosten höher ausfallen, als die mit den kreditfinanzierten Anleihen erzielte Rendite. Die Leverage Strategie soll anhand des nachfolgenden Beispiels verdeutlicht werden.[2]

Ein Portfoliomanager möchte in t_0 eine 10-jährige Bundesanleihe, die mit einem Kupon von 5% ausgestattet ist, im Nominalwert von € 5 Mio erwerben, da er davon ausgeht, dass im kommenden Jahr die Marktrendite für diese Anleihe sinken wird. Unterstellt wird, dass der Bond zu pari (Kurswert = 100%) gekauft werden kann und dass die nächste Kuponzahlung in genau einem Jahr stattfindet.

Aus dieser Ausgangssituation ergeben sich nach genau einem Jahr (Restlaufzeit = 9 Jahre) die in Tabelle E.43 dargestellten Werte für unterschiedliche Zinsszenarien. Hierbei handelt es sich um eine Unleveraged Strategie, da keine Kredite zur Finanzierung der Anleihe aufgenommen wurden.

9-j. Rendite	Barwert	Kuponzahlung	Gesamtwert	Gewinn/Verlust	Rendite p.a.
7,00%	86,97%	5,00%	91,97%	–401.523	–8,03% *
6,50%	90,02%	5,00%	95,02%	–249.208	–4,98%
6,00%	93,20%	5,00%	98,20%	–90.085	–1,80%
5,50%	96,52%	5,00%	101,52%	76.195	1,52%
5,00%	100,00%	5,00%	105,00%	250.000	5,00%
4,50%	103,63%	5,00%	108,63%	431.720	8,63%
4,00%	107,44%	5,00%	112,44%	621.767	12,44%
3,50%	111,41%	5,00%	116,41%	820.576	16,41%
3,00%	115,57%	5,00%	120,57%	1.028.611	20,57%
* $-8,03\% = \dfrac{-401.523}{5.000.000}$					

Tab. E.43: Beispiel für eine Unleveraged Strategie

---

1 Vgl. *Fabozzi* (2007a), S. 513 und *Meyer/Padberg* (1995), S. 268f. Zu Asset Swaps vgl. Kapitel F.V.5. in diesem Buch.
2 Vgl. dazu auch das Beispiel bei *Fabozzi* (2007a), S. 533ff.

Nunmehr soll unterstellt werden, dass der Portfoliomanager in t_0 einen Kredit in Höhe von € 5 Mio. aufnimmt, um einen zusätzlichen Betrag von € 5 Mio. in die o.g. Bundesanleihe zu investieren. Der Kredit hat eine Laufzeit von einem Jahr bei einem Zinssatz von 7%. Der Nominalwert der kreditfinanzierten Anleihe in Höhe von € 5 Mio. kann als Sicherheit für den Kredit herangezogen werden. Diese Strategie kann auch als „2 zu 1-Leverage", d.h. es wurden € 10 Mio. investiert bei einem zur Verfügung stehenden Eigenkapital des Portfoliomanagers von € 5 Mio.

Insgesamt ergeben sich in diesem Fall nach genau einem Jahr bei unterschiedlichen Zinsszenarien die in Tabelle E.44 dargestellten Ergebnisse. Dabei wird zur Bestimmung der Rendite wiederum der Gewinn oder Verlust auf das vorliegende Eigenkapital in Höhe von € 5 Mio. bezogen.

9-j. Rendite	Gesamtwert inkl. Kupon	Gesamtwert in €	Kreditzinsen	Gewinn/Verlust	Rendite p.a.
7,00%	91,97%	9.196.954	–350.000	–1.153.046	–23,06%
6,50%	95,02%	9.501.584	–350.000	–848.416	–16,97%
6,00%	98,20%	9.819.831	–350.000	–530.169	–10,60%
5,50%	101,52%	10.152.390	–350.000	–197.610	–3,95%
5,00%	105,00%	10.500.000	–350.000	150.000	3,00%
4,50%	108,63%	10.863.440	–350.000	513.440	10,27%
4,00%	112,44%	11.243.533	–350.000	893.533	17,87%
3,50%	116,41%	11.641.153	–350.000	1.291.153	25,82%
3,00%	120,57%	12.057.222	–350.000	1.707.222	34,14%

Tab. E.44: Beispiel für eine 2 zu 1-Leverage Strategie

Wie Tabelle E.44 zeigt, ist die Bandbreite mit –23,06% bis 34,14% deutlich weiter als bei der Unleveraged Strategie (–8,03% bis 20,57%). Für den Fall, dass der neue Marktzinssatz (für 9 Jahre Restlaufzeit) dem alten Marktzinssatz (für 10 Jahre Restlaufzeit) entspricht, ist die Rendite bei der Unleveraged Strategie um 2%-Punkte höher, da der Kreditzins von 7% den Kupon der Anleihe um 2%-Punkte übersteigt.

Nunmehr soll unterstellt werden, dass der Portfoliomanager in t_0 einen Kredit in Höhe von € 50 Mio. aufnimmt, um zusätzlich einen Betrag von € 50 Mio. in die o.g. Bundesanleihe zu investieren. Der Kredit hat wiederum eine Laufzeit von einem Jahr bei einem Zinssatz von 7%. Der Nominalwert der kreditfinanzierten Anleihe in Höhe von € 50 Mio. kann wiederum als Sicherheit für den Kredit herangezogen werden. Diese Strategie kann auch als „11 zu 1-Leverage" bezeichnet werden, d.h. für es wurden € 55 Mio. investiert bei einem zur Verfügung stehenden Eigenkapital des Portfoliomanagers von € 5 Mio.[1]

Insgesamt ergeben sich in diesem Fall nach genau einem Jahr bei unterschiedlichen Zinsszenarien die in Tabelle E.45 dargestellten Ergebnisse. Dabei wird zur Bestimmung der Rendite wiederum der Gewinn oder Verlust auf das vorliegende Eigenkapital in Höhe von € 5 Mio. bezogen.

---

1 Vgl. *Fabozzi* (2007a), S. 534f.

9-j. Rendite	Gesamtwert inkl. Kupon	Gesamtwert in €	Kreditzinsen	Gewinn/Verlust	Rendite p.a.
7,00%	91,97%	50.583.245	−3.500.000	−7.916.755	−158,34%
6,50%	95,02%	52.258.714	−3.500.000	−6.241.286	−124,83%
6,00%	98,20%	54.009.069	−3.500.000	−4.490.931	−89,82%
5,50%	101,52%	55.838.146	−3.500.000	−2.661.854	−53,24%
5,00%	105,00%	57.750.000	−3.500.000	−750.000	−15,00%
4,50%	108,63%	59.748.917	−3.500.000	1.248.917	24,98%
4,00%	112,44%	61.839.432	−3.500.000	3.339.432	66,79%
3,50%	116,41%	64.026.341	−3.500.000	5.526.341	110,53%
3,00%	120,57%	66.314.720	−3.500.000	7.814.720	156,29%

Tab. E.45: Beispiel für eine 11 zu 1-Leverage Strategie

Wie Tabelle E.45 zeigt, fällt die Bandbreite mit −158,34% bis 156,29% nochmals deutlich erweitert aus. Für den Fall, dass der neue Marktzinssatz (für 9 Jahre Restlaufzeit) dem alten Marktzinssatz (für 10 Jahre Restlaufzeit) entspricht, ist die Rendite bei der Unleveraged Strategie um 20%-Punkte höher, da der Kreditzins von 7% den Kupon der Anleihe um 2%-Punkte übersteigt und gleichzeitig das Kreditvolumen das Zehnfache des eingesetzten Eigenkapitals ausmacht.

Die Auswirkungen auf den Gesamtwert des Portfolios können auch mit Hilfe der Duration abgeschätzt werden. Neben der Kreditaufnahme und anschließendem Anleihenkauf kann auch mit Hilfe von Repurchase Agreements („Repos") eine Leverage Strategie umgesetzt werden.[1]

3. Semiaktive Strategien

a. Laufzeitstrategien

Die semiaktiven Strategien enthalten Elemente der aktiven Strategien als auch der passiven Strategien. Im Rahmen der Laufzeitstrategien werden die verfügbaren Mittel auf Wertpapiere mit verschiedenen Restlaufzeiten verteilt. Dabei besteht das Ziel darin, unterschiedliche Zinsreagibilitäten der einzelnen Titel auszunutzen und gleichzeitig eine nennenswerte Reduktion aufgrund einer Streuung über einen ausgedehnten Laufzeitenbereich zu erreichen. Zu unterscheiden sind die Bullet-Strategie, die Barbell-Strategie (auch als Hantelstrategie bekannt) und die Ladder-Strategie, die auch als Leiterstrategie bezeichnet wird.[2] Diese Strategien führen zu unterschiedlichen Ergebnissen, sobald sich die Zinsstrukturkurve verändert. Zur Messung des Risikos einer Veränderung der Zinsstrukturkurve kann auf die Key Rate Duration zurückgegriffen werden. Diese Key Rate Durations fallen unterschiedlich aus, je nachdem, ob ein Bullet-, Barbell- oder Ladder-Portfolio vorliegt.

Im Rahmen der Bullet-Strategie werden die Anleihen innerhalb eines Portfolios in der Weise zusammengestellt, dass die Restlaufzeiten der Anleihen stark auf einen Punkt in der Zinsstrukturkurve konzentriert sind, z.B. auf eine Restlaufzeit von 10 Jahren.

---

1 Vgl. *Fabozzi* (2007a), S. 535ff. und S. 539f.
2 Vgl. *Meyer/Padberg* (1995), S. 270ff.

Hingegen erfolgt die Zusammenstellung des Portfolios bei einer Barbell-Strategie (Hantel-Strategie) dergestalt, dass die Restlaufzeiten der Anleihen auf zwei Punkte in der Zinsstrukturkurve (kürzere und längere Laufzeit) konzentriert sind, z.B. auf 5 und 20 Jahre Restlaufzeit. Somit bietet diese Strategie die Möglichkeit attraktive langfristige Renditen zu erzielen und gleichzeitig am kurzen Ende der Zinsstrukturkurve zu reinvestieren. Falls die Marktzinssätze steigen, kann der Investor entsprechend reinvestieren. In Abhängigkeit davon, ob die Anleihen um den Planungshorizont fällig werden oder die Restlaufzeiten der kurz- und langfristigen Titel vom Planungshorizont deutlich abweichen, liegt eine enge oder weite Hantel vor. Damit die Hantelstruktur aufrecht erhalten bleibt, werden die fällig gewordenen Tilgungsbeträge in Anleihen mit der längsten kurzfristigen Restlaufzeit angelegt. Fällt die Restlaufzeit einer langlaufenden Anleihe unter die kürzeste langfristige Restlaufzeit, ist die Anleihe zu veräußern und der Erlös in Anleihen mit der längsten langfristigen Restlaufzeit wieder anzulegen.[1]

Im Rahmen der Ladder-Strategie werden die Anleihen innerhalb eines Portfolios in der Weise zusammengestellt, dass in etwa in gleiche Beträge für jede Restlaufzeit investiert wird. Um die Leiterstruktur, d.h. die Gleichverteilung aufrecht zu erhalten, müssen die Tilgungsbeträge jeweils im längsten Laufzeitenbereich wieder investiert werden. Hingegen werden die Zinserträge bei der Wiederanlage auf die unterschiedlichen Restlaufzeiten verteilt.[2] Sollten bei Fälligkeit der Anleihen die Marktzinsen sehr niedrig sein, so muss nicht das gesamte Portfolio zu diesem niedrigen Zinssatz wieder angelegt werden, sondern nur der fällige Teil. Der Portfoliomanager verfügt somit noch über weitere Anleihen, die eine Rendite oberhalb der aktuellen Marktrendite erzielen. Im umgekehrten Fall eines hohen Marktzinssatzes können die erhaltenen Mittel aus den fälligen Anleihen wiederum zu einer höheren Rendite angelegt werden, was die gesamte Portfoliorendite erhöht. Infolgedessen kann die gesamte Portfoliorendite über die Zeit geglättet werden.

b. Absicherungsstrategien

ba. Klassische Immunisierung

Die klassische Immunisierungsstrategie zielt darauf ab, für ein Portfolio eine möglichst sichere Rendite für einen bestimmten Zeithorizont – und zwar unabhängig von der Entwicklung der Marktzinssätze – zu erzielen. Somit kann ein bestimmtes Endvermögen gegen Risiken aus Zinsänderungen abgesichert werden. Die Strukturierung des Portfolios erfolgt in der Weise, dass sich zum Planungshorizont das Wiederanlagerisiko[3] und das Kurswertänderungsrisiko ausgleichen. Bei vollständiger Immunisierung gegen Marktzinsänderungen entspricht der Wert eines Anleihen-Portfolios am Ende des Planungshorizontes mindestens dem auf der Basis des aktuellen Marktzinsniveaus realisierbaren Endvermögens. Dazu muss die Duration des Portfolios dem Planungshorizont des Investors entsprechen.

Diese Strategie soll anhand des folgenden Beispiels verdeutlicht werden. Ein Anleger hat in drei Jahren (t_3) eine Zahlungsverpflichtung in Höhe von € 8.000.000. Derzeit hat er

---

1 Vgl. *Meyer/Padberg* (1995), S. 275.
2 Vgl. *Meyer/Padberg* (1995), S. 270ff.
3 Dieses Risiko kann auch als Endwertänderungsrisiko bezeichnet werden, da es das Risiko beschreibt, dass sich der für die Wiederanlage relevante Marktzinssatz im Zeitablauf ändert, so dass eine geplante Rendite bis zum Ende des Planungshorizontes nicht realisiert werden kann. Vgl. *Perridon/Steiner/Rathgeber* (2012), S. 202.

die Möglichkeit, in die folgenden beiden Anleihen zu investieren, wobei davon ausgegangen wird, dass eine flache Zinsstrukturkurve vorliegt:

	Anleihe A	Anleihe B
Restlaufzeit	2	7
Kupon	3%	6%
Rendite	5%	5%
Present Value	96,281179%	105,786373%
Duration	1,97032501	5,95150057

Tab. E.46: Beispiel für eine klassische Immunisierungsstrategie – Ausgangsdaten

Um sich gegen Zinsänderungen abzusichern und die Verfügbarkeit der € 8.000.000 in drei Jahren zu garantieren, müssen die beiden Anleihen in der Weise kombiniert werden, dass die Portfolio-Duration den Wert 3 ergibt. Zur Bestimmung der Anteile beider Anleihen am gesamten Portfolio ist das folgende Gleichungssystem zu lösen:

$$x_A \cdot 1{,}9703 + x_B \cdot 5{,}9515 = 3$$

$$x_A + x_B = 1$$

mit

x_A = wertmäßiger Anteil der Anleihe A am Portfolio und
x_B = wertmäßiger Anteil der Anleihe B am Portfolio.

Hieraus resultiert ein Anteil x_A von 0,741364084 und ein Anteil x_B von 0,258635916. Insgesamt muss in t_0 ein Betrag von € 6.910.701 investiert werden, der in drei Jahren bei einem Zinssatz von 5% genau € 8.000.000 ergibt. Davon werden € 5.123.345 in Anleihe A und € 1.787.355 in Anleihe B investiert. Der Marktwert von € 5.123.345 entspricht bei Anleihe A (Present Value = 96,281179%) einem Nominalwert von € 5.321.232. Für Anleihe B ergibt sich ein Nominalwert von € 1.689.589. Hingewiesen wird an dieser Stelle darauf, dass die Nominalwerte eigentlich auf volle 100 gerundet werden sollten, worauf aber hier zugunsten eines genauen Ergebnisses verzichtet wird. Das Ergebnis am Ende des Planungshorizontes von drei Jahren wird in Tabelle E.47 dargestellt.

Die Ergebnisse zeigen, dass der Investor mit der oben ermittelten Kombination sowohl gegen eine Zinssteigerung als auch gegen eine Zinssenkung um jeweils 1%-Punkt auf den Zeitpunkt in drei Jahren hin immunisiert ist. Die Duration gibt somit den Zeitpunkt in Jahren an, an dem die Kursänderung aufgrund einer einzelnen (aktuellen) Zinssatzänderung durch den Wiederanlageeffekt der Kuponzahlungen kompensiert wird.

	Rendite = 4%	Rendite = 5%	Rendite = 6%
Kurs Anleihe B nach 3 Jahren (Present Value)	107,260%	103,546%	100,000%
Wert Anleihe B nach 3 Jahren in €	1.812.250	1.749.501	1.689.589
Kuponzahlungen B, 1. Jahr (für 2 Jahre aufgezinst mit der jeweiligen Rendite)	109.648	111.766	113.905
Kuponzahlungen B, 2. Jahr (für 1 Jahr aufgezinst mit der jeweiligen Rendite)	105.430	106.444	107.458
Kuponzahlungen B, 3. Jahr	101.375	101.375	101.375
Kurs A (getilgt nach 2. Jahr) in % => 100%, mit der jeweiligen Rendite für 1 Jahr aufgezinst	104,000%	105,000%	106,000%
Wert Anleihe A in €	5.534.082	5.587.294	5.640.506
Kuponzahlungen A, 1. Jahr (für 2 Jahre aufgezinst mit der jeweiligen Rendite)	172.663	176.000	179.368
Kuponzahlungen A, 2. Jahr (für 1 Jahr aufgezinst mit der jeweiligen Rendite)	166.022	167.619	169.215
Wert der Gesamtposition in € nach 3 Jahren	8.001.471	8.000.000	8.001.418

Tab. E.47: Beispiel für eine klassische Immunisierungsstrategie – Ergebnisse

Zu beachten sind bei diesem Beispiel allerdings die zahlreichen Prämissen, die insbesondere mit der Kennzahl Duration verbunden sind. So wird beispielsweise davon ausgegangen, dass nur eine einmalige Marktzinsänderung und zwar unmittelbar nach Portfoliozusammenstellung erfolgt, wobei sich die Zinsstrukturkurve parallel verschiebt. Zudem wird eine flache Zinsstrukturkurve unterstellt. Darüber hinaus wird in dem Beispiel angenommen, dass die Wiederanlage der zwischenzeitlich anfallenden Zinsen zum jeweiligen Marktzinssatz erfolgt.

In der Praxis aber schwanken die Marktzinssätze während des Planungshorizontes und somit auch die Durationen. Die Duration ändert sich aber auch aufgrund der sich verkürzenden Restlaufzeit. Vor diesem Hintergrund ist eine regelmäßige Neustrukturierung des Portfolios sinnvoll, damit die Immunisierungsbedingung, d.h. die Duration des Portfolios = Planungshorizont, auch stets erfüllt ist. Zu beachten ist dabei, dass die mit den Umschichtungen verbundenen Transaktionskosten zu einer negativen Endvermögensänderung führen können. Kritisch zu beurteilen ist auch, dass bei einer strikten Durchführung der Immunisierungsstrategie Ertragschancen aufgrund einer korrekten Zinsprognose nicht genutzt werden.[1]

bb. Bedingte Immunisierung

Im Rahmen der bedingten Immunisierungsstrategie (Contingent Immunization) besteht die Möglichkeit einer aktiven Portfoliostrategie, so dass durch richtige Zinsprognosen ein höheres Endvermögen realisiert werden kann als mit einem immunisierten Portfolio. Das Portfolio wird dabei so lange in einem nicht immunisierten Zustand belassen, wie die Realisierung eines vorzugebenden Mindestendvermögens aufgrund einer ungünstigen Zinsentwicklung nicht gefährdet ist. Das Mindestendvermögen ist dabei allerdings geringer als bei

---
1 Vgl. *Meyer/Padberg* (1995), S. 275 und *Fabozzi* (2007a), S. 547f.

einer klassischen Immunisierungsstrategie als Vollimmunisierung. Die im Vergleich zur möglichen Vollimmunisierung erzielbare geringere Rendite wird auch als Safety Net Rate bezeichnet.[1] Das Mindestendvermögen ist je nach Zinsentwicklung manuell neu abzusichern. Daher ist eine ständige Beobachtung der Zinsentwicklung erforderlich. Solange eine Gefährdung der Mindestrendite ausgeschlossen werden kann, werden bei der bedingten Immunisierung aktive Strategien zur Performanceverbesserung durchgeführt. Für den Fall, dass das Ertragsziel aufgrund unerwarteter Entwicklungen im Zinsbereich nicht mehr sicher ist, erfolgt mit dem gesamten Anlagebetrag unmittelbar der Übergang zur klassischen Immunisierungsstrategie, damit die Mindestrendite gesichert werden kann. Allerdings kann die damit verbundene Umstrukturierung des aktiv gemanagten Portfolios zugunsten eines immunisierten Portfolios Zeit beanspruchen.[2]

bc. Immunisierungsstrategie zur Rückzahlung von Verbindlichkeiten

Wie oben bereits gezeigt, wird im Rahmen der klassischen Immunisierung gefordert, dass zur Absicherung eines bestimmten Betrages in der Zukunft die Duration des Anleihenportfolios dem Planungshorizont entspricht. Wird am Ende des Planungshorizonts eine Verbindlichkeit fällig und soll die Zahlungsverpflichtung durch die Investition in das Anleihenportfolio abgesichert werden, kann daher diese Absicherung mit der klassischen Immunisierungsstrategie erfolgen – unter Berücksichtigung der sich aus den oben aufgezeigten Prämissen ergebenden Probleme.

Grundsätzlich müssen zur Absicherung eines Zielwertes bzw. einer Zahlungsverpflichtung aufgrund einer einzelnen Verbindlichkeit die modifizierten Durationen des Anleihenportfolios und der Verbindlichkeit übereinstimmen und sich der anfängliche Barwert des Anleihenportfolios und der Barwert der zum Planungshorizont fälligen Verbindlichkeit entsprechen.[3]

Sofern aber mehrere Verbindlichkeiten zu verschiedenen Zeitpunkten in der Zukunft fällig werden, wie dies z.B. bei Pensionsfonds der Fall ist, kann die Absicherung entweder mit einer erweiterten Immunisierungsstrategie oder mit dem sog. Cash flow Matching erfolgen, das im nachfolgenden Abschnitt vorgestellt wird. Im Hinblick auf die Immunisierungsstrategie kann von der Immunisierung eines Portfolios in bezug auf die Verbindlichkeiten gesprochen werden, wenn genügend Mittel vorliegen, allen fälligen Zahlungsverpflichtungen nachkommen zu können – auch wenn sich die Zinsstrukturkurve parallel verschiebt. Eine solche Immunisierungsstrategie für den Fall einer Parallelverschiebung der Zinsstrukturkurve ist allerdings an das Vorliegen bestimmter Bedingungen geknüpft.[4]

bd. Cash flow Matching

Im Rahmen des Cash flow Matching werden Anleihen in der Weise erworben, dass die Zahlungsströme den fälligen Verbindlichkeiten entsprechen. Grundsätzlich wird dabei so vorgegangen, dass zunächst eine Anleihe ausgewählt wird, deren Laufzeit der längsten Verbindlichkeit entspricht. Der Betrag, der in die Anleihe investiert wird, ist so hoch, dass der Nominalwert und die letzte Kuponzahlung genau der längsten Verbindlichkeit entspre-

---

1 Vgl. *Fabozzi* (2007a), S. 552 und *Leibowitz/Weinberger* (1982), S. 17ff.
2 Vgl. *Meyer/Padberg* (1995), S. 275f.
3 Vgl. *Fabozzi* (2007a), S. 546 i.V.m. S. 176 und S. 168ff.
4 Vgl. *Fabozzi* (2007a), S. 554f.

chen. Die übrigen Verbindlichkeiten reduzieren sich entsprechend durch die Kuponzahlungen dieser Anleihe. Anschließend wird eine weitere Anleihe erworben, die die vorletzte Verbindlichkeit zum Ausgleich bringt, wobei die Kuponzahlung der ersten Anleihe mitberücksichtigt wird. Diese Vorgehensweise wird solange vorgenommen, bis alle Zins- und Tilgungsleistungen der Verbindlichkeiten durch die Cash flows der Anleihen im Portfolio gedeckt sind.[1] Dieser Prozess wird in Tabelle E.48 dargestellt. Dabei sollen die in den kommenden vier Jahren auftretenden Zahlungsverpflichtungen aufgrund von Verbindlichkeiten durch entsprechende Cash flows der erworbenen Anleihen gedeckt werden.

Zeitpunkt	t_1	t_2	t_3	t_4
	$-V_{t_1}$	$-V_{t_2}$	$-V_{t_3}$	$-V_{t_4}$
	$+ K_A$	$+ K_A$	$+ K_A$	$+ NW_A + K_A$
	$+ K_B$	$+ K_B$	$+ NW_B + K_B$	
	$+ K_C$	$+ NW_C + K_C$		
	$+ NW_D + K_D$			
Summe	0	0	0	0
V_{t_i} = Verbindlichkeiten-Cash flow per t_i				
K_j = Kupon der Anleihe j				
NW_j = Nominalwert der Anleihe j				

Tab. E.48: Cash flow Matching

Somit ergeben sich in dem Beispiel in Tabelle E.45 die folgenden Gleichungen:

$V_{t_4} = NW_A + K_A$ $\Leftrightarrow$ $NW_A + K_A = V_{t_4}$

$V_{t_3} = NW_B + K_B + K_A$ $\Leftrightarrow$ $NW_B + K_B = V_{t_3} - K_A$

$V_{t_2} = NW_C + K_C + K_B + K_A$ $\Leftrightarrow$ $NW_C + K_C = V_{t_2} - K_B - K_A$

$V_{t_1} = NW_D + K_D + K_C + K_B + K_A$ $\Leftrightarrow$ $NW_D + K_D = V_{t_1} - K_C - K_B - K_A$

Allerdings erscheint es – vor dem Hintergrund der erwerbbaren Anleihen und der typischen Zins- und Tilgungsstrukturen der zu deckenden Verbindlichkeiten – eher unwahrscheinlich, dass ein sog. Perfect Matching stattfindet. In diesem Fall wäre eine Immunisierungsstrategie wahrscheinlich besser, da sie kostengünstiger ist.[2]

4. Passive Strategien

Passive Strategien basieren auf der Annahme, dass sämtliche öffentlich verfügbaren Informationen über die künftige Kursentwicklung in den Marktpreisen enthalten sind, so dass der Investor die gleichen Erwartungen bezüglich der künftigen Umweltzustände hat wie der Markt. Research- und Prognoseaktivitäten können in diesem Fall nicht zu Überrenditen führen. Infolgedessen hat ein Investor entweder das Ziel, die Performance des Marktindexes bzw. einer Benchmark zu erzielen oder die Transaktionskosten zu minimieren, indem

---

1 Vgl. *Fabozzi* (2007a), S. 557ff.
2 Vgl. *Fabozzi* (2007a), S. 559.

die einmal erworbenen Anleihen bis zum Planungshorizont bzw. bis zur Fälligkeit gehalten werden. In letzterem Fall wird von einer Buy-and-hold-Strategie gesprochen.[1]

Bei einer Buy-and-hold-Strategie erfolgen keine Umschichtungen des Portfolios während des Planungszeitraums, so dass sich die Informationsbeschaffung lediglich auf das Bonitätsrisiko beschränkt und keine Zinsprognosen umfasst. Diese Strategie ist allerdings problematisch, da bei höheren Renditeschwankungen Kursgewinne bzw. -verluste bei sinkenden bzw. steigenden Marktzinssätzen nicht berücksichtigt werden.

Eine weitere passive Strategie stellt die Indexierungstechnik dar, bei der ein Index nachgebildet werden soll. Dabei wird grundsätzlich versucht, den Performanceunterschied zwischen dem Anleihenportfolio und dem Index möglichst gering zu halten. Das Abweichungsrisiko kann mit Hilfe des Tracking Errors zum Ausdruck gebracht werden. Als Ursachen für den Tracking Error können Transaktionskosten bei der Konstruktion und Adjustierung des Anleihenportfolios, strukturelle Abweichungen zwischen Anleihenportfolio und Index sowie Unterschiede in den herangezogenen Anleihenpreisen auftreten.

Der Tracking Error kann verringert werden, indem das Portfolio möglichst genau dem Index entspricht und deshalb möglichst alle Anleihen entsprechend der Indexstruktur gekauft werden. Werden sämtliche im Index enthaltenen Anleihen mit ihrer dort zugrunde gelegten Gewichtung in das Portfolio („Tracking Portfolio") aufgenommen, so wird von Full Replication gesprochen. Allerdings erscheint eine solche Strategie vor dem Hintergrund der Transaktionskosten und dem benötigten relativ großen Anleihevolumen für kleinere Fonds weniger geeignet zu sein.[2]

Zur Minimierung des Tracking Errors können beispielsweise die folgenden drei Methoden angewendet werden:

- Stratified Sampling (oder auch Cell Approach oder Cell Matching genannt),
- Optimization Method,
- Tracking Error Minimization Method mit einem Multifaktor-Risikomodell.

Im Rahmen des Stratified Sampling bzw. Cell Matching wird der Index in einzelne Zellen oder Segmente (cells) aufgeteilt, aus denen dann eine oder mehrere Anleihen ausgewählt werden, die für das jeweilige Segment als repräsentativ angesehen werden. Die Segmentierung kann dabei beispielsweise nach den Kriterien Duration, Kupon, Laufzeit oder Bonität erfolgen. Die Höhe des Betrages, der in die Anleihen der jeweiligen Segmente investiert wird, kann sich am wertmäßigen Anteil des Segments am Gesamtindex orientieren. Falls z.B. Corporate Bonds mit einem Rating von A einen Anteil von 20% am Index haben, sollte sich auch der Wert des Anleihenportfolios zu 20% aus Corporate Bonds mit einem Rating von A zusammensetzen.

Auch können bei der Segmentierung mehrere Kriterien, wie z.B. Bonität und Laufzeit gleichzeitig zugrunde gelegt werden. Falls der Index beispielsweise zu 40% aus Bundesanleihen mit einer Restlaufzeit von unter acht Jahren besteht, sollte dann auch das Portfolio diesen Anteil von vergleichbaren Bundesanleihen aufweisen.

Die Anzahl der zu bestimmenden Segmente hängt von dem Anlagebetrag des Portfolios ab. Falls dieser z.B. weniger als $ 50 Mio. beträgt, würde eine große Anzahl an Segmenten dazu führen, dass relativ kleine Beträge in einzelne Anleihen investiert werden müssten.

---

1 Vgl. hierzu und zu den folgenden Ausführungen *Meyer/Padberg* (1995), S. 270.
2 Vgl. *Poddig/Brinkmann/Seiler* (2005), S. 244ff.

Dies wiederum würde relativ hohe Kosten nach sich ziehen, was wiederum eine höhere Wahrscheinlichkeit einer Underperformance gegenüber dem Benchmark-Index bedeutet. Allerdings führt eine geringere Anzahl an Segmenten zu einem höheren Tracking Error, da das Risikoprofil von Portfolio und Index sich dann deutlicher unterscheiden könnten.[1]

Im Rahmen der Optimization Method wird das Portfolio hinsichtlich bestimmter Kriterien, wie beispielsweise die Rendite oder die Duration optimiert unter Zuhilfenahme der linearen Programmierung. Dabei sind bestimmte Restriktionen zu berücksichtigen, wie z.B. die Einhaltung von Mindestanteilen, die die einzelnen Segmente entsprechend dem Marktindex im Portfolio aufweisen müssen.[2]

Mit Hilfe eines Multifaktor-Risikomodells kann schließlich im Rahmen der Tracking Error Minimization Method ein Portfolio konstruiert werden, das einen prognostizierten Tracking Error aufweist, der vom Portfoliomanager akzeptabel ist.[3]

---

1 Vgl. *Fabozzi* (2007a), S. 506 und *Meyer/Padberg* (1995), S. 270.
2 Vgl. *Meyer/Padberg* (1995), S. 270.
3 Vgl. *Fabozzi* (2007a), S. 506. Zu den Multifaktor-Risikomodellen vgl. *Fabozzi* (2007a), S. 498ff.

F. Zeitgemäße Instrumente des professionellen Portfoliomanagements: Derivate

Bei derivativen Finanztiteln handelt es sich um Finanzinstrumente, die aus anderen Finanzprodukten (Basiswerten oder Underlyings) abgeleitet sind und deren Preise entsprechend von den Preisen des Underlyings abhängen. Dazu zählen Termingeschäfte wie Forwards, Futures, Optionen oder Swaps. Die zugrundeliegenden Werte können beispielsweise Devisen, Aktien, festverzinsliche Titel oder Indizes sein. Auch kann das Underlying selbst wiederum ein derivatives Instrument sein, wie z.B. eine Option auf eine Option (sogenannte Compound Option). Unterschieden wird zwischen börsengehandelten und OTC-Termingeschäften. Während die von Banken oder Wertpapierbörsen „over the counter" emittierten und vertriebenen Finanzderivate vielfältige Möglichkeiten von maßgeschneiderten Lösungen bieten, sind die an den Börsen gehandelten Derivate in verschiedener Art und Weise standardisiert. Durch eine weitgehende Standardisierung kann die Vielfalt und Komplexität einzelner Transaktionen an den Terminbörsen im Gegensatz zu den OTC-Märkten vermindert werden. Auf diese Weise wird an den Terminbörsen in Verbindung mit der Marktorganisation in Form einer Computerbörse und dem Market-Maker-System eine Beschleunigung des Vertragsabschlusses und vor allem eine verbesserte Liquidität erreicht.

Vor dem Hintergrund der infolge der Finanzkrise 2007 bis 2009 erlassenen European Market Infrastructure Regulation (EMIR) müssen Finanzdienstleister nunmehr Transaktionen mit standardisierten Derivaten über zentrale Kontrahenten abwickeln. Außerdem sind die Meldung aller derivaten OTC-Geschäfte an ein zentrales Transaktionsregister sowie eine ausreichende Besicherung erforderlich.[1]

Die zunehmende Nutzung derivativer Instrumente gehört zu den bestimmenden Trends im Portfoliomanagement. Für den vermehrten Einsatz derivativer Instrumente sprechen wichtige Argumente. Mit Hilfe von Derivaten lassen sich Zahlungsströme bzw. Cash Flow-Strukturen konstruieren, die bei alleiniger Verwendung originärer Instrumente nicht oder nur zu sehr hohen Kosten darstellbar wären. Derivate Anlageformen, die sich auf marktgehandelte Kassainstrumente beziehen und nach den Prinzipien der Duplikation und Arbitragefreiheit bepreist werden, reduzieren die Kosten des Portfoliomanagements signifikant. Durch den Einsatz von Derivaten lassen sich erhebliche Gebührenreduktionen herbeiführen. Allein dieser Faktor stellt die weitere zukünftige Verbreitung von Derivaten im Portfoliomanagement sicher. Neben den geringeren Transaktionskosten aufgrund der an Computerbörsen tendenziell geringeren Abwicklungskosten sind auch die Informationskosten häufig geringer, da an vielen Terminbörsen die Clearingstelle das Erfüllungsrisiko übernimmt und eine hohe Markttransparenz vorliegt.

Neben Kostenargumenten sprechen noch weitere Argumente für den Einsatz von Derivaten. Die i.d.R. hohe Marktliquidität bei börsengehandelten Derivaten sorgt für faire Preise und einen nur geringen Market Impact, der die Kursveränderungen eines Finanzinstruments aufgrund einer Order beschreibt, bei Auftragsausführungen. Die Handelszeiten für börsengehandelte Derivate sind oftmals länger als bei Kassainstrumenten, zumal wenn sich der Handel an elektronischen Börsen (z.B. CME Globex[2]) vollzieht.

---

1 Vgl. *Deimel* (2013), S. 24.
2 Zur CME Globex Platform vgl. *CME Group* (2013).

Derivate Instrumente können sehr flexibel kombiniert werden. Neben der Möglichkeit auf fallende Märkte zu spekulieren versetzen sie Investoren in den Stand, asymmetrische Performanceprofile zu konstruieren. Zusätzlich zu direktionalen Anlagestrategien ermöglicht ein gezielter Einsatz von Derivaten auch eine genaue Steuerung des Anlagerisikos.

Derivate im Rahmen der Asset Allocation

Ziele: Hedging vs. Investing
- Exposureverringerung
- Exposureerhöhung

Underlyings:
- Financials
  - Aktien
  - Zinsen
  - Anleihen
  - Währungen
- Commodities
  - Agrarprodukte
  - Rohstoffe
  - Edelmetalle
  - Energie

Handel: Terminbörsen | Over-the-Counter (OTC)

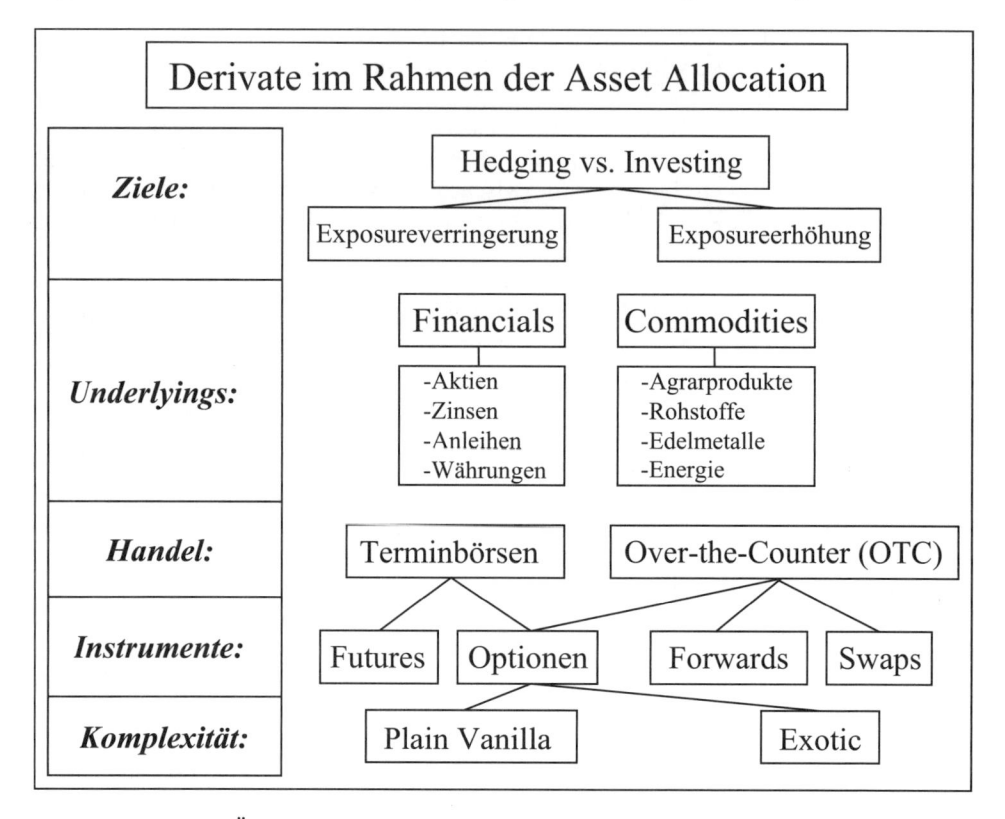

Instrumente: Futures | Optionen | Forwards | Swaps

Komplexität: Plain Vanilla | Exotic

Abb. F.1: Überblick über derivative Instrumente in der Asset Allocation

Die Strukturen bzw. die Verwendungsmöglichkeiten von einigen Derivaten können eine Klassifikation als eigenständige Assetklasse möglich erscheinen lassen. Allerdings sind Derivate lediglich als Substitute für bestimmte Assetklassen anzusehen. Entsprechend bilden sie Rendite-Risikoprofile ab, die grundsätzlich auch mit den zugrundeliegenden Finanztiteln oder einer Kombination daraus zu erreichen sind.[1] Vor diesem Hintergrund ist eine Einordnung von Derivaten als Assetklasse kaum zu rechtfertigen, es sei denn, es werden Rendite-Risikoprofile konstruiert, die nicht oder nur unter sehr hohen Kosten mit den zugrunde liegenden Assetklassen abzubilden sind.

Termingeschäfte lassen sich allgemein durch das zeitliche Auseinanderfallen von Vertragsabschluss und Vertragserfüllung charakterisieren, wobei der Preis des jeweiligen Handelsobjektes bereits bei Geschäftsabschluss festgesetzt wird. Abzusehen ist dabei von der

---

[1] Zur Diskussion um die Einordnung von Derivaten als Assetklasse vgl. die Ausführungen in Kapitel C.I.4. in diesem Buch.

an vielen Märkten üblichen valutenmäßigen Frist von zwei Tagen, die für Kassageschäfte zwischen Vertragsabschluss und -erfüllung gilt. Sobald aber diese Frist überschritten ist, wird beispielsweise für bestimmte Währungskombinationen im Devisenbereich bereits ab einem Erfüllungstermin, der drei Tage nach dem Vertragsabschluss liegt, von einem (kurzfristigen) Devisentermingeschäft gesprochen.[1]

Unterschieden werden unbedingte und bedingte Termingeschäfte, wobei unbedingte (fixe) Termingeschäfte von den Vertragspartnern zu den vereinbarten Konditionen und Zeitpunkten erfüllt werden müssen. Während bei unbedingten Termingeschäften eine solche Pflicht besteht (die im Übrigen mit einem unbegrenzten Risiko und einer unbegrenzten Chance verbunden ist), hängt die Erfüllung bedingter Termingeschäfte von einer Bedingung ab, nämlich von der Ausübung des Wahlrechts durch den Käufer. Eine Pflicht besteht hierbei für den Verkäufer, der im Falle der Ausübung den vereinbarten Gegenstand zu liefern bzw. abzunehmen hat, falls eine Lieferung vorgesehen ist. Für den Käufer besteht daher ein begrenztes Risiko bei einer unbegrenzten Chance.

Derivative Finanzinstrumente können wie folgt systematisiert werden:

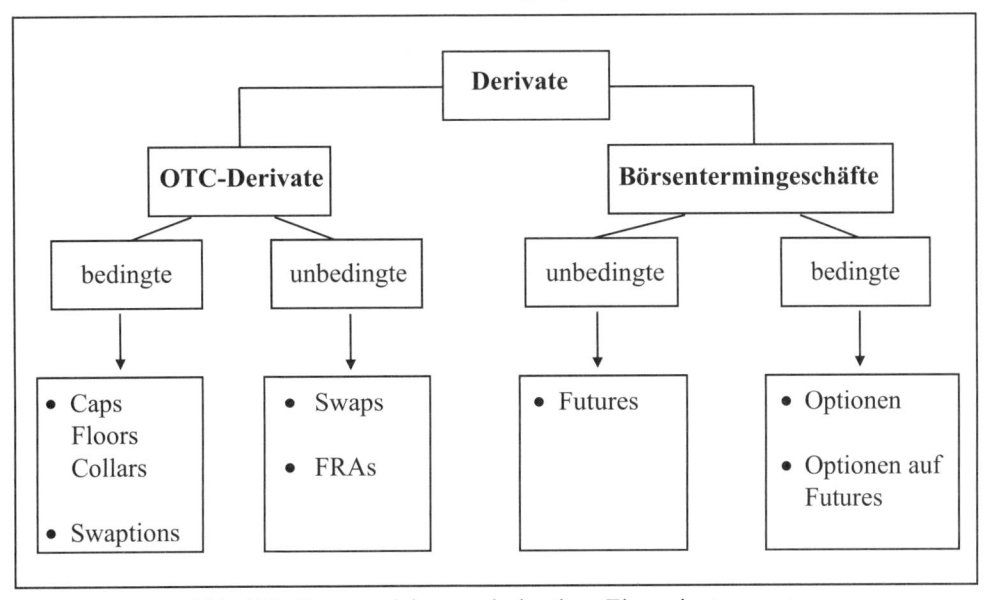

Abb. F.2: Systematisierung derivativer Finanzinstrumente

I. Portfoliomanagement mit Optionen

1. Bewertung von „Plain Vanilla" Optionen

Optionen gewähren als bedingte Termingeschäfte dem Käufer das Recht, während einer bestimmten Laufzeit (amerikanische Option) bzw. zu einem bestimmten Zeitpunkt (europäische Option) eine bestimmte Menge eines Basisobjekts zu einem bestimmten Preis (Basispreis) zu kaufen (Call) bzw. zu verkaufen (Put). Der Verkäufer der Option hat die Pflicht,

---

1 Vgl. *Martin* (2001), S. 133.

im Falle der Ausübung die entsprechende Menge des Basisobjektes zum Basispreis zu verkaufen (im Falle eines Calls) bzw. abzukaufen (im Falle eines Puts).

Optionen an Terminbörsen wurden erstmals in den USA im Jahre 1983 an der Chicago Board Options Exchange gehandelt. Dabei handelte es sich um Aktienindexoptionen auf den S&P 100 und den S&P 500. Im selben Jahr wurde auch eine Option auf den S&P 500 Future eingeführt. In Europa wurden Optionen an Terminbörsen zum ersten Mal in London eingeführt (Option auf den FT-SE 100), wobei es sich zunächst um eine amerikanische Option handelte. Später wurden auch europäische Optionen auf den FT-SE 100 gehandelt. Als zweite europäische Börse führte in 1986 die Terminbörse in Stockholm Aktienindexoptionen ein. Auch an der Eurex werden mittlerweile neben verschiedenen Aktienindexoptionen (wie z.B. auf die Indizes DAX®, MDAX®, TecDAX®, SMI®, Dow Jones Global Titans 50^{SM}, STOXX® Europe 50, STOXX® Europe 600, Euro STOXX® 50, OMXH25, MSCI Russia Index oder auch auf Euro STOXX® Sector Indizes) zahlreiche weitere Optionen auf andere Basiswerte gehandelt.[1]

Grundsätzlich lässt sich der Preis bzw. die Prämie einer Option in die beiden Komponenten „innerer Wert" und „Zeitwert" unterteilen.[2] Der innere Wert eines Calls ergibt sich aus der Differenz zwischen dem aktuellen Kurs des Basiswertes und dem Basispreis (bzw. umgekehrt beim Put). Eine Option, die einen inneren Wert besitzt, wird als in-the-money-Option bezeichnet. Entsprechen sich der Basispreis und der aktuelle Kurs des Basiswertes, so handelt es sich um eine at-the-money-Option. Andernfalls liegt eine out-of-the-money-Option vor. Der Zeitwert stellt die Differenz zwischen dem Marktpreis der Option und dem inneren Wert dar und wird vom Käufer für die Chance einer gewinnbringenden Kursentwicklung des Basiswertes gezahlt.

Zur Verdeutlichung soll dieser Zusammenhang am Beispiel eines Calls aufgezeigt werden: Zugrunde liegt ein Aktien-Call mit einem Basispreis von € 47. Für den Call ergeben sich nach dem noch vorzustellenden Bewertungsverfahren von *Black & Scholes* die folgenden Werte:[3]

Aktienkurs (€)	Call-Optionspreis (€)	Innerer Wert des Calls (€)	Zeitwert des Calls (€)
43	0,81	0,00	0,81
45	1,52	0,00	1,52
47	2,53	0,00	2,53
48	3,15	1,00	2,15
50	4,59	3,00	1,59
53	7,12	6,00	1,12

Tab. F.1: Innerer Wert und Zeitwert eines Calls

---

1 Ein Überblick über die an der Eurex gehandelten Optionen findet sich bei *Eurex* (2013a), S. 12ff.
2 Der Begriff der Optionsprämie wird in der Literatur unterschiedlich definiert. Während darunter in Deutschland vornehmlich der gesamte Optionspreis verstanden wird, ist mit der Optionsprämie im amerikanischen Sprachgebrauch vor allem das Aufgeld einer Option gemeint, d.h. der Mehrpreis, der im Vergleich zum direkten Kauf des Basisobjektes zu bezahlen wäre, wenn das Basisobjekt über die Option erworben würde.
3 Hierbei werden folgende Daten unterstellt: Restlaufzeit der Option = 0,5 Jahre, stetige risikolose Rendite = 3,5%, Volatilität der Aktie = 16%.

Hingewiesen werden sollte an dieser Stelle darauf, dass der Zeitwert auch negativ sein kann. Dies kann z.B. für weit im Geld liegende Put-Optionen gelten, die sich auf Märkte mit relativ geringer Volatilität beziehen und deren Ausübung erst am Ende der Laufzeit möglich ist (europäische Optionen). Im Gegensatz dazu könnte der Inhaber einer amerikanischen Option bei Ausübung den erhaltenen inneren Wert sofort anlegen und dafür Zinserträge vereinnahmen. Eine solche Anlage des inneren Wertes ist jedoch bei europäischen Optionen nicht möglich.

Der Preis einer Option hängt im Wesentlichen von der Kursentwicklung bzw. dem aktuellen Kurs des zugrundeliegenden Basiswertes ab. Darüber hinaus lassen sich aber noch weitere Einflussgrößen auf die Höhe des Optionspreises identifizieren:

- Basispreis,
- Volatilität des Basiswertes,
- Restlaufzeit der Option,
- Zinsniveau und
- allgemeine Börsentendenz.

Zusätzlich sind bei Aktienoptionen noch Dividendenzahlungen zu berücksichtigen, die einen negativen (positiven) Einfluss auf den Wert eines Calls (Puts) ausüben. Handelt es sich um den DAX als Underlying, der einen Performance-Index darstellt, so brauchen Dividendenzahlungen bei der Optionspreisermittlung nicht berücksichtigt zu werden; denn ein Performanceindex beinhaltet die Wiederanlage der Dividendenzahlungen der im Index enthaltenen Aktien. Allerdings ist bei Performanceindizes zu berücksichtigen, dass steuerliche Aspekte zu unterschiedlichen Dividendenerträgen bei Marktteilnehmern führen können, was im Index möglicherweise nicht berücksichtigt werden kann.[1]

Die theoretischen Ober- und Untergrenzen des Optionspreises werden bestimmt durch den aktuellen Kurs des Basiswertes und durch den Basispreis. Bei einem Call ist die Untergrenze durch den inneren Wert der Option gegeben, während der aktuelle Kurs des Basiswertes die Obergrenze darstellt. Steigt dieser an, so erhöht sich der innere Wert eines Calls (vorausgesetzt, er ist größer als Null). Falls der innere Wert trotz des Anstiegs des Basiswertes weiterhin bei Null verbleibt, lässt sich beim Call trotzdem ein Wertanstieg beobachten, da der Zeitwert sich erhöht. Am Verfalltag entspricht der Optionswert dem inneren Wert, so dass dann keine Zeitprämie mehr vorhanden ist.

Ein wichtiger Einflussfaktor auf den Optionspreis ist die erwartete Volatilität des Basispreises innerhalb der Optionslaufzeit. Die Volatilität stellt – wie bereits in Kapitel A ausführlich erläutert wurde – ein Maß für die Höhe und die Häufigkeit der Kurs- bzw. Renditeschwankungen des Basiswertes um den Mittelwert dar und kann durch die Varianz σ^2 oder die Standardabweichung σ gemessen werden. In den Fällen, in denen der Basiswert eine hohe Volatilität aufweist und damit das Erreichen der Gewinnzone wahrscheinlicher ist als bei Werten mit geringer Volatilität, liegt der Optionspreis höher. In diesem Fall hat der Optionsverkäufer ein größeres Ausübungsrisiko, das er durch eine entsprechend höhere Zeitprämie entgolten haben möchte. Die Problematik in der Praxis ergibt sich daraus, dass

---

1 Vgl. *Janßen/Rudolph* (1992), S. 25 f.

die zukünftige Volatilität nicht bekannt ist und aus Vergangenheitsdaten geschätzt werden muss.[1]

Darüber hinaus ist zu beachten, dass der Optionspreis bei sonst gleichen Bedingungen um so höher liegt, je größer die Restlaufzeit der Option ist; denn bei langen Laufzeiten ist das Kursentwicklungspotential größer und damit auch das Ausübungsrisiko des Stillhalters, so dass wiederum eine höhere Zeitprämie verlangt wird. Diese Prämie nimmt zum Ende der Laufzeit ab – allerdings nicht in einer linearen Weise. Dabei steht die Rate, mit der die Option an Zeitwert verliert, in einer Beziehung zur Quadratwurzel der verbleibenden Zeit.

Weiterhin wird der Optionspreis noch vom Zinsniveau beeinflusst. Da der Basispreis erst zum Zeitpunkt der Ausübung vom Käufer eines Calls bzw. dem Verkäufer eines Puts zu zahlen ist, kann dieser Betrag bis zu diesem Zeitpunkt noch verzinslich angelegt werden. Entsprechend führen ceteris paribus höhere Zinssätze theoretisch zu höheren Call- und niedrigeren Put-Preisen.

Schließlich beeinflusst auch die allgemeine Börsentendenz den Optionspreis. So weisen in Haussephasen Calls einen relativ höheren Wert auf als in Baissephasen; denn bei dieser Börsentendenz erhöht sich für den Call-Käufer die Gewinnchance und für den Verkäufer das Verlustrisiko. Bei Puts verhält sich dieser Zusammenhang in umgekehrter Weise.

Die exakte Bestimmung eines korrekten, fairen Preises für eine Option kann mit Hilfe von verschiedenen Optionsbewertungsmodellen vorgenommen werden, von denen in der Praxis häufig das Modell von *Black & Scholes* zur Bewertung einer europäischen Kaufoption auf Aktien angewandt wird.[2] Das Black-Scholes-Modell basiert auf mehreren Annahmen, wie z.B. der Unterstellung, dass Aktienkurse einem stetigen Zufallspfad (sog. geometrische Brownsche Bewegung) folgen und ihre Renditen lognormalverteilt sind.[3] Das Modell ist durch einen relativ komplexen Aufbau gekennzeichnet. Es beruht auf dem Gedanken eines risikolosen Arbitrageportfolios, wobei das Duplikationsprinzip eine konstante Volatilität und Arbitragefreiheit unterstellt. An dieser Stelle soll lediglich seine grundlegende Struktur kurz zusammengefasst werden.

Aus den Annahmen des Black-Scholes-Modells ergibt sich, dass der Optionspreis im Wesentlichen von den beiden Faktoren Aktienkurs und Restlaufzeit der Option abhängt. Entsprechend kann für den Preis eines Calls der folgende Ausdruck abgeleitet werden:[4]

$$C = K \cdot N(d_1^{Call}) - B \cdot e^{-r_f \cdot t} \cdot N(d_2^{Call})$$

mit

---

1 Entsprechend kommen hier komplexere Verfahren zum Einsatz, wie z.B. das GARCH-Modell, vgl. *Mayhew* (1995), S. 8ff. sowie die Ausführungen in Kapitel A in diesem Buch.
2 Vgl. *Black/Scholes* (1973), S. 673ff.
3 Der Begriff „lognormalverteilte Renditen" deutet darauf hin, dass es sich um logarithmierte Renditen handelt, die normalverteilt sind. Im Übrigen konnte in empirischen Untersuchungen gezeigt werden, dass logarithmierte Renditen eher einer Normalverteilung unterliegen als diskrete Renditen. Vgl. *Meyer* (1994a), S. 10f. und die dort angegebene Literatur.
4 Vgl. *Steiner/Bruns/Stöckl* (2012), S. 343ff.

$$d_1^{Call} = \frac{\ln\frac{K}{B} + (r_f + 0,5\cdot\sigma^2)\cdot t}{\sigma\cdot\sqrt{t}}$$

$$d_2^{Call} = \frac{\ln\frac{K}{B} + (r_f - 0,5\cdot\sigma^2)\cdot t}{\sigma\cdot\sqrt{t}} \quad \text{bzw.} \quad d_2^{Call} = d_1^{Call} - \sigma\cdot\sqrt{t}$$

C = Callpreis,
K = Aktienkurs,
B = Basispreis,
r_f = risikoloser Zinssatz p.a. (hierbei handelt es sich um die stetige Rendite),
e = Euler'sche Zahl = 2,718281828,
$N(d_i)$ = Flächeninhalt unter der Verteilungsdichtefunktion der Standardnormalverteilung,
σ = erwartete Volatilität des Aktienkurses p.a.,
t = Restlaufzeit des Calls in Jahren und
ln = natürlicher Logarithmus.

Die Werte von $N(d_i)$ können aus den Wertetabellen für die Verteilungsfunktion der Standardnormalverteilung abgelesen werden.[1] Der Ausdruck $N(d_1)$ wird auch als Options-Delta bezeichnet. In der Praxis können sich allerdings von dem so ermittelten Fair Value aufgrund der vorgenommenen Annahmen Abweichungen ergeben. Hier ist insbesondere der sogenannte „Smile-Effekt" bei out-of-the-money Puts zu erwähnen.[2]

Der Wert eines (europäischen) Puts (P) kann mit Hilfe der Black-Scholes-Formel wie folgt bestimmt werden:

$$P = B\cdot e^{-r_f\cdot t}\cdot N(d_2^{Put}) - K\cdot N(d_1^{Put})$$

mit

$$d_1^{Put} = \frac{\ln\frac{B}{K} - (r_f + 0,5\cdot\sigma^2)\cdot t}{\sigma\cdot\sqrt{t}}$$

---

[1] Zu den Werten der Normalverteilung vgl. die Tabelle im Anhang.
[2] Mit dem Smile-Effekt wird die empirische Beobachtung bezeichnet, nach der der Wert von Optionen (insbesondere Verkaufs-Optionen), die weit aus dem Geld sind, deutlich größer ist als der Wert, den das Black-Scholes-Modell anzeigt, vgl. auch Kapitel A.I.2.i. in diesem Buch.

$$d_2^{Put} = \frac{\ln\frac{B}{K} - (r_f - 0{,}5 \cdot \sigma^2) \cdot t}{\sigma \cdot \sqrt{t}}$$

$$d_2^{Put} = d_1^{Put} + \sigma \cdot \sqrt{t}$$

Durch die Verwendung der Put-Call-Parität lässt sich ebenfalls der Wert des Puts bei Bekanntheit des Callpreises errechnen. Dies kann durch die Bildung eines entsprechenden Arbitrageportfolios gezeigt werden. Im Gegensatz zu dem auf ähnlichen Annahmen wie das Black-Scholes-Modell basierenden Binomialmodell muss die Barwertbildung des Basispreises im Rahmen des Black-Scholes-Modells durch die Verwendung einer kontinuierlichen Abzinsungsrate erfolgen.[1] Für den Putpreis ergibt sich deshalb allgemein:

$$P = C + B \cdot e^{-r_f \cdot t} - K$$

Für den Fall, dass die Differenz zwischen den Marktpreisen von Call und Put kleiner als die rechnerische Differenz ist, kann auf eine Überbewertung des Puts bzw. eine Unterbewertung des Calls geschlossen werden.

Die *Black-Scholes*-Optionspreise ergeben sich beispielsweise für einen Aktien-Call mit einem Basispreis von € 47 bei einer Restlaufzeit von 0,5 Jahren, einem stetigen risikolosen Zins von 3,5% und einer Aktienvolatilität von 16% wie folgt, wobei die Optionspreisentwicklung in Abhängigkeit von der Aktienkursentwicklung dargestellt ist (Angaben in €):

Aktienkurs	25,00	30,00	35,00	40,00	43,00	45,00	47,00
Call-Preis	0,000000	0,000067	0,010585	0,235266	0,806969	1,518339	2,534566
Aktienkurs	48,00	50,00	52,00	54,00	57,00	60,00	65,00
Call-Preis	3,154075	4,589359	6,235936	8,030709	10,886458	13,836302	18,817543

Tab. F.2: Call-Preise nach *Black & Scholes*

Grafisch kann die Entwicklung wie folgt dargestellt werden, wobei deutlich wird, dass der innere Wert des Calls der Preisuntergrenze entspricht.

---

[1] Die Vorgehensweise zur Ermittlung der Put-Call-Parität entspricht grundsätzlich derjenigen im Rahmen des Binomialmodells. Zum Binomialmodell vgl. *Steiner/Bruns/Stöckl* (2012), S. 318ff.

{{figure}}

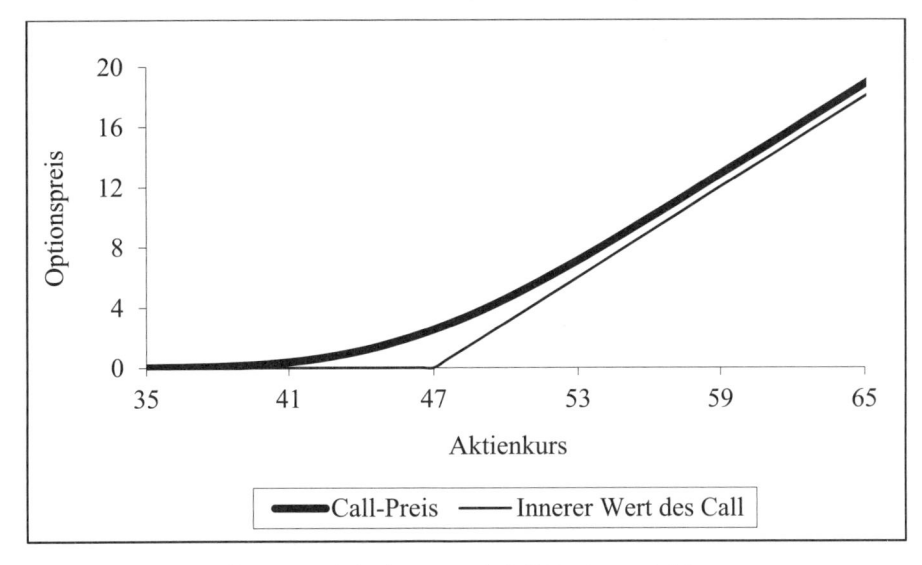

Abb. F.3: Aktienkurs- und Call-Preisentwicklung

Überträgt man die o.g. Beispieldaten auf einen Put, so lassen sich folgende *Black-Scholes*-Optionspreise ableiten:

Aktienkurs	25,00	30,00	35,00	40,00	43,00	45,00	47,00
Put-Preis	21,184655	16,184723	11,195240	6,419921	3,991624	2,702994	1,719221

Aktienkurs	48,00	50,00	52,00	54,00	57,00	60,00	65,00
Put-Preis	1,338731	0,774014	0,420591	0,215364	0,071113	0,020957	0,002198

Tab. F.3: Put-Preise nach *Black & Scholes*

Auch diese Optionspreisentwicklung lässt sich grafisch darstellen. Zu erkennen ist, dass der Put-Preis bei stark fallenden Aktienkursen sogar unter dem inneren Wert des Put liegt, worauf oben bereits hingewiesen wurde.

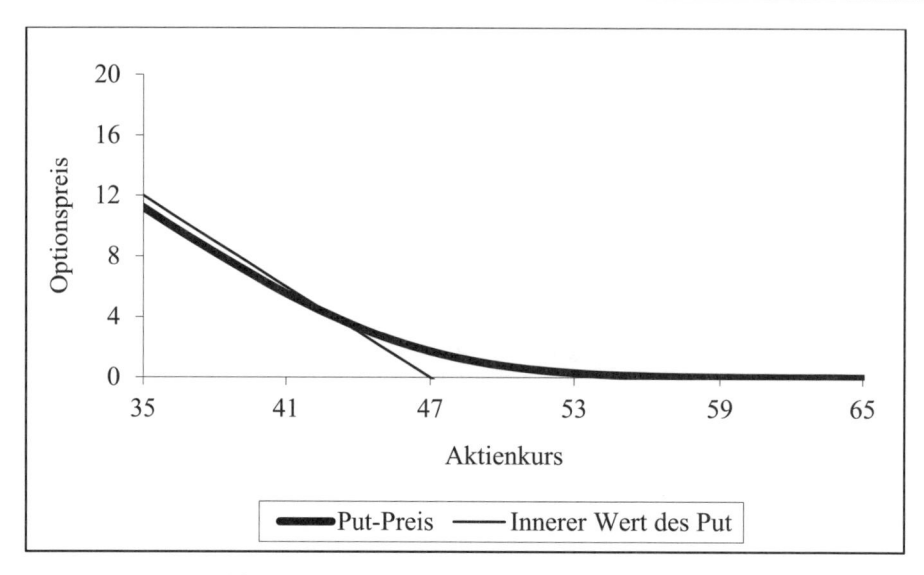

Abb. F.4: Aktienkurs- und Put-Preisentwicklung

Das von *Black & Scholes* entwickelte Modell ist mittlerweile weit verbreitet und wird an vielen Terminbörsen von den Marktteilnehmern zur Optionsbewertung genutzt. Dabei ist zu berücksichtigen, dass – im Gegensatz zu amerikanischen Calls – bei amerikanischen Puts eine vorzeitige Ausübung anstatt einer Glattstellung an der Börse lohnend sein kann. Infolgedessen sind für diese Optionen lediglich Preisuntergrenzen mit Hilfe dieses Modells zu ermitteln. Daher ist die Preisbestimmung von amerikanischen Puts mit Hilfe des Binomial-Modells von *Cox/Ross/Rubinstein* sinnvoller, da es eine schrittweise Überprüfung des Ausübungswertes des Puts ermöglicht und damit die Möglichkeit einer vorteilhaften Ausübung bei der Preisermittlung berücksichtigt wird.[1]

2. „Griechische Variablen"

Fünf Variable determinieren die Optionspreise im Black-Scholes-Modell. Dies sind die Aktienkursvolatilität, die Restlaufzeit der Option, der Aktienkurs im Bewertungszeitpunkt, das Niveau des als risikolos anzusehenden Zinssatzes und schließlich die Höhe des Basispreises. Bezüglich dieser Variablen lassen sich Sensitivitätskennzahlen bilden, die anzeigen, wie stark der Optionspreis bei Konstanz aller anderen Variablen auf Veränderungen der betrachteten Variablen reagiert. Als Bezeichnung für diese Sensitivitätskennzahlen hat sich der Begriff „griechische Variablen" durchgesetzt, da jeder Kennzahl ein Buchstabe des griechischen Alphabetes zugeordnet wird. Die Darstellung der griechischen Variablen erfolgt in alphabetischer Reihenfolge, die nicht unbedingt der Bedeutungsreihenfolge entspricht.

---

1 Vgl. *Cox/Ross/Rubinstein* (1979), S. 229ff. und *Steiner/Wittrock* (1993), S. 713f.

a. Options-Delta

Die Sensitivität des Optionspreises bezüglich einer Veränderung des Aktienkurses wird durch den Delta-Wert ausgedrückt. Der numerische Wert ergibt sich aus der ersten Ableitung der Kurve im Optionspreis-Aktienkurs-Diagramm und kann als Quotient der zugrundeliegenden Aktien- und Optionspreisveränderungen dargestellt werden. Für Kaufoptionen gilt:

$$\text{Delta}(C) = \frac{\delta C}{\delta K} = N(d_1^{Call})$$

Der Delta-Wert bei Calls liegt stets zwischen Null und eins. Er gibt z.B. an, um wie viel € sich der Call-Preis erhöht, wenn der Aktienkurs um € 1 ansteigt.[1] Zu berücksichtigen ist hierbei allerdings, dass sich das Delta auf infinitesimal kleine Veränderungen des Aktienkurses bezieht, so dass die Genauigkeit bei größeren Aktienkurssprüngen abnimmt. Darüber hinaus gibt der Delta-Wert noch an, wie viele Aktien benötigt werden, um die Preisveränderung der Option genau zu neutralisieren.

Für den Aktien-Call aus dem obigen Beispiel können folgende Delta-Werte nach *Black-Scholes* in Abhängigkeit vom Aktienkurs ermittelt werden:

Aktienkurs	25,00	30,00	35,00	40,00	43,00	45,00	47,00
Optionsdelta	0,000000	0,000086	0,008323	0,112341	0,282665	0,431283	0,583653

Aktienkurs	48,00	50,00	52,00	54,00	57,00	60,00	65,00
Optionsdelta	0,654440	0,775821	0,865381	0,924840	0,972336	0,991098	0,998955

Tab. F.4: Delta-Werte für einen Call nach *Black & Scholes*

Steigt der Aktienkurs beispielsweise beim Stand von € 43 z.B. um € 0,1 auf € 43,10, so wird aufgrund des Delta-Wertes von 0,282665 unterstellt, dass der Preis des Calls um € 0,0282665 (= 0,282665 · € 0,1) von € 0,806969 auf € 0,83523565 ansteigt. Hinzuweisen ist an dieser Stelle aber darauf, dass der tatsächliche Call-Preis entsprechend der *Black-Scholes*-Formel einen Wert von € 0,83558458 annimmt, setzt man € 43,10 als Aktienkurswert in die Formel ein. Der Unterschied ist darauf zurückzuführen, dass sich das Delta lediglich auf eine infinitesimal kleine Aktienkurs-Änderung bezieht und die hier unterstellte Änderung von € 0,1 entsprechend höher ist. Die Entwicklung des Deltas für das zugrunde liegende Beispiel zeigt die folgende Abbildung:

---

[1] Vgl. *Steinbrenner* (1996), S. 300.

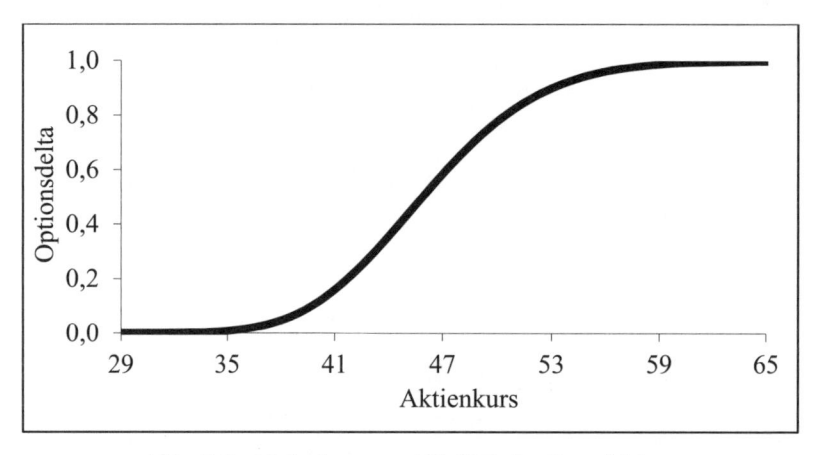

424　F. Zeitgemäße Instrumente des professionellen Portfoliomanagements: Derivate

Abb. F.5: Aktienkurs- und Call-Delta-Entwicklung

Der Delta-Wert eines Puts lautet entsprechend der *Black-Scholes*-Formel:

$$\text{Delta}(P) = \frac{\delta P}{\delta K} = -N\left(d_1^{Put}\right)$$

Für einen Put mit den obigen Beispieldaten sind die entsprechenden Werte in der folgenden Tabelle aufgeführt:

Aktienkurs	25,00	30,00	35,00	40,00	43,00	45,00	47,00
Optionsdelta	−1,00000	−0,99991	−0,99168	−0,88766	−0,71734	−0,56872	−0,41635

Aktienkurs	48,00	50,00	52,00	54,00	57,00	60,00	65,00
Optionsdelta	−0,34556	−0,22418	−0,13462	−0,07516	−0,02766	−0,00890	−0,00105

Tab. F.5: Delta-Werte für einen Put nach *Black & Scholes*

Wie erkennbar ist, liegen die Werte des Put-Deltas zwischen −1 und Null. Steigt der Aktienkurs beispielsweise beim Stand von € 43 z.B. um € 0,1 auf € 43,10, so wird aufgrund des Delta-Wertes von −0,717335 unterstellt, dass der Preis des Puts um € 0,0717335 (= −0,717335 · € 0,1) von € 3,991624 auf € 3,91989073 fällt. Der tatsächliche Put-Preis entsprechend der Black-Scholes-Formel würde einen Wert von € 3,92023965 anzeigen, falls man € 43,10 als Aktienkurswert in die Formel einsetzt. Der Unterschied ist wiederum darauf zurückzuführen, dass sich das Delta lediglich auf eine infinitesimal kleine Aktienkurs-Änderung bezieht. Die Entwicklung des Put-Deltas im zugrunde liegende Beispiel zeigt die Abbildung F.6:

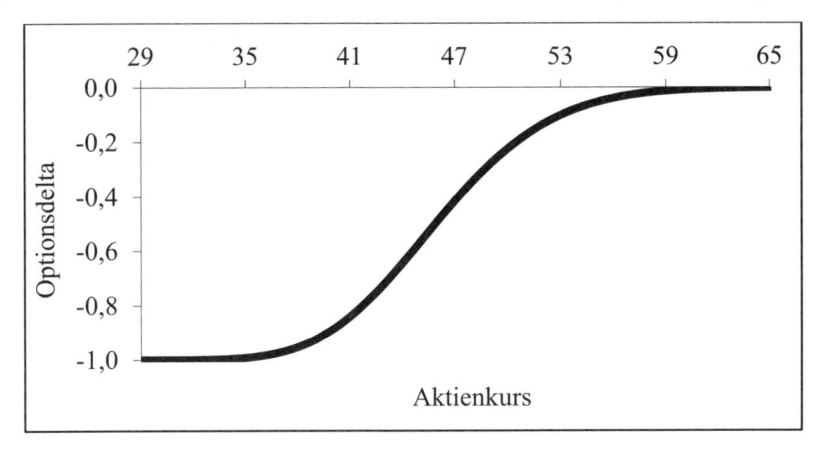

Abb. F.6: Aktienkurs- und Put-Delta-Entwicklung

Im Black-Scholes-Modell entsprechen sich bei einem Delta-Wert von ungefähr 0,5 beim Call bzw. ungefähr −0,5 beim Put Basispreis und Aktienkurs ungefähr. In diesem Fall handelt es sich um Optionen, die am Geld bzw. „at-the-money" notieren.

Die Delta-Werte bei at-the-money-Optionen ändern sich am schnellsten. Bei deep-in-the-money-Calls liegen die Delta-Werte nahe eins, während sie bei deep-out-of-the-money-Calls nahe Null liegen.[1] Das Optionsdelta hängt keineswegs nur vom Aktienkurs ab. Auch die anderen Inputvariablen des Black-Scholes-Modells nehmen Einfluss auf den Verlauf der Delta-Kurve.

b. Options-Gamma

Eine weitere Kennzahl, der Gamma-Wert von Optionen gibt die Sensitivität des Options-Deltas bezüglich der Aktienkursveränderungen an. Im Bereich von am Geld liegenden Optionen kann eine hohe Delta-Elastizität festgestellt werden. Mathematisch drückt die Kennzahl Gamma das Verhältnis zwischen der Veränderung des Options-Deltas und der Veränderung des Aktienkurses aus. Da der Gamma-Wert für Calls und Puts identisch ist, ergibt sich:

$$\text{Gamma}(C) = \text{Gamma}(P) = \frac{\delta \text{Delta}(C)}{\delta K} = \frac{\delta \text{Delta}(P)}{\delta K}$$

Für das Options-Gamma des Black-Scholes-Modells gilt folgende Überlegung: Da Gamma die Veränderung des Options-Deltas beschreibt, muss es sich um die zweite Ableitung der Black-Scholes-Funktion nach dem Aktienkurs handeln. Insofern kann Gamma auch als Delta-Wert des Options-Deltas interpretiert werden.[2] Auf entsprechende Maße im Zusammenhang mit der Risikoanalyse von Anleihen bezogen, entsprechen Delta grundsätzlich der

---

1 Vgl. *Cox/Rubinstein* (1985), S. 222.
2 Vgl. *Lingner* (1991), S. 111.

Duration und Gamma der Konvexität. Der entsprechende mathematische Ausdruck im Rahmen des Black-Scholes-Modells (ohne Dividenden) lautet:[1]

$$\text{Gamma}(C) = \frac{N'(d_1^{Call})}{K \cdot \sigma \cdot \sqrt{t}} = \text{Gamma}(P) = \frac{N'(d_1^{Put})}{K \cdot \sigma \cdot \sqrt{t}}$$

mit

$$N'(d_1^{Call}) = \frac{e^{\left(\frac{-(d_1^{Call})^2}{2}\right)}}{\sqrt{2 \cdot \pi}} \quad , \quad N'(d_1^{Put}) = \frac{e^{\left(\frac{-(d_1^{Put})^2}{2}\right)}}{\sqrt{2 \cdot \pi}}$$

$N'(d_1)$ stellt dabei den Funktionswert und nicht den Flächeninhalt der Standardnormalverteilungsdichte an der Stelle d_1 dar.[2]

Für einen Call bzw. auch einen Put mit den obigen Beispieldaten sind die Gamma-Werte in der folgenden Tabelle abzulesen. Die entsprechende Grafik zeigt Abbildung F.7.

Aktienkurs	25,00	30,00	35,00	40,00	43,00	45,00	47,00
Optionsgamma	0,000000	0,000101	0,005731	0,042182	0,069511	0,077194	0,073370

Aktienkurs	48,00	50,00	52,00	54,00	57,00	60,00	65,00
Optionsgamma	0,067886	0,052908	0,036834	0,023208	0,009863	0,003547	0,000477

Tab. F.6: Gamma-Werte für einen Call bzw. einen Put nach *Black & Scholes*

Steigt der Aktienkurs beispielsweise um € 0,1 von € 43 auf € 43,10, so wird unterstellt, dass sich der Delta-Wert der Call-Option um 0,0069511 von 0,282665 auf 0,28961569 erhöht. Der Delta-Wert der Put-Option wird entsprechend bei einer unterstellten Aktienkursänderung um € 0,10 auf –0,71038431 (= –0,717335 + 0,0069511) geschätzt. Die tatsächlichen Delta-Werte bei Einsetzen von € 43,10 als Aktienkurs in die Black-Scholes-Formel weichen wiederum geringfügig davon ab (Call-Delta = 0,28964828, Put-Delta = –0,710352).

---

1 Vgl. *Deutsch* (2001), S. 197.
2 Zu den Werten der Normalverteilung vgl. die Tabelle im Anhang.

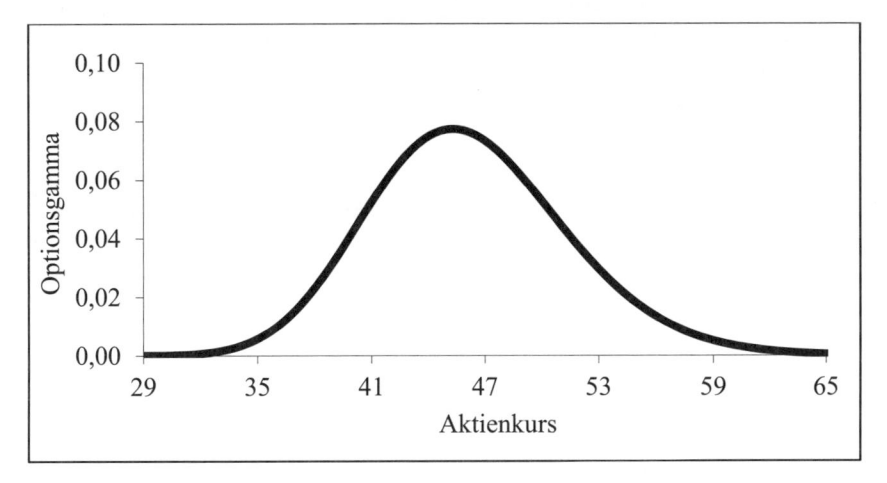

Abb. F.7: Aktienkurs- und Optionsgamma-Entwicklung

c. Options-Omega

Als weitere Sensitivitätskennzahl ist das Options-Omega als Maß für die Elastizität des Optionspreises in Bezug auf Veränderungen des Aktienkurses bekannt. Mitunter wird für Omega auch der Begriff Leverage-Faktor oder Hebel verwendet.[1] Inhaltlich stellt Omega das prozentuale Wertänderungsverhältnis zwischen Option und Aktie dar. Somit wird mit Omega der Prozentsatz angegeben, um den sich der Optionswert verändert, wenn sich der Aktienkurs um 1% verändert. Die mathematische Berechnung erfolgt, indem die prozentuale Veränderung des Optionspreises zu der prozentualen Veränderung des Aktienkurses ins Verhältnis gesetzt wird. Für das Call-Omega gilt:

$$\mathrm{Omega}(C) = \frac{\delta C / C}{\delta K / K}$$

Das Put-Omega lautet entsprechend:

$$\mathrm{Omega}(P) = \frac{\delta P / P}{\delta K / K}$$

Gemäß der Schreibweise des Black-Scholes-Modells (ohne Dividenden) kann unter Verwendung des Options-Deltas für das Omega der Kaufoption geschrieben werden:

$$\mathrm{Omega}(C) = N(d_1^{Call}) \cdot \frac{K}{C}$$

---

[1] Vgl. *Steinbrenner* (1996), S. 307. Im Rahmen der Performancemessung ist auch ein Performancemaß „Omega" bekannt, wobei sich allerdings beide Kennzahlen unterscheiden. Vgl. Kapitel G.II.4.g. in diesem Buch.

Das Put-Omega lautet:

$$\text{Omega}(P) = -N(d_1^{Put}) \cdot \frac{K}{P}$$

Werden auch hier wiederum die Daten des obigen Beispiels zugrunde gelegt (Basispreis = € 47, Restlaufzeit der Option = 0,5 Jahre; $r_{f,stetig}$ = 3,5%; Volatilität der Aktie = 16%), so können die in der Tabelle F.7 dargestellten Werte für das Call-Omega nach *Black & Scholes* abgeleitet werden.

Aktienkurs	25,00	30,00	35,00	40,00	43,00	45,00	47,00
Optionsomega	52,00914	38,26672	27,52097	19,10017	15,06201	12,78220	10,82303

Aktienkurs	48,00	50,00	52,00	54,00	57,00	60,00	65,00
Optionsomega	9,959534	8,452388	7,216209	6,218797	5,091018	4,297816	3,450614

Tab. F.7: Omega-Werte für einen Call nach *Black & Scholes*

Steigt der Aktienkurs in diesem Beispiel beim Stand von € 43 z.B. um 0,01% auf € 43,0043, so wird aufgrund des Omega-Wertes unterstellt, dass der Call-Preis um 0,15062% von € 0,806969 auf € 0,80818465 steigt. Auch hier zeigt sich wiederum, dass diese Sensitivitätskennzahl sich ebenfalls auf nur infinitesimal kleine Änderungen des Aktienkurses bezieht, da bei Einsetzen von € 43,0043 als Aktienkurswert in die *Black-Scholes*-Formel ein Preis von € 0,80818531 errechnet wird. Deutlicher wird dieser Unterschied dann, wenn eine Aktienkurssteigerung um 1% auf € 43,43 unterstellt wird. Dann nämlich würde das Omega eine Call-Preissteigerung um 15,062% auf € 0,92851495 unterstellen, während sich der Preis gemäß *Black-Scholes*-Formel auf € 0,93502613 belaufen würde, falls man € 43,43 als Kurswert in die Formel einsetzen würde.

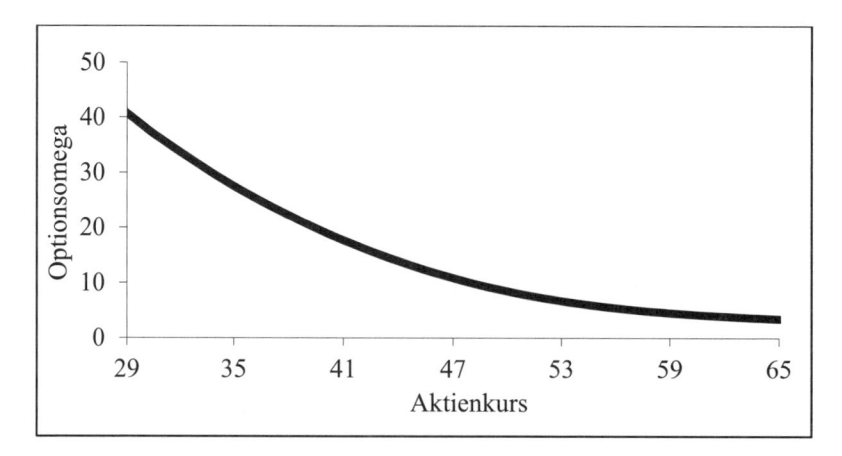

Abb. F.8: Aktienkurs- und Call-Omega-Entwicklung

Für den entsprechenden Put ergeben sich die folgenden Omega-Werte:

Aktienkurs	25,00	30,00	35,00	40,00	43,00	45,00	47,00
Optionsomega	−1,18010	−1,85344	−3,10031	−5,53066	−7,72754	−9,46812	−11,3821

Aktienkurs	48,00	50,00	52,00	54,00	57,00	60,00	65,00
Optionsomega	−12,3900	−14,4816	−16,6437	−18,8455	−22,1736	−25,4871	−30,9028

Tab. F.8: Omega-Werte für einen Put nach *Black & Scholes*

Fällt der Aktienkurs in diesem Beispiel beim Stand von € 43 z.B. um 1% auf € 42,57, so wird aufgrund des Omega-Wertes unterstellt, dass der Put-Preis um 7,727537% von € 3,991624 auf € 4,30007852 steigt. Setzt man hingegen den Aktienkurswert von € 42,57 in die *Black-Scholes*-Formel ein, so erhält man einen Put-Preis von € 4,30641267. Der Unterschied ist wiederum auf die beim Call erläuterten Gründe zurückzuführen.

Die Entwicklung des Put-Omegas in Abhängigkeit von der Aktienkursentwicklung wird in Abbildung F.9 gezeigt:

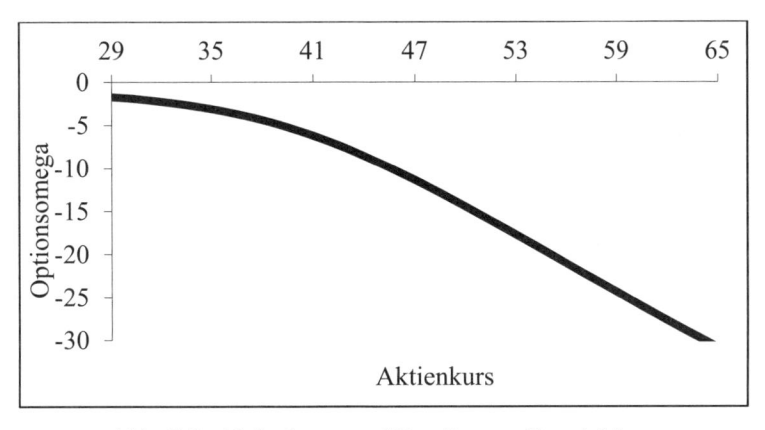

Abb. F.9: Aktienkurs- und Put-Omega-Entwicklung

d. Options-Rho

Das Options-Rho drückt die Sensitivität des Optionspreises in Bezug auf Veränderungen des risikolosen Zinssatzes aus. Es erfasst die absolute Veränderung des Optionswertes, wenn sich der risikolose Zinssatz um eine Einheit (z.B. 1%-Punkt) ändert. Mathematisch wird das Options-Rho aus dem Verhältnis der Veränderung der Option zur Veränderung des risikolosen Zinssatzes dargestellt. Für das Rho eines Calls bedeutet dies:

$$\text{Rho}(C) = \frac{\delta C}{\delta r_f}$$

Der Wert von Rho (C) ist stets größer oder gleich Null. Beim Put-Rho ist dies umgekehrt, d.h. das Put-Rho ist immer kleiner oder gleich Null:

$$\text{Rho}(P) = \frac{\delta P}{\delta r_f}$$

Innerhalb des Black-Scholes-Modells (ohne Dividenden) ist Rho anhand der partiellen Ableitung der Bewertungsformel nach dem risikolosen Zinssatz r_f zu ermitteln. Es ergeben sich die Ausdrücke

$$\text{Rho}(C) = t \cdot B \cdot e^{-r_f \cdot t} \cdot N(d_2^{Call})$$

$$\text{Rho}(P) = -t \cdot B \cdot e^{-r_f \cdot t} \cdot N(d_2^{Put})$$

Mitunter wird dieser Wert noch durch 100 dividiert, wenn sich die Betrachtung auf den risikolosen Zins als Prozentgröße beziehen soll.

Die Bedeutung des risikolosen Zinssatzes für den Optionswert nimmt mit abnehmender Restlaufzeit immer mehr ab. Zunehmend ist die Bedeutung des Rho hingegen bei steigenden Aktienkursen, da dann die Kapitalbindung im risikolosen Arbitrageportfolio anwächst und die Zinskomponente an Bedeutung gewinnt.[1] Folglich ist bei Optionen, die im Geld liegen (in-the-money), der Rho-Wert größer als bei Optionen, die aus dem Geld liegen (out-of-the-money).

Deutlich wird dies auch anhand des obigen Beispiel-Calls, für den sich die folgenden Rho-Werte nach *Black & Scholes* bei unterschiedlichen Aktienkursen ergeben:

Aktienkurs	25,00	30,00	35,00	40,00	43,00	45,00	47,00
Options-Rho	0,000000	0,001257	0,140359	2,129180	5,673803	8,944690	12,44857

Aktienkurs	48,00	50,00	52,00	54,00	57,00	60,00	65,00
Options-Rho	14,12952	17,10084	19,38194	20,95532	22,26835	22,81479	23,05727

Tab. F.9: Rho-Werte für einen Call nach *Black & Scholes*

Entsprechend diesen Werten würde beispielsweise bei einem Aktienkurs von € 43 ein Anstieg des Calls um € 0,005674 (= 5,674 · € 0,001) unterstellt, wenn der risikolose Zins um 0,1%-Punkte auf 3,6% ansteigen würde. Als neuer Call-Preis ergibt sich dann € 0,812643 (= € 0,806969 + € 0,005674). Setzt man 3,6% als stetigen r_f in die Black-Scholes-Formel ein, so weicht hier wiederum – wenn auch in geringem Ausmaß – der ermittelte Preis (€ 0,81265772) ab, was auch hier darauf zurückzuführen ist, dass sich die Sensitivitätskennzahl auf eine infinitesimal kleine Änderung bezieht. Steigt nämlich der risikolose Zins bei einem Aktienkurs von € 43 z.B. um 1%-Punkt auf 4,5%, so würde ein neuer Call-Preis von € 0,863707 (= € 0,806969 + 5,674 · € 0,01) unterstellt, während der Black-Scholes-Preis bei Einsetzen von 4,5% als stetiger r_f in die Formel € 0,86518351 betragen würde.

---

[1] Zum risikolosen Arbitrageportfolio vgl. *Steiner/Bruns/Stöckl* (2012), S. 319ff. und S. 342ff.

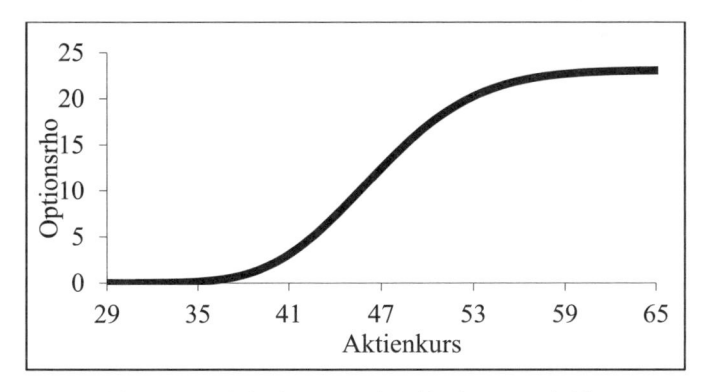

Abb. F.10: Aktienkurs- und Call-Rho-Entwicklung

Für den Beispiel-Put können folgende Rho-Werte nach *Black & Scholes* bei unterschiedlichen Aktienkursen angegeben werden:

Aktienkurs	25,00	30,00	35,00	40,00	43,00	45,00	47,00
Options-Rho	−23,0923	−23,0911	−22,9520	−20,9631	−17,4185	−14,1476	−10,6438

Aktienkurs	48,00	50,00	52,00	54,00	57,00	60,00	65,00
Options-Rho	−8,96280	−5,99149	−3,71039	−2,13701	−0,82398	−0,27754	−0,03506

Tab. F.10: Rho-Werte für einen Put nach *Black & Scholes*

Wenn der risikolose Zins um 0,1%-Punkte auf 3,6% ansteigen würde, wird entsprechend dem Rho-Wert von −17,41852 (Aktienkurs = € 43) ein Put-Wert von € 3,974206 (= € 3,991624− 17,4185 · € 0,001) unterstellt. Der Preis aus der Black-Scholes-Formel bei Einsatz von 3,6% für r_f führt zu einem Wert von € 3,97422624. Bei einem Anstieg des risikolosen Zinses (Aktienkurs = € 43), um 1%-Punkt auf 4,5% würde Rho einen Putpreis von € 3,817439 (= € 3,991624 − 17,4185 · € 0,01) unterstellen, wohingegen der Black-Scholes-Wert bei Einsetzen von r_f = 4,5% in die Formel € 3,81949165 betragen würde.

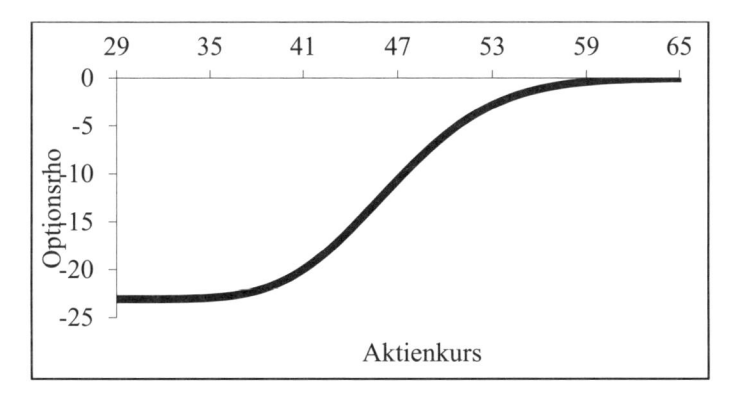

Abb. F.11: Aktienkurs- und Put-Rho-Entwicklung

e. Options-Theta

Der Theta-Wert einer Option misst die Sensitivität des Optionspreises bezüglich der Veränderung der Optionsrestlaufzeit. Mit dieser Kennzahl wird die die absolute Veränderung des Optionswertes erfasst, wenn sich die Restlaufzeit der Option um eine Einheit (z.B. 1 Tag (Tagestheta) oder 1 Woche (Wochentheta)) verringert. Damit kann das Options-Theta als Maß für den Zeitwertverfall von Optionen angesehen werden. Für das Call-Theta ergibt sich der folgende mathematische Ausdruck:[1]

$$\text{Theta}(C) = -\frac{\delta C}{\delta t}$$

Das Put-Theta lautet:

$$\text{Theta}(P) = -\frac{\delta P}{\delta t}$$

In der Terminologie des Black-Scholes-Modells (ohne Dividenden) stellt das Options-Theta die partielle Ableitung der Optionspreisformel nach der Restlaufzeit dar. Beim Call lautet der Theta-Wert entsprechend:

$$\text{Theta}(C) = -\frac{K \cdot N'(d_1^{Call}) \cdot \sigma}{2 \cdot \sqrt{t}} - B \cdot r_f \cdot e^{-r_f \cdot t} \cdot N(d_2^{Call})$$

mit $\quad N'(d_1^{Call}) = \dfrac{e^{\left(\frac{-(d_1^{Call})^2}{2}\right)}}{\sqrt{2 \cdot \pi}}$

Analog dazu ergibt sich das Put-Theta zu:[2]

$$\text{Theta}(P) = -\frac{K \cdot N'(d_1^{Put}) \cdot \sigma}{2 \cdot \sqrt{t}} + B \cdot r_f \cdot e^{-r_f \cdot t} \cdot N(d_2^{Put})$$

mit $\quad N'(d_1^{Put}) = \dfrac{e^{\left(\frac{-(d_1^{Put})^2}{2}\right)}}{\sqrt{2 \cdot \pi}}$

---

1 Da die Ableitung einen positiven Wert erbringt, wird die Formel mit einem Minuszeichen versehen, denn die Restlaufzeit einer Option kann nicht ansteigen, sondern nur geringer werden.
2 Vgl. *Deutsch* (2001), S. 197.

Soll beispielsweise das Tagestheta ermittelt werden, so muss der sich aus den vorstehenden Formeln ergebende Wert noch durch 360 dividiert werden (für den Fall, dass die Zinstagekonvention von einem Jahr mit 360 Tagen ausgeht).

Wie bereits bekannt, nimmt der Zeitwertverfall bei Annäherung an den Ausübungszeitpunkt stark zu. Ohne dass sich die sonstigen Daten der Option ändern, verliert eine Option deshalb gegen Ende der Laufzeit stärker an Wert als vorher, was stets die Stillhalter von Optionen begünstigt.

In Abhängigkeit vom Aktienkurs können für den Beispiel-Call die folgenden Theta- und Tagestheta-Werte (hier: Division von Theta durch 360) berechnet werden:

Aktienkurs	25,00	30,00	35,00	40,00	43,00	45,00	47,00
Optionstheta	–0,00000	–0,00125	–0,09969	–1,01292	–2,04231	–2,62701	–2,94594
Tagestheta	0,00000	–0,00000	–0,00028	–0,00281	–0,00567	–0,00730	–0,00818

Aktienkurs	48,00	50,00	52,00	54,00	57,00	60,00	65,00
Optionstheta	–2,99111	–2,89011	–2,63160	–2,33310	–1,96898	–1,76046	–1,63979
Tagestheta	–0,00831	–0,00803	–0,00731	–0,00648	–0,00547	–0,00489	–0,00455

Tab. F.11: Theta- und Tagestheta-Werte für einen Call nach *Black & Scholes*

Beispielsweise besagt der Tagestheta-Wert von –0,005673 für einen Aktienkurs von € 43, dass der Call-Preis um € 0,005673 von € 0,806969 auf € 0,80129612 (= € 0,806969 – € 0,005673) sinkt, wenn sich die Restlaufzeit der Option um einen Tag von 180 Tagen auf 179 Tage verringert. Wird direkt in die Black-Scholes-Formel eine Restlaufzeit von 179 Tagen eingesetzt, so weicht auch hier aus den bekannten Gründen der Call-Preis wiederum leicht ab. Er beträgt in diesem Fall € 0,80129506.

Die Abhängigkeit des Call-Tagesthetas von der Aktienkursentwicklung wird in Abbildung F.12 gezeigt:

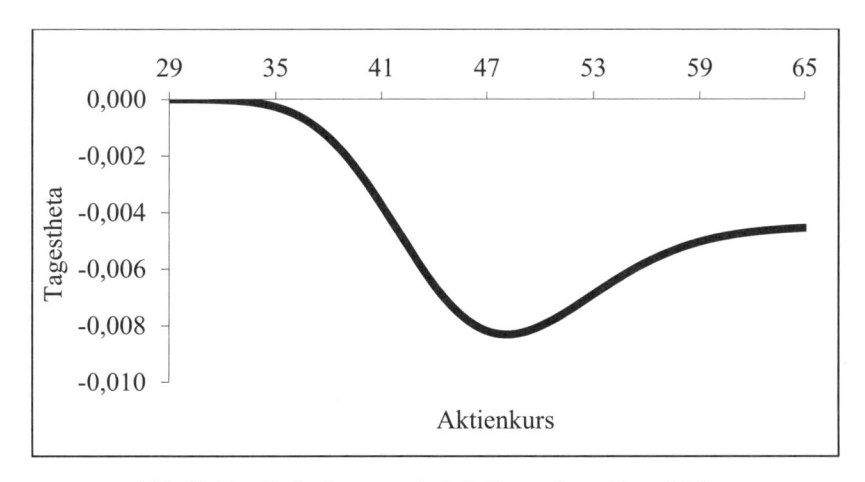

Abb. F.12: Aktienkurs- und Call-Tagestheta-Entwicklung

434 F. Zeitgemäße Instrumente des professionellen Portfoliomanagements: Derivate

Für den Beispiel-Put gelten die folgenden Werte:

Aktienkurs	25,00	30,00	35,00	40,00	43,00	45,00	47,00
Optionstheta	1,616462	1,615209	1,516769	0,603542	−0,42584	−1,01054	−1,32948
Tagestheta	0,004490	0,004487	0,004213	0,001677	−0,00118	−0,00281	−0,00369
Aktienkurs	48,00	50,00	52,00	54,00	57,00	60,00	65,00
Optionstheta	−1,37465	−1,27364	−1,01513	−0,71664	−0,35251	−0,14400	−0,02333
Tagestheta	−0,00382	−0,00354	−0,00282	−0,00199	−0,00098	−0,00040	−0,00006

Tab. F.12: Theta- und Tagestheta-Werte für einen Put nach *Black & Scholes*

Bei einem Aktienkurs von € 43 besagt demnach der Wert von −0,001183, dass der Put-Preis bei einer Verkürzung der Restlaufzeit um 1 Tag auf € 3,99044137 sinkt (= € 3,991624 − € 0,001183). Der Preis gemäß Black-Scholes-Formel beläuft sich bei einer Restlaufzeit von 179 Tagen auf € 3,99044053.

Der Verlauf des Put-Tagesthetas in Abhängigkeit vom Aktienkurs stellt sich wie folgt dar:

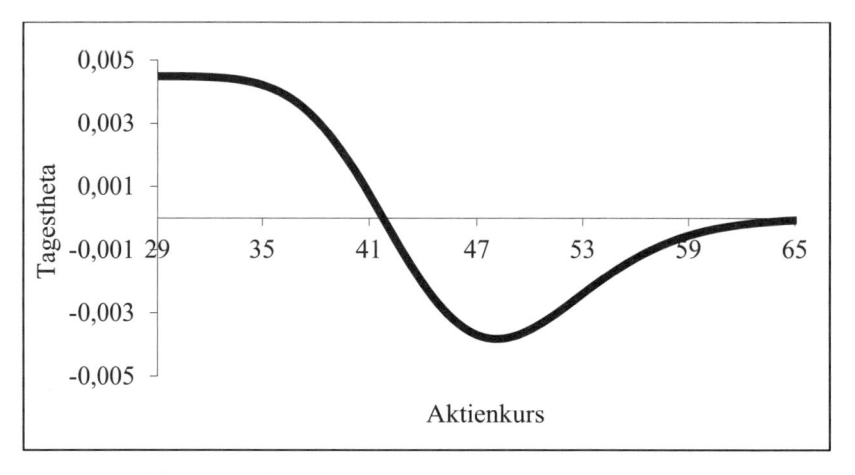

Abb. F.13: Aktienkurs- und Put-Tagestheta-Entwicklung

f. Options-Vega

Den größten Einfluss auf den Optionspreis besitzt neben dem Kurs des Underlyings – zumindest bei am Geld liegenden Optionen – die Volatilität des Underlyings. Anhand des Options-Vegas wird die Sensitivität des Optionspreises hinsichtlich einer Veränderung der Volatilität gemessen. Erfasst wird dabei die absolute Veränderung des Optionswertes, wenn sich die Volatilität um eine Einheit (z.B. 1%-Punkt) verändert. Somit gibt Vega die Veränderungen des Optionspreises in Abhängigkeit infinitesimal kleiner Volatilitätsveränderungen an. Letztere wirken sich gleichartig auf Call- und Putoptionen aus. Eine steigende

Volatilität führt c.p. zu steigenden Optionspreisen und umgekehrt. Für das Call-Vega kann geschrieben werden:

$$\text{Vega}(C) = \frac{\delta C}{\delta \sigma}$$

Der Ausdruck beim Put-Vega lautet:

$$\text{Vega}(P) = \frac{\delta P}{\delta \sigma}$$

Innerhalb des Modellrahmens des Black-Scholes-Modells (ohne Dividenden) führt die Bildung der partiellen Ableitung der Optionspreisformel nach der Volatilität zur Bestimmung des Options-Vegas. Da Call- und Put-Vega identisch sind – eine steigende Volatilität daher sowohl den Call- als auch den Put-Wert erhöht – berechnet sich Vega nach der Formel:

$$\text{Vega}(C) = \text{Vega}(P) = K \cdot N'(d_1^{Call}) \cdot \sqrt{t} = K \cdot N'(d_1^{Put}) \cdot \sqrt{t}$$

mit

$$N'(d_1^{Call}) = \frac{e^{\left(\frac{-(d_1^{Call})^2}{2}\right)}}{\sqrt{2 \cdot \pi}} \quad , \quad N'(d_1^{Put}) = \frac{e^{\left(\frac{-(d_1^{Put})^2}{2}\right)}}{\sqrt{2 \cdot \pi}}$$

Die größten Werte nimmt das Options-Vega bei at-the-money notierenden Optionen an.

Abschließend soll auch bei dieser Sensitivitätskennzahl das obige Beispiel herangezogen werden (Basispreis = € 47, Restlaufzeit der Option = 0,5 Jahre, $r_{f,stetig}$ = 3,5%, Volatilität der Aktie = 16%). Für das Vega sowohl eines Calls als auch eines Puts ergeben sich nach *Black & Scholes* die folgenden Werte:

Aktienkurs	25,00	30,00	35,00	40,00	43,00	45,00	47,00
Optionsvega	0,000004	0,007287	0,561678	5,399237	10,28213	12,50548	12,96590

Aktienkurs	48,00	50,00	52,00	54,00	57,00	60,00	65,00
Optionsvega	12,51279	10,58155	7,967876	5,413922	2,563701	1,021403	0,161129

Tab. F.13: Vega-Werte für einen Call bzw. einen Put nach *Black & Scholes*

Erhöht sich bei einem Aktienkurs von € 43 beispielsweise die Volatilität um 0,1%-Punkte von 16% auf 16,1%, so unterstellt der Vega-Wert von 10,282133, dass der Call-Preis um € 0,010282 (= 10,282 · € 0,001) von € 0,806969 auf € 0,817251329 ansteigt. Der Preis bei

Einsetzen einer Volatilität von 16,1% in das Black-Scholes-Modell beträgt in diesem Fall € 0,817264033.

Auch der Wert eines Puts erhöht sich entsprechend des Aussagegehaltes des Vegas in diesem Fall um € 0,010282 von € 3,991624 auf € 4,0019064. Schließlich machen auch hier der nach dem Black-Scholes-Modell unter Einsetzen einer Volatilität von 16,1% errechnete Put-Preis von € 4,00191911 und die damit verbundene Abweichung vom mit Hilfe des Options-Vegas bestimmten Preis wiederum deutlich, dass sich auch diese Sensitivitätskennzahl nur auf infinitesimal kleine Änderungen bezieht.

Die Entwicklung des Vegas in Abhängigkeit vom Aktienkurs zeigt die nachfolgende Abbildung.

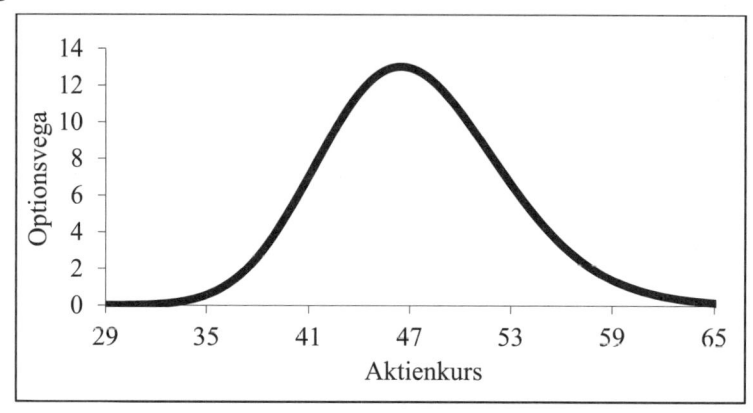

Abb. F.14: Aktienkurs- und Options-Vega-Entwicklung

g. Gesamtüberblick über die Wirkung der verschiedenen Sensitivitätskennzahlen

Im Folgenden soll anhand des obigen Beispiels ein Gesamtüberblick über die Wirkung der verschiedenen Sensitivitätskennzahlen gegeben werden. Ausgangspunkt ist jeweils eine Call- und eine Put-Option auf Aktien mit einem Basispreis von € 47, einer Restlaufzeit der Option von 0,5 Jahren, einem stetigen risikolosen Zinssatz ($r_{f,stetig}$) von 3,5% sowie einer Aktienvolatilität von 16%. Die jeweiligen Werte der Sensitivitätskennzahlen für einen Call können der Tabelle F.14 entnommen werden:

Aktienkurs	25,00	35,00	43,00	47,00	54,00	60,00	65,00
Optionsdelta	0,000000	0,008323	0,282665	0,583653	0,924840	0,991098	0,998955
Gamma	0,000000	0,005731	0,069511	0,073370	0,023208	0,003547	0,000477
Optionsomega	52,00914	27,52097	15,06201	10,82303	6,218797	4,297816	3,450614
Options-Rho	0,000000	0,140359	5,673803	12,44857	20,95532	22,81479	23,05727
Optionstheta	–0,00000c	–0,09969	–2,04231	–2,94594	–2,33310	–1,76046	–1,63979
Tagestheta	0,000000	–0,00028	–0,00567	–0,00818	–0,00648	–0,00489	–0,00455
Optionsvega	0,000004	0,561678	10,28213	12,96590	5,413922	1,021403	0,161129

Tab. F.14: Werte der „griechischen Variablen" für einen Call nach *Black & Scholes*

Für den entsprechenden Put ergeben sich die folgenden Werte:

Aktienkurs	25,00	35,00	43,00	47,00	54,00	60,00	65,00
Optionsdelta	−1,00000	−0,99168	−0,71734	−0,41635	−0,07516	−0,00890	−0,00105
Gamma	0,000000	0,005731	0,069511	0,073370	0,023208	0,003547	0,000477
Optionsomega	−1,18010	−3,10031	−7,72754	−11,3821	−18,8455	−25,4871	−30,9028
Options-Rho	−23,0923	−22,9520	−17,4185	−10,6438	−2,13701	−0,27754	−0,03506
Optionstheta	1,616462	1,516769	−0,42584	−1,32948	−0,71664	−0,14400	−0,02333
Tagestheta	0,004490	0,004213	−0,00118	−0,00369	−0,00199	−0,00040	−0,00006
Optionsvega	0,000004	0,561678	10,28213	12,96590	5,413922	1,021403	0,161129

Tab. F.15: Werte der „griechischen Variablen" für einen Put nach *Black & Scholes*

Im Folgenden sollen die Auswirkungen unterschiedlicher Restlaufzeiten auf die Sensitivitätskennzahlen näher betrachtet werden. Dazu wird ebenfalls das obige Beispiel herangezogen, wobei sich die Betrachtung nunmehr auf den Fall bezieht, dass der aktuelle Aktienkurs dem Basispreis von € 47 entspricht. Die entsprechenden Werte für einen Call bzw. einen Put zeigen die beiden folgenden Tabellen:

Aktienkurs	47	47	47	47	47	47
Rest-LFZ (Tage)	180	120	60	30	5	1
Optionsdelta	0,58365	0,56847	0,54854	0,53436	0,51404	0,50628
Optionsgamma	0,07337	0,09053	0,12898	0,18309	0,44987	1,00644
Optionsomega	10,82303	13,30790	18,92155	26,86488	66,19057	148,34553
Options-Rho	12,44857	8,23682	4,06978	2,01502	0,33049	0,06565
Optionstheta	−2,94594	−3,42462	−4,50172	−6,02325	−13,55306	−29,28463
Tagestheta	−0,00818	−0,00951	−0,01250	−0,01673	−0,03765	−0,08135
Optionsvega	12,96590	10,66564	7,59805	5,39265	2,20837	0,98810

Tab. F.16: Werte der „griechischen Variablen" für einen Call bei abnehmender Restlaufzeit

Aktienkurs	47	47	47	47	47	47
Rest-LFZ (Tage)	180	120	60	30	5	1
Optionsdelta	−0,41635	−0,43153	−0,45146	−0,46564	−0,48596	−0,49372
Optionsgamma	0,07337	0,09053	0,12898	0,18309	0,44987	1,00644
Optionsomega	−11,38207	−13,86751	−19,48174	−27,42535	−66,75127	−148,9063
Options-Rho	−10,64376	−7,24813	−3,71799	−1,89024	−0,32197	−0,06489
Optionstheta	−1,32948	−1,79870	−2,86629	−4,38304	−11,90886	−27,63979
Tagestheta	−0,00369	−0,00500	−0,00796	−0,01218	−0,03308	−0,07678
Optionsvega	12,96590	10,66564	7,59805	5,39265	2,20837	0,98810

Tab. F.17: Werte der „griechischen Variablen" für einen Put bei abnehmender Restlaufzeit

Mit zunehmender Länge der Optionsrestlaufzeit nehmen bei Calls die Werte für Delta, Rho und Vega zu, während die Gamma- und Theta-Werte betragsmäßig abnehmen. Beispielsweise geht im Hinblick auf Vega eine Erhöhung der Optionsrestlaufzeit mit einem Bedeutungsgewinn der Volatilität für den Optionspreis einher. Dies gilt sowohl für Calls als auch für Puts, da sich die Vega-Werte entsprechen. Insoweit steht dieser Effekt in einem umgekehrten Verhältnis zur Bedeutung des Options-Thetas, das mit zunehmender Restlaufzeit an Bedeutung für den Optionspreis verliert.

Während z.B. bei einer Restlaufzeit von 60 Tagen (s. Beispiel) der Callpreis (bzw. der Zeitwert) € 0,0125 verliert, wenn sich die Restlaufzeit um einen Tag verringert, so beträgt der entsprechende Wertverlust bei einer erhöhten Restlaufzeit von 180 Tagen nur noch € 0,00818. Hingegen nehmen der Einfluss des Aktienkurses (Delta) und des risikolosen Zinses (Rho) mit zunehmender Restlaufzeit der Calls zu.

Vergleicht man die Ergebnisse für Puts und Calls, so erkennt man zunächst, dass eine Erhöhung der den Sensitivitätskennzahlen jeweils zugrundeliegenden Größen nur in Bezug auf Gamma und Vega zu steigenden Putpreisen führen, während dies bei Calls grundsätzlich für alle Sensitivitätskennzahlen gilt.[1] So verringert sich z.B. bei einer Restlaufzeit von 180 Tagen der Putpreis um € 0,41635, wenn der Aktienkurs um € 1 ansteigt (siehe Delta). Während bei Calls eine zunehmende Restlaufzeit der Option eine Erhöhung des Deltas zur Folge hat, gilt dies – in absoluten Zahlen betrachtet – nicht für Puts. Bei einer längeren Restlaufzeit verliert entsprechend der Anstieg des zugrundeliegenden Basiswertes beim Put an Bedeutung. Auch Gamma (also die Veränderung des Deltas) hat – wie auch bei Calls – mit zunehmender Restlaufzeit einen immer geringer werdenden Einfluss auf den Wert eines Puts. Dagegen steigt die Wirkung von Veränderungen des risikolosen Zinses. Dies gilt auch für Puts, jedoch bedeutet hier der Anstieg des risikolosen Zinssatzes eine Verringerung des Put-Wertes.

Nunmehr ist von Interesse, wie sich unterschiedliche Volatilitäten auf die Sensitivitätskennzahlen auswirken. Die in der nachstehenden Tabelle enthaltenen Zahlen beziehen sich ebenfalls auf das obige Beispiel, wobei wiederum der aktuelle Aktienkurs dem Basispreis von € 47 entsprechen soll, während hier jeweils von einer Restlaufzeit von 180 Tagen ausgegangen wird. Die entsprechenden Werte für einen Call bzw. einen Put zeigen die beiden folgenden Tabellen:

Aktienkurs	47	47	47	47	47	47
Volatilität	5%	15%	16%	17%	25%	40%
Optionsdelta	0,69590	0,58629	0,58365	0,58148	0,57432	0,58055
Optionsgamma	0,21052	0,07815	0,07337	0,06913	0,04718	0,02940
Optionsomega	28,59800	11,45775	10,82303	10,25770	7,28501	4,82289
Options-Rho	15,78187	12,57543	12,44857	12,33266	11,64388	10,81408
Optionstheta	−1,68602	−2,82234	−2,94594	−3,07005	−4,07200	−5,95190
Tagestheta	−0,00468	−0,00784	−0,00818	−0,00853	−0,01131	−0,01653
Optionsvega	11,62583	12,94705	12,96590	12,98094	13,02772	12,98729

Tab. F.18: Werte der „griechischen Variablen" (für Call) bei unterschiedlicher Volatilität

---

[1] Dabei ist wiederum zu beachten, dass beim Theta jeweils von einer Verringerung der zugrundeliegenden Größe (Restlaufzeit der Option) ausgegangen wird.

Aktienkurs	47	47	47	47	47	47
Volatilität	5%	15%	16%	17%	25%	40%
Optionsdelta	−0,30410	−0,41371	−0,41635	−0,41852	−0,42568	−0,41945
Optionsgamma	0,21052	0,07815	0,07337	0,06913	0,04718	0,02940
Optionsomega	−43,52827	−12,23168	−11,38207	−10,63863	−6,92297	−4,07135
Options-Rho	−7,31046	−10,51689	−10,64376	−10,75967	−11,44845	−12,27824
Optionstheta	−0,06956	−1,20588	−1,32948	−1,45358	−2,45554	−4,33544
Tagestheta	−0,00019	−0,00335	−0,00369	−0,00404	−0,00682	−0,01204
Optionsvega	11,62583	12,94705	12,96590	12,98094	13,02772	12,98729

Tab. F.19: Werte der „griechischen Variablen" (für Put) bei unterschiedlicher Volatilität

Mit zunehmender Volatilität der zugrunde liegenden Aktie nehmen beim Call zunächst sämtliche Werte (als absolute Zahlen betrachtet) mit Ausnahme von Vega und Theta ab. Allerdings ergibt sich bei der Entwicklung einer Volatilität von 25% bis 40% für Delta eine Zunahme und für Vega eine Abnahme des Wertes. Bei Puts hingegen nehmen – bei Betrachtung der absoluten Beträge ohne Vorzeichen – lediglich Gamma und Omega ab. Alle anderen Kennzahlenwerte steigen. Ausnahme ist auch hier wieder die Volatilitätsentwicklung von 25% auf 40% bei Delta und Vega.

In den bisherigen Überlegungen wurde jeweils immer nur die Betrachtung der Veränderung des Optionswertes vorgenommen, wenn sich lediglich ein einziger Parameter ändert. Bezieht man mehrere, sich gleichzeitig verändernde Parameter in die Betrachtung der Reaktion des Optionswertes mit ein, so erhöht sich die Komplexität erheblich. Dies kann aber als der in der Praxis übliche Fall bezeichnet werden. Erforderlich ist entsprechend die Bildung von persönlichen Szenarien seitens des Investors.[1]

Zur Verdeutlichung wird auf das obige Beispiel zurückgegriffen, wobei sich die Betrachtung lediglich auf Calls beziehen soll. Unterschieden werden jeweils Calls am Geld, aus dem Geld und im Geld. Die entsprechenden Sensitivitätskennzahlen zeigt Tabelle F.21.

Option	Aktienkurs	Restlaufzeit in Tagen	$r_{f,stetig}$	Volatilität	Optionspreis nach *Black & Scholes*
Call am Geld	47,00	180	3,50%	16,00%	2,534566
Call aus dem Geld	40,00	180	3,50%	16,00%	0,235266
Call im Geld	55,00	180	3,50%	16,00%	8,966213

Tab. F.20: Beispieldaten im Rahmen der Änderungen mehrerer Sensitivitätskennzahlen

Option	Delta	Gamma	Omega	Rho	Tagestheta	Vega
Call am Geld	0,58365	0,07337	10,82303	12,44857	−0,00818	12,96590
Call aus dem Geld	0,11234	0,04218	19,10017	2,12918	−0,00281	5,39924
Call im Geld	0,94527	0,01781	5,79839	21,51170	−0,00610	4,30977

Tab. F.21: Werte der „griechischen Variablen" bei Änderungen mehrerer Kennzahlen

---

1 Vgl. hierzu und zu den nachfolgenden Ausführungen insbesondere *Steinbrenner* (1996), S. 318ff.

Nunmehr sollen die nachfolgenden Szenarien unterstellt werden:

- Δ Aktienkurs   = $-$ € 1   => neuer Aktienkurs   = € 46 bzw. € 39 bzw. € 54
- Δ $r_{f,stetig}$ = $-$ 0,2%-Punkte => neuer $r_{f,stetig}$ = 3,3%
- Δ Rest-LFZ   = $-$ 3 Tage   => neue Restlaufzeit   = 177 Tage
- Δ Volatilität = $-$ 2%-Punkte   => neue Volatilität   = 14%

Werden zunächst die isoliert voneinander eintretenden Veränderungen des Optionswertes ermittelt, so ergibt sich folgendes Bild:[1]

Option	Summe der separaten Einzelwirkungen
Call am Geld	= $-0,5837 - 12,4486 \cdot 0,002 - 0,0082 \cdot 3 - 12,9659 \cdot 0,02$ = € $-0,8924$
Call aus dem Geld	= $-0,1123 - 2,1292 \cdot 0,002 - 0,00281 \cdot 3 - 5,39924 \cdot 0,02$ = € $-0,2330$
Call im Geld	= $-0,9453 - 21,5117 \cdot 0,002 - 0,0061 \cdot 3 - 4,30977 \cdot 0,02$ = € $-1,0928$

Tab. F.22: Bestimmung der Summe der separaten Einzelwirkungen

Hieraus können die folgenden aufgrund der Sensitivitätskennzahlen unterstellten Optionspreise abgeleitet werden:

Option	unterstellter neuer B/S-Optionspreis
Call am Geld	1,642148
Call aus dem Geld	0,002242
Call im Geld	7,873433

Tab. F.23: Bestimmung der unterstellten neuen Optionspreise

Zum Vergleich wird nunmehr der Optionspreis ermittelt für den Fall, dass die neuen Werte für die o.g. Parameter direkt in die *Black-Scholes*-Formel eingesetzt werden, wobei dann unterstellt wird, dass sich die Parameter tatsächlich entsprechend den neuen Werten verändert haben. Die Ergebnisse stehen in der folgenden Tabelle:

Option	tatsächlicher neuer B/S-Optionspreis
Call am Geld	1,686356
Call aus dem Geld	0,069837
Call im Geld	7,875937

Tab. F.24: Tatsächliche neue Optionspreise nach *Black-Scholes*

---

1   Hierbei ist zu beachten, dass Omega hier nicht berücksichtigt wird, da es genau die gleiche Auswirkung auf den Optionspreis wie das Delta beschreibt. In diesem Beispiel führt eine Verringerung des Aktienkurses um beispielsweise 2,1277% (= 1/47) beim Call am Geld zu einer Verringerung des Optionspreises um 23,0277% (= 10,82303 $\cdot$ 2,1277%) bzw. um € 0,58365 (= 23,0277% $\cdot$ € 2,534566). Anders dargestellt ergibt sich für diesen Call der Omega-Wert aus dem Deltawert wie folgt: $\text{Omega}(C) = N(d_1^{Call}) \cdot \frac{K}{C} = 0,58365 \cdot \frac{47€}{2,534566€} = 10,82303$

Die z.T. recht deutlichen Abweichungen sind u.a. auch darauf zurückzuführen, dass bei den tatsächlichen neuen Optionspreisen die Veränderung der einzelnen Parameter nicht isoliert, sondern simultan erfolgt.[1]

Soll der prozentuale Einfluss der jeweiligen Parameter auf die gesamte Veränderung des Optionspreises bestimmt werden, so können die Werte aus Tabelle F.22 in Beziehung gesetzt werden zur gesamten, unterstellten Veränderung des Optionspreises bzw. zur Summe der separaten Einzelwirkungen. Diese Vorgehensweise führt zu den folgenden Ergebnissen:

Option	Δ Aktienkurs	Δ Restlaufzeit	Δ Volatilität	Δ $r_{f,stetig}$	Gesamt
Call am Geld	65,40%	2,75%	29,06%	2,79%	100,00%
Call aus dem Geld	48,21%	3,62%	46,34%	1,83%	100,00%
Call im Geld	86,50%	1,67%	7,89%	3,94%	100,00%

Tab. F.25: Einfluss der Parameter auf die Optionspreisveränderung

Beispielsweise kann für den Call am Geld in diesem speziellen Beispiel der Einfluss der Aktienkursveränderung (die hier lediglich € 1 ausgemacht hat) auf die gesamte unterstellte Veränderung des Optionspreises mit 65,40% angegeben werden. Dieser Wert ergibt sich durch folgende Rechnung:

$$65,40\% = \frac{-0,58365}{-0,89242}$$

Der Einfluss der Volatilität ergibt sich analog in diesem Beispiel zu:

$$\frac{(-0,02 \cdot 12,96590)}{-0,89242} = \frac{-0,25932}{-0,89242} = 29,06\%$$

Schließlich kann darauf hingewiesen werden, dass die Sensitivitätsanalyse eine wesentliche Bedeutung bei der Auswahl des jeweiligen Optionsrechts hat. So wird ein Marktteilnehmer hinsichtlich seiner persönlichen Erwartungen bzw. Befürchtungen das für ihn günstigste Optionsrecht auswählen.

Die Bedeutung der Optionsbewertung und des Einflusses der jeweiligen Preiskomponenten auf die Optionspreisentwicklung ist vor allem für den erfolgreichen Einsatz von Optionen von Bedeutung, da dieser Erfolg besonders auch von einer fairen Bewertung und der korrekten Kalkulation möglicher Preisveränderungen abhängt.

3. Tradingstrategien mit Optionen

Optionsstrategien lassen sich in einfache und kombinierte Strategien unterteilen. Erstere zeichnen sich durch ein isoliertes Geschäft aus, bei dem nur eine Option ge- oder verkauft wird. Letztere hingegen sind jeweils aus mehreren Optionen zusammengesetzt. Bevor an-

---

[1] Vgl. *Steinbrenner* (1996), S. 320.

schließend die einzelnen Strategien kurz (vor allem graphisch) vorgestellt werden, wird in Abbildung F.15 ein Überblick über die betrachteten Strategien gegeben, die entsprechend den erwarteten Entwicklungen der Preise und Volatilitäten der zugrunde liegenden Basiswerte systematisiert werden.

Optionsstrategien

Volatilität		Preis		
		steigend	neutral	fallend
steigend		Long Call Call Backspread Call Spread	Long Straddle Long Strangle Short Butterfly	Long Put Put Backspread Put Spread
neutral		Call Spread	Arbitrage Spread	Put Spread Collar Hedge
fallend		Short Put Reverse Collar	Short Straddle Short Strangle Long Butterfly	Short Call

Abb. F.15: Kurs- und volatilitätsorientierte Optionsstrategien

Wie in Abbildung F.15 dargestellt ist, können im Hinblick auf die erwarteten Entwicklungen der Volatilität und der Preise der zugrunde liegenden Basiswerte verschiedene Strategien empfohlen werden. Geht man jeweils von steigenden, neutralen und fallenden Entwicklungen aus, so lassen sich die Strategien in neun Bereiche unterteilen.

Mit Hilfe von Graphiken lassen sich die aus den Optionspositionen resultierenden Zahlungsverläufe im Verfallszeitpunkt in Abhängigkeit vom Kurs des Basiswertes am besten darstellen, so dass das jeweilige Chance/Risiko-Profil gut zu erkennen ist. Dick ausgezogene Linien stellen jeweils die Wertverlaufslinie der Gesamtoptionsposition dar. Die dünnen, nicht durchgängig gezeichneten Linien symbolisieren den Verlauf der einzelnen Optionen. Unterschiedliche Schraffierungen deuten jeweils auf Gewinn- bzw. Verlustbereiche hin. Dabei stellt eine von links unten nach rechts oben linierte Schraffierung einen Gewinnbereich dar. Ein Verlustbereich ist durch eine von rechts unten nach links oben linierte Schraffierung erkenntlich. Bei karierten Schraffierungen befindet sich die Position jeweils in einer Teilerfolgszone. An Punkten werden nur Basispreise in die Abbildungen aufgenommen. Ein Break-Even-Punkt ergibt sich jeweils als Schnittpunkt der dick ausgezogenen Linie mit der Abszisse. Es ist darauf hinzuweisen, dass im Fall einer Strategieumsetzung in der Realität weitere Gesichtspunkte berücksichtigt werden müssen. Dazu zählen insbesondere Marginverpflichtungen, Steuern, Transaktionskosten und Ähnliches.

a. Einfache Tradingstrategien

Als einfache Tradingstrategien können Long und Short Call- sowie Long und Short Put-Strategien unterschieden werden. Die Optionsstrategie Long Call sieht den Kauf einer Kaufoption vor. Steigt der Kurs des Basiswertes während der Optionslaufzeit, so nimmt grundsätzlich auch der Wert eines Calls zu, wobei allerdings zu berücksichtigen ist, dass der Zeitwert abnimmt. Dem negativen Zeitwerteffekt steht aber ein positiver Volatilitätseffekt gegenüber. Eine zunehmende Volatilität des Basiswertes erhöht c. p. den Wert der Optionsposition. In dem „Hockeystick"-Diagramm auf der linken Seite der Abbildung F.16 ist die Zahlungsstruktur einer Long Call Strategie abgetragen. Dabei wird deutlich, dass das Verlustrisiko auf den Betrag der gezahlten Optionsprämie begrenzt ist, während die Gewinnmöglichkeiten eines Long Call unlimitiert sind.

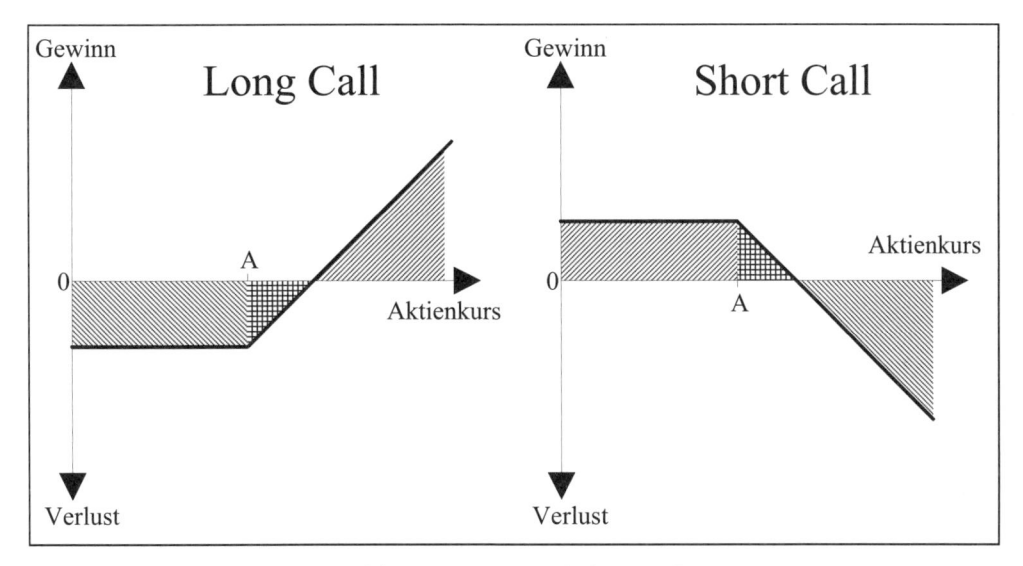

Abb. F.16: Long und Short Call

Anhand eines einfachen Beispiels soll der Verlauf verdeutlicht werden. Betrachtet werden soll eine Option, die sich – wie die standardmäßig an der Eurex gehandelten Optionen – auf 100 Aktien beziehen soll, d.h. ein Optionskontrakt umfasst 100 Aktien.[1] Zu beachten ist hierbei, dass sich die veröffentlichten Optionspreise (z.B. auf dem Handelsbildschirm) zumeist nur auf eine Aktie beziehen. Betrachtet wird ein Aktien-Call mit einem Basispreis von € 47 bei einer Optionsprämie von € 2,53. Da sich dieser Wert auf eine Aktie bezieht, beläuft sich die Optionsprämie pro Kontrakt somit auf € 253. Betrachtet man die folgenden möglichen Szenarien, d.h. die Kurse des Basisobjektes am letzten Handelstag der Option, so entsprechen die Ergebnisse grundsätzlich dem in der Abbildung gezeigten Verlauf (Angaben jeweils in €).

---

1 Zu beachten ist, dass sich an der Eurex nicht alle gehandelten Optionen auf 100 Aktien beziehen. So sind neben 100 Aktien pro Kontrakt auch Kontraktgrößen von 1, 10, 500, 1.000, 2.500 oder 5.000 Aktien möglich. Vgl. *Eurex* (2013a), S. 13.

Kurs des Basiswertes am letzten Handelstag	gezahlte Optionsprämie	Wert eines Long-Call-Kontraktes	Gesamtwert
41,00	−253	0	−253
44,00	−253	0	−253
47,00	−253	0	−253
49,53	−253	253	0
52,00	−253	500	247
56,00	−253	900	647
65,00	−253	1.800	1.547

Tab. F.26: Szenarien am letzten Handelstag und entsprechende Werte einer Long Call-Position

Für den Short Call ergeben sich die gleichen absoluten Gesamtwerte, jedoch mit umgekehrten Vorzeichen.

Die Long Call-Strategie eignet sich sowohl zu spekulativen Zwecken, als auch für alternative Anwendungen. Zu denken ist dabei z.B. an Diversifikationsmöglichkeiten oder die Fixierung eines Einstiegskurses. Ferner kann eine Hebelerhöhung im Portfolio erfolgen oder der Kapitaleinsatz einer bestehenden Aktienposition verringert werden. Abschließend sei erwähnt, dass ein Long Call auch synthetisch gebildet werden kann, indem der Basiswert und gleichzeitig ein Put darauf gekauft werden.

Wird eine Kaufoption verkauft, dann handelt es sich um einen Short Call. Das Zahlungsverlaufsdiagramm verhält sich spiegelbildlich zur Long Call-Strategie, wenn die Abszisse als Spiegelachse verwendet wird. Wie in dem rechten Diagramm von Abbildung F.16 zu erkennen ist, ist der maximale Gewinn auf die vereinnahmte Optionsprämie beschränkt. Hingegen sind die Verlustmöglichkeiten beim Short Call praktisch unbegrenzt. Die Anwendung der Short Call Strategie empfiehlt sich bei einer stagnierenden bis leicht sinkenden Kurserwartung.

Je nach Ausprägung der Markterwartung ist der Basispreis festzulegen. Der Basispreis kann umso niedriger festgelegt werden, je deutlicher der zu erwartende Kursverlust ist. Dem Verkäufer kommt der Zeiteffekt zugute, denn die vereinnahmte Prämie beinhaltet neben dem inneren Wert der Option auch den Zeitwert. Dieser wird sich mit zunehmender Verringerung der Restlaufzeit abbauen. Demgegenüber steigert eine anziehende Volatilität des Underlyings die Gefahr einer Call-Ausübung. Insofern kann von einem negativen Volatilitätseffekt der Short Call-Strategie gesprochen werden.

Neben spekulativen Gründen eignet sich die Short Call-Strategie auch für andere Zwecke. Besonders häufig wird die Short Call Strategie angewendet von Investoren, die bereits über eine entsprechende Aktienposition verfügen.[1] Durch das Schreiben (Verkaufen) von Calls auf die im Portfolio befindlichen Aktien soll die Portfoliorendite aufgebessert werden. Es kann auch so argumentiert werden, dass durch die Vereinnahmung der Optionsprämie der Einstandspreis der im Portfolio befindlichen Aktien verringert werden kann. Alternativ lässt sich die Short Call-Strategie als Verankerung eines Verkaufslimits verstehen. Über-

---

1 Vgl. *Welcker/Kloy/Schindler* (1992), S. 73.

steigt der Aktienkurs den festgelegten Basiswert, dann ist mit einer Optionsausübung zu rechnen. Damit hat der Stillhalter sein Verkaufslimit erreicht und zudem noch eine Prämie erzielt.

Synthetisch kann die Short Call-Strategie betrieben werden, indem die entsprechende Aktie leer verkauft wird und zusätzlich ein Put darauf geschrieben wird.

Bei der Erwartung fallender bis stark fallender Aktienkurse bietet sich die Long Put-Strategie an. Deshalb handelt es sich beim Long Put um eine Baisse-Strategie. Aus dem linken Diagramm in Abbildung F.17 ist der Wertverlauf der Strategie ersichtlich. Die Gewinnmöglichkeit beim Long Put ist praktisch unbegrenzt. Allerdings ist zu beachten, dass der Kurs des Basiswertes nicht niedriger als Null sein kann. Die Festlegung des Basispreises A erfolgt in Anlehnung an die Kurserwartung des Basiswertes. Je stärker das erwartete Absinken des Kurses ist, desto niedriger kann der Basispreis liegen. Mit einem niedrigen Basispreis ist ein entsprechend geringer Optionspreis verbunden. Folglich führt ein sehr niedriger Basispreis zu einem großen Hebel, der eine hohe prozentuale Partizipation an sinkenden Kursen erwarten lässt.

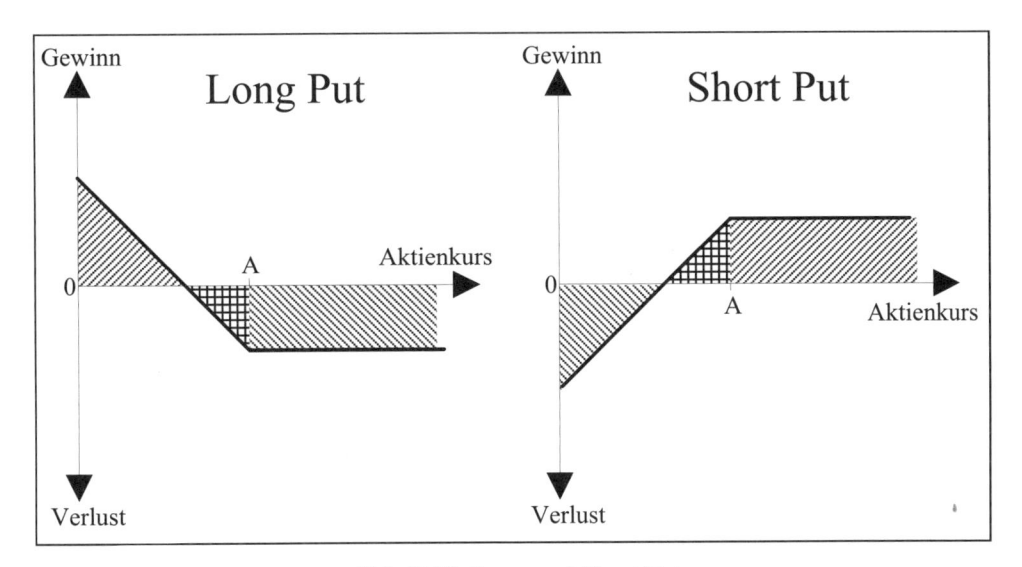

Abb. F.17: Long und Short Put

Auch bei den Put-Grundpositionen soll ein einfaches Beispiel zur Verdeutlichung herangezogen werden. Betrachtet wird eine Put-Option mit einem Basispreis von € 47, wobei sich ein Kontrakt wiederum auf 100 Aktien bezieht. Die Optionsprämie beträgt € 1,72. Da sich dieser Wert auf eine Aktie bezieht, beläuft sich die Optionsprämie pro Kontrakt somit auf € 172. Die Ergebnisse der möglichen Szenarien am letzten Handelstag der Option zeigt die folgende Tabelle (Angaben jeweils in €):

Kurs des Basiswertes am letzten Handelstag	gezahlte Optionsprämie	Wert eines Long-Put-Kontraktes	Gesamtwert
25,00	−172	2.200	2.028
35,00	−172	1.200	1.028
40,00	−172	700	528
45,28	−172	172	0
47,00	−172	0	−172
50,00	−172	0	−172
54,00	−172	0	−172

Tab. F.27: Szenarien am letzten Handelstag und entsprechende Werte einer Long Put-Position

Für den Short Put ergeben sich die gleichen absoluten Gesamtwerte, jedoch mit umgekehrten Vorzeichen.

Häufig erfolgt ein Put-Kauf nicht aus spekulativen Gründen, sondern aus einem Absicherungsmotiv heraus. Bestehende Aktienpositionen lassen sich durch einen Long Put gegen Kursverluste absichern. Dabei kann durch Variation des Basispreises den Portfolioanforderungen des Investors entsprochen werden. Bedeutsam ist auch die mit einem Long Put verbundene Absicht, bestehende Aktiengewinne, die innerhalb einer bestimmten Frist angefallen sind, innerhalb derer die Gewinne zu versteuern sind, auf diese Weise abzusichern, um die Gewinne nach Ablauf der Frist steuerfrei realisieren zu können.

Als gekaufte Option unterliegt der Long Put einem negativen Zeiteffekt, da sich die Zeitprämie mit abnehmender Restlaufzeit verringert. Dies führt zu einer geringeren Ausübungschance des Puts. Umgekehrt erhöht eine steigende Volatilität des Aktienkurses den Wert des Puts. Synthetisch lässt sich ein Long Put durch einen Leerverkauf des Basiswertes bei gleichzeitigem Kauf eines Calls auf den Basiswert konstruieren.

Aus Abbildung F.17 wird deutlich, dass ein Short Put das spiegelbildliche Pendant zum Long Put darstellt. Dem Put-Verkauf liegt die Erwartung eines leicht steigenden Kurses des Basiswertes zugrunde. Zwar zählt der Short Put deshalb zur Gruppe der Hausse-Strategien, von einer aggressiven Hausse-Strategie kann aber keineswegs gesprochen werden. Das Gewinnpotential ist beim Short Put auf die vereinnahmte Prämie beschränkt. Kurssteigerungen der Aktie werden nicht mitgemacht. Allerdings ist das Verlustpotential nur insofern begrenzt, als der Kurs des Basiswertes nicht unter Null fallen kann. Fallende Kuse bewirken aber ein Abgleiten der Short Put Position in den Verlustbereich. Bei einem unterhalb des Basispreises A liegenden Kurs befindet sich die Position zunächst in der karierten Teilgewinnzone. Ab dem Schnittpunkt der Wertverlaufslinie mit der Abszisse beginnt die Verlustzone.

Die Short Put Strategie findet vornehmlich aus Gründen der Renditesteigerung Anwendung. Durch die Einnahme der Putprämie lässt sich bei entsprechender Markterwartung die Rendite einer bestehenden Position erhöhen. Zudem eignet sich die Short Put Strategie zur Substitution eines Kauflimits. Durch die Wahl des Basispreises wird das Limit determiniert, da bei einem Unterschreiten des Limits mit einer Aktienandienung gerechnet werden muss.

Wird das Limit nicht erreicht, so verbleibt dem Put Verkäufer zumindest die Optionsprämie, die seinen Einstiegskurs verringert.

Wie bei jeder Stillhalterstrategie ergibt sich beim Short Put ein positiver Zeiteffekt, da mit sich verringernder Restlaufzeit der Zeitwert der Option sinkt. Diese Zeitwertverringerung trägt der Optionskäufer. Bezüglich des Volatilitätseffekts ergibt sich ein umgekehrtes Bild, da eine zunehmende Volatilität zu einem höheren Putwert führt, der zu Lasten des Putverkäufers geht. Je mehr die Volatilität steigt, desto wahrscheinlicher wird es, dass der geschriebene Put ins Geld kommt. Somit wird auch die Putausübung mit steigender Volatilität wahrscheinlicher.

Durch einen Aktienkauf bei gleichzeitigem Verkauf eines entsprechenden Calls lässt sich die Short Put Position nachbilden.

Zusammenfassend weisen die vier dargestellten Grundstrategien die in der folgenden Tabelle wiedergegebenen Charakteristika auf.

Options-Strategie	Strategietyp	Kurserwartung für Basiswert	Volatilitäts-effekt	Zeiteffekt	Gewinn-potential	Verlust-potential
Long Call	Directional	↑ stark steigend	positiv	negativ	unlimitiert	limitiert
Short Call	Directional	↘ leicht fallend	negativ	positiv	limitiert	unlimitiert
Long Put	Directional	↓ stark fallend	positiv	negativ	unlimitiert	limitiert
Short Put	Directional	↗ leicht steigend	negativ	positiv	limitiert	unlimitiert

Tab. F.28: Optionscharakteristika der einfachen Tradingstrategien

b. Kombinierte Tradingstrategien

An Terminbörsen kann die Möglichkeit zur Ausführung von kombinierten Optionsstrategien bestehen. Von kombinierten Strategien wird gesprochen, falls gleichzeitig Calls oder Puts ge- oder verkauft werden und gleichzeitig Calls und Puts auf dieselbe Aktie ge- oder verkauft werden. Solche kombinierten Optionsstrategien sind standardisiert und können als Strategien in das Handelssystem der jeweiligen Terminbörse eingegeben werden. Der große Vorteil einer derartigen kombinierten Ausführung liegt in der Ausführungssicherheit. Es besteht somit nicht die Gefahr, dass ein Teil des Auftrags nicht oder erst später ausgeführt wird. Als mögliche Kombinationspositionen kommen bestimmte Spreads, Straddles, Strangles, Conversions und Reversals in Frage.[1] Im Folgenden werden zahlreiche Kombinationsstrategien dargestellt, die z.T. auch als Kombinationsmöglichkeiten in die jeweiligen Terminbörsen-Systeme eingegeben werden können.[2]

---

1 Vgl. *Pilz* (1991), S. 132ff.
2 Vgl. z.B. *Loistl* (1992), S. 326f. Zu den an der Eurex handelbaren Options- und Volatilitätsstrategien vgl. *Eurex* (2013a), S. 227ff.

ba. Die Erzeugung synthetischer Futures mit Optionen

Durch die Kombination von Optionen lassen sich auch synthetische Futurespositionen auf Aktien und Aktienindizes bilden. Durch den gleichzeitigen Kauf eines Calls mit dem Basispreis A und den Verkauf eines Puts mit dem Basispreis A kann ein Long Future synthetisch konstruiert werden, wie in Abbildung F.18 gezeigt wird.

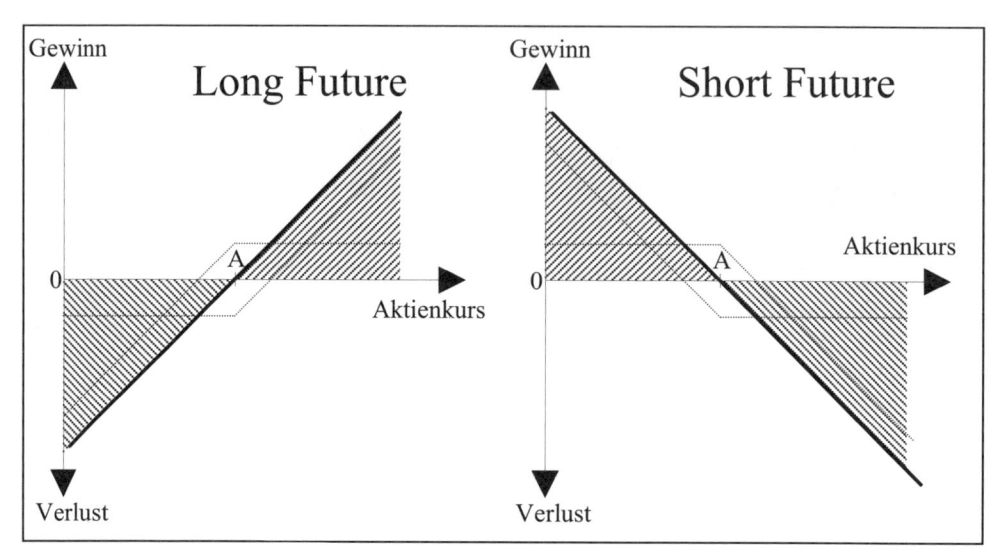

Abb. F.18: Long und Short Future

Der Vorteil eines synthetischen Long Futures liegt in dem geringen Kapitaleinsatz, der zum Eingehen einer Aktienposition erforderlich ist. Die mit dem gekauften Call verbundenen Kosten werden durch die Einnahme der Optionsprämie aus dem Putverkauf gesenkt, so dass ein im Vergleich zur direkten Aktienanlage kleinerer Mitteleinsatz verbleibt.

Für einen Investor, der in sechs Monaten einen größeren Betrag erhält und heute schon in eine bestimmte Aktie einsteigen möchte, kann sich ein synthetischer Long Future anbieten.

Wichtiger als der synthetische Long Future dürfte ein Short Future auf Aktien sein. Durch den Aufbau einer Short Futureposition lassen sich Aktien leer verkaufen. Dabei wird ein Put mit dem Basispreis A gekauft und zugleich ein Call mit dem gleichen Basispreis verkauft.

Wie aus dem Wertverlaufsdiagramm erkennbar ist, werden synthetische Futures weder von einem Zeit- noch von einem Volatilitätseffekt tangiert. Denn bei einer Kauf- und einer Verkaufposition neutralisieren sich die jeweils bei den einzelnen Optionen auftretenden Zeit- und Volatilitätseffekte. Dies gilt allerdings nur, falls jeweils at-the-money Optionen gehandelt werden. Dies vereinfacht die Überwachung der Strategie, da keine Gefahren von sich ändernden Restlaufzeiten und Volatilitäten ausgehen.

Als weitere Variante können sogenannte Split Strike Futures synthetisch mit Optionen konstruiert werden. Durch die Wahl verschiedener Basispreise erhalten die Strategien eine neutrale Wertverlaufszone zwischen den gewählten Basispreisen, in der die jeweilige Position keinem Kursrisiko ausgesetzt ist. Die maximalen Gewinn- und Verlustmöglichkeiten sind jeweils unbegrenzt. Die entsprechenden Kurvenverläufe sind in Abbildung F.19 dargestellt.

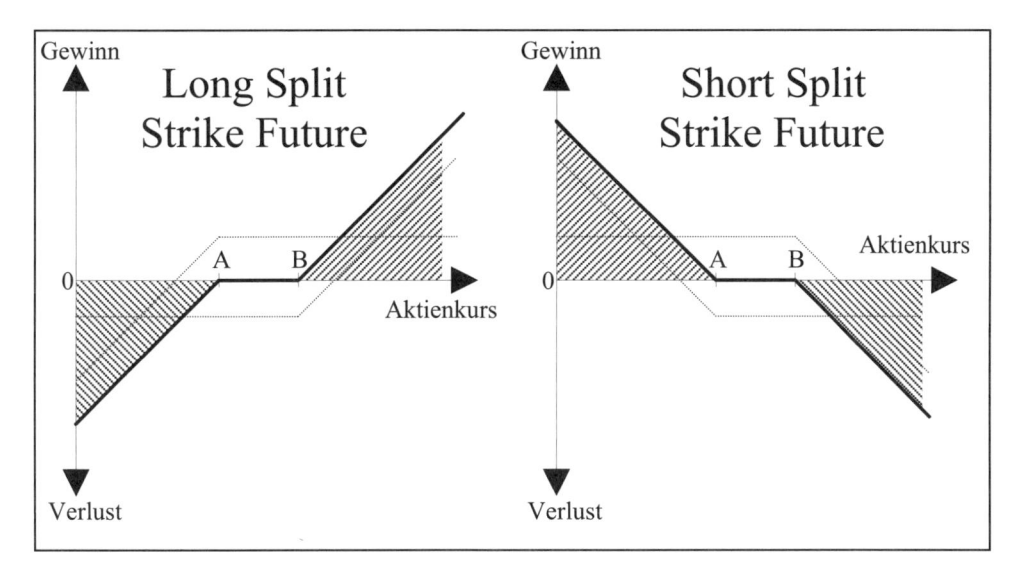

Abb. F.19: Long und Short Split Strike Futures

Im Gegensatz zu den oben dargestellten Short Futures ergibt sich ein Zeiteffekt, der von der Höhe des Aktienkurses und der Lage der Basispreise abhängt. Dieser Zeiteffekt kann sowohl positiv, als auch negativ sein. Die Wirkung einer steigenden Volatilität ist – wie bei den synthetischen Futurespositionen – auch hier neutral.

bb.   Spread-Strategien mit Optionen

Spreads sind die am meisten vorkommenden Optionskombinationen. Ihr Grundprinzip ist, dass entweder nur Calls oder nur Puts in der Kombination vorkommen. Dabei wird jeweils eine Option gekauft, während die andere Option zeitgleich verkauft wird. Im Hinblick auf die Volatilität verhalten sich die Positionen jeweils nahezu neutral, da eine verkaufte mit einer gekauften Option kombiniert ist. Die auftretenden Einzeleffekte kompensieren sich dabei. Da dies bei Spreads allgemein so ist, sind viele Spreads recht insensitiv in Bezug auf Volatilitätsveränderungen.

Innerhalb der Spreads lassen sich weitere Differenzierungen vornehmen. Es gibt Spreads, bei denen sich lediglich die Basispreise unterscheiden. Dabei handelt es sich um Vertical- bzw. Price-Spreads. Differieren stattdessen nicht die Basispreise, sondern die Laufzeiten der kombinierten Einzeloptionen, dann spricht man von Horizontal- oder Time-Spreads. Besitzen die gewählten Spreadkombinationen sowohl unterschiedliche Basispreise, als auch verschiedene Restlaufzeiten, so handelt es sich um Diagonal-Spreads. Diese Spreadstrategien werden im Folgenden kurz dargestellt.

Ein sogenannter Bull-Price-Spread kann durch den Kauf eines Calls mit Basispreis A bei gleichzeitigem Verkauf eines Calls mit Basispreis B erzeugt werden. Dasselbe Ergebnis lässt sich – wie in Abbildung F.20 dargestellt – auch durch den Kauf eines Puts mit dem Basispreis A und dem gleichzeitigen Verkauf eines Puts mit dem Basispreis B erzielen. Schließlich kann ein Bull-Price-Spread auch synthetisch erzeugt werden. Dies geschieht entweder durch den Kauf des Basiswertes bei gleichzeitigem Kauf eines Puts mit Basispreis A und gleichzeitigem Verkauf eines Calls mit Basispreis B, oder durch den Leerverkauf des Basiswertes bei gleichzeitigem Erwerb eines Calls mit Basispreis A und gleichzeitigem Verkauf eines Puts mit Basispreis B.

Charakteristisch für einen Bear-Price-Spread ist der Verkauf der Option mit dem geringeren Basispreis und der Kauf der Option mit dem höheren Basispreis. Werden Calls zur Positionsbildung benutzt (siehe Abbildung F.20), so wird ein Call mit Basispreis A verkauft und gleichzeitig ein Call mit Basispreis B gekauft. Auf synthetische Weise lässt sich ein Bear-Price-Spread bilden, indem der Basiswert gekauft wird und gleichzeitig ein Call mit Basispreis A verkauft, sowie ein Put mit Basispreis B gekauft wird. Die zweite synthetische Möglichkeit zur Bildung eines Bear-Price-Spread besteht im Leerverkauf des Basiswertes bei gleichzeitigem Callkauf mit Basispreis B und Putverkauf mit Basispreis A.

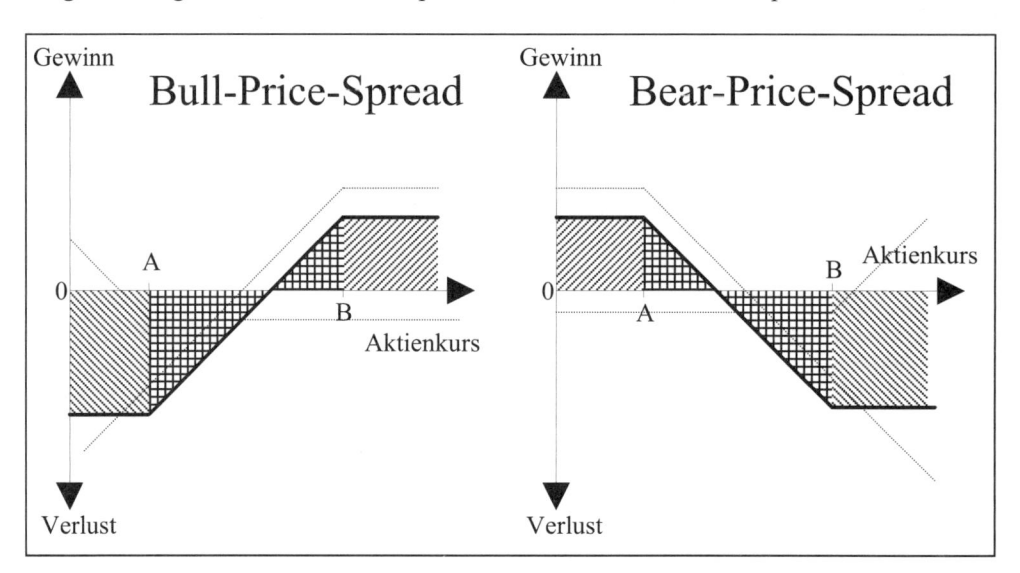

Abb. F.20: Bull- und Bear-Price-Spread

Darüber hinaus können sogenannte Butterflies erzeugt werden. Die Gewinn- und Verlustmöglichkeiten sind aus Abbildung F.21 erkennbar. Die Konstruktion eines Long Butterfly kann auf mehrfache Weise erfolgen. Die erste Möglichkeit besteht im Kauf eines Calls mit Basispreis A, dem gleichzeitigen Verkauf von zwei Calls mit Basispreis B und dem gleichzeitigen Kauf eines Calls mit Basispreis C (vgl. Abbildung F.21). Bei Verwendung von Puts werden ein Put mit Basispreis A gekauft, zwei Puts mit Basispreis B geschrieben und ein Put mit Basispreis C gekauft. Insgesamt müssen dementsprechend drei Optionen gehandelt werden, was bei den Transaktionskosten negativ zu Buche schlägt. Es ist darauf hinzuweisen, dass die Differenz zwischen A und B derjenigen zwischen B und C entsprechen muss.

Ein Long Butterfly kann auch als Kombination aus einem Bull-Price-Spread mit einem Bear-Price-Spread gebildet werden. Da Price-Spreads sowohl mit Calls als auch mit Puts zu erzeugen sind, ergeben sich zwei Konstruktionsmöglichkeiten. Der Bull-Price-Spread wird durch den Kauf eines Calls mit dem Basispreis A und dem gleichzeitigen Verkauf eines Calls mit Basispreis B konstruiert, während beim Bear-Price-Spread ein Call mit Basispreis B verkauft und ein Call mit Basispreis C gekauft wird.

Das Spiegelbild zum Long Butterfly stellt der Short Butterfly dar. Mittels dieser Optionsstrategie versuchen Anleger, von starken Kursveränderungen des Underlyings zu profitieren. Folglich liegt dem Short Butterfly die Erwartung einer steigenden Volatilität zugrunde. Zur Positionsgenerierung bedarf es, wie im rechten Diagramm von Abbildung F.21 dargestellt, des Verkaufs eines Calls mit Basispreis A, des gleichzeitigen Kaufs von zwei Calls mit Basispreis B und des gleichzeitigen Verkaufs eines Calls mit Basispreis C. Alternativ kann ein Short Butterfly auch durch einen verkauften Put mit Basispreis A, zwei gleichzeitig gekauften Puts mit Basispreis B und einem gleichzeitig verkauften Put mit Basispreis C konstruiert werden. In der Summe wird stets die gleiche Menge an Optionen gekauft wie verkauft.

Analog zum Long Butterfly lässt sich durch die Kombination eines Bear-Price-Spread mit einem Bull-Price-Spread ein Short Butterfly erzeugen. Der Unterschied zum Long Butterfly besteht darin, dass beim Short Butterfly der Bear-Price-Spread die Basispreise A und B und der Bull-Price-Spread die Basispreise B und C aufweist.

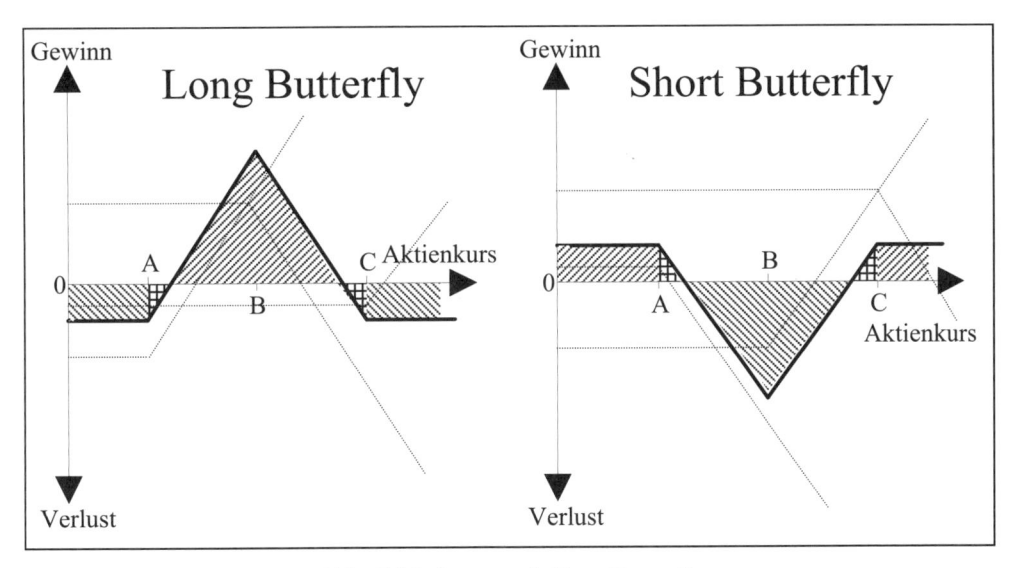

Abb. F.21: Long und Short Butterfly

Als weitere Spread-Strategie gilt der sogenannte Condor. Dabei charakterisiert nicht ein Punkt, sondern ein Bereich die maximalen Gewinnmöglichkeiten. Entsprechend dem Diagramm der Abbildung F.22 erfolgt die Erzeugung eines Long Condor, indem ein Call mit Basispreis A gekauft, gleichzeitig ein Call mit Basispreis B verkauft, gleichzeitig ein weiterer Call mit Basispreis C verkauft und schließlich ein Call mit Basispreis D gekauft werden.

Insgesamt sind folglich vier verschiedene Optionspositionen eingegangen worden. Grundsätzlich gilt beim Long Condor, dass die beiden mittleren Basispreisoptionen verkauft und die Optionen mit den außen liegenden Basispreisen gekauft werden. Die Abstände der Basispreise zueinander müssen gleich sein, um eine symmetrische Position zu konstruieren. Unter Verwendung von Puts hätte ein Put mit Basispreis A gekauft werden müssen, zugleich ein Put mit Basispreis B verkauft, ein weiterer Put mit Basispreis C verkauft und schließlich ein Put mit Basispreis D gekauft werden müssen. Analog der Konstruktion eines Long Butterfly lässt sich der Long Condor auch durch die Kombination von Spreads erzeugen.

Ein Short Condor lässt sich mit Hilfe von Calls konstruieren, indem ein Call mit Basispreis A verkauft, ein Call mit Basispreis B gekauft, ein Call mit Basispreis C gekauft und schließlich ein Call mit Basispreis D geschrieben wird. Werden Puts zum Aufbau einer Short Condor Position eingesetzt, so muss ein Put mit Basispreis A verkauft, ein Put mit Basispreis B gekauft, ein Put mit Basispreis C gekauft und ein Put mit Basispreis D verkauft werden. Daneben kann auch durch die Kombination von Spreads ein Short Condor konstruiert werden.

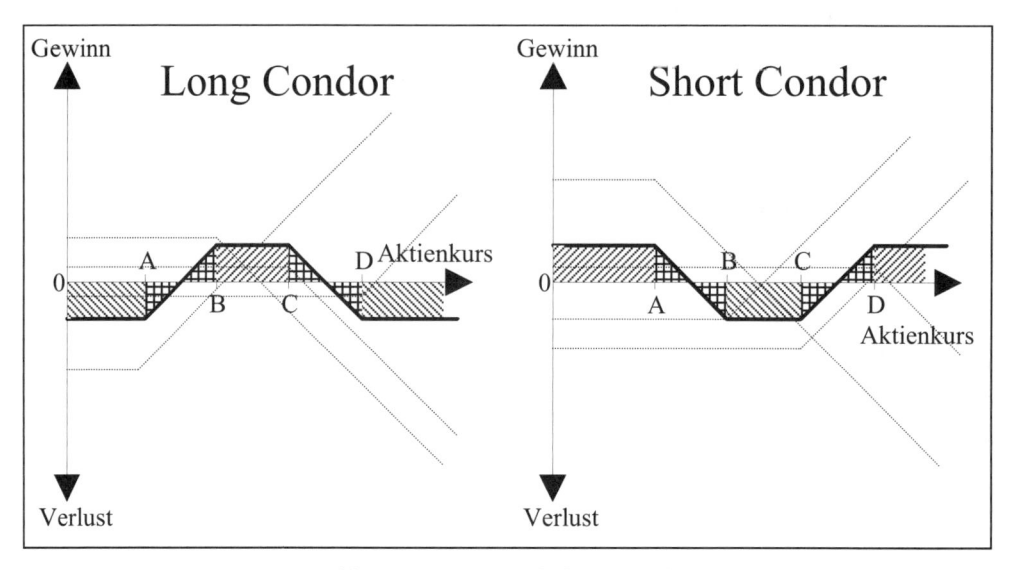

Abb. F.22: Long und Short Condor

Eine weitere Variante der Spread-Strategien mit Optionen stellen die sogenannten Ratio-Spreads dar. Dabei differiert die Anzahl von ge- und verkauften Optionen.

Die Durchführung eines Ratio-Spreads geschieht mit Hilfe einer gekauften Option mit Basispreis A und mehreren geschriebenen Optionen mit Basispreis B. In Bezug auf das Verhältnis der gekauften Calls zu den verkauften Calls (Spread Ratio) gilt, dass stets mehr Optionen geschrieben als gekauft werden. In Abbildung F.23 wird ein Ratio-Call-Spread durch den Verkauf von drei Calls dargestellt.

Beim Ratio-Put-Spread geht der Investor von leicht fallenden Kursen und einer sinkenden Volatilität des Basiswertes aus. Der Positionsaufbau erfolgt wiederum durch den Kauf der wertvolleren Option bei gleichzeitigem Verkauf mehrerer geringwertigerer Optionen. Da im Gegensatz zu Calls Verkaufsoptionen einen höheren Wert annehmen, je höher der Basispreis ist, wird ein Put mit dem Basispreis B gekauft. Gleichzeitig werden mehrere Puts mit Basispreis A verkauft. Die Anzahl der zu verkaufenden Puts wird mittels der Spread-Ratio bestimmt.

Im Hinblick auf den Volatilitätseffekt kann festgestellt werden, dass dieser bei Ratio Spreads im Ganzen negativ ist, da mehr Optionen geschrieben als gekauft werden.

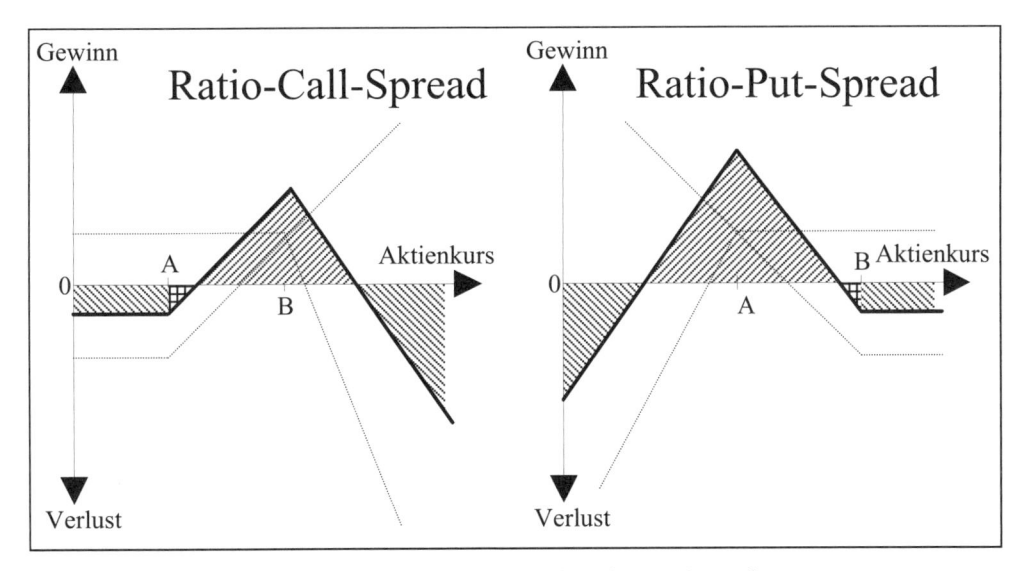

Abb. F.23: Ratio-Call- und Ratio-Put-Spread

Geht man bei Ratio-Spreads in umgekehrter Weise vor, so lassen sich sogenannte Ratio-Back-Spreads konstruieren. Dabei wird jeweils die wertvollere Option verkauft anstatt gekauft. Die weniger wertvollen Optionen werden demgegenüber in größerer Anzahl gekauft. Somit werden stets mehr Optionen gekauft als geschrieben. Ein Call-Ratio-Back-Spread wird beispielsweise konstruiert, indem ein Call mit Basispreis A verkauft wird und mehrere Calls mit Basispreis B gekauft werden.

Fallende Kurse bei steigender Volatilität sind die Erwartungshaltung bezüglich des Basiswertes, der einer Optionsstrategie mit Put-Ratio-Back-Spreads zugrunde liegt. Zum Positionsaufbau werden der teurere Put verkauft und gleichzeitig die Puts mit dem niedrigeren Basispreis gekauft. Konkret folgt daraus der Kauf von mehreren Puts mit Basispreis A und das gleichzeitige Schreiben eines Puts mit Basispreis B.

In der Summe besteht beim Ratio-Back-Spread ein positiver Volatilitätseffekt, da mehr Optionen gekauft als verkauft werden. Eine Volatilitätserhöhung steigert deshalb den Wert der gekauften Optionen. Dies überkompensiert die Wertminderung der Short Position. Je mehr Optionen pro verkaufte Option gekauft werden, desto stärker profitiert die Gesamtstrategie von einer steigenden Volatilität.

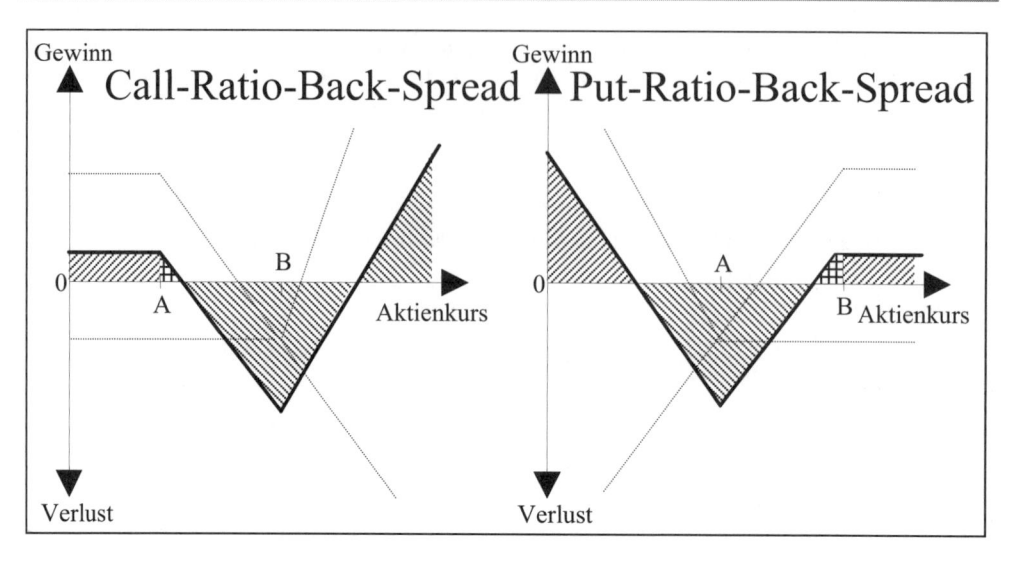

Abb. F.24: Call- und Put-Ratio-Back-Spread

Im Gegensatz zu den bisher vorgestellten Optionsstrategien werden bei Horizontal-Spreads Optionen mit verschiedenen Laufzeiten eingesetzt. Aus diesem Grund finden auch die Ausdrücke „Time-Spread" oder „Calendar-Spread" Verwendung.

Time-Spreads profitieren von der Tatsache, dass sich der Zeitwertverfall einer Option bei abnehmender Restlaufzeit beschleunigt. In Abbildung F.25 wird darauf verzichtet, die einzelnen Optionen in Form einer gestrichelten Linie in das Wertverlaufsdiagramm einzuzeichnen. Notwendig wäre bei Time-Spreads nämlich eine weitere Achse, die zu einer dreidimensionalen Darstellung führen würde. Da eine solche Zeitachse aber die Anschaulichkeit beeinträchtigen würde, bleibt es bei dem bisher verwendeten Darstellungstyp.

Die Ausnutzung einer unterschiedlichen Zeitwertverfallintensität bei in naher Zukunft stabilen bis unveränderten Kursen des Basiswertes ist das Ziel eines Long Time-Spreads. Dazu wird eine Option mit kürzerer Laufzeit verkauft und zugleich eine Option mit längerer Laufzeit und gleichem Basispreis gekauft. Dies kann sowohl mit Calls als auch mit Puts geschehen, da beide dieselben Zeiteffekte aufweisen. In der Regel entspricht der Basispreis dabei ungefähr dem aktuellen Kurs des Underlying. In diesem Fall lässt sich von einem Neutral-Time-Spread sprechen. Von einem Bull-Time-Spread wird gesprochen, falls der Basispreis oberhalb des aktuellen Kurses liegt. Diese Strategie empfiehlt sich bei der Erwartung steigender Kurse. Umgekehrt spricht man von einem Bear-Time-Spread, wenn der Basispreis unterhalb des momentanen Kurses liegt.

Ein Long Time-Spread mit Calls entsteht durch den Verkauf eines Calls mit kürzerer Laufzeit bei gleichzeitigem Kauf eines Calls mit längerer Laufzeit. Die Basispreise sind dabei identisch. Der Investor hofft, dass der kürzere Call unausgeübt verfällt. Am Verfallszeitpunkt des kürzer laufenden Calls besitzt der gekaufte Call noch einen Zeitwert. Zur Sicherung dieses Zeitwerts, und damit keine offene Position entsteht, wird der gekaufte Call i.d.R. mit Verfall des geschriebenen Calls glattgestellt.

Bei Short Time-Spreads, die auch als Reverse-Time-Spreads bekannt sind, kaufen die Anleger die kürzere und schreiben die längerlaufende Option. Werden Calls zum Aufbau einer solchen Position verwendet, so wird – bei Gleichheit der Basispreise – ein länger laufender Call geschrieben und ein kürzer laufender Call gekauft.

Während mit einem Long Time-Spread ein leicht werterhöhender Volatilitätseffekt verbunden ist (die lang laufende Option profitiert stärker von steigenden Volatilitätswerten des Basiswertes als die kürzer laufende Option), ist der Short Time-Spread durch einen leicht negativen Volatilitätseffekt gekennzeichnet; denn der Wert der länger laufenden Option profitiert etwas stärker von einer steigenden Volatilität.[1]

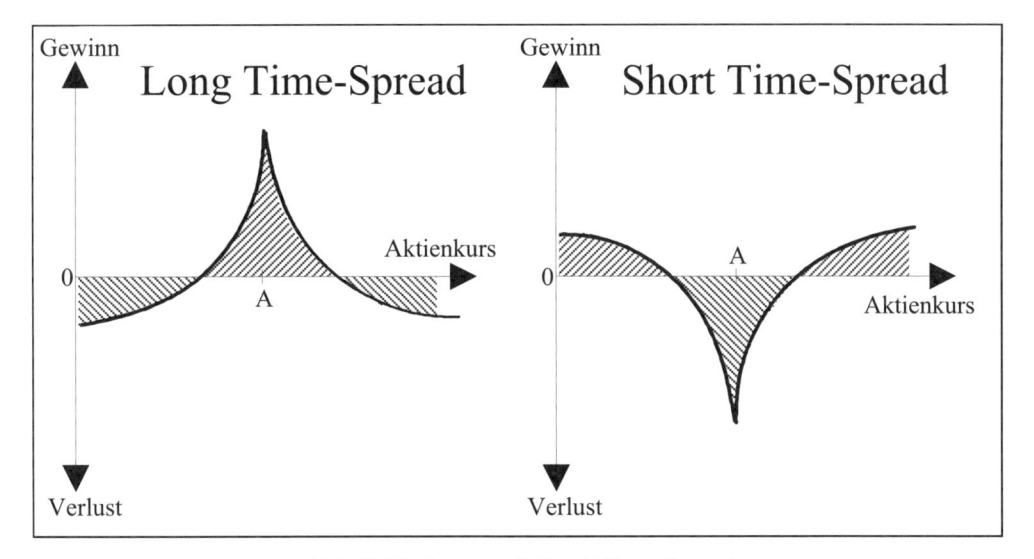

Abb. F.25: Long und Short Time-Spread

Neben Vertical- und Horizontal-Spreads besteht noch eine dritte Möglichkeit, Spreads zu konstruieren. Diese liegt in der Kombination beider vorgenannten Spread-Varianten. Bei Diagonal-Spreads werden im Vergleich zu den bisher dargestellten Spreads unterschiedliche Basispreise und verschiedene Optionslaufzeiten verwendet. Bei einem Bull-Diagonal-Spread besitzt die geschriebene Option grundsätzlich den höheren Basispreis und die kürzere Restlaufzeit. Entsprechend weist die gekaufte Option den niedrigeren Basispreis und die längere Restlaufzeit auf.

Analog zum Bull-Diagonal-Spread besitzt auch beim Bear-Diagonal-Spread die gekaufte Option die längere Restlaufzeit. Lediglich die Basispreise werden ausgewechselt, so dass die gekaufte Option stets den höheren Basispreis besitzt. Wiederum kann die Position sowohl mit Calls als auch mit Puts konstruiert werden.

Werden Calls verwendet, dann wird ein gekaufter Call mit Basispreis B und längerer Restlaufzeit mit einem zugleich verkauften Call mit Basispreis A und einer kürzeren Restlaufzeit kombiniert. Alternativ kann ein Put mit Basispreis B und längerer Restlaufzeit

---

1 Vgl. die Ausführungen zu den „griechischen Variablen" in diesem Kapitel.

gekauft werden und zugleich ein Put mit Basispreis A und kürzerer Restlaufzeit geschrieben werden.

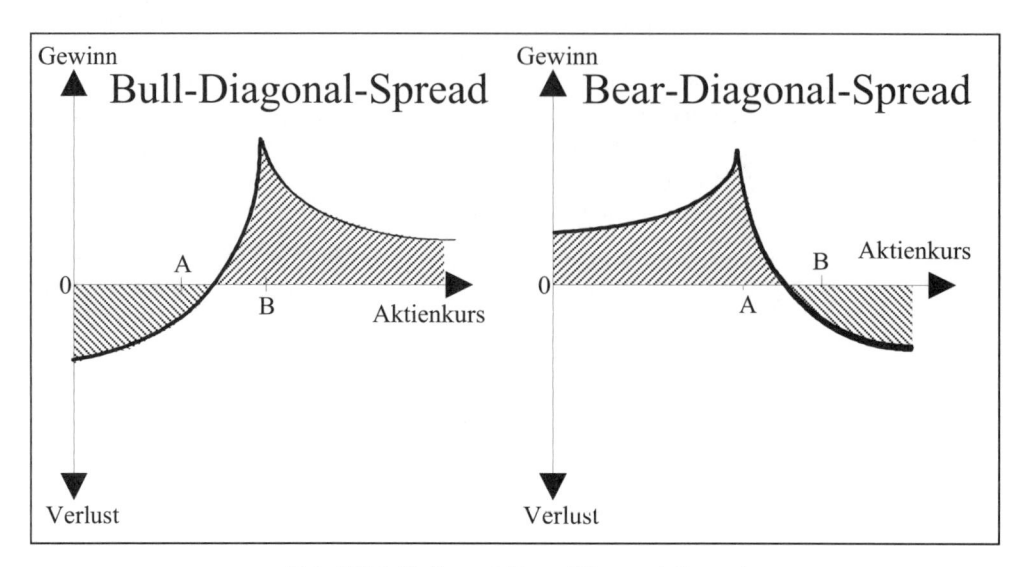

Abb. F.26: Bull- und Bear-Diagonal-Spread

bc. **Straddle-Strategien mit Optionen**

Die Bildung von Straddle-Positionen erfolgt im Gegensatz zu den bisher dargestellten Strategien aus der Erwartung einer bestimmten Volatilitätsentwicklung des Basiswertes. Die Richtung der Marktentwicklung spielt dabei keine Rolle. Straddle-Positionen bestehen immer aus Calls und Puts. Entweder werden beide gekauft oder aber verkauft.

Dem Long Straddle liegt die Erwartung einer steigenden Volatilität zugrunde, die zu großen Kursveränderungen führt. Dabei spielt es keine Rolle, ob der Basiswert im Kurs steigt oder fällt. Lediglich die Kursveränderung ist wichtig. Durch den Kauf eines Calls und gleichzeitigen Kauf eines Puts mit demselben Basispreis lässt sich die Long Straddle Position konstruieren.

Mit Hilfe eines Short Straddle kann auf eine sinkende Volatilität des Basiswertes spekuliert werden. Dabei werden ein Call und ein Put mit demselben Basispreis gleichzeitig verkauft. Bewegt sich der Kurs des Basiswertes während der Optionslaufzeit kaum vom Basispreis weg, so ergibt sich ein maximaler Gewinn. Dieser besteht in der Vereinnahmung zweier Optionsprämien. Gegenüber einem Long Straddle ist beim Short Straddle allerdings ein unbegrenztes Verlustpotential gegeben, wie aus Abbildung F.27 deutlich wird.

Eng verwandt mit einem Straddle ist ein sogenannter Strangle. Die strategische Zielrichtung ist sogar identisch, lediglich das Ausmaß der erwarteten Kursveränderung des Basiswertes differiert. Eine Long Strangle-Position kann erzeugt werden, indem ein Call mit Basispreis B und zugleich ein Put mit Basispreis A gekauft werden. Ein Short Strangle lässt sich aus einem verkauften Put mit Basispreis A und einem zugleich verkauften Call mit Basispreis B erzeugen (s. Abbildung F. 28).

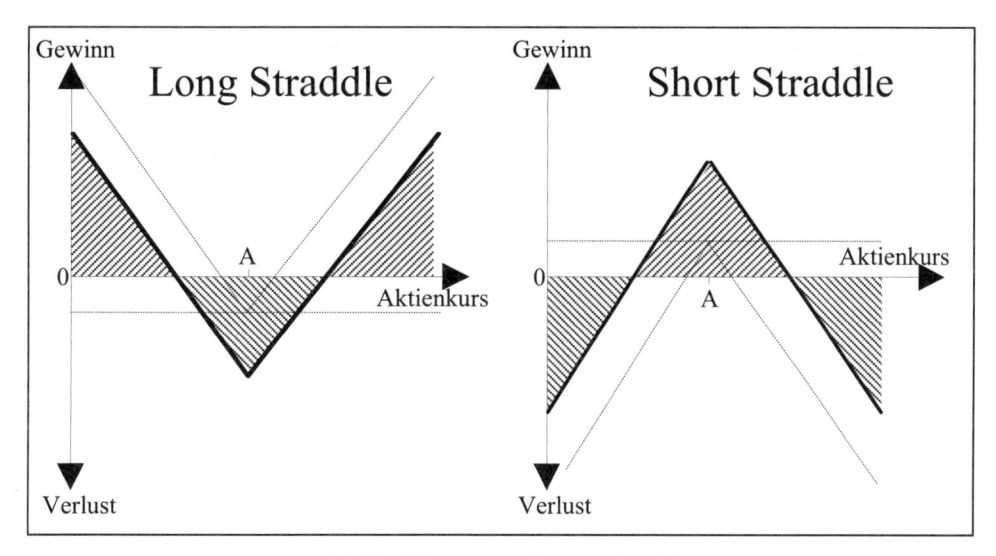

Abb. F.27: Long und Short Straddle

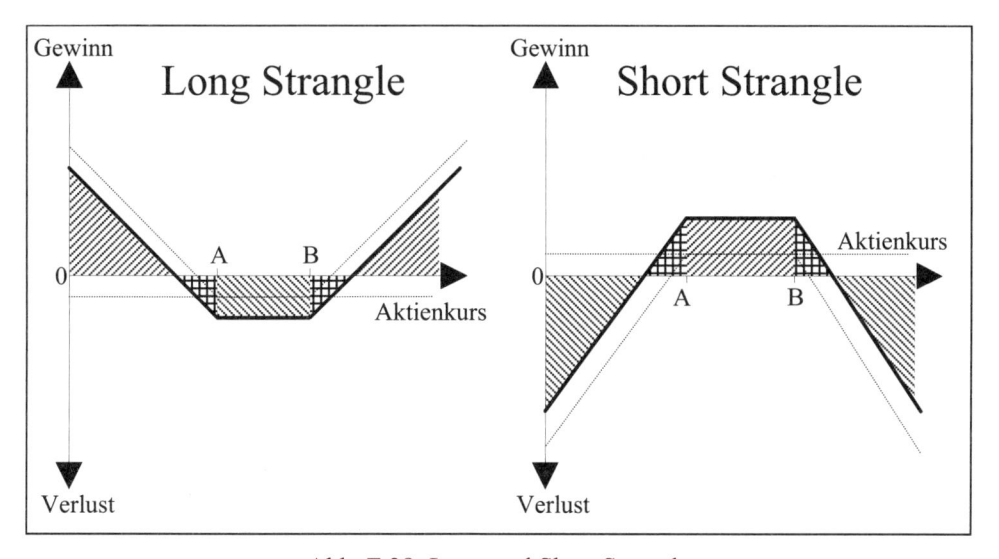

Abb. F.28: Long und Short Strangle

Als weitere, den Straddles ähnliche Variante können Calls und Puts mit gleichem Basispreis im Rahmen von Straps kombiniert werden. Beide Strategien unterscheiden sich nur hinsichtlich des Mengenverhältnisses von Calls und Puts. Während bei Straddles ein symmetrisches Verhältnis von 1:1 besteht, kommt es bei Straps zur mengenmäßigen Übergewichtung der Calls. Üblicherweise werden dabei pro Put zwei Calls gehandelt. Somit entsteht ein Call/Put-Verhältnis von 2:1, das zu einem steileren Wertverlauf oberhalb des Basispreises führt. Andere Mengenverhältnisse sind auch möglich. Beim Long Strap werden beispielsweise zwei Calls mit Basispreis A gekauft und zugleich ein Put mit demselben

Basispreis gekauft. Hingegen verhält sich ein Put Strap spiegelbildlich zum Long Strap, so dass zur Konstruktion z.B. zwei Calls mit Basispreis A verkauft werden und zugleich ein Put mit dem gleichen Basispreis geschrieben wird.

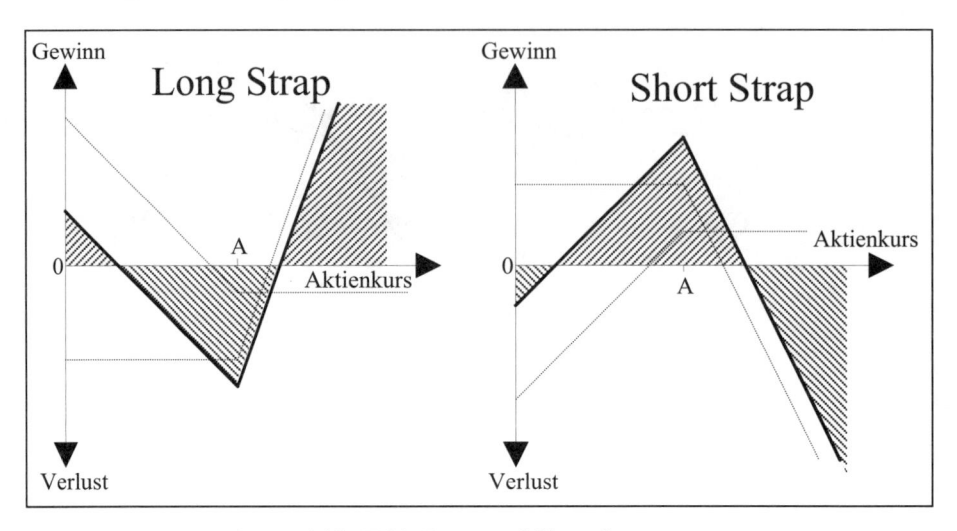

Abb. F.29: Long und Short Strap

Das Verhältnis bei Straps kann auch umgekehrt werden, wobei es sich dann um sogenannte Strips handelt. Während bei Straps ein Übergewicht an Calls besteht, ist für Strips die Übergewichtung von Puts charakteristisch. Üblicherweise werden dabei pro Call zwei Puts gehandelt. Somit entsteht ein Put/Call-Verhältnis von 2:1. Die entsprechenden Diagramme sind in Abbildung F.30 gezeigt.

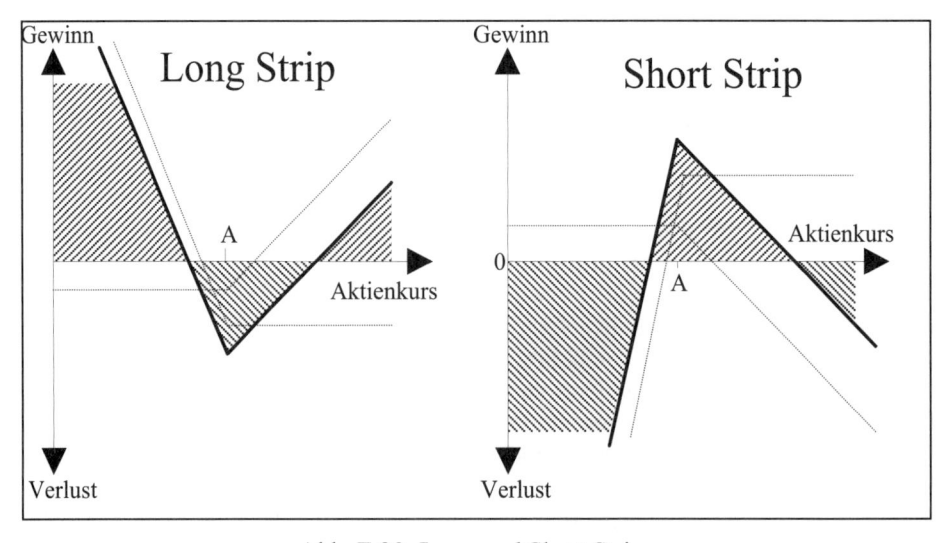

Abb. F.30: Long und Short Strip

Zusammenfassend ergibt sich für die dargestellten kombinierten Optionshandelsstrategien die in der folgenden Tabelle wiedergegebene synoptische Darstellung.

Optionsstrategie	Strategie-typ	Primäre Markterwartung	Volatilitäts-effekt	Zeiteffekt	Gewinn-potential	Verlust-potential
Synth. Long Futures	Directional	↑ steigender Kurs	neutral	neutral	unlimitiert	unlimitiert
Synth. Short Futures	Directional	↓ fallender Kurs	neutral	neutral	unlimitiert	unlimitiert
Long Split Strike Futures	Directional	↑ steigender Kurs	neutral	unbestimmt	unlimitiert	unlimitiert
Short Split Strike Futures	Directional	↓ fallender Kurs	neutral	unbestimmt	unlimitiert	unlimitiert
Bull-Price-Spread	Directional	↗ leicht steigender Kurs	neutral	unbestimmt	limitiert	limitiert
Bear-Price-Spread	Directional	↘ leicht fallender Kurs	neutral	unbestimmt	limitiert	limitiert
Long Butterfly	Precision	→ unveränderter Kurs	neutral	unbestimmt	limitiert	limitiert
Short Butterfly	Precision	↑↓ volatiler Kurs	neutral	unbestimmt	limitiert	limitiert
Long Condor	Precision	→ unveränderter Kurs	neutral	unbestimmt	limitiert	limitiert
Short Condor	Precision	↑↓ stark volatiler Kurs	neutral	unbestimmt	limitiert	limitiert
Ratio-Call-Spread	Precision	↗ sinkende Volatilität	negativ	unbestimmt	limitiert	unlimitiert
Ratio-Put-Spread	Precision	↘ sinkende Volatilität	negativ	unbestimmt	limitiert	unlimitiert
Call-Ratio-Back-Spread	Precision	↗ steigende Volatilität	positiv	unbestimmt	unlimitiert	limitiert
Put-Ratio-Back-Spread	Precision	↘ steigende Volatilität	positiv	unbestimmt	unlimitiert	limitiert
Long Time-Spread	Precision	→ unveränderter Kurs	positiv	positiv	limitiert	limitiert
Short Time-Spread	Precision	↑↓ volatiler Kurs	negativ	negativ	limitiert	limitiert
Bull-Diagonal-Spread	Directional	↑ steigender Kurs	positiv	positiv	limitiert	limitiert
Bear-Diagonal-Spread	Directional	↓ fallender Kurs	positiv	positiv	limitiert	limitiert
Long Straddle	Precision	↑↓ volatiler Kurs	positiv	negativ	unlimitiert	limitiert
Short Straddle	Precision	→ unveränderter Kurs	negativ	positiv	limitiert	unlimitiert
Long Strangle	Precision	↑↓ stark volatiler Kurs	positiv	negativ	unlimitiert	limitiert
Short Strangle	Precision	→ unveränderter Kurs	negativ	positiv	limitiert	unlimitiert
Long Strap	Precision	↗ steigende Volatilität	positiv	negativ	unlimitiert	limitiert
Short Strap	Precision	↘ sinkende Volatilität	negativ	positiv	limitiert	unlimitiert
Long Strip	Precision	↘ steigende Volatilität	positiv	negativ	unlimitiert	limitiert
Short Strip	Precision	↘ sinkende Volatilität	negativ	positiv	limitiert	unlimitiert

Tab. F.29: Charakteristika von kombinierten Optionsstrategien

4. Absicherungsstrategien mit Optionen

Im Bereich von Optionen werden im Wesentlichen drei Arten von Absicherungs- bzw. Hedging-Strategien unterschieden. Alle drei im Folgenden darzustellenden Strategien planen die Absicherung einer bestehenden Aktienposition gegenüber Kursverlusten. Somit findet ein Hedging gegen das Gesamtrisiko einer Aktienanlage statt. Davon abweichend ist es auch möglich, lediglich das Residualrisiko abzusichern. Insofern lassen sich Hedging-Strategien weiter differenzieren. Solcherlei Hedge-Operationen bleiben hier allerdings ausgeklammert.[1] Die folgenden Ausführungen beziehen sich nicht allein auf die Aktienoptionen an der Eurex, sondern auch auf die DAX-Option.

a. 1:1 Fixed-Hedge

Wie der Begriff Fixed-Hedge bereits vermuten lässt, steht eine Fixierung im Vordergrund dieser Hedging-Variante. Fixiert wird das Verhältnis von gekauften Puts zu gehaltenen Aktien. Es wird folglich pro gehaltene Aktie eine bestimmte Anzahl an Puts zur Sicherung gekauft. Das gewählte Mengenverhältnis wird bis zum Verfalltag der Puts beibehalten, es sei denn, die Position wird aus irgendwelchen Gründen zuvor liquidiert. Bei Zugrundelegen der Nominalwertmethode zur Bestimmung der Anzahl einzusetzender Puts beträgt das gewählte Verhältnis 1:1. Diese Art des Hedging soll dazu führen, dass die Verluste auf der Aktienseite durch den Gewinn der Puts ausgeglichen werden.

Das Hedging-Ziel beim 1:1 Fixed-Hedge wird nur im Fall eines steigenden Aktienkurses oder einer Optionsausübung am Verfalltag erreicht. Bei einem so fixierten Mengenverhältnis muss bedacht werden, dass sich Aktien und Optionen nicht im gleichen absoluten Umfang bewegen. Zwar steigen Optionen aufgrund ihres Hebels prozentual schneller als ihre Basiswerte, für die Absolutbeträge gilt dies aber in aller Regel nicht. Lediglich, wenn Optionen tief im Geld befindlich sind, können parallele absolute Kursbewegungen beobachtet und erwartet werden. Ein 1:1 Fixed-Hedge erbringt deshalb während der Optionslaufzeit nur unbefriedigende Absicherungsergebnisse, es sei denn, zur Absicherung werden tief im Geld liegende Puts verwendet. Da aber die am Geld notierenden Optionen stets die liquidesten Kontrakte darstellen, wird hier ein Problem dieses Fixed-Hedge augenscheinlich.

aa. Protective Put Strategie zur Absicherung einzelner Aktien

Im Rahmen einer sog. Protective Put Strategie werden Put-Optionen zur Absicherung von Aktienpositionen eingesetzt, wobei die damit verfolgte Strategie vor allem darauf ausgerichtet ist, die Aktienpositionen gegen Kursverluste abzusichern, gleichzeitig aber die Chance zu erhalten, an positiven Kursentwicklungen teilzuhaben. Zunächst soll diese Strategie beispielhaft für die Absicherung einer einzelnen Aktie aufgezeigt werden, wobei hier ein 1:1 Fixed Hedge unterstellt werden soll.

Dem Beispiel liegt eine im Bestand befindliche Position zugrunde, die aus 4.000 Aktien lediglich einer Gesellschaft besteht. Der aktuelle Aktienkurs beläuft sich auf € 47, so dass sich ein Gesamtwert der Aktienposition von € 188.000 ergibt. Bis zum Verfalltag der Opti-

---

1 Zum Hedging des Volatilitäts- bzw. Vega-Risikos siehe *Whaley* (1991), S. 81ff.

on soll eine Absicherung gegen fallende Aktienkurse vorgenommen werden. Entsprechend werden bei einer Kontraktgröße von 100 Aktien pro Kontrakt insgesamt 40 Put-Kontrakte gekauft. Der Optionspreis beläuft sich auf € 1,72, d.h. pro Kontrakt beträgt der Preis € 172. Insgesamt ergibt sich daraus ein Aufwand bei Optionskauf in Höhe von € 6.880.

Für den Planungshorizont, der hier dem Verfalltag der Option entsprechen soll, werden in der nachfolgenden Tabelle für ausgewählte Szenarien (mögliche Aktienkurse) die entsprechenden Absicherungserfolge dargestellt.

Aktienkurs	Gesamtwert Aktien	Erfolg Aktien-position	Wert eines Long-Put-Kontraktes	Gesamtwert Long-Put-Position	Gesamterfolg Aktien + Put (inkl. Optionspreis
40,00	160.000	−28.000	700	28.000	−6.880
43,00	172.000	−16.000	400	16.000	−6.880
45,00	180.000	−8.000	200	8.000	−6.880
47,00	188.000	0	0	0	−6.880
48,72	194.880	6.880	0	0	0
49,00	196.000	8.000	0	0	1.120
50,00	200.000	12.000	0	0	5.120
52,00	208.000	20.000	0	0	13.120

Tab. F.30: Ergebnisse der Protective Put Strategie für eine Einzelaktie (1:1 Fixed Hedge)

Die folgende Abbildung zeigt den Gesamterfolg der Protective Put Strategie in Abhängigkeit vom Aktienkurs am Verfalltag der Option:

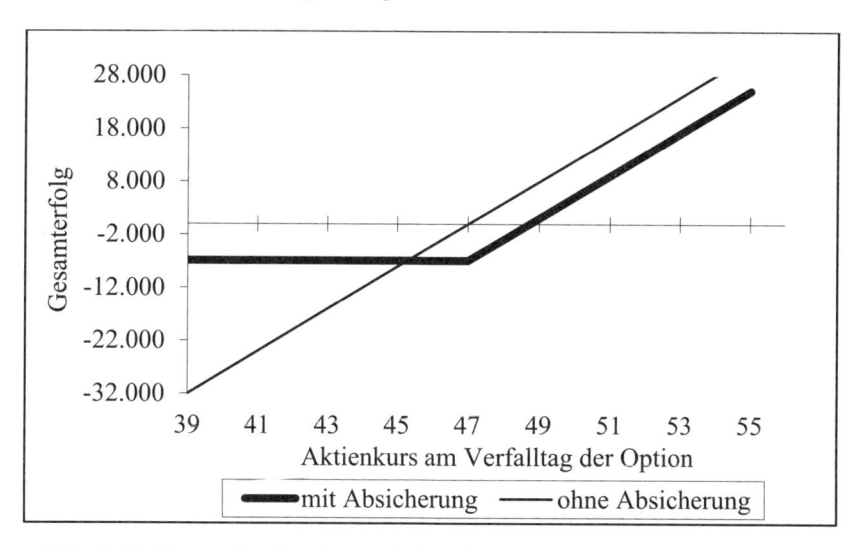

Abb. F.31: Protective Put Strategie für eine Einzelaktie (1:1 Fixed Hedge)

Für die Aktienposition mit Absicherung ergibt sich ein Break-Even-Aktienkurs von € 48,72, d.h. bei darüber hinaus steigenden Aktienkursen liegt die Gesamtposition im Gewinn, wenngleich der Gewinn in diesem Fall aufgrund der gezahlten Optionsprämie von € 1,72 nicht so hoch ist, als wenn keine Absicherung vorgenommen worden wäre.

Falls dem Aktieninhaber in diesem Beispiel die Absicherungskosten zu hoch sind, könnte er beispielsweise den Kauf von Put-Optionen mit einem niedrigeren Basispreis von z.B. € 44 in Erwägung ziehen. Der Optionspreis ist dann etwas geringer und soll in diesem Beispiel € 0,68 betragen. Entsprechend verringert sich der gesamte Aufwand für den Optionskauf auf € 2.720 (= 40 Kontrakte · € 68 pro Kontrakt). Zu beachten ist allerdings, dass in diesem Fall Zahlungen aus der Put-Option auch erst ab einem Aktienkurs von unter € 44 erfolgen.

Die folgende Tabelle zeigt die entsprechenden Absicherungserfolge für (fast) die gleichen Szenarien des obigen Beispiels:

Aktienkurs	Gesamtwert Aktien	Erfolg Aktien-position	Wert eines Long-Put-Kontraktes	Gesamtwert Long-Put-Position	Gesamterfolg Aktien + Put inkl. Optionspreis
40,00	160.000	−28.000	400	16.000	−14.720
43,00	172.000	−16.000	100	4.000	−14.720
44,00	176.000	−12.000	0	0	−14.720
47,00	188.000	0	0	0	−2.720
47,68	190.720	2.720	0	0	0
49,00	196.000	8.000	0	0	5.280
50,00	200.000	12.000	0	0	9.280
52,00	208.000	20.000	0	0	17.280

Tab. F.31: Ergebnisse der Protective Put Strategie für eine Einzelaktie bei geringerem Basispreis (1:1 Fixed Hedge)

Wie auch in Tabelle F.30 ist in Tabelle F.31 zu beachten, dass beim Gesamterfolg noch die gezahlte Optionsprämie berücksichtigt ist. Deutlich wird, dass der Hedger in diesem Falle die möglichen Aktienkursrückgänge bis € 44 selbst tragen muss. Steigen die Aktienkurse an, so liegt sein Break-Even-Aktienkurs schon bei € 47,68. Dies wird auch in der Abbildung F.32 gezeigt:

Eine in diesem Zusammenhang häufig genannte Strategie ist die sogenannte Covered Call Writing Strategie.[1] Dabei handelt es sich um eine Short Call Strategie, wobei die Marktteilnehmer bereits über die entsprechende Aktienposition verfügen. Hierbei handelt es sich aber nicht um eine Absicherungsstrategie, sondern lediglich um eine Verbesserung der Rendite des Aktienportfolios. Gleichwohl ist ein Vergleich beider Strategien von Interesse und soll anhand des obigen Beispiels vorgenommen werden.

---

1 Zum Begriff des Covered Call Writing vgl. *Schäfer* (1995), S. 53.

```
28.000
18.000
 8.000
-2.000
        39  41  43  45  47  49  51  53  55
-12.000
-22.000
-32.000      Aktienkurs am Verfalltag der Option
```
Gesamterfolg

——— mit Absicherung   ——— ohne Absicherung

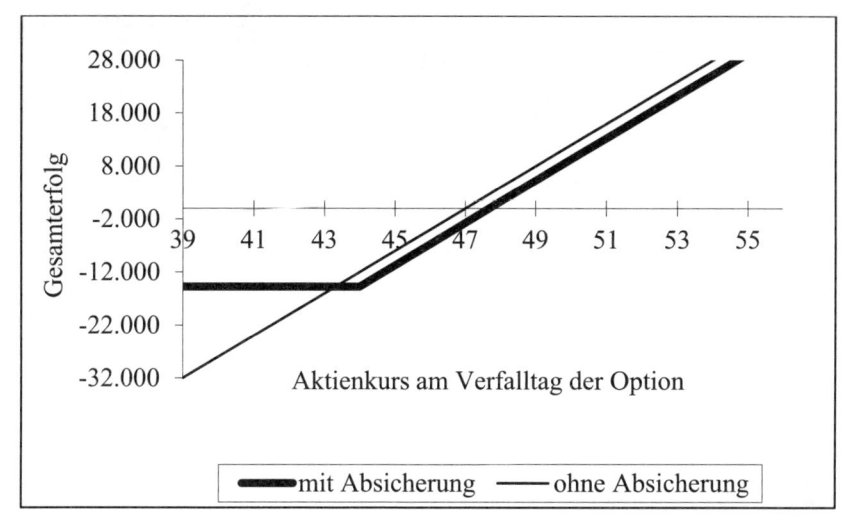

Abb. F.32: Protective Put Strategie für eine Einzelaktie
bei geringerem Basispreis (1:1 Fixed Hedge)

Hinter der Covered Call Writing Strategie steht die Erwartung kaum steigender, sondern eher leicht fallender oder gleich bleibender Aktienkurse. Fallen die Aktienkurse, so wird der Call nicht ausgeübt und der Aktieninhaber behält seine Aktien. Bei nur leichten Aktienkursverlusten kann die erhaltene Optionsprämie die Verluste möglicherweise noch ausgleichen. Dies ist bei stark fallenden Aktienkursen allerdings nicht mehr gegeben, so dass von einer Absicherung gegen deutlich fallende Aktienkurse nicht die Rede sein kann. Bei steigenden Aktienkursen wird der Call ausgeübt, so dass der Aktieninhaber seine Aktien liefern muss. Der Preis, den der Aktieninhaber für die über den Call verkauften Aktien insgesamt erhält, ergibt sich aus dem Call-Basispreis und der erhaltenen Optionsprämie.

Verkauft in dem obigen Beispiel der Aktieninhaber 40 Call-Kontrakte (anstelle der Protective Put Strategie) bei einem Optionspreis von € 2,53 (bezieht sich auf nur 1 Aktie), so erhält er aus dem Optionsverkauf einen Betrag von € 10.120 (= 40 Kontrakte · € 253 pro Kontrakt).

Für die in Tabelle F.32 dargestellten Szenarien ergeben sich damit am Verfalltag der Option die aufgezeigten Gesamterfolge. Abbildung F.33 zeigt den Gesamterfolg dieser Covered Call Writing (CCW) Strategie in Abhängigkeit von der Aktienkursentwicklung am Verfalltag der Option.

Auch die Abbildung zeigt, dass bei stark fallenden Aktienkursen kein Ausgleich der Kursverluste durch die erhaltene Optionsprämie stattfindet. Insgesamt wird auch bei konstanten oder steigenden Aktienkursen der Gewinn auf die erhaltene Optionsprämie beschränkt.

Zum Vergleich der Protective Put (PP) Strategie mit der Covered Call Writing (CCW) Strategie kann Tabelle F.33 für das obige Beispiel herangezogen werden, wobei Abbildung F.34 wiederum zur Veranschaulichung dienen soll.

Aktienkurs	Gesamtwert Aktien	Erfolg Aktien-position	Wert eines Short-Call-Kontraktes	Gesamtwert Short-Call-Position	Gesamterfolg Aktien + Call (inkl. Optionspreis)
30,00	120.000	−68.000			−57.880
40,00	160.000	−28.000	0	0	−17.880
43,00	172.000	−16.000	0	0	−5.880
44,47	177.880	−10.120	0	0	0
45,00	180.000	−8.000	0	0	2.120
47,00	188.000	0	0	0	10.120
49,00	196.000	8.000	−200	−8.000	10.120
52,00	208.000	20.000	−500	−20.000	10.120

Tab. F.32: Ergebnisse der Covered Call Writing Strategie für eine Einzelaktie

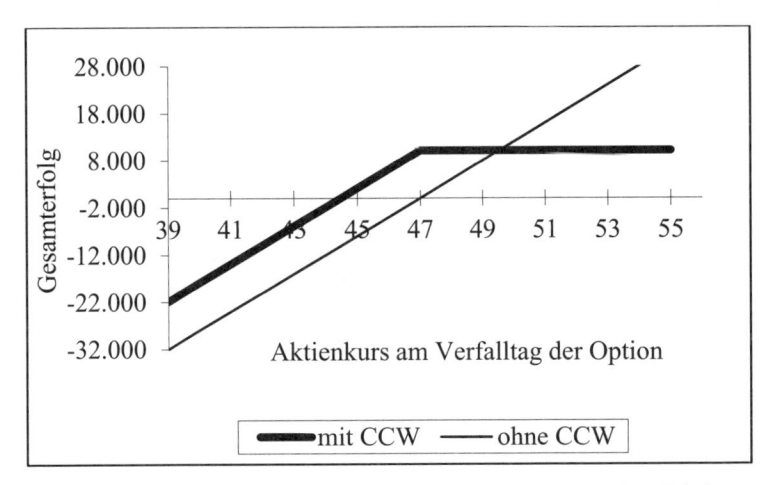

Abb. F.33: Covered Call Writing Strategie für eine Einzelaktie

Aktienkurs	Erfolg mit PP	Erfolg mit CCW	Aktienerfolg ohne Absicherung
40,00	−6.880	−17.880	−28.000
42,75	−6.880	−6.880	−17.000
44,47	−6.880	0	−10.120
45,00	−6.880	2.120	−8.000
47,00	−6.880	10.120	0
48,72	0	10.120	6.880
49,00	1.120	10.120	8.000
51,25	10.120	10.120	17.000
52,00	13.120	10.120	20.000
55,00	25.120	10.120	32.000

Tab. F.33: Vergleich von PP- und CCW-Strategie

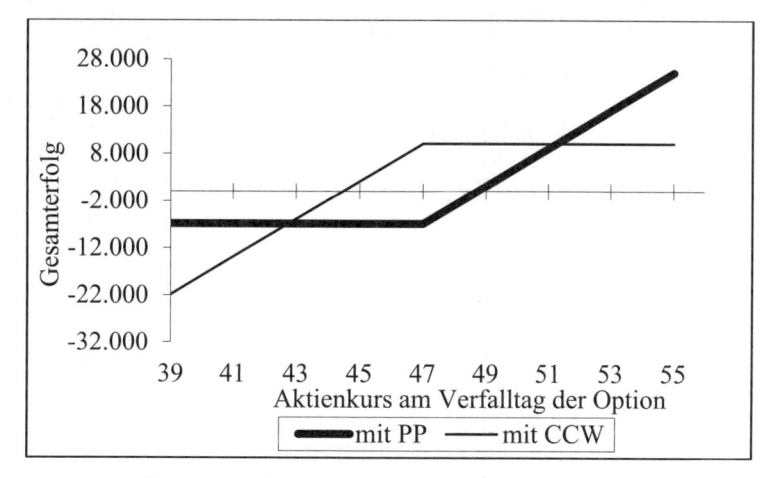

Abb. F.34: Vergleich von PP- und CCW-Strategie

Falls der Aktienkurs am Verfalltag genau bei € 47 liegt, ergibt sich bei der PP-Strategie ein Verlust je Aktie in Höhe des Optionspreises von € 1,72, während die CCW-Strategie zu einem Gewinn je Aktie von € 2,53 (Vereinnahmung der Optionsprämie) führt. Insofern ist die CCW-Strategie bei konstantem Aktienkurs um € 4,25 (= € 2,53 + € 1,72) besser als die PP-Strategie. Dieser Wert kann auch für einen Vorteilhaftigkeitsvergleich herangezogen werden. So ist die PP-Strategie vorteilhafter als die CCW-Strategie, wenn der Aktienkurs über € 51,25 (= € 47 + € 4,25) ansteigt oder unter € 42,75 (= € 47– € 4,25) fällt.

ab. Protective Put Strategie zur Absicherung von Portfolios (Portfolio Insurance)

Portfolio Insurance Konzepte beziehen sich – im Gegensatz zu den oben erläuterten Optionshandelsstrategien – regelmäßig auf Portfolios und nicht nur auf Einzelwerte. Das Ziel besteht dabei in der Teilnahme an steigenden Marktbewegungen bei gleichzeitiger Verlustbegrenzung im Fall sinkender Kurse. Da Portfolio Insurance-Konzepte einen wirksamen Schutz vor systematischen Kapitalmarktrisiken bieten können, stellen sie ein interessantes Instrument im Rahmen der Gesamtanlagekonzeption für Portfolios dar. Der Portfolio Insurance liegen Überlegungen einer asymmetrischen Renditeverteilung zugrunde, wie sie in Abbildung F.35 dargestellt werden.[1]

Wie aus der Graphik einerseits zu erkennen ist, liegt die Verteilungsuntergrenze im dargestellten Fall der asymmetrischen Renditeverteilung bei Null, während bei der symmetrischen Verteilung eine negative Rendite möglich ist. Andererseits reichen die unter der asymmetrischen Verteilung möglichen positiven Renditen nicht an die maximal möglichen Renditen der Normalverteilung heran. Dies gilt zumindest für Portfolio Insurance Strategien, die auf der Verwendung von Optionen basieren.

Hinsichtlich der zu betrachtenden Portfolios lassen sich solche mit zinsinduzierten Risiken und solche mit Preisrisiken unterscheiden. Bei Portfolios mit zinsinduzierten Risiken ist an Anleiheportfolios zu denken, die in erster Linie dem Zinsänderungsrisiko ausgesetzt

---

1 Vgl. die Erläuterungen zu den asymmetrischen Risikomaßen in Kapitel A.

sind.[1] Preisrisiken in Form von Marktpreisänderungen dominieren i.d.R. bei Aktien- und Optionsscheinportfolios.[2] Der bedeutendste Anwendungsbereich für Portfolio Insurance Techniken liegt bei Aktienportfolios, da die Gefahr und besonders das Ausmaß unerwünschter Marktentwicklungen bei Aktien besonders ausgeprägt ist.

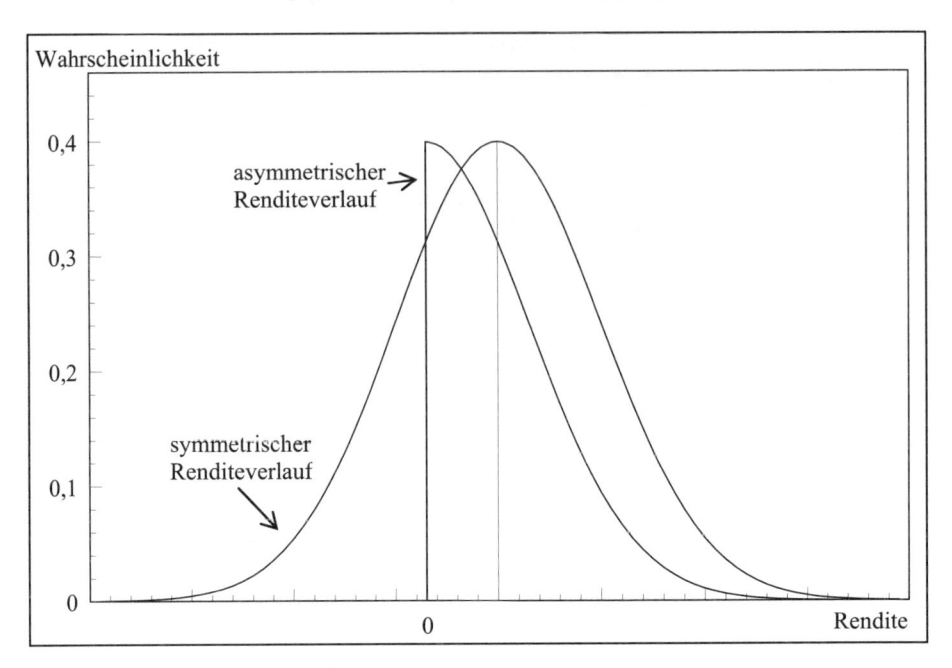

Abb. F.35: Symmetrische versus asymmetrische Renditeverteilung

Neben sogenannten Stop-Loss-, Constant-Proportion Portfolio Insurance- (CPPI-) und Time-Invariant Portfolio Protection- (TIPP-)Strategien kommen vor allem Strategien mit Optionen in Betracht.[3] Dabei ist die Verwendung von Puts zur Portfolioabsicherung gegen mögliche Kursverluste als Basismöglichkeit der Implementierung einer Portfolio Insurance Strategie anzusehen. Die im vorangegangenen Abschnitt am Beispiel einer Einzelaktie bereits vorgestellte Protective Put Strategie führt zu einem schon im Anlagezeitpunkt bekannten Portfolio-Mindestwert während der gesamten Anlageperiode. Dieser besteht in Höhe des Basispreises abzüglich des Optionspreises und der mit dem Put-Kauf verbundenen Transaktionskosten. Im Fall eines am Verfalltag unter dem Basispreis liegenden Portfoliowerts wird der Put-Kontrakt ausgeübt. Die Implikationen einer solchen Strategie sind graphisch in Abbildung F.36 dargestellt. Dabei entspricht der mit V bezeichnete Punkt dem Einstiegskurs der Aktienanlage und dem Basispreis des Puts.

---

1 Vgl. *Bühler* (1993), S. 73.
2 Die Implementierung einer Portfolio Insurance Strategie für Optionsscheinportfolios zeigt *Zwirner* (1992), S. B5f.
3 Zu den Portfolio-Insurance-Methoden ohne Derivate vgl. Kapitel C.IV.8.d.

I. Portfoliomanagement mit Optionen 467

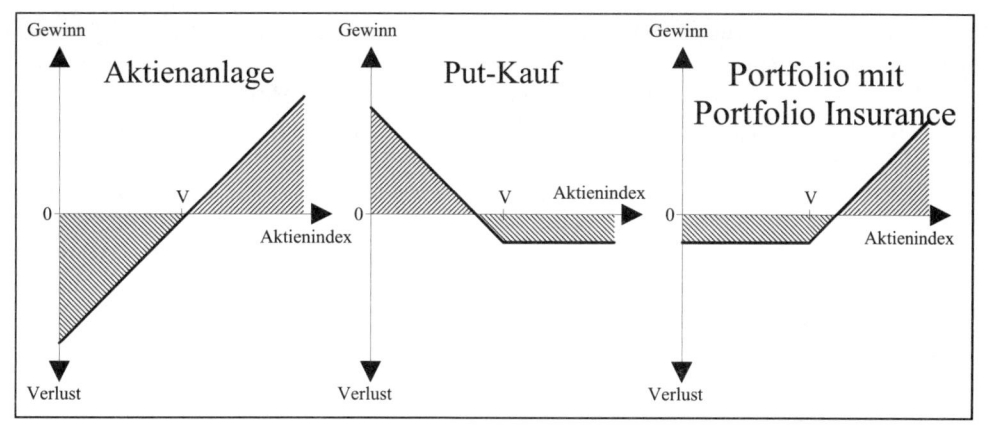

Abb. F.36: Portfolio Insurance mit einem Protective Put

Grundsätzlich bestehen zwei Alternativen bezüglich der Portfolio Insurance mit Puts. Zum einen können Index-Puts erworben werden, die von der Gesamtmarktentwicklung (Index) abhängen. Ein solcher Fall ist in der obigen Graphik dargestellt. Diese Absicherungsvariante ist nur sinnvoll, wenn das gehaltene Portfolio in seiner Zusammensetzung und Gewichtung ungefähr dem Index entspricht, auf den sich der Put bezieht. Liegt keine entsprechende Übereinstimmung von Index und Portfolio vor, dann kann ein Tracking Error entstehen.

Zum anderen kann der Kauf von Puts für jede einzelne im Portfolio gehaltene Aktie betrachtet werden (vgl. den vorherigen Abschnitt). Diese Strategie kann u.U. zu erheblichen Unterschieden in der Portfolioperformance im Vergleich zur Strategie mit Index-Puts führen.[1] Denn ein Portfolio aus Optionen weist nicht die Eigenschaften eines Aktienportfolios auf. Voraussetzung für den Einsatz dieses Konzeptes ist das Vorhandensein von Optionen auf die im Portfolio gehaltenen Aktien. Zudem erfordert der Kauf einzelner Aktien-Puts mehr Zeitaufwand und höhere Transaktionskosten. Da Indizes aufgrund ihres Diversifikationsgrades weniger schwanken als Aktien, sind Indexoptionen i.d.R. kostengünstiger als Optionen auf einzelne Aktien.

Beiden Strategien gemeinsam ist das Laufzeitproblem. Der Planungshorizont für das zu managende Portfolio ist i.d.R. länger als die Laufzeit von Index- bzw. Aktienoptionen. Um das Portfolio dauerhaft gegen unerwünschte Marktentwicklungen abzusichern, müssen nach dem Auslaufen der alten Optionen neue Kontrakte erworben werden. Dieser Vorgang wird als „Rolling Hedge" bezeichnet, da die entsprechenden Optionen bei Verfall in die nächste Optionsposition hinübergerollt (roll over) werden. Allerdings verliert dieses Problem etwas an Bedeutung, da an den Terminbörsen auch Long-Term Options gehandelt werden, die eine Laufzeit von mehreren Jahren besitzen können.[2]

Anhand eines Beispiels wird im Folgenden die Implementierung einer Portfolio Insurance Strategie mit Protective Puts veranschaulicht.[3] Dabei wird von einem Portfolio im

---
[1] Vgl. *Zurack* (1989), S. 108ff.
[2] An der Eurex werden beispielsweise Aktienoptionen mit Laufzeiten bis zu 60 Monaten gehandelt. Vgl. *Eurex* (2013a), S. 13.
[3] Vgl. *Beilner* (1989), S. 418.

Wert von € 4.200.000 ausgegangen, das in seiner Zusammensetzung und Gewichtung dem Deutschen Aktienindex (DAX) entspricht. Das Portfolio-Beta besitzt folglich den Wert eins. Der Planungszeitraum beträgt alternativ 6 Monate und 18 Monate. Für jeden der beiden Fälle werden zwei verschiedenartige Kursentwicklungen des DAX unterstellt, wobei der DAX-Stand zu Beginn mit 7.000 Punkten angenommen wird. Somit werden insgesamt vier Fälle betrachtet. Von Transaktionskosten wird abstrahiert. Im Fall eines Planungshorizonts von sechs Monaten wird ein sechsmonatiger DAX-Put mit Basispreis 7.000 gekauft. Im Fall eines Planungshorizonts von 18 Monaten soll ein Rolling Hedge durchgeführt werden. Dies geschieht in diesem Beispiel mit drei sechsmonatigen DAX-Verkaufsoptionen.

Die Anzahl der zu kaufenden Puts ergibt sich allgemein bei einem Kontraktwert von € 5 pro Indexpunkt zu

$$\frac{\text{Portfoliowert (in €)}}{\text{Indexstand} \cdot 5\ €} \cdot \text{Beta}_{\text{Portfolio}}$$

Daraus folgt für die Beispieldaten: $\dfrac{€\ 4.200.000}{7.000 \cdot €\ 5} \cdot 1 = 120$

Dabei wird unterstellt, dass der Kontraktgegenwert des DAX-Put dem fünffachen Indexstand entspricht, d.h. € 5 pro Indexpunkt. Es sollen nun 120 Puts gekauft werden. Mit Hilfe der Black-Scholes-Formel ergibt sich bei den angenommenen Inputdaten (Basispreis = 7.000, σ = 18%, stetiger r_f = 3,5%, t = 0,5) ein Putpreis von € 295, der zur Ermittlung des Kontraktgegenwertes noch mit € 5 zu multiplizieren ist. In dem Beispiel wird unterstellt, dass der Gesamtaufwand für den Put, der in t_0 zu leisten ist, vom Portfoliowert abgezogen wird und somit für eine Anlage nicht mehr zur Verfügung steht. Das Portfolio soll aber weiterhin in seiner Struktur dem DAX entsprechen. Folgendes Tableau gibt die anfallenden Zahlungsströme wieder:

	t_0	$t_{6\ \text{Monate}}$
DAX	7.000	8.400
Portfolio-Wert (ohne Put)	€ 4.200.000	€ 5.040.000
Put-Wert	€ 295	0
Wert der Put-Position	€ 177.000 *	0
Portfolio-Wert abzüglich Put	€ 4.023.000	---
Portfolio-Wert in $t_{6\ \text{Monate}}$	---	€ 4.827.600 **

*	=	295 · 120 · 5; damit belaufen sich die Kosten der Absicherung in Abhängigkeit vom eingesetzten Portfoliowert in Höhe von € 4.200.000 auf 4,21% (= 177.000 / 4.200.000).
**	=	4.023.000 · 1,20, da auch der DAX um 20% gestiegen ist.

Tab. F.34: Protective Put bei sechsmonatigem Planungshorizont und steigendem DAX

In diesem Fall errechnet sich für $t_{6\,Monate}$ eine Gesamtrendite von 14,94% auf den Ausgangsbetrag von € 4.200.000. Ohne Portfolio Insurance hätte die Rendite 20% betragen. Die Portfolio Insurance hat damit die Gesamtrendite um 5,06 %-Punkte vermindert. Bei fallendem DAX ergeben sich folgende Werte:

	t_0	$t_{6\,Monate}$
DAX	7.000	5.600
Portfolio-Wert (ohne Put)	€ 4.200.000	€ 3.360.000
Put-Wert	€ 295	€ 1.400 [*]
Wert der Put-Position	€ 177.000	€ 840.000 [**]
Portfolio-Wert abzüglich Put	€ 4.023.000	---
Portfolio-Wert in $t_{6\,Monate}$	---	€ 4.058.400 [***]
[*]	= 7.000 − 5.600	
[**]	= 1.400 · 120 · 5	
[***]	= 4.023.000 · 0,80 + 840.000 (der DAX fiel ebenfalls um 20%)	

Tab. F.35: Protective Put bei sechsmonatigem Planungshorizont und fallendem DAX

Die Rendite des abgesicherten Portfolios beträgt in diesem Fall −3,37%, bezogen auf € 4.200.000. Bei Verzicht auf die Portfolio Insurance hätte die Rendite allerdings −20% betragen.

Im Folgenden wird der Planungshorizont von 1,5 Jahren betrachtet. Nach Ablauf der ersten Optionsfrist von sechs Monaten wird eine neue sechsmonatige Option erworben. Nach wiederum sechs Monaten wird schließlich ein weiterer sechsmonatiger Put gekauft, so dass insgesamt 18 Monate abgesichert sind. Es werden jeweils at-the-money-Puts gekauft. Die verwendeten Put-Preise entsprechen näherungsweise den Black-Scholes-Optionspreisen.[1] Ferner wird unterstellt, dass Zahlungen für die Put-Käufe wiederum zu Lasten des Portfolios erfolgen. Zu berücksichtigen ist dabei im Falle ansteigender Aktienkurse, dass die Put-Positionen am Verfalltag jeweils keinen Wert mehr haben, da der DAX-Stand jeweils über dem Basispreis des DAX-Put liegt (Tabelle F.36).

Bezieht man den Portfolio-Wert unter Berücksichtigung von Put-Transaktionen am Ende des Betrachtungszeitraums auf das eingesetzte Anfangskapital von 4.200.000, so ergibt sich eine Rendite dieses mittels Portfolio Insurance abgesicherten Portfolios von 21,81% (auf 18 Monate gerechnet) ergeben. Ein ungesichertes Portfolio hätte eine Rendite von 38,60% erzielt. Bei sinkendem DAX sieht das Tableau wie in Tabelle F.37 dargestellt aus.

---

1 Inputdaten der Optionsbewertung jeweils: σ = 18%, stetiger r_f = 3,5%, t = 0,5, Basispreise = 7.000, 8.400, 9.240 bzw. 7.000, 5.600, 5.040.

	t_0	$t_{6\text{ Monate}}$	$t_{12\text{ Monate}}$	$t_{18\text{ Monate}}$
DAX-Stand	7.000	8.400	9.240	9.702
Portfolio-Wert ohne Put	4.200.000	5.040.000	5.544.000	5.821.200
Portfolio-Wert vor Kauf neuer Puts	4.200.000	4.827.600	5.086.455	5.116.130
Anzahl neu zu kaufender Puts	120	114,94286	110,09643	---
Anzahl neu zu kaufender Puts (gerundet)	120	115	110	---
Optionspreis der neu zu kaufenden Puts	295	354	389	---
Wert der neu zu kaufenden Puts	177.000	203.550	213.950	---
Optionspreis der fälligen Puts	---	0	0	0
Wert der fälligen Put-Position	---	0	0	0
Portfolio-Wert nach Put-Kauf	4.023.000	4.624.050	4.872.505	---

Tab. F.36: Protective Put bei 18-monatigem Planungshorizont und steigendem DAX

	t_0	$t_{6\text{ Monate}}$	$t_{12\text{ Monate}}$	$t_{18\text{ Monate}}$
DAX-Stand	7.000	5.600	5.040	4.788
Portfolio-Wert ohne Put	4.200.000	3.360.000	3.024.000	2.872.800
Portfolio-Wert vor Kauf neuer Puts	4.200.000	4.058.400	3.904.570	3.748.557
Anzahl neu zu kaufender Puts	120	144,94286	154,94325	---
Anzahl neu zu kaufender Puts (gerundet)	120	145	155	---
Optionspreis der neu zu kaufenden Puts	295	236	212	---
Wert der neu zu kaufenden Puts	177.000	171.100	164.300	---
Optionspreis der fälligen Puts	---	1.400	560	252
Wert der fälligen Put-Position	---	840.000	406.000	195.300
Portfolio-Wert nach Put-Kauf	4.023.000	3.887.300	3.740.270	---

Tab. F.37: Protective Put bei 18-monatigem Planungshorizont und fallendem DAX

Die Gesamtrendite für die 18 Monate beträgt mit Portfolio Insurance –10,75% (3.748.557 / 4.200.000 – 1). Demgegenüber hätte ein ungesichertes Portfolio einen Verlust von 31,60% aufzuweisen. Die Ergebnisse sind der in Tabelle F.38 dargestellten Gesamtübersicht zu entnehmen.

Insgesamt ist dem Ergebnistableau zu entnehmen, dass durch eine Portfolio Insurance Strategie mit Protective Puts eine wirksame „downside protection" bei gleichzeitiger „upside participation" gewährleistet ist.

	6 Monate		18 Monate	
DAX-Entwicklung	+ 20%	–20%	+ 38,6%	–31,6%
Mit Portfolio Insurance	+ 14,94%	–3,37%	+ 21,81%	–10,75%
Ohne Portfolio Insurance	+ 20%	–20%	+ 38,6%	–31,6%

Tab. F.38: Zusammenfassung der Ergebnisse der Protective Put-Strategie

Ein Vorteil einer Portfolio Insurance Strategie mit Protective Puts liegt in der im Planungszeitpunkt gegebenen Bekanntheit der Transaktionskosten. Damit ist auch der Portfoliomindestwert im Planungszeitpunkt genau bekannt. Dies gilt allerdings nur, wenn kein Rolling Hedge durchgeführt werden muss. Denn in diesem Fall hängen die Transaktionskosten, und somit das Absicherungsergebnis, von der Entwicklung des Aktienmarktes ab. Ansonsten bedarf die Strategie keiner Revision während der Laufzeit.[1]

Hinsichtlich des Absicherungsumfanges können verschiedene Abstufungen je nach Risikotoleranz des Anlegers vorgenommen werden. Im einfachsten Fall des Protective Put ist ein Full Coverage vorgesehen, d.h. der gesamte Portfoliowert wird durch einen Put-Kauf abgesichert. Zudem kann durch die Wahl des Basispreises im Fall der Absicherung mit Index-Puts eine den individuellen Vorstellungen gemäße Portfoliowertuntergrenze festgelegt werden.

Dennoch ist die Protective Put Strategie nicht problemlos. Die an Optionsmärkten gehandelten Optionen eignen sich oft nicht uneingeschränkt zur Verwendung im Rahmen einer Portfolio Insurance Strategie. Mehrere Gründe sprechen gegen ihre Verwendung:[2] Zunächst entsprechen die Optionslaufzeiten häufig nicht dem Planungshorizont einer Portfolio Insurance Strategie, da sie oftmals nur relativ kurze Laufzeiten aufweisen.[3] Darüber hinaus handelt es sich bei gehandelten Optionen i.d.R. um amerikanische Optionen, die i.a. teurer sind als die benötigten europäischen Optionen. Ferner bestehen an manchen Optionsbörsen Positionslimite, so dass keine volumenkongruente Absicherung gewährleistet ist.[4] Schließlich führt die Kontraktstandardisierung zu Basispreisen, die oft nicht den gewünschten Werten entsprechen.

ac. Portfolio Insurance mit Calls

Auch unter Verwendung von Kaufoptionen lässt sich Portfolio Insurance betreiben. Dazu werden Long Calls mit Festzinsanlagen kombiniert. Im Ergebnis lässt sich daraus das gleiche Gewinn-/Verlustdiagramm konstruieren, wie beim Protective Put.[5] Werden als Festzinsanlage z.B. Zerobonds mit einer dem Planungszeitraum entsprechenden Restlaufzeit gewählt, so bildet der Tilgungsbetrag der Zerobonds am Ende des Planungszeitraums den

---

1 Vgl. *Leland* (1988), S. 81.
2 Vgl. *O'Brien* (1988), S. 40f.
3 An der Eurex sind mittlerweile allerdings auch Optionen auf Aktien und auf den DAX mit einer Laufzeit von bis zu 60 Monaten verfügbar. Optionen auf den Euro Stoxx 50 Index sind sogar bis zu einer Laufzeit von 119 Monaten verfügbar. Vgl. *Eurex* (2013a), S. 13 und S. 39.
4 Vgl. *Gastineau* (1988), S. 308.
5 Vgl. *O'Brien* (1988), S. 42 und *Leland* (1980), S. 583f.

Portfoliomindestwert. Die Möglichkeit, an zwischenzeitlich gestiegenen Aktienkursen zu partizipieren, wird gleichzeitig durch den Erwerb von Calls gewährleistet. Dabei können sowohl Aktienindex-Calls, als auch Calls auf einzelne Aktien erworben werden. Sollte der Planungshorizont des Portfolios länger sein als die maximale Laufzeit der Calls, so muss ein Rolling Hedge durchgeführt werden. Die Vorgehensweise entspricht derjenigen beim Protective Put. In Abbildung F.37 sind die zugehörigen Wertverlaufslinien der einzelnen Transaktionen dargestellt.

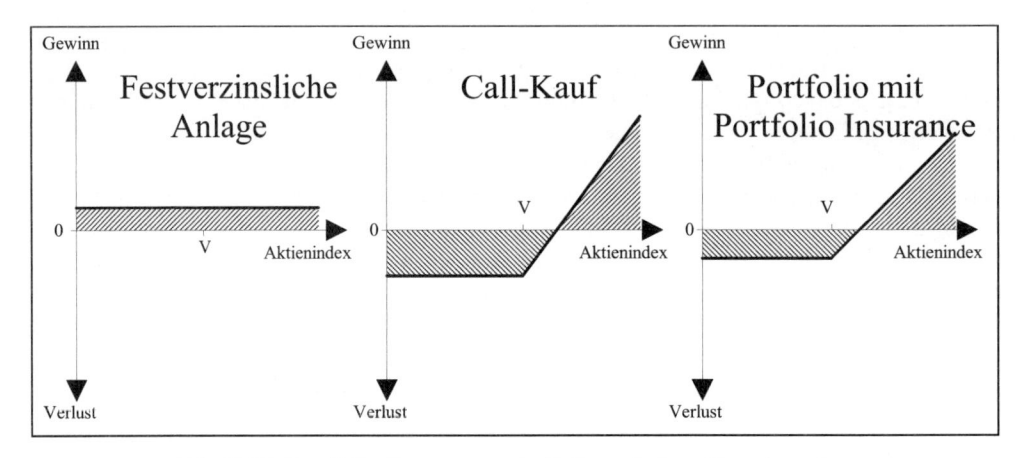

Abb. F.37: Portfolio Insurance mit Calls und einer Festzinsanlage

Bei einem Ausgangsbetrag von € 1.000.000, einem Zinssatz von 5% und einem Planungshorizont von zwölf Monaten, müssen unter Vernachlässigung von Transaktionskosten genau € 952.380,95 (= 1.000.000 / 1,05) in einen Zerobond investiert werden, um einen Portfolioendwert von € 1.000.000 in zwölf Monaten zu gewährleisten. Der Restbetrag von € 47.619,05 wird in Index-Calls mit zwölfmonatiger Restlaufzeit angelegt. Im ungünstigsten Fall verfallen die Calls in zwölf Monaten, wenn der Aktienindex nicht oberhalb des Basispreises liegt. Es verbleibt somit der Portfoliowert von € 1.000.000. Im günstigeren Fall übersteigt der Aktienindex im Verfallzeitpunkt den Basispreis, so dass die Calls ausgeübt werden und den Portfolioendwert über € 1.000.000 anheben. Um c.p. einen größeren Gewinn als bei einer reinen Festzinsanlage von € 1.000.000 zu erzielen, muss der Erlös aus der Optionsposition nach einem Jahr mindestens € 50.000 (= 1.000.000 · 0,05) erreichen.

Die dargestellte Strategie ist auch unter der Bezeichnung 90/10-Strategie bekannt. Damit ist die Portfolioaufteilung zu 90% auf die risikolose Anlage (Festzinsanlage) und zu 10% auf die risikobehaftete Anlage (Calls) gemeint.[1] Das Aufteilungsverhältnis von 90 zu 10 Prozent muss nicht genau eingehalten werden, sondern kann gemäß den individuellen Vorstellungen des Investors festgelegt werden. Der im Ausgangszeitpunkt in die Festzinsanlage (FA) zu investierende Betrag entspricht dem Barwert des Floors F, wobei F mit dem risikolosen Zinssatz r_f für den betrachteten Zeitraum t abgezinst wird:

$$[FA_t = F \cdot (1 + r_f)^{-t}]$$

---

[1] Vgl. *Zurack* (1989), S. 112 und *Tilley/Latainer* (1985), S. 33f.

Die mit den Kontraktspezifikationen zusammenhängenden Probleme, die bereits beim Protective Put dargestellt wurden, treffen in gleicher Weise auch für die Portfolio Insurance Strategie mit Calls zu.

b. Delta-Hedging

Zur Angleichung des im Rahmen eines 1:1 Fixed-Hedge ermittelten Mengenverhältnisses an die tatsächliche Optionssensitivität kann der Delta-Faktor der Option herangezogen werden. Da der Deltawert die Änderung des Optionspreises im Verhältnis zur Kursveränderung des Basiswertes darstellt, kann die Anzahl der benötigten Optionskontrakte mit Hilfe der folgenden Formel berechnet werden, wobei es sich um den Einsatz von Put-Optionen zum Zwecke der Absicherung handelt:[1]

$$\text{Anzahl der benötigten Optionskontrakte} = \frac{\text{Anzahl Aktien im Portfolio}}{\text{Anzahl Aktien pro Kontrakt}} \cdot \frac{1}{-\text{Optionsdelta}}$$

Für das Hedging mit Call-Optionen gilt entsprechend:

$$\text{Anzahl der benötigten Optionskontrakte} = \frac{\text{Anzahl Aktien im Portfolio}}{\text{Anzahl Aktien pro Kontrakt}} \cdot \frac{1}{\text{Optionsdelta}}$$

Da das Mengenverhältnis in diesem Fall zwar das Optionsdelta berücksichtigt, dennoch aber zu Beginn der Absicherungsperiode festgelegt wird und bis zur Auflösung der Hedge-Position am Ende des Planungshorizontes nicht verändert wird, kann hier grundsätzlich ebenfalls von einem Fixed-Hedge gesprochen werden, der auch als Fixed-Delta-Hedge bezeichnet werden kann.[2]

Zur Veranschaulichung soll wiederum auf das obige Beispiel zurückgegriffen werden. Im Portfolio befinden sich 4.000 Aktien eines Titels, wobei der Aktienkurs € 47 beträgt. Mithin ergibt sich ein Gesamtwert für die Aktienposition von € 188.000. Zur Absicherung wird wiederum die Protective Put Strategie eingesetzt (Basispreis des Puts = € 47, Put-Optionspreis = € 1,72, Preis pro Optionskontrakt = € 172). Das Put-Delta soll sich in diesem Fall auf –0,41635 belaufen, so dass sich die Anzahl zu kaufender Kontrakte wie folgt ergibt:

$$\text{Anzahl zu kaufender Put-Kontrakte} = \frac{4.000}{100} \cdot \frac{1}{-(-0,41635)} = 96,07 = 96 \text{ Kontrakte}$$

Betrachtet werden soll nun – anders als bei der obigen Betrachtungsweise – die Situation ein Tag nach dem Put-Kauf. Hierzu ergeben sich die folgenden Daten, wobei bei den Optionspreisen unterstellt wird, dass sämtliche Einflussfaktoren auf den Optionspreis mit Ausnahme der Restlaufzeit (die sich um einen Tag verringert) konstant bleiben:

---

1 Vgl. *Doerks/Meyer* (1995), S. 804.
2 Vgl. *Schierenbeck/Lister/Kirmße* (2008), S. 474.

Gesamtwert Aktien 1 Tag später	Erfolg Aktienposition	Optionspreis	Wert eines Optionskontraktes	Gesamtwert Optionsposition	Gesamterfolg
220.000	32.000	0,15	15	1.440	16.928
208.000	20.000	0,42	42	4.032	7.520
200.000	12.000	0,77	77	7.392	2.880
192.000	4.000	1,34	134	12.864	352
188.000	0	1,72	172	16.512	0
184.000	–4.000	2,17	217	20.832	320
176.000	–12.000	3,31	331	31.776	3.264
168.000	–20.000	4,74	474	45.504	8.992
160.000	–28.000	6,42	642	61.632	17.120
152.000	–36.000	8,27	827	79.392	26.880
140.000	–48.000	11,20	1.120	107.520	43.008

Tab. F.39: Ergebnisse der PP-Strategie (Fixed-Delta-Hedge)

Beispielweise ergibt sich der Gesamtwert der Optionsposition von € 1.440 bei einem Aktien-Gesamtwert von € 220.000 durch Multiplikation der 96 Kontrakte mit € 15 pro Kontrakt. Der Gesamterfolg beläuft sich in diesem Fall auf € 16.928,00 [= € 32.000 + € 1.440 – € 16.512], wobei es sich bei den € 16.512 (= 96 Kontrakte · 172 € pro Kontrakt) um die gezahlte Optionsprämie handelt.

Auffällig ist zunächst einmal, dass der Gesamterfolg immer größer oder gleich Null ist. Bei einem Anstieg des Wertes der Aktienposition auf z.B. € 220.000 würde sich allerdings bei einem 1:1 Fixed-Hedge ein Gesamterfolg von € 25.720 ergeben [= € 32.000 + € 15 pro Kontrakt · 40 Kontrakte – € 6.880], wobei es sich bei den € 6.880 (= 40 Kontrakte · € 172 pro Kontrakt) wiederum um die gezahlte Optionsprämie handelt. Offenbar ist in dem Fall eines Anstiegs der Aktienkurse die Absicherung zu umfangreich. Der Grund dafür liegt in dem Deltawert von –0,41635, der zu einer sehr hohen Put-Anzahl führt. Ein 1:1 Hedge bzw. gar kein Hedge wäre in diesem Fall besser gewesen, was natürlich erst im Nachhinein feststellbar ist.

Im Falle sinkender Aktienkurse ist die Fixed-Delta-Hedge-Strategie jedoch weitaus erfolgreicher als ein 1:1 Fixed Hedge. Wird allerdings von dem Hedging-Ziel ausgegangen, dass die abzusichernde und die absichernde Position möglichst wertmäßig gleiche, aber entgegengesetzte Wertentwicklungen aufweisen, so sollte auch die Veränderung des Deltas bei veränderten Basiswert-Kursen mit in die Überlegungen einbezogen werden. Somit wird sich in diesen Fällen auch die Anzahl einzusetzender Kontrakte mit dem Delta verändern. Erfolgt eine entsprechende Anpassung der absichernden Optionsposition, so kann von einem Dynamischen-Delta-Hedge gesprochen werden.[1] Diese dynamische Hedging-

---

1 Vgl. *Schierenbeck/Lister/Kirmße* (2008), S. 475.

Alternative soll im Gegensatz zur statischen Vorgehensweise beim Fixed-Hedge dafür sorgen, dass auch während der Laufzeit die Gesamtposition stets kongruent abgesichert ist.

Wie bereits angedeutet, wird im Grundsatz beim Dynamischen-Delta-Hedging die Anzahl der pro Aktie gekauften Puts ständig anhand des Deltawerts der Option angepasst. Auf diese Weise ist sichergestellt, dass zu jeder Zeit ein Kursverlust bei der Aktie durch einen gleich hohen absoluten Kursgewinn des Puts ausgeglichen wird. In diesem Fall wird auch von Deltaneutralität der Gesamtposition gesprochen. Da mit sich veränderndem Aktienkurs auch der Deltawert variiert, bedarf es zur Durchführung des Dynamischen Delta-Hedgings einer theoretisch stetigen Positionsveränderung. Die jeweils zu haltende Anzahl an Kontrakten ergibt sich im Falle des Einsatzes von Put-Optionen wie beim statischen Fixed-Delta-Hedge zu:

$$\text{Anzahl der benötigten Optionskontrakte} = \frac{\text{Anzahl Aktien im Portfolio}}{\text{Anzahl Aktien pro Kontrakt}} \cdot \frac{1}{-\text{Optionsdelta}}$$

Für das Hedging mit Call-Optionen gilt wiederum:

$$\text{Anzahl der benötigten Optionskontrakte} = \frac{\text{Anzahl Aktien im Portfolio}}{\text{Anzahl Aktien pro Kontrakt}} \cdot \frac{1}{\text{Optionsdelta}}$$

Offenbar entspricht die Formel beim Dynamischen-Delta-Hedging jener beim Fixed-Hedge. Allerdings ist darauf zu achten, dass im Unterschied zum Fixed-Hedge beim Dynamischen-Delta-Hedging eine ständige Neuberechnung der optimalen Kontraktanzahl erforderlich ist.

Zur Verdeutlichung dieser Strategie wird wiederum auf das obige Beispiel zurückgegriffen, wobei zunächst von einer kontinuierlich fallenden Aktienkursentwicklung ausgegangen werden soll. Dabei soll es sich jeweils um die Aktienkurse der kommenden Tage handeln, d.h. im Verlauf nimmt die Restlaufzeit der Option von 180 Tagen (beim Aktienkurs von € 47) auf 174 Tage (beim Aktienkurs von € 35) ab. Die Ergebnisse können den Tabellen F.40 und F.41 entnommen werden, wobei unterstellt wird, dass im Anschluss an die aufgeführten Aktienkursänderungen jeweils eine Anpassung der Kontraktanzahl erfolgt.

Aktienkurs-Entwicklung	Optionspreis	Wert eines Optionskontraktes	Put-Delta	Anzahl Kontrakte	Kauf (+) / Verkauf (-) Kontrakte
47,00	1,72	172	−0,41635	96	96
46,00	2,17	217	−0,49201	81	−15
44,00	3,31	331	−0,64661	61	−20
42,00	4,74	474	−0,78614	50	−11
40,00	6,43	643	−0,89115	44	−6
38,00	8,28	828	−0,95517	41	−3
35,00	11,22	1.122	−0,99271	40	−1

Tab. F.40: Ergebnisse der PP-Strategie (Dynamisches-Delta-Hedging) bei kontinuierlich fallenden Aktienkursen, Teil 1

Aktienkurs-Entwicklung	Cash Flow aus Kauf / Verkauf Kontrakte	kumulierter Cash Flow Optionsposition	Wert der noch vorhandenen Optionsposition	Erfolg Aktienposition	Gesamterfolg
47,00	−16.512	−16.512	16.512	0	0
46,00	3.255 *	−13.257	17.577 **	−4.000	320 ***
44,00	6.620 ****	−6.637	20.191 *****	−12.000	1.554 ******
42,00	5.214	−1.423	23.700	−20.000	2.277
40,00	3.858	2.435	28.292	−28.000	2.727
38,00	2.484	4.919	33.948	−36.000	2.867
35,00	1.122	6.041	44.880	−48.000	2.921
*	€ 3.255 = 15 verkaufte Kontrakte · € 217 pro Kontrakt				
**	€ 17.577 = 81 Kontrakte · € 217 pro Kontrakt				
***	€ 320 = € −4.000 + € 17.577 − € 13.257				
****	€ 6.620 = 20 verkaufte Kontrakte · € 331 pro Kontrakt				
*****	€ 20.191 = 61 Kontrakte · € 331 pro Kontrakt				
******	€ 1.554 = € −12.000 + € 20.191 − € 6.637				

Tab. F.41: Ergebnisse der PP-Strategie (Dynamisches-Delta-Hedging) bei kontinuierlich fallenden Aktienkursen, Teil 2

Für den Fall kontinuierlich gestiegener Aktienkurse finden sich die Ergebnisse des Dynamischen-Delta-Hedgings in den Tabellen F.42 und F.43 wieder, wobei wiederum davon ausgegangen wird, dass im Anschluss an die aufgeführten Aktienkursänderungen jeweils eine Anpassung der Kontraktanzahl erfolgt.

Aktienkurs-Entwicklung	Optionspreis	Wert eines Optionskontraktes	Put-Delta	Anzahl Kontrakte	Kauf (+) / Verkauf (−) Kontrakte
47,00	1,72	172	−0,41635	96	96
48,00	1,33	133	−0,34559	115	19
50,00	0,77	77	−0,22361	178	63
52,00	0,41	41	−0,13337	299	121
54,00	0,21	21	−0,07354	543	244
56,00	0,10	10	−0,03763	1.062	519
60,00	0,02	2	−0,00813	4.920	3.858

Tab. F.42: Ergebnisse der PP-Strategie (Dynamisches-Delta-Hedging) bei kontinuierlich steigenden Aktienkursen, Teil 1

Aktienkurs-Entwicklung	Cash Flow aus Kauf / Verkauf Kontrakte	kumulierter Cash Flow Options-position	Wert der noch vorhandenen Opti-ons-position	Erfolg Akti-enposition	Gesamterfolg
47,00	−16.512	−16.512	16.512	0	**0**
48,00	−2.527	−19.039	15.295	4.000	**256**
50,00	−4.851	−23.890	13.706	12.000	**1.816**
52,00	−4.961	−28.851	12.259	20.000	**3.408**
54,00	−5.124	−33.975	11.403	28.000	**5.428**
56,00	−5.190	−39.165	10.620	36.000	**7.455**
60,00	−7.716	−46.881	9.840	52.000	**14.959**

Tab. F.43: Ergebnisse der PP-Strategie (Dynamisches-Delta-Hedging) bei kontinuierlich steigenden Aktienkursen, Teil 2

Beim Dynamischen-Delta-Hedging ergeben sich allerdings zwei gravierende Probleme: Zum einen sind Umschichtungen bzw. Mengenanpassungen immer mit Transaktionskosten verbunden, so dass ein solches Delta-Hedging sehr kostspielig sein kann. Dies wird auch anhand des Beispiels deutlich, da die Transaktionskosten für diese Absicherungsstrategie angesichts der relativ hohen Umschichtungserfordernisse deutlich ins Gewicht fallen dürften.

Zum anderen sind die Kontraktgrößen standardisiert. Ein aufgrund des Deltawerts berechneter Optionsanteil wird häufig ungerade sein und nicht mit der handelbaren Kontraktgröße übereinstimmen. Dies betrifft insbesondere volumsmäßig kleinere Portfolios. Würde im obigen Beispiel das Portfolio nicht 4.000, sondern nur 400 Aktien umfassen, so würde sich beim Delta-Hedging zum Absicherungsbeginn eine Kontraktzahl von 9,607 ergeben. Einzusetzen wären in diesem Fall entweder 9 oder 10 Put-Kontrakte. Somit besteht dann keine exakte Übereinstimmung zwischen Absicherungs- und Kontraktvolumen.

Hinzu kommt noch, dass ein Delta-Hedging keinen Schutz gegen volatilitäts- oder zeitwertinduzierte Preisminderungen des Puts bietet. Die gehedgte Gesamtposition sieht sich somit einem sicheren Zeitwertverlust entgegen. Um diesem Problem auszuweichen, empfiehlt es sich, nicht nur Long Optionen zum Hedging zu verwenden, sondern auch mit Short Optionen zu operieren. Auf diese Weise lassen sich negative Zeitwert- und Volatilitätseinflüsse reduzieren bzw. ausschalten, denn es kommt zu Kompensationseffekten.

Schließlich muss beachtet werden, dass in diesen Beispielen der Deltawert anhand des Black-Scholes-Modells ermittelt wird und insoweit dessen Probleme in sich trägt. Als derartig inhärentes Problem kann z.B. die Güte der Volatilitätsschätzung angesehen werden.

c. Gamma-Hedging

Insbesondere das Problem der häufigen Positionsanpassungen erweist sich beim Dynamischen-Delta-Hedging als Nachteil. Eine Positionsanpassung erfolgte dabei stets im Anschluss an Veränderungen des Deltawerts. Um dieses Problem zu lösen, wird Gamma-

Hedging betrieben. Wie bekannt, beschreibt der aus dem Black-Scholes-Modell herrührende Gammawert die Veränderung des Deltawerts. Gamma gibt somit Aufschluss darüber, bei welcher Preiskonstellation sich der Deltawert sehr stark verändert bzw. wie stabil der Deltawert ist. Ziel des Gamma-Hedgings ist es, die sog. Gammaneutralität zu erzeugen. Diese ist gegeben, wenn bei kleinen Preisänderungen der Aktie der Deltawert nahezu unverändert bleibt. Dass sich gammaneutrale Positionen bilden lassen, wird deutlich, wenn man sich die folgenden Charakteristika vor Augen führt:[1]

(a) Der Deltawert einer Aktie beträgt immer eins
(b) Der Gammawert einer Aktie beträgt immer Null
(c) Gammawertänderungen verhalten sich bei Long und Short Optionen genau gegenläufig

Aus den drei genannten Punkten ergibt sich, dass eine Aktienposition durch die Hinzunahme einer gekauften und einer geschriebenen Option unempfindlich gegen Kursänderungen der Aktie gemacht werden kann. Zudem ist eine solche Position vor dem Zeit- und Volatilitätseffekt geschützt, da die Einzeleffekte sich kompensieren.

Allerdings unterliegt auch die Gammaneutralität einigen Gefahren. Starke Kursveränderungen führen auch hier zu einer Anpassungsnotwendigkeit, so dass vollständige Gammaneutralität in der Realität kaum zu erreichen ist. Außerdem beruht auch das Konzept der Gammaneutralität auf dem Black-Scholes-Modell, so dass die Validität des Modells Voraussetzung für eine erfolgversprechende Anwendung des Gamma-Hedgings ist.

Auch zum Gamma-Hedging wird wiederum auf das obige Beispiel zurückgegriffen. Der Gesamtwert der Aktienposition beträgt demnach zum Absicherungsbeginn € 188.000. Transaktionskosten sollen wiederum keine Berücksichtigung finden. Der Aufbau einer gammaneutralen Hedgeposition erfolgt im Beispiel durch die Kombination von Long Puts und Short Calls.

Eingesetzt wird ein Put mit einem Basispreis von € 47 und einem Put-Preis (bezogen auf eine Aktie) von € 1,72, wobei sich ein Kontrakt auf 100 Aktien bezieht. Gleichzeitig erfolgt der Verkauf von Calls, die ebenfalls einen Basispreis von € 47 haben. Der Preis eines Calls beträgt € 2,53 (bezogen auf eine Aktie). Die jeweiligen Summen der Delta-Werte beider Optionspositionen (Long Put und Short Call) ergeben in diesem Fall stets einen Wert von minus eins. Das negative Delta des Short Calls sollte nicht verwundern, denn eine Kurserhöhung des Basiswertes führt zu einer Positionsverschlechterung des Call-Schreibers. Da nun das Delta der Gesamtposition über die Laufzeit konstant ist, bedarf es keiner Anpassung des Mengenverhältnisses der Optionen. Einem unveränderten Deltawert bei sich verändernden Kursen des Basiswertes muss ein Gammawert von Null zugrunde liegen.

Insofern werden in diesem Fall 40 Put-Kontrakte gekauft und 40 Call-Kontrakte verkauft. Entsprechend beläuft sich der Gesamtaufwand für den Put-Kauf auf € 6.880 (= 40 Kontrakte · € 172 pro Kontrakt). Der Erlös aus dem Verkauf des Calls beträgt € 10.120 (= 40 Kontrakte · € 253 pro Kontrakt). Hinzuweisen ist darauf, dass in diesem Beispiel – wie auch in den obigen Betrachtungen – zur Optionsbewertung immer das Black-Scholes-Modell herangezogen wird.

---

1 Vgl. *Lingner* (1991), S. 72.

Betrachtet werden sollen die nachfolgenden Szenarien genau ein Tag nach Abschluss der Optionsgeschäfte (Tabellen F.44 bis F.46). Dabei beziehen sich die einzelnen Optionsdaten auf eine Restlaufzeit von t = 0,4972222 (= 179 Tage/360 Tage) bei Konstanz der übrigen, auf den Optionspreis wirkenden Parameter.

Aus den Zahlen der Tabellen kann geschlossen werden, dass der Wert für Gamma hier immer gleich Null ist, da der Deltawert der Gesamtposition stets bei minus eins liegt.

Aktienkurs 1 Tag später	Gesamtwert Aktien	Put-Preis	Wert eines Put-Kontraktes	Long-Put-Delta	Kauf Anzahl Put-Kontrakte
35,00	140.000	11,20	1.120	–0,99185	40
38,00	152.000	8,27	827	–0,95287	40
40,00	160.000	6,42	642	–0,88853	40
42,00	168.000	4,74	474	–0,78415	40
44,00	176.000	3,31	331	–0,64578	40
46,00	184.000	2,17	217	–0,49201	40
47,00	188.000	1,72	172	–0,41658	40

Tab. F.44: Gamma-Hedging einer Aktienposition bei gesunkenen Aktienkursen – 1 Tag nach der Hedging-Transaktion, Teil 1

Aktienkurs 1 Tag später	Call-Preis	Wert eines Call-Kontraktes	Short-Call-Delta	Verkauf Anzahl Call-Kontrakte	Long-Put Delta + Short Call Delta
35,00	0,01	1	–0,00815	40	–1,00000
38,00	0,08	8	–0,04713	40	–1,00000
40,00	0,23	23	–0,11147	40	–1,00000
42,00	0,55	55	–0,21585	40	–1,00000
44,00	1,12	112	–0,35422	40	–1,00000
46,00	1,98	198	–0,50799	40	–1,00000
47,00	2,53	253	–0,58342	40	–1,00000

Tab. F.45: Gamma-Hedging einer Aktienposition bei gesunkenen Aktienkursen – 1 Tag nach der Hedging-Transaktion, Teil 2

Aktienkurs 1 Tag später	Gesamtwert Put-Position	Gesamtwert Call-Position	Gesamterfolg Optionen	Gesamterfolg Aktienposition	Gesamterfolg
35,00	44.800	−40	48.000	−48.000	0
38,00	33.080	−320	36.000	−36.000	0
40,00	25.680	−920	28.000	−28.000	0
42,00	18.960	−2.200	20.000	−20.000	0
44,00	13.240	−4.480	12.000	−12.000	0
46,00	8.680	−7.920	4.000	−4.000	0
47,00	6.880	−10.120	0	0	0

Tab. F.46: Gamma-Hedging einer Aktienposition bei gesunkenen Aktienkursen – 1 Tag nach der Hedging-Transaktion, Teil 3

Hierbei ergibt sich der Gesamterfolg Optionen jeweils aus der Glattstellung der beiden Optionspositionen sowie der gezahlten Put-Prämie und der erhaltenen Call-Prämie. Beispielsweise kann der Gesamterfolg Optionen im ersten Szenario (Aktienkurs = € 35) und im letzten Szenario (Aktienkurs = € 47) folgendermaßen ermittelt werden:

Szenario 1:
Gesamtwert Put-Position (Put-Verkauf) = 40 Kontrakte · € 1.120/Kontrakt = € 44.800
Gesamtwert Call-Position (Call-Kauf) = −40 Kontrakte · € 1/Kontrakt = € −40
Gesamterfolg Optionen = € 44.800 − € 40 + € 10.120 − € 6.880 = € 48.000

Szenario 7:
Gesamtwert Put-Position (Put-Verkauf) = 40 Kontrakte · € 172/Kontrakt = € 6.880
Gesamtwert Call-Position (Call-Kauf) = −40 Kontrakte · € 253/Kontrakt = € −10.120
Gesamterfolg Optionen = € 6.880 − € 10.120 + € 10.120 − € 6.880 = € 0

Für Aktienkurse, die einen Tag später über € 47 liegen, ergeben sich die in den Tabellen F.47 und F.48 dargestellten Ergebnisse.

Aktienkurs 1 Tag später	Gesamtwert Aktien	Put-Preis	Wert eines Put-Kontraktes	Long-Put-Delta	Kauf Anzahl Put-Kontrakte
47,00	188.000	1,72	172	−0,41658	40
48,00	192.000	1,33	133	−0,34559	40
50,00	200.000	0,77	77	−0,22390	40
52,00	208.000	0,42	42	−0,13421	40
54,00	216.000	0,21	21	−0,07476	40
56,00	224.000	0,10	10	−0,03890	40
60,00	240.000	0,02	2	−0,00877	40

Tab. F.47: Gamma-Hedging einer Aktienposition bei gestiegenen Aktienkursen – 1 Tag nach der Hedging-Transaktion, Teil 1

Aktienkurs 1 Tag später	Call-Preis	Wert eines Call-Kontraktes	Short-Call-Delta	Verkauf Anzahl Call-Kontrakte	Long-Put Delta + Short Call Delta
47,00	2,53	253	−0,58342	40	−1,00000
48,00	3,15	315	−0,65441	40	−1,00000
50,00	4,58	458	−0,77610	40	−1,00000
52,00	6,23	623	−0,86579	40	−1,00000
54,00	8,02	802	−0,92524	40	−1,00000
56,00	9,91	991	−0,96110	40	−1,00000
60,00	13,83	1.383	−0,99123	40	−1,00000

Tab. F.48: Gamma-Hedging einer Aktienposition bei gestiegenen Aktienkursen − 1 Tag nach der Hedging-Transaktion, Teil 2

Auch bei dieser Konstellation ist der Gamma-Wert immer gleich Null ist, da der gesamte Deltawert wiederum konstant bei −1,0 liegt.

Aktienkurs 1 Tag später	Gesamtwert Put-Position	Gesamtwert Call-Position	Gesamterfolg Optionen	Gesamterfolg Aktienposition	Gesamterfolg
47,00	6.880	−10.120	0	0	**0**
48,00	5.320	−12.600	−4.040	4.000	**−40**
50,00	3.080	−18.320	−12.000	12.000	**0**
52,00	1.680	−24.920	−20.000	20.000	**0**
54,00	840	−32.080	−28.000	28.000	**0**
56,00	400	−39.640	−36.000	36.000	**0**
60,00	80	−55.320	−52.000	52.000	**0**

Tab. F.49: Gamma-Hedging einer Aktienposition bei gestiegenen Aktienkursen − 1 Tag nach der Hedging-Transaktion, Teil 3

Wie aus der letzten Tabelle erkennbar, muss der Gesamterfolg ein Tag nach der Absicherungstransaktion nicht gleich Null sein. Der Erfolg hängt dabei vor allem von der Höhe der Optionspreise ab. Würde in dem Fall, dass der Aktienkurs bei € 48 liegt, beispielsweise der Put-Preis nicht bei € 1,33, sondern bei € 1,34 liegen, so würde sich auch in diesem Fall ein Gesamterfolg von Null ergeben.

Von Interesse ist nunmehr, wie sich eine abnehmende Restlaufzeit auf den Gesamterfolg dieser Strategie auswirkt. Unterstellt man, dass die übrigen Parameter, wie Volatilität und stetiger risikoloser Zins konstant bleiben, so ergeben sich bei einer Restlaufzeit von nur noch einem Vierteljahr (t = 0,25) die in den Tabellen F.50 bis F.53 dargestellten Werte.

Aktienkurs ¼ Jahr später	Gesamtwert Aktien	Put-Preis	Long-Put-Delta	Call-Preis	Short-Call-Delta
35,00	140.000	11,59	–0,99980	0,00	–0,00020
38,00	152.000	8,60	–0,99392	0,01	–0,00608
40,00	160.000	6,63	–0,96901	0,04	–0,03099
42,00	168.000	4,75	–0,89555	0,16	–0,10445
44,00	176.000	3,09	–0,75019	0,50	–0,24981
46,00	184.000	1,79	–0,54754	1,20	–0,45246
47,00	188.000	1,30	–0,44063	1,71	–0,55937

Tab. F.50: Gamma-Hedging einer Aktienposition bei gesunkenen Aktienkursen – ¼ Jahr nach der Hedging-Transaktion, Teil 1

Aktienkurs ¼ Jahr später	Gesamtwert Put-Position	Gesamtwert Call-Position	Gesamterfolg Optionen	Gesamterfolg Aktienposition	Gesamterfolg
35,00	46.360	0	49.600	–48.000	**1.600**
38,00	34.400	–40	37.600	–36.000	**1.600**
40,00	26.520	–160	29.600	–28.000	**1.600**
42,00	19.000	–640	21.600	–20.000	**1.600**
44,00	12.360	–2.000	13.600	–12.000	**1.600**
46,00	7.160	–4.800	5.600	–4.000	**1.600**
47,00	5.200	–6.840	1.600	0	**1.600**

Tab. F.51: Gamma-Hedging einer Aktienposition bei gesunkenen Aktienkursen – ¼ Jahr nach der Hedging-Transaktion, Teil 2

Aktienkurs ¼ Jahr später	Gesamtwert Aktien	Put-Preis	Long-Put-Delta	Call-Preis	Short-Call-Delta
47,00	188.000	1,30	–0,44063	1,71	–0,55937
48,00	192.000	0,91	–0,33997	2,32	–0,66003
50,00	200.000	0,40	–0,17805	3,81	–0,82195
52,00	208.000	0,15	–0,07882	5,56	–0,92118
54,00	216.000	0,05	–0,02973	7,46	–0,97027
56,00	224.000	0,01	–0,00966	9,42	–0,99034
60,00	240.000	0,00	–0,00068	13,41	–0,99932

Tab. F.52: Gamma-Hedging einer Aktienposition bei gestiegenen Aktienkursen – ¼ Jahr nach der Hedging-Transaktion, Teil 1

Aktienkurs ¼ Jahr später	Gesamtwert Put-Position	Gesamtwert Call-Position	Gesamterfolg Optionen	Gesamterfolg Aktienposition	Gesamterfolg
47,00	5.200	−6.840	1.600	0	**1.600**
48,00	3.640	−9.280	−2.400	4.000	**1.600**
50,00	1.600	−15.240	−10.400	12.000	**1.600**
52,00	600	−22.240	−18.400	20.000	**1.600**
54,00	200	−29.840	−26.400	28.000	**1.600**
56,00	40	−37.680	−34.400	36.000	**1.600**
60,00	0	−53.640	−50.400	52.000	**1.600**

Tab. F.53: Gamma-Hedging einer Aktienposition bei gestiegenen Aktienkursen – ¼ Jahr nach der Hedging-Transaktion, Teil 2

Beträgt die Restlaufzeit nur noch 1 Tag, so beläuft sich der Erfolg auf € 3.240, was der Differenz zwischen der vereinnahmten Call-Prämie von € 10.120 und dem gezahlten Put-Preis in Höhe von € 6.880 entspricht.

5. Arbitragestrategien mit Optionen

Im Gegensatz zu den oben diskutierten Optionsstrategien liegt Arbitragestrategien keine Markterwartung bezüglich der Kursentwicklung oder der Volatilitätsentwicklung des Underlyings zugrunde. Stattdessen zielen Arbitragestrategien auf die Ausnutzung von Preisungleichgewichten zwischen dem Kassa- und dem Optionsmarkt. Alternativ kann auch versucht werden, Preisungleichgewichte innerhalb des Optionsmarkts zu arbitrieren. Ein auftretendes Preisungleichgewicht wird durch den Eingang der jeweiligen Gegenposition gewinnbringend ausgenutzt. Die folgenden drei Strategien verdeutlichen die Anwendung von Arbitrageprozessen bei Optionspositionen.

Conversion
Die Conversion Strategie bietet sich an, wenn der Basiswert im Vergleich zu seinem synthetischen Pendant ungleich bewertet ist. Durchgeführt wird die Strategie, indem der Basiswert gekauft wird und der synthetische Basiswert verkauft wird. Gewinnbringend ist die Strategie offenbar nur, wenn der synthetische Aktienverkauf auch nach Transaktionskosten teurer ist, als der physische Aktienkauf. Ansonsten lohnt sich Arbitrage im Rahmen dieser Strategie nicht. Wie bekannt, lässt sich eine zum Aktienkauf konträre Position durch den Kauf eines Puts und den gleichzeitigen Verkauf eines Calls generieren. Der mit einer Conversion verbundene Wertverlauf ist in Abbildung F.38 dargestellt.

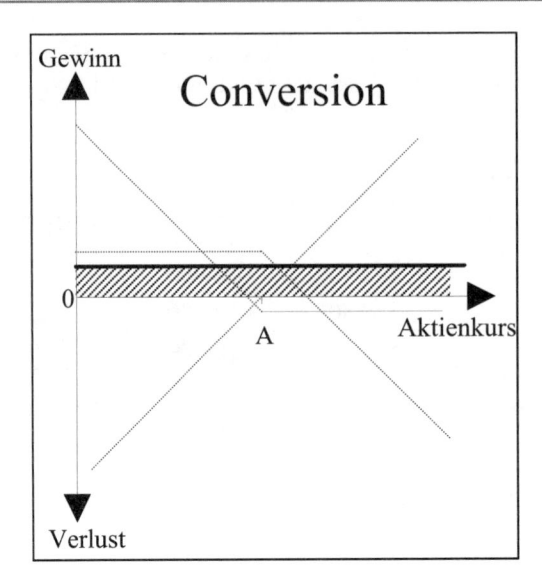

Abb. F.38: Conversion

In der Summe geht der Investor kein Exposure mit der Conversion-Strategie ein. Es handelt sich um eine geschlossene Position. Ein Risiko besteht für den Investor nicht. Von Zeit- und Volatilitätseffekten bleibt die Strategie unberührt, da eine Positionsbewertung üblicherweise nur zum Verfallszeitpunkt erfolgt. Sinnvoll ist eine Conversion-Strategie lediglich bei Erkennen eines Preisungleichgewichts zwischen Kassa- und Terminmarkt. Für Privatanleger ist die Strategie ungeeignet, da Preisungleichgewichte sehr schnell erkannt werden müssen und oft nur gewinnbringend genutzt werden können, wenn niedrige Transaktionskosten anfallen. Arbitragestrategien bleiben deshalb im Wesentlichen institutionellen Investoren vorbehalten.

Reversal
Wie die Namensgebung Reversal impliziert, handelt es sich dabei um die Umkehrung der Conversion-Strategie. Mithin wird der Basiswert leerverkauft und auf synthetische Weise gleichzeitig am Terminmarkt gekauft. Dies ist durch den Kauf eines Calls und den gleichzeitigen Verkauf eines Puts mit dem jeweiligen Basispreis A möglich. Um Gewinn abzuwerfen, muss der verkaufte Basiswert nach Transaktionskosten teurer sein, als der gekaufte synthetische Basiswert. Der mit Hilfe eines Reversals erzielbare Gewinn entspricht vom Verlauf her jenem der Conversion. Die einzelnen Transaktionen sind in Abbildung F.39 dargestellt.

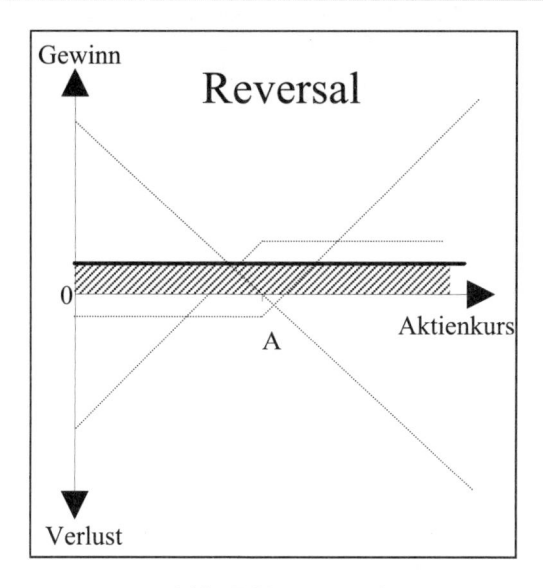

Abb. F.39: Reversal

Die Durchführung eines Reversals kommt für Privatanleger i.d.R. aus den oben genannten Gründen nicht in Frage.

Box
Auch die Box-Strategie dient zur Erzielung von Arbitragegewinnen. Allerdings geht es dabei nicht um Preisungleichgewichte zwischen Kassa- und Optionsmarkt, sondern um Preisungleichgewichte innerhalb des Optionsmarktes.

Die Bildung einer Box-Position erfolgt durch Kombination einer Conversion und eines Reversal. Da sich die effektiven Aktienpositionen gegenseitig aufheben, verbleiben schließlich jeweils die synthetischen Positionen. Charakteristisch für eine Box ist nun, dass die synthetischen Positionen unterschiedliche Basispreise besitzen. Mithin besitzt die Conversion z.B. den Basispreis A, während das Reversal den Basispreis B aufweist. Wie daraus zu erkennen ist, besteht die Box somit aus einem Bull-Price-Spread und einem Bear-Price-Spread. Je nachdem wie der Spread generiert wird, lässt sich zwischen einer Long Box und einer Short Box unterscheiden. Bei einer Long Box wird ein Bull-Price-Spread und ein Bear-Price-Spread gekauft. Im einzelnen ergeben sich dabei folgende Operationen: Long Call A, Short Call B, Long Put B und Short Put A. Das Gewinnprofil samt Positionszusammensetzung ist in Abbildung F.40 wiedergegeben.

```
                    Gewinn
                      ▲        Box
                      │
                      │
                      │
                     0├────────────────▶
                      │  A        B   Aktienkurs
                      │
                      │
                      ▼
                    Verlust
```

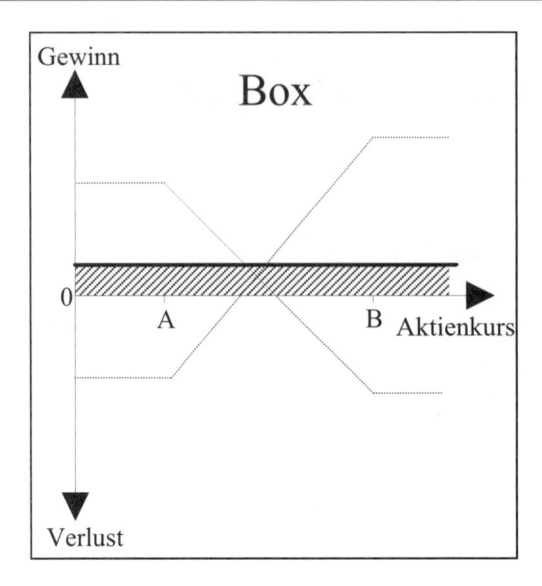

Abb. F.40: Long Box

Der schraffierte Bereich stellt dabei den risikolosen Positionsgewinn dar. Ein solcher Gewinn kann nur bei einer Fehlbepreisung mindestens einer der genannten Optionen entstehen. Für institutionelle Anleger bietet sich hier die Gelegenheit zur Erzielung eines risikolosen Arbitragegewinns. Die synoptische Darstellung der erläuterten Arbitragestrategien ist Tabelle F.54 zu entnehmen.

Options-strategie	Kurserwartung für Basiswert	Volatilitäts-effekt	Zeiteffekt	Gewinn-potential	Verlust-potential
Conversion	→neutral	neutral	Neutral	limitiert	n.v.
Reversal	→neutral	neutral	neutral	limitiert	n.v.
Box	→neutral	neutral	neutral	limitiert	n.v.

Tab. F.54: Charakteristika von optionsbasierten Arbitragestrategien

6. Der Einsatz von Zinsoptionen

a. Caps

Im OTC-Bereich haben sich zahlreiche Zinsoptionen herausgebildet, von denen die wichtigsten Grundinstrumente in diesem Abschnitt vorgestellt werden, wobei zunächst auf Caps eingegangen wird. Bei einem Cap handelt es sich um eine Zinsobergrenze bezogen auf einen bestimmten Referenzzinssatz (z.B. 6-M-Euribor). Zugrunde liegen ein fiktiver Kapitalbetrag und eine vorab festgelegte Laufzeit. Falls der Referenzzins an festgelegten Terminen (Roll-over) während der Laufzeit die vertraglich festgelegte Zinsobergrenze (Basispreis oder Strike Price) übersteigt, kommt es zu einer Ausgleichszahlung. Dabei erhält der Cap-Käufer die Differenz zwischen Referenzzins und Strike Price, bezogen auf den Nominalbetrag, vom Cap-Verkäufer. Im Falle eines unter dem Basispreis liegenden Referenzzinsatzes kommt es nicht zur Ausübung des Caps, der dann wertlos verfällt. Für das Cap-Optionsrecht zahlt der Käufer eine Prämie, die in dem Fall der Nichtausübung – abgesehen von Transaktionskosten – seinen maximalen Verlust darstellt. Zu den Vertragsbestandteilen einer Cap-Vereinbarung gehören demnach die Laufzeit, die Zinsobergrenze (Cap), der Referenzzinssatz sowie der zugrunde liegende Nominalbetrag. Ein Cap kann entsprechend auch als Call-Option auf den Referenzzins bezeichnet werden. Die Valutierung erfolgt i.d.R. zwei Geschäftstage nach dem Vertragsabschluss.

Die Ausgleichszahlung findet nachschüssig am Ende der jeweiligen Zinsperiode unter Berücksichtigung der genauen Anzahl der Tage (Act/360-Basis) statt. Die entsprechende Berechnungsformel lautet:[1]

$$\text{Ausgleichszahlung} = \text{Kapitalbetrag} \cdot \max\{(\text{Referenzzinssatz} - \text{Zinsobergrenze}), 0\} \cdot \frac{\text{Tage}}{360}$$

Aufgrund der nachschüssigen Zahlung des Ausgleichs ergibt sich eine zeitliche Differenz zwischen der Ausübung und der Auszahlung der Option. Die Ausübung erfolgt zum Fixing-Termin, an dem die Differenz zwischen Referenzzinssatz und Zinsobergrenze festgestellt wird. Dieses Fixing findet i.d.R. zwei Geschäftstage vor Beginn der jeweils zu sichernden Zinsperiode statt. Die Auszahlung der Option erfolgt jedoch erst später, d.h. am Ende der zugrunde liegenden Zinsperiode.

Ein Cap wird oftmals in Verbindung mit einer variablen Finanzierung herangezogen, so dass die Möglichkeit besteht, variable Zinsaufwendungen für eine bestimmte Zeit in feste Zinsaufwendungen zu transformieren. Wenngleich Caps den Kunden als Paket angeboten werden können, so stellen sie doch vom Finanzierungs- oder Geldanlagegeschäft losgelöst gehandelte Transaktionen dar. Auch ist grundsätzlich eine Veräußerung erworbener Caps während ihrer Laufzeit möglich.[2]

Genau genommen handelt es sich bei einem Cap um eine Serie von Optionen (Caplets) auf Geldmarktzinssätze mit zunehmend längerer Vorlaufzeit. Jedes einzelne Caplet stellt dabei eine isolierte Zinsoption für eine bestimmte Absicherungsperiode dar.

Die Cap-Prämie ist i.d.R. einmalig bei Vertragsabschluss vom Käufer zu zahlen. Allerdings ist auch eine Annualisierung der Prämie möglich, d.h. die Prämie wird in diesem Fall anteilig jährlich gezahlt.[3] In diesen Fällen kann auch vereinbart werden, dass während der Laufzeit der noch ausstehende Prämienbetrag in einem Betrag gezahlt werden kann. Die für die einzelnen Caplets zu zahlenden Preise werden auf Basis der Forward-Zinskurve festgelegt. Falls die jeweilige Forward Rate für eine Absicherungsperiode oberhalb des Basispreises des Cap liegt, weist das Caplet einen inneren Wert auf. Dieser innere Wert könnte in dem Fall, dass die in t_0 kalkulierte Forward Rate zu Beginn der (künftigen) Absicherungsperiode auch tatsächlich dem dann heranzuziehenden Referenzzinssatz entspricht, tatsächlich realisiert werden.[4] Die Laufzeit von Caps kann zwischen 1 und 10 Jahren liegen, wobei der Handelsschwerpunkt bei 1 bis 5 Jahren liegen dürfte.

---

1 Vgl. *Hauser* (1999), S. 198 und *HypoVereinsbank* (2008), S. 46.
2 Vgl. zu diesem und zu den folgenden Abschnitten insbesondere *Heidorn* (2009), S. 199f.; *Deutsch* (2001), S. 60 und S. 320ff.; *Eller* (1999), S. 24 und *Scharpf/Luz* (1996), S. 473ff.
3 Vgl. *Bösch* (2012), S. 108.
4 Vgl. *o.V.* (2003).

Das folgende Beispiel soll der Veranschaulichung dienen: Ein variabel verzinslicher Kredit über € 700.000 (Zinssatz = 6-Monats-Euribor) soll für die folgenden 4 Jahre gegen Zinsschwankungen mit Hilfe eines Caps in Höhe des aktuellen 6-Monats-Euribors von 2,95% abgesichert werden. Der Preis des Caps beträgt (stark vereinfacht) 0,12% s.a. (s.a. = semi annual, d.h. halbjährliche Zahlung). Entsprechend wird ein Cap für 4 Jahre zu 2,95% gegen 6-M-Euribor gekauft, was einem Kauf von 7 einzelnen Optionen entspricht. Dabei bezieht sich das erste Caplet auf die in 6 Monaten beginnende 6-Monats-Periode, während sich das zweite Caplet auf die in 12 Monaten beginnende 6-Monats-Periode bezieht usw. Das siebte Caplet betrifft schließlich die in 42 Monaten beginnende 6-Monats-Periode. Für die erste Periode ist der 6-M-Euribor bereits bekannt, so dass sich eine Absicherung erübrigt. Tabelle F.55 zeigt die Ergebnisse dieser Transaktionen auf, wobei in der zweiten Spalte jeweils die zu Beginn der Periode festgestellten Euribor-Sätze aufgeführt sind, die erst am Ende der jeweiligen Periode zu Zinszahlungen führen.[1]

Zeit in Monaten	Angenommene 6-M-Euribor-Sätze	Kreditzinszahlungen (€)	Cap-Prämie (€)	Ausgleichszahlungen (€)	Gesamte Zahlungen (€)
t_0	2,95%				0
t_6	2,85%	−10.325	−840	0	−11.165
t_{12}	3,20%	−9.975	−840	0	−10.815
t_{18}	3,40%	−11.200	−840	875	−11.165
t_{24}	2,70%	−11.900	−840	1.575	−11.165
t_{30}	2,95%	−9.450	−840	0	−10.290
t_{36}	4,10%	−10.325	−840	0	−11.165
t_{42}	3,50%	−14.350	−840	4.025	−11.165
t_{48}		−12.250		1.925	−10.325

Tab. F.55: Funktionsweise eines Cap

Wie aus der Tabelle ersichtlich, werden die Finanzierungskosten nach oben auf € 11.165 (inkl. Cap-Prämie) begrenzt, was einem Zinssatz von 3,19% p.a. entspricht. Gleichzeitig hat der Cap-Käufer aber noch die Chance, von Zinssenkungen zu profitieren.

In Abbildung F.41 sind die halbjährlichen Finanzierungskosten dieses Beispiels in Abhängigkeit von dem 6-M-Euribor-Zins aufgeführt, wobei die Fälle „mit Cap" und „ohne Cap" unterschieden werden.

---

1 Vgl. auch das Beispiel bei *Heidorn* (2009), S. 199ff.

I. Portfoliomanagement mit Optionen 489

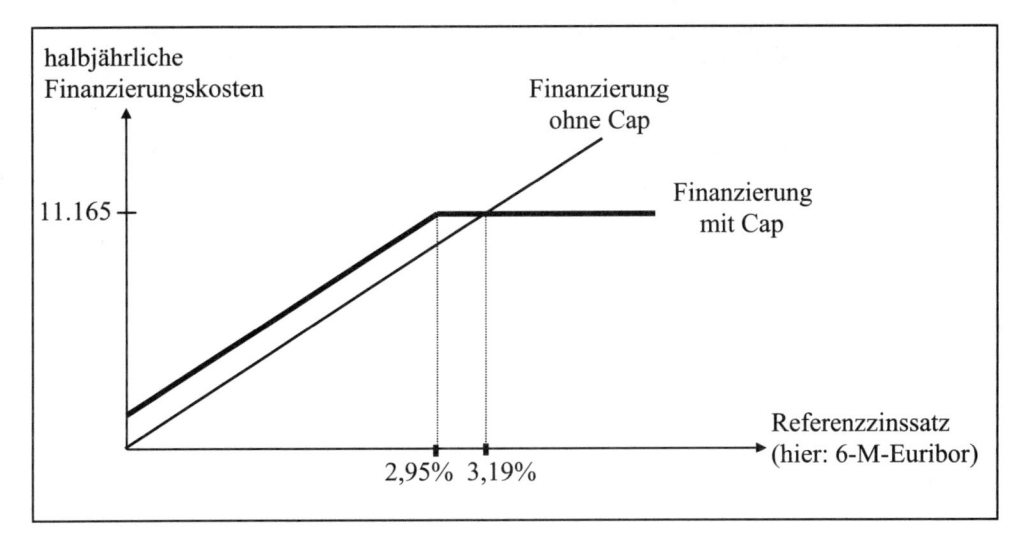

Abb. F.41: Profil eines Caps

In diesem Beispiel wurde ein vereinfachter Caplet-Preis von 0,12% s.a. unterstellt. Nunmehr soll anhand des Modells von *Black* eine realistischere Bewertung von Caps vorgenommen werden.[1] Dieses Modell, bei dem Caps als Portfolio aus mehreren Caplets angesehen werden, hat sich am Markt etabliert und führt für jedes Caplet zu den folgenden Bewertungsformeln:[2]

$$C = NW \cdot \frac{\text{LFZ des Caplets in Tagen}}{360} \cdot e^{(-r_{\text{GesamtLFZ}} \cdot t_{\text{GesamtLFZ}})} \cdot \left(FR \cdot N(d_1) - \text{CapRate} \cdot N(d_2)\right)$$

mit

NW = Nominalwert,
$r_{\text{GesamtLFZ}}$ = Nullkuponzinssatz für die Gesamt-LFZ (Vorlaufzeit + Caplet-Laufzeit),
$t_{\text{GesamtLFZ}}$ = (Vorlaufzeit + Caplet-Laufzeit in Tagen) / 360,
FR = Forward Rate für den Zeitraum Ende Vorlaufzeit bis Ende Caplet-Laufzeit,
CapRate = Strike Price des Cap,

$$d_1 = \frac{\ln\left(\frac{FR}{\text{CapRate}}\right) + 0,5 \cdot \sigma^2 \cdot t_{\text{Vorlaufzeit}}}{\sigma \cdot \sqrt{t_{\text{Vorlaufzeit}}}},$$

$$d_2 = d_1 - \sigma \cdot \sqrt{t_{\text{Vorlaufzeit}}},$$

---
1 Vgl. *Black* (1976), S. 167ff.
2 Vgl. *Heinzel/Knobloch/Lorenz* (2002), S. 144ff.; *o.V.* (2002); *Hauser* (1999), S. 201ff.

σ = Standardabweichung der Forward Rate und
N(d$_i$) = Flächeninhalt unter der Verteilungsdichtefunktion der Standardnormalverteilung.

Hierbei ist zu beachten, dass es sich bei den Zinssätzen entsprechend dem Black-Modell um stetige Zinssätze handeln sollte.[1]

Die Cap-Bewertung soll nunmehr konkret an einem Beispiel aufgezeigt werden. Zugrunde liegen die folgende aktuelle Nullkuponkurve (Zero Curve) und die daraus abgeleiteten Forward Rates als Ausgangsbasis:[2]

Lauf-zeit (Jahre)	Null-kupon-Rendite	Forward Rates (Angaben in %)										
		für	1 Jahr	2 Jahre	3 Jahre	4 Jahre	5 Jahre	6 Jahre	7 Jahre	8 Jahre	9 Jahre	10 Jahre
1	3,00%	in										
2	3,30%	1 Jahr	3,601	3,901	4,068	4,252	4,442	4,635	4,716	4,802	4,891	4,927
3	3,60%	2 Jahren	4,203	4,302	4,469	4,653	4,843	4,903	4,974	5,053	5,075	
4	3,80%	3 Jahren	4,402	4,603	4,803	5,004	5,044	5,104	5,175	5,185		
5	4,00%	4 Jahren	4,804	5,005	5,205	5,205	5,244	5,304	5,297			
6	4,20%	5 Jahren	5,206	5,407	5,339	5,355	5,405	5,379				
7	4,40%	6 Jahren	5,608	5,405	5,405	5,455	5,414					
8	4,50%	7 Jahren	5,203	5,303	5,403	5,365						
9	4,60%	8 Jahren	5,403	5,504	5,420							
10	4,70%	9 Jahren	5,604	5,428								
11	4,75%	10 Jahren	5,251									

Tab. F.56: Beispiel zur Cap-Bewertung: Forward Rates als Ausgangsbasis

Beispielsweise ergeben sich die Forward Rates, die in einem Jahr für zwei bzw. drei weitere Jahre gelten, wie folgt:[3]

$$3,901\% = \sqrt[2]{\frac{[1+0,036]^3}{[1+0,030]^1}} - 1 \quad \text{bzw.} \quad 4,068\% = \sqrt[3]{\frac{[1+0,038]^4}{[1+0,030]^1}} - 1$$

Die Forward Rates, die in zwei Jahren für ein bzw. drei weitere Jahre gelten, lassen sich in der folgenden Weise bestimmen:

---

1 Vgl. *Martin* (2001), S. 398.
2 Vgl. dazu auch die Darstellung bei *Deutsch* (2001), S. 26.
3 Diese Vorgehensweise zur Berechnung der Forward Rates ist in diesem Fall nur deswegen möglich, weil es sich bei den zugrunde liegenden Zinssätzen um Nullkupons handelt. Vgl. dazu insbesondere *Meyer-Bullerdiek* (2003), S. 304f.

$$4{,}203\% = \frac{[1+0{,}036]^3}{[1+0{,}033]^2} - 1 = \sqrt[1]{\frac{[1+0{,}036]^3}{[1+0{,}033]^2}} - 1, \text{ bzw. } 4{,}469\% = \sqrt[3]{\frac{[1+0{,}040]^5}{[1+0{,}033]^2}} - 1$$

Bewertet werden soll ein 10-jähriger Cap mit einer 1-jährigen Vorlaufzeit, d.h. das 1. Caplet beginnt nach 1 Jahr (t_1) und endet nach einem weiteren Jahr (t_2), das 2. Caplet beginnt nach 2 Jahren (t_2) und endet nach einem weiteren Jahr (t_3) usw. Das letzte bzw. 9. Caplet beginnt nach 9 Jahren (t_9) und endet nach einem weiteren Jahr (t_{10}).

Wie bereits oben aufgezeigt, hat ein Caplet einen inneren Wert, wenn die Forward Rate für die jeweilige Absicherungsperiode größer ist als die Zinsobergrenze. Zusätzlich ist ein Zeitwert zu berücksichtigen als Entgelt für die Unsicherheit bzgl. der tatsächlichen Entwicklung des Referenzzinses in der Zukunft. Je länger die Restlaufzeit und je höher die Zins-Volatilitäten sind, desto größer ist die entsprechende Unsicherheit. Letztere nimmt in den Fällen ab, in denen die Forward Rate weit unter oder über dem Basispreis des Cap liegt; denn in diesen Fällen ist die Optionsausübung sehr unwahrscheinlich bzw. wahrscheinlich.

In dem vorliegenden Beispiel soll der Basispreis des Cap (Cap-Rate) bei 5% liegen. Zugrunde liegt ein Nominalvolumen von € 500.000. Zur Cap-Bewertung werden darüber hinaus noch Angaben zu den Volatilitäten der Forward Rates benötigt, deren angenommene Werte in der untenstehenden Tabelle abzulesen sind. Die jeweiligen Zinssätze für die Gesamtlaufzeit ($r_{GesamtLFZ}$) können der o.g. Nullkuponkurve entnommen werden, wobei es sich bei den dortigen Angaben um diskrete Zinssätze handelt. Der Einfachheit halber werden in dem untenstehenden Beispiel diese diskreten Zinssätze herangezogen, obwohl entsprechend dem Black-Modell stetige Renditen zugrunde gelegt werden müssten.

Somit ergeben sich die in den Tabellen F.57 und F.58 dargestellten Ergebnisse. Zur Ermittlung des gesamten Cap-Preises können die Fair Values der einzelnen Caplets aufsummiert werden:

23,41 + 767,25 + 1.548,40 + 2.795,21 + 3.750,73 + 4.630,48 + 3.895,89 + 4.530,35 + 4.547,29

= € 26.489,01 = aktueller Fair Value des Cap

Auffällig ist der relativ hohe Preis des Caplets, das eine Vorlaufzeit von 6 Jahren aufweist. Zurückzuführen ist dieser Preis auf die relativ hohe Forward Rate für diesen Zeitraum, so dass ein entsprechend hoher innerer Wert zu der dargestellten Caplet-Prämie führt.[1]

---

1 Die über die Nachrichtensysteme veröffentlichten Quotierungen von Caps und Floors können sowohl in Prozent des Nominalwertes als auch in impliziten Volatilitäten für das Bewertungsmodell von *Black* erfolgen. Vgl. *Bohn* (2002), S. 172.

Vorlaufzeit in Tagen (t)	360	720	1080	1440	1800
Nullkuponsatz für die gesamte Laufzeit	3,30%	3,60%	3,80%	4,00%	4,20%
Volatilität der Forward Rate	16%	18%	19%	20%	19%
Aktuelle Forward Rate für die Caplet-Laufzeit	3,6009%	4,2026%	4,4023%	4,8039%	5,2058%
Vorlaufzeit in Jahren (360 Tage pro Jahr)	1,00	2,00	3,00	4,00	5,00
d_1	−1,97163	−0,55520	−0,22230	0,099955	0,307359
d_2	−2,13163	−0,80976	−0,55139	−0,30004	−0,11749
Standardnormalverteilung $N(d_1)$	0,024326	0,289379	0,412041	0,539810	0,620715
Standardnormalverteilung $N(d_2)$	0,016518	0,209040	0,290684	0,382072	0,453234
Laufzeit des Caplets in Jahren	1,00	1,00	1,00	1,00	1,00
Gesamtlaufzeit in Jahren	2,00	3,00	4,00	5,00	6,00
Fair-Value des Caplets	23,41	767,25	1.548,40	2.795,21	3.750,73

Tab. F.57: Beispiel zur Cap-Bewertung, Teil 1

Vorlaufzeit in Tagen (t)	2.160	2.520	2.880	3.240
Nullkuponsatz für die gesamte Laufzeit	4,40%	4,50%	4,60%	4,70%
Volatilität der Forward Rate	18%	19%	20%	18%
Aktuelle Forward Rate für die Caplet-Laufzeit	5,6081%	5,2027%	5,4035%	5,6043%
Vorlaufzeit in Jahren (360 Tage pro Jahr)	6,00	7,00	8,00	9,00
d_1	0,480762	0,330395	0,420022	0,481294
d_2	0,039854	−0,172297	−0,145664	−0,058706
Standardnormalverteilung $N(d_1)$	0,684657	0,629449	0,662765	0,684846
Standardnormalverteilung $N(d_2)$	0,515895	0,431602	0,442093	0,476593
Laufzeit des Caplets in Jahren	1,00	1,00	1,00	1,00
Gesamtlaufzeit in Jahren	7,00	8,00	9,00	10,00
Fair-Value des Caplets	4.630,48	3.895,89	4.530,35	4.547,29

Tab. F.58: Beispiel zur Cap-Bewertung, Teil 2

b. Floors

Ein Floor stellt als Zinsuntergrenze das Gegenstück zum Cap dar und kann entsprechend zur Absicherung gegen fallende Zinsen eingesetzt werden. Da es sich beim Floor um die Vereinbarung einer Zinsuntergrenze für eine variabel verzinsliche Anlage handelt, erhält der Floor-Käufer in dem Fall Ausgleichszahlungen vom Floor-Verkäufer, wenn der Referenzzinssatz den Basispreis unterschreitet.

Abbildung F.42 zeigt die Abhängigkeit der Rendite einer variabel verzinslichen Anlage vom Referenzzinssatz für den Fall, dass ein Floor mit einem Basispreis von 2,95% gekauft worden ist, wobei hier zunächst wiederum von einem vereinfachten Floor-Preis von 0,24% p.a. ausgegangen wird.

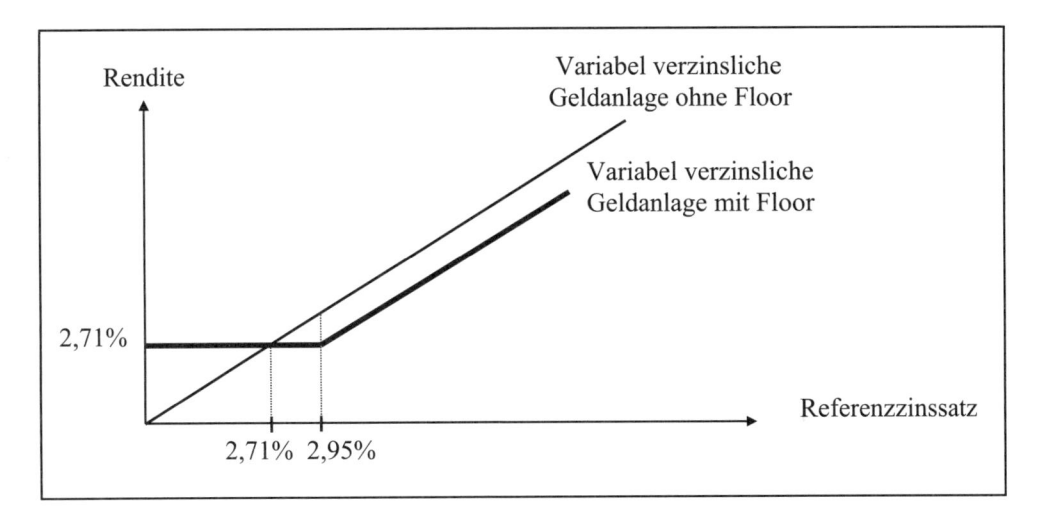

Abb. F.42: Profil eines Floors

Auch zur Floor-Bewertung kann das Modell von *Black* herangezogen werden. Entsprechend der Bewertungsformel kann der Floor-Preis wie folgt berechnet werden:[1]

$$P = NW \cdot \frac{\text{LFZ des Floorlets in Tagen}}{360} \cdot e^{(-r_{GesamtLFZ} \cdot t_{GesamtLFZ})} \cdot (\text{FloorRate} \cdot N(-d_2) - FR \cdot N(-d_1))$$

mit

NW = Nominalwert,
$r_{GesamtLFZ}$ = Nullkuponzinssatz für die Gesamt-Laufzeit (Vorlaufzeit + Floorlet-Laufzeit),
$t_{GesamtLFZ}$ = (Vorlaufzeit + Floorlet-Laufzeit in Tagen) / 360,
FR = Forward Rate für den Zeitraum Ende Vorlaufzeit bis Ende Floorlet-Laufzeit,
FloorRate = Strike Price des Floors,

---

1 Vgl. *Hauser* (1999), S. 203.

494   F. Zeitgemäße Instrumente des professionellen Portfoliomanagements: Derivate

$$d_1 = \frac{\ln\left(\frac{FR}{FloorRate}\right) + 0,5 \cdot \sigma^2 \cdot t_{Vorlaufzeit}}{\sigma\sqrt{t_{Vorlaufzeit}}}, \quad d_2 = d_1 - \sigma\sqrt{t_{Vorlaufzeit}},$$

σ   = Standardabweichung der Forward Rate und
$N(d_i)$ = Flächeninhalt unter der Verteilungsdichtefunktion der Standardnormalverteilung.

Hierbei ist wiederum zu beachten, dass es sich bei den Zinssätzen entsprechend dem Black-Modell um stetige Zinssätze handeln sollte.[1]

Ein Floorlet hat einen inneren Wert, wenn die Forward Rate für die jeweilige Absicherungsperiode kleiner ist als der Basispreis des Floors. Entsprechend nimmt der Zeitwert eines Floors ab, wenn die Forward Rate weit unter oder über dem Basispreis des Floors liegt, da in diesen Fällen die Optionsausübung sehr wahrscheinlich bzw. unwahrscheinlich ist.

Auch ein Floor soll im Folgenden beispielhaft bewertet werden, wobei auch hier wiederum aus Vereinfachungsgründen nicht die (eigentlich notwendigen) stetigen Zinssätze, sondern diskrete Zinssätze verwendet werden. Die Zero Curve mit den daraus abgeleiteten Forward Rates soll der im obigen Cap-Beispiel zugrunde gelegten entsprechen.

Der Basispreis des zu bewertenden Floors (Floor-Rate) beläuft sich auf 4,0% bei einem zugrunde liegenden Nominalvolumen von wiederum € 500.000. Somit ergeben sich die folgenden Ergebnisse:

Vorlaufzeit in Tagen (t)	360	720	1080	1440	1800
Nullkuponsatz für die gesamte Laufzeit	3,30%	3,60%	3,80%	4,%	4,20%
Volatilität der Forward Rate	16%	18%	19%	20%	19%
Aktuelle Forward Rate für die Floorlet-Laufzeit	3,6009%	4,2026%	4,4023%	4,8039%	5,2058%
Vorlaufzeit in Jahren (360 Tage pro Jahr)	1,00	2,00	3,00	4,00	5,00
d_1	–0,57699	0,321391	0,455764	0,657814	0,832585
d_2	–0,73699	0,066833	0,126674	0,257814	0,407732
Standardnormalverteilung $N(d_1)$	0,718026	0,373957	0,324280	0,255329	0,202539
Standardnormalverteilung $N(d_2)$	0,769435	0,473357	0,449599	0,398275	0,341735
Laufzeit des Floorlets in Jahren	1,00	1,00	1,00	1,00	1,00
Gesamtlaufzeit in Jahren	2,00	3,00	4,00	5,00	6,00
Fair-Value des Floorlets	**2.303,91**	**1.444,42**	**1.592,62**	**1.500,48**	**1.214,70**

Tab. F.59: Beispiel zur Floor-Bewertung, Teil 1

---

1 Vgl. *Martin* (2001), S. 398.

Vorlaufzeit in Tagen (t)	2.160	2.520	2.880	3.240
Nullkuponsatz für die gesamte Laufzeit	4,40%	4,50%	4,60%	4,70%
Volatilität der Forward Rate	18%	19%	20%	18%
Aktuelle Forward Rate für die Floorlet-Laufzeit	5,6081%	5,2027%	5,4035%	5,6043%
Vorlaufzeit in Jahren (360 Tage pro Jahr)	6,00	7,00	8,00	9,00
d_1	0,986862	0,774292	0,814488	0,894522
d_2	0,545953	0,271599	0,248802	0,354522
Standardnormalverteilung $N(d_1)$	0,161855	0,219379	0,207683	0,185521
Standardnormalverteilung $N(d_2)$	0,292549	0,392965	0,401757	0,361474
Laufzeit des Floorlets in Jahren	1,00	1,00	1,00	1,00
Gesamtlaufzeit in Jahren	7,00	8,00	9,00	10,00
Fair-Value des Floorlets	964,57	1.501,75	1.602,34	1.269,31

Tab. F.60: Beispiel zur Floor-Bewertung, Teil 2

Zur Ermittlung des gesamten Floor-Preises können die Fair Values der einzelnen Floorlets aufsummiert werden:

2.303,91 + 1.444,42 + 1.592,62 + 1.500,48 + 1.214,70 + 964,57 + 1.501,75 + 1.602,34 + 1.269,31 = € 13.394,09 = aktueller Fair Value des Floors.

Auffällig ist der relativ niedrige Preis des Floorlets, das eine Vorlaufzeit von 6 Jahren aufweist. Zurückzuführen ist dieser Preis auf die relativ hohe Forward Rate, bei der die Wahrscheinlichkeit einer Ausübung der Option abnimmt, so dass der Zeitwert sinkt.

c. Collars

Caps und Floors können auch miteinander kombiniert werden. Im Ergebnis wird dann von einem Collar gesprochen. Beispielsweise setzt sich eine Long Collar Position aus einem Long Cap und einem gleichzeitigen Short Floor zusammen. Eine solche Position führt dazu, dass der Käufer des Collars für den Fall, dass der Referenzzins die Zinsobergrenze überschreitet, eine Ausgleichszahlung erhält, während er im Fall des Unterschreitens der Zinsuntergrenze selbst eine Ausgleichszahlung an den Verkäufer des Collars leisten muss. Grundsätzlich geht der Käufer von steigenden Zinsen aus und hält das Unterschreiten der Zinsuntergrenze für unwahrscheinlich. Somit kann er die Kosten des Cap-Kaufs durch die erhaltene Prämie aus dem Floor-Verkauf senken.

Das Profil eines Collars gemäß Abbildung F.43 dargestellt werden.

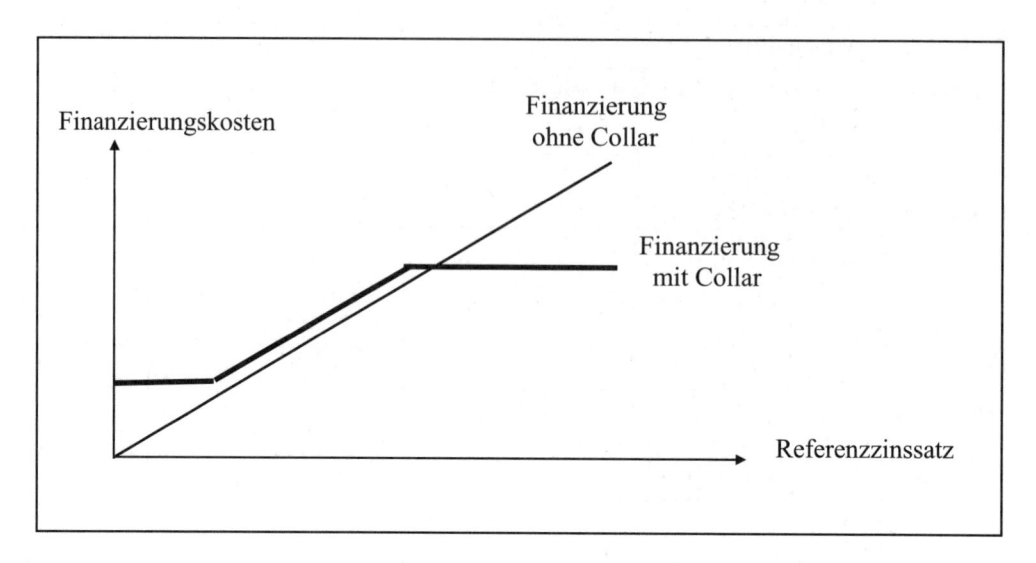

Abb. F.43: Profil eines Collars

Bezogen auf das obige Beispiel, kann der Preis für einen Long Collar mit einer Cap Rate von 5,00% (Long Cap) und einer Floor Rate von 4,00% (Short Floor) sowie einer Gesamtlaufzeit von 10 Jahren bei einer 1-jährigen Vorlaufzeit in der in Tabelle F.61 dargestellten Weise bestimmt werden, wobei insgesamt 9 Caplets und Floorlets mit einer jeweiligen Laufzeit von 1 Jahr zugrunde liegen.

	Caplet 1	Caplet 2	Caplet 3	Caplet 4	Caplet 5
Aufwand	–23,41	–767,25	–1.548,40	–2.795,21	–3.750,73
	Floorlet 1	Floorlet 2	Floorlet 3	Floorlet 4	Floorlet 5
Erlös	2.303,91	1.444,42	1.592,62	1.500,48	1.214,70
Gesamt	2.280,50	677,17	44,22	–1.294,73	–2.536,04

	Caplet 6	Caplet 7	Caplet 8	Caplet 9	SUMME
Aufwand	–4.630,48	–3.895,89	–4.530,35	–4.547,29	–26.489,01
	Floorlet 6	Floorlet 7	Floorlet 8	Floorlet 9	
Erlös	964,57	1.501,75	1.602,34	1.269,31	13.394,09
Gesamt	–3.665,92	–2.394,14	–2.928,00	–3.277,98	–13.094,92

Tab. F.61: Beispiel zur Collar-Bewertung

Der aktuelle Preis dieses Long Collars beläuft sich somit auf € 13.094,92. Insofern kann in diesem Beispiel der Aufwand für den Cap-Kauf durch den gleichzeitigen Verkauf des Floors um über die Hälfte reduziert werden.

d. Optionen auf Zins-Futures an der Eurex

Bei einer Option auf Zins-Futures handelt es sich um ein zweifach derivatives Instrument, da auch das Underlying ein Derivat ist. Der Optionsinhaber erwirbt mit der Option das Recht, zum Basispreis eine Long-Position (im Falle eines Calls) oder eine Short-Position (im Falle eines Puts) im zugrunde liegenden Future einzugehen. Der Verkäufer erhält die entsprechenden Gegenpositionen, d.h. im Falle der Call-Ausübung eine Short-Future-Position und im Falle einer Put-Ausübung eine Long-Future-Position. Im Falle der Ausübung durch den Optionskäufer erfolgt an der Terminbörse die Einbuchung der entsprechenden Futuresposition beim Käufer und der Gegenposition beim Verkäufer der Option. Im Vergleich zur Lieferung von z.B. Aktien bei Aktienoptionen kann davon ausgegangen werden, dass eine Einbuchung günstiger ist.

Charakteristisch für die Optionen auf Zins-Futures an der Eurex ist das sog. Future-style-Verfahren. So muss der Optionskäufer beim Optionskauf keine Optionsprämie zahlen. Vielmehr leistet er Zahlungen im Rahmen des täglichen Gewinn- und Verlustausgleichs (Variation Margin). Im Vergleich zur klassischen Option kann davon ausgegangen werden, dass die Optionsprämie bei Optionen auf Zins-Futures etwas höher liegt, da der Optionsverkäufer auf die sofortige Gutschrift der gesamten Prämie verzichtet. Insofern erhält er auch keine Zinseinnahmen aus der Anlage der Prämie.

Wird die Option ausgeübt oder verfällt sie, so ist der Optionskäufer zur Zahlung der noch nicht bezahlten Prämie verpflichtet. Falls der Optionspreis am Ende der Laufzeit bei Null steht, so hat der Optionskäufer aufgrund des täglichen Gewinn- und Verlustausgleichs nach und nach die gesamte Prämie an den Verkäufer gezahlt.

Das folgende Beispiel soll das Future-style-Verfahren bei Optionen auf Zins-Futures verdeutlichen: Ein Marktteilnehmer erwirbt am Tag 1 insgesamt 20 Call-Optionen auf den Euro-Bund-Future mit einem Basispreis von 102,00%. Der Optionspreis bei Kauf beträgt 1,7%. Die Option soll bereits nach 4 Tagen ausgeübt werden. Dies ist bei der Option auf den Euro-Bund-Future möglich, da es sich um eine amerikanische Option handelt. Der Euro-Bund-Future soll am 4. Tag bei 103,95% notieren. Die Optionsposition soll die folgende Entwicklung genommen haben, wobei zu berücksichtigen ist, dass ein sogenannter Tick in diesem Fall einen Wert von € 10 hat:

Tag	Options-preis[1]	Differenz in Ticks	Variation Margin in €	Kontosaldo in € (ohne Additional Margin)
1	1,70%			
1 (Tagesende)	1,90%	20	4.000	4.000
2	1,80%	–10	–2.000	2.000
3	2,10%	30	6.000	8.000
4	2,30%	20	4.000	12.000
Glattstellungserfolg				12.000

Tab. F.62: Future-style-Verfahren bei Optionen auf den Euro-Bund-Future

Entsprechend hat sich auf dem Margin-Konto ein Betrag von € 12.000 angesammelt. Da nunmehr die Option ausgeübt wird, muss der Optionskäufer die noch nicht bezahlte Opti-

---

[1] Die %-Sätze beziehen sich auf den Underlying-Nominalwert des Futures in Höhe von € 100.000.

onsprämie zahlen. Bei einem Optionspreis von 2,30% würde dies zu einer Zahlung von € 46.000 führen, wie die folgende Rechnung zeigt:

$$\frac{(0\% - 2,30\%)}{0,01\%} \cdot 10 \frac{\text{€}}{\text{Tick}} \cdot 20 \text{ Kontrakte} = -230 \text{ Ticks} \cdot 10 \frac{\text{€}}{\text{Tick}} \cdot 20 = \text{€} -46.000$$

Da aber auf dem Margin-Konto ein Betrag von € 12.000 gutgeschrieben worden ist, zahlt der Optionsinhaber bei Ausübung per saldo einen Betrag von € 34.000 (= € 46.000 − € 12.000). Gleichzeitig wird eine Long Euro-Bund-Future Position für ihn eingebucht, wobei für diese Position eine Variation Margin von € 39.000 vorliegt:

$$\frac{(103,95\% - 102,00\%)}{0,01\%} \cdot 10 \frac{\text{€}}{\text{Tick}} \cdot 20 \text{ Kontrakte} = 195 \text{ Ticks} \cdot 10 \frac{\text{€}}{\text{Tick}} \cdot 20 = \text{€ } 39.000$$

Damit ergibt sich aufgrund der positiven Entwicklung des Euro-Bund-Futures in diesem Fall ein Gesamterfolg, falls auch die Future-Position glattgestellt wird, von € 5.000 (= 12.000 − 46.000 + 39.000).

Zu berücksichtigen ist in der Praxis jedoch noch die Hinterlegung von Sicherheitsleistungen durch Käufer und Verkäufer in Form einer Additional Margin, die in Abhängigkeit von einer angenommenen maximalen Schwankung des Basiswertes und daraus abgeleiteter Optionspreise bis zum folgenden Tag berechnet wird. In dem obigen Beispiel müsste sie noch berücksichtigt werden, da evtl. für die Futuresposition eine zusätzliche Additional Margin erforderlich wird.

An der Eurex werden Optionen auf die folgenden Fixed Income Futures gehandelt: Euro-Schatz-Futures, Euro-Bobl-Futures und Euro-Bund-Futures. Bei den Optionen auf den Euro-Schatz- und den Euro-Bobl-Futures beträgt die minimale Preisveränderung jeweils 0,005 Punkte bzw. € 5. Hingegen beläuft sie sich bei der Option auf den Euro-Bund-Futures auf 0,01 Punkte bzw. € 10. Darüber hinaus werden an der Eurex auch Optionen auf den Dreimonats-Euribor-Futures gehandelt.[1]

Eingesetzt werden können Optionen auf Zins-Futures beispielsweise zur Absicherung von Zinspositionen im Portfolio gegen steigende Marktzinsen. Gleichzeitig eröffnet eine Optionsposition im Gegensatz zur Futureposition die Möglichkeit, an günstigen Zinsentwicklungen teilzuhaben. Falls beispielsweise das Marktzinsniveau sinkt und der abzusichernde Bestand an Anleihen Kursgewinne verzeichnen kann, so würde eine Option auf eine Short Euro-Bund-Future-Position nicht ausgeübt. Allerdings wird der Kursgewinn bei den Anleihen durch die gezahlte Optionsprämie verringert.

7. Der Einsatz von Devisenoptionen

Devisenoptionen, die auch als FX Optionen[2] bezeichnet werden können, wurden erstmals im Jahr 1982 an der Philadelphia Stock Exchange gehandelt. Nachdem diese Instrumente zunächst an Terminbörsen gehandelt wurden, werden Devisenoptionen mittlerweile vor

---

1 Vgl. *Eurex* (2013a), S. 163ff. und S. 173ff.
2 FX steht für Forex bzw. Foreign Exchange.

allem am OTC-Markt gehandelt, was damit zusammenhängt, dass die FX Spot Märkte weltweit in den elektronischen Handel übergingen.[1]

Der Inhaber einer Devisenoption hat das Recht, einen bestimmten Fremdwährungsbetrag zu einem bestimmten Termin zum Basispreis zu kaufen bzw. zu verkaufen. Grundsätzlich besteht eine Devisenoption aus zwei einzelnen Optionen. So beinhaltet eine € FX Call-Option, die an einer amerikanischen Terminbörse gehandelt wird, einerseits das Recht, die Währung € zu einem bestimmten Basispreis (z.B. $ 1,05) zu kaufen, und andererseits das Recht, die Währung $ zu verkaufen. Mithin handelt es sich also in diesem Fall um einen $-Put/€-Call. Bei dieser Option würde nur in dem Fall eine Ausübung stattfinden, wenn der $ unter den Basispreis von $ 1,05 pro € fallen würde bzw. der € über den Basispreis von $1,05 pro € ansteigen würde.[2]

Die Bewertung von Devisenoptionen erfolgt üblicherweise mit Hilfe des Garman-Kohlhagen-Modells als Erweiterung des Black-Scholes-Modells. Anders als z.B. bei Aktienoptionen wird bei der Bewertung von Devisenoptionen entsprechend berücksichtigt, dass der Optionspreis von den beiden risikolosen Zinssätzen der jeweiligen Währungen abhängt. Entsprechend kann der Preis für europäische Call- und Put-Optionen wie folgt ermittelt werden:[3]

$$C = K \cdot e^{-r_{Aus} \cdot t} \cdot N(d_1) - B \cdot e^{-r_{Inl} \cdot t} \cdot N(d_2), \quad P = -K \cdot e^{-r_{Aus} \cdot t} \cdot N(-d_1) + B \cdot e^{-r_{Inl} \cdot t} \cdot N(-d_2)$$

mit

$$d_1 = \frac{\ln \frac{K}{B} + (r_{Inl} - r_{Aus} + 0,5 \cdot \sigma^2) \cdot t}{\sigma \cdot \sqrt{t}}$$

$$d_2 = d_1 - \sigma \cdot \sqrt{t}$$

C	=	Callpreis,
P	=	Putpreis,
K	=	Devisenkassakurs,
B	=	Basispreis,
r_{Aus}	=	ausländischer risikoloser Zinssatz p.a. bis zur Fälligkeit der Option (stetige Rendite),
r_{Inl}	=	inländischer risikoloser Zinssatz p.a. bis zur Fälligkeit der Option (stetige Rendite),
e	=	Euler'sche Zahl = 2,718281828,
$N(d_i)$	=	Flächeninhalt unter der Verteilungsdichtefunktion der Standardnormalverteilung
σ	=	erwartete Volatilität des Aktienkurses p.a.,
t	=	Restlaufzeit des Calls in Jahren und
ln	=	natürlicher Logarithmus.

---

1 Vgl. *Flavell* (2002), S. 323.
2 Vgl. *Avenarius* (1999), S. 392.
3 Vgl. *Garman/Kohlhagen* (1983), S. 231ff.; *Flavell* (2002), S. 320f. und *Heinzel/Knobloch/Lorenz* (2002), S. 203f.

Angenommen, die Kontraktspezifikationen von €/$ Devisenoptionen sehen ein Volumen von € 10.000 vor und die Notierung erfolgt in US-Cents pro Einheit Fremdwährung: In diesem Fall würde bei einem angenommenen Optionspreis von 1,76 US-Cent pro € und einem Basispreis der Option von beispielsweise $ 1,05 pro € ein Kontrakt $ 176 (= 0,0176 $/€ · € 10.000) kosten. Der Käufer dieses Kontraktes hätte damit das Recht zum Kauf von € 10.000 gegen Zahlung von $ 10.500 (= € 10.000 · 1,05 $/€) erworben.[1]

Im Hinblick auf die Einsatzmöglichkeiten von Devisenoptionen soll hier auf die Möglichkeiten der Absicherung von Devisenpositionen eingegangen werden. Zur Absicherung gegen einen steigenden €-Kurs (bzw. fallenden $-Kurs) können entsprechende €/$-Call-Optionen eingesetzt werden. Gegen einen fallenden €-Kurs wird die entsprechende Put-Option herangezogen.

Das folgende Beispiel zeigt die Absicherungswirkung auf. Am 14.1.2020 soll eine Forderung in Höhe von $ 10 Mio gegen Kursverluste des $ (bzw. Kursgewinne des €) abgesichert werden. Der aktuelle Devisenkurs €/$ beträgt $ 1,0526, d.h. € 1 kostet $ 1,0526.[2] Umgekehrt entspricht damit $ 1 einem Preis von € 0,950028501. Zur Absicherung sollen €/$ Call-Optionen mit einer Laufzeit von 3 Monaten, einem Kontraktvolumen von € 10.000 und einem Basispreis von 1,05 $/€ gekauft werden. Die Anzahl einzusetzender Kontrakte soll hier nach dem einfachen Nominalwertprinzip ermittelt werden, wobei ein 1:1 Fixed-Hedge unterstellt wird. Entsprechend werden 950 Kontrakte eingesetzt:

$$\frac{\text{Nennwert Kassaposition}}{\text{Nennwert Optionsposition}} = \frac{€\ 9.500.285,01}{€\ 10.000} = 950,0285 = 950\ \text{Kontrakte}$$

Der Optionspreis, der in diesem Beispiel willkürlich gewählt ist, soll $ 0,0176 pro € betragen (s.o.). Hieraus ergibt sich ein gesamter Kapitaleinsatz für die Optionsposition von $ 167.200 (= 0,0176 $/€ · € 10.000 · 950) bzw. € 158.844,77 (= $ 167.200 · 0,950028501 €/$).

Am 4.2.2020, d.h. 21 Tage später, soll der Devisenkurs €/$ bei 1,0695 liegen, d.h. € 1 entspricht $ 1,0695 bzw. $ 1 entspricht € 0,935016363. Da keine weiteren $-Kursverluste erwartet werden, soll die Optionsposition wieder glattgestellt werden. Der Optionspreis, der wiederum willkürlich gewählt ist, steht mittlerweile bei $ 0,0345 pro €. Aus diesen Angaben lassen sich folgende Ergebnisse ableiten:

Erfolg der $-Forderung
= $ 10 Mio · (0,935016 €/$ − 0.950029 €/$) = € − 150.121,38

Erlös aus der Optionsposition
= 0,0345 $/€ · € 10.000 · 950 = $ 327.750
= $ 327.750 · 0,935016363 €/$ = € 306.451,61

---

1 Vgl. *Hull* (2003), S. 276.
2 Damit wird in diesem Beispiel die übliche Darstellung des Devisenkurses herangezogen, d.h. eine Währungsnotierung €/$ zeigt hier den Wert eines € ausgedrückt in $ an. Vgl. *Bösch* (2012), S. 122. In dem vorliegenden Buch kann €/$ aber auch bedeuten, dass Euro pro US-Dollar gemeint ist. Dies ist jeweils aus dem entsprechenden Zusammenhang erkennbar.

Zur Bestimmung des Gesamterfolges aus beiden Positionen ist noch die gezahlte Optionsprämie zu berücksichtigen:

Gesamterfolg am 04.02.2020
= € –150.121,38 + (€ 306.451,61 – € 158.844,77) = € –2.514,53

Der negative Gesamterfolg kann verschiedene Ursachen haben. So ist er z.T. darauf zurückzuführen, dass der $ gefallen ist und somit die gezahlte Optionsprämie von $ 167.200 noch relativ mehr € entsprachen als der Optionserlös in Höhe von $ 327.750. Darüber hinaus entspricht auch der Optionspreis möglicherweise nicht dem fairen Preis. Auch die Anzahl der einzusetzenden Kontrakte kann noch durch das Optionsdelta korrigiert werden, so dass mehr Kontrakte zur Absicherung eingesetzt worden wären.[1]

8. Der Einsatz exotischer Optionsvarianten

Der Einsatz sogenannter exotischer Optionen hat beim Anwender im Wesentlichen einen Einzelfallcharakter. Während Investoren ein sehr spezifisches, aber genau definiertes Einzelrisiko suchen, fragen Schuldner aufgrund ihrer unterschiedlichen Zins- und Währungspositionen maßgeschneiderte Antworten auf ein spezifisches Portfolio von Risiken nach. Für diese Anforderungen sind vor allem in den angelsächsischen Ländern zahlreiche Produkte entwickelt worden. Die Ausprägungen des Optionselements in bedingten Auszahlungen sind dabei Gegenstand aller möglichen Varianten und Kombinationen.

Im Folgenden sollen einige wichtige Varianten dieser Exotic Options näher erläutert werden. Dabei liegt die Intention vor allem darauf, die Flexibilität sowie die Einsatzmöglichkeiten dieser Instrumente aufzuzeigen. Grundsätzlich lassen sich die vorgestellten Optionsformen im Devisen-, Aktien- und Zinsmanagement einsetzen. Der Schwerpunkt ihres Einsatzes liegt bei den im Folgenden zunächst erläuterten Optionen im Devisen- und Aktienmanagement:

- Barrier Options,
- Cliquet Options,
- Ratchet Options,
- Compound Options,
- „As you like it" Options,
- Average Rate Options,
- Basket Options,
- Binary Options,
- Contingent Premium Options,
- Lookback Options,
- Range Options,
- Power Options,
- Exploding Options und
- Low Exercise Price Options (LEPOs).

---

[1] Vgl. z.B. *Schierenbeck/Lister/Kirmße* (2008), S. 435f.

Anschließend wird auf Optionsvarianten eingegangen, die sich vornehmlich im Zinsmanagement einsetzen lassen:

- Barrier Caps und Floors
- Contingent Premium Caps und Floors.

a. Exotische Optionen im Devisen- und Aktienmanagement

aa. Barrier Options

Barrier Options haben im Vergleich zu herkömmlichen Optionen einen zusätzlichen Bestimmungsparameter bzw. eine weitere „Grenze", die sogenannte „Barrier" oder „Trigger", bei deren Erreichen sich der Optionscharakter verändert. Wird diese Grenze erreicht, verliert die Option entweder ihre Wirkung („Knock-Out"-Option), oder sie wird erst mit Erreichen der Grenze wirksam („Knock-In"-Option). Besteht die Option bei Fälligkeit, so kann der Inhaber diese wie eine herkömmliche Option ausüben.

Der Vorteil dieser Instrumente besteht in der – im Vergleich zu klassischen Optionen – niedrigeren Optionsprämie, wobei die Größe dieses Vorteils von dem Basispreis (Strike), von der Art der Option (Knock-In bzw. Knock-Out) und von der Wahl der Barrier abhängt. Grundsätzlich gilt, dass der Abstand zwischen dem Wert einer Knock-In-Option und dem Wert einer Standardoption um so geringer wird, je mehr sich der aktuelle Kassakurs der Barrier annähert. Dabei erhöht sich die Wahrscheinlichkeit, dass die Option wirksam wird. Die folgende Grafik zeigt sowohl die preisliche Entwicklung einer Standardoption ($ Call/€ Put, Basispreis bzw. Strike: 1,00), als auch die einer Knock-In-Option (Barrier von 0,95):

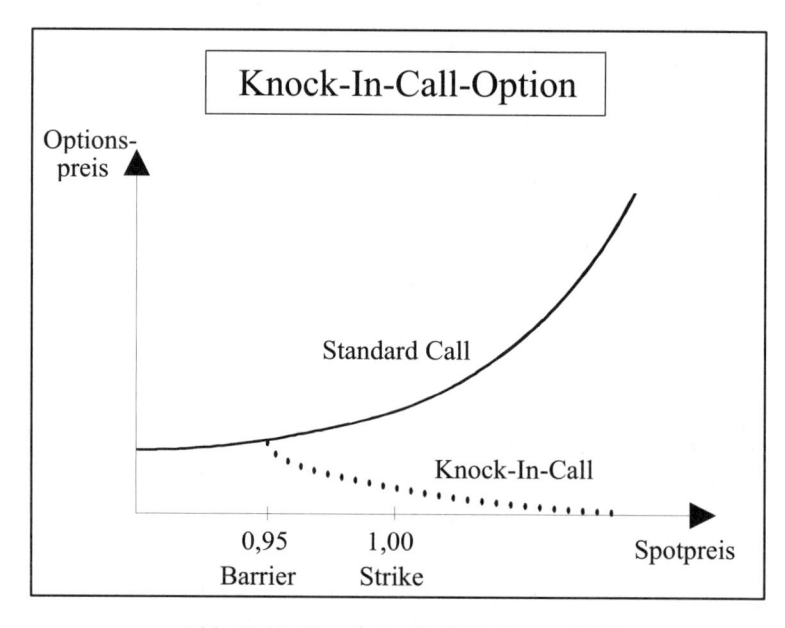

Abb. F.44: Knock-In-Call-Option auf €/$

Bei dieser Variante der Knock-In-Option liegt die Barrier unterhalb des aktuellen Spot Preises. Der Inhaber der Knock-In-Option kann diese nicht ausüben, solange die Option nicht auf dem Barrier-Niveau gehandelt wird. Eine solche Option ist für Hedging-Strategien nicht sehr geeignet, weil der Hedger ohne Schutz beginnt und auf das Erreichen der Barrier warten muss, bevor sein Hedge aktiviert wird.

Darüber hinaus gilt eine weitere Variante der Knock-In-Option, die sogenannte Reverse Knock-In-Option als hochspekulative Option. Die preisliche Entwicklung dieser Option, deren Barrier oberhalb des Spot-Preises liegt, kann wie folgt dargestellt werden:

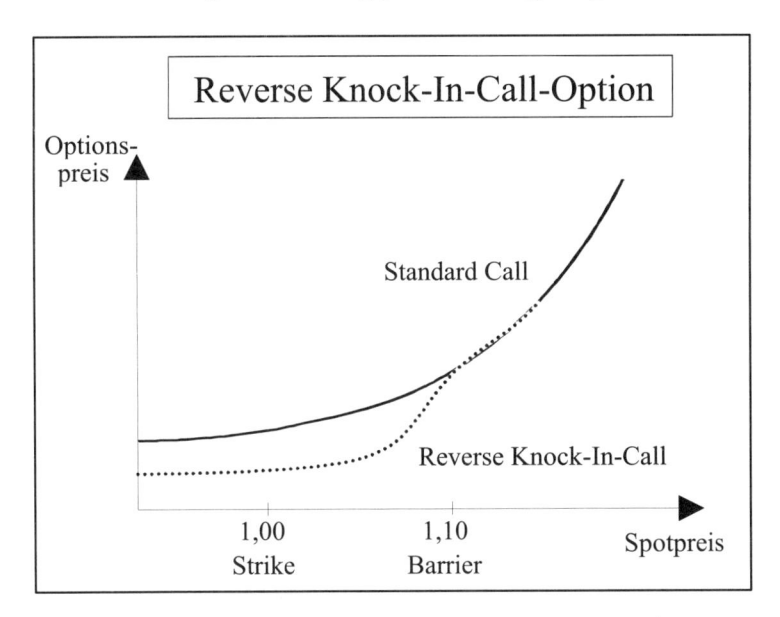

Abb. F.45: Reverse Knock-In-Call-Option auf €/$

Auffallend sind die großen Preisveränderungen, sobald der Spot-Preis in die Nähe der Barrier kommt. Nach Erreichen der Barrier von 1,10 entsprechen sich die Optionspreise der Reverse Knock-In- und der herkömmlichen Call-Option. Reverse Knock-In-Calls werden vor allem dann eingesetzt, wenn davon ausgegangen wird, dass es zu einem sehr starken Anstieg des Wechselkurses kommt. In einem solchen Fall kann eine Option mit einem Basispreis von 1,00 relativ günstig erworben werden. Sollte die Barrier jedoch nicht erreicht werden, so müsste der Käufer möglicherweise sogar einen Wechselkurs von 1,099 in Kauf nehmen. Diese Grenze spiegelt sozusagen seinen Worst Case wider.

In der folgenden Abbildung wird die Preisentwicklung bei einer Knock-Out-Option gezeigt. Dabei gelten die gleichen Bedingungen wie bei der Knock-In-Option ($ Call/€ Put, Basispreis: 1,00, Barrier von 0,95). Damit verliert die Option also ihre Wirkung bei Erreichen eines Wechselkurses von 0,95.

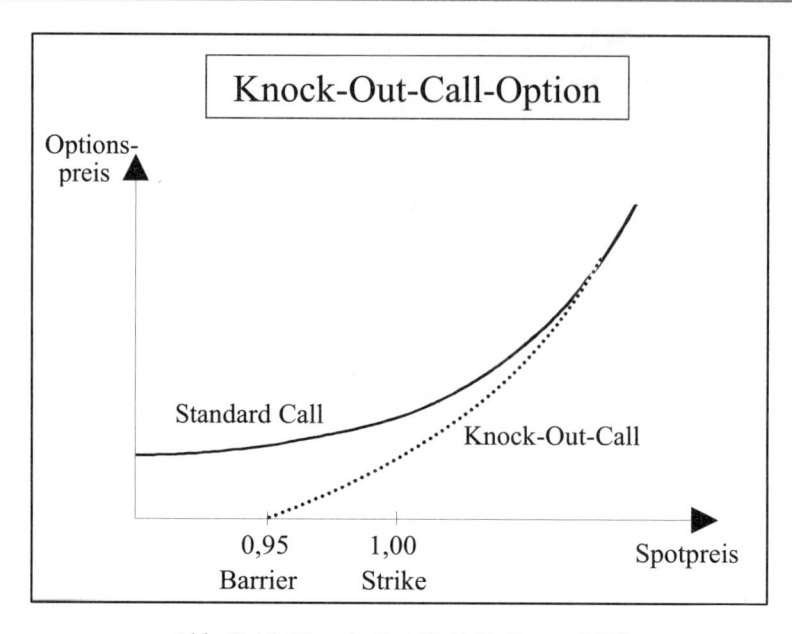

Abb. F.46: Knock-Out-Call-Option auf €/$

Entsprechend der in der Grafik gezeigten Variante der Knock-Out-Option liegt die Barrier unterhalb des aktuellen Spot-Kurses.[1] Gleichzeitig liegt sie im Beispiel auch unterhalb des Basispreises, d.h. aus-dem-Geld. Wird die Barrier erreicht, d.h. fällt der Dollar auf das Niveau von € 0,95 bzw. darunter, so verfällt die Option wertlos, d.h. ihr Wert ist Null. Hätte der Hedger dagegen eine klassische Option gekauft, so hätte diese immer noch einen – wenn auch relativ geringen – Zeitwert. Bei einem Niveau von € 0,95 könnte der Hedger jedoch sofort ein neues Termingeschäft abschließen. Welche Strategie insgesamt die bessere ist, hängt auch davon ab, wann die Barrier erreicht wird. Ist dies erst am Ende der Laufzeit der Fall, so wird der Abschluss eines neuen Termingeschäfts hinfällig. In diesem Fall ist die Absicherung über die Barrier Option günstiger gewesen als der Abschluss einer herkömmlichen Option, für die eine höhere Prämie zu zahlen ist.

Eine weitere Variante der Knock-Out-Option ist die Reverse Knock-Out-Option. Hierbei liegt die Barrier weit im Geld, d.h. die Option verfällt in dem Fall, in dem ein Kurs erreicht wird, bei dessen Überschreiten eine klassische Option immer weiter Prämie und eine entsprechend höhere Kursabsicherung aufbauen würde. Da bei Überschreiten der Barrier die Kurssicherung wegfällt und somit das Grundgeschäft nur zu dem schlechteren Kurs als den ursprünglichen Terminkurs abgeschlossen werden kann, eignen sich Reverse Knock-Out-Options nicht zur Kurssicherung von Devisenpositionen. Jedoch werden sie von denjenigen Marktteilnehmern zur Absicherung eingesetzt, die davon ausgehen, dass es zwar eine Wechselkurserhöhung gibt, diese aber nicht so stark ausfallen wird, dass die Barrier erreicht wird. Die Preisentwicklung einer solchen Reverse Knock-Out-Option stellt die folgende Grafik dar:

---

1   Vgl. *Hull* (2003), S. 439f.

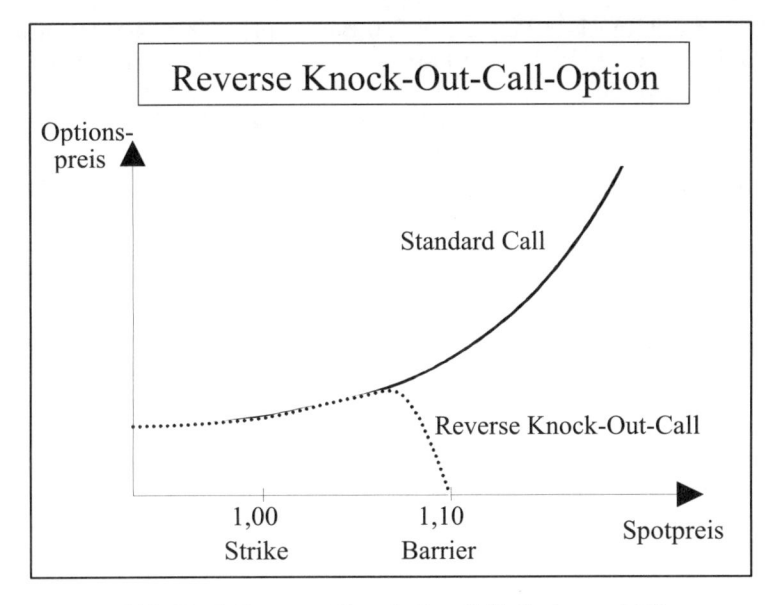

Abb. F.47: Reverse Knock-Out-Call-Option auf €/$

Für einen $ Put läge die Barrier unterhalb des Spot-Preises und unterhalb des Basispreises. Trotz ihres spekulativen Charakters setzen viele Unternehmen diese vermeintlich preiswerten Optionen zur Kurssicherung ein.[1] Beispielsweise wird ein gekaufter $ Put mit einem Basispreis von € 1 und einer Barrier von € 0,90 wertlos, wenn der $ unter 0,90 €/$ fällt. Sowohl Käufer als auch Verkäufer sollten sich der hohen Wertveränderung der Option in der Nähe der Barrier bewusst sein. Zudem sind diese Optionen auch nur schwer (und entsprechend teuer) zu hedgen. Daher liegen die Bid-Offer Spreads bei diesen Optionen auch relativ weit auseinander. Grundsätzlich gilt für Knock-Out-Optionen, dass sie – im Vergleich zu herkömmlichen Optionen – um so billiger werden, je höher die Volatilität der Kurse ist, da in diesem Fall die Wahrscheinlichkeit, dass die Barrier erreicht wird und damit die Option wertlos wird, zunimmt.

Knock-In- und Knock-Out-Optionen lassen sich auch synthetisch herstellen. Wird beispielsweise eine klassische europäische Option gekauft und gleichzeitig eine Knock-Out-Option verkauft, die die gleichen Konditionen aufweist, nur zusätzlich mit einer Barrier ausgestattet ist, so ist damit synthetisch eine Knock-In-Option gekauft worden mit der entsprechenden Barrier. Wird anstelle der Knock-Out- eine Knock-In-Option verkauft, so kann dies mit dem Kauf einer synthetischen Knock-Out-Option gleichgesetzt werden.[2]

Auch eine Kombination von Calls und Puts ist denkbar. Beispielsweise könnte ein Hedger, der eine $ Long Position absichern möchte, einen 1,05 (€ pro $) Put kaufen und gleichzeitig einen Reverse Knock-In-Call mit einem Basispreis von ebenfalls 1,05 und einer Barrier von 1,12 verkaufen. Eine solche Kombination kann auch als Knock-In-Forward bezeichnet werden.[3] Dadurch verbilligt sich der Put. Gegenüber einem Terminverkauf z.B. zu

---

1 Vgl. *Höfner/Klein* (1995), S. 180.
2 Vgl. *Hull* (1993), S. 419. Vgl. dazu auch *Hull* (2003), S. 447ff.
3 Vgl. *Winter* (1995), S. 216.

1,0550 stellt sich der Knock-In-Forward um 50 Basispunkte schlechter. Dafür besteht aber die Möglichkeit, bis zum Erreichen der Barrier von 1,12 an einem günstigeren Wechselkurs zu partizipieren. Wird die Barrier erreicht, so kommt allerdings die verkaufte Kaufoption zum Tragen, und der Hedger kann von der für ihn günstigen Wechselkursentwicklung nicht mehr profitieren. Dennoch ist er nach wie vor nach unten hin durch den Put abgesichert.

Im Vergleich zu herkömmlichen Optionen unterscheidet sich das Risikoprofil von Barrier Options auch beim Stillhalter. Dessen Risiko ist abhängig von seiner Delta-Position; denn diese wird nach und nach aufgebaut, um im Falle der Ausübung den Verlust aus der Option mit Gewinnen aus der Delta-Position ausgleichen zu können.[1] Dabei ist zu beachten, dass die Delta-Position in der Nähe der Barrier erheblich größer ist als die einer herkömmlichen Option. Wenn kein Verlust entstehen soll, muss z.B. bei einer Knock-Out-Option die vorhandene Delta-Position genau zum Barrier-Kurs aufgelöst werden. Damit Verlusten durch Kurssprünge bei der Auflösung eines Hedges vermieden werden können, sind liquide Märkte erforderlich.

Die Barrier werden in der Praxis meist an psychologisch wichtigen Marken gesetzt (z.B. Resistance- und Support-Level). Dadurch soll die Wahrscheinlichkeit eines Knock-Ins oder Knock-Outs reduziert werden. Durch die zahlreichen Möglichkeiten der Barrierenfestsetzung und Kombination von Optionen lassen sich individuelle Risiko- und Ertragsprofile entwickeln, die es dem Anwender ermöglichen, seine eigenen Erwartungen direkt in einem Produkt abzubilden.

Knock-In- und Knock-Out-Optionen können noch mit einem sogenannten Rebate versehen sein. Hierbei handelt es sich um einen feststehenden Geldbetrag, der dem Käufer einer Knock-Out-Option im Falle eines Knock-Outs gezahlt wird. Umgekehrt würde der Käufer einer Knock-In-Option diesen Betrag erhalten in dem Fall, dass die Knock-In-Grenze nicht erreicht wurde. Der Rebate könnte beispielsweise der vom Käufer gezahlten Prämie entsprechen.[2]

Dies ist besonders dann interessant, wenn die Barrier bei dem Knock-Out-Call im obigen Beispiel oberhalb des Strike liegt, z.B. bei 1,15. Falls die Barrier während der Optionslaufzeit nicht erreicht wird, entsprechen sich bei Fälligkeit der Option die inneren Werte der Barrier Option und eines gewöhnlichen Calls mit einem Basispreis von 1,00. Sollte aber der Knock-Out-Fall eintreten, so würde die Barrier-Option verfallen, obwohl die Option kurz vor Erreichen der Barrier einen inneren Wert von fast 0,15 hatte. Der durch den Knock-Out verpasste Gewinn könnte durch einen Rebate zum Teil wieder aufgefangen werden.

ab. Cliquet Options

Eine Cliquet Option besteht aus mehreren zu unterschiedlichen Zeiten gültigen Kaufoptionen. Es handelt sich dabei um die Aneinanderreihung von zukünftig startenden Optionen. Beispielsweise wird am 15. Dezember ein $ Cliquet Call/€ Put erworben, deren erste Option (Basispreis = Kassakurs vom 15. Dezember) am 15. Januar fällig wird. Anschließend folgt eine weitere Option – ebenfalls mit einer Laufzeit von einem Monat –, die mit einem Basispreis in Höhe des aktuellen Kurses am 15. Januar ausgestattet wird. Danach schließt sich eine dritte Option mit der gleichen Laufzeit und dem Basispreis in Höhe des Kurses am 15. Februar an.

---

1 Vgl. *Höfner/Klein* (1995), S. 182.
2 Vgl. *Willnow* (1996), S. 100f.

Die $-Kurse seien am 15. Dezember 1,00, am 15. Januar 1,05, am 15. Februar 0,95 und am 15. März 0,98. Am 15. Januar wird die erste Option fällig. Der innere Wert in Höhe von € 0,05 wird zu diesem Zeitpunkt realisiert und bleibt bis zum Ende der Laufzeit der Cliquet Option erhalten. Als neuer Basispreis ergibt sich der aktuelle Kassakurs (1,05). Am 15. Februar verfällt die zweite Option wertlos, da der aktuelle Kassapreis (0,95) unterhalb des Basispreises (1,05) liegt. Für die dritte Option ergibt sich hingegen am 15. März ein innerer Wert in Höhe von € 0,03. Insgesamt zahlt die Cliquet Option damit am 15. März einen Betrag von € 0,08 aus. Dagegen hätte eine Drei-Monats-Option mit einem Basispreis von 1,00 am 15. März keinen Wert gehabt.[1] Die folgende Grafik verdeutlicht das Prinzip einer Cliquet Option:

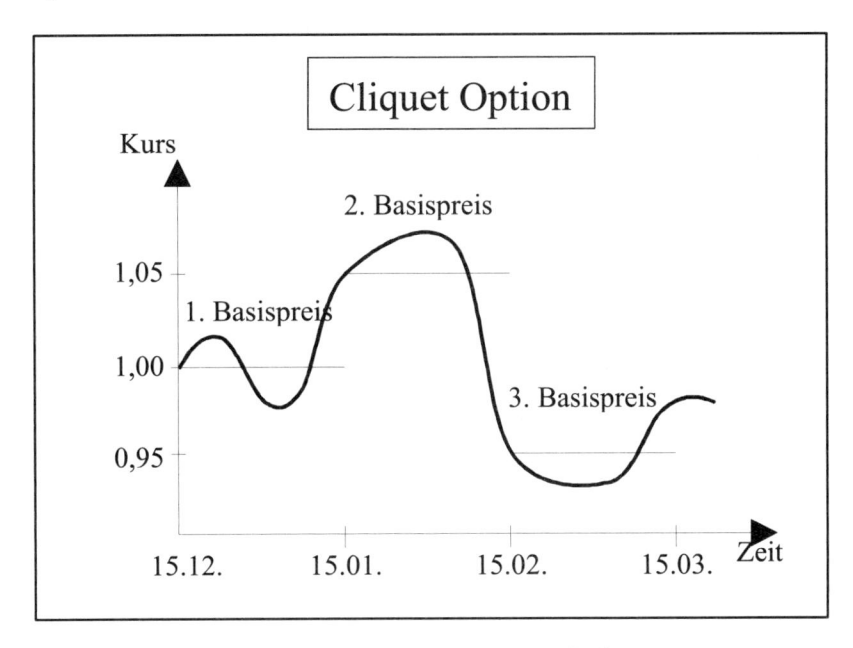

Abb. F.48: Cliquet Option auf €/$

Die Cliquet Option hat die zwischenzeitlichen inneren Werte, die zu bestimmten Zeitpunkten während der Laufzeit anfallen, festgeschrieben. Dabei wird allerdings der Zeitwert einer herkömmlichen Option aufgegeben; denn – bezogen auf das Beispiel – am 15. Januar hätte eine herkömmliche Option mit einer Restlaufzeit von zwei Monaten und einem Basispreis von 1,00 einen höheren Wert als nur den inneren Wert gehabt. Dieser Zeitwert aber geht bei der Cliquet Option verloren. Allerdings sind die Zeitwerte bei Optionen, die im Geld sind, auch relativ gering, so dass dieser Nachteil nicht so sehr ins Gewicht fällt. Gleichzeitig ist aber zu bedenken, dass zahlreiche Unternehmen aufgrund interner Absicherungsrichtlinien nicht einfach durch den Verkauf der Option eine abgesicherte Position wieder öffnen können. Insofern würde die Zeitwertproblematik hier nur eine untergeordnete Rolle spielen.

---

1 Vgl. *Winter* (1995), S. 217.

ac. Ratchet Options

Ähnlich wie bei einer Cliquet Option wird auch bei einer Ratchet Option während der Laufzeit der Basispreis aufgrund des Verlaufs der Kassakurse verändert. Der Unterschied zur Cliquet Option besteht darin, dass bei der Ratchet Option nicht der Basispreis am Ende einer bestimmten Periode auf der Grundlage des dann geltenden Kassakurses festgelegt wird, sondern bereits von vornherein bestimmte Barrieren determiniert werden. Werden diese Barrieren während der Laufzeit erreicht, so erhöht sich der Basispreis entsprechend. Insofern kann es also – anders als bei der Cliquet Option – nur Erhöhungen des Basispreises geben. Davon können mehrere während der Laufzeit der Option zum Tragen kommen. In diesen Fällen verliert der Käufer den bis dahin aufgelaufenen inneren Wert der Option. Aufgrund dessen ist diese Option auch im Vergleich zur Cliquet Option und zu herkömmlichen Optionen wesentlich billiger.[1]

Bezogen auf das obige Beispiel sei der Basispreis einer Call Ratchet Option mit einer Laufzeit von drei Monaten zu Beginn der Laufzeit am 15. Dezember wiederum 1,00. Gleichzeitig werden Barrieren im Abstand von 0,10 nach oben festgelegt. Wird zu irgendeinem Zeitpunkt während der Laufzeit der Kurs von 1,10 erreicht, so ist dies der dann gültige Basispreis. Sollte der $ noch weiter bis auf 1,20 ansteigen, so gilt dies als neue Barriere. Steht der $ am 15. März bei 1,18, so würde diese Option wertlos verfallen, obwohl der anfängliche Basispreis bei 1,00 festgelegt war. Damit eignen sich Ratchet Options kaum zu Absicherungszwecken, es sei denn, der Hedger geht von Kurssteigerungen in nur begrenztem Umfang (bis zur ersten Barrier) aus. In Anlehnung an das obige Beispiel zeigt Abbildung F.49 die Entwicklung der Basispreise für eine Ratchet Option:

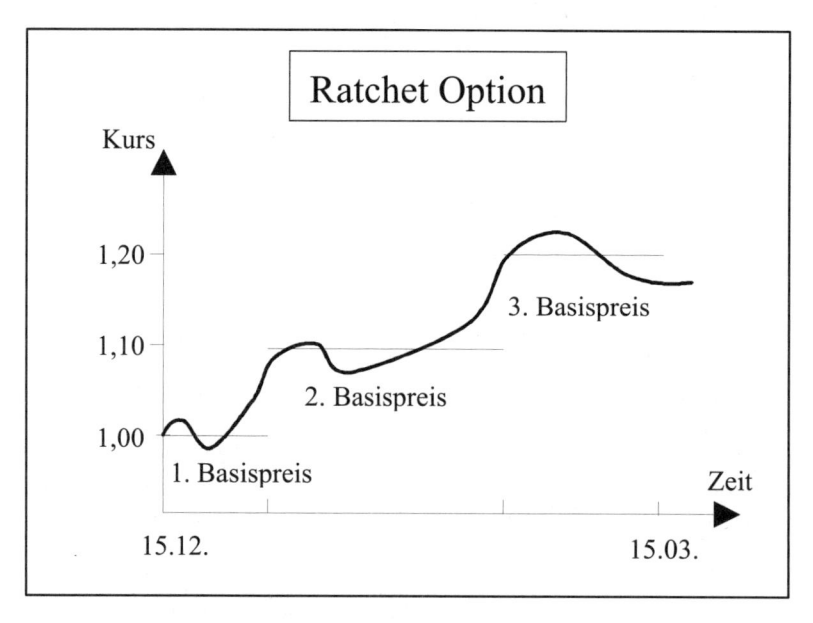

Abb. F.49: Ratchet Option auf €/$

---

1 Vgl. *Winter* (1995), S. 218.

ad. Compound Options

Mit dem Kauf einer Compound Option erwirbt der Käufer das Recht, während einer bestimmten Laufzeit, eine vorher definierte Option („Underlying Option") für eine bestimmte Prämie zu kaufen oder zu verkaufen. Eine solche Option ist vor allem dann interessant, wenn noch nicht klar ist, ob überhaupt eine Absicherung vorgenommen werden soll oder nicht. Dies gilt beispielsweise für die Angebotsabgabe in Fremdwährung durch einen Industriekunden. Je nachdem, wie wahrscheinlich der Zuschlag für das Angebot eingeschätzt wird, kann der Hedger sich schon von vornherein durch den Erwerb von mehr oder weniger Compound Options ein gewisses Kursniveau sichern. Dabei ist allerdings zu berücksichtigen, dass für den Fall des Zuschlages und damit auch der Ausübung der Compound Option eine zweite Prämie, nämlich für die Underlying Option anfällt. Falls allerdings die Option nicht benötigt wird, so hat der Hedger für eine mögliche Absicherung eine geringere Prämie gezahlt, als wenn er gleich die Underlying Option gekauft hätte.

Beim Kauf einer Compound Option werden die folgenden Parameter festgelegt:

- Compound Option:
  - Call oder Put auf die Underlying Option
  - Basispreis (Preis der Underlying Option)
  - Verfalltag (zeitlich vor dem Verfalltag der Underlying Option)

- Underlying Option:
  - Call-Währung/Put-Währung
  - Basispreis
  - Nominalvolumen
  - Verfalltag (zeitlich nach dem Verfalltag der Compound Option)

Unabhängig davon, ob die Compound Option für eine Absicherung benötigt wird oder nicht, wird sie immer dann ausgeübt, wenn der Preis der Underlying Option höher ist als der Basispreis, der der Compound Option zugrunde liegt; denn in diesem Fall könnte die bezogene Option direkt wieder verkauft werden, so dass ein Gewinn erzielbar wäre.

ae. „As you like it" Options

Bei dieser Optionsvariante hat der Käufer die Wahl, nach einer bestimmten Periode zu wählen, ob er einen Call oder einen Put mit einem bestimmten Basispreis haben möchte. „As you like it" Options sind damit für denjenigen interessant, der einen großen Kurssprung erwartet, nur noch nicht weiß, in welche Richtung. Eine Alternative wäre ein Straddle, der aber im Vergleich zur „As you like it" Option teurer ist; denn bei Letzterer wird ein bestimmter Tag nach dem Kauf der Option festgelegt, an dem sich der Käufer für einen Call oder einen Put entscheiden muss. Danach hat er nur noch eine Position im Bestand. So kann der Entscheidungstag z.B. zwei Wochen nach Kauf der Option bei einer Gesamtrestlaufzeit von drei Monaten sein. Anschließend hat der Käufer eine herkömmliche Option mit einer Restlaufzeit von elf Wochen. Bei den festgelegten Puts und Calls müssen die Basispreise nicht übereinstimmen. Mit dem Recht auf Bezug einer bestimmten, noch nicht festgelegten Option bekommen „As you like it" Options den Charakter von Compound Options.

af. Average Rate Options

Average Rate Options können z.B. zur Absicherung gegen Währungsrisiken einer Serie von Cash Flows eingesetzt werden, deren Höhe und zeitlicher Anfall zumindest einigermaßen gut prognostiziert werden kann. Sie werden auch als Asian Options bezeichnet.[1] An den jeweiligen Zahlungsterminen der Cash Flows, die zwischen zwei vorher festgelegten Zeitpunkten liegen, werden beispielsweise die amtlichen Mittelkurse des $ als Referenzkurse ermittelt (Fixing) und daraus am Ende das arithmetische Mittel gebildet. Nach Vergleich dieses Durchschnittskurses mit dem Basispreis der Average Rate Option erhält der Käufer nachträglich eine Kompensationszahlung, wenn der Durchschnittskurs den Basispreis überschreitet (bei einem Call) oder unterschreitet (bei einem Put).[2] Dabei ist zu beachten, dass die Mittelkurse öffentlich zugänglich sind und von einer verlässlichen Informationsquelle stammen.

Wenn sich beispielsweise bei einer $ Call/€ Put Average Rate Option mit einem Basispreis von 1,00, einem Nominalwert von $ 10 Mio und Fixings in € (d.h. € pro $) für die entsprechende Laufzeit ein Durchschnittskurs von 1,0250 errechnet, so kann die Kompensationszahlung (Settlement) wie folgt berechnet werden:

$(1{,}0250 - 1{,}0000)$ €/$ · $ 10 Mio = € 250.000

Falls die durchschnittlichen Kurse in $ (d.h. $ pro €) ermittelt worden wären, so würde der durchschnittliche Kurs etwa bei 0,9756 (= 1/1,025) liegen, und die Ausgleichszahlung hätte sich belaufen auf:

$(1/1{,}000 - 1/1{,}025)$ $/€ · € 10 Mio = $ 243.902

Dabei ist zu beachten, dass diese beiden Optionen nicht äquivalent zueinander sind; denn der $-Wert der Kompensationszahlung von € 250.000 kann ein ganz anderer sein als die $ 243.902. Dies hängt vom letzten Kurs der Gesamtperiode ab, da der Durchschnittskurs von 1,0250 nicht dem Kurs am letzten Tag entsprechen muss.

Die Preisschwankungen einer Average Rate Option sollten – verglichen mit herkömmlichen Optionen – im Zeitablauf abnehmen, da sich der Durchschnittskurs beispielsweise nach einem Drittel der Laufzeit nicht mehr sehr stark verändern wird. Aus diesem Grund ist in den Preis für die Restlaufzeit eine geringere Volatilität einzukalkulieren.

Zur Festlegung des Preises einer Average Rate Option werden die folgenden Daten benötigt:

- Call-Währung/Put-Währung,
- Basispreis,
- Verfalltag,
- Erster und letzter Tag der Ermittlung der Referenzkurse (Fixing),
- Häufigkeit des Fixings,
- Informationsquelle und Zeit des Fixings und
- Nominalvolumen.

---

[1] Vgl. *Hull* (2003), S. 443ff.
[2] Vgl. *Höfner/Klein* (1995), S. 180.

Zusammengefasst ermöglichen Average Rate Optionen die Absicherung des gesamten Cash Flows z.B. eines Jahres mit einem einzigen Geschäft. Gleichzeitig sind sie vor dem Hintergrund der im Zeitablauf relativ geringeren Preisschwankungen weniger riskant als herkömmliche Optionen.

ag. Basket Options

Der Kauf einer Basket Option beinhaltet das Recht, einen Korb von Währungen gegen eine Basiswährung zu tauschen. Diese Option kann vor allem zur Absicherung eines sich aus zahlreichen verschiedenen Währungspositionen zusammengesetzten Portfolios dienen. Gleichzeitig kann das aufwendige Management einer komplexen Multi-Währungs-Hedging-Strategie vermieden werden, da nur eine Optionsform gekauft wird. Darüber hinaus kann die Absicherung auch sehr viel billiger sein, als wenn jede Währungsposition einzeln abgesichert würde. Denn wenn die einzelnen Währungen nicht sehr hoch miteinander korreliert sind, so besteht die Wahrscheinlichkeit, dass die Entwicklung von Währung A durch die einer anderen Währung B kompensiert wird. Im Ergebnis fällt die Nettopreisveränderung dann relativ gering aus. Damit ist eine solche Basket Option, die sich auf nicht sehr hoch korrelierte Währungen bezieht, weniger von der aktuellen Kursentwicklung der einzelnen Währungen abhängig als klassische Optionen, die sich jeweils auf die einzelnen Währungspositionen beziehen. Dies spiegelt sich entsprechend auch in geringeren Prämien und damit geringeren Hedging-Kosten wider.

Beispielsweise sollen die folgenden zukünftigen Währungseingänge abgesichert werden:

- USD   2.000.000
- GBP   1.000.000
- SFR   3.000.000
- JPY   200.000.000

Für diese Eingänge soll ein umgerechneter Betrag von € 7.000.000 budgetiert werden. Daher wird eine Basket Put Option gekauft, die die nicht sehr hoch korrelierten Währungen USD, GBP, SFR und JPY umfasst, wobei die Basiswährung der € ist. Diese Basket Option garantiert dem Käufer/Hedger einen Mindest-€-Wert seiner Währungseingänge.

ah. Binary Options

Dem Erwerber einer Binary Option (auch Digital Option genannt) steht ein vorher festgelegter Betrag zu, falls der Kassapreis bei Verfall der Option über (Call) bzw. unter (Put) einem ganz bestimmten Niveau liegt (Basispreis). Andernfalls erhält er nichts. Bei einem „Cash or nothing" Call kann beispielsweise zu Beginn festgelegt werden, dass der Käufer einer $ Call/€ Put Binary Option mit einem Basispreis von 1,09 bei einem aktuellen Kurs von 1,00 das dreifache seiner eingesetzten Prämie zurückerhält, wenn die Option bei Verfall den Basispreis erreichen sollte. Als Variante kann hierbei die One-Touch-Binary Option genannt werden, bei der der Käufer eines Calls den festgelegten Betrag bereits dann erhält, sobald der Basispreis während der Laufzeit erreicht worden ist. Damit ist diese Option auch erheblich teurer als ein gewöhnlicher „Cash or nothing" Call.

Eine weitere Variante der Binary Option ist die sogenannte „Asset or nothing" Option. Hierbei wird ebenfalls nichts gezahlt, wenn der Kurs am Verfalltag der Option unterhalb des Basispreises liegt (beim Call). Andernfalls aber wird der Wert des zugrunde liegenden Assets (z.B. der zugrunde liegenden Aktie) gezahlt.[1]

Die folgende Grafik zeigt den Optionspreis-Vergleich zwischen einem herkömmlichen (Standard) Call und einem Binary Call, wobei ein fester Payout vereinbart worden ist, wenn der Strike von 1,00 €/$ erreicht worden ist. Dabei handelt es sich jeweils um europäische Optionen, so dass bei einer Restlaufzeit von beispielsweise noch zwei Wochen die Optionen erst nach Ablauf dieser zwei Wochen ausgeübt werden können. Aus diesem Grund nähert sich auch der Optionspreis des Binary Calls mit zunehmendem Spotpreis an den maximalen Pay Out an.

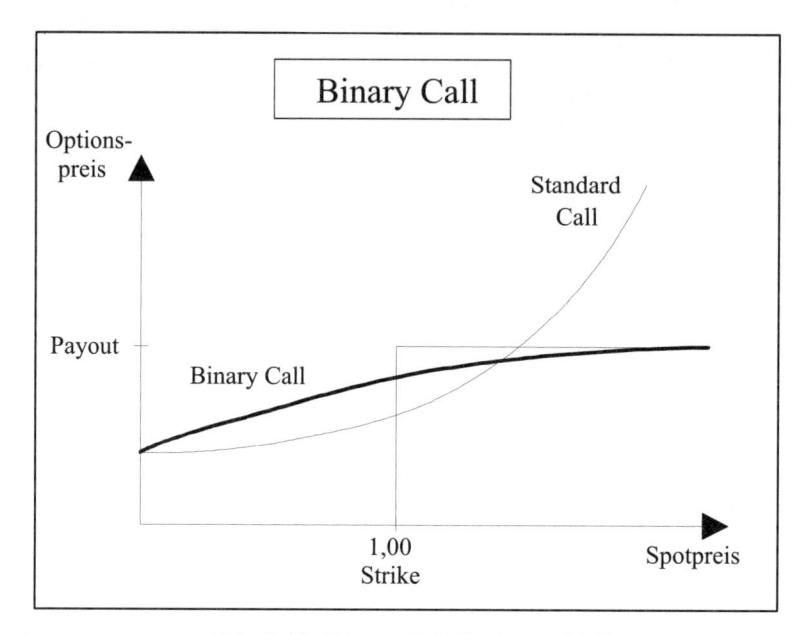

Abb. F.50: Binary Call Option auf €/$

ai. Contingent Premium Options

Eine Contingent Premium Option ermöglicht dem Käufer eine Absicherung wie bei einer herkömmlichen Option mit dem Unterschied, dass zu Laufzeitbeginn keine Prämie zu zahlen ist. Die Zahlung der Prämie ist abhängig davon, ob die Option bei Fälligkeit im oder aus dem Geld liegt. Nur wenn sie im Geld liegt, wird auch die gesamte vereinbarte Prämie fällig. Diese ist dann aber erheblich höher als die einer Standardoption. Wäre beispielsweise für einen $ Call/€ Put bei einem Basispreis von 1,05 und einer Laufzeit von drei Monaten eine Prämie von € 0,03 (herkömmliche europäische Option) zu zahlen, so könnte die entsprechende Contingent Premium Option eine (abhängige) Prämie von € 0,06 haben. Verfällt die Option bei einem Wechselkurs, der höher als 1,05 liegt, so ist die gesamte Prämie von € 0,06 zu zahlen. Liegt die Option bei Fälligkeit jedoch am oder aus dem Geld, so hat der Käufer grundsätzlich von der Schutzwirkung profitiert (obwohl er sie nicht gebraucht hat), ohne dafür zu bezahlen.

---

1 Vgl. *Hull* (2003), S. 441.

aj. Look Back Options

Der Payoff von Look Back Optionen hängt von dem höchsten bzw. niedrigsten Preis des Underlyings während einer bestimmten Periode (Look Back Period) ab. Bei einem Look Back Call wird am Ende der Periode der Basispreis mit dem niedrigsten Stand des Underlyings (Best Buy Call) festgelegt, während der Basispreis von Look Back Puts den höchsten Kurs (Best Sell Put) widerspiegelt. Damit ergibt sich der Payoff für einen Look Back Call als

$$\max(0, P_T - P_{min})$$

mit

P_T = Kurs des Underlyings am letzten Tag der Periode und
P_{min} = niedrigster Kurs des Underlyings in der Periode.

Der Payoff von Look Back Puts kann dargestellt werden als

$$\max(0, P_{max} - P_T)$$

mit

P_{max} = höchster Kurs des Underlyings in der Periode.

Damit geben Look Back Calls dem Investor das Recht, das Underlying zum niedrigsten Kurs der Periode zu erwerben, während Look Back Puts dem Inhaber das Recht einräumen, das Underlying zum höchsten Kurs der Periode zu veräußern.

Look Back Optionen können vor allem von solchen Portfoliomanagern eingesetzt werden, die ein bestimmtes Mindestmaß an Performance erreichen müssen, z.B. im Vergleich zu einem bestimmten Index. Allerdings sind sie im Vergleich zu Standard Optionen relativ teuer, da der Basispreis erst am Ende der Laufzeit entsprechend den Vorstellungen des Optionskäufers festgelegt wird.

ak. Range Options

Eine Range Option beinhaltet das Recht, für jeden Handelstag während der Optionslaufzeit, an dem das zugrundeliegende Objekt unterhalb einer bestimmten Bandbreite notiert, eine festgelegte Zahlung zu erhalten. Die Option hat damit den Charakter einer Zinszahlung. Diese Optionsform ist auch am Optionsscheinmarkt unter anderen Begriffen bekannt geworden, wie z.B. Hamster oder Bandbreiten-Optionsscheine.[1] Beispielsweise könnte eine Range Option auf den DAX so ausgestaltet sein, dass der Käufer für die Optionslaufzeit von sechs Monaten pro Handelstag € 1 erhält, wenn sich der DAX in der Bandbreite zwischen 5.800 und 6.200 befindet. Bei 125 Handelstagen würden ihm damit maximal € 125 ausgezahlt.

---

[1] Vgl. *Willnow* (1996), S. 123f.

al. Power Options

Power Optionen sind dadurch charakterisiert, dass die maximale Rückzahlung bei Fälligkeit der Option nicht nur den inneren Wert der Option ausmacht, sondern dieser beispielsweise quadriert oder sogar höher potenziert wird. Diese Option kann auch als Squared Option bezeichnet werden und ist vor allem für Spekulanten geeignet. Da der Käufer bei vorteilhaftem Kursverlauf nunmehr eine deutlich höhere Zahlung erwarten kann, muss er für die Option auch eine höhere Prämie zahlen.[1]

am. Exploding Options

Bei einer Exploding Option handelt es sich um eine Option, die automatisch ausgeübt wird, sobald sie mit einem vorher bestimmten Betrag in-the-money ist, d.h. wenn das Underlying bei einem bestimmten Wert (Explosions-Preis) oberhalb (Call) bzw. unterhalb (Put) des Strike Preises notiert. Entsprechend fällt der Zeitwert der Exploding Option sehr stark, je mehr sich der Kurs des Underlyings dem Explosions-Preis nähert. Im Vergleich zu einer herkömmlichen Option ist eine Exploding Option relativ billig, was für einige Investoren von Interesse sein kann. Zudem kommt es nur dann zu einer „Explosion", d.h. Ausübung, wenn die Option sowieso schon einen inneren Wert aufweist.

Je geringer der Explosions-Preis ist, desto geringer ist auch der Wert eines Calls; denn eine Explosion wäre in diesem Fall nicht sehr vorteilhaft, da weitere Kurssteigerungen nicht mehr ausgenutzt werden können. Ist der Explosions-Preis jedoch relativ hoch, so nähert sich der Preis der Exploding Option dem einer herkömmlichen Option.

an. LEPOs

Bei den sogenannten LEPOs (Low Exercise Price Options) handelt es sich um Optionen, die wirtschaftlich als Ersatz für Aktien gelten können.[2] Der Unterschied zu klassischen Optionen liegt im geringen Basispreis. So ist z.B. der Basispreis einer LEPO an der Eurex der kleinste im Eurex-System darstellbare Ausübungspreis einer Option. Beispielsweise werden dort bei Werten, deren Ausübungspreise mit zwei Dezimalstellen dargestellt werden, LEPOs mit einem Ausübungspreis von € 0,01, SFR 0,01, GBP 0,01 bzw. $ 0,01 eingeführt. Bei Optionen, deren Ausübungspreise mit einer Dezimalstelle dargestellt werden, sind LEPOs an der Eurex mit einem Ausübungspreis von € 0,1, SFR 0,1, GBP 0,1 bzw. $ 0,1 ausgestattet. An der Eurex steht für jede dort handelbare Aktienoption auch eine entsprechende LEPO zur Verfügung. Als Laufzeiten sind der nächste Kalendermonat und die zwei darauf folgenden Quartalsmonate aus dem Zyklus März, Juni, September und Dezember festgelegt.[3]

Für das Recht des Käufers, die Aktie zu einem Preis von z.B. € 0,01 zu erwerben, zahlt er schon jetzt den aktuellen Wert der Aktie an den Verkäufer. Da diese Option deep-in-the-money ist, bewegt sich auch der Preis der Option in Höhe des inneren Wertes. Das Delta der Option ist damit gleich eins. Der Vorteil für die Marktteilnehmer liegt vor allem darin, dass mit Hilfe von LEPOs Short-Positionen aufgebaut werden können und somit eine Umgehung der Beschränkungen des Aktienleerverkaufs bei gleichzeitiger Nutzung der vergleichsweise niedrigen Transaktionskosten der Optionen erreicht wird. Die Transaktions-

---

1 Vgl. *Willnow* (1996), S. 120f.
2 Vgl. *Köpf* (1992), S. 8ff.
3 Vgl. *Eurex* (2013a), S. 19.

kosten können deshalb relativ niedrig gehalten werden, da mit dem Aktienkauf verbundene Steuern, wie z.B. die Stempelsteuer in der Schweiz[1], beim Kauf von LEPOs nicht anfallen.

Für den Verkäufer entfällt das Risiko der vorzeitigen Ausübung, sofern es sich bei LEPOs um europäische Optionen handelt, die nur am Ende der Laufzeit ausgeübt werden können.

Voraussetzung für einen erfolgreichen Handel ist ein homogener Markt mit einer hohen Markttransparenz und einer hohen Liquidität, so dass schnell und sicher Positionen eingegangen und wieder aufgelöst werden können.

Bei den hier vorgestellten exotischen Optionsvarianten handelt es sich jeweils um sehr spekulative Formen. Sie sind daher im Rahmen des Portfoliomanagements nur in Einzelfällen und nach genauer Überprüfung einzusetzen. Das gilt auch für die folgenden, eher dem Zinsmanagement zuzuordnenden exotischen Optionsvarianten.

b. Exotische Optionen im Zinsmanagement

ba. Barrier Caps und Barrier Floors

Traditionelle Caps und Floors stellen eine Serie von Optionen auf einen zu vereinbarenden Geldmarktzins dar, wobei es sich hierbei z.B. um den 3- bzw. 6-Monats Libor oder Euribor handeln kann, der zu Beginn einer jeden Periode festgestellt wird. Abhängig von der Strike-Höhe erfolgt eine Ausgleichszahlung oder nicht. Bei positiver Zinsstrukturkurve und einer gleichzeitig hohen Volatilität sind Caps relativ teuer. Aus diesem Grunde führten Überlegungen zu einer Weiterentwicklung im Zinsmanagement, indem Barriertechniken zur Reduzierung der Optionsprämien entwickelt wurden. Wie oben bereits beschrieben, können auch bei Barrier Caps und Barrier Floors Knock-Out- und Knock-In-Optionen unterschieden werden.

Ein sogenannter Up and Out Cap verliert seine Wirkung, wenn die Zinsen so hoch gestiegen sind, dass die Barrier erreicht worden ist. Das Risikoprofil eines Up and Out Caps kann gemäß Abbildung F.51 dargestellt werden.

Für den Käufer eines Up and Out Caps liefert dieses Instrument einen Schutz gegen steigende Zinsen bis zum Erreichen der Knock-Out-Grenze. Falls nach Erreichen dieser Grenze eine erneute Absicherung vorgenommen werden soll, so ist diese bei einer nunmehr höheren Volatilität und einem höheren Zinsniveau wahrscheinlich kostenintensiver als die ursprüngliche Prämieneinsparung gegenüber dem traditionellen Cap. Der Käufer eines Up and Out Caps sieht zwar die Gefahr steigender Zinsen, ein Anstieg auf die Höhe der Barrier wird aber für unwahrscheinlich gehalten. Als wesentliches Motiv für den Kauf dieses Instruments kann die Prämieneinsparung gegenüber dem Standard Cap angesehen werden. Die Preisentwicklung eines Up and Out Caps im Vergleich zum Standard Cap ist in Abbildung F.52 dargestellt.

---

[1] Während in der EU die Einführung einer EU-weiten Stempelsteuer diskutiert wird, wird in der Schweiz allerdings deren Abschaffung diskutiert. Vgl. *o.V.* (2012) und *o.V.* (2013a).

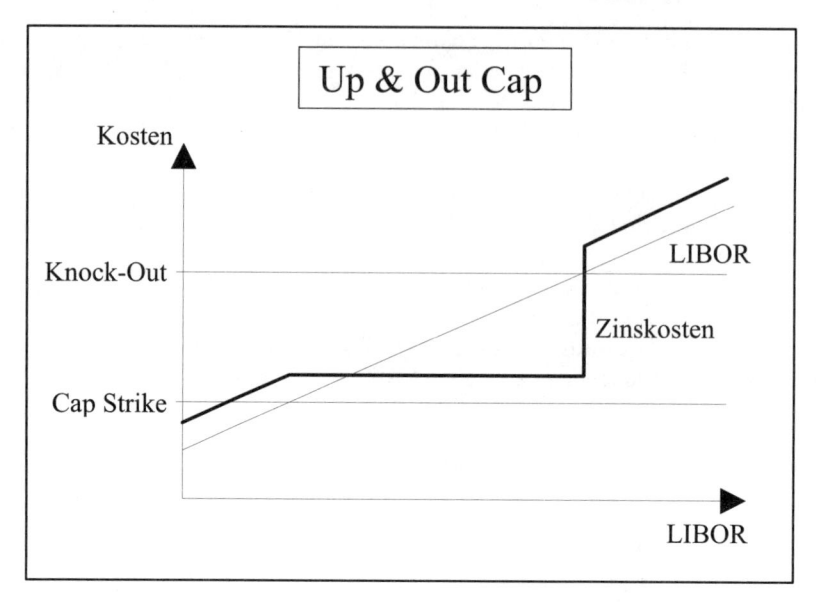

Abb. F.51: Risikoprofil eines Up and Out Caps

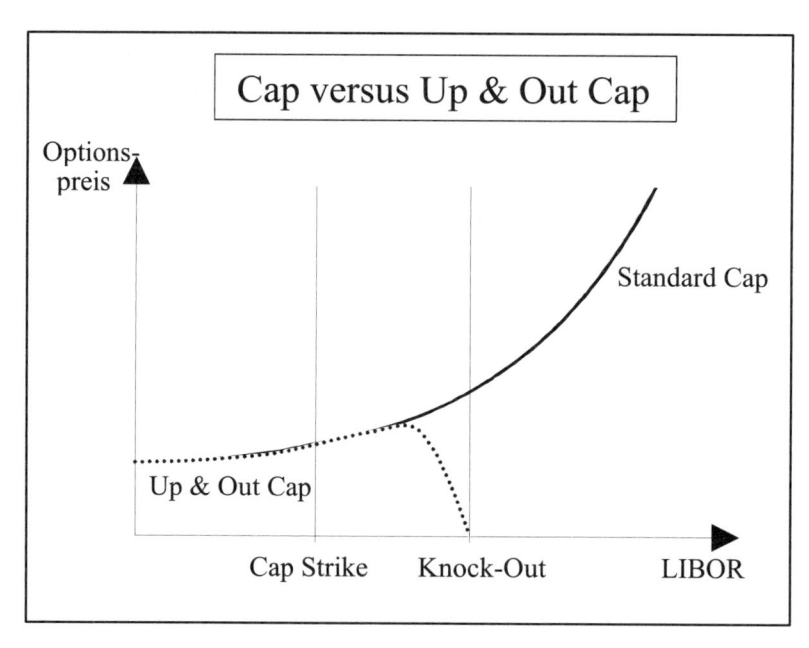

Abb. F.52: Preisvergleich zwischen Up and Out Cap und Standard Cap

Wie die Grafik zeigt, stimmen die Preise von Standard Cap und Up and Out Cap lange Zeit fast überein. Je mehr sich aber der Libor auf die Barrier zu bewegt, desto mehr verliert der Up and Out Cap an Wert, da die Wahrscheinlichkeit, dass die Barrier erreicht wird, deutlich zunimmt. Dieser Zusammenhang gilt vor allem für sogenannte Path Dependent Knock-Out-Optionen; denn hierbei gilt, dass die Option ihre Wirkung für die gesamte Restlaufzeit verliert, wenn der Referenzzinssatz an einem beliebigen Tag während der Laufzeit der Option die vereinbarte Knock-Out-Grenze überschreitet (beim Cap) bzw. unterschreitet (beim Floor).

Dagegen verliert eine Path Independent Knock-Out-Option ihre Wirkung nur für die jeweilige Periode zwischen zwei Fixings des Referenzzinssatzes (z.B. 3-Monats-Libor), und dieser Verlust der Option ergibt sich auch nur dann, wenn beim Fixing die vereinbarte Knock-Out-Grenze erreicht wird. Damit bezieht sich das Optionsverlustrisiko bei Path Independent Optionen nur auf die jeweilige Periode, während es bei Path Dependent Optionen die gesamte Restlaufzeit betrifft. Entsprechend liegt der Preis für Path Independent Knock-Out-Optionen oberhalb des Preises für Path Dependent Knock-Out-Optionen. Bei Knock-In-Optionen gilt der umgekehrte Zusammenhang.

Die folgende Grafik zeigt die Ausgleichszahlungen bei Path Dependent Up and Out Caps in Abhängigkeit von der Libor-Entwicklung im Zeitablauf. Dabei wird ein Drei-Monats-Libor zugrunde gelegt, dessen Fixings am 10.01., 10.04., 10.07. und 10.10. stattfinden. In der Grafik wird unterstellt, dass die Ausgleichszahlung direkt zum Zeitpunkt der Feststellung der positiven Differenz zwischen Libor und Cap Strike erfolgt. Obwohl die Ausgleichszahlungen – wie beim gewöhnlichen Cap (s.o.) – nachschüssig gezahlt werden dürften, soll auch in den danach folgenden Abbildungen und Erläuterungen die Darstellung analog zur Erläuterung des Path Dependent Up and Out Caps erfolgen.

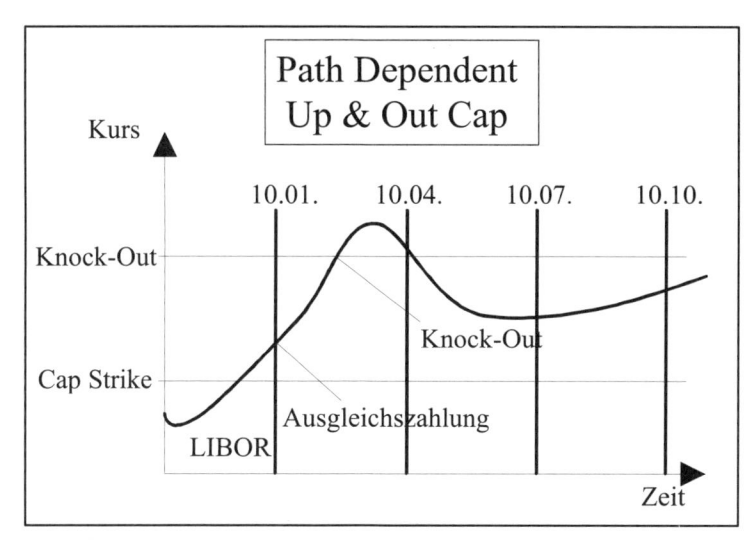

Abb. F.53: Profil eines Path Dependent Up and Out Caps in Abhängigkeit von der Libor-Entwicklung im Zeitablauf

Wie die Grafik zeigt, erfolgt beim 2. Fixing eine Ausgleichszahlung, da der Libor oberhalb des Cap Strikes liegt und die Knock-Out-Grenze noch nicht erreicht ist. Dies ist aber in der darauffolgenden Periode erfolgt, so dass die Option ihren Wert verliert und anschließend für die gesamte Restlaufzeit keine Ausgleichszahlungen mehr stattfinden.

Anders verhält es sich bei Path Independent Up and Out Caps, wie die folgende Grafik verdeutlicht:

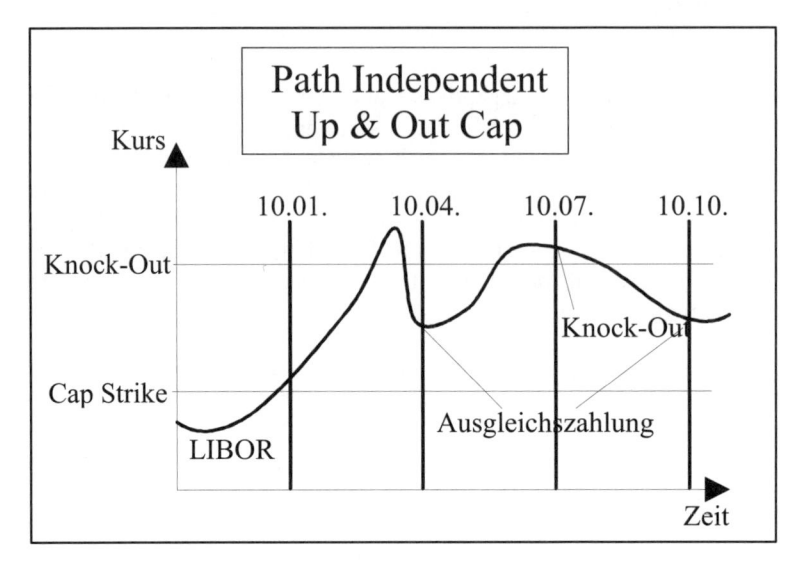

Abb. F.54: Profil eines Path Independent Up and Out Caps in Abhängigkeit von der Libor-Entwicklung im Zeitablauf

Der Libor erreicht zwar zwischen dem 10.01 und dem 10.04. die Knock-Out-Grenze, allerdings liegt er beim folgenden Fixing wieder darunter. Daher bleibt die Option weiterhin erhalten, und es kommt wiederum zu einer Ausgleichszahlung. Beim anschließenden Fixing liegt der Libor jedoch oberhalb der Barrier. Aus diesem Grunde verliert die Option ihre Wirkung – aber nur für die folgende Periode. Liegt der Libor anschließend wieder unterhalb der Barrier, so erhält die Option ihre Wirkung zurück.

Das Motiv der Prämieneinsparung gegenüber dem traditionellen Cap gilt auch für den Käufer eines Up and In Cap. Hierbei erhält der Cap erst dann seine Wirkung, wenn der Referenzzinssatz (z.B. Libor) die Knock-In-Grenze erreicht. Damit ist das Risiko des Käufers auf eine Zinssteigerung bis knapp unter diese Grenze limitiert. Der Käufer erwartet aber, dass der Referenzzinssatz kaum zwischen dem Cap Strike und der Knock-In-Grenze liegt. Bewegt sich dieser Zins jedoch lange Zeit innerhalb dieser Bandbreite, so kann davon ausgegangen werden, dass die ursprüngliche Kosteneinsparung aufgrund der – im Vergleich zum traditionellen Cap – niedrigeren Prämienzahlung durch erhöhte Zinskosten überkompensiert wird. Das Risikoprofil eines solchen Up and In Caps gibt die Abbildung F.55 wieder.

Auch bei Up and In Caps lassen sich Path Dependent und Path Independent Optionen unterscheiden. Bei Path Dependent Up and In Caps erhält die Option ihre Wirkung für die gesamte Restlaufzeit, wenn der Referenzzinssatz an einem beliebigen Tag während der Laufzeit der Option die vereinbarte Knock-In-Grenze überschreitet (beim Cap) bzw. unterschreitet (beim Floor), während eine Path Independent Knock-In-Option ihre Wirkung erst dann erhält, wenn beim Fixing die vereinbarte Knock-In-Grenze erreicht wird. Diese Wirkung gilt dann nur für die kommende Periode. Analog zu Up and Out Caps können auch für

Up and In Caps in entsprechender Weise Grafiken erstellt werden. Dabei wird wiederum ein Drei-Monats-Libor mit Fixings am 10.01., 10.04., 10.07. und 10.10. zugrunde gelegt (vgl. Abbildung F.56).

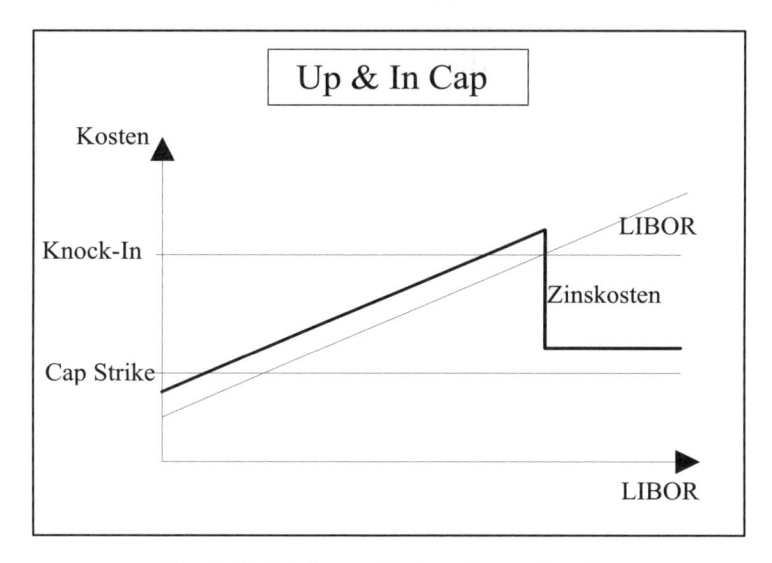

Abb. F.55: Risikoprofil eines Up and In Caps

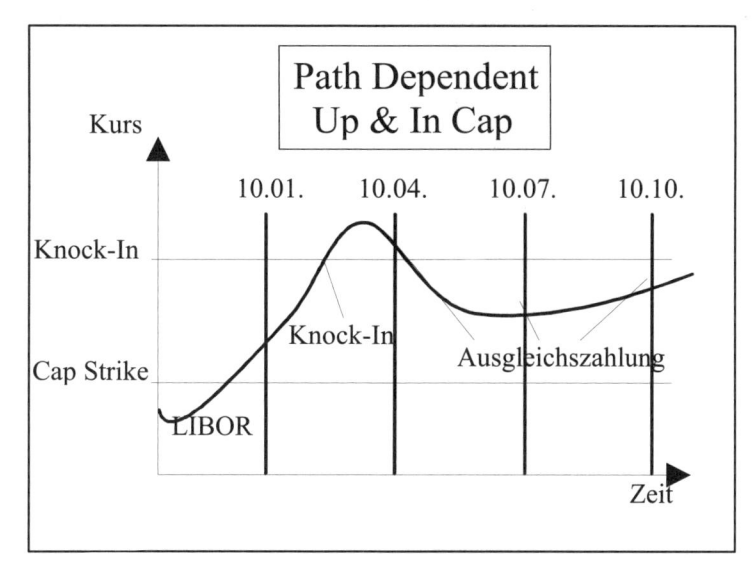

Abb. F.56: Profil eines Path Dependent Up and In Caps in Abhängigkeit von der Libor-Entwicklung im Zeitablauf

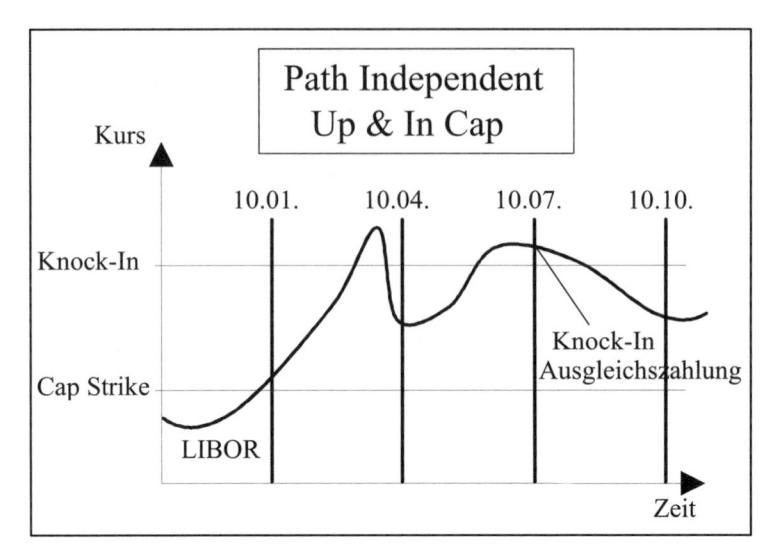

Abb. F.57: Profil eines Path Independent Up and In Caps
in Abhängigkeit von der Libor-Entwicklung im Zeitablauf

Wie die Grafik verdeutlicht, beginnt beim Path Independent Up and In Cap die Wirkung des Caps erst beim vierten Fixing, da zu diesem Zeitpunkt die Knock-In-Grenze überschritten ist. Daher fällt die Ausgleichszahlung auch erst dann an.

Neben Up and Out und Up and In Caps können auch Down and Out Caps konstruiert werden. Wird beispielsweise in einer Hochzinsphase allgemein mit sinkenden Zinsen gerechnet, wobei ein weiterer Zinsanstieg jedoch nicht auszuschließen ist, so kauft beispielsweise ein Marktteilnehmer einen Cap bei 10%, dessen Wirkung dann erlischt, wenn der Libor kleiner oder gleich 7% ist. Damit können die Kosten für die Absicherung im Vergleich zum Kauf eines Standard Caps gering gehalten werden, ohne dass der Käufer einem Rückschlag ausgeliefert ist. Sinkt das Zinsniveau tatsächlich, so wird der Cap voraussichtlich auch nicht mehr benötigt.

Darüber hinaus können auch Floors mit bestimmten Barrier-Grenzen ausgestattet werden. Will sich beispielsweise ein Investor gegen sinkende Zinsen absichern, wobei ein Absinken unter eine bestimmte Barrier für unwahrscheinlich gehalten wird, so kauft er einen Down and Out Floor. Dadurch lässt sich die Optionsprämie gegenüber einem Standard Floor reduzieren. Dies gilt auch für einen Up and Out Floor. Werden z.B. allgemein steigende Zinsen erwartet, so kann sich ein Floater-Investor, der dennoch sinkende Zinsen nicht ausschließen möchte, relativ kostengünstig durch den Kauf eines Floors absichern, dessen Wirkung aber bei einer Barrier, die oberhalb des Strikes liegt, erlischt.

Ein weiteres Produkt, der Down and In Floor, wird interessant in einer Hochzinsphase, wenn sich Investoren gegen sinkende Zinsen absichern möchten. Zur Reduzierung der Prämie erhält der Investor seinen Absicherungsschutz erst bei einem Libor, der unterhalb des Floor Strikes liegt. Möglicherweise erwartet der Investor, dass der Bereich zwischen dem Strike und der Barrier in der erwarteten Zinssenkungsphase schnell durchlaufen wird. Für einen Path Independent Down and In Floor kann das Profil unter Berücksichtigung eines Drei-Monats-Libors mit den oben genannten Fixing-Terminen wie folgt dargestellt werden:

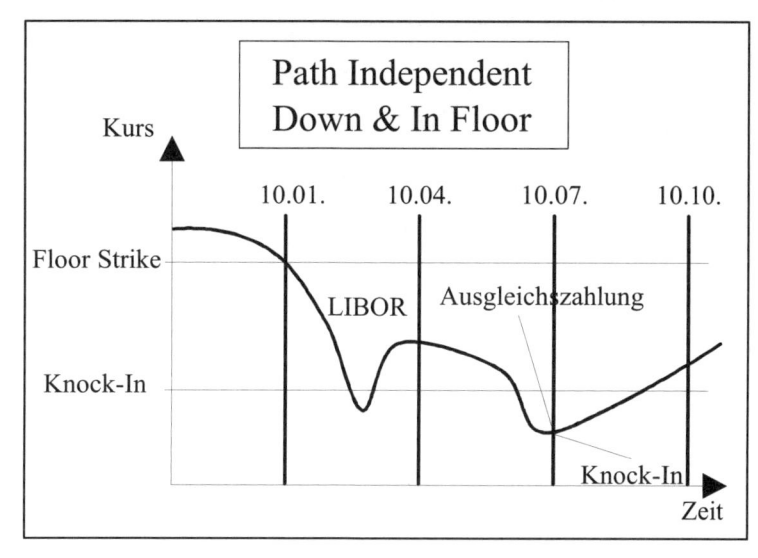

Abb. F.58: Profil eines Path Independent Down and In Floors in Abhängigkeit von der Libor-Entwicklung im Zeitablauf

Festzuhalten bleibt, dass die Reduzierung der Optionsprämie im Vergleich zu Standard Caps und Floors als wichtigstes Motiv der Anwendung von Barrier Caps and Floors angesehen werden kann.

bb. Contingent Premium Caps und Floors

Bei Contingent Premium Caps und Floors erwirbt der Käufer zwar einen Cap bzw. Floor, die Prämienzahlung erfolgt aber erst dann, wenn der Referenzzinssatz den Strike der Option erreicht. Die Höhe der Prämie wird bereits bei Abschluss der Transaktion vereinbart. Bei Path Independent Optionen fällt entsprechend die Prämienzahlung immer dann an, wenn der Strike der Option beim Fixing über- (beim Cap) bzw. unterschritten (beim Floor) wird. Eine Upfront Prämie wird damit im Gegensatz zu Standard Caps und Floors nicht fällig. Da die Existenz des Caps bzw. Floors zu jedem Zeitpunkt gesichert ist, hat der Käufer bei Nichterreichen des Strikes der Option eine kostenlose Absicherung erhalten, die allerdings in diesem Fall auch nicht erforderlich gewesen ist. Die vereinbarte Prämie ist aufgrund der Möglichkeit, dass der Käufer eine kostenlose Absicherung erreicht, höher als die Prämie eines vergleichbaren Standard Caps oder Floors. Nur muss bei Contingent Premium Caps and Floors die Prämie nicht zu Beginn der Transaktion gezahlt werden. Beispielhaft wird das Profil eines Contingent Premium Caps unter Berücksichtigung der oben angeführten Fixing-Termine in der folgenden Grafik dargestellt:

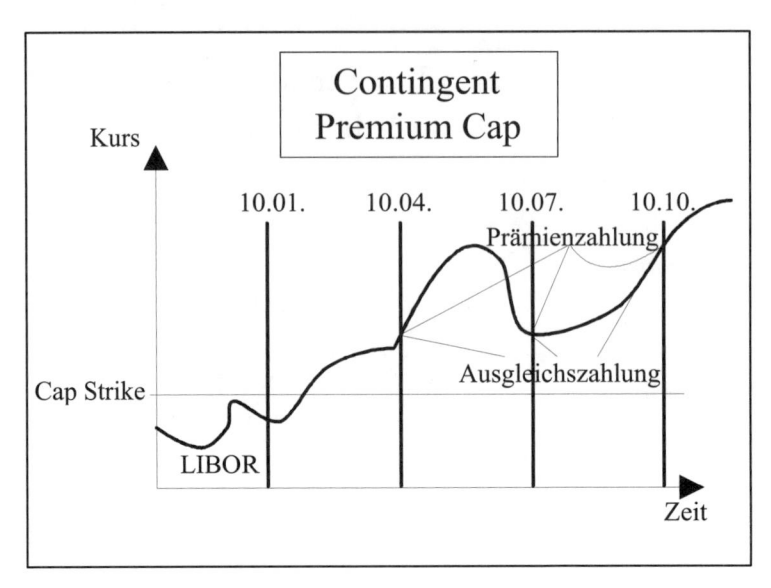

Abb. F.59: Profil eines Contingent Premium Caps in
Abhängigkeit von der Libor-Entwicklung im Zeitablauf

Contingent Premium Caps können darüber hinaus noch mit einer Barrier ausgestattet werden. In diesem Fall wird die Prämie erst dann fällig, wenn die Barrier erreicht wird. Das entsprechende Profil eines Contingent Premium Barrier Caps ergibt sich in der folgenden Weise:

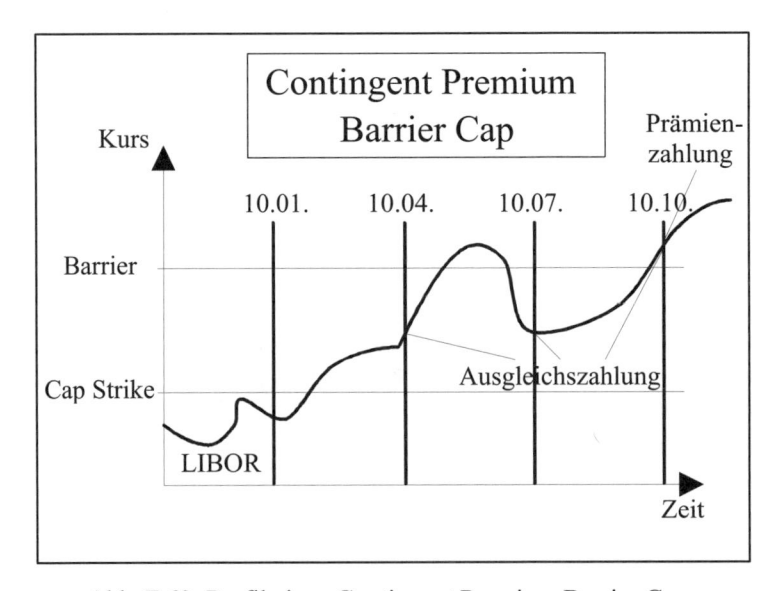

Abb. F.60: Profil eines Contingent Premium Barrier Caps
in Abhängigkeit von der Libor-Entwicklung im Zeitablauf

Aus der Grafik wird ersichtlich, dass die Prämie erst bei Erreichen der Barrier fällig wird. Bis dahin hat der Käufer eine kostenlose Absicherung gegen steigende Zinsen. Obwohl er keine Prämie gezahlt hat, erhält der Käufer Ausgleichszahlungen in den Fällen, in denen der Libor oberhalb des Cap Strikes, aber unterhalb der Barrier liegt. Wird allerdings die Barrier durchbrochen, so wird eine Prämienzahlung fällig, die insgesamt höher ist als eine Prämie, die bei Beginn der Transaktion für einen vergleichbaren Standard Cap hätte gezahlt werden müssen. Der Prämienaufwand wird um so höher, je häufiger der Libor die Premium Barrier zum Fixing-Termin erreicht.

In Abbildung F.60 ist von einer konstanten Barrier ausgegangen worden. Diese kann jedoch auch so gestaltet werden, dass sie kontinuierlich ansteigt. Steigt in diesem Fall der Referenzzinssatz langsamer als in der Forwardkurve impliziert, so kann es eventuell auch hier zu keinen Prämienzahlungen kommen, so dass auch in diesem Fall der Käufer die Absicherung umsonst bekommen hat. Beispielsweise könnte ein solcher Contingent Premium Barrier Cap wie folgt strukturiert sein:[1]

Solange der Libor die folgenden Barrieren nicht überschreitet, wird keine Prämie fällig:

Jahr 0-1: ab 5,00%, linear ansteigend bis 5,50%,
Jahr 1-2: ab 5,50%, linear ansteigend bis 6,00%,
Jahr 2-3: ab 6,00%, linear ansteigend bis 6,50%,
Jahr 3-4: ab 6,50%, linear ansteigend bis 7,00%,
Jahr 4-5: ab 7,00%, linear ansteigend bis 7,50%.

Durchbricht der Libor im Zeitablauf eine dieser Barrieren, so wird eine Prämie für die Restlaufzeit des Caps fällig.

Insgesamt gesehen kann festgehalten werden, dass sich der Vorteil von Contingent Premium Caps and Floors vor allem daraus ergibt, dass keine Up Front Prämie fällig und eine kostenlose Absicherung möglich wird.

Zusammenfassend kann festgestellt werden, dass eine Nachbildung des Zahlungsprofils von exotischen Optionen durch Kombinationen von Plain-Vanilla-Optionen oder von Plain-Vanilla-Optionen mit dem jeweiligen Underlying nicht möglich ist. Als Ergänzung zum bisherigen Instrumentarium hat damit die Entwicklung exotischer Optionen auch eine wichtige Lücke geschlossen und entsprechend eine große Bedeutung für die Finanzwelt erlangt. Dies gilt bislang vor allem für den Handel mit Devisen. Aber auch im Zins- und Aktienbereich dürften diese Instrumente eine zunehmende Bedeutung erfahren.

Die aufgezeigten Instrumente werden von den Banken ständig weiterentwickelt, und es entstehen wiederum neue Formen von exotischen Optionen. Diese komplexer werden Produkte werden häufig für die Kunden maßgeschneidert angeboten. Entsprechend haben die Banken auch Modelle zur Bewertung von exotischen Optionen entwickelt. Ein wichtiges Modell ist dabei das Binomial-Modell. Allerdings sind dazu vergleichsweise hohe Rechnerkapazitäten erforderlich. Die Komplexität der Rechenvorgänge wird insbesondere durch die zusätzliche Berücksichtigung von Dividenden bei Aktien noch erhöht.

Als weiteres mögliches Modell kann in diesem Zusammenhang die Monte Carlo Simulation genannt werden. Auf der Grundlage von Zufallszahlen werden dabei im Rahmen der Optionsbewertung für zahlreiche mögliche Entwicklungen die jeweiligen theoretischen Optionspreise bestimmt, wobei der mittlere Wert mit dem Handelspreis vergleichbar ist.

---

1 Vgl. *Winter* (1995), S. 222.

Die Zufallszahlen können mit Hilfe eines Computers erzeugt werden. Damit ist – anders als bei historischen Simulationen – der Preis von den Vergangenheitsdaten nicht so stark beeinflusst. Allerdings ist diese Methode sehr aufwendig.[1]

9. Der Einsatz von Optionsscheinen

Bei Optionsscheinen, die auch als Warrants bezeichnet werden, handelt es sich um verbriefte Optionen, d.h. sie werden – anders als die an Terminbörsen gehandelten Optionen – als Wertpapiere an einer Wertpapierbörse gehandelt. Wie auch Optionen, beinhalten Optionsscheine das Recht, eine festgelegte Menge eines bestimmten Basiswertes (z.B. Aktien, Anleihen, Indizes oder Währungen) zu einem bestimmten Termin (europäischer Typ) oder bis zu einem bestimmten Termin (amerikanischer Typ) zu kaufen oder zu verkaufen. Hinzuweisen ist darauf, dass die Möglichkeit der Ausübung auch weiter beschränkt sein kann, z.B., dass eine Ausübung während der Optionslaufzeit nur innerhalb bestimmter Zeiträume möglich ist.

Im Falle einer Optionsausübung kann – wie bei den Optionen – in Abhängigkeit von den Emissionsbedingungen auch ein Barausgleich erfolgen, wenn die Abnahme oder Lieferung des Basiswertes nicht möglich bzw. nicht vorgesehen ist. In diesen Fällen wird bei Ausübung lediglich die Differenz zwischen dem Basispreis und dem aktuellen Marktwert des Underlyings gezahlt. Die Anzahl der Einheiten des Underlyings, die zur Ermittlung des Barausgleichs herangezogen werden, wird durch das Optionsverhältnis (bzw. Bezugsverhältnis) festgelegt. Im Falle einer tatsächlichen Lieferung, zeigt dieses Verhältnis die Anzahl der Einheiten an, die der Optionsinhaber bei Ausübung beziehen oder liefern kann.

Verschiedene Optionsscheine können – wie auch Optionen – anhand von Kennzahlen miteinander verglichen werden. Ein solcher Vergleich bietet sich jedoch nur an, wenn die Optionsscheine in weiten Teilen gleich ausgestattet sind. Neben dem inneren Wert und dem Zeitwert werden in der Praxis die Kennzahlen Aufgeld und Hebel herangezogen.[2]

Die Kennzahl Aufgeld wird ermittelt, indem einerseits die Kosten des Erwerbs des Basiswertes über den Optionsschein, d.h. durch Optionsschein-Kauf und die sofortige Optionsausübung, berechnet werden. Andererseits werden zeitgleich die Kosten für den direkten Kauf des Basiswertes ermittelt. Die positive Differenz zwischen beiden Alternativen bezeichnet das Aufgeld. Es lässt sich für einen Call anhand der folgenden Formel bestimmen:

$$\text{Aufgeld}_{\text{Call}} = \frac{B + C \cdot V - K}{K}$$

mit

B = Basispreis,
C = Callpreis,
V = Optionsverhältnis = Anzahl Optionsscheine pro Anzahl Basiswert und

---

1 Vgl. *Willnow* (1996), S. 91ff. Zur Monte-Carlo-Simulation vgl. *Schierenbeck/Lister/Kirmße* (2008), S. 92ff.
2 Vgl. *DZ Bank* (2002), S. 10ff.

K = Kassakurs (z.B. aktueller Aktienkurs, falls der Basiswert eine Aktie ist).

Für einen Put gilt entsprechend:

$$\text{Aufgeld}_{Put} = \frac{K + P \cdot V - B}{K}$$

mit

P = Putpreis.

Der so ermittelte Wert für das Aufgeld gibt den Prozentsatz an, um den der Kurs des Basiswertes ansteigen muss, damit der Optionsscheinkäufer im Gewinnbereich liegt. Für Vergleiche mit identisch ausgestatteten Optionsscheinen ist es sinnvoll, das Aufgeld auf ein Jahr zu beziehen.

Das folgende Beispiel eines Call-Optionsscheins zeigt die Ermittlung des Aufgeldes: Betrachtet wird ein Optionsschein auf eine Aktie mit einem Basispreis von € 30 und einer Restlaufzeit von 8 Monaten. Die Optionsprämie beläuft sich auf € 0,50 bei einem Optionsverhältnis von 10 (d.h. 10 Optionsscheine je Aktie). Der aktuelle Aktienkurs liegt bei € 33. Hieraus ergibt sich das folgende Aufgeld:

$$\text{Aufgeld}_{Call} = \frac{B + C \cdot V - K}{K} = \frac{30 + 0{,}5 \cdot 10 - 33}{33} = 6{,}06\%$$

Entsprechend beträgt das jährliche Aufgeld 9,09% (= 6,06% · 12/8).

Der Käufer des Optionsscheins würde in diesem Beispiel am Laufzeitende nur in dem Fall einen Gewinn erzielen, wenn der Aktienkurs dann über € 35 notieren würde; denn er bezahlt durch Ausübung des Optionsscheins insgesamt € 35 (= € 30 + 10 · € 0,5) für den Bezug einer Aktie über den Optionsschein.

Der Hebel als weitere Kennzahl ermittelt sich in seiner einfachen Form (Gearing) wie folgt:

$$\text{Gearing}_{Call} = \frac{K}{C \cdot V} = \frac{33}{0{,}5 \cdot 10} = 6{,}6$$

Diese zwar häufig verwendete Kennzahl sagt allerdings lediglich aus, dass der aktuelle Kassakurs der Aktie in diesem Fall um das 6,6-fache größer ist als der Kurs des Optionsscheins. Somit deutet diese Zahl darauf hin, dass schon mit einem relativ geringen Kapitaleinsatz ein überproportionaler Gewinn erzielbar ist. Es kann hier keineswegs darauf geschlossen werden, dass der Optionsschein um 6,6% an Wert gewinnt, wenn sich der Aktienkurs um 1% erhöht. Dies ist nur in dem theoretischen Fall einer Preissensitivität von genau eins möglich.

Diese Preissensitivität kann aber mit Hilfe des Optionsdeltas ermittelt werden. Infolgedessen lässt sich ein theoretischer Hebel ableiten, der auch als Leverage bezeichnet wird, indem der einfache Hebel (Gearing) mit dem Optionsdelta (z.B. 0,8) multipliziert wird:

$$\text{Leverage}_{Call} = \text{Gearing}_{Call} \cdot \text{Delta} = 6{,}60 \cdot 0{,}8 = 5{,}28$$

mit

Gearing_{Call} = Call-Hebel in seiner einfachen Form.

Unterstellt wird hierbei, dass eine Veränderung des Aktienkurses um 1% eine Veränderung des Optionsscheinkurses um 5,28% nach sich zieht.[1]

Nur ist bei dieser Kennzahl zu beachten, dass mit Hilfe des Delta-Wertes korrekte Optionspreise nur bei infinitesimal kleinen Aktienkursveränderungen abgeschätzt werden können. Würde beispielsweise der Aktienkurs um € 1 auf € 34 ansteigen, so müsste dies – falls mit Hilfe des Deltas der Optionspreis korrekt geschätzt würde (bei Konstanz der übrigen, den Optionspreis bestimmenden Parameter) – zu einem neuen Optionspreis von € 0,058 führen (= 0,05 + 0,8/10). Damit hat sich der Aktienkurs um 3,03% erhöht, während sich der Preis des Optionsscheins um 16,00% erhöht hat. Wird der Wert von 16,00% durch 3,03% dividiert, so erhält man wiederum den theoretischen Hebel von 5,28. Allerdings kann davon ausgegangen werden, dass entsprechend dem Black-Scholes-Modell der tatsächliche Optionspreis von € 0,058 abweichen wird, wie oben im Rahmen der Darstellung der „griechischen Variablen" gezeigt wird.

Traditionell erfolgt die Begebung von Optionsscheinen im Zusammenhang mit der Emission von Optionsanleihen, wobei die Optionsscheine abgetrennt und separat gehandelt werden. Mittlerweile werden aber auch zahlreiche Optionsscheine eigenständig – d.h. ohne in Verbindung mit einer Anleihenemission zu stehen – ausgegeben. Sie werden entsprechend auch als „Naked Warrants" bezeichnet und werden vor allem von Banken und Wertpapierhandelshäusern emittiert.

Darüber hinaus kommen auch Covered Warrants, d.h. gedeckte Optionsscheine, vor. In diesem Fall befinden sich die Basiswerte in einem gesondert gehaltenen Deckungsbestand des Emittenten. Allerdings kann auf den Deckungsbestand auch verzichtet werden, wenn die Emittenten sicherstellen, dass die Lieferansprüche aus der Ausübung der Optionsscheine auch tatsächlich erfüllt werden können. Bei den Covered Warrants können sich also die Emittenten des Basiswertes und der Optionsscheine unterscheiden. In den Fällen, in denen eine physische Lieferung des Basiswertes nicht vorgesehen ist, kann auch ein Barausgleich erfolgen.[2]

---

[1] Vgl. *DZ Bank* (2002), S. 15. Damit entspricht der Leverage dem Omega einer Option.
[2] Vgl. *Bank-Verlag* (2007), S. 74.

II. Portfoliomanagement mit Financial Futures

1. Grundlagen von Financial Futures

Während Forwards als traditionelle, zwischen einzelnen Vertragspartnern individuell ausgehandelte Termingeschäfte gelten und daher nicht an einer Börse gehandelt werden, handelt es sich bei Futures um standardisierte Verträge, die an einer Börse handelbar sind. Financial Futures beinhalten die vertragliche Vereinbarung, eine standardisierte Menge bzw. einen standardisierten Wert eines bestimmten Finanzinstruments zu einem im Voraus festgelegten Preis an einem in der Zukunft liegenden standardisierten Erfüllungstermin zu liefern (Verkäufer des Futures) bzw. abzunehmen (Käufer des Futures). Als einzige variable Elemente des Vertrages verbleiben lediglich der Preis bzw. Kurs sowie die Anzahl an Kontrakten für die Lieferung des zugrunde liegenden Basisinstruments.

Die Standardisierung, d.h. die Vorgabe der wichtigen Details, wie Fälligkeit, Qualität und Quantität des zugrunde liegenden Instruments (Underlyings) sowie der Handels- und Abwicklungsbedingungen erfolgt durch die Terminbörse in Form von Kontraktspezifikationen. Die Standardisierung kann zu einer hohen Bekanntheit und Akzeptanz der Produkte führen, da den Marktteilnehmern ein einheitliches Produkt zur Verfügung steht. Dies fördert zudem die Liquidität des Produktes, was wiederum relativ faire Preise nach sich ziehen sollte, bei denen die Geld-Brief-Spannen vergleichsweise gering ausfallen. Auf dieser Grundlage wiederum kann sich ein funktionierender Sekundärhandel entwickeln, so dass eine jederzeitige Glattstellung der jeweiligen Positionen, d.h. die Aufhebung der Verpflichtung vor Fristablauf durch ein Gegengeschäft zu relativ fairen Preisen möglich wird. Förderlich ist in diesem Zusammenhang auch die hohe Markttransparenz an der Terminbörse, da die Preise veröffentlicht werden.

Als Kontraktformen lassen sich – je nach Handelsobjekt – u.a. Finanzterminkontrakte auf Zinstitel, Aktienindizes und Fremdwährungen unterscheiden.[1] Während eine physische Andienung bei Aktienindexfutures und Futures auf kurzfristige Zinstitel nicht möglich ist, kann die Erfüllung der Verpflichtung aus dem Kontrakt bei Futures auf langfristige Zinstitel durch die Lieferung eines entsprechenden Finanzinstruments vollzogen werden. Dabei spielt es keine Rolle, ob das zugrundeliegende Instrument (Underlying) in der entsprechenden Ausstattung real existiert.

Futures sind im Gegensatz zu Forwards nicht auf die Erfüllung des Vertrages angelegt. Die Marktteilnehmer beabsichtigen vielmehr, das Futures-Engagement vor Fristablauf durch eine Glattstellung der Position zu beenden. Die Auflösung vor Vertragsende wird durch den zentralisierten Handel an einer Börse gewährleistet.

Neben der jederzeitigen Handelbarkeit gilt als weitere Voraussetzung für den erfolgreichen Einsatz von Financial Futures, dass das Erfüllungsrisiko der einzelnen Transaktionen möglichst ausgeschlossen werden kann. Beispielsweise gibt an der Eurex die Clearingstelle als Vertragspartner eine Erfüllungsgarantie. Dies ist allerdings nur möglich, weil sie von den Börsenteilnehmern, d.h. sowohl von den Käufern als auch den Verkäufern von Fu-

---

1 Terminkontrakte in Fremdwährungen (Currency Futures) waren die ersten Finanzterminkontrakte, die 1972 kurz nach dem endgültigen Scheitern des Bretton-Woods-Systems fester Wechselkurse am International Monetary Market der Chicago Mercantile Exchange (CME) eingeführt wurden, vgl. *Powers* (1981), S. 663f. Mittlerweile werden z.B. an der Eurex Financial Futures auf weitere Handelsobjekte gehandelt. Vgl. *Eurex* (2013a), S. 7ff.

turepositionen die Hinterlegung von Sicherheiten verlangt; denn auf beiden Seiten besteht ein unlimitiertes Verlustrisiko.

Die in Geld oder Wertpapieren zu hinterlegenden Sicherheiten werden auch als Margins bezeichnet. An der Eurex handelt es sich bei dem Margin-System um das sog. Risk Based Margining der Eurex Clearing AG, das das Verfahren der Bemessung, Berechnung und Abwicklung von Sicherheitsleistungen enthält.[1]

Die Sicherheitsleistungen sind für offene Terminkontrakt-Positionen zu hinterlegen. Ziel ist die Abdeckung der aus den Kontrakten möglicherweise entstandenen Risiken, damit eine schnelle Glattstellung sämtlicher offenen Positionen eines Clearing-Mitgliedes ermöglicht wird. Da die Sicherheitsleistungen die Schwankungen eines Tages abdecken sollen, muss die Höhe der Margins jeden Tag für jedes Mitglied neu festgelegt werden.[2]

Im Folgenden werden die wichtigsten Marginarten kurz vorgestellt:

Variation Margin

An der Terminbörse werden einige Produkte nach dem sog. Mark-to-Market-Verfahren abgerechnet, d.h. börsentäglich werden die Gewinne und Verluste aus offenen Positionen erfasst. Dies gilt z.B. an der Eurex für Futures und für Optionen auf Futures. Die Gewinne und Verluste werden entsprechend von der Eurex Clearing AG verbucht. Die Variation Margin dient dazu, die durch Kursveränderungen entstandenen Gewinne und Verluste täglich in bar auszugleichen.

Das Mark-to-Market-Verfahren führt für den Inhaber einer Long-Position dazu, dass er in dem Fall eines gegenüber dem Vortag gestiegenen Kurses eine Gutschrift in Höhe dieser Preisdifferenz erhält. Hingegen hat der Inhaber der entsprechenden Short-Position eine Zahlung in Höhe der Preisdifferenz zu leisten.

Das folgende Beispiel soll das Verfahren der Variation Margin verdeutlichen: Der Marktteilnehmer A geht am Morgen des 7.7.2025 eine Long-Position im Euro-Bund-Future ein zum Kurs von 110,00%. Tabelle F.63 zeigt die unterstellte Kursentwicklung an den kommenden Tagen, wobei zu beachten ist, dass es sich jeweils um den Tagesendkurs handelt.[3] Die für das Eingehen dieser Position zunächst als anfängliche Sicherheitsleistung zu hinterlegende Additional Margin soll an dieser Stelle vernachlässigt werden.[4]

So bedeutet der Anstieg des Kurses am 07.07.2025 von 110,00% (Kaufkurs) auf 110,23% eine positive Differenz von 23 Ticks bzw. € 230.[5]

In dem Beispiel wird die Futureposition bis zum letzten Handelstag des September-Kontrakts gehalten. Am Ende steht damit auf dem Margin-Konto ein negativer Saldo. Wird

---

1 Vgl. *Eurex* (2008b).
2 Vgl. dazu sowie zu den folgenden Ausführungen *Eurex* (2007c), S. 14ff.; *Eurex* (2013b), S. 55ff. und *Eurex* (2006), S. 5ff.
3 Der tägliche Abrechnungspreis, den die Eurex täglich bei Handelsschluss festlegt und der als Berechnungsgrundlage für Gewinne und Verluste dient, wird auch als Daily Settlement Price bezeichnet.
4 Bei *Eurex* (2007c), S. 30, wird in einem Beispiel mit einer Additional-Margin von € 1.600 pro Kontrakt bei einer Non-Spread-Position des Euro-Bund-Futures gerechnet, wobei darauf hingewiesen wird, dass die Margin-Parameter pro Margin-Klasse von der Eurex Clearing AG bei Bedarf angepasst und veröffentlicht werden.
5 1 Tick beim Euro-Bund-Future entspricht 0,01% vom zugrunde liegenden Nominalwert in Höhe von € 100.000, was zu einem Tickwert von € 10 führt. Dies ergibt sich aus den Kontraktspezifikationen des Euro-Bund-Futures, die noch vorzustellen sind.

erst am letzten Handelstag glattgestellt, wo würde sich der Gesamtverlust der Long-Position auf € 4.000 belaufen. Der nach einer Glattstellung erforderliche Barausgleich des Kontos erfolgt jeweils am darauffolgenden Tag. Wird nicht glattgestellt, so muss der Verkäufer eines Euro-Bund-Futures eine bestimmte Anleihe an den Future-Käufer liefern.

Datum	Daily Settlement Price	Differenz in Ticks	Variation Margin in €	Kontosaldo in € (ohne Additional Margin)
Montag, 07.07.2025	110,23%	23	230	230
Dienstag, 08.07.2025	110,95%	72	720	950
Mittwoch, 09.07.2025	110,40%	−55	−550	400
Donnerstag, 10.07.2025	109,28%	−112	−1.120	−720
Freitag, 11.07.2025	109,20%	−8	−80	−800
:	:	:	:	:
:	:	:	:	:
Donnerstag, 04.09.2025	106,80%	:	:	−3.200
Freitag, 05.09.2025	106,90%	10	100	−3.100
Montag, 08.09.2025	106,00%	−90	−900	−4.000

Tab. F.63: Bestimmung der Variation Margin beim Euro-Bund-Future an der Eurex

Additional Margin
Wie in dem Beispiel bereits angedeutet, fällt an der Eurex bei Optionsgeschäften inkl. Optionen auf Futures sowie bei sog. Non-Spread-Future-Positionen, d.h. bei nicht kompensierbaren Futurepositionen eine sog. Additional Margin an. Sie dient zur Abdeckung der bis zum nächsten Tag zusätzlich anfallenden möglichen Glattstellungskosten. Hierbei handelt es sich um die maximal möglichen Glattstellungskosten eines Kontos am jeweils nächsten Börsentag unter der Annahme der ungünstigsten möglichen Preisentwicklung der im Konto enthaltenen Positionen, d.h. des Worst Case Loss. Insofern soll mit Hilfe der Additional Margin das Kursrisiko, das bis zum folgenden Börsentag besteht, abgedeckt werden.[1]

Premium Margin
Bei Optionsgeschäften, die dem sog. „Traditional Style Premium Posting" unterliegen und deren Optionsprämie beim Optionskauf in voller Höhe gezahlt werden muss, wird an der Eurex eine Premium Margin erhoben. Dies gilt an der Eurex nicht für Optionen auf Futures, deren Margin-Berechnung nach dem Future-Style-Verfahren („Futures Style Premium Posting") erfolgt und für die die Variation Margin zu berücksichtigen ist. Die Premium Margin soll die Verluste abdecken, die bei heutiger Glattstellung des Stillhalters entstehen

---

1 Vgl. *Eurex* (2007c), S. 20.

würden, und muss somit vom Stillhalter einer Optionsposition hinterlegt werden. Sobald der potentielle Glattstellungsverlust ansteigt, muss der Stillhalter die Premium Margin entsprechend auffüllen (Nachschusspflicht). Insofern werden mit der Premium Margin damit die Gewinne oder Verluste, die innerhalb eines Tages aus Kursschwankungen entstanden sind, in Form von Sicherheitsleistungen bei der Eurex Clearing AG hinterlegt. Eine Hinterlegung von Premium Margins durch den Käufer einer klassischen Option ist nicht erforderlich; denn er ist mit dem Optionskauf keine Verpflichtung eingegangen, sondern hat mit der Optionspreis-Zahlung das Recht zur Ausübung der Option erworben.

Futures Spread Margin
In bestimmten Fällen ist eine gegenseitige Verrechnung von Long- und Short-Positionen möglich, wenn es sich um gleiche Kontraktlaufzeiten handelt. Dieses sog. Netting gilt für solche Future-Positionen eines Kontos, die sich auf das gleiche Underlying beziehen. Zunächst erfolgt dabei eine Saldierung sämtlicher Long- und Short-Positionen eines Fälligkeitsmonats. Liegt im Ergebnis beispielsweise ein Überhang an Long-Positionen vor, so verbleibt eine Netto-Long-Position. Andernfalls liegt eine Netto-Short-Position vor.

Weichen die Kontraktlaufzeiten bei gleichem Underlying voneinander ab, so kann anschließend das sog. Spreading, d.h. die Bildung von Spreads zwischen Long- und Short-Positionen mit unterschiedlichen Fälligkeiten, vorgenommen werden. Gegenübergestellt werden dabei je eine Long- und eine Short-Position, wobei beide Positionen unterschiedliche Fälligkeitsmonate aufweisen. Ein Beispiel für das Spreading wäre eine Short-Position Euro-Bund-Future März gegen eine Long-Position Euro-Bund-Future Juni. In diesem Fall stehen sich die Kursrisiken zwar nicht exakt gegenüber, können sich aber weitgehend ausgleichen. Während kompensierbare Positionen auch als Spreads bezeichnet werden, werden nicht-kompensierbare Positionen Non-Spreads genannt.

Das Restrisiko, das aufgrund der mit den unterschiedlichen Kontraktfälligkeiten verbundenen ungleichen Preisentwicklungen – trotz gleicher Underlyings – verbleibt, soll durch die Futures Spread Margin bis zum nachfolgenden Börsentag abgedeckt werden. Der entsprechende Spread-Margin-Satz wird dann anstelle der Additional Margin für die Spread-Positionen erhoben, wobei die vergleichbare Additional Margin aufgrund des höheren Risikos der Positionen wesentlich höher liegt.

a. Zinsfutures

aa. Fixed Income Futures

Der Handel mit Zinsterminkontrakten wurde erstmals 1975 am Chicago Board of Trade aufgenommen. Der dort eingeführte U.S. Treasury Bond Future basiert mittlerweile auf einem US-Treasury Bond im Nominalwert von $ 100.000 und einem Nominalzins von 6%. Lieferbar sind bei Kontraktfälligkeit U.S. Treasury Bonds mit einer Mindestrestlaufzeit von 15 Jahren zu Beginn des Liefermonats.

In der Folgezeit entwickelten auch andere Börsen neue Zinsfutures. So werden z.B. an der Eurex sogenannte Fixed Income Futures auf Schuldverschreibungen der Bundesrepublik Deutschland, der Republik Italien, der Republik Frankreich und der Schweizerischen Eidgenossenschaft (Stand: Januar 2013) gehandelt.[1] Beispielsweise verpflichtet ein Euro-

---

1 Vgl. *Eurex* (2013a), S. 158.

Bund-Future an der Eurex zur Lieferung bzw. zum Empfang einer idealtypischen Bundesanleihe mit einem Kupon von 6% und einem Nominalwert von € 100.000. Die Restlaufzeit der zu liefernden Bundesanleihe kann zwischen 8,5 und 10,5 Jahren liegen. Das Mindestemissionsvolumen der lieferbaren Anleihen muss € 5 Mrd. betragen.

Zusammengefasst lauten die Kontraktspezifikationen des Euro-Bund-Futures an der Eurex wie folgt:[1]

Merkmal	Euro-Bund-Future
Basiswert	Idealtypische Schuldverschreibung der Bundesrepublik Deutschland
Kontraktwert	€ 100.000
Zins	6 %
Restlaufzeitbereich der lieferbaren Anleihen	8,5 bis 10,5 Jahre, Ursprungslaufzeit $\leq$ 11 Jahre
Lieferbare Papiere	Schuldverschreibung der Bundesrepublik Deutschland mit einem Mindestemissionsvolumen von € 5 Mrd.
Notierung	In % vom Nominalwert mit zwei Nachkommastellen
Tick-Größe und –Wert	0,01% bzw. € 10
Maximale Laufzeit	9 Monate
Liefermonate	Die jeweils nächsten 3 Quartalsmonate des Zyklus März, Juni, September, Dezember
Liefertag	10. Kalendertag des Liefermonats (oder folgender Börsentag)
Letzter Handelstag	Zweiter Börsentag vor dem Liefertag

Tab. F.64: Kontraktspezifikationen des Euro-Bund-Futures an der Eurex
(Stand: April 2013)

Zusätzlich wird an der Eurex ein Future auf eine idealtypische mittelfristige Schuldverschreibung des Bundes gehandelt, der Euro-Bobl-Future. Der Unterschied zum Euro-Bund-Future besteht darin, dass beim Euro-Bobl-Future Schuldverschreibungen der Bundesrepublik Deutschland mit einer Restlaufzeit von 4,5 bis 5,5 Jahren lieferbar sind (wobei aber auch hier gilt, dass die Ursprungslaufzeit $\leq$ 11 Jahre ist).

Darüber hinaus wird mit dem sogenannten Euro-Buxl-Future ein Instrument an der Eurex gehandelt, das es den Marktteilnehmern ermöglicht, den langen Laufzeitbereich der Zinsstrukturkurve gegen Zinsänderungsrisiken abzusichern. Die Kontraktspezifikationen entsprechen im Wesentlichen denen des Euro-Bund-Futures. Ausnahmen sind die Restlaufzeit der lieferbaren Schuldverschreibungen des Bundes (24 bis 35 Jahre), der zugrunde liegende Kupon (4%) sowie Höhe und Wert eines Ticks, d.h. der kleinsten Preisveränderung (0,02% bzw. € 20).

---

[1] Vgl. *Eurex* (2013a), S. 158ff. und *Eurex* (2013b), S. 12ff.

Schließlich werden an der Eurex im Bereich der Fixed Income Futures auf Schuldverschreibungen der Bundesrepublik Deutschland noch sogeannte Euro-Schatz-Futures gehandelt, deren Kontraktspezifikationen ebenfalls weitgehend denen des Euro-Bund-Futures entsprechen. Allerdings kommen als lieferbare Papiere Schuldverschreibungen des Bundes in Frage, die zum Lieferzeitpunkt eine Restlaufzeit von 1,75 bis 2,25 Jahren aufweisen (wobei auch hier wiederum gilt, dass die Ursprungslaufzeit ≤ 11 Jahre). Zudem wird der Preis eines Euro-Schatz-Futures mit drei Nachkommastellen angegeben. Ein Tick beläuft sich auf 0,005% (= € 5).[1]

Bei Euro-Buxl-, Euro-Bund-, Euro-Bobl- und Euro-Schatz-Futures hat der Verkäufer des Futures als Inhaber der Short Position am Liefertag die Pflicht, aus den lieferbaren Anleihen eine Anleihe seiner Wahl auszuwählen, um seiner Lieferverpflichtung nachzukommen. Dieses Recht wird auch als Seller's Option bezeichnet. Da die lieferbaren Anleihen in der Regel verschiedene Laufzeiten und unterschiedliche Kupons haben, die von 6 % abweichen, wurde ein Preisfaktoren- bzw. Konvertierungsfaktorensystem entwickelt, das diese Unterschiede ausgleichen soll. Die Konvertierungsfaktoren („conversion factors") geben entsprechend an, bei welchem Kurs der Anleihe die Rendite am Liefertag 6% betragen würde.[2] An der Eurex werden die Konvertierungsfaktoren für auf € lautende Anleihen in der folgenden Weise berechnet:[3]

$$KF = \frac{1}{1{,}06^f} \cdot \left[c \cdot \frac{NCD_{1\,Jahr} - LCD}{act_2} + \frac{c}{0{,}06} \cdot \left(1{,}06 - \frac{1}{1{,}06^n}\right) + \frac{1}{1{,}06^n} \right]$$
$$- c \cdot \left(\frac{NCD_{1\,Jahr} - LCD}{act_2} - \frac{NCD_{1\,Jahr} - DD}{act_1} \right)$$

mit: c   = Kupon,
DD   = Delivery date,
LCD   = Last coupon date before the delivery date,
NCD   = Next Coupon Date after delivery date,
$NCD_{1\,Jahr}$ = 1 Jahr vor dem Next Coupon Date,
$NCD_{2\,Jahre}$ = 2 Jahre vor dem Next Coupon Date,
n   = ganze Jahre von NCD bis zur Endfälligkeit der Anleihe,

$$act_1 = \begin{pmatrix} NCD - NCD_{1\,Jahr}, & falls\ (NCD_{1\,Jahr} - DD) < 0 \\ NCD_{1\,Jahr} - NCD_{2\,Jahre}, & falls\ (NCD_{1\,Jahr} - DD) \geq 0 \end{pmatrix}$$

$$act_2 = \begin{pmatrix} NCD - NCD_{1\,Jahr}, & falls\ (NCD_{1\,Jahr} - LCD) < 0 \\ NCD_{1\,Jahr} - NCD_{2\,Jahre}, & falls\ (NCD_{1\,Jahr} - LCD) \geq 0 \end{pmatrix}$$

$$f = 1 + \frac{NCD_{1\,Jahr} - DD}{act_1}$$

---

[1] Vgl. *Eurex* (2013a), S. 158ff.
[2] Vgl. *Samorajski/Phelps* (1990), S. 59 und *Schneeweis/Hill/Philipp* (1983), S. 340.
[3] Vgl. *Eurex* (1999); *Eurex* (2007b), S. 100 und *Eurex* (2013c).

Beispielsweise konnte mit dieser Formel am 30.04.2013 für die in den Euro-Bund-Future Juni 2013 lieferbare Bundesanleihe mit einem Kupon von 2,00% und der Fälligkeit 04.01.2022 der folgende Konvertierungsfaktor berechnet werden:

DD = 10.06.2013
LCD = 04.01.2013
NCD = 04.01.2014
$NCD_{1\,Jahr}$ = 04.01.2013
$NCD_{2\,Jahre}$ = 04.01.2012
n = 8

$$KF = \frac{1}{1,06^{0,569863014}} \cdot \left[0,02 \cdot \frac{0}{366} + \frac{0,02}{0,06} \cdot \left(1,06 - \frac{1}{1,06^8}\right) + \frac{1}{1,06^8} \right] - 0,02 \cdot \left(\frac{0}{366} - \frac{-157}{365}\right) = 0,737805$$

Da sich die Parameter der Formel bis zur Fälligkeit des Futures nicht verändern, bleibt der Konvertierungsfaktor dieser Anleihe bis zur Futures-Fälligkeit konstant.

Bei der Ermittlung der Konvertierungsfaktoren wird allerdings eine flache Zinsstrukturkurve auf einem 6%-Niveau für den jeweiligen Laufzeitenbereich (beim Euro-Bund-Future 8,5 bis 10,5 Jahre) unterstellt. Nur in dieser Situation sind sämtliche lieferbaren Anleihen gleich vorteilhaft, da eine Proportionalität von Marktpreis und Konvertierungsfaktor vorliegt. Ergeben sich am Markt jedoch Unterschiede in der Zinsstruktur, oder weichen die Renditen vom 6%-Niveau ab, so ist immer eine Anleihe lieferoptimal. Dabei handelt es sich um die sogenannte Cheapest-to-Deliver-Anleihe (CTD-Anleihe).

Die Berechnung der CTD-Anleihe erfolgt durch einen Vergleich der Kosten des Kaufs der Anleihe am Markt mit dem Andienungsbetrag, den der Verkäufer des Futures bei Lieferung der Anleihe dem Käufer des Futures in Rechnung stellt:

(P_F · KF · € 100.000) + aufgelaufene Stückzinsen
./. P_K · € 100.000 + aufgelaufene Stückzinsen

= Differenzbetrag

mit

P_F = Schlussabrechnungspreis des Futures und
P_K = Preis der lieferbaren (Kassa-)Anleihe.

Da sich beide Beträge auf dieselbe Anleihe beziehen und sich damit die Stückzinsen entsprechen, ergibt sich ein Differenzbetrag von (P_F · KF · € 100.000 − P_K · € 100.000). Dieser Differenzbetrag wird noch durch € 100.000 dividiert. Das Ergebnis wird für jede lieferbare Anleihe berechnet. Diejenige Anleihe, die dabei den positivsten Betrag aufweist, ist die CTD-Anleihe.

Die CTD-Anleihe kann nicht nur am Liefertag des Futures ermittelt werden, sondern auch zu jedem Zeitpunkt vor dem Liefertag. Dazu wird ein Verkauf des Futures und ein Kauf der entsprechenden Anzahl an Anleihen simuliert mit der Absicht, die Anleihen bis zum Liefertag zu halten und dann in den Kontrakt zu liefern. Diejenige Anleihe, die dabei den größten Ertrag einbringt, ist die CTD-Anleihe. Kann durch eine solche Transaktion eine Rendite erzielt werden, die oberhalb des aktuellen Marktzinssatzes liegt, so setzen Arbitragetransaktionen ein. Aufgrund der damit verbundenen Möglichkeit, risikolose Gewinne zu erzielen, wird laufend die CTD-Anleihe berechnet, die in der Praxis auch wechseln kann.

Das folgende Beispiel zeigt die Ermittlung einer solchen Anleihe. Der Euro-Bund-Future September, der am 10.09. fällig wird, soll am 05.07. einen Kurs von 110,80% aufweisen. Lieferbar seien am 10.09. die folgenden Bundesanleihen:

Anleihe	Kupon	letzter Kupontermin	Restlaufzeit (Jahre)	$Preis_K$*	KF	$Preis_F \cdot KF$	Differenz
1	5,75%	04.01.	9	109,090%	0,9830	108,918%	–0,1722%
2	6,25%	04.07.	9,5	113,290%	1,0171	112,690%	–0,5997%
3	6,50%	04.01.	10	115,830%	1,0361	114,790%	–1,0404%
*	Hierbei handelt es sich um den Clean Price, d.h. ohne Stückzinsen						

Tab. F.65: Ermittlung der CTD-Anleihe

Nach diesem Beispiel ist am 05.07. die 5,75% Bundesanleihe mit einer Restlaufzeit von 9 Jahren die aktuelle CTD-Anleihe, da die Differenz hier am positivsten ist. Eine Ermittlung der CTD-Anleihe ist auch über den Quotienten aus dem Anleihenkurs und dem Konvertierungsfaktor möglich. In diesem Fall deutet der niedrigste Werte auf die CTD-Anleihe:

Anleihe	Kupon	Letzter Kupontermin	Restlaufzeit (Jahre)	$Preis_K$*	KF	$Preis_K / KF$
1	5,75%	04.01.	9	109,090%	0,983013	1,109752
2	6,25%	04.07.	9,5	113,290%	1,017061	1,113896
3	6,50%	04.01.	10	115,830%	1,036007	1,118042
*	Hierbei handelt es sich um den Clean Price, d.h. ohne Stückzinsen					

Tab. F.66: Alternative Ermittlung der CTD-Anleihe

Anstelle der aktuellen Anleihepreise können aber auch die Forwardpreise der Anleihen mit dem Produkt aus Futurepreis und Konvertierungsfaktor verglichen werden. Die Forwardpreise ergeben sich, indem zum aktuellen Preis die Kosten für die Finanzierung des Anleihekaufpreises, der dem Dirty Price entspricht (d.h. Kurs plus Stückzinsen), hinzuaddiert werden und die Erträge der Anleihe abgezogen werden, jeweils für die Zeit bis zum 10. September. Unter Berücksichtigung eines kurzfristigen Refinanzierungszinssatzes von 4,0% gelangt man zu den folgenden Werten für die obigen Anleihen:

Anleihe	Dirty Price$_K$ am 05.07.	Finanzierungskosten bis 10.09.	Kuponerträge bis 10.09.	Forward-Preis$_K$
1	111,957%	0,833%	1,055%	108,868%*
2	113,307%	0,844%	1,147%	112,986%
3	119,071%	0,886%	1,193%	115,523%
*	108,86798% = 109,090% + 0,83346% − 1,05548%			

Tab. F.67: Ermittlung der CTD-Anleihe auf der Basis von Forwardpreisen, Teil 1

Anleihe	Forward-Preis$_K$	KF	Preis$_F$ · KF	Differenz
1	108,868%	0,983013	108,918%	0,050%
2	112,986%	1,017061	112,690%	−0,296%
3	115,523%	1,036007	114,790%	−0,734%

Tab. F.68: Ermittlung der CTD-Anleihe auf der Basis von Forwardpreisen, Teil 2

Da die Differenz auch in diesem Fall voraussichtlich bei der 5,75% Bundesanleihe zum Liefertag am positivsten sein wird, wird davon ausgegangen, dass es sich hierbei um die lieferoptimale Anleihe handeln wird. Die Ermittlung auf der Basis von Forwardpreisen erscheint grundsätzlich korrekter, da sich in diesem Fall der Vergleich auf den gleichen Zeitpunkt (hier: per Termin 10. September) bezieht.

Darüber hinaus kann auch auf den sogenannten impliziten Pensionszinssatz (Implied Repo Rate, IRR) zur Ermittlung der CTD-Anleihe zurückgegriffen werden. Die IRR gibt an, welche Finanzierungskosten des Anleihekaufs bei dem aktuellen Futurepreis unterstellt werden für das Halten dieser Anleiheposition bis zur Fälligkeit des Futures. Sie stellt die Finanzierungskosten (z.B. die Repo Rate) dar, mit der der Future zum aktuellen Zeitpunkt bewertet wird.[1] Dabei sind auch die Kuponerträge aus der Anleihe bis zur Fälligkeit des Futures zu berücksichtigen.

Der implizite Pensionszinssatz lässt sich für die CTD-Anleihe z.B. wie folgt ermitteln, wobei im Rahmen der Stückzinsermittlung auf die Zinstagezählung Actual/Actual zurückgegriffen und hier unterstellt wird, dass kein Schaltjahr vorliegt:

$$IRR_{CTD} = \frac{P_F \cdot KF_{CTD} + K_{CTD} \cdot \frac{T}{365} - P_{CTD}}{(P_{CTD} + SZ)} \cdot \frac{360}{T}$$

mit

---

[1] Zur Repo Rate vgl. Abschnitt VI. in diesem Kapitel.

536   F. Zeitgemäße Instrumente des professionellen Portfoliomanagements: Derivate

P_F = Preis des Futures,
P_{CTD} = Preis der lieferbaren (Kassa-)Anleihe,
KF_{CTD} = Konvertierungsfaktor der CTD-Anleihe,
K_{CTD} = Kupon der CTD-Anleihe,
T = Anzahl der Tage bis zur Fälligkeit des Futures bei Lieferung
(hier: vom 05.07. bis zum 10.09.) und
SZ = Stückzinsen der lieferbaren Anleihe vom letzten Kuponzahlungstermin bis zum aktuellen Tag (hier: vom 04.01. bis zum 05.07.).

Für die obige CTD-Anleihe ergibt sich damit der folgende Wert:

$$IRR_{CTD} = \frac{110{,}80\% \cdot 0{,}983013 + 5{,}750\% \cdot \frac{67}{365} - 109{,}090\%}{\left(109{,}090\% + 5{,}750\% \cdot \frac{183}{365}\right)} \cdot \frac{360}{67} = 4{,}2391\%$$

Damit wird durch die IRR die Höhe des prozentualen Gewinns für den Fall angegeben, dass die Anleihe gekauft wird, der Future verkauft wird und die Anleihe am Liefertag in den Future geliefert wird. Bei derjenigen Anleihe, die bei dieser Transaktion den maximalen Gewinn abwirft, handelt es sich um die CTD-Anleihe. Sie weist die höchste IRR auf.

Im obigen Beispiel ergeben sich für die anderen beiden lieferbaren Anleihen IRR-Werte von 2,5966% für Anleihe 2 und von 0,6893% für Anleihe 3.

Nicht zu verwechseln ist die IRR mit der Implied Forward Yield (IFY), d.h. der impliziten Forward-Rendite des Futures. Zur Ermittlung der IFY wird das Produkt aus dem Futurekurs und dem Konvertierungsfaktor der CTD-Anleihe als Preis der Anleihe genommen und als Valutatag der Fälligkeitstag des Futures gesetzt. Die Rendite für die dann geltende Restlaufzeit ist die implizite Forward-Rendite des Futures. Insofern deutet sie auf die bei Future-Fälligkeit erwartete Marktrendite der CTD-Anleihe hin.

Grundsätzlich ist bei der CTD-Ermittlung zu beachten, dass der Konvertierungsfaktor ein Zinsniveau von 6% unterstellt. Deshalb werden die Kursunterschiede der einzelnen Anleihen nur in dem Fall, dass alle Anleihen eine Rendite von 6% aufweisen, auch korrekt ausgeglichen. Andernfalls tritt eine Verzerrung auf. So werden bei einer Marktrendite, die über 6% liegt, tendenziell Anleihen mit Kupons unter 6% bevorzugt; denn diese werden bei der Andienung durch die Konvertierungsfaktorformel tendenziell überbewertet. Damit wird der Future-Verkäufer in dieser Situation Anleihen mit einem möglichst niedrigen Kupon liefern, da diese Anleihen durch den Konvertierungsfaktor zu hoch angerechnet werden. Der Future-Käufer hingegen zahlt aufgrund des für ihn ungünstigen Austauschverhältnisses eher zuviel.[1] Im Falle eines unter 6% liegenden Zinsniveaus haben Anleihen mit einem möglichst hohen Kupon eher die Chance, die CTD-Anleihe zu sein.

Neben diesem Kuponeffekt kann auch noch ein Laufzeiteffekt festgestellt werden, da auch die jeweiligen Laufzeiten der Anleihen die Ermittlung der CTD-Anleihe beeinflussen. So gilt für ein Marktzinsniveau von über 6%, dass von Anleihen mit gleichem Kupon und gleicher Marktrendite die Anleihe am günstigsten zu liefern ist, die die längste Laufzeit

---

1   Vgl. *Diwald* (1994), S. 167.

aufweist. Bei einem Zinsniveau unter 6% handelt es sich bei der Anleihe mit der kürzesten Laufzeit tendenziell um die CTD-Anleihe.

Zusammenfassend gilt: Bei einer Marktrendite, die über 6% liegt, wird die Anleihe mit dem niedrigsten Kupon und der längsten Laufzeit tendenziell für die Lieferung bevorzugt. Diese Anleihe weist auch die höchste Duration auf. Renditen unter 6% führen dazu, dass Anleihen mit kurzer Laufzeit und hohem Kupon grundsätzlich vorteilhafter sind.[1] Infolgedessen ist in diesem Fall voraussichtlich die Anleihe mit der geringsten Duration die CTD-Anleihe. Insofern kann auch durch die Berechnung der Duration der lieferbaren Anleihen die CTD-Anleihe bestimmt werden. Dabei ist aber darauf hinzuweisen, dass die Duration nur dann korrekte Ergebnisse liefert, wenn die Anleihen mit der gleichen Rendite rentieren und sich die Renditen lediglich parallel verschieben. Aus diesem Grund ist die CTD-Ermittlung auf der Basis der IRR genauer.

In dem obigen Beispiel erfolgt die Lieferung erst in 67 Tagen. Daher kann noch nicht mit Sicherheit festgestellt werden, dass die zum aktuellen Zeitpunkt (05.07.) ermittelte CTD-Anleihe zum Fälligkeitstag auch tatsächlich die lieferoptimale Anleihe sein wird. Anbieten würde sich die Berechnung der Wahrscheinlichkeiten, mit denen die einzelnen Anleihen zur CTD-Anleihe werden. Gleichzeitig lassen sich auch sogenannte Switch-Analysen durchführen, wobei berechnet wird, inwieweit sich die Zinsstrukturkurve verändern muss, damit eine Anleihe zur CTD-Anleihe wird. Darüber hinaus kann auch die Neuemission einer lieferbaren Anleihen zu einem Wechsel der CTD-Anleihe führen. Dies gilt besonders für Bundesobligationen, so dass davon ausgegangen werden kann, dass beim Euro-Bobl-Future die CTD-Anleihe häufiger wechselt als beim Euro-Bund-Future.

Die Bestimmung der CTD-Anleihe ist von großer praktischer Bedeutung, da sich der Kurs des Futures am Kurs der Cheapest-to-Deliver orientiert. Bei einem Wechsel der CTD-Anleihe kann es zu Sprüngen im Futurekurs kommen, da diesem Kontrakt nunmehr eine andere Anleihe zugrunde liegt. Ein darauf nicht vorbereiteter Portfoliomanager kann dadurch möglicherweise Verluste erleiden.

ab. Geldmarkt-Futures

Neben den Futures auf Schuldverschreibungen werden an der Eurex auch Futures auf kurzfristige Zinstitel gehandelt, die auch als Geldmarkt-Futures bezeichnet werden können. Neben dem Dreimonats-Euribor-Futures wird ein Eimonats-Eonia-Future gehandelt,[2] dessen Basiswert der Durchschnittszinssatz aller effektiven Zinssätze für Tagesgeld in Euro (Eonia) darstellt, die während der Laufzeit von einem Kalendermonat durch die Europäische Zentralbank ermittelt worden sind. Dabei wird der Zinseszinseffekt berücksichtigt.

Der Dreimonats-Euribor-Futures basiert auf einer fiktiven Termineinlage in Euro mit einer Laufzeit von drei Monaten im Nennwert von € 1 Mio. Anders als bei Euro-Bund- oder Euro-Bobl-Futures ist beim Euribor-Future eine Andienung bzw. Lieferung des Underlyings bei Kontraktfälligkeit nicht möglich. Entsprechend erfolgt die Abwicklung der noch nicht glattgestellten Positionen durch einen Barausgleich (Cash Settlement), die am ersten Tag nach dem Schlussabrechnungstag fällig ist.

---

1 Der Beweis wurde von *Kilcollin* geführt, vgl. *Kilcollin* (1982), S. 1186ff. Diese Aussagen konnten auch in Simulationsstudien bestätigt werden, vgl. *Meisner/Labuszewski* (1984), S. 570ff.

2 „Euribor" steht für „Euro Interbank Offered Rate", „Eonia" steht für „Euro OverNight Index Average". Vgl. *Euribor-EBF* (2013a).

Die Kontraktspezifikationen des Dreimonats-Euribor-Futures an der Eurex lauten wie folgt:[1]

Merkmal	Dreimonats-Euribor-Future
Basiswert	Euribor für Dreimonats-Termingelder in €
Kontraktwert	€ 1.000.000
Settlement	Erfüllung durch Barausgleich, fällig am ersten Börsentag nach dem Schlussabrechnungstag
Notierung	100 minus Zinssatz (in % auf drei Dezimalstellen)
Tick-Größe und -Wert	0,005% bzw. € 12,50
Verfallmonate	Die nächsten 20 Quartalsmonate aus dem Zyklus März, Juni, September und Dezember
Maximale Laufzeit	60 Monate
Letzter Handelstag	= Schlussabrechnungstag, d.h. zwei Börsentage vor dem dritten Mittwoch des jeweiligen Fälligkeitsmonats bzw. der davor liegende Börsentag

Tab. F.69: Kontraktspezifikationen des Dreimonats-Euribor-Futures an der Eurex (Stand: Januar 2013)

Der Tick-Wert in Höhe von € 12,50 ergibt sich wie folgt:

$$\text{Tickwert}_{3-M-\text{Euribor-Future}} = \frac{0,005}{100} \cdot \frac{90 \text{ Tage}}{360 \text{ Tage}} \cdot € 1.000.000 = € 12,50$$

Bei der Berechnung des Tickwertes ist zu beachten, dass die Abrechnung des Futures auf einer Tageskalkulation von 30/360 basiert, d.h. der Monat wird mit 30 Tagen und das Jahr mit 360 Tagen festgelegt. Hingegen werden für die quotierten Zinssätze häufig die tatsächlichen Tage (Actual/360) zugrunde gelegt. Dies ist bei der Berechnung des fairen Preises (Fair Value) eines Futures oder der Hedge Ratio zu berücksichtigen.

Die Grundlage für den Barausgleich stellt der im Kassamarkt angebotene Euro Interbank Offered Rate (Euribor) für Dreimonats-Termingelder dar. Die Bezeichnung „Offered Rate" deutet darauf hin, dass es sich beim Euribor um einen Zinssatz handelt, zu dem die Banken untereinander Gelder für eine bestimmte Periode verleihen würden. Der Euribor wird täglich aus den Meldungen von großen, repräsentativen Banken berechnet, wobei als Basis für die Zinsberechnung Actual/360 gilt. Die Festlegung erfolgt mit drei Nachkommastellen. Die insgesamt 15 Quotierungen betreffen die Standardlaufzeiten des kurzfristigen Bereichs, d.h. 1, 2, 3 Wochen und 1 – 12 Monate.[2]

---

1 Vgl. *Eurex* (2013a), S. 170f.
2 Vgl. *Euribor-EBF* (2013b).

Liegen Laufzeiten vor, für die keine Euribor-Quotierungen abgegeben werden, so kann der entsprechende Zinssatz mit Hilfe der linearen Interpolation ermittelt werden.[1]

$$r_1 = r_{1_u} + \frac{r_{1^o} - r_{1_u}}{t_{1^o} - t_{1_u}} \cdot (t_1 - t_{1_u})$$

mit

t_1 = Laufzeit der zu berechnenden Periode in Tagen,
t_{1_u} = Laufzeit des Euribors für die kürzere Laufzeit („untere" Laufzeit),
t_{1^o} = Laufzeit des Euribors für die längere Laufzeit („obere" Laufzeit),
r_{1_u} = Euribor-Satz für die kürzere Laufzeit und
r_{1^o} = Euribor-Satz für die längere Laufzeit.

Soll beispielsweise der Zinssatz für die Zeit vom 14.03.2025 bis zum 23.04.2025, d.h. für 40 Tage ermittelt werden, so kann dieser bei einem 1-M-Euribor (Laufzeit: 31 Tage) von 3,00% (= r_{1_u}) und einem 2-M-Euribor (Laufzeit: 61 Tage) von 3,20% (= r_{1^o}) wie folgt bestimmt werden:

$$r_1 = 0{,}03 + \frac{0{,}032 - 0{,}03}{61 - 31} \cdot (40 - 31) = 0{,}0306 = 3{,}06\%$$

Das Ergebnis der linearen Interpolation kann auch mit Hilfe der folgenden Formel ermittelt werden, die zum gleichen Resultat führt:

$$r_1 = \frac{t_{1^o} - t_1}{t_{1^o} - t_{1_u}} \cdot r_{1_u} + \frac{t_1 - t_{1_u}}{t_{1^o} - t_{1_u}} \cdot r_{1^o} = \frac{61 - 40}{61 - 31} \cdot 0{,}03 + \frac{40 - 31}{61 - 31} \cdot 0{,}032 = 3{,}06\%$$

Die Preisermittlung des Euribor-Futures erfolgt – wie üblicherweise bei Futures auf Geldmarktzinssätze – in Prozent auf drei Dezimalstellen auf der Basis 100 abzüglich gehandeltem Zinssatz. Bei diesem Zinssatz handelt es sich um die Forward Rate, die sich auf die dem Future unterliegende Zinsperiode bezieht. Falls diese Forward Rate z.B. bei 4% liegt, notiert der Euribor-Future bei 96,000%.

Wie bereits erwähnt, wird als weiterer Geldmarkt-Futures noch der Einmonats-Eonia-Future an der Eurex gehandelt. Die Kontraktspezifikationen lauten:[2]

---

1 Darüber hinaus können auch andere Interpolations-Verfahren zur Anwendung kommen, die entsprechend zu anderen Ergebnissen führen. Bei der linearen Interpolation handelt es sich um ein einfaches Verfahren, vgl. *Flavell* (2002), S. 14ff.
2 Vgl. *Eurex* (2013a), S. 167f.

Merkmal	Einmonats-Eonia-Future
Basiswert	Durchschnittszinssatz aller effektiven Zinssätze für Tagesgeld in Euro (Eonia), die während der Laufzeit von einem Kalendermonat durch die Europäische Zentralbank ermittelt worden sind unter Berücksichtigung des Zinseszinseffekts
Kontraktwert	€ 3.000.000
Settlement	Erfüllung durch Barausgleich, fällig am ersten Börsentag nach dem letzten Handelstag
Notierung	100 minus Zinssatz (in % auf drei Dezimalstellen)
Tick-Größe und –Wert	0,005% bzw. € 12,50
Verfallmonate	Laufender Kalendermonat zuzüglich der folgenden 11 Kalendermonate
Maximale Laufzeit	12 Monate
Letzter Handelstag	= Schlussabrechnungstag, d.h. letzter Börsentag des jeweiligen Fälligkeitsmonates bzw. der davor liegende Börsentag

Tab. F.70: Kontraktspezifikationen des Einmonats-Eonia-Futures an der Eurex
(Stand: Januar 2013)

Bei dem Eonia als Basiszins handelt es sich um den Referenzzinssatz für Tagesgeld im Interbankengeschäft. Eonia steht für Euro Overnight Index Average. Dieser Zinssatz wird für zahlreiche Aktivitäten im europäischen Geldmarktgeschäft der Banken als Basiszins herangezogen. Darüber hinaus bildet er für viele Derivate im OTC-Bereich das Underlying. So basiert der Swapmarkt im kurzfristigen Zinsbereich im Wesentlichen auf dem Referenzsatz Eonia.

Begründet wurde die Einführung des Einmonats-Eonia-Futures u.a. mit dem besonders im kurzfristigen Bereich starken Wachstum des Swapmarktes. Mit Hilfe dieses Instruments sollen Banken und institutionelle Investoren eine Möglichkeit zur Absicherung von kurzfristigen Zinsrisiken erhalten. Vor allem in den letzten Tagen vor dem Mindestreservetermin[1] und am Monatsultimo kann von relativ hohen Schwankungen im Tagesgeldbereich ausgegangen werden, so dass ein entsprechender Absicherungsbedarf bestehen sollte.

In die Ermittlung des Monatsdurchschnittssatzes, der dem Schlussabrechnungspreis an der Eurex am letzten Handelstag zugrunde liegt, fließen sämtliche Eonia-Zinssätze ein, die vom ersten bis zum letzten Kalendertag einschließlich in dem dem Future unterliegenden Kalendermonat von der Europäischen Zentralbank berechnet wurden. Formal wird der durchschnittliche Eonia-Satz wie folgt ermittelt, wobei der Zinseszinseffekt berücksichtigt wird:[2]

---

1 Zu einem Kalender mit den für die Mindestreservehaltung maßgeblichen Daten vgl. z.B. *Deutsche Bundesbank* (2011).
2 Vgl. *Eurex* (2003).

$$r_{Durchschnitt}^{Eonia} = \left[\prod_{i=\text{erster Tag}}^{\text{letzter Tag}} \left(1 + r_i^{Eonia} \cdot \frac{T_i}{360}\right) - 1 \right] \cdot \frac{360}{T_n}$$

mit

erster Tag = erster Kalendertag in dem jeweiligen Kontraktmonat,
letzter Tag = letzter Tag des 1-M-Eonia-Future Front Months, an dem ein Eonia-Zinssatz berechnet wird,
r_i^{Eonia} = Eonia-Referenzzinssatz an dem jeweiligen Tag und
T_i = Anzahl der Kalendertage, für die der jeweilige r_i^{Eonia} gilt (gewöhnlich immer nur 1 Tag, an Samstagen sowie Sonn- und Feiertagen mehr Tage).

Liegen beispielsweise die folgenden, willkürlich gewählten Zinssätze vor, so kann der durchschnittliche Eonia-Satz in der nachfolgenden Weise bestimmt werden.

Datum	01.09.	02.09.	03.09.	06.09.	07.09.	08.09.	09.09.	10.09.	13.09.	14.09.	15.09.
Tage	1	1	3	1	1	1	1	3	1	1	1
r_{Eonia}	3,50%	3,51%	3,46%	3,48%	3,47%	3,50%	3,54%	3,52%	3,56%	3,57%	3,59%

Datum	16.09.	17.09.	20.09.	21.09.	22.09.	23.09.	24.09.	27.09.	28.09.	29.09.	30.09.
Tage	1	3	1	1	1	1	3	1	1	1	1
r_{Eonia}	3,56%	3,60%	3,61%	3,59%	3,62%	3,60%	3,63%	3,62%	3,65%	3,66%	3,70%

Tab. F.71: Beispielhafte Berechnung des durchschnittlichen Eonia-Satzes

Hieraus resultiert ein durchschnittlicher EONIA-Satz entsprechend der obigen Formel von:

$$r_{Durchschnitt}^{EONIA} = [1,00297526 - 1] \cdot \frac{360}{30} = 3,570\%$$

Aufgrund der o.g. Kontraktspezifikationen ergibt sich für den Schlussabrechnungspreis des Eonia-Futures der folgende Wert:

Schlussabrechnungspreis = 100% − 3,570% = 96,430%

Anders als bei den Euribor-Futures gilt für den Eonia-Future, dass bei Future-Fälligkeit die zugrundeliegende Termingeld-Periode nicht erst beginnt; denn der Eonia-Future bezieht sich bei Fälligkeit auf die bereits abgelaufene Periode. Ist der Verfallmonat z.B. der September, so wird dem Barausgleich am letzten Börsentag (z.B. 30.9.) der Schlussabrechnungspreis zugrunde gelegt, der sich aus den Eonia-Sätzen des abgelaufenen Monats September ermitteln lässt. Den Euribor-Futures liegen dagegen die Zinssätze zugrunde, die sich auf die Periode ab Fälligkeitstermin September beziehen.
Diese Vorgehensweise hat auch Auswirkungen auf die Preisermittlung des Einmonats-Eonia-Futures vor dem Fälligkeitstermin. So orientiert sich der Preis des o.g. September-

Kontraktes vor Beginn dieses Monats an den Forward Rates. Im Laufe des Monats September werden die bisherigen Eonia-Sätze dieses Monats mit in den Future-Preis, der sich auf den letzten Septembertag bezieht, eingerechnet.[1]

b. Aktienindex- und Aktienfutures

Der Handel mit Aktienindexfutures wurde erstmals 1982 am Kansas City Board of Trade aufgenommen. Als Basisobjekt fungierte der Value Line Composite Index. Infolge des großen Anlegerinteresses wurde mit dem Handel in Aktienindexffutures an vielen weiteren Börsen begonnen. Bei dem Underlying (d.h. dem Gegenstand des Futures) handelt es sich jeweils um einen spezifizierten Aktienindex, also um einen abstrakten, nicht lieferbaren Basiswert. Ein Aktienindex basiert auf einem hypothetischen Portfolio und bildet zum Berichtszeitpunkt die Kursbewegung dieses Aktienportfolios bezogen auf einen Basiszeitpunkt anhand eines einzigen Wertes ab.[2]

Ein Aktienindex-Future beinhaltet die vertragliche Vereinbarung, einen standardisierten Wert des zugrundeliegenden Aktienindex (z.B. € 25 pro Indexpunkt) zu einem im Voraus ausgehandelten Preis des Index-Futures an einem späteren standardisierten Erfüllungstag zu kaufen bzw. zu verkaufen. Der dem DAX-Future zugrunde liegende Index ist der Deutsche Aktienindex (DAX).

Der DAX wurde beginnend am 11. Januar 1988 als nach dem Grundkapital gewichteter Index unter Berücksichtigung von Abschlägen bei Dividenden- und Kapitalmaßnahmen berechnet. Als Bezugstermin wurden die Schlusskurse des Jahresultimo 1987 gewählt und die Basis auf 1000 Indexpunkte festgesetzt. Die 30 an der Börse notierten Aktiengesellschaften, die sich als Standardwerte (Blue Chips) im DAX befinden, weisen einen wesentlichen Teil der Marktkapitalisierung und des Börsenumsatzes auf. Die ursprüngliche Zusammensetzung des DAX hat sich inzwischen mehrfach geändert, da einige Gesellschaften ausgetauscht wurden. Der DAX misst die Performance der 30 größten und umsatzstärksten Unternehmen, die im Prime Standard zugelassen sind. Basis sind die Kurse des elektronischen Handelssystems Xetra®. Darüber hinaus steht mit dem sogenannten X-DAX® vor der DAX-Eröffnung und am Abend (bis 22.15 Uhr) ein Indikator für die vorbörsliche und die Entwicklung nach Xetra-Schluss zur Verfügung. Er wird ereignisgesteuert auf der Grundlage des an der Eurex gehandelten und um die Cost-of-carry bereinigten DAX-Futures mit der kürzesten Restlaufzeit berechnet. Zudem wird für die Perioden außerhalb der Xetra-Handelszeit der sogenannte Late/Early-DAX bzw. L/E-DAX aus Preisen von Xetra Frankfurt berechnet. Dieser Index gibt eine Indikation für die Marktentwicklung des DAX außerhalb der Xetra-Handelszeiten.[3]

Berechnungsgrundlage des DAX ist die Indexformel nach *Laspeyres*. Der DAX wurde als sogenannter Performanceindex konstruiert. Dieses Konzept impliziert, dass über die auch für Kursindizes geltende Bereinigung um Erträge aus Bezugsrechten und Sonderzahlungen hinaus noch eine Bereinigung des Indexes um Dividenden- und Bonuszahlungen erfolgt, d.h. diese Erträge werden wieder in die jeweilige Aktie des Index-Portfolios ange-

---

1 Vgl. *Meyer-Bullerdiek* (2004), S. 644f.
2 Vgl. *Bleymüller* (1966), S. 15ff.
3 Vgl. *Deutsche Börse* (2013c), S. 9.

legt. Somit bewirken die Ausschüttungen im Gegensatz zum Kursindex keinen Rückgang des Indexes.[1]

Beim DAX handelt es sich offenbar um ein synthetisches Finanzinstrument, da bei Fälligkeit des DAX-Futures nicht geliefert werden kann. Daher erfolgt zum Zeitpunkt der Andienung ein Barausgleich (Cash Settlement). Dieser Betrag berechnet sich als Differenz aus dem Settlementkurs des Futures am Vortag des letzten Handelstages und dem letzten Settlementkurs (bei Kontraktfälligkeit), der grundsätzlich mit dem Stand des DAX übereinstimmt, multipliziert mit dem Kontraktwert. Letzterer beträgt beim DAX-Future € 25 pro Indexpunkt des DAX. Zusammenfassend können die Kontraktspezifikationen des DAX-Futures an der Eurex der Tabelle F.72 entnommen werden.[2]

Merkmal	DAX-Future
Basiswert	Deutscher Aktienindex (DAX)
Kontraktwert	€ 25 pro Indexpunkt des DAX
Erfüllung	durch Barausgleich (Grundlage: Schlussabrechnungspreis), fällig am ersten Börsentag nach dem letzten Handelstag
Notierung	in Punkten auf 1 Dezimalstelle, z.B. 7.450,5
Tick-Größe und -Wert	0,5 Punkte bzw. € 12,5
Maximale Laufzeit	9 Monate
Fälligkeitsmonate	die jeweils nächsten 3 Quartalsmonate des Zyklus März, Juni, September, Dezember
Letzter Handelstag	dritter Freitag des jeweiligen Fälligkeitsmonats (oder davor liegender Börsentag)

Tab. F.72: Kontraktspezifikationen des DAX-Futures an der Eurex (Stand: Januar 2013)

Neben dem DAX-Future werden an der Eurex noch weitere Aktienindexfutures gehandelt, wie z.B. auf den TecDAX (Kontraktwert = € 10 pro Indexpunkt), den MDAX (Kontraktwert = € 5 pro Indexpunkt), den STOXX Europe 50, den Euro STOXX 50 (jeweils Kontraktwert = € 10 pro Indexpunkt), den STOXX Europe 600 (Kontraktwert = € 50 pro Indexpunkt), der Dow Jones Global Titans 50 Index (EUR) (Kontraktwert = € 100 pro Indexpunkt), den SMI (Kontraktwert = SFR 10 pro Indexpunkt), den OMXH25 (Kontraktwert = € 10 pro Indexpunkt) sowie verschiedene STOXX Europe 600 Sektor Indizes und verschiedene Euro STOXX Sektor Indizes (jeweils Kontraktwert = € 50 pro Indexpunkt).[3]

---

1 Eine solche Bereinigung ist gerade in Deutschland vor dem Hintergrund der saisonal stark gebündelten jährlichen Dividendenzahlungen von Bedeutung. Bei überwiegend Quartalsdividenden (d.h. vierteljährliche Dividendenzahlungen) tritt dieses Problem nicht in dieser Form auf.
2 Vgl. *Eurex* (2013a), S. 24ff.
3 Stand: Januar 2013. Vgl. *Eurex* (2013a), S. 24ff.

Auch auf den sogenannten DivDAX wird an der Eurex ein Future gehandelt. In dem DivDAX befinden sich die 15 Unternehmen aus dem DAX, die die höchste Dividendenrendite aufweisen.[1] Die Kontraktspezifikationen des DivDAX-Futures ähneln denen des DAX-Futures, wobei sich allerdings der Kontraktwert (€ 200 pro Indexpunkt) und die minimale Preisänderung (0,05 Punkte bzw. € 10) unterscheiden.

Wie bei den Zins-Futures an der Eurex erfolgt auch beim DAX-Future die Variation-Margin-Zahlung auf Basis des täglichen Gewinn- und Verlustausgleichs, wie das folgende Beispiel verdeutlichen soll: Marktteilnehmer A geht am Tag 1 eine Long-Position im DAX-Future (Kurs: 8.100) ein, wobei hier wiederum von der Additional Margin abgesehen werden soll. Die Futureposition soll nach 4 Tagen glattgestellt werden.

Tag	Daily Settlement Price	Differenz in Punkten	Variation Margin (in €)	Kontosaldo in € (ohne Additional Margin)
1	8.100,00			
1 (Ende des Tages)	8.220,00	120,00	3.000	3.000
2	8.475,00	255,00	6.375	9.375
3	8.320,00	−155,00	−3.875	5.500
4	8.050,00	−270,00	−6.750	−1.250
Glattstellungserfolg				−1.250

Tab. F.73: Variation Margin beim DAX-Future

Insgesamt ergibt sich damit bei Glattstellung ein Verlust in Höhe von € 1.250. Dieser Betrag entspricht dem Produkt aus 50 Indexpunkten und € 25 pro Indexpunkt.

Neben Futures auf Aktienindizes werden an der Eurex auch zahlreiche Aktienfutures gehandelt, wobei als Basiswerte zahlreiche Aktien der STOXX Europe 600 Supersectors und ausgewählte brasilianische, kanadische, polnische, russische und US-amerikanische Aktien fungieren. Die Erfüllung erfolgt dabei durch Barausgleich. Dabei können die Laufzeiten bis zu 36 Monate betragen. So werden die 13 nächsten aufeinander folgenden Kalendermonate sowie die zwei darauf folgenden Jahresmonate aus dem Zyklus Dezember gehandelt. Der letzte Handelstag ist jeweils der dritte Freitag (für italienische Aktien-Futures der Tag vor dem dritten Freitag) eines jeweiligen Fälligkeitsmonats (bzw. der davor liegende Börsentag). Die einzelnen Futures-Kontrakte unterscheiden sich im Wesentlichen hinsichtlich der Kontraktgröße (1, 10, 100 oder 1.000 Aktien), der minimalen Preisveränderung (€ 0,0001, £ 0,0001, SFR 0,0001, SFR 0,001 oder $ 0,0001) und der Währung (€, £, SFR, $).[2]

---

1 Die Deutsche Börse berechnet mehr als 3.000 Indizes unter ihren Dachmarken DAX®, DAXplus® und DAXglobal®. Vgl. *Deutsche Börse* (2009a), S. 2ff.
2 Stand Januar 2013. Vgl. *Eurex* (2013a), S. 7ff.

c. Devisen-Futures

Devisen-Futures, die auch als Currency Futures oder FX Futures (FX steht für Forex bzw. Foreign Exchange) bezeichnet werden, wurden erstmals im Jahre 1972 am International Money Market (IMM) der Chicago Mercantile Exchange (CME) gehandelt. Sie stellen damit die ersten Financial Futures überhaupt dar.[1]

Bei dieser standardisierten Form des Devisentermingeschäfts verpflichtet sich der Käufer (Verkäufer) eines Devisen-Futures, einen standardisierten Fremdwährungsbetrag zu einem bestimmten Termin, d.h. bei Fälligkeit des Futures, abzunehmen (zu liefern). Zu einer tatsächlichen Lieferung der Fremdwährungen kommt es allerdings nur in sehr wenigen Fällen. Stattdessen erfolgt üblicherweise vor Fälligkeit eine Glattstellung der Kontrakte. Wie auch z.B. bei Zins-Futures findet auch bei Devisen-Futures ein täglicher Gewinn- und Verlustausgleich statt.

Im Vergleich zu Zins-Futures ist das Volumen gehandelter Devisen-Futures jedoch relativ gering, da der Devisenmarkt in erster Linie den OTC-Bereich betrifft, d.h. das unter Banken (OTC) gehandelte Volumen in Form von Forwards und Swaps ist höher.[2]

Zu den wichtigsten, an der Chicago Mercantile Exchange (CME) gehandelten Devisen-Futures zählt der Euro FX Future Kontrakt (€/$ Future), dessen Notierung in $ pro € erfolgt. Die Kontraktspezifikationen können wie in Tabelle F.74 dargestellt angegeben werden.[3]

Merkmal	Euro FX Future (€/$ Future)
Basiswert	€/$-Wechselkurs
Kontraktwert	€ 125.000
Lieferung	Effektive Lieferung
Notierung	In $ pro € (4 Nachkommastellen)
Tick-Größe und -Wert	i.d.R. $ 0,0001 pro € (= $ 12,50 pro Kontrakt)
Liefermonate	Die folgenden sechs Quartalsmonate aus dem Zyklus März, Juni, September und Dezember
Letzter Handelstag	2 Börsentage vor dem 3. Mittwoch des Liefermonats

Tab. F.74: Kontraktspezifikationen der Euro FX Futures an der CME

Es kann vermutet werden, dass der wesentliche Handel im nächstfälligen Kontrakt (Nearby-Future) stattfindet, d.h. in dem nachfolgenden Beispiel (Tabelle F.75) im März-Future 2026. Auch die Anzahl der noch offenen, d.h. der noch nicht durch ein Gegengeschäft geschlossenen bzw. glattgestellten Positionen (Open Interest) wird im nächstfälligen Future

---

1 Vgl. *Büschgen* (1997), S. 323.
2 Vgl. *Martin* (2001), S. 155f.
3 Vgl. *Beike/Barckow* (2002), S. 103 und *Bloss/Ernst* (2008).

sicherlich am höchsten sein, wenngleich zum Laufzeitende hin davon ausgegangen werden kann, dass das Open Interest aufgrund von Glattstellungsaktivitäten sinken wird.

Die Notierung von Euro FX Futures könnte beispielsweise wie folgt lauten (wobei es sich hier um willkürlich gewählte Preise handelt):

Fälligkeit	Settlement-Preis
März 2026	1,3000
Juni 2026	1,3020
September 2026	1,3030
Dezember 2026	1,3050
März 2027	1,3080
Juni 2027	1,3090

Tab. F.75: Beispiel für die Notierung von Euro FX Futures

d. Futures auf Exchange Traded Funds (ETF Futures)

Im November 2002 wurden an der Eurex Futures (und auch Optionen) auf Exchange Traded Funds (ETFs) eingeführt. Während Optionen auf ETFs bereits in den USA erfolgreich gehandelt werden, wurden Futures auf ETFs weltweit erstmals an der Eurex angeboten.

Bei einem ETF handelt es sich um ein Sondervermögen, dessen Anteile – anders als bei einem herkömmlichen Investmenfonds – an der Börse gehandelt werden. Die an der Frankfurter Wertpapierbörse handelbaren ETFs bilden die Wertentwicklung eines Referenzindex nach. In diesem Zusammenhang können auch die sogenannten Exchange Traded Notes (ETNs) und Exchange Traded Commodities (ETCs) erwähnt werden. ETNs, die an der Frankfurter Wertpapierbörse gehandelt werden, sind handelbare Schuldverschreibungen, die i.d.R. die Wertentwicklung eines zu Grunde liegenden Referenzindex nachbilden. ETCs werden als Schuldverschreibungen an der Frankfurter Wertpapierbörse gehandelt und bilden die Wertentwicklung eines zu Grunde liegenden Rohstoffs, Rohstoff-Futures oder Rohstoffindex nach. Zusätzlich werden auch sogenannte Active ETFs an der Frankfurter Wertpapierbörse gehandelt, bei denen es sich um in- oder ausländische Fondsanteile handelt und die eine aktive Anlagestrategie verfolgen, z.B. mit dem Ziel die Wertentwicklung eines Referenzindex zu übertreffen.[1]

Als eine Art indexnachbildender Fonds können die sogenannten iShares® ETFs bezeichnet werden. Sie zielen auf die Nachbildung der Wertentwicklung eines bestimmten Index (z.B. des DAX). Somit soll die gleiche Rendite erwirtschaftet werden, die sich am zugrunde liegenden Markt ergibt, wobei allerdings noch Gebühren abgezogen werden. Im Vergleich zu herkömmlichen Investmentfonds können ETFs kostengünstiger sein. Darüber hinaus sind ETFs sehr transparent hinsichtlich der Fondszusammensetzung, Wertentwicklung und Kosten. Außerdem lassen sich die Anteile einfach und schnell kaufen und verkaufen.[2]

---

1 Vgl. *Deutsche Börse* (2009b), S. 3.
2 Vgl. *iShares by BlackRock* (2012), S. 1.

Die Einführung von ETFs erfolgte an der Deutschen Börse im April 2000. Bei der Deutsche Börse AG werden ETFs im Segment „XTF Exchange Traded Funds" gelistet, einem Untersegment des Handelssegments „ETF & ETP Segments".[1]

Die entsprechenden Options- und Future-Kontrakte wurden zunächst auf führende europäische ETFs aufgelegt. Die Kontraktspezifikationen der ETF Futures an der Eurex lauten wie folgt:[2]

Merkmal	ETF Futures an der Eurex
Basiswert	iShares EURO STOXX 50® (beim iShares EURO STOXX 50® Futures) iShares DAX® (DE) (beim iShares DAX®(DE)-Futures)) CS ETF (CH) on SMI® (beim CS ETF on SMI®-Futures)
Kontraktgröße	100 Indexfondsanteile des zugrunde liegenden börsengehandelten Indexfonds als Basiswert
Settlement	Lieferung von 100 Indexfondsanteilen des zugrunde liegenden Basiswertes
Minimale Preisveränderung	€ 0,01 bzw. SFR 0,01
Liefermonate	Die folgenden 3 Quartalsmonate aus dem Zyklus März, Juni, September und Dezember
Maximale Laufzeit	9 Monate
Letzter Handelstag	3. Freitag des jeweiligen Fälligkeitsmonats (bzw. der davor liegende Börsentag)
Liefertag	2 Börsentage (bzw. 3 Börsentage bei CS ETF (CH) on SMI®-Futures) nach dem letzten Handelstag

Tab. F.76: Kontraktspezifikationen der ETF Futures an der Eurex (Stand: Januar 2013)

Als weitere Exchange Traded Products-Derivate werden an der Eurex ETF-Optionen, ETC-Futures und -Optionen sowie Xetra-Gold®-Futures und -Optionen gehandelt.[3]

e. Weitere Futures-Kontrakte

An der Londoner Terminbörse LIFFE wurden sogenannte Swapnote-Futures eingeführt, die auf bestimmten Swapsätzen in € basieren (2-Jahres- 5-Jahres- und 10-Jahres-Swapsätze). Ein Swapnote-Future stellt eine Vereinbarung auf den Abschluss eines Swapgeschäfts zu einem bestimmten, in der Zukunft liegenden Termin dar.

---

1 Vgl. *Deutsche Börse* (2009b), S. 3.
2 Vgl. *Eurex* (2013a), S. 71f.
3 Vgl. *Eurex* (2013a), S. 74ff.

Insofern handelt es sich bei Swapnote-Futures im Prinzip um Futures auf standardisierte Forward Swaps, deren Vorlaufzeit am Fälligkeitstag des Futures endet. Die Erfüllung der Terminvereinbarung erfolgt durch Barausgleich zum Laufzeitbeginn des zugrunde liegenden Swaps.[1]

Die Swapnote-Futures ähneln z.B. den Euro-Bund-Futures in vielerlei Hinsicht. Der Preis des Swapnote-Futures orientiert sich an der aktuellen Swapkurve, wobei die Preisermittlung wie bei einer Festzinsanleihe erfolgt (Present Value Konzept), d.h. die entsprechenden jährlichen Festzinszahlungen von 6% (auf 30/360 Basis) des Nominalwertes sowie der Nominalwert am Ende der Laufzeit werden abgezinst.

Hintergrund einer recht positiven Aufnahme dieses Produktes kann zum einen die verringerte Bedeutung der Staatsanleihenmärkte als Basis für die Preisermittlung von festverzinslichen Anleihen sein. Zum anderen kann davon ausgegangen werden, dass Swapnote-Futures nicht so anfällig für Handels-Engpässe sind wie Futures auf Staatsanleihen; denn das Volumen des auf € lautenden Swapmarktes ist höher als das Volumen der umlaufenden, in die Staatsanleihen-Futures (z.B. Euro-Bund-Future) zu liefernden Staatsanleihen. Darüber hinaus konnte beobachtet werden, dass Marktteilnehmer zunehmend lieber auf Referenzwerte des privaten Sektors für Hedging-Transaktionen zurückgreifen als auf Staatspapiere. Auch hat die Bedeutung von Zinsswaps an den US-Finanzmärkten zugenommen. Ferner haben sich auch die Schuldenverwaltungsstellen einiger europäischer Länder für den Einsatz von Zinsswaps bei der Verwaltung der Staatsschulden entschieden.[2]

Futures auf Zinsswaps wurden auch an der Chicago Board of Trade (CBOT) und der Chicago Mercantile Exchange (CME) eingeführt.[3] CBOT und CME haben sich im Jahr 2007 zur CME Group zusammengeschlossen.[4]

An der Eurex werden darüber hinaus neben weiteren Financial Futures (z.B. Aktien-Dividenden-Futures, Aktienindex-Dividenden-Futures, Volatilitätsindex-Futures, Inflations-Futures) noch zahlreiche weitere Future-Kontrakte gehandelt, wie z.B. Agrar-Futures, Gold-Futures, Silber-Futures, Strom-Futures, Erdgas-Futures, Kohle-Futures, Hurrikan-Futures etc.[5]

2. Bewertung von Financial Futures

a. Grundlagen

Die enge Beziehung des Futuresmarktes zum Kassamarkt kommt im Kursverlauf von Future- und zugehörigem Kassainstrument zum Ausdruck. Zwar unterscheiden sich die jeweiligen Kurse während der Laufzeit, ihre Veränderungen im Zeitablauf verlaufen aber im Allgemeinen in ähnlicher Weise. Die bestehende Differenz zwischen dem Preis des dem Terminkontrakt zugrunde liegenden Instruments (beim Euro-Bund-Future der Kurs der Kassamarktanleihe) und dem Preis des jeweiligen Terminkontraktes (beim Euro-Bund-Future der um den Konvertierungsfaktor bereinigte Futurepreis) wird als Basis bezeichnet. Man unterscheidet zwischen theoretischer Basis und der sogenannten Wertbasis oder Value

---

1 Vgl. *Flavell* (2002), S. 358f. und *BIZ* (2001), S. 35f.
2 Vgl. *BIZ* (2001), S. 35f.
3 Vgl. *BIZ* (2002a), S. 38ff. und *BIZ* (2002b), S. 32.
4 Vgl. *Buchter/Lachman* (2007).
5 Vgl. *Eurex* (2013a), S. 1ff.

Basis, die auch als Netto Basis bzw. Net Basis bezeichnet wird. Letztere ergibt sich aus der tatsächlichen, am Markt zu beobachtenden Basis (Brutto Basis bzw. Gross Basis) abzüglich der theoretischen Basis. Bei dieser handelt es sich um die Basis, die ein theoretisch korrekt bewerteter Future aufweist.

Für den Euro-Bund-Future ergibt sich damit beispielsweise die Brutto Basis – bezogen auf die CTD-Anleihe – wie folgt:

$$B_B = P_{CTD} - P_F \cdot KF_{CTD}$$

mit

B_B = Brutto Basis,
P_{CTD} = Preis des Underlyings (hier: CTD-Anleihe),
P_F = aktueller Preis des Futures und
KF_{CTD} = Konvertierungsfaktor der CTD-Anleihe.

Die Netto Basis für den Euro-Bund-Future lässt sich durch die Subtraktion der theoretischen Basis, die auch als Carry Basis (oder kurz: Carry) bezeichnet wird, von der Brutto Basis bestimmen, wobei die Carry Basis den sog. Cost of Carry entspricht:[1]

$$B_B = B_N + Carry \Leftrightarrow B_N = B_B - Carry = B_B - Cost\, of\, Carry = \text{Netto Basis (Value Basis)}$$

$$\Rightarrow B_N = B_B + \left[(P_{CTD} + SZ) \cdot \left(r_{FF} \cdot \frac{T}{360} \right) - K_{CTD} \cdot \frac{T}{365} \right]$$

mit

B_N = Netto Basis,
SZ = Stückzinsen der Kassamarktanleihe bis zum aktuellen Tag,
K_{CTD} = Kupon der CTD-Anleihe,
r_{ff} = kurzfristiger Zinssatz für die Fremdfinanzierung der Kassamarktanleihe, wobei die Methode Actual/360 zugrunde gelegt wird, und
T = Laufzeit bis zur Fälligkeit des Futures in Tagen. Dabei wird beim Kupon auf Actual/Actual Basis gerechnet (in der obigen Formel wird von einem Jahr mit 365 Tagen ausgegangen, d.h. es liegt kein Schaltjahr vor).

Die oben bereits dargestellte Implied Repo Rate der Anleihe lässt sich aus der Formel für die Netto Basis berechnen, indem die Formel gleich Null gesetzt und nach r_{ff} aufgelöst wird.

Die Carry Basis entspricht damit der Differenz zwischen dem Preis der CTD-Anleihe und dem Produkt aus dem Fair Value des Futures und dem Konvertierungsfaktor der CTD-Anleihe; denn in diesem Fall ist die Netto Basis gleich Null:

---

[1] Vgl. dazu auch *Bohn/Meyer-Bullerdiek* (1996a), S. 346 sowie *Martin* (2001), S. 115.

$$\text{Carry Basis} = P_{CTD} - P_F^{FV} \cdot KF_{CTD}$$

mit

P_F^{FV} = Fair Value des Futures.

Die Brutto Basis verändert sich während der Laufzeit des Kontraktes und konvergiert bis zur Fälligkeit des Futures gegen Null. Am Fälligkeitstag stimmen Kassa- und theoretisch korrekter Futurekurs (Fair Value) überein, so dass zu diesem Zeitpunkt gilt:

$$B_B = P_{CTD} - P_F^{FV} \cdot KF_{CTD} = 0 \quad \Leftrightarrow \quad P_F^{FV} \cdot KF_{CTD} = P_{CTD}$$

An den Märkten ist häufig eine nicht kontinuierliche Abnahme der Basis festzustellen. Dies deutet auf Preisverzerrungen bzw. Abweichungen von dem theoretisch richtigen Preis eines Futures hin und bedeutet für ein Portfolio, das auch Futures beinhaltet, ein Zusatzrisiko, das sogenannte Basisrisiko.

Für den Fall, dass der Futurepreis unterhalb des Kassapreises liegt, kann davon ausgegangen werden, dass der Futurepreis im Vergleich zum Kassapreis über die Laufzeit anstcigen wird. Dieses Verhalten bezeichnet man als Backwardation. Im umgekehrten Fall, d.h. der Futurepreis liegt oberhalb des Kassaprcises, spricht man von einer Contango-Situation.[1] Eine theoretische Erklärung für diese Preisentwicklungen liefert insbesondere der sogenannte Cost-of-Carry-Ansatz.

b. Die Bewertung von Euro-Bund- und DAX-Futures mit dem Cost-of-Carry-Ansatz

In der Praxis wird zur Bewertung von Financial Futures vor allem der auf Arbitragebeziehungen basierende Cost-of-Carry-Ansatz herangezogen. Dieser Ansatz dient der Ermittlung des sogenannten fairen Preises (Fair Value) eines Futures. Die Cost of Carry ergeben sich aus dem Halten einer der Futureposition entsprechenden Kassaposition. Falls keine Arbitrage möglich ist, weisen einerseits der Kauf eines Futures und Bezug des Underlyings bei Fälligkeit (Alternative 1) und andererseits der bereits zum aktuellen Zeitpunkt vorgenommene, fremdfinanzierte Kauf des Underlyings (Alternative 2) bei Fälligkeit des Futures identische Positionen auf, so dass auch die gesamten Zahlungen bis zu diesem Zeitpunkt übereinstimmen. Daraus lässt sich folgern, dass sich die Kosten beider Alternativen zum Fälligkeitszeitpunkt entsprechen müssen. Insofern können die Finanzierungskosten und Erträge aus dem Halten der Position bis zum Fälligkeitszeitpunkt wie folgt in die Berechnung des Fair Value einfließen:[2]

$$P_F = P_K + \text{Finanzierungskosten} - \text{Erträge} = P_K - CoC$$

---

[1] Vgl. *Duffie* (1989), S. 98ff.
[2] Vgl. *Martin* (2001), S. 115. In der Literatur erfolgt die Darstellung der Cost of Carry – was das Vorzeichen betrifft – uneinheitlich. Hier soll der aufgezeigten Betrachtungsweise gefolgt werden.

mit

CoC = Cost of Carry = Erträge – Finanzierungkosten.

Insofern befinden sich Kassa- und Terminmarkt genau dann im Gleichgewicht, wenn die Basis betragsmäßig den Cost of Carry (CoC) entspricht. In Abhängigkeit vom Underlying des Futures (Zinsinstrument oder Aktienindex) ergeben sich unterschiedliche Cost of Carry, deren Ermittlung am Beispiel von Euro-Bund- und DAX-Futures im Folgenden erläutert wird.

ba. Die Bewertung von Euro-Bund-Futures

Da bei Euro-Bund-Futures das Underlying selbst nicht lieferbar ist, erfolgt bei der Ermittlung des Fair Values ein Rückgriff auf die Cheapest-to-Deliver-Anleihe. Wie oben bereits deutlich wurde, entsprechen sich bei Fälligkeit des Futures theoretisch der Preis der CTD-Anleihe und das Produkt aus Futurepreis und dem Konvertierungsfaktor der CTD-Anleihe:

$$P_F^{FV} \cdot KF_{CTD} = P_{CTD}$$

mit

P_F^{FV} = Fair Value des Futures,
KF_{CTD} = Konvertierungsfaktor der CTD-Anleihe und
P_{CTD} = Preis der CTD-Anleihe.

Vor Fälligkeit des Euro-Bund-Futures sind noch die Cost of Carry zu berücksichtigen, so dass der Fair Value für einen Euro-Bund-Future lautet:[1]

$$P_F^{FV} \cdot KF_{CTD} = P_{CTD} - CoC \quad \Leftrightarrow \quad P_F^{FV} = \frac{P_{CTD} - CoC}{KF_{CTD}}$$

mit

CoC = absoluter Wert der Cost of Carry.

In Abhängigkeit von den Cost of Carry liegt der Futurepreis unterhalb oder oberhalb des um den Konvertierungsfaktor bereinigten Preises der CTD-Anleihe. Bei einem Kupon der CTD-Anleihe, der oberhalb des Refinanzierungszinssatzes liegt, übersteigen die Zinserträge aus der (langfristigen) CTD-Anleihe die (kurzfristigen) Finanzierungs- bzw. Opportunitätskosten für das Halten der Position bis zur Fälligkeit des Futures. In diesem Fall erbringt das Halten der Kassaposition einen Nettoertrag, so dass der faire Futurepreis unterhalb des bereinigten Preises der CTD-Anleihe liegt.

Die Höhe der Cost of Carry wird wie folgt berechnet:

---

[1] Die Vorgehensweise der Bewertung von Euro-Bund-Futures gilt gleichermaßen auch z.B. für Euro Bobl Futures.

$$\text{CoC} = \text{Zuflüsse aus CTD-Anleihe} - \text{Finanz.kosten} = K_{CTD} \cdot \frac{T}{365} - (P_{CTD} + SZ) \cdot \left(r_{FF} \cdot \frac{T}{360}\right)$$

mit

SZ = Stückzinsen der CTD-Anleihe bis zum aktuellen Tag,
r_{FF} = Zinssatz für die Fremdfinanzierung der CTD-Position,
T = Laufzeit des Futures bis zur Fälligkeit[1] und
K_{CTD} = Kupon der CTD-Anleihe (absoluter Wert).

Daraus ergibt sich dann die Formel für den Fair Value eines Zinsfutures:

$$P_F^{FV} = \frac{P_{CTD} + \left[(P_{CTD} + SZ) \cdot \left(r_{FF} \cdot \frac{T}{360}\right)\right] - \left[K_{CTD} \cdot \frac{T}{365}\right]}{KF_{CTD}}$$

In dieser Formel entspricht der Zähler dem Forwardpreis der CTD-Anleihe. Theoretisch stimmt er mit dem Produkt aus Futurepreis und Konvertierungsfaktor überein. Als Zinssatz für die Fremdfinanzierung der CTD-Position kann die Repo Rate herangezogen werden.

Mit Hilfe dieser Formel können Abweichungen des Fair Values des Futures von seinem tatsächlichen Marktpreis erfasst werden. Dies ist auch möglich mit Hilfe der Implied Repo Rate. Übersteigt diese den tatsächlichen Finanzierungs- bzw. Opportunitätskostensatz (r_{FF}), so liegt offensichtlich eine Fehlbewertung in Form einer Überbewertung des Futures vor.

Wie der Cost-of-Carry-Ansatz zeigt, kommt der CTD-Anleihe für die Ermittlung des Futurepreises eine entscheidende Bedeutung zu. Ein Wechsel dieser Anleihe könnte entsprechende Kurssprünge des Futures zur Folge haben.

bb. Die Bewertung von DAX-Futures

Auch bei der Bewertung von Aktienindexfutures werden im Rahmen des Cost-of-Carry-Ansatzes die Finanzierungskosten des Aufbaus einer entsprechenden Kassaposition und die Erträge aus dieser Position berücksichtigt. Die Erträge aus dem Aktienbestand fließen dann in die Berechnungen mit ein, wenn es sich bei dem zugrundeliegenden Aktienindex um einen Kursindex handelt. Die Cost of Carry ergeben sich in diesem Fall zu:

$$\text{CoC} = \text{Erträge aus der Kassaposition} - \text{Finanzierungskosten} = d \cdot P_I - r_{FF} \cdot P_I \cdot \frac{T}{360}$$

mit

d = Dividendensatz auf die Kassaposition, wobei hier unterstellt wird, dass Dividendenzahlungen als Ertrag (und keine weiteren Erträge) bis zur Future-Fälligkeit anfallen,
P_I = Preis des dem Future zugrundeliegenden Aktienindexes und
r_{FF} = kurzfristiger Fremdfinanzierungszinssatz p.a.

---

1 Hierbei ist wiederum zu berücksichtigen, dass nach der Euro-Methode beim Kupon die Act/Act-Basis zugrunde gelegt wird. In der Formel wird davon ausgegangen, dass kein Schaltjahr vorliegt.

Somit ergibt sich für den fairen Futurepreis entsprechend der Formel dieser Ausdruck:

$$P_F^{FV} = P_I \cdot \left(1 + r_{FF} \cdot \frac{T}{360} - d\right)$$

Bei dieser Formel wird unterstellt, dass die Höhe der Dividendenzahlungen zum Zeitpunkt der Future-Bewertung bereits bekannt ist. Gleiches gilt für Bezugsrechtserlöse bei Kapitalerhöhungen, die auch als zufließender Ertrag zu berücksichtigen wären. In jedem Fall sollten nur diejenigen Dividendenzahlungen einbezogen werden, die bis zur Fälligkeit des Futures zu erwarten sind. Andernfalls könnten bei der Annahme, dass die Dividende gleichmäßig über das ganze Jahr verteilt ausgeschüttet wird, bei solchen Indizes, die aus relativ wenig Titeln zusammengesetzt sind, Verzerrungen auftreten, wenn sich die Dividendenausschüttungen auf einen bestimmten kurzen Zeitraum des Jahres konzentrieren. Darüber hinaus wird von einer zwischenzeitlichen Anlage gezahlter Dividenden bei diesem Modell abstrahiert.[1]

Falls es sich bei dem zugrundeliegenden Aktienindex um einen Performanceindex handelt, wie z.B. den DAX, so erfolgt keine Berücksichtigung von Dividendenzahlungen bei der Futurepreis-Berechnung. Damit fällt die Größe d in den angeführten Formeln weg, so dass der faire Preis des DAX-Futures wie folgt ausgedrückt wird:

$$P_F^{FV} = P_I \cdot \left(1 + r_{FF} \cdot \frac{T}{360}\right)$$

Bei Anwendung des Cost-of-Carry-Ansatzes zur Bewertung von Aktienindexfutures ist zu beachten, dass der Aufbau einer Kassaposition, die in ihrer Zusammensetzung genau dem Index entspricht, in der Praxis kaum möglich ist. Vielmehr kann lediglich eine annähernde Korrelation zwischen dem Aktienportfolio und dem Index erreicht werden. Ein derartiges Aktienpaket erfordert darüber hinaus eine ständige Umschichtung, da das dem Index zugrundeliegende Portfolio regelmäßig im Hinblick auf die Aktualität der einzelnen Gewichtungsfaktoren angepasst wird. Zudem kann in der Praxis der Kauf bzw. Verkauf von Aktien am Kassamarkt teilweise nur zu Kursen abgewickelt werden, die von den Notierungen abweichen, welche als Basis für die Index-Berechnung dienen; denn eine simultane Durchführung dieser und der Future-Transaktionen ist kaum realisierbar. Dabei liegt das Problem insbesondere in einer möglicherweise geringen Liquidität eines oder mehrerer Titel des Indexes. Diese aufgezeigten Schwierigkeiten haben ein umso größeres Gewicht, je mehr Aktien im Index enthalten sind. So ist eine Nachbildung beim DAX, der nur aus 30 Titeln besteht, einfacher als z.B. die Nachbildung des S & P 500 mit 500 amerikanischen Aktien.

Weiterhin sind in dem Bewertungsmodell auch steuerliche Aspekte zu berücksichtigen, wenn z.B. trotz unterschiedlicher Nachsteuer-Dividendenerträge bei Anlegern eine einheitliche Dividendenbereinigung im zugrunde liegenden Index vorgenommen wird.[2]

---

[1] In diesem Fall würde sich die Dividende um den Aufzinsungsfaktor $(1 + r_{FF})$ erhöhen, vgl. *Hanson/Kopprasch* (1989), S. 112.
[2] Vgl. *Janßen/Rudolph* (1992), S. 25f.

bc. Grenzen des Cost-of-Carry-Ansatzes

In der Praxis wird zur Bewertung von Futures auf langfristige Zinstitel und Aktienindizes der vorgestellte Cost-of-Carry-Ansatz am häufigsten verwendet. Allerdings ergeben sich oft Abweichungen des theoretischen Futurepreises von seinem Marktpreis. Zurückgeführt werden kann dies grundsätzlich auf die Einflüsse von Erwartungen der Marktteilnehmer, Tagesereignissen, Angebots- und Nachfragestrukturen am Markt und der Marktliquidität auf die Preisbildung der Futures.

Neben Marktunvollkommenheiten kann als weitere Ursache für Abweichungen vom Fair Value die Vernachlässigung des Mark-to-Market bei der Futurepreisberechnung sein. Das Mark-to-Market bewirkt, dass der tatsächliche Futurepreis grundsätzlich unterhalb des nach dem obigen Verfahren ermittelten Fair Values liegt. Dies kann in der folgenden Weise begründet werden. Bei einem Anstieg des Zinsniveaus fallen i.d.R. z.B. die Euro-Bund-Future-Preise. In diesem Fall muss der Käufer des Futures die Zahlungen, die er bei sinkenden Future-Preisen aufgrund der täglichen Abrechnung zu leisten hat, zu höheren Zinsen finanzieren. Im umgekehrten Fall können die erhaltenen (täglichen) Zahlungen bei steigenden Future-Preisen nur zu niedrigeren Zinssätzen wieder angelegt werden. Entsprechend ist der Future-Verkäufer bereit, einen etwas niedrigeren Future-Preis zu akzeptieren, da er im Falle steigender Zinsen seine Erträge zu einem höheren Zins anlegen kann, und im umgekehrten Fall Verlustpositionen nur zu geringeren Zinssätzen finanzieren muss.

Darüber hinaus kann am Cost-of-Carry-Ansatz kritisiert werden, dass von Transaktionskosten und der Möglichkeit der Wertpapierleihe abgesehen wird. Für die Bewertung von Futures sind die bei Arbitragetransaktionen anfallenden Transaktionskosten von Bedeutung. Während der Käufer eines Futures einen um die Transaktionskosten verringerten Fair Value fordert, verlangt der Verkäufer die Erhöhung des fairen Futurepreises um die Transaktionskosten. Dabei sind die Marktteilnehmer mit den niedrigsten Transaktionskosten als erste in der Lage, Arbitrage-Strategien durchzuführen. Hier kommen insbesondere Arbitrageure in Frage, die eine sogenannte Quasi-Arbitrage durchführen, d.h. die die mit der Arbitrage-Transaktion verbundenen Positionen bereits im Bestand halten.[1] Ein Verkauf von Futures kann beispielsweise in diesem Fall schon bei einem geringeren Future-Preis zu Gewinnen führen, als dies für die übrigen Marktteilnehmer gilt. Der Future-Preis wird sich daher innerhalb einer durch die Höhe der Transaktionskosten bestimmten Schwankungsbreite bewegen, innerhalb derer sich Arbitragemöglichkeiten, d.h. das Ausnutzen von Fehlbewertungen, nicht lohnen.

Des Weiteren wird die Möglichkeit des Verleihs der im Bestand befindlichen Wertpapiere im vorgestellten Cost-of-Carry-Ansatz nicht berücksichtigt.[2] Durch den Verleih der Papiere für die Restlaufzeit des Futures wird ein zusätzlicher Ertrag eingenommen, der die Cost of Carry vermindert.

Schließlich wird beim Cost-of-Carry-Ansatz speziell bei Euro-Bund-Futures nicht berücksichtigt, dass dem Futures-Verkäufer das Recht zusteht, unterschiedliche Anleihen zur Lieferung auszuwählen. Dieses zusätzliche Recht wird als Seller's Option bezeichnet. Das Recht kann sich dann auszahlen, wenn beispielsweise ein Portfoliomanager die CTD-Anleihe gekauft und gleichzeitig einen Euro-Bund-Future verkauft hat, und er beabsichtigt, diese Gesamtposition bis zur Fälligkeit des Futures zu halten. Der Erfolg aus dieser Transaktion steht bei Abschluss fest. Sollte aber bis zur Fälligkeit der Preis der im Bestand be-

---

1 Vgl. *Kolb* (1988), S. 225.
2 Zur Wertpapierleihe vgl. Abschnitt VI. dieses Kapitels.

findlichen Anleihe relativ zum Future ansteigen, so wird möglicherweise eine andere Anleihe relativ billiger und damit zur CTD-Anleihe werden. Der Portfoliomanager kann nun seine im Vergleich zur neuen CTD-Anleihe überbewertete Anleihe am Kassamarkt veräußern und die neue CTD-Anleihe erwerben, die schließlich in den Future geliefert wird. Insgesamt führt diese Transaktion zu einem zusätzlichen Gewinn für den Portfoliomanager.

Im Hinblick auf die Fair-Value-Ermittlung des Futures ist dieses Lieferwahlrecht des Verkäufers dem Käufer zu entgelten. Aus theoretischer Sicht ist daher eine systematische, negative Korrektur des Futurepreises zu erwarten.

Zahlreiche Futures auf mittel- und langfristige Zinstitel (z.B. an der Eurex) besitzen diese sogenannte Qualitätsoption. Daneben kommt als weitere Variante der Seller's Option bei einigen Futures, wie z.B. dem US Treasury Bond Future, noch eine Zeitoption hinzu. Sie gibt dem Verkäufer das Recht, den Lieferzeitpunkt selbst zu bestimmen. Die Lieferung kann dabei an jedem Tag des Liefermonats erfolgen. Je nachdem, wie hoch die Finanzierungskosten im Vergleich zu den Erträgen aus der Kassaposition sind, wird der Future-Verkäufer die Lieferung am Anfang oder am Ende des Monats vornehmen.

Darüber hinaus ist beim US Treasury Bond Future noch zu beachten, dass der siebte Geschäftstag vor dem letzten Geschäftstag des Fälligkeitsmonats der letzte Handelstag des Futures ist. Damit bildet der Settlementkurs dieses Tages die Grundlage für den Andienungsbetrag der noch offenen Futurepositionen. Während der Andienungsbetrag von diesem Tag an feststeht, kann die Lieferung aber noch bis zum Ende des Monats erfolgen. Dieses Recht des Verkäufers kann als End-of-Month Option bezeichnet werden. In den verbleibenden Tagen können noch erhebliche Schwankungen in den Kursen der lieferbaren Anleihen auftreten. Ein Portfoliomanager wird zwar – um keine ungedeckte Shortposition zu haben – die entsprechende Anzahl der CTD-Anleihe im Depot haben. Dennoch kann es noch zu einem Wechsel in der CTD-Anleihe kommen. In diesem Fall ist es sinnvoll, die im Depot befindliche Anleihe gegen die neue CTD-Anleihe zu tauschen. Dieses teilweise als Zeitoption und teilweise als Qualitätsoption zu charakterisierende Recht wird auch als Switch Option bezeichnet.

Schließlich kann auch noch auf eine mögliche, sogenannte Wild Card Option hingewiesen werden, die u.U. einen wesentlich größeren Wert als die angeführten Zeitoptionen haben kann. Eine solche Option kommt dann zum Tragen, wenn der Verkäufer nach Festlegung des Settlementpreises noch Zeit hat (z.B. einige Stunden), sich zu entscheiden, ob er liefert oder nicht. Entsprechend kann noch von einer günstigen Entwicklung der Kassapreise nach Festlegung des Settlementpreises profitiert werden. Sollten z.B. die Bondpreise nach einem Zinsanstieg in der Wild Card Periode fallen, so kann sich der Future-Verkäufer noch günstig eindecken und damit einen zusätzlichen Gewinn aufgrund des feststehenden Settlementpreises erzielen. Zudem hat innerhalb der Wild Card Periode auch die Qualitätsoption ihre Gültigkeit.

Diese Lieferoptionen sind bei der Berechnung des Fair Value vor allem von amerikanischen Zinsfutures zu berücksichtigen.[1]

c. Die Bewertung von Geldmarkt-Futures

Im Folgenden soll die Bewertung von Geldmarkt-Futures am Beispiel des Dreimonats-Euribor-Futures aufgezeigt werden. Das Prinzip ist dabei auch auf andere Geldmarkt-

---

1 Vgl. *Steiner/Meyer/Luttermann* (1994), S. 332ff.

Futures übertragbar und soll hier exemplarisch dargelegt werden. Beim Euribor-Future handelt es sich im Grunde um ein standardisiertes Forward Rate Agreement. Als Preis eines Dreimonats-Futures ergibt sich 100 abzüglich des 3-Monats Forward-Zinssatzes, gültig für den Zeitpunkt des Liefertages des Futures. Zur exakten Bewertung ist dabei auf die Sätze der Nullkuponstrukturkurve zurückzugreifen.[1]

Der theoretisch korrekte Preis eines Geldmarkt-Futures wird zunächst anhand der in den Geldmarktsätzen implizierten, „theoretischen" Forward-Zinssätze ermittelt. Diese Forward-Zinssätze ergeben sich durch die synthetische Konstruktion einer zukünftigen Geldanlage oder -aufnahme entsprechend den Kontraktspezifikationen aus den Kassasätzen. Der synthetische Forward-Zinssatz, der auch als Forward-Forward-Satz bezeichnet wird, kann aus den jeweiligen Opportunitätskosten bestimmt werden.

Als allgemeine Formel für die Ermittlung des für einen Dreimonats-Future gültigen 3-Monats-Forward-Zinssatzes ergibt sich:

$$\left(1 + r_{lang} \cdot \frac{T_{lang}}{360}\right) = \left(1 + r_{kurz} \cdot \frac{T_{kurz}}{360}\right) \cdot \left(1 + r_{FR} \cdot \frac{90}{360}\right), \text{ wobei } T_{lang} = T_{kurz} + 90 \text{ Tage}$$

mit

r_{lang} = Nullkupon für den langen Zeitraum,
r_{kurz} = Nullkupon für den kurzen Zeitraum,
T_{lang} = Anzahl der Tage für den langen Zeitraum,
T_{kurz} = Anzahl der Tage für den kurzen Zeitraum und
r_{FR} = impliziter Forward-Zinssatz des Futures.

Dabei bezieht sich der lange Zeitraum auf die Periode vom aktuellen Tag bis zum Ende des dem Future unterliegenden Geschäfts. Hingegen bezeichnet der kurze Zeitraum die Periode bis zur Fälligkeit des Futures. Dieser Zeitraum ist im Falle eines Dreimonats-Futures um genau 90 Tage geringer als die lange Laufzeit, da dem Future eine Interbankeinlage mit einer Laufzeit von drei Monaten zugrunde liegt.

Aufgelöst nach r_{FR} kommt man zu dem folgenden Ausdruck:

$$r_{FR} = \left(\frac{1 + r_{lang} \cdot \dfrac{T_{lang}}{360}}{1 + r_{kurz} \cdot \dfrac{T_{kurz}}{360}} - 1\right) \cdot \frac{360}{90}$$

Soll beispielsweise eine Kreditaufnahme für genau 90 Tage, die am Fälligkeitstag des Futures beginnt, zum aktuellen Zeitpunkt synthetisch hergestellt werden, so lässt sich dies durch eine Kreditaufnahme zum aktuellen Zeitpunkt für den gesamten Zeitraum bis zum Ende der Kreditlaufzeit zum entsprechenden Euribor bei einer gleichzeitigen Geldanlage

---

1 Zur Ermittlung von Nullkupons vgl. *Meyer-Bullerdiek* (2003), S. 298ff. und Kapitel E.I.1.c. in diesem Buch.

bis zur Fälligkeit des Futures zum Euribid (Euro Interbank Bid Rate) bewerkstelligen. Bei Letzterem handelt es sich um den Zinssatz, zu dem europäische Banken bereit sind, Einlagengelder hereinzunehmen. Der synthetische Forward-Forward-Briefsatz kann dann entsprechend der obigen Formel wie folgt berechnet werden:[1]

$$\text{Forward} - \text{Forward}_{\text{Brief}} = \left[\frac{1 + r_{\text{Euribor,lang}} \cdot \frac{\text{Tage}_{\text{lang}}}{360}}{1 + r_{\text{Euribid,kurz}} \cdot \frac{\text{Tage}_{\text{kurz}}}{360}} - 1\right] \cdot \frac{360}{90}$$

mit

$r_{\text{Euribor,lang}}$ = Euribor für den langen Zeitraum und
$r_{\text{Euribid,kurz}}$ = Euribid für den kurzen Zeitraum.

Analog kann der Forward-Forward-Geldsatz für eine Termineinlage bestimmt werden, indem eine Geldanlage für den gesamten Zeitraum bis zum Laufzeitende der synthetischen Termineinlage zu Euribid und eine Kreditaufnahme vom aktuellen Zeitpunkt bis zur Fälligkeit des Futures getätigt werden.

Die folgende Formel zeigt das Ergebnis:

$$\text{Forward} - \text{Forward}_{\text{Geld}} = \left[\frac{1 + r_{\text{Euribid,lang}} \cdot \frac{\text{Tage}_{\text{lang}}}{360}}{1 + r_{\text{Euribor,kurz}} \cdot \frac{\text{Tage}_{\text{kurz}}}{360}} - 1\right] \cdot \frac{360}{90}$$

Hat beispielsweise der Future eine Restlaufzeit von 75 Tagen, so ergibt sich daraus bei einem Euribor-Satz von 4% für 165 Tage und einem Euribid-Satz von 3,5% für 75 Tage der folgende implizite Forward-Forward$_{\text{Brief}}$:

$$\text{Forward} - \text{Forward}_{\text{Brief}} = \left(\frac{1 + 0{,}04 \cdot \frac{165}{360}}{1 + 0{,}035 \cdot \frac{75}{360}} - 1\right) \cdot \frac{360}{90} = 4{,}385\%$$

Zu beachten ist hierbei, dass bei der allgemeinen Berechnung unterjähriger Forward Rates eine exakte Tageszählung erfolgt und die Geldmarktzinssätze auf der Basis von Actual/360 bzw. in einigen Ländern auf der Grundlage Actual/365 berechnet werden. Dagegen umfasst der Forward-Forward-Satz des Futures stets einen Zeitraum von 90 Tagen.

Im Beispiel wird offenbar für die in 75 Tagen beginnende 90-Tage-Periode vom Geldmarkt ein Forward-Forward-Briefsatz von 4,385% erwartet. Unterstellt man eine Geld-Briefspanne von 1/8 Prozent bzw. 12,5 Basispunkten, so betragen in diesem Beispiel der

---

1 Vgl. *Bohn/Meyer-Bullerdiek* (1997), S. 480.

Euribid für 165 Tage 3,875% und der Euribor für 75 Tage 3,625%. Somit gilt für den Forward-Forward-Geldsatz:

$$\text{Forward} - \text{Forward}_{\text{Geld}} = \left[\frac{1 + 0,03875 \cdot \frac{165}{360}}{1 + 0,03625 \cdot \frac{75}{360}} - 1 \right] \cdot \frac{360}{90} = 4,053\%$$

Falls aus den Forward-Forward-Sätzen, die sowohl auf Basis des Euribor als auch des Euribid berechnet werden können, auf den theoretischen Futurekurs geschlossen werden soll, der sich auf den Euribor der betrachteten Periode bezieht, so werden dazu drei Methoden vorgeschlagen:[1]

(1) Einsatz der Euribor-Sätze bei der Berechnung der Forward-Forward-Sätze:

$$\text{Forward} - \text{Forward} = \left[\frac{1 + 0,04 \cdot \frac{165}{360}}{1 + 0,03625 \cdot \frac{75}{360}} - 1 \right] \cdot \frac{360}{90} = 4,280\%$$

(2) Einsatz der Eurimean-Sätze (= Mittelkurse zwischen Euribor und Euribid) und anschließende Addition der hälftigen normalen Geld-Brief-Spanne (hier in diesem Beispiel 1/16 Prozent bzw. 6,25 Basispunkte) des Kassamarktes zu dem erhaltenen Ergebnis,

Forward − Forward

$$= \left[\frac{1 + 0,039375 \cdot \frac{165}{360}}{1 + 0,035625 \cdot \frac{75}{360}} - 1 \right] \cdot \frac{360}{90} + 0,0625\% = 4,2187\% + 0,0625\% = 4,281\%$$

(3) Einsatz des Durchschnitts von Forward-Forward-Geld- und Forward-Forward-Briefsätzen und anschließende Addition der hälftigen normalen Geld-Brief-Spanne des Kassamarktes zu dem erhaltenen Ergebnis.

$$\text{Forward} - \text{Forward} = \frac{4,052727\% + 4,384695\%}{2} + 0,0625\% = 4,2187\% + 0,0625\% = 4,281\%$$

Alle drei Methoden führen zu fast gleichen Ergebnissen. Auf Basis der ersten Methode ergibt sich entsprechend der Notierungsweise des 3-M-Euribor-Futures der folgende Fair Value:

---

1 Vgl. *Bohn/Meyer-Bullerdiek* (1997), S. 480.

$P_F = 100\% - r_{FR} = 95{,}720\%$

Werden hingegen zur Berechnung sowohl Euribid als auch Euribor herangezogen (Methoden 2 und 3), so bilden diese beiden Zinssätze die Eckpunkte des Arbitragekorridors. Dieser kann aufgrund der Spreads zwischen Euribor und Euribid vergleichsweise groß sein. Daher kommt es in der Praxis nur sehr selten vor, dass sich der Kurs des Euribor-Futures außerhalb des Arbitragekorridors befindet. Vielmehr liegt der Kurs meist ziemlich nahe am theoretischen Fair Value.[1]

Eine Überprüfung des Fair Values kann mit Hilfe der sogenannten Strip Rate erfolgen. Diese lässt sich aus der Kombination von mehreren Futures ermitteln. Durch den Kauf der entsprechenden Kontrakte bzw. durch den Kauf eines Future-Strips können die in den Futures impliziten Forward-Zinssätze gesichert werden. Das folgende Beispiel soll der Veranschaulichung dienen:[2]

Future-Monat	Futurepreis	impliziter Zins	Tage bis zur Fälligkeit des nächsten Kontrakts
Juni 2027	96,50	3,50%	90
September 2027	96,25	3,75%	92
Dezember 2027	96,10	3,90%	92
März 2028	96,00	4,00%	91
Juni 2028	95,85	4,15%	91
September 2028	95,80	4,20%	92

Tab. F.77: Future-Strip

Weiterhin wird angenommen, dass der Fälligkeitstag des ersten Kontraktes (Juni 2027) 60 Tage vom aktuellen Zeitpunkt entfernt liegt. Der Spot-Zinssatz für 60 Tage betrage 3,40%. Daraus kann die einjährige Strip Rate wie folgt berechnet werden:

$$\left(1 + 0{,}034 \cdot \frac{60}{360}\right) \cdot \left(1 + 0{,}035 \cdot \frac{90}{360}\right) \cdot \left(1 + 0{,}0375 \cdot \frac{92}{360}\right) \cdot \left(1 + 0{,}039 \cdot \frac{92}{360}\right) \cdot \left(1 + 0{,}04 \cdot \frac{31}{360}\right) = 1{,}038$$

Zunächst erfolgt eine Anlage für 60 Tage zu einem Zinssatz von 3,4%. Bei Fälligkeit des Juni 2027 Futures wird der Betrag aus der 60 Tage Anlage inkl. Zinsen für 3,5% angelegt usw. Insgesamt ergibt sich aus diesem Geschäft eine Strip Rate als annualisierter Zinssatz in Höhe von rund 3,8%. Entspricht dieser Satz nicht dem Nullkupon für den gleichen Zeitraum, so können grundsätzlich Arbitragetransaktionen einsetzen. Hierbei ist jedoch zu beachten, dass die letzte Periode im Beispiel lediglich 31 Tage beträgt, während aber durch den Kauf des März 2028 Kontraktes ein 3-Monats-Zins abgesichert wird. Damit besteht für diese Periode das Risiko, dass sich bei Fälligkeit des März 2028 Kontraktes der 3-Monats-

---

1 Vgl. *Bohn/Meyer-Bullerdiek* (1997), S. 480f.
2 Vgl. auch *Diwald* (1994), S. 230.

Zinssatz und der 31-Tage-Zinssatz nicht entsprechen. Eine Sicherung der Strip Rate ist ohne Risiko nur möglich, wenn der Zeitraum der letzten Periode mit dem Zeitraum des dem Future zugrundeliegenden Zinssatzes übereinstimmt.

d. Die Bewertung von Devisen-Futures

Grundlage der Bewertung von Devisen-Futures ist die Bestimmung des Terminkurses bei Outright-Geschäften, die auch als Devisentermingeschäft bezeichnet werden. Hierbei erfolgt eine Vereinbarung zwischen zwei Marktteilnehmern, die gegenseitig verkauften Devisen zu einem späteren Termin (d.h. mehr als 2 Bankarbeitstage später) zu erfüllen.

Der Devisen-Terminkurs (DTK) wird bei überjährigen Devisen-Forwards aufgrund von Arbitrageüberlegungen in der nachfolgenden Weise ermittelt, wobei in dem nachfolgenden Beispiel die Referenzwährung der $ und die Denominationswährung der € sein soll:[1]

$$DTK = \frac{(1+Nullkupon_\$)^n}{(1+Nullkupon_€)^n} \cdot DKK$$

mit

n	=	Laufzeit des Devisentermingeschäfts,
Nullkupon$_\$$	=	Nullkupon-Zinssatz im $-Bereich für die Laufzeit n und
DKK	=	Devisen-Kassakurs.

Damit ist der Terminkurs auf die unterschiedlichen Zinssätze in den jeweiligen Währungen zurückzuführen. Die so errechneten Terminkurse müssen keineswegs mit den tatsächlichen Spotkursen am Termintag, d.h. bei Fälligkeit des Termingeschäfts, übereinstimmen. Infolgedessen stellen die errechneten Terminkurse auch keine Prognosewerte für diesen Zeitpunkt dar.

Beispielhaft soll der Terminkurs auf Basis der folgenden Marktkonditionen für eine Laufzeit von 2 Jahren ermittelt werden, wobei ein Devisen-Kassakurs von $ 1,0526 pro € zugrunde gelegt werden soll:

Fälligkeit in Jahren	€-Zinssätze	€-Nullkupons	€-ZAF*
1	3,0000%	3,0000%	97,087379%
2	3,5000%	3,5088%	93,335209%
Fälligkeit in Jahren	**$-Zinssätze**	**$-Nullkupons**	**$-ZAF**
1	2,0000%	2,0000%	98,039216%
2	2,3000%	2,3035%	95,547505%
* ZAF = Zerobondabzinsfaktor			

Tab. F.78: Zinsstruktur in $ und € als Basis der überjährigen Terminkursbestimmung

---

[1] Vgl. *Schierenbeck/Lister/Kirmße* (2008), S. 405ff. In diesem Fall wird der $ auch als Terms Currency und der € auch als Base Currency bezeichnet. Vgl. *Martin* (2001), S. 138.

Hieraus ergibt sich der folgende Devisen-Terminkurs:

$$DTK = \frac{(1 + \text{Nullkupon}_\$)^2}{(1 + \text{Nullkupon}_\€)^2} \cdot DKK$$

$$= \frac{(1 + 0{,}023035)^2}{(1 + 0{,}035088)^2} \cdot 1{,}0526 \text{ \$/€} = 1{,}028228 \text{ \$/€}$$

Dieser Wert kann auch mit Hilfe der Zerobondabzinsfaktoren in den jeweiligen Währungen ermittelt werden:

$$DTK = \frac{ZAF_\€}{ZAF_\$} \cdot DKK = \frac{93{,}335209\%}{95{,}547505\%} \cdot 1{,}0526 \text{ \$/€} = 1{,}028228 \text{ \$/€}$$

Der ermittelte Kurs würde dem Preis eines Devisen-Futures entsprechen, der eine zweijährige Laufzeit aufweist, wobei allerdings – wie auch bei anderen Futures – noch eine Bereinigung um mögliche Finanzierungskosten aufgrund der Sicherheitsleistungen in Form einer Initial Margin oder auch um die mit dem täglichen Gewinn- und Verlustausgleich verbundenen Finanzierungskosten vorzunehmen ist.[1]

Die Vorgehensweise zur Bewertung von unterjährigen Devisen-Futures entspricht grundsätzlich der obigen Vorgehensweise. Der Devisen-Terminkurs (DTK) wird bei unterjährigen Devisen-Forwards ebenfalls aufgrund von Arbitrageüberlegungen ermittelt, wobei wiederum die Referenzwährung der $ und die Denominationswährung der € sein soll:[2]

$$DTK = \frac{1 + \text{Nullkupon}_\$ \cdot \frac{\text{Tage}}{360}}{1 + \text{Nullkupon}_\€ \cdot \frac{\text{Tage}}{360}} \cdot DKK$$

Beispielhaft soll der Terminkurs am 14.01.2026 auf Basis der folgenden Marktkonditionen für eine Laufzeit von 162 Tagen bis zum 24.06.2026 ermittelt werden, wobei wiederum ein Devisen-Kassakurs von $ 1,0526 pro € zugrunde gelegt werden soll:

---

[1] Vgl. *Martin* (2001), S. 156.
[2] In diesem Beispiel soll unterstellt werden, dass die Zinsberechnungsmethode Actual/360 für die jeweilige Währung herangezogen wird. Vgl. *Schierenbeck/Lister/Kirmße* (2008), S. 408f.

Fälligkeit	€-Zinssätze	€-Nullkupons	€-ZAF*
24.06.2026	2,8000%	2,8000%	0,98755678
Fälligkeit	$-Zinssätze	$-Nullkupons	$-ZAF
24.06.2026	1,9000%	1,9000%	0,99152248

* ZAF = Zerobondabzinsfaktor

Tab. F.79: Zinsstruktur in $ und € als Basis der unterjährigen Terminkursbestimmung

Hieraus lässt sich der folgende Devisen-Terminkurs ableiten:

$$DTK = \frac{1 + \text{Nullkupon}_\$ \cdot \frac{\text{Tage}}{360}}{1 + \text{Nullkupon}_\epsilon \cdot \frac{\text{Tage}}{360}} \cdot DKK = \frac{1 + 0,019 \cdot \frac{162}{360}}{1 + 0,028 \cdot \frac{162}{360}} \cdot 1,0526 \; \$/\epsilon = 1,04839 \; \$/\epsilon$$

Dieser Wert kann wiederum mit Hilfe der Zerobondabzinsfaktoren in den jeweiligen Währungen ermittelt werden:

$$DTK = \frac{ZAF_\epsilon}{ZAF_\$} \cdot DKK = \frac{98,755678\%}{99,152248\%} \cdot 1,0526 \; \$/\epsilon = 1,04839 \; \$/\epsilon$$

Der ermittelte Kurs entspricht auch hier dem Preis eines Devisen-Futures mit einer Restlaufzeit von in diesem Fall 162 Tagen, wobei hier wiederum die o.g. möglichen zusätzlichen Finanzierungskosten noch zu berücksichtigen sind.

3. Trading-Strategien mit Futures

Trading-Strategien werden in Erwartung bestimmter Markt- bzw. Kursentwicklungen angewendet. Dem Trading von Positionen liegen deshalb i.d.R. spekulative Motive zugrunde. Dabei soll vor allem die Hebelwirkung, die durch den relativ geringen Einschuss zu Beginn einer Futuretransaktion entsteht, genutzt werden. Charakteristisch ist, dass die Investoren in diesen Fällen offene Positionen einnehmen und somit ein Risiko bewusst tragen. Dieses Risiko lässt sich teilweise dadurch begrenzen, dass schon bei Eingehen der Position eine Stop Order erteilt wird. Falls beispielsweise eine Long Futureposition mit einer gleichzeitigen Stop Sell Order eingegangen worden ist und der Futurepreis auf den vorher festgelegten Kurs fällt, werden die Kontrakte zu dem Zeitpunkt bestens verkauft. Darüber hinaus ist zu beachten, dass Futurekontrakte eine relativ kurze Laufzeit haben. Die Kontraktliquidität ist häufig nur in den kurzen Fälligkeiten zufriedenstellend. Deshalb sind auf Futurekontrakten basierende Tradingstrategien stets kurzfristiger Natur.

Neben diesen Long- und Short-Positionen als eher spekulative Formen des Trading kommen sowohl bei Zins- als auch bei Aktienindexfutures vor allem Spread Trading-Strategien vor.

a. Spread Trading mit Zinsfutures

Bei einem Spread handelt es sich – auf Futuresmärkte bezogen – um den gleichzeitigen Kauf und Verkauf von verschiedenen Kontrakten. Diese können sich sowohl in der Fälligkeit als auch in den Kontraktspezifikationen unterscheiden. Beispielsweise kann sich die Betrachtung auf die Preisdifferenz zwischen dem 3-M-Euribor Future September und dem 3-M-Euribor Future Dezember richten. In diesem Fall geht es um die Differenz zwischen dem Kurs des Nearby- bzw. Front Month-Futures (Future mit dem früheren Verfalltermin) und dem Kurs des Deferred-Futures (Future mit dem späteren Verfalltermin), der die gleichen Kontraktspezifikationen aufweist. Ein Spread kann sich aber auch auf die Preisdifferenz zwischen Kontrakten beziehen, die zwar einen unterschiedlichen Basiswert aufweisen, dennoch aber vergleichbar sind, wie z.B. die Preisdifferenz zwischen einem an der Eurex gehandelten Euro-Bund-Future und dem CONF-Future, der ebenfalls an der Eurex gehandelt wird und sich auf eine fiktive langfristige Anleihe der Schweizerischen Eidgenossenschaft mit einem Kupon von 6% bezieht.

Ein Spread wird vor dem Hintergrund einer ganz bestimmten Meinung eingegangen, nämlich, wenn davon ausgegangen wird, dass sich das Preisverhältnis und/oder das Renditeverhältnis zwischen den Kontrakten verändern wird. In welche Richtung sich die Märkte dabei entwickeln, spielt keine Rolle. Vielmehr stehen die Veränderungen der Kontrakte im Verhältnis zueinander im Mittelpunkt.

Um zwischenzeitlich keine ungedeckten Positionen zu haben, geben die Marktteilnehmer beide Seiten des Spreads gleichzeitig in den Markt, wobei auch von Legs gesprochen werden kann.[1] Beispielsweise beinhaltet Leg 1 den Kauf eines Futures, während Leg 2 den Verkauf eines anderen Futures betrifft. Zur Umgehung des Risikos einer kurzzeitigen offenen Position bieten Terminbörsen auch die Möglichkeit an, bestimmte Arten von Spreads als solche zu handeln. Damit braucht nur noch angegeben zu werden, zu welchem Preis der Spread als Preisdifferenz zwischen den beiden Kontrakten gekauft oder verkauft werden soll. Von den Terminbörsen erhalten die Marktteilnehmer anschließend aber eine Bestätigung über die Preise der Einzeltransaktionen. Das Eingehen eines solchen Spreads ist kostengünstiger als der separate Aufbau der Einzelpositionen; denn anstelle von Gebühren für den Kauf und Verkauf der Kontrakte wird lediglich eine einfache Spread-Gebühr verlangt.

Beim Spread Trading lassen sich verschiedene Formen unterscheiden. Im Folgenden werden Intrakontrakt und Interkontrakt Spread Trading-Strategien unterschieden.

aa. Intrakontrakt Spread Trading

Beim sogenannten Intrakontrakt Spread Trading sollen Preisbewegungen innerhalb eines bestimmten Kontrakts ausgenutzt werden. Zu diesem Zweck werden Positionen mit unterschiedlichen Fälligkeiten in einem Kontrakt aufgebaut. Beispielsweise wird der Euro-Bund-Future mit der Fälligkeit Juni 2027 gekauft und gleichzeitig der Euro-Bund-Future mit Verfalltermin September 2027 verkauft. Eine solche Transaktion wird auch als Calendar Spread oder Time Spread bezeichnet.

Vom Kauf eines Spreads spricht man, wenn der Kontrakt mit dem früheren Verfalltermin (z.B. Nearby Kontrakt) gekauft wird und gleichzeitig der Kontrakt mit der späteren Fälligkeit (Deferred Kontrakt) verkauft wird. Wird der Nearby Kontrakt bei gleichzeitigem

---

1 Vgl. *Martin* (2001), S. 142ff.

Kauf des Deferred Kontrakts verkauft, so handelt es sich um den Verkauf eines Spreads. Als problematisch könnte sich aber erweisen, dass bei Futures auf langfristige Zinstitel in den späteren Fälligkeiten relativ wenig Liquidität vorliegt, da der wesentliche Handel zumeist lediglich im Nearby-Kontrakt stattfindet. Eine Ausnahme bildet jedoch der einige wenige Wochen umfassende Zeitraum vor der Fälligkeit des Nearby-Kontrakts, da in dieser Zeit viele Marktteilnehmer ihre Futureposition in den nachfolgenden Liefermonat überrollen mit der Folge, dass sowohl der Nearby- als auch der Deferred-Kontrakt recht liquide sind.

Das folgende Beispiel zeigt das Intrakontrakt Spread Trading am Beispiel des Euro-Bund-Futures auf. Am Markt liegen die folgenden Kurse vor (Angaben in %):

Kontrakt	Bid	Ask
Juni 2025	98,40	98,45
September 2025	98,00	98,05

Tab. F.80: Intrakontrakt Spread Trading, Teil 1

Für den Fall, dass keine Möglichkeit besteht, den Calendar Spread direkt mittels einer entsprechenden Einrichtung zu handeln, die an einer Terminbörse angeboten wird (z.B. Calendar Spread Facility), kann bei dieser Kurskonstellation der Spread nur indirekt zu 0,45% bzw. zum Preis von 45 Basispunkten (Bp) gekauft werden. Dieser Preis wird aus der Differenz zwischen dem Ask-Kurs des Juni-Kontraktes und dem Bid-Kurs des September-Kontraktes ermittelt.

$$\text{Spread} = \frac{(98,45\% - 98,00\%)}{0,01\%} = 45 \text{ Ticks}$$

Ein Verkauf kann entsprechend zu 35 Bp (98,40% – 98,05%) erfolgen. Bei separatem Kauf und Verkauf der Futures kommt somit für Geld und Brief des Spreads das Ergebnis 35 zu 45 Bp heraus.

Nach einem Monat ergeben sich die folgenden Kurse (Angaben in %):

Kontrakt	Bid	Ask
Juni 2025	98,65	98,70
September 2025	98,45	98,50

Tab. F.81: Intrakontrakt Spread Trading, Teil 2

Somit steht der Spread mittlerweile bei 15 Bp zu 25 Bp. Ist der Spread also vorher zu 35 Bp verkauft worden, so kann er nunmehr zu 25 Bp zurückgekauft werden. Diese Differenz entspricht einer Veränderung von 10 Ticks und bei einem Tickwert von € 10 einem Gewinn von € 100 pro Kontrakt. Der Gewinn ist aufgrund des Spread-Verkaufs bei einem sich verringernden Spread entstanden. Er ergibt sich auch aus der Berechnung der einzelnen Positionen, die hierfür erforderlich waren:

Verkauf Juni Kontrakt zu	98,40%
Kauf September Kontrakt zu	98,05%
Verkauf September Kontrakt zu	98,45%
Kauf Juni Kontrakt zu	98,70%

Im Hinblick auf den Juni Kontrakt berechnet sich ein Verlust von 30 Ticks, während mit dem September Kontrakt ein Gewinn von 40 Ticks erzielt wurde. Der Gesamtgewinn beträgt also 10 Ticks bzw. € 100.

Die Geld-Brief-Spanne kann allerdings durch eine entsprechende Einrichtung an der Terminbörse verringert werden. So soll für das Beispiel ein Spread beim Verkauf von 39 Bp zu 41 Bp und beim Kauf von 19 Bp zu 21 Bp unterstellt werden. Somit kann der Spread zu 39 Bp verkauft und zu 21 Bp zurückgekauft werden, was einem Gesamtgewinn von 39 Bp – 21 Bp = 18 Ticks und damit einem Wert von € 180 entspricht.[1]

Die Verringerung des Spreads kann auf eine Fehlbewertung entweder des Juni oder des September Kontraktes zu Beginn der Transaktion zurückzuführen sein. In diesem Fall ist der Verkäufer des Spreads davon ausgegangen, dass sich die Futurekurse wieder ihrem Fair Value nähern. Ein Verlustrisiko besteht für den Fall, dass die Erwartungen hinsichtlich der Spread-Entwicklung nicht eintreten. Von der Richtung der Marktentwicklung ist die Spread-Strategie unabhängig.

Ein Spread-Kauf wirkt sich positiv aus, wenn sich der Spread vergrößert bzw. ausweitet. Eine solche Erwartung könnte sich beispielsweise ergeben, wenn die Anzahl noch nicht glattgestellter Short-Positionen im Nearby-Kontrakt, z.B. Euro-Bund-Future Juni, relativ hoch ist und davon ausgegangen wird, dass zur Umgehung der Lieferverpflichtungen viele Futureverkäufer noch den Euro-Bund-Future Juni zurückkaufen werden, was ceteris paribus zu einem Preisanstieg im Juni-Kontrakt führen würde. Wird darüber hinaus davon ausgegangen, dass in diesem Fall die glattstellenden Marktteilnehmer den Deferred-Kontrakt, d.h. den Euro-Bund-Future September verkaufen (um weiterhin eine Short-Position im Future erhalten), so führt dies ceteris paribus tendenziell zu einer Preissenkung im September-Kontrakt. Bei allgemein steigenden (sinkenden) Euro-Bund-Future-Kursen kann damit erwartet werden, dass der Kurs des Juni-Futures stärker ansteigt (weniger sinkt) als der Kurs des September-Futures.

Zur Verdeutlichung soll das folgende Beispiel herangezogen werden: Der Briefkurs des Euro-Bund-Futures Juni liegt zum aktuellen Zeitpunkt bei 110,00%, während der Geldkurs des September-Futures bei 109,40% liegt. Insofern beträgt der Spread – bezogen auf einen Spread-Kauf – derzeit 60 Ticks:

$$\text{Spread} = \frac{(110,00\% - 109,40\%)}{0,01\%} = 60 \text{ Ticks}$$

---

1 Vgl. *Bohn/Meyer-Bullerdiek* (1996b), S. 539.

Der Marktteilnehmer entscheidet sich für den Kauf eines Spreads über 200 Kontrakte, d.h. er kauft 200 Juni-Kontrakte und verkauft gleichzeitig 200 September-Kontrakte. Nach einigen Tagen beträgt der Geldkurs des Juni-Futures (der immer noch der Nearby-Kontrakt ist) 111,00% bei einem Briefkurs des September-Futures von 110,15%. Der Spread bei einem Spread-Verkauf beläuft sich damit auf 85 Ticks:

$$\text{Spread} = \frac{(111{,}00\% - 110{,}15\%)}{0{,}01\%} = 85 \text{ Ticks}$$

Werden die Positionen zu diesem Zeitpunkt wieder glattgestellt (d.h. Verkauf Juni-Future, Kauf September-Future), so ergibt sich ein Gesamtgewinn von € 50.000, der wie folgt ermittelt wird:

$$\text{Ergebnis Juni-Future} = 100 \text{ Ticks} \cdot 10 \frac{\text{€}}{\text{Tick}} \cdot 200 = \text{€ } 200.000$$

$$\text{Ergebnis September-Future} = -75 \text{ Ticks} \cdot 10 \frac{\text{€}}{\text{Tick}} \cdot 200 = \text{€ } -150.000$$

Entsprechend ergibt sich ein Gesamtergebnis von € 50.000 (= € 200.000 − € 150.000). Dieser Gesamtgewinn kann auch direkt über die Spreads berechnet werden:

$$\text{Gesamtgewinn} = (85 \text{ Ticks} - 60 \text{ Ticks}) \cdot 10 \frac{\text{€}}{\text{Tick}} \cdot 200 = \text{€ } 50.000$$

Beim Intrakontrakt Spread unterscheidet man zwischen Preis Spread und Rendite Spread. Während ein Preis Spread im Verhältnis von eins zu eins aufgebaut wird und damit die absolute Veränderung der Preise zueinander im Mittelpunkt steht, werden beim Rendite Spread auch die unterschiedlichen Preissensitivitäten der Kontrakte auf die Veränderungen der Renditen berücksichtigt.

Für den Fall, dass beide Kontrakte dieselbe CTD-Anleihe haben, verändert sich das Verhältnis der Kontrakte zueinander nur aufgrund einer Veränderung der jeweiligen kurzfristigen Finanzierungszinssätze; denn der Kassapreis der zugrundeliegenden Anleihe und das Verhältnis der Kuponerträge ändern sich nicht. Infolgedessen werden der implizite kurzfristige Zinssatz bis zur Fälligkeit des Nearby Kontrakts und der bis zur Fälligkeit des Deferred Kontrakts gegeneinander gestellt. Insofern liegt eine Spekulation auf den 3-Monats-Forward-Satz vor, der sich implizit aus den beiden Kontrakten ergibt und ab dem Liefertag des Nearby Futures gilt. Bei fairer Bewertung beider Kontrakte entspricht der implizite Forward-Satz dem entsprechenden Satz des Dreimonats-Futures, so dass auch dieser anstelle des Spreads gehandelt werden könnte.

Liegen jedoch beiden Kontrakten unterschiedliche CTD-Anleihen zugrunde, so müssen noch die unterschiedlichen Preissensitivitäten der beiden Anleihen berücksichtigt werden. Hierzu kann auf die sogenannte Dollar Duration zurückgegriffen werden. Bei der Dollar Duration handelt es sich um eine Maßzahl für die Preisreagibilität einer Anleihe, die die absolute Kursänderung einer Anleihe, ausgedrückt z.B. in $ oder € für eine absolute Veränderung der Rendite angibt. Sie wird berechnet als Produkt aus der modifizierten Duration und dem Dirty Price einer Anleihe.[1] In der Praxis wird sie auch als „Risk" bezeichnet:

$$\text{DollarDuration} = \text{Risk} = \frac{\text{MD} \cdot \text{Dirty Price}}{100}$$

mit

MD = Modified Duration.

Für die Sensitivität bzw. die Dollar Duration eines Zinsfutures („Futures Risk") kann das „Risk" bzw. die Dollar Duration der Cheapest-to-Deliver-Anleihe zugrunde gelegt werden. Sie lässt sich durch Berücksichtigung des Konvertierungsfaktors der CTD-Anleihe wie folgt ermitteln:

$$\text{Dollar Duration des Futures} = \frac{\text{Dollar Duration}_{CTD}}{\text{KF}_{CTD}}$$

Für die Berechnung der Spread Ratio können die Dollar Durationen der beiden Kontrakte ins Verhältnis gesetzt werden:

$$\text{Spread Ratio} = \frac{\text{Dollar Duration}_{\text{Future A}}}{\text{Dollar Duration}_{\text{Future B}}}$$

Neben Intrakontrakt Spreads können auch Interkontrakt Spreads zur Anwendung kommen, die im Folgenden behandelt werden.

ab.   Interkontrakt Spread Trading

Das sogenannte Interkontrakt Spread Trading, das auch als Product Spread bezeichnet werden kann, zielt auf die Ausnutzung von Preisbewegungen zwischen zwei Futures mit unterschiedlichen Kontraktspezifikationen. Wie bei den Intrakontrakt Spreads können bei Interkontrakt Spreads neben Preis Spreads auch Rendite Spreads vorkommen. Letztere können sich auf solche Spreads beziehen, die auf die Veränderung der Renditestruktur in einem bestimmten Markt abzielen (z.B. Euro-Bund-Future Juni gegen Euro-Bobl-Future Juni). Daneben lassen sich aber auch Spreads konstruieren, die von der Veränderung des Renditeverhältnisses zwischen verschiedenen Märkten profitieren (z.B. Euro-Bund-Future Juni gegen CONF-Future Juni).

Zur Berücksichtigung der unterschiedlichen Preissensitivitäten der verschiedenen Futures soll wiederum auf die Duration als Kennzahl für die Reagibilität zurückgegriffen werden. Ohne den Dirty Price mit einzubeziehen, kann die entsprechende Spread Ratio zwischen Euro-Bund- und Euro-Bobl-Futures wie folgt ausgedrückt werden:

---

1   Bei dem Dirty Price handelt es sich um den aktuellen Kurs (Clean Price) einer Anleihe zuzüglich der aufgelaufenen Stückzinsen. Zur Duration vgl. auch Kapitel E.I.2. in diesem Buch.

$$\text{Spread Ratio} = \frac{\text{Duration}_{\text{Euro-Bund-Future}}}{\text{Duration}_{\text{Euro-Bobl-Future}}}$$

mit

$$\text{Duration eines Futures} = \frac{\text{Duration}_{\text{CTD}}}{\text{KF}_{\text{CTD}}}$$

Aufgrund der längeren Laufzeit der zugrunde liegenden CTD-Anleihe ist die Duration eines Euro-Bund-Futures höher als die Duration eines Euro-Bobl-Futures, so dass bei einer Parallelverschiebung der Renditestrukturkurve der Euro-Bund-Future stärker reagiert als der Euro-Bobl-Future. Geht man beispielsweise in diesem Fall von einer Spread Ratio von 5:3 aus, so müssen – um das Zinsänderungsrisiko möglichst einigermaßen auszugleichen – Euro-Bobl-Futures im Verhältnis 5:3 gegen Euro-Bund-Futures gekauft bzw. verkauft werden.

Im Rahmen des Spread-Trading wird nun versucht, Gewinne aufgrund der relativen Zunahme bzw. Abnahme der Renditen zu erzielen. Beispielsweise erfolgt die Spekulation auf die Differenz von 0,3%-Punkten zwischen einem erwarteten Renditerückgang um 0,7%-Punkte im langfristigen Laufzeitbereich und um 1%-Punkt im mittelfristigen Laufzeitbereich.

In Abhängigkeit von der Erwartung bezüglich der Spread-Entwicklung lassen sich verschiedene Positionen in diesem Fall – wie in Tabelle F.82 dargestellt – unterscheiden.

Das folgende Beispiel soll der Veranschaulichung dienen. Die aktuellen Notierungen betragen 107,97% beim Euro-Bobl-Future, was einer Rendite von 4,20% entsprechen soll, und 110,19% beim Euro-Bund-Future (Rendite soll hier 4,70% betragen). Damit ergibt sich ein Renditespread von 50 Basispunkten und ein Preis-Spread von 222 Ticks:

$$\text{Rendite-Spread} = \frac{(4,70\% - 4,20\%)}{0,01\%} = 50 \text{ Basispunkte}$$

$$\text{Preis-Spread} = \frac{(110,19\% - 107,97\%)}{0,01\%} = 222 \text{ Ticks}$$

Erwartete Rendite-Entwicklung	Auswirkung auf den Rendite-Spread	Strategie
Rendite im mittelfristigen Bereich fällt stärker bzw. steigt weniger an als die Rendite im langfristigen Bereich	Rendite-Spread ↑	Kauf von Euro-Bobl-Futures und Verkauf von Euro-Bund-Futures
Rendite im mittelfristigen Bereich steigt stärker bzw. fällt weniger stark als die Rendite im langfristigen Bereich	Rendite-Spread ↓	Kauf von Euro-Bund-Futures und Verkauf von Euro-Bobl-Futures

Tab. F.82: Positionen in Abhängigkeit von der Entwicklung des Renditespreads

Erwartet wird, dass die Rendite im mittelfristigen Laufzeitbereich stärker fällt als die Rendite im langfristigen Bereich, d.h. dass der Rendite-Spread zwischen diesen Laufzeiten positiver wird. Entsprechend sollen bei einer unterstellten Spread Ratio von 5:3 insgesamt 50 Euro-Bobl-Futures gekauft und gleichzeitig 30 Euro-Bund-Futures verkauft werden.

Einen Monat später ist die erwartete Renditeentwicklung tatsächlich eingetreten, und der Euro-Bobl-Future notiert bei 111,77% (Rendite = 3,40%), während der Euro-Bund-Future bei 112,72% (Rendite = 4,40%) notiert. Entsprechend hat sich der Renditespread um 50 Basispunkte auf 100 Basispunkte erhöht. Gleichzeitig beträgt der Preis-Spread nunmehr nur noch 95 Ticks:

$$\text{Rendite-Spread} = \frac{(4,40\% - 3,40\%)}{0,01\%} = 100 \text{ Basispunkte}$$

$$\text{Preis-Spread} = \frac{(112,72\% - 111,77\%)}{0,01\%} = 95 \text{ Ticks}$$

Die absoluten Preisdifferenzen ergeben sich wie folgt:

$$\text{Kurserhöhung Euro-Bobl-Future} = \frac{(111,77\% - 107,97\%)}{0,01\%} = 380 \text{ Ticks}$$

$$\text{Kurserhöhung Euro-Bund-Future} = \frac{(112,72\% - 110,19\%)}{0,01\%} = 253 \text{ Ticks}$$

Die Positionen sollen nunmehr glattgestellt werden. Damit ergeben sich die folgenden Ergebnisse:

$$\text{Erfolg Long Euro-Bobl-Future-Position} = 380 \text{ Ticks} \cdot 10 \frac{\text{€}}{\text{Tick}} \cdot 50 = \text{€ } 190.000$$

$$\text{Erfolg Short Euro-Bund-Future-Position} = -253 \text{ Ticks} \cdot 10 \frac{\text{€}}{\text{Tick}} \cdot 30 = \text{€ } -75.900$$

Insgesamt resultiert hieraus ein Gesamtgewinn von € 114.100. Hinzuweisen ist darauf, dass sich in diesem Fall das Gesamtergebnis nicht über eine einfache Differenz der Preis-Spreads bestimmen lässt, da die Futures in unterschiedlicher Anzahl gehandelt werden.

Durch das breite Spektrum gehandelter Zinsfutures wird es den Marktteilnehmern möglich, Renditespreads zu realisieren, d.h. sie können sowohl Zinsbewegungen eines bestimmten Landes handeln als auch die relativen Zinsbewegungen verschiedener, durch die Terminkontrakte abgedeckter Volkswirtschaften und Märkte ausnutzen. An der Terminbörse lassen sich durch Kombinationen der verschiedenen Kontrakte zahlreiche Spreads realisieren.

Zur Beurteilung eines Spreads kommt es – wie in dem Beispiel gezeigt – auf die relative Preisveränderung zwischen den Kontrakten an und nicht auf die absolute Preisänderung.

Dazu ist ein Vergleich der Zinsen zwischen verschiedenen Ländern erforderlich. Zusätzlich sind die Kontraktgrößen und die unterschiedlichen Währungen, in denen die Kontrakte denominiert sind, sowie die Kurssensitivität des Terminkontrakts bezüglich Renditeveränderungen zu berücksichtigen. Diese Faktoren spielen insbesondere bei einem Cross Currency Spread eine Rolle.

Bei einem Cross Currency Spread wird das Ziel verfolgt, von den relativen Rendite- und Zinsveränderungen zwischen zwei Ländern zu profitieren. Eine entsprechende Position soll von Parallelbewegungen im internationalen Rendite- und Zinsniveau nicht beeinflusst werden; denn das Renditeverhältnis verschiebt sich nicht, wenn sich die Renditen in zwei Märkten z.B. parallel um einen Prozentpunkt ändern. Ein Rendite-Spread sollte dies berücksichtigen, indem bei einer Parallelverschiebung kein Gewinn oder Verlust auftritt. Allerdings verändert sich in diesem Fall das Preisverhältnis zwischen den Kontrakten, wenn beide Kontrakte unterschiedliche Preisreagibilitäten aufweisen. Dieser Aspekt ist bei der Berechnung der Spread Ratio zu berücksichtigen.

Grundsätzlich wird ein Marktteilnehmer, der mit einer Verringerung des Spreads zwischen zwei Futurepositionen rechnet, den Kontrakt mit der höheren Rendite kaufen und den mit der niedrigeren Rendite verkaufen. Bemisst sich beispielsweise die implizite Rendite eines Euro-Bund-Futures an der Eurex zu 7% und die eines Gilt-Futures an der Liffe zu 9%, so sollte bei Erwartung eines sinkenden Spreads (z.B. implizite Rendite des Euro-Bund-Futures wird bei 6% gesehen, die des Gilt-Kontraktes bei 7%) der Gilt-Kontrakt gekauft werden. Bei Eintritt der Erwartungen sollten die Kursgewinne in der Gilt-Position relativ höher sein als die Kursverluste beim Euro-Bund-Kontrakt.

Soll die Euro-Bund-Futureposition gegen Parallelverschiebungen der Renditen durch den Aufbau einer Gegenposition in Gilt-Futures abgesichert werden, so sind zur Berechnung des Absicherungsverhältnisses bzw. der Spread Ratio die folgenden Faktoren zu berücksichtigen:

- relative Kurssensitivität der beiden Terminkontrakte bezüglich Renditeveränderungen
- relative Kontraktgröße der Terminkontrakte
- Wechselkurs zwischen den Währungen, in denen die beiden Terminkontrakte denominiert sind

Für die Ermittlung des ersten Faktors kann auf die Dollar Duration des Futures zurückgegriffen werden. Die relative Kurssensitivität zweier Kontrakte ermittelt sich dann aus der Division der jeweiligen Dollar Durations. Beträgt beispielsweise die Dollar Duration des Gilt-Futures 5,5 und die des Euro-Bund-Futures 6, so ergibt sich ein Faktor von 0,917.

Der zweite Faktor (relative Kontraktgröße der Terminkontrakte), der bei der Berechnung des Absicherungsverhältnisses zu berücksichtigen ist, wird durch Division der jeweiligen Kontraktgrößen berücksichtigt. Beispielsweise beträgt die Kontraktgröße beim Gilt-Kontrakt £ 100.000 und beim Euro-Bund-Future € 100.000. In das Absicherungsverhältnis Bund/Gilt geht entsprechend der Wert 1,0 £/€ ein.

Zur Berücksichtigung des dritten Faktors (Wechselkurs zwischen den Währungen, in denen die beiden Terminkontrakte denominiert sind) werden die beiden anderen Faktoren mit dem entsprechenden Wechselkurs multipliziert, z.B. € 1,50 pro £.

Das Absicherungsverhältnis bzw. die Spread Ratio ergibt sich allgemein in der folgenden Form:

$$\text{Spread Ratio} = \frac{\text{Dollar Duration}_{\text{Future A}}}{\text{Dollar Duration}_{\text{Future B}}} \cdot \frac{\text{Nominalwert}_{\text{Future A}}}{\text{Nominalwert}_{\text{Future B}}} \cdot \text{Wechselkurs}_{\text{Curr.B/Curr.A}}$$

mit

Curr.$_A$ = Währung A.

Für die Beispieldaten kann die folgende Spread Ratio berechnet werden:

$$\text{SpreadRatio} = \frac{\text{Anzahl Euro--Bund--Futures}}{\text{Anzahl Gilt-- Futures}} = 0{,}917 \cdot 1{,}0\frac{\text{£}}{\text{€}} \cdot 1{,}50\frac{\text{€}}{\text{£}} = 1{,}3755$$

Zu beachten ist allerdings, dass mit diesem Absicherungsverhältnis keine vollkommene Absicherung gegen Parallelverschiebungen des Renditeniveaus erreicht wird, da insbesondere beim ersten Faktor Ungenauigkeiten auftreten können aufgrund von Basisveränderungen und der Konvexität, die durch die Dollar Duration nicht berücksichtigt wird. Darüber hinaus verändern sich die Werte für die Faktoren, z.B. weil die Wechselkurse schwanken, die Dollar Durationen der CTD-Anleihen sich verändern oder sich die CTD-Anleihen selbst ändern. Eine neue CTD-Anleihe besitzt in aller Regel nicht nur eine andere Dollar Duration, sondern auch einen anderen Konvertierungsfaktor. Vor diesem Hintergrund ist eine ständige Überprüfung der Bond-Spread-Position erforderlich.

In Anlehnung an das obige Beispiel beschließt ein Portfoliomanager – bei einer impliziten Rendite des Euro-Bund-Kontrakts von 7% und des Gilt-Kontrakts von 9% – 138 Euro-Bund-Kontrakte zu verkaufen und 100 Giltkontrakte zu kaufen. Damit rechnet er also mit einer Verringerung der Renditedifferenz von 2%. Gleichen sich die Renditen auf dasselbe Niveau an (z.B. auf 7%), so hat der Händler beim Euro-Bund-Kontrakt – abgesehen von Basisveränderungen – den gleichen Wert, während er beim Gilt-Kontrakt einen hohen Kursgewinn verzeichnen kann.

Steht die Ausnutzung einer unterschiedlichen Kursentwicklung in verschiedenen Marktsegmenten im Vordergrund, so wird eine Kassaposition mit einer Futureposition kombiniert. Rechnet ein Investor beispielsweise kurzfristig mit einer sich verringernden Renditedifferenz zwischen Pfandbriefen und Bundesanleihen und liegen die Renditen der Pfandbriefe oberhalb der Renditen der Bundesanleihen, so kann er eine Position in Pfandbriefen aufbauen und gleichzeitig Euro-Bund-Futures veräußern. Bei Eintritt seiner Prognose werden entweder die Pfandbriefe relativ zum Bund-Future im Kurs zulegen, die Bund-Futures relativ zu den Pfandbriefen an Wert verlieren, oder gleichzeitig die Pfandbriefe steigen und die Euro-Bund-Futures im Wert sinken. Analog kann eine solche Strategie auch mit Industrieanleihen durchgeführt werden.

Darüber hinaus lässt sich mit Zinsfutures auf kurzfristige Zinstitel (z.B. Dreimonats-Euribor-Future) eine Cross Currency-Zinsdifferenzposition aufbauen. Für den Handel der Differenz zwischen den kurzfristigen Zinsen zweier Währungen (z.B. € und £) ist in diesem Fall die Berechnung der Spread Ratio erheblich einfacher als die Berechnung der Spread Ratio für Futures auf langfristige Zinstitel. Aufgrund der Quotierung als 100 minus dem annualisierten 3-Monats-Forward-Zinssatz, haben diese Geldmarkt-Futures jeweils die gleiche Preissensitivität gegenüber Zinsänderungen. So ändert sich beispielsweise der Kurs des Futures um 40 Ticks, wenn sich der 3-Monats-Forward-Zins um 40 Basispunkte verändert. Da sich dieser Zins auf einen Zeitraum von drei Monaten bezieht, beträgt die wertmäßige Änderung des Futures ¼ der Zinsänderung, also im Beispiel 10 Basispunkte. Die Sensitivität von Geldmarkt-Futurespositionen auf Renditeänderungen beläuft sich somit auf 0,25. Da sie in diesem Beispiel für beide Futures gleich ist, braucht sie bei der Ermittlung der Spread Ratio nicht berücksichtigt zu werden.

Allgemein wird die Spread Ratio für einen Interkontrakt Spread von Futures auf kurzfristige Underlyings in der folgenden Weise bestimmt:

$$\text{Spread Ratio} = \frac{\text{Nominalwert}_{\text{Future A}}}{\text{Nominalwert}_{\text{Future B}}} \cdot \text{Wechselkurs}_{\text{Curr.B/Curr.A}}$$

Beispielhaft soll die Spread Ratio für den Einsatz von 3-M-Euribor-Futures an der Eurex und 3-M-Sterling-Futures an der Liffe betrachtet werden. Da das Verhältnis der Kontraktgrößen £ 500.000/€ 1.000.000 = 0,5 £/€ beträgt, ergibt sich bei einem Wechselkurs von € 1,50 pro £ die Spread Ratio wie folgt:

$$\text{Spread Ratio} = \frac{\text{Anzahl Euribor} - \text{Futures}}{\text{Anzahl Sterling} - \text{Futures}} = 0{,}5\frac{£}{€} \cdot 1{,}50\frac{€}{£} = 0{,}75$$

Bei der Erwartung, dass sich die Zinsdifferenz zwischen dem Euribor-Future und dem Sterling-Future vergrößert, wird der Kontrakt mit dem höheren impliziten Zinssatz verkauft und der andere Kontrakt gekauft. Notiert beispielsweise der Euribor-Future bei 95 (impliziter Zins = 5%) und der Sterling-Future bei 93, so wird Letzterer in diesem Fall verkauft.

Auch im Hinblick auf eine bestimmte Erwartung bezüglich der Renditedifferenz zwischen langfristigen und kurzfristigen Zinsen besteht eine Spread-Möglichkeit mit Zinsfutures: der Aufbau von Renditestruktur-Spreads. Bei diesem sogenannten Renditekurvenhandel muss die Position ebenfalls so gestaltet werden, dass sie gegen Parallelbewegungen der Renditekurve immunisiert ist. Somit kann nur die Vergrößerung bzw. Verkleinerung der Renditedifferenz die Position beeinflussen. Bei der Ermittlung der Spread Ratio ist in diesem Fall zu beachten, dass die Sensitivität von Dreimonats-Futurepositionen auf Renditeänderungen 0,25 beträgt. Sie wird durch den folgenden Ausdruck bestimmt:

$$\text{Spread Ratio} = \frac{\text{Nominalwert}_{\text{Future}_{\text{langfristig}}}}{\text{Nominalwert}_{\text{Future}_{\text{kurzfristig}}}} \cdot \frac{\text{DollarDuration}_{\text{Future}_{\text{langfristig}}}}{0{,}25}$$

Für den Einsatz von Euribor-Futures und Euro-Bund-Futures erhält man unter Berücksichtigung der Kurssensitivität eines Euro-Bund-Futures (Dollar Duration) von beispielsweise 6 die folgende Spread Ratio:

$$\text{Spread Ratio} = \frac{\text{Anzahl Dreimonats} - \text{Euribor} - \text{Futures}}{\text{Anzahl Euro} - \text{Bund} - \text{Futures}} = \frac{€\,100.000}{€\,1.000.000} \cdot \frac{6}{0{,}25} = 2{,}4$$

Bei Erwartung einer Vergrößerung der Renditedifferenz wird – entsprechend dem obigen Beispiel – der 3-M-Euribor-Future gekauft (implizite Rendite = 5%) und der Euro-Bund-Future verkauft (implizite Rendite = 7%). Das Verhältnis beträgt dabei 2,4:1. Grundsätzlich kann damit durch den Aufbau einer Position bestehend aus Euro-Bund-Futures und Dreimonats-Euribor-Futures von einer Veränderung des Renditeverhältnisses zwischen dem 3-Monats-Forward-Zinssatz und den Zinssätzen im zehnjährigen Bereich profitiert werden. Dabei wird allerdings der mittelfristige Zinsbereich ausgeklammert.

Abschließend sei darauf hingewiesen, dass mit Spread-Positionen zwar meist nur relativ geringe Spekulationsgewinne entstehen können (wenn die Spekulation aufgeht), gleichzeitig aber auch das Risiko im Vergleich zu Non-Spread-Positionen relativ gering ist. Falls die Positionen jedoch volumensmäßig sehr groß werden, kann insgesamt das Risiko auch bei Spread-Positionen außerordentlich hoch sein, so dass die Vorgabe von Limiten bezüglich der Spread-Positionen sinnvoll erscheint.

Zu berücksichtigen ist schließlich noch, dass grundsätzlich bei Spread-Transaktionen das Basisrisiko zu beachten ist, das darin besteht, dass der Future den Bewegungen der zugrundeliegenden Anleihen nicht in der gleichen Weise folgt. In diesen Fällen könnte ein Portfoliomanager, der eine Spread-Position aufgebaut hat, zwar in der Markteinschätzung richtig liegen, trotzdem aber aufgrund des Basisrisikos einen Verlust erleiden.

ac. Basis Trading

Bei einem Basis Trade handelt es sich um einen simultanen Austausch von Kassamarktanleihen und der entsprechenden Anzahl von Futures, der zwischen zwei Marktteilnehmern vereinbart wird. Als Basis wird dabei allgemein – wie oben dargestellt – die Brutto Basis als Differenz aus dem Kurs der Kassamarktanleihe, d.h. der CTD-Anleihe und dem um den Konvertierungsfaktor adjustierten Zinsfuturekurs verstanden.[1]

So wird also – wie im Übrigen auch bei Arbitragestrategien – ein gleichzeitiger Kauf bzw. Verkauf von Futures und den zugrundeliegenden Anleihen vorgenommen.[2] Während aber bei Arbitragetransaktionen die Positionen mit der Absicht eingegangen werden, sie bis zur Fälligkeit des Futures zu halten, wird die Position beim Basis Trade zumeist schon vor dem Liefertag aufgelöst. Insofern besteht bei einem Trade für den Marktteilnehmer die Möglichkeit, auf eine kurzfristige Fehlbewertung des Futures und eine baldige Adjustierung zu spekulieren. Erfolgt diese, so kann der Basis Trade in kurzer Zeit wieder aufgelöst werden. Damit kann also mit einem Basis Trade darauf spekuliert werden, dass sich die Basis z.B. aufgrund von Veränderungen der Zinsstrukturkurve kurzfristig verändert.

Grundsätzlich wird von einem Kauf der Basis („Long the Basis") gesprochen, wenn Anleihen gekauft und Futures verkauft werden. Erwartet wird hierbei, dass die Basis positiver wird, d.h. dass der Preis der Kassamarktanleihe im Vergleich zum (um den Konvertierungsfaktor bereinigten) Futurepreis stärker ansteigt bzw. in geringerem Maße fällt als die Preise anderer Anleihen, die ebenfalls in den Future lieferbar sind. In diesen Fällen kommt es häufig zu einem Wechsel der CTD-Anleihe.

Beispielsweise könnte ein Basis-Käufer eine Leitzinserhöhung durch die Zentralbank (betrifft also vor allem den kurzfristigen Zinsbereich) und eine damit einhergehende flachere zukünftige Zinsstrukturkurve erwarten. Falls die betrachtete Anleihe eine höhere Durati-

---

1 Vgl. *Bohn/Meyer-Bullerdiek* (1996a), S. 346.
2 Zu Arbitragestrategien mit Futures vgl. Abschnitt II.4. dieses Kapitels.

on als die CTD aufweist, kann davon ausgegangen werden, dass diese Anleihe im Vergleich zum Future (bzw. zur CTD) weniger an Wert verliert. Folglich wird die Basis gekauft.

Umgekehrt handelt es sich bei einem Leerverkauf der Anleihen und einem gleichzeitigen Kauf der Futures um einen Verkauf der Basis („Short the Basis"). Bei einer Short the Basis-Strategie kann profitiert werden, wenn die Basis negativer wird. Dies ist gleichbedeutend mit einer relativen Verringerung des Kassakurses (CTD-Anleihe) gegenüber dem um den Konvertierungsfaktor adjustierten Kurs des Futures.

Grundsätzlich kann neben den Arbitragemöglichkeiten und den eher spekulativen Gründen auch die Umschichtung des Exposures von einer bestehenden Kassamarktposition in eine Futuresposition oder umgekehrt ein Motiv für einen Basis Trade darstellen. Beispielsweise entsteht bei einer Long Kassaposition und einem Verkauf der Basis („Short the Basis"), d.h. Verkauf der Kassaposition und Kauf der Futuresposition, insgesamt eine Long Futuresposition. Hierbei fließen dem Marktteilnehmer aufgrund des Verkaufs der Kassaposition liquide Mittel zu.

Zur Anwendung von Basis Trading-Strategien kann die Entwicklung der Implied Repo Rate (IRR) einen Hinweis auf die Richtung der Basisentwicklung geben. So bedeutet eine Verringerung der IRR eine Verringerung des Futurepreises im Vergleich zum Preis der Kassaposition und damit auch eine positivere Basis. Zu berücksichtigen ist aber, dass es aufgrund der Basiskonvergenz zu einem Abbau der Basis kommt, auch wenn sich die IRR nicht verändert. Daher muss immer auch der Zeitraum betrachtet werden, in dem sich die IRR ändert.

Die Komponenten eines Basis Trades sind u.a. der Futurepreis, der Preis der Kassamarktanleihe und die anzuwendende Hedge Ratio. Der Preis der Kassamarktanleihe kann in der folgenden Weise berechnet werden:

$$P_K = P_{F_v} \cdot KF + B_{B_v}$$

mit

P_{F_v} = vereinbarter tatsächlicher Preis des Futures und
B_{B_v} = vereinbarte Brutto Basis.

Die Hedge Ratio (HR), d.h. das für die Absicherung der Anleihen notwendige Gewichtungsverhältnis zwischen dem einzusetzenden Future und der Kassamarktanleihe, stellt einen wichtigen Bestandteil eines Basis Trades dar. Bei einem Basis Trade können vor allem die – später noch zu erläuternden – Verfahren „Konvertierungsfaktormethode" und „durationbasierte Methode" angewendet werden.

Anhand des folgenden Beispiels kann der gewinnbringende Einsatz eines Basis Trades aufgezeigt werden.[1] Den Ausgangspunkt bilden die willkürlich gewählten Marktpreise am 05.07. In der untenstehenden Tabelle sind die Anleihen aufgelistet, die zu diesem Zeitpunkt in den September Euro-Bund-Future lieferbar sind. Bei der erstgenannten Bundesanleihe

---

1 Vgl. *Bohn/Meyer-Bullerdiek* (1996a), S. 348f.

mit einem Kupon von 5,75% handelt es sich um die aktuelle CTD-Anleihe, die sowohl die höchste Implied Repo Rate als auch den niedrigsten konvertierten Forward-Preis aufweist.[1]
Liefertag des Futures sei der 10. September, der aktuelle Zeitpunkt (Settlement) sei der 05.07. Der Futurepreis am Markt beträgt 110,80%. Die folgenden Werte lassen sich auf dieser Basis ableiten, wobei der risikolose Zinssatz für die Zeit vom 05.07. bis 10.09. einheitlich 4,0% p.a. betragen soll:

Laufzeit (Jahre)	Kupon	Letzter Kupon	P_K	KF	SZ	BB	Carry	NB	IRR
9	5,75%	04.01.	109,09%	0,98301	2,867%	0,172%	0,222%	−0,050%	4,239%
9,5	6,25%	04.07.	113,29%	1,01706	0,017%	0,600%	0,304%	0,296%	2,597%
10	6,50%	04.01.	115,83%	1,03601	3,241%	1,040%	0,307%	0,734%	0,689%

Tab. F.83: Bestimmung der CTD-Anleihe zu Beginn des Basis Trades

mit

KF = Konvertierungsfaktor,
P_K = Kurs der Anleihe,
SZ = Stückzinsen für die Zeit vom letzten Kupontermin bis zum 05.07.,
BB = Brutto Basis,
Carry = Erträge aus der Anleihe abzüglich Finanzierungskosten bis zur Futurefälligkeit,
NB = Netto Basis und
IRR = Implied Repo Rate.

Im Folgenden wird ein Marktteilnehmer betrachtet, der für die kommende Zeit mit einer Erhöhung der Bruttobasis rechnet, da er von einem Rückgang der Überbewertung des Futures (der theoretische Fair Value beträgt 110,749%) ausgeht.
Dazu sei angenommen, dass der Marktteilnehmer am 05.07. die Brutto Basis der aktuellen CTD-Anleihe (Laufzeit: 9 Jahre) bei einem Kurs von 0,1722% kauft. Dies ist gleichbedeutend mit dem Kauf der Anleihe zu 109,09% und dem gleichzeitigen Verkauf von 0,98301 Future-Kontrakten (entsprechend dem Konvertierungsfaktor), wobei somit ein Kurswert der Futuresposition am 05.07. in Höhe von 108,9178% (= 110,80% · 0,98301) unterstellt wird. Dabei ist in diesem Beispiel zu berücksichtigen, dass hier aus Gründen der Genauigkeit mit sämtlichen Nachkommastellen des Konvertierungsfaktors gerechnet wird.
Für den Fall, dass die Erwartungen des Marktteilnehmers nach einer Woche (Settlement: 12.07.) tatsächlich eingetroffen sind, wird in der untenstehenden Tabelle das entsprechende Ergebnis dargestellt. Entsprechend dem dargestellten Marktszenario seien die Geldmarktzinsen um 0,40%-Punkte gestiegen bei einem leichten Anstieg der langfristigen Zinsen, was sich in entsprechenden leichten Kursverlusten der Anleihen widerspiegelt. Die Erhöhung der kurzfristigen Zinsen wirkt sich zunächst negativ auf die Basis-Trade-Position aus, da der Future hierdurch relativ teurer wird. Im Beispiel soll aber nun unterstellt wer-

---

1 Die Berechnung des konvertierten Forwardpreises erfolgt durch Division des Forwardpreises durch den Konvertierungsfaktor.

den, dass der Future unterhalb seines neuen Fair Value (110,061%) notiert. Der Futurekurs soll nunmehr 109,96% betragen:

Laufzeit (Jahre)	Kupon	Letzter Kupon	P_K	KF	SZ	BB	Carry	NB	IRR
9	5,75%	04.01.	108,32%	0,98301	2,977%	0,228%	0,129%	0,099%	3,867%
9,5	6,25%	04.07.	112,47%	1,01706	0,137%	0,634%	0,202%	0,432%	2,096%
10	6,50%	04.01.	114,96%	1,03601	3,366%	1,041%	0,201%	0,840%	0,141%

Tab. F.84: Marktszenario zum Ende des Basis Trades

Die CTD-Anleihe ist weiterhin die erstgenannte Anleihe mit einem Kupon von 5,75%, da die IRR nach wie vor hier am höchsten ist. Der Preis der CTD-Anleihe ist leicht gesunken. Die Brutto Basis hat sich nunmehr auf 0,2279% erhöht.

Damit kann der Marktteilnehmer einen Ertrag in Höhe von 0,0557% erzielen, wenn die zu 0,1722% gekaufte Basis nun zu 0,2279% verkauft wird. Dieses Ergebnis kann auch über eine Einzelbetrachtung dargestellt werden, wobei zu beachten ist, dass die Anzahl einzusetzender Futures entsprechend dem Konvertierungsfaktor bestimmt wird:

05.07.	Kauf 1 CTD	Verkauf von 0,98301 Futures	**Gesamt**
	−109,0900%	108,9178% (= 110,80% · 0,98301)	**−0,1722%**
12.07.	Verkauf 1 CTD	Kauf von 0,98301 Futures	
	108,3200%	−108,0921% (= 109,96% · 0,98301)	**0,2279%**
Erfolg	**−0,7700%**	**0,8257%**	**0,0557%**

Tab. F.85: Ergebnis des Basis Trades

Hierbei ist zunächst zu berücksichtigen, dass der in der Spalte „Gesamt" aufgeführte Betrag am 05.07. nicht als Zahlungsstrom vorliegt, da bei Futures – abgesehen von den Sicherheitsleistungen – bei Eingehen der Position keine Zahlungen anfallen. Der angegebene Wert deutet nur auf die Basis hin.

Darüber hinaus ist bei diesem Ergebnis aber noch zu berücksichtigen, dass das Halten der CTD-Anleihe noch Finanzierungskosten und Kuponerträge – in diesem Fall für 7 Tage – nach sich zieht. Bei Finanzierungskosten in Höhe von 0,0871% und Kuponerträgen in Höhe von 0,1103% ergeben sich damit noch Carry von 0,0232%, die dem Erfolg noch zuzurechnen sind, so dass in diesem Fall ein Gesamterfolg von 0,0789% entstehen würde, wobei allerdings auch noch die hier vernachlässigten Transaktionskosten mit einbezogen werden müssten.

Ein Basis Trade kann auch einige Risiken beinhalten.[1] Einerseits kann sich der Portfoliomanager in seiner Markteinschätzung geirrt haben. Andererseits besteht ein besonderes Risiko beim Verkauf der Basis: das sogenannte „Short Squeeze". Die im Rahmen der Short

---

1 Vgl. *Diwald* (1994), S. 359.

the Basis-Strategie leerverkaufte Anleihe muss bei Glattstellung zurückgekauft werden. Möglicherweise aber haben viele Marktteilnehmer eine Short Position in derselben Anleihe und müssen sich zur gleichen Zeit ebenfalls eindecken, oder die Anleihe weist eine nur geringe Liquidität auf, weil sie bei bestimmten Marktteilnehmern fest platziert ist. In diesen Fällen kann es dazu kommen, dass das Volumen der Positionen, die am Markt frei verfügbar sind, geringer ist als das Volumen der Positionen, die eingedeckt werden müssen. Dann spricht man von einem Short Squeeze. In der Folge können die Anleihenpreise und damit die Brutto und Netto Basis deutlich ansteigen. Theoretisch besteht bei einer Short the Basis-Strategie ein unbegrenztes Risiko, da bei einem Short Squeeze auch eine negative Implied Repo Rate vorkommen kann. Hingegen ist bei einer Long the Basis-Strategie das Risiko insofern begrenzt, als dass am Liefertag die sich im Bestand befindliche Anleihe in den Future geliefert werden kann.

Beim Short the Basis Trade verpflichtet sich der Leerverkäufer beispielsweise zur Lieferung einer Bundesanleihe im Nominalwert von € 10 Mio zum Preis von 98,30% bei gleichzeitigem Kauf einer entsprechenden Zahl von Bund-Future-Kontrakten zum Kurs von 98,00% von der Gegenpartei. Ziel ist offenbar die Vereinnahmung des Spreads in Höhe von 0,30%, wobei noch der Konvertierungsfaktor mit berücksichtigt werden muss. Die Futuretransaktion wird über die Terminbörse abgewickelt. Für den Erfolg des Basis Trades ist es erforderlich, dass sowohl die Menge als auch der abgeschlossene Futurespreis für beide Partner identisch sind. In der Praxis ist dies jedoch nicht ohne weiteres möglich; denn hierbei besteht das Risiko, dass der Future-Kauf- und -Verkaufsauftrag der beiden am Basis Trade beteiligten Parteien nicht gegeneinander ausgeführt wird, sondern nur einer der beiden Aufträge gegen den Auftrag eines Dritten zur Ausführung kommt. Eine Garantie der Ausführung der Futures zum Preis, der zwischen den beiden Parteien des Basis Trades vereinbart worden ist, ist daher nicht gegeben.

Um dieses Ausführungsrisiko zu beseitigen, wurde u.a. auch von der Terminbörse in Deutschland ein Regelbetrieb in der Basis Trading Funktionalität aufgenommen. Mit dieser Funktionalität wurde es den Börsenteilnehmern ermöglicht, außerbörslich abgeschlossene Geschäfte in Kapitalmarkt-Futures der Eurex, denen gleichzeitig ein Kassageschäft in festverzinslichen Anleihen gegenübersteht, an der Börse auszuführen. Die Eurex Basis-Trade-Funktionalität wurde in „Exchange for Physicals" (EFP-Trade-Funktionalität) umbenannt.[1]

b. Trading mit Aktienindexfutures

Mit Aktienindexfutures können institutionelle Investoren, Portfoliomanager und Händler an der Grundtendenz des Aktienmarktes partizipieren. Damit bietet ein Aktienindexfuture eine Alternative zu dem Engagement in ein stark diversifiziertes Portefeuille. Die Vorteile liegen vor allem in der geringeren Kapitalbindung, den niedrigeren Transaktionskosten sowie den erweiterten Handelszeiten. Beispielsweise müsste bei einem DAX-Stand von 8.000 Punkten ein Kapital in Höhe von € 200.000 aufgewendet werden, um das dem DAX entsprechende Portfolio im gleichen Umfang wie den entsprechenden DAX-Future zu erhalten, da der DAX-Future einen Wert von € 25 pro Punkt aufweist. Beim Kauf des DAX-Futures ist aber nur ein Kapitaleinsatz in Höhe der Margin erforderlich, der wesentlich geringer ist als der notwendige Kapitaleinsatz für ein entsprechendes Kassageschäft.

---

1 Vgl. *Eurex* (2004), S. 1 und *Eurex* (2008c), S. 28.

Dadurch ergibt sich ein sehr großer Hebel, der seinerseits hohe prozentuale Renditen ermöglicht.

Darüber hinaus lässt sich mit einem Aktienindexfuture in einer Transaktion ein faktisch gut diversifiziertes Portefeuille erwerben, wozu am Kassamarkt beispielsweise beim DAX 30 einzelne Transaktionen notwendig wären. Während der Kauf eines solchen Baskets am Kassamarkt relativ viel Zeit erfordert, können über eine Futuretransaktion große Volumina schnell erworben werden.

Der Marktteilnehmer kann mit einem Aktienindexfuture auch von einer Baisse am Aktienmarkt profitieren, indem er eine Short-Position eingeht, d.h. Futures verkauft. Dies ist zwar am Kassamarkt über die Wertpapierleihe in Deutschland auch möglich, jedoch spricht das Argument der Schnelligkeit der Transaktionsausübung auch in diesem Fall für den Einsatz von Futures.

Eine besondere Form des Trading besteht in der Ausnutzung von Preisungleichgewichten innerhalb des Terminmarktes. Treten Fehlbewertungen z.B. bei den DAX-Futures mit unterschiedlichen Fälligkeiten auf, so lassen sich durch Spread-Strategien bei Eintritt der unterstellten Erwartungen Gewinne erwirtschaften. Charakteristisch ist dabei die Unabhängigkeit der Gewinne von der Marktrichtung.

Diese Art des Spread Trading wird auch als Calendar Spreading bezeichnet. Beispielsweise kann durch den gleichzeitigen Kauf und Verkauf von DAX-Kontrakten mit verschiedenen Verfallterminen ein Gewinn erzielt werden, wenn sich der Spread zwischen den jeweiligen Futurekursen verringert.

Das folgende Beispiel soll der Veranschaulichung dienen:[1]

t_0: DAX-Stand: 7.200 Punkte

Kontraktfälligkeit	**März**	**Juni**	**Sept.**
Futurepreis	7.225	7.267	7.310
Fair Value	7.223	7.264	7.300
theoretische Basis	–23	–64	–100
Auf-/Abschlag	–2	–3	–10
Gesamtbasis	–25	–67	–110

Tab. F.86: Spread Trading mit DAX-Futures: Ausgangsbasis

---

1 Vgl. dazu auch *WestLB* (1990), S. 47f. Die Basis ergibt sich dabei als Differenz zwischen dem Indexpreis und dem Futurepreis. Vgl. *Eurex* (2007d), S. 76.

t_1: DAX-Stand: 7.100 Punkte

Kontraktfälligkeit	**März**	**Juni**	**Sept.**
Futurepreis	7.120	7.160	7.200
Fair Value	7.119	7.158	7.193
theoretische Basis	–19	-58	–93
Auf-/Abschlag	–1	–2	–7
Gesamtbasis	–20	–60	–100

Tab. F.87: Spread Trading mit DAX-Futures: Situation in t_1

In t_0 ist die größte Differenz zwischen den Auf- bzw. Abschlägen der März- und September-Kontrakte zu beobachten. Diese Differenz in Höhe von –85 (= –110 – (–25)) lässt sich bei Erwartung einer Spread-Verringerung durch das Spread Trading ausnutzen, indem ein September-Kontrakt verkauft und ein März-Kontrakt gekauft wird. Da sich die Differenz für den Trader positiv entwickelt hat [t_1: –80 (= –100 – (–20))], wird die Position in t_1 durch die Glattstellung der Kontrakte aufgelöst. In dem Beispiel beträgt der Gewinn aus dieser Transaktion € 125 (der Verkauf eines Spreads zu 85 und der Kauf eines Spreads zu 80 ergeben 5 DAX-Punkte Gewinn, d.h. € 125 Gewinn). Davon sind € 75 auf die Veränderung der jeweiligen Differenz der theoretischen Basis und € 50 auf den stärkeren Abbau des Aufschlages auf die theoretische Basis des September-Kontrakts zurückzuführen.

Bei diesem Calendar Spread werden die Positionen glattgestellt, wenn sich die Futurekurse zugunsten des Spread Traders entwickelt haben. Da das Risiko der Marktänderung durch die Kombination von einem Kauf und einem Verkauf von Futures zu einem großen Teil neutralisiert wird, handelt es sich beim Spread Trading um ein Geschäft mit begrenztem Risiko.

Allerdings verbleibt das Risiko, dass sich die Basisdifferenz zwischen den unterschiedlichen Kontrakten in eine andere als die prognostizierte Richtung entwickelt. Kommt es im vorliegenden Beispiel zu einer Vergrößerung des Spreads, so ergeben sich Verluste. Geht der Investor jedoch von einem sich vergrößernden Spread in der Zukunft aus, so wird er die umgekehrten Transaktionen durchführen.

Neben der dargestellten Spreadstrategie können auch weitere Spreadstrategien angewendet werden. Beispielsweise werden beim sog. Butterfly Spread zwei einfache Spreads kombiniert. Dies geschieht z.B. durch den Kauf des März-Kontrakts, den gleichzeitigen Verkauf von zwei überbewerteten Juni-Kontrakten und den gleichzeitigen Kauf des September-Kontrakts.

Eine weitere Anwendungsmöglichkeit, die auch unter Trading gefasst werden kann, besteht darin, dass ein Investor, der bereits über ein Aktienportfolio verfügt, mit Hilfe von Aktienindexfutures den Beta-Faktor seines Portfolios seinen Erwartungen anpassen kann. Unterstellt man beispielsweise einen ß-Faktor des bestehenden Aktienportfolios von 0,9, und soll das Portfoliobeta auf 1,1 angehoben werden, so kann dies durch die Hinzunahme von DAX-Futures in das Portfolio erreicht werden.

Die Anzahl einzusetzender Futures bestimmt sich dabei entsprechend dieser Formel:

$$\text{Kontraktanzahl} = \frac{\text{Portfoliowert}}{\text{Indexstand} \cdot 25} \cdot (\text{Soll ß-Faktor - Ist ß-Faktor})$$

Die Erhöhung des Portfoliobetas mit Hilfe des DAX-Futures ist relativ kostengünstig im Vergleich zu einer Umschichtung des Portfolios zugunsten von Aktien mit einem hohen ß-Faktor. Die Kosten bei letzteren Transaktionen werden sehr viel stärker ins Gewicht fallen.

4. Arbitragestrategien mit Futures

Unter Arbitrage versteht man das Ausnutzen von Preisungleichgewichten zur Erzielung eines risikolosen Gewinns (Free Lunch). Beispielsweise kann in dem Fall, dass der gleiche Terminkontrakt an zwei verschiedenen Terminbörsen gehandelt wird, bei Preisunterschieden eine Arbitrage zwischen dem an der einen Terminbörse gehandelten und dem an der anderen Terminbörse gehandelten Future vorgenommen werden, wobei an dem Ort mit dem niedrigeren Preis gekauft und an dem anderen Ort verkauft wird. Aufgrund der hohen Transparenz der heutigen Märkte kann allerdings davon ausgegangen werden, dass diese Form der Differenzarbitrage nur noch selten anzutreffen ist. Darüber hinaus kann bei Terminkontrakten häufiger eine Form der Arbitrage erfolgen, bei der Kursungleichgewichte zwischen dem Kontrakt und dem Underlying ausgenutzt werden.

Bei Überbewertung eines Futures am Markt führen die Marktteilnehmer die sogenannte Cash-and-Carry-Arbitrage aus, d.h. sie kaufen den zugrundeliegenden Gegenstand bzw. bei einem Index-Future das zugrundeliegende Portefeuille (Cash) und halten dieses bis zum Fälligkeitstag (Carry). Gleichzeitig verkaufen sie den entsprechenden Future. Am Fälligkeitstag wird das Kassainstrument in den Future geliefert bzw. die Differenz ausgeglichen. Wenn der Future überbewertet ist, so bedeutet dies, dass die Gesamtkosten für die Cash Position (Kaufpreis zuzüglich Nettofinanzierungskosten) geringer sind als der Erlös, der am Liefertag aufgrund des anfänglich überhöhten Futurepreises insgesamt angefallen ist.

Umgekehrt verhalten sich die Marktteilnehmer bei einer Unterbewertung des Futures, d.h. das Kassainstrument wird leerverkauft und der entsprechende Future gleichzeitig gekauft. Diese Transaktion wird als Reverse-Cash-and-Carry-Arbitrage bezeichnet.[1]

a. Arbitrage mit Bund- und Bobl-Futures

Im Folgenden soll beispielhaft eine Cash-and-Carry-Arbitrage mit Bund-Futures gezeigt werden. Angenommen werden zum aktuellen Zeitpunkt die in Tabelle F. 88 aufgezeigten Marktdaten.

Aus diesen Angaben ergibt sich nach der Formel

$$P_F^{FV} = \frac{P_{CTD} + \left[(P_{CTD} + SZ) \cdot \left(r_{FF} \cdot \frac{T}{360}\right)\right] - \left[K_{CTD} \cdot \frac{T}{365}\right]}{KF_{CTD}}$$

ein theoretischer Futurekurs (Fair Value des Futures, P_F^{FV}) von:

---

1 Vgl. *Fitzgerald* (1983), S. 139ff. und *Beilner/Mathes* (1990), S. 391f.

$$P_F^{FV} = \frac{98{,}32\% + \left[(98{,}32\% + 2{,}0\%) \cdot \left(3{,}5\% \cdot \frac{80}{360}\right)\right] - \left(5\% \cdot \frac{80}{365}\right)}{0{,}93} = 105{,}381050\%$$

Kurs des Nearby-Euro-Bund-Futures	106,50%
Laufzeit bis zur Future-Fälligkeit	80 Tage
Kupon der CTD-Anleihe	5%
Dirty Price der CTD-Anleihe	100,32%
Stückzinsen für 146 Tage (5%·146/365)	2,00%
Clean Price der CTD-Anleihe	98,32%
Konvertierungsfaktor der CTD-Anleihe (vereinfacht)	0,93
Geldmarktzins (Repo Rate) für 80 Tage	3,50%
Nominalwert der CTD-Anleihe	€ 10.000.000

Tab. F.88: Cash-and-Carry-Arbitrage mit Euro-Bund-Futures

Da der theoretische Fair Value des Futures unterhalb des tatsächlichen Kurses liegt, kann eine Cash-and-Carry-Arbitrage sinnvoll sein. Entsprechend kauft der Arbitrageur die CTD-Anleihe im Nominalwert von € 10 Mio und verkauft gleichzeitig 93 Euro-Bund-Futures (entsprechend dem Konvertierungsfaktor, wobei die noch vorzustellende durationbasierte Hedge-Ratio-Methode die Grundlage der Berechnung darstellt).

Damit ergeben sich in t_0 die folgenden zahlungswirksamen Vorgänge, wobei in diesem Beispiel von in der Praxis anfallenden Transaktionskosten abgesehen wird:

Kauf der Anleihen (Clean Price):	- 9.832.000
Stückzinsen:	- 200.000
Kreditaufnahme:	+ 10.032.000
Gesamter Zahlungsstrom:	0

Für den Future-Verkauf fallen keine Zahlungen an, wenn man – wie in dem Beispiel – davon ausgeht, dass die Marginverpflichtungen in Form von Wertpapieren hinterlegt werden können.

Zum Termin der Future-Fälligkeit sollen die folgenden beiden Szenarien unterschieden werden:[1]

---

[1] Die Angabe des Futurekurses mit derart vielen Nachkommastellen wird hier nur vorgenommen, um ein möglichst genaues Ergebnis zu erzielen.

(1) Der Futurekurs steht bei Fälligkeit bei 118,27956989%. Der Marktteilnehmer liefert 93 Anleihen à € 100.000 Nominalwert in den Future und verkauft die übrigen Anleihen zum Marktpreis in Höhe von 110%.

(2) Der Futurekurs steht bei Fälligkeit bei 102,15053763%. Der Marktteilnehmer liefert 93 Anleihen à € 100.000 Nominalwert in den Future und verkauft die übrigen Anleihen zum Marktpreis in Höhe von 95%.

Im ersten Szenario wird am Liefertag dem Futurekäufer der folgende Betrag in Rechnung gestellt:

$$\text{Betrag} = 93 \cdot P_F \cdot KF \cdot € 100.000 + \text{Stückzinsen}$$

$$= 93 \cdot P_F \cdot KF \cdot € 100.000 + \left(93 \cdot € 100.000 \cdot 0,05 \cdot \frac{226}{365}\right)$$

$$= € 10.230.000 + € 287.917,81 = € 10.517.917,81$$

Der Erlös aus dem Verkauf der übrigen 7 Anleihen ergibt einen Betrag von:

$$\text{Betrag} = 7 \cdot P_K \cdot € 100.000 + \left(7 \cdot € 100.000 \cdot 0,05 \cdot \frac{226}{365}\right) = € 770.000 + € 21.671,23 = € 791.671,23$$

Damit kann ein Gesamterlös aus dem Anleihenverkauf in Höhe von € 11.309.589,04 erzielt werden. Darüber hinaus ist der in t_0 aufgenommene Kredit noch zu tilgen:

Kredittilgung:	= € –10.032.000,00
Kreditzinsen: € 10.032.000 · 0,035 · 80/360	= € – 78.026,67
Gesamt:	= € – 10.110.026,67

Schließlich ist auch noch der Kontostand auf dem Margin-Konto aufgrund des täglichen Gewinn- und Verlustausgleichs mit in die Überlegungen einzubeziehen. Hier hat sich in diesem Fall ein Kontostand von insgesamt € –1.095.500 ergeben, der wie folgt berechnet wird:

93 · (106,50% – 118,279570%) · € 100.000) = € –1.095.500

Diese Ergebnisse lassen sich zum Gesamtzahlungsstrom bei Fälligkeit des Futures zusammenfassen, wobei von möglichen Finanzierungszinsen auf dem Margin-Konto abgesehen werden soll:

Erlös Anleihenposition:	€ 11.309.589,04
Kredittilgung inkl. Zinsen:	€ – 10.110.026,67
Marginkonto:	€ – 1.095.500,00
Gesamt:	= € 104.062,37

Das erhaltene Ergebnis entspricht damit genau der Differenz zwischen Fair Value und Marktpreis des Futures bezogen auf 93 Kontrakte:

Arbitrage-Gewinn = 93 · (106,50% − 105,38104974%) · € 100.000 = € 104.062,37

Auch das zweite Szenario (Futurekurs bei Fälligkeit = 102,15053763%, Anleihenkurs = 95%) führt zu diesem Ergebnis, wie die folgenden Berechnungen zeigen:

- Betrag, der dem Futurekäufer am Liefertag in Rechnung gestellt wird:

$$\text{Betrag} = 93 \cdot P_F \cdot KF \cdot €\ 100.000 + \left(93 \cdot €\ 100.000 \cdot 0{,}05 \cdot \frac{226}{365}\right)$$

$$= €\ 8.835.000 + €\ 287.917{,}81 = €\ 9.122.917{,}81$$

- Erlös aus dem Verkauf der übrigen 7 Anleihen:

$$\text{Betrag} = 7 \cdot P_K \cdot €\ 100.000 + \left(7 \cdot €\ 100.000 \cdot 0{,}05 \cdot \frac{226}{365}\right) = €\ 665.000 + €\ 21.671{,}23 = €\ 686.671{,}2$$

- Gesamter Kontosaldo auf dem Margin-Konto bei Future-Fälligkeit:

93 · (106,50% − 102,15053763%) · € 100.000 = € 404.500,00

- Gesamtergebnis: Erlös Anleihenposition: € 9.122.917,81
                     Kredittilgung: € − 10.110.026,67
                     Marginkonto: €   404.500,00

                     Gesamt: = €   104.062,37

Wie zu erkennen ist, entsprechen sich die Ergebnisse. Die im Anschluss an die anfängliche Cash-and-Carry-Arbitrage-Transaktion vorliegende Marktentwicklung hat somit keinen Einfluss auf das Ergebnis.

Ob sich eine Cash-and-Carry-Arbitrage lohnt, kann auch mit Hilfe der IRR festgestellt werden. Nach der Formel

$$\text{IRR} = \frac{P_F \cdot KF_{CTD} + K_{CTD} \cdot \frac{T}{365} - P_{CTD}}{(P_{CTD} + SZ)} \cdot \frac{360}{T}$$

beträgt die IRR bei einem Futurekurs von 106,50% in t_0 8,1679%. Da dieser Wert oberhalb der im Beispiel unterstellten aktuellen Repo Rate von 3,5% liegt, kann durch eine Cash-and-Carry-Arbitrage ein risikoloser Gewinn erzielt werden.

Bei einer Unterbewertung des Bund-Futures wird eine sogenannte Reverse-Cash-and-Carry-Arbitrage durchgeführt. Sie lohnt sich dann, wenn die IRR kleiner ist als die aktuelle

Repo Rate. Auch hierbei entspricht die Anzahl einzusetzender Futures dem Konvertierungsfaktor der CTD-Anleihe für den relevanten Fälligkeitsmonat des Futures.

Zu beachten sind aber bei Arbitrage-Transaktionen die damit verbundenen Transaktionskosten, die in dem obigen Beispiel vernachlässigt wurden.

b. Arbitrage mit Geldmarkt-Futures

Eine Cash-and-Carry- bzw. eine Reverse-Cash-and-Carry-Arbitrage sind mit Geldmarkt-Futures, wie z.B. dem Dreimonats-Euribor-Future nicht möglich, da keine physische Lieferung erfolgen kann. Es kann aber eine Arbitrage zwischen dem Future und dem entsprechenden Nullkupon durchgeführt werden, wenn eine Fehlbewertung vorliegt.

Ausgehend von dem obigen Beispiel, bei dem ein Forward-Satz (Briefsatz) von 4,385% für einen Dreimonats-Euribor-Future und ein Forward-Satz von 4,280% auf Basis des Euribors ermittelt worden sind, ergibt sich ein Futurepreis von 95,720%.[1] Hierbei handelt es sich um einen Mittelsatz. Werden aber Geld- und Briefkurse für die Nullkupons in die Bewertungsformel eingesetzt, so ergibt sich eine Spanne zwischen dem Forward-Satz (Geld) und dem entsprechenden Briefsatz von 4,053% zu 4,385%. Tatsächlich ist die Geld-Brief-Spanne bei Futurekursen aber geringer. Beispielsweise würde sich – ausgehend von dem mittleren Futurekurs in Höhe von 95,720% – bei einem Bid-Ask-Spread von 6 Basispunkten eine Kursspanne von 95,69% zu 95,75% ergeben.

Falls die Marktteilnehmer nur auf den Geld- und Briefkursen der zugrundeliegenden Zinssätze handeln können, so handelt es sich bei den beiden Futurekursen um eine Bandbreite, innerhalb derer eine Arbitrage nicht möglich ist. Besteht aber die Möglichkeit, Zinssätze zu handeln, die in der Mitte zwischen Geld und Brief liegen, so kann der Futurekurs von 95,72% als Grundlage für Arbitrageüberlegungen dienen.

Beläuft sich die aktuelle Marktnotierung des Dreimonats-Euribor-Futures z.B. auf 95,46%, so kann diese Unterbewertung dadurch ausgenutzt werden, dass der Euribor-Future gekauft wird und gleichzeitig in Anlehnung an das obige Beispiel eine Anlage in Höhe von € 1 Mio für 75 Tage zu 3,5% und eine Kreditaufnahme ebenfalls in Höhe von € 1 Mio zum Zinssatz von 4,0% für 165 Tage vorgenommen werden. Als Ergebnis sollte sich pro Euribor-Future ein Arbitragegewinn von 52 Ticks · 12,50 €/Tick = € 650 ergeben, da sich die Differenz zwischen tatsächlichem Kurs und dem Fair Value auf genau 52 Ticks (95,72% − 95,46%) beläuft. Der Arbitragegewinn wird für den Zeitpunkt in 165 Tagen angegeben, da es sich hierbei um das Ende der Arbitragetransaktion handelt. Das Prinzip dieser Arbitrage wird in Abbildung F.61 verdeutlicht.

Die Abbildung stellt den Fall eines zu geringen Futurekurses dar, d.h. die Anlage in t_{75} über den Future erbringt eine höhere Rendite (4,54%) als die aufgrund der Marktgegebenheiten mögliche Rendite (4,385%). Auch für den Fall eines zu hohen Futurekurses kann eine entsprechende Arbitragetransaktion durchgeführt werden. Dabei wird anstatt der Long Futureposition eine Short Futureposition bei einer Kreditaufnahme für 75 Tage und einer Anlage für 165 Tage vorgenommen.

---

[1] Vgl. Abschnitt II.2.c. dieses Kapitels.

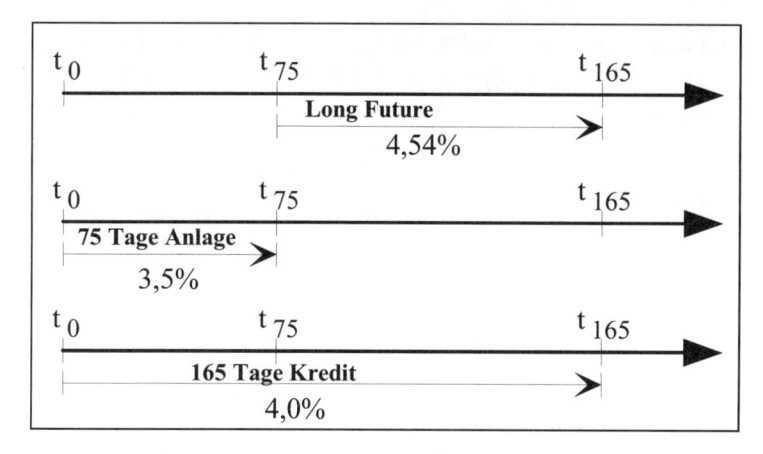

```
t₀              t₇₅                    t₁₆₅
                 ├──── Long Future ────▶
                         4,54%

t₀              t₇₅                    t₁₆₅
 ├─ 75 Tage Anlage ─▶
         3,5%

t₀              t₇₅                    t₁₆₅
 ├────── 165 Tage Kredit ─────────────▶
              4,0%
```

Abb. F.61: Prinzip der Future-Forward Arbitrage

c. Arbitrage mit DAX-Futures

Wie z.B. bei Euro-Bund- und Euro-Bobl-Futures können auch bei Fehlbewertungen des DAX-Futures entsprechende Arbitragetransaktionen durchgeführt werden. Allerdings ist der Aufbau der Cash-Position bei einer Cash-and-Carry-Arbitrage sehr problematisch, da exakte DAX-Portfolios kaum zu konstruieren sind. Lediglich mit sogenannten Index-Baskets, die aus nur wenigen hochliquiden DAX-Werten bestehen und den DAX in ihrer Zusammenstellung sehr gut nachzubilden vermögen, kann eine Cash-and-Carry-Arbitrage erfolgversprechend sein. Bei Leerverkäufen von DAX-Portfolios im Rahmen einer Reverse-Cash-and-Carry-Arbitrage kann auf die Wertpapierleihe zurückgegriffen werden. Eine solche Transaktion wird durchgeführt, wenn der DAX-Future, gemessen an seinem Fair Value, am Markt zu niedrig bewertet wird.

Das folgende Beispiel zeigt eine Cash-and-Carry-Arbitrage. Der Schlussstand des DAX beläuft sich am 20. Juni auf 8.000. Zur gleichen Zeit notiert der DAX-Future mit Verfall 18. September mit 8.070. Sein theoretisch richtiger Wert beträgt aber bei einem angenommenen Dreimonatszins von 2% lediglich 8.040:

$$P_F^{FV} = 8.000 + 8.000 \cdot 0{,}02 \cdot \frac{90}{360} = 8.040$$

Aufgrund dieser Überbewertung wird das DAX-Portfolio gekauft und gleichzeitig der DAX-Future verkauft. Der Kapitaleinsatz soll für das DAX-Portfolio € 200.000 (= 8.000 Indexpunkte · € 25 pro Indexpunkt) betragen. Zur Finanzierung wird ein Kredit zum Zinssatz von 2% für 90 Tage aufgenommen. Damit ergibt sich – unabhängig von der DAX-Entwicklung – ein Arbitragegewinn von € 750, wie die folgende Tabelle zeigt. Dabei ist zu beachten, dass der Wert eines DAX-Futures dem 25fachen der Futurenotierung beträgt. Von in der Praxis noch zu berücksichtigenden Transaktionskosten wird in diesem Beispiel abgesehen.

18. September (Verfalltermin)	DAX = 8.300 DAX-Future = 8.300	DAX = 7.500 DAX-Future = 7.500
Verkauf des Portfolios	€ 207.500 *	€ 187.500
Tilgung des Kredits	€ –200.000	€ –200.000
Zinsaufwand	€ –1.000 **	€ –1.000
Futureerfolg	€ –5.750 ***	€ 14.250
Gesamterfolg	€ 750	€ 750
*	= 8.300 · € 25	
**	= € 200.000 · 0,02 · 90/360	
***	= (8.070 – 8.300) · € 25	

Tab. F.89: Cash-and-Carry-Arbitrage mit DAX-Futures

Wie schon bei den Arbitragestrategien mit Bund- und Bobl-Futures gezeigt wurde, kann auch bei der Überprüfung auf Abitragemöglichkeiten beim DAX-Future auf die Implied Repo Rate (IRR) zurückgegriffen werden. Ihre Berechnung ist hierbei sehr einfach, da keine Dividendenerträge berücksichtigt werden müssen. Für das obige Beispiel gelangt man unter Verwendung der Formel

$$IRR = \left(\frac{P_F - P_I}{P_I}\right) \cdot \frac{360}{T} = \left(\frac{P_F}{P_I} - 1\right) \cdot \frac{360}{T}$$

mit

T = Restlaufzeit des Futures,
P_F = Stand des Aktienindex-Futures und
P_I = Stand des Aktienindex

zu folgendem Ergebnis:

$$IRR = \left(\frac{8.070}{8.000} - 1\right) \cdot \frac{360}{90} = 3,50\%$$

Da dieser Wert oberhalb des Finanzierungssatzes (Repo Rate) von 2% liegt, ist eine Cash-and-Carry-Arbitrage möglich. Insgesamt gesehen sind den Möglichkeiten zur Arbitrage in der Praxis einige Grenzen gesetzt. Vor allem die damit verbundenen Transaktionskosten lassen Arbitrage lediglich für gewisse Gruppen institutioneller Marktteilnehmer lukrativ erscheinen. Auch die notwendigen Marktvolumina sind i.d.R. bei Privatanlegern nicht groß genug, um Arbitragetransaktionen durchzuführen.

5. Hedging mit Futures

a. Grundlagen und Systematisierungsansätze

Unter Hedging mit Futures wird die Absicherung einer bestehenden oder noch aufzubauenden Position gegen unerwünschte Marktentwicklungen durch das Eingehen einer adäquaten Gegenposition verstanden. Dabei besteht das Ziel, die Gewinne der einen Position durch die Verluste der anderen Position zu kompensieren. Diese als traditionell bezeichnete Sichtweise des Hedging ist durch die Zielsetzung charakterisiert, das Risiko einer Kassaposition zu minimieren.[1]

Hedging-Strategien lassen sich grundsätzlich in die folgenden Arten differenzieren: Handelt es sich bei der abzusichernden Position um einen bereits im Bestand des Hedgers befindlichen Kassatitel, so spricht man von einem Cash Hedge, andernfalls liegt ein „Anticipatory Hedge" vor. Weiterhin lässt sich eine Differenzierung in Abhängigkeit davon vornehmen, ob die Dauer der Hedge-Periode zum Absicherungszeitpunkt bereits genau bekannt ist (sog. Strong Hedge) oder nicht (Weak Hedge). Im letzteren Fall ist das Ziel des Hedgers die erfolgreiche Absicherung zu jedem Zeitpunkt, z.B. auf einer täglichen bzw. wöchentlichen Grundlage, wobei das genaue Hedge-Ende variieren kann. Infolgedessen wird der Strong Hedge auch als Spezialfall des Weak Hedge angesehen.

Wird ein Cash Hedge zur Absicherung einer Wertpapierposition durchgeführt, so handelt es sich um einen Short Hedge, bei dem Futures verkauft werden. Werden hingegen zukünftige Käufe von Wertpapieren durch einen Anticipatory Hedge abgesichert, so wird ein Long Hedge (Kauf von Futures) vorgenommen, da eine Absicherung gegen das Risiko steigender Kurse erfolgen soll.

Darüber hinaus kann eine weitere Differenzierung von Hedging-Strategien vorgenommen werden im Hinblick darauf, ob eine weitgehende Übereinstimmung der abzusichernden Kassaposition mit dem einzusetzenden Future vorliegt. Stimmen beide überein, spricht man von einem Pure Hedge. In diesem Fall ist von einer hohen Korrelation zwischen Futurepreis- und Kassapreisentwicklung auszugehen. Weichen die beiden Finanztitel hinsichtlich der wesentlichen Ausstattungsmerkmale, wie z.B. bei Anleihen die Restlaufzeit, Kuponhöhe und Bonität des Emittenten, stark voneinander ab, so handelt es sich um einen Cross Hedge. Diese Definition lässt sich insofern abwandeln, als dass beim Hedging mit Zinsfutures erst dann ein Cross Hedge vorliegt, wenn die abzusichernde Anleihe nicht in den Future lieferbar ist. Beim Hedging mit Aktienindexfutures ergibt sich in jedem Fall, in dem ein mit dem zugrundeliegenden Index nicht übereinstimmendes Portefeuille abgesichert werden soll, ein Cross Hedge.

Schließlich lassen sich zur Absicherung mehrerer Einzelpositionen mit unterschiedlicher Restlaufzeit, verschiedene Hedging-Strategien unterscheiden. Wird nur eine Terminposition zur Deckung des gesamten Absicherungsbedarfs eingegangen, so handelt es sich um die einfachste Form des Hedgings, einen One-off-Hedge. In diesem Fall wird ein Fälligkeitstermin gewählt, der hinter dem Ende der letzten offenen Kassaposition liegt. Die Futureposition wird entsprechend den Fälligkeiten der Kassatitel angepasst. Dagegen erfolgt bei einem Strip-Hedge zu Beginn der Hedging-Transaktion eine Anpassung der Futures-Fälligkeiten an die Absicherungszeiträume der einzelnen Kassapositionen. Auch in diesem Fall werden für die jeweiligen Positionen Futures eingesetzt, die erst nach der jeweiligen Hedge-Laufzeit fällig werden.

---

1 Vgl. *Berger* (1990), S. 28.

Bei einem sogenannten Rolling-Strip-Hedge werden nur die nächstfälligen Futures zu Hedging-Zwecken eingesetzt. Zunächst wird die gesamte abzusichernde Position mit dem Nearby Future abgesichert. Bei Eintritt der ersten Veränderung der gesamten Kassaposition nach einem Future-Fälligkeitstermin wird die Hedge-Position aufgelöst und die gesamte offene Position erneut mit dem Nearby Future gehedgt. Eine weitere Form des Hedging, der Rolling-Hedge, sichert zunächst nicht die gesamte Kassaposition ab, sondern nur diejenigen Teilbeträge der Kassaposition, die vor der Fälligkeit des Nearby Futures aufgelöst werden. Zum Auflösungszeitpunkt erfolgen die Glattstellung der Futureposition und die Absicherung des nächsten Teilbetrages mit dem dann aktuellen Nearby Future.

Abschließend sei noch auf einen sogenannten Perfect Hedge verwiesen. Von einem solchen wird häufig gesprochen, wenn ein vollkommener Ausgleich zwischen der Wertentwicklung der Kassa- und der Terminposition erreicht worden ist. Ein derartiges Ergebnis ist in der Praxis aber kaum zu erzielen, da sich Kassa- und Futureposition i.d.R. unterschiedlich entwickeln.

Am Beginn einer Hedging-Transaktion steht ihre sorgfältige Planung. Zunächst gehören dazu die Festlegung der Hedge-Zielsetzung und die Bestimmung der zu hedgenden Kassapositionen. Darüber hinaus erfolgt in dieser Phase die Auswahl des Terminkontraktes mit einer passenden Fälligkeit sowie die Bestimmung der entsprechend der Zielsetzung optimalen Hedge Ratio. Schließlich ist noch die Ermittlung des Finanzierungsbedarfs von Bedeutung, um Vorkehrungen für ausreichende Liquiditätsreserven zu treffen, da zwischenzeitliche Zahlungen aufgrund des Marking-to-Market von Futures fällig werden können.

Von diesen Elementen kommt für den Erfolg einer Hedging-Maßnahme vor allem der Ermittlung der Hedge Ratio eine zentrale Bedeutung zu. Die Hedge Ratio entspricht dem zu Beginn der Hedging-Transaktion zu bestimmenden Gewichtungsverhältnis zwischen dem absichernden und dem abzusichernden Instrument. Mit Hilfe dieses Gewichtungsverhältnisses kann die Anzahl der einzusetzenden Futures bestimmt werden. Sie ergibt sich für Zinsfutures wie folgt:

$$q = HR \cdot \frac{\text{Nominalwert der Kassaposition}}{\text{Nominalwert der Futuresposition}}$$

mit

q = Anzahl einzusetzender Futures und
HR = Hedge Ratio.

Für Aktienindexfutures ergibt sich q aus dem folgenden Ausdruck:

$$q = HR \cdot \frac{\text{Kurswert der Kassaposition}}{\text{Kurswert des Indexes}}$$

b. Hedging mit Zinsfutures

Hedging kann als das am meisten verbreitete Motiv zur Anwendung von Zinsfutures charakterisiert werden. Besitzer von Anleihen wollen sich gegen das Zinsänderungsrisiko absichern. Investoren, die in der Zukunft eine Zinsanlage tätigen wollen, versuchen sich das aktuelle Zinsniveau zu sichern.

Sollen beispielsweise langfristige Bundesanleihen im Bestand gegen Zinssteigerungen abgesichert werden, so kann dies mit Hilfe eines Short Hedges durch den Verkauf von Euro-Bund-Futures erfolgen. Der dabei zu erwartende Ertrag der abgesicherten Position entspricht – sofern es sich bei der abzusichernden Anleihe um die CTD-Anleihe handelt – der Geldmarktverzinsung, da die Gesamtposition (Long CTD und Short Bund-Future) grundsätzlich risikolos ist. Eine Short-Future-Position entspricht prinzipiell einer CTD-Short-Position und einer gleichzeitigen Long-Position im Geldmarkt, da die aus dem Verkauf der CTD erhaltenen Gelder bis zur Fälligkeit des Futures am Geldmarkt angelegt werden können. Im Ergebnis ergibt sich daher aus Long CTD und Short Bund-Future in der Summe eine Long-Position im Geldmarkt.[1]

Zu beachten ist beim Hedging das Basisrisiko, wobei zunächst das Brutto-Basisrisiko betrachtet wird. Der Ertrag des Hedgings ist u.a. abhängig von der Entwicklung der Brutto-Basis. So wirkt sich eine sich verstärkende Basis positiv für den Hedger aus, da dieser Fall beispielsweise dann vorliegt, wenn bei konstantem Anleihepreis der Futurepreis fallen würde:

$$B_B = P_{CTD} - P_F \cdot KF_{CTD} \quad \uparrow$$

mit

B_B = Brutto Basis.

Umgekehrt wirkt sich eine sich abschwächende Basis negativ auf den Erfolg eines Short Hedges aus.

Die Ursachen für das Brutto-Basisrisiko z.B. beim Hedging der CTD-Anleihe lassen sich in erwartete und unerwartete Ursachen aufteilen. Erwartet werden kann insbesondere die Verringerung der Carry, da sich die Restlaufzeit des Futures kontinuierlich verringert. Insofern wird sich auch die Basis verringern. Allerdings können auch unerwartete Veränderungen der Carry auftreten, z.B. aufgrund von Veränderungen der Repo Rate oder aufgrund eines Wechsels der CTD-Anleihe. Darüber hinaus kann sich die Brutto Basis unerwarteterweise ändern, weil sich die Netto Basis verändert. So würde beispielsweise ein Future-Verkauf bei einer positiven Netto Basis (was gleichbedeutend mit einem unterbewerteten Future ist) zu einem relativ geringeren Hedge-Erfolg führen, wenn bei Glattstellung der Position der Future wieder korrekt oder sogar zu hoch bewertet ist. Letzteres würde dann zu einer negativen Netto Basis führen.

Darüber hinaus ist noch das Cross Hedge Basisrisiko zu beachten, das immer dann entsteht, wenn die abzusichernde Anleihe nicht der CTD-Anleihe entspricht. Die Cross-Hedge-Basis kann wie folgt ausgedrückt werden:[2]

$$\text{Cross-Hedge-Basis} = \underbrace{P_{CTD} - P_F \cdot KF_{CTD}}_{\text{Brutto-Basis}} + \underbrace{P_K - P_{CTD}}_{\text{K-CTD-Basis}} = P_K - P_F \cdot KF_{CTD}$$

---

1 Vgl. *Eller* (1999), S. 374.
2 Vgl. *Eller* (1999), S. 377f.

mit

P_K = Preis der abzusichernden Anleihe,
P_{CTD} = Preis der CTD-Anleihe und
P_F = Preis des Futures.

Als Ursachen für die Veränderung der Kassaanleihe-CTD-Basis (K-CTD-Basis) lassen sich mögliche Unterschiede in den Laufzeiten der Anleihen (z.B. Kassaanleihe = Bundesanleihe mit einer Restlaufzeit von 8 Jahren bei einer Restlaufzeit der CTD-Anleihe von 9,5 Jahren) oder auch unterschiedliche Emittenten und damit Bonitäten (z.B. Kassaanleihe = Corporate Bond gegenüber einer Bundesanleihe als CTD) identifizieren. Darüber hinaus kann auch die Liquidität in beiden Anleihen unterschiedlich sein.

Der Absicherungserfolg von Hedging-Maßnahmen wird maßgeblich durch die Hedge Ratio determiniert. Die verschiedenen Verfahren zur Ermittlung der Hedge Ratio bei Zinsfutures werden im Folgenden dargestellt.

Nominalwertmethode
Entsprechend der mit Rücksicht auf den geringen Berechnungsaufwand auch als naive Methode bezeichneten Nominalwertmethode wird von einem Hedger ausgegangen, der Futurepositionen in gleichem Umfang, aber mit umgekehrten Vorzeichen zu den abzusichernden Kassapositionen aufbaut. Ziel ist die gegenseitige Kompensation der Gewinne und Verluste, wobei unterstellt wird, dass die zum Beginn der Hedge-Periode ermittelte Hedge Ratio auf der Basis der Wertäquivalenz zwischen beiden Positionen zur Erreichung dieses Ziels ausreicht. Die Hedge Ratio (HR) nimmt in diesem Fall immer den absoluten Wert eins an. Bei Shortpositionen wird dieser Wert mit einem negativen Vorzeichen versehen, das auf den Verkauf der Futures hindeutet, andernfalls liegt eine Long Position vor.

Eine vollständige Absicherung mit Hilfe dieses Verfahrens kann allerdings nicht erwartet werden, weil eine konstante Basis unterstellt wird. Da eine Parallelentwicklung von Kassa- und Futurekursen eher unwahrscheinlich ist, führt die Nominalwertmethode im Allgemeinen nicht zu einer vollständigen Risikoabsicherung. Vielmehr besteht lediglich die Möglichkeit, das Risiko zu reduzieren. Aufgrund seiner Einfachheit findet dieses Verfahren zur Bestimmung der Hedge Ratio in der Praxis häufig Anwendung. In empirischen Untersuchungen wird es insbesondere zu Vergleichszwecken mit anderen Hedge-Ratio-Verfahren eingesetzt.

Kurswertmethode
Ähnlich wie die Nominalwertmethode zählt auch die Kurswertmethode zu den einfachen Hedge-Ratio-Verfahren. Dabei wird die Hedge Ratio direkt aus dem Verhältnis zwischen den Kurswerten der Kassa- (P_{Kt_0}) und der Terminposition (P_{Ft_0}) abgeleitet:

$$HR = -\frac{P_{Kt_0}}{P_{Ft_0}}$$

Damit erfolgt gegenüber der Nominalwertmethode insofern eine Verbesserung, als dass die Annahme identischer Preise aufgegeben wird. Jedoch kann aufgrund der Basiskonvergenz für die Realität nicht unterstellt werden, dass die aktuellen Preisverhältnisse von Kassa- und

Futureinstrument konstant bleiben bzw. einen geeigneten Maßstab für das Verhältnis möglicher Preisveränderungen von Kassa- und Futuretitel darstellen. Positiv zu bewerten ist allerdings, dass dieses Verfahren nur mit einem geringen Berechnungsaufwand für die Hedge Ratio verbunden ist.

Konvertierungsfaktormethode
Eine weitere, zu den einfachen Verfahren zählende Methode der Hedge-Ratio-Ermittlung beruht auf Konvertierungsfaktoren, die daneben auch im Rahmen der Ermittlung der Cheapest-to-Deliver-Anleihe benötigt werden, um die bei Fälligkeit des Futures jeweils lieferbaren Anleihen und das Underlying des Zinsfutures renditemäßig vergleichbar zu machen. Damit lassen sich Konvertierungsfaktoren als ein Maß für die unterschiedliche Preisreagibilität der beiden Instrumente interpretieren. Aus diesem Grund erfolgte eine Übertragung des Konvertierungsfaktorsystems auch auf das Hedging. Das abzusichernde Kassainstrument wird dabei an das Underlying des Futures angepasst. Infolgedessen beruht die Absicherung in diesem Fall auf dem Konvertierungsfaktor der zu hedgenden Anleihe. Die Hedge Ratio entspricht dabei diesem mit einem negativen Vorzeichen versehenen Konvertierungsfaktor und kann entsprechend beschrieben werden als

$$HR = -KF_K$$

mit

KF_K = Konvertierungsfaktor des abzusichernden Kassainstruments.

Als Verbesserung gegenüber der Nominalwertmethode werden bei der Konvertierungsfaktormethode die unterschiedlichen Preisreagibilitäten von Kassa- und Futureinstrument zumindest berücksichtigt, so dass auch die Möglichkeit eines Cross Hedges mit in die Überlegungen einbezogen wird. Allerdings wird dabei unterstellt, dass diese Reagibilitäten in korrekter Form durch den Konvertierungsfaktor abgebildet werden können.

Dem Vorteil des geringen Berechnungsaufwandes bei diesem Hedge-Ratio-Verfahren steht allerdings der Nachteil der Unterstellung einer flachen Zinsstrukturkurve in Höhe der Nominalverzinsung des Underlyings gegenüber. Daher führt dieses Verfahren aus theoretischer Sicht nur dann zu akzeptablen Ergebnissen, wenn auch eine entsprechende flache Zinsstruktur am Markt beobachtet werden kann. Andernfalls weichen die Kursentwicklungen von Anleihen mit verschiedenen Laufzeiten und Nominalverzinsungen bei einer gegebenen Marktzinsänderung teilweise deutlich voneinander ab.

Durationbasierte Methode
In den oben vorgestellten Verfahren wird die unterschiedliche Preisreagibilität von Kassa- und Futureposition nicht ausreichend berücksichtigt. Infolgedessen wurde zur Erfassung dieser Preisreagibilitäten auch die Berücksichtigung der Duration bei der Hedge-Ratio-Berechnung vorgeschlagen.

Aus der Interpretation der Duration als Elastizitätskennzahl kann die Eignung dieser Kennzahl als Maß für zinsänderungsbedingte Kurswertänderungen von festverzinslichen Wertpapieren abgeleitet werden. Der Vorteil der Verwendung der Duration zur Abschätzung von Kursänderungsrisiken gegenüber einer finanzmathematischen Barwertermittlung für verschiedene Zinsszenarien besteht in der Zusammenfassung derjenigen Determinanten zu einer Größe, von denen das Ausmaß der Kurswertänderung bei einer gegebenen Marktzinsänderung abhängt. Dazu zählen insbesondere die Kuponhöhe, die Restlaufzeit und das aktuelle Zinsniveau. Darüber hinaus ist die Duration in dieser Form vergleichsweise einfach zu berechnen. Als Nachteil der Duration als Maß für zinsänderungsbedingte Kurswertrisiken ist die Annahme einer flachen Zinsstrukturkurve zu nennen, die im Falle einer Zinsänderung parallel verschoben wird. Zusätzlich wird unterstellt, dass lediglich eine einmalige infinitesimal kleine Zinsänderung erfolgt.

Für einen Future selbst kann grundsätzlich keine Duration ermittelt werden, da der Future als solches keine Anleihe darstellt, sondern lediglich das Underlying repräsentiert. Infolgedessen hat ein Future selbst auch keinen tatsächlichen Wert, da sein Kauf/Verkauf, abgesehen von Margin-Zahlungen nicht mit Ausgaben verbunden ist. Allerdings wird häufig die Duration des Underlyings bzw. der CTD-Anleihe verwendet, da sich der Futurepreis auch als Barwert des Zahlungsstroms des Underlyings bzw. der CTD-Anleihe interpretieren lässt. In diesem Fall ist bei der Hedge-Ratio-Ermittlung zusätzlich noch der entsprechende Konvertierungsfaktor zu berücksichtigen, um die Cheapest-to-Deliver-Anleihe und das Underlying vergleichbar zu machen.

Wird darüber hinaus eine konstante Renditespanne zwischen dem Kassainstrument und dem Future unterstellt, d.h. von gleichen Erwartungswerten der Zinsänderungen Δr_K und Δr_F ausgegangen, so lässt sich die Hedge Ratio in der folgenden Weise berechnen:

$$HR = -\frac{D_K \cdot P_K \cdot (1 + r_F)}{D_F \cdot P_F \cdot (1 + r_K)}$$

mit

D_K, D_F = (erwartete) Duration der abzusichernden Anleihe bzw. des Futures,
r_K, r_F = Umlaufrendite der abzusichernden Anleihe bzw. des Futures und
P_K, P_F = Preis der abzusichernden Anleihe bzw. des Futures.

Darüber hinaus kann noch der erwartete Zusammenhang zwischen der Rendite des abzusichernden Kassatitels und der des Futures in der Formel berücksichtigt werden. Er lässt sich über eine Regression bestimmen. Dabei stellt der sogenannte relative Zinsvolatilitätsfaktor bzw. das Rendite- oder Yield-Beta als Regressionskoeffizient die Steigung der Regression dar und kann als $ß_Y$ bezeichnet werden:

$$E(\Delta r_K) = ß_Y \cdot E(\Delta r_F) + e$$

mit

$E(\Delta r_K)$ = Erwartungswert von Δr_K,
$ß_Y$ = Yield-Beta und
e = Residualgröße der Regression.

Damit wird die Annahme einer während der Absicherungsperiode konstanten Spanne zwischen den Renditen des abzusichernden Kassa- und denen des Futureinstruments aufgegeben. Um den Zusammenhang zwischen dem Kassainstrument und der CTD-Anleihe herzustellen, ist entsprechend das Yield-Beta dieser lieferoptimalen Anleihe zu ermitteln. Unter Berücksichtigung dieser Aspekte kann die Hedge Ratio wie folgt dargestellt werden:

$$HR = -\frac{MD_K \cdot P_K}{MD_F \cdot P_F} \cdot \text{ß}_Y$$

mit

MD = (erwartete) modifizierte Duration.

Im Hinblick darauf, dass der Future selbst grundsätzlich keine Duration besitzt und lediglich die CTD-Anleihe als das den Futurepreis bestimmende Instrument einem Zinsänderungsrisiko ausgesetzt ist, lässt sich die Hedge Ratio wie folgt berechnen:

$$HR = -\frac{MD_K \cdot P_K}{MD_{CTD} \cdot P_{CTD}} \cdot \text{ß}_{YCTD} \cdot KF_{CTD}$$

mit

MD_{CTD} = (erwartete) modifizierte Duration der CTD-Anleihe,
P_{CTD} = Preis der CTD-Anleihe,
ß_{YCTD} = Yield-Beta der CTD-Anleihe und
KF_{CTD} = Konvertierungsfaktor der CTD-Anleihe.

Werden in die Formeln jeweils die Dirty Prices eingesetzt, d.h. die Kurse der Anleihen inklusive der aufgelaufenen Stückzinsen, so kann beispielsweise die letzte Formel auch mit Hilfe der Dollar Duration ausgedrückt werden:

$$HR = -\frac{\text{DollarDuration}_{\text{Anleihe K}}}{\text{DollarDuration}_{\text{CTD-Anleihe}}} \cdot \text{ß}_{YCTD} \cdot KF_{CTD}$$

Darüber hinaus kann auch die Konvexität als erste Ableitung der Duration in die Formel für die Hedge Ratio integriert werden:[1]

$$HR = -\frac{P_K \cdot \left(0{,}5 \cdot C_K \cdot (\Delta r)^2 - MD_K \cdot \Delta r\right)}{P_{CTD} \cdot \left(0{,}5 \cdot C_{CTD} \cdot (\Delta r)^2 - MD_{CTD} \cdot \Delta r\right)} \cdot \text{ß}_{YCTD} \cdot KF_{CTD}$$

mit

C = Konvexität.

---

1 Zur Konvexität vgl. Kapitel E.I.2.c. in diesem Buch.

Gegenüber der obigen Formel erfolgt die Berechnung der Hedge Ratio aufgrund der Berücksichtigung der Konvexität in einer etwas genaueren Weise. Dennoch spielt die Konvexität erst bei größeren Renditeveränderungen eine Rolle, so dass bei kleineren Veränderungen die Abschätzung mit der Dollar Duration hinreichend präzise sein dürfte.

Basis Point Value-Methode
In der Praxis wird häufig die Basis Point Value-Methode zur Bestimmung der Hedge Ratio verwendet. Der Basis Point Value (BPV) zeigt die absolute Wertänderung des Anleihekurses (ΔP) bei Veränderung des Zinsniveaus (Δr) um einen Basispunkt (0,01%) an.

Die entsprechende Hedge Ratio ermittelt sich dann wie folgt, wobei hier wiederum der Konvertierungsfaktor und das Yield Beta der CTD-Anleihe berücksichtigt werden:

$$HR = -\frac{BPV_K}{BPV_{CTD}} \cdot \beta_{YCTD} \cdot KF_{CTD}$$

mit

BPV_K = Basis Point Value der abzusichernden Kassaanleihe und
BPV_{CTD} = Basis Point Value der CTD-Anleihe.

Während beim durationbasierten Ansatz die minimale Veränderung der Rendite betrachtet wird, geht es bei der Basis Point Value-Methode um die Renditeänderung von einem Basispunkt. Wird zur Abschätzung der Preisveränderung auf die Durationskennzahl zurückgegriffen, so entsprechen sich die Hedge Ratios nach der BPV- und der durationsbasierten Methode.

Regressionskoeffizienten-Methode
Als weitere Hedge Ratio wird der Regressionskoeffizient einer linearen Kleinste-Quadrate-Einfachregression angeführt, wobei die Wertveränderungen der Kassaposition die abhängige (Regressand) und die Wertveränderungen der Futureposition die unabhängige Variable (Regressor) darstellen.

Im Vergleich zur Korrelationsanalyse, die den Grad des Zusammenhangs zwischen zwei Merkmalen untersucht, versucht die Regressionsanalyse, diese Zusammenhänge näher zu spezifizieren. Sie unterstellt dabei eine eindeutige Richtung des Zusammenhangs zwischen den Variablen.

Bei der Regressionsanalyse stellt sich die Frage, welcher Anteil einer Gesamtabweichung, d.h. der Abweichung des tatsächlichen Wertes vom Mittelwert der abhängigen Variablen, durch die unabhängige Variable erklärt werden kann und welcher Anteil als unerklärtes Residuum verbleibt. Das Ziel besteht in der Ermittlung einer linearen Funktion, die einen möglichst großen Teil der Gesamtabweichungen erklärt. Die eindeutige Festlegung einer optimalen Regressionsgeraden ist durch die Minimierung der Summe der Quadrate der einfachen Abweichungen möglich. Aus diesem Grund wird diese Methode als Methode der Kleinste-Quadrate-Regression (OLS – Ordinary Least Squares) bezeichnet. Die Regressionsgleichung für die Wertveränderung der Kassaposition kann wie folgt ausgedrückt werden:

$$\Delta P_K = a + b \cdot \Delta P_F + e$$

mit

ΔP_K = Wertveränderung der Kassaposition,
ΔP_F = Wertveränderung der Futureposition,
a = absolutes Glied der Regressionsfunktion/Regressionskonstante,
b = Regressionskoeffizient (Steigung der Geraden) und
e = Residualgröße als Abweichung der tatsächlichen von den errechneten Werten.

Der Regressionskoeffizient stellt in der Gleichung die Hedge Ratio dar. Diese wird hier aus den Daten einer vergangenen Periode bestimmt. Für eine zukünftige Periode kann der ermittelte Wert nur dann der optimalen Hedge Ratio entsprechen, wenn der ausgewählte Future bei der Regression der tatsächlichen (zukünftigen) Werte die maximale Korrelation mit der Kassaposition aufweist und die künftigen Werte für ΔP_K und ΔP_F im gleichen Verhältnis wie in der vergangenen Periode miteinander verbunden sind. Entsprechend ist für die Qualität der zum Hedge-Beginn ermittelten Hedge Ratio erforderlich, dass die vergangenen Werte von ΔP_K und ΔP_F gute Schätzwerte für die künftige Periode darstellen.

Erfolgversprechend ist vor allem, die Stichprobe auf der Basis der Kassa- und Futurekurse unmittelbar vor dem Hedge-Beginn durchzuführen. Gleichzeitig sollte der zeitliche Stichprobenumfang der voraussichtlichen Absicherungsdauer in etwa entsprechen.[1]

Als problematisch kann sich erweisen, dass die entsprechenden Zeitreihen z.B. aufgrund der Ausgabe neuer Futures oder der Investition in eine neu emittierte Anleihe nicht verfügbar sind. Beim Hedging mit Zinsfutures stellt zudem die zum Fälligkeitszeitpunkt lieferoptimale Anleihe das eigentlich relevante Termininstrument dar, das in der Regression zu verwenden wäre. Da die CTD-Anleihe aber beim Abschluss eines Futuregeschäfts noch nicht endgültig bekannt ist, kann diesbezüglich lediglich eine Annahme getroffen werden.

Laufzeitmethode zur Absicherung mit Futures auf kurzfristige Zinstitel
Auch bei einem Hedge mit Futures auf kurzfristige Zinstitel geht es um das Ziel, die Wertveränderungen der Kassaposition durch die Wertveränderungen der Futureposition auszugleichen. Dabei ist vor allem auf die Laufzeitunterschiede zwischen dem abzusichernden Zins und dem Zins, der dem jeweiligen Future zugrunde liegt, abzustellen. Beispielsweise ist eine Position, die eine Laufzeit von drei Monaten hat, unempfindlicher gegenüber Zinsänderungen als eine Sechsmonatsposition. Die Zinsreagibilität verhält sich in diesen Fällen in linearer Weise zu der Zeitperiode, die der jeweilige Zinssatz umfasst. Auf das Konzept der Duration übertragen, entspricht die Duration von kurzfristigen, unterjährigen Geldmarkteinlagen – wie bei Zerobonds – der Laufzeit. Unter Berücksichtigung dieser Aspekte ergibt sich die Hedge Ratio wie folgt:

$$HR = \frac{\text{Laufzeit}_{\text{abzusichernder Zins}}}{\text{Laufzeit}_{\text{Zins des Futures}}}$$

---

[1] Vgl. *Berger* (1990), S. 412.

Zur Berechnung der Anzahl einzusetzender Futures ist die optimale Hedge Ratio noch mit dem Quotienten aus den Nominalwerten zu multiplizieren.

Abschließend soll ein Beispiel die Vorgehensweise beim Hedging mit Euro-Bund-Futures aufzeigen. Ein Portfoliomanager hält am 05.10. eine Bundesanleihe mit einer Restlaufzeit von 9 Jahren, einem Nominalzins von 4% und einem Nominalwert von € 20 Mio im Bestand. Die Anleihe notiert bei 107,8%, ihre Modified Duration beläuft sich auf 7,6. Für die kommenden 4 Monate werden Zinssteigerungen befürchtet. Der Euro-Bund-Future März notiert bei 125,80%. Darüber hinaus liegen die folgenden Angaben vor:

- MD_{CTD} = 8,4
- P_{CTD} = 104,3%
- β_{YCTD} = 1,34
- KF_{CTD} = 0,82

Zur Absicherung sind entsprechend Euro-Bund-Futures zu verkaufen. Ihre Anzahl kann wie folgt ermittelt werden, wobei hier auf die nächsthöhere ganze Zahl aufgerundet werden soll (Over-Hedge):[1]

$$q = HR \cdot \frac{\text{Nominalwert der Kassaposition}}{\text{Nominalwert der Futuresposition}} = HR \cdot \frac{€\ 20.000.000}{€\ 100.000} = HR \cdot 200$$

$$HR = -\frac{MD_K \cdot P_K}{MD_{CTD} \cdot P_{CTD}} \cdot \beta_{YCTD} \cdot KF_{CTD} = -\frac{7,6 \cdot 107,8\%}{8,4 \cdot 104,3\%} \cdot 1,34 \cdot 0,82 = -1,02751$$

Entsprechend werden am 05.10. insgesamt 206 Kontrakte verkauft (q = –205,5).

Wird in diesem Beispiel die Basis Point Value-Methode zur Bestimmung der Hedge Ratio herangezogen, so sind zunächst die Basis Point Values der abzusichernden Anleihe und der CTD-Anleihe zu bestimmen. Zur Abschätzung dieser Preisveränderungen soll in diesem Beispiel auf die Durationskennzahl zurückgegriffen werden. Steigt beispielsweise die Marktrendite um 0,01%-Punkte, d.h. um einen Basispunkt, so ergibt sich mit Hilfe der Modified Duration für die abzusichernde Anleihe ein neuer Kurs von 107,7181%. Wird davon der aktuelle Kurs in Höhe von 107,8% abgezogen, ergibt sich ein Basis Point Value von –0,0819%. Der Basis Point Value der CTD-Anleihe beläuft sich entsprechend auf –0,0876% (= 104,2124% – 104,3%). Hieraus resultiert die folgende Hedge Ratio:

$$HR = -\frac{BPV_K}{BPV_{CTD}} \cdot \beta_{YCTD} \cdot KF_{CTD} = -\frac{-0,0819\%}{-0,0876\%} \cdot 1,34 \cdot 0,82 = -1,02751$$

Aufgrund der Abschätzung der Preisveränderungen mit Hilfe der Modified Duration entspricht dieser Wert exakt der Hedge Ratio gemäß dem durationbasierten Ansatz.

---

1 Hierbei wird unterstellt, dass die Restlaufzeiten der abzusichernden Kassaanleihe und der CTD-Anleihe genau 9 bzw. 10 Jahre sein sollen, so dass sich Clean Price und Dirty Price entsprechen. Die Werte wurden gerundet.

Nunmehr wird angenommen, dass nach einem Zinsanstieg 4 Monate später der Euro-Bund-Future März bei 121% und die Anleihe im Portfolio bei 103,7% notieren. Unter Vernachlässigung von Transaktionskosten und Sicherheitsleistungen entsteht bei Glattstellung der Position zu diesem Zeitpunkt das folgende Gesamtergebnis:

Im Anleihen-Portfolio hat sich in dem betrachteten Zeitraum ein Verlust in Höhe von € 820.000 ergeben [= (103,7% − 107,8%) · 20.000.000]. Dieser negative Wert wird durch die Futureposition mehr als ausgeglichen, da sich die gesamte Variation Margin aus der Futureposition auf € 988.800 beläuft [= (125,8% − 121,0%) · € 100.000 · 206]. Werden noch die Stückzinsen der Kassaposition für 4 Monate in Höhe von € 266.667 mit einbezogen, so ergibt sich in diesem Fall ein Gesamtgewinn von € 435.467.

c. Hedging mit Aktienindexfutures

Aktienindexfutures können zur Absicherung gegen das nicht diversifizierbare (also das systematische) Risiko eines Aktienportfolios eingesetzt werden. Voraussetzung dafür ist, dass es sich bei dem dem Future unterliegenden Aktienindex um einen guten Schätzwert für das Marktportefeuille handelt. Die wesentliche Frage ist auch hier, in welchem Umfang Aktienindexfutures eingesetzt werden sollen.

Auch hier kann – wie bei Zinsfutures – die Hedge Ratio über eine Regression zwischen den Aktienportfolio- und den Futurepreisänderungen geschätzt werden. Damit ergibt sich als Hedge Ratio das Beta des Aktienportfolios im Verhältnis zum Future. Die Stärke des linearen Zusammenhangs zwischen beiden wird ebenfalls durch den Korrelationskoeffizienten gemessen. Bei keiner exakten linearen Beziehung kommt es allerdings zu Schwankungen des Betas im Zeitablauf.

Das Betarisiko besteht zum einen aus dem Schätzrisiko. Zum anderen beinhaltet es das Risiko, das daraus entsteht, dass zwischen dem zu hedgenden Portfolio und dem Future keine Korrelation von eins besteht. Während ersteres sich evtl. durch anspruchsvollere Verfahren der Betaschätzung reduzieren lässt, ist Letzteres auf die verbleibenden Einzelrisiken in einem nicht vollständig diversifizierten Portfolio zurückzuführen.

Darüber hinaus wird in der Literatur eine Hedge Ratio angegeben, die sich aus dem Produkt aus dem Beta des Portfolios in Relation zum Index (dem Underlying des Futures) und dem Beta dieses Indexes in Relation zum Terminkontrakt ergibt:[1]

$$HR = -\beta_{PI} \cdot \beta_{IF}$$

mit

β_{PI} = Beta des Portefeuilles in Relation zum Index und
β_{IF} = Beta des Indexes in Relation zum Terminkontrakt.

Auch nach dieser Methode können letztlich nur Portefeuilles, die eine hohe Korrelation mit dem jeweiligen Underlying des Indexfutures aufweisen, erfolgreich abgesichert werden.

---

1 Vgl. *Fabozzi/Peters* (1989), S. 216. Zur Herleitung vgl. *Meyer* (1994b), S. 423ff.

Für einzelne Aktien ist die Absicherung mit Optionen auf die jeweilige Aktie besser geeignet.

Anhand eines Beispiels soll die Vorgehensweise bei der Absicherung eines Aktienportfolios mit Hilfe des DAX-Futures aufgezeigt werden: Ein Portfoliomanager hält in t_0 das folgende Aktienportfolio im Bestand:

DAX-Aktie	Anzahl	Kurs	Beta
A	80.000	25	1,2
B	70.000	30	0,8
C	100.000	15	0,6
D	60.000	40	0,7

Tab. F.90: Ausgangsdaten zum Beispiel-Hedging mit DAX-Futures

Da er für die nächste Zeit mit fallenden Kursen rechnet, gleichzeitig aber ein direkter Verkauf des Aktienportfolios nicht in Frage kommt, möchte er sein Portfolio durch den Verkauf von DAX-Futures für die kommenden 2 Monate vor Kursverlusten schützen. Der Deutsche Aktienindex (DAX) steht in t_0 bei 8.100. Der in 3 Monaten fällige DAX-Future notiert zu 8.150. Als Hedge Ratio soll der Betafaktor des Aktienportfolios herangezogen werden. Das Portfolio-Beta kann wie folgt bestimmt werden:

Aktie	Anzahl	Kurs	Wert	Beta	Gewichtung	Beta gewichtet
A	80.000	25	2.000.000	1,2	25,00%	0,3000
B	70.000	30	2.100.000	0,8	26,25%	0,2100
C	100.000	15	1.500.000	0,6	18,75%	0,1125
D	60.000	40	2.400.000	0,7	30,00%	0,2100
Gesamt			8.000.000			0,8325

Tab. F.91: Bestimmung des Portfolio-Betas

Bei einem Portfolio-Beta von 0,8325 beträgt die Anzahl zu verkaufender DAX-Futures 33 Kontrakte (Over-Hedge aufgrund der Aufrundung):

$$q = \frac{\text{abzusichernder Betrag}}{\text{Indexstand} \cdot \text{Indexmultiplikator}} \cdot \beta = \frac{\text{€ } 8.000.000}{8.100 \cdot \text{€ } 25} \cdot 0,8325 = 32,89 \approx 33$$

Nunmehr soll der Portfoliowert zwei Monate später nur noch € 7.326.000 betragen, so dass sich ein Verlust von € 674.000 ergeben hat. Auch der Kurs des DAX-Futures sei gefallen und betrage nunmehr 7.290. Da der Portfoliomanager nicht mehr mit weiteren Kursverlusten rechnet, entscheidet er sich für die Glattstellung der Futuresposition. Die gesamte Variation Margin beträgt zu diesem Zeitpunkt € 709.500 [= (8.150 − 7.290) · 33 · € 25]. Als Gesamtergebnis aus der Hedge-Transakton resultiert damit – unter Vernachlässigung von Transaktionskosten und Sicherheitsleistungen – ein Gewinn von € 35.500. Dies entspricht einer Verzinsung von

$$\frac{€\ 35.500}{€\ 8.000.000} \cdot \frac{12\ \text{Monate}}{2\ \text{Monate}} = 2,6625\%\ \text{p.a.}$$

Dieses Beispiel lässt sich auch auf andere Aktienindex-Futures übertragen.

d. Hedging mit Devisen-Futures

Devisen-Futures können zur Absicherung von Währungsbeträgen herangezogen werden. Mit Hilfe des folgenden Beispiels soll das Hedging mit Devisen-Futures aufgezeigt werden: Abgesichert werden soll am 14.01. (kein Schaltjahr) eine $-Forderung in Höhe von $ 10 Mio gegen Kursverluste des $ gegenüber dem €. Der aktuelle Devisen-Kassakurs beläuft sich auf 1,0526 $/€. Entsprechend sollen €/$-Futures gekauft werden, die beispielsweise einen Nominalwert von € 125.000 aufweisen und in $ notieren. In diesem Falle würde ein gegenüber dem $ ansteigender €-Kurs zu Gewinnen in der Futureposition führen, während die abzusichernde Position an Wert verliert. Die Notierung des am 18.03. fälligen Futures beläuft sich auf 1,05095 $/€ und ergibt sich auf der Basis der aktuellen Zinsstruktur:[1]

$$\frac{1 + \text{Nullkupon}_\$ \cdot \frac{63}{360}}{1 + \text{Nullkupon}_€ \cdot \frac{63}{360}} \cdot \text{DKK} = \frac{1 + 0,017 \cdot \frac{63}{360}}{1 + 0,026 \cdot \frac{63}{360}} \cdot 1,0526\ \$/€ = 1,050950\ \$/€$$

Die Anzahl zu kaufender Kontrakte ergibt sich wie folgt, wobei hier das einfache Nominalwertprinzip herangezogen werden soll:[2]

$$\frac{\text{Nominalwert Kassaposition}}{\text{Nominalwert Futuresposition}} = \frac{€\ 9.500.285,01}{€\ 125.000} = 76,0022801 \approx 76\ \text{Kontrakte}$$

mit

$$\text{Nominalwert Kassaposition} = \frac{\$\ 10.000.000}{1,0526\ \$/€} = €\ 9.500.285,01$$

21 Tage später, am 04.02. sei der Devisen-Kassakurs auf 1,0695 $/€ angestiegen. Damit beträgt der Wert der Kassaposition nunmehr nur noch

$$\text{Nominalwert Kassaposition} = \frac{\$\ 10.000.000}{1,0695\ \$/€} = €\ 9.350.163,63$$

Die $-Position hat somit einen Wertverlust in Höhe von € 150.121,38 erlitten. Der Futurekurs am 04.02. beträgt bei leicht gesunkenen Zinssätzen

---
1 Vgl. Abschnitt II.2.d. in diesem Kapitel.
2 Vgl. *Schierenbeck/Lister/Kirmße* (2008), S. 434.

$$\frac{1+0,0165 \cdot \frac{42}{360}}{1+0,0255 \cdot \frac{42}{360}} \cdot 1,0695 \text{ \$/€} = 1,068380 \text{ \$/€}$$

Bis zu diesem Zeitpunkt hat sich auf dem Margin-Konto der Futureposition damit ein Kontosaldo von insgesamt

76 · € 125.000 · (1,068380 \$/€ – 1,050950 \$/€) = \$ 165.591,57

ergeben.

Umgerechnet zum aktuellen Devisenkurs führt dies zu einem Wert von € 154.830,83 (= \$ 165.591,57 / 1,0695 \$/€). Hierbei ist allerdings zu berücksichtigen, dass die Erträge üblicherweise im Laufe der Zeit angefallen sind und damit die Umrechnung zu den jeweiligen Devisenkursen an den Tagen der Marginkonto-Gutschriften herangezogen werden müssten. Wird dennoch der Gewinn von € 154.830,83 zugrunde gelegt, ergibt sich ein Gesamtgewinn von

€ –150.121,38 + € 154.830,83 = € 4.709,45

Hingewiesen werden kann darauf, dass dieser Erfolg u.a. dadurch entsteht, dass die €-Zinsen oberhalb der \$-Zinsen liegen und somit für die \$-Forderung weniger Zinserträge vereinnahmt werden können, als wenn der Betrag in € angelegt worden wäre, obwohl die \$-Forderung vollständig gegen Wertverluste gegenüber dem € abgesichert worden ist und damit grundsätzlich einer €-Position entspricht. Weiterhin ist bei dieser Absicherungs-Transaktion zu berücksichtigen, dass die Kontraktanzahl nicht exakt dem mathematischen Ergebnis entsprach, sondern gerundet wurde.

e. Portfoliotheoretische Überlegungen beim Hedging mit Financial Futures

Die oben beschriebene traditionelle Sichtweise des Hedgings ist durch die Zielsetzung charakterisiert, das Risiko einer Kassaposition zu minimieren. Nutzenerwartungen der einzelnen Marktteilnehmer unter gleichzeitiger Berücksichtigung von Erträgen der gesamten, aus Futures und Kassainstrumenten bestehenden Position werden dabei nicht einbezogen. Vor diesem Hintergrund lassen sich auch portfoliotheoretische Überlegungen auf das Hedging mit Futures übertragen. Dabei kann das Ziel verfolgt werden, durch die Hinzufügung von Futures in ein Portefeuille dessen Varianz zu minimieren bzw. das Portefeuille optimal unter Risiko- und Ertragsgesichtspunkten zu gestalten.[1]

Ausgangspunkt ist die Überlegung, dass Investoren aus den gleichen Risiko-Ertrags-Erwägungen heraus Terminkontrakte in ein Portefeuille einbeziehen wie auch andere Wertpapieranlagen. Somit werden die Marktteilnehmer die Entscheidungen über die Einbeziehung von Futures ebenfalls aufgrund des erwarteten Ertrages und des Ertragsrisikos, das als

---

1 Vgl. *Meyer-Bullerdiek* (1998), S. 718ff.

Varianz der Erträge gemessen wird, treffen. In Abweichung von der Portfoliotheorie von Markowitz werden Kassa- und Futurepositionen allerdings nicht als gegenseitig substituierbar angesehen. Vielmehr wird die Anzahl der Kassatitel als Konstante vorgegeben. Damit entscheidet der Investor gemäß seinen Erwartungen lediglich über die Höhe der Futureposition in Relation zur vorgegebenen Kassaposition.[1] Gewählt wird grundsätzlich die Anzahl einzusetzender Futures, die den Erwartungsnutzen des Marktteilnehmers maximiert.

Durch den Varianzminimierungsansatz kann die Hedge Ratio analytisch aus der Zielsetzung der Minimierung der Varianz des gesamten, aus Kassa- und Futurepositionen bestehenden Portfolios, abgeleitet werden.[2] Bei diesem Ansatz handelt es sich um einen speziellen Fall der Portfoliotheorie; denn die Ausgangsposition ist ein Marktteilnehmer, der das Portfolio mit der geringsten Varianz wünscht. Die Erzielung eines bestimmten Ertrages wird dabei nicht berücksichtigt. Vor dem Hintergrund kapitalmarkttheoretischer Überlegungen kann in diesem Fall nicht davon ausgegangen werden, den erwarteten Ertrag der Kassaposition zu erreichen, da sich das erwartete Risiko der gesamten Position gegenüber dem der Kassaposition verringert und dementsprechend eine geringere Rendite zu erwarten ist.

Auch in Anlehnung an die Sharpe-Ratio wurden Hedging-Ansätze entwickelt.[3] Unterstellt wird, dass die Investoren die Möglichkeit haben, verschiedene Anlage-Kombinationen aus einem risikobehafteten Kassatitel, einer risikofreien Anlage und einem Future vorzunehmen. Der Umfang dieser Positionen wird dabei simultan festgelegt. Im Rahmen einer Optimierungsstrategie besteht das Ziel in der Maximierung der Sharpe-Ratio. Aus dieser Zielsetzung kann auch die Anzahl einzusetzender Futures abgeleitet werden.[4]

III. Portfoliomanagement mit Forward Rate Agreements

1. Grundlagen von Forward Rate Agreements (FRAs)

Die außerbörslich gehandelten Forward Rate Agreements (FRAs) zählen neben den börsennotierten Zinsfutures ebenfalls zu den unbedingten Zinstermingeschäften. Nach den Zinsswaps und den Zinsoptionen stellen FRAs das zweitgrößte Segment im (außerbörslichen) OTC-Markt für derivative Zinsprodukte dar. Das Volumen weltweit ausstehender FRA-Nominalwerte von führenden Banken und Händlern in den 13 Staaten, die der Bank for International Settlements (BIS) die entsprechenden Zahlen berichten, betrug Ende Juni 2012 insgesamt $ 64.302 Milliarden.[5]

---

1 Vgl. *Johnson* (1960), S. 142ff. und *Lypny* (1988), S. 704.
2 Zur analytischen Herleitung vgl. *Meyer* (1994a), S. 110ff.
3 Vgl. *Nelson/Collins* (1985), S. 45ff.
4 Auf der Basis ähnlicher Zielvorstellungen wie der Ansatz auf der Grundlage der Sharpe-Ratio ist auch ein weiterer Ansatz entwickelt worden. Vgl. *Howard/D'Antonio* (1984), S. 101ff. und *Howard/D'Antonio* (1986), S. 25ff.
5 Die ausstehenden Nominalbeträge von Zinsswaps beliefen sich weltweit für die gleiche Gruppe per Ende Juni 2012 auf $ 379.401 Mrd. und von OTC-Zinsoptionen auf $ 50.314 Mrd. Die berichtenden Länder sind: Australien, Belgien, Deutschland, Frankreich, Großbritannien, Italien, Japan, Kanada, Niederlande, Schweden, Schweiz, Spanien und die USA (Stand Juni 2012). Die ausstehenden Nominalbeträge sind dabei um Doppelzählungen bereinigt. Vgl. *BIS* (2012), S. 5, S. 9 und S. 12.

Bei einem FRA handelt es sich um eine individuelle, nicht standardisierte und damit nicht börsenfähige Vereinbarung zwischen zwei Marktteilnehmern über eine Zinsfestschreibung auf eine fiktive Einlage für eine in der Zukunft liegende Zinsperiode, die als Contract Period bezeichnet werden kann.[1] Die Vereinbarung bezieht sich auf einen Nominalwert, wobei der Betrag aber nicht ausgetauscht wird. Es erfolgt also keine effektive Anlage bzw. Kreditgewährung, so dass beim Abschluss eines FRAs keine Angaben über tatsächlich eingegangene Geldgeschäfte gemacht werden müssen. Entsprechend beinhaltet ein FRA eine beiderseitige vertragliche Verpflichtung zu einer Zinsausgleichszahlung zwischen dem vereinbarten FRA-Zinssatz und dem am Referenztag gültigen Marktzinssatz für ein Geldgeschäft, das der Laufzeit und dem Nominalbetrag des FRAs entspricht. Zwischen Käufer und Verkäufer werden beim Abschluss des FRA-Vertrages Vereinbarungen getroffen über Währung, Nominalbetrag, Referenzzinssatz, FRA-Zinssatz, Beginn und Ende der Contract Period sowie den Tag des FRA-Fixings. Grafisch kann der zeitliche Ablauf eines FRAs wie folgt dargestellt werden:

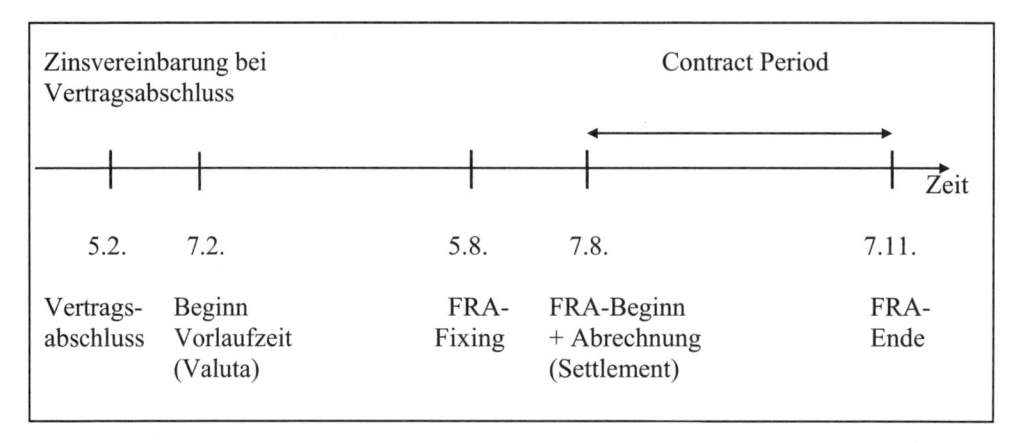

Zinsvereinbarung bei Vertragsabschluss			Contract Period		
5.2.	7.2.	5.8.	7.8.		7.11.
Vertrags-abschluss	Beginn Vorlaufzeit (Valuta)	FRA-Fixing	FRA-Beginn + Abrechnung (Settlement)		FRA-Ende

Abb. F.62: Zeitlicher Ablauf eines FRAs

So schreibt beispielsweise ein 6-9 Monats-FRA (kann auch als 6x9-FRA ausgedrückt werden) den Zins fest, der in 6 Monaten für eine 3-Monats-Einlage gezahlt werden muss, wobei die Vorlaufzeit in der Abbildung F.62 mit einer Valuta von zwei Geschäftstagen beginnt.

In dem Vertrag wird vorgesehen, dass zu Beginn der Contract Period die Differenz zwischen dem vertraglich festgeschriebenen Zinssatz (FRA- oder Contract Rate) und dem dann aktuellen Referenzzinssatz auf die fiktive Einlage (z.B. Euribor) festgestellt wird. Dieses Fixing findet gewöhnlich zwei Bankarbeitstage vor Beginn der Contract Period statt, kann jedoch auch am gleichen Tag („same day") vorgenommen werden (z.B. im Sterling-Markt).

Liegt der Referenzzinssatz über dem FRA-Satz, so erhält der Käufer des FRAs (Long-Position) die Ausgleichszahlung; liegt er unter dem festgeschriebenen Niveau, erfolgt die Zahlung an den Verkäufer (Short-Position) des Kontrakts.

---

[1] Vgl. *Maier* (1988), S. 475.

Zu Beginn der Contract Period wird die Differenz zwischen dem Fixing-Satz, d.h. dem dann aktuellen Referenzzinssatz, und dem FRA-Satz abgezinst (mit dem aktuellen Referenzzinssatz) und bar abgerechnet. Diese Abzinsung ist erforderlich, da die sogenannte Ausgleichszahlung bereits zu Beginn der Contract Period erfolgt, während üblicherweise bei Geldaufnahmen bzw. -anlagen die Zinsen erst am Ende der Laufzeit, d.h. nachschüssig gezahlt werden.

Durch den Barausgleich werden kostenintensive Liquiditätsbewegungen vermieden und Informationskosten zur Beurteilung und Überwachung der Bonität der Kontraktpartner reduziert.

Der Abrechnungsbetrag (Settlement Sum) ergibt sich in der folgenden Form. Dabei gibt das Vorzeichen die Geldflussrichtung aus Käuferperspektive an:

$$A = NW \cdot \frac{(\text{Referenzzinssatz} - r_{FR}) \cdot \frac{\text{Tage}_{FRA}}{360}}{1 + \text{Referenzzinssatz} \cdot \frac{\text{Tage}_{FRA}}{360}}$$

mit

A = Abrechnungsbetrag,
NW = Nominalwert.
Tage$_{FRA}$ = Anzahl Tage in der Contract Period und
r_{FR} = Forward Rate bzw. FRA-Satz.

Sollte der Referenzzins unter den Kontraktzins (r_{FR}) fallen, liegt ein negatives Vorzeichen der Ausgleichszahlung vor. Die Berechnung der Ausgleichszahlung wird anhand des folgenden Beispiels aufgezeigt. Im Hinblick auf das Absicherungsmotiv strebt der Käufer eines FRAs eine Absicherung gegen steigende Zinsen an, während sich der Verkäufer gegen fallende Zinsen schützen will.[1]

Beispiel:

FRA-Satz (r_{FR}): 4%
Tage$_{FRA}$: 91
Nennwert: € 10.000.000
Euribor (= Referenzzins) am Zinsfeststellungstag (FRA-Fixing): 4,5%

$$\text{Abrechnungsbetrag} = A = € 10.000.000 \cdot \frac{(0,045 - 0,040) \cdot \frac{91}{360}}{1 + 0,045 \cdot \frac{91}{360}}$$

$$= € 12.496,74$$

Da der Absicherungsbetrag ein positives Vorzeichen aufweist, steht er dem Käufer zu und ist vom Verkäufer des FRAs zu zahlen.

---

1 Vgl. *Jorion* (2003), S. 188f.

2. Bestimmung der Forward Rate

Die Forward Rate bzw. der FRA-Satz (r_{FR}) ergibt sich für die unterjährige Bestimmung durch die folgende Rechnung:[1]

$$\left[1 + r_1 \cdot \frac{t_1}{360}\right] \cdot \left[1 + r_{FR} \cdot \frac{t_{FR}}{360}\right] = \left[1 + r_2 \cdot \frac{t_2}{360}\right], \text{ wobei } t_2 = t_1 + t_{FR}$$

$$\Leftrightarrow r_{FR} = \left(\frac{1 + r_2 \cdot \frac{t_2}{360}}{1 + r_1 \cdot \frac{t_1}{360}} - 1\right) \cdot \frac{360}{t_{FR}}$$

mit

r_1 = Zinssatz für die kurze Laufzeit, z.B. für 6 Monate (z.B. 182 Tage),
r_2 = Zinssatz für die lange Laufzeit, z.B. für 9 Monate (z.B. 273 Tage),
t_1 = Anzahl der Tage der kurzen Laufzeit, z.B. 6 Monate (z.B. 182 Tage),
t_2 = Anzahl der Tage der langen Laufzeit, z.B. 9 Monate (z.B. 273 Tage) und
t_{FR} = Anzahl der Tage der Contract Period, z.B. 3 Monate (z.B. 91 Tage).

Falls beispielsweise der 6-M-Euribor (r_1) bei 3,50% und der 9-M-Euribor (r_2) bei 3,60% liegen, würde sich die folgende Forward Rate ergeben:

$$r_{FR} = \left(\frac{1 + 0,036 \cdot \frac{273}{360}}{1 + 0,035 \cdot \frac{182}{360}} - 1\right) \cdot \frac{360}{91} = 3,73393\% = \text{FRA-Satz}$$

Bei dieser Vorgehensweise sind Geld- und Briefkurse noch nicht mit einbezogen. Wird allerdings in der obigen Formel ein Bid-Ask-Spread von 4 Basispunkten beim Euribor berücksichtigt, so kann bei einem 6-M-Euribid von 3,46% und einem 9-M-Euribor von 3,60% der folgende Briefsatz der Forward Rate bestimmt werden, der praktisch die Zinsobergrenze darstellt:

$$r_{FR}^{Brief} = \left(\frac{1 + \text{Euribor}_{9M} \cdot \frac{273}{360}}{1 + \text{Euribid}_{6M} \cdot \frac{182}{360}} - 1\right) \cdot \frac{360}{91} = \left(\frac{1 + 0,036 \cdot \frac{273}{360}}{1 + 0,0346 \cdot \frac{182}{360}} - 1\right) \cdot \frac{360}{91} = 3,813297\%$$

Die entsprechende Zinsuntergrenze, d.h. der Geldsatz der Forward Rate beläuft sich bei einem 6-M-Euribor von 3,50% und einem 9-M-Euribid von 3,56% auf

---

1 Zur Ermittlung von Forward Rates im überjährigen Bereich vgl. *Meyer-Bullerdiek* (2003), S. 298ff. sowie Kapitel E.I.1.c. in diesem Buch.

$$r_{FR}^{Geld} = \left(\frac{1 + \text{Euribid}_{9M} \cdot \frac{273}{360}}{1 + \text{Euribor}_{6M} \cdot \frac{182}{360}} - 1 \right) \cdot \frac{360}{91} = \left(\frac{1 + 0{,}0356 \cdot \frac{273}{360}}{1 + 0{,}035 \cdot \frac{182}{360}} - 1 \right) \cdot \frac{360}{91} = 3{,}616017\%$$

Demnach müsste die Quotierung 3,62% – 3,81% lauten, damit keine risikolosen Gewinne im Rahmen einer Arbitrage-Transaktion erzielt werden können. Bei der Größe dieser Spanne erscheint eine Orientierung an den Kursen der jeweiligen Futures auf kurzfristige Zinstitel sinnvoller (z.B. 3-M-Euribor-Future). Berücksichtigt man bei dem oben berechneten FRA-Satz von 3,73%, der auf Basis des Euribor berechnet worden ist, den unterstellten Bid-Ask-Spread von 4 Basispunkten, so kann dies zu der Quotierung von 3,69% – 3,73% führen.

Allerdings lässt sich über den Mittelwert aus Geld-Forward Rate und Brief Forward Rate der gleiche (im Nachkommastellenbereich allerdings leicht abweichende) Wert bestimmen: Der Mittelwert beträgt in diesem Fall 3,714657% [= 0,5 · (3,616017% + 3,813297%)], der im Übrigen fast genau übereinstimmt mit der Forward Rate, die sich auf Basis der Eurimean-Sätze von 3,48% (6 Monate) und 3,58% (9 Monate) ergibt. Bei einem Bid-Ask-Spread von 4 Basispunkten führt dies wiederum zur FRA-Quotierung von 3,69% – 3,73%.

Als problematisch kann sich in der Praxis grundsätzlich erweisen, dass nur für bestimmte Laufzeiten Euribor-Zinssätze vorliegen. Für die anderen, eher ungebräuchlichen Laufzeiten kann aber die lineare Interpolation herangezogen werden, so dass die Forward Rate mit Hilfe der folgenden Formel bestimmt wird:

$$r_{FR} = \left[\frac{1 + \left(r_{2_u} + \frac{r_{2^o} - r_{2_u}}{t_{2^o} - t_{2_u}} \cdot (t_2 - t_{2_u}) \right) \cdot \frac{t_2}{360}}{1 + \left(r_{1_u} + \frac{r_{1^o} - r_{1_u}}{t_{1^o} - t_{1_u}} \cdot (t_1 - t_{1_u}) \right) \cdot \frac{t_1}{360}} - 1 \right] \cdot \frac{360}{t_{FR}}$$

mit

t_1 = Vorlaufzeit bis zum Beginn der Contract Period in Tagen,
t_2 = Gesamtlaufzeit in Tagen, d.h. $t_1 + t_{FR}$,
t_{1_u} = Laufzeit des Euribors für die kürzere Laufzeit („untere" Laufzeit) – bezogen auf den Beginn der Contract Period,
t_1^o = Laufzeit des Euribors für die längere Laufzeit („obere" Laufzeit) – bezogen auf den Beginn der Contract Period,
r_{1_u} = Euribor-Satz für die kürzere Laufzeit – bezogen auf den Beginn der Contract Period,
r_1^o = Euribor-Satz für die längere Laufzeit – bezogen auf den Beginn der Contract Period.

Anhand des nachfolgenden Beispiels soll die Bestimmung der Forward Rate auf Basis willkürlich gewählter Euribor-Sätze aufgezeigt werden:

	Datum	Symbol	Anzahl Tage
aktueller Tag	20.10.2025	t_0	0
Beginn der Contract Period	05.02.2026	t_1	108
Laufzeit 3-M-Euribor	20.01.2026	t_{1_u}	92
Laufzeit 4-M-Euribor	20.02.2026	t_1^o	123
3-M-Euribor	3,00%	r_{1_u}	---
4-M-Euribor	3,10%	r_1^o	---
Laufzeit der Contract Period	05.02.2026 bis 05.05.2026	t_{FR}	89
Ende der Contract Period	05.05.2026	t_2	197
Laufzeit 6-M-Euribor	20.04.2026	t_{2_u}	182
Laufzeit 7-M-Euribor	20.05.2026	t_2^o	212
6-M-Euribor	3,30%	r_{2_u}	---
7-M-Euribor	3,40%	r_2^o	---
Usance Zinstageberechnung	Actual/360		---

Tab. F.92: Bestimmung der Forward Rate bei ungebräuchlichen Laufzeiten

Die Forward Rate beträgt entsprechend der obigen Formel 3,678%:

$$r_{FR} = \left[\frac{1 + \left(0,033 + \frac{0,034 - 0,033}{212 - 182} \cdot (197 - 182)\right) \cdot \frac{197}{360}}{1 + \left(0,030 + \frac{0,031 - 0,030}{123 - 92} \cdot (108 - 92)\right) \cdot \frac{108}{360}} - 1 \right] \cdot \frac{360}{89} = 3,678412\%$$

In dieser Formel stehen in den Klammerausdrücken im Zähler und im Nenner jeweils die interpolierten Euribor-Sätze für die Gesamtlaufzeit (3,35%) bzw. für die Vorlaufzeit (3,0516%). Somit führt auch deren direkte Verwendung zur Forward Rate:

$$r_{FR} = \left(\frac{1 + r_2 \cdot \frac{t_2}{360}}{1 + r_1 \cdot \frac{t_1}{360}} - 1 \right) \cdot \frac{360}{t_{FR}} = \left(\frac{1 + 0,0335000 \cdot \frac{197}{360}}{1 + 0,0305161 \cdot \frac{108}{360}} - 1 \right) \cdot \frac{360}{89} = 3,678412\%$$

3. Quotierung von FRAs

Aufgrund der Möglichkeit der individuellen Ausgestaltung bieten FRAs den Marktteilnehmern in bezug auf den Betrag und die Laufzeit eine große Flexibilität. Bei FRA-Gesamtlaufzeiten von 2 bis zu 24 Monaten können die Vorlaufzeiten von FRAs von 1 Monat bis zu 23 Monaten (beim 1-M-Euribor als Referenzzins) bzw. bis zu 12 Monaten (beim 12-M-Euribor als Referenzzins) betragen.[1]

Die höchste Liquidität liegt im Laufzeitbereich bis zu einem Jahr, wobei auch gebrochene Laufzeiten vorkommen können, bei denen die Vorlaufzeiten bis zur Fälligkeit der jeweiligen Geldmarkt-Futures andauern. In diesen Fällen entsprechen sich grundsätzlich die Contract Period und die dem Future unterliegende Zinsperiode, wobei allerdings noch auf mögliche Differenzen bzgl. der Tageszählung hinzuweisen ist; denn die dem Future unterliegende Zinsperiode umfasst regelmäßig 90 Tage, während bei der Contract Period die tatsächliche Anzahl der Tage herangezogen wird.

In den gängigen Laufzeiten werden FRA-Sätze von FRA-Anbietern wie z.B. Banken oder Broker quotiert, wobei Geld- und Briefkurse angegeben werden. Die Tabelle F.93 zeigt beispielhafte FRA-Quotierungen (in % p.a), wobei die Sätze willkürlich gewählt sind:

Beispielsweise wäre demnach für einen Portfoliomanager, der sich mit Hilfe eines 6x9 FRA gegen fallende Zinsen absichern möchte, der Geldsatz in Höhe von 3,90% als FRA-Satz heranzuziehen, da er ein FRA verkaufen möchte. Damit kann er sich das aktuelle Zinsniveau für in 6 Monaten anzulegendes Kapital (Laufzeit 3 Monate) sichern.

Allerdings besteht bezüglich der z.B. über das Internet genannten Sätze keine Gewähr für den Abschluss zu diesen Konditionen. Vielmehr ist die tatsächliche Festlegung der FRA-Sätze abhängig von der Bonität des Kontrahenten, von der aktuellen Marktsituation sowie von dem zugrundeliegenden Volumen.[2]

FRA-Laufzeit (Länge der Contract Period)							
3 Monate		6 Monate		9 Monate		12 Monate	
Laufzeit	Geld-Brief	Laufzeit	Geld-Brief	Laufzeit	Geld-Brief	Laufzeit	Geld-Brief
1x4	3,30-3,34	1x7	3,45-3,49	1x10	3,80-3,84	1x13	3,90-3,94
2x5	3,40-3,44	2x8	3,65-3,69	2x11	3,85-3,89	2x14	4,00-4,04
3x6	3,60-3,64	3x9	3,75-3,79	3x12	3,90-3,94	6x18	4,40-4,44
4x7	3,70-3,74	4x10	3,85-3,89	4x13	3,95-3,99	12x24	4,80-4,84
5x8	3,80-3,84	5x11	4,05-4,09	5x14	4,00-4,04		
6x9	3,90-3,94	6x12	4,15-4,19				
9x12	4,20-4,24	12x18	4,55-4,59				

Tab. F.93: Quotierungen von FRAs

Wegen der fehlenden Standardisierung bieten FRAs den Marktteilnehmern ein hohes Maß an Flexibilität. Allerdings ist aufgrund der individuellen Vertragsgestaltung die Handelbarkeit der Instrumente auf dem Sekundärmarkt eingeschränkt. Problematisch ist vor allem die Herauslösung aus bestehenden Verträgen und den damit eingegangenen Verpflichtungen durch Veräußerung, da ein Partner mit genau jenen Interessen gefunden werden muss, die dem ausgehandelten Vertrag entsprechen. Möglich ist aber die vorzeitige Beendigung des FRA-Geschäfts gegen Zahlung eines Ausgleichsbetrags („Close Out").

Als weiteres Handelshemmnis erweist sich die direkte Beziehung der Vertragspartner. Dadurch wird die Übertragbarkeit von eingegangenen Verpflichtungen auf Dritte einge-

---

1 Vgl. *HypoVereinsbank* (2008), S. 26. FRAs können aber auch noch längere Gesamtlaufzeiten aufweisen. Vgl. *Beike/Barckow* (2002), S. 21.
2 Vgl. *Beike/Barckow* (2002), S. 22.

schränkt. Eine Veräußerung ist entsprechend an die Zustimmung der Gegenpartei gebunden, da diese einen neuen Vertragspartner erhält und damit eine potentielle Verschlechterung ihrer Risikoposition im Hinblick auf das Kredit- bzw. Bonitätsrisiko einhergehen könnte. Dennoch ist mit Zustimmung des bisherigen FRA-Partners eine Abtretung des FRAs mit allen Rechten und Pflichten an einen Dritten möglich („Assignment").[1]

Schließlich ist die wirtschaftliche Neutralisation eines FRAs auch durch die Vereinbarung eines zusätzlichen, gegenüber dem ursprünglichen FRA entgegengesetzten FRAs möglich („Gegengeschäft"). Beispielsweise kann ein vor einem Monat eingegangener 6x9 FRA-Kauf nunmehr durch den Kauf eines 5x8 FRA glattgestellt werden, wobei allerdings zu berücksichtigen ist, dass sich die FRA-Partner unterscheiden können.

Im Falle der Auflösung einer FRA-Position ist in jedem Falle eine aktuelle Bewertung des FRAs zur Ermittlung des Marktwertes sinnvoll.

4. Bewertung von FRAs

Bei Vertragsabschluss beläuft sich der Wert eines Forward Rate Agreements – bei Unterstellung eines Abschlusses zu marktgerechten Konditionen und Diskontierung mit bonitätsäquivalenten Zinsen – auf Null, da zu diesem Zeitpunkt kein Austausch von Zahlungen zwischen den Vertragsparteien stattfindet. Während der Laufzeit sind – anders als z.B. bei Optionen oder Futures – auch keine unmittelbaren Kurse von bereits eingegangenen FRAs erhältlich.[2]

Die Bewertung eines FRAs kann durch eine simulierte Glattstellung erfolgen, bei der ein zusätzliches FRA eingegangen wird mit einer gegenüber dem ursprünglichen FRA entgegengesetzten Position. Der Marktwert entspricht dann dem Betrag, zu dem das ursprüngliche Geschäft glattgestellt werden könnte.

Entsprechend ergibt sich der Marktwert eines in der Vergangenheit abgeschlossenen FRAs aus der (auf den aktuellen Tag abgezinsten) Differenz zwischen dem aktuellen FRA-Satz, der die gleiche Contract Period wie das ursprüngliche FRA abdeckt, und dem Zinssatz des ursprünglichen FRAs. Grafisch kann die Vorgehensweise wie folgt verdeutlicht werden, wobei die Bewertung zum Glattstellungszeitpunkt erfolgen soll:

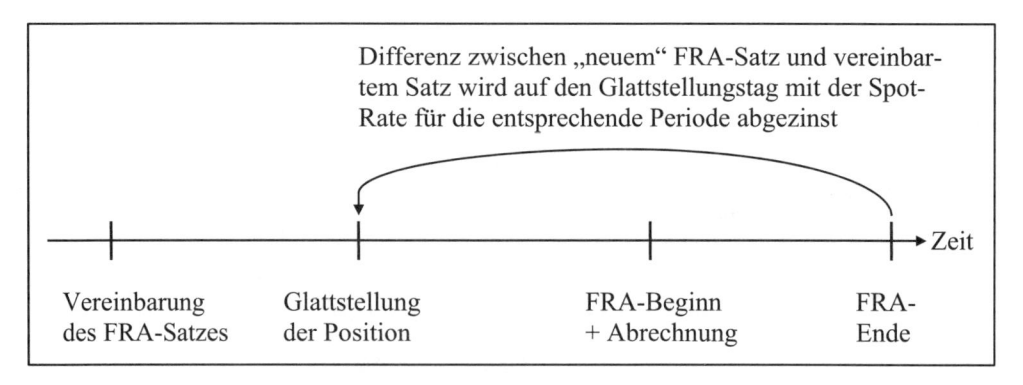

Abb. F.63: Glattstellung von FRAs

---
1 Vgl. *o.V* (2000), S. 31.
2 Vgl. *Scharpf/Luz* (1996), S. 452ff. und *Wiedemann* (2007), S. 95f.

Die Berechnung des fairen Preises für dieses FRA erfolgt entsprechend der folgenden Formel, wobei als Referenzzins der Euribor fungiert. Dabei ist zu berücksichtigen, dass der Käufer des FRAs die entsprechende Zahlung erhält, wenn der Wert mit einem positiven Vorzeichen versehen ist:

$$FV = NW \cdot \frac{(r_{FR,GT} - r_{FR,VT}) \cdot \frac{t_{FRA}}{360}}{1 + Euribor_{FRA-Ende} \cdot \frac{t_{FRA-Ende}}{360}}$$

$$= NW \cdot \left[\frac{(r_{FR,GT} - r_{FR,VT}) \cdot \frac{t_{FRA}}{360}}{1 + r_{FR,GT} \cdot \frac{t_{FRA}}{360}}\right] \cdot \frac{1}{1 + Euribor_{FRA-Beginn} \cdot \frac{t_{FRA-Beginn}}{360}}$$

mit

FV	=	Fair Value des FRAs,
NW	=	Nominalwert,
$r_{FR,GT}$	=	„neuer" FRA-Satz am Glattstellungs-Tag,
$r_{FR,VT}$	=	ursprünglicher FRA-Satz am Vereinbarungs-Tag,
$Euribor_{FRA-Ende}$	=	Euribor für die Zeit von der Glattstellung bis zum FRA-Ende,
$Euribor_{FRA-Beginn}$	=	Euribor für die Zeit von der Glattstellung bis zum FRA-Beginn,
t_{FRA}	=	Anzahl der Tage der FRA-Laufzeit,
$t_{FRA-Ende}$	=	Anzahl der Tage von der Glattstellung bis zum FRA-Ende und
$t_{FRA-Beginn}$	=	Anzahl der Tage von der Glattstellung bis zum FRA-Beginn.

Ausgehend von dem obigen Beispiel eines 6-9 FRA, in dem eine Forward Rate von 3,73393% ermittelt worden ist, soll eine vorzeitige Auflösung der FRA-Vereinbarung bereits 105 Tage vor Beginn (= 196 Tage vor Ende) der FRA-Periode erfolgen, d.h. zu dem obigen FRA wird ein fiktives FRA herangezogen mit einer Vorlaufzeit von 105 Tagen und einer Contract Period von ebenfalls 91 Tagen. Um ein genaues Ergebnis zu erhalten, werden bei der Berechnung sämtliche Nachkommastellen mit einbezogen. Folgende Annahmen liegen dem Beispiel zugrunde:

$Euribor_{FRA-Beginn}$: 3,45%, $Euribor_{FRA-Ende}$: 3,51%, $r_{FR,VT}$: 3,733930%

Hieraus ergibt sich eine Forward Rate am Glattstellungstag von $r_{FR,GT}$ = 3,543574%. Für den Fair Value ergibt sich:

t_{FRA}: 91, $t_{FRA-Beginn}$: 105, $t_{FRA-Ende}$: 196, Nennwert: € 5.000.000

$$\text{Fair Value} = € 5.000.000 \cdot \frac{(0{,}03543574 - 0{,}0373393) \cdot \frac{91}{360}}{1 + 0{,}0351 \cdot \frac{196}{360}} = € -2.360{,}78$$

Dieser Wert kann auch wie folgt bestimmt werden:

Fair Value =

$$€\ 5.000.000 \cdot \left[\frac{(0,03543574 - 0,0373393) \cdot \frac{91}{360}}{1 + 0,03543574 \cdot \frac{91}{360}} \right] \cdot \frac{1}{1 + 0,0345 \cdot \frac{105}{360}} = -\frac{2.384,5370}{1,0100625} = €\ -2.360,78$$

Diesen Betrag würde der Verkäufer bei Glattstellung erhalten.

Da die Forward Rate für die Contract Period gesunken ist, hat der das FRA am Glattstellungstag kaufende Marktteilnehmer die Zahlung zu leisten. Im umgekehrten Fall hätte der FRA-Verkäufer bei Glattstellung die Ausgleichszahlung zu erbringen.

5. Einsatz von FRAs im Portfoliomanagement

Grundsätzliche Einsatzmöglichkeiten von FRAs betreffen die Absicherung des kurzfristigen Finanzierungszinses und des kurzfristigen Wiederanlagezinses sowie die mehrperiodische Absicherung durch einen FRA-Strip. Neben diesen Absicherungsstrategien können auch Arbitragetransaktionen bei Fehlbewertungen beispielsweise zwischen FRAs und Futures sowie zwischen FRAs und dem Geldmarkt durchgeführt werden. Diese Anwendungsmöglichkeiten sind vor allem für Geldmarktfonds von Bedeutung.

Das folgende Beispiel soll die Möglichkeit der Absicherung mit Hilfe von FRAs aufzeigen: Ein Portfoliomanager hat in seinem Portfolio eine Floating Rate Note (FRN), die mit einem Zinssatz von 6-M-Euribor ausgestattet ist und eine Restlaufzeit von 5 Jahren aufweist. Der Nominalwert beläuft sich auf € 2 Mio. Da der Portfoliomanager befürchtet, dass das Zinsniveau sinkt, möchte er die nächste Zinsfestlegung, die in 4 Monaten erfolgt, absichern. Entsprechend wird der Verkauf eines 4x10 FRAs vorgenommen, wobei es sich bei dem Referenzzinssatz um den Euribor handelt (Vorlaufzeit = 121 Tage, Gesamtlaufzeit inkl. Contract Period: 303 Tage).

Bei einem aktuellen 4-M-Euribor von 3,70% und einem 10-M-Euribor von 4,00% ergibt sich der folgende FRA-Satz:

$$r_{FR} = \left[\left(\frac{1 + 0,0400 \cdot \frac{303}{360}}{1 + 0,0370 \cdot \frac{121}{360}} \right) - 1 \right] \cdot \frac{360}{303 - 121} = 4,147867\%$$

Unterschieden werden zwei Fälle. Im Fall A beläuft sich der 6-M-Euribor zu Beginn der Contract Period auf 3,5%. Da dieser Wert geringer ist als der vereinbarte FRA-Satz, erhält der Portfoliomanager als FRA-Verkäufer eine Ausgleichszahlung in Höhe von € 6.436,76:

$$A = €\ 2.000.000 \cdot \frac{(0,035 - 0,04147867) \cdot \frac{182}{360}}{1 + 0,035 \cdot \frac{182}{360}} = €\ -6.436,76$$

Nach weiteren 6 Monaten können – unter Vernachlässigung der Geld-Brief-Spanne – der Gesamterfolg und die entsprechende Verzinsung der Gesamtposition wie folgt angegeben werden, wobei unterstellt wird, dass die Ausgleichszahlung zum 6-M-Euribor angelegt werden kann:

$$2.000.000 \cdot 0,035 \cdot \frac{182}{360} + 6.436,76 \cdot \left(1 + 0,035 \cdot \frac{182}{360}\right) = 35.388,89 + 6.550,66 = 41.939,55$$

$$\text{Rendite} = \frac{41.939,55}{2.000.000} \cdot \frac{360}{182} = 4,147867\%$$

Die Rendite entspricht damit dem vereinbarten FRA-Satz, wobei allerdings zu berücksichtigen ist, dass in diesem Beispiel von der Geld-Brief-Spanne abgesehen wird, so dass hier unterstellt wird, dass sich Geldanlage- und Geldaufnahmezins entsprechen. Gleiches gilt auch für den Fall B, bei dem der 6-M-Euribor zu Beginn der Contract Period mit 4,25% über dem FRA-Satz liegt:

$$A = €\ 2.000.000 \cdot \frac{(0,0425 - 0,04147867) \cdot \frac{182}{360}}{1 + 0,0425 \cdot \frac{182}{360}} = €\ 1.010,95$$

Entsprechend hat der Portfoliomanager in diesem Fall eine Zahlung in Höhe von € 1.010,95 zu leisten.

Unterstellt man eine Refinanzierung der Ausgleichszahlung zum 6-M-Euribor, gelangt man wiederum zu dem gleichen Gesamterfolg und damit auch zu der gleichen Gesamtverzinsung wie im Fall A:

$$2\,\text{Mio} \cdot 0,0425 \cdot \frac{182}{360} - 1.010,95 \cdot \left(1 + 0,0425 \cdot \frac{182}{360}\right) = 42.972,22 - 1.032,68 = 41.939,55$$

Damit ist gezeigt, dass – unabhängig von der tatsächlichen Zinsentwicklung – der FRA-Satz gesichert werden kann, wobei allerdings die Berücksichtigung von Geld- und Briefkursen zu leichten Abweichungen führen würde.

Darüber hinaus soll in einem weiteren Beispiel die Absicherung eines kurzfristigen Wiederanlagezinses mit FRAs vorgestellt werden. Für das kommende Jahr befürchtet ein Portfoliomanager fallende Zinsen, die sich negativ auf das Zinsergebnis seiner Floating Rate Note (FRN) auswirken könnten. Die FRN wird bei einer Restlaufzeit von 1 Jahr mit 3-M-Euribor verzinst. Entsprechend soll mit dem Verkauf einer Serie von zeitlich hintereinandergeschalteten FRAs (FRA-Strip oder FRA-Kette) eine mehrperiodische Absicherung für das kommende Jahr vorgenommen werden. Dazu liegen folgende Daten vor:

	Zinssätze	Anzahl der Tage in den jeweiligen Perioden
Aktueller 3-Monats-Euribor	4,00%	90
3x6 Monats FRA-Satz	4,10%	91
6x9 Monats FRA-Satz	4,20%	92
9x12 Monats FRA-Satz	4,30%	92

Tab. F.94: FRA-Strip

Der Portfoliomanager kann sich nunmehr einen Zinssatz für das ganze Jahr in Höhe von 4,275% sichern:

$$\left(1+0,04\cdot\frac{90}{360}\right)\cdot\left(1+0,041\cdot\frac{91}{360}\right)\cdot\left(1+0,042\cdot\frac{92}{360}\right)\cdot\left(1+0,043\cdot\frac{92}{360}\right)-1=4,275\%$$

Damit hätte ein zu Beginn des Jahres eingesetztes Kapital von € 100 nach einem Jahr einen Wert von € 104,275. Der Zinssatz von 4,275% als Jahreszins würde daher der Zinsusance Actual/Actual entsprechen. Dieser Satz kann folgendermaßen in die Usance Actual/360 transferiert werden, wobei unterstellt wird, dass kein Schaltjahr vorliegt und das Jahr mit 365 Tagen angegeben werden kann:

$$4,275\% \cdot \frac{360}{365} = 4,216\%$$

Grafisch kann diese Transaktion wie folgt dargestellt werden:

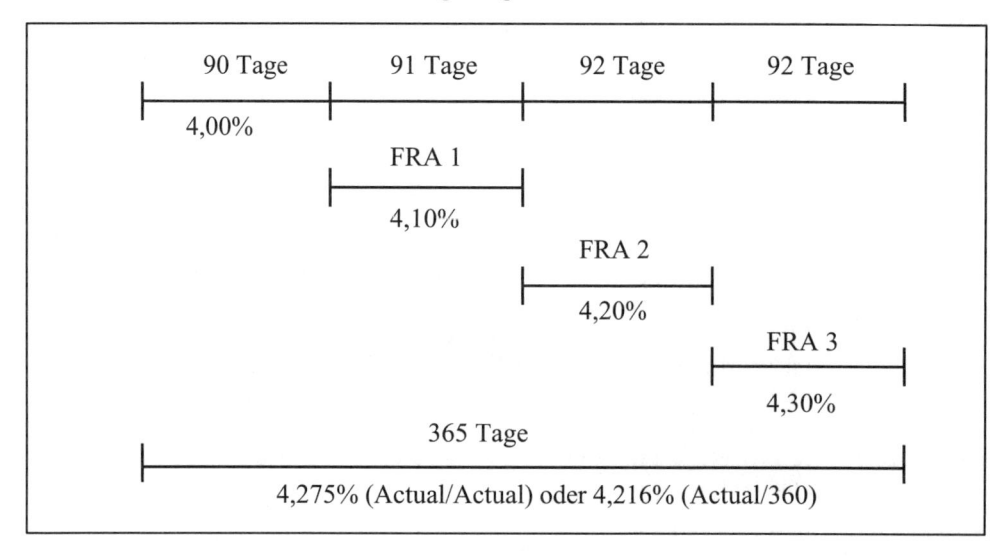

Abb. F.64: FRA-Strip

Neben der Sicherung einer Anlage zum variablen Zins oder einer zukünftigen Mittelanlage gegen Zinssenkungen durch den Verkauf von FRAs können FRAs auch im Rahmen der Spekulation eingesetzt werden, wobei jedoch das Marktpreisrisiko zu beachten ist. So wirkt sich ein steigender Referenzzins negativ für den FRA-Verkäufer aus.

Weitere Risiken bei FRAs sind das Adressenausfallrisiko und das Liquiditätsrisiko. Das Adressenausfallrisiko betrifft das Kontrahentenrisiko (Bonitätsrisiko), das beide Vertragspartner haben. Da keine Kapitalbeträge getauscht werden, besteht das Risiko in der Nichterfüllung der Ausgleichszahlung am Settlement-Tag. Dieses Risiko kann mit Hilfe der aktuellen Marktbewertung des FRAs quantifiziert werden. Das Liquiditätsrisiko drückt sich darin aus, dass die FRA-Position möglicherweise nicht oder nicht zu einem fairen Marktpreis aufgelöst oder glattgestellt werden kann.

Als weiteres Einsatzgebiet von FRAs können auch die Swap-Märkte genannt werden. Hier ist die Nutzung von FRAs im Rahmen des Managements der Floating-Seite einer Zinsswap-Position möglich. Auf den Einsatz von Swaps wird im folgenden Kapitel eingegangen.

Darüber hinaus können FRAs auch bei Währungstermingeschäften genutzt werden. Teilnehmer am Währungsterminmarkt sind im Wesentlichen an Bewegungen des $ im Vergleich zu anderen Währungen interessiert. Falls die Terminkurse der Währungen nicht „korrekt" bewertet sind, so können über FRAs Arbitragegewinne erzielt werden. Diese Art der Arbitrage kann auch zur Erhöhung der Liquidität von FRAs beitragen.

IV. Portfoliomanagement mit Swaps

1. Grundlagen von Swaps

Swapmärkte zählen zu den umsatzstärksten derivativen Finanzmärkten. Als Swap wird die Vereinbarung des Austausches von Zahlungen zu festgelegten Zeitpunkten auf einen bestimmten Kapitalbetrag (Notional Principal Amount) bezeichnet. Ein Austausch der zugrundeliegenden Kapitalbeträge erfolgt dabei nicht in jedem Fall. Als Hauptvarianten von Swap-Geschäften kommen Zins- und Währungsswaps in Frage. Swaps können sowohl zur Arbitrage (Ausnutzen von komparativen Kostenvorteilen an den internationalen Finanzmärkten) als auch zum aktiven Risikomanagement eingesetzt werden.

Entsprechend haben sich mittlerweile auch die interessierten Nutzergruppen ausgeweitet. Neben Marktteilnehmern, die durch Swap-Transaktionen bei Anleihenemissionen günstigere Refinanzierungsbedingungen erzielen wollen, werden Swaps vor allem von Banken genutzt, beispielsweise zur aktiven Gestaltung der Zinsbindungs- bzw. Zinselastizitätsbilanzen mit Hilfe von Zinsswaps. Die Banken sind zum größten Anwender von Zinsswaps geworden. Auch für eine weitere Gruppe wird das Produkt Swap zunehmend interessanter. So können auch institutionelle Anleger wie Versicherungen und Pensionskassen Swaps zum Hedging und zur Ertragsverbesserung ihres Anlageportfolios nutzen. Vom Hedge einzelner Positionen entwickelte sich das Management der Swaps immer mehr zum Portfoliomanagement.

a. Zinsswaps

Bei einem reinen Zinsswap vereinbaren zwei Parteien, für eine bestimmte Zeit auf unterschiedlicher Zinsbasis berechnete Zinszahlungsströme auszutauschen. Die Beträge, auf die die Zinsen berechnet bzw. gezahlt werden, sind für beide Zinszahlungsströme betrags- und währungsmäßig gleich, so dass ein Austausch der zugrundeliegenden Kapitalbeträge unterbleiben kann. An den festgelegten Terminen werden also lediglich die Zinszahlungen transferiert. Als Sonderform des Zinsswaps gilt der sogenannte Basisswap, bei dem variable Zinszahlungen ausgetauscht werden, die auf unterschiedlichen Referenzzinssätzen basieren.

Häufig handelt es sich um die Umwandlung einer zinsvariablen Verbindlichkeit in eine zinsfixe Verbindlichkeit und vice versa. Eine Vertragspartei (Fixed Rate Payer) zahlt einen Festsatz (Swapsatz) und empfängt dafür vom Floating Rate Payer einen variablen Zinssatz, der an einen Referenzzins gebunden ist. Gebräuchlich sind hierbei der Libor oder im Euro-Bereich auch der Euribor, jeweils für verschiedene Zeiträume (z.B. drei oder sechs Monate).

Zu unterscheiden ist zwischen einem Payer Swap und einem Receiver Swap. Bei einem Payer Swap werden zinsfixe Mittel gezahlt gegen Erhalt zinsvariabler Zahlungen. Insofern profitiert der Käufer eines Payer Swaps von steigenden Marktzinsen. Soll eine Absicherung gegen steigende Zinsen erfolgen, so ist dies daher mit Hilfe eines Payer Swaps möglich. Hingegen werden bei einem Receiver Swap zinsvariable Mittel gezahlt gegen Erhalt zinsfixer Zahlungen. Entsprechend profitiert der Käufer eines Receiver Swaps von fallenden Marktzinsen.

Das folgende Beispiel zeigt die Vorteilhaftigkeit von Zinsswaps im Rahmen von Anleihenemissions-Geschäften auf.[1] Diese Vorteile werden – wie üblicherweise zur Erläuterung von Swapgeschäften – aus Sicht von zwei Emittenten beschrieben. Dabei ist die Zinsbasis der von den beiden Vertragsparteien vorgenommenen Grundgeschäfte genau entgegengesetzt zu der angestrebten Basis. Letztere wird erst durch den Zinsswap realisiert.

	Bank A	Bank B	Zinsdifferenz
Zinsvariable Mittelbeschaffung zu	Euribor + 0,35%	Euribor + 1,05%	0,70%
Zinsfixe Mittelbeschaffung zu	3,8%	5,4%	1,60%
Zielfinanzierung:	variabel	fix	

Tab. F.95: Ausgangsposition der Swap-Transaktion, Beispiel 1

Bank B hat gegenüber Bank A bei einer zinsvariablen Mittelbeschaffung einen relativ kleineren Nachteil als bei der zinsfixen Mittelbeschaffung. Sie nimmt variable Mittel zu Euribor + 1,05% auf, obwohl sie aber eine zinsfixe Mittelbeschaffung anstrebt. Das entsprechende Swap-Geschäft kann wie folgt dargestellt werden:

---

1 Vgl. *Perridon/Steiner* (2002), S. 318f.; *Bösch* (2012), S. 211ff.

```
                      3,8% + Marge
  Zinszahlung   ┌────────┐◄──────────────┌────────┐   Zinszahlung
  ◄─────────────│ Bank A │               │ Bank B │
     3,8%       └────────┘──────────────►└────────┘   Euribor + 1,05%
                      Euribor + 0,35%
```

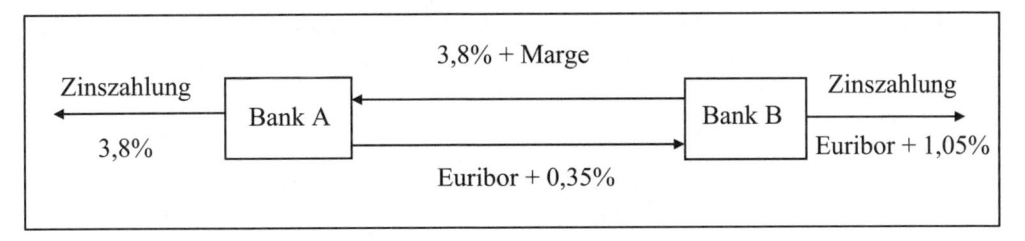

Abb. F.65: Swap-Transaktion im Emissionsgeschäft, Beispiel 1

Da die Differenz der beiden Zinsdifferenzen 0,9% (= 1,6% – 0,7%) beträgt, muss – damit beide Marktteilnehmer einen Vorteil durch die Swap-Transaktion haben – die Marge zwischen 0% und 0,9% liegen. Wird die Marge gleichmäßig auf beide Swap-Partner aufgeteilt, so ergibt sich als Ergebnis dieser Transaktion die folgende Vorteilhaftigkeitsrechnung:

	Bank A	Bank B
Kreditkosten	– 3,8%	– (Euribor + 1,05%)
Swap Inflow	+ 4,25%	+ Euribor + 0,35%
Swap Outflow	– (Euribor + 0,35%)	– 4,25%
Nettokosten	– (Euribor – 0,10%)	– 4,95%
Alternative	– (Euribor + 0,35)%	– 5,40%
Zinsvorteil	+ 0,45%	+ 0,45%

Tab. F.96: Vorteilhaftigkeitsrechnung der Swap-Transaktion, Beispiel 1

Somit können beide Banken einen Zinsvorteil aus der Swap-Transaktion erzielen. Diese Vorteile sind um so größer, je höher die Bonitäts- bzw. Standing-Unterschiede zwischen den Swap-Partnern sind und entsprechend auch die Unterschiede in den Zinskonditionen, die diese am Markt erlangen können. Bei festverzinslichen Anlagen mit längeren Laufzeiten berücksichtigen die Kapitalanleger die Bonitätsunterschiede stärker als bei zinsvariablen Anlagen. Eine Bonitätsherabstufung bei festverzinslichen Anleihen würde sich deutlicher auf den Kurs auswirken aufgrund der künftigen, konstanten Festzinszahlungen. Hingegen ist bei zinsvariablen Anleihen der Ausstieg zu den Zinsanpassungsterminen jeweils kurzfristig ohne größere Kursverluste möglich.

Während die unterschiedlichen Bonitätseinschätzungen vor allem das Kreditrisiko bzw. das Adressenausfallrisiko betreffen, beziehen sich die Standing-Unterschiede zwischen zwei bonitätsmäßig gleichen Partnern insbesondere auf unterschiedliche Marktzugangsmöglichkeiten der beteiligten Vertragsparteien auf den jeweiligen Märkten. Gründe dafür sind u.a. eine bisherige starke Inanspruchnahme eines bestimmten Kapitalmarktes oder ein geringer Bekanntheitsgrad auf fremden Märkten.[1]

---

[1] Vgl. *Nabben* (1990), S. 14; *Perridon/Steiner* (2002), S. 318; *Rudolph* (1995), S. 11.

Die Erzielung des aufgezeigten Vorteils durch die Swap-Transaktion ist dann möglich, wenn von der Bonität her bessere Unternehmen mit Unternehmen schlechterer Bonität Swaps eingehen. Dabei ist auch zu berücksichtigen, dass der Swap-Partner mit der guten Bonität bei dem Swap nicht die gleichen Risiken eingeht, wie z.B. ein Anleihen-Investor; denn beim Swap führt – anders als beim Ausfall eines Anleihen-Emittenten – das Risiko, dass der Swap-Partner ausfällt, nicht zum Verlust des zugrunde liegenden Nominalbetrags. Vielmehr besteht das Ausfallrisiko darin, dass sich die Marktkonditionen nach dem Ausfall in einer für den Swappartner ungünstigen Weise entwickelt haben. In diesen Fällen können die nach dem Ausfall offenen Zins-Positionen nicht zu den ursprünglich erwarteten Zinssätzen, sondern nur zu den dann aktuellen, evtl. ungünstigeren Marktkonditionen geschlossen werden.

Grundsätzlich hängt die Aufteilung des Vorteils von der Verhandlungsmacht der jeweiligen Partner ab. Dabei kann davon ausgegangen werden, dass sicherlich der Swappartner mit der besseren Bonität auch die größere Verhandlungsmacht hat. Darüber hinaus wird – falls Banken als Swappartner zwischengeschaltet sind und bei den Swaps das jeweilige Kreditrisiko übernehmen – ein Teil des gesamten Swap-Vorteils als Provision an die Bank abzuführen sein.[1]

Mit Hilfe eines Swap-Geschäftes können Swap-Partner also ihren Vorsprung gegenüber anderen Marktteilnehmern bezüglich der Bonität oder des Standings gewinnbringend vermarkten. Gleichzeitig können aber auch bonitäts- und standingmäßig schlechter gestellte Partner in den Genuss erstklassiger Konditionen kommen, die sonst für sie nicht erreichbar wären. Damit sind die Vorteile des einen Partners für den jeweils anderen Partner von Interesse.

Ein weiteres Beispiel soll die Vorteilhaftigkeit genauer aufzeigen, wobei „Bp" für Basispunkte und „Bunds" für Renditen von Bundesanleihen steht:[2]

	Unternehmen C	Unternehmen D	Zins-differenz
Zinsvariable Mittelbeschaffung zu	Euribor + 15 Bp	Euribor + 55 Bp	*40 Bp*
Zinsfixe Mittelbeschaffung zu	Bunds + 62 Bp	Bunds + 126 Bp	*64 Bp*
Zinsdifferenz	*47 Bp*	*71 Bp*	*24 Bp*

Tab. F.97: Ausgangsposition der Swap-Transaktion, Beispiel 2

Unternehmen C wünscht zinsvariable Mittel, während Unternehmen D zinsfixe Mittel anstrebt. Wenn kein Swap eingegangen wird, entstehen gesamte Zinskosten in der folgenden Höhe:

Euribor + 15 Bp + Bunds + 126 Bp = Euribor + Bunds + 141 Bp

---

1 Vgl. *Flavell* (2002), S. 41.
2 1 Bp = 0,01%.

Falls aber Unternehmen C zinsfixe Mittel und D zinsvariable Mittel aufnimmt, so belaufen sich die gesamten Zinskosten auf:

Bunds + 62 Bp + Euribor + 55 Bp = Euribor + Bunds + 117 Bp

In diesem Fall wären die Gesamtkosten um 24 Bp geringer. Diese Differenz soll nun mit Hilfe einer Swap-Transaktion genutzt werden, wobei sich wiederum die Frage nach der Marge stellt (vgl. Abbildung F.66).

Damit der Swap für beide Marktteilnehmer attraktiv ist, muss die Marge zwischen 47 Bp und 71 Bp liegen, was sich auch aus Tabelle F.97 ergibt. Soll beispielsweise der Swap-Vorteil im Verhältnis von 2:1 zwischen C und D aufgeteilt werden, so ergibt sich eine Marge von:

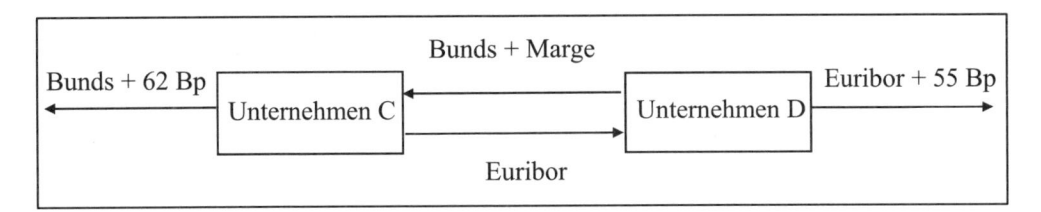

47 Bp + 2/3 · 24 Bp = 63 Bp = 71 Bp –1/3 · 24 Bp

Abb. F.66: Swap-Transaktion im Emissionsgeschäft, Beispiel 2

Das Ergebnis kann der folgenden Tabelle entnommen werden:

	Unternehmen C	**Unternehmen D**
Kreditkosten	– (Bunds + 62 Bp)	– (Euribor + 55 Bp)
Swap Inflow	+ Bunds + 63 Bp	+ Euribor
Swap Outflow	– Euribor	– (Bunds + 63 Bp)
Nettokosten	– (Euribor – 1 Bp)*	– (Bunds + 118 Bp)**
Alternative	– (Euribor + 15 Bp)	– (Bunds + 126 Bp)
Zinsvorteil	**16 Bp**	**8 Bp**
*	– (Euribor + 62 Bp – Marge)	
**	– (Bunds + 55 Bp + Marge)	

Tab. F.98: Vorteilhaftigkeitsrechnung der Swap-Transaktion, Beispiel 2

Zur Ermittlung der komparativen Vorteile durch Swaps kann auch eine Matrix gebildet werden, wobei sich wiederum die Höhe des gesamten Vorteils in dem Unterschiedsbetrag zwischen der Differenz der Festzinszahlungen und der Differenz der variablen Zinszahlungen ausdrückt. Dabei gilt – wie auch in den obigen Beispielen –, dass die Differenz der Festzinszahlungen regelmäßig höher ist als die Differenz der variablen Zinszahlungen:

Swap-Gesamtvorteil = (Festzins$_{\text{schlechte Bonität}}$ − Festzins$_{\text{gute Bonität}}$)
− (variabler Zins$_{\text{schlechte Bonität}}$ − variabler Zins$_{\text{gute Bonität}}$)

Das folgende Beispiel (Tabelle F. 99) zeigt diese Zusammenhänge auf. Zunächst sind die Finanzierungskosten verschiedener Institutionen aufgeführt, wobei die Spreads über Euribor (E) bzw. über Bundesanleihe-Renditen (B) willkürlich gewählt sind.[1]

Aus diesen Angaben lassen sich die jeweiligen Gesamtvorteile durch das Eingehen von Swaps zwischen den jeweiligen Partnern ermitteln, wobei die Vorteile in Basispunkten angegeben sind. Im Rahmen einer Swap-Vereinbarung sind diese Gesamtvorteile noch zwischen den Beteiligten aufzuteilen (Tabelle F.100).

Mittelbe-schaffung	Staat	Banken	Finanz-unternehmen	Unternehmen mit guter Bonität	Unternehmen mit schlechter Bonität
variabel	E − 15 Bp	E	E + 7 Bp	E + 15 Bp	E + 55 Bp
fix	B	B + 30 Bp	B + 41 Bp	B + 62 Bp	B + 126 Bp

Tab. F.99: Im Beispiel angenommene Finanzierungskosten verschiedener Emittenten

	Staat	Banken	Finanz-unternehmen	Unternehmen mit guter Bonität	Unternehmen mit schlechter Bonität
Staat	---	15 Bp	19 Bp	32 Bp	56 Bp
Banken		---	4 Bp	17 Bp	41 Bp*
Finanz-unternehmen			---	13 Bp	37 Bp
Unternehmen mit guter Bonität				---	24 Bp
Unternehmen mit schlechter Bonität					---
*	= (Festzins$_{\text{schlechte Bonität}}$ − Festzins$_{\text{gute Bonität}}$) − (variabler Zins$_{\text{schlechte Bonität}}$ − variabler Zins$_{\text{gute Bonität}}$) = (B + 126 − (B + 30)) − (E + 55 − E) = 96 − 55 = 41				

Tab. F.100: Kostenvorteile durch das Eingehen von Swaps

Aus der Tabelle ergibt sich beispielsweise, dass eine Swap-Vereinbarung zwischen Banken und Unternehmen mit schlechter Bonität zu einem gesamten Swap-Vorteil von 41 Basispunkten führt, der entsprechend aufzuteilen ist.

Die angeführten Beispiele der Erzielung komparativer Kostenvorteile durch ein Swap-Geschäft zählen zu den typischen Beispielen zur Erläuterung der Motivation derartiger Transaktionen im internationalen Emissionsgeschäft der frühen Swapjahre. Mittlerweile

---

1 Vgl. *Flavell* (2002), S. 40f.

sind jedoch weitere Motive des Einsatzes von Zinsswaps hinzugekommen. Dazu gehören die Erhöhung von Zinserlösen einer Geldanlage oder auch die Verringerung von Zinsänderungsrisiken sowie bei Banken die Steigerung der Handelserträge.

Einmal eingegangene Swap-Geschäfte können auch wieder aufgelöst werden, obwohl sie über Laufzeiten bis zu 10 Jahren abgeschlossen werden. Einerseits kann die Aufhebung der Swap-Position durch den Abschluss eines Gegenswaps – also eines Swaps mit genau den entgegengesetzten Zahlungsströmen – erfolgen. Diese Transaktion wird als Reverse Swap bezeichnet, wobei die Laufzeit der Restlaufzeit des ursprünglichen Swap-Geschäfts entspricht. Handelt es sich beispielsweise bei dem ursprünglichen Swap-Geschäft um einen Payer-Swap, so ist jetzt entsprechend ein Receiver-Swap einzugehen.

Andererseits besteht aber auch die Möglichkeit, einen Swap durch eine einmalige Zahlung vorzeitig aufzulösen (Close Out). Diese Einmalzahlung setzt sich zusammen aus:

- den aufgelaufenen Stückzinsen der variablen und der festen Zinszahlungsseite vom letzten Zahltag bis zum Auflösungstag,
- dem Barwert der Zinsdifferenz zwischen dem vereinbarten Festsatz und dem aktuellen Marktzins eines Swaps gleicher Fälligkeit sowie
- dem Barwert der Zinsdifferenz zwischen dem Satz beispielsweise des letzten Euribor-Fixings und dem am Auflösungstag aktuellen Euribor für den verbleibenden Rest der Euribor-Periode.

b. Kombinierte Währungs- und Zinsswaps

Während bei Zinsswaps die Währungen beider Positionen übereinstimmen, werden beim Währungsswap (Currency Swap) Positionen in unterschiedlichen Währungen getauscht. Beim reinen Währungsswap sind die getauschten Positionen beide festverzinsliche Mittel oder beide variabel verzinsliche Mittel mit der gleichen Zinsbasis. Neben den Zinszahlungen werden dabei auch die Kapitalbeträge berücksichtigt, die üblicherweise zu Beginn der Laufzeit der Swap-Vereinbarung zum aktuellen Kassakurs getauscht werden. Am Ende der Laufzeit werden die Kapitalbeträge auf Basis des ursprünglichen Wechselkurses wieder zurückgetauscht. Die Swap-Parteien sind daher vor möglichen Wechselkursschwankungen geschützt. Auf den Tausch der Kapitalbeträge beim Abschluss kann verzichtet werden, wenn der vereinbarte Wechselkurs dem aktuellen Devisenkassakurs entspricht.

Der Unterschied zum Devisenswap als Kombination von Kassa- und Termingeschäften liegt darin, dass bei Devisenswaps – wie weiter unten noch dargestellt – Termin- und Kassakurs voneinander abweichen können. Die Differenz der beiden Kurse, die beim Devisenswap als Swapsatz bezeichnet wird, weist beim Währungsswap jedoch den Wert Null auf; denn hier werden die Verzinsungsdifferenzen zwischen den einbezogenen Währungen über die Zinszahlungen in früheren Stufen abgegolten. Während beim Devisenswap keine Zinszahlungen in der Zwischenzeit ausgetauscht werden, ist dies beim Währungsswap der Fall. Die Zahlungen werden dabei in unterschiedlichen Währungen geleistet, so dass die Zinsbeträge meist nicht verrechnet werden, wenn die Zinszahlungen der beiden Partner auf denselben Zeitpunkt fallen.

Ökonomisch gesehen entspricht ein solcher Währungsswap einem Bündel von Devisentermingeschäften, das um das anfängliche Kassageschäft erweitert wurde. Der Grund für die Entwicklung und Etablierung von Währungsswapgeschäften waren – wie auch bei den Zinsswaps – vorhandene Arbitragepotentiale, die dadurch auftraten, dass sich inländische

Unternehmen typischerweise in ihrem Heimatmarkt günstiger verschulden können als ausländische Unternehmen. Beispielsweise lässt sich die direkte $ Geldaufnahme eines deutschen Unternehmens durch eine Euro-Geldaufnahme in Verbindung mit einem €/$-Währungsswap substituieren.

Ein Währungsswap kann mit einem Zinsswap kombiniert werden, wenn variable gegen fixe Zinszahlungen getauscht werden. Damit besteht ein solcher Swap aus den beiden Elementen

- Austausch der Zinszahlungen, z.B. 6% Festzins in $ gegen 3-Monats-Euribor in € und
- Devisenkassageschäft in Verbindung mit einem gleichzeitigen Devisentermingeschäft (Forward) bei gleichen Kursen.

In der Praxis werden manchmal der Anfangstausch und eventuell auch der Schlusstausch ausgespart, wobei es sich in diesen Fällen i.d.R. um Swaps in Verbindung mit bestehenden Positionen oder der direkten Beschaffung am Kassamarkt handelt. Unterscheiden kann man nach der Art der Zinsberechnung:[1]

- *Fixed-to-Fixed Currency Swaps*
  Austausch von Festsatzverbindlichkeiten oder -forderungen.
- *Floating-to-Floating Currency Swaps*
  Austausch von Verbindlichkeiten oder Forderungen auf variabler Basis.
- *Cross Currency Interest Rate Swap* bzw. *Fixed-to-Floating Currency Swap*
  Austausch von fest- und variabel verzinslichen Positionen.

Darüber hinaus haben sich seit den ersten Swap-Transaktionen zahlreiche Swap-Formen entwickelt, wie z.B. Delayed-Start Swaps, Forward Swaps oder Rollercoaster Swaps (als Amortisationsswaps, Step-up/Step-down-Swaps).[2]

2. Handel mit Swaps

Die ersten Swap-Verträge waren noch individuell auf die beteiligten Partner als „swap end user" zugeschnitten. Banken spielten oftmals lediglich eine beratende Rolle, da die beteiligten Swap-Partner zumeist eine sehr gute Bonität aufwiesen und daher gern direkt miteinander die Swap-Transaktionen aushandelten. Die Swap-Dokumentation war dabei zumeist auf die jeweilige einzelne Transaktion bezogen. Insgesamt handelte es sich damit lediglich um einen Primärmarkt für Swaps.[3]

Seit Mitte der 1980er Jahre wurde die Standardisierung von Swap-Kontrakten vorangetrieben. Ziel war die Beschleunigung des Vertragsabschlusses und der Dokumentation. Standardisierungsvorschläge wurden vor allem von der International Swaps and Derivatives Association (ISDA) in New York und der British Bankers' Association (BBA) in London veröffentlicht. Während die ISDA ein Kompendium von einheitlichen Begriffen, Definitio-

---

1 Vgl. *Das* (1994), S. 77 und *Martin* (2001), S. 263.
2 Vgl. zu den hier genannten Swap-Formen Abschnitt F.IV.4.c. in diesem Buch. Zu weiteren Swap-Formen vgl. z.B. *Lassak* (1988), S. 25ff.; *Nabben* (1990), S. 32; *o.V.* (2000), S. 45ff.; *Neubacher* (2001); Flavell (2002), S. 95ff.; *Bösch* (2012), S. 232f.
3 Zur Entwicklung der Swap-Märkte vgl. insbesondere *Das* (1994), S. 17ff.

nen und Regelungen für $-Zinsswap-Geschäfte (und später auch Währungsswaps) erstellte, wurden von der BBA konkrete Musterverträge vorgegeben, die von den Teilnehmern auf dem Swapmarkt als Grundlage für die eigenen Swap-Abschlüsse genutzt werden konnten. Hierauf ging später auch die ISDA ein, indem sie selbst einen Mustervertrag entwarf, das „Interest Rate and Currency Exchange Agreement". Letztlich ermöglichte diese Standardisierung eine Vereinheitlichung der Rechtsgrundlage der Swap-Verträge und führte damit zu einer vereinfachten Abwicklung.

In dieser Phase kam den Banken eine zunehmende Bedeutung bei den Swap-Transaktionen zu, da die Swap-Partner nunmehr beide direkt Swaps mit einer Bank abschlossen, die zwischengeschaltet war. Entsprechend übernahmen die Banken das mit dem Swap verbundene Ausfallrisiko, ohne jedoch das Marktrisiko einzugehen. Letzteres war durch den Gegenswap abgesichert.

Seitdem entwickelte sich aus dem ursprünglichen Primärmarkt ein Sekundärmarkt für Swap-Geschäfte, so dass die Swapbedingungen nicht mehr individuell zwischen zwei Partnern ausgehandelt werden müssen. Die Banken stellen mittlerweile Swap-Konditionen auf Anfrage, so dass der gleichzeitige Abschluss von Swap-Transaktionen mit zahlreichen, unterschiedlichen Swap-Partnern ermöglicht wird. Hierbei entstehen offene Swap-Positionen in den Büchern der Banken, die wiederum ein erhöhtes Marktrisiko für die Banken bedeuten. Zur Absicherung dieser durch Swap-Transaktionen verursachten Risiken werden Instrumente des jeweils äquivalenten und vor allem liquiden Staatsanleihen-Marktes eingesetzt, wie z.B. Geldmarkt-Futures zur Absicherung von Geldmarkt-Swaps.

Anzumerken ist in diesem Zusammenhang, dass oftmals von „Swap-Handel" gesprochen wird, obwohl die abgeschlossenen Swaps eigentlich keine kurzfristigen Handelsgeschäfte darstellen, sondern eher Transaktionen, die ein langfristiges Ausfallrisiko begründen. Erfolgt zwischenzeitlich kein Close out, so steht das Ausfallrisiko noch bis zum Laufzeitende in den Büchern der Bank. Zwar kann das Marktrisiko offener Swap-Positionen durch einen spiegelbildlichen Swap minimiert werden, der ursprüngliche Swap (und damit das Ausfallrisiko) bleibt aber weiterhin in den Büchern der Bank bestehen.[1]

Die offenen Swap-Positionen können in Verbindung mit Zins- und Wechselkursschwankungen auch die Möglichkeit der Spekulation eröffnen. Banken gehen dabei untereinander Swaps ein, wobei das Motiv zum Teil lediglich der Aufbau einer offenen Position ist, sieht man einmal von den Fällen ab, in denen Swaps mit Nicht-Banken mangels eines am Markt vorhandenen entsprechenden Gegenswaps nicht sofort geschlossen werden können.[2] Dabei werden vor allem Zinsswaps eingesetzt. Bei Erwartung steigender Zinsen werden offene Positionen durch Fixed-Rate-Payer Swaps aufgebaut, während die Bank bei Erwartung fallender Zinsen zu einem Floating-Rate-Payer wird. Nach Eintritt der jeweils erwarteten Zinsänderung werden die offenen Positionen durch einen spiegelbildlichen Swap geschlossen.

Neben Zinsswaps können auch Währungsswaps zu Spekulationszwecken genutzt werden. So kann beispielsweise mit einem Fixed-to-Fixed Currency Swap auf Veränderungen der jeweiligen Zinsniveaus spekuliert werden. Offene Positionen bei Währungsswaps werden jedoch von Banken kaum bewusst aufgebaut, vielmehr entstehen sie eher zwangsläufig aus Kundengeschäften. Begründet werden kann dies einerseits damit, dass bei Währungsswaps im Vergleich zu Zinsswaps mehr Größen für die Zukunft prognostiziert werden

---

1 Vgl. *Flavell* (2002), S. 9f.
2 Vgl. *Nabben* (1990), S. 122.

müssen: die Zinsentwicklungen in den jeweiligen Währungen sowie die Wechselkursentwicklung zwischen den beiden Swap-Abschlüssen. Andererseits ist das Marktvolumen bei Zinsswaps wesentlich größer, wie die nachfolgende Übersicht (Tabelle F.101) zeigt.

Die weltweite Entwicklung der Swap-Märkte kann an der Entwicklung der Nominalbeträge offener Swap-Kontrakte von führenden globalen Händlern in nunmehr 13 Staaten veranschaulicht werden, wobei sich die Tabelle auf die Märkte für außerbörsliche (OTC) Derivate bezieht:[1]

	Juni 2004	Juni 2007	Juni 2010	Juni 2012
Währungsswaps	7.033	12.312	16.360	24.156
Zinsswaps[2]	127.570	272.216	347.508	379.401
FRAs[2]	13.144	22.809	56.242	64.302
Zinsoptionen[2]	23.912	52.288	48.081	50.314

Tab. F.101: Ausstehende Nominalbeträge von OTC-Derivaten in Mrd. $
(um Doppelzählungen bereinigt)

3. Quotierung von Swaps

Mit zunehmender Marktgröße und Liquidität haben sich am Swapmarkt bestimmte Konventionen herausgebildet, die zur Vereinfachung der Abschlüsse beitragen sollen. So wird i.d.R. beim Abschluss eines Zinsswaps nur der für die ganze Laufzeit gültige Festsatz vereinbart. Dieser Festsatz wird im €-Bereich üblicherweise einmal jährlich nach der Zinsberechnungsmethode 30/360 – d.h. anders als im €-Anleihenmarkt, bei dem die Konvention Actual/Actual lautet – gezahlt.[3] Den variablen Zinszahlungen wird oftmals der 3-Monats-Euribor zugrunde gelegt. Die Berechnungsmethode ist hierbei Actual/360.

Dabei ist zu beachten, dass die Swap-Sätze i.d.R. höher als die Zinssätze des zugrundeliegenden Staatsanleihen-Marktes notieren. Dies ist darauf zurückzuführen, dass die Bonität am Swap-Markt als Interbanken-Markt i.d.R. etwas geringer ist als die Bonität von Staatsanleihen. Darüber hinaus kann der Swap-Spread auch von der aktuellen Marktsituation abhängen. So kann davon ausgegangen werden, dass sich bei niedrigem Zinsniveau und

---

1 Die berichtenden Länder sind (Stand Juni 2012): Australien (seit Dezember 2011), Belgien, Deutschland, Frankreich, Großbritannien, Italien, Japan, Kanada, Niederlande, Schweden, Schweiz, Spanien (seit Dezember 2011) und die USA. Die ausstehenden Nominalbeträge sind dabei um Doppelzählungen bereinigt. Die Zahlen von 2004, 2007 und 2010 beziehen sich auf die G10-Staaten und die Schweiz. Vgl. *BIS* (2006), S. 4 und S. 6; *BIS* (2008), S. 4 und S. 6; *BIS* (2010), S. 1; *BIS* (2011), S. 1, S. 4 und S. 6; *BIS* (2012), S. 5, S. 9 und S. 12.
2 Hierbei handelt es sich nur um Kontrakte in einer Währung.
3 Bei der Abrechnung der Swapsätze nach der 30/360–Methode ist noch eine Besonderheit bei Valutatag Ende eines Monats, der nicht 30 Tage hat, zu berücksichtigen. Vgl. *Tinschert/Cremers* (2012), S. 20. Die Konvention der Tageszählung dient zur Berechnung der aufgelaufenen Zinsen, vor allem zur Umrechnung der jährlichen Zinsen auf tägliche. Während im Nenner die Tage pro Jahr stehen, gibt der Zähler die Anzahl der Tage eines Monats an. Dabei bedeutet „Actual", dass die tatsächliche Anzahl der Kalendertage angegeben wird.

gleichzeitiger Erwartung steigender Zinsen der Swap-Spread ausweiten wird; denn in diesem Fall würden die meisten Swap-Partner die Zahlung fester Zinsen gegen Erhalt variabler Zinsen bevorzugen. Dies führt dann zu einer hohen Nachfrage nach Payer Swaps, was wiederum einen Swap Market Maker dazu veranlassen wird, den Swap-Satz anzuheben. Umgekehrt wird sich bei hohem Zinsniveau und gleichzeitiger Erwartung fallender Zinsen der Swap-Spread entsprechend verringern.[1]

$-Swaps werden per Konvention auf der Basis von Spreads über dem entsprechenden US Treasury Bond quotiert und veröffentlicht.[2] Während für US Treasury Bonds (T-Bonds) die Zinstagezählung Actual/Actual gilt, werden $-Swaps oftmals auf Actual/360 Basis quotiert. Darüber hinaus ist in diesem Zusammenhang zu berücksichtigen, dass die Quotierung der $-Swaps zumeist jährlich erfolgt, während die Zinszahlungen bei den T-Bonds halbjährlich erfolgen. Soll beispielsweise eine Quotierung für einen 5-jährigen Swap von 56 Bp über der T-Bond-Rendite von 6,23% in die entsprechende Swap Rate umgewandelt werden, so ergibt sich der nachfolgende Wert, wobei unterstellt wird, dass das Jahr 365 Tage hat:

$$\text{Swap Rate}_{5\text{ Jahre}} = \left[(1 + 0,5 \cdot (\text{Bondrendite} + \text{Spread}))^2 - 1\right] \cdot \frac{360}{365}$$

$$= \left[\left(1 + 0,5 \cdot \left(0,0623 + \frac{56}{10.000}\right)\right)^2 - 1\right] \cdot \frac{360}{365} = 6,8107\%$$

Bei der so ermittelten Swap Rate handelt es sich damit um einen jährlichen Zins auf der Basis Actual/360. Dieser Zinssatz betrifft die feste Seite des Swaps gegen entsprechende variable Zinszahlungen, z.B. auf Libor-Basis.

$-Swap Rate-Quotierungen können sich aber auch auf halbjährliche Zinszahlungen beziehen. In diesem Fall ergibt sich in dem Beispiel ein Zinssatz von 6,79%. Dieser Satz ist anschließend in eine halbjährliche Actual/360 Basis zu transferieren, so dass die Swap-Rate lautet:

$$6,79\% \cdot \frac{360}{365} = 6,697\%$$

Allerdings kann es auch vorkommen, dass $-Swap Rates auf 30/360-Basis bei halbjährlichen Zinszahlungen quotiert werden. Dann ergäbe sich in diesem Beispiel eine Swap Rate von 6,79%.

Festzuhalten bleibt, dass die Swap-Rates in $ in unterschiedlichen Formaten angegeben werden können (Actual/360, 30/360, Actual/365 etc.), so dass genau zu prüfen ist, welches Format jeweils benötigt wird. Die Konvention im €-Swapmarkt bezieht sich i.d.R. auf eine jährliche Zinszahlung bei einer Zinstagezählung von 30/360.

Die Quotierung von Swaps erfolgt bei vielen Währungen durch die Angabe von absoluten Zinssätzen. In der Tabelle F.102 sind beispielsweise Swap-Indikationen für €-Swaps

---

1 Vgl. *Flavell* (2002), S. 45f.
2 Vgl. *Martin* (2001), S. 203.

vom 17.03.2003 aufgeführt (dabei beinhalten die Quotierungen die jeweiligen Bid-Offer-Kurse in % bei einer jährlichen Zinszahlung auf 30/360 Basis gegen den 6-M-Euribor), wobei auch Swaps, die erst nach einer bestimmten Vorlaufzeit beginnen (Forward Swaps) aufgeführt sind.[1]

Dabei zeigt die Quotierung 3,42% - 3,47% für einen 5-jährigen Swap (ohne Vorlaufzeit) an, dass der Anbieter (in diesem Fall eine Bank) bereit ist, eine Payer-Swap-Position zum Zinssatz von 3,42% und eine Receiver-Swap-Position zu 3,47% einzugehen.[2]

Vorlaufzeit (Jahre) Swap-Laufzeit (Jahre)	0	0,5	1	2
2	2.64 - 2.69	2.84 - 2.89	3.15 - 3.20	3.77 - 3.82
3	2.92 - 2.97	3.16 - 3.21	3.44 - 3.49	4.00 - 4.05
4	3.19 - 3.24	3.41 - 3.46	3.68 - 3.73	4.18 - 4.23
5	3.42 - 3.47	3.65 - 3.70	3.88 - 3.93	4.33 - 4.38
6	3.62 - 3.67	3.83 - 3.88	4.05 - 4.10	4.47 - 4.52
7	3.80 - 3.85	4.00 - 4.05	4.20 - 4.25	4.58 - 4.63
8	3.95 - 4.00	4.13 - 4.18	4.33 - 4.38	4.68 - 4.73
9	4.09 - 4.14	4.26 - 4.31	4.43 - 4.48	4.75 - 4.80
10	4.20 - 4.25	4.35 - 4.40	4.52 - 4.57	4.83 - 4.88

Tab. F.102: Indikationen von Swapsätzen

Auch in Bezug auf die Terminologie haben sich bestimmte Konventionen herausgebildet, von denen die wichtigsten hier genannt werden sollen. Zunächst wird ein Swap, dessen Anfangswert Null ist, als Par Swap bezeichnet. Dagegen werden Swaps, die nicht zu par gepreist werden, Off-Market Swaps genannt. Sie werden entsprechend nicht anhand der aktuellen Marktzinsen gepreist, sondern in Anlehnung an sogenannte Off-Market Preise.

Die Swap-Partei, die den variablen Zinssatz zahlt bzw. den festen Zinssatz erhält, wird als Floating Rate Payer bezeichnet, der einen Swap verkauft hat. Entsprechend ist er short in einem Swap und long im Bond-Markt. Er hat sozusagen den festen Zinssatz verkauft. Insofern lässt sich ein (verkaufter) Par Swap durch den geldmarktfinanzierten Kauf einer gesamtfälligen Anleihe synthetisch herstellen. Dagegen ist der Festzinszahler (Fixed Rate Payer), der Käufer eines Swaps, long im Swap und short im Bond-Markt. Er hat entsprechend der obigen Terminologie den festen Zinssatz gekauft.

Als Standard-Swap hat sich der sogenannte Generic Interest Rate Swap oder auch Plain Vanilla Swap herausgebildet, der als Vergleichsmaßstab für Zinsswaps verwendet wird. Der Generic Swap wird als Ausgangspunkt zur Analyse von Swaps genutzt. Auch die veröffentlichten Quotes der Broker beziehen sich im Wesentlichen auf Generic Swaps. Diese Preise gelten als Standard bzw. Basis für die Preise anderer Swap-Konstruktionen, z.B. eines Swaps mit einem verspäteten (delayed) Start. Was im Einzelnen als Generic Swap zu bezeichnen ist, hängt von den Marktkonventionen ab und kann sich mit der Entwicklung der Märkte sehr schnell ändern.

---

1 Hierbei handelt es sich nur um einen Ausschnitt der gesamten veröffentlichten Indikationen. Vgl. *Deutsche Bank* (2003).
2 Vgl. *Beike/Barckow* (2002), S. 39.

Grob können als Charakteristika eines Generic Interest Rate Swaps die folgenden Punkte identifiziert werden:[1]

Laufzeit	1-30 Jahre, max. Laufzeit je nach Währung auch kürzer (im $-Markt aber bis 30 Jahre); die maximale Laufzeit hängt auch davon ab, wie eng der Bid-Offer-Spread ist
Effektives Datum	Normalerweise 2 Geschäftstage nach dem Handelsdatum (Trade Date, an dem die Parteien den Swap abschließen), aber abhängig von den Konventionen in dem jeweiligen Markt (£ z.B. „same day"). Festlegung des effektiven Datums (= Startzeitpunkt für die Zinsberechnung) in der Weise, dass die ersten Zinszahlungen über volle Zinsperioden abgerechnet werden
Erster Zahlungstermin (Settlement Date)	Effektives Datum
Bewertungstermin	Handelsdatum
Nominalbetrag (Principal Amount)	„Bullet", d.h. der Nominalbetrag bleibt konstant während der Laufzeit des Swaps; nicht amortisierend
Nominalwert	$ 10 Mio bis $ 50 Mio im $-Markt wird als Standard angesehen. Dennoch kann die Höhe des Nominalwertes von Währung zu Währung variieren; bei höheren Nominalwerten können sich die Bid-Offer Spreads ausweiten
Fester Zinssatz	Aktueller Marktzins (=> Generic Swap = „Spot Swap")
Tageszählung der festen Zinszahlungen	Zumeist Orientierung am entsprechenden Anleihemarkt mit Ausnahmen: Konvention für US Treasury Bonds: Actual/Actual, Swaps aber meist Actual/360, €-Konvention: Bonds: Actual/Actual, Swaps aber 30/360
Zahlungshäufigkeit des festen Zinssatzes	Entweder halbjährlich oder jährlich, je nach der Usance im entsprechenden Anleihemarkt (Ausnahme: z.B. $-Swaps werden meist jährlich quotiert, während für die US Treasury Bonds eine halbjährliche Zinszahlung gilt)
Variabler Referenzzins	Angemessener Geldmarktindex: Euribor flat oder Libor flat, d.h. kein Spread
Tageszählung der variablen Zinszahlungen	Zumeist Orientierung am entsprechenden Markt: Konvention für $, €: Actual/360
Unregelmäßige Zahlungen	Keine, d.h. ein 6-M-Euribor als variable Swapzahlung bedeutet, dass alle 6 Monate der entsprechende 6-M-Euribor neu gefixt wird und die Zahlungen 6 Monate später erfolgen
Erste Zinszahlung	Aktueller Marktsatz des variablen Referenzzinssatzes

Tab. F.103: Charakteristika eines Generic Interest Rate Swaps

Ein solcher Generic Swap kann als Grundlage für die im Folgenden dargestellte Swap-Bewertung dienen, wobei zunächst jedoch Geldmarkt-Zinsswaps betrachtet werden.

---

[1] Vgl. *Flavell* (2002), S. 35ff. und *Das* (1994), S. 191f.

4. Bewertung von Swaps

a. Bewertung von Geldmarkt-Zinsswaps

Geldmarkt-Zinsswaps decken grundsätzlich den kurzfristigen Laufzeitenbereich bis zu einem Jahr ab.[1] Mehr als ein Drittel des gesamten Zinsswap-Marktes betrifft diesen Laufzeitbereich. Zur Bewertung und auch zur Absicherung des Risikos der künftigen variablen Zinszahlungen können Geldmarkt-Futures eingesetzt werden. Da i.d.R. die Cash Flows von Swap und Future nicht zu den gleichen Zeitpunkten stattfinden, ist eine Abdiskontierung erforderlich, wodurch beide Cash Flows vergleichbar gemacht werden können.

Anhand des folgenden Beispiels soll die Bewertung von Geldmarkt-Zinsswaps aufgezeigt werden, wobei es sich jeweils um willkürlich gewählte Werte handelt: Am 12.01.2038 wird ein Receiver Swap eingegangen im Nominalwert von € 20 Mio und mit einer Laufzeit von einem Jahr. Der Swap ist so gestaltet, dass der 3-M-Euribor gezahlt werden soll (Actual/360) gegen Erhalt einer festen Zinszahlung nach einem Jahr, die im Folgenden ermittelt werden soll. Nach dem ersten Euribor-Fixing am 12.01.2038 soll die Swap-Laufzeit zwei Tage später, am 14.01.2038, beginnen.[2]

Am Markt sollen zum Start-Zeitpunkt die folgenden Marktzinsen für die jeweiligen Laufzeiten angenommen werden:

Laufzeit	Fälligkeit	Anzahl Tage	Zinssatz	Diskontfaktoren
1 Monat	15.02.2038 [3]	32	4,85%	0,995707395
3 Monate	14.04.2038	90	5,00%	0,987654321
6 Monate	14.07.2038	181	5,30%	0,974044422
9 Monate	14.10.2038	273	5,50%	0,959961602
12 Monate	14.01.2039	365	5,70%	0,945365738

Tab. F.104: Angenommene Marktzinsen zur Bewertung eines Geldmarkt-Zinsswaps

Hierbei ergibt sich beispielsweise der Diskontfaktor (bzw. Zerobondabzinsfaktor, ZAF) für die Laufzeit 1 Monat wie folgt:

$$ZAF_t = DF_t = \frac{1}{1 + r_t \cdot \frac{Tage_t}{360}} \quad \Rightarrow \quad DF_{14.1.38 \; 15.2.38} = \frac{1}{1 + 0,0485 \cdot \frac{32}{360}} = 0,995707395$$

---

1 Am Eonia-Swap-Markt können hingegen die Laufzeiten z.B. bis zu zwei Jahren betragen, vgl. *Neubacher* (2001).

2 Die hier unterstellte Differenz von zwei Tagen zwischen der Swap-Vereinbarung und dem Swap-Beginn ist die normale Konvention z.B. im €- oder im $-Markt. Anders ist z.B. die Konvention im £ (normalerweise „same day").

3 Der 14.02.2038 ist ein Sonntag, so dass in dem Beispiel der Montag als folgender Börsentag herangezogen wird.

Im Folgenden sollen die künftigen (zum Swap-Beginn noch nicht bekannten) variablen Zinszahlungen in den Swap auf Basis der aktuellen Kurse des 3-M-Euribor-Futures geschätzt werden. Hierzu sollen am 14.01.2038 die folgenden Angaben vorliegen:[1]

Fälligkeitsmonat	Fälligkeitstag	Anzahl Tage	aktueller Kurs	implizite Forward Rate
März 2038	16.03.2038	61	94,55%	5,45%
Juni 2038	15.06.2038	152	94,35%	5,65%
September 2038	14.09.2038	243	94,05%	5,95%
Dezember 2038	14.12.2038	334	94,00%	6,00%
März 2039	15.03.2039	425	93,90%	6,10%

Tab. F.105: Unterstellte Geldmarkt-Future-Kurse
zur Bewertung eines Geldmarkt-Zinsswaps

Da die Swap-Zahlungstermine mit den Fälligkeiten der jeweiligen Futures nicht übereinstimmen, ist eine Anpassung der impliziten Forward Rates erforderlich, wobei hier wiederum die lineare Interpolation herangezogen werden soll, deren allgemeine Formel lautet:

$$r_1 = r_{1_u} + \frac{r_{1^o} - r_{1_u}}{t_{1^o} - t_{1_u}} \cdot \left(t_1 - t_{1_u} \right)$$

mit

t_1 = LFZ der zu berechnenden Periode in Tagen,
t_{1_u} = Laufzeit der impliziten Forward Rate für die kürzere Laufzeit („untere" Laufzeit),
t_{1^o} = Laufzeit der impliziten Forward Rate für die längere Laufzeit („obere" Laufzeit),
r_{1_u} = implizite Forward Rate für die kürzere Laufzeit und
r_{1^o} = implizite Forward Rate für die längere Laufzeit.

Für die Forward Rate (= unterstellter künftiger 3-M-Euribor-Satz), die sich auf die Swapzahlungsperiode vom 14.04.2038 bis 14.07.2038 bezieht, kann damit aus den impliziten Forward Rates der Futures der folgende Wert abgeleitet werden:

$$r_{14.4.38-14.7.38} = 0{,}0545 + \frac{0{,}0565 - 0{,}0545}{152 - 61} \cdot (90 - 61) = 5{,}513736\%$$

Analog erhält man die übrigen Forward Rates:

---

[1] Beim Fälligkeitstag wird hier jeweils der Dienstag nach dem Montag als letzter Handelstag des jeweiligen Euribor-Futures unterstellt, da der Barausgleich am ersten Börsentag nach dem letzten Handelstag fällig wird. Zurückgegriffen wird damit auf die derzeit geltenden Kontraktspezifikationen im Jahr 2008.

$$r_{14.7.38-14.10.38} = 0,0565 + \frac{0,0595 - 0,0565}{243 - 152} \cdot (181 - 152) = 5,745604\%$$

$$r_{14.10.38-14.1.39} = 0,0595 + \frac{0,0600 - 0,0595}{334 - 243} \cdot (273 - 243) = 5,966484\%$$

Aus diesen 3-Monats-Forward Rates können entsprechend die Swap-Diskontfaktoren zur Abzinsung der Zahlungen berechnet werden, die zu den Terminen 14.04.2038, 14.07.2038, 14.10.2038 und 14.01.2039 in den Swap erfolgen sollen. Dabei ist der folgende Zusammenhang zwischen verschiedenen Diskontfaktoren zu berücksichtigen:

Diskontfaktor (für t_1 bis t_3) = Diskontfaktor (für t_1 bis t_2) · Diskontfaktor (für t_2 bis t_3).

Hieraus resultieren die entsprechenden Werte für die Diskontfaktoren:

$$DF_{14.1.38-14.4.38} = \frac{1}{1 + 0,05 \cdot \frac{90}{360}} = 0,98765432$$

$$DF_{14.1.38-14.7.38} = \frac{1}{1 + 0,05513736 \cdot \frac{91}{360}} \cdot 0,98765432 = 0,97407811$$

$$DF_{14.1.38-14.10.38} = \frac{1}{1 + 0,05745604 \cdot \frac{92}{360}} \cdot 0,97407811 = 0,95998248$$

$$DF_{14.1.38-14.1.39} = \frac{1}{1 + 0,05966484 \cdot \frac{92}{360}} \cdot 0,95998248 = 0,94556481$$

Hingewiesen werden kann an dieser Stelle darauf, dass eine Abzinsung grundsätzlich auch mit Hilfe von Diskontfaktoren auf Basis der aktuellen Marktzinsen am 14.01.2038 vorgenommen werden könnte. Da aber in dem hier aufgezeigten Modell zur Abschätzung der künftigen variablen Swapzahlungen die Kurse der Geldmarkt-Futures herangezogen wurden, erscheint eine Abdiskontierung auch nur mit solchen Diskontfaktoren sinnvoll, die auf den Futurekursen basieren. Da Geldmarkt-Futures zudem zur Absicherung der variablen Swapzahlungen eingesetzt werden können, soll auch die Bewertung in diesem Beispiel auf der Basis der Futurekurse erfolgen.

Mit Hilfe der ermittelten Werte kann der Barwert der variablen Swapzahlungen ermittelt werden (Tabelle F.106).

Hierbei wird z.B. die Zahlung am 14.07.2038 in Höhe von € 278.750,00 auf Basis des für die Zeit vom 14.04.2038 bis 14.07.2038 (91 Tage) unterstellten künftigen 3-M-Euribor-Satzes von 5,513736% berechnet.

Swap-Termine	unterstellte künftige 3-M-Euribor-Sätze	Cash Flow variable Swap-Zahlungen	Diskont-faktoren	Barwert Cash Flow variable Swap-Zahlungen
14.01.2038	5,000000%			
14.04.2038	5,513736%	−250.000,00	0,987654321	−246.913,58
14.07.2038	5,745604%	−278.750,00	0,974078107	−271.524,27
14.10.2038	5,966484%	−293.664,22	0,959982482	−281.912,51
14.01.2039		−304.953,60	0,945564812	−288.353,40

Tab. F.106: Bestimmung der Barwerte zur Bewertung eines Geldmarkt-Zinsswaps

Der Present Value der variablen Swap-Zahlungen beträgt damit −1.088.703,76 (= −246.913,58 − 271.524,27 − 281.912,51 − 288.353,40). Damit der Swap fair gepreist ist, muss der Present Value der fixen Swap-Zahlungen den gleichen absoluten Barwert aufweisen, d.h. er muss ebenfalls € 1.088.703,76 betragen, was einem Endwert von 1.151.379,31 per 14.01.2039 (auf Actual/360-Basis) entspricht. Es gilt daher für die Festzinszahlung am 14.01.2039:

$$r_{fix,Swap} \cdot \frac{365}{360} \cdot 20.000.000 = \frac{1.088.703,76}{0,945564812} = 1.151.379,31$$

$$r_{fix,Swap} = \frac{1.151.379,31}{20.000.000} \cdot \frac{360}{365} = 5,678035\%$$

Auf 30/360 Basis ergibt sich damit ein Festzins von

$$r_{fix,Swap} = 5,678035\% \cdot \frac{365}{360} = 5,7569\%$$

Zur Überprüfung der Richtigkeit dieses Zinssatzes kann neben dem Barwertvergleich auch ein Endwertvergleich der variablen und festen Zinszahlungen vorgenommen werden, wobei hier angenommen werden soll, dass die variablen Zahlungen in den Swap jeweils immer für 3 Monate zu Euribor flat refinanziert werden. Damit wird beispielsweise die variable Zahlung am 14.04.2038 entsprechend zu einem Zinssatz von 5,513736% (= unterstellter 3-M-Euribor-Satz am 14.04.2038) am Geldmarkt aufgenommen, wobei die Zinszahlung erst am 14.07.2038 erfolgt. Die jeweiligen Cash Flows der variablen Swapzahlungen inkl. Refinanzierungszinsen ($r_{Refinanzierung}$) stellen sich dann wie folgt dar:

Cash Flow am 14.07.2038: −278.750,00 (Swap) 3.484,38 (Zinsen) = −282.234,38

(mit $r_{Refinanzierung\,14.4.38-14.7.38} = -250.000 \cdot 5,513736\% \cdot \frac{91}{360} = -3.484,38$)

Cash Flow am 14.10.2038: −293.664,22 (Swap) − 7.814,91 (Zinsen) = −301.479,13

(mit $r_{\text{Refinanzierung }14.7.38-14.10.38} = (-250.000 - 282.234,38) \cdot 5,745604\% \cdot \frac{92}{360} = -7.814,91$)

Cash Flow am 14.01.2039: −304.953,60 (Swap) −12.712,20 (Zinsen) = −317.665,80

$r_{\text{Refinanz. }14.10.38-14.1.39} = (-250.000 - 282.234,38 - 301.479,13) \cdot 5,966484\% \cdot \frac{92}{360} = -12.712,20$

Der gesamte Cash Flow der variablen Swapseite inkl. Refinanzierungszinsen beläuft sich damit am 14.01.2039 auf −250.000,00 − 282.234,38 − 301.479,13 − 317.665,80 = −1.151.379,31 und entspricht somit vom Betrag her dem Endwert der festen Zinszahlungen.

b. Bewertung von Plain Vanilla Zinsswaps

Die Bewertung von Swaps spielt eine besondere Rolle, wenn Swaps vorzeitig aufgelöst werden sollen oder das Risiko ermittelt werden soll, das aus einer vorzeitigen Beendigung eines Swaps aufgrund des Ausfalls eines Partners entsteht.

Ausgehend von einem Par Swap wird der Zinsswap als Austausch zweier hypothetischer Wertpapiere betrachtet, die zu Beginn der Laufzeit zu pari bewertet sind und am Ende zu 100% zurückgezahlt werden. Entsprechend heben sich die Anfangsinvestitionen und die Rückzahlungen gegenseitig auf, so dass keine Ausgleichszahlungen erforderlich werden. Während der Laufzeit des Swaps wird die variabel verzinsliche Position zumeist bei einem Wert von etwa 100% notieren, da alle drei oder sechs Monate eine Zinsanpassung erfolgt. Dagegen können sich Zinsänderungen bei der Festzinsposition aufgrund der fehlenden Zinsanpassung sehr viel stärker auf die Kursentwicklung auswirken. Infolgedessen beschränkt sich die Bewertung von Swaps vor allem auf die Ermittlung des Wertes der Festzinsposition. Der jeweils aktuelle Wert kann auf der Basis der Kapitalwertmethode ermittelt werden. Zur korrekten Bewertung sollte dabei für die Bestimmung der Diskontfaktoren die Nullkuponstrukturkurve bzw. Zerocurve zugrunde gelegt werden.[1]

Zu Beginn des Swaps entsprechen sich die Barwerte der festen und der variablen Swapzahlungen. Werden Anfangsinvestition und Rückzahlung am Ende der Laufzeit mit in die Betrachtung einbezogen, so betragen die Kapitalwerte der festen und der variablen Seite zum Swap-Beginn jeweils gleich Null. Im Folgenden soll die Bewertung von Zinsswaps sowohl bei Abschluss des Swapgeschäfts als auch während der Swap-Laufzeit aufgezeigt werden.

ba. Bewertung von Plain Vanilla Zinsswaps bei Abschluss des Swapgeschäfts

Die Bestimmung der Barwerte der variablen und festen Zinszahlungen soll anhand eines Beispiels für den US-Swap-Markt aufgezeigt werden. Dazu liegen zu Beginn des Swaps am 14.01.2038 die folgenden Swap Rates am Markt vor, wobei hier unterstellt werden soll, dass die Zinsbasis der Swap Rates – wie auch im kurzfristigen Bereich – jeweils Actual/360 ist:

---

[1] Vgl. z.B. Lassak (1988), S. 99ff.

Fälligkeitsdatum	Anzahl Tage zwischen den jeweiligen Fälligkeitsterminen	Swap Rate
14.04.2038	90	5,0000%
14.07.2038	91	5,3000%
14.10.2038	92	5,5000%
14.01.2039	92	5,7000%
16.01.2040	367	6,3100%
14.01.2041	364	6,5500%
14.01.2042	365	6,7100%
14.01.2043	365	6,8100%

Tab. F.107: Angenommene Swap Rates zur Bewertung eines Plain Vanilla Zinsswaps

Zur Bestimmung der zugehörigen Diskontfaktoren im kurzfristigen Bereich bis zu einem Jahr soll im Folgenden – anders als oben bei der Bewertung der Geldmarkt-Zinsswaps dargestellt – auf die Diskontfaktoren, die aus den Swap Rates abgeleitet werden können, zurückgegriffen werden.[1] Dies führt z.B. für die Laufzeit 1 Jahr zu dem folgenden Diskontfaktor (DF_1):

$$DF_1 = \frac{1}{1 + r_t \cdot \frac{Tage_t}{360}} = \frac{1}{1 + 0,057 \cdot \frac{365}{360}} = 0,94536574$$

Die Ermittlung der Diskontfaktoren für die nächsten jährlichen Swap Rates soll mit Hilfe des Bootstrapping-Verfahrens vorgenommen werden.[2] Dazu wird zunächst der Diskontfaktor für die Laufzeit 2 Jahre (DF_2) mit Hilfe des DF_1 bestimmt, wobei gelten muss, dass der Barwert eines neu abzuschließenden 2-jährigen Swaps inkl. Nominalbetrag-Zahlungen ebenfalls Null sein muss:

$$-1 + 0,0631 \cdot \frac{365}{360} \cdot DF_1 + \left(1 + 0,0631 \cdot \frac{367}{360}\right) \cdot DF_2 = 0$$

---

[1] Andernfalls müssten Future-Kurse entsprechend der künftigen variablen Swapzahlungen in den kommenden 5 Jahren vorliegen, wovon derzeit bei Geldmarkt-Futures nicht ausgegangen werden kann.

[2] Vgl. *Flavell* (2002), S. 51ff. Zu beachten ist in diesem Beispiel, dass hier auch für die jährlichen Swapzahlungen die Zinsbasis Actual/360 unterstellt wird. Zum Bootstrapping-Verfahren zur Bestimmung einer Nullkuponkurve vgl. auch *Meyer-Bullerdiek* (2003), S. 301f. Die in dem dortigen Beitrag ermittelten Nullkuponsätze können anschließend in Zerobondabzinsfaktoren umgerechnet werden, die dann den hier ermittelten Diskontfaktoren entsprechen, wobei in dem dortigen Beitrag unterstellt wird, dass der Wert für Tage/(Tage pro Jahr) jeweils eins ist.

$$\Leftrightarrow \quad DF_2 = \frac{1 - 0{,}0631 \cdot \frac{365}{360} \cdot DF_1}{1 + 0{,}0631 \cdot \frac{367}{360}} = \frac{1 - 0{,}0631 \cdot \frac{365}{360} \cdot 0{,}94536574}{1 + 0{,}0631 \cdot \frac{367}{360}} = 0{,}88273525$$

Auch der entsprechende Barwert eines 3-jährigen Swaps muss Null sein:

$$-1 + 0{,}0655 \cdot \frac{365}{360} \cdot DF_1 + 0{,}0655 \cdot \frac{367}{360} \cdot DF_2 + \left(1 + 0{,}0655 \cdot \frac{364}{360}\right) \cdot DF_3 = 0$$

$$\Leftrightarrow \quad DF_3 = \frac{1 - 0{,}0655 \cdot \frac{365}{360} \cdot DF_1 - 0{,}0655 \cdot \frac{367}{360} \cdot DF_2}{1 + 0{,}0655 \cdot \frac{364}{360}} = 0{,}82372184$$

In analoger Weise können auch die übrigen Diskontfaktoren bestimmt werden, so dass sich folgende Tabelle ergibt:

Fälligkeitsdatum	Swap Rate	Diskontfaktoren
14.04.2038	5,0000%	0,98765432
14.07.2038	5,3000%	0,97404442
14.10.2038	5,5000%	0,95996160
14.01.2039	5,7000%	0,94536574
16.01.2040	6,3100%	0,88273525
14.01.2041	6,5500%	0,82372184
14.01.2042	6,7100%	0,76722032
14.01.2043	6,8100%	0,71442322

Tab. F.108: Angenommene Swap Rates und DFs zur Bewertung eines Plain Vanilla Zinsswaps

Auf der Basis dieser Angaben soll ein am 14.01.2038 beginnender Receiver Swap im Nominalwert von $ 50 Mio mit einer Laufzeit von 5 Jahren bewertet werden, wobei der Referenzzinssatz für die variablen Zahlungen der 3-M-Libor (aktueller Zins: 5%) sein soll. Der Festzins entspricht der 5-jährigen Swap Rate und beträgt somit 6,81% (Actual/360-Basis). Daraus resultiert die folgende Struktur des Swaps:

Swap-Zahlungstermine	Anzahl Tage	Cash Flow feste Swapzahlungen	Cash Flow variable Swapzahlungen
14.01.2038			
14.04.2038	90		−625.000,00
14.07.2038	91		− (Libor · $ 50 Mio)
14.10.2038	92		− (Libor · $ 50 Mio)
14.01.2039	92	3.452.291,67	− (Libor · $ 50 Mio)
14.04.2039	90		− (Libor · $ 50 Mio)
14.07.2039	91		− (Libor · $ 50 Mio)
14.10.2039	92		− (Libor · $ 50 Mio)
16.01.2040	94	3.471.208,33	− (Libor · $ 50 Mio)
16.04.2040	91		− (Libor · $ 50 Mio)
16.07.2040	91		− (Libor · $ 50 Mio)
15.10.2040	91		− (Libor · $ 50 Mio)
14.01.2041	91	3.442.833,33	− (Libor · $ 50 Mio)
15.04.2041	91		− (Libor · $ 50 Mio)
15.07.2041	91		− (Libor · $ 50 Mio)
14.10.2041	91		− (Libor · $ 50 Mio)
14.01.2042	92	3.452.291,67	− (Libor · $ 50 Mio)
14.04.2042	90		− (Libor · $ 50 Mio)
14.07.2042	91		− (Libor · $ 50 Mio)
14.10.2042	92		− (Libor · $ 50 Mio)
14.01.2043	92	3.452.291,67	− (Libor · $ 50 Mio)

Tab. F.109: Swap-Struktur des Beispiel-Plain-Vanilla-Zinsswaps

Zur Abschätzung der künftigen variablen Swapzahlungen wird die aktuelle Swap-Kurve herangezogen. Dazu ist zunächst noch die Berechnung der noch fehlenden, vierteljährlichen Diskontfaktoren (zur Abzinsung der variablen Zinszahlungen) erforderlich, bevor im Anschluss daran die Forward Rates bestimmt werden können.

Zur Berechnung dieser vierteljährlichen Diskontfaktoren soll hier wiederum auf die lineare Interpolation zurückgegriffen werden, wobei auch andere Varianten möglich sind, die zu abweichenden Ergebnissen führen:[1]

$$DF_1 = DF_{1_u} + \frac{DF_{1^o} - DF_{1_u}}{t_{1^o} - t_{1_u}} \cdot (t_1 - t_{1_u})$$

mit

t_1 = LFZ der zu berechnenden Periode in Tagen,

---

[1] Vgl. *Flavell* (2002), S. 55ff.

t_{1_u} = „Laufzeit" des Diskontfaktors für die kürzere Laufzeit („untere" Laufzeit),

$t_1°$ = „Laufzeit" des Diskontfaktors für die längere Laufzeit („obere" Laufzeit),

DF_{1_u} = Diskontfaktor für die kürzere Laufzeit und

$DF_1°$ = Diskontfaktor für die längere Laufzeit.

Damit führt die lineare Interpolation beispielsweise für die Zahlungen am 14.04.2039 und am 14.07.2039 zu dem folgenden Diskontfaktor

$$DF_{14.04.2039} = 0{,}94536574 + \frac{0{,}88273525 - 0{,}94536574}{367 - 0} \cdot (90 - 0) = 0{,}93000676$$

$$DF_{14.07.2039} = 0{,}94536574 + \frac{0{,}88273525 - 0{,}94536574}{367 - 0} \cdot (181 - 0) = 0{,}91447713$$

Mit Hilfe der so für alle Swapzahlungen zu ermittelnden Diskontfaktoren können schließlich die Forward Rates (FR) und damit die angenommenen künftigen variablen Swapzahlungen wie folgt berechnet werden:

$$FR_{t_x - t_{x+1}} = \left(\frac{DF_{t_x}}{DF_{t_{x+1}}} - 1 \right) \cdot \frac{360}{Tage_{t_{x+1} - t_x}}$$

Beispielsweise beträgt die Forward Rate für die Zeit vom 14.04.2038 (t_x) bis zum 14.07.2038 (t_{x+1})

$$= FR_{14.04.2038 - 14.07.2038} = \left(\frac{0{,}98765432}{0{,}97404442} - 1 \right) \cdot \frac{360}{91} = 5{,}5276\%$$

Die anschließende Berechnung der angenommenen, künftigen variablen Swapzahlung am 14.07.2038 führt zu einem Wert von

$$50.000.000 \cdot 0{,}055276 \cdot \frac{91}{360} = 698.628{,}26$$

Die Zahlen für die gesamte Swapstruktur können der folgenden Tabelle entnommen werden:

Swap-Zahlungstermine	Diskontfaktoren	Forward Rates	Cash Flow feste Swapzahlungen	Cash Flow variable Swapzahlungen
14.01.2038	1,00000000	5,0000%		
14.04.2038	0,98765432	5,5276%		−625.000,00
14.07.2038	0,97404442	5,7405%		−698.628,26
14.10.2038	0,95996160	6,0415%		−733.509,56
14.01.2039	0,94536574	6,6060%	3.452.291,67	−771.969,12
14.04.2039	0,93000676	6,7181%		−825.745,33
14.07.2039	0,91447713	6,8355%		−849.098,87
14.10.2039	0,89877685	6,9597%		−873.425,11
16.01.2040	0,88273525	6,7242%	3.471.208,33	−908.630,07
16.04.2040	0,86798190	6,8405%		−849.865,30
16.07.2040	0,85322854	6,9608%		−864.560,50
15.10.2040	0,83847519	7,0855%		−879.772,83
14.01.2041	0,82372184	6,8830%	3.442.833,33	−895.530,10
15.04.2041	0,80963516	7,0049%		−869.940,03
15.07.2041	0,79554848	7,1312%		−885.343,95
14.10.2041	0,78146179	7,2636%		−901.303,22
14.01.2042	0,76722032	6,9045%	3.452.291,67	−928.121,89
14.04.2042	0,75420185	7,0271%		−863.062,13
14.07.2042	0,74103874	7,1556%		−888.152,67
14.10.2042	0,72773098	7,2889%		−914.332,40
14.01.2043	0,71442322		3.452.291,67	−931.363,92

Tab. F.110: Swap-Struktur inkl. variabler Zahlungen des Beispiel-Plain-Vanilla-Zinsswaps

Werden im nächsten Schritt die jeweiligen Cash Flows mit den entsprechenden Diskontfaktoren multipliziert, erhält man die jeweiligen Barwerte. Aufsummiert führt dies zu einem Barwert der festen Swapzahlungen von 14.278.838,86, der vom Betrag her exakt dem Barwert der variablen Swapzahlungen entspricht – wie zu erwarten war.

Würde man in diesem Beispiel – wie bei dem Cash Flow einer Anleihe – eine Rückzahlung des Kapitalbetrags am 14.1.2043 mit in die Berechnung einbeziehen, so würde der Barwert der gesamten Rückflüsse $ 50 Mio betragen (= 14.278.838,86 + 50.000.000 · 0,71442322). Dies gilt analog für die variable Seite des Swaps. Zu beachten ist bei diesem Beispiel der Swap-Bewertung, dass in der Praxis die Diskontfaktoren und damit die Barwerte von der hier gewählten Vorgehensweise abweichen können, wenn eine andere Methode der Interpolation herangezogen wird.

bb. Bewertung von Plain Vanilla Zinsswaps während der Swap-Laufzeit

Während der Laufzeit eines Zinsswaps ist dessen aktueller Marktwert u.a. im Rahmen des Risikomanagements der Banken, die als Swappartner fungieren, oder in den Fällen, in denen Swap-Positionen z.B. durch ein Close Out glattgestellt werden sollen, von Bedeutung. Zur Berechnung des aktuellen Marktwertes sind zunächst die Diskontfaktoren auf Basis der aktuellen Swapkurve zu ermitteln, bevor anschließend mit Hilfe der Interpolation die Bestimmung der zu den Terminen der Swap-Zahlungen passenden Diskontfaktoren erfolgt. Nunmehr können die zinsfixen und zinsvariablen Swapzahlungen mit Hilfe der neuen Diskontfaktoren abgezinst werden, wobei die variablen Swapzahlungen allerdings wiederum neu geschätzt werden müssen.[1]

Die Bewertung soll anhand des obigen Beispiels eines Receiver Swaps im Nominalwert von $ 50 Mio erfolgen („erhalte 6,81%, zahle 3-M-Libor"). Am 25.02.2038, dem Bewertungstag, liegen die nachfolgenden Swap Rates und Diskontfaktoren vor, wobei Letztere für die Fälligkeitstermine 25.02.2039, 27.02.2040, 25.02.2041, 25.02.2042 und 25.02.2043 – wie oben gezeigt – auch hier durch Bootstrapping berechnet werden. Die Diskontfaktoren im kurzfristigen Bereich bis ein Jahr werden dabei zunächst wieder nach der Formel

$$DF_t = \frac{1}{1 + r_t \cdot \frac{Tage_t}{360}}$$

abgeleitet, wobei $Tage_t$ sich in dieser Formel auf die Anzahl der Tage seit dem 25.02.2038 bezieht.

Fälligkeitsdatum	Tage	Swap Rates	Diskontfaktoren
25.02.2038			1,00000000
25.03.2038	28	4,0000%	0,99689854
25.05.2038	61	4,2000%	0,98972337
25.08.2038	92	4,3000%	0,97883806
25.11.2038	92	4,3500%	0,96806593
25.02.2039	92	4,4000%	0,95729405
27.02.2040	367	4,7000%	0,91074495
25.02.2041	364	4,9000%	0,86413383
25.02.2042	365	5,0000%	0,81980166
25.02.2043	365	5,1000%	0,77606849

Tab. F.111: Angenommene Swap-Rates zur Bewertung eines Plain-Vanilla-Zinsswaps nach Swap-Beginn

Aus diesen Werten lassen sich nunmehr die vierteljährlichen Diskontfaktoren ableiten, die zu den Fälligkeiten des am 14.01.2038 eingegangenen und zu bewertenden Swaps passen. Dazu soll hier wiederum der Einfachheit halber auf die lineare Interpolation zurückgegriffen werden. Beispielsweise ergeben sich demnach die Diskontfaktoren für die Zahlungen am 14.04.2039 und am 14.07.2039 wie folgt:[2]

---

[1] Hierbei stellt sich wiederum das Problem, dass in der Praxis unterschiedliche Formen der Interpolation vorliegen und somit auch unterschiedliche Werte für die gleiche Transaktion ermittelt werden.
[2] Vom 25.02.2038 sind es 365 Tage bis 25.02.2039, 413 Tage bis 14.04.2039, 504 Tage bis 14.07.2039 und 732 Tage bis 27.02.2040.

$$DF_{14.04.2039} = 0{,}95729405 + \frac{0{,}91074495 - 0{,}95729405}{732 - 365} \cdot (413 - 365) = 0{,}95120588$$

$$DF_{14.07.2039} = 0{,}95729405 + \frac{0{,}91074495 - 0{,}95729405}{732 - 365} \cdot (504 - 365) = 0{,}93966374$$

Für die Daten des Beispiels ergeben sich damit per 25.02.2038 die in der nachfolgenden Tabelle aufgeführten Werte, wobei zu beachten ist, dass die Zinstagezählung Actual/360 sowohl bei den kurzfristigen als auch bei den langfristigen Swap Rates zugrunde liegt.

Swap-Zahlungstermine	Diskont-faktoren	Forward Rates	Cash Flow variabel	Cash Flow fest
25.02.2038	1,00000000			
14.04.2038	0,99454602	4,318151%	–625.000,00	
14.07.2038	0,98380744	4,353004%	–545.766,36	
14.10.2038	0,97298364	4,380667%	–556.217,12	
14.01.2039	0,96221164	4,628130%	–559.751,93	3.452.291,67
14.04.2039	0,95120588	4,859317%	–578.516,27	
14.07.2039	0,93966374	4,920421%	–614.163,74	
14.10.2039	0,92799475	4,984460%	–628.720,40	
16.01.2040	0,91607209	5,074451%	–650.748,90	3.471.208,33
16.04.2040	0,90447037	5,163306%	–641.354,27	
16.07.2040	0,89281759	5,231587%	–652.584,56	
15.10.2040	0,88116481	5,301699%	–661.214,52	
14.01.2041	0,86951204	5,222734%	–670.075,80	3.442.833,33
15.04.2041	0,85818239	5,161533%	–660.095,56	
15.07.2041	0,84712971	5,229767%	–652.360,41	
14.10.2041	0,83607703	5,300609%	–660.984,41	
14.01.2042	0,82490290	5,332568%	–677.300,06	3.452.291,67
14.04.2042	0,81405045	5,370634%	–666.570,97	
14.07.2042	0,80314711	5,445371%	–678.788,44	
14.10.2042	0,79212395	5,522218%	–695.797,44	
14.01.2043	0,78110080		–705.616,77	3.452.291,67

Tab. F.112: Cash Flows des zu bewertenden Plain-Vanilla-Zinsswaps nach Swap-Beginn

Mit Hilfe der ermittelten Diskontfaktoren kann die Bewertung der zinsfixen und zinsvariablen Swapzahlungen erfolgen. Die Tabelle zeigt bereits die künftigen variablen Zinszahlungen des Swaps, die wiederum mit Hilfe von Forward Rates geschätzt werden. Beispielsweise ergibt sich entsprechend der oben dargestellten Vorgehensweise der Wert für die Forward Rate, die sich auf die Periode vom 16.04.2040 bis zum 16.07.2040 bezieht, wie folgt:

$$FR_{t_x - t_{x+1}} = \left(\frac{DF_{t_x}}{DF_{t_{x+1}}} - 1 \right) \cdot \frac{360}{Tage_{t_{x+1} - t_x}}$$

$$\Rightarrow \text{z.B. } FR_{16.4.40-16.7.40} = \left(\frac{0{,}90447037}{0{,}89281759} - 1 \right) \cdot \frac{360}{872 - 781} = 5{,}163306\%$$

Die aus den Forward Rates abgeleiteten variablen Swapzahlungen sind ebenfalls in der Tabelle aufgeführt.

Werden die jeweiligen Cash Flows mit den zugehörigen Diskontfaktoren abgezinst, so ergibt sich ein Barwert für die variablen Swap-Zahlungen von $ –11.293.852,67 und für die festen Swap-Zahlungen von $ 15.039.690,51. Insgesamt hat der Swap am 25.02.2038 somit einen Netto-Barwert von $ 3.745.837,83. Dieser könnte bei Auflösung des Swaps realisiert werden.

In diesem Fall beträgt der Dirty Price der fixen Swap-Seite $ 54.092.789,37

$$PV_{Dirty} = 15.039.690{,}51 + 50.000.000 \cdot 0{,}78110080 = 54.092.789{,}37$$

Nach Abzug der Stückzinsen beläuft sich damit der Clean Price der fixen Swap-Seite auf

$$PV_{Clean} = 54.092.789{,}37 - 50.000.000 \cdot 6{,}81\% \cdot \frac{42}{360} = 53.695.539{,}37$$

Auch für die variable Swap-Seite können Dirty Price und Clean Price bestimmt werden:

$$PV_{Dirty} = -11.293.852{,}67 + 50.000.000 \cdot 0{,}78110080 = 50.346.951{,}54$$

$$PV_{Clean} = 50.346.951{,}54 - 50.000.000 \cdot 5{,}00\% \cdot \frac{42}{360} = 50.055.284{,}87$$

Der leichte Kursanstieg der variablen Position über 100% ist auf das leicht gesunkene Zinsniveau und die Tatsache, dass die nächste Zinsanpassung erst in 48 Tagen erfolgt (am 14.04.2038), zurückzuführen.

Zu berücksichtigen ist bei der hier dargestellten Vorgehensweise, dass die Werte für den Swap bei anderen Formen der Interpolation von dem oben ermittelten Wert abweichen.[1]

c. Bewertung von Non-Generic Zinsswaps

ca. Bewertung von Delayed-Start Swaps bei Abschluss des Swapgeschäfts

Neben Generic Swaps (Plain Vanilla Swaps) lassen sich auch Non-Generic Swaps bewerten. Hierbei handelt es sich um Swap-Transaktionen, die eher auf die individuellen Bedürfnisse der jeweiligen Swappartner zugeschnitten werden können.

Beispielsweise handelt es sich bei einer Swap-Transaktion mit einem verzögerten Start (Delayed-Start Swaps) um einen Non-Generic Swap. Ein typisches Beispiel ist die Emission einer Anleihe, die geswappt werden soll. Die Dokumentation und andere Formalitäten können nach dem Launch Day (Emissionstag) bis zu einem Monat Zeit in Anspruch neh-

---

1 Zur exponentiellen Interpolation im Rahmen der Swap-Bewertung vgl. z.B. *Heinzel/Knobloch/Lorenz* (2002), S. 125ff.

men. Der Swap soll dann zum gleichen Zeitpunkt wie die Valutierung der Anleihe beginnen. Die Bewertung eines Delayed-Start Swaps spiegelt grundsätzlich das entsprechende Hedging-Instrument und den Verlauf der Zinsstrukturkurve wider.

Anhand des obigen Beispiels soll der Wert eines solchen Delays aufgezeigt werden. Am 14.01.2038 wird bei dem obigen 5-jährigen Receiver Swaps nunmehr festgelegt, dass der Zinslauf erst am 15.02.2038 beginnt. Damit stellt sich die Frage des Delay-Wertes. Die folgenden Daten sind hierzu heranzuziehen:

5-Jahres Swap-Rate: 6,81%   Actual/360,
5-Jahres-T-Bond-Rendite: 6,23%   Actual/360,
1-Monats Money Market Rate: 4,85%   Actual/360.

Der Marktteilnehmer erhält somit 6,81% gegen Zahlung des 3-Monats-Libor und ist damit vor allem bei den festen Zinsen einem Zinsänderungsrisiko bis zum 15.02.2038 ausgesetzt. Um sich gegen steigende Zinsen (und damit einem fallenden Wert des Swaps) abzusichern, könnten T-Bonds verkauft werden. Unter der Annahme, dass die Hedge Ratio eins sei, würden somit T-Bonds im gleichen Nominalwert wie der Swap verkauft. Die Erlöse aus dem Verkauf können für einen Monat zum Zinssatz von 4,85% angelegt werden. Da der Marktteilnehmer allerdings auf die Erträge aus den Staatsanleihen verzichtet (6,23%), erleidet er aus dieser Transaktion für den Monat einen Verlust in Höhe von 1,38%-Punkten p.a. Dieser Satz ist auf einen Monat (im Beispiel 32 Tage) umzurechnen, so dass sich ein Verlust von 1,38% · 32/360 = 0,122667% ergibt. Zur groben Bestimmung der jährlichen Belastung kann der Annuitätenfaktor (ANF) herangezogen werden:

$$ANF_{i=0,0681}^{n=5} = \frac{(1,0681)^5 \cdot 0,0681}{(1,0681)^5 - 1} = 0,24265124$$

Die jährliche Belastung wird durch durch Multiplikation des ANF mit 0,122667% bestimmt und ergibt sich zu 0,029765%. Somit müssen also fast 3 Basispunkte bei der Swap-Rate berücksichtigt werden, da es sich hierbei um effektive Kosten des Marktteilnehmers handelt.

Umgekehrt würde sich die Situation darstellen, wenn der Marktteilnehmer Fixed-Rate Zahler wäre. In diesem Fall hätten zur Absicherung (gegen fallende Zinsen) T-Bonds gekauft werden müssen, was dann einen entsprechenden positiven Effekt nach sich ziehen würde. Der Delay würde dann zu einem jährlichen Gewinn von fast 3 Basispunkten führen.

Im Grund handelt es sich bei dem hier aufgezeigten Delayed-Start Swap um einen Forward Swap. Die exakte Bewertung einer solchen Swap-Transaktion wird im folgenden Abschnitt aufgezeigt.

cb. Bewertung von Forward Swaps bei Abschluss des Swapgeschäfts

Im Folgenden soll die Bewertung am Beispiel eines Forward Swaps aufgezeigt werden. Ein solcher Swap ist dadurch gekennzeichnet, dass die Laufzeit einen zukünftigen Zeitraum betrifft und damit erst im Anschluss an eine bestimmte Vorlaufzeit beginnt.[1] Im Folgenden soll ein Forward Swap mit einer Vorlaufzeit von einem Jahr und einer Laufzeit von (dann

---

1 Vgl. *Deutsch* (2001), S. 305ff.

noch) drei Jahren (d.h. die Gesamtlaufzeit beträgt vier Jahre) untersucht werden. In Anlehnung an das obige Beispiel soll es sich wiederum um einen Receiver Swap im Nominalwert von $ 50 Mio handeln, der am 14.01.2038 zu bewerten ist. Den variablen Swap-Zahlungen liegt der 3-M-Libor zugrunde, während der Festzins zum aktuellen Zeitpunkt noch zu bestimmen ist. Für beide Zinsseiten soll wiederum die Konvention Actual/360 gelten.

Zunächst einmal muss der Barwert der fixen Swapseite (inkl. Nominalbetrag-Zahlungen) zum Zeitpunkt 14.01.2038 wiederum Null sein. Wird dazu die Zahlungsreihe einer Anleihe unterstellt, die in einem Jahr mit einer Auszahlung (Investition) beginnt und nach zwischenzeitlichen Festzinszahlungen am Laufzeitende zurückgezahlt wird, so kann der Barwert formal in der folgenden Weise ausgedrückt werden:

$$\text{Barwert} = -1 \cdot DF_1 + r \cdot \frac{367}{360} \cdot DF_2 + r \cdot \frac{364}{360} \cdot DF_3 + r \cdot \frac{365}{360} \cdot DF_4 + 1 \cdot DF_4 = 0$$

mit

r = Festzinssatz des Forward Swaps.

Die Diskontfaktoren haben die folgenden, oben bereits abgeleiteten Werte:

Swap-Zahlungstermine	Anzahl Tage	Diskontfaktoren
14.01.2038		1
14.01.2039	365	0,94536574
16.01.2040	367	0,88273525
14.01.2041	364	0,82372184
14.01.2042	365	0,76722032

Tab. F.113: Angenommene Diskontfaktoren am 14.01.2038

Mit Hilfe dieser Daten kann der Festzins des Forward Swaps aus der obigen Formel bestimmt werden:

$$r = \frac{DF_1 - DF_4}{\left(\frac{367}{360} \cdot DF_2 + \frac{364}{360} \cdot DF_3 + \frac{365}{360} \cdot DF_4\right)} = 7{,}095590\%$$

mit

DF_1 = Diskontfaktor per 14.01.2039, DF_2 = Diskontfaktor per 16.01.2040,
DF_3 = Diskontfaktor per 14.01.2041, DF_4 = Diskontfaktor per 14.01.2042.

Da die Forward Rates und damit auch die angenommenen künftigen variablen Swapzahlungen dem obigen Beispiel des Generic Swaps entsprechen, kann damit die Swap-Struktur direkt dargestellt werden:

Die Zahlen für die gesamte Swapstruktur können der folgenden Tabelle entnommen werden:

Swap-Zahlungstermine	Diskontfaktoren	Forward Rates	Cash Flow feste Swapzahlungen	Cash Flow variable Swapzahlungen
14.01.2038	1,00000000	5,0000%		
14.04.2038	0,98765432	5,5276%		
14.07.2038	0,97404442	5,7405%		
14.10.2038	0,95996160	6,0415%		
14.01.2039	0,94536574	6,6060%		
14.04.2039	0,93000676	6,7181%		−825.745,33
14.07.2039	0,91447713	6,8355%		−849.098,87
14.10.2039	0,89877685	6,9597%		−873.425,11
16.01.2040	0,88273525	6,7242%	3.616.779,75	−908.630,07
16.04.2040	0,86798190	6,8405%		−849.865,30
16.07.2040	0,85322854	6,9608%		−864.560,50
15.10.2040	0,83847519	7,0855%		−879.772,83
14.01.2041	0,82372184	6,8830%	3.587.214,79	−895.530,10
15.04.2041	0,80963516	7,0049%		−869.940,03
15.07.2041	0,79554848	7,1312%		−885.343,95
14.10.2041	0,78146179	7,2636%		−901.303,22
14.01.2042	0,76722032		3.597.069,78	−928.121,89

Tab. F.114: Swap-Struktur inkl. variabler Zahlungen des Forward Swaps

Hierbei entspricht der Present Value der variablen Zahlungen mit 8.907.271,15 dem Present Value der fixen Zahlungen. Addiert man zu diesem Wert die mit dem Diskontfaktor vom 14.01.2042 zu multiplizierende Tilgung, so ergibt sich ein Wert von:

8.907.271,15 + 50.000.000 · 0,76722032 = 47.268.286,92

Dieser Wert ist identisch mit dem Barwert des Anlagebetrages von $ 50 Mio am 14.01.2039:

$$PV_{14.01.2038} = \frac{50.000.000}{\left(1 + 0,057 \cdot \frac{365}{360}\right)} = 50.000.000 \cdot 0,94536574 = 47.268.286,92$$

cc. Bewertung eines Amortisationsswaps bei Abschluss des Swapgeschäfts

Typisch für Rollercoaster Swaps, zu denen auch Amortisationsswaps zu zählen sind, ist die Veränderung des Nominalbetrages über die Swaplaufzeit. In dem Fall, dass der der Nominalwert sukzessiv über die Swap-Laufzeit sinkt, wird von einem Amortisationsswap gesprochen. Hierbei werden die Veränderungen des Nominalwertes grundsätzlich bereits zu Beginn der Swap-Transaktion festgelegt.[1]

Die Bewertung eines Amortisationsswaps soll wiederum anhand eines Beispiels erfolgen. Dazu soll ein Receiver Swap (variable Zahlungen auf Basis des 3-M-Libors) mit einer Laufzeit von 4 Jahren am 14.01.2038 bewertet werden, dessen Nominalwert sich in der folgenden Weise entwickelt:

- $ 50,0 Mio für das 1. Jahr = Nominalwert in t_0 = NW_0
- $ 37,5 Mio für das 2. Jahr = Nominalwert in t_1 = NW_1
- $ 25,0 Mio für das 3. Jahr = Nominalwert in t_2 = NW_2
- $ 12,5 Mio für das 4. Jahr = Nominalwert in t_3 = NW_3

Der Festzinssatz r (Basis: Actual/360) kann mit Hilfe der folgenden Formel bestimmt werden, wobei wiederum davon auszugehen ist, dass der Barwert des Swaps (inkl. Nominalbetrag-Zahlungen) zum Swap-Beginn Null betragen muss:

$$-NW_0 + NW_0 \cdot DF_1 + NW_0 \cdot r \cdot \frac{365}{360} \cdot DF_1 - NW_1 \cdot DF_1 + NW_1 \cdot DF_2 + NW_1 \cdot r \cdot \frac{367}{360} \cdot DF_2$$
$$- NW_2 \cdot DF_2 + NW_2 \cdot DF_3 + NW_2 \cdot r \cdot \frac{364}{360} \cdot DF_3 - NW_3 \cdot DF_3 + NW_3 \cdot DF_4 + NW_3 \cdot r \cdot \frac{365}{360} \cdot DF_4 = 0$$

Aus dieser Formel lässt sich der Festzins bestimmen:

$$r = \frac{NW_0 - NW_0 \cdot DF_1 + NW_1 \cdot DF_1 - NW_1 \cdot DF_2 + NW_2 \cdot DF_2 - NW_2 \cdot DF_3 + NW_3 \cdot DF_3 - NW_3 \cdot DF_4}{NW_0 \cdot \frac{365}{360} \cdot DF_1 + NW_1 \cdot \frac{367}{360} \cdot DF_2 + NW_2 \cdot \frac{364}{360} \cdot DF_3 + NW_3 \cdot \frac{365}{360} \cdot DF_4}$$

mit

NW_0 = $ 50,0 Mio , DF_1 = 0,94536574 = Diskontfaktor per 14.01.2039,
NW_1 = $ 37,5 Mio , DF_2 = 0,88273525 = Diskontfaktor per 16.01.2040,
NW_2 = $ 25,0 Mio , DF_3 = 0,82372184 = Diskontfaktor per 14.01.2041,
NW_3 = $ 12,5 Mio , DF_4 = 0,76722032 = Diskontfaktor per 14.01.2042.

Hieraus resultiert ein Festzinssatz r von 6,471394%.

Unter Berücksichtigung der schon aus den vorherigen Beispielen bekannten Daten am 14.01.2038 lassen sich die folgenden Werte ableiten:

---

[1] Zu Rollercoaster Swaps vgl. *Flavell* (2002), S. 72ff.

Swap-Zah-lungstermine	Nominal-wert	Cash Flow feste Swapzahlungen	Cash Flow variable Swapzahlungen	Diskont-faktoren
14.01.2038	50.000.000			1,00000000
14.04.2038	50.000.000		−625.000,00	0,98765432
14.07.2038	50.000.000		−698.628,26	0,97404442
14.10.2038	50.000.000		−733.509,56	0,95996160
14.01.2039	37.500.000	3.280.637,08	−771.969,12	0,94536574
14.04.2039	37.500.000		−619.308,99	0,93000676
14.07.2039	37.500.000		−636.824,15	0,91447713
14.10.2039	37.500.000		−655.068,83	0,89877685
16.01.2040	25.000.000	2.473.959,88	−681.472,55	0,88273525
16.04.2040	25.000.000		−424.932,65	0,86798190
16.07.2040	25.000.000		−432.280,25	0,85322854
15.10.2040	25.000.000		−439.886,42	0,83847519
14.01.2041	12.500.000	1.635.824,51	−447.765,05	0,82372184
15.04.2041	12.500.000		−217.485,01	0,80963516
15.07.2041	12.500.000		−221.335,99	0,79554848
14.10.2041	12.500.000		−225.325,81	0,78146179
14.01.2042		820.159,27	−232.030,47	0,76722032

Tab. F.115: Swap-Struktur inkl. variabler Zahlungen des Amortisationsswaps

Der entsprechende Present Value der variablen Swapzahlungen ist wiederum gleich dem Present Value der festen Zahlungen und beträgt 7.261.960,72.

cd. Bewertung eines Step-up-/Step-down-Swaps bei Abschluss des Swapgeschäfts

Auch Step-up-Swaps zählen zu den Rollercoaster Swaps, wobei hier – anders als bei den Amortisationsswaps – der Nominalbetrag über die Swaplaufzeit nach einem vereinbarten Schema ansteigt. Im Folgenden soll der Nominalbetrag zunächst ansteigen (Step up) und zum Schluss wieder sinken (Step down).

Auf der Grundlage des obigen Beispiels soll ein Receiver Swap (variable Zahlungen auf Basis des 3-M-Libors) mit einer Laufzeit von 4 Jahren am 14.01.2038 bewertet werden, dessen Nominalwert sich in der folgenden Weise entwickelt:

- $ 15 Mio für das 1. Jahr = Nominalwert in t_0 = NW_0
- $ 30 Mio für das 2. Jahr = Nominalwert in t_1 = NW_1
- $ 70 Mio für das 3. Jahr = Nominalwert in t_2 = NW_2
- $ 40 Mio für das 4. Jahr = Nominalwert in t_3 = NW_3

Mit Hilfe der obigen Formel ergibt sich in diesem Fall ein Festzinssatz r von 6,949600%, so dass in dem Beispiel am 14.01.2038 die nachfolgende Tabelle gilt:

Swap-Zah-lungstermine	Nominal-wert	Cash Flow feste Swapzahlungen	Cash Flow variable Swapzahlungen	Diskont-faktoren
14.01.2038	15.000.000			1,00000000
14.04.2038	15.000.000		−187.500,00	0,98765432
14.07.2038	15.000.000		−209.588,48	0,97404442
14.10.2038	15.000.000		−220.052,87	0,95996160
14.01.2039	30.000.000	1.056.918,33	−231.590,74	0,94536574
14.04.2039	30.000.000		−495.447,20	0,93000676
14.07.2039	30.000.000		−509.459,32	0,91447713
14.10.2039	30.000.000		−524.055,07	0,89877685
16.01.2040	70.000.000	2.125.419,33	−545.178,04	0,88273525
16.04.2040	70.000.000		−1.189.811,42	0,86798190
16.07.2040	70.000.000		−1.210.384,70	0,85322854
15.10.2040	70.000.000		−1.231.681,97	0,83847519
14.01.2041	40.000.000	4.918.772,44	−1.253.742,13	0,82372184
15.04.2041	40.000.000		−695.952,03	0,80963516
15.07.2041	40.000.000		−708.275,16	0,79554848
14.10.2041	40.000.000		−721.042,58	0,78146179
14.01.2042		2.818.448,88	−742.497,51	0,76722032

Tab. F.116: Swap-Struktur inkl. variabler Zahlungen des Step-up-/Step-down-Swaps

Auch in diesem Beispiel entsprechen sich betragsmäßig die Barwerte der variablen und der festen Swapzahlungen. Sie betragen jeweils $ 9.089.428,45.

cc. Bewertung von Non-Generic Zinsswaps während der Swap-Laufzeit

Wie schon bei der Bewertung von Generic bzw. Plain Vanilla Swaps gezeigt, soll nunmehr ebenfalls am 25.02.2038 die Bewertung des im vorhergehenden Abschnitt dargestellten Step-up-/ Step-down-Swaps bei veränderter Zinsstruktur vorgenommen werden. Die bei der Generic-Swap-Bewertung ermittelten Diskontfaktoren, die zu den jeweiligen Swap-Zahlungsterminen passen, sollen auch hier zur Bewertung der zinsfixen und zinsvariablen Swapzahlungen herangezogen werden.

Die aus den Forward Rates abgeleiteten variablen Swapzahlungen zeigt die Tabelle F.117.

Nach Multiplikation der jeweiligen Cash Flows mit den zugehörigen Diskontfaktoren wird für die variablen Swapzahlungen ein Barwert von $ −7.099.249,19 und für die festen Swapzahlungen ein Barwert von $ 9.565.894,94 berechnet. Insgesamt hat der Swap am 25.02.2038 somit einen Netto-Barwert von $ 2.466.645,74. Dieser könnte bei Auflösung des Swaps realisiert werden.

Swap-Zah-lungstermine	Nominal-wert	Forward Rates	Cash Flow variabel	Cash Flow fest	Diskont-faktoren
25.02.2038	15.000.000	5,000000%			1,00000000
14.04.2038	15.000.000	4,318151%	−187.500,00		0,99454602
14.07.2038	15.000.000	4,353004%	−163.729,91		0,98380744
14.10.2038	15.000.000	4,380667%	−166.865,14		0,97298364
14.01.2039	30.000.000	4,628130%	−167.925,58	1.056.918,33	0,96221164
14.04.2039	30.000.000	4,859317%	−347.109,76		0,95120588
14.07.2039	30.000.000	4,920421%	−368.498,24		0,93966374
14.10.2039	30.000.000	4,984460%	−377.232,24		0,92799475
16.01.2040	70.000.000	5,074451%	−390.449,34	2.125.419,33	0,91607209
16.04.2040	70.000.000	5,163306%	−897.895,98		0,90447037
16.07.2040	70.000.000	5,231587%	−913.618,38		0,89281759
15.10.2040	70.000.000	5,301699%	−925.700,33		0,88116481
14.01.2041	40.000.000	5,222734%	−938.106,12	4.918.772,44	0,86951204
15.04.2041	40.000.000	5,161533%	−528.076,45		0,85818239
15.07.2041	40.000.000	5,229767%	−521.888,33		0,84712971
14.10.2041	40.000.000	5,300609%	−528.787,53		0,83607703
14.01.2042			−541.840,05	2.818.448,88	0,82490290

Tab. F.117: Cash Flows des zu bewertenden Roller Coaster Swaps nach Swap-Beginn

d. Bewertung von Plain Vanilla Währungsswaps

Durch Währungsswaps wird beispielsweise eine Kapitalaufnahme in Fremdwährungen ermöglicht, und zwar unabhängig von der eigentlich benötigten Währung. Insofern kann der Finanzierungsvorteil der Heimatwährung in eine Fremdwährung transferiert werden. Darüber hinaus können mit Währungsswaps offene Währungspositionen geschlossen und damit abgesichert werden. Zu berücksichtigen ist dabei, dass während der Swaplaufzeit die jeweiligen Zinszahlungen erfolgen und am Laufzeit-Ende die Nominalbeträge zu dem ursprünglich vereinbarten Devisenkurs zurückgetauscht werden.

Plain Vanilla Währungsswaps, die auch als Generic Currency Swap bezeichnet werden können, weisen bestimmte Charakteristika auf, die in der nachfolgenden Tabelle aufgeführt sind, wobei es sich dabei um einen Währungsswap „Festzins in Fremdwährung gegen $-Libor" handelt, der für die Quotierung und Bewertung der meisten Währungsswaps herangezogen werden kann.[1]

---

1 Vgl. *Das* (1994), S. 193.

Laufzeit	1-15 Jahre
Effektives Datum	Normalerweise 2 Geschäftstage nach dem Handelsdatum (Trade Date), aber abhängig von den Konventionen in dem jeweiligen Markt. Festlegung des effektiven Datums (= Startzeitpunkt für die Zinsberechnung) in der Weise, dass die ersten Zinszahlungen über volle Zinsperioden abgerechnet werden
Erster Zahlungstermin (Settlement Date)	Effektives Datum
Devisenkurs	Devisenkurs per effektivem Datum
Bewertungstermin	Handelsdatum
Nominalbetrag der Fremdwährung	$-Nominalwert multipliziert mit dem Devisenkurs
Fester Zinssatz (Fremdwährung)	Aktueller Marktzins in der jeweiligen Währung
Tageszählung der festen Zinszahlungen	Abhängig von der Konvention des jeweiligen Marktes
Zahlungshäufigkeit des festen Zinssatzes	Vierteljährlich, halbjährlich oder jährlich, je nach der Usance im entsprechenden Markt
Variabler Referenzzins	3-Monats- oder 6-Monats-$-Libor flat, d.h. ohne Spread
Tageszählung der variablen Zinszahlungen	Zumeist Orientierung am entsprechenden Markt (beispielsweise für $: Actual/360)
Unregelmäßige Zahlungen	Keine, d.h. ein 6-M-$-Libor als variable Swapzahlung bedeutet, dass alle 6 Monate der entsprechende 6-M-$-Libor neu gefixt wird und die Zahlungen 6 Monate später erfolgen
Erste Zinszahlung	Aktueller Marktsatz des variablen Referenzzinssatzes

Tab. F.118: Charakteristika eines Generic Currency Swaps

In diesem Beispiel kann ein Receiver Swap angesehen werden als Kauf einer Festzinsanleihe in Fremdwährung und Kreditaufnahme in $ zu $-Libor.

da. Bewertung eines Fixed-to-Fixed Currency Swaps bei Abschluss des Swapgeschäfts

Die Bewertung eines Fixed-to-Fixed Currency Swaps bei Abschluss des Geschäfts soll den dadurch erzielbaren Arbitrage-Gewinn aufzeigen. Dies wird an dem folgenden Beispiel demonstriert: Ausgangspunkt ist ein Unternehmen in Euroland, das für eine Laufzeit von 5 Jahren € 20 Mio benötigt und dafür einen festen Zins zahlen möchte. Das Unternehmen könnte sich auch am SFR-Markt refinanzieren, wobei der Festzinssatz 6,9% für 5 Jahre beträgt. Die Konditionen für €-Kredite, die das Unternehmen am 15.01.2025 erhalten könnte, stehen für verschiedene Laufzeiten in der folgenden Tabelle, wobei hier der Einfachheit halber nach der Methode 30/360 gerechnet werden soll:

Fälligkeit	€-Zinssätze für das Unternehmen	Diskontfaktoren
15.01.2025		1,00000000
15.01.2026	6,00000%	0,94339623
15.01.2027	6,50000%	0,88138896
15.01.2028	7,10000%	0,81273600
15.01.2029	7,90000%	0,73367546
15.01.2030	9,10000%	0,63539973

Tab. F.119: €-Konditionen zu Beginn des Währungsswaps

Dabei sind die Diskontfaktoren wiederum nach dem Bootstrapping-Verfahren beispielsweise für die ersten drei Diskontfaktoren in der folgenden Weise ermittelt worden:

$$DF_1 = \frac{1}{1 + r_t \cdot \frac{Tage_t}{360}} = \frac{1}{1 + 0,06 \cdot \frac{360}{360}} = 0,94339623$$

$$DF_2 = \frac{1 - 0,065 \cdot \frac{360}{360} \cdot DF_1}{1 + 0,065 \cdot \frac{360}{360}} = \frac{1 - 0,065 \cdot \frac{360}{360} \cdot 0,94339623}{1 + 0,065 \cdot \frac{360}{360}} = 0,88138896$$

$$DF_3 = \frac{1 - 0,071 \cdot \frac{360}{360} \cdot DF_1 - 0,071 \cdot \frac{360}{360} \cdot DF_2}{1 + 0,071 \cdot \frac{360}{360}} = 0,81273600$$

Das Unternehmen soll zum einen die Möglichkeit haben, sich durch Aufnahme eines €-Kredits zu 9,10% zu refinanzieren. Zum anderen könnte es aber auch eine festverzinsliche SFR-Anleihe zu 6,9% emittieren und diese Anleihe in € swappen.

Der Devisenkurs am 15.01.2025 lautet: € 1 = SFR 1,50. Zusätzlich sind jeweils die Swap Rates im €- und im SFR-Markt angegeben (Basis jeweils 30/360):

Fälligkeit	€-Swap Rates	€-Diskontfaktoren	SFR-Swap Rates	SFR-Diskontfaktoren
15.01.2025		1,00000000		1,00000000
15.01.2026	5,00000%	0,95238095	4,00000%	0,96153846
15.01.2027	5,40000%	0,89997289	4,30000%	0,91913120
15.01.2028	5,90000%	0,84108699	4,80000%	0,86806093
15.01.2029	6,60000%	0,77132543	5,30000%	0,81131745
15.01.2030	7,50000%	0,68850468	5,50000%	0,76227238

Tab. F.120: Swap Rates zu Beginn des Währungsswaps

Aus diesen Daten kann nun die Vorteilhaftigkeit des Währungsswaps bestimmt werden. Unterstellt wird dabei, dass das Unternehmen einen SFR-Kredit in Höhe von SFR 30 Mio (= 1,5 SFR/€ · € 20 Mio) zu 6,9% aufnimmt. Gleichzeitig vereinbart es mit einer Bank einen Währungsswap, bei dem es am 15.01.2025 zunächst in den Swap SFR 30 Mio gegen Erhalt von € 20 Mio zahlt. Zu den Zinsterminen muss das Unternehmen jeweils 7,5% auf € 20 Mio zahlen (Swap Outflow) und erhält dafür 5,5% auf SFR 30 Mio (Swap Inflow). Am Laufzeitende, d.h. am 15.01.2030, erhält das Unternehmen aus dem Swap SFR 30 Mio gegen Zahlung von € 20 Mio. Die Zinszahlungen sind in der folgenden Abbildung gezeigt:

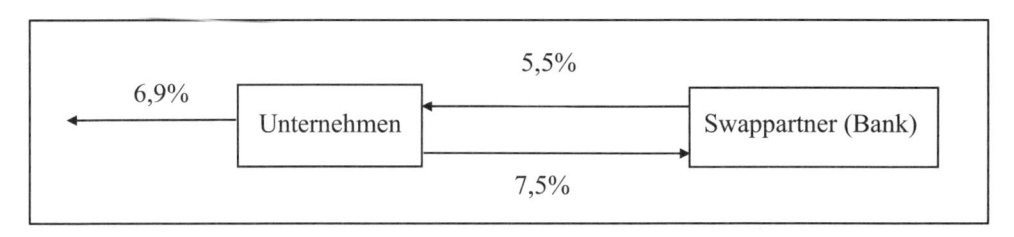

Abb. F.67: Währungsswap

Die einfache Vorteilhaftigkeitsbetrachtung führt damit zu folgendem Ergebnis:

Kreditkosten	− 6,90%	(SFR)
Swap Inflow	+ 5,50%	(SFR)
Swap Outflow	− 7,50%	(€)
Nettokosten	− 8,90%	
Alternative	− 9,10%	(€)
Zinsvorteil	+ 0,20%	(€)

Tab. F.121: Einfache Vorteilhaftigkeitsrechnung zu Beginn des Währungsswaps

Zu beachten ist hierbei, dass der SFR-Nettozins (−1,4%) zu den Zinsterminen jeweils in € getauscht werden muss. Zur Abschätzung des Devisenkurses für die kommenden Zinszahlungen kann ein einfach zu bestimmender Konversionsfaktor (KF) herangezogen werden:[1]

---

1 Vgl. *Martin* (2001), S. 285f.

Einfacher KF = $\dfrac{1 + \text{€ Swap Rate}}{1 + \text{SFR Swap Rate}} = \dfrac{1 + 0{,}075}{1 + 0{,}055} = 1{,}01895735$

Damit wird für die Zinszahlungen der folgende Devisenkurs unterstellt:

€ 1 = $\dfrac{\text{SFR } 1{,}50}{1{,}01895735}$ = SFR 1,47209302

Mit Hilfe dieses Konversionsfaktors können die oben ermittelten Nettokosten bzw. der Zinsvorteil des Swaps noch korrigiert werden:

Nettokosten = (–6,90% + 5,50%) · 1,01895735 – 7,50% = –8,92654%

Diese Nettokosten entsprechen dem Zinssatz für die aus SFR-Anleihe und Swap konstruierte (synthetische) €-Anleihe, so dass sich ein Zinsvorteil („New Issue Arbitrage, NIA") von –8,92654% + 9,10% = 0,17346% ergibt.

Im nächsten Schritt soll nun der Barwert dieser New Issue Arbitrage berechnet werden. Dazu können in den beiden folgenden Tabellen zunächst die relevanten Zahlungen bei Nutzung des einfachen Konversionsfaktors dargestellt werden:

Fälligkeit	SFR Kredit Cash Flow	SFR Swap Inflow	SFR Netto Cash Flow
15.01.2025	30.000.000	–30.000.000	0
15.01.2026	–2.070.000 *	1.650.000 **	–420.000 ***
15.01.2027	–2.070.000	1.650.000	–420.000
15.01.2028	–2.070.000	1.650.000	–420.000
15.01.2029	–2.070.000	1.650.000	–420.000
15.01.2030	–32.070.000	31.650.000	–420.000
*	SFR – 30.000.000 · 6,90% · $\dfrac{360}{360}$ = SFR – 2.070.000		
**	SFR 30.000.000 · 5,50% · $\dfrac{360}{360}$ = SFR 1.650.000		
***	SFR –2.070.000 + SFR 1.650.000 = SFR –420.000		

Tab. F.122: SFR Cash Flows im Rahmen des Währungsswaps

Fälligkeit	€ Swap Outflow	€ Netto Cash Flow	Alternative: € Cash Flow
15.01.2025	20.000.000	20.000.000	20.000.000
15.01.2026	−1.500.000	−1.785.308 *	−1.820.000
15.01.2027	−1.500.000	−1.785.308	−1.820.000
15.01.2028	−1.500.000	−1.785.308	−1.820.000
15.01.2029	−1.500.000	−1.785.308	−1.820.000
15.01.2030	−21.500.000	−21.785.308	−21.820.000
*	$\dfrac{\text{SFR } -420.000}{1{,}47209302 \text{ SFR/€}} - \text{€ } 1.500.000 = \text{€} -1.785.308$		

Tab. F.123: € Cash Flows im Rahmen des Währungsswaps

Die Abzinsung des SFR Swap Inflows mit den SFR-Swap-Diskontfaktoren führt zu einem Present Value von Null. Werden die € Swap Outflows mit den €-Swap-Diskontfaktoren abgezinst, so führt dies ebenfalls zu einem Present Value von Null.

Zur Bestimmung des Barwertes der New Issue Arbitrage können die € Netto Cash Flows und die Cash Flows der alternativen €-Kreditaufnahme mit den Diskontfaktoren abgezinst werden, die aus den €-Kreditzinssätzen für das Unternehmen abgeleitet werden:

Fälligkeit	Diskontfaktoren	€ Netto Cash Flow	Alternative: € Cash Flow
15.01.2025	1,00000000	20.000.000	20.000.000
15.01.2026	0,94339623	−1.785.308	−1.820.000
15.01.2027	0,88138896	−1.785.308	−1.820.000
15.01.2028	0,81273600	−1.785.308	−1.820.000
15.01.2029	0,73367546	−1.785.308	−1.820.000
15.01.2030	0,63539973	−21.785.308	−21.820.000

Tab. F.124: Vergleich zwischen € Netto Cash Flow und Alternative

Der Barwert des € Netto Cash Flows beträgt dann € 138.996,61. Dieser Wert entspricht dem Prescnt Value der New Issue Arbitrage, da der Barwert der Alternative erwartungsgemäß Null ist. Die Rendite als interner Zinsfuß des € Netto Cash Flows beträgt 8,92654% p.a. gegenüber dem internen Zinsfuß von 9,100% p.a. des € Cash Flows als Alternative. Damit ergibt sich wiederum die oben bereits ermittelte New Issue Arbitrage von 0,17346% p.a. (= 9,100% − 8,92654%).

db. Bewertung eines Fixed-to-Fixed Currency Swaps während der Swap-Laufzeit

Nunmehr soll eine Bewertung des obigen Währungsswaps während der Swap-Laufzeit erfolgen. Zunächst ist zu dem Beispiel noch zu ergänzen, dass bei dem Währungsswap zwar die wichtigsten Parameter der beiden Swapseiten übereinstimmen (Nominalwert, Zinstermine, Fälligkeitstermine). Dennoch entsteht aber ein Währungsrisiko bezüglich der Netto-SFR-Zahlung zu jedem Zinstermin. Dabei sind zudem die unterschiedlichen Kupons der jeweiligen Festzinspositionen zu beachten, so dass sich bei entsprechend verschiedenen Durationen Veränderungen der Marktzinsen auch unterschiedlich auf die Preise auswirken.

Der obige Währungsswap soll nunmehr exakt ein Jahr nach Swap-Beginn, d.h. am 15.01.2026 bewertet werden, wobei die Bewertung direkt nach Zahlung der Swap- und Kreditzahlungen per 15.01.2026 erfolgen soll. Der Devisenkurs soll nunmehr betragen: € 1 = SFR 1,40. Am Markt liegen die folgenden neuen Swap-Rates vor (€-Swap Rates sind gesunken, SFR-Swap Rates sind gestiegen):

Fälligkeit	€-Swap Rates	€-Diskontfaktoren	SFR-Swap Rates	SFR-Diskontfaktoren
15.01.2026		1,00000000		1,00000000
15.01.2027	3,50000%	0,96618357	4,50000%	0,95693780
15.01.2028	3,90000%	0,92619715	4,80000%	0,91036926
15.01.2029	4,40000%	0,87809890	5,30000%	0,85568160
15.01.2030	5,10000%	0,81703667	5,80000%	0,79590421

Tab. F.125: Swap Rates ein Jahr nach Beginn des Währungsswaps

Für den neuen einfachen Konversionsfaktor ergibt sich:

$$\text{Einfacher KF} = \frac{1 + \text{EUR Swap Rate}}{1 + \text{SFR Swap Rate}} = \frac{1 + 0,051}{1 + 0,058} = 0,99338374$$

Damit wird für die kommenden Zinszahlungen der folgende Devisenkurs unterstellt:

$$€\ 1 = \frac{\text{SFR } 1,40}{0,99338374} = \text{SFR } 1,40932445$$

Zur Bestimmung des Netto-Barwertes des Währungsswaps am 15.01.2026 werden sowohl der SFR Swap Inflow als auch der € Outflow bewertet.

Fälligkeit	SFR Swap Inflow	SFR-Diskontfaktoren	€ Swap Outflow	€-Diskontfaktoren
15.01.2026		1,00000000		1,00000000
15.01.2027	1.650.000	0,95693780	−1.500.000	0,96618357
15.01.2028	1.650.000	0,91036926	−1.500.000	0,92619715
15.01.2029	1.650.000	0,85568160	−1.500.000	0,87809890
15.01.2030	31.650.000	0,79590421	−21.500.000	0,81703667

Tab. F.126: Bewertung des Swap In- und Outflows
ein Jahr nach Beginn des Währungsswaps

Der Barwert des SFR Swap Inflows beträgt hierbei SFR 29.683.299,64, was bei dem am 15.01.2026 geltenden Devisenkurs € 21.202.356,89 entspricht. Hingegen beläuft sich der Barwert des € Swap Outflows auf € −21.722.008. Der Netto-Barwert des Swaps beträgt somit € −519.651.

5. Portfoliomanagement mit Asset Swaps

a. Fixed Income Swaps

Der Einsatz von Swaps im Aktivmanagement hat an Bedeutung gewonnen. Als Einsatzmotive lassen sich dabei sowohl Absicherungsüberlegungen als auch zusätzliche Renditesteigerungen (Yield Enhancement) identifizieren. Es handelt sich bei diesen Swap-Transaktionen um den Tausch von Aktiva (Assets) und/oder den daraus resultierenden Zinszahlungen. Infolgedessen werden sie auch als Asset Swaps bezeichnet.

Asset Swaps sind vor allem durch den Tausch von Staatsschulden bekannt geworden. Dabei werden zweifelhafte Kredite gegen zweifelhafte Kredite eines anderen Schuldners getauscht in der Hoffnung, dass nicht beide Schuldnerländer gleichzeitig ihre Zahlungen einstellen. Das Ziel der Banken besteht in diesen Fällen darin, das Kreditportefeuille breiter zu streuen, so dass sich das Risiko für die einzelne Bank verringert. Die Swap-Preise von Länderkrediten ergeben sich entsprechend der Beurteilung der jeweiligen Bonität und werden in Prozent des Nominalbetrages ausgedrückt.

Daneben werden Asset Swaps vor allem im aktiven Zinsmanagement von Rentenportefeuilles eingesetzt. Das folgende Beispiel zeigt, wie sich ein Portfoliomanager durch den Abschluss eines Zinsswaps gegen stark steigende Zinsen absichern kann:

Der Portfoliomanager hält eine mit nominal 6% s.a. (s.a. = semi annual, d.h. halbjährliche Zinszahlung) verzinsliche Anleihe über $ 10 Mio (Kurswert: 100%) im Bestand, die eine Restlaufzeit von 3 Jahren hat. Zur Absicherung gegen steigende Zinsen und den damit verbundenen Kursverlust schließt er einen Zinsswap über ebenfalls $ 10 Mio mit Swap-Partner A ab, aus dem er variable Zinsen in Höhe des $-6-Monats-Libor erhält und 6% halbjährlich jeweils zum gleichen Zeitpunkt wie die Anleihe zahlt.

Nach einem Jahr sei die Rendite für Wertpapiere mit einer Restlaufzeit von 2 Jahren und einer vergleichbaren Bonität auf 8% s.a. gestiegen. Die Anleihe hat damit einen Kurswert von 96,37%. Der Portfoliomanager geht nunmehr von einem Ende der Zinssteigerungsphase aus. Er schließt daher einen zweiten Zinsswap mit Swap-Partner B ab: Gegen Zahlung von $-6-Monats-Libor erhält er 8% s.a. für die Laufzeit von zwei Jahren.

Sein Gesamtvorteil durch die beiden Zinsswaps gegenüber der ursprünglichen Situation beläuft sich damit nach einem Jahr für die nächsten zwei Jahre auf 2% s.a., wie die folgende Grafik (Abbildung F.68) verdeutlicht.

Nach dem ersten Jahr braucht die Anleihe trotz gestiegener Zinsen nicht auf den niedrigeren Börsenkurs abgewertet zu werden. Für dieses Jahr hat der Portfoliomanager ein variabel verzinsliches (synthetisches) Wertpapier, aus dem er eine Verzinsung in Höhe des jeweiligen 6-Monats-Libor erhält.

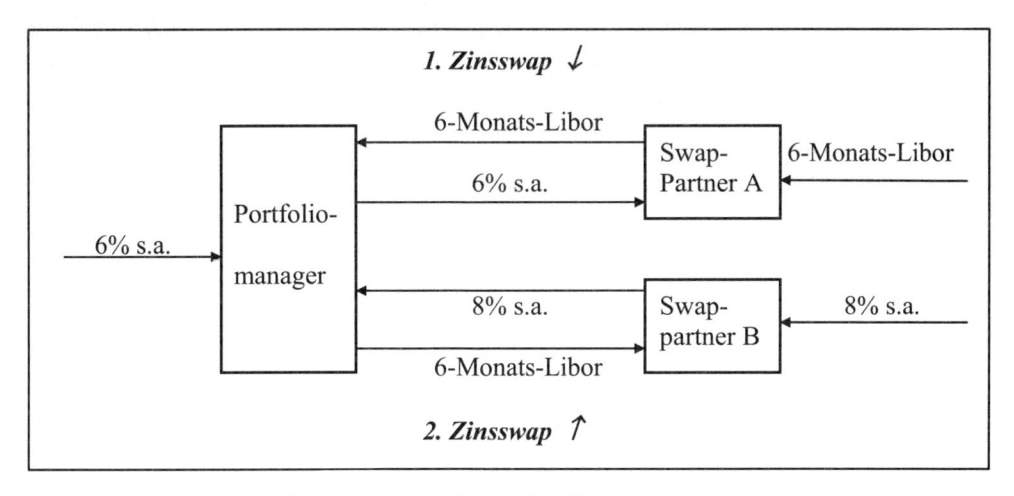

```
┌─────────────────────────────────────────────────────────────┐
│                    1. Zinsswap ↓                            │
│                                                             │
│                    6-Monats-Libor                           │
│                  ←─────────────────  ┌──────────┐           │
│                                       │  Swap-   │ 6-Monats-Libor │
│                      6% s.a.          │ Partner A│ ←────────────  │
│                  ──────────────→      └──────────┘           │
│         ┌──────────────┐                                    │
│ 6% s.a. │  Portfolio-  │                                    │
│ ──────→ │              │                                    │
│         │   manager    │                                    │
│         └──────────────┘                                    │
│                      8% s.a.          ┌──────────┐          │
│                  ←─────────────────   │  Swap-   │ 8% s.a.  │
│                                       │partner B │ ←──────  │
│                    6-Monats-Libor     └──────────┘          │
│                  ──────────────→                            │
│                                                             │
│                    2. Zinsswap ↑                            │
└─────────────────────────────────────────────────────────────┘
```

Abb. F.68: Asset Swaps im Zinsmanagement

In diesem Beispiel sind das Wertpapier und die Zinsswaps bezüglich Betrag und Laufzeit sowie idealerweise auch in bezug auf die einzelnen Festzinszahlungszeitpunkte individuell aufeinander abgestimmt. Der erste Zinsswap wurde eigens abgeschlossen, um sich gegen steigende Zinsen abzusichern, während der zweite Zinsswap das gestiegene Zinsniveau gegen fallende Zinsen sichert. Als Ergebnis dieser Transaktion ergibt sich folgende Rechnung nach einem Jahr für die restlichen zwei Jahre (der Ertrag des ersten Jahres hängt von dem jeweiligen 6-Monats-Libor ab):

	Portfoliomanager
Erträge aus Anleihe	+ 6,00%
1. Swap Inflow	+ 6-Monats-Libor
1. Swap Outflow	– 6,00%
2. Swap Inflow	+ 8,00%
2. Swap Outflow	– 6-Monats-Libor
Nettoertrag	+ 8,00%
Alternative	+ 6,00%
Zinsvorteil	**+ 2,00%**

Tab. F.127: Ergebnis des Asset Swaps

Zu beachten ist allerdings bei Asset Swaps, dass ein Portfoliomanager, der eine solche Transaktion durchführt, nunmehr ein Kreditrisiko gegenüber zwei Marktteilnehmern hat: gegenüber dem Anleiheemittenten und gegenüber dem Swap-Partner.

Als weiteres Einsatzmotiv von Asset Swaps kann die Renditeverbesserung durch die Konstruktion synthetischer Wertpapiere genannt werden. Dabei versuchen die Investoren, vom (Swap-)Markt unterbewertete Wertpapiere zu identifizieren und durch Swaptransaktionen diesen Renditevorteil auf das von ihnen gewünschte Wertpapier zu übertragen. Beispielsweise kann eine $-Festzinsanleihe mit Hilfe von Asset Swaps dargestellt werden über:[1]

- den Kauf einer $-FRN und einem anschließenden variabel/fixen Zinsswap,
- den Kauf einer zinsfixen €-Anleihe und einem anschließenden fix/fixen Währungsswap oder
- den Kauf einer €-FRN und einem anschließenden variabel/fixen Währungsswap.

Falls daher ein unterbewertetes Asset nicht direkt den Ausstattungswünschen des Investors entspricht, so kann trotzdem das gewünschte Papier synthetisch mit Hilfe verschiedener Asset Swaps nachgebildet werden, so dass zusätzliche Renditeverbesserungen im Vergleich zum direkten Kauf über mehrere Perioden erreicht werden können. Diese Renditeverbesserungen ergeben sich durch die Differenz zwischen der Effektivverzinsung der gewünschten Anleihe und der Rendite aus dem Swap. Zu beachten ist, dass die zu vergleichenden Anlagen derselben Risikoklasse angehören bzw. beide Anlagen (tatsächliche und synthetische Anleihe) denselben Diversifikationseffekt innerhalb des Anlageportefeuilles haben.

Beispielhaft soll die Strukturierung einer synthetischen Floating Rate Note (FRN) mit Hilfe eines Asset Swaps aufgezeigt werden. Ausgangspunkt ist ein Investor, der einen 6% $-Bond (Zinsberechnungsmethode Actual/Actual, halbjährliche Zinszahlungen) mit einer Restlaufzeit von 3 Jahren kauft. Das aktuelle Zinsniveau beläuft sich auf 7% p.a. Zur Berechnung des Niveaus, bei dem dieser Bond in eine FRN geswappt werden könnte, muss diese Rendite mit der entsprechenden Offered-Seite der Swap-Rates verglichen werden. Unter der Annahme, dass der potentielle Swap-Partner die gleichen Preise wie im Markt quotiert, können die folgenden Zinssätze zugrunde gelegt werden:

Laufzeit	US-Treasury-Rendite (semi-annual)	Swap Spread
3	6,35	30-35
4	6,40	33-38
5	6,45	34-39
6	6,50	37-44

Tab. F.128: $-Swap Spreads

Als relevante Swap-Rate ergibt sich ein Satz von 6,35% + 0,35% = 6,70% s.a., wobei zu berücksichtigen ist, dass sich hier dieser Satz – anders als die bei $-Swaps meist übliche Konvention von Actual/360 auf jährlicher Basis – auf die Zinstagebasis Actual/Actual bei halbjährlicher Zinszahlung bezieht. Dies entspricht der Zinstagezählung bei den Treasury Bonds. Dabei wird die Offered-Seite des Swap Spreads zugrunde gelegt, weil dies das

---

1 Vgl. z.B. *Perridon/Steiner/Rathgeber* (2012), S. 342ff.

Niveau ist, bei dem der Swap-Partner bereit ist, fixe Zinszahlungen gegen Libor flat zu erhalten.

Zum Vergleich mit der obenstehenden Rendite müssen aber beide Werte noch auf die gleiche Grundlage gestellt werden; denn bei den 6,70% handelt es sich um eine Rendite auf halbjährlicher Basis (r_s), während der obige Zinssatz (7%) für jährliche Zahlungen (r_a) gilt. Die Umrechnung der 7% p.a. in eine annualisierte halbjährliche Rendite (s.a.) erfolgt in dieser Weise:

$$(1+r_a) = \left(1+\frac{r_s}{2}\right)^2$$

$$r_s = 2 \cdot \left(\sqrt{1+r_a} - 1\right) \qquad r_s = 2 \cdot \left(\sqrt{1+0,07} - 1\right) = 6,88\ \%$$

Die entsprechende annualisierte halbjährliche Rendite des Bonds von 6,88% s.a. (Actual/Actual) bedeutet eine um 18 Basispunkte höhere Rendite als der angebotene Swap-Spread. Damit ergibt sich also eine Rendite von Libor + 18 Bp. Diese über den Asset Swap realisierte Rendite ist zu vergleichen mit der Rendite von variabel verzinslichen Anleihen von Emittenten mit vergleichbarer Bonität und ähnlichem Standing. Graphisch lässt sich dieser Asset Swap wie folgt darstellen:

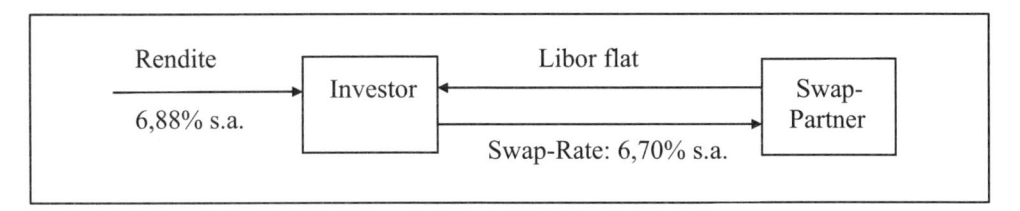

```
       Rendite              Libor flat
      ─────────▶  ┌─────────┐ ◀────────── ┌─────────┐
      6,88% s.a.  │Investor │              │ Swap-   │
                  │         │ ──────────▶  │ Partner │
                  └─────────┘              └─────────┘
                         Swap-Rate: 6,70% s.a.
```

Abb. F.69: $-Asset Swap

Der Asset Swap und das Ausmaß des zusätzlichen Ertrages gegenüber der alternativen Direktanlage hängen von den Möglichkeiten der Arbitrage zwischen Bondmarkt und Swapmarkt ab. Solche „Fenster" für eine erfolgversprechende Arbitrage eröffnen sich immer dann, wenn sich Bond- und Swapmarkt nicht gleichgerichtet oder unterschiedlich schnell entwickeln.

Soll allerdings im obigen Beispiel die festverzinsliche Anleihe vorzeitig verkauft werden, so entsteht eine offene Swap-Position, die wieder zu schließen ist. Die Verluste bzw. Gewinne bei Verkauf der Wertpapiere und Schließen der Swap-Position entsprechen grundsätzlich den Verlusten und Gewinnen der Anleiheform, die synthetisch erzeugt wurde. Problematisch dürfte sich allerdings in diesem Zusammenhang die geringere Liquidität der Asset Swaps gegenüber dem direkten Investment auswirken. Soll das gesamte Package verkauft werden, so kann dies einige Probleme mit sich führen. Zunächst muss ein Käufer gefunden werden, der nicht nur die Bonität der Bonds, sondern auch die des Swap-Partners akzeptieren kann. Zudem kann sich der Swap-Spread am Markt verändert haben, so dass auch die Bedingungen des Swaps (Terms and Conditions) verändert werden müssen. Darüber hinaus können auch administrative Probleme auftreten, nämlich dann, wenn die beteiligten Parteien beispielsweise untereinander keine ausreichenden Swap-Linien oder Master Agreements haben. Bei Auflösung der Swap-Position sind neben den administrativen auch weitere Kosten zu berücksichtigen, wie z.B. der Bid-Offer-Spread.

b. Equity Swaps

Bei einem Equity Swap handelt es sich – wie auch bei einem Zinsswap – um den zukünftigen Austausch von Zahlungsströmen. Im Gegensatz zu einem Zinsswap basieren die Zahlungen aber nicht nur auf Zinsen. Vielmehr ist zumindest ein Zahlungsstrom an einen Aktienindex oder an eine Aktienperformance gekoppelt. Entsprechend zahlt der sogenannte Performance-Zahler an den Zinszahler die Performance auf den Nominalbetrag des Aktien-Underlyings, während er die Zinszahlungen auf den Nominalbetrag erhält. Ist die Performance allerdings negativ, so ist der Zinszahler verpflichtet, diese zusätzlich an den Performance-Zahler zu leisten. In der folgenden Abbildung wird ein solcher Equity Swap dargestellt. Darüber hinaus können Equity Swaps auch als Austausch der Performance einer Aktie gegen die einer anderen Aktie konstruiert werden.

Zinszahler und Performance-Empfänger	Libor + Spread → positive Aktien-Performance ← negative Aktien-Performance →	Zinsempfänger und Performance-Zahler

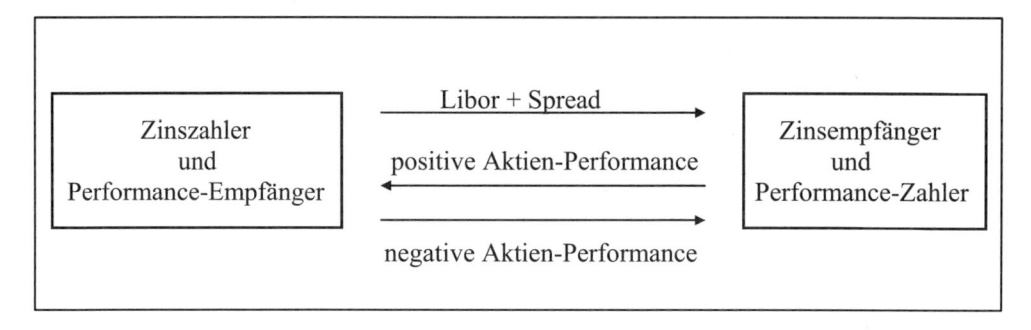

Abb. F.70: Equity Swap

Im Rahmen des Equity Swaps finden die Zahlungen zu ganz bestimmten Terminen, den sogenannten Reset-Terminen statt, die üblicherweise auf vierteljährlicher, halbjährlicher oder jährlicher Basis festgelegt werden. Bei den Zinszahlungen kann es sich um feste oder variable Zinsen handeln. Letztere sind meist an einen Referenzzins gekoppelt, wie z.B. an den entsprechenden Libor.

Grundsätzlich kann jedes Aktienportfolio als Underlying für die Performance-Berechnung dienen. Ausgewählt werden vor allem solche Aktienportfolios, die in ihrer Zusammensetzung einem Aktienindex entsprechen und somit den jeweiligen Markt zu einem großen Teil abdecken. Aber auch eine einzelne Aktie kann grundsätzlich als Underlying in Frage kommen. In diesem Fall kann beispielsweise ein Portfoliomanager, der die entsprechende Aktie im Bestand hat, das Performancerisiko der Aktie gegen eine Zinszahlung tauschen. Für die Laufzeit des Swaps ist damit die Aktienposition gegen Kursänderungen abgesichert. Obwohl der Portfoliomanager nur noch Zinsempfänger ist, stehen ihm als Eigentümer der Aktie aber weiterhin alle damit verbundenen Rechte zu. Üblicherweise bezieht sich ein Equity Swap jedoch auf einen Aktienindex.

Basis für die Zahlungsströme eines Equity Swaps ist der Nennwert bzw. Notional. Hierbei kann es sich sowohl um das Aktienportfolio bzw. den Aktienindex multipliziert mit einer bestimmten Zahl (z.B. DAX multipliziert mit 10.000) oder um einen fixen Betrag handeln (z.B. € 80 Mio).[1] Bei letzterer Variante verändert sich die Anzahl Aktien, die dem Swap zugrunde gelegt worden ist, je nach Performanceentwicklung. Ist der Nennwert dagegen variabel, d.h. wird er z.B. als Vielfaches eines Indexes definiert, so ist das Hedging für den Performance-Zahler einfacher, da zur Absicherung lediglich in entsprechendem Umfang Aktien gekauft werden müssen, während andernfalls die Anzahl der Aktien laufend angepasst werden müsste.

Die Swap-Perioden bei Equity Swaps belaufen sich meist auf drei oder sechs Monate. Grundsätzlich sind auch andere Periodenlängen möglich, bis hin zu nur einer Periode, die dann mit der Swap-Laufzeit übereinstimmt. Entsprechend den Swap-Perioden erfolgt eine Anpassung des Nominalbetrages an den jeweils vorherrschenden Wert der Aktienposition. Von dem für die jeweilige Periode festgelegten Nominalbetrag hängt auch die Zinszahlung des Performance-Empfängers ab. Als Swap-Laufzeiten kommt vor allem der Bereich von einem bis zu vier Jahren in Betracht, wobei zu berücksichtigen ist, dass grundsätzlich auch Laufzeiten von wenigen Wochen bis zu 10 Jahren möglich sind.

Mit Hilfe von Equity Swaps lassen sich diversifizierte Portfolios einfach und kostengünstig in einer Transaktion nachbilden, wobei der Performance-Empfänger ein Rendite-Risiko-Profil erhält, das dem fremdfinanzierten Aktienportfolio entspricht, welches dem Swap zugrunde liegt. Handelt es sich bei dem Underlying um einen Aktienindex, so erhält der Performance-Empfänger genau die festgestellte Performance des Aktienindexes. Dadurch kann der Tracking Error vermieden werden; denn eine exakte Nachbildung des Indexes durch den Aufbau eines entsprechenden Portfolios ist in der Praxis kaum möglich bzw. zu aufwendig. Gleichzeitig lässt sich eine Investition in einen Gesamtmarkt tätigen, so dass detaillierte Marktkenntnisse zu bestimmten Aktien nicht erforderlich sind.

Portfoliomanager, die in Anleihen investiert sind, können ohne eine Veräußerung der Anleihen das Performanceprofil von Aktienportfolios durch Equity Swaps erhalten. Dadurch lassen sich Transaktionskosten, die bei der Umschichtung sowohl auf der Anleihen- als auch der Aktienseite anfallen würden, vermeiden. Bei einem solchen Equity Swap ist der Portfoliomanager Zinszahler und Performance-Empfänger. In diesem Fall könnte eventuell auch eine sogenannte Outperformance-Strategie erfolgreich umgesetzt werden. Zahlt der Portfoliomanager an den Kontraktpartner beispielsweise Euribor abzüglich eines Spreads von 20 Basispunkten gegen den Empfang der DAX-Performance, so kann möglicherweise eine Gesamtperformance erzielt werden, die über der DAX-Performance liegt. Dies gilt für den Fall, dass das Bonitätsrisiko der im Bestand befindlichen Anleihen relativ hoch ist, so dass die Anleihen eine vergleichsweise hohe Rendite abwerfen, während in den Swap nur Euribor minus 20 Basispunkte gezahlt werden müssen.

Auch bei einer Investition in einen ausländischen Markt kann ein Portfoliomanager durch einen Equity Swap Transaktionskosten für die Direktinvestitionen sparen. Falls beispielsweise eine Bank im Hinblick auf die Clearing- und Custody-Kosten geringere Aufwendungen hat, als der Swappartner, so können diese Vorteile der Bank zum Teil an den Swappartner weitergegeben werden. Insofern kann Letzterer eine kostengünstige internationale Diversifikation erreichen. Gleichzeitig ist auch der Verwaltungsaufwand geringer als bei einer Direktinvestition, da im Rahmen eines Equity Swaps keine Dividendenzahlungen anfallen und diese somit auch nicht laufend reinvestiert werden müssen.

---

1 Vgl. *von Campenhausen* (1994), S. 259.

Darüber hinaus lässt sich das Wechselkursrisiko bei einer Investition in ausländische Aktien durch einen Equity Swap ausschalten. Beispielsweise kann ein ausländischer Anleger die Performance des DAX erhalten, ohne dass Wechselkursänderungen während der Swap-Laufzeit die Performance beeinträchtigen. Bei diesem sogenannten Hedged Quanto Equity Swap werden die anfallenden Zahlungen zu dem bei Abschluss des Swaps festgelegten Wechselkurs abgerechnet. Dagegen verbleibt bei einem Unhedged Quanto Equity Swap das Wechselkursrisiko beim Empfänger der Performance, da in diesem Fall die Zahlungen zu dem am Reset-Termin vorherrschenden Wechselkurs erfolgen. Grundsätzlich werden bei Quanto Equity Swaps alle Zahlungen in Fremdwährung durchgeführt. So werden die Zinszahlungen auf der Grundlage des Zinssatzes der verwendeten Währung berechnet. Dagegen werden bei Plain Vanilla Equity Swaps die Zinsen/Performance in der Währung des Underlyings gezahlt.

Equity Swaps weisen aber auch einige Nachteile auf. So gehen beide Parteien ein Counterparty-Risiko ein, da der jeweils andere Partner ausfallen kann. Zudem findet bei Equity Swaps nur ein außerbörslicher Handel (Over-the-Counter, OTC) und damit kein Börsenhandel statt, so dass es sich nicht um einen sehr transparenten Markt handelt. Aufgrund der mangelnden Liquidität des Sekundärmarktes für diese Swaps kann das Geschäft nur entweder durch Glattstellung zwischen den beiden ursprünglichen Parteien oder durch Abschluss eines Gegengeschäftes aufgelöst werden. Diese Möglichkeiten sind jeweils mit Transaktionskosten verbunden.[1] Hinzu kommt für Banken als Performancezahler, dass bei der Absicherung der Swapposition durch den Kauf der entsprechenden Aktien Eigenmittel gebunden werden.

6. Hedging und Management von Swap-Portfolios

Das Management von Swap-Portfolios betrifft insbesondere das Management der mit diesen Transaktionen verbundenen Risiken. Als Risiken im Zusammenhang mit Swapgeschäften können neben anderen vor allem die folgenden identifiziert werden:

- *Bonitätsrisiko*
  Die vereinbarten Zahlungen werden vom Swap-Partner nicht oder nur teilweise geleistet.
- *Marktrisiko*
  Die kurzfristigen Marktzinsen entwickeln sich anders als erwartet, was somit eine ungünstige Entwicklung der variablen Swapzahlungen nach sich ziehen kann. Darüber hinaus kann als Marktrisiko auch das Risiko bezeichnet werden, dass nach dem Ausfall eines Partners bei dem notwendigen Neuabschluss des Swap-Geschäftes aufgrund der Zins- und Währungsentwicklung nur ungünstigere Konditionen realisiert werden können.
- *Mismatch-Risiko*
  Die Konditionen von zwei Swap-Transaktionen entsprechen sich nicht exakt, sondern divergieren bezüglich Betragshöhe, Laufzeit, Referenzzins oder Timing.

---

1 Vgl. *Campenhausen von* (1994), S. 263.

Als Folge des Bonitäts- bzw. Ausfallrisikos des Swappartners kann das Marktrisiko relevant werden, da möglicherweise nach dem Ausfall eines Partners nur noch ungünstigere Konditionen erzielt werden können. Infolgedessen sollten Swapvereinbarungen mit Partnern einwandfreier Bonität abgeschlossen werden.

a. Hedging von Geldmarkt-Zinsswaps mit Geldmarkt-Futures

Geldmarkt-Futures können zur Absicherung des Risikos der zukünftigen und damit unsicheren variablen Zinszahlungen in einen Geldmarkt-Swap eingesetzt werden. Dies soll an dem o.g. Beispiel aufgezeigt werden, wobei ein Receiver Swap im Nominalwert von € 20 Mio und mit einer Laufzeit von einem Jahr am 14.01.2038 beginnt. Der Swap ist so gestaltet, dass der 3-M-Euribor gezahlt werden soll (Actual/360) gegen Erhalt einer festen Zinszahlung in Höhe von 5,678035% (Actual/360). Nunmehr soll eine Absicherung gegen steigende 3-Monats-Zinsen mit Hilfe des 3-M-Euribor-Futures unterstellt werden, der einen Nominalwert von € 1 Mio aufweist und bei dem ein Basispunkt einen Wert von € 25 hat.

Zunächst muss die Anzahl der zu verkaufenden 3-M-Euribor-Future-Kontrakte ermittelt werden.[1] Dazu sind zunächst für die Swap-Zinsfestsetzung per 14.04.2038 März-Kontrakte (Fälligkeit: 16.03.2038) und Juni-Kontrakte (Fälligkeit: 15.06.2038) einzusetzen.[2] Zwischen dem 16.3.2038 und dem 14.04.2038 liegen 29 Tage, 62 Tage zwischen dem 14.04.2038 und dem 15.06.2038 und somit 91 Tage zwischen dem 16.03.2038 und dem 15.6.2038. Die Anzahl einzusetzender März- und Juni-Kontrakte ergibt sich dann wie folgt:

$$\text{Anzahl März-Kontrakte} = \frac{20.000.000}{1.000.000} \cdot \frac{62}{91} = 13{,}626374$$

$$\text{Anzahl Juni-Kontrakte} = \frac{20.000.000}{1.000.000} \cdot \frac{29}{91} = 6{,}373626$$

Da der März-Kontrakt zeitlich näher zum Swap-Zinsfestsetzung-Termin (14.04.2038) fällig wird als der Juni-Kontrakt, wird er auch höher gewichtet.

In analoger Weise ergeben sich für die Swap-Zinsfestsetzungen per 14.7.2038 und per 14.10.2038 die Anzahl einzusetzender Juni- und September-Kontrakte (Fälligkeit: 14.9.2038) bzw. September- und Dezember-Kontrakte (Fälligkeit: 14.12.2038):

$$\text{Anzahl Juni-Kontrakte} = \frac{20.000.000}{1.000.000} \cdot \frac{62}{91} = 13{,}626374$$

$$\text{Anzahl September-Kontrakte} = \frac{20.000.000}{1.000.000} \cdot \frac{29}{91} = 6{,}373626$$

---

1 Zur Vorgehensweise vgl. insbesondere *Flavell* (2002), S. 16ff.
2 Unterstellt wird hier jeweils der Dienstag nach dem letzten Handelstag (Montag vor dem 3. Mittwoch des Fälligkeitsmonats) als Fälligkeitstag des jeweiligen Euribor-Futures, da der Barausgleich am ersten Börsentag nach dem letzten Handelstag fällig wird. Zurückgegriffen wird damit auf die derzeit, d.h. in 2013, geltenden Kontraktspezifikationen.

Anzahl September-Kontrakte = $\dfrac{20.000.000}{1.000.000} \cdot \dfrac{61}{91} = 13{,}406593$

Anzahl Dezember-Kontrakte = $\dfrac{20.000.000}{1.000.000} \cdot \dfrac{30}{91} = 6{,}593407$

Insgesamt sind damit die folgenden Anzahlen an 3-M-Euribor-Future-Kontrakten zu verkaufen:[1]

Fälligkeit der Future-Kontrakte	Anzahl zu verkaufender Future-Kontrakte
März 2038	13,626374
Juni 2038	20,000000
September 2038	19,780220
Dezember 2038	6,593407

Tab. F.129: Einzusetzende Futures zum Hedging von Geldmarkt-Swaps

Im Folgenden soll der Absicherungserfolg ermittelt werden bei einem angenommenen Anstieg der Zinssätze in folgenden Laufzeitbereichen unmittelbar nach der Absicherungstransaktion, d.h. noch am 14.01.2038:[2]

Angenommener Δ Futurepreis in Bp	Fälligkeit des Futures	Neuer Futurepreis	Neue implizite Forward Rate
–30	16.03.2038	94,25%	5,75%
–60	15.06.2038	93,75%	6,25%
–80	14.09.2038	93,25%	6,75%
–70	14.12.2038	93,30%	6,70%

Tab. F.130: Veränderung der Marktzinssätze nach Verkauf der Geldmarkt-Futures

Hieraus ergeben sich die folgenden Werte, wobei die Bestimmung der neuen angenommenen künftigen 3-M-Euribors als implizite Forward Rates wiederum mit Hilfe der linearen Interpolation ermittelt werden:

---

1 Zum Zwecke der höheren Genauigkeit wird hier mit sämtlichen Nachkommastellen bei der Anzahl der zu verkaufenden Kontrakte gerechnet
2 Vgl. auch die Zahlen des obigen, im Rahmen der Bewertung von Geldmarkt-Swaps dargestellten Beispiels in Kapitel F.IV.4.a.

Swap-Termine	Neue unterstellte künftige 3-M-Euribor-Sätze	Neuer Cash Flow variable Swap-Zahlungen	Alter Cash Flow variable Swap-Zahlungen	Δ Cash Flow variable Swap-Zahlungen	Diskontfaktoren
14.01.2038	5,000000%				
14.04.2038	5,909341%	–250.000,00	–250.000,00	0,00	0,987654321
14.07.2038	6,409341%	–298.750,00	–278.750,00	–20.000,00	0,974078107
14.10.2038	6,733516%	–327.588,52	–293.664,22	–33.924,30	0,959982482
14.01.2039		–344.157,51	–304.953,60	–39.203,91	0,945564812

Tab. F.131: Veränderung des Cash Flows der variablen Swapzahlungen nach Veränderung der Marktzinssätze

Werden die Veränderung des Cash Flows der variablen Swapzahlungen mit den jeweiligen Diskontfaktoren abgezinst, so ergibt sich in der Summe ein Barwertverlust von € 89.118,13, der allerdings durch die erhaltene Variation Margin aus der Futureposition wieder ausgeglichen wird. Diese Variation Margin-Zahlung wird sofort nach Zinsanstieg bzw. Futurepreisveränderung und damit am 14.01.2038 fällig, so dass ein Vergleich mit dem Barwert der Veränderung der variablen Swapzahlungen am Tag der Zinsänderung sinnvoll ist:

Swap-Termine	Abdiskontierte Δ Cash Flow variable Swap-Zahlungen	Future	Variation Margin Futureposition
14.01.2038			
14.04.2038	0,00	März 2038	10.219,78 *
14.07.2038	–19.481,56	Juni 2038	30.000,00 **
14.10.2038	–32.566,73	September 2038	39.560,44
14.01.2039	–37.069,84	Dezember 2038	11.538,46
SUMME	**–89.118,13**		**91.318,68**
*	€ 10.219,78 = 13,626374 Kontrakte · 30 Bp · 25 €/Bp		
**	€ 30.000 = 20 Kontrakte · 60 Bp · 25 €/Bp		

Tab. F.132: Erfolg der Absicherung von Geldmarkt-Swaps mit Hilfe von Geldmarkt-Futures

Die gesamte Variation Margin und die Summe der abdiskontierten Δ Cash Flow variable Swap-Zahlungen stimmen hier nicht genau überein. Da die Summe der Variation Margins höher ist, liegt in diesem Fall offenbar ein Overhedge vor.[1]

---

[1] Vgl. *Flavell* (2002), S. 24.

b. Hedging von Forward Swaps mit Geldmarkt-Futures

Auch Forward Swaps können mit Hilfe von Geldmarkt-Futures abgesichert werden. Bei einem Forward-Zinsswap lassen sich die variablen Zinszahlungen der Swap-Position ebenfalls schon zum aktuellen Zeitpunkt bestimmen. Hierzu wird wiederum auf die entsprechende Forward Rate zurückgegriffen. Diese variablen Zahlungen sollen nunmehr durch den Verkauf von Euribor-Futures gegen steigende Zinssätze abgesichert werden.[1]

Das folgende Beispiel verdeutlicht die Vorgehensweise: Am 20.12.2024 geht ein Marktteilnehmer einen Forward Swap im Nominalwert von € 30 Mill. mit einer Vorlaufzeit bis zum 16.03.2027 und einer Swap-Laufzeit bis zum 14.03.2028 ein. Zum aktuellen Zeitpunkt werden die folgenden Kurse des 3-M-Euribor-Futures unterstellt:[2]

Zeitpunkte	Tage	Futurepreis	Implizite Forward Rate	Diskontfaktoren
20.12.2024			4,20%	1,000000
18.03.2025	88	95,77%	4,23%	0,989838
17.06.2025	91	95,74%	4,26%	0,979366
16.09.2025	91	95,62%	4,38%	0,968932
16.12.2025	91	95,52%	4,48%	0,958322
17.03.2026	91	95,37%	4,63%	0,947591
16.06.2026	91	95,17%	4,83%	0,936629
15.09.2026	91	94,94%	5,06%	0,925331
15.12.2026	91	94,64%	5,36%	0,913645
16.03.2027	91	94,27%	5,73%	0,901432
15.06.2027	91	93,95%	6,05%	0,888562
14.09.2027	91	93,74%	6,26%	0,875178
14.12.2027	91	93,55%	6,45%	0,861545
14.03.2028	91			0,847723

Tab. F.133: Hedging eines Forward Swaps: Ausgangssituation

Die Forward Rate für die Periode vom 17.06.2025 bis zum 16.09.2025 beträgt beispielsweise 4,26%. Der Diskontfaktor per 16.09.2025 berechnet sich dann wie folgt:

$$DF_{20.12.24-16.9.25} = \frac{1}{1 + 0,0426 \cdot \frac{91}{360}} \cdot 0,979366 = 0,968932$$

---

1 Vgl. hierzu und zu den folgenden Ausführungen *Bohn/Meyer-Bullerdiek* (1997), S. 482ff.
2 Angegeben sind die Fälligkeitstage der nächsten 12 Quartalsmonate des Euribor-Futures (vom 18.03.2025 bis 14.12.2027). Auch in diesem Beispiel wird als Fälligkeitstag jeweils der Dienstag nach dem letzten Handelstag (Montag vor dem 3. Mittwoch des Fälligkeitsmonats) des jeweiligen Euribor-Futures herangezogen, da der Barausgleich am ersten Börsentag nach dem letzten Handelstag fällig wird. Zurückgegriffen wird damit auf die derzeit, d.h. in 2013, geltenden Kontraktspezifikationen.

Nunmehr soll speziell der Forward Swap betrachtet werden, dessen Barwert per 16.03. 2027 (Beginn der Swap-Laufzeit) mit Hilfe der Tabelle F.134 bestimmt werden kann.

Fälligkeit des Futures	Diskontfaktoren	Implizite Forward Rate	Angenommene variable Swapzahlungen
16.03.2027	1,000000	5,73%	
15.06.2027	0,985723	6,05%	434.525,00 *
14.09.2027	0,970875	6,26%	458.791,67
14.12.2027	0,955751	6,45%	474.716,67
14.03.2028	0,940419		489.125,00
*	30.000.000 · 0,0573 · 91/360		

Tab. F.134: Variable Swapzahlungen des abzusichernden Forward Swap: Ausgangslage

Der Barwert der angenommenen variablen Swapzahlungen per 16.03.2027 beläuft sich unter Berücksichtigung der Diskontfaktoren auf € 1.787.443,76. Werden die Werte hingegen mit den Diskontfaktoren der vorherigen Tabelle abgezinst, so erhält man den Barwert per 20.12.2024 in Höhe von € 1.611.258,93. Der Endwert per 14.03.2028 beträgt € 1.900.689,62, wobei berücksichtigt ist, dass die angenommenen variablen Swapzahlungen jeweils verzinst werden müssen. Wird der Endwert auf den 20.12.2024 abgezinst, so ergibt sich wiederum der Barwert von € 1.611.258,93 (= € 1.900.689,62 · 0,847723).

Im Folgenden soll ein Verkauf von 3-M-Euribor-Futures zur Absicherung der variablen Swapzahlungen gegen ansteigende Zinsen vorgenommen werden. Die Bestimmung der Hedge Ratio soll mit Hilfe der Barwertveränderung nach einer Forward-Rate-Erhöhung um 1 Basispunkt in sämtlichen Laufzeiten erfolgen. Dies führt zu den folgenden Werten:

Zeitpunkte	Tage	Futurepreis	Implizite Forward Rate	Diskontfaktoren
20.12.2024			4,21%	1,000000
18.03.2025	88	95,76%	4,24%	0,989814
17.06.2025	91	95,73%	4,27%	0,979318
16.09.2025	91	95,61%	4,39%	0,968860
16.12.2025	91	95,51%	4,49%	0,958227
17.03.2026	91	95,36%	4,64%	0,947473
16.06.2026	91	95,16%	4,84%	0,936489
15.09.2026	91	94,93%	5,07%	0,925170
15.12.2026	91	94,63%	5,37%	0,913463
16.03.2027	91	94,26%	5,74%	0,901230
15.06.2027	91	93,94%	6,06%	0,888341
14.09.2027	91	93,73%	6,27%	0,874938
14.12.2027	91	93,54%	6,46%	0,861287
14.03.2028	91			0,847449

Tab. F.135: Hedging eines Forward Swaps: Zinserhöhung um einen Basispunkt

Fälligkeit des Futures	Diskontfaktoren	Implizite Forward Rate	Angenommene variable Swapzahlungen
16.03.2027	1,000000	5,74%	
15.06.2027	0,985698	6,06%	435.283,33 *
14.09.2027	0,970827	6,27%	459.550,00
14.12.2027	0,955680	6,46%	475.475,00
14.03.2028	0,940325		489.883,33
*	30.000.000 · 0,0574 · 91/360		

Tab. F.136: Variable Swapzahlungen des abzusichernden Forward Swaps: Zinserhöhung um einen Basispunkt

Aus diesen Angaben ergibt sich per 14.03.2028 ein neuer Endwert der variablen Swapzahlungen von € 1.903.866,10. Der betrachtete Endwert hat sich also gegenüber dem geplanten Endwert von € 1.900.689,62 um € 3.176,48 erhöht. Nach Multiplikation dieser Endwertdifferenz mit dem neuen Diskontfaktor von 0,847449 ergibt sich eine Barwerterhöhung der variablen Swapzahlungen von € 2.691,90. Um diesen Betrag verringert sich damit der Swap-Barwert für den Marktteilnehmer, wenn sich die Zinssätze in diesem Beispiel um 1 Bp erhöhen.

Diese Differenz der Barwerte wird nunmehr zur Hedge-Ratio-Bestimmung genutzt, indem sie noch durch € 25 (als Veränderung des Futurewertes bei Zinsänderungen um 1 Bp) dividiert wird. Entsprechend sind 107,676055 Dreimonats-Euribor-Kontrakte zu verkaufen, wobei hier wiederum aus Gründen der Genauigkeit mit sämtlichen Nachkommastellen gerechnet werden soll.

Im Folgenden sollen die Hedge-Ergebnisse verschiedener Szenarien bestimmt werden. Hierbei werden jeweils die Differenz des Barwertes der Swap-Seite und des Barwertes der Forwardzinszahlungen bei einer Veränderung sämtlicher impliziter Forward Rates um bestimmte Basispunktsätze betrachtet und den Erfolgen der Futureposition gegenübergestellt. Dabei ist allerdings zu berücksichtigen, dass die Future-Wertveränderung sofort auf dem Margin-Konto gutgeschrieben wird, während die möglichen Wertgewinne der Swap-Position noch nicht realisiert sind. Die entsprechenden Ergebnisse zeigt die nachfolgende Tabelle F.137.

Dabei kann festgestellt werden, dass die Verringerung des Barwertes der betrachteten Receiver Swap Position bei einer Zinserhöhung geringer ausfällt als die Barwerterhöhung bei einer entsprechenden Zinssenkung, während dies bei der Futureposition symmetrisch ist. Das Hedge-Ergebnis kann auch grafisch dargestellt werden (Abbildung F.71).

Anhand der Form der Kurve kann der Konvexitätseffekt erkannt werden. Die Konvexität stellt die Veränderungen von Anleihenkursen und -durationen in Abhängigkeit einer Marktzinsveränderung dar. Dabei weist die Short Futures Position keine Konvexität auf, da der absolute Betrag der Wertveränderung sowohl bei sinkenden als auch bei steigenden Zinsen jeweils den gleichen Wert annimmt. Hingegen kann bei dem Receiver Swap eine Konvexität festgestellt werden. Damit kann der Verlauf der Kurve erklärt werden.

Zinsänderung in Bp	Δ Barwert Swap	Δ Short Future	Hedge-Ergebnis (in €)	Hedge-Ergebnis (in Bp)
50	−132.721,38	134.595,07	1.873,69	0,624564168
40	−106.481,14	107.676,05	1.194,91	0,398304374
30	−80.089,60	80.757,04	667,44	0,22247935
20	−53.546,05	53.838,03	291,98	0,097327262
10	−26.849,75	26.919,01	69,26	0,023087364
0	0,00	0,00	0,00	0
−10	27.003,93	−26.919,01	84,92	0,028306609
−20	54.162,78	−53.838,03	324,75	0,108249733
−30	81.477,26	−80.757,04	720,22	0,240073018
−40	108.948,12	−107.676,05	1.272,06	0,424021224
−50	136.576,09	−134.595,07	1.981,02	0,660340224

Tab. F.137: Ergebnis der Absicherung eines Forward Swaps mit Geldmarkt-Futures

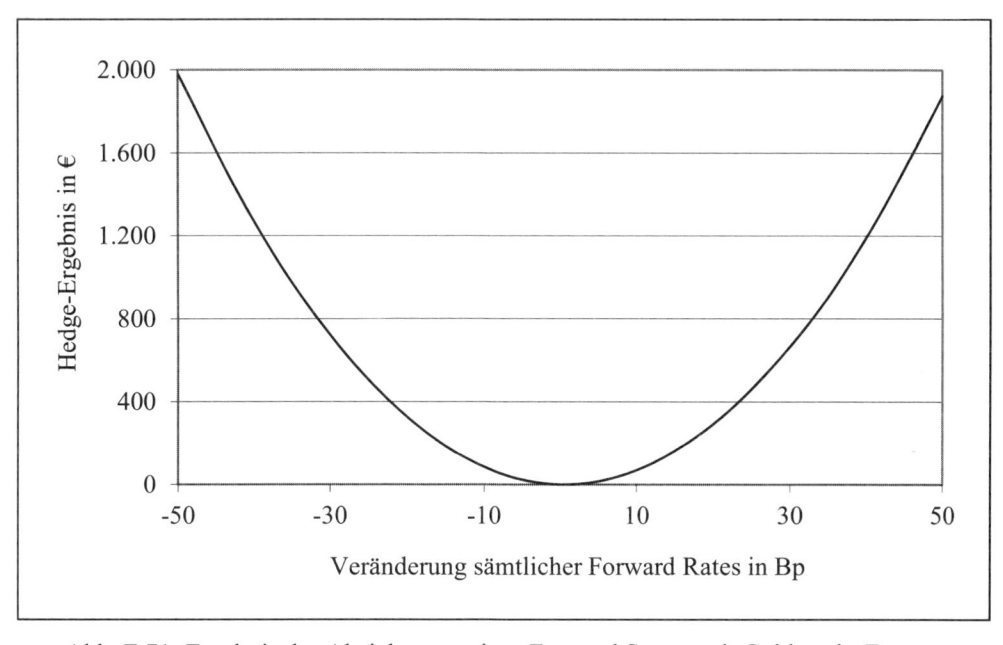

Abb. F.71: Ergebnis der Absicherung eines Forward Swaps mit Geldmarkt-Futures

Insofern können in dem obigen Beispiel einer mit Geldmarkt-Futures abgesicherten Receiver Swap Position risikolose Gewinne erzielt werden. In der Praxis würde dieses „Free Lunch" jedoch durch Arbitragetransaktionen genutzt werden, bis sich ein exakter Ausgleich der Swap-Verluste und Future-Gewinne einstellen würde. Damit es zu diesem exakten Ausgleich kommt, müssten die Swapzahlungen mit leicht erhöhten Zinssätzen abgezinst werden. Entsprechend dürften die aus den Futures abgeleiteten Forward Rates (Futures

Rates) etwas höher als die jeweiligen Forward Rates aus der Zinsstrukturkurve sein, d.h. die Geldmarkt-Futures sollten im Preis etwas niedriger notieren als die theoretischen, durch Kassasätze implizierten Kurse.[1]

c. Hedging des Mismatch-Risikos bei Zinsswaps

Ein Mismatch-Risiko entsteht vor allem dann, wenn eine offene Swap-Position eingegangen wird, die nicht oder nicht perfekt gesichert ist. Wird beispielsweise ein $ 20 Mio 5-Jahres-Swap mit einem $ 10 Mio 5-Jahres-Swap gesichert, so besteht eine offene $ 10 Mio 5-Jahres-Position. Falls ein $ 20 Mio 5-Jahres-Swap mit einem $ 20 Mio 10-Jahres-Swap gesichert wird, so bedeutet dies eine höhere Preisvolatilität der längeren Position und eine offene 5-Jahres-Position, die in 5 Jahren beginnt. Dabei wird die Festzinsseite der Swap-Position wie eine entsprechende festverzinsliche Anleihe auf Marktzinsänderungen reagieren, während – wie im Rahmen der Swap-Bewertung dargestellt – die variabel verzinsliche Seite weniger zinssensitiv ist.

Im folgenden Beispiel besteht bei einer Zinsswap-Position ein Mismatch-Risiko, das wie folgt quantifiziert werden kann: Ein Portfoliomanager hat eine Zinsswap-Position im Nominalwert von $ 10 Mio, aus der er für drei Jahre einen festen Zins in Höhe von 5% zahlt (gegen Libor). Die Gegenposition weist den gleichen Nominalwert auf, wobei der Portfoliomanager für fünf Jahre 5,5% erhält (gegen Libor). Diese Position wird solange profitabel sein, wie die Zweijahres-Swap-Rate als Nullkuponrendite in drei Jahren unterhalb von 6,3781% bleibt. Diese implizierte Forward Swap Rate als Nullkuponrendite ermittelt sich aus der folgenden Swap- und der entsprechenden Nullkuponstrukturkurve in t_0 wie folgt:

Laufzeit (Jahre)	Swap Rate	Entsprechende Nullkuponrendite
1	4,0000%	4,0000%
2	4,5000%	4,5113%
3	5,0000%	5,0341%
4	5,2500%	5,2976%
5	5,5000%	5,5697%

Tab. F.138: Swap Rates und entsprechende Nullkuponsätze, Ausgangssituation

$$r_{t_{1/2}} = \left(\frac{(1+r_2)^{t_2}}{(1+r_1)^{t_1}} \right)^{\left(\frac{1}{t_2 - t_1} \right)} - 1$$

---

[1] Vgl. *Bohn/Meyer-Bullerdiek* (1997), S. 484.

$$r_{3/5,\text{Swap}} = \sqrt[2]{\frac{(1+0,05697)^5}{(1+0,050341)^3}} - 1 = 6,3781\%$$

Bei dem erhaltenen Wert handelt es sich um den Nullkuponsatz, der sich aus der aktuellen Swap-Kurve ergibt. Das Risiko besteht vor allem darin, dass das Zinsniveau nach 3 Jahren erheblich gestiegen ist bzw. ein Forward Swap nur zu ungünstigeren Konditionen abgeschlossen werden kann.

Stimmen die Nominalwerte in diesem Beispiel nicht überein und soll die dreijährige Zinsswap-Position (Swap 1) durch den fünfjährigen Gegenswap (Swap 2) abgesichert werden, so kann der erforderliche Nominalwert des Gegenswaps durch das Gleichsetzen der jeweiligen Barwerte ermittelt werden.

Bei der obigen Swap-Kurve ergeben sich die folgenden Barwerte der jeweiligen Festzinszahlungen der Zinsswaps, wobei zum Swap-Beginn die gesamten Swappositionen (inkl. variabler Zinszahlungen) einen Netto-Barwert von Null aufweisen:

	Restlaufzeit	Kupon	Barwert
Swap 1	3	5%	13,70033% *
Swap 2	5	5,5%	23,73867%
*	$\frac{0,05}{(1+0,04)} + \frac{0,05}{(1+0,045113)^2} + \frac{0,05}{(1+0,050341)^3} = 13,70033\%$		

Tab. F.139: Barwerte der Festzins-Zahlungen der beiden Zinsswaps, Ausgangssituation

Um eine 3-jährige Swap-Position im Nominalwert von $ 10 Mio abzusichern, sollte der 5-jährige Gegenswap einen Nominalwert von $ 5.771.316 aufweisen. Dieser Wert ergibt sich aus dem Quotienten der Barwerte multipliziert mit $ 10 Mio. In diesem Fall betragen die Barwerte beider Festzinszahlungen jeweils $ 1.370.033.

Steigt beispielsweise das Zinsniveau unmittelbar nach Abschluss der beiden Swaps in t_0 auf das nachfolgende Niveau an, so ergeben sich entsprechend neue Barwerte:

Laufzeit (Jahre)	Swap Rate	Entsprechende Nullkuponrendite
1	4,5000%	4,5000%
2	4,8000%	4,8072%
3	5,3000%	5,3326%
4	5,5000%	5,5427%
5	5,6000%	5,6469%

Tab. F.140: Swap Rates und entsprechende Nullkuponsätze unmittelbar nach Swap-Beginn

	Restlaufzeit	Kupon	Barwert
Swap 1	3	5%	13,61494% *
Swap 2	5	5,5%	23,58802%
*	$\dfrac{0,05}{(1+0,045)} + \dfrac{0,05}{(1+0,048072)^2} + \dfrac{0,05}{(1+0,053326)^3} = 13,61494\%$		

Tab. F.141: Barwerte der Festzins-Zahlungen der beiden Zinsswaps unmittelbar nach Swap-Beginn

In diesem Fall können die folgenden $-Barwerte abgeleitet werden:

Swap 1: $ 10.000.000 · 13,61494% = $ 1.361.494
Swap 2: $ 5.771.316 · 23,58802% = $ 1.361.339

Beide Barwerte haben sich damit in etwa in der gleichen Weise verringert. Der Barwertverlust von Swap 2 (Receiver Swap) kann in diesem Beispiel durch einen entsprechenden Barwertgewinn von Swap 1 (Payer Swap) fast ganz ausgeglichen werden. Die Differenz wird in Abhängigkeit von der neuen Zinsstruktur mehr oder weniger groß sein. So beeinflussen beispielsweise die 4- und 5-jährigen Swap-Rate-Veränderungen zwar den Barwert des 5-jährigen Swaps, nicht aber den Barwert des 3-jährigen Swaps.

7. Der Einsatz von Swaptions im Portfoliomanagement

Swap-Optionen (Swaptions) wurden erstmals Mitte der 1980er Jahre in den USA im Zusammenhang mit der Emission von Callable Bonds strukturiert und gehandelt. Der Markt für Swaptions hat sowohl in den USA als auch in Europa ein beeindruckendes Wachstum erfahren. In Deutschland begann der Aufschwung der Swaptions mit der Wiedervereinigung, als größere Beträge am Kapitalmarkt mobilisiert wurden. Dabei wurden zahlreiche kündbare Schuldverschreibungen des Bundes begeben, die teilweise bei Daueremittenten und Hypothekenbanken platziert wurden. Diese Institute begaben wiederum eigene Papiere zur Refinanzierung, die aber unkündbar waren. Durch den Verkauf des Kündigungsrechtes aus den Schuldverschreibungen des Bundes sollte ein Renditevorsprung erzielt werden. Allerdings bestand das Problem, dass ein Kündigungsrecht nicht einfach von einem Papier getrennt werden kann und somit auch nicht zu veräußern ist. Durch das Schreiben von entsprechenden Swaptions konnten die Daueremittenten, die die kündbaren Anleihen im Portfolio hatten, allerdings die angestrebte Renditeverbesserung realisieren.[1]

Bei einer Swaption erhält der Käufer das Recht, an einem zukünftigen Datum einen vorab vereinbarten Swap einzugehen, wobei es sich zumeist um einen Zinsswap handelt. Die Struktur des Swaps wird damit bereits beim Kauf festgelegt. Beispielsweise müsste ein Swap-Partner, der einen Zinsswap eingegangen ist, bei dem er variable Zinsen zahlt, bei steigenden Zinsen mit Verlusten rechnen. Hätte er eine Swaption auf diesen Zinsswap ge-

---

1 Vgl. *Flach/Ufer* (1994), S. 558.

kauft, so bräuchte er diese nicht auszuüben und damit nicht in den Zinsswap einzutreten. Damit beinhalten Swaptions das Recht, bei Verfall in einem Swap entweder die festen Zinsen zu empfangen (Receiver Swaption bzw. Call) oder zu zahlen (Payer Swaption bzw. Put).[1] Bei Ausübung kann allerdings anstelle des Eintritts in den zugrundeliegenden Swap auch ein Cash-Settlement erfolgen, so dass der Wert des Swaps berechnet und bar ausbezahlt wird. Falls ein Cash-Settlement vorgesehen ist, so wird dies bereits beim Kauf der Option festgelegt.

Allgemein können die Payoff-Diagramme von Swaptions in der folgenden Weise dargestellt werden. Dabei wird deutlich, dass sich ein synthetischer Payer Swap durch die Kombination einer Short Receiver Swaption mit einer Long Payer Swaption herstellen lässt (Abbildung F.72). Umgekehrt kann ein synthetischer Receiver Swap durch eine Long Receiver Swaption und eine Short Payer Swaption konstruiert werden (Abbildung F.73).

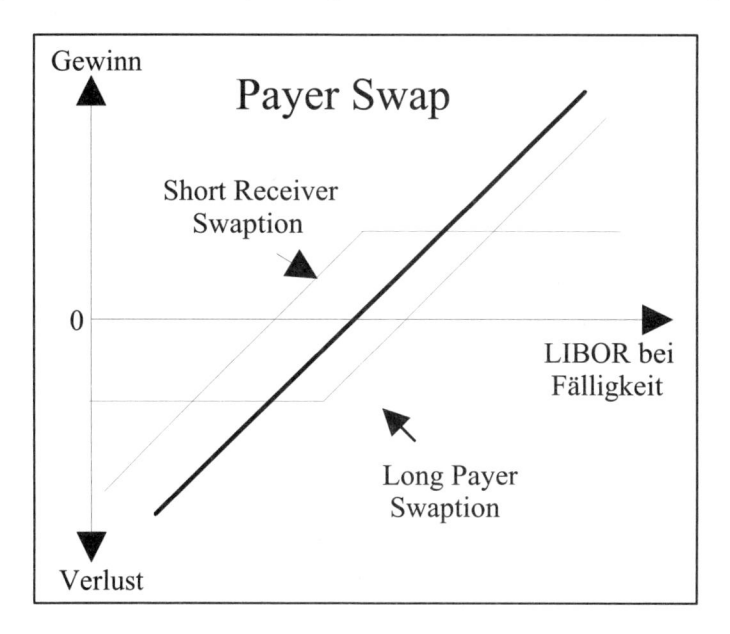

Abb. F.72: Payoff-Diagramm eines durch Swaptions synthetisch erzeugten Payer Swaps

Swaptions sind in den wichtigsten Währungen erhältlich und werden im Interbankenmarkt gehandelt. Aufgrund dessen, dass ein relativ liquider Markt für Swaptions besteht, bieten diese Instrumente eine hohe Flexibilität zur marktnahen und kostengünstigen Optimierung von Finanz- und Renditestrukturen. Während Swaptions dem Käufer die Möglichkeit bieten, die Entscheidung über den Abschluss eines Swaps auf später zu verschieben – bei Sicherung der aktuellen Konditionen – hat sich der Verkäufer bereit erklärt, bei Ausübung durch den Käufer in den Swap einzutreten. Dafür erhält er eine Prämie, die u.U. die Rendite seiner Zinsposition steigern kann.

---

1 Vgl. *Heintze/Planta* (1992), S. 328.

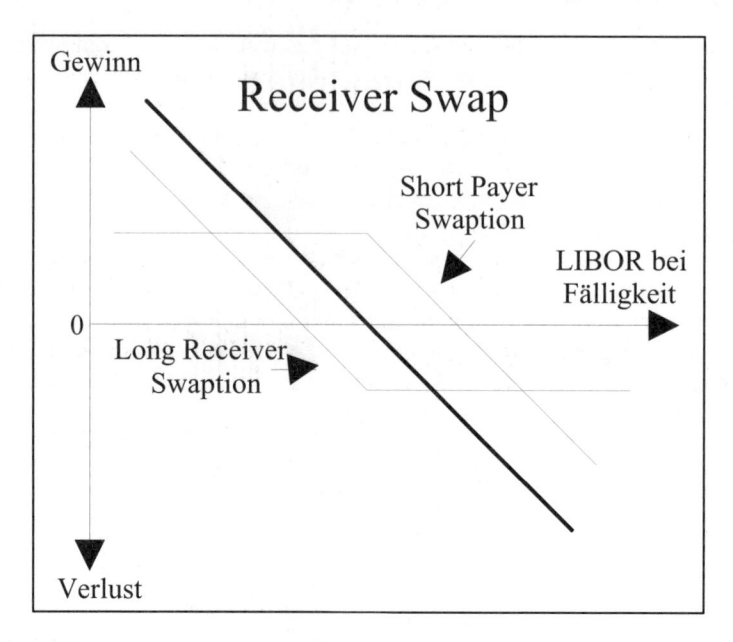

Abb. F.73: Payoff-Diagramm eines durch Swaptions synthetisch erzeugten Receiver Swaps

Im Rahmen des Portfoliomanagements können Swaptions z.B. zur Absicherung eines Portfolios mit frühzeitig seitens des Emittenten kündbaren Anleihen (Callable Bond) dienen. Bei gefallenen Zinsen ist davon auszugehen, dass beispielsweise ein 10-jähriger Callable Bond, der nach 7 Jahren seitens des Emittenten gekündigt werden kann, auch gekündigt wird und zu pari zurückgezahlt wird, obwohl Anleihen mit vergleichbarem Kupon und 3 Jahren Restlaufzeit weit über pari stehen. Der Investor kann seine liquiden Mittel in diesem Fall nur noch zu geringeren Zinssätzen reinvestieren. Hat er aber eine Receiver Swaption auf einen 7-jährigen (Forward-Start) Swap mit einer Laufzeit von 3 Jahren gekauft, so kann er sich gegen den entsprechenden Verlust absichern, indem er die Swaption ausübt. In diesem Fall erhält er eine Barabgeltung, die den Verlust aus den gesunkenen Zinsen ausgleichen soll. Im umgekehrten Fall gestiegener Zinsen werden der Emittent sein Kündigungsrecht und der Investor seine Option nicht ausüben, so dass Letztere wertlos verfällt.

Damit die Absicherung möglichst effizient ist, ist eine hohe Korrelation zwischen den Swapsätzen und der jeweiligen Anleihenrendite erforderlich. Würde im obigen Beispiel die Bondrendite mehr als der entsprechende Swapsatz fallen, so kann der Verlust aus der nunmehr geringeren Wiederanlagerendite nicht durch den Wert der Swaption aufgefangen werden. Dieses Risiko sollte dem Käufer einer Receiver Swaption bewusst sein.

Ein weiteres Einsatzmotiv von Swaptions ist die Renditesteigerung durch das Schreiben (Verkauf) von Swaptions. Beispielsweise kann ein Portfoliomanager das Zinsänderungsrisiko seines Anleihenportfolios bei Erwartung steigender Zinsen durch den Verkauf von Receiver Swaptions zumindest mindern, ohne die Zusammensetzung seines Portfolios zu verändern. Bei gestiegenen Zinsen wird die Swaption nicht ausgeübt, so dass die erhaltene Optionsprämie teilweise den Verlust aus den Anleihen ausgleichen kann. Um eine möglichst effiziente Absicherung zu erreichen, sollte bei einem Delta von beispielsweise 0,5 der doppelte Nominalbetrag in der Swaption festgelegt werden, wobei ab einem bestimmten

Punkt bei weiter steigenden Zinsen die Absicherung angepasst werden sollte (Dynamic Hedging). Zur Absicherung gegen längerfristig höhere Zinsen wäre allerdings der Kauf einer Payer Swaption sinnvoll, wobei wiederum zu berücksichtigen ist, dass sich Swapsätze und Anleihenrenditen nicht notwendigerweise parallel bewegen. Bei einem breit gestreuten Anleihenportefeuille wird dieses Problem allerdings weniger ins Gewicht fallen, da die Swaption eine Art Marktdurchschnitt (Swapsatz) widerspiegelt.[1]

Die Bewertung von Swaptions kann mit Hilfe der bekannten traditionellen Optionsbewertungsmethoden vorgenommen werden.[2] Als wichtigste Komponenten des Swaption-Preises kommen in Frage:

- das Festzinsniveau des Swaps,
- die Swap-Laufzeit,
- Zahlungen bei Ausübung der Option sowie
- die verbleibende Zeit bis zur Ausübung.

Je höher beispielsweise das Festzinsniveau des Swaps ist, desto höher ist der Wert eines Puttable Swaps (Swap mit Kündigungsrecht des Fixed Rate Payers) und um so geringer ist der Wert, in den Swap einzutreten. Das Recht einer Payer Swaption, (bereits vereinbarte) feste Zinsen in einem Swap zu zahlen, gewinnt entsprechend an Wert, wenn das Zinsniveau am Markt steigt. Unabhängig davon, ob es sich um eine Payer oder Receiver Swaption handelt, erhöht sich der Optionspreis mit zunehmender Laufzeit des Swaps; denn Swaps mit langen Laufzeiten sind erheblich zinssensitiver als Swaps mit kurzen Laufzeiten. Je höher darüber hinaus die Zahlungen bei Ausübung der Option sind, desto geringer ist entsprechend der Preis einer Swaption.

Die Länge der verbleibenden Zeit bis zur Ausübung kann unterschiedliche Auswirkungen auf den Wert einer Swaption haben. Grundsätzlich erhöht sich die Prämie bei längerer Laufzeit der Option. Bleibt allerdings die Fälligkeit des Swaps konstant, d.h. verringert sich damit die Swap-Laufzeit, so hat dies wiederum einen wertverringernden Einfluss auf die Swaption. Im Extremfall, in dem Ausübungstag und Swap-Fälligkeit zusammenfallen, hat die Option einen theoretischen Wert von Null.

Zur Ermittlung des Preises einer Swaption müssen zunächst die Forward Swap Rates ermittelt werden, bevor anschließend der Preis der Swaption bestimmt werden kann. Hierzu müssen die in die Bewertungsmodelle einfließenden Parameter bekannt sein, wie beispielsweise die Volatilität der Zinssätze. Der innere Wert einer Long Receiver Swaption wird z.B. bestimmt, indem die aktuelle Swap Rate von der Forward Swap Rate subtrahiert wird.

---

1 Vgl. *Heintze/Planta* (1992), S. 333f.
2 Für einen Überblick über Optionspreismodelle vgl. *Schäfer* (1995), S. 81ff. Zur Bewertung von Swaptions mit Hilfe des Black-Modells vgl. *Heinzel/Knobloch/Lorenz* (2002). S. 134ff.

V. Portfoliomanagement mit Devisentermingeschäften

1. Grundlagen von Devisentermingeschäften

Die Grundlage von Devisengeschäften stellen die Wechselkurse dar, die sowohl direkt (Preisnotierung) als auch indirekt (Mengennotierung) notiert werden können. Bei der direkten Notierung stellt sich die Frage danach, wie viel Inlandswährung für eine Einheit Fremdwährung zu zahlen sind, z.B. (in Euroland) $ 1 = € 0,9500. Hingegen führt der reziproke Wert zur indirekten Notierung, bei der nach der Anzahl an Einheiten Fremdwährung gefragt wird, die für eine Einheit Inlandswährung zu zahlen sind, z.B. (in Euroland) € 1 = $ 1,0526. Die indirekte Notierung wurde mit Beginn der Europäischen Währungsunion in 1999 in Euroland eingeführt. In den USA werden die meisten Devisenkurse gegen den $ quotiert, wobei auch weitere Cross Rates, wie z.B. €/JP¥ oder €/£ an Bedeutung gewonnen haben.[1]

Der gesamte Devisenhandel kann in den Devisenkassahandel (Devisenspotgeschäft) und den Devisenterminhandel unterteilt werden. Letzter bezieht sich auf den Handel mit Devisenforwards, wie Outright Forwards oder Devisenswaps und auf den Handel mit Währungsswaps, Devisenfutures und Devisenoptionen.[2]

Grundsätzlich werden Short-Term Forward FX Transaktionen von den Long-Term Forward FX Transaktionen (LTFX) unterschieden. FX steht dabei für Forex bzw. Foreign Exchange. Bei ersteren handelt es sich um kurzfristige Devisentermingeschäfte. Forward FX Geschäfte beinhalten gewöhnlich die physische Lieferung des zugrundeliegenden Betrags zum Erfüllungszeitpunkt, wobei aber im Falle des Fälligwerdens von mehr als einer FX Transaktion in der gleichen Währung die Betrachtung nur des Netto Cash Flows möglich ist.[3]

Hingegen handelt es sich bei den LTFX Transaktionen um längerfristige Devisentermingeschäfte, deren Erfüllung z.B. mehr als 6 Monate nach Abschluss erfolgt.[4] Das Marktvolumen ist hierbei jedoch geringer als bei Short-Term Forward FX Transaktionen.

Zur Bestimmung des Preises von LTFX Transaktionen müssen die Nullkuponkurven der jeweilig beteiligten Währungen herangezogen werden. Bei Devisen-Forwards kann der Terminkurs mit Hilfe einer Nachbildung der Cash-Flow-Struktur des Devisentermingeschäfts (Outright-Geschäfts) durch eine Kombination aus zwei Geld- bzw. Kapitalmarktgeschäften und einem Devisenkassageschäft erfolgen. Im folgenden Beispiel soll ein Termingeschäft nachgebildet werden, bei dem in den USA eine amerikanische Bank am 14.01.2026 ein Outright-Geschäft abschließt mit der Verpflichtung, in 162 Tagen, d.h. am 24.06.2026 insgesamt € 10 Mio gegen Erhalt von $ zu zahlen. Die Konditionen am Markt stellen sich am 14.01.2026 wie folgt dar:

Devisen-Kassakurs: € 1 = $ 1,0526

---

[1] Vgl. *Martin* (2001), S. 131.
[2] Vgl. *Schierenbeck/Lister/Kirmße* (2008), S. 403ff.
[3] Vgl. *Martin* (2001), S. 133f.
[4] Vgl. *Martin* (2001), S. 144.

Fälligkeit	€-Zinssatz	€-Nullkupon	€-ZAF*
24.06.2026	2,8000%	2,8000%	0,98755678
Fälligkeit	$-Zinssatz	$-Nullkupon	$-ZAF
24.06.2026	1,9000%	1,9000%	0,99152248
*	ZAF = Zerobondabzinsfaktor		

Tab. F.142: Zinsstruktur in $ und € als Basis der unterjährigen Terminkursbestimmung

Wird die Cash-Flow-Struktur des o.g. Devisentermingeschäfts durch eine Kombination aus zwei Geldmarktgeschäften (Zinsberechnungsbasis jeweils Actual/360) und einem Devisenkassageschäft nachgebildet, so ergibt sich das folgende Ergebnis:

Datum	€	$
14.01.2026	9.875.567,85 *	−10.395.022,71 **
24.06.2026	−10.000.000,00	10.483.900,16 ***
*	$\dfrac{10.000.000}{\left(1+0,028\cdot\dfrac{162}{360}\right)} = 10.000.000 \cdot 0,98755678$	
**	€ −9.875.567,85 · 1,0526 $/€	
***	$10.395.022,71 \cdot \left(1+0,019\cdot\dfrac{162}{360}\right) = \dfrac{10.395.022,71}{0,99152248}$	

Tab. F.143: Nachbildung eines Devisentermingeschäfts

Hierbei wird die Aufnahme eines Krediles am 14.01.2026 in Höhe von € 9.875.567,85 unterstellt, der in 162 Tagen inkl. Zinsen zurückgezahlt werden muss. Die erhaltenen € werden am 14.01.2026 sofort am Markt verkauft, wofür die Bank $ 10.395.022,71 erhält. Dieser Betrag wird wiederum für 162 Tage zu einem Zinssatz von 1,90% angelegt. Am 24.06.2026 ist der €-Kredit inkl. Zinsen in Höhe von € 10 Mio zurückzuzahlen, während die Bank aus der $-Geldanlage einen Betrag von $ 10.483.900,16 erhält. Somit wird praktisch am 24.06.2026 ein Kauf von $ gegen Zahlung von € unterstellt. Der entsprechende Kurs am 24.06.2026 beläuft sich somit auf 1,0484 $/€.

Dieser Devisen-Terminkurs (DTK) kann bei einem Devisen-Kassakurs (DKK) von 1,0526 $/€ auch direkt aus den Marktkonditionen abgeleitet werden:

$$DTK = \frac{1+\text{Nullkupon}_\$ \cdot \dfrac{\text{Tage}}{360}}{1+\text{Nullkupon}_\text{€} \cdot \dfrac{\text{Tage}}{360}} \cdot DKK = \frac{1+0,019\cdot\dfrac{162}{360}}{1+0,028\cdot\dfrac{162}{360}} \cdot 1,0526\,\frac{\$}{€} = 1,04839\,\frac{\$}{€}$$

In diesem Fall wird der $ als Terms Currency bezeichnet, während der € als Base Currency fungiert.

Hinzuweisen ist darauf, dass die Differenz zwischen Terminkurs und Kassakurs lediglich auf die unterschiedlichen Zinssätze in den jeweiligen Währungen zurückzuführen ist. Daher handelt es sich bei dem Terminkurs nicht um einen Prognosewert für den tatsächlichen Spotkurs an dem Fälligkeitstag des Termingeschäfts.

Nunmehr sollen bei der Ermittlung der Terminkurse auch die Bid-Offer-Spreads berücksichtigt werden. Beispielsweise soll die obige Quotierung des €-Zinses für 162 Tage lauten: 2,76% – 2,80%, während der entsprechende $-Zins mit 1,90% – 1,94% gehandelt werden soll. Bei einem Devisen-Kassakurs von 1,0526 – 1,0536 $/€ ergibt sich ein Geld-Terminkurs (Terminkurs$_{Bid}$ = Terminkurs$_{Geld}$) von:[1]

$$\frac{1 + \text{Nullkupon}_{Bid,\$} \cdot \frac{\text{Tage}}{360}}{1 + \text{Nullkupon}_{Offer,€} \cdot \frac{\text{Tage}}{360}} \cdot DKK_{Bid} = \frac{1 + 0,019 \cdot \frac{162}{360}}{1 + 0,028 \cdot \frac{162}{360}} \cdot 1,0526 \frac{\$}{€} = 1,0484 \frac{\$}{€}$$

Der entsprechende Brief-Terminkurs (Terminkurs$_{Offer}$ = Terminkurs$_{Brief}$) lautet:

$$\frac{1 + \text{Nullkupon}_{Offer,\$} \cdot \frac{\text{Tage}}{360}}{1 + \text{Nullkupon}_{Bid,€} \cdot \frac{\text{Tage}}{360}} \cdot DKK_{Offer} = \frac{1 + 0,0194 \cdot \frac{162}{360}}{1 + 0,0276 \cdot \frac{162}{360}} \cdot 1,0536 \frac{\$}{€} = 1,0498 \frac{\$}{€}$$

2. FX Quotierungen von Spot Rates und Forward Points

Bei der Quotierung von Devisen-Terminkursen kann die Differenz zwischen Terminkurs und Kassakurs (Swapsatz) in Forward Points (können in der Praxis auch als Swappunkte oder Swapstellen bezeichnet werden) ausgedrückt werden.[2] Das folgende willkürlich gewählte Beispiel zeigt eine solche Notierung auf, wobei die Angaben der Kurse jeweils in $ pro Fremdwährung erfolgen:

Währung	Spot	1 Monat	3 Monate	6 Monate
€	1,0545 - 55	1,0533 - 42	1,0512 - 21	1,0488 - 04
£	1,6075 - 85	1,6052 - 54	1,6032 - 44	1,5984 - 01
SFR	0,7525 - 35	0,7504 - 16	0,7481 - 95	0,7446 - 63
JPY 100	0,8615 - 25	0,8631 - 45	0,8639 - 55	0,8673 - 98

Tab. F.144: Quotierungen von Fremdwährungen in $ (Terminkurse)

Werden Forward Points herangezogen, so können die Quotierungen in der folgenden Weise dargestellt werden:

---

1 Vgl. *Martin* (2001), S. 138 uns S. 142ff.
2 Vgl. *Martin* (2001), S. 134f.

Währung	Spot	1 Monat	3 Monate	6 Monate
€	1,0545 - 55	12/3	33/24	57/41
£	1,6075 - 85	23/21	43/31	91/74
SFR	0,7525 - 35	21/9	44/30	79/62
100 JPY	0,8615 - 25	16/30	24/40	58/83

Tab. F.145: Quotierungen von Fremdwährungen in $ (Forward Points)

Hierbei wird beispielsweise die €-Quotierung für einen Monat von 12/3 in der nachfolgenden Weise berechnet (Bid-Preis = 1,0533 $/€, Offer-Preis = 1,0542 $/€), wobei zu beachten ist, dass diese Berechnungsweise nur bei Terminkursen gilt, die unterhalb des Kassakurses liegen:

(Spot Bid-Preis − 1,0533) · 10.000 = (1,0545 − 1,0533) · 10.000 = 12 Forward Points (FP)
(Spot Bid-Preis − 1,0542) · 10.000 = (1,0545 − 1,0542) · 10.000 = 3 Forward Points (FP).

In diesem Fall ist der Bid-Wert für die Forward Points (12 FP) größer als der Offer-Wert (3 FP). Daher sind die Forward Points vom Spotkurs abzuziehen, was dazu führt, dass die Terminkurse geringer sind als die Spotkurse. Im umgekehrten Fall müssen die Forward Points zum Spotkurs hinzuaddiert werden. Insofern können die Forward Points somit als Premium (Forward Point Bid < Forward Point Offer) oder als Discount (Forward Point Bid > Forward Point Offer) fungieren.

Für JPY 100 wird die Quotierung für 6 Monate von 58/83 beispielsweise in der nachfolgenden Weise berechnet (Bid-Preis = $ 0,8673/JPY100, Offer-Preis = $ 0,8698/JPY100), wobei hier zu beachten ist, dass diese Berechnungsweise nur bei Terminkursen gilt, die oberhalb des Kassakurses liegen:

(0,8673 − Spot Bid-Preis) · 10.000 = (0,8673 − 0,8615) · 10.000 = 58 Forward Points (FP)
(0,8698 − Spot Bid-Preis) · 10.000 = (0,8698 − 0,8615) · 10.000 = 83 Forward Points (FP)

Die Quotierung mit Hilfe von Forward Points erscheint sinnvoll, da die quotierten Werte nicht so häufig geändert zu werden brauchen wie beispielsweise die entsprechenden Terminkurse. Letztere würden sich nicht nur bei Änderungen in den Marktzinsen der jeweiligen zugrunde liegenden Währungen verändern, sondern auch bei jeder Änderung des Devisenkassakurses. Insofern brauchen die Forward Points, die sich im Wesentlichen bei Änderungen in den zugrunde liegenden Zinssätzen verändern, nicht so häufig geändert zu werden.

3. Devisenswapgeschäft (FX Swaps)

a. Spot-Forward Devisenswap und Forward-Forward Devisenswap

Die nicht mit den Währungsswaps zu verwechselnden Devisenswapgeschäfte können auch als FX Swaps bezeichnet werden. Unterschieden wird dabei zwischen Spot-Forward Devisenswaps und Forward-Forward-Devisenswaps.[1] Spot-Forward Devisenswaps setzen sich aus einem Kassakauf (-verkauf) und Terminverkauf (-kauf) zusammen. Beispielsweise sollen in Anlehnung an das obige Beispiel in t_0 € 10 Mio gegen Zahlung von $ 10.526.000 gekauft werden, wobei gleichzeitig ein Devisenterminverkauf nach einem Jahr vereinbart wird. Auf Basis der dem obigen Beispiel entnommenen aktuellen Marktkonditionen ergibt sich ein Terminkurs per t_1 von

$$\frac{(1+\text{Nullkupon}_\$)}{(1+\text{Nullkupon}_€)} \cdot \text{DKK} = \frac{1+0,02}{1+0,03} \cdot 1,0526 \frac{\$}{€} = 1,042381 \frac{\$}{€}$$

Die mit diesen Transaktionen verbundenen Zahlungsströme können der folgenden Tabelle entnommen werden:

Fälligkeit in Jahren	€	$
0	10.000.000	−10.526.000
1	−10.000.000	10.423.805,83 *
*	10.000.000 · 1,042380583	

Tab. F.146: Zahlungsströme beim Spot-Forward Devisenswap

Der hieraus resultierende Swapsatz kann wie folgt bestimmt werden:

Swapsatz = Terminkurs − Kassakurs = 1,042381 $/€ − 1,0526 $/€ = −0,010219 $/€

Eine andere Möglichkeit der Berechnung ist die folgende:

$$\text{Swapsatz} = \left(\frac{\text{ZAF}_€}{\text{ZAF}_\$} - 1\right) \cdot \text{DKK} = \left(\frac{0,97087379}{0,98039216} - 1\right) \cdot 1,0526 \frac{\$}{€} = -0,010219 \frac{\$}{€}$$

Demgegenüber handelt es sich bei einem Forward-Forward Devisenswap um eine Kombination aus zwei einzelnen Devisentermingeschäften, die jeweils eine unterschiedliche Laufzeit aufweisen. Bezogen auf das obige Beispiel sollen die folgenden beiden Termingeschäfte in t_0 abgeschlossen werden:

---

[1] Vgl. *Martin* (2001), S. 142 und *Schierenbeck/Lister/Kirmße* (2008), S. 410ff.; FX steht wiederum für Forex bzw. Foreign Exchange.

(1) Kauf von € 10 Mio per t_1 gegen Zahlung von $ 10.423.805,83
(Terminkurs per t_1 = 1,042381 $/€)

(2) Verkauf von € 10 Mio per t_2 gegen Erhalt von $ 10.282.282,20
(Terminkurs per t_2 = 1,028228 $/€)

Damit ergibt sich die folgende Zahlungsstruktur:

Fälligkeit in Jahren	€	$
0		
1	10.000.000	−10.423.805,83
2	−10.000.000	10.282.282,20 *
*	€ 10.000.000 · 1,02822822 $/€	

Tab. F.147: Zahlungsströme beim Forward-Forward Devisenswap

Der hieraus resultierende Swapsatz kann wie folgt bestimmt werden:

Swapsatz = Terminkurs per t_2 − Terminkurs per t_1
 = 1,0282 $/€ − 1,0424 $/€ = −0,01415 $/€

Auch mit Hilfe der jeweiligen Zerobondabzinsfaktoren kann der Swapsatz wiederum ermittelt werden:

$$\text{Swapsatz} = \left(\frac{ZAF_{€, 2\,Jahre}}{ZAF_{\$, 2\,Jahre}} - \frac{ZAF_{€, 1\,Jahr}}{ZAF_{\$, 1\,Jahr}} \right) \cdot DKK$$

$$= \left(\frac{0{,}93335209}{0{,}95547505} - \frac{0{,}97087379}{0{,}98039216} \right) \cdot 1{,}0625\, \frac{\$}{€} = -0{,}014152\, \frac{\$}{€}$$

Die folgende Tabelle zeigt die jeweiligen Swapsätze zusammenfassend auf:

Fälligkeit	Swapsätze eines Spot-Forward-Devisenswaps	Swapsätze eines Forward-Forward-Devisenswaps
0		
1	−0,010219	−0,010219
2	−0,024372 *	−0,014152
*	1,028228 $/€ − 1,0526 $/€	

Tab. F.148: Swapsätze beim Spot- und beim Forward-Forward Devisenswap

Für den Fall, dass es sich bei dem ersten Währungstausch um einen Devisenkauf handelt – wie im obigen Beispiel –, wird von einem Buy-and-sell-Swap gesprochen. Andernfalls liegt ein Sell-and-buy-Swap vor.

Die Höhe des Swapsatzes wird insbesondere durch die Differenz zwischen den Zinssätzen in den jeweiligen Währungen bestimmt. In dem Fall, dass $r_{Inland} > r_{Ausland}$, sollte der Terminkurs (ausgedrückt in Inlandswährung pro Fremdwährung) oberhalb des Kassakurses liegen, d.h. der Swapsatz ist positiv, so dass die Fremdwährung mit einem sog. Report notiert. Falls $r_{Inland} < r_{Ausland}$, folgt daraus, dass der Terminkurs unterhalb des Kassakurses liegen sollte, wobei der Swapsatz negativ ist und die Fremdwährung infolgedessen mit einem Deport (Discount) notiert.

b. Absicherung des Swapsatzrisikos

Unter dem Swapsatzrisiko wird die Gefahr verstanden, dass sich – aus Sicht von t_0 – „der Swapsatz in der Weise verändert, dass sich der Erfolg einer nachträglichen Schließung der offenen Terminposition verschlechtert."[1] Dieses Risiko entsteht in den Fällen, in denen Devisenterminpositionen – bezogen auf die Laufzeit – nicht übereinstimmen. Anhand des obigen Beispiels soll dieses Risiko aufgezeigt werden. In t_0 liegen demnach die folgenden Devisenmarktkonditionen vor:

	$/€
Kassakurs in t_0	1,052600
Terminkurs in t_0 per t_1	1,042381
Swapsatz t_0 bis t_1	–0,010219
Terminkurs in t_0 per t_2	1,028228
impliziter Swapsatz t_1 bis t_2	–0,014152

Tab. F.149: Swapsätze und Terminkurse im Ausgangsbeispiel

Betrachtet werden soll ein US-Marktteilnehmer, der in t_0 insgesamt Verbindlichkeiten von € 10 Mio mit der Fälligkeit t_1 und Forderungen von € 10 Mio mit der Fälligkeit t_2 aufweist. Zunächst kann festgestellt werden, dass sich beide Positionen betragsmäßig ausgleichen, so dass im laufenden Jahr ein Kursrisiko nicht mehr schlagend werden kann. Es verbleibt aber ein Swapsatzrisiko, da sich die Positionen in zeitlicher Hinsicht nicht entsprechen.

Zur Absicherung dieses Swapsatzrisikos lassen sich in t_0 zwei Möglichkeiten identifizieren:

(1) Abschluss von zwei Termingeschäften zur Absicherung der offenen Devisenposition von t_1 bis t_2.
Hierzu würden € 10 Mio per t_1 zum Kurs von 1,042381 $/€ gekauft und per t_2 € 10 Mio zum Kurs von 1,028228 $/€ verkauft. Daraus resultiert ein Verlust in Höhe von $ 141.523,62.

---

1 *Schierenbeck/Lister/Kirmße* (2008), S. 421.

(2) Abschluss eines Forward-Forward-Devisenswap anstelle der 2 Termingeschäfte. Entsprechend würde ein Buy-and-sell-Swap für die Zeit von t_1 bis t_2 über € 10 Mio abgeschlossen. Bei einem impliziten Swapsatz für diesen Swap von –0,014152 $/€ ergibt sich damit ebenfalls ein Verlust in Höhe von $ 141.523,62.

Durch diese Absicherungstransaktionen kann die Position nunmehr auch zeitlich geschlossen werden. Der dabei entstandene Verlust ist darauf zurückzuführen, dass der Zinsertrag aus der €-Forderung insgesamt höher ist als die Zinsaufwendungen für die einjährige €-Verbindlichkeit und eine daran anschließende einjährige $-Verbindlichkeit. Wenn diese Positionen gegen Währungsschwankungen abgesichert sind, können sie auch mit Forderungen und Verbindlichkeiten in $ verglichen werden und müssten somit entsprechende Zinserträge bzw. -aufwendungen erbringen; d.h. dabei wären die (in diesem Beispiel) niedrigen $-Zinsen zugrunde zu legen. Dieser Zusammenhang kann wie folgt verdeutlicht werden:

Zeitpunkt		Verbindlichkeit	Forderung
t_1	Zinsaufwand in €	€ –300.000	
	Zinsaufwand in $	$ –312.714,17 *	
	Zinsaufwand in $	$ –279.989,49 **	
t_2	Zinsertrag in €		€ 714.070,35 ***
	Zinsertrag in $		$ 734.227,29 ****
t_2	**Gesamterfolg**	**$ 141.523,62 *******	
*	€ 300.000 · 1,042381 $/€		
**	(€ 10.300.000 · 1,042381 $/€) · 2,6078% mit 2,6078% = $-Forward Rate von t_1 nach t_2: $\frac{(1+0,023035)^2}{(1+0,02)} - 1 = 2,6078\%$		
***	€ 10.000.000 · $(1+0,035088)^2$ – € 10.000.000		
****	€ 714.070,35 · 1,028228 $/€		
*****	$ 734.227,29 – $ 312.714,17 – $ 279.989,49		

Tab. F.150: Zinserfolg bei abgesicherten Devisenkursen

Wie die Tabelle zeigt, entspricht der Zinserfolg bei abgesicherten Devisenkursen dem bei der Absicherungstransaktion entstehenden Verlust. Hierbei wird allerdings unterstellt, dass in t_1 und t_2 die in t_0 errechneten Terminkurse ebenfalls für die Zinszahlungen gelten. Diese sind aber tatsächlich nicht abgesichert worden, da sich die Devisentermingeschäfte lediglich auf die Tilgungsbeträge bezogen. Dieses Beispiel kann insofern auch nur zur Verdeutlichung der Entstehung des oben ermittelten Absicherungsaufwandes von $ 141.523,62 herangezogen werden.

Wird erst nach einem Jahr, d.h. in t_1 eine Absicherung – und zwar dann mit einem Spot-Forward-Devisenswap – vorgenommen, so kann ein veränderter impliziter Swapsatz zu entsprechenden Verlusten führen, wie das folgende Beispiel zeigt: In t_1 sollen die folgenden

Marktkonditionen gelten: Der € steht nach wie vor bei 1,0526 $/€. Jedoch hat sich der implizite Swapsatz verändert und liegt jetzt bei –0,02 $/€, d.h. der Terminkurs per t_2 beläuft sich auf 1,0326 $/€.

Dadurch würde im Vergleich zu einer Glattstellung in t_0 ein negatives Ergebnis entstehen:

	t_1	t_2
Kassakurs bzw. Terminkurs	1,0526 $/€	1,0326 $/€
Glattstellung in t_1	$ –10.526.000,00	$ 10.326.000,00
Vergleich mit Glattstellung in t_0	$ –10.423.805,83	$ 10.282.282,20
Differenz	$ –102.194,17	$ 43.717,80

Tab. F.151: Ergebnis der Positionsschließung in t_1 bei verändertem impliziten Swapsatz

Der Verkauf per t_2 würde zwar einen Mehrertrag von $ 43.717,80 gegenüber der Schließung der Position in t_0 ergeben. Aber der Kauf in t_1 führt zu einem Verlust von $ 102.194,17 gegenüber einer Absicherung bereits in t_0. Insgesamt beträgt damit die Differenz zu einem in t_0 kontrahierten Forward-Forward-Devisenswap $ –58.476,38. In der Veränderung des impliziten Swapsatzes kommt das Swapsatz-Risiko zum Ausdruck.

VI. Repurchase Agreements (Repo-Geschäfte) und Wertpapierleihe

1. Überblick

Wertpapierpensionsgeschäfte (Repurchase Agreements, Repos) beinhalten allgemein die zumeist an Geldgeschäfte gekoppelte, befristete Übertragung von Wertpapierbeständen. Sie werden vor allem zur Liquiditätssteuerung durchgeführt, indem Gelder gegen Wertpapiere als Sicherheit am Markt aufgenommen bzw. angelegt werden. Eng verwandt mit den Repo-Geschäften ist die Wertpapierleihe, wobei sich beide Geschäften im Wesentlichen in der zivilrechtlichen Struktur unterscheiden. Während es sich nach deutschem Recht bei Repo-Geschäften entsprechend der herrschenden Meinung um Kauf- bzw. Rückkaufgeschäfte handelt, kann die Wertpapierleihe zivilrechtlich als Sachdarlehen aufgefasst werden.[1]

Sowohl Repo-Geschäfte als auch Wertpapierdarlehen haben eine zunehmende Bedeutung erlangt.[2] So finden sich in vielen europäischen Ländern etablierte und liquide Wertpapierdarlehens- und Repo-Märkte, die vor dem Hintergrund der Globalisierung der Kapitalmärkte und des Wachstums im grenzüberschreitenden Wertpapierhandel durch eine starke Nachfrageseite gekennzeichnet sind. Von Bedeutung sind die Märkte vor allem für die Steuerung der Liquidität, für die Erfüllung von Lieferverpflichtungen und für die Umsetzung von komplexen Anlage- und Absicherungsstrategien. Auch die Nutzung von Wertpapierdarlehen im Portfoliomanagement hat vor dem Hintergrund der gesetzlichen Lockerun-

---

[1] Vgl. *Prahl* (1995), Sp. 2023.
[2] Zum Volumen der Repo-Märkte vgl. *ICMA* (2013).

gen im Hinblick auf die Überlassung von Wertpapieren für Kapitalanlagegesellschaften und Versicherungen einen höheren Stellenwert erhalten. Darüber hinaus spielt die Möglichkeit, zusätzliche Erträge durch diese Geschäfte zu erzielen, in diesem Zusammenhang eine wichtige Rolle.[1]

2. Repo-Geschäfte

a. Grundlagen des Repo-Geschäfts

Traditionell wurde das Repo-Geschäft als Wertpapierpensionsgeschäft von Banken eher unter dem Gesichtspunkt der Erhöhung der Liquidität betrieben. Auch die Europäische Zentralbank setzt Wertpapierpensionsgeschäfte als Mittel der geldpolitischen Feinsteuerung ein und deckt damit durch die Ausreichung von Liquidität einen großen Teil des Refinanzierungsbedarfs der Kreditinstitute ab. Mittlerweile kann der Repo-Markt als gute Alternative zur unbesicherten Kreditgewährung und zur Emission kurzfristiger Wertpapiere bezeichnet werden.[2]

Im Rahmen eines Wertpapierpensions- oder Repo-Geschäftes werden vom Pensionsgeber (Repo-Verkäufer) Wertpapiere gegen Zahlung eines vereinbarten Betrages auf den Pensionsnehmer (Repo-Käufer) übertragen. Die Besonderheit gegenüber einem „normalen" Verkauf von Wertpapieren besteht bei einem Repo-Geschäft darin, dass der Käufer bzw. der Pensionsnehmer

- verpflichtet ist, die gleiche Anzahl und Art von Wertpapieren zu einem bestimmten späteren Zeitpunkt an den Pensionsgeber zurückzuübertragen (echtes Pensionsgeschäft) oder
- berechtigt, aber nicht verpflichtet ist zur Rückgabe der Wertpapiere an den Pensionsgeber (unechtes Pensionsgeschäft).

Die Grundstruktur eines Wertpapierpensionsgeschäfts lässt sich wie folgt darstellen:

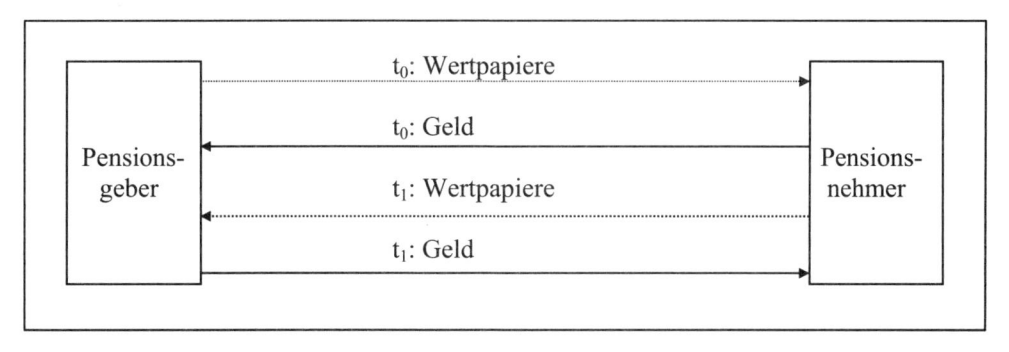

Pensions-geber — t_0: Wertpapiere → Pensions-nehmer
Pensions-geber ← t_0: Geld — Pensions-nehmer
Pensions-geber ← t_1: Wertpapiere — Pensions-nehmer
Pensions-geber — t_1: Geld → Pensions-nehmer

Abb. F.74: Ablauf eines Wertpapierpensionsgeschäftes

---

1 Vgl. *Deutsche Morgan Grenfell, Deutsche Bank AG* (1997), S. 1 und *EZB* (2002), S. 61ff.
2 Vgl. *EZB* (2002), S. 61.

Wirtschaftlich gesehen, entspricht ein echtes Wertpapierpensionsgeschäft für den Pensionsgeber einem Kassaverkauf und einem gleichzeitigen Terminrückkauf von Wertpapieren bzw. einer Geldaufnahme, die mit Wertpapieren unterlegt ist. Hingegen stellt ein echtes Pensionsgeschäft für den Pensionsnehmer einen Kassakauf und Terminverkauf von Wertpapieren bzw. eine durch Wertpapiere abgesicherte Geldanlage dar.[1] Daher können der Pensionsgeber auch als Kreditnehmer und der Pensionsnehmer als Kreditgeber bezeichnet werden.

Aus zivilrechtlicher Sicht wird der Pensionsnehmer nach herrschender Meinung während der Pensionsfrist rechtlicher Eigentümer der Wertpapiere. Infolgedessen können die im Zusammenhang mit dem Wertpapierpensionsgeschäft erfolgenden Zahlungen als Erfüllungsleistungen und nicht als Sicherheitsleistungen qualifiziert werden. Sobald der Kaufpreis/Rückkaufpreis vollständig gezahlt ist, gehen mit der Lieferung/Rücklieferung von Wertpapieren an die jeweils andere Partei das unbeschränkte Eigentum und die uneingeschränkte Verfügungsbefugnis an den gelieferten Wertpapieren über. Dabei ist allerdings zu berücksichtigen, dass die aus den Wertpapieren entstehenden Erträge, wie z.B. Zinszahlungen bei Anleihen weiterhin dem Pensionsgeber zustehen. Daher muss der Pensionsnehmer den Gegenwert der geleisteten Zahlungen an den Pensionsgeber weiterleiten. Darüber hinaus muss der Verkäufer auch die Kursschwankungen der verpensionierten Wertpapiere tragen, da es sich bei dem Pensionsgeschäft um eine zeitlich befristete Transaktion handelt.

Gegenüber echten Wertpapierpensionsgeschäften kommen in der Praxis unechte Wertpapierpensionsgeschäfte immer seltener vor. Wirtschaftlich gesehen, hat der Pensionsgeber bei diesen Geschäften die Wertpapiere zum Kassa-Zeitpunkt veräußert und parallel dazu eine Option zum Rückkauf geschrieben. Entsprechend hat der Pensionsnehmer sowohl die Wertpapiere als auch gleichzeitig eine Verkaufsoption erworben. Daher richtet sich das Pricing nach den für Optionen entwickelten Bewertungsmodellen.

Neben dem individuell vereinbarten Rückgaberecht erwirbt auch bei unechten Pensionsgeschäften der Pensionsnehmer rechtliches Volleigentum an den Wertpapieren. Darüber hinaus erhält er zusätzlich – anders als bei echten Wertpapierpensionsgeschäften – auch noch das wirtschaftliche Eigentum. Folglich sind die Wertpapiere in seiner Bilanz zu aktivieren. Hingegen verbleiben bei echten Pensionsgeschäften die an den Pensionsgeber weitergegebenen Wertpapiere – wirtschaftlich gesehen – im Bestand des Pensionsgebers, so dass dieser die Papiere auch zu aktivieren hat.

Ähnlich wie bei den echten Pensionsgeschäften als klassische Repo-Geschäfte wird auch bei sogenannten Sell/Buy-Back-Geschäften zwischen denselben Parteien eine Vereinbarung getroffen, Wertpapiere per Kasse zu verkaufen und per Termin zurückzukaufen. Anders als beim Repo-Geschäft werden hierbei die beiden Geschäfte rechtlich selbständig vereinbart und fungieren damit nicht als Teile eines standardisierten einheitlichen Gesamtgeschäfts. Auch werden sie technisch als getrennte Geschäfte abgewickelt. Dennoch ist hierbei ein enger zeitlicher Zusammenhang gegeben, und es finden individuelle Absprachen der beteiligten Parteien statt.[2] Als weiterer Unterschied zu den Repo-Geschäften sind bei undokumentierten Sell/Buy-Back-Geschäften die nicht stattfindende tägliche Neubewertung zu Marktpreisen und die Nichtzahlung eines Einschusses bei der Eröffnung zu nennen.

---

1 Vgl. *Prahl* (1995), Sp. 2024.
2 Vgl. *Deutsche Morgan Grenfell, Deutsche Bank AG* (1997), S. 4f.

Darüber hinaus wird bei Sell/Buy-Back-Geschäften der Reposatz aus der Differenz zwischen Terminkurs und Kassakurs des Wertpapiers berechnet.[1]

b. Zahlungsströme beim Repo-Geschäft

Zu Beginn der Repo-Transaktion wird ein Kaufpreis für die Wertpapiere vereinbart, der dem aktuellen Marktpreis und zusätzlich evtl. aufgelaufener Stückzinsen entspricht. Der Rückkaufpreis bei einem Repo-Geschäft kann aus dem Kaufpreis und einem Zinsbetrag, dem ein um etwaige Risikozuschläge ergänzter Geldmarktzins für die Pensionsdauer (Repo Rate oder Pensionssatz) zugrunde liegt, ermittelt werden. In dem folgenden Beispiel ist die Bestimmung der Zahlungsflüsse exemplarisch dargestellt:

> Dem Pensionsnehmer (Repo-Buyer) werden vom Pensionsgeber (Repo-Seller) Anleihen mit einem Kupon von 6% im Nominalwert von € 10 Mio. geliefert, die der Pensionsgeber 7 Tage später bei einer Repo Rate von 4% zurückerhält. Der Anleihekurs liegt bei 102%, Stückzinsen sind für 50 Tage zu berücksichtigen.
>
> Bei dem Verkauf seiner Wertpapiere an den Pensionsnehmer erhält der Pensionsgeber den folgenden Betrag:
>
> € 10.000.000 · 102% + € 82.191,78 Stückzinsen = € 10.282.191,78
> (Berechnung der Stückzinsen für 50 Tage: 10.000.000 · 6% · 50/365 = 82.191,78)
>
> Für diesen (Kredit-)Betrag, der vom Pensionsnehmer zur Verfügung gestellt wird, zahlt der Pensionsgeber bei einer Laufzeit der Repo-Transaktion von 7 Tagen Zinsen in Höhe von:
>
> € 10.282.191,78 · 4% · 7/360 = € 7.997,26
>
> Aus den zur Verfügung gestellten Mitteln sind vom Pensionsgeber nach 7 Tagen an den Pensionsnehmer rückzahlbar:
>
> € 10.282.191,78 + € 7.997,26 = € 10.290.189,04
>
> Hierbei zahlt der Pensionsgeber keine Stückzinsen für die Dauer des Repo-Geschäfts (7 Tage), da ihm die Stückzinsen während der Pensionslaufzeit weiterhin zustehen. Somit wird also weiterhin vom Preis inkl. Stückzinsen in Höhe von € 10.282.191,78 ausgegangen und nicht von € 10.293.698,63. Letzterer Betrag würde sich ergeben, wenn für 57 Tage Stückzinsen zu berücksichtigen wären.

Der Pensionsgeber erhält durch eine Repo-Transaktion einen günstigen Kredit gegen die Stellung von Sicherheiten in Form von Wertpapieren. Diese Wertpapiere hält er praktisch die ganze Zeit über im Bestand, da ihm auch die Stückzinsen nach wie vor zustehen; als ob keine Transaktionen vorgenommen worden wären.

---

1 Vgl. *EZB* (2002), S. 63.

Falls der Pensionsgeber die erhaltenen Mittel für die Dauer des Repo-Geschäftes am Terminmarkt z.B. zu 4,25% anlegt, so erhält er hieraus einen Ertrag von

$$10.282.191,78 \cdot 0,0425 \cdot \frac{7}{360} = 8.497,09$$

und damit einen Rückzahlungsbetrag von:

€ 10.282.191,78 + € 8.497,09 = € 10.290.688,87

Insgesamt fließt in diesem Fall damit zu Beginn der Repo-Transaktion ein Zahlungsstrom von Null (Einzahlung vom Pensionsnehmer, Auszahlung für das Termingeld jeweils in Höhe von € 10.282.191,78). Bei Fälligkeit des Repo-Geschäfts ergibt sich insgesamt eine positive Einzahlung in Höhe von € 10.290.688,87 – € 10.290.189,04 = € 499,83. Dieser Ertrag lässt sich auch durch die Differenzbildung zwischen Repo Rate und Termingeldzins ermitteln:

$$10.282.191,78 \cdot (0,0425 - 0,04) \cdot \frac{7}{360} = 499,83$$

Das gleiche Ergebnis dieser Transaktion kann auch mit einer Sell/Buy-Back-Transaktion erzielt werden. Wie beim Repo-Geschäft ergibt sich der Kaufpreis wiederum aus dem Marktpreis zuzüglich evtl. aufgelaufener Stückzinsen. Der Rückkaufpreis lässt sich mit Hilfe des Kassapreises inkl. Stückzinsen und der vereinbarten Repo Rate ermitteln. Anders als beim Repo-Geschäft stehen die auf die Wertpapiere anfallenden Erträge, wie z.B. Zinsen, nicht dem Verkäufer zu, so dass entsprechend der Terminkaufpreis verringert wird.[1]

Bezogen auf das Beispiel ergibt sich damit zu Beginn der Transaktion beim Wertpapierverkäufer wiederum eine Einzahlung in Höhe von € 10.282.191,78. Der Terminkaufpreis bei Fälligkeit des Sell/Buy-Back-Geschäfts kann auch als Forwardpreis ($P_{Forward}$) bezeichnet werden und ergibt sich wie folgt:[2]

$$P_{Forward} = P_K + (P_K + SZ) \cdot r_{Repo} \cdot \frac{T}{360} - K \cdot \frac{T}{365}$$

mit

P_K = aktueller Marktpreis der Kassamarktanleihe,
SZ = Stückzinsen,
r_{Repo} = Repo Rate,
K = Kupon und
T = Anzahl der Tage.

---

1 Vgl. *Deutsche Morgan Grenfell, Deutsche Bank AG* (1997), S. 5.
2 Vgl. *Bohn* (1998), S. 781.

Hierbei ist zu berücksichtigen, dass die Tage bei den Refinanzierungskosten (Repo Rate) nach Geldmarktkonvention auf der Basis Act/360 und die zwischenzeitlich anfallenden Erträge (Kupon) auf der Basis Actual/Actual zugrunde gelegt worden sind, wobei ein Jahr mit 365 Tagen unterstellt wird. Entsprechend berechnet sich der Forwardpreis wie folgt:

$$P_{Forward} = 102\% + (102\% + 0{,}8219178\%) \cdot 0{,}04 \cdot \frac{7}{360} - 0{,}06 \cdot \frac{7}{365} = 101{,}964904\%$$

Der Auszahlungsbetrag des ursprünglichen Wertpapierverkäufers, der bei Ende der Sell/Buy-Back-Transaktion zurückzuzahlen ist, kann damit unter Berücksichtigung der Stückzinsen wie folgt bestimmt werden:

Auszahlungsbetrag

$$= \left(101{,}964904\% + 0{,}06 \cdot \frac{57}{365}\right) \cdot €\,10.000.000 = €\,10.290.189{,}04$$

Die Stückzinsen betragen hier € 93.698,63. Dieser Auszahlungsbetrag entspricht genau dem Betrag, den der Pensionsgeber nach Ende der Repo-Transaktion an den Pensionsnehmer zurückzuzahlen hat. Falls der Verkäufer beim Sell/Buy-Back-Geschäfts anfangs den zur Verfügung gestellten Betrag ebenfalls als Termineinlage zum Zinssatz von 4,25% angelegt hätte, so ergäbe sich der gleiche Gewinn (€ 499,83).

Das Beispiel zeigt, dass beide Geschäfte zum gleichen wirtschaftlichen Ergebnis führen. Zu beachten ist aber, dass bei dem klassischen Repo-Geschäft – im Gegensatz zu Sell/Buy-Back-Transaktionen während der Repo-Laufzeit die offenen Forderungen und Verpflichtungen zwischen den beiden beteiligten Marktteilnehmern täglich neu bewertet werden (Marking-to-Market). Durch dieses Verfahren sollen die Wertveränderungen der als Sicherheit fungierenden Wertpapiere ausgeglichen werden. Dabei kann es auch zu einem Ausgleich in Form einer Variation Margin kommen, wenn der Wert der Wertpapiere eine bestimmte Sicherheitsmarge (Initial Margin oder Haircut) unterschreitet.[1]

Die Höhe der Pensionssätze (Repo Rate) ist im Wesentlichen von den Geldmarktsätzen abhängig. Im Allgemeinen kann davon ausgegangen werden, dass die Pensionssätze unterhalb der Geldmarktsätze liegen werden, da es sich bei den Pensionsgeschäften im Gegensatz zu Geldmarkttransaktionen um eine Mittelaufnahme handelt, die besichert ist.

Darüber hinaus beeinflussen auch einzelne geschäftsbezogene Faktoren den Pensionszinssatz, dessen Höhe von Transaktion zu Transaktion variieren kann. Demnach liegt kein einheitlicher Satz vor. Folgende Faktoren können auf die Höhe des Pensionszinssatzes einwirken:

---

[1] Vgl. *Csoport* (2001), S. 38ff. Zum Vergleich zwischen klassischen Repo-Geschäften und Sell/Buy-Back-Transaktionen vgl. auch *Choudry* (2002), S. 94ff. sowie S. 103.

Faktor	Auswirkung auf die Höhe des Pensionszinssatzes
Qualität und Liquidität des Wertpapiers	Der Pensionssatz ist umso geringer, je besser die Bonität des Wertpapieremittenten und je höher die Liquidität des Wertpapiers ist, da das Wertpapier als Sicherheit im letzteren Fall leicht zu einem fairen Preis veräußert werden kann.
Bonität des Pensionsgebers	Grundsätzlich ist der Pensionszins umso geringer, je höher die Bonität des Pensionsgebers ist, wobei sicherlich die Bedeutung der Bonität des Wertpapieremittenten höher einzuschätzen ist.
Laufzeit des Geschäfts	Die Länge der Laufzeit beeinflusst die Höhe des Pensionssatzes je nach Verlauf der Geldmarkt-Zinsstrukturkurve.
Geldmarkt-Zinsniveau	Der Pensionszinssatz hängt insbesondere vom jeweiligen Zinsniveau am Geldmarkt ab.
Lieferverpflichtung	Für den Fall, dass das Wertpapier an den Pensionsnehmer geliefert werden muss (Delivery Repo), liegt der Pensionssatz niedriger, als wenn das Wertpapier bei der Bank des Pensionsgebers als Sicherheit deponiert wird.
Nachfrage nach dem Wertpapier	Wird das entsprechende Wertpapier stark nachgefragt bei einem nur geringen Angebot, dann liegt der Pensionssatz ebenfalls relativ niedrig aufgrund dessen, dass der Pensionsnehmer auch bereit ist, Geldmittel zu einem geringeren Satz zu verleihen, um die Wertpapiere zu bekommen.

Tab. F.152: Faktoren, die den Pensionszinssatz beeinflussen

In der Höhe der Repo Rate spiegeln sich somit auch die mit der Repo-Transaktion verbundenen Risiken wider, die neben rechtlichen und operationalen Risiken insbesondere auch sicherheitsspezifische Risiken betreffen, wie Markt-, Ausfall- und Liquiditätsrisiken. Das Marktrisiko bezieht sich auf die Kursschwankungen der als Sicherheit fungierenden Wertpapiere, während das Kreditrisiko die Bonität des Wertpapieremittenten betrifft. Fällt ein Geschäftspartner aus, kann das Liquiditätsrisiko schlagend werden, das an der Leichtigkeit der Verwertung der Sicherheiten gemessen werden kann.[1]

c. Formen der Abwicklung von Repo-Geschäften

Die Handelsusancen und Vertragsgestaltungen im Repo-Markt sind mittlerweile weitgehend standardisiert worden. So wurden standardisierte Rahmenverträge vereinbart, wobei

---

1 Vgl. *EZB* (2002), S. 64.

z.B. der Bundesverband deutscher Banken, die International Securities Lending Association (ISLA) und die Public Securities Association (PSA) mitgewirkt haben.[1]

Bei Repo-Transaktionen werden verschiedene Abwicklungsformen unterschieden, wie z.B. Hold-in-Custody Repo, Delivery Repo (Bilateral Repo), Triparty Repo und Fourparty Repo. Beim Hold-In-Custody-Repo werden die Wertpapiere nicht an den Pensionsnehmer geliefert, sondern verbleiben beim Pensionsgeber bzw. dessen Depotbank. Damit können die Liefergebühren eingespart werden, so dass diese Abwicklungsform relativ kostengünstig ist. Jedoch hat der Pensionsnehmer einen Nachteil, wenn es zur Insolvenz des Pensionsgebers kommen sollte, da er keine direkte Kontrolle über die Wertpapiere hat und daher in einem solchen Fall entsprechende rechtliche Schritte durchführen muss. Allerdings könnte die verhältnismäßig geringe Besicherungsqualität der Wertpapiere in diesem Fall durch eine erhöhte Repo Rate zumindest teilweise wieder ausgeglichen werden, da auch der Pensionsgeber bereit sein wird, einen höheren Kreditzins zu zahlen; denn er kann Abwicklungskosten und -probleme vermeiden.[2]

Anders als beim Hold-in-Custody Repo werden im Rahmen eines Delivery Repos (wird auch als Bilateral Repo bezeichnet) die Wertpapiere an den Pensionsnehmer geliefert, der entsprechend während der Repo-Laufzeit über die Wertpapiere frei verfügen kann. Dabei sind Pensionsgeber und -nehmer für die Überwachung der Transaktion und der Sicherheiten sowie die tägliche Bewertung der Sicherheiten während der Repo-Laufzeit verantwortlich.

Die Abwicklung kann auch auf der Basis eines Triparty Repos erfolgen, das sowohl die Sicherheit eines Delivery Repos als auch die Bequemlichkeit eines Hold-In-Custody-Repos aufweist. Dabei werden die Überwachung der Transaktionen und der Sicherheiten sowie die tägliche Bewertung der Sicherheiten durch eine neutrale dritte Partei, wie z.B. eine Depotbank oder Clearingorganisation als Custodian übernommen, die auch die Verwahrung der Wertpapiere für den Pensionsnehmer während der Repo-Laufzeit übernimmt. Wird der Pensionsgeber insolvent, so kann der Pensionsnehmer sofortigen Zugriff auf die Wertpapiere nehmen. Wie beim Hold-In-Custody-Repo erhält der Pensionsgeber die Zins- und Dividendenzahlungen, die während der Repo-Laufzeit anfallen.

Schließlich kann die Abwicklung auch noch über ein Fourparty Repo erfolgen. Anders als beim Triparty Repo werden hierbei die Abwicklungsfunktionen nicht auf nur einen Custodian übertragen, der für beide Parteien zuständig ist, sondern auf zwei Custodians. Dabei fungiert i.d.R. der Custodian des Pensionsgebers als Triparty Agent, während der Custodian des Pensionsnehmers die Funktion eines Subcustodians übernimmt.[3]

Zur Erleichterung der Abwicklung von Repos und auch von Wertpapierleihgeschäften wurde das Collateral Management entwickelt, das vor allem institutionellen Anlegern die Erwirtschaftung von Zusatzerträgen auf ruhende Wertpapierbestände ohne großen Aufwand in ihrem jeweiligen Back-Office ermöglichen kann. Für den Fall, dass dem Kunden ein Collateral Management von seiner Bank angeboten wird, kann dies die Vereinbarung und die Verwaltung der gestellten Wertpapiere als Sicherheiten beinhalten. Damit wird Kunden ein direkter Zugang zu den verschiedenen Marktteilnehmern im Repo-Markt verschafft.[4]

In den letzten Jahren haben auch elektronische Handelsplattformen am Repo-Markt an Bedeutung gewonnen. So werden seit 1999 durch Eurex Repo verschiedene besicherte

---

1 Vgl. *Deutsche Morgan Grenfell, Deutsche Bank AG* (1997), S. 1.
2 Vgl. *Csoport* (2001), S. 49ff.
3 Vgl. *Csoport* (2001), S. 55.
4 Vgl. *Deutsche Morgan Grenfell, Deutsche Bank AG* (1997), S. 1ff.

Finanzmärkte betrieben. Eurex Repo zählt heute zu den führenden Anbietern von elektronischen Repo-Märkten. Dabei werden neben dem Euro Repo Markt die Finanzierungsmärkte GC (General Collateral) Pooling, Swiss Franc Repo, OTC Spot und SecLend betrieben. Handelbar ist im GC- und Special Repo-Bereich ein breites Angebot an festverzinslichen Wertpapieren in den Währungen SFR, €, £ und $.[1]

d. Anwendungsmöglichkeiten von Repos

Repo-Transaktionen lassen sich u.a. sowohl zur Liquiditätsbeschaffung als auch zur Beschaffung von Wertpapieren einsetzen. Unterschieden werden können daher liquiditätsinduzierte (cash driven) und wertpapierinduzierte (securities-driven) Einsatzgebiete.

Das liquiditätsinduzierte Marktsegment betrifft die Aufnahme bzw. Gewährung von Kassenkrediten, die durch Wertpapiere besichert sind. Dabei werden i.d.R. ein oder mehrere Wertpapiere als sog. General Collateral (GC) herangezogen, die zu einem bestimmten, nach Art und Emittentenbonität abgegrenzten Sicherheitenkorb gehören. Ein solcher GC-Basket kann z.B. sämtliche Staatsanleihen des Euroraums oder auch alle Unternehmensanleihen eines bestimmten Rentenindex umfassen.[2]

Das wertpapierinduzierte Marktsegment betrifft die Aufnahme bzw. Gewährung von Krediten in Form von Wertpapieren. Hierbei fungieren nun die liquiden Mittel als Sicherheit. In diesem Segment finden sich vor allem stark nachgefragte Wertpapiere, so dass die Repo Rate niedriger liegt als die Repo Rate für General Collateral. Für eine gewisse Zeit können diese Wertpapiere als sog. Specials bezeichnet werden. Solche Specials können vom Pensionsnehmer beispielsweise zur Erfüllung von Lieferverpflichtungen aus einer Short Position im Futures-Markt benötigt werden. Für den Pensionsgeber besteht die Möglichkeit der Finanzierung seiner gekauften Specials. Möglicherweise sollen aber auch die zu einem geringen Zinssatz erhaltenen liquiden Mittel kurzfristig z.B. zur Repo Rate für General Collateral wieder angelegt werden. Hierdurch lässt sich – wie oben bereits gezeigt – ein zusätzlicher Ertrag erzielen, so dass von einer Optimierung des Wertpapierportfolios gesprochen werden kann.[3]

Schließlich können Repos auch zur Erzielung risikoloser Gewinne im Rahmen von Arbitrage-Transaktionen genutzt werden. Beispielsweise lassen sich Repo-Geschäfte zur Sicherung eines bestimmten Spreads anwenden. Dies soll anhand des Beispiels in Abbildung F.75 aufgezeigt werden.

Ein Händler verkauft Wertpapiere z.B. an die Bank B mit einer Rückkaufvereinbarung nach 8 Tagen (Repo). Gleichzeitig führt er eine umgekehrte Transaktion (Reverse Repo) mit der Bank A durch, d.h. Kauf der gleichen Wertpapiere und späterer Rückverkauf ebenfalls nach 8 Tagen. Somit leiht sich der Händler Mittel von der Bank B und verleiht die erhaltenen Mittel gleichzeitig an die Bank A. Für den Fall, dass der Zins für das Repo-Geschäft bei 3,7% und der Zins für das Reverse Repo bei 3,9% liegt, kann sich der Händler einen Spread von 0,2% (20 Basispunkten) sichern. Die unterschiedliche Höhe der jeweiligen Repo-Sätze in diesem Beispiel kann möglicherweise auf Markineffizienzen zurückgeführt werden.

---

1 Vgl. *Eurex* (2013d), *Eurex Repo* (2013), S. 2ff.; *Eurex Repo* (2012), S. 1ff.
2 Vgl. *EZB* (2002), S. 65f.
3 Vgl. *EZB* (2002), S. 66.

Darüber hinaus lassen sich Arbitragegewinne auch aus der unterschiedlichen preislichen Bewertung von Repos und Finanzderivaten erzielen.[1]

Beginn der Transaktion in t_0:

```
                    Händler
        Pensionsnehmer    Pensionsgeber
Bank    Wertpapiere  →    Wertpapiere  →    Bank
 A      Geld         ←    Geld         ←     B
```

Ende der Transaktion in $t_0 + 8$ Tagen:

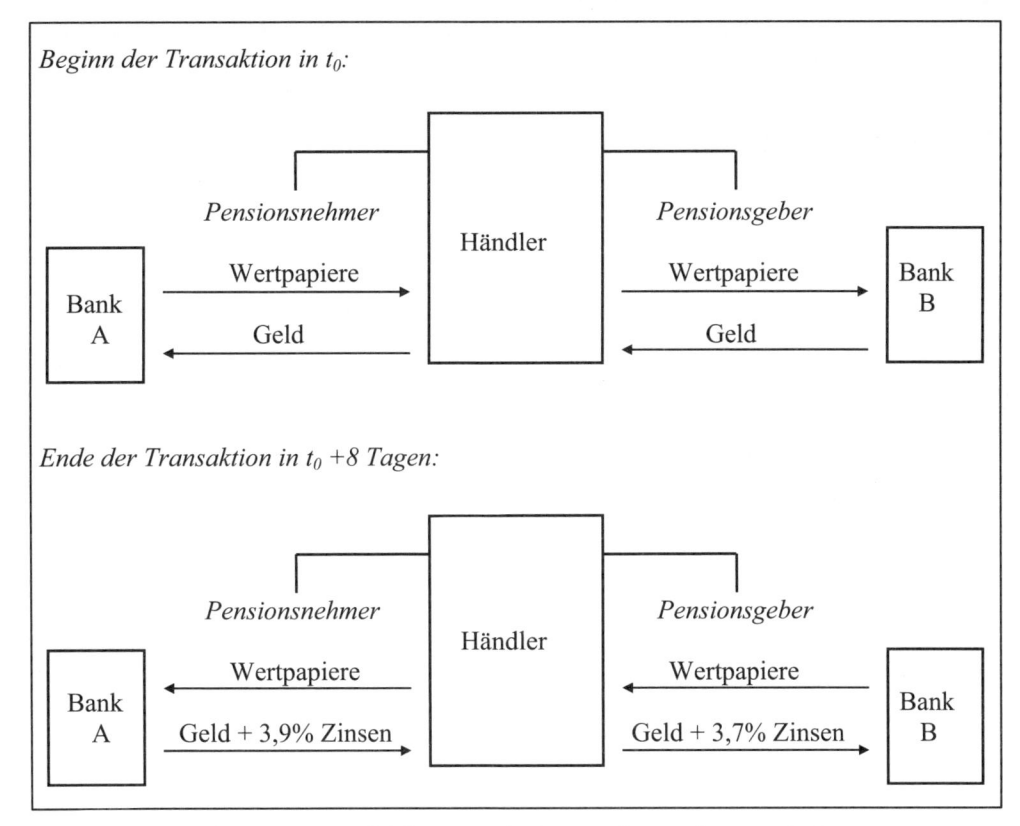

```
                    Händler
        Pensionsnehmer    Pensionsgeber
Bank    Wertpapiere       ←    Wertpapiere       ←    Bank
 A      Geld + 3,9% Zinsen →    Geld + 3,7% Zinsen →     B
```

Abb. F.75: Spreadsicherung mit Wertpapierpensionsgeschäften

e. Diversifizierung der Sicherheiten

Der Korb der Staatsanleihen, die als Sicherheiten im Rahmen von Repo-Transaktionen dienen, ist zunehmend weiter gefasst worden. Mittlerweile werden die meisten Staatsanleihen des Euroraums als Collateral akzeptiert. Auch der im März 2002 eingeführte Eurepo konnte diese Entwicklung noch unterstützen. Bei dem Eurepo handelt es sich um den Zinssatz, zu dem bonitätsmäßig erstklassige Banken untereinander Finanzmittel in € gegen Eurepo-General Collateral zur Verfügung stellen. Zu den allgemeinen Eurepo-Sicherheiten zählen sämtliche auf € lautende Staatsanleihen und kurzfristige Staatspapiere, die von den Regierungen im Euro-Währungsgebiet begeben oder garantiert sind. Der Eurepo ist der Durchschnitt der von den zum Eurepo-Panel gehörenden Banken gemeldeten Eurepo-Sätze für eine bestimmte Regellaufzeit.

---

[1] Vgl. *Csoport* (2001), S. 81ff. sowie *Bohn* (1998), S. 786ff.

Während bei dem Großteil der Repo-Geschäfte Staatsanleihen als Sicherheiten herangezogen werden, kann allerdings am Markt eine zunehmende Diversifizierung der Sicherheiten beobachtet werden. So kommen mittlerweile auch Pfandbriefe und Unternehmensanleihen in Betracht. Mit einem zunehmenden Volumen an refinanzierungsfähigen Sicherheiten nimmt auch die Größe des Repo-Marktes zu.[1]

3. Wertpapierleihe

a. Grundlagen

Juristisch gesehen, handelt es sich bei der Wertpapierleihe, die auch als Securities Lending bezeichnet wird, in Deutschland um ein entgeltliches Sachdarlehen (i.S. des § 607 BGB) über börsengehandelte Wertpapiere. Dabei wird vom Verleiher (Lender) das Eigentum an den Wertpapieren darlehensweise an den Entleiher (Borrower) für eine bestimmte Zeitdauer übertragen. Dafür erhält der Lender ein laufzeitabhängiges Leihentgelt.[2] Der Entleiher ist verpflichtet, Wertpapiere mit gleicher Ausstattung zurückzuliefern. Hingegen erwirbt der Verleiher einen Rückgewährsanspruch und bekommt vom Entleiher unabhängig vom aktuellen Kurs Titel gleicher Art, Güte und Menge zurückerstattet.

Der Entleiher kann die erhaltenen Wertpapiere nach seinen Bedürfnissen verwenden. So kann er sie beispielsweise weiterverleihen, verkaufen oder verpfänden, wobei der Verleiher weiterhin das Kursrisiko trägt. Fallen Zins- und Dividendenzahlungen während der Dauer des Darlehens an, so steht dem Verleiher eine Kompensationszahlung zu.

b. Abwicklung der Wertpapierleihe

Neben organisierten Leihsystemen sind vor allem die internationalen und nationalen Großbanken im Verleihgeschäft tätig. Sie vermitteln bilaterale Leihgeschäfte als Agent (Kommissionsgeschäft) und/oder offerieren sogenannte Pool-Modelle, in denen sie als Principal auftreten (Direktgeschäft). Verleihwillige Kunden bringen ihre Wertpapierbestände in diese Pools ein. Als erste Clearinggesellschaft führte Euroclear im Jahr 1975 ein Programm zur Leihe international gehandelter Wertpapiere ein.

Das vom Entleiher zu zahlende Leihentgelt (Loan Fee) wird bei Geschäftsabschluss vereinbart und ist abhängig von Volumen, Laufzeit sowie Angebot und Nachfrage in der jeweiligen Gattung. Bemessungsgrundlage für die Berechnung ist der aktuelle Marktwert der entliehenen Wertpapiere; bei festverzinslichen Wertpapieren inklusive aufgelaufener Stückzinsen. Wahlweise kann ein Festkurs oder eine tägliche Anpassung zwischen den Parteien vereinbart werden. Entgeltpflichtig ist die gesamte Laufzeit des Wertpapierdarlehens vom Liefertag an. Bei der Einstellung der zu verleihenden Titel in einen Pool (Profit-Sharing-Verfahren) werden die Verleiher anteilig an den jeweiligen Lendings in den von ihnen eingebrachten Wertpapieren beteiligt. Als nutzungsunabhängige Bereitstellungsgebühr erhalten die Verleiher, die ihre Wertpapiere in den Pool einstellen, eine sogenannte Base Fee.

Grundsätzlich sollte das Leihentgelt sich aus der Differenz zwischen dem Geldmarktsatz und der entsprechenden Repo Rate für die Anleihe ergeben. In diesem Fall wird der

---

1 Vgl. *EZB* (2002), S. 69.
2 Vgl. *Häuselmann* (1995), Sp. 2014.

Wertpapierbesitzer Interesse daran haben, sein Wertpapier zu verleihen. Andernfalls würde er es im Rahmen eines Repo-Geschäfts einsetzen. Demnach müsste die Leihgebühr in dem obigen Beispiel genau 0,25% betragen, d.h. einen absoluten Betrag von

$$€\ 10.282.191,78 \cdot 0,0025 \cdot \frac{7}{360} = €\ 499,83$$

ausmachen.

Falls allerdings eine Anleihe eine besonders hohe Nachfrage erfährt bei einem vergleichsweise geringen Angebot (diese Anleihe kann auch als „special" bezeichnet werden[1]), so verringert sich die Repo Rate, und die Leihgebühr erhöht sich. Im obigen Beispiel könnte die Repo Rate eventuell nur noch 3,75% betragen, so dass sich ein Ertrag und damit eine Wertpapierleihgebühr von

$$€\ 10.282.191,78 \cdot (0,0425 - 0,0375) \cdot \frac{7}{360} = €\ 999,66$$

ergeben könnte.

c. Motivation und Anwendungsmöglichkeiten

Das Hauptmotiv für den Verleiher besteht darin, dass die vereinnahmten Verleihentgelte einen attraktiven Zusatzertrag darstellen können. Selbst ohne erfolgte Leihe kann es schon zur Renditeverbesserung kommen, wenn die Wertpapiere für einen Pool gegen eine Base Fee bereitgestellt werden. Auch lassen sich die Depotgebühren senken, da verliehene Wertpapiere nicht zum gebührenpflichtigen Bestand zählen. Darüber hinaus können die erhaltenen Barsicherheiten als Sicherheit für eine eigene Entleihtransaktion verwendet werden, wobei sich möglicherweise Arbitrage-Transaktionen aus den unterschiedlichen Sätzen für das Ver- und Entleihen durchführen lassen.

Als Verleiher kommen grundsätzlich Versicherungen, Pensionskassen, Fondsgesellschaften, Banken und in- und ausländische Privat- bzw. Firmenkunden in Frage. Gerade für das Portfoliomanagement von Fonds, in denen viele Papiere aufgrund einer Buy and Hold-Strategie für einen längeren Zeitraum liegen, stellt die Wertpapierleihe eine attraktive Möglichkeit dar, zusätzliche Erträge zu erwirtschaften.

Als Entleiher kommen vor allem die Wertpapierhandelsabteilungen in- und ausländischer Banken und Broker in Betracht. Sie können die Wertpapierleihe zur Durchführung von Leerverkäufen nutzen. Damit ist es insbesondere möglich, Arbitragemöglichkeiten zwischen Termin- und Kassamarkt auszunutzen. Beispielsweise können Unterbewertungen bei Futures, d.h. der Futurepreis ist im Vergleich zum Fair Value zu niedrig, durch den Leerverkauf des Underlyings und den gleichzeitigen Kauf des Futures ausgenutzt werden. Dabei handelt es sich um eine Reverse Cash and Carry Arbitrage. Auch bei Optionen und Optionsscheinen können ungerechtfertigte Preisunterschiede durch Arbitragetransaktionen ausgenutzt werden. Falls beispielsweise Puts im Vergleich zu Calls zu hoch bewertet sind, kann der Arbitrageur Puts verkaufen und sich gleichzeitig gegen das darin liegende Kursri-

---

1 Vgl. *Bohn* (1998), S. 779ff.

siko mit dem Kauf von synthetischen Puts absichern. Letzteres lässt sich durch den Kauf von Calls bei gleichzeitigem Leerverkauf des Basiswertes realisieren.

Darüber hinaus können durch Wertpapierleih-Geschäfte Abwicklungsschwierigkeiten bei der Erfüllung der Lieferverpflichtungen vermieden werden. Beispielsweise ist es den am Wertpapierhandel beteiligten Häusern ohne die Wertpapierleihe oftmals nicht möglich, ihre Lieferverpflichtungen aus Kassaverkäufen fristgerecht zu erfüllen. So müssen Transaktionen, die an einer deutschen Börse getätigt werden, am 2. Börsentag nach Abschluss beliefert und im Gegenzug bezahlt werden. Ist es aber dem Verkäufer nicht möglich, die verkauften Titel dem Käufer anzudienen – z.B. weil wiederum ein weiterer Kontrahent nicht rechtzeitig liefert –, kommt es wegen der ausbleibenden Lieferung auch nicht zu einer Bezahlung. Dem Verkäufer entstehen dadurch Opportunitätskosten in Form des Zinses auf den ansonsten bei Lieferung erhaltenen Cash Flow. Als Beispiele hierfür können sogenannte Cross-Border-Geschäfte mit unterschiedlicher Valutierung angeführt werden. In den Fällen, in denen Wertpapiere z.B. mit einer Valuta von 7 Tagen erworben und beim Durchhandeln (Back-to-Back-Trading) sofort an einer deutschen Wertpapierbörse (2 Tage) weiterverkauft werden, kommt die Wertpapierleihe zum Zuge; denn der Händler kann sich die entsprechenden Titel bis zur Lieferung des Anschaffungsgegenstandes leihen, hiermit seinen Verkauf beliefern und den so erhaltenen Gegenwert in zinsbringende Anlagen investieren.

d. Die Berücksichtigung von Sicherheiten

Der Entleiher muss in Höhe des Marktwertes der entliehenen Wertpapiere (inkl. der angefallenen Stückzinsen) ein Collateral hinterlegen, d.h. Sicherheiten bestellen. Hierfür kommen grundsätzlich Kontoguthaben, Bankgarantien und Wertpapiere in Betracht. Zur Absicherung gegen das Kreditrisiko des Entleihers kann die Besicherung zum Barwert erfolgen (mark-to-market). Etwaige Kursschwankungen können durch eine zusätzliche Sicherheitsmargin in Abhängigkeit von der Art der verliehenen Wertpapiere bzw. der bestellten Sicherheiten abgesichert werden. Dabei stellen Barsicherheiten (Cash Collateral) die beste Sicherheit dar.

In den Fällen, in denen es sich bei den Sicherheiten um Geld handelt, das der Entleiher bei Weitergabe der Wertpapiere an einen Käufer von diesem erhält, kommt diese Form der Wertpapierleihe einem Wertpapierpensionsgeschäft recht nahe. In Abbildung F.76 werden die mit Wertpapierleihe-Geschäften verbundenen Transaktionen wiedergegeben.[1]

Problematisch könnte sowohl für den Entleiher von Wertpapieren als auch für den Pensionsnehmer bei Repo-Transaktionen der Fall werden, in dem nicht genügend Liquidität im Markt für die bestimmte Anleihe vorhanden ist. So würden sich beispielsweise potentielle Verkäufer zunächst zurückhalten, wenn bekannt ist, dass sich Investoren mit der entsprechenden Anleihe eindecken müssen, um ihren Rückübertragungspflichten nachzukommen. Das damit verbundene Risiko des Entleihers bzw. Pensionsnehmers, einen zu hohen Einstandskurs zahlen zu müssen, kann vor allem bei wenig liquiden Anleihen auftreten. Schon aus diesem Grund werden Repos grundsätzlich nur mit Anleihen durchgeführt, die ein sehr hohes Emissionsvolumen aufweisen.

---

1 Vgl. *Beck* (1993), S. 95.

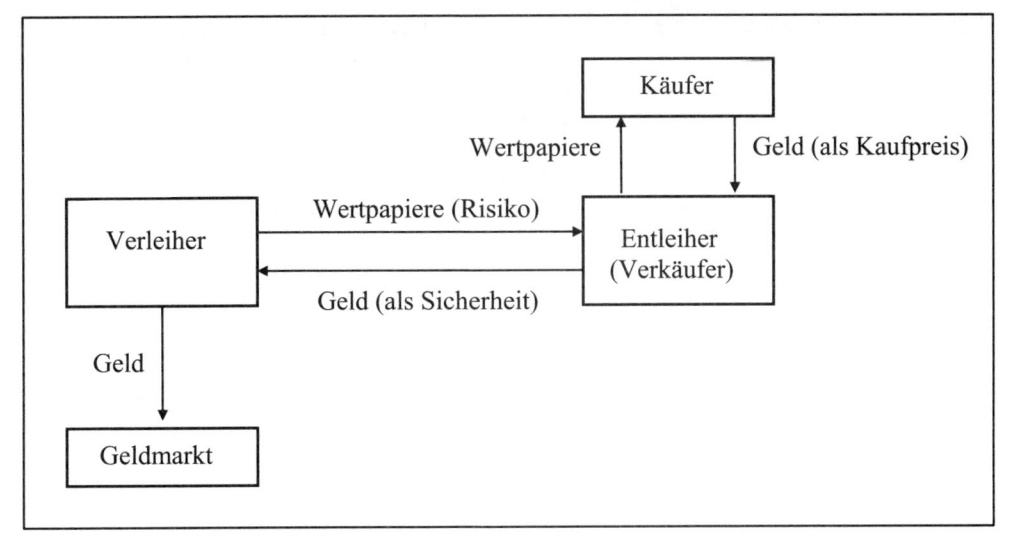

Abb. F.76: Wertpapierleihe mit Weitergabe der Wertpapiere

VII. Portfoliomanagement mit Zertifikaten

1. Grundlagen von Zertifikaten

Seit einigen Jahren finden Zertifikate als innovative Finanzanlageprodukte zunehmende Beachtung in der Praxis des Anlagemanagements. Dabei werden unter dem Begriff „Zertifikat" zahlreiche Produkte angeboten, wobei je nach Emittent die Namen der Zertifikate auch bei vergleichbarer Ausstattung unterschiedlich sein können. Umgekehrt können auch unterschiedlich ausgestattete Zertifikate gleiche oder ähnliche Namen führen. Die am Markt angebotenen Produkte reichen von eher risikoarmen Strukturen bis zu spekulativeren Ausgestaltungen, bei denen das Zertifikat durch einen Hebel überproportional an Marktbewegungen partizipieren kann.

Wirtschaftlich gesehen gibt der Zertifikateanleger dem Emittenten einen Kredit. Aus rechtlicher Sicht handelt es sich bei Zertifikaten um Inhaberschuldverschreibungen, die kein Eigentums- und Aktionärsrecht, sondern das Recht auf Rückzahlung eines Geldbetrages oder auf Lieferung des Basiswertes verbriefen. Dabei hängen sowohl die Art als auch die Höhe der Rückzahlung von einem oder mehreren bestimmten Parametern ab, wie z.B. dem Wert des Basiswertes an einem Stichtag. Somit ist der Erwerber der Gläubiger des Zertifikatemittenten.[1]

In der Regel sind Zertifikate mit einer mehrjährigen Laufzeit ausgestattet. Neben Zertifikaten mit einem festen Zeitpunkt der Endfälligkeit gibt es auch Zertifikate, die keine Laufzeitbegrenzung aufweisen und entsprechend „Open-end-Zertifikate" genannt werden. Sofern den Emittenten ein Kündigungsrecht zusteht, kann dies zu einer vorzeitigen Rückzahlung des Zertifikates führen. Die Notierung der Zertifikate kann in Stück oder in Prozent erfolgen, wobei ein Stück zumeist € 100 entspricht. Zu den wesentlichen Faktoren, die den

---

1 Vgl. *van Leeuwen* (2008), S. B5 und *Bank-Verlag* (2007), S. 42.

Ausgabepreis bestimmen, zählen der Wert des Basiswertes, der Wert möglicher derivativer Zertifikat-Komponenten, die von Emittenten erhobene Marge zur Abdeckung der Strukturierungs- und Vertriebskosten sowie evtl. Verwaltungsgebühren und sonstige Entgelte. Zusätzlich kann noch ein Ausgabeaufschlag auf den Emissionspreis hinzukommen. Während der Laufzeit hängt der Preis des Zertifikates u.a. von der Entwicklung des jeweiligen Basiswertes und von der zugrunde liegenden Struktur ab. Der Handel von Zertifikaten kann börslich und/oder außerbörslich erfolgen. In der Regel werden während der gesamten Laufzeit täglich fortlaufend An- und Verkaufskurse durch den Emittenten oder einen Market Maker gestellt, wobei allerdings keine Verpflichtung zur Kursstellung besteht. Die Rückzahlung wird entsprechend den dem Zertifikat zugrunde liegenden Bedingungen durchgeführt, wobei es in der Regel zu einer Geldzahlung kommt. Allerdings kann auch eine Lieferung des Basiswertes vereinbart sein.[1]

Zu den Ausstattungsmerkmalen von Zertifikaten zählen der Emissionszeitpunkt, die Laufzeit, das Basisobjekt, die Währung, das Bezugsverhältnis, der Verbindlichkeitsrang (d.h. erstrangige oder nachrangige Zertifikate) sowie bestimmte Spezialrechte des Emittenten. Zu Letzteren zählen insbesondere ein mögliches Kündigungsrecht des Emittenten oder auch Sonderrechte, die dem Emittenten eine Begrenzung der Rückzahlungshöhe des Zertifikats erlauben.[2]

Anhand des Basiswertes lassen sich z.B. Zertifikate auf Aktien, auf Renten oder Zinsen, auf Rohstoffe, Währungen oder auch Fonds identifizieren. Grundsätzlich sind alle Anlageinstrumente, für die regelmäßig Preise festgestellt werden, als Basiswerte denkbar. Dabei stellen Zertifikate auf Aktien die am häufigsten anzutreffende Zertifikatevariante dar. Hinsichtlich der Basiswertzusammensetzung lassen sich Indexzertifikate, Basketzertifikate und Einzelwertzertifikate unterscheiden. Während sich Indexzertifikate auf einen bestimmten Index (z.B. Renten- oder Aktienindex) beziehen, stellen bei Basketzertifikaten mehrere – in einem Korb zusammengefasste – Einzelwerte oder auch Indizes den Basiswert dar. Dabei kann der Korb bis zum Laufzeitende konstant bleiben oder auch entsprechend festgelegter Kriterien angepasst werden. Schließlich können Zertifikate auch anhand ihrer Struktur klassifiziert werden. So können u.a. lineare Zertifikate („Plain Vanilla-Zertifikate"), Discountzertifikate, Bonuszertifikate, Expresszertifikate und Garantiezertifikate unterschieden werden. Diese Varianten werden in den nachfolgenden Abschnitten näher vorgestellt.[3]

Hinzuweisen ist darauf, dass von Seiten der Anleger eine mangelnde Transparenz des Zertifikatemarktes beklagt wird. So wird auf eine fehlende Regulierung des Marktes und auf die Schwierigkeit eines Produktvergleichs durch die Anleger hingewiesen aufgrund der großen Zahl an unterschiedlichen Strukturen und Basiswerten, so dass die Anleger vom Wohlwollen der Emittenten abhängen würden. Gefordert wird eine klare Offenlegung der Kosten eines Zertifikats für den Kunden und die Einführung von Risikokennzahlen. Als problematisch wird zudem die Machtballung bei den Emittenten angesehen, die sowohl die Produkteigenschaften bestimmten, als auch für die Festlegung der Preise, die Handelbarkeit der Produkte und – je nach Produkt – auch für die Bestimmung des dem Zertifikat zugrunde liegenden Basiswertes zuständig seien. Ferner wird bemängelt, dass es in Zeiten besonders großer Kursausschläge zu Situationen gekommen ist, in denen die Emittenten keine Preise stellen konnten. Entsprechend wird die Zusicherung einer permanenten Handelbarkeit der

---

1 Vgl. *Bank-Verlag* (2007), S. 42ff.
2 Vgl. *Winkler* (2006), S. 13ff.
3 Vgl. *Bank-Verlag* (2007), S. 45ff. Zu weiteren Varianten von Zertifikaten vgl. *Winkler* (2006).

Zertifikate durch die Emittenten gefordert. Eine negative Wirkung auf Zertifikate hatte die Insolvenz der US-amerikanischen Investmentbank Lehman Brothers im September 2008. Dadurch kam es zum Ausfall von Zertifikaten, die als Inhaberschuldverschreibungen das Risiko des Ausfalls des Emittenten beinhalten.[1]

2. Plain Vanilla-Zertifikate

Bei Plain Vanilla-Zertifikaten, die auch als lineare oder „herkömmliche" Zertifikate bezeichnet werden können, hängt die Höhe des vereinbarten Geld- oder Abrechnungsbetrages vom Wert des zugrunde liegenden Basiswertes am Fälligkeitstag bzw. am Kündigungstag ab. Während der Laufzeit, die üblicherweise mehrjährig oder unendlich ist, werden keine periodischen Zinszahlungen oder sonstigen Ausschüttungen geleistet. Je nach den festgelegten Bedingungen des Zertifikats können diese Zahlungen aber in die Wertermittlung mit einfließen. Somit kann ein Investor an der Entwicklung des zugrunde liegenden Basiswertes teilhaben, ohne den Basiswert selbst besitzen zu müssen. Im Allgemeinen verhalten sich die Preisentwicklungen eines Plain Vanilla-Zertifikats und seines Basiswertes parallel – sowohl bei steigenden als auch bei fallenden Kursen, wobei es aber zu Abweichungen kommen kann aufgrund unterschiedlicher Einflussfaktoren, die den Wert beeinflussen können. Hingegen würde sich bei Zertifikaten, die von dieser Norm abweichen (z.B. „exotische" Zertifikate), der Kurs des Zertifikats nicht gleichläufig zum Preis des zugrunde liegenden Basiswertes entwickeln.[2]

Beispielsweise spiegelt ein Plain Vanilla-Index-Zertifikat, das sich auf einen Index mit einem Bezugsverhältnis von 1:1 bezieht, genau den Wert des Index wieder. Bei einem Indexstand von z.B. 8.000 Punkten beläuft sich der Zertifikatskurs beispielsweise auf € 8.000. Häufig liegen aber auch andere Bezugsverhältnisse vor, wie z.B. 1:10 oder 1:100. Bei einem Bezugsverhältnis von 1:100 (d.h. das Zertifikat bildet ein Hundertstel des Basiswertes ab) beträgt der Kurs des Zertifikats bei einem Indexstand von 8.000 Punkten € 80. Allerdings ist zu beachten, dass einige Zertifikate auch mit einem Cap ausgestattet sind, so dass der Kursanstieg des Zertifikates auf eine bestimmte Summe begrenzt ist. Zu beachten ist, dass Zertifikate auf Indizes, die nicht in Lokalwährung notieren, ein zusätzliches Währungsrisiko beinhalten. Dieses lässt sich jedoch mit sog. Quanto-Zertifikaten ausschließen.[3]

Zu den linearen Zertifikaten können auch Plain Vanilla-Sektor-Index-Zertifikate zählen, die einzelne Teilsektoren eines Indexes abbilden, wie z.B. eine Branche. Für den Investor bedeutet dies die Partizipation an der Entwicklung des Teilsektors ohne das Eingehen eines spezifischen Einzelaktienrisikos.

Schließlich können auch Basket-Zertifikate zu den Plain Vanilla-Zertifikaten gezählt werden, die einen Korb von Aktien abbilden und somit eine Diversifizierung der Portfoliostruktur darstellen können.[4]

---

1 Vgl. *o.V.* (2008a), S. 25; *o.V.* (2008b), S. 21 und *Schwarzer* (2012). Zur Frage, wie ein Zertifikaterating die Markttransparenz erhöhen kann, vgl. *Johanning* (2008), S. B1. Zur Servicequalität von Zertifikateemittenten vgl. *Hamer* (2008), S. B2.
2 Vgl. *Bank-Verlag* (2007), S. 47.
3 Zu Quanto-Zertifikaten vgl. *Winkler* (2006), S. 22ff. und *Becher* (2008), S. B7.
4 Vgl. *Winkler* (2006), S. 22ff.

3. Discount-Zertifikate

Bei Discount-Zertifikaten, die mit einer festen Laufzeit ausgestattet sind, hängt die Art der Rückzahlung bei Fälligkeit vom Preis des Basiswertes an einem bestimmten Stichtag ab, wobei entweder die Zahlung eines festen Geldbetrags oder die Lieferung des Basiswertes in Frage kommen. Dabei ist typisch für diese Zertifikateform, dass der Kaufpreis niedriger ist als der aktuelle Preis des zugrunde liegenden Basiswertes. Der Rückzahlungsbetrag kann dabei einen im Voraus festgelegten maximalen Betrag („Cap") nicht überschreiten. Somit liegt ein begrenztes Gewinnpotential vor. Darüber hinaus kann auch ein Mindestbetrag vereinbart sein, der nicht unterschritten werden kann. Periodische Zinszahlungen oder andere Ausschüttungen sind nicht vorgesehen. Insofern erkauft sich der Anleger den Abschlag oder Discount einerseits durch den Verzicht auf Ausschüttungen und andererseits durch den Verzicht auf Kurssteigerungen, die über den Cap hinausgehen. Der Abschlag oder Discount gegenüber dem Preis des Basiswertes verändert sich im Zeitablauf und geht zum Laufzeitende gegen Null, wenn der Cap oberhalb des Preises des Basiswertes liegt. Falls am festgelegten Stichtag der Basiswert oberhalb des Cap notiert oder dem Cap entspricht, wird der vereinbarte Auszahlungsbetrag an den Investor ausgezahlt. Bei Unterschreiten des Caps am Stichtag erfolgt ein Barausgleich oder die Lieferung des Basiswertes, wobei der Wert der Lieferung dem aktuellen Marktwert des Basiswertes entspricht.[1]

Beispielsweise erwirbt ein Anleger ein Diskontzertifikat, das sich auf die A-Aktie bezieht und mit einem Cap von € 110 ausgestattet ist, zu einem Emissionspreis von € 74. Die A-Aktie notiert bei € 80. Die Bedingungen des Diskontzertifikates sehen vor, dass bei Überschreiten des Caps am Laufzeitende € 110 in bar gezahlt werden. Andernfalls wird die A-Aktie geliefert. Als maximaler Gewinn ergibt sich somit ein Wert von € 36, d.h. die maximale Rendite beläuft sich auf 48,65%:

$$r_{max} = \frac{110 - 74}{74} = 48,65\%$$

Falls die A-Aktie am Ende der Laufzeit bei € 78 notiert, so würde der Direktanleger in Aktien einen Verlust von € 2 (Rendite = –2,50%) aufweisen, während der Investor in das Discount-Zertifikat einen Gewinn von € 4 (Rendite = + 5,4054%) erzielt hätte. Für Aktienkurse von € 50 bis € 140 ergeben sich die in Abbildung F.77 dargestellten Renditen.

Ein Discount-Zertifikat kann als Kombination einer Aktienanlage mit einem geschriebenen Call charakterisiert werden. Im Beispiel wäre der Basispreis des Calls € 110. Durch den Verkaufserlös aus dem Call erhält der Käufer der Aktien eine Prämie, die ihm die Aktienanlage verbilligt. Liegt am Ende der Laufzeit jedoch der Aktienkurs oberhalb des Basispreises, so wird der Call-Käufer sein Recht ausüben und die Aktie zum Basispreis erwerben, d.h. der Call-Verkäufer muss die Aktie zu diesem Preis verkaufen, obwohl die Aktie an der Börse höher notiert.

Dem Problem der begrenzten Laufzeit von Discount-Zertifikaten kann durch die Anlage in sog. Rolling-Discount-Zertifikaten begegnet werden, die eine unbegrenzte Laufzeit aufweisen. Dabei erfolgt meist eine monatliche Investition in aktuelle Discount-Zertifikate mit einer Restlaufzeit von einem Monat.[2]

---

1 Vgl. *Bank-Verlag* (2007), S. 47f. und *Ciftci* (2008), S. B5.
2 Vgl. *Winkler* (2006), S. 36ff. Zu Rolling-Discount-Zertifikaten vgl. *Schmidt* (2006), S. 85ff.

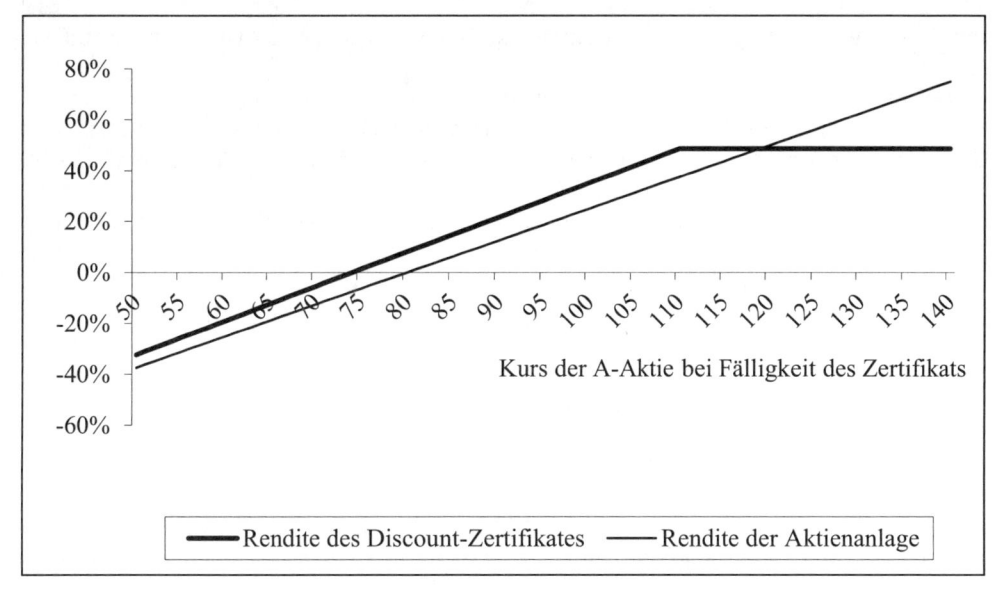

Abb. F.77: Beispiel zum Discount-Zertifikat

4. Bonuszertifikate

Bei Bonuszertifikaten handelt es sich um Zertifikate, bei denen der Anleger am Laufzeitende unter bestimmten Voraussetzungen zusätzlich zum Nominalwert einen Bonus oder ggf. die bessere Wertentwicklung des Basiswerts erhält. Dabei gilt allerdings die Voraussetzung, dass eine festgelegte Barriere während der Laufzeit nicht erreicht oder unterschritten wird. Bei Emission eines Bonuszertifikates werden die Parameter Startniveau, Barriere und Bonusniveau festgelegt. Bei dem Startniveau handelt es sich um den Wert des Basiswertes zum Zeitpunkt der Zertifikat-Emission. Dieser beträgt i.d.R. € 100, wobei aber zu berücksichtigen ist, dass bei Zertifikaten, die sich auf einzelne Aktien beziehen, oftmals auch der Aktienkurs bei Emission des Zertifikates als Startniveau zugrunde gelegt wird. Die Barriere kann als eine Art Sicherheitspolster bezeichnet werden und liegt unterhalb des Startniveaus. Wird sie während der Laufzeit des Zertifikates erreicht oder unterschritten, so entfällt der Bonus. In diesem Fall wird das Bonus-Zertifikat zu einem linearen Zertifikat. Mit dem Bonusniveau wird der Wert der Mindestrückzahlung bezeichnet für den Fall, dass die Barriere nicht erreicht oder unterschritten wird. In diesem Fall erhält der Anleger den Bonus als Zuschlag am Laufzeitende zusätzlich zu dem anfänglich eingesetzten Kapital für den Nominalwert des Zertifikates.

Für das Ende der festen Laufzeit eines Bonuszertifikates wird i.d.R. die Zahlung eines Geldbetrages oder die Lieferung des Basiswertes festgelegt. Falls der Basiswert die Barriere während der Laufzeit nicht erreicht oder unterschritten hat und liegt er zwischen Barriere und Bonusniveau, wird das Bonusniveau ausgezahlt. Liegt der Basiswert in diesem Fall oberhalb des Bonusniveaus, so wird die Wertentwicklung des Basiswertes ausgezahlt. Wird aber die Barriere während der Laufzeit erreicht oder unterschritten, erfolgt die Rückzahlung in Höhe des Basiswertes. Die Gegenleistung für das erhaltene Sicherheitspolster besteht in dem Verzicht des Anlegers auf Ausschüttungszahlungen aus dem Basiswert, wie z.B. Dividenden.[1]

Beispielsweise erwirbt ein Anleger ein Bonuszertifikat, das sich auf den B-Index bezieht und mit einer Barriere von 6.100 und einem Bonusniveau von 8.200 ausgestattet ist. Der Indexstand am Emissionstag beläuft sich auf 7.000 Punkte. Das Bezugsverhältnis beträgt 1:100, so dass das Bonuszertifikat an diesem Tag einen Preis von 70 GE aufweist. Beträgt der Indexstand bei Fälligkeit des Zertifikates z.B. 6.200 Punkte und wurde während der Laufzeit die Barriere nicht berührt oder unterschritten, so erhält der Anleger einen Wert von 82 GE ausgezahlt. Dies ergibt einen Gewinn von 12 GE, was einer Rendite von 17,14% entspricht. Hingegen ist der Index um 800 Punkte gesunken, was einer Rendite von −11,43% entspricht. Falls es allerdings zu einer Berührung oder Unterschreitung der Barriere während der Laufzeit gekommen wäre, wäre es nicht zur Bonuszahlung gekommen, so dass der Anleger lediglich 62 GE erhalten hätte.[2]

Für Indexstände von 5.500 bis 9.400 ergeben sich die in Abbildung F.78 dargestellten Renditen, wobei vereinfachend unterstellt wird, dass eine Berührung oder Unterschreitung der Barriere nur dann vorliegt, wenn am Fälligkeitstag des Zertifikates der Indexstand unterhalb der Barriere, d.h. unterhalb von 6.100 liegt. Ist die Barriere während der Laufzeit bereits berührt oder unterschritten worden, entspricht die Rendite des Bonuszertifikates der Rendite des Basiswertes, wobei in diesem Beispiel allerdings vereinfachend Dividendenzahlungen vernachlässigt werden, die die Rendite des Basiswertes erhöhen würden. Denn bei dem Bonuszertifikat ist zu beachten, dass der Bonus durch den Verzicht des Anlegers auf Dividenden, die während der gesamten Laufzeit des Zertifikates gezahlt werden, finanziert wird. Daher sollte die Renditekurve des Basiswertes aufgrund der Dividendenzahlungen leicht oberhalb der in der Abbildung F.78 gezeigten Kurve liegen.

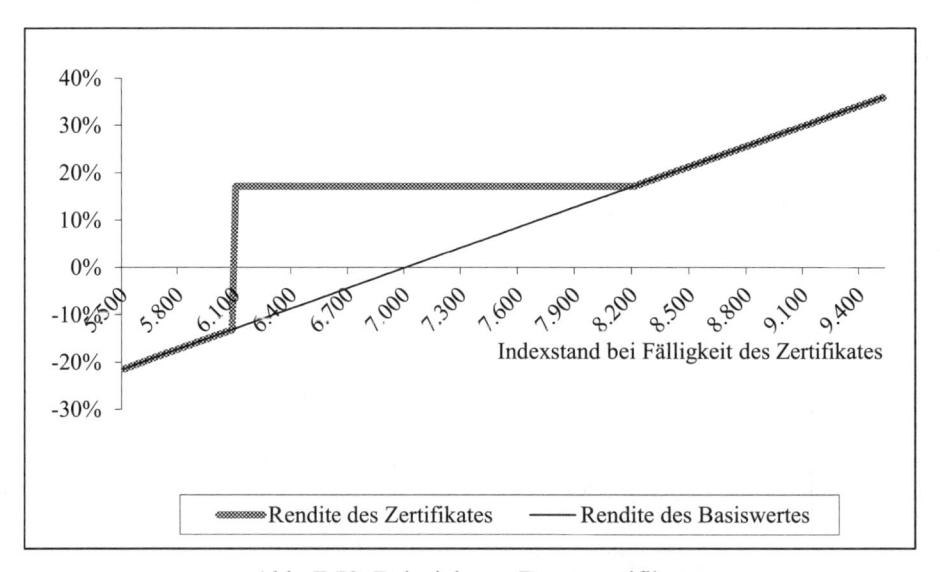

Abb. F.78: Beispiel zum Bonuszertifikat

---

1 Vgl. *Bank-Verlag* (2007), S. 48f.; *Ciftci* (2008), S. B5; *Brem* (2008), S. B6.
2 Vgl. dazu auch das Beispiel bei *Winkler* (2006), S. 43f.

5. Expresszertifikate

Unter Expresszertifikaten werden Zertifikate verstanden, die mit einer oder mehreren vorzeitigen Rückzahlungsmöglichkeiten ausgestattet sind. Somit können diese Zertifikate zu einer schnellen Kapitalrückzahlung führen, wobei der Investor in diesen Fällen zusätzlich einen festen Geldbetrag erhält. In den Fällen, in denen es nicht zu einer vorzeitigen Tilgung kommt und am Laufzeitende eine festgelegte Barriere nicht erreicht oder unterschritten wurde, erhält der Investor lediglich das nominelle Startkapital vollständig zurück. Insofern besteht ein Kapitalschutz auf das nominell eingesetzte Kapital. Wenn allerdings der Basiswert am letzten Stichtag unterhalb der Barriere notiert, partizipiert der Investor an den Kursverlusten des Basiswertes in gleichem Umfang. Festgelegt werden vom Emittenten:

- das Startniveau, d.h. der Wert des Basiswertes zum Emissionszeitpunkt,
- die Stichtage, zu denen eine vorzeitige Rückzahlungsmöglichkeit besteht (z.B. ein Stichtag pro Jahr),
- die Tilgungsschwelle, d.h. der Wert, der vom Basiswert am betrachteten Stichtag erreicht oder überschritten sein muss, damit es zur vorzeitigen Tilgung kommt, und
- die Barriere, d.h. eine Art Sicherheitspolster, die regelmäßig unterhalb des Startniveaus liegt. Wird sie am Laufzeitende vom Basiswert nicht unterschritten, erhält der Anleger eine Auszahlung in Höhe des nominal eingesetzten Kapitals.

Bei dem Basiswert handelt es sich i.d.R. um einen Aktienindex oder eine Aktie. Die Tilgungsschwelle kann in Höhe des Startniveaus oder auch als ein bestimmter Prozentsatz des Startniveaus festgelegt werden. Falls der Kurs des Basiswertes am ersten Stichtag unterhalb der Tilgungsschwelle liegt, verlängert sich die Laufzeit des Zertifikats bis zum nächsten Beobachtungsstichtag usw. Andernfalls, d.h. bei Erreichen oder Überschreiten der Tilgungsschwelle an einem der Stichtage (inkl. dem letzten Stichtag) wird ein von vornherein festgelegter Rückzahlungsbetrag an den Anleger gezahlt. In diesem Fall endet die Laufzeit des Zertifikats vorzeitig. Der Rückzahlungsbetrag ist dabei höher als das nominelle Startkapital zu Beginn der Laufzeit des Zertifikats.[1]

Beispielsweise könnte ein Expresszertifikat, das sich zum Emissionszeitpunkt auf ein Index-Startniveau von 5.000 Punkten (Bezugsverhältnis von 1:100) beziehen und € 51 kostet, vorsehen, dass am ersten Stichtag (d.h. z.B. nach einem Jahr) eine Rückzahlung in Höhe von € 55 erfolgt in dem Fall, dass der zugrunde liegende Index auf oder oberhalb der Tilgungsschwelle notiert. Andernfalls läuft das Zertifikat weiter. Die Rückzahlungsbeträge für den Fall des jeweiligen Weiterlaufens des Zertifikates betragen zu den folgenden Stichtagen z.B € 60, € 65, € 70 und € 75 (am fünften und letzten Stichtag). Falls der Index am letzten Stichtag zwischen der Barriere und der Tilgungsschwelle notiert, erfolgt eine Rückzahlung in Höhe von € 50. Schließt der Index auf oder oberhalb der Tilgungsschwelle, werden € 75 gezahlt, schließt er unterhalb der Barriere, erfolgt die Rückzahlung entsprechend dem Indexstand.[2]

---

1 Vgl. *Bank-Verlag* (2007), S. 50.
2 Vgl. auch die Beispiele bei *Schmidt* (2006), S. 101 und *Bank-Verlag* (2007), S. 51. Zu einer neueren Variante (sog. Best-in-Expresszertifikate), bei der sich der Investor den günstigsten Startkurs des Basiswertes innerhalb eines vorab festgelegten Zeitraums sichern kann, vgl. *Luther* (2008), S. B10 und *Gauer* (2008), S. B12.

6. Garantiezertifikate

Bei Garantiezertifikaten erhält der Investor am Laufzeitende mindestens den nominellen Ausgangswert oder einen bestimmten Prozentsatz davon und zwar unabhängig von der Wertentwicklung des zugrunde liegenden Basiswertes. Diese Mindestrückzahlung wird vom Emittenten garantiert, so dass der Wert dieser Garantie von der Bonität des Emittenten abhängt. Garantiezertifikate sind mit einer festen Laufzeit ausgestattet. Der mögliche Gewinn kann jedoch durch einen maximalen Rückzahlungsbetrag als Cap begrenzt sein und/oder durch eine niedrigere Partizipationsrate in geringerer Höhe als beim Basiswert ausfallen. Darüber hinaus verzichtet der Investor auf Dividenden und vergleichbare Ausschüttungen aus dem Basiswert. Da sich die Garantie nur auf das Laufzeitende bezieht, kann der Kurs des Garantiezertifikats während der Laufzeit auch unterhalb des Wertes der Mindestrückzahlung fallen.[1]

Somit setzt sich ein Garantiezertifikat aus der Garantiekomponente und der Performancekomponente zusammen. Erfolgt z.B. die Emission eines Garantiezertifikates zum Preis von € 70 und ist festgelegt, dass der Anleger am Laufzeitende mindestens den Betrag von € 70 zurückerhält, so ist der Investor vor Vermögensverlusten geschützt. Zur Konstruktion eines solchen Zertifikats kann der Emittent einen Großteil der € 70 in einen Zerobond mit einer entsprechenden Laufzeit investieren und den Restbetrag in die Performancekomponente z.B. in Form von Optionen anlegen. Hierdurch könnte beispielsweise festgelegt werden, dass der Anleger mit einer Partizipationsrate von 50% an einer positiven Wertentwicklung des Basiswertes teilhaben kann.

Die Verhältnisse von Garantie- und Performancekomponenten können auch dem Risikoprofil des Investors angepasst sein. So können auch geringere Werte für die Garantie festgelegt werden (z.B. 90% anstelle von 100%). Da in diesem Fall ein höherer Betrag in die Performancekomponente angelegt werden kann, ist eine höhere Partizipationsquote möglich.[2]

Beispielsweise erwirbt ein Anleger ein Garantiezertifikat, das sich auf den Beispielindex C-Index als Performanceindex bezieht und eine Absicherungsquote von 100% sowie eine Partizipationsquote von 50% aufweist. Der Indexstand am Emissionstag beläuft sich auf 6.000 Punkte. Das Bezugsverhältnis beträgt 1:100, so dass das Garantiezertifikat an diesem Tag einen Preis von 60 GE aufweist. Beträgt der Indexstand bei Fälligkeit des Zertifikates z.B. 5.200 Punkte, so erhält der Anleger einen Wert von 60 GE ausgezahlt, was einer Rendite von 0% entspricht. Hingegen würde der Investor bei einem Indexstand bei Fälligkeit in Höhe von 7.000 Punkten insgesamt 65 GE zurückerhalten, was einer Rendite von 8,33% entspricht. Hingegen hätte ein „normales" Indexzertifikat (ohne Garantie) in diesem Fall einen Gewinn von 10 GE (Rendite = 16,67%) erwirtschaftet.

In diesem Beispiel wird von zusätzlichen Kosten, wie z.B. Ausgabeaufschlägen, abgesehen, die die Rendite des Anlegers noch schmälern einen relativ geringen Vermögensverlust trotz der Absicherungsquote von 100% zur Folge haben können.[3]

Für Indexstände von 4.500 bis 8.500 ergeben sich die in Abbildung F.79 dargestellten Renditen.

---

1 Vgl. *Bank-Verlag* (2007), S. 52.
2 Vgl. *Winkler* (2006), S. 49ff.
3 Vgl. *Schmidt* (2006), S. 108f.

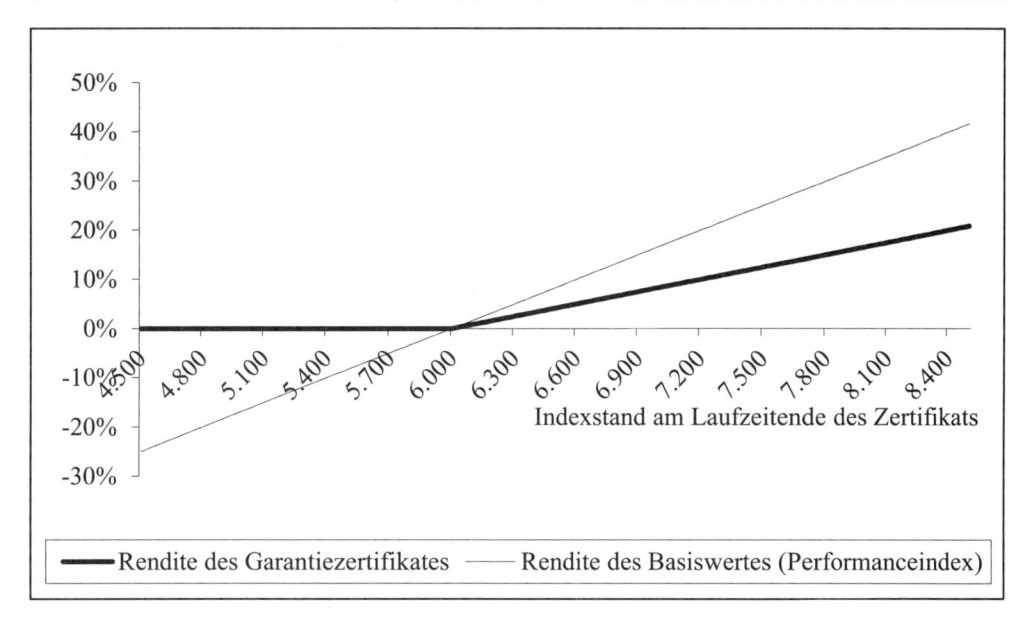

Abb. F.79: Beispiel zum Garantiezertifikat

VIII. Portfoliomanagement mit Credit Default Swaps

1. Grundlagen von Kreditderivaten

Mit Hilfe von Kreditderivaten können Kreditrisiken unabhängig von den eigentlichen Krediten gehandelt werden. So übertragen Kreditderivate das Kreditrisiko gegenüber einer dritten Partei (Kreditnehmer) von dem Begünstigten als Sicherungsnehmer (Kreditgeber) auf den Garanten als Sicherungsgeber. Dieser verspricht dem Sicherungsnehmer eine Ausgleichsleistung für den Fall, dass ein Kreditereignis (Credit Event) in Bezug auf das Referenzinstrument eintritt. Im Gegenzug erhält der Garant dafür eine Prämie vom Begünstigten. Insofern wird in das ursprüngliche Schuldverhältnis nicht eingegriffen. Mithin können Kreditderivate ein Kreditrisiko von anderen Risiken und von dem Instrument, mit dem es verbunden ist, isolieren und zu einer anderen Partei transferieren. Somit kann das Kreditrisiko handelbar gemacht werden.[1]

Gehandelt werden Kreditderivate außerbörslich auf den OTC-Märkten. Insofern kann die Vertragsgestaltung auf die individuellen Bedürfnisse der Vertragspartner zugeschnitten werden. Vor allem für Credit Default Swaps gibt es seit 1998 eine Standarddokumentation der International Swaps and Derivatives Association (ISDA). Diese Dokumentation wird kontinuierlich weiterentwickelt. Sie soll zu einer Standardisierung der wesentlichen Vertragsbestandteile und zu einer erhöhten Transparenz beitragen.[2]

Kreditderivate können hinsichtlich der Vertragselemente nach den Kriterien Risiko- und Referenzaktivum, Kreditereignis, Ausgleichsleistung, Prämie, Nominalvolumen und Lauf-

---

1 Vgl. *Wolke* (2007), S. 166f. und *Wegmann* (2008), S. 2.
2 Vgl. *Cremers/Walzner* (2007), S. 7.

zeit unterschieden werden. Das Referenzaktivum als Basisposition des Kreditderivates kann z.B. eine Kreditforderung, eine Referenzanleihe, eine Gruppe von Krediten (Basket) oder auch die Bonitätseinstufung oder Liquidität des Schuldners, der Aktienkurs oder ein Index sein. Vom Begriff des Referenzaktivums ist der des sog. Risikoaktivums zu unterscheiden. Letzteres stellt das risikobehaftete und abzusichernde Underlying dar. Hingegen dient das Referenzaktivum als Maßstab für den Eintritt eines definierten Kreditereignisses. Grundsätzlich sollte eine möglichst hohe Korrelation zwischen Referenzaktivum und Ausfallverhalten des Risikoaktivums vorliegen. In diesem Fall kann das Kreditrisiko aus dem Grundgeschäft für den Sicherungsnehmer (Risk Seller) relativ gut abgesichert werden. In der Praxis weichen allerdings Riskoaktivum und Referenzaktivum häufig voneinander ab.[1]

Hinsichtlich des Kriteriums Kreditereignis wird festgelegt, in welchem Fall ein Ausfall des Schuldners vorliegt bzw. wann der Verkäufer eine Ausgleichszahlung an den Käufer des Kreditderivates zu leisten hat. Das Kreditereignis (Credit Event) sollte sehr genau formuliert sein. Es hängt von der Bonität des Risikoaktivums ab. Mögliche Kreditereignisse sind z.B. die Unterschreitung eines festgelegten Marktpreises der Referenzanleihe, ein bestimmter zeitlicher Verzug der Zins- und Tilgungsleistungen durch den Kreditnehmer oder auch der Insolvenzantrag des Schuldners. Auch Ratingabstufungen bei ratingabhängigen Kreditderivaten oder die Verschlechterung des Credit Spreads bei spreadabhängigen Kreditderivaten können als Kreditereignisse herangezogen werden. In welcher Form der Garant (Sicherungsgeber bzw. Risk Buyer) bei Eintritt des Credit Events eine Zahlung an den Begünstigten leisten muss, wird mit der Ausgleichsleistung festgelegt, die entweder physisch oder entgeltlich erfolgen kann. Im Falle einer physischen Ausgleichsleistung muss der Sicherungsgeber das Underlying vom Sicherungsnehmer zu einem ursprünglich festgelegten Preis (z.B. Nominalbetrag) abkaufen, wobei die abgesicherte Risikoposition einen transferierbaren Vermögenswert darstellen muss. Bei einer entgeltlichen Ausgleichszahlung kann entweder die Differenz zwischen dem Nominalbetrag des zugrundeliegenden Instruments und dessen Wert nach Eintritt des Kreditereignisses oder ein fester Prozentsatz des Nominalbetrags bzw. ein fester Geldbetrag an den Sicherungsnehmer gezahlt werden. Der Sicherungsgeber erhält zur Übernahme des Risikos die Prämie, die z.B. in Basispunkten bezogen auf den Nominalwert des Kreditderivates gezahlt werden kann. Sie kann auch in einem Betrag zu Beginn der Vertragslaufzeit gezahlt werden. Das Nominalvolumen und die Laufzeit des Kreditderivates können sich an Nominalwert und Laufzeit des entsprechenden Kredites bzw. der zugehörigen Anleihe orientieren. Die Laufzeit endet dabei entweder zu dem vertraglich vereinbarten Zeitpunkt (falls kein Kreditereignis eingetreten ist) oder mit Eintritt des Kreditereignisses, das zur Zahlung der Ausgleichsleistung führt.[2]

Die große Bedeutung der Kreditderivate ist vor allem auf die wachsende Bedeutung von Kreditrisiken zurückzuführen, die vor dem Hintergrund des steigenden Wettbewerbsdrucks am Kapitalmarkt aufgrund der zunehmenden Integration der Finanzmärkte und der Fortschritte in der Informationstechnologie entstanden sind. Damit die Banken aber die sich hieraus ergebenden geringeren Margen im Kreditgeschäft ausgleichen konnten, musste das Geschäft mit bonitätsmäßig schwachen Kreditnehmern ausgeweitet werden. Dies wiederum führte zu einer verstärkten Konzentration von risikoreichem Geschäft. Notwendig wurde ein aktives Kreditrisikomanagement. Neben Verbriefungen bieten dabei Kreditderivate die Möglichkeit, zum einen Risiken an Drittparteien weiterzugeben und zum anderen, Risiken

---

1 Vgl. *Wolke* (2007), S. 167f. und *Cremers/Walzner* (2007), S. 9f.
2 Vgl. *Wolke* (2007), S. 168. und *Cremers/Walzner* (2007), S. 10f.

von Dritten zu übernehmen. Infolgedessen erfolgt der Einsatz von Kreditderivaten vor allem im Rahmen eines aktiven Risikomanagements mit dem Ziel einer optimalen Risikoallokation sowie im Eigenhandel zur Arbitrage oder zur Spekulation.[1]

Die bedeutendsten Marktteilnehmer auf dem globalen Markt für Kreditderivate stellen Banken, Kreditversicherungen, Rückversicherer, Hedgefonds, Investmentfonds und größere nichtfinanzielle Unternehmen dar. Den größten Teil der Referenzaktiva bilden Verbindlichkeiten von nichtfinanziellen Unternehmen.[2]

Im Hinblick auf die Unterscheidung verschiedener Arten von Kreditderivaten gestaltet sich die Systematisierung nicht eindeutig, da die Instrumente in verschiedenen Varianten ausgestaltet sein können und sich mitunter nur schwer zu anderen Produkten, wie der Kreditverbriefung abgrenzen lassen. Zu einer wichtigen Einordnung zählt die Unterscheidung der Kreditderivate nach der Art des abgesicherten Kreditrisikos. Hierbei kann es sich um das Ausfallrisiko (Default Risk) oder das Spread Risk handeln. Allerdings können vor allem exotische und hybride Derivate, bei denen Elemente beider Risikoarten vorhanden sind, nicht genau einer Risikoart zugeordnet werden. Als mögliche Systematisierung der Arten von Kreditderivaten kann die nachfolgende Darstellung herangezogen werden. Dabei erfolgt grundsätzlich eine Unterscheidung von Kreditoptionen, Kreditswaps und Kredit-Notes:[3]

	Optionen	Swaps		Notes
Ausfallrisiko	Credit Default Optionen	Credit Default Swap	Total Return Swap	Credit Linked Notes
Spreadrisiko	Credit Spread Optionen	Credit Spread Swap		
Basket-Instrumente	Basket Optionen	Basket Credit Swap		Credit Linked Notes

Tab. F.153: Systematisierung von Kreditderivaten

Bei Kreditoptionen erfolgt eine einmalige Prämienzahlung des Sicherungsnehmers an den Sicherungsgeber zu Beginn der Laufzeit, wobei Credit Default Optionen der o.g. allgemeinen Beschreibung von Kreditderivaten entsprechen. Hingegen erfolgt bei einer Credit Spread Put Option eine Absicherung des Sicherungsnehmers (als Käufer der Option) gegen ein Ausweiten des Credit Spreads als Differenz zwischen der Rendite einer risikobehafteten Anleihe und der Rendite einer risikolosen Benchmark-Anleihe. Falls sich der Credit Spread über den vereinbarten Basispreis hinaus erhöht, muss der Sicherungsgeber eine Ausgleichszahlung an den Sicherungsnehmer leisten. Für den Erwerb des Spreadrisikos erhält er vom Sicherungsnehmer die Optionsprämie. Hingegen veräußert der Sicherungsnehmer das Spreadrisiko. Im Gegensatz dazu profitiert der Käufer einer Credit Spread Call Option von einer Verringerung des Spread.[4]

Wie auch die Credit Default Option entspricht der im nächsten Abschnitt zu behandelnde Credit Default Swap ebenfalls der allgemeinen Beschreibung eines Kreditderivates.

---

1 Vgl. *Cremers/Walzner* (2007), S. 7.
2 Vgl. *Deutsche Bundesbank* (2004), S. 45.
3 Vgl. *Cremers/Walzner* (2007), S. 12 und *Wegmann* (2008), S. 6.
4 Vgl. *Wolke* (2007), S. 168; *Jorion* (2003), S. 497f. und *Schierenbeck/Lister/Kirmße* (2008), S. 224.

Bezieht sich der Credit Default Swap nicht auf einen einzelnen Schuldner, sondern auf ein bestimmtes Kreditportfolio, so wird von Basket Credit Default Swap gesprochen.[1]

Mit dem Total Return Swap wird vom Sicherungsgeber nicht nur das Ausfallrisiko, sondern gleichzeitig auch das Zinsänderungsrisiko übernommen. Hierbei erfolgt ein periodischer Austausch (z.B. alle 3 Monate) der Erträge und Wertveränderungen aus dem Aktivum (z.B. eine Anleihe) gegen Zahlung eines vertraglich vereinbarten Zinses. Der Sicherungsgeber (Risk Buyer) zahlt einen vereinbarten Zins an den Sicherungsnehmer (z.B. Euribor + Marge). Kommt es zu Kursverlusten des Aktivums, so werden diese vom Sicherungsgeber durch eine entsprechende Zahlung an den Sicherungsnehmer ausgeglichen. Im Gegenzug zahlt der Sicherungsnehmer (Risk Seller) den Kupon des Aktivums und mögliche Kursgewinne an den Sicherungsgeber. Er veräußert somit das Kreditrisiko und das Marktrisiko in Form des Zinsänderungsrisikos an den Sicherungsgeber.[2]

Bei einer Credit Linked Note handelt es sich um eine Schuldverschreibung, die vom Sicherungsnehmer oder von einer Einzweckgesellschaft (Special Purpose Vehicle) emittiert wird. Der Nennwert der Anleihe wird am Ende der Laufzeit ausschließlich in dem Fall zurückgezahlt, dass ein genau festgelegtes Kreditereignis nicht eintritt. Falls aber das Kreditereignis eintritt, so erhält der Käufer der Credit Linked Note als Sicherungsgeber lediglich eventuelle Recovery-Zahlungen zurück. Den anfallenden Verlust z.B. in Höhe der Differenz zwischen Nominalwert und Restwert des Aktivums muss der Sicherungsgeber tragen. Insofern stellt eine Credit Linked Note eine Kombination aus einer Anleihe und einem Kreditderivat dar, wobei hier vereinfachend von einem Credit Default Swap ausgegangen wurde und es sich somit um eine Credit Default Linked Note handelt. Da der Sicherungsgeber den Anleihebetrag an den Sicherungsnehmer bei Abschluss des Kontrakts zahlt, ist das Kreditrisiko auf Seiten des Sicherungsnehmers schon zu diesem Zeitpunkt durch eine Bareinlage gesichert. Zwar erhält der Sicherungsgeber den Kupon der Credit Linked Note. Nach Eintritt des Kreditereignisses bekommt er aber vom Sicherungsnehmer nur noch den Nennwert des Aktivums unter Abzug einer Ausgleichszahlung. Damit investiert der Sicherungsgeber letztlich auf synthetische Weise in das Aktivum, ohne es selbst zu kaufen. Er trägt somit zwei Ausfallrisiken, nämlich das Ausfallrisiko des Emittenten der Credit Linked Note und das Ausfallrisiko des jeweiligen Aktivums. Hingegen verkauft der Sicherungsnehmer das Kreditrisiko in Form einer Anleihe.[3]

Sowohl Credit Linked Notes als auch Total Return Swaps und Credit Default Swaps zählen gemäß Solvabilitätsverordnung unter bestimmten Voraussetzungen zu den als Gewährleistung berücksichtigungsfähigen Derivaten. Dabei muss eine Inanspruchnahme des Gewährleistungsgebers bei Eintritt irgendeines der in der Solvabilitätsverordnung als Kreditereignis definierten Ereignisse möglich sein. Zudem darf die Feststellung des Eintritts des Kreditereignisses nicht ausschließlich in die Zuständigkeit des Gewährleistungsgebers fallen.[4] Bei Vorliegen der Voraussetzungen der Solvabilitätsverordnung können diese Kreditderivate bei Kreditinstituten zu einer geringeren Unterlegung von Kreditrisiken mit Eigenmitteln führen.[5]

---

1 Vgl. *Wolke* (2007), S. 169.
2 Vgl. *Wolke* (2007), S. 170; *Jorion* (2003), S. 496f.; *Schierenbeck/Lister/Kirmße* (2008), S. 225.
3 Vgl. *Cremers/Walzner* (2007), S. 24; *Jorion* (2003), S. 498f.; *Schierenbeck/Lister/Kirmße* (2008), S. 226.
4 Vgl. § 165 Solvabilitätsverordnung.
5 Vgl. § 165 ff. Solvabilitätsverordnung sowie *Schierenbeck/Lister/Kirmße* (2008), S. 270f.

2. Credit Default Swaps als das bedeutendste Kreditderivat

Die weltweite Entwicklung des Marktes für Credit Default Swaps (CDS) kann an der Entwicklung der Nominalbeträge ausstehender CDS-Kontrakte von führenden globalen Händlern in nunmehr 13 Staaten veranschaulicht werden:[1]

	Dezember 2005	Dezember 2007	Dezember 2010	Dezember 2012
Credit Default Swaps	13.908	57.894	29.898	25.069

Tab. F.154: Ausstehende Nominalbeträge von CDS in Mrd. $
(um Doppelzählungen bereinigt)

Von 2002 bis Ende 2007 stieg das ausstehende CDS-Volumen auf fast $ 58 Billionen. Dieses starke Wachstum kann auf die Nachfrage von Finanzinstituten zurückgeführt werden, die CDS zur Steuerung ihrer Portfoliorisiken und zunehmend auch zum Handel mit Kreditrisiken einsetzten. Vor dem Hintergrund der großen Volumina und der gleichzeitig starken Vernetzung der Marktteilnehmer wurden schwerwiegende Folgen für die internationalen Finanzmärkte in dem Fall befürchtet, dass ein großer Marktteilnehmer ausfällt. Im Rahmen der Finanzmarktkrise 2008 wurde daher das US Versicherungsunternehmen AIG (American International Group) mit öffentlichen Mitteln unterstützt, da AIG vor der Krise große Risikopositionen aufgebaut hatte, die im Fall einer Insolvenz von AIG die Gefahr von Ansteckungseffekten bedeutet hätten. Mit der Insolvenz der US Investmentbank Lehman Brothers im September 2008 kam es zum Ausfall einer wichtigen Referenzeinheit, die gleichzeitig als CDS Gegenpartei eine bedeutende Rolle spielte. Die anschließende Unklarheit über die ausstehenden Risikopositionen führte zu heftigen Marktreaktionen. Allerdings stellte sich heraus, dass die Nettorisiken im Verhältnis zu den Nominalwerten der auf Lehman lautenden Kontrakte nur relativ gering waren. Es kam zu Verlusten, die deutlich geringer als befürchtet waren. So waren die Kosten für den Ersatz der Kontrakte, die mit Lehman geschlossen wurden, deutlich höher als die Nettoverluste bei den Kontrakten, die auf Lehman als Referenzschuldner liefen.[2]

Infolge der internationalen Finanzkrise 2007 bis 2009 kam es zu Forderungen nach zusätzlichen Maßnahmen zur Erhöhung der Transparenz und Verhinderung von Ansteckungseffekten sowie zu Diskussionen um eine Regulierung und Neuordnung der CDS Märkte.[3]

Bei den Credit Default Swaps (CDS) handelt es sich um das wichtigste und quantitativ bedeutendste Instrument innerhalb des Marktes für Kreditderivate. Ein Sicherungsnehmer (Risk Seller) kann sich mit Hilfe eines CDS gegen bestimmte Risiken aus einer Kreditbe-

---

1 Die berichtenden Länder sind (Stand Dezember 2012): Australien (seit Dezember 2011), Belgien, Deutschland, Frankreich, Großbritannien, Italien, Japan, Kanada, Niederlande, Schweden, Schweiz, Spanien (seit Dezember 2011) und die USA. Die ausstehenden Nominalbeträge sind dabei um Doppelzählungen bereinigt. Die Zahlen von 2005, 2007 und 2010 beziehen sich auf die G10-Staaten und die Schweiz. Vgl. *BIS* (2013), S. 5, 12 und 15; *BIS* (2011), S. 15; *BIS* (2008), S. 9; *BIS* (2006), S. 10.
2 Vgl. *Deutsche Bank Research* (2010), S. 1ff.
3 Vgl. *Deutsche Bank Research* (2010), S. 3.

ziehung für eine bestimmte Laufzeit absichern. Dafür zahlt er eine Prämie an den Sicherungsgeber (Risk Buyer). Die Definition der Risiken erfolgt durch Festlegung des entsprechenden Kreditereignisses, das sich an den Standards der International Swaps and Derivatives Association (ISDA) orientiert.[1] Kommt es zu einem solchen Kreditereignis, ist der Sicherungsgeber verpflichtet, dem Sicherungsnehmer eine Ausgleichszahlung zu leisten. Für den Fall, dass sich der CDS auf eine Kreditbeziehung mit nur einem Schuldner bezieht, wird das Referenzaktivum (z.B. eine Anleihe oder ein Buchkredit) vom Sicherungsnehmer an den Sicherungsgeber übertragen. Anstelle einer physischen Lieferung der Anleihe oder Forderung (Physical Settlement) kann auch eine Ausgleichszahlung in bar (Cash Settlement) erfolgen, die der Differenz zwischen dem Nominalwert des Referenzaktivums und seinem Marktwert nach Eintritt des Kreditereignisses entspricht. Letzteres gilt vor allem in den Fällen, in denen mit dem CDS ein Kreditportfolio abgesichert werden soll. Nachdem die Ausgleichszahlung geleistet worden ist, endet die Laufzeit des CDS.[2] Grundsätzlich lässt sich dieser Zusammenhang wie in Abbildung F.80 dargestellt grafisch aufzeigen. Die Zahlungen nach Eintritt des Kreditereignisses können so dargestellt werden, wie in Abbildung F.81 gezeigt.[3]

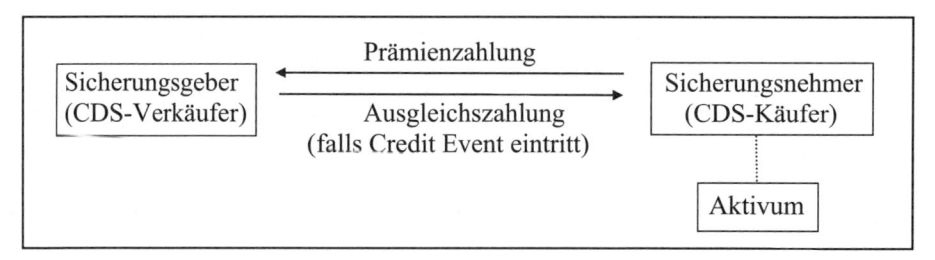

Abb. F.80: Struktur eines Credit Default Swaps

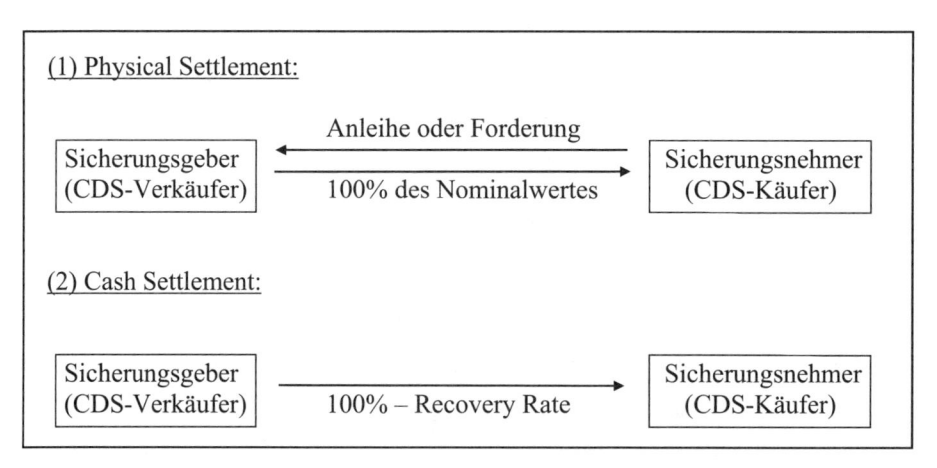

Abb. F.81: Settlement bei einem Credit Default Swap

---

1 Zu möglichen Kreditereignissen vgl. *Binder* (2005), S. 463ff.
2 Vgl. *Deutsche Bundesbank* (2004), S. 44 und *Cremers/Walzner* (2007), S. 19f.
3 Vgl. *Wolke* (2007), S. 169; *Zalser* (2006), S. 6; *Schierenbeck/Lister/Kirmße* (2008), S. 223; *Karels* (2006), S. 326ff.

Die Höhe der Prämienzahlungen des Sicherungsnehmers an den Sicherungsgeber hängt davon ab, wie hoch ein potentieller Verlust ausfallen könnte und mit welcher Wahrscheinlichkeit es zu dem vereinbarten Kreditereignis kommt. Der Preis eines CDS orientiert sich somit maßgeblich an der Kreditwürdigkeit des Schuldners. I.d.R. wird die Prämienzahlung in Basispunkten p.a. von dem abzusichernden Nominalbetrag berechnet. Um zu entscheiden, ob und inwieweit die Kreditrisiken aus dem zugrunde liegenden Referenzaktivum abgesichert werden sollen, ist die Kenntnis des fairen Wertes des CDS erforderlich. Grundsätzlich kann ein Investor in eine risikobehaftete Anlage aufgrund der Risikoübernahme eine höhere Rendite erwarten, als wenn er in eine risikolose Anlage investiert. Der entsprechende Risikoaufschlag oder Credit Spread drückt das Kreditrisiko aus. Mit Hilfe von Kreditderivaten kann das Kreditrisiko eines zugrunde liegenden risikobehafteten Assets abgetrennt und separat gehandelt werden. Entscheidend für die Bewertung von Kreditderivaten ist somit die Bestimmung des Credit Spreads aus dem Kreditrisiko. Dazu sind entsprechende risikoadäquate Pricing- und Bewertungsmethoden entwickelt worden. Beispielsweise kann eine Approximation über sogenannte Relative-Value-Strategien erfolgen, die auf die Abbildung des CDS-Credit Spread durch synthetische Replikation abzielen. Neben der approximativen Bewertung eines CDS kann die Bewertung auch über ein exaktes Pricing- und Bewertungsmodell erfolgen.[1]

3. Kreditportfoliomanagement mit Credit Default Swaps

Mit Hilfe von Credit Default Swaps (CDS) kann der Sicherungsnehmer das Kreditrisiko aus einem zugrunde liegenden Geschäft auf den Sicherungsgeber übertragen. Dabei wird die ursprüngliche Kreditbeziehung zwischen Sicherungsnehmer und dem Schuldner nicht berührt. Es erfolgt nur eine Übertragung des Kreditrisikos der Forderung auf den Sicherungsgeber. Insofern besteht für den Sicherungsnehmer nur noch das Risiko, dass sowohl der Schuldner als auch der Sicherungsgeber gleichzeitig ausfallen.

Wie im Portfoliomanagement mit Wertpapieren geht es auch beim Management eines Kreditportfolios um die Erzielung eines optimalen Risiko-Ertrags-Verhältnisses. Entsprechend kann in diesem Zusammenhang ebenfalls auf die Portfolio- und Kapitalmarkttheorie verwiesen werden. Allerdings unterscheiden sich Wertpapier- und Kreditmarkt hinsichtlich bestimmter Aspekte, wie z.B. der Liquidität. So kann es beispielsweise durch die Erhöhung einer bestimmten Kreditposition zu einem überproportionalen Anstieg des Konzentrationsrisikos im Portfolio kommen, so dass eine entsprechend höhere Rendite aus dem zugrunde liegenden Geschäft verlangt werden müsste. Allerdings kann davon ausgegangen werden, dass Kreditnehmer nicht bereit sind, für die geringe Diversifikation des Portfolios des Kreditgebers einen erhöhten Kreditzins zu zahlen, so dass eine risikoadäquate Rendite am Markt nicht zu erzielen ist. Entsprechend müsste der Anteil der Risikoposition im Gesamtportfolio reduziert werden. Hierzu können Kreditderivate herangezogen werden, die einen Teil des Kreditrisikos absichern können. Ein Kreditinstitut benötigt für eine solche Absicherung beispielsweise keine Zustimmung des Schuldners und unterliegt auch keiner Informationspflicht. Gegenüber dem Kreditnehmer fungiert das Kreditinstitut weiterhin als einziger Vertragspartner.[2]

---

1 Vgl. hierzu insbesondere *Cremers/Walzner* (2007), S. 19ff. und S. 25ff. sowie *Gruber* (2005), S. 93ff.
2 Vgl. *Cremers/Walzner* (2007), S. 37ff. und *Franke* (2005), S. 311ff.

Darüber hinaus kann mit Hilfe von Kreditderivaten relativ einfach und schnell ein Diversifikationseffekt in Bezug auf die Kundenstruktur und die Fälligkeiten im Kreditportfolio realisiert werden. Auch können dabei neue Kreditmärkte erschlossen werden, die dem Kreditportfoliomanager üblicherweise nicht zur Verfügung stehen. Die daraus resultierenden Renditemöglichkeiten können durch die Bildung von synthetischen Länder-, Branchen- oder auch Kreditnehmerengagements entstehen. Der Kauf entsprechender Anleihen von Emittenten, die mit den Kreditnehmern im Rahmen des Kreditportfolios nur gering korreliert sind, ist dann nicht erforderlich, um den gleichen Diversifizierungseffekt zu erzielen. Daher ist auch keine adäquate Refinanzierung erforderlich, die zu Refinanzierungskosten führen würde; denn für die Anwendung von CDS muss kein entsprechendes Kapital eingesetzt werden. Zur Diversifizierung von Kreditnehmer- oder Branchenrisiken können auch Kreditderivat-Indizes eingesetzt werden, auf die im folgenden Abschnitt eingegangen wird. Insgesamt gesehen kann festgehalten werden, dass der Einsatz von Kreditderivaten im Kreditportfoliomanagement dazu führen kann, ein optimales Risiko-Rendite-Verhältnis für das gesamte Kreditportfolio zu realisieren.[1]

Allerdings können CDS auch zu Instabilitäten im Finanzsystem beitragen, falls beispielsweise Banken aufgrund des Wettbewerbsdrucks mit Hilfe von CDS neue Risiken eingehen. Auch können Risiken auf Marktteilnehmer außerhalb des Bankensystems übertragen werden, bei denen kein adäquates Risikomanagement vorhanden ist und die nicht entsprechend beaufsichtigt werden. Dies kann zu einer Erhöhung der im gesamten Finanzsystem aufgelaufenen Risiken führen. Darüber hinaus kann bei größeren Schocks die Gefahr systematischer Krisen durch den Handel von CDS erhöht werden.[2]

4. Credit Default Swap-Indizes

Mit Hilfe von Credit Default Swap-Indizes kann die Entwicklung der CDS-Spreads in unterschiedlichen Teilsegmenten des sogenannten Singlename-CDS-Marktes abgebildet werden. Mitte 2004 entstand durch die Fusion der bis dahin wichtigsten Anbieter von CDS-Indizes, Trac-x und iBoxx zur International Index Company (IIC) eine Gruppe von Indizes, die sogenannte iTraxx®-Indexfamilie. Mit den iTraxx Indizes konnte die IIC die Transparenz im europäischen Kreditmarkt sprunghaft erhöhen. Diese Indizes können auch als Basiswerte für Optionen und Futures herangezogen werden. Dabei besteht der iTraxx aus zahlreichen Einzelindizes mit unterschiedlichen Marktsegmenten. Zur iTraxx-Indexfamilie gehören regionale und sektorale Subindizes. Diese werden aus den Marktdaten liquider CDS-Titel errechnet.[3]

Das Indexportfolio des iTraxx® Europe 5-year Index umfasst die 125 liquidesten europäischen Referenzschuldner für CDS im Bereich Investment-Grade. Zweimal jährlich erfolgt eine Neu-Zusammenstellung des Index. Die halbjährlich neu zusammengestellte Version des Indexportfolios wird als Indexserie bezeichnet. Dabei wird der Index jeweils mit Laufzeiten von drei, fünf, sieben und zehn Jahren aufgelegt. Die so geschaffenen Indexserien sind allerdings nicht miteinander verkettet, sondern jeweils eigenständig. Für jede Indexserie erfolgt die Festlegung einer bestimmten Risikoprämie als nominaler Kupon.[4]

---

1 Vgl. *Cremers/Walzner* (2007), S. 41f.
2 Vgl. *Deutsche Bundesbank* (2004), S. 49 sowie Abschnitt F.VIII.2. in diesem Buch.
3 Vgl. *Martin/Reitz/Wehn* (2006), S. 51f. und *Deutsche Bundesbank* (2004), S. 46.
4 Vgl. *Deutsche Bundesbank* (2004), S. 46 und *Eurex* (2007a).

Die Indexbildung führte zur Erleichterung des Eintritts in den CDS-Markt auch für Investoren außerhalb des Bankenbereichs. Kennzeichnend für die handelbaren CDS-Indizes sind eine hohe Marktliquidität und relativ geringe Geld/Brief-Spannen. Mit Hilfe dieser Indizes kann die Diversifikation eines Kreditportfolios und damit die Minimierung des unsystematischen Risikos recht einfach erreicht werden. So kann z.B. ein Portfolio mit 125 Referenzschuldnern mit nur einem Kontrakt gekauft werden. Mit der Einführung des iTraxx verfügten die Kreditmärkte über einen transparenten Benchmarkindex.[1]

---

1 Vgl. *Deutsche Bundesbank* (2004), S. 46 und *Zalser* (2006), S. 15f. Zu Handelsstrategien mit iTraxx-Indizes vgl. *Schüler* (2005), S. 85f.

G. Ziel-Controlling: Performanceanalyse
I. Grundlagen der Performanceanalyse
1. Einführende Überlegungen

Im Investmentprozess steht die Performanceanalyse – chronologisch betrachtet – ganz am Ende. Dies bedeutet aber nicht, dass Performanceanalyse minder wichtig ist als andere Teile des Investmentprozesses. Denn eine sachgerechte Performanceanalyse besitzt für die Formulierung von Portfoliozielen eine große Bedeutung. Aus den Ergebnissen der Performanceanalyse lassen sich beispielsweise Folgerungen für den Investmentstil ziehen. Insofern kann die Performanceanalyse, die aus Performancemessung und -attribution besteht, als Ziel-Controlling des Investmentprozesses angesehen werden.

Performanceanalyse

Ziel
Beurteilung der
- Portfolioqualität
- Portfoliomanagementqualität
- Qualität der Portfoliomanagementinstitution

Perspektive
- intern
- extern

Umfang und Schwerpunkt
- Performancemessung
- Performanceattribution
- Performancemessung und -attribution

Methodik
- quantitativ
- qualitativ

Objekt
- Spezialfonds
- Publikumsfonds
- Versicherungsportfolio
- separate account
- etc.

Zeitraum
- kurzfristig (max. 1 Jahr)
- mittelfristig (1 bis 5 Jahre)
- langfristig (> 5 Jahre)

Ergebnisdarstellung
- graphisch
- mathematisch
- verbal

Abb. G.1: Elemente der Performanceanalyse

Die Ergebnisse der Performanceanalyse können für Änderungen der Anlagestrategie bzw. deren Umsetzung genutzt werden und damit zur Steuerung des Investmentprozesses im

Hinblick auf die optimale Formulierung, Umsetzung und Erzielung der jeweiligen Ziele beitragen. Damit übernimmt die Performanceanalyse auch eine Steuerungsfunktion im Rahmen des Portfoliomanagements. Insofern kann sie als Führungsinstrument bezeichnet werden hinsichtlich einer effizienteren Allokation der Ressourcen im Investmentprozess. Beispielsweise könnte bei einer Asset Management-Einheit ermittelt werden, dass die erreichten Aktienrenditen im Wesentlichen auf die strategische Asset Allocation zurückzuführen sind, während aber über 70% der Overheadkosten für die Beschaffung und Analyse von Information im Rahmen der Fundamentalanalyse bzw. Bewertung einzelner Titel anfallen. In diesem Fall kann eine Reorganisation sinnvoll sein.[1]

Zudem darf die Bedeutung von Performance als Wettbewerbskriterium zwischen Dienstleistern der Asset Management-Industrie in seiner Wichtigkeit nicht unterschätzt werden. Von den Investoren werden häufig sogenannte Track Records der Portfolios bzw. Portfoliomanager gefordert. Dabei handelt es sich um die Darstellung der jeweiligen Performanceentwicklung in der Vergangenheit. Allein schon vor diesem Hintergrund besitzt die Performanceanalyse nicht nur für Portfolio-, sondern beispielsweise auch für Marketingmanager eine wichtige Bedeutung. Obwohl für viele Investoren die vergangenen Ergebnisse sehr wichtig bzw. zumindest bedingt wichtig sind,[2] erscheint grundsätzlich eine reine Vergangenheitsbetrachtung nicht ausreichend; vielmehr sollte die Performanceanalyse in der Lage sein, Rückschlüsse auf künftige Ergebnisse zu ermöglichen. Um dies auf der Basis von Vergangenheitsdaten zu bewerkstelligen, ist eine gewisse Konstanz der Performance erforderlich. Andernfalls können Anlageentscheidungen, die nur auf der Grundlage von Performanceergebnissen getroffen werden, nicht sinnvoll sein. Dies ist auch zu bedenken, wenn die Performancewerte verschiedener Investmentfonds veröffentlicht werden und dabei zudem eine Rangfolge aufgestellt wird.[3]

Die aufgezeigte verstärkte Orientierung der Investoren an der Performance ihrer Anlagen wird sich auf ihre Entscheidungen bezüglich der Mandatsvergabe auswirken und damit den Wettbewerbsdruck unter den Asset Management-Anbietern bzw. den dort agierenden Portfoliomanagern verschärfen. Infolgedessen gewinnt der erzielte Anlageerfolg zur internen Beurteilung der Manager und – damit auch verbunden – zur Festlegung einer leistungsgerechten Entlohnung an Bedeutung. Eine angemessene Entlohnung der Portfoliomanager, die neben qualitativen Leistungsaspekten auch den quantitativen Leistungsaspekt, d.h. den gemessenen Anlageerfolg umfasst, wird zu einem wesentlichen Erfolgsfaktor für die jeweilige Asset Management-Gesellschaft.[4]

Für die Gesellschaft selbst bedeutet eine kontinuierlich gute Performance die Chance, weitere Mandate von den einzelnen Kunden zu erhalten; denn oftmals vergeben Anleger ihre zur Verfügung stehenden Geldvermögen an verschiedene Asset Manager, wobei der Erfolgreichste später mit einer erhöhten „Zuteilung" rechnen darf. Werden darüber hinaus sog. Outperformance Fees zwischen den Vertragsparteien vereinbart, so erhält der Asset Manager bei einer nachhaltig höheren Performance als die vorher festgelegte Messlatte eine Extraprämie, die in Abhängigkeit von der Höhe dieser Outperformance festgelegt wird. Basis für deren Bestimmung ist die Performanceanalyse.

---

1 Vgl. *Zimmermann et al.* (1996), S. 5ff.
2 Vgl. *Broschinski* (1995), S. 650ff.
3 Vgl. *Wittrock* (1996a), S. 246.
4 Vgl. *Raulin* (1998), S. 995f.

Mit im Vergleich zu den Wettbewerbern guten Performanceergebnissen bieten sich zudem Möglichkeiten, dies durch eine geeignete Kommunikationsstrategie auch nach außen zu dokumentieren, wobei allerdings zu berücksichtigen ist, dass die Performance nicht überbewertet werden darf, da auch weitere Kriterien, wie z.B. der Investmentprozess, der Investmentstil, die Anlageerfahrungen der Portfoliomanager oder auch der Markenname der Produkte bzw. der Asset Management-Gesellschaft als Ganzes zu beachten sind.

Bei den vorstehenden Überlegungen ist noch zu berücksichtigen, dass auch die Wissenschaft dazu beigetragen hat, dass die Anleger ihre Erwartungen bezüglich der Leistungsfähigkeit von Portfoliomanagern überdenken. So führen die Ergebnisse zahlreicher Untersuchungen zur Performance von Investmentfonds und zur Kapitalmarkteffizienz dazu, dass vor dem Hintergrund einer relativ hohen Effizienz nur mit einer relativ geringen Wahrscheinlichkeit erwartet werden kann, dass die Portfoliomanager durch aktives Portfoliomanagement den jeweiligen Aktienmarkt outperformen können. Die Performance wird weniger durch tägliche Umschichtungen des Portfolios (taktische Asset Allocation) als vielmehr durch die strategische Asset Allocation, also die langfristig orientierte Auswahl der Assetklassen, Währungen oder Anlagemärkte bestimmt. Vor dem Hintergrund dieser veränderten Erwartungshaltung der Anleger und der Skepsis gegenüber den Outperformern erhält eine systematische Performanceanalyse zunehmende Aufmerksamkeit.[1]

Auch bei dennoch bestehenden Ineffizienzen auf den Kapitalmärkten bleibt fraglich, ob die Portfoliomanager in der Lage sind, diese in eine entsprechende Performance umwandeln zu können. Die Performanceanalyse muss in diesen Fällen herausfinden, ob die jeweiligen outperformenden Portfoliomanager dabei nachhaltig größere Fähigkeiten aufweisen als die übrigen.[2]

2. Performance-Begriff

Sowohl in der Praxis des Portfoliomanagements als auch in der Theorie lassen sich unterschiedliche Definitionen des Begriffs „Performance" identifizieren. Allgemein wird unter Performance oftmals die erzielte Rendite einer Finanzanlage verstanden und zwar im Vergleich zu einer Benchmark.[3] Eine dementsprechende Definition lautet beispielsweise wie folgt: „Unter ‚Performance' versteht man die Abweichung der Rendite auf einer Vermögensanlage von einem zugrunde gelegten Vergleichsportfolio, dem sog. *Benchmark*. Letzteres ergibt sich aus der Definition einer Anlage*strategie*."[4] Die Performance kann auch als Beurteilung der Qualität der Anlageentscheidungen eines Portfoliomanagers aufgefasst werden.[5]

Wird allerdings nur auf die Rendite abgestellt, so ist eine eingehende Beurteilung der Portfoliomanagement-Leistung nicht möglich, da die Ursachen des Erfolges nicht ermittelt werden können. Hierzu ist infolgedessen auch das eingegangene Risiko mit zu berücksichtigen, mit dem die Rendite erzielt worden ist. Infolgedessen kann die Performance angese-

---

1 Vgl. *Zimmermann et al.* (1996), S. 16 und die dort angegebene Literatur.
2 Vgl. *Wittrock* (1995a), S. 10 und die dort angegebene Literatur.
3 Vgl. z.B. *Reichling/Vetter* (1995), S. 676.
4 *Zimmermann et al.* (1996), S. 4.
5 Vgl. *Roßbach* (1991), S. 13.

hen werden als „leistungsbedingte Differenz der Renditen eines Portfolios und einer Benchmark bei gleichem Risiko"[1].

Insofern verbergen sich hinter dem Begriff „Performance" zumindest zwei Komponenten, die eine hinreichende Quantifizierung von Performance ermöglichen. In der überwiegenden Anzahl der Fälle wird dabei die Rendite eines Portfolios als zentraler Performancebestandteil und damit als zentrales Ziel des Portfoliomanagements angesehen. Hinzu kommt entsprechend der o.g. Definition von *Wittrock* als zweite Komponente das Risiko eines Portfolios.

Im Hinblick auf die Unterscheidung zwischen Performancemessung und -attribution lässt sich eine vereinfachende Zuordnung in Handwerk und Kunst vornehmen. Während die Performancemessung unter Zuhilfenahme vieler verschiedener und zum Teil ausgefeilter Methoden die objektivierbaren Portfolioergebnisse im Hinblick auf die vorgegebenen Ziele analysiert und sich dabei einer Vergangenheitsanalyse bedient, versucht die Performanceattribution die Ergebnisse in Hinsicht auf ihre Erfolgsquellen und ihre Verursachung (und Verursacher) zu interpretieren. Was die Performanceattribution bisweilen zur Kunst werden lässt, ist die Notwendigkeit qualitativer Kriterien als Ergänzung zu rein quantitativen Maßgrößen. Um Performance richtig interpretieren und zuordnen zu können, bedarf es nämlich langer Zeitreihen konsistenter Performancedaten. Da derartig lange Zeitreihen jedoch eher selten vorliegen, bedarf es zusätzlicher qualitativer Merkmale, um zu gesicherten Schlüssen bezüglich der Performance zu gelangen. Trotz der Notwendigkeit qualitativer Beurteilungskriterien stehen quantitative Messmethoden im Vordergrund der Performanceanalyse.

Als besonders schwierig erweist sich die Performanceanalyse, wenn mehrere Portfoliomanager für ein Portfolio verantwortlich sind. In diesem Fall hat eine Performancezerlegung zu erfolgen. Ein aktiv zu managendes gemischtes Portfolio, das z.B. eine Benchmark zusammengesetzt aus 50% DAX und 50% REX (jeweils total return) besitzt, kann in drei separat zu bewertende Teile zerlegt werden: erstens in den Aktienteil des gemischten Portfolios (Balanced Portfolio), der wie ein eigenes Portfolio zu behandeln ist; zweitens in den Rententeil, der ebenfalls als separate Einheit zu analysieren ist. Schließlich kann drittens die Assetklassengewichtung als eigenständige und von dem Aktien- und Rententeil unabhängige Entscheidungsebene klassifiziert werden. Im Rahmen der Performanceattribution sind die relativen Performancebeiträge der einzelnen Entscheidungen (Aktien, Anleihen und Asset Allocation) den jeweils verantwortlichen Portfoliomanagern zuzuordnen.

Der typische Verlauf der Entscheidungsfindung im institutionellen Portfoliomanagement geht von einer Anlagepolitik bzw. -strategie des jeweiligen Investmenthauses aus. In welchem Maße die einzelnen Portfoliomanager an diese Hausmeinung gebunden sind, differiert von Institution zu Institution. Verantwortlich kann der Portfoliomanager jedoch nur für eigene Entscheidungen gemacht werden. Jener Teil der Performance, der nicht auf Entscheidungen des Portfoliomanagers beruht, sollte zur Beurteilung des Portfoliomanagers entsprechend korrigiert werden.

Ähnliches gilt auch für Transaktionskosten. Da in der realen Anlagewelt Transaktionskosten und Gebühren existieren, die zumeist nicht von dem Portfoliomanager zu beeinflussen sind, sollte bereits bei der Benchmarkvereinbarung über deren Einfluss auf die relative Performance gesprochen werden. Auch diesen Aspekt hat eine anspruchsvolle Performanceanalyse zu berücksichtigen.

---

1 *Wittrock* (1995a), S. 2.

3. Externe versus interne Performance-Analyse

Grundsätzlich kann zwischen externer und interner Performanceanalyse unterschieden werden.[1] Während die Sicht der Investoren bei der externen Analyse die Grundlage bildet, erfolgt die interne Performanceanalyse insbesondere aus Sicht der Assetmanagement-Gesellschaften. Einen Überblick über die verschiedenen Aspekte im Rahmen einer Performanceanalyse gibt die folgende Abbildung:

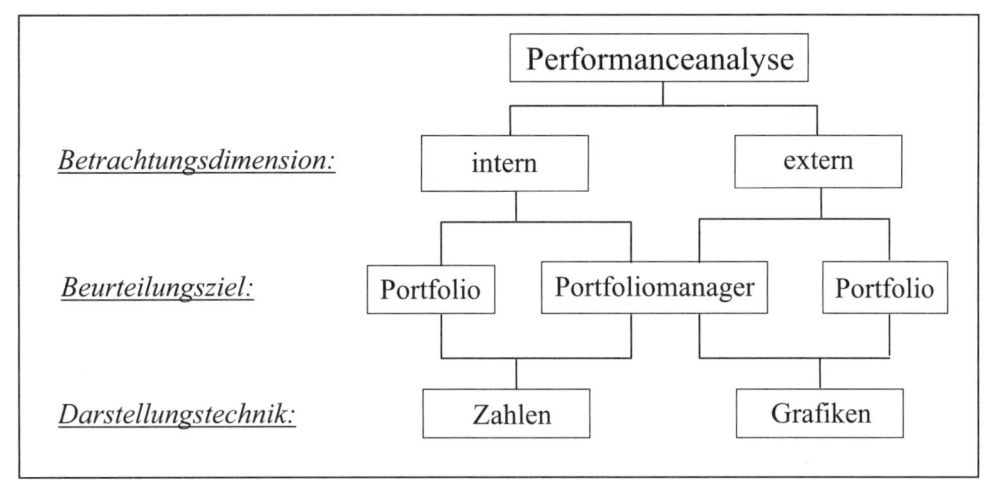

Abb. G.2: Interne und externe Performanceanalyse

Die externe Performanceanalyse dient u.a. dazu, die Qualität der Fondsmanager aus Anlegersicht zu beurteilen und zu überprüfen, ob die Management-Provision gerechtfertigt ist. Dazu stehen dem Analysten lediglich extern zugängliche Daten zur Verfügung, wie z.B. die Renditezeitreihen der Fonds und die veröffentlichten Portfoliogewichte. Zudem kann nur eine verallgemeinerte, d.h. nicht auf den einzelnen Anleger bezogene Benchmark ermittelt werden, die der generellen Anlagepolitik entspricht. Ermittelt werden insbesondere Performancemaße, die auf kapitalmarkttheoretischen Modellen basieren und einen Zusammenhang zwischen dem eingegangenen Risiko und der Rendite erzeugen.

Im Rahmen der internen Performanceanalyse erfolgt eine eingehendere Untersuchung der Erfolgs- und Risikoquellen sowie des Investmentstils. Diese Analyse ist erforderlich zur genaueren Beurteilung der eigenen Portfoliomanager durch die Gesellschaft. Aber auch institutionelle Anleger wünschen zunehmend eine tiefergehende Performanceanalyse. Eine solche Analyse sollte insbesondere in der Lage sein, die Fähigkeiten des Portfoliomanagers allgemein und/oder in Bezug auf bestimmte Assets (z.B. europäische Aktien) herauszuarbeiten und die Konsequenz bzw. Disziplin bei der Umsetzung des verfolgten Investmentstils zu überprüfen. Auch die Prognosefähigkeit des Portfoliomanagers sollte möglichst ermittelt werden können. Eine tiefergehende, interne Performanceanalyse kann im Übrigen auch von Performancemessungsgesellschaften geliefert werden, die eine unabhängige Analyse auf der Basis interner Daten durchführen.

---

[1] Vgl. *Wittrock* (2002), S. 956ff.

Die für die interne Analyse zur Verfügung stehenden Daten umfassen vor allem die jeweiligen Strukturen, Gewichte und Zeitpunkte der Umschichtungen der Portfolios. Für bestimmte Verfahren der internen Performanceanalyse sind u.a. auch Prognosen der Portfoliomanager erforderlich. Sie sind allerdings nur selten verfügbar.[1] Ferner kann die Benchmark einfacher und genauer als bei einer externen Analyse bestimmt werden, da Anleger und Manager eng miteinander kommunizieren und gemeinsam die strategische Asset Allocation bzw. Anlagepolitik exakt festlegen und ggf. ändern. Entsprechend kann der Anleger nicht nur die Leistung des Portfoliomanagers genau beurteilen, sondern auch seine eigene strategische Ausrichtung des Portfolios.

Die Qualität der Performanceanalyse hängt vor allem von der Qualität der verwendeten und aufbereiteten Daten ab.[2] Dies gilt besonders für den Vergleich zwischen Portfolio und Benchmark bzw. auch zwischen verschiedenen Portfolios. So sollten die Daten zeitgleich erhoben werden und auch die gleichen Quellen verwendet werden. Bei nicht vorhandenen Marktwerten (z.B. im OTC-Bereich) ist die Verwendung gleicher theoretischer Bewertungsmodelle erforderlich.

II. Performancemessung

Die Performancemessung befasst sich mit der Berechnung und quantitativen Analyse von Anlageergebnissen der Vergangenheit. Sie besteht zum größten Teil aus angewandter Finanzmathematik und -statistik. Anspruchsvolle Methoden der Performancemessung bedienen sich zudem kapitalmarkttheoretischer Grundlagen, wie z.B. der Portfoliotheorie.

Ein potentielles Problem der Performancemessung ist die Zeitpunktbezogenheit von Messergebnissen. Wenn die Performance stets in Bezug auf bestimmte fixierte Zeitpunkte beurteilt wird, wie z.B. das Ende des Kalenderjahres, ist die Bedeutung von zufälligen Marktpreisniveauausprägungen zu den Zeitpunkten relativ groß. Zur Vermeidung dieses Problems können rollierende Zeiträume eingesetzt werden. Sie ermöglichen eine Performancebeurteilung, die unabhängig von fixierten Zeitpunkten ist. Die Wahl des angemessenen rollierenden Zeitraums hängt von dem Zeithorizont des Investmentstils ab. Während Investmententscheidungen, die auf der Basis charttechnischer Analysen getroffen worden sind, in relativ kurzer Frist aufgegangen sein sollten, kann bei einem qualitativ-fundamentalen Investmentstil der rollierende Zeitraum möglicherweise 12-24 Monate betragen.

1. Renditebestimmung

a. Total Return

Performancemessung hat vor dem Hintergrund bekannter Investmentziele abzulaufen. Ist für ein Portfolio ein operationales Performanceziel vorgegeben, können die erreichten Resultate im Hinblick auf die Zielerreichung mit dem Instrumentarium der Performancemessung untersucht werden. Um die Vergleichbarkeit der Resultate sicherzustellen, ist zunächst darauf zu achten, dass die gleichen Renditedefinitionen zugrunde gelegt werden. So stellt

---

1 Vgl. *Wittrock* (2002), S. 970.
2 Vgl. *Pieper* (2002), S. 1002f.

sich im Rahmen der Performanceanalyse insbesondere erstens die Frage, ob es sich um diskrete oder logarithmierte Renditen handelt, und zweitens, ob die Renditen zeitgewichtet oder wertgewichtet ermittelt worden sind.

Ausgangspunkt ist der Total Return, der sich auf die gesamte betrachtete Periode bezieht und den Erfolg aus der Kursveränderung und den zwischenzeitlichen Rückflüssen (z.B. Dividenden) erfasst:

$$r_{Total} = \frac{K_t - K_0 + Z_{0,t}}{K_0} = \frac{K_t + Z_{0,t}}{K_0} - 1$$

mit

r_{Total} = Total-Rendite (Total Return),
K_0 = Kurs des Wertpapiers zum Zeitpunkt t_0 (Anfangszeitpunkt),
K_t = Kurs des Wertpapiers zum Zeitpunkt t und
$Z_{0,t}$ = Rückflusszahlungen aus dem Wertpapier für die Zeit von t_0 bis t (z.B. Aktiendividende).

Hierbei werden allerdings die aus zwischenzeitlichen Zahlungen resultierenden Zinseszinseffekte nicht berücksichtigt. Darüber hinaus wird die Länge des Zeitraums nicht in die Betrachtung einbezogen, da es sich um eine Rendite für die gesamte Anlageperiode handelt.

Für die Ermittlung des Total Return müssen Marktwerte zugrunde gelegt werden, da nur mit diesen Kursen (anstelle von z.B. Anschaffungs- oder Niederstwerten) eine sinnvolle und am Markt orientierte Kontrolle der erzielten Performance möglich ist. Problematisch wird die sachgerechte Performanceermittlung allerdings, wenn die Marktwerte aufgrund mangelnder Liquidität im jeweiligen Sekundärmarkt nicht zu ermitteln sind und möglicherweise auch nicht zu schätzen sind. Dies könnte beispielsweise bei kaum gehandelten Nebenwerten der Fall sein. In diesen Fällen ist die Leistungskontrolle des Portfoliomanagers nicht möglich. Insofern sollte von vornherein darauf geachtet werden, dass möglichst in Anlagen investiert wird, die auf liquiden Märkten gehandelt werden.

Im Rahmen der Analyse von Renditen lassen sich zunächst zwei Renditearten im Hinblick auf ihre Berechnung und ihre Eigenschaften unterscheiden. Dabei handelt es sich um die diskrete und die stetige Rendite.

b. Diskrete versus stetige Renditen

Bei der diskreten Rendite, die auch als geometrische Verzinsung bezeichnet werden kann, wird die relative Vermögensveränderung analog zur Definition der Total-Rendite ermittelt:[1]

$$r_{t_{diskret}} = \frac{K_t + Z_{0,t}}{K_0} - 1 = \frac{V_t}{V_0} - 1$$

mit

V_t = Vermögenswert zum Zeitpunkt t.

---

1 Vgl. *Meyer* (1994a), S. 10.

Hierbei handelt es sich um die relative Wertveränderung des eingesetzten Kapitals, die einmalig zum Ende der betrachteten Periode stattfindet. Werden mehrere Perioden betrachtet, so wird unterstellt, dass die Rückflüsse in den einzelnen Perioden wieder zum geometrischen Zins angelegt werden.

Beispielhaft kann die Total-Rendite für eine Aktie ermittelt werden, die in t_0 einen Kurs von 200 aufwies und bei zwischenzeitlichen Dividendenzahlungen in Höhe von 10 (die annahmegemäß erst am Ende der Betrachtungsperiode in t angefallen sind) zum Zeitpunkt t zu einem Kurs von 245 notiert. Die Rendite beträgt somit:

$$r_{Total} = \frac{245+10}{200} - 1 = 0{,}275 = 27{,}5\%$$

Im Folgenden soll nun die gesamte Periode auf mehrere Einzelperioden aufgeteilt werden. Falls es sich bei den Einzelperioden um Jahre handelt, so lässt sich die annualisierte diskrete Rendite aus der Rendite der Gesamtperiode wie folgt ermitteln:

$$V_t = V_0 \cdot \left(1 + r_{annualisiert_{diskret}}\right)^t \Leftrightarrow r_{annualisiert_{diskret}} = \sqrt[t]{\frac{V_t}{V_0}} - 1$$

mit

t = Anzahl der Jahre.

Falls die Gesamtperiode im oben angeführten Beispiel insgesamt 4 Jahre umfasst, so ergibt sich daraus eine annualisierte diskrete Rendite von:

$$r_{annualisiert_{diskret}} = \sqrt[4]{\frac{245+10}{200}} - 1 = 0{,}062619 = 6{,}2619\%$$

Nunmehr soll die annualisierte diskrete Rendite für den Fall bestimmt werden, dass mehrere unterjährige diskrete Renditen vorliegen. Dies kann in der folgenden Weise erfolgen:

$$r_{annualisiert_{diskret}} = \left(\prod_{t=1}^{n}\left(1 + r_{t_{diskret}}\right)\right)^{\frac{T}{n}} - 1$$

mit

t = einzelne unterjährige Perioden,
n = Anzahl der in die Berechnung eingehenden unterjährigen Perioden und
T = Gesamtzahl der unterjährigen Perioden in einem Jahr.

Beispielsweise ergibt sich bei Verwendung von Monatsrenditen die folgende Formel:

$$r_{annualisiert_{diskret}} = \left(\prod_{t=1}^{n}\left(1+r_{t_{diskret}}\right)\right)^{\frac{12}{n}} - 1$$

Soll aus mehreren diskreten Renditen die durchschnittliche Rendite ermittelt werden, so kann dies analog in der folgenden Weise erfolgen:

$$\bar{r}_{diskret} = \left(\prod_{t=1}^{n}\left(1+r_{t_{diskret}}\right)\right)^{\frac{1}{n}} - 1$$

Das anschließende Beispiel verdeutlicht diese Zusammenhänge. In den Monaten 1 bis 7 wurden die folgenden diskreten Renditewerte erzielt:

Monat	1	2	3	4	5	6	7
diskrete Rendite	5%	3%	–4%	1%	6%	3%	9%
1 + diskrete Rendite	1,05	1,03	0,96	1,01	1,06	1,03	1,09
kumul. diskrete Rendite	5%	8,15%	3,82%	4,86%	11,15%	14,49%	24,79%

Tab. G.1: Diskrete Renditen

Die entsprechende annualisierte Rendite beläuft sich auf:

$$r_{annual._{diskret}} = \left(\prod_{t=1}^{n}\left(1+r_{t_{diskret}}\right)\right)^{\frac{12}{7}} - 1 = [(1,05)\cdot(1,03)\cdot\ldots\cdot(1,09)]^{\frac{12}{7}} - 1 = 1,2479^{\frac{12}{7}} - 1 = 46,18\%$$

Die durchschnittliche diskrete Monatsrendite beträgt:

$$\bar{r}_{diskret} = \left(\prod_{t=1}^{n}\left(1+r_{t_{diskret}}\right)\right)^{\frac{1}{n}} - 1 = [(1,05)\cdot(1,03)\cdot\ldots\cdot(1,09)]^{\frac{1}{7}} - 1 = 1,2479^{\frac{1}{7}} - 1 = 3,2146\%$$

Bei der Verwendung diskreter Renditen ergibt sich das Problem, dass die Veränderung der kumulierten diskreten Rendite der Periode t von der kumulierten diskreten Rendite der vorherigen Periode abhängt. Allgemein berechnet sich die kumulierte diskrete Rendite als

$$r_{t,\,kumuliert_{diskret}} = \left(1+r_{t_{diskret}}\right)\cdot\left(1+r_{t-1,\,kumuliert_{diskret}}\right) - 1$$

$$= r_{t_{diskret}} + r_{t-1,\,kumuliert_{diskret}} + r_{t_{diskret}}\cdot r_{t-1,\,kumuliert_{diskret}}$$

Die Abhängigkeit wird am letzten Teil der Formel sichtbar. So setzt sich z.B. die in Tabelle G.1 aufgeführte kumulierte diskrete Rendite in Periode 4 aus den Teilen

$$r_{t_{diskret}} = 1,0\% \; ; \quad r_{t-1, \text{kumuliert}_{diskret}} = 3,824\% \; ; \quad r_{t_{diskret}} \cdot r_{t-1, \text{kumuliert}_{diskret}} = 0,03824\%$$

zusammen. In der Summe ergibt sich ein Wert von 4,86224%. Die Erhöhung der kumulierten Rendite gegenüber der Vorperiode beläuft sich damit auf 1,03824%.

Hingegen können bei der Verwendung stetiger Renditen die kumulierten Werte durch Addition der Einzelwerte ermittelt werden, wie noch zu zeigen sein wird. Eine Abhängigkeit von der Höhe der vorherigen kumulierten stetigen Rendite ist hierbei nicht gegeben.

Bei einer stetigen Verzinsung erfolgt eine laufende oder kontinuierliche Verzinsung des Kapitals während der betrachteten Periode. Infolgedessen werden die Zeiträume der Verzinsung hierbei innerhalb der Periode beliebig klein bzw. im Grenzfall unendlich klein, so dass umgekehrt die Anzahl dieser Zeiträume im Grenzfall unendlich groß wird.

Der Vermögenswert zum Zeitpunkt t kann dann aus dem Vermögenswert zum Zeitpunkt t_0 wie folgt abgeleitet werden:

$$V_t = V_0 \cdot e^{r_{t_{stetig}}}$$

mit

e = Eulersche Zahl = 2,71828....

Hieraus kann die stetige Rendite in der folgenden Weise berechnet werden:

$$r_{t_{stetig}} = \ln\left(\frac{V_t}{V_0}\right) = \ln(V_t) - \ln(V_0)$$

mit

ln = natürlicher Logarithmus.

Beide Renditeformen, d.h. die diskrete und die stetige Rendite lassen sich folgendermaßen ineinander überführen:

$$r_{t_{diskret}} = e^{r_{t_{stetig}}} - 1$$

$$r_{t_{stetig}} = \ln\left(1 + r_{t_{diskret}}\right)$$

Ökonomisch betrachtet drücken beide Renditearten denselben durchschnittlichen Ertrag der Anlage aus. Sie unterscheiden sich lediglich im Hinblick auf die zugrunde liegende Form der Verzinsung.[1] Bei der stetigen Rendite wird ein kontinuierlicher Zinseszinseffekt mit einbezogen, der dazu führt, dass die stetige Rendite stets kleiner (d.h. negativer) ist als die entsprechende diskrete Rendite. Beispielsweise ergeben sich die folgenden diskreten und stetigen Renditen:

diskrete Rendite	stetige Rendite
−100%	−∞
−75%	−138,63%
−25%	−28,77%
0%	0,00%
25%	22,31%
75%	55,96%
100%	69,31%
200%	109,86%

stetige Rendite	diskrete Rendite
−100%	−63,21%
−75%	−52,76%
−25%	−22,12%
0%	0,00%
25%	28,40%
75%	111,70%
100%	171,83%
200%	638,91%

Tab. G.2: Beispiele zur Umrechnung von diskreten in stetige Renditen und umgekehrt

Wie die Beispiele zeigen, nimmt mit zunehmender Höhe der positiven oder negativen diskreten Renditen der Unterschied zu den stetigen Renditen zu. Im Vergleich zu diskreten Renditen haben stetige Renditen den Vorteil, dass Einperiodenrenditen einfacher in Mehrperiodenrenditen umgerechnet werden können. So lässt sich die stetige Rendite für eine gesamte Periode durch Aufsummierung der stetigen Renditen der einzelnen Perioden ermitteln:

$$r_{Gesamtperiode_{stetig}} = \sum_{t=1}^{n} r_{t_{stetig}} = r_{1_{stetig}} + r_{2_{stetig}} + ... + r_{n_{stetig}}$$

Umgekehrt kann nun aus der stetigen Rendite für die Gesamtperiode in einfacher Weise die durchschnittliche stetige Rendite berechnet werden:

$$\bar{r}_{stetig} = \frac{1}{n} \cdot \sum_{t=1}^{n} r_{t_{stetig}} = \frac{r_{1_{stetig}} + r_{2_{stetig}} + ... + r_{n_{stetig}}}{n}$$

Liegen beispielsweise 4 Jahresrenditen vor, so kann die annualisierte stetige Rendite entsprechend durch einfache Durchschnittsbildung bestimmt werden:

$$r_{annualisiert_{stetig}} = \frac{r_{1_{stetig}} + r_{2_{stetig}} + r_{3_{stetig}} + r_{4_{stetig}}}{4} = \frac{\ln(V_4) - \ln(V_0)}{4}$$

mit V_4 = Vermögenswert nach 4 Jahren.

---

[1] Vgl. *Zimmermann et al.* (1996), S. 33.

Für das obige Beispiel (Tab. G.1) ergeben sich die folgenden Werte:

Monat	1	2	3	4	5	6	7
stetige Rendite	4,88%	2,96%	–4,08%	1,00%	5,83%	2,96%	8,618%
kumul. stet. Rendite	4,88%	7,83%	3,75%	4,75%	10,57%	13,53%	22,148%

Tab. G.3: Stetige Renditen

Die durchschnittliche stetige Rendite, bei der es sich im Beispiel um die durchschnittliche Monatsrendite handelt, beträgt

$$\bar{r}_{stetig} = \frac{1}{n} \cdot \sum_{t}^{n} r_{t_{stetig}} = \frac{22,148\%}{7} = 3,1640\% = \ln(1 + \bar{r}_{diskret}) = \ln(1 + 0,032146)$$

Für die annualisierte stetige Rendite ergibt sich:

$$r_{annualisiert_{stetig}} = \frac{12}{n} \cdot \sum_{t}^{n} r_{t_{stetig}} = \frac{12}{7} \cdot 22,148\% = 37,9685\% = \ln(1 + 0,4618)$$

Betrachtet man beispielsweise wiederum die kumulierte stetige Rendite in Periode 4, so kann sie einfach durch Hinzuaddieren der stetigen Rendite zur kumulierten stetigen Rendite der Vorperiode ermittelt werden:

4,748% = 3,753% + 0,995%

Insofern liegt hier keine Abhängigkeit der Veränderung der kumulierten stetigen Rendite von der kumulierten stetigen Rendite der vorhergehenden Periode vor.

Im Rahmen der Performanceanalyse ist zunächst zu entscheiden, mit welcher Rendite sie durchgeführt werden soll. Beide Renditen lassen sich schnell mit der entsprechenden Software ermitteln.

Werden bei der Analyse allerdings statistische Methoden angewendet, so sind stetige Renditen vorzuziehen, da sie wesentliche Eigenschaften enthalten, die für die Anwendung zahlreicher statistischer Verfahren und Modelle vorausgesetzt werden müssen. Beispielsweise sind stetige Renditen eher symmetrisch verteilt, während bei diskreten Renditen eher eine rechtsschiefe Verteilung vorliegt, die nicht der häufig angenommenen Normalverteilung der Renditen entspricht. Insofern eignen sich stetige Renditen z.B. besser für empirische Untersuchungen und dürften dementsprechend im Rahmen der externen Performancemessung vorwiegend verwendet werden.[1]

Allerdings kann nach dem zentralen Grenzwertsatz der Statistik bei einer großen Anzahl an Beobachtungswerten davon ausgegangen werden, dass die Verteilungsfunktion gegen eine Standardnormalverteilung konvergiert. Eine Faustregel besagt, dass für die Verwen-

---

1 Vgl. dazu auch *Beiker* (1993), S. 12 und die dort angegebene Literatur sowie *Poddig/Dichtl/Petersmeier* (2003), S. 105.

dung der Normalverteilungsannahme die Anzahl an Beobachtungen größer als 30 sein muss, wobei allerdings die Unabhängigkeit der einzelnen Werte (z.B. Monatsrenditen) voneinander und deren identische Verteilung gefordert werden muss.[1]

Aufgrund der etwas schwierigeren Interpretationsfähigkeit der stetigen Rendite ziehen viele Praktiker diskrete Renditen vor. Für die Performanceanalyse, die oftmals mit statistischen Methoden erfolgt, sollte aber dennoch die stetige Rendite herangezogen werden. Für eine praxisgerechte Interpretation lassen sich – wie gezeigt – stetige Renditen problemlos in diskrete Werte transformieren.[2]

Bei der Berechnung der Rendite eines Portfolios ist bei Anwendung von stetigen Renditen zu beachten, dass hier die sogenannte Portfolioeigenschaft nicht vorliegt. Somit gilt z.B. für ein Portfolio, das aus den Wertpapieren A, B und C besteht:[3]

$$x_A \cdot r_{A,t_{stetig}} + x_B \cdot r_{B,t_{stetig}} + x_C \cdot r_{C,t_{stetig}} \neq \ln\left(1 + x_A \cdot r_{A,t_{diskret}} + x_B \cdot r_{B,t_{diskret}} + x_C \cdot r_{C,t_{diskret}}\right)$$

Dies kann anhand des folgenden Beispiels gezeigt werden. Ausgangspunkt ist ein Investor, der zum Zeitpunkt t_0 eine A-Aktie, eine B-Aktie und eine C-Aktie erwirbt und insgesamt € 100 anlegt. Die Aktienkurse, Portfoliowerte und jeweiligen Anteile im Portfolio zeigt die nachfolgende Tabelle für eine angenommene Kursentwicklung:

Periode	Aktie A	Aktie B	Aktie C	Portfolio	x_A	x_B	x_C
0	30	50	20	100,00	30,0000%	50,0000%	20,0000%
1	33	44	25	102,00	32,3529%	43,1373%	24,5098%
2	36	55	19	110,00	32,7273%	50,0000%	17,2727%
3	48	52	27	127,00	37,7953%	40,9449%	21,2598%
4	35	50	20	105,00	33,3333%	47,6190%	19,0476%
5	30	47	18	95,00	31,5789%	49,4737%	18,9474%
6	27	40	16	83,00	32,5301%	48,1928%	19,2771%
7	18	46	21	85,00	21,1765%	54,1176%	24,7059%
8	26	45	24	95,00	27,3684%	47,3684%	25,2632%
9	35	47	22	104,00	33,6538%	45,1923%	21,1538%
10	45	60	26	131,00	34,3511%	45,8015%	19,8473%

Tab. G.4: Beispiel zur fehlenden Portfolioeigenschaft von stetigen Renditen I

Aus diesen Angaben resultieren für die einzelnen Aktien die nachfolgenden diskreten und stetigen Renditen:

---

[1] Vgl. *Poddig/Dichtl/Petersmeier* (2003), S. 89f.
[2] Vgl. *Poddig/Dichtl/Petersmeier* (2003), S. 104f.
[3] Vgl. *Drobetz* (2003), S. 2.

Periode	Aktie A		Aktie B		Aktie C		Portfolio	
	$r_{diskret}$	r_{stetig}	$r_{diskret}$	r_{stetig}	$r_{diskret}$	r_{stetig}	$r_{diskret}$	r_{stetig}
0								
1	10,00%	9,53%	−12,00%	−12,78%	25,00%	22,31%	2,00%	1,98%
2	9,09%	8,70%	25,00%	22,31%	−24,00%	−27,44%	7,84%*	7,55%**
3	33,33%	28,77%	−5,45%	−5,61%	42,11%	35,14%	15,45%	14,37%
4	−27,08%	−31,59%	−3,85%	−3,92%	−25,93%	−30,01%	-17,32%	-19,02%
5	−14,29%	−15,42%	−6,00%	−6,19%	−10,00%	−10,54%	-9,52%	-10,01%
6	−10,00%	−10,54%	−14,89%	−16,13%	−11,11%	−11,78%	-12,63%	-13,50%
7	−33,33%	−40,55%	15,00%	13,98%	31,25%	27,19%	2,41%	2,38%
8	44,44%	36,77%	−2,17%	−2,20%	14,29%	13,35%	11,76%	11,12%
9	34,62%	29,73%	4,44%	4,35%	−8,33%	−8,70%	9,47%	9,05%
10	28,57%	25,13%	27,66%	24,42%	18,18%	16,71%	25,96%	23,08%

$$* \ 7,84\% = \frac{110}{102} - 1 \qquad ** \ 7,55\% = \ln(1 + 0,0784)$$

Tab. G.5: Beispiel zur fehlenden Portfolioeigenschaft von stetigen Renditen II

Wie in der Tabelle dargestellt, lassen sich die diskreten Portfoliorenditen aus den Portfoliowerten in den jeweiligen Perioden berechnen. Aus den diskreten Renditen können dann die entsprechenden stetigen Renditen abgeleitet werden.

Sollen die diskreten Portfoliorenditen mit Hilfe der jeweiligen einzelnen Aktienrenditen in jeder Periode bestimmt werden, so führt die folgende Vorgehensweise zu den gleichen Ergebnissen, sofern es sich um diskrete Renditen handelt:

$$r_{PF,t_{diskret}} = x_A \cdot r_{A,t_{diskret}} + x_B \cdot r_{B,t_{diskret}} + x_C \cdot r_{C,t_{diskret}}$$

Werden beispielsweise die Perioden 2 und 3 betrachtet, so gelangt diese Vorgehensweise zu den folgenden Werten:

Periode 2: $r_{PF,2_{diskret}} = 32,3529\% \cdot 9,09\% + 43,1373\% \cdot 25\% + 24,5098\% \cdot (-24\%) = 7,84\%$

$r_{PF,2_{stetig}} = \ln(1 + 0,0784) = 7,55\%$

Periode 3: $r_{PF,3_{diskret}} = 32,7273\% \cdot 33,33\% + 50\% \cdot (-5,45\%) + 17,2727\% \cdot 42,11\% = 15,45\%$

$r_{PF,2_{stetig}} = \ln(1 + 0,1545) = 14,37\%$

Diese (richtigen) stetigen Portfoliorenditen stimmen jedoch nicht mit den folgenden (falschen) stetigen Portfoliorenditen überein:

$$32{,}3529\% \cdot 8{,}70\% + 43{,}1373\% \cdot 22{,}31\% + 24{,}5098\% \cdot (-27{,}44\%) = 5{,}71\% \neq 7{,}55\% = r_{PF,2_{stetig}}$$

$$32{,}7273\% \cdot 28{,}77\% + 50{,}00\% \cdot (-5{,}61\%) + 17{,}2727\% \cdot 35{,}14\% = 12{,}68\% \neq 15{,}45\% = r_{PF,3_{stetig}}$$

In dem Beispiel ergibt sich für die durchschnittliche diskrete Portfoliorendite ein Wert von 2,7371%, was einer durchschnittlichen stetigen Rendite von 2,7003% entspricht:

$$\bar{r}_{PF_{diskret}} = \left(\prod_{t=1}^{n}(1+r_{t_{diskret}})\right)^{\frac{1}{n}} - 1 = [(1{,}02) \cdot (1{,}0784) \cdot \ldots \cdot (1{,}2596)]^{0,1} - 1 = 1{,}31^{0,1} - 1 = 2{,}7371\%$$

bzw.

$$\bar{r}_{PF_{diskret}} = \left(\frac{131}{100}\right)^{\frac{1}{10}} - 1 = 1{,}31^{0,1} - 1 = 2{,}7371\%$$

$$\bar{r}_{PF_{stetig}} = \ln(131) - \ln(100) = \ln(1 + 0{,}027371) = 2{,}7003\%$$

Würde die stetige Portfoliorendite aus den einzelnen stetigen Renditen mit den jeweiligen Gewichten berechnet, so ergäbe sich ein falscher Wert für die stetige Durchschnittsrendite von 1,5481%.

Somit kann dieses Beispiel aufzeigen, dass die stetige Portfoliorendite nicht auf direktem Weg aus den stetigen Einzelrenditen berechnet werden kann. Um die Portfoliorendite aber dennoch aus den stetigen Einzelrenditen zu ermitteln, müssen diese zunächst in die einzelnen diskreten Renditen umgewandelt werden. Anschließend kann die resultierende (diskrete) Portfoliorendite wiederum in die (dann korrekte) stetige Rendite umgeformt werden.[1]

c. Wertgewichtete Rendite

Bei der Renditeberechnung treten insbesondere dann Probleme auf, wenn innerhalb der Betrachtungsperiode Kapitalflüsse (z.B. Einlagen oder Entnahmen) stattfinden. Dies gilt vor allem für in Deutschland aufgelegte Investmentfonds, bei denen das Portfoliomanagement entsprechend dem Open-end-Prinzip nach § 94 Abs. 1 KAGB weder für die Höhe noch für den Zeitpunkt der Kapitalzu- und -abflüsse verantwortlich ist, da dies allein der Anteilsinhaber bestimmt. In diesem Fall ist ein einfacher Vergleich zwischen Portfolioanfangs- und -endwert nicht geeignet; vielmehr müssen für ein unverzerrtes Bild über die erwirtschaftete Rendite die Kapitalströme mit in die Betrachtung einbezogen werden. Im Hinblick auf die Berücksichtigung der Kapitalflüsse lassen sich wert- und zeitgewichtete

---

[1] Vgl. *Drobetz* (2003), S. 2.

Renditeberechnungen unterscheiden. Dabei ist die Entscheidung für eine dieser beiden Renditen davon abhängig, ob der Zeitpunkt der Kapitalab- oder -zuflüsse bei der Renditeberechnung berücksichtigt werden soll. In diesem Zusammenhang stellt sich die Frage, inwieweit der Portfoliomanager auf die Kapitalflüsse Einfluss ausüben kann.

Die wert- oder geldgewichtete Rendite entspricht dem internen Zinsfuß in der Investitionsrechnung. Wird zur Bestimmung der zeitgewichteten Rendite innerhalb einzelner Perioden auf den internen Zinsfuß zurückgegriffen, so wird auch von der Modified BAI-Methode gesprochen.[1] Die wertgewichtete Rendite gewichtet die erzielte Rendite mit den jeweiligen Kapitalvolumina (Money weighted Rate of Return). Dabei werden die zwischenzeitlichen Ein- und Auszahlungen auf das Ausgangsdatum abgezinst und gehen mit ihrem Barwert in die Renditeberechnung ein. Liegen „gebrochene" Periodenlaufzeiten vor, so wird zur Abzinsung der genaue Zeitanteil in Abhängigkeit von der Gesamtperiodendauer (z.B. 0,25 bei einer Gesamtdauer von 360 Tagen und einem Kapitalfluss nach 90 Tagen) herangezogen.

Bei dem Berechnungsverfahren zur Bestimmung der wertgewichteten Rendite finden Veränderungen des eingesetzten Kapitals während der Laufzeit Berücksichtigung. Insofern handelt es sich bei der wertgewichteten Rendite um eine im Hinblick auf die Kapitalflüsse gemittelte Rendite. Dabei wird die Wiederanlage zwischenzeitlicher Zahlungen zum internen Zinsfuß unterstellt. Dieser entspricht grundsätzlich der geometrischen Rendite und stellt denjenigen Zinsfuß dar, bei dem der Kapitalwert als Barwert aller Ein- und Auszahlungen den Wert Null annimmt:

$$C = -a_0 + \sum_{t=1}^{n} \frac{d_t}{(1+r_{IZF})^t} = 0$$

mit

C = Kapitalwert,
a_0 = Auszahlung zum Zeitpunkt 0,
d_t = Einzahlungsüberschuss zum Zeitpunkt t und
r_{IZF} = Interner Zinsfuß.

Die Berechnung kann bei Betrachtung von lediglich zwei Perioden mit Hilfe der Lösungsformel einer quadratischen Gleichung erfolgen. Darüber hinaus kann die lineare Interpolation als Näherungsverfahren herangezogen werden. Der interne Zinsfuß ergibt sich dabei durch Ermittlung der Kapitalwerte für zwei Beispielzinssätze und anschließendes Einsetzen in die folgende Formel:[2]

$$r_{IZF} = r_1 - C_1 \cdot \frac{r_2 - r_1}{C_2 - C_1}$$

Das folgende Beispiel soll der Veranschaulichung dieses Verfahrens dienen. Zu Beginn der Periode wurden € 1.000.000 angelegt. In den ersten 3 Monaten konnte mit dem jeweils zur

---

1 Vgl. *Pieper* (1998), S. 988f. und *Fischer* (2010), S. 37. BAI steht für Bank Administration Institute.
2 Vgl. *Perridon/Steiner/Rathgeber* (2012), S. 55f.

Verfügung stehenden Kapital eine Rendite von –20%, in den folgenden 9 Monaten von +90% erzielt werden. Zunächst soll davon ausgegangen werden, dass weder ein Abfluss noch ein Zufluss von Kapital während des Jahres erfolgt ist. Die Kapitalwertformel ergibt sich zu:

$$C = -a_0 + \sum_{t=1}^{n} \frac{d_t}{(1+r_{IZF})^t} = -1.000.000 + \frac{1.000.000 \cdot 0{,}8 \cdot 1{,}9}{(1+r_{IZF})^1} = -1.000.000 + \frac{1.520.000}{(1+r_{IZF})^1} = 0$$

In diesem Fall ist die Bestimmung des internen Zinsfußes einfach, so dass die lineare Interpolation nicht angewendet zu werden braucht. Der interne Zinsfuß wird wie folgt bestimmt:

$$0 = -1.000.000 + \frac{1.520.000}{(1+r_{IZF})^1} \Leftrightarrow (1+r_{IZF}) = \frac{1.520.000}{1.000.000} \Leftrightarrow r_{IZF} = 0{,}52 = 52\%$$

Nunmehr soll angenommen werden, dass nach 3 Monaten in dem von Portfoliomanager A verwalteten Portfolio eine Einzahlung in das Portfolio in Höhe von € 100.000 und bei Portfoliomanager B eine Entnahme aus dem Portfolio in Höhe von € 100.000 durch den jeweiligen Anleger erfolgen. Beide Portfoliomanager haben in die gleichen Werte investiert. Die folgende Tabelle zeigt die entsprechenden Daten:

Datum	Kurswert A	Kapitalfluss A	Kurswert B	Kapitalfluss B
01.01.00	1.000.000		1.000.000	
31.03.00	800.000		800.000	
31.03.00	900.000*	100.000	700.000*	–100.000
31.12.00	1.710.000		1.330.000	
* inkl. Kapitalfluss				

Tab. G.6: Beispiel zur wertgewichteten Rendite

Die Kapitalwertformel für Portfoliomanager A lautet:

$$C_A = -1.000.000 - \frac{100.000}{(1+r_{IZF})^{0{,}25}} + \frac{1.710.000}{(1+r_{IZF})^1} = 0$$

Hierbei ergibt sich der Wert von € 1.710.000 wie folgt:

$$[1.000.000 \cdot (1-0{,}20) + 100.000] \cdot (1+0{,}90) = 1.710.0000$$

Mit Hilfe der linearen Interpolation kann nun der interne Zinsfuß ermittelt werden. Wird für r_1 ein Wert von 56% und für r_2 58% eingesetzt, so erhält man für C_1, C_2 und den internen Zinsfuß die folgenden Werte:

$C_1 = 6.675,31$, $\quad C_2 = -6.915,54$

$$r_{IZF} \approx 0,56 - 6.675,31 \cdot \frac{0,58 - 0,56}{-6.915,54 - 6.675,31} = 56,9823\%$$

Werden daraufhin die Zinssätze r_1 und r_2 genauer gewählt (z.B. 56,9% bzw. 57%), so ergibt sich ein noch genauerer Wert für den internen Zinsfuß usw.:

$$r_{IZF} \approx 0,569 - 516,22 \cdot \frac{0,57 - 0,569}{-163,73 - 516,22} = 56,9759\%$$

Die Kapitalwertformel für Portfoliomanager B lautet:

$$C_B = -1.000.000 + \frac{100.000}{(1 + r_{IZF})^{0,25}} + \frac{1.330.000}{(1 + r_{IZF})^1} = 0$$

Hieraus ergibt sich ein interner Zinsfuß bzw. die wertgewichtete Rendite von 46,3027%.

Diese Ergebnisse machen deutlich, dass die wertgewichtete Rendite von den vorgenommenen Kapitalflüssen abhängt. Entsprechend erfolgt die Berechnung der Rendite auf Basis des gesamten Kapitals, über das der Portfoliomanager verfügen kann, wobei die Verweildauer im Portfolio berücksichtigt wird.

Unzulässig ist in diesem Beispiel die Aussage, dass Portfoliomanager A besser ist als Portfoliomanager B; denn beide Manager haben mit dem ihnen zur Verfügung gestellten Kapital jeweils in den einzelnen Perioden die gleichen Renditen erzielt (–20% und +90%). Für A ergibt sich gegenüber B eine höhere Rendite, da nach 3 Monaten Kapital zugeflossen ist und mit einem höheren Kapitalbetrag an der positiven Marktentwicklung teilgenommen wurde. Bei B verhält sich der Sachverhalt entsprechend umgekehrt.

Die höhere Rendite bei A kann dementsprechend nicht auf eine bessere Managementleistung zurückgeführt werden. Dies würde nur dann gelten, wenn der Portfoliomanager den Kapitalfluss beeinflusst hätte, z.B. weil er aufgrund einer ihm übertragenen Verantwortung für das Timing über die Zeitpunkte der Kapitalzu- und -abflüsse bestimmen kann. Hiervon ist beispielsweise bei offenen, in Deutschland aufgelegten Publikumsfonds allerdings nicht auszugehen.

Festzuhalten bleibt, dass sich die wertgewichtete Renditc zum Zweck des Vergleichs von verschiedenen Portfoliomanagern grundsätzlich nicht eignet. Sie ist jedoch dann sinnvoll, wenn die Kapitalflüsse durch das Management beeinflusst werden und entsprechend eine Leistung des Managers darstellen. Ein solcher Fall kann im Rahmen einer Vermögensverwaltung für Privatkunden auftreten, wenn der Kunde z.B. zu einem stärkeren Engagement am Kapitalmarkt angehalten wird.

d. Zeitgewichtete Rendite

da. Grundlegende Vorgehensweise

Im Gegensatz zur wertgewichteten Rendite besteht bei der zeitgewichteten Rendite (Time weighted Rate of Return) keine Abhängigkeit von den zwischenzeitlichen Kapitalflüssen. Grundlage ihrer Berechnung ist die geometrische Verzinsung. Zur Bestimmung der zeitgewichteten Rendite wird die gesamte Periode in einzelne Berechnungsperioden unterteilt, deren Anzahl und Dauer von den Kapitalflüssen abhängen. Sobald ein Kapitalzu- oder -abfluss stattfindet, beginnt eine neue (einzelne) Berechnungsperiode. Dadurch lassen sich die Auswirkungen der zwischenzeitlichen Kapitalflüsse beseitigen.

Die Ermittlung der Rendite für die gesamte Periode erfolgt durch multiplikative Verknüpfung der Einzelrenditen in der folgenden Weise:

$$r_{zeitgewichtet_{diskret}} = \prod_{t=1}^{m+1}\left(1 + r_{t_{diskret}}\right) = \left(1 + r_{1_{diskret}}\right) \cdot \left(1 + r_{2_{diskret}}\right) \cdot \ldots \cdot \left(1 + r_{m+1_{diskret}}\right)$$

mit

m = Anzahl der Kapitalflüsse; daraus ergeben sich m+1 einzelne Berechnungsperioden.

Soll hieraus eine durchschnittliche zeitgewichtete Rendite berechnet werden, wird die Anzahl der festen Teilperioden (n, z.B. Monate) hinzugezogen. Somit ergibt sie sich wie folgt:

$$\bar{r}_{zeitgewichtet_{diskret}} = \left(\prod_{t=1}^{m+1}\left(1 + r_{t_{diskret}}\right)\right)^{\frac{1}{n}} - 1$$

Anders als bei der durchschnittlichen diskreten Verzinsung, wie sie oben dargestellt wurde, kann bei der durchschnittlichen zeitgewichteten Rendite die Anzahl der festen Teilperioden (z.B. n = 10 bei Betrachtung von 10 Monatsrenditen) von der Anzahl der einzelnen Berechnungsperioden abweichen, die z.B. bei täglichen Kapitalflüssen jeweils nur einen Tag umfassen.[1]

In dem obigen Beispiel (Tabelle G.6) ergeben sich die folgenden zeitgewichteten Renditen, die sich auf den gesamten Zeitraum, d.h. in diesem Fall 1 Jahr beziehen:

Portfolio A:

$$r_{zeitgewichtet_{diskret}} = \left(1 - \frac{200.000}{1.000.000}\right) \cdot \left(1 + \frac{810.000}{900.000}\right) - 1 = (1 - 0,2) \cdot (1 + 0,9) - 1 = 52\%$$

oder anders berechnet:

---

[1] Vgl. *Poddig/Dichtl/Petersmeier* (2003), S. 116f.

$$r_{zeitgewichtet_{diskret}} = \left(\frac{800.000}{1.000.000}\right) \cdot \left(\frac{1.710.000}{900.000}\right) - 1 = 0,8 \cdot 1,9 - 1 = 52\%$$

Portfolio B:

$$r_{zeitgewichtet_{diskret}} = \left(1 - \frac{200.000}{1.000.000}\right) \cdot \left(1 + \frac{630.000}{700.000}\right) - 1 = (1 - 0,2) \cdot (1 + 0,9) - 1 = 52\%$$

bzw.

$$r_{zeitgewichtet_{diskret}} = \left(\frac{800.000}{1.000.000}\right) \cdot \left(\frac{1.330.000}{700.000}\right) - 1 = 0,8 \cdot 1,9 - 1 = 52\%$$

Wie dieses Beispiel verdeutlicht, wird die zeitgewichtete Rendite durch die Kapitalbewegungen nicht beeinflusst. Damit führt diese Berechnungsmethode bei identisch verwalteten Portfolios, bei denen jedoch unterschiedliche Kapitalflüsse stattfinden, auch zu derselben Rendite. Insofern wird die zeitgewichtete Rendite nur vom Portfoliomanager verantwortet und dokumentiert entsprechend die Leistung des Managers.

Die zeitgewichtete Rendite ist aber u.U. dem Anleger kaum zu erklären, wie die beiden folgenden Beispiele zeigen:

Datum	Kurswert Portfolio A	Kapitalfluss Portfolio A	Kurswert Portfolio B	Kapitalfluss Portfolio B
01.01.00	100.000		100.000	
31.03.00	65.000		40.000	
31.03.00	50.000*	−15.000	50.000*	+10.000
31.12.00	85.000		125.000	
* inkl. Kapitalfluss				

Tab. G.7: Beispiele zur wert- und zeitgewichteten Rendite

Für das Portfolio A erhält man eine zeitgewichtete Rendite von 10,5%. Ein Anleger hätte vermutlich Schwierigkeiten, diese Rendite nachzuvollziehen, da er insgesamt € 85.000 investiert hat (inkl. Kapitalfluss) und am 31.12.00 der Kurswert ebenfalls € 85.000 beträgt. Die wertgewichtete Rendite beträgt entsprechend 0%.

Portfolio B führt zu einer wertgewichteten Rendite von 13,97%, während in diesem Fall aber eine zeitgewichtete Rendite von 0% ausgewiesen wird. Auch dies ist für einen Anleger sicherlich nicht immer unmittelbar einsichtig, da er mehr Kapital zurückerhält (€ 125.000) als er insgesamt investiert hat (€ 110.000).

Problematisch bei der Anwendung der zeitgewichteten Rendite ist die Notwendigkeit, dass die Portfoliobewertung jeweils zum Stichtag des Kapitalflusses zu erfolgen hat, da die jeweiligen Marktwerte für die Berechnung herangezogen werden müssen. Eine Ermittlung der Marktwerte bei jeder Kapitalbewegung ist aber in der Praxis häufig nicht zu realisieren, besonders dann, wenn tägliche Portfoliobewertungen nicht durchgeführt werden bzw. nicht durchgeführt werden können. Bei zahlreichen Kapitalflüssen wäre die oben gezeigte Vorgehensweise zur Berechnung der zeitgewichteten Rendite für viele Vermögensverwalter zu aufwendig. Entsprechend erfolgt oftmals eine monatliche Portfoliobewertung.

Vor diesem Hintergrund wurden Näherungsverfahren entwickelt, bei denen die Rendite zwar nicht exakt berechnet wird, die aber zur Bestimmung der zeitgewichteten Rendite von Portfolios, die z.B. auf monatlicher Basis bewertet werden, in der Praxis notwendig sein können.[1]

db.   Dietz- und Modified Dietz-Methode als Näherungsverfahren

Zunächst soll die originäre Dietz-Methode vorgestellt werden.[2] Bei diesem Verfahren erfolgt die Renditeberechnung nicht mehr bei jedem Kapitalfluss. Vielmehr wird angenommen, dass sämtliche Kapitalflüsse zur Mitte der Bewertungsperiode anfallen bzw. je zur Hälfte am Anfang und am Ende der Periode. Dementsprechend wird die gesamte Periode in gleichgroße Berechnungsperioden unterteilt, die jeweils eine konstante Reinvestitionsrendite aufweisen. Insofern ergibt sich die Rendite als

$$r_{i\,Dietz} = \frac{V_{T_i} - V_{0_i} - \sum_{j=1}^{J} e_{i_j} + \sum_{j=1}^{J} a_{i_j}}{V_{0_i} + 0{,}5 \cdot \sum_{j=1}^{J} e_{i_j} - a_{i_j}}$$

$$= \frac{V_{T_i} - V_{0_i} - \sum_{j=1}^{J} e_{i_j} + \sum_{j=1}^{J} a_{i_j}}{V_{0_i} + 0{,}5 \cdot \text{Nettokapitalfluss}} = \frac{V_{T_i} - V_{0_i} - \text{Nettokapitalfluss}}{V_{0_i} + 0{,}5 \cdot \text{Nettokapitalfluss}}$$

mit

$r_{i\,Dietz}$ = Rendite der Teilperiode i nach der originären Dietz-Methode,
V_{T_i} = Vermögenswert am Ende der Teilperiode i,
V_{0_i} = Vermögenswert zu Beginn der Teilperiode i,
e_{i_j} = j-ter Zufluss (Einzahlung) in der Teilperiode i und
a_{i_j} = j-te Entnahme (Auszahlung) in der Teilperiode i.

Die Formel wird mitunter auch wie folgt ausgedrückt:

$$r_{i\,Dietz} = \frac{V_{T_i} - 0{,}5 \cdot \text{Nettokap.fluss}}{V_{0_i} + 0{,}5 \cdot \text{Nettokap.fluss}} - \frac{V_{0_i} + 0{,}5 \cdot \text{Nettokap.fluss}}{V_{0_i} + 0{,}5 \cdot \text{Nettokap.fluss}} = \frac{V_{T_i} - 0{,}5 \cdot \text{Nettokap.fluss}}{V_{0_i} + 0{,}5 \cdot \text{Nettokap.fluss}} - 1$$

---

1   Vgl. *Fischer* (2010), S. 34f.
2   Vgl. *Dietz/Kirschman* (1990), S. 12ff. und *Pieper* (2002), S. 1018f.

Da sich die originäre Dietz-Methode noch als zu ungenau erweist, ist die modifizierte Dietz-Methode entwickelt worden. Im Unterschied zum originären Dietz-Verfahren werden die Kapitalflüsse exakt mit der zeitlichen Dauer ihrer Wirksamkeit gewichtet:[1]

$$r_{i\,Dietz}^{modifiziert} = \frac{V_{T_i} - V_{0_i} - \sum_{j=1}^{J} e_{i_j} + \sum_{j=1}^{J} a_{i_j}}{V_{0_i} + \sum_{j=1}^{J} g_{i_j} \cdot e_{i_j} - \sum_{j=1}^{J} g_{i_j} \cdot a_{i_j}}$$

mit

$r_{i\,Dietz}^{modifiziert}$ = Rendite der Teilperiode i nach der modifizierten Dietz-Methode,
g_{i_j} = zeitlicher Anteil von der j-ten Mittelbewegung bis zum Ende der Teilperiode i

$$g_{i_j} = \frac{T_i - t_{i_j}}{T_i}$$

mit: T_i = Anzahl der Tage innerhalb der Periode i und
t_{i_j} = Anzahl der Tage innerhalb der Periode i bis zum Zeitpunkt j der Mittelbewegung.

Während sich der Zähler der Formel als „Nettowertzuwachs" interpretieren lässt, kann der Nenner der Formel als „mittleres eingesetztes Kapital" aufgefasst werden.[2]

In dem folgenden Beispiel wird der Unterschied zwischen beiden Näherungsverfahren dargestellt. Ausgangspunkt ist eine Periode von 30 Tagen. Der Vermögensanfangswert beträgt € 1.000.000, der Vermögensendwert € 1.075.000. Nach 12 Tagen erfolgt ein Mittelzufluss von € 100.000, nach weiteren 6 Tagen eine Entnahme von € 80.000. Eine zwischenzeitliche Ermittlung des Portfoliowertes findet nicht statt. Zur Berechnung der Rendite kann die folgende Hilfstabelle dienen:

Anzahl Tage	g_{i_j}	e_{i_j}	$g_{i_j} \cdot e_{i_j}$	a_{i_j}	$g_{i_j} \cdot a_{i_j}$
1	0,96666667		0		0
12	0,6	100.000	60.000		0
18	0,4		0	80.000	32.000
30	0		0		0
Summe	---	**100.000**	**60.000**	**80.000**	**32.000**

Tab. G.8: Beispiel zur modifizierten Dietz-Methode

---

1 Vgl. *Fischer* (2010), S. 39ff.
2 Vgl. *Wittrock/Fischer/Lilla* (1998), S. 609.

Hieraus ergibt sich für die monatliche Rendite:

$$r_{iDietz}^{modifiziert} = \frac{1.075.000 - 1.000.000 - 100.000 + 80.000}{1.000.000 + 60.000 - 32.000} = 5,3502\%$$

$$r_{iDietz} = \frac{1.075.000 - 1.000.000 - 100.000 + 80.000}{1.000.000 + 0,5 \cdot (100.000 - 80.000)} = 5,4455\%$$

Der Wert für r_{iDietz} ist in diesem Beispiel höher, da unterstellt wird, dass die Zahlungen zur Periodenmitte anfallen. Tatsächlich wurde der Vermögensendwert von € 1.075.000 aber erreicht durch eine Einzahlung, die der Auszahlung um einige Tage vorausging und somit früher zur Erwirtschaftung des Vermögensendwertes zur Verfügung stand. Entsprechend fällt bei einer genaueren Berücksichtigung der Kapitalflüsse in diesem Beispiel die Rendite geringer aus.

dc. BVI-Methode

Bei der Renditerechnung, die vom Bundesverband Investment und Asset Management e.V. angewendet wird (BVI-Methode), wird eine zeitgenaue Verrechnung der Ausschüttungen vorgenommen, indem rechnerisch von einer umgehenden Wiederanlage der Ausschüttungen in neue Fondsanteile ausgegangen wird. Hierdurch können die Wertentwicklungen von ausschüttenden und thesaurierenden Fonds untereinander vergleichbar gemacht werden.[1] Die Ausschüttung führt zu einer entsprechenden Erhöhung der Fondsanteile. Die um die Ausschüttungen korrigierte Anzahl der Anteile am Ende der Betrachtungsperiode kann mit Hilfe des Korrekturfaktors y berechnet werden:[2]

$$y = \prod_{t=1}^{n} \left(1 + \frac{\text{Ausschüttung pro Anteil in t}}{\text{Anteilswert nach Ausschüttung in t}}\right)$$

Unter Berücksichtigung dieses Korrekturfaktors lässt sich die annualisierte Rendite nach BVI wie folgt berechnen:

$$r_{BVI_{annualisiert}} = \sqrt[n]{\frac{\text{Anteilswert}_{t_n} \cdot y}{\text{Anteilswert}_{t_0}}} - 1$$

mit

t_n = Zeitpunkt am Ende der Betrachtung und
t_0 = Zeitpunkt zu Beginn der Betrachtung.

---

[1] Vgl. *Wittrock* (1995), S. 19f.; *Fischer* (2010), S. 21 und *BVI* (2012), S. 5.
[2] Vgl. in diesem Zusammenhang auch *Doerks* (1992), S. 239.

734 G. Ziel-Controlling: Performanceanalyse

Dabei wird der börsentäglich ermittelte Anteilswert durch Division sämtlicher Vermögensgegenstände (inkl. sämtlicher Erträge und unter Berücksichtigung von Kosten des Fonds) durch die Anzahl der ausgegebenen Anteile bestimmt.[1]

Die Vorgehensweise kann an einem einfachen Beispiel nachvollzogen werden. Zunächst seien folgende Ausgangsdaten angenommen:

Datum	Anteilswert	Anzahl Anteile*	Kapitalfluss	Δ Anzahl Anteile	Gesamtwert*
01.01.00	250	100			25.000
30.06.00	175	100	7000	40	17.500
31.12.00	200	140	−10.000	−50	28.000
30.06.01	280	90	5600	20	25.200
31.12.01	350	110			38.500
* vor Kauf/Verkauf von Anteilen					

Tab. G.9: Beispiel zur BVI-Methode

Werden keine Ausschüttungen seitens des Fonds vorgenommen, so ergibt sich die annualisierte BVI-Rendite entsprechend der zeitgewichteten Methode wie folgt:

$$r_{BVI_{annualisiert}} = \sqrt[n]{\frac{Anteilswert_{t_n} \cdot y}{Anteilswert_{t_0}}} - 1 = \sqrt[2]{\frac{350 \cdot 1}{250}} - 1 = 18{,}3216\%$$

oder anders ausgerechnet: $r_{BVI_{annualisiert}} \sqrt[2]{\frac{175}{250} \cdot \frac{200}{175} \cdot \frac{280}{200} \cdot \frac{350}{280}} - 1 = \sqrt[2]{\frac{350}{250}} - 1 = 18{,}3216\%$

Alternativ lässt sich diese Rendite auch durch eine reine Betrachtung des Gesamtwertes bestimmen:

$$r_{BVI_{annualisiert}} \sqrt[2]{\frac{17.500}{25.000} \cdot \frac{28.000}{24.500} \cdot \frac{25.200}{18.000} \cdot \frac{38.500}{30.800}} - 1 = \sqrt[2]{1{,}40} - 1 = 18{,}3216\%$$

Im Folgenden sollen nun Ausschüttungen berücksichtigt werden. Sie belaufen sich am 30.06.00 auf € 10 und am 30.06.01 auf € 12. Am 30.06.00 notiert der Fonds nach Ausschüttung somit bei 165, so dass sich bei einer Wiederanlage des Ausschüttungsbetrages neue Anteile von 10/165 = 0,60606 pro altem Anteil ergeben, die zu einem Korrekturfaktor von 1,060606 führen. Vom Kauf/Verkauf neuer Anteile am Markt wird hierbei abstrahiert. Analog wird bei der Ausschüttung am 30.06.01 verfahren, so dass sich der gesamte Korrekturfaktor wie folgt ergibt:

---

1 Vgl. *BVI* (2012), S. 3.

$$y = \prod_{t=1}^{n}\left(1 + \frac{\text{Ausschüttung pro Anteil in t}}{\text{Anteilswert nach Ausschüttung in t}}\right)$$

$$= \left(1 + \frac{10}{165}\right) \cdot \left(1 + \frac{12}{268}\right) = 1{,}060606 \cdot 1{,}044776 = 1{,}108096$$

Die annualisierte BVI-Rendite beläuft sich somit in diesem Beispiel auf:

$$r_{BVI_{annualisiert}} = \sqrt[n]{\frac{\text{Anteilswert}_{t_n} \cdot y}{\text{Anteilswert}_{t_0}}} - 1 = \sqrt[2]{\frac{350 \cdot 1{,}108096}{250}} - 1 = 24{,}5526\%$$

Insgesamt gesehen lassen sich verschiedene Verfahren der Renditebestimmung unterscheiden. Dabei ist bei veröffentlichten Zahlen genau zu prüfen, welche Methode den Renditen zugrunde liegt.

2. Berücksichtigung des Risikos

Die Rendite eines Portfolios sollte nicht alleiniger Maßstab zur Portfoliobeurteilung sein. Zwar zählt im Rückblicksvergleich nur die Rendite; denn bei Vergangenheitsbetrachtungen liegt keine Unsicherheit bezüglich der Renditerealisationen vor; ex ante betrachtet spielt das einzugehende Risiko jedoch eine große Rolle. Es entspricht zudem der Erfahrungswelt im Portfoliomanagement, dass Kapitalanleger in ihrer überwiegenden Mehrzahl risikoavers und nicht risikoneutral oder gar risikofreudig eingestellt sind. Diese Beobachtung steht im Einklang mit der Gültigkeit des in den Wirtschaftswissenschaften weithin akzeptierten Rationalprinzips. Zur Verdeutlichung dieses Sachverhaltes wird ein Beispiel betrachtet. Das in Abbildung G.3 dargestellte Diagramm zeigt die Renditen zweier Portfolios A und B zu einem in der Zukunft liegenden – aber nicht näher bestimmten – Zeitpunkt.

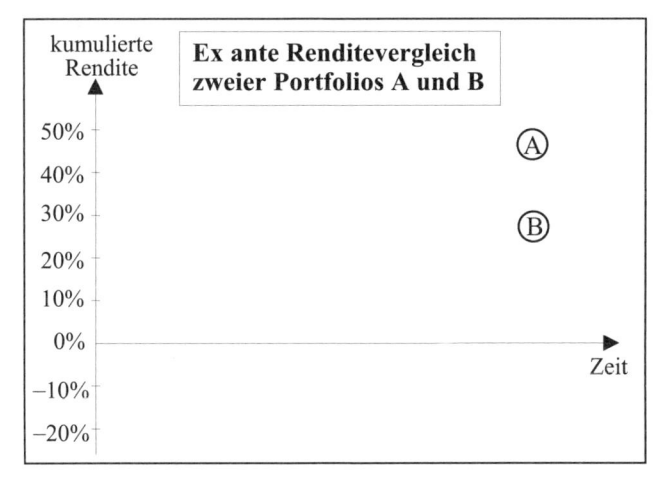

Abb. G.3: Vergleich zukünftiger Portfoliorenditen

Obwohl der visuelle Eindruck die Überlegenheit des Portfolios A nahe legt, ist ein solcher Schluss im Sinne der Performancemessung nicht angebracht. Denn eingangs des Kapitels A war Performance definiert als risikoadjustierte Rendite. Offenbar muss neben der erwarteten Rendite auch das mit ihrem Eintreten verbundene Risiko in Erwägung gezogen werden. Daher ist die Kenntnis des Entstehungsprozesses der Rendite, wie er in Abbildung G.4 gezeigt wird, für die Performancebeurteilung unerlässlich.

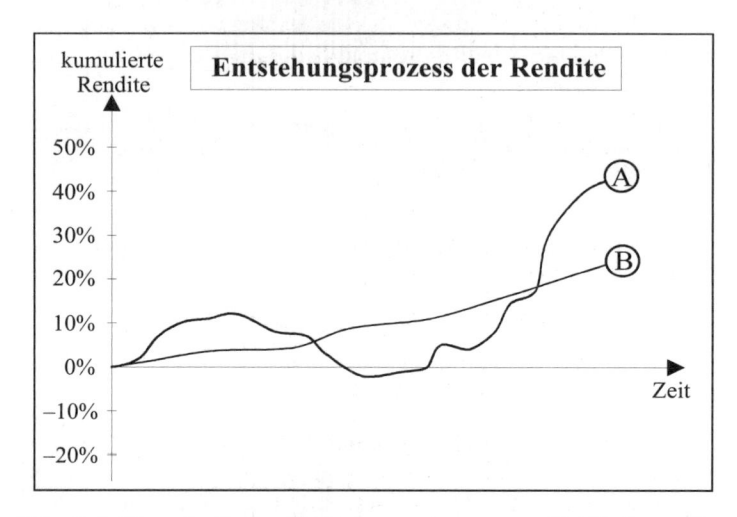

Abb. G.4: Hypothetischer Entstehungsprozess von Portfoliorenditen

Wie aus der Grafik erkennbar ist, verläuft die Renditeentwicklung von Portfolio A wesentlich volatiler als die von Portfolio B. Auf eine Vorteilhaftigkeit von A kann daher bei Unterstellung eines risikoscheuen Anlegers nicht von vornherein geschlossen werden. Das Ergebnis der visuellen Performanceanalyse hängt offenbar maßgeblich von dem Betrachtungszeitpunkt ab.

Um zu einer gesicherten Aussage bezüglich der Rangfolge (Ranking) der beiden Portfolios zu kommen, müssen die Fragen nach der Rendite, dem Risiko und dem Zeitbezug quantifiziert sein. Nimmt man darüber hinaus die Portfolioliquidität als drittes zentrales Ziel des „magischen Zieldreiecks" hinzu, dann bietet sich eine dreidimensionale Darstellung an. Dies wird in der Portfoliomanagementpraxis überwiegend nicht gemacht, da unterstellt wird, dass die Portfolios gleichermaßen liquide sind. Bei Wertpapierportfolios dürfte diese Annahme i.d.R. erfüllt sein. Gleichwohl müssen auch hierbei Portfolios mit Small Caps von denen mit Large Caps unterschieden werden.

Nicht nur im Bereich von Renditen ist es wichtig, vor dem Performancemessungsprozess eine Berechnungsmethodik für die Portfoliozielgrößen festgelegt zu haben. Risikokonzeptionen werden tendenziell kontroverser diskutiert als Renditeberechnungsmethoden. Unterschiedliche Risikodefinitionen führen u.U. zu unterschiedlichen Ergebnissen in der Performanceanalyse. Es ist deshalb unerlässlich, sich bei der Zielfestlegung für ein Portfolio über den zugrunde gelegten Risikobegriff Klarheit zu verschaffen. Die zur Verfügung stehende Auswahl von Risikobegriffen ist zahlreich. Während theoretisch nahezu alle Risikomaße in die Performancemessung einfließen können, beschränkt sich die Portfoliomanagementpraxis neben der Renditemessung weitgehend auf das 2. bis 4. Moment einer

Wahrscheinlichkeitsverteilung.[1] Dass die Validität der Resultate der Performancemessung in Wissenschaft und Praxis z.T. umstritten ist, liegt vor allem in der Kontroverse um den richtigen Risikobegriff begründet.

Der zunehmende Einsatz von derivativen Finanzmarktinstrumenten im professionellen Portfoliomanagement erschwert die Risikomessung zusätzlich. Asymmetrische Performanceprofile, wie sie z.B. bei Portfolio-Insurance-Konzeptionen üblich sind, bedürfen genauer Risikobeschreibungen.

Wie bereits im Eingangskapitel beschrieben, lassen sich unterschiedliche Arten von Benchmarks als Portfolioziele bestimmen. Hat der Investor dem Portfoliomanager eine Benchmark vorgegeben, die an bestimmte Kapitalmarktsegmente gebunden ist, dann steht die relative Performance des Portfolios im Vergleich zu dem vorgegebenen Kapitalmarktsegment im Betrachtungsvordergrund. Liegt hingegen eine performanceorientierte Benchmark zugrunde, dann steht für den Investor eher die absolute Performance im Vordergrund. Die Performancemessung hat dies zu berücksichtigen.

Die relative Performancemessung hat eine große Bedeutung erlangt, da die Vereinbarung klarer marktorientierter Portfolioziele in Form von Benchmarks als Industriestandard im Portfoliomanagement angesehen werden kann, wenngleich in den letzten Jahren zunehmend auch benchmarkfreie Absolute Return-Ansätze herangezogen werden.[2] Da im Portfoliomanagement überwiegend eine aktive Investmentphilosophie anzutreffen ist, besteht im Rahmen der relativen Performancemessung die vorherrschende Zielsetzung in der Erwirtschaftung einer positiven aktiven Rendite, die sich aus der Differenz der Portfolioüberschussrendite und der Benchmarküberschussrendite ($r_{PF_a} = r_{PF_{ü}} - r_{BM_{ü}}$) ergibt.[3]

Abbildung G.5 zeigt die Darstellung der relativen Performance in einem Chart. Auf der Abszisse ist als Risikomaß die Volatilität im Vergleich zur Benchmark abgetragen. Alternativ könnte beispielsweise auch der ß-Faktor verwendet werden. Die Ordinate beschreibt die Höhe der aktiven Rendite. Portfolios, die links der gestrichelten 45-Grad Linie liegen, sind als Outperformer zu klassifizieren et vice versa. Die numerischen Werte in Klammern geben die genaue Performanceposition des jeweiligen Portfolios an. Portfolio A weist z.B. eine zusätzliche Volatilität von 2 Prozentpunkten und eine aktive Rendite von 5 Prozentpunkten gegenüber der Benchmark auf.

Im Vergleich mit der relativen Performancemessung liegt der Ursprung des Koordinatensystems bei absoluter Performancebetrachtung in Höhe des risikolosen Zinses. Da hierbei die absolute Volatilität, die nicht negativ sein kann, als Abszisse dient, gibt es keinen 2. und 3. Quadranten. Auf der Ordinate wird im Unterschied zur relativen Performancemessung die Überschuss- oder gegebenenfalls die Gesamtrendite dargestellt. Üblich ist die Verwendung von Überschussrenditen. Für die konkrete Wahl der Darstellungsform ist die Zielsetzung des Portfolios ausschlaggebend.

---

1 Siehe hierzu die Ausführungen in Kapitel A.
2 Zu den Absolute Return-Ansätzen vgl. Kapitel A.IV sowie Kapitel C.IV.8.
3 Zur Überschussrendite vgl. Kapitel A. Ein Grund für das deutliche Überwiegen aktiver Investmentansätze im institutionellen Portfoliomanagement ist auch die Möglichkeit zur Durchsetzung höherer Management-Gebühren. Die Margen im passiven Portfoliomanagement sind geringer.

Relative Performancemessung

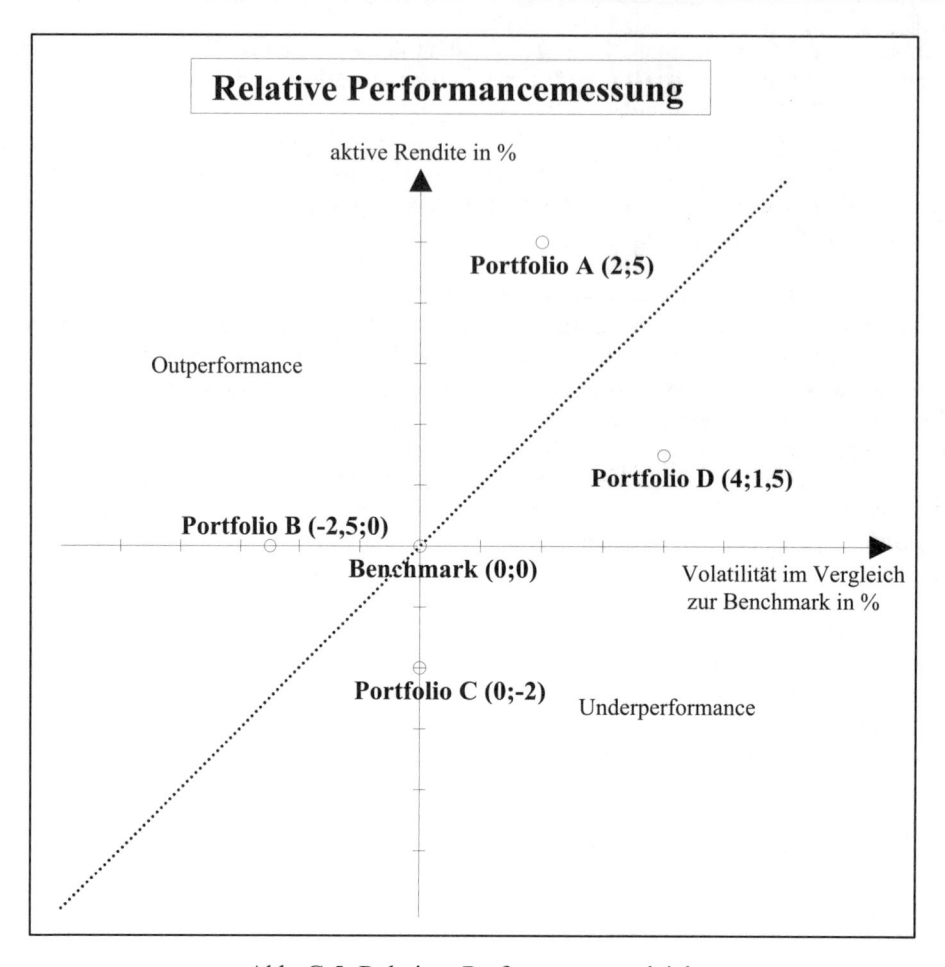

Abb. G.5: Relativer Performancevergleich

Eine Aussage bezüglich des Rankings der zwei in der nachfolgenden Abbildung G.6 eingezeichneten Portfolios E und F lässt sich auf risikoadjustierter Basis nicht visuell durchführen.

Die Performancemessung und -attribution konzentriert sich überwiegend auf das Portfolio und dessen realisierte Rendite- und Risikokennzahlen. Damit stehen Marktgrößen im Betrachtungsmittelpunkt. Die letztlich zu optimierende Zielgröße aus Sicht des Investors ist jedoch dessen individueller Nutzen. Es stellt sich daher die Frage, welchen Nutzen das Portfolio dem Investor gestiftet hat.

Der Grund für die allenfalls marginale Betrachtung des Nutzens im Rahmen der Performanceanalyse liegt auf der Hand. Nutzengrößen sind individuell und damit schwerlich objektivierbar. Für Anleger, die in der Lage sind, ihre Rendite-Risikopräferenzen hinreichend genau zu quantifizieren, können sich aus einer Nutzenanalyse wertvolle Erkenntnisse gewinnen lassen.

```
                Absolute Performancemessung
    Überschuss-
    rendite in %
         ▲
         │
         │                    •
         │                 Portfolio E
         │
         │
         │
         │         •
         │      Portfolio F
         │
         •─────────────────────────────────▶
                                    Volatilität in %
```

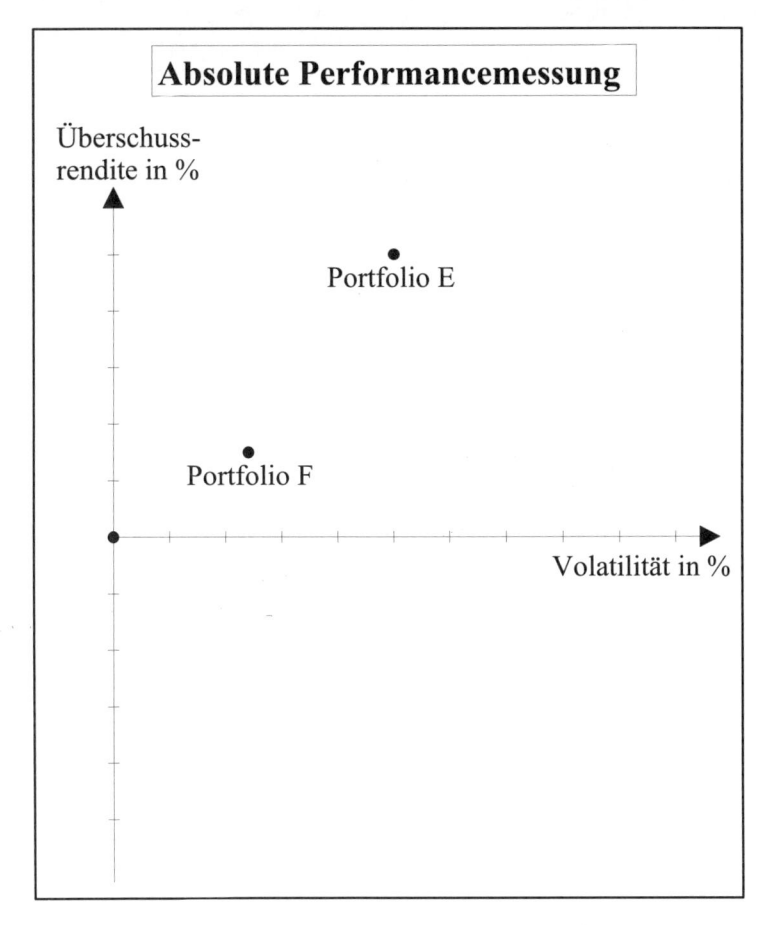

Abb. G.6: Absolute Performancedarstellung

3. Klassische Performancemaße

a. Sharpe-Ratio

Im Rahmen der relativen Performancemessung werden die erzielten Portfolioergebnisse mit den Resultaten einer vorgegebenen Benchmark verglichen. Ziel dieses Vorgehens ist die Beantwortung der Frage, ob das Portfolio in einem gegebenen Zeitraum die festgelegte Benchmark risikoadjustiert übertroffen hat. Mit Hilfe der Sharpe- und der Treynor-Ratio lässt sich die gestellte Frage beantworten.

Die in der Portfoliomanagementpraxis weit verbreitete Sharpe-Ratio wurde vom Nobelpreisträger für Wirtschaftswissenschaften 1990, *William F. Sharpe*, entwickelt.[1] Sie setzt die erzielte Portfolioüberschussrendite ins Verhältnis zur Volatilität und damit zum Gesamtrisiko des Portfolios:

---

1 Vgl. *Sharpe* (1966), S. 119ff.

$$SR_{PF} = \frac{\bar{r}_{PF} - r_f}{\sigma_{PF}}$$

mit

$\bar{r}_{PF}$ = durchschnittliche Portfoliorendite.

Zu interpretieren ist die Sharpe-Ratio (SR) als Überschussrendite, die pro Einheit an übernommener Volatilität erzielt wurde. Angestrebt wird ein möglichst hoher SR-Wert. Wird ein Portfolio mit seiner Benchmark oder einem anderen Portfolio verglichen, dann lässt sich mit Hilfe der Sharpe-Ratio eine Reihenfolge festlegen.

Beispielsweise konnten bei einem risikolosen Zinssatz von 4% für die beiden Portfolios A und B die folgenden Werte ermittelt werden:

A: $\bar{r}_{PF}$ = 12%, σ_{PF} = 20%
B: $\bar{r}_{PF}$ = 6%, σ_{PF} = 12%

Für die beiden Sharpe-Ratios ergeben sich somit die folgenden Werte:

$$SR_A = \frac{12\% - 4\%}{20\%} = 0{,}4$$

$$SR_B = \frac{6\% - 4\%}{12\%} = 0{,}167$$

Entsprechend hat auf Basis der Sharpe-Ratio Portfolio A besser abgeschnitten als Portfolio B. Dies lässt sich auch grafisch zeigen:

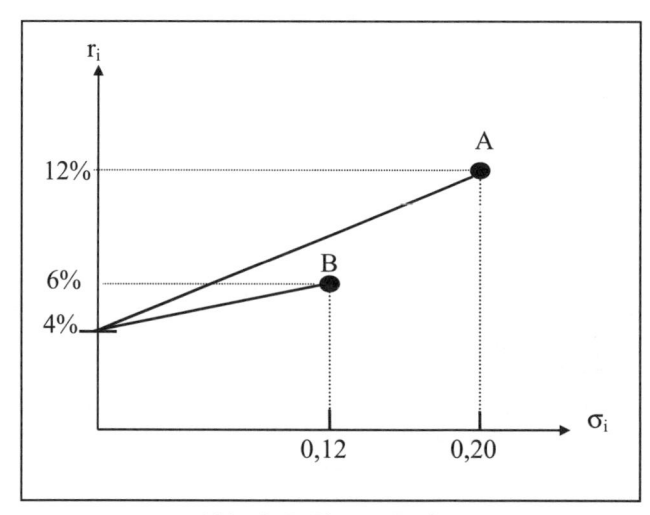

Abb. G.7: Sharpe-Ratio

Die Anwendung der Sharpe-Ratio zur Messung der risikobereinigten Performance ist allerdings aus Sicht des Investors nur dann sinnvoll, wenn dieser sein Kapital ausschließlich in das zu bewertende Vermögen investiert hat; denn in diesem Fall ist nur das Gesamtrisiko das für ihn relevante Risiko.

Zu klären ist zunächst die Wahl des risikolosen Zinses. So bietet es sich an, eine Auswahl entsprechend dem Renditeintervall vorzunehmen. Bei Verwendung von Monatsrenditen sollten somit die monatlichen Geldmarktsätze für Einmonatsgelder herangezogen werden und zwar die Sätze am Ende des Vormonats. Diese Zinssätze sind vom Portfoliomanager auch tatsächlich erzielbar und damit sicher gewesen. Befinden sich im Portfolio mehrere Währungen, so erscheint zur sachgerechten Beurteilung des Portfoliomanagers die Wahl des lokalen Geldmarktsatzes sinnvoll, da der Portfoliomanager zu diesem Satz überschüssige Liquidität anlegen kann. Vergleicht der Investor verschiedene Portfolios miteinander, so sollte er seinen relevanten Geldmarktsatz heranziehen. In empirischen Untersuchungen konnten jedoch keine besonderen Ergebnisunterschiede bei Einsatz verschiedener risikoloser Zinssätze festgestellt werden.[1]

Als problematisch könnten bei Verwendung der Sharpe-Ratio die Fälle angesehen werden, bei denen $\bar{r}_{PF}$ kleiner als r_f ist, da dann die Überschussrendite negativ wird. So würde beispielsweise in dem folgenden Fall 1 das Portfolio A1 eine weniger negative Sharpe-Ratio aufweisen und damit besser abschneiden als Portfolio B, obwohl zur Erzielung der gleichen Portfoliorendite ein höheres Risiko eingegangen wurde:

Fall 1: Portfolio A1: $\dfrac{2\% - 6\%}{30\%} = -0{,}1333$; Portfolio B: $\dfrac{2\% - 6\%}{20\%} = -0{,}2$

Ebenso könnte die Interpretation des Ergebnisses in Frage gestellt werden, wenn Portfolio A2 eine geringere Portfoliorendite als Portfolio B bei gleichzeitig höherem Risiko erzielt hätte (Fall 2) und in diesem Beispiel die Sharpe-Ratios gleich sind:

Fall 2: Portfolio A2: $\dfrac{0\% - 6\%}{30\%} = -0{,}2$; Portfolio B: $\dfrac{2\% - 6\%}{20\%} = -0{,}2$

Insofern könnte in den Fällen einer negativen Überschussrendite die Meinung vertreten werden, dass die Sharpe-Ratio in diesen Fällen nicht angewendet werden sollte. Allerdings finden sich auch Argumente dafür, dass die Sharpe-Ratio auch auf den Fall negativer Überschussrenditen angewendet werden kann. Dazu soll davon ausgegangen werden, dass mit der Sharpe-Ratio grundsätzlich nicht einzelne Portfolios, sondern Kombinationen zwischen dem risikolosen Zinssatz und dem jeweiligen Portfolio bewertet werden.[2]

In dem obigen Fall 1 weist das Portfolio A1 eine Portfoliorendite von 2% bei einer Standardabweichung von 30% auf. Diese Werte stimmen mit dem Gesamtportfolio überein, wenn 100% des Vermögens in das Portfolio A1 und 0% in die risikolose Anlage investiert werden. Ein Risiko für das Gesamtportfolio G_{A1} von nur 20% wäre realisiert worden, wenn

---

1 Vgl. *Wittrock* (1995a), S. 216ff. und *Beiker* (1993), S. 361ff.
2 Vgl. *Fischer* (2010), S. 452f.

nur 66,67% in das Portfolio A1 und 33,33% in die risikolose Anlage investiert worden wären:[1]

$$x_{A1} = \frac{\sigma_{G_{A1}}}{\sigma_{A1}} = \frac{20\%}{30\%} = 66,67\% \quad , \qquad x_f = 1 - x_{A1} = 33,33\%$$

In diesem Fall hätte sich eine Rendite für das Gesamtportfolio G_{A1} von 3,33% ergeben:

$$r_{G_{A1}} = x_{A1} \cdot r_{A1} + x_f \cdot r_f = 0,6667 \cdot 2\% + 0,3333 \cdot 6\% = 3,33\%$$

Somit wäre bei gleichem Gesamtrisiko wie bei Portfolio B eine höhere Rendite erzielt worden.

Im Fall 2 kann analog verfahren werden. Sollte das Risiko des Gesamtportfolios G_{A2} – bestehend aus Portfolio A2 und der risikolosen Anlage – auf 20% gesenkt werden, müssten 66,67% des Vermögens in das Portfolio A2 und 33,33% in die risikolose Anlage investiert werden. In diesem Fall würde sich eine Rendite von 2% für das Gesamtportfolio G_{A2} ergeben, so dass dann beide Portfolios (A2 und B) tatsächlich zu den gleichen Werten führen.

Grafisch werden die Werte für beide Fälle in Abbildung G.8 dargestellt. Beispielsweise würde bei gleichem Risiko das Gesamtportfolio G_{A1} eine höhere Rendite erzielen als das Portfolio B. Somit kann das Portfolio G_{A1} und damit auch das Portfolio A1 höher eingestuft werden als das Portfolio B. Zudem kann auch mit dem höheren Risiko von Portfolio A1 eine höhere Wahrscheinlichkeit als bei Portfolio B angenommen werden, dass das Portfolio A1 in der Zukunft eine positive Überschussrendite erzielen wird.[2]

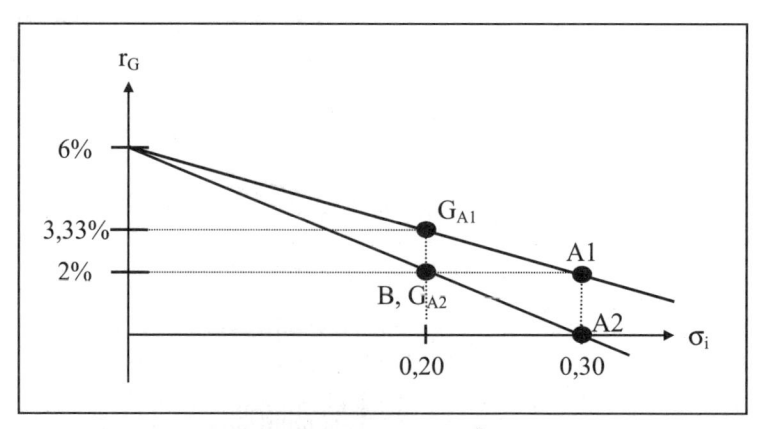

Abb. G.8: Sharpe-Ratio bei negativen Überschussrenditen

Nunmehr soll ein mögliches Problem aufgezeigt werden, wenn ein passiv und ein aktiv gemanagtes Portfolio anhand der Sharpe-Ratio über einen längeren Zeitraum verglichen

---

1 Zur Berechnung vgl. Kapitel B.I.1. in diesem Buch.
2 Vgl. *Fischer* (2010), S. 452f., der darauf hinweist, dass es zu den hier dargestellten Überlegungen auch andere Auffassungen gibt.

werden. Beispielsweise liegen für das aktiv gemanagte Portfolio PF_{aktiv} und das passiv gemanagte Portfolio PF_{passiv} die folgenden Daten für einen Zeitraum von zwei Jahren vor:[1]

Quartal	$r_{PF\ aktiv_{ü}}$	$r_{PF\ passiv_{ü}}$		Quartal	$r_{PF\ aktiv_{ü}}$	$r_{PF\ passiv_{ü}}$
1	−1,50%	−1,00%		5	−15,00%	−1,00%
2	2,00%	0,50%		6	20,00%	0,50%
3	1,50%	1,50%		7	15,00%	1,50%
4	4,00%	3,00%		8	40,00%	3,00%
Mittelwert	1,50%	1,00%		Mittelwert	15,00%	1,00%
Std.abw. *	1,9685%	1,4577%		Std.abw. *	19,685%	1,4577%
Sharpe-Ratio	0,7620	0,6860		Sharpe-Ratio	0,7620	0,6860

* Hier wird zur Berechnung der Standardabweichung ausnahmsweise durch n geteilt. Andernfalls würde in diesem Beispiel die Standardabweichung des Gesamtzeitraums bei dem passiven Portfolio von den Quartalswerten abweichen.

Tab. G.10: Beispiel zur Sharpe-Ratio bei Strategiewechsel – Einzelperioden

Wie die Werte des aktiv gemanagten Portfolios zeigen, liegt offensichtlich ein Strategiewechsel seitens des Portfoliomanagers nach dem ersten Jahr vor, da das Risiko und auch die Portfolioüberschussrendite deutlich angestiegen sind, wobei sich allerdings die gleichen Werte für die Sharpe-Ratio ergeben. In beiden Jahren liegt die Sharpe-Ratio des aktiv gemanagten Portfolios oberhalb der Sharpe-Ratio des passiv gemanagten Portfolios. Wird nun aber der gesamte Zeitraum von zwei Jahren betrachtet, so ergeben sich folgende Werte:

Quartal	$r_{PF\ aktiv_{ü}}$	$r_{PF\ passiv_{ü}}$
1	−1,50%	−1,00%
2	2,00%	0,50%
3	1,50%	1,50%
4	4,00%	3,00%
5	−15,00%	−1,00%
6	20,00%	0,50%
7	15,00%	1,50%
8	40,00%	3,00%
Mittelwert	8,25%	1,00%
Std.abw. *	15,5322%	1,4577%
Sharpe-Ratio	0,5312	0,6860

* Hier wird zur Berechnung der Standardabweichung ausnahmsweise durch n geteilt. Andernfalls würde in diesem Beispiel die Standardabweichung des Gesamtzeitraums bei dem passiven Portfolio von den Quartalswerten abweichen.

Tab. G.11: Beispiel zur Sharpe-Ratio bei Strategiewechsel – Gesamtperioden

---

1 Vgl. zu einem ähnlichen Beispiel *Bodie/Kane/Marcus* (2011a), S. 833.

Festzustellen ist, dass in diesem Beispiel bei Betrachtung der einzelnen Perioden die Sharpe-Ratio des aktiven Portfolios in beiden Jahren jeweils oberhalb der Sharpe-Ratio des passiven Vergleichsportfolios lag, während dies für den gesamten Zeitraum nicht mehr der Fall ist. Somit wird die offensichtliche Strategieänderung des aktiven Portfolios nicht bei der Sharpe-Ratio berücksichtigt. Insbesondere führte der Unterschied in den Renditemittelwerten in den beiden Jahren dazu, dass die Standardabweichung relativ hoch ausfällt, wenn der Gesamtzeitraum betrachtet wird. Dadurch erscheint die aktive Strategie risikoreicher als sie tatsächlich ist mit der Folge einer relativ geringen Sharpe-Ratio.[1]

Als Kritikpunkt an der Anwendung der Sharpe-Ratio kann die in der Praxis häufig nicht angegebene Signifikanz der Ergebnisse angeführt werden. Für dieses Maß ist ein entsprechender Signifikanztest entwickelt worden.[2] Hierbei wird die Nullhypothese überprüft, dass die Differenz zweier Ratios Null beträgt. Erst wenn die Nullhypothese auf einem als ausreichend angesehenem Signifikanzniveau abgelehnt werden kann, sollten Rankingbeurteilungen auf der Basis der Sharpe-Ratio erfolgen. Um mit diesem Test gesicherte Aussagen zu erhalten, ist eine relativ große Stichprobengröße erforderlich. Auch können große Unterschiede in den Standardabweichungen der zu vergleichenden Portfolios die Macht dieses Tests verringern. In einer empirischen Untersuchung konnte gezeigt werden, dass im Vergleich zur gewählten Benchmark eine Signifikanz der Differenz zwischen der Sharpe-Ratio des jeweiligen Fonds und der Benchmark zumeist nicht vorliegt.[3]

Ferner wird der Diversifikationsaspekt bei der Sharpe-Ratio nicht berücksichtigt. So würden zwei Portfolios mit gleicher $\bar{r}_{PF}$ und gleicher σ_{PF}, die aber unterschiedlich gut diversifiziert sind, gleich bewertet. Für einen rationalen Investor wäre aber das besser diversifizierte Portfolio von höherem Nutzen, da es weniger unsystematische Risiken aufweist.

Darüber hinaus kann das unsystematische Risiko im Rahmen einer Gesamt-Portfolio-Betrachtung zumindest teilweise für den Investor unbedeutend sein.[4] Dies trifft z.B. auf den Fall zu, dass die Ergebnisse einzelner Portfolio-Bestandteile relativ zueinander beurteilt werden sollen. Beispielsweise ist bei dem Vergleich zwischen den Resultaten deutscher Aktien und französischer Aktien in einem Euroland-Aktien-Portfolio nur der Beitrag der beiden Einzelportfolios zum Gesamtrisiko des Euroland-Aktien-Portfolios für die Beurteilung von Bedeutung; denn mit dem Gesamt-Portfolio liegt ein diversifiziertes Portfolio vor, so dass für die Bewertung lediglich das systematische Risiko ausschlaggebend ist. Infolgedessen kann in diesem Fall das unsystematische Risiko vernachlässigt werden. Auf diesen Überlegungen basiert die im Folgenden dargestellte Treynor-Ratio.

b. Treynor-Ratio

Mit der Treynor-Ratio steht eine weitere – ebenfalls einparametrische – Kennzahl zum Vergleich mehrerer Portfolios zur Verfügung.[5] Im Unterschied zur Sharpe-Ratio verwendet die Treynor-Ratio als Risikomaß den ß-Faktor, der das systematische Risiko eines Portfolios misst:

---

1 Vgl. *Bodie/Kane/Marcus* (2011a), S. 833.
2 Vgl. *Wittrock* (1995a), S. 77 und die dort angegebene Literatur.
3 Vgl. *Wittrock* (1995a), S. 340f.
4 Vgl. *Garz/Günther/Moriabadi* (1997), S. 218.
5 Vgl. *Treynor* (1965), S. 63ff.

$$TR_{PF} = \frac{\bar{r}_{PF} - r_f}{\beta_{PF}}$$

Anders als bei der Sharpe-Ratio ist die Verwendung der Treynor-Ratio dann eher angebracht, wenn das zu beurteilende Portfolio nur ein Teil eines größeren, gut diversifizierten Gesamt-Portfolios ist bzw. selber gut diversifiziert ist. Andernfalls lägen unterschiedliche Gesamtrisiken vor. Dann würden Portfolios mit einem identischen systematischen Risiko – obwohl unterschiedlich diversifiziert – gleich bewertet. Ein geringerer Diversifikationsgrad bedeutet aber ein größeres unsystematisches Risiko, das entsprechend der Kapitalmarkttheorie aber nicht entgolten wird. In diesem Fall ist eine Gesamtrisikobetrachtung wiederum sinnvoller. Folglich sollten grundsätzlich sowohl ein unterschiedlicher Diversifikationsgrad als auch der Gesamt-Portfolio-Zusammenhang bei der Performancemessung Berücksichtigung finden. Entsprechend kann die gleichzeitige, ergänzende Verwendung von Sharpe- und Treynor-Ratio sinnvoll sein.[1]

Sowohl die Sharpe-Ratio als auch die Treynor-Ratio basieren auf Modellen der Kapitalmarkttheorie. Damit hängt ihre Validität jeweils von der Gültigkeit der dort verwendeten Annahmen ab. Allerdings unterliegt die Sharpe-Ratio nicht der Kritik von *Roll* am CAPM, der die empirische Überprüfbarkeit aufgrund des nicht vorhandenen Marktportfolios in Frage stellt. Denn das Marktportfolio bzw. der als Proxy verwendete Index ist für das Ranking der Portfolios nach der Sharpe-Ratio nicht erforderlich.[2]

Darüber hinaus werden die Risikomaße als im Zeitablauf konstant angesehen bzw. ein Durchschnittsrisiko betrachtet. Anhand der Sharpe- und Treynor-Ratio ist eine Aussage bezüglich der Unterscheidung in Wertpapierselektions- und Timingfähigkeiten nicht möglich.

Ferner hängen die Ergebnisse der Treynor-Ratio von der Benchmarkwahl ab. Dies macht deutlich, wie wichtig die Ex ante-Festlegung einer verbindlichen Benchmark im Rahmen der Portfoliozielsetzung ist. Für die Performancemessung ist bedeutsam, dass die Benchmark zumindest effizient ist.

c. Jensen-Alpha

Das sog. Jensen-Alpha (α_J) kann als klassisches Maß zur Bestimmung von Wertpapierselektionsfähigkeiten von Portfoliomanagern bezeichnet werden.[3] Es basiert auf dem CAPM und misst jenen Teil der Gesamtrendite eines Portfolios, der nicht mit der Rendite der vorspezifizierten Benchmark korreliert ist. Zur Messung des Jensen-Alphas bedient man sich einer linearen Regression, wobei die Überschussrenditen des zu beurteilenden Portfolios auf die Überschussrenditen der Benchmark regressiert werden:

$$\alpha_J = r_{PF_ü} - r_{BM_ü} \cdot \beta_{PF} - \varepsilon_{PF}$$

---

[1] Zur Frage, wann sich ein Anleger nach der Sharpe-Ratio und wann nach der Treynor-Ratio richten sollte, und zur Entwicklung des investorspezifischen Performancemaßes ISM vgl. *Scholz/Wilkens* (2003), S. 1ff.

[2] Vgl. *Roll* (1977), S. 129ff.; *Roll* (1978), S. 1060f.; *Wittrock* (1995a), S. 37; *Wittrock* (2002), S. 973.

[3] Vgl. *Jensen* (1968), S. 389ff.

mit

$r_{PF_ü}$	=	gemessene Portfolio-Überschussrendite,
$r_{BM_ü}$	=	gemessene Überschussrendite des Benchmarkportfolios,
$ß_{PF}$	=	Sensitivität der Portfolio-Überschussrenditen in Bezug auf die Überschussrendite der Benchmark und
ε_{PF}	=	Residualrendite bzw. Zufallsfehler oder Störeinfluss (stochastischer Störterm der Regressionsgleichung) mit $E(\varepsilon_{PF}) = 0$, $COV(\varepsilon_{PF}; r_{BM}) = 0$ und $COV(\varepsilon_{PF_t}; \varepsilon_{PF_{t-1}}) = 0$.

Die Verwendung von Überschussrenditen impliziert, dass die Benchmark-Überschussrenditen den Ursprung des Koordinatensystems darstellen. Bei Vorliegen positiver Selektionsfähigkeiten des Portfoliomanagers wird die Regressionsgerade der realisierten Portfoliorenditen oberhalb des Nullpunktes verlaufen. In diesem Fall stellt das Jensen-Alpha, wie in Abbildung G.8 dargestellt, den Ordinatenabschnitt zwischen dem Nullpunkt und der Portfolioregressionsgeraden dar. Die statistische Signifikanz des Jensen-Alphas kann mit Hilfe eines sog. t-Tests überprüft werden.

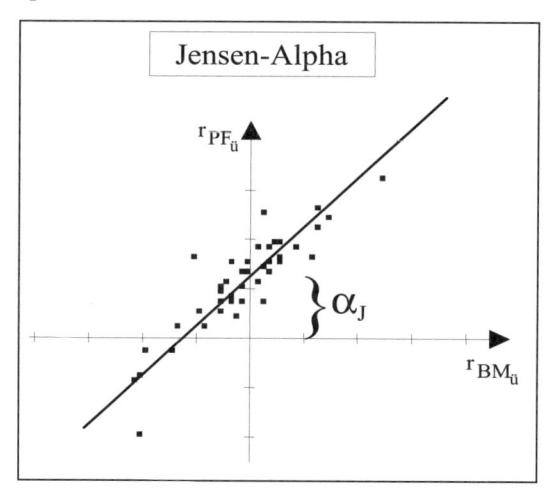

Abb. G.8: Regressionsgerade des Jensen-Alphas

Liegen statistisch signifikante Werte für das Jensen-Alpha vor, dann lässt sich mit seiner Hilfe beurteilen, ob ein Portfoliomanager Wertpapierselektionsqualitäten besitzt. Von *Dybvig/Ross* wurde nachgewiesen, dass ein positives Jensen-Alpha immer auch eine superiore Sharpe-Ratio impliziert. Der Umkehrschluss trifft allerdings nicht immer zu.[1]

Das Jensen-Alpha kann auch wie folgt dargestellt werden, wobei die folgende Formel der obigen mit Ausnahme der Berücksichtigung des stochastischen Störterms entspricht:

$$\alpha_J = r_{PF} - \underbrace{\left[r_f + (r_m - r_f) \cdot ß_{PF}\right]}_{r_i \text{ nach dem CAPM}}$$

---

[1] Vgl. *Dybvig/Ross* (1985), S. 401ff.

Beispielsweise kann auf Basis des CAPM bei einer Marktrendite (r_m) von 9%, einem risikolosen Zinssatz (r_f) von 4% und einem Portfoliobeta von 1,25 eine Rendite von 10,25% erwartet werden. Falls die Portfoliorendite (r_{PF}) in diesem Fall 12% betragen würde, so liegt ein positiver Wert für das Jensen-Alpha in Höhe von 1,75% vor.

Darüber hinaus ist zu beachten, dass der Wert für das Jensen-Alpha auch von der Wahl der zugrunde gelegten Benchmark abhängt. Dies soll das folgende Beispiel veranschaulichen. Angegeben sind die Entwicklungen der Renditen von zwei Portfolios und zwei verschiedenen Aktienindizes sowie die jeweilige mittlere Rendite und die Standardabweichung der Renditen (vgl. Tabelle G.12).

Periode	A	B	Index 1	Index 2
1	10,0%	9,0%	8,0%	7,40%
2	8,0%	9,0%	6,1%	6,60%
3	–3,0%	–9,0%	–1,0%	–3,90%
4	5,0%	1,0%	1,9%	2,90%
5	–5,0%	2,0%	–2,0%	0,00%
6	–4,0%	–8,0%	–1,0%	–5,90%
7	7,0%	4,0%	10,0%	5,00%
8	21,0%	20,0%	15,0%	14,90%
9	9,0%	8,0%	7,0%	9,00%
10	–3,0%	7,0%	–4,0%	4,00%
μ	4,5000%	4,3000%	4,0000%	4,0000%
σ	8,2765%	8,5381%	6,1538%	6,1532%

Tab. G.12: Beispiel zu den klassischen Performancemaßen

Wird der Aktienindex 1 als Vergleichsmaßstab (Benchmark) herangezogen, so ergeben sich für die beiden Portfolios die in der Tabelle G.13 gezeigten Werte:

Kennzahlen	A	B	Index 1
Korrelation	0,9496	0,7144	1,0000
r_f	3,0000%	3,0000%	3,0000%
Betafaktor	1,2772	0,9911	1,0000
Sharpe-Ratio	0,1812	0,1523	0,1625
Treynor-Ratio	1,1744%	1,3116%	1,0000%
Jensen-Alpha	0,2228%	0,3089%	0,0000%

Tab. G.13: Ergebnisse der klassischen Performancemaße mit Index 1 als Benchmark

Wird jedoch der Aktienindex 2 herangezogen, so verändern sich die Werte für die Treynor-Ratio und das Jensen-Alpha, obwohl der Index insgesamt fast die gleichen Charakteristika aufweist. So beläuft sich μ bei beiden Indizes auf 4,0%, und $\sigma_{Index\,1}$ (6,1538%) weicht nur minimal von $\sigma_{Index\,2}$ ab (6,1532%). Die entsprechenden Werte zeigt die Tabelle G.14.

Kennzahlen	A	B	Index 2
Korrelation	0,9022	0,9669	1,0000
r_f	3,0000%	3,0000%	3,0000%
Betafaktor	1,2135	1,3417	1,0000
Sharpe-Ratio	0,1812	0,1523	0,1625
Treynor-Ratio	1,2361%	0,9689%	1,0000%
Jensen-Alpha	0,2865%	−0,0417%	0,0000%

Tab. G.14: Ergebnisse der klassischen Performancemaße mit Index 2 als Benchmark

Bei Portfolio A ergibt sich bei Verwendung von Index 2 ein geringerer Betafaktor, was zu einer erhöhten Treynor-Ratio und zu einem höheren Jensen-Alpha führt. Hingegen hat sich der Betafaktor für Portfolio B erheblich erhöht. Hierdurch sinkt das Jensen-Alpha sogar in den negativen Bereich. Entsprechend verändert sich auch die Rangfolge der Portfolios. Wird Aktienindex 1 zugrunde gelegt, ist bezüglich Treynor-Ratio und Jensen-Alpha Portfolio B jeweils besser, bei Aktienindex 2 als Benchmark verhält sich dies umgekehrt. Die Rangfolge bezüglich der Sharpe-Ratio ändert sich nicht, da die Benchmark keinen Einfluss auf dieses Ergebnis nimmt.

Nunmehr soll das Portfolio-Alpha (α_{PF}) etwas genauer betrachtet werden, wobei unterstellt wird, dass die Benchmark dem Marktindex entspricht:

$$\alpha_{PF} = \bar{r}_{PF} - \left[r_f + (\bar{r}_{BM} - r_f) \cdot \frac{k_{PF,BM} \cdot \sigma_{PF}}{\sigma_{BM}}\right] = \bar{r}_{PF} - r_f - (\bar{r}_{BM} - r_f) \cdot \frac{k_{PF,BM} \cdot \sigma_{PF}}{\sigma_{BM}}$$

mit:

$k_{PF,BM}$ = Korrelationskoeffizient zwischen der Portfolio- und der Benchmarkrendite.

Hieraus ergibt sich:

$$\frac{\alpha_{PF}}{\sigma_{PF}} = \frac{\bar{r}_{PF} - r_f}{\sigma_{PF}} - k_{PF,BM} \cdot \frac{\bar{r}_{BM} - r_f}{\sigma_{BM}} = SR_{PF} - k_{PF,BM} \cdot SR_{BM}$$

$$\Leftrightarrow \quad SR_{PF} = \frac{\alpha_{PF}}{\sigma_{PF}} + k_{PF,BM} \cdot SR_{BM} \quad \Leftrightarrow \quad SR_{PF} - SR_{BM} = \frac{\alpha_{PF}}{\sigma_{PF}} + (k_{PF,BM} - 1) \cdot SR_{BM}$$

Erkennbar ist, dass für eine positive Differenz der Sharpe-Ratios, d.h. $SR_{PF} > SR_{BM}$, ein positives Portfolioalpha erforderlich ist, sofern SR_{BM} nicht negativ ist. Allerdings ist zu beachten, dass ein positives Portfolioalpha nicht immer auch bedeutet, dass $SR_{PF} > SR_{BM}$. Bei einer Korrelation zwischen den Renditen des Portfolios und der Benchmark von unter eins, kann die Sharpe-Ratio des Portfolios nämlich auch bei positivem Alpha geringer sein als die Sharpe-Ratio der Benchmark.[1]

Hingegen gilt für die Differenz der Treynor-Ratios TR_{PF} und TR_{BM}, dass ein positives Portfolioalpha gleichbedeutend mit $TR_{PF} > TR_{BM}$ ist, sofern $ß_{PF}$ positiv ist:

$$\alpha_{PF} = \bar{r}_{PF} - [r_f + (\bar{r}_{BM} - r_f) \cdot \beta_{PF}] = \bar{r}_{PF} - r_f - (\bar{r}_{BM} - r_f) \cdot \beta_{PF}$$

$$\Leftrightarrow \quad \frac{\alpha_{PF}}{\beta_{PF}} = \frac{\bar{r}_{PF} - r_f}{\beta_{PF}} - \frac{\bar{r}_{BM} - r_f}{1} = TR_{PF} - TR_{BM} \qquad \Leftrightarrow \qquad TR_{PF} = \frac{\alpha_{PF}}{\beta_{PF}} + TR_{BM}$$

Aus diesen Zusammenhängen ist erkennbar, dass Sharpe-Ratio und Treynor-Ratio das Portfolioalpha in unterschiedlicher Weise nutzen, so dass auch ein Ranking von Portfolios im Hinblick auf die Performance je nach verwendetem Maß unterschiedlich ausfallen kann.[2]

Das größte Problem des Jensen-Alphas besteht in seiner Formulierung als absolutes Performancemaß. Die Jensen-Alphas verschiedener Portfolios sind streng genommen nicht miteinander vergleichbar, da eine entsprechende Risikoberücksichtigung nicht stattfindet. Für den Investor ist jedoch die Information bedeutsam, wie viel Risiko für die Erzielung des Jensen-Alphas zusätzlich in Kauf genommen wurde.

Außerdem beruht die Konzeption des Jensen-Alphas auf der Annahme eines konstanten Portfoliobetas im Zeitablauf bzw. im Untersuchungszeitraum der Regression. Diese Prämisse ist nur erfüllt, wenn keinerlei Timingaktivitäten des Portfoliomanagers vorliegen. Andernfalls ist das Jensen-Alpha durch Performancebeiträge, die dem Timing zuzuordnen sind, verzerrt.[3] Eine weitere Voraussetzung für die Validität des Jensen-Alphas ist die Mittelwert-Varianz-Effizienz der verwendeten Benchmark.

4. Weitere Performancemaße

a. Treynor/Black-Appraisal Ratio und Information Ratio

Das neben der Sharpe-Ratio und dem Jensen-Alpha ebenfalls in der Portfoliomanagementpraxis weit verbreitete Maß zur Messung von Performance ist die sogenannte Information Ratio (IR), die 1973 – im Jahr ihrer Entwicklung durch *Treynor* und *Black* – als „Appraisal Ratio" bezeichnet wurde. Hierbei handelt es sich um ein standardisiertes Jensen-Alpha. Indem der per Regression gewonnene Jensen-Alphawert durch die Volatilität des stochastischen Störterms der o.g., zur Bestimmung des Jensen-Alphas dargestellten Regres-

---

[1] Vgl. *Bodie/Kane/Marcus* (2011), S. 827.
[2] Vgl. *Bodie/Kane/Marcus* (2011), S. 827.
[3] Vgl. *Grinblatt/Titman* (1989), S. 395. Betafaktoren von Portfolios sind gegenüber den Betafaktoren einzelner Aktien relativ stabil. Wie empirische Untersuchungen gezeigt haben, unterliegen aber auch Portfoliobetas im Zeitablauf Schwankungen. Vgl. *Wittrock* (1995a), S. 85.

sionsgleichung dividiert wird, lässt sich das Problem der nicht gegebenen Vergleichbarkeit verschiedener Jensen-Alphas lösen:[1]

$$\text{Treynor/Black Ratio} = \text{Appraisal Ratio} = \frac{\alpha_{PF}}{\sigma_{\varepsilon_{PF}}}$$

mit

α_{PF} = Portfolioalpha (Jensen-Alpha) und
$\sigma_{\varepsilon_{PF}}$ = Residualrisiko, ausgedrückt als Standardabweichung.

Mit Hilfe dieser Formel soll auch das portfoliospezifische bzw. unsystematische Risiko berücksichtigt werden, das in der Volatilität des Störterms zum Ausdruck kommt. Grundsätzlich gilt, dass eine Abweichung von der Benchmark einen geringeren Diversifikationsgrad nach sich zieht und somit ein geringerer Diversifikationsgrad auch nur dann akzeptiert werden sollte, wenn private Informationen genutzt werden können. Dieser Zusammenhang wird durch die sog. Information Ratio berücksichtigt.

Die Information Ratio eines Portfolios wird häufig in der folgenden Weise definiert:[2]

$$IR = \frac{r_{PF} - r_{BM}}{TE_{PF}} = \frac{r_a}{\sigma_{r_a}}$$

mit

r_a = aktive Rendite = Portfoliorendite (r_{PF}) – Benchmarkrendite (r_{BM}) und
TE_{PF} = Tracking Error des Portfolios.

Insofern wird die aktive Rendite auf das damit eingegangene aktive Risiko bezogen, das als Tracking Error des Portfolios gemessen wird. Je geringer beispielsweise bei gleichbleibender positiver aktiver Rendite der Tracking Error ist, um so höher ist der Wert für die Information Ratio. Mit dieser Kennzahl können Portfolios in eine entsprechende Rangfolge gebracht werden, wobei allerdings die Ergebnisse bei negativen aktiven Renditen kaum zu interpretieren sein dürften. In der Praxis wird eine Information Ratio oberhalb von 0,5 als relativ hoch eingestuft.[3]

Nunmehr soll der Zusammenhang zwischen der Appraisal Ratio und der Information Ratio aufgezeigt werden. Für den Fall, dass ß = 1, entsprechen sich – wie oben gezeigt – der Tracking Error und das Residualrisiko, ausgedrückt als Standardabweichung ($\sigma_{\varepsilon_{PF}}$).[4]

---

1 Vgl. *Treynor/Black* (1973), S. 66ff.; *Fischer* (2010), S. 458f.; *Obeid* (2004), S. 110 und *Spremann* (2000), S. 278.
2 Vgl. z.B. *Fischer* (2010), S. 464 und *Münstermann* (2000), S. 114.
3 Vgl. *Münstermann* (2000), S. 114; gefordert wird auch, dass Anleger bei der Auswahl des Portfoliomanagers die Information Ratio als einzige ausschlaggebende Größe heranziehen sollten, vgl. *Loistl/Petrag* (2002), S. 125.
4 Vgl. Kapitel A.I.2.c. in diesem Buch.

Darüber hinaus gilt gemäß dem Single-Index-Modell für den Fall, dass der Marktindex die Benchmark darstellt:[1]

$$r_{PF_{\ddot{u}}} = \alpha_{PF} + \beta_{PF} \cdot r_{BM_{\ddot{u}}} + \varepsilon_{PF}$$

Für ß = 1 ergibt sich: $r_{PF_{\ddot{u}}} = \alpha_{PF} + r_{BM_{\ddot{u}}} + \varepsilon_{PF}$ ⇔ $r_{PF_{\ddot{u}}} - r_{BM_{\ddot{u}}} = \alpha_{PF} + \varepsilon_{PF} = r_a$

Wird darüber hinaus unterstellt, dass der Erwartungswert der Residualrenditen Null beträgt ($E(\varepsilon_{PF}) = 0$), ergibt sich zusätzlich folgender Zusammenhang:

$$r_a = \alpha_{PF}$$

In diesem speziellen Fall stimmen somit die Information Ratio und die Appraisal Ratio überein:[2]

$$IR_{PF} = \frac{r_a}{TE_{PF}} = \frac{\alpha_{PF}}{TE_{PF}} = \frac{\alpha_{PF}}{\sigma_{\varepsilon_{PF}}}$$

An dieser Stelle sei angemerkt, dass in der Literatur teilweise unterschiedliche Definitionen des Residualrisikos verwendet werden. So wird auch die Varianz der Summe aus α_{PF} und ε_{PF} als Residualrisiko bezeichnet. Allerdings ist α_{PF} konstant, so dass gilt:[3]

$$\sigma^2_{\alpha_{PF}+\varepsilon_{PF}} = \sigma^2_{\varepsilon_{PF}}$$

Bei Betrachtung der o.g. Definition der Information Ratio kann festgestellt werden, dass die Benchmark definitionsgemäß eine IR_{BM} von Null aufweist (da die aktive Rendite in diesem Fall Null beträgt). Somit indizieren Werte, die signifikant größer Null sind, eine Outperformance des Portfoliomanagers et vice versa. Das Residualrisiko kann nicht negativ werden, so dass es eines positiven Alphas bedarf, um eine positive IR zu erzielen. Bei einem Wert für die Information Ratio von 0,5 kann von einer guten, bei 0,75 von einer sehr guten und bei 1,0 von einer außergewöhnlichen Managementleistung gesprochen werden.[4]

Für die erwartete Information Ratio als zu maximierende Zielgröße im aktiven Portfoliomanagement ergibt sich die ex-ante-Form der obigen Formel:

$$IR_{ex\,ante} = \frac{E(r_{PF} - r_{BM})}{TE_{PF}} = \frac{E(r_a)}{\sigma_{r_a}}$$

---

1 Vgl. Kapitel B.I.4.b.ba. und Kapitel B.I.4.b.bc. in diesem Buch.
2 Vgl. *Bodie/ Kane/Marcus* (2011), S. 822; *Fischer* (2010), S. 464f. und *Ebertz/Scherer* (2002), S. 195.
3 Vgl. *Poddig/Brinkmann/Seiler* (2005), S. 205.
4 Vgl. *Fischer* (2010), S. 466 und die dort angegebene Literatur.

Die Formel zeigt, dass eine Abweichung von der Benchmark nur dann gerechtfertigt ist, wenn das eingegangene Risiko durch die prognostizierte aktive Rendite überkompensiert wird. Hieran offenbart sich die sensible Problematik aktiven Portfoliomanagements. Durch das Eingehen aktiver Wetten nimmt, zumindest bei Vorliegen einer effizienten Benchmark, das Portfoliorisiko zu, da ein positiver Tracking Error entsteht. Zusätzlich verursacht das Eingehen aktiver Wetten Transaktionskosten, die – im Gegensatz zu der angestrebten positiven Residualrendite – sicher sind. Insofern bedarf es guter Prognoseeigenschaften des Portfoliomanagers, um nicht nur den sofort beim Eingehen der aktiven Position entstehenden Risiko- und Transaktionskostenmalus zu kompensieren, sondern zusätzlich noch eine positive aktive Rendite zu erzielen. Nur in diesem Fall ergibt sich eine positive Information Ratio.

Als Maß für die Güte der Prognosefähigkeit von Portfoliomanagern kann der sog. Information-Coefficient (IC) herangezogen werden. Liegt der IC oberhalb von Null, dann bietet es sich an, viele aktive Wetten einzugehen. Hierdurch lässt sich die Information Ratio (IR) erhöhen, da der folgende approximative Zusammenhang gilt:

$$IR = IC \cdot \sqrt{\text{Anzahl der eingegangenen aktiven Wetten (Prognosen)}}$$

Es handelt sich hierbei um das sogenannte „Law of active management".[1] Wie anhand der Inputdaten zu erkennen ist, können solche Berechnungen der IR nicht auf der Basis externer Informationen geleistet werden.

Deutlich wird, dass sich das mit den Prognosen verbundene Erfolgspotential mit zunehmenden Prognosefähigkeiten und/oder zunehmender Anzahl an Prognosen erhöht. Entsprechend lässt sich beispielsweise eine relativ gering ausgeprägte Prognosegüte durch eine höhere Anzahl an Prognosen kompensieren. Zu bedenken ist aber, dass mit zunehmender Anzahl an Prognosen die durchschnittliche Prognosegüte aufgrund des begrenzten Researchpotentials der Analysten eher abnehmen wird. Auch ist anzunehmen, dass bei einer großen Zahl von Prognosen Informationen mehrfach verwendet werden und somit die geforderte Unabhängigkeit der Prognosen nicht mehr gewährleistet ist.[2]

Während bei einer reinen Timingstrategie nur relativ wenige Prognosen abgegeben werden (z.B. für jeden Monat, d.h. zwölf Prognosen pro Jahr), erhöht sich die erforderliche Anzahl an Prognosen im Rahmen der taktischen Asset Allocation und besonders bei der Aktienselektion. Ein reiner Stockpicker, der zwölf Prognosen pro Jahr für jede der beispielsweise 50 Aktien seines Anlageuniversums abgeben muss, würde eine entsprechend höhere Information Ratio erzielen als der reine Markttimer, auch wenn dieser aufgrund der Konzentration auf nur einen Prognosegegenstand einen höheren IC (z.B. 0,03) aufweisen wird als der Stockpicker (z.B. 0,01), der seine (begrenzten) Researchkapazitäten für erheblich mehr Prognosen nutzen muss:

$$IR_{\text{Markttimer}} = 0{,}03 \cdot \sqrt{12} = 0{,}1039 \quad \text{und} \quad IR_{\text{Stockpicker}} = 0{,}01 \cdot \sqrt{12 \cdot 50} = 0{,}2449$$

Entsprechend hat der Stockpicker in diesem Fall von vornherein größere Erfolgschancen als der Markttimer.

---

[1] Vgl. *Grinold/Kahn* (1995), S. 118ff.
[2] Vgl. *Kleeberg/Schlenger* (2002), S. 263ff.

b. Differential Return

Ein dem Jensen-Alpha sehr ähnliches Maß ist der Differential Return. Anders als beim Jensen-Alpha wird beim Differential Return die Volatilität als Risikomaß herangezogen. Der Betrachtung liegt somit die Kapitalmarktlinie (und nicht die Wertpapierlinie) zugrunde. Insofern wird ein Renditevergleich zwischen dem zu bewertenden Portfolio und einer Kombination aus risikofreier Geldanlage und Anlage in das Marktportfolio vorgenommen, wobei diese Kombination dem Risikoniveau des Portfolios entspricht. Entsprechend ergibt sich:[1]

$$\text{Differential Return} = r_{PF} - \underbrace{\left[r_f + \frac{r_{BM} - r_f}{\sigma_{BM}} \cdot \sigma_{PF} \right]}_{r_i \text{ nach der Kapitalmarkttheorie}}$$

Für das obige Beispiel zu den klassischen Performancemaßen lassen sich bei Verwendung von Index 1 als Benchmark die folgenden Werte ableiten:

	A	B	Index 1
Differential Return	0,1551%	−0,0875%	0,0000%

Tab. G.15: Differential Return bei Verwendung von Index 1

Dabei ergibt sich beispielsweise der Wert für Portfolio A wie folgt:

$$\text{Differential Return} = 4,5\% - \underbrace{\left[3\% + \frac{4\% - 3\%}{6,1538\%} \cdot 8,2765\% \right]}_{r_i \text{ nach der Kapitalmarkttheorie}} = 4,5\% - 4,3449\% = 0,1551\%$$

Auffällig ist hierbei, dass sich eine andere Rangfolge als beim Jensen-Alpha ergibt. Portfolio A wird nunmehr besser beurteilt als Portfolio B, was auch schon durch die Sharpe-Ratio angezeigt wird, die sich ebenfalls auf das Gesamtrisiko bezieht.

Wird Index 2 als Benchmark herangezogen, so führt dies zu folgenden Werten:

	A	B	Index 2
Differential Return	0,1549%	−0,0876%	0,0000%

Tab. G.16: Differential Return bei Verwendung von Index 2

Diese Werte ähneln den Werten bei Verwendung von Index 1 sehr stark. Dies ist darauf zurückzuführen, dass sich r_f, r_{PF}, r_{BM} und σ_{PF} nicht und σ_{BM} nur in sehr geringem Maße verändert haben.

---

[1] Vgl. *Fischer* (2010), S. 459 und *Wilkens/Scholz* (1999a), S. 252f.

c. Risk-Adjusted Performance und M^2-Performancemaß

Um sowohl ein Ranking als auch einen Vergleich von Portfolio- und Benchmarkrendite gleichzeitig darstellen zu können, wurde die sog. Risk-Adjusted Performance entwickelt, die wie folgt bestimmt werden kann:[1]

$$\text{Risk-Adjusted Performance} = RAP_{PF} = r_f + \frac{\bar{r}_{PF} - r_f}{\sigma_{PF}} \cdot \sigma_{BM} = r_f + SR_{PF} \cdot \sigma_{BM}$$

Die Verwendung dieses Performancemaßes führt beim Vergleich verschiedener Portfolios auch jeweils zur gleichen Rangfolge wie die Sharpe-Ratio (SR), wobei die für sämtliche Portfolios einheitlich herangezogene Benchmark keine Rolle spielt. Gleichzeitig wird ein Bezug zu einem gemeinsamen Risikoniveau vorgenommen. Da SR_{PF} das Steigungsmaß der Capital Allocation Line (CAL) des Portfolios darstellt, stellt somit die Risk-Adjusted Performance den Portfoliorenditewert dar in dem Fall, dass das Portfoliorisiko dem Benchmarkrisiko entspricht.[2]

Wird anschließend die Differenz zwischen der Risk-Adjusted Performance des Portfolios und der Risk-Adjusted Performance der Benchmark gebildet, so ergibt sich die sogenannte relative Risk-Adjusted Performance, die in der Literatur auch als „M^2 Measure" bezeichnet wird, da sie durch *F. Modigliani* und *L. Modigliani* bekannt wurde:[3]

$$M^2 = RAP_{PF} - RAP_{BM} = RAP_{PF} - (r_f + SR_{BM} \cdot \sigma_{BM}) = RAP_{PF} - \left(r_f + \frac{\bar{r}_{BM} - r_f}{\sigma_{BM}} \cdot \sigma_{BM} \right)$$

$$\Leftrightarrow \quad M^2 = RAP_{PF} - \bar{r}_{BM}$$

Das Maß kann auch wie folgt ausgedrückt werden:

$$M^2 = RAP_{PF} - RAP_{BM} = r_f + SR_{PF} \cdot \sigma_{BM} - (r_f + SR_{BM} \cdot \sigma_{BM}) = \sigma_{BM} \cdot (SR_{PF} - SR_{BM})$$

Für das obige Beispiel zu den klassischen Performancemaßen lassen sich bei Verwendung von Index 1 als Benchmark die folgenden Werte ableiten:

Kennzahl	A	B	Index 1
Risk-Adjusted Performance	4,1153%	3,9370%	4,0000%
M^2-Performancemaß	0,1153%	–0,0630%	0

Tab. G.17: Risk-Adjusted Performance und M^2-Performancemaß bei Verwendung von Index 1

---

1 Vgl. *Modigliani/Modigliani* (1997), S. 47 und *Fischer* (2010), S. 461ff.
2 Vgl. Kapitel B.I.1. in diesem Buch.
3 Vgl. *Obeid* (2004), S. 112ff.; *Bodie/Kane/Marcus* (2011), S. 823f. und *Modigliani/Modigliani* (1997), S. 45ff.

Wird Index 2 als Benchmark herangezogen, so führt dies zu folgenden Werten:

Kennzahl	A	B	Index 2
Risk-Adjusted Performance	4,1152%	3,9369%	4,0000%
M^2-Performancemaß	0,1152%	–0,0631%	0

Tab. G.18: Risk-Adjusted Performance und M^2-Performancemaß bei Verwendung von Index 2

Portfolio A erzielt jeweils einen positiven Wert für das M^2-Performancemaß, so dass es sich um eine Outperformance im Vergleich zur Benchmark handelt.

d. Market Risk-Adjusted Performance und T^2-Performancemaß

Ausgehend von der Risk-Adjusted Performance wird nunmehr anstelle des Gesamtrisikos das systematische Risiko herangezogen. Dies führt zur sog. Market Risk-Adjusted Performance, wobei berücksichtigt wird, dass $ß_{BM} = 1$:[1]

$$\text{Market Risk-Adjusted Performance} = \text{MRAP}_{PF} = r_f + \frac{\bar{r}_{PF} - r_f}{ß_{PF}} \cdot ß_{BM} = r_f + \text{TR}_{PF}$$

Analog zum M^2-Performancemaß wird auch ein sogenanntes T^2-Performancemaß vorgeschlagen, dass als „Treynor-square measure" bezeichnet wird. Es ist definiert als Differenz der Market Risk-Adjusted Performance von Portfolio und Benchmark:[2]

$$T^2 = \text{MRAP}_{PF} - \text{MRAP}_{BM} = \text{MRAP}_{PF} - (r_f + \text{TR}_{BM} \cdot ß_{BM}) = \text{MRAP}_{PF} - \left(r_f + \frac{\bar{r}_{BM} - r_f}{ß_{BM}} \cdot ß_{BM} \right)$$

$$\Leftrightarrow \quad T^2 = \text{MRAP}_{PF} - \bar{r}_{BM}$$

Das Maß kann auch wie folgt ausgedrückt werden:

$$T^2 = \text{MRAP}_{PF} - \text{MRAP}_{BM} = r_f + \text{TR}_{PF} \cdot ß_{BM} - (r_f + \text{TR}_{BM} \cdot ß_{BM}) = ß_{BM} \cdot (\text{TR}_{PF} - \text{TR}_{BM})$$

Da das Beta der Benchmark $(ß_{BM}) = 1$, ergibt sich:

$$T^2 = \text{TR}_{PF} - \text{TR}_{BM}$$

Für das obige Beispiel zu den klassischen Performancemaßen lassen sich bei Verwendung von Index 1 als Benchmark die folgenden Werte ableiten:

---

[1] Vgl. *Wilkens/Scholz* (1999b), S. 310f.
[2] Vgl. *Bodie/Kane/Marcus* (2011), S. 826f.

Kennzahl	A	B	Index 1
Market Risk-Adjusted Performance	4,1744%	4,3116%	4,0000%
T^2-Performancemaß	0,1744%	0,3116%	0

Tab. G.19: Market Risk-Adjusted Performance und T^2-Performancemaß bei Verwendung von Index 1

Wird Index 2 als Benchmark herangezogen, so führt dies zu folgenden Werten:

Kennzahl	A	B	Index 2
Market Risk-Adjusted Performance	4,2361%	3,9689%	4,0000%
T^2-Performancemaß	0,2361%	−0,0311%	0

Tab. G.20: Market Risk-Adjusted Performance und T^2-Performancemaß bei Verwendung von Index 2

Während sich die Risk-Adjusted Performance bei Verwendung von Aktienindex 1 oder 2 kaum unterscheidet, können diesbezüglich deutliche Unterschiede bei der Market Risk-Adjusted Performance erkannt werden. Auch die Reihenfolge ändert sich in diesem Fall, wobei auf die Begründung bei der Betrachtung von Jensen-Alpha und Treynor-Ratio verwiesen werden kann.

e. Modified Sharpe-Ratio

Um die Sharpe-Ratio auch zur Beurteilung von Portfolios heranzuziehen, deren Renditeverteilung nicht der Normalverteilung entspricht, ist die Sharpe-Ratio leicht modifiziert worden. So wird als Risikomaß bei der Modified Sharpe-Ratio (MSR) anstelle der Standardabweichung des Portfolios der Modified Value-at-Risk (MVaR) eingesetzt:[1]

$$MSR = \frac{\bar{r}_{PF} - r_f}{MVaR}$$

Wie bei der Sharpe-Ratio wird auch bei der Modified Sharpe-Ratio die Überrendite pro übernommene Risikoeinheit berechnet, wobei es sich hierbei – anders als bei der Sharpe-Ratio – um ein Downside-Risikomaß handelt, dass zudem die Schiefe und Wölbung mit einbezieht. Sofern allerdings der Modified Value-at-Risk einen Wert annimmt, der gegen Null geht (z.B. weil der Wert für z_{CF}, der sich aufgrund der *Cornish-Fisher*-Erweiterung ergibt, gegen Null geht), wäre die daraus resultierende extrem hohe Modified Sharpe-Ratio möglicherweise nicht zu interpretieren.

---

[1] Vgl. *Fischer* (2010), S. 453f. und *Gregoriou/Gueyie* (2003), S. 77ff. Zum Modified Value-at-Risk vgl. Kapitel A.I.2.g. in diesem Buch.

f. Calmar-Ratio, Sterling-Ratio und Burke-Ratio

Auch der Maximum Drawdown kann als Risikomaß zur Performancemessung herangezogen werden. Die entsprechende sogenannte Calmar-Ratio (CR) ist wie folgt definiert:[1]

$$CR = \frac{\bar{r}_{PF_{annualisiert}}}{MDD}$$

Somit wird die annualisierte Portfoliorendite in Bezug zum Maximum Drawdown (MDD) gesetzt.

Ebenfalls zu den Drawdown-basierten Performancemaßen zählt die sogenannte Sterling-Ratio, bei der im Nenner der Durchschnitt der größten Drawdowns (D) einer bestimmten Periode herangezogen wird, wobei zusätzlich ein Aufschlag von 10% berücksichtigt werden kann:[2]

$$SterlingR = \frac{\bar{r}_{PF_{annualisiert}}}{D + 10\%}$$

Von der Sterling-Ratio lassen sich in der Praxis jedoch einige Varianten finden, die von der hier dargestellten Kennzahl abweichen.[3]

Schließlich soll noch die Burke-Ratio als weitere Drawdown-basierte Performancekennzahl genannt werden. Bei diesem Performancemaß steht im Nenner die Wurzel aus der Summe der quadrierten Drawdowns in einer bestimmten Zeitperiode. Vorgeschlagen wird auch, die Wurzel der Quadrate der n größten (Maximum) Drawdowns einzusetzen. Dabei ist der Wert für n nicht festgelegt:[4]

$$BurkeR = \frac{\bar{r}_{PF} - r_f}{\sqrt{\sum_{i=1}^{n}(M)DD_i^2}}$$

Bei dieser Ratio wird nicht nur der größte Maximum Drawdown einbezogen, sondern noch weitere Drawdowns. Dennoch beeinflusst der MDD die Performance am meisten, zumal die Drawdown-Werte quadriert werden.

Das folgende Beispiel in Tabelle G.21 zeigt die Berechnung für ein Portfolio über eine Periode von 12 Monaten. Dabei sollen auf Basis der Aktienkurse am Monatsende sämtliche

---

[1] Vgl. *Fischer* (2010), S. 501 und *Magdon-Ismail/Atiya* (2004), S. 1. Allerdings wird in der Literatur im Zähler auch die Überschussrendite ($r_{PF} - r_f$) herangezogen. Vgl. *Eling/Schumacher* (2006), S. 8. Zum Maximum Drawdown vgl. Kapitel A.I.2.h. in diesem Buch.
[2] Vgl. *Fischer* (2010), S. 501f.
[3] Vgl. *Fischer* (2010), S. 502 und die dort angegebene Literatur.
[4] Vgl. *Fischer* (2010), S. 502 und *Burke* (1994), S. 56. „M" steht in der Formel in Klammern, da nicht nur der Maximum Drawdown der gesamten Periode, sondern auch die jeweiligen Maximum Drawdowns der einzelnen betrachteten Perioden einbezogen werden.

monatliche Drawdowns vom letzten Höchststand (High Watermark) bis zum nächsten Höchststand berücksichtigt werden:[1]

Die Summe der quadrierten einzelnen Drawdowns beläuft sich dabei auf 2,972%. Die mittlere Rendite (als arithmetisches Mittel) beträgt in diesem Beispiel 2,022% und die Standardabweichung der monatlichen Renditen 5,684%. Somit ergibt sich bei einem risikolosen (monatlichen) Zinssatz von 0,20% der folgende Wert für die Burke-Ratio:

$$\text{BurkeR} = \frac{2{,}022\% - 0{,}200\%}{\sqrt{2{,}972\%}} = 0{,}1057$$

Die Sharpe-Ratio würde hier einen Wert von 0,3206 ergeben.

Monat	Aktienkurs	diskrete Rendite	Drawdown	quadrierter-Drawdown
0	60			
1	62	3,333%	0,000%	0,000%
2	59	–4,839%	4,839%	0,234%
3	57	–3,390%	8,065% *	0,650%
4	56	–1,754%	9,677%	0,937%
5	61	8,929%	1,613%	0,026%
6	63	3,279%	0,000%	0,000%
7	66	4,762%	0,000%	0,000%
8	64	–3,030%	3,030%	0,092%
9	60	–6,250%	9,091%	0,826%
10	63	5,000%	4,545%	0,207%
11	68	7,937%	0,000%	0,000%
12	75	10,294%	0,000%	0,000%

* $8{,}065\% = -[(1-0{,}04839) \cdot (1-0{,}03390) - 1] = \frac{57}{62} - 1$

Tab. G.21: Beispiel 1 zur Burke-Ratio

Nunmehr soll das Beispiel etwas variiert werden. Die entsprechenden Daten zeigt die folgende Tabelle:

---

[1] Vgl. zu einem ähnlichen Beispiel *Burke* (1994), S. 56.

Monat	Aktienkurs	diskrete Rendite	Drawdown	quadrierter-Drawdown
0	60			
1	63	5,000%	0,000%	0,000%
2	60	−4,762%	4,762%	0,227%
3	56	−6,667%	11,111%	1,235%
4	55	−1,786%	12,698%	1,612%
5	54	−1,818%	14,286%	2,041%
6	55	1,852%	12,698%	1,612%
7	56	1,818%	11,111%	1,235%
8	57	1,786%	9,524%	0,907%
9	59	3,509%	6,349%	0,403%
10	60	1,695%	4,762%	0,227%
11	66	10,000%	0,000%	0,000%
12	75	13,636%	0,000%	0,000%

Tab. G.22: Beispiel 2 zur Burke-Ratio

Im Beispiel 2 liegt eine lange Periode von Drawdowns vor, die insgesamt deutlich höhere Werte annehmen als in Beispiel 1. Dennoch ergeben sich sehr ähnliche Werte für die mittlere Rendite und die Standardabweichung wie in Beispiel 1. Die Ergebnisse können wie folgt zusammengefasst werden:

	Beispiel 1	Beispiel 2
Mittelwert	2,022%	2,022%
Monatlicher risikoloser Zinssatz	0,200%	0,200%
Standardabweichung	5,684%	5,726%
Beste Monatsrendite	10,294%	13,636%
Schlechteste Monatsrendite	−6,250%	−6,667%
Maximum Drawdown	9,677%	14,286%
Sharpe-Ratio	32,065%	31,821%
Burke-Ratio	10,572%	5,912%

Tab. G.23: Vergleich der beiden Beispiele zur Burke-Ratio

Während die Sharpe-Ratio für beide Beispiele annähernd gleich ist, zeigen sich deutliche Abweichungen bei der Burke-Ratio. Die höheren Drawdowns und die längere Drawdown-Periode in Beispiel 2 führen zu einem deutlich geringeren Wert für die Burke-Ratio.

Anders als in diesen Beispielen könnten auch nur die größten Drawdowns einbezogen werden, wobei aus jedem Trendkanal auch nur ein Wert ausreichen kann.[1]

---

1 Vgl. *Fischer* (2010), S. 502.

g. LPM-Performancemaße, Sortino-Ratio, Kappa, Omega, Gain-Loss-Ratio und Upside-Potential-Ratio

Ähnlich wie bei der Berechnung der Sharpe-Ratio lässt sich auch mit Hilfe von Lower Partial Moment- (LPM-)Maßen eine Performance bestimmen. Für die beiden ersten Momente können folgende Performancemaße definiert werden:[1]

$$\text{LPM}_1\text{-Performancemaß} = \frac{\bar{r}_{PF} - r_f}{\text{LPM}_1}$$

$$\text{LPM}_2\text{-Performancemaß} = \frac{\bar{r}_{PF} - r_f}{\sqrt{\text{LPM}_2}}$$

Der Unterschied zur Sharpe-Ratio besteht bei diesen beiden Maßen lediglich darin, dass die Überschussrendite nicht auf die Standardabweichung, sondern auf die Ausfallerwartung bzw. Ausfallvolatilität bezogen wird.

Wird anstelle des risikolosen Zinssatzes die vorgegebene Mindestrendite (r_{min}) in die Formel eingesetzt, so liegt die sog. Sortino-Ratio vor:[2]

$$\text{Sortino-Ratio} = \frac{\bar{r}_{PF} - r_{min}}{\sqrt{\text{LPM}_2}}$$

Durch die Vorgabe der Mindestrendite („Threshold") wird im Prinzip ein Bezugspunkt für den Anleger festgelegt, ab dem ein Risiko empfunden wird. Bei keiner Unterschreitung dieser Vorgabe würde eine Anlage als risikofrei aufgefasst.[3]

Bei der Sortino-Ratio handelt es sich um einen speziellen Fall der Performancemaße Kappa, die sich in der folgenden Weise darstellen lassen:[4]

$$\text{Kappa} = K_n = \frac{\bar{r}_{PF} - r_{min}}{\sqrt[n]{\text{LPM}_n}}$$

Insofern betrifft die Sortino-Ratio den Fall K_2. Für n=3 wird auch von „Kappa 3" gesprochen.[5]

Der Fall n = 1 führt zur Bestimmung des Performancemaßes Omega, das wie folgt definiert ist:[6]

---

[1] Vgl. *Wittrock* (1995a), S. 132ff. Zu den LPM vgl. Kapitel A.I.2.d. in diesem Buch.
[2] Vgl. *Sortino/Price* (1994), S. 62; *Fischer* (2010), S. 467 und *Angermüller/Eichhorn/Ramke* (2006), S. 151.
[3] Vgl. *Schmidt-von Rhein* (1996), S. 456.
[4] Vgl. *Kaplan/Knowles* (2004), S. 42ff. und *Fischer* (2010), S. 468.
[5] Vgl. *Eling/Schumacher* (2006), S. 5f.
[6] Vgl. *Shadwick/Keating* (2002), S. 59ff. und *Fischer* (2010), S. 468ff.

Omega = $\Omega = \dfrac{\bar{r}_{PF} - r_{min}}{LPM_1} + 1 = K_1 + 1$

Entsprechend kann für Omega auch der folgende Ausdruck abgeleitet werden:

$$\Omega = \dfrac{\bar{r}_{PF} - r_{min}}{LPM_1} + \dfrac{LPM_1}{LPM_1} = \dfrac{\bar{r}_{PF} - r_{min} + LPM_1}{LPM_1} = \dfrac{HPM_1}{LPM_1}$$

mit

HPM_1 = Higher Partial Moment für m (Höhe des Moments) = 1.

Im Zähler werden somit nur die Fälle erfasst, in denen die Renditen die Mindestrendite übertreffen; denn zur durchschnittlichen Abweichung von der Mindestrendite werden die negativen Abweichungen (LPM_1) addiert.

Diese Variante der Omega-Darstellung wird auch als Gain-Loss-Ratio bezeichnet:[1]

$$\text{Gain-Loss-Ratio} = \Omega = \dfrac{\dfrac{1}{n} \cdot \sum_{i=1}^{n} \max(0, r_i - r_{min})}{\dfrac{1}{n} \cdot \sum_{i=1}^{n} \max(0, r_{min} - r_i)} = \dfrac{\text{Erwartungswert}\left(r^+\right)}{\text{Erwartungswert}\left(r^-\right)} = \dfrac{HPM_1}{LPM_1}$$

Dabei erfolgt eine Aufteilung der erzielten Renditen in einen oberen Renditebereich r^+, der die Renditen betrifft, die die Mindestrendite übertreffen und in einen unteren Renditebereich r^-, der Renditen erfasst, die die Mindestrendite verfehlen.

Das folgende Beispiel (Tabelle G.24) zeigt diese Zusammenhänge auf. Gegeben sind die Renditen der letzten 10 Perioden, wobei eine Mindestrendite von 2,8% angenommen wird:

Für Omega ergibt sich daraus ein Wert von:

$$\Omega = \dfrac{\bar{r}_{PF} - r_{min}}{LPM_1} + 1 = \dfrac{3,6\% - 2,8\%}{0,92\%} + 1 = 1,8696$$

bzw.

$$\Omega = \dfrac{HPM_1}{LPM_1} = \dfrac{1,7200\%}{0,9200\%} = 1,8696$$

---

[1] Vgl. *Eling/Schuhmacher* (2006), S. 7 und *Bernardo/Ledoit* (2000), S. 150. Hierbei wird unterstellt, dass die einzelnen Periodenrenditen jeweils mit der gleichen Wahrscheinlichkeit 1/n auftreten. Zum Nachweis der Übereinstimmung von Omega und Gain-Loss-Ratio vgl. *Fischer* (2010), S. 468ff.

Somit führen beide Omega-Darstellungen zum gleichen Ergebnis. Der in dem Beispiel über eins liegende Wert deutet darauf hin, dass die durchschnittliche Portfoliorendite höher als die geforderte Mindestrendite ausfällt.

Periode	Rendite	Wahrscheinlichkeit	LPM_1	HPM_1
1	4,00%	10%	0	0,1200%
2	9,00%	10%	0	0,6200%
3	2,00%	10%	0,0800%	0
4	1,00%	10%	0,1800%	0
5	6,00%	10%	0	0,3200%
6	−3,00%	10%	0,5800%	0
7	5,00%	10%	0	0,2200%
8	6,00%	10%	0	0,3200%
9	2,00%	10%	0,0800%	0
10	4,00%	10%	0	0,1200%
Summe	36,00%	100%	0,9200%	1,7200%
μ	3,60%		(= LPM_1)	(= HPM_1)

Tab. G.24: Bestimmung der Lower und Higher Partial Moments

Ähnlich wie die Gain-Loss-Ratio ist die sogenannte Upside-Potential-Ratio definiert. Hierbei steht im Zähler ebenfalls das Higher Partial Moment für m = 1 (HPM_1). Im Nenner hingegen wird die Quadratwurzel des Lower Partial Moments mit m = 2 (LPM_2) herangezogen, so dass sich die folgende Performancekennzahl ergibt:[1]

$$\text{Upside-Potential-Ratio} = \text{UPR} = \frac{HPM_1}{\sqrt{LPM_2}}$$

Im Vergleich zur Gain-Loss-Ratio werden bei der Upside-Potential-Ratio – aufgrund des höheren Momentes – beim LPM_2 größere Abweichungen von der Mindestrendite stärker gewichtet als beim LPM_1, was risikoscheueren Investoren entgegenkommt.

Für das obige Beispiel ergibt sich ein LPM_2-Wert von 0,03816%, so dass sich für UPR der folgende Wert berechnen lässt:

$$\text{UPR} = \frac{1,72000\%}{\sqrt{0,03816\%}} = 0,88049$$

---

[1] Vgl. *Eling/Schuhmacher* (2006), S. 7 und *Sortino/van der Meer/Plantinga* (1999), S. 50ff.

h. Treynor-Mazuy-Maß

Das Treynor-Mazuy-Maß basiert auf der Erwartung, dass Portfoliomanager, die über Timingfähigkeiten verfügen, bei ansteigenden Kursen den Anteil am Marktportfolio erhöhen, während sie bei sinkenden Kursen ihren Anteil verringern.[1]

Timingfähigkeiten beziehen sich im Gegensatz zur Wertpapierselektionsfähigkeit auf die Einschätzung der Gesamtmarktentwicklung. Mithin steht die systematische Marktrendite, deren zeitliche Entstehung nicht gleichverteilt ist, wie ein Blick auf Aktienindizes zeigt, im Mittelpunkt von Timingstrategien. Besitzt ein Portfoliomanager Timingfähigkeiten, dann wird er in ansteigenden Marktphasen ein hohes Portfoliobeta realisieren, z.B. durch den Abbau von Liquidität oder den Tausch in Aktien mit einem hohen Beta, und in fallenden Marktphasen umgekehrt handeln.

Zur mathematisch-statistischen Isolierung von Timingqualitäten kann die Verwendung quadratischer Regressionen herangezogen werden.[2] Diese besitzen z.B. die folgende Form, wobei hier die Benchmarküberschussrendite der Marktüberschussrendite entsprechen soll:

$$r_{PF\ddot{u}} = \alpha_{PF}^{T/M} + \beta_{PF}^{T/M} \cdot r_{BM\ddot{u}} + \gamma_{PF}^{T/M} \cdot r_{BM\ddot{u}}^2 + \varepsilon_{PF}$$

mit

$\alpha_{PF}^{T/M}$ = Absolutwert der Regression (Treynor-Mazuy-Alpha),

$\beta_{PF}^{T/M}$ = Treynor-Mazuy-Beta

$\gamma_{PF}^{T/M}$ = Regressionskoeffizient des nichtlinearen Gliedes der Regression (Treynor-Mazuy-Timingkoeffizient) und

ε_{PF} = Stochastischer Störterm der Regressionsgleichung mit
$E(\varepsilon_{PF}) = 0$, $COV(\varepsilon_{PF}; r_{BM}) = 0$ und $COV(\varepsilon_{PFt}; \varepsilon_{PFt-1}) = 0$.

Die Überschussrendite des Portfolios setzt sich neben dem Marktbeitrag und der eventuellen Selektionsfähigkeit auch aus einem Timingbeitrag zusammen, falls der Koeffizient γ_{PF} Werte ungleich Null annimmt. Anstatt einer Geraden, wie beim Jensen-Alpha, beschreibt die quadratische Regressionsfunktion eine Kurve. Wie aus Abbildung G.9 zu ersehen ist, stellt die eingezeichnete Kurve den Trend der Renditerealisationen genauer dar.

Die gestrichelte Linie entspricht einer linearen Regression. Wie zu erkennen ist, eignet sich die Gerade nicht zur hinreichend genauen Beschreibung der Punktwolke. Die fett eingezeichnete Kurve ist hingegen in der Lage, die vorliegenden Timingqualitäten aufzudecken.

Offenbar entspricht die Regressionsfunktion der Regression des Jensen-Alphas, wenn γ_{PF} gleich Null ist. In diesem Fall kann keinerlei Timingfähigkeit nachgewiesen werden. Negative γ_{PF}-Werte weisen darauf hin, dass zwar Timing-Qualitäten des Portfoliomanagers bestehen, jedoch antizyklisches Verhalten vorliegt. Mit anderen Worten: Bei steigendem Gesamtmarkt weist das Portfolio einen ß-Faktor von unter eins auf, während es bei sinkendem Gesamtmarkt ein Portfoliobeta von über eins besitzt.

---

[1] Vgl. *Wittrock* (1995a), S. 89ff.
[2] Vgl. *Treynor/Mazuy* (1966), S. 134 und *Obeid* (2004), S. 132.

Markttiming

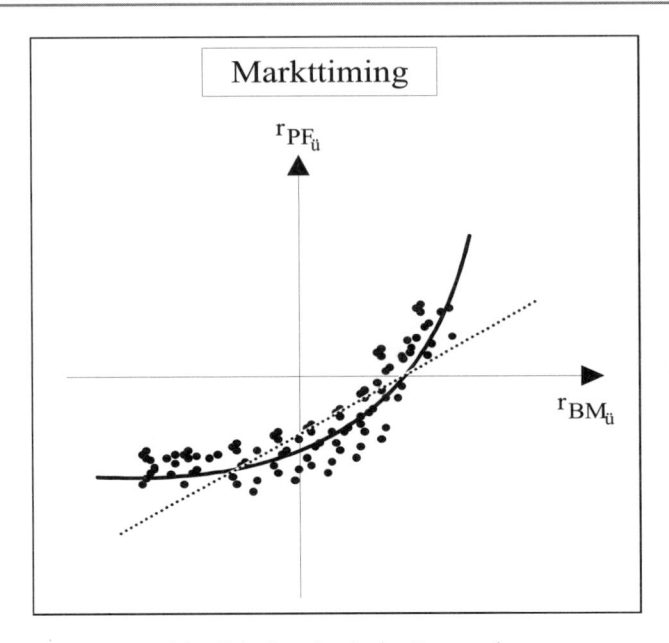

$r_{PF_ü}$

$r_{BM_ü}$

Abb. G.9: Quadratische Regression

Der Verlauf der quadratischen Regression zur Identifizierung von Timingfähigkeiten in Abbildung G.9 zeigt, dass hier positive Timingfähigkeiten vorliegen, weil in negativen Marktphasen ein relativ geringer Betafaktor (geringere Steigung der Kurve) und in positiven Marktphasen ein relativ hoher Betafaktor (größere Steigung der Kurve) erkennbar ist. Somit lassen sich Verzerrungen des Jensen-Alphas nachweisen. So werden in diesem Fall das Jensen-Alpha und damit die Selektionsfähigkeiten bei Anwendung einer linearen Regression zu positiv eingeschätzt. Tatsächlich sind die Selektionsfähigkeiten aber aufgrund der positiven Timingfähigkeiten geringer.

Das Treynor-Mazuy-Maß kann für ein Portfolio wie folgt bestimmt werden:[1]

$$TM_{PF} = \alpha_{PF}^{T/M} + \gamma_{PF}^{T/M} \cdot \sigma_{BM}^2$$

Somit besteht das Treynor-Mazuy-Maß aus dem Treynor-Mazuy-Alpha (zur Quantifizierung der Wertpapierselektion) und dem Produkt aus Treynor-Mazuy-Timingkoeffizient und der Varianz der Benchmarkrenditen. Allerdings wird an diesem Ansatz kritisiert, dass mit ihm Timing nicht eindeutig identifiziert werden kann.[2]

Insgesamt ist festzuhalten, dass die Messung von Timingfähigkeiten kompliziert und z.T. auch umstritten ist.[3] Allerdings konnte eine umfangreiche empirische Untersuchung zahlreicher deutscher Fonds keine Timingfähigkeiten der Portfoliomanager nachweisen.

---

1 Vgl. *Obeid* (2004), S. 133 und die dort angegebene Literatur sowie *Wittrock* (1995a), S. 91.
2 Zu den Gründen vgl. *Obeid* (2004), S. 134f. und die dort angegebene Literatur.
3 Siehe z.B. *Samuelson* (1989), S. 4ff. und *Lee/Rahman* (1991), S. 80ff. Zu weiteren Verfahren der Identifikation von Timingfähigkeiten vgl. *Wittrock* (1995a), S. 89ff.

Fraglich bleibt entsprechend, ob angesichts hoher mit Timingaktivitäten verbundener Transaktionskosten der Aufwand für Timingstrategien gerechtfertigt ist.[1]

i. Henriksson-Merton-Maß

Bei dem Henriksson-Merton-Maß handelt es sich um einen ähnlichen Ansatz wie der Treynor-Mazuy-Ansatz mit dem Unterschied, dass beim Henriksson-Merton-Maß die Unterstellung einer linearen Beziehung zwischen Portfolio- und Markt- (bzw. Benchmark-) Überschussrendite erfolgt. Infolgedessen wird davon ausgegangen, dass der Investor lediglich die Richtung der künftigen Marktbewegung prognostizieren kann, nicht aber das Ausmaß dieser Bewegung. Die Portfolioüberschussrendite wird durch eine Regressionsfunktion mit stückweisen linearen Abschnitten ermittelt:[2]

$$r_{PF_{ü}} = \alpha_{PF}^{H/M} + \beta_{1PF} \cdot r_{m_{ü}} + \beta_{2PF} \cdot r_{m_{ü}} \cdot D + \varepsilon_{PF}$$

mit

$\alpha_{PF}^{H/M}$ = Absolutwert der Regression (Henriksson-Merton-Alpha),
D = Dummyvariable, wobei   D = 0, wenn $r_M > r_f$ bzw. $r_{m_{ü}} > 0$
   D = –1, wenn $r_M \leq r_f$ bzw. $r_{m_{ü}} \leq 0$

Falls $\beta_{2PF} \neq 0$, liegen offenbar Timingfähigkeiten vor, wobei diese sowohl positiv ($\beta_{2PF} > 0$) als auch negativ ($\beta_{2PF} < 0$) sein können. Ist $\beta_{2PF} > 0$ und gleichzeitig $r_{m_{ü}} < 0$, so erhöht sich durch die positiven Timingfähigkeiten die Portfolioüberschussrendite, da in diesem Fall D = –1.

Beim Henriksson-Merton-Ansatz handelt es sich um einen einfacheren Ansatz als beim Treynor-Mazuy-Ansatz. Das Portfoliobeta nimmt entsprechend der obigen Formel die folgenden beiden Werte in Abhängigkeit von der Entwicklung der Marktüberschussrendite an:

$\beta_{PF} = \beta_{1PF}$, wenn $r_{m_{ü}} > 0$
$\beta_{PF} = \beta_{1PF} - \beta_{2PF}$ wenn $r_{m_{ü}} \leq 0$

Schließlich kann beim Henriksson-Merton-Ansatz ein Performancemaß bestimmt werden, das sich als Summe aus dem Alpha und einem Henriksson-Merton-Timing-Maß ergibt.[3]

III. Performanceattribution

Im Rahmen einer transparenten Berichterstattung (Reporting) bzgl. der Leistungen des Portfoliomanagements kommt der Performanceattribution eine zunehmende Bedeutung zu. Während sie sich bei institutionellen Anlegern bereits als Bestandteil der Performance-

---

1 Vgl. *Wittrock* (1995a), S. 363f. und S. 475.
2 Vgl. *Wittrock* (1995a), S. 99ff.; *Obeid* (2004), S. 135ff.; *Bodie/Kane/Marcus* (2011), S. 834f. und *Henriksson/Merton* (1981), S. 513ff.
3 Vgl. *Obeid* (2004), S. 137.

Berichterstattung etabliert hat, ist eine Attribution als Teil der Performanceanalyse im Private Banking bislang nur vereinzelt anzutreffen. Zu erwarten ist aber, dass auch für diesen Bereich eine aussagekräftige Performanceattribution an Bedeutung gewinnen wird.[1]

Die Zielsetzung der Performanceattribution besteht in der Aufschlüsselung und Zuordnung der im Rahmen der Performancemessung gewonnenen Ergebnisse. Insofern kann die Attribution auch als Management-Informations-System dienen. Während sich im Rahmen der Performancemessung die Frage stellt: „How well did we do?", lautet die Frage bei der Attribution: „How did we do well?" Gegenüber einer reinen Performancemessung bietet eine Performanceattribution damit den Vorteil, Informationen über Stärken und Schwächen im Investmentstil und im Portfoliomanagementprozess zu liefern. Diese Informationen können sowohl für den Anleger als auch für das Portfoliomanagement hilfreich sein.[2]

Zwei Fragen stehen im Mittelpunkt der Performanceattribution:

- Handelt es sich bei der erzielten Performance um Können oder um Zufall (Glück)?
- In welchem Bereich besitzen Portfoliomanager die größten Prognosefähigkeiten? Insbesondere: Wo liegen die Stärken und Schwächen der Portfoliomanager?

Diese Fragen tangieren die Fähigkeiten von Portfoliomanagern. Die Attribution kann der Leistungskontrolle und auch als Grundlage für die Entlohnung von Portfoliomanagern dienen. Dabei sind neben der angewandten Methode der Performancemessung auch die Verantwortlichkeiten und Entscheidungsstrukturen zu berücksichtigen. Insbesondere die ausgewählten Rendite- und Risikomaße sind für die Beurteilung der Managerleistung von Bedeutung. Daher muss bereits bei der Zielformulierung für ein Portfolio dieser Punkt geklärt werden.

Grundlage einer sachgerechten Attribution ist eine ordnungsgemäße Performancemessung, die auf die Verwendung von Marktwerten einschließlich Stückzinsen und Dividendenforderungen abzielt sowie regelmäßig (zumeist monatlich) durchgeführt wird. Wie im Rahmen der Darstellung der Sharpe-Ratio schon angemerkt, ist auf eine statistische Signifikanz der Ergebnisse zu achten, die durch einen hinreichend langen Datenerhebungszeitraum erreicht werden kann.[3]

Nach Durchführung einer ordnungsgemäßen Performancemessung kann im Rahmen der Attribution die Rendite zielgerichtet auf die bestehenden Verantwortungsstrukturen zerlegt bzw. aufgeteilt werden. Dabei wird sowohl auf quantitative als auch auf qualitative Methoden zurückgegriffen.

1. Können oder Glück

Zur Beurteilung von Portfoliomanagern ist insbesondere die Frage von Bedeutung, ob sie in der Lage sind, auch künftig eine konstant gute Performance zu erwirtschaften (Können), oder ob ein gutes vergangenes Ergebnis zufällig erreicht worden ist (Glück). Entsprechend erwartet man von der Performanceattribution die Beantwortung der Frage, ob Können oder Glück zu einer guten Performance geführt hat. Diese Frage ist für die Beurteilung von Port-

---

1 Vgl. *Buhl/Schneider/Tretter* (2000) S. 318.
2 Vgl. *Pieper* (2002), S. 1003 und die dort angegebene Literatur sowie *Buhl/Schneider/Tretter* (2000) S. 319.
3 Vgl. *Pieper* (2002), S. 1006.

foliomanagern bedeutsam, erlaubt sie doch Rückschlüsse auf die Notwendigkeit von Investmentstiländerungen. Denn wenn Können in Form von Selektions- und/oder Timingfähigkeiten vorliegt, kann mit Einschränkungen mit einer Persistenz dieser Fähigkeiten gerechnet werden.[1] Dies ist bei reinem Glück nicht der Fall, da Glück als reines Zufallsmoment zu definieren ist, das zumindest ex ante einem Random Walk folgt.

Auf Basis der Zerlegung der Rendite auf verschiedene Verantwortungsbereiche wird eine Stärken- und Schwächenanalyse durchgeführt. Sofern die gewonnenen Ergebnisse der Renditedekomposition statistisch signifikant sind, kann eine Konzentration des Portfoliomanagementprozesses auf gefundene Stärken (z.B. Wertpapierselektion) erfolgen, wobei implizit angenommen wird, dass die Vergangenheitsergebnisse indikativ für die zukünftigen Resultate sind.

Inwiefern die Extrapolation einer superioren Vergangenheitsperformance in die Zukunft gerechtfertigt ist, lässt sich mittels einer Längsschnittregression beantworten. Dabei wird die Performance der ersten Periode auf die Performance der zweiten Periode mit Hilfe des Ausdrucks

Performance (2) = a + b · Performance (1)

regressiert.[2] Im Falle einer signifikant positiven Steigung der Regressionsfunktion (b > 0) bei entsprechend hoher Korrelation liegt Persistenz der Anlageergebnisse vor.

Die Messung von Portfoliomanagementfähigkeiten kann auch anhand des oben bereits genannten Information-Coefficient (IC) vorgenommen werden. Dieser Koeffizient ist ein Maß für die Güte der Prognosefähigkeit von Portfoliomanagern. Er misst die Korrelation zwischen prognostizierten Renditen und ihren späteren Realisationen. Eine positive Korrelation kann als Vorliegen überdurchschnittlicher Prognosefähigkeiten gedeutet werden. Nimmt IC den Wert Null an, so liegen keine Prognosefähigkeiten vor. Die Prognosen sind dann eher zufällig. Entsprechend ist für einen solchen Portfoliomanager davon auszugehen, dass er in etwa 50% der Fälle eine richtige Prognose abliefert. Dies trifft sicherlich auf den durchschnittlichen Portfoliomanager zu, der nicht besser als der Markt abschneidet.

Der Information-Coefficient sollte auf einer gewichteten Korrelation basieren. Als Gewichtungsfaktor dient die anhand der Prognose eingetretene Vermögensveränderung. Eine richtige Prognose, die – bei gleichem Volumen einzusetzenden Geldes – zu einem Gewinn von 1.000 EUR führt, muss höher gewichtet werden, als eine Prognose, die zu einem Gewinn von 100 EUR führt. Es kann daher sein, dass die Anzahl der richtigen Prognosen eines Portfoliomanagers unterhalb von 50% (50% entspricht einem IC von 0) liegt, jedoch die finanziellen Folgen der Prognosen positiv sind, da die zutreffenden Prognosen gewinnbringender sind. Ein gewichteter und statistisch signifikanter IC-Wert in Höhe von 0,1 ist folglich zu deuten als nicht zufällige Fähigkeit des Portfoliomanagers in der Vergangenheit, gewinnbringende Prognosen abzugeben.

Für die praktische Anwendung können die in Tabelle G.25 dargestellten Werte des IC als Anhaltspunkt für die Beurteilung der Prognosefähigkeit herangezogen werden.[3]

---

1 Eine solche Persistenz wird als „Hot Hand"-Phänomen bezeichnet und ist in der Literatur nicht unumstritten. Vgl. *Malkiel* (1995), S. 559ff. und *Kahn/Rudd* (1995), S. 43ff.
2 Vgl. *Kahn/Rudd* (1995), S. 45ff.
3 Vgl. *Kleeberg/Schlenger* (1998), S. 575f. und *Kleeberg/Schlenger* (2002), S. 263.

IC	Prognosefähigkeit
> 0,1	sehr hoch (evtl. Insiderinformationen)
0,07	hoch
0,05	relativ hoch
0,02	gering, aber noch positiv
0	keine

Tab. G.25: Zusammenhang zwischen Information-Coefficient und Prognosefähigkeit

Im Rahmen der Unterscheidung von Können und Glück muss auch das mit der Performanceattribution verbundene Zuordnungsproblem berücksichtigt werden, das sich in der Darstellung in Tabelle G.26 zeigt, in der vier Fälle unterschieden werden.

Fall	1	2	3	4
Investmentanalyse:	Richtig	Falsch	Falsch	Richtig
Performanceergebnis:	Gut	Gut	Schlecht	Schlecht

Tab. G.26: Mögliche Performancefolgen von Investmententscheidungen[1]

Wünschenswert ist nur der erste Fall, in dem eine richtige Analyse in Form von sachgerechter Informationsauswertung zu einer guten Performance führt. Die Aufgabe der Performanceattribution besteht in der Isolierung dieses Falles. Längsschnittanalysen, in denen Portfolios hinsichtlich ihrer Entwicklung im Zeitablauf untersucht werden und die zum Standardinstrumentarium der Performanceattribution gehören, liefern Aufschluss über die Frage nach Glück und Können. Die folgenden zwei Abbildungen verdeutlichen exemplarisch den Unterschied.

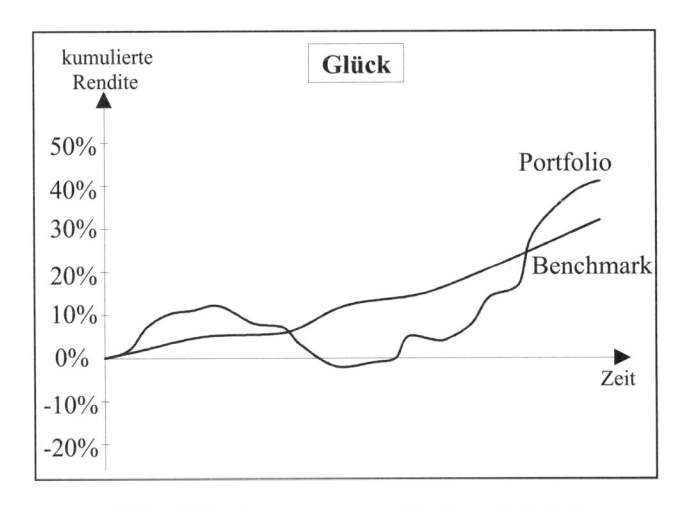

Abb. G.10: Performanceattribution als Glück

---

1 Vgl. *Sittampalam* (1993), S. 30.

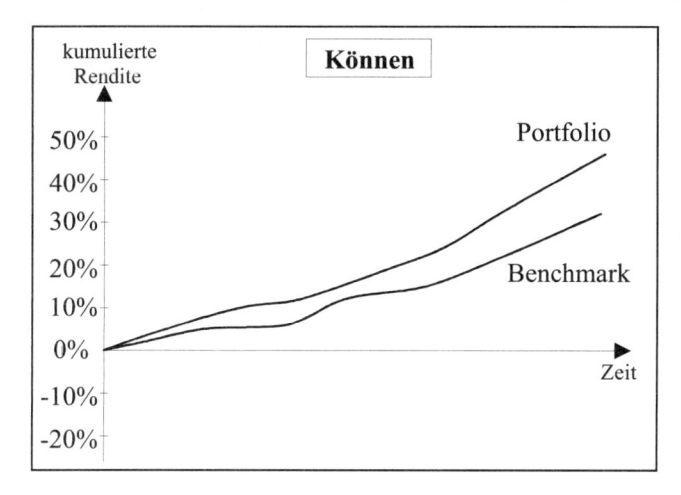

Abb. G.11: Performanceattribution als Können

Während in Abbildung G.10 zufällig eine gute Rendite im Betrachtungsendpunkt ausgewiesen wird, liegt in Abbildung G.11 die Rendite kontinuierlich oberhalb der Benchmark. Zudem sind die Renditeschwankungen in der zweiten Grafik deutlich geringer. Dies hat zur Folge, dass unabhängig vom gewählten Zeitpunkt eine superiore Performance ausgewiesen werden kann. Bei einem genügend langen Betrachtungszeitraum und statistisch signifikanten Überrenditen kann deshalb auf Können geschlossen werden.

Zur objektiven Beurteilung, ob Zufall vorliegt oder nicht, können statistische Methoden herangezogen werden. So beträgt die Wahrscheinlichkeit einer rein zufälligen Outperformance (bzw. Underperformance) des Portfoliomanagers 50%. Folglich würde eine zufällige, viermalige Outperformance in Folge eine Wahrscheinlichkeit von 6,25% (= 0,5 · 0,5 · 0,5 · 0,5) aufweisen. Eine dreimalige Outperformance in vier Jahren würde schon mit einer Wahrscheinlichkeit von 25% auftreten:

Situation	Outperformance ?				Wahrscheinlichkeit
I	ja	ja	ja	nein	6,25%
II	ja	ja	nein	ja	6,25%
III	ja	nein	ja	ja	6,25%
IV	nein	ja	ja	ja	6,25%
SUMME					**25,0%**

Tab. G.27: Wahrscheinlichkeit einer Outperformance, Beispiel 1

Da in diesem Fall die Voraussetzungen für ein sog. Bernoulli-Experiment vorliegen, kann auch die Wahrscheinlichkeitsfunktion der Binomialverteilung herangezogen werden, die zu dem gleichen Ergebnis führt.[1] Formal lässt sich der Wert auch wie folgt bestimmen:[2]

$$\binom{m}{k} \cdot P(\text{Outperformance})^m = \frac{m!}{k! \cdot (m-k)!} \cdot P(\text{Outperformance})^m = \frac{24}{6 \cdot (4-3)!} \cdot 0{,}5^4 = 0{,}25$$

mit

- m = Gesamtzahl der Versuche,
- k = Anzahl Outperformance ($k \leq m$) und
- P (Outperformance) = Wahrscheinlichkeit einer Outperformance.

Wird das Beispiel ausgedehnt auf eine Betrachtung von beispielsweise 12 Jahren, so ergibt sich für die Wahrscheinlichkeit, dass ein Portfoliomanager zufällig in 10 von 12 Jahren eine Outperformance erzielt, der folgende Wert:

$$\binom{m}{k} \cdot P(\text{Outperformance})^m = \frac{m!}{k! \cdot (m-k)!} \cdot P(\text{Outperformance})^m$$

$$= \frac{479.001.600}{3.628.800 \cdot 2} \cdot 0{,}5^{12} = 0{,}01611$$

Damit tritt eine 10malige, rein zufällig erzielte Outperformance in 12 Versuchen (hier = Jahren) mit einer Wahrscheinlichkeit von 1,611% auf, eine 9malige Outperformance würde schon mit 5,37% Wahrscheinlichkeit erzielbar sein.

Versuche	12	12	12	12	12
Anzahl Outperformance	12	11	10	9	8
P(Outperformance)	0,000244	0,002930	0,016113	0,053711	0,120850

Tab. G.28: Wahrscheinlichkeit einer Outperformance, Beispiel 2

Nunmehr soll überprüft werden, mit welcher Wahrscheinlichkeit bei 12 Versuchen (hier = in 12 Jahren) höchstens eine 9malige Outperformance zu erwarten ist:

P (Anzahl Outperformance ≤ 9) = 1 – P (Anzahl Outperformance > 9)

= 1 – 0,00024414 – 0,00292969 - 0,01611328 = 0,98071289

---

[1] Vgl. *Schmid/Stark* (1977), S. 119.
[2] Zur Vorgehensweise vgl. z.B. *Bleymüller* (2012), S. 51f.

Bei diesem Beispiel wird bislang nur ein Portfoliomanager betrachtet. In diesem Fall kann mit einer Wahrscheinlichkeit von 1,928711% (= 1 − 0,98071289) erwartet werden, dass der Manager bei 12 Versuchen mindestens eine jeweils zufällig eingetretene 10malige Outperformance erzielt.

Im Folgenden soll das Beispiel ausgedehnt werden. Betrachtet wird nunmehr die Frage, wie hoch die Wahrscheinlichkeit bei mehreren (n ≥ 1 vielen) Portfoliomanagern ist, dass bei m Versuchen mindestens eine jeweils zufällig eintretende k-malige Outperformance erzielt wird. Aus der Wahrscheinlichkeitsrechnung kann dazu die folgende Formel herangezogen werden, wobei angenommen wird, dass die Portfoliomanager ihre Entscheidungen unabhängig voneinander treffen:[1]

$$P(x_1 \cup x_2 \cup ... \cup x_n) = 1 - P(\overline{x_1 \cup x_2 \cup ... \cup x_n}) = 1 - P(\overline{x_1} \cap \overline{x_2} \cap ... \cap \overline{x_n}) = 1 - P(\overline{x_1}) \cdot ... \cdot P(\overline{x_n})$$

mit

$P(x_i)$ = (hier) Wahrscheinlichkeit der Erzielung mindestens einer k-maligen Outperformance durch den i-ten Portfoliomanager (1 ≤ i ≤ n) und

$P(\overline{x_i})$ = (hier) Wahrscheinlichkeit der Erzielung maximal einer (k−1)-maligen Outperformance durch den i-ten Portfoliomanager (1 ≤ i ≤ n).

Daraus resultiert für das obige Beispiel (m = 12 und k = 10):

$$P(x_1 \cup x_2 \cup ... \cup x_n) = 1 - P(\overline{x_1}) \cdot ... \cdot P(\overline{x_n}) = 1 - 0,98071289 \cdot ... \cdot 0,98071289 = 1 - 0,98071289^n$$

Entsprechend können die nachfolgenden Werte abgeleitet werden:

Anzahl Portfoliomanager	(Mindest-)Anzahl zufälliger Outperformance bei 12 Versuchen				
	12 von 12	11 von 12	10 von 12	9 von 12	8 von 12
1	0,0244%	0,3174%	1,9287%	7,2998%	19,3848%
25	0,6086%	7,6396%	38,5464%	84,9680%	99,5425%
50	1,2134%	14,6956%	62,2346%	97,7404%	99,9979%
100	2,4121%	27,2315%	85,7377%	99,9489%	100,0000%
200	4,7661%	47,0475%	97,9659%	100,0000%	100,0000%
400	9,3050%	71,9603%	99,9586%	100,0000%	100,0000%

Tab. G.29: Wahrscheinlichkeit einer zufälligen Outperformance in Abhängigkeit von der Anzahl Portfoliomanager

---

1 Vgl. *Bleymüller/Gehlert/Gülicher* (2004), S. 52ff.

Festgestellt werden kann beispielsweise, dass bei 200 Portfoliomanagern mit einer Wahrscheinlichkeit von 97,97% erwartet werden kann, dass mindestens ein Manager eine zufällige, mindestens 10malige Outperformance in 12 Versuchen (bzw. Jahren) erzielt.

Mit Hilfe eines t-Tests kann die Zufälligkeit des Erfolges objektiv analysiert werden.[1] Dazu kann ein Zweistichprobentest für die Differenz zweier arithmetischer Mittel bei abhängigen Stichproben herangezogen werden. Hierzu wird angenommen, dass die Stichproben normalverteilten Grundgesamtheiten entstammen bzw. aufgrund ihrer Größe nach dem zentralen Grenzwertsatz der Statistik normalverteilt sind. Darüber hinaus müssen die Varianz der Mittelwertdifferenz bzw. die Varianzen der Grundgesamtheiten bekannt sein oder zumindest hinreichend sicher aus den Stichprobenvarianzen geschätzt werden können. In diesem Fall ist die Prüfgröße mit df = n – 1 Freiheitsgraden student- (t-)verteilt:[2]

$$t = \frac{\overline{D}_n - \mu}{\sigma_D} \cdot \sqrt{n}$$

mit

$\overline{D}_n$ = durchschnittliche Differenz der n Messwertpaare,
σ_D = Standardabweichung der paarweisen Differenzen,
n = Stichprobenumfang und
μ = Erwartungswert der Differenz.

Die n Differenzen werden als eine Stichprobe von n unabhängigen Werten betrachtet. Bei Normalverteilung der einzelnen Messwertpaare ist deren Differenz ebenfalls normalverteilt. Für die unbekannte Varianz kann die aus der Stichprobe ermittelte Varianz σ^2_D als Schätzgröße dienen. Die Schätzfunktion für die Varianz lautet:[3]

$$\sigma^2_D = \frac{1}{n-1} \cdot \sum_{j=1}^{n} \left(D_j - \overline{D}_n\right)^2$$

mit

D_j = j-te Differenz der Meßwertpaare.

Nunmehr kann zunächst die zu testende Nullhypothese formuliert werden, d.h. $\mu = 0$. Zusätzlich wird eine Alternativhypothese herangezogen. Diese würde bei einem zweiseitigen Test mit $\mu \neq 0$ angegeben, d.h. die Alternativhypothese deckt Abweichungen in beide Richtungen ab. Lautet die Alternativhypothese $\mu > 0$, so handelt es sich um einen einseitigen Test. In diesem Fall wird lediglich der positive Wertebereich durch die Alternativhypothese abgedeckt. Demnach erfolgt eine Ablehnung der Nullhypothese bei einem zweiseitigen Test erst bei größeren Differenzen als bei einem einseitigen Test.

---

[1] Vgl. im Folgenden auch *Garz/Günther/Moriabadi* (1997), S. 228ff.
[2] Vgl. *Meyer* (1994a), S. 259ff. und *Bleymüller/Gehlert/Gülicher* (2004), S. 115.
[3] Vgl. *Meyer* (1994a), S. 259 und *Bleymüller/Gehlert/Gülicher* (2004), S. 115f.

Schließlich wird mit Bestimmung des Konfidenz- bzw. Signifikanzniveaus $1 - \alpha$ der Annahme- und Ablehnungsbereich der Nullhypothese festgelegt, wobei α die Irrtumswahrscheinlichkeit ausdrückt, also die Wahrscheinlichkeit, dass die Ablehnung der Nullhypothese ein Irrtum ist. Liegt ein einseitiger Test zugrunde, so muss α nicht mehr auf beide Seiten der Verteilung aufgeteilt werden. Üblicherweise werden Signifikanzniveaus von z.B. 95% und 99% zugrunde gelegt. Entsprechend können die kritischen Werte der student- (t-)Verteilung mit n-1 Freiheitsgraden ermittelt werden. Liegt der berechnete t-Wert (Wert der Prüfgröße) bei einem einseitigen Test oberhalb des kritischen Wertes, so ist die Nullhypothese abzulehnen.

Soll beispielsweise überprüft werden, ob die in den vergangenen 80 Monate erzielte durchschnittliche aktive Rendite von 0,4% pro Monat bei einer Standardabweichung (Tracking Error) von 2,0% pro Monat zufällig oder systematisch ist, so kann in die Prüfgröße für $\overline{D}_n$ der Wert 0,4% und für σ_D der Wert 2,0% eingesetzt werden. Für μ ergibt sich Null, da die Nullhypothese lautet: $E(r_a) = \mu = 0$ bei der Alternativhypothese $E(r_a) = \mu > 0$:

$$t = \frac{\overline{r}_a - E(r_a)}{\sigma_{r_a}} \cdot \sqrt{n} = \frac{0,4\% - 0\%}{2,0\%} \cdot \sqrt{80} = 1,7889$$

Bei einem einseitigen Test und einem Signifikanzniveau von 95% ergibt sich aus der Tabelle der Studentverteilung für 79 Freiheitsgrade ein kritischer Wert t_c von 1,664 und bei einem Signifikanzniveau von 99% von 2,374. Damit ist die Nullhypothese bei $\alpha = 5\%$ abzulehnen. Mit anderen Worten: die erzielte Outperformance kann nur mit 5% Wahrscheinlichkeit auf Glück zurückgeführt werden, so dass eine statistisch signifikante Outperformance vorliegt. Auf einem 99% Signifikanzniveau liegt jedoch keine signifikante Outperformance vor.

Für die Portfoliomanagementpraxis ist u.a. auch die Frage von Interesse, welchen Zeitraum der Portfoliomanager benötigt, um sein Können unter Beweis zu stellen. Dies kann durch einfache Auflösung der obigen Formel nach n ermittelt werden. Für das Beispiel ergeben sich hierfür bei einem Signifikanzniveau von 95% 70 Monate und bei einem Signifikanzniveau von 99% 141 Monate:

$$1 - \alpha = 95\%: n = \left(\frac{t \cdot \sigma_{r_a}}{\overline{r}_a - E(r_a)}\right)^2 = \left(\frac{1,664 \cdot 2,0\%}{0,4\% - 0\%}\right)^2 = 69,22 = 70 \text{ Monate}$$

und bei einem Signifikanzniveau von 99%:

$$1 - \alpha = 99\%: \quad n = \left(\frac{t \cdot \sigma_{r_a}}{\overline{r}_a - E(r_a)}\right)^2 = \left(\frac{2,374 \cdot 2,0\%}{0,4\% - 0\%}\right)^2 = 140,90 = 141 \text{ Monate}$$

Wird beispielsweise ein höheres aktives Risiko (z.B. 2,5% pro Monat) in Kauf genommen, so würde sich die Mindestlänge bei einem Signifikanzniveau von 95% auf 109 Monate erhöhen.

Dieses Beispiel verdeutlicht, dass zur sachgerechten Leistungsbeurteilung eines Portfoliomanagers zahlreiche Performancewerte aus der Vergangenheit erforderlich sind, so dass eine unter Marketingaspekten möglicherweise angestrebte positive Darstellung nach außen auf Basis weniger historischer Werte zu voreiligen Schlussfolgerungen führen könnte. So können hohe Renditen auch auf Glück und/oder relativ hohem Risiko basieren. Letztlich kann davon ausgegangen werden, dass auf einem effizienten Markt eine dauerhafte Outperformance kaum zu erreichen sein dürfte. Entsprechend kann ein Portfoliomanager nur dann gut sein, wenn er Marktineffizienzen erkennen und nutzen kann.[1]

2. Renditeorientierte Attributionsanalyse

Während für die Berechnung und die Darstellung der Gesamtperformance bereits Rahmenbedingungen für eine möglichst einheitliche Vorgehensweise geschaffen wurden (durch die weiter unten dargestellten Performance Presentation Standards), liegt für eine Performanceattribution noch kein einheitlicher Standard vor. Vielmehr wurden zahlreiche Rechenverfahren entwickelt, die im Wesentlichen auf einem additiven Ansatz zur Zerlegung des Gesamterfolges basieren.[2]

Von großer Bedeutung im Rahmen der Performancequellenanalyse ist die Dekomposition der gemessenen Renditen.[3] Mit Hilfe einer Renditedekomposition kann festgestellt werden, wo die Investmentqualitäten eines Portfoliomanagers liegen. Hieraus können Rückschlüsse auf den Managementstil gezogen werden. Große Investoren, wie z.B. Pensionskassen, diversifizieren ihre zu vergebenden Portfoliomanagementmandate in verschiedene Managementstile.

Mit Hilfe der oben vorgestellten Performancemaße, wie z.B. das Jensen-Alpha oder das Treynor-Mazuy-Maß können insbesondere Selektions- und Timingfähigkeiten identifiziert werden. Dabei beziehen sich die Verfahren allerdings immer nur auf einen Markt. Das praktische Portfoliomanagement bezieht jedoch i.d.R. mehrere Märkte und darüber hinaus häufig noch Anlagen in verschiedenen Währungen mit ein. Mitunter erscheint auch die Herunterbrechung bis zum einzelnen Wertpapier sinnvoll. Eine grundlegende Zerlegung kann nach den Entscheidungsebenen Asset Allocation, Titelselektion und Währung erfolgen.[4] Auch die Einbeziehung weiterer Entscheidungsebenen und eine entsprechende Renditezerlegung sind denkbar.

Grundsätzlich bildet die aktive Rendite den Ausgangspunkt der Überlegungen:

$$r_{PF_a} = r_{PF_ü} - r_{BM_ü} = r_{PF} - r_f - (r_{BM} - r_f) - r_{PF} - r_{BM}$$

Zunächst sollen die beiden grundsätzlichen Möglichkeiten der Abweichung des Portfolios von der Benchmark betrachtet werden, nämlich die Gewichtung einzelner Assetkategorien (Allokationsbeitrag) und die Gewichtung einzelner Titel (Selektionsbeitrag). Als Assetka-

---

1 Vgl. *Garz/Günther/Moriabadi* (1997), S. 232.
2 Vgl. *Buhl/Schneider/Tretter* (2000) S. 318ff.
3 In vergleichbarer Weise lassen sich auch Risikodekompositionen durchführen. Dabei wird untersucht, zu welchem Prozentsatz die Schwankungen von Wertpapieren auf verschiedene Einflussfaktoren zurückzuführen sind. Vgl. *Drummen* (1992). Zu Varianzdekompositionen für den schweizerischen und den deutschen Aktienmarkt vgl. *Dubacher/Zimmermann* (1989), S. 66ff.
4 Vgl. *Garz/Günther/Moriabadi* (1997), S. 235f.

tegorie können alle Arten von Assets verstanden werden. So kann es sich z.B. um eine Region, einen einzelnen Markt oder auch eine Branche etc. handeln. Die entsprechend zu zerlegenden Renditebeiträge können wie folgt ermittelt werden:[1]

(1) Renditebeitrag aus der aktiven Asset Allocation:

$$RB_{\text{Asset Allocation}} = \sum_{i=1}^{n} r_i^{BM} \cdot g_i^{PF} - \sum_{i=1}^{n} r_i^{BM} \cdot g_i^{BM} = \sum_{i=1}^{n} r_i^{BM} \cdot \left(g_i^{PF} - g_i^{BM} \right)$$

(2) Renditebeitrag aus der Titelselektion:

$$RB_{\text{Selektion}} = \sum_{i=1}^{n} r_i^{PF} \cdot g_i^{BM} - \sum_{i=1}^{n} r_i^{BM} \cdot g_i^{BM} = \sum_{i=1}^{n} g_i^{BM} \cdot \left(r_i^{PF} - r_i^{BM} \right)$$

mit

r_i^{PF} = Portfoliorendite der Assetkategorie i,
r_i^{BM} = Benchmarkrendite der Assetkategorie i,
g_i^{PF} = Gewicht der Assetkategorie i im Portfolio und
g_i^{BM} = Gewicht der Assetkategorie i in der Benchmark.

Aus den Formeln ist ersichtlich, dass sich der Renditebeitrag aus der aktiven Asset Allocation dadurch ergibt, dass die Assetkategorie i im Portfolio anders gewichtet worden ist als in der Benchmark. Falls die Benchmark in der Betrachtungsperiode eine positive Rendite erbringen konnte, so führt die Übergewichtung zu einem positiven Beitrag zur aktiven Rendite. Eine Untergewichtung wirkt sich negativ auf die aktive Rendite auf, es sei denn, die Rendite der Benchmark war negativ.

Ist das Portfolio innerhalb der einzelnen Assetkategorien anders zusammengesetzt als die Benchmark, so kann hieraus ein Renditebeitrag aus der Titelselektion entstehen.

Nun würde sich allein aus der Summe der Renditebeiträge aus aktiver Asset Allocation und Titelselektion nicht die aktive Rendite ergeben. Vielmehr ist noch ein Residuum zu berücksichtigen, das als Kreuzprodukt keinem der beiden Beiträge zugeordnet werden kann. Das Kreuzprodukt entsteht beispielsweise in dem Fall, dass ein Markt übergewichtet wird bei gleichzeitiger Erwirtschaftung eines positiven oder negativen Beitrages aus der Titelselektion.

Die folgende Abbildung zeigt die Entstehung eines Kreuzproduktes anhand eines Portfolios, das – bezogen auf die betrachtete Assetkategorie i – gegenüber der Benchmark übergewichtet ist und gleichzeitig mit der Assetkategorie i eine höhere Rendite erzielte als die Benchmark.

---

1 Vgl. *Pieper* (2002), S. 1008ff.

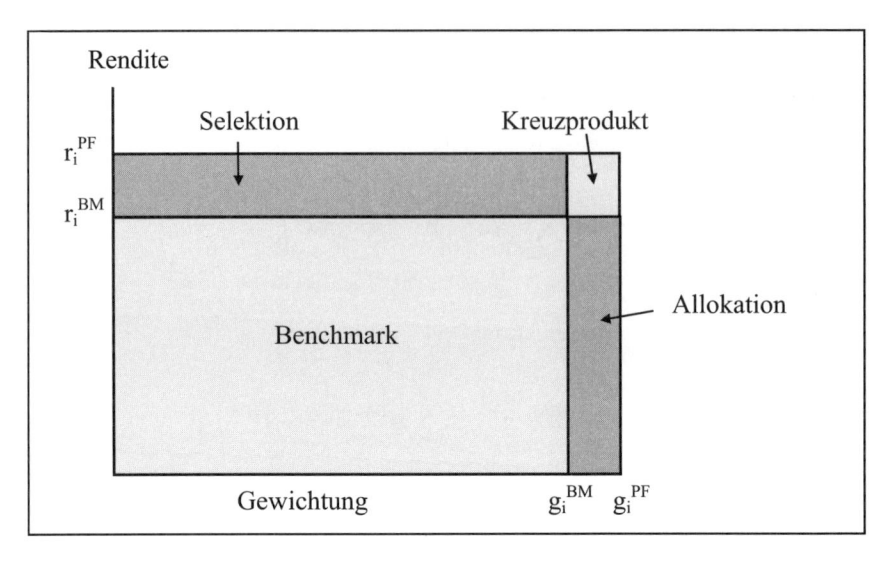

Abb. G.12: Kreuzprodukt

Analytisch kann der Renditebeitrag aus dem Kreuzprodukt wie folgt ermittelt werden:

$$RB_{Kreuzprodukt} = \sum_{i=1}^{n} \left(r_i^{PF} - r_i^{BM}\right) \cdot \left(g_i^{PF} - g_i^{BM}\right)$$

$$= \sum_{i=1}^{n} r_i^{PF} \cdot g_i^{PF} - \sum_{i=1}^{n} r_i^{BM} \cdot g_i^{PF} - \sum_{i=1}^{n} r_i^{PF} \cdot g_i^{BM} + \sum_{i=1}^{n} r_i^{BM} \cdot g_i^{BM}$$

Für die Portfoliomanagementpraxis von Relevanz ist die Höhe des Kreuzprodukts, das auf unterschiedliche Art und Weise behandelt werden kann. Wird es beispielsweise völlig vernachlässigt bei der Attribution, so führt die Addition der einzelnen Renditebeiträge nicht mehr zur gesamten aktiven Rendite. Grundsätzlich ist auch eine Aufteilung des Kreuzproduktes auf die verschiedenen Renditebeiträge denkbar, wobei sich allerdings die Frage nach dem Aufteilungsschlüssel stellt.

Wenn das Kreuzprodukt voll berücksichtigt wird, so ergibt sich aus der Summe der Renditebeiträge die aktive Rendite:

$$r_{PF_a} = RB_{Asset\,Allocation} + RB_{Selektion} + RB_{Kreuzprodukt}$$

$$r_{PF_a} = \sum_{i=1}^{n} r_i^{BM} \cdot g_i^{PF} - \sum_{i=1}^{n} r_i^{BM} \cdot g_i^{BM} + \sum_{i=1}^{n} r_i^{PF} \cdot g_i^{BM} - \sum_{i=1}^{n} r_i^{BM} \cdot g_i^{BM}$$

$$+ \sum_{i=1}^{n} r_i^{PF} \cdot g_i^{PF} - \sum_{i=1}^{n} r_i^{BM} \cdot g_i^{PF} - \sum_{i=1}^{n} r_i^{PF} \cdot g_i^{BM} + \sum_{i=1}^{n} r_i^{BM} \cdot g_i^{BM}$$

$$\Leftrightarrow \quad r_{PF_a} = r_{PF} - r_{BM} = \sum_{i=1}^{n} r_i^{PF} \cdot g_i^{PF} - \sum_{i=1}^{n} r_i^{BM} \cdot g_i^{BM}$$

Das folgende Beispiel zeigt die Zerlegung der aktiven Rendite in die o.g. Renditebeiträge. Ausgangspunkt ist ein Portfolio, das zu 45% aus Euroland-Aktien, zu 52% aus Euroland-Renten und zu 3% aus Cash besteht. Die relevante Benchmark setzt sich aus 50% Euroland-Aktien und 50% Euroland-Renten zusammen. Die jeweils erzielten Renditen können der folgenden Tabelle entnommen werden.

	Aktien Euroland	Renten Euroland	Cash	Summe
Gewicht im Portfolio	45,000%	52,000%	3,000%	100,000%
Gewicht in der Benchmark	50,000%	50,000%	0,000%	100,000%
Rendite Portfolio	14,000%	5,000%	2,000%	
Rendite Benchmark	10,000%	7,000%	1,500%[1]	

Tab. G.30: Ausgangsdaten für die Attribution

Aus diesen Daten können die folgenden Werte berechnet werden:

	Aktien Euroland	Renten Euroland	Cash	Summe
gewichtete Portfoliorendite	6,300%	2,600%	0,060%	8,960%
gewichtete Benchmarkrendite	5,000%	3,500%	0,000%	8,500%
gewichtete aktive Rendite	1,300%	-0,900%	0,060%	0,460%

Tab. G.31: Bestimmung der gewichteten Renditen

Die Zerlegung in die verschiedenen Renditebeiträge führt zu folgenden Ergebnissen:

	Aktien Euroland	Renten Euroland	Cash	Summe
Renditebeitrag Asset Allocation	–0,500%	0,140%	0,045%	–0,315%
Renditebeitrag Selektion	2,000%	–1,000%	0,000%	1,000%
Kreuzprodukt	–0,200%	–0,040%	0,015%	–0,2250%
gewichtete aktive Rendite	1,300%	–0,900%	0,060%	0,460%

Tab. G.32: Attributionsergebnisse

---

[1] Obwohl in der Benchmark keine Cash-Position enthalten ist, wird dennoch eine Vergleichsrendite herangezogen, die der geforderten Rendite bei einer Anlage in Cash entspricht. Würde hier 0% eingesetzt, so würde die Cash-Position lediglich einen Renditebeitrag in Höhe eines Kreuzproduktes von 0,06% erbringen.

Hierbei ergibt sich beispielsweise der negative Renditebeitrag aus der Asset Allocation bei den Aktien aus der Untergewichtung gegenüber der Benchmark, die eine positive Rendite erzielt hat:

$$RB_{\text{Asset Allocation}} = r_i^{BM} \cdot \left(g_i^{PF} - g_i^{BM}\right) = 0{,}10 \cdot (0{,}45 - 0{,}5) = -0{,}5\%$$

Hingegen ist bei den Aktien der Selektionsbeitrag positiv, da das Portfolio im Bereich Euroland-Aktien eine höhere Rendite erwirtschaftete als die Benchmark:

$$RB_{\text{Selektion}} = g_i^{BM} \cdot \left(r_i^{PF} - r_i^{BM}\right) = 0{,}50 \cdot (0{,}14 - 0{,}10) = 2{,}0\%$$

Das Kreuzprodukt bei den Aktien ergibt sich entsprechend:

$$RB_{\text{Kreuzprodukt}} = \left(r_i^{PF} - r_i^{BM}\right) \cdot \left(g_i^{PF} - g_i^{BM}\right) = (0{,}14 - 0{,}10) \cdot (0{,}45 - 0{,}50) = -0{,}2\%$$

Bei diesem Beispiel ist zu beachten, dass im Rahmen der Allokationsentscheidung die Einzelentscheidung, Aktien unter- und Renten überzugewichten, insgesamt gesehen nicht sinnvoll war, da die Aktien im Vergleich zu den Renten eine um 3% höhere Rendite erzielten. Dies wird bei der obigen Formel zur Berechnung des Renditebeitrages aus der Asset Allocation nicht berücksichtigt. Vielmehr bezieht sich diese Formel ausschließlich auf die Benchmark der jeweiligen Assctkategorie, während die Renditen der anderen Assetkategorien außer acht bleiben.[1]

Auf Basis dieser Überlegungen kann als Ergänzung zur obigen Vorgehensweise zur Beurteilung der Einzelentscheidung bezüglich der Assetkategorie „Aktien Euroland" ein Bezug zur gesamten Benchmarkrendite hergestellt werden, die sich wie folgt ergibt:

Gesamte Benchmarkrendite = $0{,}50 \cdot 0{,}10 + 0{,}50 \cdot 0{,}07 + 0{,}00 \cdot 0{,}015 = 0{,}085 = 8{,}5\%$

Infolgedessen kann der Allokationsbeitrag dieser Einzelentscheidung wie folgt ermittelt werden:

$$RB_{\text{Asset Allocation}_{\text{auf Gesamt-Benchmark bezogen}}} = \left(r_i^{BM} - \bar{r}^{BM}\right) \cdot \left(g_i^{PF} - g_i^{BM}\right)$$

Für die einzelnen Assetkategorien betragen diese Werte:

Aktien Euroland:

$$RB_{\text{Asset Allocation}_{\text{auf Gesamt-Benchmark bezogen}}} = (0{,}10 - 0{,}085) \cdot (0{,}45 - 0{,}50) = -0{,}075\%$$

Renten Euroland:

$$RB_{\text{Asset Allocation}_{\text{auf Gesamt-Benchmark bezogen}}} = (0{,}07 - 0{,}085) \cdot (0{,}52 - 0{,}50) = -0{,}03\%$$

Cash:

$$RB_{\text{Asset Allocation}_{\text{auf Gesamt-Benchmark bezogen}}} = (0{,}015 - 0{,}085) \cdot (0{,}03 - 0{,}00) = -0{,}21\%$$

---

1 Vgl. *Pieper* (2002), S. 1013.

In der Summe erhält man wiederum den gesamten Renditebeitrag Asset Allocation in Höhe von –0,315%. Bei dieser Aufteilung wird deutlich, dass die für die Renten oben als positiv beurteilte Allokationsentscheidung (+0,14%) nunmehr negativ gesehen wird (–0,03%). Dies liegt darin begründet, dass die Rendite der Rentenbenchmark (7%) geringer ist als die der gesamten Benchmark (8,5%). Folglich ist eine Übergewichtung der Renten nicht sinnvoll gewesen, obwohl die Benchmarkrendite dieser Assetkategorie positiv war. Gleiches gilt für die Cash-Position. Hier zeigt sich, dass der wesentliche Teil des negativen Allokationsbeitrags auf diese Position zurückgeführt werden kann, da sie nur eine vergleichsweise geringe Rendite erzielen konnte.

Die obige Renditedekomposition bezieht sich nur auf die beiden Beiträge Asset Allocation und Titelselektion. Im Folgenden soll vor dem Hintergrund einer voranschreitenden Globalisierung der Anlagestrategien auch die Währungskomponente mit einbezogen werden. Diese kann auch dem Beitrag aus der Asset Allocation insgesamt zugeordnet werden. Vor diesem Hintergrund soll im Folgenden der Beitrag aus der Allokation ohne Währungskomponente als Renditebeitrag aus der Asset Allocation i.e.S. verstanden werden. Hingegen umfasst der Renditebeitrag aus der Asset Allocation i.w.S. auch die Währungskomponente. Infolgedessen können unter Berücksichtigung des Renditebeitrages aus der Gewichtung der einzelnen Währungen (Währungsbeitrag) die einzelnen Renditekomponenten wie folgt berechnet werden:[1]

$$RB_{\text{Asset Allocation i.e.S.}} = \sum_{i=1}^{n} r_{i,\text{lokal}}^{BM} \cdot g_i^{PF} - \sum_{i=1}^{n} r_{i,\text{lokal}}^{BM} \cdot g_i^{BM} = \sum_{i=1}^{n} r_{i,\text{lokal}}^{BM} \cdot \left(g_i^{PF} - g_i^{BM}\right)$$

$$RB_{\text{Selektion}} = \sum_{i=1}^{n} r_{i,\text{lokal}}^{PF} \cdot g_i^{BM} - \sum_{i=1}^{n} r_{i,\text{lokal}}^{BM} \cdot g_i^{BM} = \sum_{i=1}^{n} g_i^{BM} \cdot \left(r_{i,\text{lokal}}^{PF} - r_{i,\text{lokal}}^{BM}\right)$$

$$RB_{\text{Währung}} = \sum_{i=1}^{n} g_i^{PF} \cdot \left(r_i^{PF} - r_{i,\text{lokal}}^{PF}\right) - \sum_{i=1}^{n} g_i^{BM} \cdot \left(r_i^{BM} - r_{i,\text{lokal}}^{BM}\right)$$

$$= \sum_{i=1}^{n} g_i^{PF} \cdot r_i^{PF} - \sum_{i=1}^{n} g_i^{PF} \cdot r_{i,\text{lokal}}^{PF} - \sum_{i=1}^{n} g_i^{BM} \cdot r_i^{BM} + \sum_{i=1}^{n} g_i^{BM} \cdot r_{i,\text{lokal}}^{BM}$$

$$RB_{\text{Kreuzprodukt}} = \sum_{i=1}^{n} \left(r_{i,\text{lokal}}^{PF} - r_{i,\text{lokal}}^{BM}\right) \cdot \left(g_i^{PF} - g_i^{BM}\right)$$

$$= \sum_{i=1}^{n} r_{i,\text{lokal}}^{PF} \cdot g_i^{PF} - \sum_{i=1}^{n} r_{i,\text{lokal}}^{BM} \cdot g_i^{PF} - \sum_{i=1}^{n} r_{i,\text{lokal}}^{PF} \cdot g_i^{BM} + \sum_{i=1}^{n} r_{i,\text{lokal}}^{BM} \cdot g_i^{BM}$$

---

1 Vgl. *Pieper* (2002), S. 1014ff.

mit

r_i^{PF} = Portfoliorendite der Assetkategorie i in der Referenzwährung,

$r_{i,lokal}^{PF}$ = Portfoliorendite der Assetkategorie i in lokaler Währung,

r_i^{BM} = Benchmarkrendite der Assetkategorie i in der Referenzwährung,

$r_{i,lokal}^{BM}$ = Benchmarkrendite der Assetkategorie i in der lokaler Währung,

g_i^{PF} = Gewicht der Assetkategorie i im Portfolio und

g_i^{BM} = Gewicht der Assetkategorie i in der Benchmark.

In der Summe ergibt sich wiederum die aktive Rendite:

$$\begin{aligned}
r_{PF_a} = & \sum_{i=1}^{n} r_{i,lokal}^{BM} \cdot g_i^{PF} - \sum_{i=1}^{n} r_{i,lokal}^{BM} \cdot g_i^{BM} & \text{Asset Allocation i.e.S.} \\
& + \sum_{i=1}^{n} r_{i,lokal}^{PF} \cdot g_i^{BM} - \sum_{i=1}^{n} r_{i,lokal}^{BM} \cdot g_i^{BM} & \text{Selektion} \\
& + \sum_{i=1}^{n} g_i^{PF} \cdot r_i^{PF} - \sum_{i=1}^{n} g_i^{PF} \cdot r_{i,lokal}^{PF} - \sum_{i=1}^{n} g_i^{BM} \cdot r_i^{BM} + \sum_{i=1}^{n} g_i^{BM} \cdot r_{i,lokal}^{BM} & \text{Währung} \\
& + \sum_{i=1}^{n} r_{i,lokal}^{PF} \cdot g_i^{PF} - \sum_{i=1}^{n} r_{i,lokal}^{BM} \cdot g_i^{PF} - \sum_{i=1}^{n} r_{i,lokal}^{PF} \cdot g_i^{BM} + \sum_{i=1}^{n} r_{i,lokal}^{BM} \cdot g_i^{BM} & \text{Kreuzprodukt} \\
= & \sum_{i=1}^{n} g_i^{PF} \cdot r_i^{PF} - \sum_{i=1}^{n} g_i^{BM} \cdot r_i^{BM}
\end{aligned}$$

Die Vorgehensweise soll an einem Beispiel aufgezeigt werden. Das Portfolio eines Anlegers aus dem Euroland ist wie folgt strukturiert:

	Aktien Euroland	Aktien USA	Cash €	Cash $	Summe
Gewicht im Portfolio	57,0%	42,0%	5,0%	–4,0%	100,0%
Gewicht in der Benchmark	50,0%	50,0%	0,0%	0,0%	100,0%
Rendite Portfolio in lokaler Währung	15,0%	18,0%	3,0%	4,0%	
Rendite Benchmark in lokaler Währung	11,0%	19,0%	3,0%	4,0%	

Tab. G.33: Ausgangsdaten für die Attribution inkl. Währungsbeitrag

Zu Beginn der Betrachtungsperiode belief sich der Kurs des $ auf € 0,94, zum Ende stand er bei genau € 1. Hieraus ergibt sich ein Kursgewinn bei einer Anlage in $ in Höhe von

$$\frac{1}{0,94} - 1 = 6,383\%$$

Infolgedessen muss die o.g. lokale Rendite der $-Anlagen noch um den Währungserfolg korrigiert werden. Beispielsweise ergibt sich für die Anlage in $-Cash (Geldmarktanlage) eine Gesamtrendite aus Sicht eines €-Anlegers von

$$1,04 \cdot \frac{1}{0,94} - 1 = 10,638\%$$

Im Vergleich zur Anlage in €-Cash wäre dies ein Mehrertrag von 7,638%, der auch als Währungs-Überschussrendite bezeichnet werden kann unter der Bedingung, dass der €-Geldmarktsatz der relevante risikolose Zins ist.

Diesen Überlegungen folgend können die Renditen in der Referenzwährung € wie folgt angegeben werden:

	Aktien Euroland	Aktien USA	Cash €	Cash $
Rendite Portfolio in Referenzwährung	15,000%	25,532%	3,000%	10,638%
Rendite Benchmark in Referenzwährung	11,000%	26,596%	3,000%	10,638%

Tab. G.34: Renditen in Referenzwährung

Die gewichteten Renditen für die einzelnen Assetkategorien sind der folgenden Tabelle zu entnehmen:

	Aktien Euroland	Aktien USA	Cash €	Cash $	Summe
gewichtete Portfoliorendite	8,550%	10,723%	0,150%	–0,426%	18,998%
gewichtete Benchmarkrendite	5,500%	13,298%	0,000%	0,000%	18,798%
gewichtete aktive Rendite	3,050%	–2,574%	0,150%	–0,426%	0,200%

Tab. G.35: gewichtete Renditen

Mit Hilfe der obigen Formeln lassen sich die einzelnen Renditebeiträge wie folgt aufsplitten:

	Aktien Euroland	Aktien USA	Cash €	Cash $	Summe
Renditebeitrag Asset Allocation i.e.S.	0,770%	–1,520%	0,150%	–0,160%	–0,760%
Renditebeitrag Selektion	2,000%	–0,500%	0,000%	0,000%	1,500%
Renditebeitrag Währung	0,000%	–0,634%	0,000%	–0,266%	–0,900%
Kreuzprodukt	0,280%	0,080%	0,000%	0,000%	0,360%
gewichtete aktive Rendite	3,050%	–2,574%	0,150%	–0,426%	0,200%

Tab. G.36: Attributionsergebnisse inkl. Währungsbeitrag

Beispielsweise wird der Währungsbeitrag für die US-Aktien folgendermaßen berechnet:

$$RB_{\text{Währung}} = g_i^{PF} \cdot \left(r_i^{PF} - r_{i,\text{lokal}}^{PF}\right) - g_i^{BM} \cdot \left(r_i^{BM} - r_{i,\text{lokal}}^{BM}\right)$$

$$= 0{,}42 \cdot (0{,}25532 - 0{,}18) - 0{,}50 \cdot (0{,}26596 - 0{,}19) = -0{,}634\%$$

Allerdings ist bei dem Währungsbeitrag zu berücksichtigen, dass ein weiteres Kreuzprodukt entsteht. Dies liegt darin begründet, dass die Renditewerte für die jeweilige Assetkategorie und die Währung multiplikativ miteinander verknüpft sind. Insofern besteht keine Additivität zwischen den einzelnen Komponenten. Für das Beispiel lassen sich für Portfolio und Benchmark zunächst folgende Residuen bestimmen:

Portfolio: $r_i^{PF} - r_{i,\text{lokal}}^{PF} - r_{\text{Währungskurs}}$

$$= \left[(1{,}18 \cdot 1{,}06383) - 1\right] - 18\% - 6{,}383\% = 25{,}532\% - 18\% - 6{,}383\% = 1{,}149\%$$

Benchmark: $r_i^{BM} - r_{i,\text{lokal}}^{BM} - r_{\text{Währungskurs}}$

$$= \left[(1{,}19 \cdot 1{,}06383) - 1\right] - 19\% - 6{,}383\% = 26{,}596\% - 19\% - 6{,}383\% = 1{,}213\%$$

Das gesamte hieraus resultierende Residuum bzw. Kreuzprodukt beläuft sich auf:

$$g_i^{PF} \cdot 1{,}149\% - g_i^{BM} \cdot 1{,}213\% = 0{,}42 \cdot 1{,}149\% - 0{,}50 \cdot 1{,}213\% = -0{,}12383\%$$

Infolgedessen kann der eigentliche Beitrag aus der Währungsauswahl allgemein auch wie folgt bestimmt werden:

$$RB_{\text{Währung}} = \sum_{i=1}^{n} g_i^{PF} \cdot \left(r_i^{PF} - r_{i,\text{lokal}}^{PF} - r_{i,\text{Kreuzprod.}}^{PF}\right) - \sum_{i=1}^{n} g_i^{BM} \cdot \left(r_i^{BM} - r_{i,\text{lokal}}^{BM} - r_{i,\text{Kreuzprod.}}^{BM}\right)$$

$$= \sum_{i=1}^{n} g_i^{PF} \cdot r_{\text{Währungskurs}} - \sum_{i=1}^{n} g_i^{BM} \cdot r_{\text{Währungskurs}} = \sum_{i=1}^{n} r_{\text{Währungskurs}} \cdot \left(g_i^{PF} - g_i^{BM} \right)$$

Auf das Beispiel bezogen errechnet sich für die US-Aktien:

$RB_{\text{Währung}} = 6{,}383\% \cdot (0{,}42 - 0{,}50) = -0{,}51064\%$

Addiert man nun das Kreuzprodukt in Höhe von −0,12383% hinzu, so kommt man wiederum zu dem obigen Währungsbeitrag von −0,63447%.

Analog teilt sich der Währungsbeitrag der $-Cash-Position (−0,266%) auf den eigentlichen Währungsbeitrag (−0,2553%) und ein Kreuzprodukt (−0,0102%) auf.

Der Währungsbeitrag dieser Cash-Position ist nicht aufgrund einer Investition in ausländische Aktienmärkte entstanden, sondern explizit, d.h., dass hierbei Transaktionen zugrunde liegen, die auf ein reines Währungsmanagement zurückzuführen sind. Im Falle des obigen Beispiels bedeutet die negative Gewichtung der $-Cash-Position eine Absicherungstransaktion. Hingegen ist der Währungsbeitrag der US-Aktien-Position implizit entstanden, d.h. durch das Engagement in diesem Markt. Entsprechend kann der Währungsbeitrag noch weiter aufgeschlüsselt werden:

$$RB_{\text{Währung}} = \underbrace{r_{\text{Währungskurs}} \cdot \left(g_{\text{US-Aktien}}^{PF} - g_{\text{US-Aktien}}^{BM} \right)}_{\text{implizit}} + \underbrace{r_{\text{Währungskurs}} \cdot \left(g_{\text{\$-Cash}}^{PF} - g_{\text{\$-Cash}}^{BM} \right)}_{\text{explizit}}$$

Der implizite Währungsbeitrag beträgt dem gemäß −0,5106% und der explizite −0,2553%, so dass der gesamte Währungsbeitrag (unter Herausrechnung des zusätzlichen Kreuzproduktes von insgesamt −0,1340%) −0,7660% beträgt. Inkl. des zusätzlichen Kreuzproduktes ergibt sich in der Summe wiederum der Wert aus Tabelle G.36 in Höhe von −0,900%.

Abbildung G.13 zeigt die Renditedekomposition für dieses Beispiel im Zusammenhang auf. Dabei werden die Beiträge aus der Asset Allocation i.e.S., der Währungsselektion und dem bei der Währungskomponente auftretenden Kreuzprodukt zur Asset Allocation i.w.S. zusammengefasst. Der Renditebeitrag aus der Asset Allocation i.e.S. kann auch als Länderselektionsbeitrag tituliert werden. Damit beläuft sich der Gesamtbetrag des Beitrages aus der Asset Allocation i.w.S. auf −1,660%.

In dem Beispiel hat der Portfoliomanager dem gemäß in der betrachteten Periode gute Titelselektionsfähigkeiten, aber schlechte Allokationsfähigkeiten gezeigt. In einer umfassenden Analyse seiner Fähigkeiten ist aber eine Untersuchung über mehrere Perioden erforderlich. Nur in diesem Fall kann grundsätzlich eine sinnvolle Stellungnahme über die Stärken und Schwächen des Portfoliomanagers abgegeben werden.

Hinzuweisen ist an dieser Stelle darauf, dass sich die hier aufgezeigte Attribution auf die Dekomposition der Renditen bezieht.[1] Zur Adjustierung der Attributionskomponenten um das Risiko wurden weitere Ansätze vorgelegt, die aber hier nicht weiter verfolgt werden.[2]

---

1 Zur der hier aufgezeigten Vorgehensweise vgl. insbesondere auch *Brinson/Fachler* (1985), S. 73ff. und *Brinson/Hood/Beebower* (1986), S. 39ff.
2 Vgl. *Brinson/Singer/Beebower* (1991), S. 40ff.; *Ankrim* (1992), S. 74ff.; *Ankrim/Hensel* (1994), S. 29ff. und *Singer/Karnosky* (1995), S. 84ff. Zur Entwicklung der rendite- und risikoorientierten Attribution vgl. *Paape* (2001), S. 100ff.

```
                  Gesamtrendite des Portfolios
                          18,998%

        Benchmarkrendite           aktive Rendite
            18,798%                   0,200%

   Kreuzprodukt       Asset Allocation i.w.S.      Titelselektion
     0,360%                  -1,660%                  1,500%

  Asset Allocation i.e.S.    Kreuzprodukt      Währungsselektion
    (Länderselektion)          -0,134%             -0,766%
        -0,760%

                                               implizit      explizit
                                               -0,511%       -0,255%
```

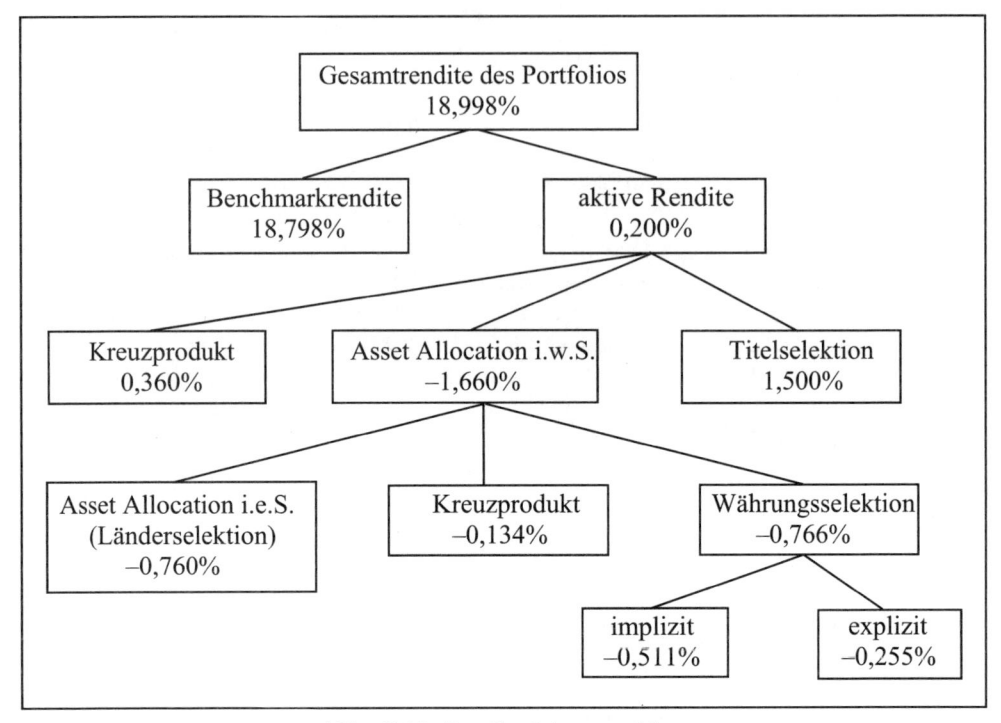

Abb. G.13: Renditedekomposition

Wie schon angedeutet, entsteht im Rahmen der Attribution das Problem der sachgerechten Behandlung des Kreuzproduktes. Dieses Problem wird verstärkt, wenn nicht nur – wie im obigen Beispiel dargestellt – eine einperiodige Betrachtung vorgenommen wird, sondern mehrere Anlageperioden ausgewertet werden sollen. Wie gezeigt, werden im Rahmen der Performance Attribution die einzelnen Renditen in ihre Beiträge aufgeschlüsselt, die in ihrer Summe wiederum den Ausgangswert ergeben. Werden nun die Renditen mehrerer Perioden miteinander verknüpft, um zu kumulierten Renditen zu gelangen, so erfolgt dies in multiplikativer Weise. Hierdurch entstehen weitere Kreuzprodukte.

Werden beispielsweise nur zwei Perioden betrachtet, in denen jeweils eine Renditedekomposition in Asset Allocation-Beitrag, Selektionsbeitrag und Kreuzprodukt (s.o.) vorgenommen wird, so kann die aktive Rendite folgendermaßen berechnet werden:

t_1: $r_{PF_a}(t_1) = RB_{AssetAll.}(t_1) + RB_{Selektion}(t_1) + RB_{Kreuzprodukt}(t_1)$

t_2: $r_{PF_a}(t_2) = RB_{AssetAll.}(t_2) + RB_{Selektion}(t_2) + RB_{Kreuzprodukt}(t_2)$

Hieraus berechnet sich die folgende kumulierte aktive Rendite für den Zeitraum $t_0 - t_2$:

$$r_{PF_a}(t_0 \text{ bis } t_2) = [1 + r_{PF_a}(t_1)] \cdot [1 + r_{PF_a}(t_2)] - 1$$

$$= [1 + RB_{AssetAll.}(t_1) + RB_{Selektion}(t_1) + RB_{Kreuzprodukt}(t_1)] \cdot [1 + RB_{AssetAll.}(t_2) + RB_{Selektion}(t_2) + RB_{Kreuzprodukt}(t_2)] - 1$$

$$= RB_{AssetAll.}(t_1) + RB_{AssetAll.}(t_2) + RB_{AssetAll.}(t_1) \cdot RB_{AssetAll.}(t_2) \qquad \text{Allokation}$$

$$+ RB_{Selektion}(t_1) + RB_{Selektion}(t_2) + RB_{Selektion}(t_1) \cdot RB_{Selektion}(t_2) \qquad \text{Selektion}$$

$$+ RB_{Kreuzprodukt}(t_1) + RB_{Kreuzprodukt}(t_2) + RB_{Kreuzprodukt}(t_1) \cdot RB_{Kreuzprodukt}(t_2) \qquad \text{Kreuzprodukt}$$

$$+ RB_{AssetAll.}(t_1) \cdot RB_{Selektion}(t_2) + RB_{Selektion}(t_1) \cdot RB_{AssetAll.}(t_2) \qquad \text{Kreuzprodukt}$$

$$+ RB_{AssetAll.}(t_1) \cdot RB_{Kreuzprodukt}(t_2) + RB_{Kreuzprodukt}(t_1) \cdot RB_{AssetAll.}(t_2) \qquad \text{Kreuzprodukt}$$

$$+ RB_{Selektion}(t_1) \cdot RB_{Kreuzprodukt}(t_2) + RB_{Kreuzprodukt}(t_1) \cdot RB_{Selektion}(t_2) \qquad \text{Kreuzprodukt}$$

Das folgende Beispiel zeigt die Problematik auf. Dabei handelt es sich in der Tabelle jeweils um diskrete Renditen.

Zeitpunkt	Rendite Portfolio	Rendite Benchmark	aktive Rendite	Renditebeitrag Allokation	Renditebeitrag Selektion	Renditebeitrag Kreuzprodukt
t_1	2%	4%	–2%	–1,50%	–0,80%	0,30%
t_2	9%	3%	6%	4,00%	1,60%	0,40%

Tab. G.37: Attribution bei zweiperiodiger Betrachtung: Ausgangsdaten

Hieraus ergibt sich nach zwei Perioden die folgende kumulierte aktive Rendite:

$0,98 \cdot 1,06 - 1 = 3,880\%$

Entsprechend der obigen Formel kann dieser Wert in die folgenden Beiträge aufgeteilt werden:

Komponente	Beitrag
Allokation	2,4400%
Selektion	0,7872%
Kreuzprodukt	0,7012%
Kreuzprodukt	–0,0560%
Kreuzprodukt	0,0060%
Kreuzprodukt	0,0016%
Summe	**3,8800%**

Tab. G.38: Attribution bei zweiperiodiger Betrachtung: Renditebeiträge

Ermittelt man jedoch die kumulierte aktive Rendite als Differenz zwischen kumulierter Portfoliorendite (11,18%) und kumulierter Benchmarkrendite (7,12%), so ergibt sich eine kumulierte aktive Rendite von 4,06%. Die Differenz in Höhe von 0,18% stellt ein zusätzliches Kreuzprodukt dar. Geht man aber von dieser kumulierten aktiven Rendite aus, so kann unter Berücksichtigung des Kreuzproduktes die Additivität gewahrt bleiben, was der Vereinfachung in der Praxis dient.

Zur Verminderung zumindest dieses zusätzlichen Kreuzproduktes könnte der folgende Ansatz eine Lösung darstellen. Ausgegangen wird von der Berechnung der kumulierten aktiven Rendite als Differenz aus den kumulierten Renditen des Portfolios und der Benchmark:

$$r_{PF_a}^{kumuliert} = r_{PF}^{kumuliert} - r_{BM}^{kumuliert} = 11,18\% - 7,12\% = 4,06\%$$

Weiterhin lässt sich diese Rendite in die folgenden Beiträge aufteilen:

$$r_{PF_a}^{kumuliert} = \underbrace{r_{PF}^{kumuliert} - (r_{PF} - RB_{AssetAll.})^{kumul.}}_{RB_{AssetAll.}^{kumuliert}} + \underbrace{r_{PF}^{kumuliert} - (r_{PF} - RB_{Selektion})^{kumul.}}_{RB_{Selektion}^{kumuliert}}$$

$$+ \underbrace{r_{PF}^{kumuliert} - (r_{PF} - RB_{Kreuzprodukt})^{kumul.}}_{RB_{Kreuzprodukt}^{kumuliert}} + RB_{Kreuzprodukt}$$

mit

$(r_{PF} - RB_{AssetAll.})^{kumul.}$ = kumulierte Differenz zwischen Portfoliorendite und dem Renditebeitrag aus der Asset Allocation.

Werden die Daten des Beispiels eingesetzt, so gelangt man zu den folgenden Werten:

$$RB_{AssetAll.}^{kumuliert} = r_{PF}^{kumuliert} - (r_{PF} - RB_{AssetAll.})^{kumul.} = 11,18\% - (1,035 \cdot 1,05 - 1) = 2,505\%$$

$$RB_{Selektion}^{kumuliert} = r_{PF}^{kumuliert} - (r_{PF} - RB_{Selektion})^{kumul.} = 11,18\% - (1,028 \cdot 1,074 - 1) = 0,7728\%$$

$$RB_{Kreuzprod.}^{kumuliert} = r_{PF}^{kumuliert} - (r_{PF} - RB_{Kreuzprod.})^{kumul.} = 11,18\% - (1,017 \cdot 1,086 - 1) = 0,7338\%$$

In der Summe ergibt sich aus diesen Komponenten ein Wert von 4,0116%. Zieht man diesen Wert von der oben ermittelten kumulierten aktiven Rendite von 4,060% ab, so verbleibt ein zusätzliches Kreuzprodukt von 0,0484%. Damit hat sich das zusätzliche Kreuzprodukt erheblich gegenüber dem obigen Wert von 0,18% verringert.

Vorteilhaft ist bei der hier dargestellten Möglichkeit der Verringerung des zusätzlichen Kreuzprodukts, dass die einzelnen kumulierten Renditen bzw. Renditebeiträge addiert werden können. Das zusätzliche Kreuzprodukt kann zu dem gesamten Kreuzprodukt hinzuaddiert werden oder aber im Falle einer vorherigen Zuordnung der Kreuzprodukte zu bestimmten Beiträgen mit einem sinnvollen Schlüssel entsprechend behandelt werden.[1]

Festzuhalten bleibt, dass man sich im Rahmen der Performanceattribution um das Problem des Kreuzproduktes bewusst sein sollte und möglichst in der Lage ist, es auch zu berücksichtigen. Letzteres wird von den Performanceattributionssystemen in unterschiedlicher Weise gehandhabt.[2]

Insgesamt gesehen hängt die Qualität der Renditeattribution vor allem auch von den in die Berechnung eingehenden Gewichten der einzelnen Assetkategorien ab. So können sich die Gewichte im Laufe einer einzelnen Betrachtungsperiode mehrfach ändern. Dies kann bei der Attribution, die i.d.R. mit durchschnittlichen Beständen arbeitet, zu Ergebnisverzerrungen führen. In der Praxis werden Performanceanalysen häufig in einem bestimmten Zyklus erstellt (z.B. viertel- oder halbjährlich). Ideal könnte aus theoretischer Sicht eine tägliche Analyse sein. Dabei stellt sich allerdings die Frage nach dem Kosten-Nutzen-Verhältnis. Im Rahmen einer externen Performanceanalyse ist hierbei noch zu beachten, dass sich in einem solchen Fall die Divergenz zwischen dem Anlagehorizont des Investors und dem Zyklus der Performanceanalysen noch weiter erhöht, so dass sich die grundsätzliche Problematik, den Erreichungsgrad einer langfristigen Zielsetzung des Investors in kurzen Zeitabständen zu messen und zu analysieren, weiter verschärfen würde. Dennoch muss der Investor regelmäßig über die Zwischenstände seines Mandats informiert werden.

Grundsätzlich ist bei der Performanceattribution darauf zu achten, dass sie von Nutzen für den Anwender ist. Eine tiefgehende Analyse, die aus theoretischer Sicht möglicherweise sinnvoll erscheint, sollte dementsprechend insbesondere auch vor dem Hintergrund der täglichen Praxis beurteilt werden.

3. Qualitative Performanceattribution

Sollen anhand der quantitativen Performancekennzahlen valide Schlussfolgerungen auf die Portfolioperformance und/oder die Managementleistung gezogen werden, dann sind lange Zeitreihen von Portfoliodaten erforderlich, um zu statistisch signifikanten Resultaten zu gelangen. Hierin besteht das eigentliche Dilemma der Performanceanalyse. Eine im statistischen Sinne verlässliche Unterscheidung von Können und Glück gelingt nur bei lange bestehenden Portfolios bzw. lange im Geschäft befindlichen Portfoliomanagern. Dies konnte bereits im Rahmen der obigen Diskussion gezeigt werden.

Die Erkenntnis, dass Performanceattribution in der Praxis aufgrund der Nichtgegebenheit ausreichend langer Datenzeitreihen zumeist nicht allein mit Hilfe quantitativer Analyseverfahren zu betreiben ist, hat den Blick für weitere, qualitative Beurteilungskriterien der Performanceattribution geschärft.

Im Mittelpunkt der qualitativen Performanceanalyse steht der Investmentstil des Portfoliomanagers. Dabei wird untersucht, ob ein konsistenter und mit der vorgegebenen Investmentphilosophie des Managers in Einklang stehender Investmentstil vorliegt. Ist dies der

---

1 Zu Vorschlägen zur Behandlung der Kreuzproduktproblematik im Mehrperiodenfall vgl. z.B. *Paape* (1998), S. 213ff. Darüber hinaus wird auch vorgeschlagen, von den in der Praxis vorherrschenden additiven Ansätzen zur Performanceattribution abzusehen und dafür eine multiplikative Performanceattribution heranzuziehen, die eine Renditezerlegung in die Erfolgsquellen ohne Kreuzprodukte ermöglicht. Vgl. dazu *Buhl/Schneider/Tretter* (2000), S. 320ff.
2 Vgl. *Pieper* (2002), S. 1020.

Fall, dann erscheint die Annahme einer überlegenen Information Ratio eher angebracht, als bei einem nicht gegebenen oder inkonsistenten Anlagestil. Umgekehrt kann das mathematische Ergebnis einer negativen Information Ratio eher als Pech eingeschätzt werden, wenn ein konsistenter Investmentstil seitens des Portfoliomanagers verfolgt wird.

Die Bedeutung der Analyse des Investmentstils wird vor dem Hintergrund zunehmen, dass Investmentfonds immer häufiger als Bausteine im Rahmen einer systematischen Strukturierung des Portfolios dienen.[1] Mit Hilfe einer solchen Analyse kann der Anleger die aus dem Investmentstil resultierende Fondsstruktur bezüglich Risiko und Rendite von vornherein richtig abschätzen. Auf die Einhaltung des Stils muss er sich gerade dann verlassen können, wenn mehrere Einzelfonds in einem gesamten Portfolio optimiert werden sollen.

Zum Instrumentarium der qualitativen Performanceanalyse zählt die Längsschnittanalyse des Portfolios. Strukturveränderungen des Portfolios sollen hinterfragt und einzelne Kauf- bzw. Verkaufsentscheidungen in Bezug auf das dahinter stehende Informationssignal analysiert werden. Zusätzliche Informationen bezüglich des Investmentstils eines Portfoliomanagers können möglicherweise auch aus Umsatzdaten extrahiert werden. Zudem kann ein Vergleich mit der Performance von Konkurrenzportfolios (Peer-Group Benchmark) Anhaltspunkte für den vorliegenden Investmentstil liefern.

Performancemaße beziehen sich ausschließlich auf die Performance, nicht aber auf die Serviceebene eines Portfoliomanagers. Die Auswahl eines Managers sollte jedoch nicht allein auf vergangene Performancedaten gestützt sein, sondern, wenn möglich, auch Serviceleistungen, Beratungskompetenz, Kosten, Transparenz und Entscheidungskonsistenz mit in die Entscheidung einbeziehen.

IV. Grundlegende Problembereiche der Performanceanalyse und Lösungsansätze

1. Grundprobleme der Performanceanalyse

Ein zentrales Problem der Performanceanalyse ist die Vergangenheitsbezogenheit der Daten. Obwohl Investoren sich häufig an dieser vergangenen Performance orientieren, ist damit nicht sicher gewährleistet, dass diese auch für die Zukunft gilt. Dies betrifft neben den Rendite- und Risikodaten vor allem auch die qualitativen Daten. Beispielsweise kann der Wechsel eines Fondsmanagers auf der Basis von Vergangenheitsdaten nicht für die Zukunft prognostiziert werden, kann aber für die zukünftige Entwicklung des Fonds eine große Bedeutung haben.

Bei langfristigen relativen Performanceanalysen darf zudem nicht übersehen werden, dass vielfach ein sog. „Survivorship-Bias" auftritt. Schlechte Portfolios, die aus dem Markt ausgeschieden sind, werden aus den Performanceranglisten eliminiert und somit im Rahmen der Performancemessung nicht mehr berücksichtigt, so dass den verbliebenen Portfolios eine Performanceverzerrung ins Positive anhaftet. Scheiden nur wenige Portfolios aufgrund einer zu schlechten Performance aus, so wird diesem Effekt eine geringe Bedeutung beigemessen. Dennoch sind in empirischen Untersuchungen auch durch Survivorship-

---

1 Vgl. *Wittrock* (2002), S. 979.

IV. Grundlegende Problembereiche der Performanceanalyse und Lösungsansätze

Bias verursachte Verzerrungen der Ergebnisse ermittelt worden, die ein relativ bedeutendes Ausmaß erreichen.[1]

Von Bedeutung für eine richtige Einschätzung kann auch die Betrachtung unterschiedlicher Börsenzyklen sein. Wie sich empirisch gezeigt hat, gelingt es institutionellen Portfolios in schwachen Börsenzeiten regelmäßig besser, gute relative Performance auszuweisen als in aufwärtsgerichteten Börsenphasen.[2]

Die im Rahmen von externen Performanceanalysen angewendeten und auf kapitalmarkttheoretischen Modellen basierenden Verfahren zur Identifikation von Selektions- und Timingfähigkeiten können diese Fähigkeiten unter den gesetzten Annahmen durchaus identifizieren. Aber gerade die Annahmen, die sowohl die theoretischen Grundlagen als auch das unterstellte Verhalten der Portfoliomanager betreffen, sind in der Realität teilweise nicht zutreffend. Ferner gestaltet sich die Abgrenzung der zufallsbedingten Störgrößen von den Komponenten, die die Leistung bzw. das Risiko betreffen, schwierig.

Problematisch ist insbesondere bei einer externen Performanceanalyse die Unkenntnis über die Prognosen, die den Portfoliomanagern als Basis für ihre Entscheidungen dienten. Grundlage für die Interpretation bei diesen Verfahren ist vielmehr die theoretische Basis des jeweiligen Verfahrens. Auch die Überprüfung zahlreicher Performancemaße, die auf Portfolios angewendet wurden, bei denen eine Simulation von Timing- und Selektivitätsinformationen vorgenommen wurde, konnte eine statistische Signifikanz der Ergebnisse erst bei besonders hohen, eher realitätsfernen Renditen nachweisen. Vor diesem Hintergrund erscheint für die externe Analyse der Einsatz der zunehmend praxisferneren statistischen Instrumente zur Performanceanalyse, die auf der Basis von Renditen erfolgt, nicht angebracht. Vielmehr werden zusätzliche Informationen benötigt, die die Leistungsfähigkeit des Portfoliomanagers besser beurteilen können.[3]

Darüber hinaus existiert für externe Analysten und Anleger ein Datenbeschaffungsproblem. Für diesen Personenkreis ist es kaum möglich, die erforderlichen Daten für die eigenständige Durchführung einer genauen Performanceanalyse, die auch die Performanceattribution einschließt, zu erhalten.

Schließlich zählt zu den zentralen Problemen, dass insgesamt davon ausgegangen werden kann, dass die von den Portfoliomanagern erzielte Performance im mittleren Durchschnitt geringer ist als die der Benchmark. Der dafür am wahrscheinlichsten zutreffende Grund ist der Einfluss der Transaktionskosten. Die besonders im aktiven Portfoliomanagement hohen Kosten können ein zunehmendes Interesse an einer passiven (und kostenarmen) Investmentphilosophie begründen. Insofern wird angeregt, im aktiven Management auch das Kostenmanagement mit in die Überlegungen einzubeziehen.[4]

Abbildung G.14 soll diesen Sachverhalt illustrieren. Wird demnach die Benchmark genau nachgebildet (passives Management), so wird die Performance der Benchmark aufgrund der Transaktionskosten nicht erreicht. Die höheren Transaktionskosten im aktiven Management müssen sowohl bei den Outperformern als auch bei den Underperformern

---

1 Vgl. *Malkiel* (1995), S. 549ff.; *Kahn/Rudd* (1995), S. 43ff.; *Wittrock* (1995a), S. 210f. und die dort angegebene Literatur.
2 Vgl. *Malkiel* (1995), S. 565ff.
3 Vgl. *Wittrock* (2002), S. 989ff. sowie *Wittrock* (1995), S. 167ff. und die dort angegebene Literatur.
4 Vgl. *Bayer/Bayer* (2002), S. 788 und S. 810. Zu den Aspekten, die Investoren im Hinblick auf das interne Kosten-Controlling von Spezialfonds beachten sollten, vgl. *Bauch/Meyer-Bullerdiek* (2000), S. 1436ff.

berücksichtigt werden. Unterstellt man, dass sich – ohne Transaktionskosten – die positive Performance der Outperformer und die negative Performance der Underperformer vom Betrag her entsprechen, so ergibt sich in der Summe eine Performance, die aufgrund der Transaktionskosten noch deutlich unter dem Ergebnis des passiven Managements liegt.

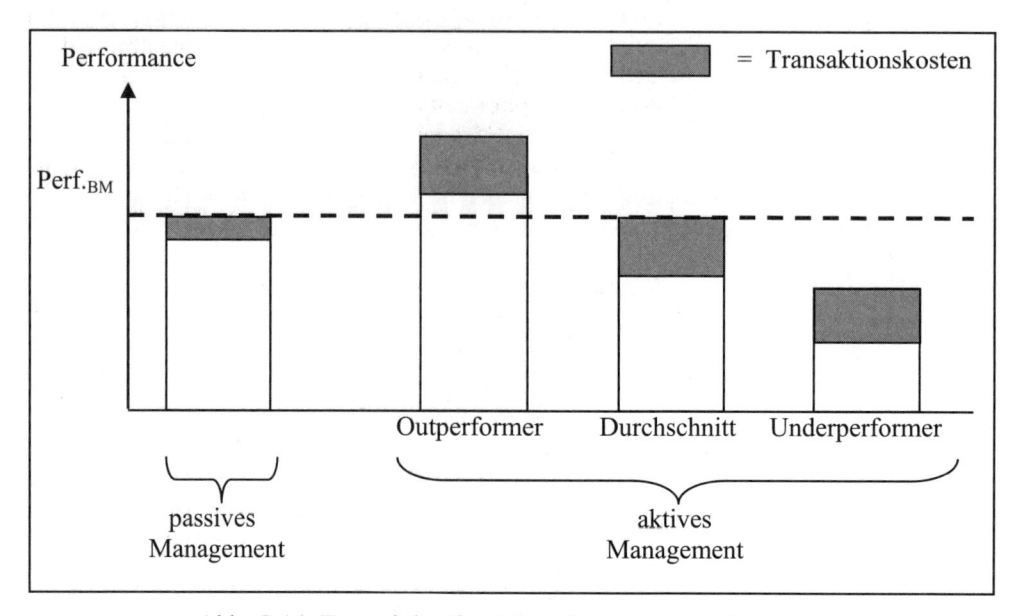

Abb. G.14: Transaktionskosten und Investmentphilosophie

2. Problembereiche beim Vergleich verschiedener Performanceergebnisse

Um einen sinnvollen Vergleich der Performanceergebnisse verschiedener Portfoliomanager bzw. Portfoliomanagementeinheiten vorzunehmen, ist zunächst einmal eine einheitliche Definition der Performance erforderlich. So ist zu klären, ob es sich bei dem dargestellten Ergebnis um die Portfoliorendite oder um die risikoadjustierte Rendite handelt. Dabei stellt sich dann wiederum unmittelbar die Frage nach dem verwendeten Risikomaß. Möglicherweise wird auch nur die Differenz zwischen Portfoliorendite und Benchmarkrendite als Rendite betrachtet.

Hierbei ist jeweils auch zu untersuchen, nach welcher Methode die Rendite selbst ermittelt worden ist. So kann es sich sowohl um eine diskrete als auch um eine logarithmierte Rendite handeln. Im Hinblick auf zwischenzeitliche Kapitalflüsse ist noch eine Unterscheidung in zeit- oder geldgewichtete Rendite möglich, wobei wiederum unterschiedliche Näherungsverfahren zur Renditeberechnung herangezogen werden können.

Die Abhängigkeit der Vergleichbarkeit verschiedener Ergebnisse von der zugrunde liegenden Renditedefinition zeigt Tabelle G.39:

IV. Grundlegende Problembereiche der Performanceanalyse und Lösungsansätze

Anzahl Tage	Wert des Portfolios*	Kapitalzufluss	Kapitalabfluss
0	100.000		
90	75.000		9.000
180	113.250	15.000	
360	115.515		
* inkl. Kapitalfluss			

Tab. G.39: Beispiel zur Renditeberechnung

Hieraus ergeben sich z.B. die folgenden unterschiedlichen Renditewerte:

$r_{Dietz}^{modifiziert}$ = 9,4442% = Rendite nach der modifizierten Dietz-Methode,
$r_{mod.BAI}$ = 9,4473% = Rendite nach der modifizierten BAI-Methode[1]
$r_{zeitgewichtet}$ = 12,2408% = zeitgewichtete Rendite und
r_{Dietz} = 9,2379% = Rendite nach der Original-Dietz-Methode.

Dieses Beispiel zeigt, dass eine einheitliche Vorgehensweise bei der Renditeberechnung für einen sinnvollen Vergleich der Ergebnisse unterschiedlicher Anlagestrategien erforderlich ist. Andernfalls sollte zumindest die jeweilige Vorgehensweise dargelegt werden.

Darüber hinaus ist noch zu analysieren, inwieweit Transaktionskosten mit in die Ermittlung der Rendite einbezogen worden sind. Zu berücksichtigen ist auch, dass sich bei einer zunehmenden Anzahl an Kapitalverwaltungsgesellschaften die Intransparenz für die Anleger erhöhen kann, was zu zusätzlichen Informationskosten führt.[2]

Für einen sinnvollen Performancevergleich ist ferner die Qualität der verwendeten und aufbereiteten Daten von großer Bedeutung.[3] Dies gilt besonders für den Vergleich zwischen Portfolio und Benchmark bzw. auch zwischen verschiedenen Portfolios. So sollten die Daten zeitgleich erhoben werden und auch die gleichen Quellen verwendet werden. Ein diesbezügliches Problem könnte z.B. auftreten, wenn für die (ausländische) Benchmark eines (inländischen) Investmentfonds zwar ein aktueller Stand ermittelt werden kann, dies aber nicht für den Fonds gilt, da z.B. aufgrund eines (inländischen) Feiertags keine aktuelle Notierung für den Fonds an dem betreffenden Tag vorliegt.

Liegen ferner keine Marktwerte für bestimmte Wertpapiere (z.B. im OTC-Bereich) vor, so ist zu empfehlen, im Rahmen der Performanceanalyse möglichst die gleichen theoretischen Bewertungsmodelle zu verwenden.

Neben den aufgezeigten Kriterien zur Vergleichbarkeit ist auch grundsätzlich zu prüfen, ob die betrachteten Portfolios überhaupt in sinnvoller Art und Weise miteinander verglichen werden können. Diese Frage bezieht sich auf die jeweilige Investmentphilosophie (aktives versus passives Portfoliomanagement) und den jeweiligen Investmentstil (z.B. Top-Down- versus Bottom-Up-Ansatz oder Long Term- versus Short Term-Ansatz), nach dem die zu vergleichenden Portfolios gemanagt werden.

---

1 BAI steht für Bank Administration Institute.
2 Vgl. *Kleeberg/Schlenger* (1999), S. 559.
3 Vgl. *Pieper* (2002), S. 1002f.

Darüber hinaus können sich auch die Anlagerichtlinien bei den Portfolios unterscheiden bzw. seitens der Kunden verschiedene Anlagerestriktionen vorgegeben sein, die der Portfoliomanager jeweils zu beachten hat.[1]

Beispielsweise ist im Hinblick auf die Benchmark zu prüfen, ob eine standardisierte (d.h. insbesondere ein Marktindex) oder eine auf den Investor zugeschnittene, sog. customized Benchmark zugrunde liegt. Handelt es sich um einen Index, der als Benchmark herangezogen wird, so ist darauf zu achten, ob ein Performanceindex, bei dem die Erträge (wie z.B. Dividenden) wieder reinvestiert werden, oder ein Kursindex vorliegt. Bei Letzterem erfolgt keine Berücksichtigung der Effekte aus zwischenzeitlichen Dividendenerträgen.[2]

Auch lassen sich vom Volumen her große Fonds kaum mit kleinen Fonds vergleichen. Während kleinere Fonds in sämtliche Größenklassen von Unternehmen problemlos investieren können, fallen für die großen Fonds die kleineren Unternehmen aus dem Anlageuniversum heraus aufgrund der geringen Marktkapitalisierung dieser Unternehmen und des damit verbundenen hohen Kurseinflusses einer einzelnen Order. Diese Anlageschwierigkeiten können sich besonders bei erfolgreichen Fonds ergeben, die starke Mittelzuflüsse verzeichnen.

3. Problembereiche bei der Präsentation von Performanceergebnissen

Im Rahmen einer Performance-Präsentation sind grundsätzlich unterschiedliche Darstellungen denkbar. Zu vermuten ist, dass im Rahmen einer Präsentation der Performanceergebnisse – möglicherweise auch zur Akquisition von Neukunden – die Performanceanalyse so aufbereitet werden kann, dass sie zumindest noch vorteilhaft erscheint. Auf diese Möglichkeit der Aufbereitung der Ergebnisse deutet das folgende, oftmals herangezogene Zitat eines institutionellen Investors hin: „I have never met a portfolio manager who has not been in the top quartile!" Vor dem Hintergrund, dass die Ergebnisse der Performanceanalyse häufig die Grundlage für Marketingaussagen von Assetmanagement-Gesellschaften darstellen, sollten Investoren bedenken, dass die Selektion der Aussagen von den Unternehmen selbst vorgenommen wird.

In besonderer Weise hängt die Güte der Resultate aus der Vergangenheit u.a. davon ab, welcher Zeitraum insgesamt zugrunde gelegt wird und auch, welche Portfolios jeweils für eine Präsentation ausgewählt werden. Diese Bereitstellung nur selektiver Informationen wird auch als Cherry Picking bezeichnet.[3] Abbildung G.15 deutet auf diese Möglichkeit hin. Wie aus der Abbildung zu erkennen ist, erlaubt die Betrachtung des Zeitraums $t_1 - t_2$ eine erhebliche bessere Darstellung der vergangenen Renditeentwicklung des vorgestellten Portfolios als eine Betrachtung nur des Zeitraums $t_0 - t_1$ bzw. des gesamten Zeitraums $t_0 - t_2$. Das Beispiel lässt sich analog für einen Benchmarkvergleich im Zeitablauf konstruieren. Hierbei kann der Zeitabschnitt ausgewählt werden, in dem die kumulierte Rendite des Portfolios tunlichst kontinuierlich oberhalb der Benchmark liegt – und dies bei möglichst geringen Schwankungen der Rendite.

---

1 Vgl. hierzu auch die im Rahmen der Global Investment Performance Standards (GIPS) aufgezeigten Ansatzpunkte zur Konzeption von Composites bei *Fischer* (2010), S. 354.
2 Vgl. *Steiner/Bruns/Stöckl* (2012), S. 219 und S. 425.
3 Vgl. *Wittrock/Fischer/Lilla* (1998), S. 606.

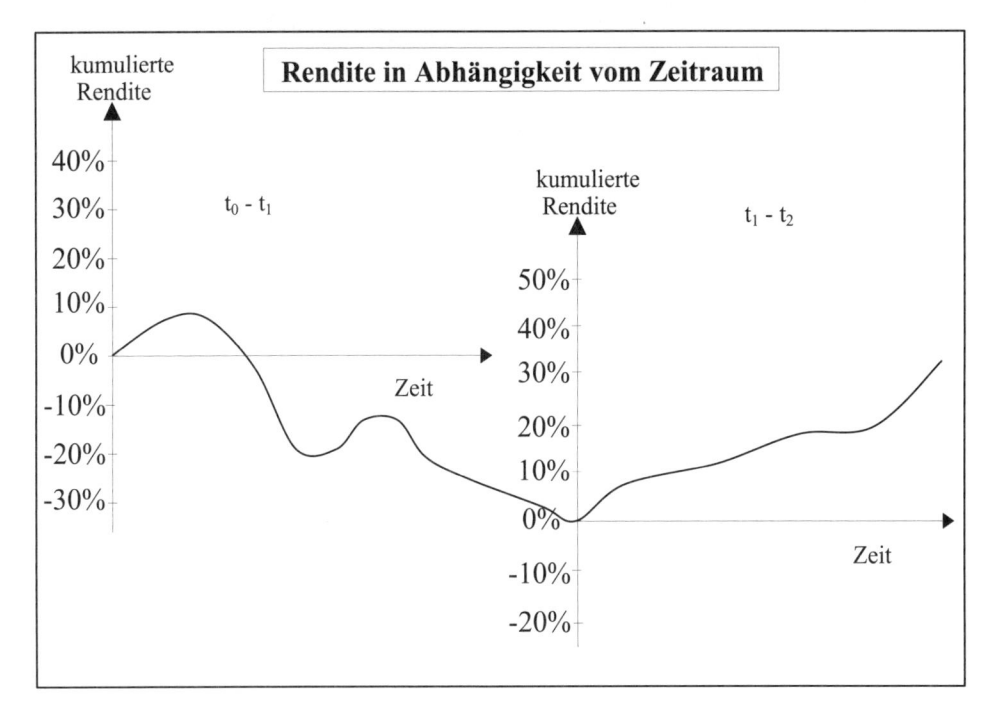

Abb. G.15: Cherry Picking durch die Auswahl der analysierten Zeiträume

Die Erreichung des Ziels der Performanceanalyse, nämlich Rückschlüsse für die Zukunft zu ermöglichen, wird durch das Cherry Picking erheblich erschwert. So wirft die Verwendung von Track Records aus der Vergangenheit zur Prognose künftiger Performanceergebnisse ohnehin schon Fragen auf. Wenn zudem eine Konstanz der Performanceergebnisse der Vergangenheit für den Investor nicht erkennbar ist, da ihm lediglich eine bestimmte Periode und nicht eine Vielzahl von Perioden präsentiert werden, so lassen sich von Seiten des Investors Rückschlüsse hinsichtlich eines künftigen erfolgreichen Portfoliomanagements kaum ziehen. Wird beispielsweise eine langfristig sehr gute Performance auf Basis nur einer einzigen, unter Umständen relativ kurzen Periode erzeugt, so kann von einer konstant positiven Leistung des Portfoliomanagers nicht gesprochen werden. Erforderlich ist vielmehr eine Präsentation mehrerer Perioden, die sich nicht gegenseitig überlappen.[1]

Für die Aussagefähigkeit der Performance ist es zudem wichtig, dass während des betrachteten Zeitraums der Markt verschiedene Phasen durchlaufen hat (d.h. Hausse, Baisse, Euphorie, Crash). Wird lediglich eine Phase für die Performancebeurteilung zugrunde gelegt, könnten daraus möglicherweise falsche Rückschlüsse gezogen werden. Beispielsweise könnte ein Fondsmanager in dieser Phase als gut identifiziert werden; dies trifft aber möglicherweise nur auf bestimmte (mehrjährige) Marktphasen zu.

Eine weitere Möglichkeit, das Ergebnis zu gestalten, besteht in dem Vergleich der Performanceergebnisse der Portfolios mit einer erst später festgelegten anstelle der ursprünglich vereinbarten Benchmark. Dies wird beispielhaft in der Abbildung G.16 gezeigt:

---

1 Vgl. *Wittrock* (1996b), S. 722.

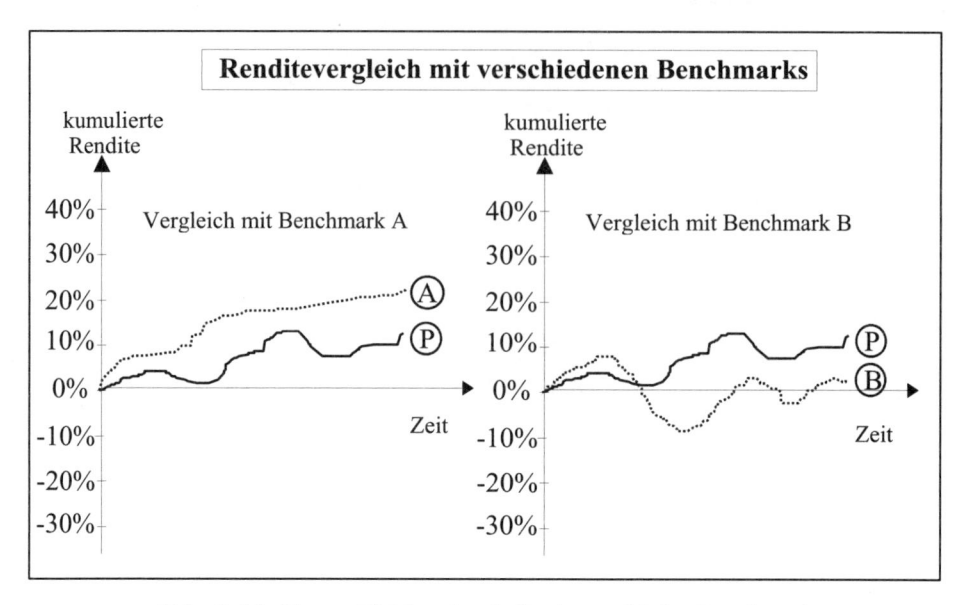

Abb. G.16: Cherry Picking durch die Auswahl der Benchmark

Der Abbildung ist zu entnehmen, dass ein Vergleich mit der Benchmark A zu einer kontinuierlichen Underperformance führt, während dies bei Heranziehung eines anderen Vergleichsmaßstabs (Benchmark B) nur anfangs der Fall ist und in der übrigen Zeit hier immer eine Outperformance vorliegt, vorausgesetzt, die Performance wird als Rendite aufgefasst.

In ähnlicher Weise könnte man auch verfahren für den Fall, dass eine bestimmte Benchmark bzw. ein bestimmter Marktindex betrachtet wird. Herangezogen würden in einer Präsentation dann diejenigen Kunden-Portfolios, die besonders die (positiven) Leistungen der Portfoliomanager herausstellen. Möglich ist auch, dass lediglich Rechenbeispiele oder Simulationen vorgestellt werden, ohne dass konkrete Kunden-Portfolios dargestellt werden.

Schließlich haben die präsentierten Ergebnisse grundsätzlich relativ wenig Wert, wenn die Methoden zur Performanceberechnung bzw. auch zur Bewertung von bestimmten (nicht börsengehandelten) Wertpapierpositionen nicht dargestellt werden.

4. Problembereiche bei der Performanceanalyse in den Medien

a. Problematik der veröffentlichten Rankings

In zahlreichen Medien finden sich Ranglisten über die vergangene Renditeentwicklung von Investmentfonds. Hierbei wird jeweils eine Rangfolge der Fonds entsprechend ihrer Performanceergebnisse aufgestellt, die mittlerweile nicht nur dem Fachpublikum, sondern mehr und mehr der breiten Öffentlichkeit präsentiert werden. So kann es sich bei der Darstellung der Fondsergebnisse um Erfolgsgeschichten von Fondsmanagern handeln, die in dem betrachteten Jahr besonders erfolgreich gewesen sind. Die Kapitalverwaltungsgesellschaften, die die jeweiligen erfolgreichen Fonds aufgelegt haben, können dabei von dem Werbeeffekt profitieren. Empirische Untersuchungen zeigen, dass beispielsweise das Mittelaufkommen von Fonds, die eine gute Performance gezeigt haben, in überproportionaler Weise zunimmt.[1]

Die veröffentlichten Rankings können dem Anleger den Eindruck vermitteln, dass das jeweilige Fondsmanagement bei einer guten Performanceentwicklung in der Vergangenheit auch zukünftig erfolgreich sein wird. Notwendig für derlei Rückschlüsse ist aber die Konstanz der Anlageergebnisse in der Vergangenheit.[2] Eine langfristige Konstanz überdurchschnittlicher Performanceergebnisse darf jedoch vor dem Hintergrund empirischer Untersuchungsergebnisse eher angezweifelt werden. Fraglich erscheint zudem, ob sich die teilweise nachgewiesene kurzfristige Konstanz unter Berücksichtigung der Ausgabeaufschläge bei Investmentfonds erfolgreich nutzen lässt. Dennoch können sich manche Fonds durchaus längerfristig konstant in den veröffentlichten Rankings im oberen Viertel der konkurrierenden Fonds befinden. Diese Fonds gilt es zu erkennen.[3]

Zu berücksichtigen ist dabei aber, dass die präsentierten Performanceergebnisse einer Vermögensverwaltung oder eines Portfoliomanagements bei einer fehlenden Standardisierung grundsätzlich nur schwierig zu vergleichen sind. So könnten beispielsweise lediglich die realisierten Renditen betrachtet werden, ohne das Risiko mit in die Betrachtung einzubeziehen.[4]

Darüber hinaus ist bei einem Vergleich in den Medien darauf zu achten, dass die Fonds hinsichtlich ihrer in der Satzung festgelegten Anlagepolitik unterschieden werden. Andernfalls können die Performanceergebnisse nicht miteinander verglichen werden, da einige Fonds in bestimmte Anlagen aufgrund der jeweiligen Anlagerichtlinien gar nicht investieren durften. Damit können die Manager solcher Fonds eine vergleichbare Rendite überhaupt nicht erzielen, da ein Teil der Ergebnisse der anderen Fonds auf die Performanceentwicklung derjenigen Assetklasse zurückzuführen ist, die einigen Fonds aufgrund der Anlagerichtlinien verwehrt war. Gerade vor dem Hintergrund einer zunehmenden Spezialisierung von Fonds kommt diesem Aspekt eine besondere Bedeutung zu. In den Medien werden Fonds nicht selten im Hinblick auf die Anlageschwerpunkte betrachtet. Es heißt dann z.B., es würden Aktienfonds mit dem Anlageschwerpunkt USA verglichen. Allerdings macht es einen gravierenden Unterschied, ob ein Fonds sich auf Blue-Chip- oder Small-Cap-Aktien konzentriert. Die Unterschiede im Anlageerfolg sind dann jedoch nicht so sehr dem Fondsmanager als vielmehr den verschiedenen Anlageuniversen und Benchmarks zuzurechnen. Sinnvoll wäre ein Vergleich nur bei identischer Benchmark und gleichem Anlageuniversum. Die Definition von Anlageuniversen für Fondsmanager wird jedoch von den Assetmanagement-Gesellschaften relativ selten veröffentlicht. Oft gilt dies auch für die Benchmark eines Fonds.

Ferner ist ein Vergleich der jeweils formulierten Fondszielsetzungen und Anlagestrategien der Fonds erforderlich. Kommt es hierbei z.B. zu jährlichen Schwankungen der jeweiligen Anlagepolitik, so sind solche Fonds wenig geeignet, im Rahmen der Asset Allocation mit Hilfe von Fondsanteilen eingesetzt zu werden.[5] Aufgrund der gewachsenen Bedeutung des Portfoliomanagements mit Fonds (z.B. im Rahmen von Dachfonds) hat sich auch der Stellenwert der Einhaltung des Anlagestils bzw. der Anlagepolitik erhöht. Nur in den Fäl-

---

1 Vgl. *Wittrock* (1996b), S. 721 und die dort angegebene Literatur.
2 Vgl. *Wittrock* (2002), S. 957 und *Wittrock/Fischer/Lilla* (1998), S. 540ff.
3 Vgl. *Wittrock* (1996b), S. 720f.
4 Vgl. *Wittrock* (1996a), S. 246.
5 Vgl. *Wittrock* (1996b), S. 721f. und *Wittrock* (1995b), S. 361ff.

len, in denen diesbezüglich eine Konstanz gegeben ist, kann erwartet werden, dass die Asset Allocation mit Fonds optimiert werden kann und damit erfolgversprechend ist. Hier zeigt sich, dass die Verwendung von Fonds im Rahmen der Asset Allocation dazu führen kann, dass in den Fonds der Grad des aktiven Managements reduziert wird. Denn die oftmals geforderte Abbildungsgenauigkeit reduziert den Spielraum des Fondsmanagers. Es ist wichtig, sich dabei zu vergegenwärtigen, dass Asset Allocation Produkte überwiegend versuchen, einen Zusatznutzen über die Performancequelle Allokation und Timing zu erzielen.

Schließlich erschwert eine Vielfältigkeit der angewendeten Bewertungsmaßstäbe bei den Ranking-Listen den Vergleich sowie die Verständlichkeit und Nachvollziehbarkeit der Ergebnisse für den Investor.

b. Fonds-Rating als Lösungsansatz

Zur Lösung der aufgezeigten Probleme beim Performancevergleich in den Medien können Fonds-Ratings dienen. Es kann davon ausgegangen werden, dass institutionelle Anlagemandate – z.B. Spezialfonds – ohne ein Rating der Assetmanagement-Gesellschaft durch eine Ratingagentur so gut wie nicht mehr vergeben werden. Während für das Ranking ausschließlich quantitative bzw. messbare Kriterien die Grundlage bilden, werden beim Rating darüber hinaus noch qualitative Gesichtspunkte berücksichtigt. Hierdurch soll die ermittelte Bewertungsreihenfolge aussagefähiger und vor allem stabiler werden, da sie nicht nur auf Vergangenheitsdaten basiert. Es gilt die Vermutung, dass strukturelle Eigenschaften von Assetmanagement-Gesellschaften stabiler sind, als die quantitativen Ergebnisse. Insofern stellt das Rating eine Fortentwicklung des reinen Ranking dar und entspricht eher dem Ideal einer vollständigen Performanceanalyse. So basieren Fonds-Ratings auf Analysen, die sich auf die Gründe der erzielten Performance und auf deren Bedeutung für die künftige Wertentwicklung des Fonds beziehen. Die qualitative Komponente des Ratings beinhaltet u.a. die Beurteilung der aktuellen Rahmenbedingungen, die Qualität des Managements sowie eine genaue Analyse des Investmentprozesses.[1]

So hängen die Qualität und die Kontinuität der Asset-Management-Prozesse vor allem davon ab, ob sie genau definiert sind und einheitlich in der gesamten Fondsgesellschaft umgesetzt werden. Dazu ist eine entsprechende Infrastruktur erforderlich, wie z.B. hochwertige Risikomanagement- und Controllingsysteme. Zudem spielt die Qualität des Research, d.h. der Prozess der Informationsverarbeitung innerhalb eines Fonds eine bedeutende Rolle. Somit sind die Organisationsstrukturen innerhalb der Fondsgesellschaften von besonderer Bedeutung für die Erzielung der Performance und die Sicherstellung der Kontinuität in der Leistungsfähigkeit der Gesellschaft.

Ratingagenturen bewerten diese qualitativen Faktoren und verknüpfen sie zusammen mit den quantitativen Kriterien zu einem aggregierten Ratingurteil. Dabei kann die Bewertung über den einzelnen Fonds hinausgehen und auch die gesamte Organisation einer Gesellschaft betreffen, wobei beispielsweise Kriterien wie die interne Organisation, das Research, Risikomanagementsysteme, das Reporting, die Erfahrung der Fondsmanager oder

---

1 Vgl. *Sälzle/Kaiser* (2004), S. 18. Man vergleiche diese Entwicklung mit der Aktienanalyse, in der Prognosen nicht nur auf der Basis bilanzieller Zahlen abgegeben werden. Vielmehr wird auch dort auf qualitative Faktoren wie Managementqualität, Unternehmenskultur, Kommunikationssysteme etc. geachtet.

IV. Grundlegende Problembereiche der Performanceanalyse und Lösungsansätze 797

Fluktuationsquoten in Frage kommen können. Die Beurteilung kann je nach Agentur in unterschiedlicher Weise erfolgen.[1]

Im Rahmen eines Ratings, das sich auf die gesamte Kapitalverwaltungsgesellschaft bzw. auf die Asset Management-Einheit bezieht, könnten beispielsweise die folgenden Kriterien geprüft und bewertet werden:[2]

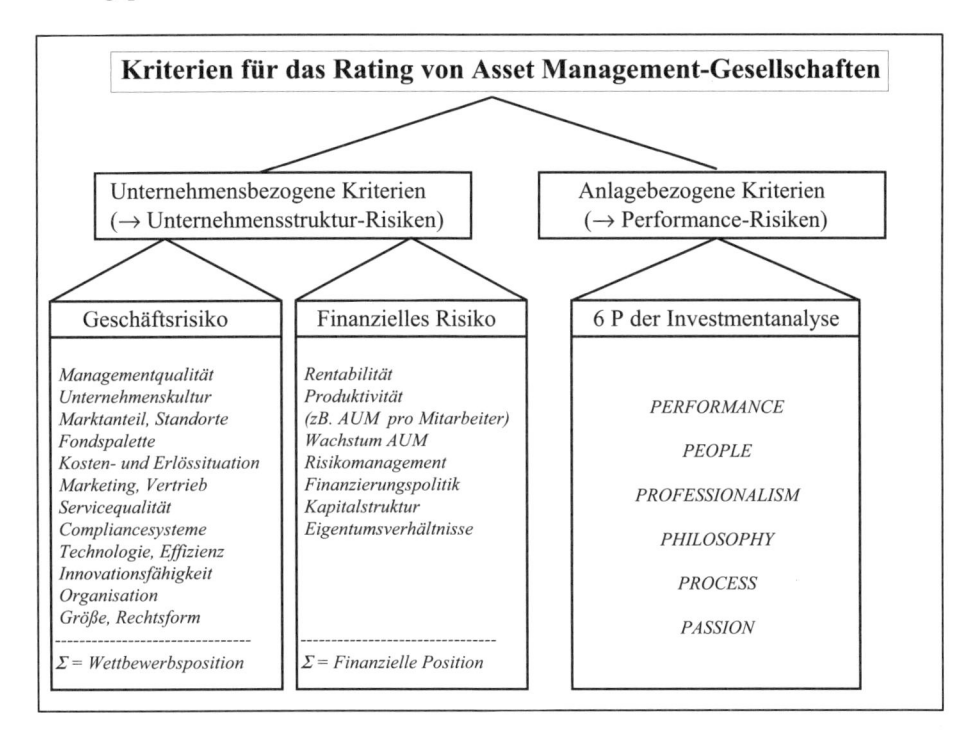

```
┌─────────────────────────────────────────────────────────────────────────┐
│           Kriterien für das Rating von Asset Management-Gesellschaften   │
│                                                                          │
│   ┌─────────────────────────────────┐   ┌──────────────────────────────┐│
│   │  Unternehmensbezogene Kriterien │   │   Anlagebezogene Kriterien   ││
│   │  (→ Unternehmensstruktur-Risiken)│   │   (→ Performance-Risiken)    ││
│   └─────────────────────────────────┘   └──────────────────────────────┘│
│                                                                          │
│   ┌──────────────────┬──────────────────┐   ┌──────────────────────────┐│
│   │  Geschäftsrisiko │ Finanzielles Risiko│  │ 6 P der Investmentanalyse││
│   ├──────────────────┼──────────────────┤   ├──────────────────────────┤│
│   │ Managementqualität│ Rentabilität    │   │                          ││
│   │ Unternehmenskultur│ Produktivität   │   │      PERFORMANCE         ││
│   │ Marktanteil, Standorte│ (zB. AUM pro Mitarbeiter)│                  ││
│   │ Fondspalette     │ Wachstum AUM     │   │        PEOPLE            ││
│   │ Kosten- und Erlössituation│ Risikomanagement│                       ││
│   │ Marketing, Vertrieb│ Finanzierungspolitik│  │   PROFESSIONALISM    ││
│   │ Servicequalität  │ Kapitalstruktur  │   │                          ││
│   │ Compliancesysteme│ Eigentumsverhältnisse│ │      PHILOSOPHY         ││
│   │ Technologie, Effizienz│              │   │                          ││
│   │ Innovationsfähigkeit│               │   │        PROCESS           ││
│   │ Organisation     │                  │   │                          ││
│   │ Größe, Rechtsform│                  │   │        PASSION           ││
│   │ ─────────────────│ ─────────────── │   │                          ││
│   │ Σ = Wettbewerbsposition│ Σ = Finanzielle Position│                  ││
│   └──────────────────┴──────────────────┘   └──────────────────────────┘│
└─────────────────────────────────────────────────────────────────────────┘
```

Abb. G.17: Rating-Kriterien[3]

Ein Rating von Asset Management-Gesellschaften sollte sich auf die beiden Bereiche Unternehmensstruktur-Risiko und Performance-Risiko beziehen. Das Unternehmensstruktur-Risiko lässt sich weiter aufteilen in die beiden Komponenten Geschäftsrisiko und Finanzielles Risiko, woraus sich auf Basis der jeweiligen Einzelkriterien die Wettbewerbsposition und die finanzielle Position der Gesellschaft ergeben.[4] Hierbei kommt insbesondere der Beurteilung der Managementqualität eine herausragende Rolle zu, da sie sowohl die leis-

---

1 Vgl. *Wittrock* (2003b), S. 6f. Zu den Ansätzen unterschiedlicher Ratingagenturen vgl. *Sun* (2003), S. 171ff.; *Fischer/Nitzsche* (2003), S. 183ff.; *Connelly/Buffenoir* (2003), S. 205ff.; *Garnies* (2003), S. 219ff.; *Mera/Bertram* (2003), S. 231ff.; *Wehlmann* (2003), S. 241ff.; *Raviol* (2003), S. 257ff.; *Tator* (2003), S. 271ff.; *Segschneider* (2003), S. 283ff; *Hall/Weinbeck* (2004), S. 15ff.; *Sälzle/Kaiser* (2004), S. 18ff.
2 Vgl. *Heinke* (1998), S. 28f.; *Steiner* (1992), S. 512; *Steiner/Heinke* (1996), S. 1700; *Wittrock* (2003a), S. 266ff.
3 In der Abbildung steht „AUM" für Assets under Management.
4 Vgl. *Perridon/Steiner/Rathgeber* (2012), S. 526; *Berblinger* (1996), S. 66f.; *Meyer-Parpart* (1996), S. 120f.

tungswirtschaftliche als auch die finanzwirtschaftliche Komponente des Unternehmenserfolges betrifft.

Zu berücksichtigen ist bei der Untersuchung der Wettbewerbsposition mit Hilfe einer Stärken- und Schwächenanalyse, dass hierbei im Rahmen von Scoring-Bewertungsverfahren subjektive Beurteilungen eine große Rolle spielen. Dies ist bei der Beurteilung der finanziellen Position nicht gegeben, da hierzu besonders quantitative Maßgrößen herangezogen werden. Beispielsweise kann die Produktivität gemessen werden, indem das gesamte verwaltete Vermögen (Assets under Management, AUM) auf die Anzahl der Mitarbeiter bezogen wird.

Ein besonderes Augenmerk kommt der Analyse der anlagebezogenen Kriterien bzw. der Performance-Risiken zu. Hierzu kann auf die 6 P der Investmentanalyse zurückgegriffen werden. Die Bedeutung der Performance für einen Anleger ist oben bereits vorgestellt worden. Untersucht werden in diesem Zusammenhang u.a der Track Record, die Qualität der Performancedaten etc.

Bei dem Kriterium „People" geht es um die Mitarbeiter, wobei das Top Management und die Portfoliomanager im Vordergrund der Betrachtung stehen sollten. Untersucht werden sollten besonders der Ausbildungsstand, die Erfahrungen, eine zukunftsorientierte Denkweise sowie die Kommunikations- und die Teamfähigkeiten. Letzteres gilt besonders für den Fall, dass ein Team-Ansatz gewählt wurde. In diesem Fall sollte das Augenmerk bei dem jeweiligen Portfoliomanagement-Team auf der Zusammenarbeit untereinander, den Teamgeist und auch auf der Team-Stabilität liegen.

Einher mit dem Kriterium „People" geht das Kennzeichen „Professionalism". Hierin spiegelt sich die Qualität des gesamten organisatorischen Ablaufs innerhalb der Gesellschaft wider. Eine geringe Fehlerquote einhergehend mit einem hohen Maß an Disziplin und Erfolgsorientierung der Mitarbeiter sowie eine Struktur, in der nichts dem Zufall überlassen wird, deuten auf eine hohe Professionalität hin. Dazu gehört auch, sowohl bei der Mitarbeiterqualifikation als auch bei der technischen Einrichtung immer auf dem aktuellsten Stand zu sein.

Das Kriterium „Philosophy" zielt auf die Anlagephilosophie ab, d.h. die Grundsatzhaltung des Portfoliomanagers bzw. der Portfoliomanagement-Institution zu maßgeblichen theoretischen und praktischen Fragen des Investmentmanagements. Dabei bezieht sich der Begriff Anlagephilosophie auf die Person des Portfoliomanagers bzw. auf die Portfoliomanagement-Institution. Die zentrale Frage der Anlagephilosophie betrifft die Frage der Markteffizienz und führt damit zu der Unterscheidung in aktives und passives Management. Allerdings kann die Antwort auf diese Frage nicht generell, sondern nur markt- bzw. assetklassenspezifisch ausfallen. Denn es gilt sowohl theoretisch als auch praktisch als gesicherte Erkenntnis, dass der Grad an erreichter Markteffizienz an den Weltmärkten sich von lokalem Markt zu lokalem Markt bzw. von Assetklasse zu Assetklasse unterscheidet.

In den überwiegenden Fällen der Portfoliomanagementpraxis bildet aktives Management die anlagephilosophische Grundlage der Investmententscheidungen. Inwieweit dabei die vorhandenen Ressourcen einen aktiven Managementansatz rechtfertigen, kann Gegenstand einer Rating-Analyse sein.

Das 5. Kriterium der 6 P der Investmentanalyse bezieht sich auf den Investmentprozess. Hierbei sollten das Research (z.B. die Art des Research oder die Research-Quellen), die Informationsverarbeitung und deren Umsetzung in Anlageentscheidungen untersucht werden. In diesem Zusammenhang kommt der Frage nach der technischen Ausgestaltung des Investmentprozesses (Informationstechnologie, IT) eine herausgehobene Bedeutung zu.

Zusätzlich spielen Fragen der Prognoseerarbeitung und -dokumentation eine große Rolle bei der Evaluation des Investmentprozesses.

Wichtig ist hierbei eine klare Abgrenzung der jeweiligen Verantwortlichkeiten. So ist beispielsweise der Investor, evtl. beraten durch einen Asset Management Consultant, verantwortlich für die strategische Asset Allocation, die im Wesentlichen in der Benchmark zum Ausdruck kommt. Falls die taktische Asset Allocation von einem Anlageausschuss vorgenommen wird, hat der Portfoliomanager im Wesentlichen die Aufgabe des Timings, d.h. der Wahl des Marktein- oder -ausstiegs und der Selektion, d.h. der Auswahl der einzelnen Titel. Wichtig ist dabei die Frage der Risikotoleranzen, die der jeweils unteren Entscheidungsebene zugemessen werden.

Schließlich handelt es sich bei dem 6. Kriterium, das als „Passion" bezeichnet wird, um einen personengebundenen Faktor, der auf die Unternehmenskultur abzielt. Insbesondere sollte untersucht werden, ob die Portfoliomanager motiviert und grundsätzlich auch relativ frei entscheiden können, ohne dass zu starke bürokratische Sachzwänge dem entgegenstehen.

5. Global Investment Performance Standards (GIPS)

a. Entwicklung von Performance Presentation Standards (PPS)

Aus den vorangegangenen Überlegungen kann gefolgert werden, dass zur besseren Vergleichbarkeit und Nachvollziehbarkeit der Ergebnisse verschiedener Portfoliomanager bzw. Fonds sowohl im Rahmen der internen als insbesondere auch der externen Performanceanalyse eine Standardisierung notwendig wird. Durch die Anwendung und Einhaltung derartiger Standards zeigt der Nutzer, d.h. die jeweilige Asset-Management-Einheit, seine Professionalität und wettbewerbsorientierte Einstellung. Entsprechend sind in einigen Ländern Standards formuliert worden, die eine faire, objektive und vergleichbare externe Darstellung der Ergebnisse gewähren können.[1]

Zunächst wurden im Jahre 1987 in den USA durch die Association for Investment Management and Research (AIMR) erstmals die AIMR Performance Presentation Standards vorgestellt. Seit der formalen Implementierung der AIMR-PPS^{TM} im Jahre 1993 sind sie in den USA auf breite Akzeptanz gestoßen. So hat eine Untersuchung bereits in den 1990er Jahren ergeben, dass 75% der US-Fondsmanager eine Präsentation der Performance nach den Regeln der AIMR-Standards durchführen und davon etwa 40% eine Zertifizierung ihrer Compliance-Erklärung durch einen unabhängigen Dritten vornehmen lassen.[2] Gründe für diese recht hoch erscheinenden Werte können zum einen Marketingaspekte sein, da eine Zertifizierung der Darstellung einen objektiven Charakter gibt. Damit eng zusammenhängend können zum anderen auch die Anforderungen der Nachfrager (z.B. Kunden oder die in den USA von institutionellen Anlegern häufig herangezogenen Asset Management Consultants) ein Grund für diese Werte sein, da für diese die Einhaltung der Standards ein zu-

---

1 Vgl. *Wittrock* (2002), S. 957 und *Wittrock/Fischer/Lilla* (1998), S. 540ff.
2 Vgl. *Wittrock/Fischer/Lilla* (1998), S. 540ff.

nehmend bedeutendes Kriterium bei der Portfoliomanager-Auswahl sein dürfte.[1] Im Jahre 1997 trat eine modifizierte Version der AIMR-Standards in Kraft.

Mit der Absicht der Definition weltweit gültiger Richtlinien, die für viele Länder erfüllbar sind, wurden von 1996 bis 1999 die Global Investment Performance Standards (GIPS) formuliert, die am 1. Januar 2000 in Kraft traten. Bei den GIPS handelte es sich um Mindestanforderungen, die im Rahmen der lokalen Versionen gegebenenfalls noch verschärft, nicht aber abgeschwächt werden durften. Damit konnten länderspezifische Besonderheiten und internationale Standards in angemessener Weise miteinander verbunden werden. Bei der Formulierung der GIPS haben auch Vertreter einer entsprechenden Kommission der Deutschen Vereinigung für Finanzanalyse und Asset Management e.V. (DVFA) mitgewirkt. Die DVFA-Kommission für Performance Presentation Standards hat mit den DVFA-PPS entsprechende Regelungen für den deutschen Kapitalmarkt erarbeitet, die am 1.1.1999 in Kraft getreten sind und formal in Richtlinien und Empfehlungen aufgeteilt waren.[2]

Lokale Varianten der GIPS-Standards wurden durch die Veröffentlichung der Version der GIPS-Standards von 2005 nicht mehr erforderlich. So wurden alle länderspezifischen Performance-Standards mit den GIPS-Standards verschmolzen mit der Konsequenz, dass 25 Länder einen einzigen, weltweiten Standard für die Performanceberechnung und -präsentation annahmen. Auch die DVFA-PPS sind mittlerweile in den GIPS-Standards aufgegangen. Letztere müssen vor dem Hintergrund der Weiterentwicklung der Investmentbranche kontinuierlich aktualisiert werden. Derzeit (Stand: Juli 2013) gelten die Standards der Version 2010, die am 29.1.2010 vom GIPS Executive Committee verabschiedet wurden.[3]

Unterschieden wird bei den GIPS zwischen Vorschriften („Requirements") und Empfehlungen („Recommendations"). Für die Übereinstimmung mit den GIPS ist die Einhaltung der Vorschriften zwingend. Hingegen wird die Einhaltung der Empfehlungen den Gesellschaften lediglich nahegelegt zwecks Erreichung von Best Practice bei der Performanceberechnung und –präsentation.[4]

Die GIPS sind in folgende Abschnitte untergliedert:[5]

- Bestimmung der Global Investment Performance Standards
  (Grundlegende Aspekte der Einhaltung, Eingangsdaten, Berechnungsmethodik, Composite-Bildung, Offenlegung, Präsentation und Berichterstattung, Immobilien, Private Equity sowie Wrap Fee/separat verwaltete (SMA) Portfolios)
- GIPS-Bewertungsgrundsätze
- GIPS-Werberichtlinien
- Verifizierung
- Glossar

Im Folgenden wird näher auf die Composite-Bildung und die Performanceberechnung nach den GIPS eingegangen.

---

1 Dies dürfte im Übrigen auch für den deutschen Markt gelten. So haben in einer Kundenbefragung 50% der Befragten erklärt, dass testierte Performanceangaben für sie eine höhere Wertigkeit haben, während dies nur 25% verneint haben, vgl. *Broschinski* (1995), S. 651.
2 Vgl. *Wittrock/Fischer/Lilla* (1998), S. 540ff. und *DVFA* (2000), S. 3.
3 Vgl. *CFA Institute/GAMSC* (2010), S. 1ff.
4 Vgl. *CFA Institute/GAMSC* (2010), S. 1ff. sowie *Fischer* (2010), S. 339.
5 Vgl. *CFA Institute/GAMSC* (2010), S. 1ff.

b. Grundlagen der Composite-Bildung

Eine wichtige Anforderung der GIPS ist die Performancedarstellung anhand von Composites. Ein Composite wird dabei wie folgt definiert: „Zusammenfassung von einem oder mehreren Portfolios, die gemäß einem vergleichbaren Investmentauftrag, Anlageziel oder einer vergleichbaren Anlagestrategie verwaltet werden."[1] Zur Composite-Definition heißt es dort: „Detaillierte Kriterien, die die Zuordnung von Portfolios zu Composites bestimmen. Kriterien können Investmentauftrag, Stil oder Strategie, Assetklasse, die Verwendung von Derivaten, Hebel und/oder Absicherung, definierte Risikokennzahlen, Investmentbeschränkungen oder -einschränkungen und/oder die Art von Portfolios (d.h. getrennte oder gepoolte Fonds, steuerbefreite vs. steuerpflichtige) sein."[2]

Entsprechend handelt es sich bei einem Composite um eine Zusammenfassung von Portfolios (oder auch Teilen von Portfolios), die vergleichbare Anlagestrategien bzw. -ziele aufweisen. Diese Vorgehensweise kann einen umfassenden Einblick in die Qualität der Produkte des Anbieters von Portfoliomanagement-Dienstleistungen gewähren.

Die Zuordnung der Portfolios zu Composites kann beispielsweise anhand der folgenden Kriterien vorgenommen werden:[3]

- vergleichbare Gewichtung der Assetklassen (z.B. Aktien USA, Renten Japan)
- vergleichbare Anlagestrategien (z.B. Growth Stocks)
- vergleichbare Bandbreiten der Gewichtung von Assetklassen
  (z.B. 40% - 50% Renten, 50% - 60% Aktien)
- gleiche Benchmarks
- vergleichbarer Einsatz von Derivaten und Instrumenten zur Absicherung von Devisenkursrisiken
- vergleichbare Risikoeigenschaften
- vergleichbarer Anlageansatz (z.B. aktiv, passiv).

Composites können sich sowohl aus ganzen Portfolios als auch aus einzelnen Portfoliosegmenten zusammensetzen („Carve-Out"). Hierbei gilt als Voraussetzung, dass die einzelnen Bestandteile separat gemanagt werden und die Liquiditätspositionen inkl. der daraus entstehenden Aufwendungen und Erträge den Segmenten konsistent und laufend zugeordnet werden. Dazu stehen buchhalterische und mathematische Zuordnungsmöglichkeiten zur Verfügung.[4]

c. Performanceberechnung nach den GIPS

Gemäß den GIPS müssen Portfolios im Einklang mit den Composite-spezifischen Bewertungsgrundsätzen bewertet werden. Die Bewertung muss für den Zeitraum vom 01.01.2001 bis 01.01.2010 mindestens monatlich erfolgen. Für Zeiträume ab dem 01.01.2010 sind Portfolios am Datum jedes großen Mittelzuflusses zu bewerten, wobei die GIPS-Einheiten

---

1 *CFA Institute/GAMSC* (2010), V. Glossar.
2 *CFA Institute/GAMSC* (2010), V. Glossar.
3 Vgl. *Fischer* (2010), S. 354.
4 Vgl. *Fischer* (2010), S. 358.

einen großen Mittelzufluss für jedes Composite definieren müssen. Für Zeiträume vor dem 01.01.2001 hat eine mindestens vierteljährliche Bewertung der Portfolios zu erfolgen.[1]

Grundlage der Berechnung der Performancewerte für Portfolios und Composites ist die Gesamtrendite, d.h. der Total Return. Somit sind bei der Bewertung sämtliche Wertpapiere, sämtliche liquiden Mittel, alle realisierten und unrealisierten Kursgewinne sowie sämtliche Erträge in Form von z.B. Zinsen, Dividenden oder Mieten zu berücksichtigen. Dabei gilt, dass für Zeiträume ab dem 01.01.2005 die Buchung zum Handelstag verwendet werden muss (anstelle z.B. einer Bewertung zum Valutatag).[2]

Entsprechend den GIPS müssen zeitgewichtete Renditen berechnet werden, die um externe Mittelflüsse bereinigt sind.[3] Dabei gilt, dass für Zeiträume ab dem 01.01.2001 zumindest eine monatliche Berechnung der Portfoliorenditen zu erfolgen hat. Für Zeiträume ab dem 01.01.2005 sind Portfoliorenditen zu berechnen, bei denen eine Bereinigung um täglich gewichtete externe Mittelflüsse erfolgt. Somit können auch Näherungsverfahren zur Bestimmung der zeitgewichteten Rendite herangezogen werden, wie z.B. die modifizierte Dietz-Methode.[4] Insofern ist die Einhaltung der GIPS auch relativ vielen Vermögensverwaltern möglich, für die beispielsweise eine tägliche Bewertung einen unverhältnismäßig hohen Verwaltungsaufwand bedeuten würde. Hingegen ist bei den Publikumsfonds die tägliche Bewertung mit Hilfe der BVI-Methode ohnehin üblich und zählt zum Standard.

Verlangt wird ferner, dass die aufgelaufenen Zinsansprüche, d.h. die Stückzinsen, bei der Performance-Berechnung zu berücksichtigen sind, wohingegen die Berücksichtigung von Dividenden ab dem Ex-Dividendentag nur empfohlen wird. Eine Empfehlung ist auch, die Renditen nach Abzug nicht rückforderbarer Quellensteuern auf Dividenden, Zinsen und Kursgewinne zu berechnen, wobei rückforderbare Quellensteuern periodengerecht buchhalterisch abgegrenzt werden sollen.[5]

Zur Bestimmung der Composite-Renditen ist die Performance als gewichtete Summe der einzelnen Portfolio-Performancewerte zu ermitteln. Hierbei wird empfohlen, die Gewichtung anhand der Inventarwerte zu Periodenbeginn (1. Methode) oder mit den Inventarwerten zu Periodenbeginn zuzüglich der externen Mittelbewegungen (2. Methode) vorzunehmen. Die auf diese Weise ermittelte Gesamtperformance für ein Composite lässt sich wie folgt bestimmen:[6]

$$r_t^C = \frac{\sum_{i=1}^{n_t} V_i^t \cdot r_i^t}{\sum_{i=1}^{n_t} V_i^t}$$

mit

---

1 Vgl. *CFA Institute/GAMSC* (2010), Vorschrift 1.A.3.
2 Vgl. *CFA Institute/GAMSC* (2010), Vorschriften 2.A.1 und 1.A.5 sowie *Fischer* (2010), S. 363.
3 Ausnahme sind Private Equity-Anlagen, für die der annualisierte Interne Zinsfuß seit Auflegung berechnet werden muss. Vgl. *CFA Institute/GAMSC* (2010), Vorschrift 7.A.3.
4 Vgl. *CFA Institute/GAMSC* (2010), Vorschrift 2.A.2. und *Fischer* (2010), S. 362f.
5 Vgl. *CFA Institute/GAMSC* (2010), Vorschrift 1.A.6 und Empfehlungen 1.B.3 und 2.B.1 sowie *Fischer* (2010), S. 363f.
6 Vgl. *CFA Institute/GAMSC* (2010), Vorschrift 2.A.6 und *Fischer* (2010), S. 364ff.

r_t^C = Gesamtrendite des Composites C in der Teilperiode t,
V_i^t = Vermögenswert des i-ten Portfolios im Composite in der Teilperiode t,
r_i^t = Rendite des i-ten Portfolios im Composite in der Teilperiode t und
n_t = Anzahl der Portfolios in der Teilperiode t.

Beispielsweise soll die Rendite für das folgende, aus drei Portfolios bestehende Composite berechnet werden. Die Periodenlänge beträgt 30 Tage, die weiteren Daten können der nachfolgenden Tabelle entnommen werden:

Portfolio	Anfänglicher Inventarwert	Rendite für 30 Tage	Kapitalfluss	
			Höhe	nach ... Tagen
A	150	8%	40	5
B	250	25%	20	10
C	100	12%	50	20

Tab. G.40: Bestimmung der Composite-Rendite

Hieraus resultiert eine Rendite für das Composite bei Heranziehung der anfänglichen Inventarwerte (1. Methode) von

$$r_t^C = \frac{\sum_{i=1}^{n_t} V_i^t \cdot r_i^t}{\sum_{i=1}^{n_t} V_i^t} = \frac{150 \cdot 0{,}08 + 250 \cdot 0{,}25 + 100 \cdot 0{,}12}{150 + 250 + 100} = 17{,}30\%$$

Nunmehr sollen zunächst die Inventarwerte zu Periodenbeginn zuzüglich der zeitgewichteten Mittelbewegungen bestimmt werden:

$$V_A^t = 150 + 40 \cdot \frac{30-5}{30} = 183{,}33 \qquad V_B^t = 250 + 20 \cdot \frac{30-10}{30} = 263{,}33$$

$$V_C^t = 100 + 50 \cdot \frac{30-20}{30} = 116{,}6667$$

Anschließend kann die Composite-Rendite berechnet werden (2. Methode):

$$r_t^C = \frac{\sum_{i=1}^{n_t} V_i^t \cdot r_i^t}{\sum_{i=1}^{n_t} V_i^t} = \frac{183{,}33 \cdot 0{,}08 + 263{,}33 \cdot 0{,}25 + 116{,}6667 \cdot 0{,}12}{183{,}33 + 263{,}33 + 116{,}6667} = 16{,}78\%$$

Zur Berechnung der Composite-Performance über einen längeren Zeitraum werden die Performancewerte der einzelnen Perioden multiplikativ miteinander verknüpft:[1]

$$r_T^C = \prod_{t=1}^{T}\left(1+r_t^C\right)-1 = \text{Gesamtrendite des Composites C in der Gesamtperiode T.}$$

Für die Präsentation und Berichterstattung müssen die Composite-Renditen für jährliche Zeiträume dargestellt werden. Dabei sind die Composite-Renditen klar als „vor Abzug von Gebühren" oder als „nach Abzug von Gebühren" zu kennzeichnen. Empfohlen wird, dass für ein Composite die Bruttorendite, d.h. vor Abzug von Gebühren ausgewiesen wird.[2]

Grundsätzlich ist der Ausweis der Bruttorendite sinnvoller, da auch bei der Renditeermittlung der Benchmark i.d.R. keine Kosten berücksichtigt werden. Eine Vergleichbarkeit zwischen Portfolio und Benchmark ist daher eher bei Bruttorenditen gegeben. Allerdings gilt beispielsweise für Investmentfonds, bei denen die Performancemessung nach der BVI-Methode erfolgt, d.h. auf der Grundlage der Anteilspreise, dass bei deren Ermittlung schon die Aufwendungen abgezogen werden. Damit stellt die Rendite nach BVI-Methode eine Rendite nach Kosten dar. Zur Bestimmung der entsprechenden Bruttorendite ist dann eine Gebührenbereinigung erforderlich. Die Art der Berechnung der Bruttorendite bei gegebener Netto- oder BVI-Rendite wird in den GIPS nicht näher erläutert.

In den DVFA-PPS wurde jedoch eine entsprechende Bereinigung von Gebühren vorgestellt. Dort waren Näherungsverfahren erlaubt, da der Aufwand für die Ermittlung der Bruttoperformance („vor Kosten") häufig zu groß ist, und es erfolgte eine Bereinigung der Monatsrendite um den Prozentsatz der zu berücksichtigenden Kosten.[3]

In den Erläuterungen zu den DVFA-PPS wurde das Beispiel einer auf Jahresbasis festgelegten und monatlich entnommenen Gebühr aufgezeigt. Dabei ergibt sich der in der Teilperiode (Monat) t gültige monatliche Kostensatz wie folgt, wobei lediglich die Kosten in Form von Verwaltungsgebühren betrachtet werden:

$$k_t^C = \frac{\sum_{i=1}^{t} V_i^t \cdot k_i^t}{\sum_{i=1}^{t} V_i^t}$$

mit

k_t^C = Kostensatz für das Composite C in der Teilperiode t,
V_i^t = Vermögenswert des i-ten Portfolios im Composite in der Teilperiode t und
k_i^t = Kostensatz des i-ten Portfolios im Composite in der Teilperiode t

$\rightarrow$ falls t = 1 Monat => $k_i^t = k_i^{monatlich} = \sqrt[12]{1+k_i^{jährlich}} - 1$.

---

1 Vgl. *Fischer* (2010), S. 366.
2 Vgl. *CFA Institute/GAMSC* (2010), Vorschrift 5.A.1 und Empfehlung 5.B.1 sowie *Fischer* (2010), S. 367ff.
3 Vgl. *DVFA* (2000), S. 73ff.

Dabei erfolgt die Zugrundelegung des im jeweilgen Monat gültigen Kostensatzes, was wiederum bedeutet, dass Änderungen des vertraglich vereinbarten Kostensatzes umgehend zu berücksichtigen sind. Nunmehr kann die monatliche Rendite nach Kosten zur Berechnung der monatlichen Rendite vor Kosten herangezogen werden. Je nachdem, ob die Kostenbelastung am Anfang (erste Methode) oder am Ende (zweite Methode) der Berechnungsperiode erfolgt, werden zwei Methoden unterschieden. Nach der ersten Methode ergibt sich die folgende Rendite nach Kosten:

$$r_{\text{Monat X}}^{C, \text{vor Kosten}} = \left(1 + r_{\text{Monat X}}^{C, \text{nach Kosten}}\right) \cdot \left(1 + k_{\text{Monat X}}^{C}\right) - 1$$

mit

$r_{\text{Monat X}}^{C, \text{vor Kosten}}$ = Rendite des Composites C im Monat X vor Kosten,

$r_{\text{Monat X}}^{C, \text{nach Kosten}}$ = Rendite des Composites C im Monat X nach Kosten und

$k_{\text{Monat X}}^{C}$ = Kostensatz des Composites C im Monat X.

Nach der zweiten Methode (Kostenbelastung am Ende des Monats) ergibt sich folgender Wert:

$$r_{\text{Monat X}}^{C, \text{vor Kosten}} = \frac{1 + r_{\text{Monat X}}^{C, \text{nach Kosten}}}{1 - k_{\text{Monat X}}^{C}} - 1$$

Das folgende Beispiel (Tabelle G.35) soll die Vorgehensweise näher erläutern. Angegeben sind in der Tabelle die Rendite nach Kosten, d.h. nach Verwaltungsgebühren (Nettorendite), der Kostensatz p.a., der daraus resultierende monatliche Kostensatz sowie die Rendite vor Kosten (Bruttorendite). Angewendet wird hier die 1. Methode, d.h. es wird eine Kostenbelastung jeweils zu Beginn des Monats unterstellt.

Die Rendite nach Kosten für die gesamte Periode ergibt sich in diesem Beispiel zu

(1+0,025) · (1–0,03) · ... · (1+0,05) – 1 = 24,5%

Vor Kosten beträgt die entsprechende Gesamtrendite:

(1+0,026019) · (1–0,029035) · ... · (1+0,050697) – 1 = 25,7240%

Werden die Kosten erst am Monatsende belastet, so resultiert hieraus eine nur sehr geringfügig von diesem Wert abweichende Rendite vor Kosten in Höhe von 25,725% für das betrachtete Jahr.

Abschließend sei angemerkt, dass die GIPS einen hohen Grad an Vergleichbarkeit von Performancepräsentationen sicherstellen können und damit den fairen Wettbewerb unter den Anbietern von Portfoliomanagementdienstleistungen fördern.

Monate	Rendite nach Kosten	Jährlicher Kostensatz	Monatlicher Kostensatz	Rendite vor Kosten
1	2,50%	1,2000%	0,0995%	2,6019%
2	−3,00%	1,2000%	0,0995%	−2,9035%
3	1,00%	1,2000%	0,0995%	1,1004%
4	−4,00%	1,2000%	0,0995%	−3,9045%
5	9,40%	1,0000%	0,0830%	9,4908%
6	8,20%	1,0000%	0,0830%	8,2898%
7	9,60%	1,0000%	0,0830%	9,6909%
8	2,00%	0,8000%	0,0664%	2,0678%
9	−4,00%	0,8000%	0,0664%	−3,9362%
10	−6,00%	0,8000%	0,0664%	−5,9376%
11	3,00%	0,8000%	0,0664%	3,0684%
12	5,00%	0,8000%	0,0664%	5,0697%

Tab. G.35: Beispiel zur Bestimmung der Rendite vor Kosten[1]

---

[1] Darstellung in Anlehnung an *Fischer* (2010), S. 372.

Anhang
Flächeninhalt der Standardnormalverteilung

z	0	1	2	3	4	5	6	7	8	9
0,0	0,5000	0,5040	0,5080	0,5120	0,5160	0,5199	0,5239	0,5279	0,5319	0,5359
0,1	0,5398	0,5438	0,5478	0,5517	0,5557	0,5596	0,5636	0,5675	0,5714	0,5753
0,2	0,5793	0,5832	0,5871	0,5910	0,5948	0,5987	0,6026	0,6064	0,6103	0,6141
0,3	0,6179	0,6217	0,6255	0,6293	0,6331	0,6368	0,6406	0,6443	0,6480	0,6517
0,4	0,6554	0,6591	0,6628	0,6664	0,6700	0,6736	0,6772	0,6808	0,6844	0,6879
0,5	0,6915	0,6950	0,6985	0,7019	0,7054	0,7088	0,7123	0,7157	0,7190	0,7224
0,6	0,7257	0,7291	0,7324	0,7357	0,7389	0,7422	0,7454	0,7486	0,7517	0,7549
0,7	0,7580	0,7611	0,7642	0,7673	0,7703	0,7734	0,7764	0,7793	0,7823	0,7852
0,8	0,7881	0,7910	0,7939	0,7967	0,7995	0,8023	0,8051	0,8078	0,8106	0,8133
0,9	0,8159	0,8186	0,8212	0,8238	0,8264	0,8289	0,8315	0,8340	0,8365	0,8389
1,0	0,8413	0,8438	0,8461	0,8485	0,8508	0,8531	0,8554	0,8577	0,8599	0,8621
1,1	0,8643	0,8665	0,8686	0,8708	0,8729	0,8749	0,8770	0,8790	0,8810	0,8830
1,2	0,8849	0,8869	0,8888	0,8907	0,8925	0,8944	0,8962	0,8980	0,8997	0,9015
1,3	0,9032	0,9049	0,9066	0,9082	0,9099	0,9115	0,9131	0,9147	0,9162	0,9177
1,4	0,9192	0,9207	0,9222	0,9236	0,9251	0,9265	0,9279	0,9292	0,9306	0,9319
1,5	0,9332	0,9345	0,9357	0,9370	0,9382	0,9394	0,9406	0,9418	0,9429	0,9441
1,6	0,9452	0,9463	0,9474	0,9484	0,9495	0,9505	0,9515	0,9525	0,9535	0,9545
1,7	0,9554	0,9564	0,9573	0,9582	0,9591	0,9599	0,9608	0,9616	0,9625	0,9633
1,8	0,9641	0,9649	0,9656	0,9664	0,9671	0,9678	0,9686	0,9693	0,9699	0,9706
1,9	0,9713	0,9719	0,9726	0,9732	0,9738	0,9744	0,9750	0,9756	0,9761	0,9767
2,0	0,9772	0,9778	0,9783	0,9788	0,9793	0,9798	0,9803	0,9808	0,9812	0,9817
2,1	0,9821	0,9826	0,9830	0,9834	0,9838	0,9842	0,9846	0,9850	0,9854	0,9857
2,2	0,9861	0,9864	0,9868	0,9871	0,9875	0,9878	0,9881	0,9884	0,9887	0,9890
2,3	0,9893	0,9896	0,9898	0,9901	0,9904	0,9906	0,9909	0,9911	0,9913	0,9916
2,4	0,9918	0,9920	0,9922	0,9925	0,9927	0,9929	0,9931	0,9932	0,9934	0,9936
2,5	0,9938	0,9940	0,9941	0,9943	0,9945	0,9946	0,9948	0,9949	0,9951	0,9952
2,6	0,9953	0,9955	0,9956	0,9957	0,9959	0,9960	0,9961	0,9962	0,9963	0,9964
2,7	0,9965	0,9966	0,9967	0,9968	0,9969	0,9970	0,9971	0,9972	0,9973	0,9974
2,8	0,9974	0,9975	0,9976	0,9977	0,9977	0,9978	0,9979	0,9979	0,9980	0,9981
2,9	0,9981	0,9982	0,9982	0,9983	0,9984	0,9984	0,9985	0,9985	0,9986	0,9986
3,0	0,9987	0,9987	0,9987	0,9988	0,9988	0,9989	0,9989	0,9989	0,9990	0,9990
3,1	0,9990	0,9991	0,9991	0,9991	0,9992	0,9992	0,9992	0,9992	0,9993	0,9993
3,2	0,9993	0,9993	0,9994	0,9994	0,9994	0,9994	0,9994	0,9995	0,9995	0,9995
3,3	0,9995	0,9995	0,9995	0,9996	0,9996	0,9996	0,9996	0,9996	0,9996	0,9997
3,4	0,9997	0,9997	0,9997	0,9997	0,9997	0,9997	0,9997	0,9997	0,9997	0,9998
3,5	0,9998	0,9998	0,9998	0,9998	0,9998	0,9998	0,9998	0,9998	0,9998	0,9998
3,6	0,9998	0,9998	0,9999	0,9999	0,9999	0,9999	0,9999	0,9999	0,9999	0,9999
3,7	0,9999	0,9999	0,9999	0,9999	0,9999	0,9999	0,9999	0,9999	0,9999	0,9999

Beispiel: $z = 0{,}53 \Rightarrow F_N(z) = 0{,}7019$

Glossar

ADR's (American Depository Receipts)
In den USA gehandelte Zertifikate, die Anteilsrechte an hinterlegten Auslandsaktien verbriefen.

Ad hoc-Publizität
Sofortige Veröffentlichung von Unternehmensinformationen, die eine erhebliche Beeinflussung des Börsenkurses bewirken könnten. Als erstes sind das Bundesaufsichtsamt für den Wertpapierhandel und die Börsengeschäftsführungen zu informieren, die über eine eventuelle Aussetzung des Aktienkurses entscheiden.

Agio
Positive Differenz zwischen dem (Emissions-) Kurs eines festverzinslichen Wertpapiers und seinem Nominalwert.

AIBD
Association of International Bond Dealers; Dachverband der Institutionen und Händler, die am Euromarkt tätig sind. Die AIBD hat Usancen für die Regulierung von Euromarktgeschäften aufgestellt, deren Befolgung auf freiwilliger Basis erfolgt. Inzwischen hat sich die Vereinigung in International Securities Markets Association (ISMA) umbenannt.

Aktives Management
Versuch, durch Abweichungen von der festgelegten Benchmark ein über die Benchmarkperformance hinausgehendes Ergebnis zu erzielen.

Aktives Risiko
Risikodifferenz zwischen dem Portfolio und der festgelegten Benchmark.

Alpha-Faktor (α-Faktor)
Renditebestandteil bei Aktien, der unabhängig von der Marktrendite anfällt.

Amerikanische Option
Option, die jederzeit während der Optionslaufzeit ausgeübt werden kann.

Anlagephilosophie
Grundsatzhaltung zur Frage der Markteffizienz und damit des aktiven und passiven Managements.

Anlageprozess
Chronologische Reihenfolge des Investmentprozesses von der Zielfestlegung bis zur Performanceanalyse.

Anlagestil
Anlagemethodik, mit deren Hilfe die Erreichung der Portfolioziele gewährleistet werden soll.

Annuitätensswap
Spezielle Variante des Tilgungsswaps, wobei die Kapitalstruktur einem Annuitätendarlehen entspricht.

Arbitrage
Marktstrategie, die versucht, durch das zeitgleiche Kaufen und Verkaufen eines Assets einen risikolosen Gewinn zu machen.

Asiatische Option
Option, bei der sich die Kompensationszahlung bei Ausübung aus der Differenz des Durchschnittskurses und des Basispreises ergibt.

Ask
Kurs, der vom Verkäufer angeboten wird (Briefkurs).

Asset Allocation
Prinzip der strukturierten Portfolioaufteilung, das die Reihenfolge der Vermögensanordnung nach dem Kriterium der Performanceimplikationen vornimmt.

Asset Swap
Zinsswap, durch den ein festverzinsliches Aktivum in ein variabel verzinsliches Aktivum transformiert wird.

Asset-Backed Commercial Paper
Verbriefung von Zahlungsansprüchen in Commercial Paper (= kurzfristig laufende Wertpapiere), wobei üblicherweise eine rechtlich selbständige Finanzierungsgesellschaft bestimmte Finanzaktiva von Unternehmen aufkauft und sich durch die Emission von Commercial Paper refinanziert.

Asset-Backed Security (ABS)
Finanzinstrument, das durch Forderungen an Dritte bzw. Vermögensgegenstände abgesichert ist.

Assetklasse
Vermögensgattung, wie z. B. Aktien, Anleihen, Geldmarktinstrumente, Gold etc.

Asset-Liability-Management
Management der Bilanzstruktur zur Optimierung der Aktiv- und Passivpositionen (Aktiv-Passiv-Steuerung)

At-the-money
Eine Option befindet sich at-the-money, wenn der aktuelle Kassapreis dem Basispreis entspricht. Häufig gilt bereits diejenige Option als at-the-money, deren Basispreis dem aktuellen Kassapreis am nächsten kommt.

Ausfallwahrscheinlichkeit
Risikomaß, das die Wahrscheinlichkeit misst, eine bestimmte Mindestrendite zu verfehlen.

Auslosung (Ziehung)
Bestimmung, welche Stücke bei Anleihen, die in mehreren Tranchen zur Rückzahlung fällig werden, zu dem vorher festgelegten Rückzahlungskurs getilgt werden.

Autokorrelation
Serieller Zusammenhang zwischen aufeinanderfolgenden Kursen.

Back-to-Back Loan
Gegenseitige Kreditgewährung von zwei Parteien in verschiedenen Ländern, jeweils mit gleichem Wert, gleicher Laufzeit und in der Währung des jeweiligen Gläubigers. Die Struktur ähnelt der eines Währungsswaps, wobei beim Swap aber keine bilanzwirksamen Kredite zugrunde liegen müssen.

Backoffice
Abteilungen einer Bank oder eines Brokers, die für die Buchführungsfunktionen und die Kunden-Orders zuständig sind.

Backwardation
Situation, in der der Futurepreis unterhalb des Kassapreises liegt, wobei erwartet werden kann, dass der Futurepreis im Vergleich zum Kassapreis über die Laufzeit ansteigen wird.

Balloon
Anleihekonstruktion, bei der die letzte Kuponzahlung wesentlich höher ausfällt als die vorangegangenen Kuponzahlungen.

Barausgleich
Erfüllungsvorgang, der bei Fälligkeit von bestimmten Börsentermingeschäften ausgelöst wird, bei denen eine Lieferung des Basiswertes nicht möglich ist. Die Höhe des Barausgleichs wird z. B. bei einer Option aus der Differenz zwischen dem Marktpreis und dem Basispreis des Underlyings ermittelt.

Barbell/Dumbbell Strategie
Renditekurvenstrategie, bei der unter Beibehaltung der gewünschten Portfolioduration versucht wird, aus der Form der Renditestrukturkurve zusätzliche Erträge zu erwirtschaften, indem langlaufende und kurzlaufende Anleihen gemischt werden.

Barrier Optionen
Optionsstruktur, bei der neben dem Basispreis eine zusätzliche Grenze, die Barrier, zu berücksichtigen ist. Erreicht der Preis des Basiswertes die Barrier während der Optionslaufzeit, wird die Option entweder ins Leben gerufen (Knock-In-Option), oder sie verfällt (Knock-Out-Option).

Basis Point Value
Kennzahl, die die Marktwertänderungen eines festverzinslichen Wertpapiers bei einer Veränderung des Marktzinssatzes um einen Basispunkt (0,01%) anzeigt.

Basisrisiko
Verlustrisiko, das durch einen nicht synchronen Preisverlauf von Kassainstrument und zugehörigem Derivat entstehen kann.

Basis Trade
Terminmarkt Transaktion, bei der auf die Veränderung der Basis, also auf die Differenz zwischen CTD-Anleihe und Futurekontrakt, spekuliert wird.

Basispunkt
0,01%. Renditeunterschiede zwischen verschiedenen Anleihen werden häufig in Basispunkten angegeben.

Basispunktwertverfahren
Verfahren zur Bestimmung der Hedge-Ratio zur Sicherung von Anleihen durch Zinsfutures unter Berücksichtigung der unterschiedlichen Zinselastizitäten.

Basisswap
Zinsswap, bei dem variable Zinszahlungen ausgetauscht werden, die auf unterschiedlichen Referenzzinssätzen basieren (z.B. 3-Monats Euribor gegen 3-Monats Libor)

Basiswert
Underlying oder Gegenstand, der einer Option zugrunde liegt.

Bear Market
Marktsituation, in der die meisten Marktteilnehmer fallende Kurse erwarten.

Bearish
Markthaltung, bei der fallende Kurse erwartet werden.

Beauty Contest
Verfahren zur Auswahl eines Konsortiums im Rahmen einer Emission von Wertpapieren, wobei die jeweiligen Banken ihre Vorstellungen bzgl. der geplanten Emission darlegen.

Behavioral Finance
Forschungsgebiet, das sich zum Ziel setzt, sowohl das Verhalten der Marktteilnehmer zu analysieren und zu erklären als auch Aussagen über individuelle Investoren und Marktgrößen theoretisch abzuleiten. Geschehnisse an den Finanzmärkten, die mit den traditionellen Methoden nicht erklärbar sind, sollen nunmehr durch die Verbindung von finanzierungstheoretischen und psychologischen Erkenntnissen begründet werden.

Benchmark
An Marktgrößen ausgerichtetes Ziel eines Portfolios, das oftmals als Vergleichsindex bestimmt wird und an dem der Erfolg des Portfoliomanagers gemessen werden kann.

Beta-Faktor (ß-Faktor)
Risikokennzahl bei Aktien, die die relative Volatilität und damit das systematische Risiko einer Aktie in bezug auf den Gesamtmarkt darstellt.

Bid
Kurs, den der Käufer bereit ist zu zahlen (Geldkurs).

Bid-Offer-Spread
Differenz zwischen Ankaufspreis und Verkaufspreis

Black & Scholes Modell
Bewertungsmodell für europäische Aktienoptionen.

Bookbuilding-Verfahren
Verfahren zur Syndizierung von Emissionen, wobei die Wertpapiere dauerhaft bei den Investoren platziert werden sollen. Der Emissionspreis wird am Ende der Bookbuilding-Periode festgelegt.

Bootstrapping
Umrechnung von Zinssätzen in entsprechende Nullkuponsätze.

Brown'sche Bewegung
Zufallspfad bei Kursentwicklungen.

Bull Market
Marktsituation, in der die meisten Marktteilnehmer steigende Kurse erwarten.

Bullet Bond
Endfällige Kuponanleihe, d.h. eine Anleihe mit nur einem Rückzahlungstermin.

Bullet Strategie
Renditestrukturkurvenstrategie, bei der ein festverzinsliches Instrument eingesetzt wird, das nicht vor Endfälligkeit ganz oder zum Teil zurückgezahlt wird und somit auf einen Laufzeitpunkt fixiert ist.

Bullish
Markthaltung, bei der steigende Kurse erwartet werden.

Burn-Rate
Zeitraum, in dem ein Unternehmen einen z.B. von Beteiligungsgesellschaften zur Verfügung gestellten Kapitalbetrag vollständig verbraucht.

Buy/Sell
Repo-Transaktion, bei der Kassa- und Termingeschäft gleichzeitig erfolgen. Grundlage für die Ermittlung des Terminkurses bildet die Repo Rate.

Call
Kaufoption, die das Recht verbrieft, einen bestimmten Gegenstand zu einem festgelegten Preis in der Zukunft zu erwerben.

Callable Swap
Swap mit vorzeitigem Kündigungsrecht des Festzinsempfängers, ohne dass daraus eine Zahlung resultiert.

Cap
Optionsvereinbarung, bei der der Käufer gegen Zahlung einer Prämie für eine vereinbarte Laufzeit das Recht auf eine Ausgleichszahlung für den Fall erwirbt, dass der Referenzzins über eine bestimmte Zinsobergrenze (Cap Strike) ansteigt.

Capital Asset Pricing Model (CAPM)
Modell der Kapitalmarkttheorie, das einen linearen Zusammenhang zwischen der erwarteten Rendite und dem systematischen Risiko von Aktien postuliert.

Caplet
Cap-Vereinbarung für eine Einzelperiode innerhalb eines gesamten Multiperioden-Caps.

Caption
Option auf einen Cap.

Cash-and-Carry Trade
Arbitrageposition, die typischerweise aus einer Long Kassaposition und einer Short Futureposition besteht und dadurch versucht, eine oberhalb des Geldmarktsatzes liegende Verzinsung zu erzielen.

Cash-Settlement
Barausgleich bei der Erfüllung von Termingeschäften, wenn eine physische Lieferung des Kontraktunderlyings nicht vorgesehen ist.

CATS (Certificate of Accrual on Treasury Securities)
Zerobonds, die aus abgetrennten und separat handelbaren Kupons von US-Staatsanleihen entstehen.

Cheapest-to-deliver-Anleihe (CTD-Anleihe)
Jene am Markt gehandelte Anleihe, die aufgrund ihrer internen Verzinsung am billigsten in einen Futurekontrakt zu liefern ist.

Chinese Walls
Maßnahmenbündel, das die unberechtigte Ausnutzung von nichtöffentlichen und zugleich kursbedeutsamen Wertpapierinformationen zu verhindern sucht und damit einem Insidertrading entgegenwirkt.

Churning
Verhalten zur Generierung von Gebühren durch unangemessen viele Wertpapiertransaktionen zu Lasten des Kunden.

Circuit Brakers
Handelsunterbrechungen, die bei einem bestimmten Ausmaß an Kursveränderungen durch die Börse angeordnet werden, um eine Marktberuhigung zu bewirken.

Clean Price
Aktueller Kurs einer Anleihe, der die aufgelaufenen Stückzinsen nicht mit einschließt.

Clearing-Stelle
Institut, das einer Terminbörse angeschlossen ist oder in ihr integriert ist. Die Clearing-Stelle verrechnet die an der Börse getätigten Abschlüsse und tritt bei jeder Transaktion als Vertragspartner ein. Damit wird die Erfüllung von Terminkontrakten sichergestellt, so dass die Clearing-Stelle eine Garantiefunktion zur Eliminierung des Kreditrisikos ausübt.

Cocktail-Swap
Verknüpfung aller Grundformen eines Swaps (Zins-, Währungs-, kombinierter Zins- und Währungsswap) mit verschiedenen Partnern und Währungen. Durch die damit stark zunehmende Komplexität der Transaktion ist man eher in der Lage, ganz spezielle Zielsetzungen der Marktteilnehmer zu erfüllen.

Collar
Kombination aus einem gekauften Cap und einem verkauften Floor.

Collateral
Sicherheiten, wobei es sich beispielsweise um die verkauften Wertpapiere im Rahmen eines Repo-Geschäfts handeln kann.

Compliance
Wohlverhaltensrichtlinien, die für die Nichtausnutzung von Insiderinformationen bestimmt sind.

Compound Option
Option auf eine Option, so dass die Grundkombinationen Call auf einen Call, Call auf einen Put, Put auf einen Call und Put auf einen Put denkbar sind.

Contango
Situation, in der der Futurepreis oberhalb des Kassapreises liegt, wobei erwartet werden kann, dass der Futurepreis im Vergleich zum Kassapreis über die Laufzeit sinken wird.

Contingent Claim
Vermögensposition, deren Preis nicht nur von dem Kurs eines Underlyings (z.B. Aktienindex), sondern auch von dem Kurs mindestens einer weiteren Größe (z.B. Währung) abhängt.

Cost of Carry
Nettofinanzierungskosten, die aufgrund des Haltens einer Kassaposition entstehen, die der Forward- oder Futureposition entspricht.

Counterparty Risk
Risiko, dass die Gegenpartei eines Finanzkontrakts die Kontraktbedingungen nicht erfüllt.

Covered Writer
Stillhalter eines Calls, der den Basiswert der geschriebenen Option im Bestand hat.

Credit Default Swap (CDS)
Kreditderivat, durch das sich ein Sicherungsnehmer (Risk Seller) gegen bestimmte Risiken aus einer Kreditbeziehung für eine bestimmte Laufzeit absichern kann. Dafür zahlt er eine Prämie an den Sicherungsgeber (Risk Buyer). Kommt es zu dem vorab definierten Kreditereignis, ist der Sicherungsgeber verpflichtet, dem Sicherungsnehmer eine Ausgleichszahlung zu leisten.

Credit Linked Note (CLN)
Schuldverschreibung, die vom Sicherungsnehmer oder von einer Einzweckgesellschaft (Special Purpose Vehicle) emittiert wird. Der Nennwert der Anleihe wird am Ende der Laufzeit ausschließlich in dem Fall zurückgezahlt, dass ein genau festgelegtes Kreditereignis nicht eintritt. Falls aber das Kreditereignis eintritt, so erhält der Käufer der Credit Linked Note als Sicherungsgeber lediglich eventuelle Recovery-Zahlungen zurück.

Cross Hedge
Hedgingverfahren, bei dem sich Underlying und Hedgeinstrument nicht genau entsprechen, jedoch eine hinreichend ähnliche Preiselastizität angenommen werden kann.

Custodian
Finanzinstitution, die Wertpapiere und andere Vermögensbestandteile für Dritte verwahrt.

Debt-Equity Swap
Finanztransaktion im Rahmen von Unternehmenssanierungen, die festverzinsliches Fremdkapital in gewinnabhängiges Eigenkapital umwandelt.

Delta
Wertveränderungen des Optionspreises in Abhängigkeit von Preisveränderungen des Underlyings.

Delta Hedge
Hedgingverfahren, bei dem die Kursänderungen des Underlyings von den Kursveränderungen der Optionsposition genau ausgeglichen werden. Eine hinreichende Delta Neutralität wird nur bei kleinen Kursänderungen des Underlyings ohne zusätzliche Transaktionen zu bewerkstelligen sein.

Deport
Terminabschlag bei Währungen.

Digital Option
Option, die bei Überschreiten (Unterschreiten) des Basispreises zum Verfallszeitpunkt einen zuvor festgelegten und von der Höhe der Überschreitung (Unterschreitung) unabhängigen Betrag auszahlt.

Dirty Price
Kurs einer Anleihe, der die aufgelaufenen Stückzinsen einschließt.

Disagio
Negative Differenz zwischen dem (Emissions-) Kurs eines festverzinslichen Wertpapiers und seinem Nominalwert.

Diversifikation
Kernprinzip der Portfoliotheorie, nach dem durch die Kombination risikotragender Assets das Gesamtrisikoprofil eines Portfolios verbessert werden kann.

Dollar Duration
Maßzahl für die Preisreagibilität einer Anleihe, die die absolute Kursänderung einer Anleihe ausgedrückt in USD oder auch in EUR für eine absolute Veränderung der Rendite angibt. Sie wird berechnet aus dem Produkt der modifizierten Duration und dem Dirty Price der Anleihe.

Doppelwährungsanleihen
Anleihen, bei denen die Mittelaufbringung und die Rückzahlung in einer unterschiedlichen Währung erfolgen, wobei die Zinszahlungen – je nach Vereinbarung – sowohl in der Einzahlungs- als auch in der Rückzahlungswährung erfolgen können.

Drawdown
Kumulierter Verlust, der zwischen einem Kurs-Höchststand und dem darauffolgenden Tiefstand innerhalb einer bestimmten Periode entstanden ist.

Drop-Lock FRN
Floating Rate Note (FRN), die bei Erreichen einer vorbestimmten Zinsuntergrenze zu einer Festzinsanleihe wird.

Dual Benchmark
Eine aus zwei Zielen bestehende Benchmark, wobei mindestens eines der beiden Ziele erfüllt werden muss und das andere Ziel als Nebenbedingung formuliert wird.

Due Diligence
Untersuchung der Unternehmenssituation im Hinblick auf die wirtschaftliche und finanzielle Lage und Perspektive. Die Due Dilligence wird durch externe Spezialisten (z.B. Banken, Wirtschaftsprüfer, Anwälte etc.) vorgenommen.

Duration
Risikokennzahl bei festverzinslichen Anlagen, die zur Bestimmung der absoluten Preisänderung bei Marktzinsänderungen herangezogen werden kann. Zugleich kann die Duration als Kapitalbindungsdauer bei Anleihen interpretiert werden.

Duration (effective)
Durationskennzahl, die auf der Basis der tatsächlich am Markt beobachtbaren Zinssätze (Spot Rates) berechnet wird.

Duration (Key Rate)
Durationskennzahl, die die Wertveränderung festverzinslicher Anlagen in Abhängigkeit von Renditestrukturkurvendrehungen beschreibt.

Duration (modified)
Durationskennzahl, die zur Bestimmung der relativen Preisänderung bei Marktzinsänderungen herangezogen werden kann.

DVP
Delivery versus Payment, d.h. beispielsweise im Rahmen einer Repo-Transaktion die Lieferung der Wertpapiere durch den Pensionsgeber (Verkäufer) bei gleichzeitiger Zahlung der Geldmittel durch den Pensionsnehmer (Käufer).

Effizienzkurve
Aus der Portfoliotheorie bekannter Bereich jener Portfolios, die hinsichtlich der Kriterien Rendite und Risiko nicht von anderen Portfolios dominiert werden.

Einfaktorenmodell
Beschreibungsmodell für Wertpapierrenditen, das von nur einem Verursachungsfaktor für die Wertpapierrenditen ausgeht.

Embedded Losses
Verborgene Verluste, die zwar durch Zinsänderungen in der Vergangenheit verursacht worden sind, aber bei einer Bewertung zu Einstandskosten noch nicht erkennbar sind.

Embedded Options
Einem Finanzinstrument als fester Bestandteil beigegebene Option, wie z.B. ein vorzeitiges Kündigungsrecht bei Anleihen.

Emissionskurs
Ausgabepreis einer neu begebenen Anleihe, der durch das Konsortium unter Berücksichtigung der Marktbedingungen festgelegt wird.

EONIA
Euro Overnight Index Average; Referenzzinsatz für Tagesgelder im Euro-Raum.

EONIA-Swap
Tagesgeldswap im Euro-Bereich.

Equity Swap
Tauschvereinbarung, bei der die eine Partei sich verpflichtet, Ausgleichszahlungen in Höhe der Wertsteigerungen eines bestimmten Aktienportfolios zuzüglich vereinnahmter Dividenden zu leisten. Im Gegenzug empfängt diese Partei von dem Kontrahenten einen festen oder variablen Zinssatz.

Equity-linked Notes (ELN)
Anleihen, die aus mehreren Basiskomponenten zusammengesetzt sind (z.B. Zerobond und Aktienindex Call), deren Kursverhalten an die Entwicklung eines Aktienmarktes, eines Aktienbaskets oder einer einzelnen Aktie geknüpft ist.

Erwartungswerttheorie
Theorie zur Erklärung der Renditestrukturkurve. Die Erwartungswerttheorie geht davon aus, dass es für einen Investor gleichgültig ist, ob er beispielsweise einen zweijährigen Bond kauft oder zwei einjährige Bonds hintereinander. Die Renditen müssen sich entsprechen, da ansonsten ein unterschiedlicher Preis für den gleichen Zahlungsstrom bestünde.

Euribor
Euro Interbank Offered Rate; Geldmarktzinssatz für den Euro-Raum auf der Grundlage der Eurozinsmethode, d.h. Actual/360.

Eurobond
Anleihe, die i.d.R. mit Hilfe eines internationalen Konsortiums am Euromarkt begeben wird und häufig auf eine andere als die Währung des Schuldnerlandes lautet.

Euromarkt
Internationaler Markt, der sowohl Eurobonds als auch Euro-Geld- und Euro-Kredittransaktionen umfasst.

Europäische Option
Option, die nur am Ende der Optionslaufzeit ausgeübt werden kann.

Exchange Traded Funds (ETFs)
Investmentfonds, deren Anteile an der Börse gehandelt werden und somit über die Börse von Anlegern erworben und veräußert werden können.

Exotische Optionen
Grundsätzlich alle Optionsstrukturen, die in ihrem Komplexitätsgrad über Plain Vanilla Optionen hinausgehen.

Extendable Swap
Prolongierbarer Swap, der das Recht bietet, einen bestehenden Swap bei Endfälligkeit zu gleichen Konditionen zu verlängern.

Financial Engineering
Herstellung von Zahlungsströmen, die unter Verwendung existierender Finanzinstrumente genau den Bedürfnissen der Kunden entsprechen.

Floating Rate Note (FRN)
Anleihe mit einem variablen Kupon, der in einem bestimmten Turnus den Marktgegebenheiten angepasst wird.

Floor
Optionsvereinbarung, bei der der Käufer gegen Zahlung einer Prämie für eine vereinbarte Laufzeit das Recht auf eine Ausgleichszahlung für den Fall erwirbt, dass der Referenzzins unter eine bestimmte Zinsuntergrenze (Floor Strike) sinkt.

Floorlet
Floor-Vereinbarung für eine Einzelperiode innerhalb eines gesamten Multiperioden-Floors.

Forward
Verpflichtung, eine Anlage zu einem künftigen Zeitpunkt zu kaufen oder zu verkaufen, wobei der Preis zum Zeitpunkt des Eingehens der Verpflichtung festgelegt wird und in der Regel die Zinskosten der Finanzierung widerspiegelt.

Forward Rates
Arbitragefreie Zinssätze, die sich aus der Renditestrukturkurve herleiten lassen und den Wert in der Zukunft liegender Zinsgeschäfte angeben.

Forward Swap
Beginn der vereinbarten Swapzahlungen erst nach einer Vorlaufzeit, so dass schon jetzt ein Festzins für eine in der Zukunft liegende Finanzierung oder Anlage gesichert wird.

Forward Rate Aggreement (FRA)
Vereinbarung über ein in der Zukunft liegendes Zinsgeschäft.

Forwards
Terminkontrakte, deren Vertragsbedingungen nicht standardisiert sind, und die damit nicht an einer Börse gehandelt werden.

Frontrunning
Verhalten von Marktteilnehmern, bei dem bei Bekanntheit einer größeren und möglicherweise marktbewegenden Kundenorder zunächst für eigene Rechnung der Wert ge- bzw. verkauft wird und dann erst die Kundenorder ausgeführt wird.

Full Replication Approach
Verfahren des passiven Portfoliomanagements, bei dem der zugrundeliegende Benchmarkindex vollständig und in gleicher Gewichtung in das Portfolio übernommen wird.

Future Strip Rate
Erzielbare Verzinsung aus einem sequentiellen Futuregeschäft, bei dem mehrere Geldmarktfutures aneinandergereiht werden.

Future-Style Verfahren
Prämienzahlungsverfahren bei börsengehandelten Optionen, bei dem die vom Optionskäufer zu zahlende Prämie erst bei Glattstellung, Ausübung oder Verfall fällig wird. Zwischenzeitliche Bewertungsschwankungen werden durch Variation Margins abgegolten.

Futures
Standardisierte börsengehandelte Terminkontrakte, wobei die Abwicklung und Verrechnung über die Clearing-Stelle der Terminbörse erfolgt.

Gamma
Wertveränderungen des Deltas in Abhängigkeit von Preisveränderungen des Underlyings.

Gamma Hedge
Hedgingverfahren, bei dem Delta-Neutralität durch den Einsatz zusätzlicher Short Optionen angestrebt wird.

GARCH
Generalized Autoregressive Conditional Heteroskedasticity; Statistisches Verfahren, das zur Schätzung zukünftiger Volatilitäten auf die Volatilitäts- und Störterm-Ausprägungen der Vorperioden zurückgreift.

Garman-Kohlhagen-Modell
Devisenoptionsmodell, das auf dem Black & Scholes Modell basiert.

Global Depository Receipts (GDRs)
Am Euromarkt gehandelte Zertifikate, die Anteilsrechte an hinterlegten Auslandsaktien verbriefen.

Haircut
Betrag, um den der Marktwert eines Wertpapiers als Collateral den Wert des entsprechenden Gelddarlehens im Rahmen einer Repo-/Wertpapierleihetransaktion übersteigt. Als Haircut kann auch der Wert zusätzlich bestellter Sicherheiten bezeichnet werden.

Hedge Ratio
Die Hedge Ratio gibt die Anzahl der nötigen Kontrakte an, um eine Position gegen Wertveränderungen abzusichern.

Hedging
Absicherung gegen Kurswertveränderungen.

Heteroskedastizität
Empirische Beobachtung bei Aktienrenditen, dass die Ausprägungen der Residualrenditen im Zeitablauf unterschiedliche Verteilungsmuster aufweisen.

Homoskedastizität
Einheitliche Verteilungsmuster der Residualrenditen im Zeitablauf.

Immunisierung
Anlagestrategie bei Anleihen, bei der die Duration eine Portfolios genau auf den Investitionshorizont des Anlegers abgestimmt ist.

Implied Repo Rate (IRR)
Impliziter Finanzierungszinssatz, der dem Preis eines Futures zugrunde liegt. Diejenige lieferbare Anleihe, die bei Lieferung in den Futurekontrakt die größte IRR aufweist, ist die Cheapest-to-Deliver Anleihe.

Implizite Volatilität
Volatilität, die aus am Markt beobachtbaren Optionspreisen berechnet wird und als Indikator für die Einschätzung des Marktes bezüglich der zukünftigen Volatilität interpretiert werden kann.

In-the-money
Ein Call befindet sich in-the-money, wenn der aktuelle Kassapreis über dem Basispreis liegt. Ein Put befindet sich in-the-money, wenn der aktuelle Kassapreis unter dem Basispreis liegt.

Indexfonds
Investmentsondervermögen, die passiv gemanagt werden und daher versuchen, die Performance der Benchmark abzubilden.

Indexierte Anleihen
Anleihen, bei denen die Zins- und/oder Tilgungszahlungen an einen Index gekoppelt sind, wobei es sich hierbei nicht um einen Zinssatz handelt.

Informationskoeffizient
Maßstab für die Prognosegüte, der durch Vergleich der prognostizierten mit den tatsächlichen Werten ermittelt wird.

Information Ratio
Indikator für die Fähigkeit eines Portfoliomanagers, eine bessere Performance zu erzielen als die Benchmarkperformance. Verhältnis zwischen Alpha und dem eingegangenen Residualrisiko.

Informationseffizienz
Theoretisches Konstrukt, nachdem alle an den Markt gelangenden Informationen unmittelbar von den Assetpreisen reflektiert werden.

Investment Grade
Bonitätsklassifikation für Anleihen, die ein Rating von mindestens BBB- (Standard & Poor's) bzw. Baa3 (Moody's) und besser aufweisen.

Knock-In-Optionen
Exotische Optionen, die erst wirksam werden, wenn ein bei Vertragsabschluss fixiertes Kursniveau des Underlyings erreicht wird.

Knock-Out-Optionen
Exotische Optionen, die verfallen, wenn ein bei Vertragsabschluss fixiertes Kursniveau des Underlyings erreicht wird.

Konvertierungsfaktor
Mit Hilfe von Konvertierungsfaktoren werden handelbare Anleihen an die Eigenschaften der den Zinsfutures zugrundeliegenden Notional Bonds angepasst.

Konvexität
Risikokennzahl bei Anleihen, die die Veränderungen des Anleihekurses und der -duration in Abhängigkeit einer Marktzinsveränderung beschreibt. Bei positiver Konvexität ist die Kurssteigerung (Kursverringerung) einer Anleihe im Falle einer Marktzinssenkung (Marktzinssteigerung) höher (niedriger), als die Duration prognostiziert. Im Rahmen der Optionspreistheorie wird die Konvexität einer Option durch Gamma, d.h. die Ableitung des Deltas nach der Kursänderung des Underlyings, beschrieben.

Korrelation
Statistisches Maß für den Zusammenhang zweier Größen, das sich durch Standardisierung aus der Kovarianz ergibt und auf den Wertebereich zwischen -1 und 1 normiert ist.

Kovarianz
Statistisches Maß für den Zusammenhang bzw. den Gleichlauf zweier Größen.

Kovarianzmatrix
Tableau, das die statistischen Zusammenhänge mehrerer Assets darstellt.

Kupon-Stripping
Erstellung von Zerobonds aus einer gewöhnlichen Festzinsanleihe, indem z.B. die Kupons vom Nominalwert getrennt werden.

Kurtosis
Viertes Moment einer Wahrscheinlichkeitsverteilung. Spitzgipfelige Verteilung, die zudem fette Randbereiche aufweisen, werden als leptokurtische Verteilungen bezeichnet, wohingegen Verteilungen mit einer flachen Spitze und breiten Mittelbereichen als platykurtisch bezeichnet werden.

Leerverkauf
Verkauf eines Wertpapiers ohne eine entsprechende physische Deckung (Entstehen einer Short Position).

Liability Swap
Zinsswap, durch den eine festverzinsliche Verbindlichkeit in eine variabel verzinsliche Verbindlichkeit transformiert wird.

Libid
London Interbank Bid Rate; Zinssatz, zu dem Londoner Banken im internationalen Interbankenmarkt bereit sind, Kredit aufzunehmen.

Libor
London Interbank Offered Rate; Zinssatz, zu dem Londoner Banken im internationalen Interbankenmarkt Gelder verleihen.

Limean
Mittelwert zwischen Libid und Libor.

Liquidität
Aus Portfoliosicht die jederzeitige Möglichkeit, sich zu fairen Preisen von dem Portfolio trennen zu können.

Liquiditätspräferenztheorie
Theorie zur Erklärung einer aufwärtsgerichteten (normalen) Renditestrukturkurve. Die Liquiditätspräferenztheorie geht davon aus, dass aus Gründen der Risikoaversion Investoren nur dann längere Laufzeiten kürzeren vorziehen, wenn sie im Gegenzug eine höhere laufende Verzinsung erhalten.

Lognormal Distribution
Glockenkurvenartige Verteilung von Wertpapierkursen, deren logarithmierte Werte einer Normalverteilung gehorchen.

Margin
Einschussleistung, die erbracht werden muss, um z.B. eine Futureposition zu eröffnen.

Marking-to-market
Bewertungsmethode für Derivate, bei der der Wert der Position anhand des aktuellen Marktwertes der Kassaposition bestimmt wird.

Market Impact
Ausweichbewegung des Marktes, wenn große Blockkäufe bzw. -verkäufe stattfinden. Der Market Impact beschreibt die Kursveränderung aufgrund einer Order.

Market Maker
Händler, der verpflichtet ist, Geld- und Brief-Kurse für ein bestimmtes Finanzinstrument zu stellen.

Markteffizienz
Theoretisches Konstrukt, nach dem alle an Märkten gehandelten Assets stets richtig bewertet sind.

Marktrisiko
Risiko einer generellen Marktentwicklung, das sich aus der Veränderung von Marktpreisen, wie z.B. Zinssätzen, Wechselkursen und Aktienkursen ergibt. Das Marktrisiko betrifft keine Einzeltitel, sondern eine Vielzahl von Anlagetiteln.

Marktsegmentierungstheorie
Theorie zur Erklärung der Form der Renditestrukturkurve, die davon ausgeht, dass Investoren sich auf bestimmte Laufzeitbereiche der Renditestrukturkurve konzentrieren und daher unabhängig von der Form der Renditestrukturkurve stets bei diesem Segment bleiben.

Martingale-Prozess
Statistischer Zufallsprozess, der keine zeitabhängige Veränderungsrate (Drift) aufweist.

Maximum Drawdown
Im Aktienbereich bekannt als die maximale negative Rendite nach einem vorangegangenen Höchstkurs.

Mean-Gini-Koeffizient
Alternatives Risikomaß, das anstatt der Abweichung zum Mittelwert die Abweichungen der einzelnen Realisationen untereinander misst.

Mehrfaktorenmodell
Beschreibungsmodell für Wertpapierrenditen, das von mehreren Verursachungsfaktoren für die Wertpapierrenditen ausgeht.

Money-at-Risk
Verlustpotential aus marktbedingten Preisänderungen von Handelspositionen, das auf der Basis einer bestimmten Wahrscheinlichkeit angegeben wird (z.B. 95%).

Mortgage-Backed Bonds
Anleihen, bei denen die Besicherung aus einem Pool von Hypotheken besteht. Sie werden vor allem in den USA gehandelt.

Multi-Index Option
Outperformance Option, deren Auszahlungsstruktur von der Performancedifferenz zweier Instrumente abhängt.

Negativklausel
Verpflichtung seitens des Emittenten, dass späteren Verbindlichkeiten keine vorrangige Besicherung gegenüber der betreffenden Anleihe eingeräumt wird.

Netting
Aufrechnung von Forderungen und Verbindlichkeiten, die gegenüber einem Kontrahenten bestehen oder die sich auf das gleiche Underlying beziehen.

Normalverteilung
Statistische Verteilung, bei der ein positives Abweichen vom Mittelwert nach oben genau so wahrscheinlich ist, wie die Abweichung nach unten um den gleichen Wert.

Notional Bond
Standardisierte Anleihe, deren Eigenschaften (Zinskupon und Laufzeit) stets gleich bleiben und die als synthetisches Underlying für Zinsfuturekontrakte dient.

Omega
1) Hebel, um den sich die Option prozentual schneller im Wert verändert als das Underlying.
2) Performancemaß

Open Interest
Summe der noch offenen Positionen z.B. einer Optionsserie, wobei noch keine Glattstellung durch entsprechende kompensierende Transaktionen stattgefunden hat.

Open Repo
Zeitlich offene Repo-Transaktion, wobei die Vertragspartner das Geschäft zu jeder Zeit während der vereinbarten Frist auflösen können.

Option
Vertragliches Recht, aber keine Pflicht, einen bestimmten Betrag eines zugrundeliegenden Instruments (z.B. Wertpapier) zu einem festen Preis (Basispreis) während oder am Ende einer bestimmten Laufzeit zu kaufen (Call Option) oder zu verkaufen (Put Option).

Optionsprämie
Nach amerikanischer Terminologie der Preis einer Option. In Europa wird unter der Optionsprämie häufig jener Teil des Optionspreises verstanden, der den inneren Wert der Option übersteigt.

Optionsserie
Optionen, die in bezug auf den Typ (Call/Put), den Basiswert, den Basispreis und das Verfalldatum identisch sind.

Out-of-the-money
Ein Call befindet sich out-of-the-money, wenn der aktuelle Kassapreis unter dem Basispreis liegt. Ein Put befindet sich out-of-the-money, wenn der aktuelle Kassapreis über dem Basispreis liegt.

Over-the-counter (OTC)
Außerbörsliches Handelssystem, das die Transaktionen über Telefon oder Computer abwickelt und auf einen Präsenzbörsenhandel verzichtet.

Overnight Indexed Swap
Tagesgeldswap, d.h. Zinsswap, bei dem ein Austausch zwischen einem festen Zins und einem (variablen) Referenzzins, der sich auf Tagesgeld bezieht, erfolgt.

Overnight Repo
Repo-Geschäft, das für nur einen Tag läuft.

Passives Management
Auf der Theorie effizienter Kapitalmärkte basierender Ansatz, der versucht, eine vorgegebene Benchmark hinsichtlich ihres Rendite-Risikoprofils möglichst genau abzubilden.

Pay-Through Bond
Hypothekarisch besicherte Schuldverschreibung, bei der die Zins- und Tilgungszahlungen periodisch erfolgen.

Payer Zinsswap
Zinsswap, bei dem feste Zinsen gezahlt und variable Zinsen bezogen werden.

Payer Swaption
Recht, in einen Swap-Vertrag einzutreten, bei dem variable Zinsen bezogen und feste Zinsen gezahlt werden.

Peer-Group-Benchmark
Benchmark, die sich aus einer Anzahl von Konkurrenzportfolios zusammensetzt.

Performance
Zielkriterium des Portfoliomanagements, das als risikoadjustierte Rendite definiert werden kann.

Performanceanalyse
Quantitative und qualitative Untersuchung der Performance eines Portfolios.

Performanceattribution
Zuordnung von Performancebestandteilen zu einzelnen Verursachungsgrößen.

Performancemessung
Quantitative Untersuchung der Portfolioperformance.

Perpetual Bond
Anleihe, die keinen fixierten Endfälligkeitszeitpunkt besitzt. I.d.R. werden in den Anleihebedingungen Ereignisse beschrieben, bei deren Eintritt dem Gläubiger und/oder dem Schuldner ein Kündigungsrecht zusteht.

Path Dependent Option
Option, deren Auszahlungsstruktur nicht von dem Preis des Underlyings am Verfallzeitpunkt, sondern vom Kursverlauf während der Optionslaufzeit abhängt (z.B. Look-Back Option).

Plain Vanilla
Der Begriff Plain Vanilla beschreibt die geringe Komplexität eines Instruments. Er wird auf alle Geschäfte und Instrumente bezogen, die als Basis- oder Standardgeschäft bzw. -instrument innerhalb ihrer Gattung angesehen werden können. Als Plain Vanilla Optionen werden z.B. einfache Calls und Puts angesehen.

Plain Vanilla Zinsswap
Einfache Form des Zinsswaps, bei dem feste Zinsen gegen variable Zinsen getauscht werden.

Premium Bond
Anleihe, die oberhalb ihres Nennwertes notiert.

Present Value
Heutiger Wert zukünftiger Zahlungsströme, die durch Abzinsung auf den Betrachtungszeitpunkt bezogen werden.

Primärmarkt
Markt zur Platzierung von Neuemissionen.

Put
Verkaufsoption, die das Recht verbrieft, einen bestimmten Gegenstand zu einem festgelegten Preis in der Zukunft zu verkaufen.

Puttable Swap
Kündigungsrecht des Festzinszahlers.

Qualitätsoption
Möglichkeit des zur Lieferung in einen Zinsfuture Verpflichteten, zwischen verschiedenen lieferbaren Anleihen auswählen zu können.

Rating
Beurteilungssystem für die Wahrscheinlichkeit einer verzögerten und / oder unvollständigen Rückzahlung von Anleiheschulden.

Rebate
Feststehender Geldbetrag, der dem Käufer einer Knock-Out-Option im Falle eines Knock-Outs gezahlt wird. Umgekehrt würde der Käufer einer Knock-In-Option diesen Betrag erhalten in dem Fall, dass die Knock-In-Grenze nicht erreicht wurde.

Receiver Zinsswap
Zinsswap, bei dem variable Zinsen gezahlt und feste Zinsen bezogen werden.

Receiver Swaption
Recht, in einen Swap-Vertrag einzutreten, bei dem feste Zinsen bezogen und variable Zinsen gezahlt werden.

Referenzzinsatz
Für Geschäfte mit einem Referenzzinssatz gilt nicht ein fester Zins für eine bestimmte Laufzeit, sondern ein Zinssatz, der an einen Referenzzinssatz gekoppelt ist (z.B. Euribor) und sich daher im Zeitablauf verändern kann.

Registered Bond
Namensschuldverschreibung, d.h. Anleihe, bei der eine Eintragung in die Bücher des Emittenten erfolgt. Zur Übertragung ist eine schriftliche Abtretung seitens des eingetragenen Gläubigers erforderlich.

Regressionsanalyse
Statistisches Verfahren der Zeitreihenanalyse, bei dem der Zusammenhang zwischen einer abhängigen und einer unabhängigen Variablen analysiert wird.

Rendite
In Prozent ausgedrückte Wertveränderung einer Größe.

Rendite (aktive)
Differenz zwischen Portfolio- und Benchmarkrendite.

Rendite (residual)
Renditebestandteil, der mit der Benchmarkrendite unkorreliert ist.

Renditestrukturkurve
Graphischer Zusammenhang zwischen Anleihelaufzeit und -rendite.

Repo
Kurzform für Repurchase Agreement, d.h. Verkauf von Wertpapieren bei gleichzeitiger Rückkaufverpflichtung in der Zukunft.

Repo Rate
Zinssatz, der im Rahmen einer Repo-Transaktion für die Überlassung von Geldmitteln gezahlt wird (gegen Stellung von Sicherheiten in Form von Wertpapieren).

Report
Terminaufschlag bei Währungen.

Residualvolatilität
Volatilität bei Aktien, die unabhängig von der gesamtmarktinduzierten Volatilität auftritt.

Reverse Floater
Variabel verzinsliche Anleihe, deren Kupon sich bei fallenden Geldmarktzinsen erhöht.

Reverse Repo
Umgekehrtes Repo-Geschäft, d.h. Kauf von Wertpapieren bei gleichzeitiger Rückverkaufsverpflichtung in der Zukunft.

Reverse Swap
Gegenswap im sekundären Swapmarkt, der das Zins- und / oder Währungsverlustrisiko eines bestehenden Swaps ausgleicht.

Rho
Wertveränderungen des Optionspreises in Abhängigkeit von Veränderungen des risikolosen Zinssatzes.

Risiko (systematisches)
Teil des Gesamtrisikos bei Aktien, das durch Schwankungen des Gesamtmarktes induziert ist.

Risiko (unsystematisches)
Teil des Gesamtrisikos bei Aktien, das nicht durch Schwankungen des Gesamtmarktes induziert ist (titelspezifisches Risiko).

Roller Coaster Swap
Swap, bei dem sich der Nominalbetrag über die Swaplaufzeit verändert.

Safekeeping
Transaktion im Rahmen eines Repo-Geschäfts, bei dem keine Lieferung von Wertpapieren erfolgt. Die Wertpapiere werden auf einem Treuhandkonto gutgeschrieben.

Sampling Approach
Verfahren des passiven Portfoliomanagements, bei dem der zugrundeliegende Benchmarkindex bei vorgegebener Werteanzahl durch eine den Tracking Error minimierende Stichprobe aus dem Index abgebildet wird.

Scalping
Handelstechnik von Marktteilnehmern, die zum Geldkurs kaufen und zum Briefkurs verkaufen können, und die das Halten von Positionen über Nacht vermeiden wollen, indem der geringe Spread stets glattgestellt wird.

Schiefe
Drittes Moment einer Wahrscheinlichkeitsverteilung, das die Asymmetrie misst.

Sekundärmarkt
Handel von Wertpapieren, nachdem die Papiere als Neuemission platziert worden sind.

Seller's Option
Möglichkeit des zur Lieferung in einen Zinsfuture Verpflichteten, zwischen verschiedenen lieferbaren Anleihen auswählen zu können.

Semivarianz
Risikomaß, das ausschließlich die negativen Abweichungen vom erwarteten Mittelwert misst.

Sharpe-Maß
Maßgröße der Performanceanalyse, bei der die Überschussrendite zum Gesamtrisiko ins Verhältnis gesetzt wird.

Short Squeeze
Situation, in der das Volumen der Positionen, die am Markt frei verfügbar sind, geringer ist als das Volumen der Positionen, die von Marktteilnehmern zur Eindeckung benötigt werden.

Sinking Fund
Tilgungsfonds, der generell durch einen Treuhänder verwaltet wird. Dabei erfolgt eine regelmäßige Rückstellung von Mitteln zur Tilgung der Anleihe entsprechend den festgelegten Bedingungen. Notiert die Anleihe unter ihrem Rückzahlungskurs, so kann der Treuhänder mit den Mitteln des Fonds den zu tilgenden Anleihebetrag am Markt erwerben. Andernfalls wird üblicherweise durch Auslosung getilgt.

Specific Collateral
Spezielles Wertpapier, das im Rahmen eines Repo-Geschäfts als Sicherheit fungieren soll und entsprechend nachgefragt wird.

Spot Rates
Tatsächlich am Markt beobachtbare Preise bzw. Renditen.

Stack Hedge
Hedging-Form, bei der zunächst nur auf einen Kontraktmonat zurückgegriffen wird.

Standardabweichung
Dispersionsmaß der Statistik, das die durchschnittlichen quadrierten Abweichungen der einzelnen Elemente einer Verteilung von ihrem Mittelwert beschreibt und aus diesen die Wurzel zieht. Die Standardabweichung dient als Risikomaß bei Wertpapieren.

Step-Down Swap
Swap, bei dem der Nominalbetrag über die Swaplaufzeit nach einem vereinbarten Schema abnimmt.

Step-Up Swap
Swap, bei dem der Nominalbetrag über die Swaplaufzeit nach einem vereinbarten Schema ansteigt.

Stillhalter
Verkäufer einer Option, der bei Ausübung der Option zu einer Leistung verpflichtet ist.

Stochastische Dominanz
Verfahren der Vorteilhaftigkeitsbestimmung von Wertpapieren, bei dem der Verlauf der gesamten Wahrscheinlichkeitsverteilung betrachtet wird.

Strip Hedge
Hedging-Form, bei der die benötigte Anzahl einzusetzender Futures auf mehrere Fälligkeitsmonate verteilt ist.

STRIPS (Separate Trading of Registered Interest and Principal Securities)
Zerobonds, die aus abgetrennten und separat handelbaren Kupons von US-Staatsanleihen entstehen.

Subordinated Bond
Nachrangig besicherte Anleihe, deren Zins- und Tilgungszahlungen im Fall, dass der Emittent zahlungsunfähig wird, nachrangig bedient werden.

Swap
Finanzgeschäft, bei dem zwei Parteien vereinbaren, während eines bestimmten Zeitraums Zahlungsströme entsprechend den im voraus festgelegten Vereinbarungen zu tauschen.

Swapsatz
Differenz zwischen Kassa- und Terminkurs eine Währung.

Swaption
Option auf einen Swap.

Syndizierung
Emission von Wertpapieren oder Vergabe von Krediten unter Einschaltung eines Konsortiums.

T-Statistik
Statistisches Maß zur Beurteilung der Güte von Regressionsparametern.

Tailing the Hedge
Berücksichtigung der sich aus dem täglichen Marking-to-Market ergebenden Zinsbelastungen und -erträge bei der Berechnung der Hedge Ratio.

Term Repo
Repo-Geschäft, das eine Laufzeit von mehr als einem Tag aufweist.

Tenderverfahren
Auktionsverfahren bei der Emission von Wertpapieren, bei dem entweder die Menge oder der Preis fixiert ist und die Zuteilung gemäß den Geboten der Investoren erfolgt.

Theta
Wertveränderungen des Optionspreises in Abhängigkeit von Restlaufzeitverkürzungen der Option.

Tick
Kleinste Fluktuationseinheit bei Preisveränderungen von Derivaten wie Futures und Optionen.

TIGR's (Treasury Investment Growth Receipt)
Zerobonds, die aus abgetrennten und separat handelbaren Kupons von US-Staatsanleihen entstehen.

Tilgungsswap
Swap, der eine Zahlungsstruktur wie beim festverzinslichen Tilgungskredit aufweist.

Timing
Anlagestrategie, bei der versucht wird, in steigenden Marktphasen übergewichtet zu sein et vice versa.

Tombstone
Anzeige einer Neuemission, wobei üblicherweise die Konditionen sowie die beteiligten Konsortialmitglieder genannt werden. Die Anzeige wird als Tombstone (= Grabstein) bezeichnet, da mit der Veröffentlichung ein Schlussstrich unter die Emission gezogen wird.

Total Return Swap
Kreditderivat, bei dem ein periodischer Austausch (z.B. alle 3 Monate) der Erträge und Wertveränderungen aus einem Aktivum (z.B. eine Anleihe) gegen Zahlung eines vertraglich vereinbarten Zinses erfolgt.

Track Record
Performancehistorie eines Portfolios bzw. eines Portfoliomanagers.

Tracking Error (geschätzter)
Abweichungsmaß für die Differenz zwischen zu erwartender Portfoliorendite und zu erwarteter Benchmarkrendite, das auf der Basis der systematischen und unsystematischen Risikoprofile der einzelnen Portfoliobestandteile geschätzt wird.

Tracking Error (historischer)
Standardabweichung der realisierten Renditedifferenzen zwischen Portfolio und Benchmark.

Treynor-Maß
Maßgröße der Performanceanalyse, bei der die Überschussrendite zum systematischen Risiko (Betafaktor) ins Verhältnis gesetzt wird.

Tri-Party Repo
Im Rahmen eines Repo-Geschäfts Übernahme der Verwahrung von Wertpapieren für den Pensionsnehmer durch eine neutrale dritte Partei als Custodian, die auch die Überwachung der Transaktionen und der Sicherheiten sowie die tägliche Bewertung der Sicherheiten übernimmt.

Überschussrendite
Differenz zwischen Portfoliorendite und risikolosem Zinssatz.

Underlying
Einem derivativen Instrument zugrundeliegendes Kassainstrument.

Up-Front Zinsswap
Zinsswap, bei dem die laufenden Zinszahlungen gegen einen einmalig am Laufzeitbeginn zu leistenden Betrag getauscht werden.

Value-at-Risk
In Geldeinheiten ausgedrücktes Risikomaß, das die Höhe des Vermögensverlustes für ein bestimmtes, vorzugebendes Wahrscheinlichkeitsniveau misst.

Varianz
Dispersionsmaß der Statistik, das die durchschnittlichen Abweichungen der einzelnen Elemente einer Verteilung von ihrem Mittelwert beschreibt. Die Ziehung der Quadratwurzel aus der Varianz ergibt die Standardabweichung.

Variation Margin
Zu leistender Einschuss bei Derivategeschäften, wenn durch Preisveränderungen des Underlyings das Niveau des Initial Margins unter das geforderte Mindestniveau (Maintenance Margin) gefallen ist.

Vega
Wertveränderungen des Optionspreises in Abhängigkeit von Volatilitätsveränderungen des Underlyings.

Volatilität
Annualisierte Standardabweichung, die als Risikomaß bei Wertpapieren weite Verbreitung findet.

Volatilitätskurve
Darstellung der erwarteten Volatilität eines Instrumentes bzw. Marktes in Abhängigkeit des Betrachtungshorizontes.

Währungsswap
Tauschvereinbarung, bei der Kapitalbeträge und darauf anfallende Zinsen, die auf unterschiedliche Währungen lauten, von den Kontrahenten ausgetauscht werden.

Wandelanleihe
Festverzinsliches Wertpapier, das neben den Anleiherechten zusätzlich eine Umtauschoption von der Anleihe in die Aktie des Anleiheemittenten zu vorgegebenen Konditionen verbrieft.

Wild Card Option
Möglichkeit des zur Lieferung verpflichteten Vertragspartners bei amerikanischen Zinsfutures, nach Festlegung des Settlementpreises des Futures noch bis zum Ende des Handels im Treasury Bond Markt zwischen mehreren lieferbaren Anleihen auswählen bzw. sich gegen eine Lieferung entscheiden zu können.

Yield Enhancement
Zusätzliche Renditesteigerungen, z.B. durch den Einsatz von Swaps im Portfoliomanagement.

Yield to Call
Rendite einer Anleihe bis zum frühest möglichen Kündigungstermin unter Berücksichtigung des festgelegten Kündigungskurses.

Zeitwert
Preisbestandteil einer Option, der über den inneren Wert der Option hinausgeht.

Zero-Cost-Collar
Collar, bei dem die zu zahlende Prämie des Caps in gleicher Höhe liegt, wie die erhaltene Prämie des Floors.

Zerobond
Wertpapiere, bei denen keine periodischen Zinszahlungen erfolgen und die bei Fälligkeit zum Nennwert zurückgezahlt werden. Die Wertpapiere werden daher mit einem entsprechenden Abschlag ausgegeben.

Zins-/Währungsswap
Kombination aus einem Zins- und einem Währungsswap.

Zinsanpassungsklausel
Klausel, die vorsieht, dass der Zinssatz einer Anleihe in bestimmten Abständen dem jeweiligen Marktzins angepasst wird.

Zinsswap
Vereinbarung über den Tausch von Zinszahlungsströmen unterschiedlicher Natur (z.B. fixe Zinszahlungen gegen variable Zinszahlungen), die auf einem fiktiven Kapitalbetrag basieren.

Literaturverzeichnis

Absolut Research (2008, Hrsg.): Ratings und Credit Spreads führender Banken und Finanzinstitutionen, Oktober 2008, http://www.absolut-report.de/docs/AR_Rating-Spread-Analyse_2008-11.pdf, vom 28.3.2013.

Adams, A. et al. (2003): Investment mathematics, Chichester 2003.

Aders, C. et al. (2003): Shareholder Value-Konzepte – Umsetzung bei den DAX100-Unternehmen, in: Finanz Betrieb, 11/2003, S. 719-725.

Aders, C./Schröder, J. (2004): Konsistente Ermittlung des Fortführungswertes bei nominellem Wachstum, in: Unternehmensbewertung, hrsg. v. Richter, F./Timmreck, C., Stuttgart 2004, S. 99-117.

Admati, A.R./Bhattacharya, S./Pfleiderer, P./Ross, S. (1986): On Timing and Selectivity, in: Journal of Finance, 41. Jg., 1986, 715-730.

Albrecht, P. (2003): Zur Messung von Finanzrisiken, Mannheimer Manuskripte zu Risikotheorie, Portfolio Management und Versicherungswirtschaft, Nr. 143, Mannheim 2003.

Albrecht, P./Koryciorz, S. (2003): Bestimmung des Conditional Value-at-Risk (CVaR) bei Normal- bzw. Lognormalverteilung, Mannheimer Manuskripte zu Risikotheorie, Portfolio Management und Versicherungswirtschaft, Nr. 142, Mannheim 2003.

Albrecht, P./Maurer, R./Mayser, J. (1996): Multi-Faktorenmodelle: Grundlagen und Einsatz im Management von Aktien-Portefeuilles, in: Zeitschrift für betriebswirtschaftliche Forschung, 48. Jg., 1996, S. 3-29.

Alexander, G.J./Francis, J.C. (1986): Portfolio Analysis, 3. Aufl., Englewood Cliffs 1986.

Alexander, G.J./Sharpe, W.F./Bailey, J.V. (1993): Fundamentals of Investments, 2. Aufl., Englewood Cliffs 1993.

Allen, F./Gorton, G. (1993): Churning Bubbles, in: Review of Economic Studies, 60. Jg., 1993, S. 813-836.

Amihud, Y./Mendelson, H. (1991): Liquidity and Asset Prices, in: Finanzmarkt und Portfolio Management, 5. Jg., 1991, S. 235-240.

Andres, P. / Spiwoks, M. (1999): Prognosequalitätsmatrix – Ein methodologischer Beitrag zur Beurteilung der Güte von Kapitalmarktprognosen, in: Jahrbücher für Nationalökonomie und Statistik, Bd. 219, 1999, Heft 5-6, S. 513-542.

Angermayer, B./Oser, P. (2005): Die Berücksichtigung von Synergieeffekten bei der Unternehmensbewertung, in: Praxishandbuch der Unternehmensbewertung, hrsg. v. Peemöller, V.H., 3. Aufl., Herne/Berlin 2005, S. 763-777.

Angermüller, N.O./Eichhorn, M./Ramke, T. (2006): Lower Partial Moments: Alternative oder Ergänzung zum Value at Risk?, in: Finanz Betrieb, 3/2006, S. 149-153.

Ankrim, E.M. (1992): Risk-Adjusted Performance Attribution, in: Financial Analysts Journal, 48. Jg., March-April 1992, S. 75-82.

Ankrim, E.M/Hensel, C.R. (1994): Multicurrency Performance Attribution, in: Financial Analysts Journal, 50. Jg., March-April 1994, S. 29-35.

Arbeitskreis „Finanzierung" der Schmalenbach-Gesellschaft (1996): Wertorientierte Unternehmenssteuerung mit differenzierten Kapitalkosten, in: ZfbF, 48. Jg., 6/1996, S. 543-578.

Arnold, S./Lahmann, A./Schwetzler, B. (2011): Multiples und Beta-Faktoren für deutsche Branchen – Erläuterungen zu den Kapitalmarktdaten von www.finexpert.info und Corporate Finance, in: Corporate Finance biz, 2. Jg., 2011, S. 430-434.

Arnold, S./Lahmann, A./Schwetzler, B. (2012): Multiples und Beta-Faktoren für deutsche Branchen, in: Corporate Finance biz, 3. Jg., 2012, S. 410-413.

Arnsfeld, T. (1999): Der marginale Value-at-Risk, in: Die Bank, o. Jg., 1999, S. 353-355.

Arora, P. (2013): Zeitenwende für Vermögensanlagen, in: Die Bank, o. Jg., Heft 7/2013, S. 14-17.

Arthur, W.B./Holland, J.H./LeBaron, B./Palmer, R.G./Taylor, P. (1996): Asset Pricing Under Endogenous Expectations in an Artificial Stock Market, Dec 12, 1996, http://papers.ssrn.com/sol3/papers.cfm?abstract_id=2252#PaperDownload, vom 27.1.2008.

Avenarius, C. (1999): Management von Währungsrisiken, in: Handbuch derivativer Instrumente, 2. Aufl., Stuttgart 1999, S. 387-403.

Baetge, J./Niemeyer, K./Kümmel, J. (2005): Darstellung der Discounted Cashflow-Verfahren (DCF-Verfahren) mit Beispiel, in: Praxishandbuch der Unternehmensbewertung, hrsg. v. Peemöller, V.H., 3. Aufl., Herne/Berlin 2005, S. 265-362.

Baetge, J./Niemeyer, K./Kümmel, J. (2009): Darstellung der Discounted Cashflow-Verfahren (DCF-Verfahren) mit Beispiel, in: Praxishandbuch der Unternehmensbewertung, hrsg. v. Pecmöllcr, V.H., 4. Aufl., Herne/Berlin 2009, S. 339-477.

BaFin (2013, Hrsg.): Rundschreiben 4/2011 (VA) – Hinweise zur Anlage des gebundenen Vermögens von Versicherungsunternehmen, http://www.bafin.de/Shared Docs/Veroeffentlichungen/DE/Rundschreiben/rs_1104_va_anlagers.html?nn=28180 68#doc2675992bodyText11, vom 28.3.2013.

Ballwieser, W. (1993): Methoden der Unternehmensbewertung, in: Handbuch des Finanzmanagements, hrsg. von Gebhardt, G./Gerke, W./Steiner, M., München 1993, S. 151-176.

Ballwieser, W. (2003): Ballwiesers Missverständnisse der DCF-Verfahren: Ein Missverständnis?, in: Finanz Betrieb, 11/2003, S. 734-735.

Ballwieser, W. (2005): Verbindungen von Ertragswert- und Discounted-Cashflow-Verfahren, in: Praxishandbuch der Unternehmensbewertung, hrsg. v. Peemöller, V.H., 3. Aufl., Herne/Berlin 2005, S. 363-375.

Ballwieser, W. (2011): Unternehmensbewertung, 3. Aufl., Stuttgart 2011.

Bank-Verlag (2007, Hrsg.): Basisinformationen über die Vermögensanlagen in Wertpapieren, Köln 2007.

Barthel, C.W.. (2010): Unternehmenswert: Bewertungsmethoden in der Rechtsprechung, in: Corporate Finance biz, 1. Jg., 2011, S. 449-456.

Bauch, M./Meyer-Bullerdiek, F. (2000): Internes Kosten-Controlling von Spezialfonds, in: Zeitschrift für das gesamte Kreditwesen, 53. Jg., 2000, S. 1436-1440.

Bawa, V.S./Lindenberg, E.B. (1977): Capital Markets Equilibrium in a Mean-Lower Partial Moment Framework, in: Journal of Financial Economics, 5. Jg., 1977, S. 189-200.

Bayer, K.G./Bayer, M. (2002): Transaktionskostenmanagement – Ein vergessener Erfolgsfaktor im Wertpapiermanagement?, in: Handbuch Portfoliomanagement, hrsg. v. Kleeberg, J.M./Rehkugler, H., 2. Aufl., Bad Soden 2002, S. 787-811.

Becher, P. (2008): Sag mir Quanto, sag mir wann ..., in: FAZ, Nr. 82 vom 8.4.2008, Verlagsbeilage „Derivate", S. B6.

Beck, H. (1993): Die Wertpapierleihe – ein Instrument für modernes Anlagemanagement und Wertpapiergeschäft, in: Handbuch Finanzdienstleistungen, hrsg. von Brunner, W.L./Vollath, J., Stuttgart 1993, S. 87-97.

Bedke, N./Bizer, K./Spiwoks, M. (2009): Gregarious Analysts - Experimental Evidence for Reputational Herding, in: Journal of Money, Investment and Banking, Bd. 12, 2009, S. 26-36.

Behringer, S. (2009): Unternehmensbewertung der Mittel- und Kleinbetriebe, 4. Aufl., Berlin 2009.

Beike, R./Barckow, A. (2002): Risk-Management mit Finanzderivaten, 3. Aufl., München/Wien 2002.

Beiker, H. (1993): Überrenditen und Risiken kleiner Aktiengesellschaften, Reihe Finanzierung, Steuern, Wirtschaftsprüfung, Bd. 20, hrsg. von Steiner, M., Köln 1993.

Beilner, T. (1989): Portfolio Insurance an der DTB, in: Die Bank, o. Jg., 1989, S. 415-424.

Beilner, T./Mathes, H. D. (1990): DTB DAX-Futures: Bewertung und Anwendung, in: Die Bank, o. Jg., 1990, S. 388-395.

Berblinger, J. (1996): Marktakzeptanz des Rating durch Qualität, in: Rating-Handbuch, hrsg. v. Büschgen, H.E./Everling, O., Wiesbaden 1996, S. 21-88.

Berger, M. (1990): Hedging, Effiziente Kursabsicherung festverzinslicher Wertpapiere mit Finanzterminkontrakten, Wiesbaden 1990.

Bernardo, A.E./Ledoit, O. (2000): Gain, Loss and Asset Pricing, in: The Journal of Political Economy, 108. Jg., Nr. 1, Februar 2000, S. 144-172.

Bertram, H./Wendler, T. (2010a): Ratingagenturen – Fluch oder Segen?, vöb-medientage 2010, www.voeb.de/.../medientage_2010_praesentation_bertram-wendler.pdf, vom 28.3.2013.

Bertram, H./Wendler, T. (2010b): Anlage Long-Term-Ratingskalen im Vergleich, vöb-medientage 2010, www.voeb.de, vom 28.3.2013.

Bey, R.P./Howe, K.M. (1984): Gini's Mean Difference and Portfolio Selection: An empirical Evaluation, in: Journal of Financial and Quantitative Analysis, 19. Jg., 1984, S. 329-338.

Beyer, S./Gaar, A. (2005): Neufassung des IDW S 1 „Grundsätze zur Durchführung von Unternehmensbewertungen", in: Finanz Betrieb, 4/2005, S. 240-251, http://www.rsmi.de/e21/e81/e935/05_0240A_ger.pdf, vom 7.11.2007.

Binder, I. (2005): ISDA-Dokumentation von Credit Default Swaps, in: Praktiker-Handbuch Asset-Backed-Securities und Kreditderivate, hrsg. v. Gruber, J./Gruber, W./Braun, H., Stuttgart 2005, S. 455-474.

Bird, R./Dennis, D./Tippet, M. (1988): A Stopp loss approach to portfolio insurance, in: Journal of Portfolio Management, 14. Jg., 1988, S. 35-40.

BIS (2005, Hrsg.): Monetary and Economic Department – OTC derivatives market activity in the first half of 2005, November 2005, http://www.bis.org/publ/otc_hy0511.pdf, vom 6.5.2013.

BIS (2008, Hrsg.): Monetary and Economic Department – OTC derivatives market activity in the first half of 2008, November 2008, http://www.bis.org/publ/otc_hy0811.pdf, vom 6.5.2013.

BIS (2010, Hrsg.): Triennial and semiannual surveys, November 2010, http://www.bis.org/publ/otc_hy1011.pdf, vom 6.5.2013.

BIS (2011, Hrsg.): OTC derivatives market activity in the first half of 2011, November 2011, http://www.bis.org/publ/otc_hy1111.pdf, vom 6.5.2013.

BIS (2012, Hrsg.): Statistical release: OTC derivatives statistics at end-June 2012, November 2012, http://www.bis.org/publ/otc_hy1211.pdf, vom 6.5.2013.

BIS (2013, Hrsg.): Statistical release: OTC derivatives statistics at end-December 2012, May 2013, http://www.bis.org/publ/otc_hy1305.pdf, vom 8.6.2013.

Bitz, M./Oehler, A. (1993): Überlegungen zu einer verhaltenswissenschaftlich fundierten Kapitalmarktforschung (Teil II), in: Kredit und Kapital, 26. Jg., 1993, S. 375-416.

BIZ (2001, Hrsg.): BIZ-Quartalsbericht, September 2001, www.bis.org. vom 31.03.2003.

BIZ (2002a, Hrsg.): BIZ-Quartalsbericht, März 2002, www.bis.org. vom 31.03.2003.

BIZ (2002b, Hrsg.): BIZ-Quartalsbericht, September 2002, www.bis.org. vom 31.03.2003.

Black, F. (1976): The Pricing of Commodity Contracts, in: Journal of Financial Economics, 3. Jg., 1976, S. 167-179.

Black, F. (1986): Noise, in: Journal of Finance, 41. Jg., 1986, S. 529-543.

Black, F. (1989): Universal Hedging: Optimizing Currency Risk and Reward in International Equity Portfolios, in: Financial Analysts Journal, 45. Jg., 1989, S. 16-22.

Black, F. (1993): Estimating Expected Return, in: Financial Analysts Journal, September-Oktober 1993, S. 36-38.

Black, F./Jones, R. (1987): Simplifying Portfolio Insurance, in: Journal of Portfolio Management, 13. Jg., Fall 1987, S. 48-51.

Black, F./Jones, R. (1988): Simplifying Portfolio Insurance for Corporate Pension Plans, in: Journal of Portfolio Management, 14. Jg., Summer 1988, S. 33-37.

Black, F./Litterman, R. (1992): Global Portfolio Optimization, in: Financial Analysts Journal, 48. Jg., September-October 1992, S. 28-43.

Black, F./Scholes, M. (1973): Pricing of Options and Corporate Liabilities, in: Journal of Political Economy, 81. Jg., 1973, S. 637-654.

Bleymüller, J. (1966): Theorie und Technik der Aktienkursindizes, Wiesbaden 1966.

Bleymüller, J. (2012): Statistik für Wirtschaftswissenschaftler, 16. Aufl., München 2012.

Bleymüller, J./Gehlert, G./Gülicher, H. (2004): Statistik für Wirtschaftswissenschaftler, 14. Aufl., München 2004.

Bloss, M./Ernst, D. (2008): Derivate: Handbuch für Finanzintermediäre und Investoren, München/Wien 2008.

Bode, M./Mohr, M. (1996): Value-at-Risk – ein riskanter Wert?, in: Die Bank, o. Jg., 1996, S. 470-476.

Bode, M./Mohr, M. (1997): VaR – Vielseitig anwendbare Rechenmethode, in: Die Bank, o. Jg., 1997, S. 695-700.

Bode, M./van Echelpoel, A./Sievi, C. (1994): Multinationale Diversifikation: viel zitiert, kaum befolgt, in: Die Bank, o. Jg., 1994, S. 202-206.

Bodie, Z. (1995): On the Risk of Stocks in the Long Run, in: Financial Analysts Journal, 51. Jg., May-June 1995, S. 18-22.

Bodie, Z./Kane, A./Marcus, A.J. (2011a): Investments, 9. Aufl., New York 2011.

Bodie, Z./Kane, A./Marcus, A.J. (2011b): Student Solutions Manual for Investments, 9. Aufl., vorbereitet von Racculia, N., New York 2011.

Bömelburg, P. (2005): Vorbereitung der Unternehmensbewertung, in: Praxishandbuch der Unternehmensbewertung, hrsg. v. Peemöller, V.H., 3. Aufl., Herne/Berlin 2005, S. 89-99.

Bösch, M. (2012): Derivate, 2. Aufl., München 2012.

Bofinger, P. / Schmidt, R. (2003): On the Reliability of Professional Exchange Rate Forecasts: An Empirical Analysis for the €/US-$ Rate, in: Financial Markets and Portfolio Management, 17. Jg., 2003, Heft 4, S. 437-449.

Bohn, A. (1998): Der Einsatz von Wertpapierleihe, Repo- und Sell/Buy-Back-Geschäften im Handel und Portfoliomanagement von festverzinslichen Wertpapieren, in: Handbuch Portfoliomanagement, hrsg. v. Kleeberg, J.M./Rehkugler, H., Bad Soden 1998, S. 775-791.

Bohn, A. (2002): Bewertung von Wandelanleihen: Eine Analyse unter Berücksichtigung von unsicheren Zinsen und Aktienkursen, Wiesbaden 2002.

Bohn, A./Meyer-Bullerdiek, F. (1997): Hedging mit Euro-DM-Kontrakten, in: Die Bank, o. Jg., 1997, S. 480-484.

Bohn, A./Meyer-Bullerdiek, F. (1996a): Basis Trading mit Bund- und Bobl-Futures, in: Die Bank, o. Jg., 1996, S. 346-350.

Bohn, A./Meyer-Bullerdiek, F. (1996b): Handel von Calendar Spreads mit Bund- und Bobl-Futures, in: Die Bank, o. Jg., 1996, S. 539-543.

Bollerslev, T. (1986): Generalized Autoregressive Conditional Heteroscedasticity, in: Journal of Econometrics, 31. Jg., 1986, S. 307-327.

Bossert, T./Burzin, C. (2002): Dynamische Absicherung von Aktienportfolios – Constant Proportion Portfolio Insurance, in: Handbuch Portfoliomanagement, hrsg. v. Kleeberg, J.M./Rehkugler, H., 2. Aufl., Bad Soden 2002, S. 129-157.

Brandt, H./Prontera, D. (2009): Minimum Varianz Portfolio, hrsg. v. Zürcher Kantonalbank, Zürich 2009; http://www.nzz.ch/file/1.2870234!/ZKB_20 09_07_01_Minimum_Varianz_Portfolio1.pdf, Abfragedatum: 16.03.2011.

Brealey, R.A./Myers, S.C. (1988): Principles of Corporate Finance, 3. Aufl., New York et al. 1988.

Brem, F. (2008): Sicherheit statt Rendite, in: FAZ, Nr. 82 vom 8.4.2008, Verlagsbeilage „Derivate", S. B6.

Brennan, M./Schwartz, E. (1988): Time-invariant portfolio insurance strategies, in: Journal of Finance, 43. Jg., 1988, S. 283-299.

Brestel, N. (2007): Core/Satellite in der Vermögensverwaltung: Schlagwort oder Erfolgsstrategie?, in: Private, 5/2007, S. 20-21, http://www.private.ag/media/2007/05/de/20_Core.pdf, vom 30.2.2008.

Breuer, R.-E. (1995): Der Weg der deutschen Investment Banken nach London ist eine Befruchtung des deutschen Kapitalmarktes, in: Zeitschrift für das gesamte Kreditwesen, 48. Jg., 1995, S. 1196-1198.

Breuer, W./Gürtler, M./Schuhmacher, F. (2006): Portfoliomanagement II – Weiterführende Anlagestrategien, Wiesbaden 2006.

Brinson G.P./Fachler, N. (1985): Measuring Non-U.S Equity Portfolio Performance, in: Journal of Portfolio Management, 11. Jg., Spring 1985, S. 73-76.

Brinson G.P./Hood L.R./Beebower, G.L. (1986): Determinants of Portfolio Performance, in: Financial Analysts Journal, 40. Jg., July-August 1986, S. 39-44.

Brinson, G.P./Singer, B.D./Beebower, G.L. (1991): Determinants of Portfolio Performance II: An Update, in: Financial Analysts Journal, 47. Jg., May-June 1991, S. 40-48.

Broschinski, G. (1995): Performancetestat in der Vermögensverwaltung, in: Die Bank, o. Jg., 1995, S. 650-652.

Broschinski, G. (1999): Dachfonds: Qualitätssprung in der Fonds-Vermögensverwaltung, in: Die Bank, o. Jg., 1999, S. 608-612.

Brown, S.J./Warner, J.B. (1980): Measuring Security Price Performance, in: Journal of Financial Economics, 8. Jg., 1980, S. 205-258.

Bruns, C. (1994): Bubbles und Excess Volatility auf dem deutschen Aktienmarkt, Wiesbaden 1994.

Bruns, C. (1995): Shareholder Value im Focus der Fondsgesellschaft, in: Börsen-Zeitung, Nr. 227 vom 25.11.1995, S. 20.

Bruns, C. (1996): Zeithorizont und Risiko bei Aktienanlagen, in: Die Bank, o. Jg., 1996, S. 38-42.

Bruns, C./Meyer, F. (1994): Auswirkungen des DAX-Futures auf die Volatilität des DAX, in: Zeitschrift für das gesamte Kreditwesen, 47. Jg., 1994, S. 647-652.

Buchter, H./Lachman, J. (2007): CBoT und CME verschmelzen zu Terminbörsen-Gigant, in Financial Times Deutschland vom 10.7.2007, http://www.ftd.de/finanzen/ maerkte/marktberichte/:c-bo-t-und-cme-verschmelzen-zu-terminboersen-gigant/224492. html, vom 5.5.2013.

Bühler, A./Hies, M. (1995): Zinsrisiken und Key-Rate-Duration, in: Die Bank, o. Jg., 1995, S. 112-118.

Bühler, A./Zimmermann, H. (1994): Instabile Risikoparameter und Portfolioselektion, in: Finanzmarkt und Portfolio Management, 8. Jg. 1994, S. 212-228.

Bühler, W. (1993): Portfolio Insurance in the German Bond Market, in: Finanzmarkt und Portfolio Management, 7. Jg., 1993, S. 73-81.

Büschgen, H.E. (1997): Internationales Finanzmanagement, 3. Aufl., Frankfurt 1997.

Buetow/Johnson (2000): A Primer on Effective Duration and Convexity, in: Professional Perspectives on Fixed Income Management, hrsg. v. F.J. Fabozzi, New Hope 2000, S. 43-53.

Buhl, H.U./Schneider, J./Tretter, B. (2000): Performanceattribution im Private Banking, in: Die Bank, o. Jg., 2000, S. 318-323.

Burke, G. (1994): A sharper Sharpe ratio, in: Futures, 23. Jg., März 1994, S. 56.

BVI (2012, Hrsg.): Die BVI-Methode, http://www.bvi.de/fileadmin/user_upload/Bestell center/BVI-Methode.pdf, vom 11.6.2013.

BVI (2013, Hrsg.): Kapitalanlagegesetzbuch, http://www.bvi.de/regulierung/positionen/ kapitalanlagegesetzbuch-kagb/, vom 10.6.2013.

Campbell, J.Y./Kyle, A.S. (1993): Smart Money, Noise Trading and Stock Price Behaviour, in: Review of Economic Studies, 60. Jg., 1993, S. 1-34.

Caroll, C./Thistle, P.D./Wei, K.C. (1992): The Robustness of Risk-Return Nonlinearities to the Normality Assumption, in: Journal of Financial and Quantitative Analysis, 27. Jg., 1992, S. 419-435.

Casey, C. (2002): Von Matritzen, Determinanten und impliziten Bewertungsfunktionen – einige weitere Anmerkungen zum Zirkularitätsproblem in der Unternehmensbewertung, in: Unterlagen zum Workshop 2002 „DCF-Verfahren" in Hannover, S. 80-127 (bzw. S. 1-48), http://www.wacc.de/workshop/2002/BROCHURE.pdf, vom 28.1.2008.

Cavenaile, L./Lejeune, T. (2010): A note on the use of the Modified Value-at-Risk, Ecole de Gestion de l'Université de Liège, Working Paper Nr. 201002/01, Februar 2010, http://orbi.ulg.ac.be/bitstream/2268/112265/1/WP_HECULg_20100201_Cavenaile_Lejeune.pdf, vom 20.6.2013.

CESifo (2013, Hrsg.): Wie wird das ifo Geschäftsklima ermittelt?, http://www.cesifo-group.de/de/ifoHome/facts/Survey-Results/Business-Climate/Calculating-the-Ifo-Business-Climate.html, vom 5.4.2013.

CFA Institute/GAMSC (2010): Global Investment Performance Standards (GIPS®), German Translation, 2010, http://www.gamsc.com/pdfs/Gips2010-Deutsch.pdf, vom 26.7.2013.

Chang, E.C./Lewellen, W.G. (1984): Market Timing and Mutual Fund Investment Performance, in: Journal of Business, 57. Jg., 1984, S. 57-72.

Chen, N.-F./Roll, R./Ross, S.A. (1986): Economic Forces and the Stock Market, in: Journal of Business, 59. Jg., 1986, S. 383-403.

Choie, K.S./Seff, E.J. (1989): TIPP: Insurance without complexity: Comment, in: Journal of Portfolio Management, 15. Jg., Fall 1989, S. 107-108.

Choudry, M. (2002): The REPO Handbook, Oxford et al. 2002.

Choueifaty, Y./Froidure, T./Reynier, J. (2013): Properties of the most diversified portfolio, in: Journal of Investment Strategies, 2. Jg, Nr. 2, Spring 2013, S. 49-70, http://www.risk.net/digital_assets/6457/jis_choueifaty_web.pdf, vom 13.5.2013.

Ciftci, Ö. (2008): Zertifikate für Vorsichtige, in: FAZ, Nr. 82, vom 8.4.2008, Verlagsbeilage „Derivate", S. B5.

Clarke, R./de Silva, H./Thorley, S. (2012): Risk Parity, Maximum Diversification, and Minimum Variance: An Analytic Perspective, Juni 2012, http://www.wealthmarkllc.com/wp-content/uploads/2012/09/Thorley-Analytic-Perspective.pdf, vom 13.5.2013.

CME Group (2013, Hrsg.): http://www.cmegroup.com/globex/, vom 29.4.2013.

Cochrane, J.H. (1991): Volatility Tests and Efficient Markets, in: Journal of Monetary Economics, 27. Jg., 1991, S. 463-485.

Coenenberg, A.G./Mattner, G.R./Schultze, W. (2003): Wertorientierte Steuerung: Anforderungen, Konzepte, Anwendungsprobleme, in: Finanzwirtschaft, Kapitalmarkt und Banken, Festschrift für M. Steiner, hrsg. v. Rathgeber, A./Tebroke, H.-J., Wallmeier, M., Stuttgart 2003, S. 1-24.

Connelly, A./Buffenoir, M. (2003): Fondsrating der Morningstar Europe: das Morningstar Risk Adjusted Rating, in: Fondsrating, hrsg. v. Achleitner, A.-K./Everling, O., Wiesbaden 2003, S. 205-218.

Conrad, J./Kaul, G. (1993): Long-Term Market Overreaction or Biases in Computed Returns?, in: Journal of Finance, 48. Jg., 1993, S. 39-63.

Cont, R. (2001): Empirical properties of asset returns: stylized facts and statistical issues, in: Quantitative Finance, 1. Jg., 2001, S. 223-236, http://www.cmap.polytechnique.fr/~rama/papers/empirical.pdf, vom 28.1.2008.

Cont, R./Bouchaud, J.-P. (2000): Herd behavior and aggregate fluctuations in financial markets, in: Macroeconomic Dynamics, 4. Jg., 2000, S. 170-196.

Copeland, T.E./Mayers, D. (1982): The Value Line Enigma, in: Journal of Financial Economics, 10. Jg., 1982, S. 289-321.

Coval, J.D./Moskowitz, T.J. (1999): Home Bias at Home: Local Equity Preference in Domestic Portfolios, in: Journal of Finance, 54. Jg., S. 2045-2073.

Cox, J./Rubinstein, M. (1985): Options Markets, Englewood Cliffs 1985.

Cox, J.C./Ross, S.A./Rubinstein, M. (1979): Option-Pricing – A Simplified Approach, in: Journal of Financial Economics, 7. Jg., 1979, S. 229-263.

Cremers, H./Walzner, J. (2007): Risikosteuerung mit Kreditderivaten unter besonderer Berücksichtigung von Credit Default Swaps, Frankfurt School – Working Paper Series Nr. 80, Frankfurt am Main 2007, http://www.frankfurt-school.de/dms/Arbeitsberichte/Arbeits80/Arbeits80.pdf, vom 31.3.2008.

Credit Suisse HOLT (2007, Hrsg.): The Unique HOLT™ Methodology, http://www.csfb.com/institutional/csfb_holt/unique_methodology.shtml, vom 21.11.2007.

Csoport, P. (2001): Repurchase Agreements, Bern/Stuttgart/Wien 2001.

Cutler, D.M./Poterba, J.M./Summers, L.H. (1990): Speculative Dynamics and the Role of Feedback Traders, in: American Economic Review, 80. Jg., Heft 2, 1990, S. 63-68.

Cutler, D.M./Poterba, J.M./Summers, L.H. (1991): Speculative Dynamics, in: Review of Economic Studies, 58. Jg., 1991, S. 529-546.

Daldrup, A. (2005): Kreditrisikomaße im Vergleich, Arbeitsbericht Nr. 13/2005 des Instituts für Wirtschaftsinformatik der Universität Göttingen, hrsg. v. M. Schumann, Göttingen 2005; http://www2.as.wiwi.uni-goettingen.de/getfile?DateiID=571; vom 18.3.2013.

Daldrup, A. (2006): Rating, Ratingsysteme und ratingbasierte Kreditrisikoquantifizierung, Arbeitsbericht Nr. 17/2006 des Instituts für Wirtschaftsinformatik der Universität Göttingen, hrsg. v. M. Schumann, Göttingen 2006; http://webdoc.sub.gwdg.de/ebook/serien/lm/arbeitsberichte_wi2/2006_17.pdf; vom 25.3.2013.

Damodaran, A. (2002): Investment Valuation: Tools and Techniques for Determining the Value of *Any* Asset, 2. Aufl., New York 2002.

Das, S. (1994): Swap & Derivative Financing, New York et al. 1994.

Dattatreya, R.E./Fabozzi, F.J. (1995): The Risk-Point Method for Measuring and Controlling Yield Curve Risk, in: Financial Analysts Journal, 51. Jg., July-August 1995, S. 45-54.

De Long, J.B./Shleifer, A. (1992): Closed-End Fund Discounts, in: Journal of Portfolio Management, 18. Jg., Winter 1992, S. 46-53.

De Long, J.B./Shleifer, A./Summers, L./Waldman, R. (1989): The Size and Incidenc of the Losses from Noise Trading, in: Journal of Finance, 45. Jg., 1989, S. 681-696.

De Long, J.B./Shleifer, A./Summers, L./Waldman, R. (1990a): Positive Feedback Investment Strategies and Destabilizing Rational Speculation, in: Journal of Finance, 45. Jg., S. 379-395.

De Long, J.B./Shleifer, A./Summers, L./Waldman, R. (1990b): Noise Trader Risk in Financial Markets, in: Journal of Political Economy, 98. Jg., 1990, S. 703-738.

DeBondt, W.F.M./Thaler, R. (1985): Does the Stock Market Overreact?, in: Journal of Finance, 40. Jg., 1985, S. 793-805.

DeBondt, W.F.M./Thaler, R. (1987): Further Evidence on Investor Overreaction and Stock Market Seasonality, in: Journal of Finance, 42. Jg., 1987, S. 557-581.

DeBondt, W.F.M./Thaler, R. (1989): Anomalies: A Mean-Reverting Walk down Wall Street, in: Journal of Economic Perspectives, 3. Jg., 1989, S. 189-202.

DeBondt, W.F.M./Thaler, R. (1990): Do Security Analysts Overreact?, in: American Economic Review, 80. Jg., Heft 2, 1990, S. 52-57.

Deimel, M. (2013): Ziel ist ein verbessertes Sicherheiten-Management, in: Die Bank, o. Jg., Heft 7/2013, S. 24-26.

Deutsch, H.-P. (2001): Derivate und interne Modelle, 2. Aufl., Stuttgart 2001.

Deutsche Bank (2003): http://public.deutsche-bank.de/, vom 17.03.2003.

Deutsche Bank Research (2010, Hrsg.): Credit Default Swaps, Frankfurt am Main 2013; http://www.dbresearch.in/PROD/DBR_INTERNET_EN-PROD/PROD0000000000254634.pdf, vom 8.6.2013.

Deutsche Börse (2005, *Hrsg.*): Leitfaden zu den Indexkennzahlen der Deutschen Börse, Mai 2005, http://www.dax-indices.com/DE/MediaLibrary/Document/ik_1_5_d.pdf, vom 03.04.2013.

Deutsche Börse (2009a, Hrsg.): DAXplus® – Innovative Strategie Indizes, Frankfurt 2009, http://www.dax-indices.com/DE/MediaLibrary/Document/BR_DAXplus_d_0809_pfv.pdf, vom 4.5.2013.

Deutsche Börse (2009b, Hrsg.): Exchange Traded Funds & Exchange Traded Products Segment, FWB 24, 01.12.2009, http://xetra.com/xetra/dispatch/de/binary/navigation/xetra/400_admission_trading/400_fwb_rules_regulations/INTEGRATE/zpd?object_id=84XHTX408NSGDDE , vom 5.5.2013.

Deutsche Börse (2013a, Hrsg.): Sektorindizes, http://www.boerse-frankfurt.de/de/wissen/indizes/sektorindizes, vom 11.3.2013.

Deutsche Börse (2013b, Hrsg.): Zusammensetzung und Kennzahlen, http://www.dax-indices.com/DE/index.aspx?pageID=4, vom 3.4.2013.

Deutsche Börse (2013c, Hrsg.): Leitfaden zu den Aktienindizes der Deutschen Börse, Version 6.19, Frankfurt 2013, http://www.dax-indices.com/DE/MediaLibrary/Document/Equity_L_6_19_d.pdf, vom 4.5.2013.

Deutsche Börse (2013d, Hrsg.): Xetra Liquiditätsmaß, http://xetra.com/xetra/dispatch/de/xetraLiquids/navigation/xetra/100_market_structure_instruments/100_instruments/200_etfs/400_xlm, vom 9.1.2013.

Deutsche Bundesbank (2000, *Hrsg.*): Der Markt für deutsche Bundeswertpapiere, 3. Aufl., Frankfurt 2000, www.bundesbank.de, vom 3.6.2003.

Deutsche Bundesbank (2004, *Hrsg.*): Credit Default Swaps – Funktionen, Bedeutung und Informationsgehalt, in: Monatsbericht Dezember 2004, S. 43-58, http://www.bundesbank.de/download/volkswirtschaft/monatsberichte/2004/200412mb_bbk.pdf, vom 30.4.2008.

Deutsche Bundesbank (2011, *Hrsg.*): Mindestreserven, Rundschreiben 27/2011 v. 1.6.2011, http://www.bundesbank.de/Redaktion/DE/Downloads/Bundesbank/Aufgaben_und_Organisation/Rundschreiben/2011/2011_06_01_rs_27.pdf?__blob=publicationFile, vom 30.4.2013.

Deutsche Morgan Grenfell, Deutsche Bank AG (1997, Hrsg.): Collateral Management, Frankfurt 1997.

Dichtl, H./Petersmeier, K./Schlenger, C. (2003): Dynamische Asset Allocation im Lichte der Präferenzen institutioneller Anleger, in: Handbuch Asset Allocation, hrsg. v. Dichtl, H./Kleeberg, J. M./Schlenger, C., Bad Soden 2003, S. 179–202.

Dichtl, H. /Schlenger, C. (2002): Aktien oder Renten? – Die Best of Two-Strategie, in: Die Bank, o. Jg., 1/2002, S. 30-35.

Dichtl, H. /Schlenger, C. (2003): Aktien oder Renten? – Das Langfristpotenzial der Best of Two-Strategie, in: Die Bank, o. Jg., 12/2003, S. 809-813.

Dietz, P.O./Kirschman, J.R.(1990): Evaluating Portfolio Performance, in: Managing Investment Portfolios, hrsg. v. Maginn, J.L./Tuttle, D.L., 2. Aufl., New York 1990, S. 12-18.

Diwald, H. (1994): Zinsfutures und Zinsoptionen, München 1994.

Doerks, W. (1991): Die Berücksichtigung von Zinsstrukturkurven bei der Bewertung von Kuponanleihen, in: Wirtschaftswissenschaftliches Studium, 20. Jg., 1991, S. 275-280.

Doerks, W. (1992): Der Kursunterschied zwischen Stamm- und Vorzugsaktien in der Bundesrepublik Deutschland, Reihe Finanzierung, Steuern, Wirtschaftsprüfung, Band 16, hrsg. v. Steiner, M., Köln 1992.

Doerks, W./Hübner, S. (1993): Konvexität festverzinslicher Wertpapiere, in: Die Bank, o. Jg., 1993, S. 102-105.

Doerks, W./Meyer, F. (1995): Der effiziente Einsatz derivativer Instrumente in Investmentfonds, in: Zeitschrift für das gesamte Kreditwesen, 48. Jg., 1995, S. 804-809.

Dowen, R. (1989): What are Analysts' Forecasts Worth? One-Period Growth Expectations and Subsequent Stock Returns, in: Financial Analysts Journal, 45. Jg., July-August 1989, S. 71-74.

Dreher, M. (2010): Unternehmenswertorientiertes Beteiligungscontrolling, Köln 2010.

Drobetz, W. (2003): Statistische Eigenschaften von Finanzmarkt-Zeitreihen, Mai 2003, http://www.wwz.unibas.ch/fileadmin/wwz/redaktion/cofi/A._Lehre/A._HS08/F._General_Lecture_Notes/01-01.pdf, vom 10.6.2013.

Drukarczyk, J./Schüler, A. (2009): Unternehmensbewertung, 6. Aufl., München 2009.

Drummen, M. (1992): Europaweit diversifizierte Aktienportfolios, Bank und Finanzwirtschaftliche Forschungen, hrsg. von Kilgus, E. et al., Band 164, Bern/Stuttgart/Wien 1992.

Drummen, M./Zimmermann, H. (1992): Portfolioeffekte des Währungsrisikos, in: Finanzmarkt und Portfolio Management, 6. Jg., 1992, S. 80-102.

Dubacher, R./Zimmermann, H. (1989): Risikoanalyse schweizerischer Aktien: Grundkonzepte und Berechnungen, in: Finanzmarkt und Portfolio Management, 3. Jg., 1989, S. 66-85.

Duffie, D. (1989): Futures Markets, Englewood Cliffs 1989.

DVFA (2000): DVFA-Performance Presentation Standards®, hrsg. v. Fischer, B.R./Lilla, J./Wittrock, C., 2. Aufl., Dreieich 2000.

DVFA (2007): DVFA - Deutsche Vereinigung für Finanzanalyse und Asset Management, http://www.dvfa.de/die_dvfa/dok/35290.php, vom 9.10.2007.

DVFA (2012): Best-Practice-Empfehlungen Unternehmensbewertung, Frankfurt 2012, http://www.dvfa.de/fileadmin/downloads/Publikationen/DVFA-Finanzschriften/DVFA_Best_Practice_Empfehlungen_Unternehmensbewertung_Final.pdf, vom 14.3.2013.

DVFA/SG (2000): Ergebnis je Aktie nach DVFA/SG. Gemeinsame Empfehlungen der DVFA und der Schmalenbach-Gesellschaft zur Ermittlung eines von Sondereinflüssen bereinigten Jahresergebnisses je Aktie, 3. Aufl., hrsg. von Busse von Colbe, W. et al., Stuttgart 2000.

DVFA/SG (2003): Empfehlungen zur Ermittlung prognosefähiger Ergebnisse, in: Der Betrieb, 56. Jg., 2003, S. 1913-1917.

Dybvig, P.H./Ross, S.A. (1985): The Analytics of Performance Measurement using a Security Market Line, in: Journal of Finance, 40. Jg., 1985, S. 401-416.

DZ Bank (2001, Hrsg.): Basisinformationen über Termingeschäfte, Frankfurt 2001.

DZ Bank (2002, Hrsg.): Fit für Optionsscheine, Frankfurt 2002.

Ebertz, T./Scherer, B. (2002): Das Rahmenwerk des aktiven Porfoliomanagements, in: Handbuch Portfoliomanagement, hrsg. v. Kleeberg, J.M./Rehkugler, H., 2. Aufl., Bad Soden 2002, S. 181-204.

Ebertz, T./Schlenger, C. (1995): Absicherungsstrategie für institutionelle Portfolios, in: Die Bank, o. Jg., 1995, S. 302-307.

Edele/Reibis (2007): Asset-Klasse Volatilität – Neue Wege im Portfoliomanagement, in: Die Bank, o. Jg., 2/2007, S. 12-18.

Eisenhofer, A. (2004): Die Vorteile der Minimum-Varianz-Strategie für die Investmentpraxis, 2004, http://www.atacap.com/files/public/MinVar.pdf, Abfragedatum: 25.01.2013.

Eller, R. (1999): Derivative Instrumente – Überblick, Strategien, Tendenzen, in: Handbuch derivativer Instrumente, hrsg. v. Eller, R., 2. Aufl., Stuttgart 1999, S. 3-38.

Eller, R. (1999): Strategien mit Financial Futuers, in: Handbuch derivativer Instrumente, hrsg. v. Eller, R., 2. Aufl., Stuttgart 1999, S. 347-385.

Eller, R. et al. (2001): Modernes Bondmanagement, 2. Aufl., Wiesbaden 2001.

Eling, M./Schumacher, L. (2006): Hat die Wahl des Performancemaßes einen Einfluss auf die Beurteilung von Hedgefonds-Indizes?, 2006, www.alexandria.unisg.ch/export/ DL/31795.pdf, vom 20.6.2013.

Elton, E.J./Gruber, M.J. (1984): Intra-Day-Tests of the Efficiency of the Treasury Bill Futures Market, in: Review of Economics and Statistics, 66. Jg., 1984, S. 129-137.

Elton, E.J./Gruber, M.J. (1987): Modern Portfolio Theory and Investment Analysis, 3. Aufl., New York 1987.

Elton, E.J./Gruber, M.J. (1991): Modern Portfolio Theory and Investment Analysis, 4. Aufl., New York 1991.

Engle, R.F. (1982): Autoregressive Conditional Heteroscedasticity with Estimates of the Variance of United Kingdom Inflation, in: Econometrica, 50. Jg., 1982, S. 987-1007.

Ernst, D./Haug, M./Schmidt, W. (2004): Realoptionen: Spezialfragen für eine praxisorientierte Anwendung, in: Unternehmensbewertung, hrsg. v. Richter, F./Timmreck, C., Stuttgart 2004, S. 397-419.

Ernst, D./Schneider, S./Thielen, B. (2012): Unternehmensbewertungen erstellen und verstehen, 5. Aufl., München 2012.

Ernst, D./Amann, T./Großmann, M./Lump, D. (2012), Internationale Unternehmensbewertung, München 2012.

Errunza, V.R. (1994): Emerging Markets: Some New Concepts, in: Journal of Portfolio Management, 20. Jg., Spring 1994, S. 82-87.

Estep, T./Kritzman, M. (1988): TIPP: Insurance without complexity, in: Journal of Portfolio Management, 14. Jg., Summer 1988, S. 38-42.

Eurex (1999, Hrsg.): Preisfaktorberechnung bei den Euro-Kapitalmarkt-Futures Euro-BUND, Euro-BOBL, Euro-Schatz und Euro-BUXL – Änderung zum Eurex Rundschreiben 18/99, http://www.eurexchange.com/download/documents/circulars/ cf0421999g.pdf, vom 4.3.2008.

Eurex (2000, Hrsg.): Eurex Repo – Der Maßstab im elektronischen Repo Handel, Frankfurt/Zürich 2000.

Eurex (2003, Hrsg.): Einführung von Futures auf den Monatsdurchschnitt der effektiven Zinssätze für Tagesgeld im Interbankengeschäft, EONIA (Einmonats-EONIA-Future) – Weitere Informationen –, http://www.eurexchange.com/download/documents/circulars/cf0072003g.pdf, vom 16.3.2008.

Eurex (2004, Hrsg.): Erweiterung der Eurex Basis-Trade-Funktionalität und Umbenennung in „Exchange for Physicals-Trade-Funktionalität", in: eurex rundschreiben 143/04 vom 14.10.2004, http://www.eurexchange.com/download/documents/circ ulars/cf1432004g.pdf, vom 14.3.2008.

Eurex (2006, Hrsg.): Viele Märkte – ein Clearinghaus, Frankfurt/Zürich 2006, http://deutsche-boerse.com/dbg/dispatch/de/binary/gdb_content_pool/imported_files/public_files/10_downloads/45_clearing_members/clearingbrochure_final_de.pdf vom 30.4.2013.

Eurex (2007a, Hrsg.): Eurex iTraxx® Kredit-Futures: Die Benchmark als Basis, in: Eurexpand, Februar 2007, S. 1-4, http://www.eurexchange.com/download/documents/publications/d_xpand_200797.pdf, vom 14.3.2008.

Eurex (2007b, Hrsg.): Zinsderivate – Fixed Income-Handelsstrategien, Frankfurt am Main 2007, http://www.eurexchange.com/download/documents/publications/fixed_income_handelsstrategien.pdf, vom 14.3.2008.

Eurex (2007c, Hrsg.): Risk Based Margining, Frankfurt/Zürich 2007, http://www.eurexchange.com/blob/exchange-de/4350/115946/2/data/rbm_final_de.pdf.pdf, vom 30.4.2013.

Eurex (2007d, Hrsg.): Aktien- und Aktienindexderivate – Handelsstrategien – Fragen und Fallstudien, Eschborn/Zürich 2007, http://www.eurexchange.com/blob/exchange-de/3986-146242/115842/4/data/handelsstrategien_fallstudien.pdf.pdf, vom 14.3.2008.

Eurex (2008a, Hrsg.): Produkte 2008, Stand: Februar 2008, Frankfurt am Main 2008, http://www.eurexchange.com/download/documents/publications/Products_2008_D.pdf, vom 14.3.2008.

Eurex (2008b, Hrsg.): Risk & Margining, http://www.eurexchange.com/clearing/risk_de.html, vom 12.3.2008.

Eurex (2008c, Hrsg.): Bedingungen für die Nutzung der OTC-Trade-Entry-Funktionalitäten (Allgemeine Teilnahmebedingungen), Stand: 3.3.2008, http://www.eurexchange.com/download/trading/EUREX_Nutzungsbedingungen_OTC_Trade.pdf, vom 14.3.2008.

Eurex (2013a, Hrsg.): Produkte 2013, Stand: Januar 2013, Frankfurt am Main 2013, http://www.eurexchange.com/blob/exchange-de/3692/352942/3/data/eurex_products_2013_de.pdf.pdf, vom 29.4.2013.

Eurex (2013b, Hrsg.): Clearing-Bedingungen der Eurex Clearing AG, Stand 24.04.2013, https://www.eurexchange.com/blob/exchange-de/3752-137078/238384/21/data/clearing_conditions_de.pdf_ab-24_04_2013.pdf, vom 30.4.2013.

Eurex (2013c, Hrsg.): Berechnung des Konvertierungsfaktors, http://www.eurexchange.com/exchange-de/marktdaten/172722/, vom 30.4.2013.

Eurex (2013d, Hrsg.): Eurex Repo, http://www.eurexchange.com/exchange-de/produkte/int/repo/, vom 6.6.2013.

Eurex Repo (2012): GC Pooling Select, Oktober 2012, http://www.eurexrepo.com/blob/repo-en/46740-116158/290284/2/data/gc_pooling_select_deutsch.pdf, vom 6.6.2013.

Eurex Repo (2013): Eurex Repo, Mai 2013, http://www.eurexrepo.com/blob/repo-en/46740-116158/147228/16/data/eurorepo_gcpooling_presentationtrading_de.pdf, vom 6.6.2013.

Euribor-EBF (2013a): Homepage, http://www.euribor-ebf.eu/, vom 1.5.2013.

Euribor-EBF (2013b): Euribor® Rates, http://www.euribor-ebf.eu/euribor-org/euribor-rates.html, vom 1.5.2013.

Eyck, K./Wendel, J. (2011): Kapitalisierungszinssätze in der IFRS-Rechnungslegung – Kein Benchmark für die Unternehmensbewertung, in: Corporate Finance biz, 2. Jg., S. 359-364.

EZB (2002, Hrsg.): Hauptmerkmale des Repomarkts im Euro-Währungsgebiet, in: Monatsbericht Oktober 2002 der Europäischen Zentralbank, S. 61-76.

Faber, P. (2007): Wertsicherung von Aktienanlagen, Wiesbaden 2007.

Fabozzi, F.J. (2007a): Fixed Income Analysis, 2. Aufl., Hoboken 2007.

Fabozzi, F.J. (2007b): Bond Markets, Analysis, and Strategies, 6. Aufl., Upper Saddle River 2007.

Fabozzi, F.J./Mann, S.V. (2010): Introduction to Fixed Income Analytics, 2. Aufl., Hoboken 2010.

Fabozzi, F.J./Peters, E.E. (1989): Hedging with Stock Index Futures, in: The Handbook of Stock Index Futures and Options, hrsg. V. Fabozzi, F. J./Kipnis, G. M., Homewood 1989, S. 188-222.

Fama, E.F. (1968): Risk, Return and Equilibrium: Some clarifying Comments, in: Journal of Finance, 23. Jg., 1968, S. 29-40.

Fama, E.F. (1970): Efficient Capital Markets: A Review of Theory and Empirical Work, in: Journal of Finance, 25. Jg., 1970, S. 383-418.

Fama, E.F. (1976): Foundations of Finance, Portfolio Decisions and Security Prices, New York 1976.

Fama, E.F. (1991): Efficient Capital Markets II, in: Journal of Finance, 46. Jg., 1991, S. 1575-1617.

Fama, E.F./French, K.R. (1988): Permanent and Temporary Components of Stock Prices, in: Journal of Political Economy, 96. Jg., 1988, S. 246-273.

Farrell, J.L. (1997): Portfolio Management, 2. Aufl. New York et al. 1997.

Fastrich, H./Hepp, S. (1991): Währungsmanagement international tätiger Unternehmen, Stuttgart 1991.

Fidora, M./Fratzscher, M./Thimann, C. (2006): Home bias in global bond and equity markets: the role of real exchange rate volatility, Mai 2006, http://www.ecb.de/events/pdf/conferences/fgi/Fidora_Fratzscher_Thimann.pdf, vom 8.4.2013.

Fischer, B.R. (2010): Performanceanalyse in der Praxis, 3. Aufl., München 2010.

Fischer, F./Nitzsche, H. (2003): Standard & Poor's Rating von Investmentfonds, in: Fondsrating, hrsg. v. Achleitner, A.-K./Everling, O., Wiesbaden 2003, S. 183-203.

Fischer, L./Koop, J./Müller, H. (1994): Mit steigender Erfahrung will sich der Privataktionär auch "selbst beweisen", in: Handelsblatt, Nr. 78 vom 22/23.04.1994, S. 15.

Fitzgerald, M. D. (1983): Financial Futures, Euromoney Publications, London 1983.

Flach, U.E./Ufer, W. (1994): Produktzyklen im deutschen Markt für außerbörsliche Zinsderivate, in: Meilensteine im Management, Band 4: Finanzielle Führung, Finanzinnovationen & Financial Engineering, hrsg. von Siegwart, H./ Mahari, J./Abresch, M., Stuttgart/Zürich/Wien 1994, S. 549-560.

Flavell, R. (2002): Swaps and other Derivatives, Chichester 2002.

Forschner, J. (2012), Die Haftung von Ratingagenturen, in: JSE, Jura, Studium & Examen, 1/2012, S. 6-20.

Frank, R. (2007): Earnings per share - eine Universalkennzahl? "DVFA-Ergebnis" soll zu "Value-based Earnings VBE" weiterentwickelt werden, in: Börsen-Zeitung, Nr. 90 vom 11.05.2007, Seite B4, http://www.dvfa.de/files/die_dvfa/publikationen/ artikel/application/pdf/rf_boez_070511.pdf, vom 31.3.2008.

Franke, G. (2005): Risikomanagement mit Kreditderivaten, in: Kreditderivate – Handbuch für die Bank- und Anlagepraxis, hrsg. v. Burghof, H.-P. et al., 2. Aufl., Stuttgart 2005, S. 309-329.

Frantzmann, H.-J. (1989): Saisonalitäten und Bewertung am deutschen Aktien- und Rentenmarkt, Frankfurt 1989.

French, K.R. / Poterba, J.M. (1991): Investor Diversification and International Equity Markets, in: American Economic Review, 81. Jg., 1991, S. 222-226.

French, K.R./Roll, R. (1986): Stock Return Variances, in: Journal of Financial Economics, 17. Jg., 1986, S. 5-26.

Friedl, G./Schwetzler, B. (2011): Unternehmensbewertung bei Wachstum und Inflation – Eine Kritik am Modell von Bradley/Jarrell, in: Corporate Finance biz, 2. Jg., 2011, S. 352-358.

Funke, C./Johanning, L./Rudolph, B. (2006): Verlust- und Risikopräferenzen institutioneller Anleger, Edition Risikomanagement 1.1, hrsg. von Union Investment Institutional GmbH, Frankfurt 2006, http://institutional.union-investment.de/docme/ risikomanagement/risikomanagementordner/b5c5d48370f664cd9657d1458503e2b1.0.0/ Edition_1_1.pdf, Abfragedatum: 10.1.2013.

Gänßler, J. (2013): AIFM-Umsetzungsgesetz, in: BaFin Journal, April 2013, S. 18-21, http://www.bafin.de/SharedDocs/Downloads/DE/BaFinJournal/2013/bj_1304.pdf?_ _blob=publicationFile&v=2, vom 10.6.2013.

Garman, M.B./Kohlhagen, S.W. (1983): Foreign Currency option values, in: Journal of International Money and Finance, Nr .2, 1983, S. 231-237.

Garz, H./Günther, S./Moriabadi, C. (1997): Portfolio-Management, Frankfurt am Main 1997.

Garcia, C.B./Gould, F.J. (1991): Some Observations on Active Manager Performance, in: Financial Analysts Journal, 47. Jg., November-December 1991, S. 11-13.

Garnies, F. (2003): Das fondsmeter®-Ranking, in: Fondsrating, hrsg. v. Achleitner, A.-K./ Everling, O., Wiesbaden 2003, S. 219-230.

Gastineau, G.L. (1988): The Options Manual, 3. Aufl., New York et al. 1988.

Gastineau, G.L. (1995): The Currency Hedging Decision: A Search for Synthesis in Asset Allocation, in: Financial Analysts Journal, 51. Jg., May-June 1995, S. 8-17.

Gauer, B. (2008): Schnell und innovative, in: FAZ, Nr. 82 vom 8.4.2008, Verlagsbeilage „Derivate", S. B12.

Geyer E.J./Schwaiger, W.S.A. (1994): Optionsbewertung mit GARCH Modellen, in: Die Bank, o. Jg., 1994, S. 684-688.

Girard, J./Gruber, H. (1993): An Application of the Repetitive Choice Model: Excess Volatility of Stock Markets, in: European Investment Bank (EIB): Paper Nr. 20, 1993.

Gleißner, W. (2006): Risikomaße, Safety-First-Ansätze und Portfoliooptimierung, in: Risikomanager, Nr. 13/2006, S. 17-23.

Gleißner, W. (2008): Strategische Asset Allocation, in: finEST wealth, Nr. 2, 2008, S. 8-10.

Gleißner, W. (2011): Grundlagen des Risikomanagements in Unternehmen, 2. Aufl., München 2011.

Gleißner, W./Ihlau, S. (2012): Die Berücksichtigung von Risiken von nicht börsennotierten Unternehmen und KMU im Kontext der Unternehmensbewertung, in: Corporate Finance biz, 3. Jg., 2012, S. 312-318.

Gomber, P./Schweickert, U. (2002): Der Market Impact: Liquiditätsmaß im elektronischen Wertpapierhandel, in: Die Bank, o. Jg., 2002, S. 485-489.

Gommlich, F./Meyer-Bullerdiek, F./Tieftrunk, A. (2000): Zwei Jahre Warenterminbörse Hannover (WTB) – Bilanz und Perspektive", in: Die Bank, o. Jg., 2000, S. 324-328.

Gommlich, F./Tieftrunk, A. (2000): Internet Aktien: Erfolgreich investieren in die New Economy: Die profitablen Player erkennen, Niedernhausen 2000.

Gramlich, D./Peylo, B.T./Staaden, M. (1999): Effiziente Portefeuilles im µ-/VaR-Raum, in: Die Bank, o. Jg., 1999, S. 422-425.

Gray, J. (1997): Overquantification, in: Financial Analysts Journal, 53. Jg., November-Dezember 1997, S. 5-12.

Gregoriou, G.N./Gueyie, J.-P. (2003): Risk-Adjusted Performance of Funds of Hedge Funds Using a Modified Sharpe Ratio, in: The Journal of Wealth Management, 6. Jg., Nr. 3, Winter 2003, S. 77-83.

Grinblatt, M./Titman, S. (1989): Portfolio Performance Evaluation: Old Issues and New Insights, in: Review of Financial Studies, 2. Jg., 1989, S. 393-421.

Grinold, R.C./Kahn, R.N. (1995): Active Portfolio Management, Chicago 1995.

Groffmann, T./Weber, G. (1998): Indexfonds – Konstruktion und Marktentwicklung, in: Die Bank, o. Jg., 1998, S. 536-539.

Grossman, S.J./Stiglitz, J.E. (1980): On the Impossibility of Informationally Efficient Markets, in: American Economic Review, 70. Jg., 1980, S. 393-408.

Gruber, W. (2005): Praxisorientierte Bepreisung von einfachen und strukturierten Credit-Default-Swaps, in: Praktiker-Handbuch Asset-Backed-Securities und Kreditderivate, hrsg. v. Gruber, J./Gruber, W./Braun, H., Stuttgart 2005, S. 93-117.

Gubaydullina, Z./Hein, O/Spiwoks, M. (2011): The status quo bias of bond market analysts, in: Journal of Applied Finance and Banking, Bd. 1, H. 1, 2011, S. 31-51.

Guerrera, F. (2013): Wie bricht man die Macht der Ratingagenturen?, in: The Wall Street Journal Deutschland vom 12.2.2013, http://www.wallstreetjournal.de/article/ SB10001424127887324488050457829971034888672.html, vom 28.3.2013.

Gügi, P. (1995): Einsatz der Portfoliooptimierung im Asset Allocation-Prozess, Bank- und Finanzwirtschaftliche Forschungen, hrsg. von Kilgus, E. et al., Bern/Stuttgart/Wien 1995.

Günther, S. (2002): Praktische Bedeutung und professioneller Einsatz von Benchmarkportfolios, in: Handbuch Portfoliomanagement, hrsg. v. Kleeberg, J.M./Rehkugler, H., 2. Aufl., Bad Soden 2002, S. 225-252.

Gürtler, M. (2004): Portfolio- und Kapitalmarkttheorie bei dualem Risiko, Working Paper Series Finanzwirtschaft der Technischen Universität Braunschweig, Nr. FW12V1/04, Dezember 2004, http://www.fiwi.tu-bs.de/forschung/working_paper/FW12.pdf, vom 23.4.2013.

Häuselmann, H. (1995): Stichwort Wertpapierleihe, in: Handwörterbuch des Bank- und Finanzwesens, hrsg. von Gerke, W./Steiner, M., 2. Aufl., Stuttgart 1995, Sp. 2013-2022.

Hafner, R. (2005): Die Bedeutung „Alternativer" Anlagestrategien beim Asset Liability Management, dbi update, II/05 (April 2005), http://www.risklab.de/Dokumente/Aufsaetze/dbi%20updateII_Hafner%5B05%5D-Die%20BedeutungAlternativerAnl agestrategienBeimALM.pdf, vom 24.1.2008.

Hafner, R./Scheuenstuhl, G. (2006): Anlagepolitik an Verbindlichkeiten ausrichten, in: Finanz und Wirtschaft vom 30.9.2006, http://www.risklab.de/Dokumente/Aufsae tze/FuW_Hafner_Scheuenstuhl%5B06%5D-AnlagepolitikAnVerbindlichkeiten Ausrichten.pdf, vom 24.1.2008.

Hafner, R./Wallmeier, M. (2006): Volatilität als Anlageklasse – Attraktiv für institutionelle Anleger?, in: Handbuch Alternative Investments, hrsg. v. Busack, M./Kaiser, D.G., Band 2, Wiesbaden 2006, S. 511-527.

Hagenstein, F./Bangemann, T. (2001): Aktives Rentenmanagement – Quantitative Methoden zur Portfoliosteuerung, Stuttgart 2001.

Hall, H.-J./Weinbeck, M. (2004): Das Fondsmanager-Rating von Sauren, in: Rating aktuell, Themen-Special Fonds-Rating, Heft 1/2004, S. 15-17.

Hamer, M. (2008): Servicequalität: Da geht noch was, in: FAZ, Nr. 82 vom 8.4.2008, Verlagsbeilage „Derivate", S. B2.

Hammer, B./Lahmann, A./Schwetzler, B. (2013): Multiples und Beta-Faktoren für deutsche Branchen, in: Corporate Finance, 4. Jg., S. 94-97.

Hanau, P. (2001): Fondsbezogene Risikokennzahlen – Beispiel Tracking Error, in: Die Bank, o. Jg., 2001, S. 451-453.

Hanson, H.N./Kopprasch, R.W. (1989): Pricing of Stock Index Futures, in: The Handbook of Stock Index Futures and Options, hrsg. von Fabozzi, F.J./Kipnis, G.M., Homewood 1989, S. 102-120.

Harlow, W.V. (1991): Asset Allocation in a Downside-Risk Framework, in: Financial Analysts Journal, 47. Jg., September-October 1991, S. 28-40.

Hartmann, B./Meyer-Bullerdiek, F. (1996): Deutsche Warenterminbörse vor dem Start, in: Die Bank, o. Jg., 1996, S. 724-729.

Haugen, R.A. (1990): Building a Better Index, in: Pensions & Investments vom 1. October 1990.

Haugen, R.A. (1999): The Inefficient Stock Market, New Jersey 1999.

Haugen, R.A. (1999): The New Finance, 2. Aufl. New Jersey 1999.

Haugen, R./Baker, N. (1991): The Efficient Market Inefficiency of Capitalization-Weighted Stock Portfolios, in: Journal of Portfolio Management, 17. Jg., Spring 1991, S. 35-40.

Hauser, H. (1999): Pricing und Risk-Management von Caps, Floors und Swap-Optionen, in: Handbuch derivativer Instrumente, hrsg. v. Eller, R., 2. Aufl., Stuttgart 1999, S. 195-231.

Hauser, S./Marcus, M./Yaari, U. (1994): Investing in Emerging Stock Markets: Is It Worthwhile Hedging Foreign Exchangs Risk?, in: Journal of Portfolio Management, 20. Jg., Spring 1994, S. 76-81.

Hawawini, G./Jaquillat, B. (1993): European Equity Markets in the 1990's, in: European Banking in the 1990s, hrsg. von Dermine, J., Oxford/Cambridge M.A. 1993, S. 69-104.

Hayn, M. (2005): Bewertung junger Unternehmen, in: Praxishandbuch der Unternehmensbewertung, hrsg. v. Peemöller, V.H., 3. Aufl., Herne/Berlin 2005, S. 495-526.

Heidorn, T. (2009): Finanzmathematik in der Bankpraxis, 6. Aufl., Wiesbaden 2009.

Hein, O./Schwind, M./Spiwoks, M. (2008): Frankfurt Artificial Stock Market – A Microscopic Stock Market Model with Heterogeneous Interacting Agents in Small-World Communication Networks, in: Journal of Economic Interaction and Coordination, Band 3, Heft 1, 2008, S. 59-71.

Hein, O./Schwind, M./Spiwoks, M. (2012): Network Centrality and Stock Market Volatility: The Impact of Communication Topologies on Prices, in: Journal of Finance and Investment Analysis, Band 1, Heft 1, 2012, S. 199-232.

Heinke, V.G. (1998): Bonitätsrisiko und Credit Rating festverzinslicher Wertpapiere, Bad Soden 1998.

Heintze, M./Planta, R. (1992): Aus der Praxis: Der Einsatz von Swaptions im Obligationengeschäft, in: Finanzmarkt und Portfolio Management, 6. Jg., 1992, S. 327-335.

Heinzel, D./Knobloch, P./Lorenz, B. (2002): Modernes Risikomanagement, hrsg. v. Eller, R., Wiesbaden 2002.

Helbling, C. (2005): Absicherungsstrategien gegen Risiken des Unternehmenskaufs, in: Praxishandbuch der Unternehmensbewertung, hrsg. v. Peemöller, V.H., 3. Aufl., Herne/Berlin 2005, S. 169-177.

Henriksson, R.D. (1984): Market Timing and Mutual Fund Performance: An empirical Investigation, in: Journal of Business, 57. Jg., 1984, S. 73-96.

Henriksson, R.D./Merton, R.C. (1981): On Market Timing and Investment Performance II. Statistical Procedures for Evaluating Forecasting Skills, in: Journal of Business, 54. Jg., 1981, S. 513-533.

Hense, H./Kleinbielen, H.-O./Witthaus, C. (2005): Die Bewertung des Goodwills nach US-GAAP und IAS/IFRS, in: Praxishandbuch der Unternehmensbewertung, hrsg. v. Peemöller, V.H., 3. Aufl., Herne/Berlin 2005, S. 618-639.

Hensel, C./Ezra, D./Ilkiw, J. (1991): The Importance of the Asset Allocation Decision, in: Financial Analysts Journal, 47. Jg., July-August 1991, S. 65-72.

Hentschel, L. (1995): All in the family- Nesting symmetric and asymmetric GARCH models, in: Journal of Financial Economics, 39. Jg., 1995, S. 71-104.

Hicks, J.R. (1939): Value and Capital, Oxford 1939.
Hill, J.M./Jones, F.J. (1988): Equity Trading, Program Trading, Portfolio Insurance, Computer Trading and all that, in: Financial Analysts Journal, 44. Jg., July-August 1988, S. 29-38.
Höfner, A./Klein, M. (1995): Derivate in der Praxis - Status Quo und aktuelle Entwicklung, in: Derivative Finanzinstrumente, hrsg. v. Rudolph, B., Stuttgart 1995, S. 171-191.
Hommel, M./Braun, I. (2005): Unternehmensbewertung case by case, Frankfurt a.M. 2005.
Howard, C.T./D'Antonio, L.J. (1984): A Risk-Return Measure of Hedging Effectiveness, in: Journal of Financial and Quantitative Analysis, 19. Jg., 1984, S. 101-112.
Howard, C.T./D'Antonio, L.J. (1986): Treasury Bill Futures as a Hedging Tool: A Risk-Return Approach, in: Journal of Financial Research, 9. Jg., Heft 1, 1986, S. 25-39.
Huberman, G./Kandel, S. (1987): Value Line Ranks and Firms Size, in: Journal of Business, 60. Jg., 1987, S. 577-589.
Huck, S./Oechssler, J. (2000): Informational cascades in the laboratory: Do they occur for the right reasons?, in: Journal of Economic Psychology, 21. Jg., 2000, S. 661-671.
Hull, J.C. (1993): Options, Futures, and other Derivative Securities, 2. Aufl., Englewood Cliffs 1993.
Hull, J.C. (2003): Options, Futures, and other Derivatives, 5. Aufl., Englewood Cliffs 2003.
HypoVereinsbank (2008, Hrsg.): Zinsrisikomanagement, München 2008, www.hypovereinsbank.de/media/pdf/Zinsrisiko-Management.pdf, vom 30.4.2013.
ICMA (2013): How big is the repo market?, http://www.icma-group.org/Regulatory-Policy-and-Market-Practice/short-term-markets/Repo-Markets/frequently-asked-questions-on-repo/4-how-big-is-the-repo-market/, vom 5.6.2013.
IDW (2008, Hrsg.): IDW Standard: Grundsätze zur Durchführung von Unternehmensbewertungen (IDW S1 i.d.F. 2008), Düsseldorf 2008.
iShares by BlackRock (2012): iShares und ETFs – Eine Einführung, http://xetra.com/xetra/dispatch/de/binary/gdb_content_pool/imported_files/public_files/10_downloads/31_trading_member/10_Products_and_Functionalities/40_Xetra_Funds/issuer_brochures/ishares_etfs_introduction.pdf, vom 5.5.2013.
Jaeger, S./Rudolf, M./Zimmermann, H. (1995): Efficient Shortfall Frontier, in: Zeitschrift für betriebswirtschaftliche Forschung, 47. Jg., 1995, S. 355-365.
Jahnke, W.W. (1997): The Asset Allocation Hoax, in: Journal of Financial Planing, 10. Jg., Nr. 1, 1997, S. 109-113.
Janßen, B./Rudolph, B. (1992): Der Deutsche Aktienindex DAX, Frankfurt 1992.
Jean, W.H. (1975): Comparison of Moment and Stochastic Dominance Ranking Methods, in: Journal of Financial and Quantitative Analysis, 10. Jg., 1975, S. 151-161.
Jean, W.H./Helms, B.P. (1988): Moment Orderings and Stochastic Dominance Tests, in: Journal of Business, Finance and Accounting, 15. Jg., 1988, S. 573-584.
Jensen, M.C. (1968): The Performance of Mutual Funds in the Period 1945-1964, in: Journal of Finance, 23. Jg., 1968, S. 389-416.
Jensen, M.C. (1978): Some Anomalous Evidence Regarding Market Efficiency, in: Journal of Financial Economics, 6. Jg., 1978, S. 95-101.

Johanning, L. (2008): Transparenz durch Ratings, in: FAZ, Nr. 82 vom 8.4.2008, Verlagsbeilage „Derivate", S. B1.

Johnson, L.L. (1960): The Theory of Hedging and Speculation in Commodity Futures, in: Review of Economic Studies, 27. Jg., 1960, S. 139-151.

Jorion, P. (2003): Financial Risk Manager Handbook, 2. Aufl., Hoboken, New Jersey 2003.

JP Morgan (1995, Hrsg.): From Information to Value, Seminarunterlagen Barcelona 1995.

Judd, K.L./Tesfatsion, L. (2006, Hrsg.): Handbook of Computational Economics, Agent-Based Computational Economics, Amsterdam 2006.

Jüttner, D.J. (1987): Spekulation – immer segensreich?, in: Jahrbuch für Nationalökonomie und Statistik, 203. Jg., 1987, S. 1-11.

Jüttner, D.J. (1989): Fundamentals, Bubbles, Trading Strategies: Are they the Causes of Black Monday?, in: Kredit und Kapital, 22. Jg., 1989, S. 470-486.

Käfer, B./Michaelis, J. (2012): Länderrisiko: Die ökonomischen Konsequenzen einer Herabstufung durch die Ratingagenturen, in: Wirtschaftsdienst, hrsg.v. ZBW – Leibniz-Informationszentrum Wirtschaft, 2012/2, S. 95-100., http://ftdwirtschaftswunder.fi les.wordpress.com/2012/02/michaelis.pdf, vom 28.3.2013.

Kahn, R.N./Rudd, A. (1995): Does Historical Performance Predict Future Performance, in: Financial Analysts Journal, 51. Jg., November-December 1995, S. 43-52.

Kahneman, D./Riepe, M.W. (1998): Aspects of Investor Psychology, in: Journal of Portfolio Management, 24. Jg., Nr. 4, S. 52-65.

Kaplan, P.D./Knowles, J.A. (2004): Kappa: A Generalized Downside Risk-Adjusted Performance Measure, in: The Journal of Performance Measurement, Spring 2004, S. 42-54.

Karels, R. (2006): CDS und andere Kreditderivate – Bewertung und Anwendungsmöglichkeiten, in: Handbuch Alternative Investments, hrsg. v. Busack, M./Kaiser, D.G., Band 2, Wiesbaden 2006, S. 325-346.

Kehrel, U./Konrad, P.M. (2013): Unternehmensbewertungen in der Bankenpraxis – Eine empirische Untersuchung deutscher Sparkassen und Genossenschaftsbanken, in: Corporate Finance biz, 4. Jg., 2013, S. 28-32.

Kempe, C./Meyer, B. (2003): Cash Return on Capital Invested^{TM} (CROCI) – signifikante Kennzahl für die Aktienbewertung, in: Die Bank, o. Jg., 2003, S. 850-855.

Kendall, M./Stuart, A./Ord, J.K. (1977): The Advanced Theory of Statistics, Band 1: Distribution Theory, 4. Aufl., London 1977.

Kern, C./Mölls, S.H. (2010): Ableitung CAPM-basierter Betafaktoren au seiner Peergroup-Analyse, in: Corporate Finance biz, 1. Jg., 2010, S. 440-448.

Keynes, J.M. (1936): The general Theory of Employment, Interest and Money, London 1936.

Kilcollin, T.E. (1982): Difference Systems in Financial Futures Markets, in: Journal of Finance, 37. Jg., 1982, S. 1183-1197.

Kim, M.J./Nelson, C.R./Startz, R. (1991): Mean Reversion in Stock Prices? A Reappraisal of the Empirical Evidence, in: Review of Economic Studies, 58. Jg., 1991, S. 515-528.

Kirchhoff, G.J. (2011): Der Maximum Drawdown als Basis für risikominimierte Musterportfolios in: Großer Fonds-Katalog 2011, S. 34-36; http://www.finanzarchiv.com/pdfs/FK2011_34-37.pdf, vom 10.5.2013.

Kirsch, H. (2003): Einführung in die internationale Rechnungslegung nach IAS/IFRS, Herne/Berlin 2003.

Kleeberg, J.M. (1992): Der Einsatz von fundamentalen Betas im modernen Portfoliomanagement, in: Die Bank, o. Jg., 1992, S. 474-478.

Kleeberg, J.M. (1995): Der Anlageerfolg des Minimum-Varianz-Portfolios, Bad Soden 1995.

Kleeberg, J.M. (2002): Internationale Minimum-Varianz-Strategien, in: Handbuch Portfoliomanagement, hrsg. v. Kleeberg, J.M./Rehkugler, H., 2. Aufl., Bad Soden 2002, S. 361-382.

Kleeberg, J.M./Schlenger, C. (1994): Konzeption und Performance einer europäischen Indexanlage, in: Finanzmarkt und Portfolio Management, 8. Jg., 1994, S. 229-241.

Kleeberg, J.M./Schlenger, C. (1998): Verfeinerung von Alpha- und Timingprognosen für die relative Portfoliooptimierung, in: Handbuch Portfoliomanagement, hrsg. v. Kleeberg, J.M./Rehkugler, H., 1. Aufl., Bad Soden 1998, S. 567-589.

Kleeberg, J.M./Schlenger, C. (1999): Perspektiven des Asset Management Consulting, in: Die Bank, o. Jg., 1999, S. 554-560.

Kleeberg, J.M./Schlenger, C. (2000): Value-at-Risk im Asset Management, in: Handbuch Risikomanagement, hrsg. v. Johanning, L./Rudolph, B., Band 2, Bad Soden 2000, S. 973-1013.

Kleeberg, J.M./Schlenger, C. (2000): Optimale Kombination von Spezialfonds-Managern, in: Handbuch Spezialfonds, hrsg. v. Kleeberg, J.M./Schlenger, C., Bad Soden 2000, S. 263-284.

Kleeberg, J.M./Schlenger, C. (2002): Aufbereitung von Alphaprognosen für die relative Portfoliooptimierung, in: Handbuch Portfoliomanagement, hrsg. v. Kleeberg, J.M./Rehkugler, H., 2. Aufl., Bad Soden 2002, S. 253-280.

Klosterberg; M.O. (2006): Die Bewertung von Software-Unternehmen, in: Branchenorientierte Unternehmensbewertung, hrsg. v. Drukarczyk, J./Ernst, D., München 2006, S. 291-313.

König, P. (2005): Strategische Herausforderungen im Asset Management, in: ZfgK, 24/2005, S. 1373-1376, (S. 23-26), http://www.dvfa.de/files/home/application/pdf/Strategische_Herausforderungen_AM_PK_ZKW_24_2005.pdf, vom 31.3.2008.

Köpf, G. (1992): LEPOs - auch für Deutschland eine Innovation, in: Anlagepraxis 11/1992, S. 8-12.

Kolb, R.W. (1988): Understanding Futures Markets, 2. Aufl., Glenview/Boston/London 1988.

Kolb, R.W. (1992): Investments, 3. Aufl., Miami 1992.

Koller, T./Goedhart, M./Wessels, D. (2005):Valuation: Measuring and Managing the Value of Companies, 4. Aufl., Hoboken 2005.

KPMG (2003, Hrsg.): Valuation Snapshot, 2003, http://www.kpmg.de/library/pdf/040330_Wertorientierte_Unternehmensfuehrung_ERIC_de.pdf, vom 19.11.2007.

Krämer, W. (2004a): Standpunkt: Enhanced Indexing im Aktienportfoliomanagement, hrsg. v. Lazard Asset Management, 2004, http://www.lazardnet.com/lam/de/pdfs/Standpunkt_Enhanced_Indexing_APM_0304.pdf, vom 24.1.2008.

Krämer, W. (2004b): Standpunkt: Absolute Return-Strategien im Rahmen der Vermögensverwaltung, hrsg. v. Lazard Asset Management, 2004, http://www.lazardnet.com/lam/de/pdfs/Absolute_Return_0504.pdf, vom 24.1.2008.

Krämer, W. (2007): Hintergrund: Die Portable Alpha-Revolution – Wer trägt was warum wohin?, hrsg. v. Lazard Asset Management, 2007, http://www.lazardnet.com/lam/de/pdfs/Hintergrund_200706_Portable_Alpha.pdf, vom 24.1.2008.

Krämer, W./Kaiser, H. (1997): Die Zukunft der Futures, in: Die Bank, o. Jg., 1997, S. 672-675.

Krogmann (2011): Quantifying Liquidity Risk, in: Buy-Side Intelligence: the Euromoney guide to securities trading, hrsg. v. Euromoney, Colchester, Essex 2011, S. 37-41.

Kromschröder, B. (1984): Schlägt Mittelmäßigkeit Dummheit, in: Zeitschrift für betriebswirtschaftliche Forschung, 36. Jg., 1984, S. 732-747.

Kruschwitz, L./Löffler, A. (2003): Fünf typische Missverständnisse im Zusammenhang mit DCF-Verfahren, in: Finanz Betrieb, 11/2003, S. 731-733.

Kruschwitz, L./Lorenz, D. (2011): Eine Anmerkung zur Unternehmensbewertung bei autonomer und wertorientierter Verschuldung, in: Corporate Finance biz, 2. Jg., 2011, S. 94-96.

Kula, G./Schuller, M. (2012): Risk Parity – Eine Modererscheinung unterschätzt ihren blinden Fleck, hrsg. v. Myra Capital, S. 1-4; http://myracapital.com/tl_files/Doc/MYRA_Risk_Parity.pdf, vom 12.5.2013.

Kusterer, G. (2003): Unternehmensbewertungsverfahren zur Emissionspreisbestimmung bei Börsengängen von Wachstumsunternehmen am Neuen Markt, Reihe Bank- und Finanzwirtschaft, Bd. 2, Frankfurt a.M. et al. 2003.

Lakonishok, J./Shleifer, A./Vishny, R.W. (1991): Do Institutional Investors destabilize Stock Prices?, in: National Bureau of Economic Research, Inc., 1991, Working Paper Nr. 3846.

Langfeldt, A.J. (1993, Hrsg.): Psychologie: Grundlagen und Perspektiven, Neuwied et al. 1993.

Langguth, H./Marks, I. (2003): Der Economic Value Added – Ein Praxisbeispiel, in: Finanz Betrieb, 10/2003, S. 615-624.

Lassak, G. (1988): Zins- und Währungsswaps, Schriftenreihe der SGZ BANK, Band 1, Frankfurt am Main 1988.

Layard-Liesching, R. (1994): Currency Overlays, in: Euromoney Research Guide: The 1994 Guide to Currencies, London 1994, S. 69-72.

Lee, C.F./Rahman, S. (1990): Market Timing, Selectivity, and Mutual Fund Performance: an empirical Investigation, in: Journal of Business, 63. Jg., 1990, S. 261-278.

Lee, C.F./Rahman, S. (1991): New Evidence on Timing and Security Selection Skill of Mutual Fund Managers, in: Journal of Portfolio Management, 17. Jg., Winter 1991, S. 80-83.

Lee, C.M./Shleifer, A./Thaler, R.H. (1991): Investor Sentiment and the Closed-End Fund Puzzle, in: Journal of Finance, 46. Jg., 1991, S. 75-109.

Lee, W. (2011): Risk-Based Asset Allocation: A New Answer to an Old Question?, in: Journal of Portfoliomanagement, Sommer 2011, S. 11-28, http://www.tradingport folio.net/knowledgecentre-PDF/Asset Allocation - Risk or Expected Return based (1).pdf, vom 11.5.2013.

Leland, H.E. (1980): Who should buy Portfolio Insurance, in: Journal of Finance, 35. Jg., 1980, S. 581-594.

Leibowitz, M.L./Krasker, W.S./Nozari, A. (1990): Spread Duration: A New Tool for Bond Portfolio Management, in: Journal of Portfolio Management, Spring 1990, S. 46-53.

Leibowitz, M.L./Weinberger, A. (1982): Contigent Immunization – Part I: Risk Control Procedure, in: Financial Analysts Journal, 38. Jg., Nr. 6/1982, S. 17-31.

Leland, H.E. (1988): Portfolio Insurance and October 19th, in: California Management Review, 30. Jg., Heft 4, 1988, S. 80-89.

Leote de Carvalho, R./Lu,X./Moulin, P. (2011): Demystifying Equity Risk-Based Strategies: A simple alpha plus beta description, hrsg. v. BNP Paribas Investment Partners, Dezember 2011, http://www.inquire-europe.org/seminars/2012/papers Instanbul/Paper Raul Leote de Carvalho.pdf, vom 12.5.2013.

Leote de Carvalho, R./Lu,X./Moulin, P. (2012): Demystifying Equity Risk-Based Strategies: A simple alpha plus beta description, Inquire Europe, hrsg. v. BNP Paribas Investment Partners, Oktober 2012, http://www.inquire-europe.org/seminars/2012/ papers Instanbul/mo 11.30 am slides Raul Leote de Carvalho final.pdf, vom 14.5.2013.

LeRoy, S.F. (1989): Efficient Capital Markets and Martingales, in: Journal of Economic Literature, 27. Jg., 1989, S. 1583-1621.

Levich, R./Thomas, L. (1993): The Merits of Active Currency Risk Management: Evidence form International Bond Portfolios, in: Financial Analysts Journal, 49. Jg., September-October 1993, S. 63-70.

Levy, H. (1978): Equilibrium in an imperfect Market: A Constraint on the Number of Securities in the Portfolio, in: American Economic Review, 68. Jg., 1978, S. 643-658.

Levy, H. (1990): Small Firm Effect: Are there abnormal Returns in the Market, in: Journal of Accounting, Auditing and Finance, 5. Jg., 1990, S. 235-270.

Levy, H./Sarnat, M. (1972): Investment and Portfolio Analysis, New York et al. 1972.

Lewis, T.G./Lehmann, S. (1992): Überlegene Investitionsentscheidungen durch CFROI, in: BFuP, 44. Jg., 1992, S. 1-13.

Lingner, U. (1991): Optionen, 2. Aufl., Wiesbaden 1991.

Lintner, J. (1965): The Valuation of Risk Assets and the Selection of Risky Investments in Stock Portfolios and Capital Budgets, in: The Review of Economics and Statistics, 47. Jg., 1965, S. 13-37.

Lobe, S./Hölzl, A. (2011): Ewigkeit, Insolvenz und Unternehmensbewertung: Globale Evidenz, in: Corporate Finance biz, 2. Jg., S. 252-257.

Loderer, C. et al. (2005): Handbuch der Bewertung, 3. Aufl., Zürich 2005.

Löhnert, P.G./Böckmann, U.J. (2005): Multiplikatorverfahren in der Unternehmensbewertung, in: Praxishandbuch der Unternehmensbewertung, hrsg. v. Peemöller, V.H., 3. Aufl., Herne/Berlin 2005, S. 403-428.

Loistl, O. (1990): Zur neueren Entwicklung der Finanzierungstheorie, in: Die Betriebswirtschaft, 50. Jg., 1990, S. 47-84.

Loistl, O. (1996): Computergestütztes Wertpapiermanagement, 5. Aufl., München/Wien 1996.

Loistl, O./Petrag, R. (2002): Asset Management Standards: Regelungen in den USA und in der EU, 2. Aufl., Stuttgart 2002.

Luther, P. (2008): Optimalen Einstieg sichern, in: FAZ, Nr. 82 vom 8.4.2008, Verlagsbeilage „Derivate", S. B10.

Lux, T./Marchesi, M. (2000): Volatility Clustering in Financial Markets: A Microsimulation of Interacting Agents, in: International Journal of Theoretical and Applied Finance 3. Jg., 2000, S. 675-702.

Lypny, G.J. (1988): Hedging foreign Exchange Risk with Currency Futures: Portfolio Effects, in: Journal of Futures Markets, 8. Jg., 1988, S. 703-715.

Macaulay, F.H. (1938): Some theoretical problems suggested by the movements of interest rates, bond yields, and stock prices in the United States since 1856, New York 1938.

Magdon-Ismail, M./ Atiya, A.F. (2004): Maximum Drawdown, in: Risk Magazine, 17. Jg., Nr. 10, Oktober 2004, S. 99-102, Preprint, http://www.cs.rpi.edu/~magdon/ps/journal/drawdown_RISK04.pdf, vom 20.6.2013.

Maier, A. (1988): Forward Rate Agreements, in: Sparkasse, 105. Jg., 1988, S. 475.

Maillard, S./Roncalli, T./Teiletche, J. (2009): On the properties of equally-weighted risk contributions portfolios, Mai 2009, http://www.thierry-roncalli.com/download/erc.pdf, vom 12.5.2013.

Malkiel, B.G. (1995): Returns from Investing in Equity Mutual Funds 1971 to 1991, in: Journal of Finance, 50. Jg., 1995, S. 549-572.

Mandl, G./Rabel, K. (2005): Methoden der Unternehmensbewertung (Überblick), in: Praxishandbuch der Unternehmensbewertung, hrsg. v. Peemöller, V.H., 3. Aufl., Herne/Berlin 2005, S. 47-88.

Margrabe, W. (1978): The Value of an Option to exchange one asset for another, in: Journal of Finance, 33. Jg., 1978, S. 177-186.

Markowitz, H.M. (1952): Portfolio Selection, in: Journal of Finance, 7. Jg., 1952, S. 77-91.

Markowitz, H.M. (1959): Portfolio Selection, Efficient Diversification of Investments, New York et al. 1959.

Martin, J. S. (2001): Applied Math for Derivatives, Singapore et al. 2001.

Martin, M.R.W./Reitz, S./Wehn, C.S. (2006): Kreditderivate und Kreditrisikomodelle – Eine mathematische Einführung, Wiesbaden 2006.

Marusev, A.W./Pfingsten, A. (1992): Arbitragefreie Herleitung zukünftiger Zinsstrukturkurven und Kurswerte, in: Die Bank, o. Jg., 1992, S. 169-172.

Matschke, M.J./Brösel, G. (2013): Unternehmensbewertung, 4. Aufl, Wiesbaden 2013.

Mayhew, S. (1995): Implied Volatility, in: Financial Analysts Journal, 51. Jg., May-June 1995, S. 8-20.

McQueen, G. (1992): Long-Horizon Mean-Reverting Stock Prices Revisited, in: Journal of Financial and Quantitative Analysis, 27. Jg., 1992, S. 1-18.

Meisner, J.F./Labuszewski, J.W. (1984): Treasury Bond Futures Delivery Bias, in: Journal of Futures Markets, 4. Jg., 1984, S. 569-577.

Menkhoff, L. (1992): Feedback Trading auf Devisenmärkten, in: Jahrbuch für Nationalökonomie und Statistik, 210. Jg., 1992, S. 127-144.

Menkhoff, L./Röckmann, C. (1994): Noise Trading auf Aktienmärkten, in: Zeitschrift für Betriebswirtschaft, 64. Jg., 1994, S. 277-295.

Mera, A./Bertram, H. (2003): Asset Manager Rating als Qualitätssiegel für Vermögensverwalter, in: Fondsrating, hrsg. v. Achleitner, A.-K./Everling, O., Wiesbaden 2003, S. 231-240.

Meyer, F. (1994a): Hedging mit Zins- und Aktienindex-Futures: Eine theoretische und empirische Analyse des deutschen Marktes, Reihe Finanzierung, Steuern, Wirtschaftsprüfung, hrsg. von Steiner, M., Band 24, Köln 1994.

Meyer, F. (1994b): Der Erfolg unterschiedlicher Hedge-Ratio-Verfahren beim Einsatz von DAX-Futures, in: Finanzmarkt und Portfolio Management, 8. Jg., 1994, S. 410-428.

Meyer, F./Meyer, H. (1994): Das Projekt Deutsche Warenterminbörse, in: Die Bank, o. Jg., 1994, S. 458-462.

Meyer, F./Padberg, M. (1995): Strategien zum Bond-Portfolio-Management, in: Zeitschrift für das gesamte Kreditwesen, 48. Jg., 1995, S. 268-277.

Meyer-Bullerdiek, F. (1998): Der Einsatz von Futures im Bondmanagement, in: Handbuch Portfoliomanagement, hrsg. v. Kleeberg, J.M./Rehkugler, H., Bad Soden 1998, S. 718-742.

Meyer-Bullerdiek, F. (1999): Kundenorientierte Absicherungsstrategien für institutionelle Anleger, in: Kundenorientierung von Banken, hrsg. v. Herrmann, A./Jasny, R./Vetter, I., Frankfurt am Main 1999, S. 179-202.

Meyer-Bullerdiek, F. (2003): Grundlegende Ansätze im Rahmen der Analyse von Anleihen, in: Finanzwirtschaft, Kapitalmarkt und Banken, Festschrift für Prof. Dr. Manfred Steiner, hrsg. v. Rathgeber, A./Tebroke, H.-J./Wallmeier, M., Stuttgart 2003, S. 297-314.

Meyer-Bullerdiek, F. (2004): Product Spread Trading mit Eonia-Futures, in: ZfgK, 57. Jg., 2004, S. 644-647.

Meyer-Bullerdiek, F./Schulz, M. (2003): Portfolio-Insurance-Strategien im Vergleich, in: Die Bank, o. Jg., 2003, S. 565-570.

Meyer-Bullerdiek, F./Schulz, M. (2004): Dynamische Portfolio Insurance Strategien ohne Derivate im Rahmen der privaten Vermögensverwaltung, Reihe Bank- und Finanzwirtschaft, Bd. 3, Frankfurt a.M. et al. 2004.

Meyer-Parpart, W. (1996): Ratingkriterien für Unternehmen, in: Rating-Handbuch, hrsg. von Büschgen, H.E./Everling, O., Wiesbaden 1996, S. 111-173.

Mezger, M./Eibl, C. (2005): Rohstoffe im Portfoliomanagement: Die (fast) vergessene Anlageklasse, in: Die Bank, o. Jg., 6/2005, S. 8-14.

Michalik, T. (2008): Core/Satellite Strategien mit ETFs, in: Investment Honorarberatung, 2008, S. 44-46, http://www.finanzarchiv.com/pdfs/HB1-08_44-46.pdf, vom 18.4.2008.

Miles, J.A./Ezzell, J.R. (1980): The Weighted Average Cost of Capital, Perfect Capital Markets, and Project Life: A Clarification, in: Journal of Financial and Quantitative Analysis, 15. Jg., S. 719-730.

Miller, M./Modigliani, F. (1966): Some Estimates of the Cost of Capital to the Electric Utility Industry, 1954-1957, in: American Economic Review, 56. Jg., 1966, S. 333-391.

Mina, J. /Ulmer, A. (2008): Delta-Gamma Four Ways, in: Credit Metrics Monitor, hrsg. V. RiskMetrics Group, April 2008, S. 5-15, http://www.texnology.com/risk.pdf, vom 25.4.2013.

Modigliani, F./Miller, M. (1963): Corporate Income Taxes and the Cost of Capital: A Correction, in: American Economic Review, 53. Jg., 1963, S. 433-443.

Modigliani, F./Modigliani, L.: (1997): Risk Adjusted Performance: How to measure it and why, in: Journal of Portfolio Management, 23. Jg., Winter 1997, S. 45-54.

Mossin, J. (1966): Equilibrium in a Capital Asset Market, in: Econometrica, 34. Jg., 1966, S. 768-783.

MSCI Barra (2007, Hrsg.): Barra Risk Model Handbook, o.O. 2007, http://www.barra.com/support/library/barra_integrated_model/barra_risk_model_handbook.pdf, vom 08.03.2013.

Münstermann, J. (2000): Der Anlageerfolg von Spezialfonds, Frankfurt am Main 2000.

Nabben, S. (1990): Financial Swaps, Wiesbaden 1990.

Neher, S./Otterbach, A. (2001): Behavioral Finance: Das Verhalten der anderen Anleger vorausahnen, in: Die Bank, o. Jg., 2001, S. 767-769.

Nelson, R.D./Collins, R.A. (1985): A Measure of Hedging's Performance, in: Journal of Futures Markets, 5. Jg., 1985, S. 45-55.

Neubacher, B. (2001): Eonia-Swaps lassen das Zinsrisiko vergessen, in: Börsen-Zeitung, Nr. 188 vom 28.09.2001.

Neumann, T./Konrad, D. (2011): Risikogesteuerte Asset-Allokation bietet enormes Potenzial, in: Börsenzeitung, Nr. 229 vom 26.11.2011, http://www.boersen-zeitung.de/index.php?li=1&artid=2011229340, vom 11.5.2013.

Nielsen, L.L. (1993): Emerging Markets optimieren Aktienportefeuille, in: Die Bank, o. Jg., 1993, S. 286-289.

Nolte, D. (2009): Hedge-Fonds im Portfolio von Privatinvestoren, Köln 2009.

Nowak, T. (1994): Faktormodelle in der Kapitalmarkttheorie, Reihe Finanzierung/Steuern/Wirtschaftsprüfung, hrsg. von Steiner, M., Band 25, Köln 1994.

Nuttall, J./Jahnke, W.W./Ibbotson, R.G./Kaplan, P.D. (2000): Letters To The Editor, in: Financial Analysts Journal, 56. Jg., Mai-Juni 2000, S. 16-19.

Nuttall, J./Nuttall, J. (1998): Asset Allocation Claims – Truth or Fiction?, http://publish.uwo.ca/~jnuttall/.

O'Brien, T.J. (1988): The mechanics of portfolio insurance, in: Journal of Portfolio Management, 14. Jg., Spring 1988, S. 40-47.

Obeid, A. (2004): Performance-Analyse von Spezialfonds, Bad Soden 2004.

Oehler, A. (1991): Anomalien im Anlegerverhalten, in: Die Bank, o. Jg., 1991, S. 600-607.

Oehler, A. (2000): Behavioral Finance: Mode oder mehr?, in: Die Bank, o. Jg., 2000, S. 718-724.

Oehler, A. (2002): Behavioral Finance, verhaltenswissenschaftliche Finanzmarktforschung und Portfoliomanagement, in: Handbuch Portfoliomanagement, hrsg. v. Kleeberg, J.M./Rehkugler, H., 2. Aufl., Bad Soden 2002, S. 843-870.

Oertmann, P. (1994): Firm-Size-Effekt am deutschen Aktienmarkt, in: Zeitschrift für betriebswirtschaftliche Forschung, 46 Jg., 1994, S. 229-259.

Olbrich, M./Rapp, D. (2012): Wider die Anwendung der DVFA-Empfehlungen in der gerichtlichen Abfindungspraxis, in: Corporate Finance biz, 3. Jg., 2012, S. 233-236.

o.V. (2000): Basisinformationen über Finanzderivate, hrsg. vom Bank-Verlag, Köln 2000.

o.V. (2002): www.ziri.de/bewertung/caps.htm, vom 16.12.2002.

o.V. (2008a): Anleger bleiben auf Zertifikaten sitzen, in: FAZ, Nr. 24 vom 29.1.2008, S. 25.

o.V. (2008b): Zertifikateanleger kaufen die Katze im Sack, in: FAZ, Nr. 34 vom 9.2.2008, S. 21.

o.V. (2008c): Alarm am Markt für Credit Default Swaps, in: Neue Zürcher Zeitung vom 15.2.2008, http://www.nzz.ch/nachrichten/wirtschaft/boersen_und_maerkte/alarm_am_markt_fuer_credit_default_swaps_1.671327.html, vom 31.3.2008.

o.V. (2010): Volatilitätssteuerung: Absage an „Zero Risk Tolerance at Zero Cost", institutional-money.com, Ausgabe 3/2010, http://www.institutional-money.com/magazin/produkte-strategien/artikel/volatilitaetssteuerung-absage-an-zero-risk-tolerance-at-zero-cost/, vom 11.5.2013.

o.V. (2012): Schäuble bringt Stempelsteuer ins Gespräch, in: Handelsblatt vom 30.3.2012, http://www.handelsblatt.com/politik/deutschland/finanzminister-treffen-schaeuble-bringt-stempelsteuer-ins-gespraech/6461796.html, vom 30.4.2013.

o.V. (2013a): Nationalrat will Stempelsteuer abschaffen, Schweizer Radio und Fernsehen, http://www.srf.ch/news/schweiz/fruehlingssession/nationalrat-will-stempelsteuer-abschaffen, vom 30.4.2013.

o.V. (2013b): Härtere Auflagen für Ratingagenturen, in: Handelsblatt, 13.5.2013, http://www.handelsblatt.com/finanzen/boerse-maerkte/anleihen/eu-minister-haertere-auflagen-fuer-ratingagenturen/8198222.html

Paape, C. (1998): Zur Kreuzproduktproblematik in der Attributionsanalyse von Investmentfonds, in: Finanzmarkt und Portfolio Management, 12. Jg., 1998, S. 213-219.

Paape, C. (2001): Interne Performanceanalyse von Investmentfonds, Stuttgart 2001.

Pawelzik, K. U. (2013): Einfache Unternehmensbewertung ohne Tax Shields, in: Corporate Finance biz, 4. Jg., S. 261-269.

Peemöller, V.H. (2005): Anlässe der Unternehmensbewertung, in: Praxishandbuch der Unternehmensbewertung, hrsg. v. Peemöller, V.H., 3. Aufl., Herne/Berlin 2005, S. 15-25.

Peemöller, V.H./Beckmann, C. (2005): Der Realoptionsansatz, in: Praxishandbuch der Unternehmensbewertung, hrsg. v. Peemöller, V.H., 3. Aufl., Herne/Berlin 2005, S. 797-811.

Peemöller, V.H./Kunowski, S. (2005): Ertragswertverfahren nach IDW, in: Praxishandbuch der Unternehmensbewertung, hrsg. v. Peemöller, V.H., 3. Aufl., Herne/Berlin 2005, S. 201-263.

Perold, A.F./Schulman, E.C. (1988): The Free Lunch in Currency Hedging: Implications for Investment Policy and Performance Standards, in: Financial Analysts Journal, 44. Jg., May-June 1988, S. 45-50.

Perridon, L./Steiner, M. (2002): Finanzwirtschaft der Unternehmung, 11. Aufl., München 2002.

Perridon, L./Steiner, M./Rathgeber (2012): Finanzwirtschaft der Unternehmung, 16. Aufl., München 2012.

Pieper, H.G. (1998): Sachgerechte Attribution der Performance, in: Handbuch Portfoliomanagement, hrsg. v. Kleeberg, J.M./Rehkugler, H., 1. Aufl., Bad Soden 1998, S. 973-992.

Pieper, H.G. (2002): Performanceattribution in der Praxis, in: Handbuch Portfoliomanagement, hrsg. v. Kleeberg, J.M./Rehkugler, H., 2. Aufl., Bad Soden 2002, S. 1001-1022.

Pieper, J. (1950): Über das Ende der Zeit, München 1950.

Piltz, D.J. (2005): Die Rechtsprechung zur Unternehmensbewertung, in: Praxishandbuch der Unternehmensbewertung, hrsg. v. Peemöller, V.H., 3. Aufl., Herne/Berlin 2005, S. 779-796.

Pilz, O. (1991): DTB – für Bulle und Bär, Würzburg 1991.

Poddig, T. (1996): Analyse und Prognose von Finanzmärkten, Bad Soden 1996.

Poddig, T. (1999): Handbuch Kursprognose, Bad Soden 1999.

Poddig, T./Dichtl, H./Petersmeier, K. (2003): Statistik, Ökonometrie, Optimierung, 3. Aufl., Bad Soden 2003.

Poddig, T./Brinkmann, U./Seiler, K. (2005): Portfoliomanagement: Konzepte und Strategien, Bad Soden/Ts. 2005.

Popp, M. (2005): Vergangenheits- und Lageanalyse, in: Praxishandbuch der Unternehmensbewertung, hrsg. v. Peemöller, V.H., 3. Aufl., Herne/Berlin 2005, S. 101-133.

Porter, I.M. (1986): Wettbewerbsvorteile, Frankfurt 1986.

Poterba, J./Summers, L.H. (1988): Mean Reversion in Stock Prices: Evidence and Implications, in: Journal of Financial Economics, 57. Jg., 1988, S. 27-59.

Powers, M.J. (1981): Foreign Currency Futures Markets, in: Handbook of Financial Markets: Securities, Options, Futures, hrsg. v. Fabozzi, F. J./Zarb, F. G., Homewood 1981, S. 663-673.

Prahl, R. (1995): Stichwort Wertpapierpensionsgeschäfte, in: Handwörterbuch des Bank- und Finanzwesens, hrsg. von Gerke, W./Steiner, M., 2. Aufl., Stuttgart 1995, Sp. 2022-2028.

Priermeier, T. (2002): Geld verdienen mit Fundamentalanalyse, München 2002.

Rappaport, A. (1999): Shareholder Value. Ein Handbuch für Manager und Investoren, 2. Aufl., Stuttgart 1999.

Rathjens, H.-P. (2002): Aktives Management von Euroland-Rentenportfolios, in: Handbuch Portfoliomanagement, hrsg. v. Kleeberg, J.M./Rehkugler, H., 2. Aufl., Bad Soden 2002, S. 411-437.

Raulin, G. (1998): Angemessene Entlohnung von Portfoliomanagern, in: Handbuch Portfoliomanagement, hrsg. v. Kleeberg, J.M./Rehkugler, H., 1. Aufl., Bad Soden 1998, S. 993-1017.

Raviol, A. (2003): Grundlagen und Ziele des Advisor Tech Fondsrating, in: Fondsrating, hrsg. v. Achleitner, A.-K./Everling, O., Wiesbaden 2003, S. 257-270.

Reichling, P./Vetter, I. (1995): Verzerrte Performance, in: Die Bank, o. Jg., 1995, S. 676-681.

Reinganum, M.R. (1983): The Anomalous Stock Market Behavior of Small Firms in January, in: Journal of Financial Economics, 13. Jg., 1983, S. 89-104.

Richter, F. (2007): Steuerparadoxon 2.0? Zur Bestimmung und Kommunizierbarkeit von Unternehmensbewertungen unter Berücksichtigung der zukünftigen Abgeltungssteuer, Working Paper des Instituts für Strategische Unternehmensführung und Finanzierung der Universität Ulm, http://www.mathematik.uni-ulm.de/strategie/Forschung/Steuerparadoxon.pdf, vom 7.11.2007.

Roe, S. (2003a): Theoretical Justification for Enhanced Indexation, State Street Global Advisors, 12.11.2003, http://www.ssga.com/library/capb/simonroetheoreticaljust20031112/page.html, vom 24.1.2008.

Roe, S. (2003b): Theoretical Justification for Enhanced Indexation, State Street Global Advisors, 12.11.2003, http://www.ssga.com/library/capb/simonroepracticaljustification2003112/page.html, vom 24.1.2008.

Rohweder, H.C. (2000): Dynamische Asset Allocation mit langfristigem Value-at-Risk, in: Handbuch Risikomanagement, hrsg. v. Johanning, L./Rudolph, B., Band 2, Bad Soden 2000, S. 1015-1047.

Rohweder, H./Hafner, R. (2004): Absolute Return-Strategien: Definition, Abgrenzung und Klassifizierung, hrsg, v. dbi Allianz Dresdner Asset Management, Frankfurt am Main, http://www.risklab.de/Dokumente/Aufsaetze/dbi_Rohweder,Hafner%5B04%5D-AbsoluteReturn-Strategien.pdf, vom 24.1.2008.

Roll, R. (1977): A Ciritique of the Asset Pricing Theory's Tests – Part I: On Past and Potential Testability of the Theory, in: Journal of Financial Economics, 4. Jg., 1977, S. 129-176.

Roll, R. (1978): Ambiguity when Performance is measured by the Securities Market Line, in: Journal of Finance, 33. Jg., 1978, S. 1051-1070.

Roll, R. (1983): Was ist das, The Turn-of-theYear-Effect and the Return Premia of Small Firms, in: Journal of Portfolio Management, 9. Jg., 1983, S. 18-28.

Roll, R. (1992): Volatility in U.S. and Japanese Stock Markets: A Symposium, in: Journal of Applied Corporate Finance, 5. Jg., Heft 1, 1992, S. 29-33.

Roncalli, T. (2012): Portfolio Optimization versus Risk-Budgeting Allocation, Januar 2012, http://www.thierry-roncalli.com/download/WG-Risk-ESSEC.pdf, vom 13.5.2013.

Rosenberg, B. (1974): Extra-Market Components of Covariance in Security Returns, in: Journal of Financial and Quantitative Analysis, 9. Jg., 1974, S. 263-274.

Ross, S.A. (1976): The Arbitrage Theory of Capital Asset Pricing, in: Journal of Economic Theory, 13. Jg., 1976, S. 341-360.

Roßbach, P. (1991): Methoden und Probleme der Performance-Messung von Aktienportefeuilles, Reihe: Aus der Forschung für die kreditwirtschaftliche Praxis, hrsg. v. Priewasser, E., Bd. 1, Frankfurt 1991.

Rudolph, B. (1995): Derivative Finanzinstrumente: Entwicklung, Risikomanagement und bankaufsichtsrechtliche Regulierung, in: Derivative Finanzinstrumente, hrsg. von Rudolph, B., Stuttgart 1995, S. 3-41.

Rudolph, B./Zimmermann, P. (1998): Alternative Verfahren zur Ermittlung und zum Ensatz von Betafaktoren, in: Handbuch Portfoliomanagement, hrsg. v. Kleeberg, J.M./Rehkugler, H., 1. Aufl., Bad Soden 1998, S. 435-458.

Rudolf, M./Zimmermann, H./Zogg-Wetter, C. (1993): Anlage- und Portfolioeigenschaften von Commodities am Beispiel des GSCI, in: Finanzmarkt und Portfolio Management, 7. Jg., 1993, S. 341-359.

Rudzio, K. (1999): Verflixte Psyche, in: Die Zeit, Nr. 41/1999, http://www.zeit.de/archiv/1999/41/199941.anlegerfehler_.xml, vom 19.05.2003.

Sälzle, R./Kaiser, W. (2004): Fonds-Ranking und Fonds-Ratings, in: Rating aktuell, Themen-Special Fonds-Rating, Heft 1/2004, S. 18-21.

Samorajski, G.S./Phelps, B.D. (1990): Using Treasury Bond Futures to enhance Total Return, in: Financial Analysts Journal, 46. Jg., January-February 1990, S. 58-65.

Samuelson, P.A. (1963): Risk and uncertainty: a fallacy of large numbers, in: Scientia, Reihe 6, 57. Jg., 1963, neu abgedruckt in: The Collected Scientific Papers of Paul A. Samuelson, Bd. 1, hrsg. v. Stiglitz, J., Cambridge, Mass./London 1966, Chapter 16, S. 153-158.

Samuelson, P.A. (1989): The Judgment of Economic Science on Rational Portfolio Management: Indexing, Timing, and Longhorizon Effects, in: Journal of Portfolio Management, 15. Jg., Fall 1989, S. 4-12.

Schäfer, K. (1995): Einsatz und Bewertung von Optionen und Futures, in: Derivative Finanzinstrumente, hrsg. v. Rudolph, B., Stuttgart 1995, S. 45-130.

Schäfer, S.I./Vater, H. (2002): Behavioral Finance: Eine Einführung, in: Finanz Betrieb, 4. Jg., 2002, S. 739-748.

Schätzle, D. (2011): Ratingagenturen in der neoklassischen Finanzierungstheorie – Eine Auswertung empirischer Studien zum Informationsgehalt von Ratings, Arbeitspapiere des Instituts für Genossenschaftswesen der Münster, Nr. 110, Mai 2011, http://www.wiwi.uni-muenster.de/06//forschen/veroeffentlichungen/2011/material/ap110_schaetzle_final.pdf, vom 28.3.2013.

Schaffer, C. (2005): Führt wertorientierte Unternehmensführung zur messbaren Wertsteigerung?, Frankfurt am Main 2005.

Scharpf, P./Luz, G. (1996): Risikomanagement, Bilanzierung und Aufsicht von Finanzderivaten, Stuttgart 1996.

Scheier, J./Spiwoks, M. (2006): Aktives Portfoliomanagement am britischen Anleihenmarkt, Reihe Bank- und Finanzwirtschaft, Bd. 4, Frankfurt a.M. et al. 2006.

Schierenbeck, H. (2003): Ertragsorientiertes Bankmanagement, Band 1, 8. Aufl., Wiesbaden 2003.

Schierenbeck, H./Lister, M./Kirmße, S. (2008): Ertragsorientiertes Bankmanagement, Band 2, 9. Aufl., Wiesbaden 2008.

Schlenger, C. (1997): Value-Added at Risk, in: Die Bank, o. Jg., 1997, S. 726-729.

Schmid, A./Stark, J. (1977): Wahrscheinlichkeitsrechnung und Statistik, Themenhefte Mathematik, hrsg. v. Schweizer, W., Stuttgart 1977.

Schmidt, R. (1995): Stichwort Fundamentalanalyse, in: Handwörterbuch des Bank- und Finanzwesens, hrsg. v. Gerke, W./Steiner, M., 2. Aufl., Stuttgart 1995, Sp. 829-839.

Schmidt, S. (2006): Handbuch der Zertifikate, 3. Aufl., Berlin 2006.

Schmidt-von Rhein, A. (1996): Die Moderne Portfoliotheorie im praktischen Wertpapiermanagement, Bad Soden 1996.

Schmidt-von Rhein, A. (1998): Analyse der Ziele privater Kapitalanleger, in: Handbuch Portfoliomanagement, hrsg. v. Kleeberg, J.M./Rehkugler, H., 1. Aufl., Bad Soden 1998, S. 35-69.

Schneck, O./Morgenthaler, P./Yesilhark, M. (2003): Rating, München 2003.

Schneeweis, T.R./Hill, J.M./Philipp, M.G. (1983): Hedge Ratio Determination based on Bond Yield Forecasts, in: Review of Research in Futures Markets, 2. Jg., 1983, S. 338-349.

Schneider, D. (1993): Wider Insiderhandelsverbot und die Informationseffizienz des Kapitalmarktes, in: Der Betrieb, 46. Jg., 1993, S. 1429-1435.

Schnittke, J. (1989): Überrenditeeffekte am deutschen Aktienmarkt, Reihe Finanzierung, Steuern, Wirtschaftsprüfung, hrsg. von Steiner, M., Band 7, Köln 1989.

Scholz, H./Wilkens, M. (2003): Zur Relevanz von Sharpe Ratio und Treynor Ratio: Ein investorspezifisches Performancemaß, in: ZBB, 15. Jg., 2003, Heft 1, S. 1-8.

Schredelseker, K. (1984): Anlagestrategie und Informationsnutzen am Aktienmarkt, in: Zeitschrift für betriebswirtschaftliche Forschung, 36. Jg., 1984, S. 44-59.

Schüler, M. (2005): Kreditindizes: die Erschließung neuer Dimensionen von Liquidität, Transparenz und Relative Value in Kredit, in: Praktiker-Handbuch Asset-Backed-Securities und Kreditderivate, hrsg. v. Gruber, J./Gruber, W./Braun, H., Stuttgart 2005, S. 77-90.

Schwarzer, J. (2012): Steinbrück sagt Zockern den Kampf an, in: Handelsblatt vom 25.9.2012, http://www.handelsblatt.com/finanzen/zertifikate/ratgeber-hintergrund/anlageprodukte-steinbrueck-sagt-zockern-den-kampf-an-seite-all/7179376-all.html, vom 7.6.2013.

Schwert, G.W./Seguin, P.J. (1990): Heteroskedasticity in Stock Returns, in: Journal of Finance, 45. Jg., 1990, S. 1129-1155.

Schwetzler, B. (2000): Unternehmensbewertung unter Unsicherheit – Sicherheitsäquivalent- oder Risikozuschlagsmethode?, in: ZfbF, 52. Jg., 2000, S. 469-486.

Schwetzler, B./Aders, C./Adolff, J. (2012): Zur Anwendung der DVFA Best-Practice-Empfehlungen Unternehmensbewertung in der gerichtlichen Abfindungspraxis, in: Corporate Finance biz, 3. Jg., 2012, S. 237-241.

Schwetzler, B./Arnold, S. (2012): Multiples und Beta-Faktoren für deutsche Branchen, in: Corporate Finance biz, 3. Jg., 2012, S. 319-321.

Segschneider, A. (2003): Fondsrating von Lipper, in: Fondsrating, hrsg. v. Achleitner, A.-K./Everling, O., Wiesbaden 2003, S. 283-290.

Seitz, F./Auer, B.J. (2008): Performancemessung – Theoretische Maße und empirische Umsetzung mit VBA, Weidener Diskussionspapiere Nr. 12, Dezember 2008, http://www.haw-aw.de/fileadmin/user_upload/Aktuelles/Veroeffentlichungen/WEN-Diskussionspapier/wen_diskussionspapier12.pdf, vom 10.5.2013.

Seppelfricke, P. (2012): Handbuch Aktien- und Unternehmensbewertung, 4. Aufl., Stuttgart 2012.

SG (2007): Schmalenbach-Gesellschaft für Betriebswirtschaft e.V., http://www.schmalenbach.org/, vom 9.10.2007.

Shadwick, W.F./Keating, C. (2002): A Universal Performance Measure, in: The Journal of Performance Measurement, Spring 2002, S. 59-84.

Shalit, H./Yitzhaki, S. (1984): Mean-Gini, Portfolio Theory, and the Pricing of risky Assets, in: Journal of Finance, 39. Jg., 1984, S. 1449-1468.

Sharpe, W.F. (1963): A Simplified Model for Portfolio Analysis, in: Management Science, 9. Jg., 1963, S. 277-293.

Sharpe, W.F. (1964): Capital Asset Prices: A Theory of Equilibrium under Conditions of Risk, in: Journal of Finance, 19. Jg., 1964, S. 425-442.

Sharpe, W.F. (1966): Mutual Fund Performance, in: Journal of Business, 39. Jg., 1966, S. 119-138.

Sharpe, W.F. (1977): The CAPM: A "Multi-Beta" Interpretation, in: Financial Decision Making under Uncertainty, hrsg. von Levy, H./Sarnat, M., New York 1977, S. 127-135.

Sharpe, W.F. (1992): Asset Allocation: Management Style and Performance Measurement, in: Journal of Portfolio Management, 18. Jg., Winter 1992, S. 7-19.

Shefrin, H. (2000): Börsenerfolg mit Behavioral Finance, Stuttgart 2000.

Shefrin, H./Statman, M. (1985): The Disposition to Sell Winners Too Early and Ride Losers Too Long: Theory and Evidence, in: Journal of Finance, 40. Jg., 1985, S. 777-790.

Shiller, R.J. (1984): Theories of Aggregate Stock Price Movements, in: Journal of Portfolio Management, 10. Jg., Winter 1984, S. 28-37.

Shiller, R.J. (1988): Fashions, Fads, and Bubbles in Financial Markets, in: Knights, Raiders and Targets, hrsg. v. Coffee, J.C./Lowenstein, L./Rose-Ackerman, S., New York et al. 1988, S. 56-68.

Shiller, R.J. (1989): Market Volatility, Cambridge M.A./London 1989.

Shiller, R.J. (1990): Speculative Prices and Popular Models, in: Journal of Economic Perspectives, 4. Jg., Heft 2, 1990, S. 55-65.

Shiller, R.J. (2000): Irrational Exuberance, Princeton University Press 2000.

Shiller, R.J./Pound, J. (1989): Survey Evidence on Diffusion of Interest and Information among Investors, in: Journal of Economic Behavior and Organization, 12. Jg., 1989, S. 47-66.

Sieben, G./Maltry, H. (2005): Der Substanzwert der Unternehmung, in: Praxishandbuch der Unternehmensbewertung, hrsg. v. Peemöller, V.H., 3. Aufl., Herne/Berlin 2005, S. 377-401.

Siegel, J.J. (1972): Risk, Interest Rates and the Forward Exchange, in: Quarterly Journal of Economics, 86. Jg., 1972, S. 303-331.

Signer, A. (2005): Generieren Hedge Funds einen Mehrwert?, in: Handbuch Hedge Funds, hrsg. v. Dichtl, H./Kleeberg, J. M./Schlenger, C., Bad Soden 2005, S. 211-232.

Sittampalam, A. (1993): Evolving Techniques in Investment Management, Dublin 1993.

Smith, V.L./Suchanek, G.L./Williams, A.W. (1988): Bubbles, Crashes, and Endogenous Expectations in Experimental Spot Asset Markets, in: Econometrica, 56. Jg., 1988, S. 1119-1151.

Soliva, M./Hofmann,R. (Hrsg.) (2010): Risikowahrnehmung privater Anleger aus Berateroptik, Zürcher Hochschule für Angewandte Wissenschaften, Reihe "Financial Consulting", Band 2-2010, hrsg. v. R. Hofmann, Zürich 2010, http://pd.zhaw.ch/hop/981607499.pdf, vom 10.5.2013.

Solnik, B.H. (1991): International Investments, 2. Aufl., Reading et al. 1991.

Sortino, F.A./Price, L.N. (1994): Performance Measurement in a Downside Risk Framework, in: Journal of Investing, 3. Jg., 1994, Nr. 3, S. 59-64.

Sortino, F.A./van der Meer, R./Plantinga, A. (1999): The Dutch Triangle, in: Journal of Portfolio Management, 26. Jg., Fall 1999, Nr. 5, S. 50-58.

Specht, G. (2006): Alpha: Wer kann dazu schon nein sagen?, in: Die Bank, o. Jg., 11/2006, S. 29-33.

Spiwoks, M. (2002): Vermögensverwaltung und Kapitalmarktprognose, Reihe Bank- und Finanzwirtschaft, Bd. 1, Frankfurt a.M. et al. 2002.

Spiwoks, M. (2003): Qualität der Zinsprognosen deutscher Banken – Eine empirische Analyse, in: Kredit und Kapital, 36. Jg., 2003, Heft 3, S. 289-308.

Spiwoks, M. (2004a): Die Verwendbarkeit der ZEW-Aktienindex-Prognosen für aktive Portfoliomanagement-Strategien, in: Jahrbücher für Nationalökonomie und Statistik, 224. Jg., 2004, Heft 5, S. 557-578.

Spiwoks, M. (2004b): External Triggered Herding bei Rentenmarkt-Analysten, in: Finanzmarkt und Portfolio-Management, 18. Jg., 2004, Heft 1, S. 58-83.

Spiwoks, M./Bedke, N./Hein, O. (2008): Forecasting the past: the case of US interest rate forecasts, in: Financial Markets and Portfolio Management, Bd. 22, H. 4, 2008, S. 357-379.

Spiwoks, M./Bedke, N./Hein, O. (2009): The Pessimism of Swiss Bond Market Analysts and the Limits of the Sign Accuracy Test – An Empirical Investigation of Their Forecasting Success Between 1998 and 2007, in: International Bulletin of Business Administration, Bd. 4, 2009, S. 6-19.

Spiwoks, M./Bedke, N./Hein, O. (2010): Topically Orientated Trend Adjustment and Autocorrelation of the Residuals - An Empirical Investigation of the Forecasting Behavior of Bond Market Analysts in Germany, in: Journal of Money, Investment and Banking, Bd. 14, 2010, S. 16-35.

Spiwoks, M./Bizer, K./Hein, O. (2006): Rationales Herdenverhalten bei US-amerikanischen Rentenmarkt-Analysten, sofia-Diskussionsbeiträge 06-4, Darmstadt 2006, http://www.sofia-darmstadt.de/fileadmin/Dokumente/Diskussion/2006/BD_06-4_Herdenverhalten.pdf, vom 24.1.2008.

Spiwoks, M./Bizer, K./Hein, O. (2008a): Anchoring Near the Lighthouse: Bond Market Analysts' Behavior Co-ordination by External Signal, in: European Journal of Economics, Finance and Administrative Sciences, Bd. 13, 2008, S. 169-191.

Spiwoks, M./Bizer, K./Hein, O. (2008b): Informational Cascades: A Mirage?, in: Journal of Economic Behavior & Organization, Bd. 67, H. 1, 2008, S. 193-199.

Spiwoks, M./Gubaydullina, Z./Hein, O. (2011): Trapped in the Here and Now – New Insights into Financial Market Analyst Behavior, WWP – Wolfsburg Working Papers, Nr. 11-01, Wolfsburg 2011; http://www.ostfalia.de/export/sites/default/de/w/download/WWP-11-01.pdf vom 07.04.2013.

Spiwoks, M./Hein, O. (2007): Die Währungs-, Anleihen- und Aktienmarktprognosen des Zentrums für Europäische Wirtschaftsforschung – Eine empirische Untersuchung des Prognoseerfolges von 1995 bis 2004, in: AStA – Wirtschafts- und Sozialstatistisches Archiv, 2007, Heft 1, S. 43-52.

Spremann, K. (2000): Portfoliomanagement, München/Wien 2000.

Stahlhacke, M. (2008): Akzente setzen mit Satelliten!, in: Kapitalmarktanalyse: PortfolioPraxis: Investieren in Aktien und Anleihen, 6. Aufl., hrsg. v. Allianz Global Investors, April 2008, S. 40-44, http://www.allianzglobalinvestors.de/privatkunden/data/pdf/research/PP_investiren_in_aktien_anleihen.pdf, vom 18.4.2008.

Stambaugh, R.F. (1982): On the exclusion of assets from tests of the two-parameter model, in: Journal of Financial Economics, 10. Jg., 1982, S. 237-268.

Steinbrenner, H. P. (1996): Bewertungen im professionellen Optionsgeschäft, Stuttgart 1996.

Steiner, M. (1992): Rating – Risikobeurteilung von Emittenten durch Rating-Agenturen, in: Wirtschaftswissenschaftliches Studium, 1992, S. 509-515.

Steiner, M./Beiker, H./Bauer, C. (1993): Theoretische Erklärungen unterschiedlicher Aktienrisiken und empirische Überprüfungen, in: Empirische Kapitalmarktforschung, hrsg. von Bühler, W./Hax, H./Schmidt, R., Zeitschrift für betriebswirtschaftliche Forschung, 45. Jg., 1993, Sonderheft 31, S. 99-129.

Steiner, M./Bruns, C./Stöckl, S. (2012): Wertpapiermanagement, 10. Auflage, Stuttgart 2012.

Steiner, M./Heinke, V.G. (1996): Risikobeurteilung von Lebensversicherungen durch spezialisierte Ratingagenturen, in: Versicherungswirtschaft, 51. Jg., Heft 24, 1996, S. 1694-1707.

Steiner, M./Meyer, F. (1993): Hedging mit Financial Futures, in: Handbuch des Finanzmanagements, hrsg. von Gebhardt, G./Gerke, W./Steiner, M., München 1993, S. 721-749.

Steiner, M./Meyer, F./Luttermann, K. (1994): Die preisliche Bewertung von Zins-Futures unter besonderer Berücksichtigung der Delivery Options und des Marking-to-Market, in: Finanzmarkt und Portfolio Management, 8. Jg., 1994, S. 332-352.

Steiner, M./Meyer-Bullerdiek, F./Spanderen, D. (1996): Erfolgsmessung von Wertpapierportefeuilles mit Hilfe der stochastischen Dominanz und des Mean-Gini-Ansatzes, in: Die Betriebswirtschaft, 56. Jg., 1996, S. 49-61.

Steiner, M./Wittrock, C. (1993): Märkte für Instrumente zur Risikoabsicherung, in: Handbuch des Finanzmanagements, hrsg. von Gebhardt, G./Gerke, W./Steiner, M., München 1993, S. 669-719.

Steiner, M./Wittrock, C. (1994): Timing-Aktivitäten von Aktieninvestmentfonds und ihre Identifikation im Rahmen der externen Performance-Messung, in: Zeitschrift für Betriebswirtschaft, 64. Jg., 1994, S. 593-617.

Stickel, S.E. (1985): The Effect of Value Line Investment Survey Rank Changes on Common Stock Prices, in: Journal of Financial Economics, 14. Jg., 1985, S. 121-143.

Stock, D. (1990): Winner and Loser Anomalies in the German Stock Market, in: Journal of Institutional and Theoretical Economics, 146. Jg., 1990, S. 518-529.

Stöttner, R. (1989): Zur Instabilität von Finanzmärkten aus finanztechnologischer und theoretischer Sicht, in: Wirtschaftliche Dynamik und technischer Wandel, Festschrift für A.E. Ott, hrsg. v. Seitz, T., Stuttgart/New York 1989, S. 145-161.

Stöttner, R. (1992): Markttechnische "Trading Rules" kontra Buy & Hold-Strategien, in: Jahrbücher für Nationalökonomie und Statistik, 209. Jg., 1992, S. 266-282.

Streich, U. (2001): Growth-Adjusted Price/Earning Ratio (GRAPE) als verbesserte Kennzahl zur Aktien-Analyse, in: Die Bank, o. Jg., 2001, S. 454-457.

Sun, M. (2003): FERI Trust Fonds Rating, in: Fondsrating, hrsg. v. Achleitner, A.-K./Everling, O., Wiesbaden 2003, S. 171-181.

Taliaferro, R. (2012): Understanding risk-based portfolios, in: Journal of Investment Strategies, 1. Jg., Nr. 2, Spring 2012, S. 119-131, http://www.risk.net/digital_assets/5105/jis_taliaferro_web.pdf, vom 14.5.2013.

Tator, W. (2003): Analyse und Rating geschlossener Fonds durch Fondscope, in: Fondsrating, hrsg. v. Achleitner, A.-K./Everling, O., Wiesbaden 2003, S. 271-282.

Tilley, J.A./Latainer, G.D. (1985): Synthetic Option Framework for Asset Allocation, in: Financial Analysts Journal, 41. Jg., May-June 1985, S. 32-43.

Tinschert, J./Cremers, H. (2012): Fixed Income Strategies for Trading and for Asset Management, Frankfurt School of Finance and Management, Working Paper No. 191, http://www.frankfurt-school.de/clicnetclm/fileDownload.do?goid=000000411273AB4, vom 7.5.2013.

Treynor, J.L. (1965): How to Rate Management of Investment Funds, in: Harvard Business Review, 43. Jg., 1965, S. 63-75.

Treynor, J.L./Black, F. (1973): How to use Security Analysis to improve Portfolio Selection, in: Journal of Business, 46. Jg., 1973, S. 66-86.

Treynor, J.L./Mazuy, K.K. (1966): Can Mutual Funds Outguess the Market?, in: Harvard Business Review, 44. Jg., July-August 1966, S. 130-136.

Tversky, A./Thaler, R.H. (1990): Anomalies: Preference Reversals, in: Journal of Economic Perspectives, 4. Jg., 1990, S. 201-211.

Union Investment Institutional (2007, Hrsg.): Portable Alpha, in: Investment professionell, 1/2007, S. 1-11, http://institutional.union-investment.de/docme/service/uin/c271208 db412f42fc65699b2decf96e7.0.0/IP_0107_LowRes_070606.pdf, vom 30.4.2008.

Unser, M. (1999): Behavioral Finance am Aktienmarkt, Bad Soden 1999.

Vandell, R.F./Stevens, J.L. (1989): Evidence of Superior Performance from Timing, in: Journal of Portfolio Management, 15. Jg., Spring 1989, S. 38-42.

Van Leeuwen, M. (2008): Wenn Banken straucheln, in: FAZ, Nr. 82 vom 8.4.2008, Verlagsbeilage „Derivate", S. B5.

Velthuis, L. (2004a): Entwurf eines integrierten Value Based Management-Konzepts auf Basis des Residualgewinns, in: Wertorientierte Unternehmenssteuerung: Festschrift für Helmut Laux, hrsg. v. Gillenkirch, R./Schauenberg, B./Schenk-Mathes, H./Velthuis, L, Berlin u.a. 2004, S. 295-324, http://www.kpmg.de/library/pdf/031009_ Velthuis_VBM-Konzept_auf_Basis_des_Residualgewinns_de.pdf, vom 19.11.2007.

Velthuis, L. (2004b): Value Based Management auf Basis von ERIC, Arbeitspapier Nr. 124 der Working Paper Serie Finance & Accounting, Johann Wolfgang Goethe-Universität, Frankfurt a. M. 2004, http://www.kpmg.de/library/pdf/040311_Velthuis_Value_Based_Management_auf_ Basis_von_ERIC_de.pdf, vom 19.11.2007.

Vitt, M./Leifeld, H. (2005): Praxisbericht „Best of Two" – Die Portfoliostruktur optimieren, in: Die Bank, o. Jg., 2/2005, S. 20-23.

VÖB – Bundesverband Öffentlicher Banken Deutschlands (2013, Hrsg.): Regulierung von Ratingagenturen, http://www.voeb.de/de/themen/kapitalmaerkte/ratingagenturen_neu/, vom 28.3.2013.

Volk, G. (2005): Bewertung im Rahmen des „Going Public", in: Praxishandbuch der Unternehmensbewertung, hrsg. v. Peemöller, V.H., 3. Aufl., Herne/Berlin 2005, S. 645-656.

Volkswagen AG (2009): Finanzielle Steuerungsgrößen des Volkswagen Konzerns, Wolfsburg 2009, http://www.volkswagenag.com/content/vwcorp/info_center/de/publications/2009/10/Finanzielle_Steuerungsgroessen.bin.html/binarystorageitem/file/Finanzielle+Steuerungsgrößen.pdf, vom 29.4.2013.

Volkswagen AG (2011): Geschäftsbericht 2010, Wolfsburg 2011.

Volkswagen AG (2013): Geschäftsbericht 2012, Wolfsburg 2013.

von Campenhausen, C. (1994): Aus der Praxis: Equity Swaps, in: Finanzmarkt und Portfolio Management, 8. Jg. 1994, S. 259-263.

Wadewitz, S. (2006): Das DVFA-Ergebnis plant sein Comeback, in: Börsen-Zeitung, Nr. 166 vom 30.08.2006, S. 9, http://www.dvfa.de/files/die_dvfa/publikationen/artikel/application/pdf/DVFA_Methoden_BoeZ_30_8_06.pdf, vom 31.8.2008.

Wagner, N.F. (2002): Methoden zum Tracking von Marktindizes, in: Handbuch Portfoliomanagement, hrsg. v. Kleeberg, J.M./Rehkugler, H., 2. Aufl., Bad Soden 2002, S. 813-839.

Wagner, N./Wolpers, T. (2007): Vermögensanlage im Private Banking: Globale Minimum-Varianz-Strategien 1997 bis 2006, http://www.wiwi.uni-passau.de/fileadmin/dokumente/lehrstuehle/wagner/wolpers-md_minvar-0907_01.pdf, Abfragedatum: 25.01.2013.

Wallich, H.C. (1979): Radical Revisions of the Distant Future, in: Journal of Portfolio Management, 5. Jg., Fall 1979, S. 36-38.

Wallmeier, M. (1997): Prognose von Aktienrenditen und -risiken mit Mehrfaktorenmodellen, Bad Soden 1997.

Wallmeier, M. (1999): Kapitalkosten und Finanzierungsprämissen, in: ZfB, 69. Jg., 1999, S. 1473-1490.

Watrin, C./Stöver, R. (2012): Gibt es Alternativen zur DAX-basierften Schätzung von Marktrisikoprämie, Betafaktor und Risikozuschlag?, in: Coporate Finance biz, 3. Jg., 2012, S. 119-129.

Wegmann, P. (2008): Vorlesung 6: Kreditderivate, Universität Basel, WWZ, Department of Finance, 4.4.2008, http://www.wwz.unibas.ch/finance/teaching/currentcourses/10664-01/Vorlesung%206.pdf, vom 19.4.2008.

Wehlmann, F. (2003): Rating für Asset Manager im Blickfeld der Märkte, in: Fondsrating, hrsg. v. Achleitner, A.-K./Everling, O., Wiesbaden 2003, S. 241-255.

Weibel, P.F./Dubois, N. (1997): Value at Risk: Herausforderung der Bankführung, in: Banken in globalen und regionalen Umbruchsituationen, Festschrift für J.H. von Stein, hrsg. v. Hummel, D./Bühler, W./Schuster, L., Stuttgart 1997, S. 317-330.

Welcker, J. (1991): Technische Aktienanalyse, 6. Aufl., Zürich 1991.

Welcker, J./Kloy, J./Schindler, K. (1992): Professionelles Optionsgeschäft, 3. Aufl., Zürich 1992.

Wenzel, J. (2005): Wertorientierte Berichterstattung (Value Reporting) aus theoretischer und empirischer Perpektive, Frankfurt a.M. 2005.

WestLB (1990, *Hrsg.*): DAX-Future, Düsseldorf 1990.

Whaley, R.E. (1993): Derivatives on Market Volatility – Hedging Tools Long Overdue, in: Journal of Derivatives, 1. Jg., 1993, S. 81ff.

Wiedemann, A. (2004): Risikotriade Zins-, Kredit- und operationelle Risiken, Frankfurt am Main 2004.

Wiedemann, A. (2007): Financial Engineering: Bewertung von Finanzinstrumenten, 4. Aufl., Frankfurt am Main 2007.

Wilcox, J.W. (1992): Taming Frontier Markets, in: Journal of Portfolio Management, 18. Jg., Fall 1992, S. 51-56.

Wilkens, M. (1996): Wertpapiermanagement, 3. Aufl., IFBG-Skripten, hrsg. v. Benner, W., Göttingen 1996.

Wilkens, M./Scholz, H. (1999a): Systematik grundlegender Performancemaße, in: Finanz Betrieb, 9/1999, S. 250-254.

Wilkens, M./Scholz, H. (1999b): Von der Treynor-Ratio zur Market Risk-Adjusted Performance, in: Finanz Betrieb, 10/1999, S. 308-315.

Willnow, J. (1996): Derivative Finanzinstrumente, Wiesbaden 1996.

Wingenroth, T. (2004): Risikomanagement für Corporate Bonds – Modellierung von Spreadrisiken im Investment-Grade-Bereich, Bad Soden 2004.

Winkler, D. (2006): Profi-Handbuch Zertifikate, Regensburg/Berlin 2006.

Winter, S.M. (1995): Derivative Finanzinstrumente der dritten Generation, in: Derivative Finanzinstrumente, hrsg. von Rudolph, B., Stuttgart 1995, S. 211-237.

Wittkemper, H.-G. (1994): Neuronale Netze als Hilfsmittel zur Rendite- und Risikoschätzung von Aktien, Reihe Finanzierung/Steuern/Wirtschaftsprüfung, hrsg. von Steiner, M., Band 23, Köln 1994.

Wittrock, C. (1995a): Messung und Analyse der Performance von Wertpapierportfolios, Bad Soden 1995.

Wittrock, C. (1995b): Der Einsatz von Asset Allocation-Modellen in der Portfolio-Analyse, in: Finanzmarkt und Portfolio Management, 9. Jg., 1995, S. 361-383.

Wittrock, C. (1996a): Fonds-Performance als Anlagekriterium, in: Die Bank, 1996, S. 246-250.

Wittrock, C. (1996b): Tendenzen auf dem Fondsmarkt, in: Die Bank, 1996, S. 719-723.

Wittrock, C. (1998): Moderne Verfahren der Performancemessung, in: Handbuch Portfoliomanagement, hrsg. v. Kleeberg, J.M./Rehkugler, H., 1. Aufl., Bad Soden 1998, S. 933-971.

Wittrock, C. (2002): Grundlagen und Status Quo der Performancemessung, in: Handbuch Portfoliomanagement, hrsg. v. Kleeberg, J.M./Rehkugler, H., 2. Aufl., Bad Soden 2002, S. 955-999.

Wittrock, C. (2003a): Instrumente und Entscheidungskriterien zur Selektion von Investmentfonds, in: Finanzwirtschaft, Kapitalmarkt und Banken, Festschrift für Prof. Dr. Manfred Steiner, hrsg. v. Rathgeber, A./Tebroke, H.-J./Wallmeier, M., Stuttgart 2003, S. 255-273.

Wittrock, C. (2003b): Integration investorspezifischer Belange bei der Fondsauswahl, in: Fondsrating, hrsg. v. Achleitner, A.-K./Everling, O., Wiesbaden 2003, S. 3-15.

Wittrock, C./Fischer,B./Lilla,J. (1998): Neue DVFA Performance Standards (I) und (II), in: Die Bank, o. Jg., 1998, S. 540-542 und S. 606-611.

Wöhe, G. (1993): Einführung in die Allgemeine Betriebswirtschaftslehre, 18. Aufl. München 1993.

Wolke, T. (2007): Risikomanagement, München/Wien 2007.

Zalser, M. (2006): Structured Credits – Der heilige Gral des Kapitalmarkts?, hrsg. v. HVB, Juni 2006, http://www.wiwi.uni-konstanz.de/fb/admin/paper/Structured%20Credits.pdf, vom 19.4.2008.

Zarowin, P. (1990): Size, Seasonality, and Stock Market Overreaction, in: Journal of Financial and Quantitative Analysis, 25. Jg., 1990, S. 113-125.

Zeidler, G.W./Tschöpel, A./Bertram, I. (2012): Kapitalkosten in Zeiten der Finanz- und Schuldenkrise, in: Corporate Finance biz, 3. Jg., 2012, S. 70-80.

Zenger, C. (1994): Zeithorizonteffekte: Replik auf zwei Beiträge mit einer grafischen Illustration, in: Finanzmarkt und Portfolio Management, 8. Jg., 1994, S. 249-254.

Zimmerer, T. (2011): Weniger Risiko und mehr Diversifikation durch Portfoliobildung mit Absolute Return-Konzepten, in: Corporate Finance biz, 2. Jg., 2011, S. 74-85.

Zimmermann, H. (1991): Zeithorizont, Risiko und Performance, in: Finanzmarkt und Portfolio Management, 5. Jg., 1991, S. 164-181.

Zimmermann, H. et al. (1996): Moderne Performance-Messung, Bern/Stuttgart/Wien 1996.

Zimmermann, H./Zogg-Wetter, C. (1992): Performance-Messung schweizerischer Aktienfonds: Markt-Timing und Selektivität, in: Schweizerische Zeitschrift für Volkswirtschaft und Statistik, 128. Jg., 1992, S. 133-160.

Zimmermann, J./Meser, M. (2013): Kapitalkosten in der Krise – Krise der Kapitalkosten? – CAPM und Barwertmodelle im Langzeitvergleich, in Corporate Finance biz, 4. Jg., 2013, S. 3-9.

Zurack, M.A. (1989): The many Forms of Portfolio Insurance, in: Portfolio and Investment Management, hrsg. v. Fabozzi, F.J., Chicago 1989, S. 105-121.

Zwirner, T. (1992): Gute Sicherheitsstrategien müssen nicht kompliziert sein, in: Handelsblatt, Nr. 49 vom 10.03.1992, S. B3.

Stichwortverzeichnis

A

Abgeltungssteuer 268
Absicherungsverhältnis 570
Absolute Return 65
Absolute Return-Strategien 218
Additional Margin 498, 529
Adjusted Beta 117
Aggressivitätsniveau 218
AIF 193
AIMR 799
AIMR Performance Presentation Standards 799
Aktienindex 472, 542
Aktienindexfuture 542, 577
Aktienleerverkauf 514
Aktienprognose 182
aktive Rendite 774
aktive Wetten 752
aktives Management 175, 798
Allokationsbeitrag 774
Alpha 102, 749
Alternative Investmentfonds 193
Amortisationsswap 642
Andienungsbetrag 533
Anlageergebnisse, Konstanz der 795
Anlagephilosophie 169, 174, 798
Anlagestil 204
Anlagestrategie 201
Anlageuniversum 216, 795
Anlegerpräferenzen 54
Anlegerverhalten 162
annualisierte diskrete Rendite 718
annualisierte stetige Rendite 721
Annualisierungsfaktor 12, 13
Anticipatory Hedge 587
Appraisal Ratio 749
APT 92
APV-Ansatz 287, 303
Arbitrage 619
Arbitrage Pricing Theory 92
Arbitragestrategien 460, 483
ARCH 15
arithmetisches Mittel 313
„As you like it" Options 501, 509
Asset Allocation 129

Asset Allocation i.e.S. 783
Asset Allocation i.w.S. 783
Asset Allocation, risikobasierte 129
Asset Management Consultants 799
Asset or nothing Option 511
Asset Swap 652
Assetklasse 193, 414
Asset-Liability-Matching 66
Assets under Management 798
Assets, nicht standardisierte 195
Assets, standardisierte 194
At-the-money-Option 416
Attribution 766
Aufgeld 524
Ausfallwahrscheinlichkeit 24, 28
Austauschoption 239
Average Rate Options 501, 510

B

Back Testing 179
Back-to-Back-Trading 692
Backwardation 550
Balanced Asset Class Portfolio 137
Balanced Portfolio 714
Balanced Risk Portfolio 137
Bandbreiten-Optionsschein 513
Barausgleich 537, 603
Barbell-Strategie 405
Barrier 502, 515, 523
Barrier Caps 515
Barrier Caps and Floors 502
Barrier Floors 515
Barrier Option 501, 502, 504
Barwert 348
Base Currency 674
Base Fee 690
Basis 548
Basis Point Value 594
Basis Point Value-Methode 594, 596
Basis Trading 573
Basis Trading Funktionalität 577
Basiskonvergenz 574
Basispreis 415
Basisrisiko 550, 573
Basisswap 614

Basket Credit Default Swap 704
Basket Options 501, 511
Basket-Trading 210
Basket-Zertifikate 695
Bear-Price-Spread 450
Behavioral Finance 156
Benchmark 6, 58, 713, 716, 737, 747, 754, 755, 775, 779
Benchmark, customized 63
Benchmark, investorspezifische 63
Benchmark, standardisierte 62
Benchmark, tailored 63
Benchmarkanforderungen 59
Benchmarkmodifikation 63
Benchmarknachbildung 60
Benchmarkportfolio 103
Benchmarkproblembereiche 64
Benchmarkselektion 62
Benchmark-Timing, aktives 213
Benchmark-Timing, passives 213
Benchmarkwahl 58, 745
Benchmarkwechsel 63
Bernoulli-Experiment 770
Best Buy Call 513
Best of Two-Strategie 238
Best Sell Put 513
Bestimmtheitsmaß 100, 121
Best-in-Expresszertifikat 699
Beta 117, 597
Beta, levered 293
Beta, unlevered 293
Betafaktor 15, 89, 292, 579
Betarisiko 597
Bias 162
Bid-Offer Spread 505
Bilateral Repo 687
Binary Options 501, 511
Binomialmodell 307, 422
Binomialverteilung 770
Black-Modell 489
Black-Scholes-Modell 418
Blue Chips 542
Blue-Chip-Aktien 795
Bond-Picking 401
Bond-Rating 389
Bonität 615
Bonitätsrisiko 658
Bonuszertifikat 697
Bootstrapping 631

Bootstrapping-Verfahren 353
Borrower 690
Börsenzyklen 789
Bottom-Up-Ansatz 206
Box 485
Branchenanalyse 246
British Bankers' Association (BBA) 620
Brownsche Bewegung 418
Brutto Basis 549
Bruttorendite 804
Bubbles 155, 160
Bullet 625
Bullet-Strategie 404
Bull-Price-Spread 449
Bundkontrakt 570
Burke-Ratio 757
Business Risk 17
Butterflies 450
Butterfly Spread 579
Buy and Hold-Strategie 226, 229, 230, 395, 410, 691
Buy-and-sell-Swap 678
BVI-Methode 733, 802, 804

C

CAGR 319
CAL 72
CAL, geknickt 73
Calendar Spread 454, 563
Calendar Spreading 578
Call 415, 669, 691
Callable Bond 668, 670
Call-Omega 427
Call-Rho 429
Call-Theta 432
Call-Vega 435
Calmar-Ratio 757
Cap 486, 696
Cap-Bewertung 490, 491
Capital Allocation Line 72
Capital Asset Pricing Model 89
Capital Charge-Ansatz 334
Capital Employed 326
Capital Market Line 86
Caplet 487
CAPM 16, 89, 745
CAPM, Modellerweiterungen 91
Cap-Prämie 487

Carve-Out 801
Cash Collateral 692
Cash flow Mapping 378
Cash flow Matching 408
Cash Flow Return on Investment 337
Cash Hedge 587
Cash or nothing Call 511
Cash Settlement 537, 543
Cash Value Added 333, 337
Cash-and-Carry-Arbitrage 580
Cash-Settlement 669
CDS 705
Cell Matching 396, 410
CFROI 333, 337
Chartanalyse 180
Cheapest-to-Deliver-Anleihe 533, 567
Cherry Picking 792
Chicago Board of Trade 530
Clean Price 349
Clearinggesellschaft 690
Clearingstelle 413, 527
Cliquet Options 501, 506
Close Out 607, 619
Collar 495
Collar-Bewertung 496
Collateral 692
Collateral Management 687
Commodities 195
Comparable Company Analysis 314
Comparable Transaction Analysis 314
Comparables 312
Comparative-Company-Approach 330
Competitive Advantage Period 303, 306
Compliance-Erklärung 799
Composite 801
Composite-Rendite 802, 803
Compound Annual Growth Rate 319
Compound Options 501, 509
Conditional Value-at-Risk 24, 39
Condor 451
CONF-Futures 563
Coninue Value 296
Constant Proportion Portfolio Insurance 226
Contango 550
Contingent Immunization 407
Contingent Premium Barrier Caps 522
Contingent Premium Caps and Floors 502, 521

Contingent Premium Options 501, 512
Continue Value 252, 298
Contract Period 602
Contract Rate 602
Conversion 483
Convexity Mapping 382
Core-Satellite Ansatz 192
cost-averaging 215
Cost-of-Carry 550
Cost-of-Carry-Ansatz 550
Covered Call Writing 462
Covered Warrants 526
CPPI 226, 227
Credit Default Option 703
Credit Default Swap 705
Credit Default Swap-Indizes 708
Credit Event 701
Credit Linked Note 704
Credit Spread Option 703
Cross Currency Interest Rate Swap 620
Cross Currency Spread 570
Cross Currency-Zinsdifferenzposition 571
Cross Hedge 587, 591
Cross-Border-Geschäft 692
CTD-Anleihe 533, 536, 551, 566, 592
Currency Futures 545
Cushion 228
CVA-Ansatz 337

D

DAX 542
DAX, Gewichtung der einzelnen Werte 188
DAX-Aktien 17
DAX-Future 542, 578, 585
DAX-Kennzahlen 18
DAX-Portfolio 186
DAX-Put 468
DCF 271
DCF-Verfahren 271, 272
Debt Rating 390
deep-in-the-money 514
Default Risk 8, 703
Deferred Kontrakt 563
Delayed-Start Swap 638
Delay-Wert 639
Delivery Repo 687

Delta 423, 475, 506
Delta-Hedging 473
Deltaneutralität 475
Deport 678
Deutsche Aktienindex 542
Devisen-Forwards 560, 672
Devisen-Futures 545, 560, 599
Devisenkassageschäft 620
Devisenoptionen 498
Devisenspotgeschäft 672
Devisenswap 619
Devisentermingeschäft 619, 672
Devisen-Terminkurs 560, 673
Diagonalform 119
Diagonalmatrix 99
Diagonal-Spreads 449, 455
Dietz-Methode 731
Differential Return 753
Differenzarbitrage 580
Digital Option 511
Dirty Price 348, 349, 567, 593
Discounted Cash flow 271
Discount-Zertifikat 696
Diversification Ratio 144
Diversifikation 89
Diversifikationseffekt 77, 101
Diversifikationsgrad 467
Dividendenrendite 217
Dollar Duration 361, 566, 570, 593
Domestic Bias 162
Down and In Floor 520
Down and Out Caps 520
Down and Out Floor 520
Downside protection 470
Downside Risikomaße 24
Drawdown 44, 757
Dreimonats-Euribor-Future 537, 555, 571
Dual Benchmark 64
Duplikationsportfolio 241
Duration 357, 537, 591
Duration Mapping 378
Durationbasierte Methode 591
Durationsband 399
Durationsstrategien 398
DVFA 244, 800
DVFA Performance Presentation Standards 800
DVFA-Ergebnis 244
Dynamic Hedging 671

Dynamisches-Delta-Hedging 475, 477

E

Earnings per Share 243
EBIT 273, 323
Economic Profit 333
Economic Value Added 334, 342
Effective Duration 367
Effektivzins 349
Efficient Frontier 84
effizientes Portfolio 83
Effizienzlinie 83
EFP-Trade-Funktionalität 577
Eigenkapitalkosten 291
Einfachregression 100
Einfaktormodell 96
Embedded Option 361
EMIR 413
Emissionsgeschäft 618
Emissionsrating 390
Emittentenrating 390
End-of-Month Option 555
Enhanced Indexing 174, 191, 396
Enterprise Value 321, 322
Enterprise Value-Multiplikatoren 314, 321
Entity-Ansatz 272
Eonia 540
Eonia-Future 537, 539
Equally-Weighted-Ansatz 129
Equally-Weighted-Risk-Contribution-Strategie 139
Equal-Risk-Budget-Strategie 138
Equal-Risk-Contribution-Strategie 139
Equity Rating 390
Equity Swap 656
Equity-Ansatz 271, 278
Equity-Multiplikatoren 314, 316
ERB-Strategie 138
ERC-Strategie 139
Ergebnisanalyse 202
ERIC 333
Ertragswert 255
Ertragswertmethode 255
Ertragswertmethode und Inflation 269
Ertragswertmethode und Steuern 265
Ertragswertmethode und Unsicherheit 257
ETF 191, 546
ETF Futures 547
EU-Ratingverordnung 395

Eurepo 689
Eurepo-General Collateral 689
Eurex 416, 443, 527
Eurex Repo 687
Euribor 538, 614
Euro FX Futures 546
Euro-Bobl-Futures 531
Euro-Bund-Futures 531
Euro-Buxl-Futures 531
Euro-Schatz-Futures 532
EV/CE-Verhältnis 326
EV/EBITDA-Verhältnis 324
EV/EBIT-Verhältnis 323
EV/Sales-Verhältnis 325
EVA 334, 342
Event Risk 8
Excess Volatility 155
Exchange Delivery Settlement Price 533
Exchange for Physicals 577
Exchange Traded Funds 191, 546
Exotic Options 501
Exploding Options 501, 514
Explosions-Preis 514
Expresszertifikat 699
externe Performanceanalyse 715

F

Fads 157
Fair Value 538, 550
Faktorbestimmung 96
Faktoren 120
Faktoren, Vorabauswahl 128
Faktorenanalyse 128
Faktormodelle 95, 96
Faktormodelle, fundamentale 128
Faktormodelle, makroökonomische 128
Faktormodelle, mikroökonomische 128
Faktorrisiken 91
Fashions 157
Feedback-Trader 161
Financial Futures 527
Financial Risk 17
Finanzierungspolitik, autonome 289
Finanzierungsstrategie, autonome 291
Finanzierungsstrategie, unternehmenswertorientierte 289, 291
Finanzkrise 8, 129, 138, 393, 394, 705
Fitch 391, 393

Fixed Rate Payer 614, 621, 624
Fixed-Delta-Hedge 473
Fixed-Hedge 460
Fixed-to-Fixed Currency Swap 620, 621, 646
Fixing 510, 517
Floater 520
Floating Rate Note 654
Floating Rate Payer 614, 621, 624
Floating-to-Floating Currency Swap 620
Floor 227, 493
Floor Strike 520
Floor-Bewertung 493
Floorlet 494
Flow to Equity 272, 275
Fonds-Rating 796
Forward Rate 355, 490, 604
Forward Rate Agreement 601
Forward Swap 639, 662
Forward Swap Rate 666, 671
Forward-Forward Devisenswap 676
Forward-Forward-Briefsatz 557
Forward-Forward-Geldsatz 557
Forward-Forward-Satz 556
Forwardpreis 552, 684
Forwards 527
(Forward-)Zerobondabzinsfaktor 356
Forward-Zinssatz 556
Fourparty Repo 687
FRA 601
FRA-Fixing 602
Frankfurt Artificial Stock Market 166
FRA-Quotierung 606
FRA-Satz 602, 604
FRA-Strip 610, 611
Free Cash flow 272
Free Float 64, 188
Free Lunch 580
Full Replication 410
Full Replication Approach 186
Fundamentalanalyse 243
fundamentaler ß-Faktor 17
Fungibilität 194
Future-Forward Arbitrage 585
Futures 527
Futures auf Exchange Traded Funds 546
Futures Risk 567

Futures Spread Margin 530
Futures-Style-Verfahren 497, 529
Future-Strip 559
FX Futures 545
FX Option 498
FX Quotierungen 674
FX Spot-Forward Devisenswap 676
FX Swaps 676

G

Gain-Loss-Ratio 761
Gamma 425
Gamma-Hedging 477
Garantiezertifikat 700
GARCH 14
GARCH-Ansätze 14
Garman-Kohlhagen-Modell 499
Gauß'sche Glockenkurve 10
Gearing 525
Gegenswap 619, 667
Geld-Brief-Spanne 51, 558
Geldmarkt-Future 555, 571, 584, 659
Geldmarkt-Zinsswap 626, 659
General Collateral 688
Generalized CAPM 91
Generic Currency Swap 645
Generic Interest Rate Swap 624, 625
Generic Swap 624
gesamtes Portfolio 70
Gesamtkapitalkostensatz 284
Gesamtrisiko 71, 98
Gilt-Kontrakt 570
Gini-Koeffizient 49, 91
Gini-Mittelwert-Differenz 49
GIPS 800
Glattstellung 527
Global Investment Performance Standards 800
Globalanalyse 245
Globalisierung 211
Globex 413
Glück 768
Going-Concern-Prämisse 251
Gordon-Wachstumsmodell 296
Griechische Variablen 422
Gross Basis 549
Growth 216

H

Hamster 513
Hantel-Strategie 405
Hebel 525
Hebelwirkung 562
Hedge Fonds 208
Hedge Ratio 588
Hedged Quanto Equity Swap 658
Hedging 587
Henriksson-Merton-Maß 765
Herdenverhalten 165, 183
Herding 158, 161
Heteroskedastizität 14
High Watermark 44, 758
Higher Partial Moment 761
Hockeystick 443
Hold-In-Custody-Repo 687
Home Bias 162
Home Bias at Home 163
Homo Oeconomicus 156
Homoskedastizität 14
Horizontal-Spreads 449, 454

I

ifo-Geschäftsklimaindex 245
Immobilien 195
Immunisierung 366
Immunisierung, bedingte 407
Immunisierung, klassische 405
Immunisierungsstrategie 405
Implied Forward Yield 536
Implied Repo Rate 535, 549, 574, 586
impliziter Pensionszinssatz 535
Index 542
Indexabbildung 186
Indexauswahl 185
Index-Basket 585
Indexierungstechnik 410
Indifferenzkurve 56, 77
Inflationsrate 271
Information Ratio 104, 224, 749, 788
Information Ratio, Maximierung der 105
Informational Cascades 183
Information-Coefficient 752, 767
Information-Investor 160
Informationseffizienz 149

Informationsgewinnung 163
Informationsparadoxon 184
Informationsverarbeitungseffizienz 171
Initial Public Offering Method 330
Interest Rate and Currency Exchange Agreement 621
Interkontrakt Spread 567
International Securities Lending Association 687
International Swap Dealers Association (ISDA) 620
Internationale Diversifikation 163
interne Performanceanalyse 715
Interner Zinsfuß 349, 726
Inter-Sektor-Allokation 399
Intertemporale Modelle 91
in-the-money 514
In-the-money-Option 416
Intrakontrakt Spread 563
Intra-Sektor Allokation 400
Invested Capital 297
Investment Grade 391
Investment Rate 297
Investmenthorizont 205
Investmentkultur 203
Investmentphilosophie 169, 184, 737, 787
Investmentprozess 197, 198, 798
Investmentscope 216
Investmentstil 204, 711, 787
Investorverhalten 157
IRR 535, 574, 583
ISDA 701
iShares DAX®-Future 547
iShares EURO STOXX 50® Futures 547
ISMA-Methode 348
iTraxx® Indizes 708

J

Jensen-Alpha 745
Junk Bonds 392

K

KAGB 193
Kansas City Board of Trade 542
Kapitalanlagegesetzbuch 186, 193
Kapitalmarktanomalien 153

Kapitalmarkteffizienz 148
Kapitalmarktgleichgewicht 89
Kapitalmarktindizes 59
Kapitalmarktlinie 86, 89, 134, 249, 345, 397,
Kapitalmarktprognosen, Erfolg von 183
Kapitalmarktsegmentbenchmarks 63
Kapitalmarktsimulation 164
Kapitalmarkttheorie 6, 8, 85
Kapitalwertmethode 630
Kappa 760
KCFV 319
Kernportfolio 192
Key Rate Duration 368
KGV 317
Kleinfirmeneffekt 153
Kleinste-Quadrate-Einfachregression 594
Knock-In 502
Knock-In-Forward 505
Knock-In-Option 502
Knock-Out 502, 515
Knock-Out-Option 503
Konfidenzniveau 34
Können 768
Konvertierungsfaktor 532
Konvertierungsfaktormethode 591
Konvexität 364, 571, 593
Konvexitätseffekt 664
Korrelation 16, 71, 78, 80, 98, 595, 597
Korrelationskoeffizient 80, 597
Kovarianz 16, 78
Kovarianzform 119
Kovarianzmatrix 24
Kreditderivate 701
Kreditereignis 701
Kreditportfoliomanagement 707
Kreuzprodukt 775, 776, 782, 784, 786
kumulierte aktive Rendite 784
Kuponeffekt 536
Kurs-Buchwert-Verhältnis 217, 320
Kurs-Cash-flow-Verhältnis 319
Kurs-Gewinn-Verhältnis 217, 317
Kursindex 543, 552, 792
Kursineffizienzen 172
Kursprognosen 176
Kursvorhersagen 176, 177
Kurswertmethode 590
Kurtosis 48

Ladder-Strategie 405
Länderselektionsbeitrag 783
Langfristorientierung 205
Längsschnittregression 767
Large Caps 217
Laspeyres 542
Laufzeiteffekt 536
Laufzeitmethode 595
Laufzeitstrategie 404
Law of active management' 752
L/E-DAX 542
Leerverkauf 106, 191, 691
Lender 690
LEPO 501, 514
leptokurtische Verteilung 48
Leverage 526
Leverage Strategie 402, 403
Leverage-Faktor 427
Libid 557
Libor 614
Lieferoptionen 555
Lieferwahlrecht 555
Limean 558
lineare Interpolation 539, 726
lineare Regression 212, 220, 745
Liquidationswertverfahren 251
Liquidität 1, 50, 195
Loan Fee 690
Long Call 443, 471
Long Collar 495
Long Future 448
Long Hedge 587
Long Only 147
Long-Only-Portfolio 136
Long Payer Swaption 669
Long Put 445, 478
Long Straddle 456
Long Strangle 456
Long Strap 457
Long Strip 458
Long-Term Forward FX, LTFX 672
Long-Term Options 467
Long the Basis 573
Look Back Options 501, 513
Low Exercise Price Options 514
Lower Partial Moments 24, 26, 760
LPM-Performancemaße 760

M

M^2 Measure 754
M^2-Performancemaß 754
Macauly-Duration 357
Magisches Dreieck 1
Makrowetten 207
Manager Skills 225
Margin 577
Margin-Konto 497
Margrabe-Modell 239
Market Impact 2, 51, 217
Market Multiples-Ansatz 330
Market Overreaction 158
Market Risk-Adjusted Performance 755
Market Value Added 335
Market-Maker-System 413
Marking-to-Market 588
Markowitz 78
Markteffizienz 148, 171
Markteffizienzforschung 152
Markteffizienzkurve 172
Marktliquidität 51
Marktmodell 6
Mark-to-Market 554, 692
Mark-to-Market-Verfahren 528
Marktportfolio 86
Marktrisiko 91, 118, 658
Markttimer 752
Markttiming 7
Markt-Timing, aktiv 7
Markt-Timing, passiv 7
Marktüberschussrendite 97
Master Agreement 656
Maximum Drawdown 24, 44, 757
Maximum-Diversification-Ansatz 144
Mean Reversion 158
Mean-Gini-Ansatz 92
Mean-Gini-Beta 92
Mean-Gini-Koeffizient 49
Mean-Reversion 217
Median 313
Mehrfaktorenmodell 118, 180
Migrationsmatrizen 393
Mikrosimulation von Finanzmärkten 164
Mikrowetten 207
Miles/Ezzel-Anpassung 279, 285
Minimum-Varianz-Portfolio 133

Mismatch-Risiko 658, 666
Mittelwert-Varianz-Effizienz 749
Modified BAI-Methode 726
Modified Duration 359, 363
Modified Effective Duration 368
Modified Sharpe-Ratio 756
Modified Value-at-Risk 24, 43, 756
modifizierte BAI-Methode 791
modifizierte Dietz-Methode 732, 791
Modigliani/Miller-Anpassung 281, 286
Money weighted Rate of Return 726
Monte Carlo Simulation 523
Moody's 391, 393
Most-Diversified-Ansatz 144
moving target 65
Multi-Agenten-System 166
Multi-Beta CAPM 91
Multi-Index-Modell 118
Multiplikatorbewertung 314

N

Naked Warrants 526
Nearby Futures 588
Nearby Kontrakt 563
Net Basis 549
Net Operating Assets 335
Net Present Value 302, 348, 350
Netto Basis 549
Nettorendite 804
Neumann-Morgenstern-Nutzenfunktion 84
New Issue Arbitrage, NIA 649
nicht standardisierte Assets 195
Noise 159, 180
Noise Trader 160
Nominalwertmethode 590
Non-Generic Swap 638
Non-Spreads 530
NOPAT 333
NOPLAT 273, 297
Normalverteilung 10
Notional 656
Notional Principal Amount 613
Nullhypothese 772
Nullkupon 556
Nullkuponkurve 353
Nullkuponstrukturkurve 556, 630
Nullsummenspiel 184

Nutzenfunktion 74, 84
Nutzenfunktion, quadratische 55
Nutzenmaximierung 76

O

Off-Market Preis 624
OGAW 186, 193
Omega 427
Omega, Performancemaß 760
One-off-Hedge 587
One-Touch-Binary Option 511
Open Interest 545
Opportunity-Set 84
Optimierung 1, 176
Optimization Method 411
Option, amerikanische 415
Option, europäische 415
Optionen auf Zins-Futures 497
Optionsbewertungsmodell 418
Options-Delta 419, 423
Options-Gamma 425
Options-Omega 427
Optionspreis 417
Options-Rho 429
Optionsschein 524
Optionsschein, gedeckter 526
Options-Theta 432
Options-Vega 434
Optionsverhältnis 524
Ordinary Least Squares 594
Original-Dietz-Methode 791
OTC-Markt 413, 601
Out-of-the-money-Option 416
Outperformance 151, 184, 712, 751, 769, 773
Outperformance Fee 712
Outperformance-Strategie 657
Outperformer 789
Outright-Geschäft 672
Outright Forwards 672
Overlay 209
Overlay-Manager 222
Overshooting 158

P

Par Swap 624
Par Yield 353

Par Yield Curve 353
Passion 799
passives Assetmanagement 20
passives Management 184
Path Dependent 517
Path Dependent Knock-Out-Option 517
Path Independent 517
Path Independent Knock-Out-Option 517
Payer Swap 614
Payer Swaption 669
Peer-Group Benchmarks 65
PEG 318
Pensionsgeber 681
Pensionsnehmer 681
Pensionssatz 683
People 798
Perfect Hedge 588
Performance 1
Performance 714
Performanceanalyse 711
Performanceattribution 714, 766
Performancebeiträge 714
Performancebenchmarks 63
Performancebestandteil 1, 714
Performance-Empfänger 656
Performanceindex 542, 553, 792
Performancemessung 711, 716
Performanceplanung 2
Performance-Präsentation 792
Performanceprofil 2, 58
Performanceranglisten 788
Performance-Zahler 656
Performancezerlegung 714
Pfadabhängigkeit 231, 235
Philosophy 798
Plain Vanilla Bond 347
Plain Vanilla Equity Swap 658
Plain Vanilla Swap 624
Plain Vanilla Zinsswap 630
Plain Vanilla-Index-Zertifikat 695
Plain Vanilla-Zertifikate 695
platykurtische Verteilung 48
Pool-Modelle 690
Portable Alpha-Ansatz 220
Portfolio Insurance 226, 465
Portfolio, aktives 103
Portfolio, effizientes 83

Portfoliobeta 749
Portfolio-Duration 358
Portfolioeigenschaft 723
Portfoliokonstruktion 201, 206
Portfoliomanagementfähigkeiten 767
Portfoliooptimierung 93, 176
Portfoliorendite 78
Portfolio-Selection-Modell 77, 85
Portfoliosensitivität 6, 212, 221
Portfoliotheorie 85, 601
Portfolio-Trading 210
Portfolioüberschussrendite 739
Positive Feedback 161
Power Options 501, 514
Preis Spread 566, 567
Preisfaktor 532
Premium Barrier 523
Premium Margin 529
Present Value 243
Present Value-Konzept 347
Price Value of a Basis Point 363
Price-Earnings-Growth-Ratio 318
Price-Spreads 449
Primärmarkt 620
Professionalism 798
Prognosefähigkeit 752, 767
Prognosehorizont 205
Prognosemethodik 206
Prognosemethodiken 178
Prognosen 176, 177, 178, 200, 203
Prognostik 177, 178
Prophetie 177
Protective Put 460, 471
Public Securities Association 687
Pure Bond Index Matching 396
Pure Hedge 587
Put 415, 669, 691
Put-Call-Parität 420
Put-Delta 424
Put-Omega 427
Put-Rho 429
Puttable Swap 671
Put-Theta 432
Put-Vega 435

Q

quadratische Regression 763
qualitativer Overlay 181

Qualitätsoption 555
quantitative Analyse 179, 181
Quanto Equity Swap 658
Quasi-Arbitrage 554

R

R^2 100, 121
Random Walk 148
Range Options 501, 513
Ranglisten 794
Ranking 794
RAROC 333
Ratchet Options 501, 508
Rating 389, 796
Ratingagenturen, Macht der 394
Rating-Analyse 798
Ratingsymbol 391
Ratio-Back-Spread 453
Ratio-Spreads 452
Rauschen 159
RAVE 342
real asset 312
Real Asset Value Enhancer 342
Realoption 306
Realoptionsansatz 306
Rebate 506
Receiver Swap 614
Receiver Swaption 669
Recent Acquisitions Method 330
rechtsschiefe Verteilung 722
Regressand 594
Regression 592
Regressionsanalyse 121, 594
Regressionskoeffizient 97, 100, 592
Regressionskoeffizienten-Methode 594
Regressions-Statistik 121
Regressor 594
relative Performancemessung 737
Rendite 1, 714
Rendite nach Kosten 805
Rendite Spread 566, 567
Rendite, aktive 6
Rendite, annualisierte 4
Rendite, außergewöhnliche 7
Rendite, diskrete 717
Rendite, geldgewichtete 726
Rendite, geometrische 5

Rendite, stetige 5, 199, 720
Rendite, wertgewichtete 726
Rendite, zeitgewichtete 729, 791
Renditeattribution 787
Renditeberechnung, arithmetische 5
Renditebestandteile 6
Renditebestandteile, unternehmensbezogene 97
Renditedekomposition 774, 784
Renditeorientierte Attributionsanalyse 774
Renditeprognosen 176
Renditeregression 14
Renditesaisonalität 153
Renditestrukturkurve 352, 363
Renditestruktur-Spread 572
Renditeverteilungen 25
Rentenbarwertfaktor 348
Rentenmodell 252
Repo 680
Repo Rate 535, 683
Repo-Geschäft 680
Repo-Markt 680
Report 678
Reporting 765
Repurchase Agreement 680
Reputational Herding 183
Research 200
Reset-Termin 656
Residualkorrelation 118
Residualrendite 102
Residualrisiko 224, 751
Residualvarianz 98
Residualvolatilität 22
Return on Capital Employed 327
Return on Invested Capital 297
Return on new invested capital 298
Reversal 484
Reverse Cash and Carry Arbitrage 580, 691
Reverse Knock-In-Option 503
Reverse Knock-Out-Option 504
Reverse Repo 688
Reverse Swap 619
Reverse-Cash-and-Carry-Arbitrage
Reward-to-Volatility Ratio 72
Rho 429
Risiko 1, 8, 714
Risiko, systematisches 81, 98, 121, 744
Risiko, unsystematisches 81, 98, 121
Risiko-/Renditeprofil 79

Risikoaversion 67
Risikoaversionsparameter 54, 74
Risikobegriff 9, 737
risikobehaftete Anlage 69
Risikobeitrag, absoluter 82, 132
Risikobeitrag, relativer 83, 132
Risikobudget 65, 220
risikolose Anlage 69
risikoloser Zins 97, 741
Risikomanagement 67
Risikomaß 9, 736
Risikoprämie 6, 87
Risikotragfähigkeit 65, 220
Risikozerlegung 22
Risikozuschlagsmethode 257
Risk 567
Risk Adjusted Performance 754
Risk Adjusted Performance Measures 333
Risk Buyer 702
Risk Seller 702
Risk-Metrics^{TM} 31
Risk-Parity-Ansatz 137
RoCE 327
ROIC 297
Roll over 467
Rollercoaster Swap 642
Rolling Hedge 467, 588
Rolling-Discount-Zertifikat 696
Rolling-Strip-Hedge 588
RONIC 298
RORAC 333

S

Safety Net Rate 408
sampling approach 187
Satelliteninvestment 192
Schiefe 47
Screening 181
Screening-Modelle 180
Securities Lending 690
Security Market Line 89
Sekundärmarkt 621
Selektion 211
Selektionsbeitrag 774
Selektionsentscheidungen 211
Selektionsfähigkeiten 212
Selektionsstrategien 212, 401
Sell/Buy-Back-Geschäft 682, 685

Sell-and-buy-Swap 678
Seller's Option 532, 554
Semiaktive Strategien 404
semi-annual 350, 654
Semivarianz 24, 25
Semivolatilität 25
Settlement 510
Settlement Sum 603
Shareholder Value 333
Sharpe-Ratio 72, 601, 739, 745, 748
Sharpe-Ratio, Maximierung der 87, 103
Short Call 443, 478
Short Future 448
Short Hedge 587
Short Put 445
Short Receiver Swaption 669
Short Squeeze 576
Short Straddle 456
Short Strangle 456
Short Strap 458
Short Strip 458
Short the Basis 574
Shortfall Risk 220
Short-Term Forward FX 672
Sicherheitsäquivalenzmethode 257
Sicherungsgeber 701
Sicherungsnehmer 701
Siegel-Paradoxon 196
Signalling-Strategie 162
Signifikanzniveau 773
Similar Public Company Method 330
Single-Index Modell 96, 212, 220
Single-Index-Modell, Portfoliokonstruktion 102
Skewness 47
Small Caps 217
Small-Cap-Aktien 795
Smart Money-Investor 160
Smile-Effekt 48, 419
Solicited Rating 390
Solvabilitätsverordnung 389
Sortino-Ratio 760
Sovereign Ceiling 395
Specials 688
Split Strike Futures 448
Sponsor 62
Spot Rate 353
Spread 371, 530, 563
Spread Beta 374

Spread Duration 371, 399
Spread Ratio 570, 572
Spread Risk 703
Spread Trading 563, 568, 578
Spreading 530
Spread-Strategien 449, 578
Spreadveränderung 371
Spreadvolatilität 240
Squared Option 514
Staatsschulden 652
Standard & Poor's 391, 393
Standardabweichung 10, 78
standardisiertes Jensen-Alpha 749
Standing 615
Statistik 177
statistische Signifikanz 789
Step-up-/Step-down-Swap 643
Sterling-Ratio 757
Steuerparadoxon 267
Stillhalterstrategie 447
stochastische Dominanz 50
Stockpicker 752
Stop-Loss-Strategie 226
Störterm 15
Straddle 509
Straddle-Strategien 456
Strangle 456
Stratified Sampling 396, 410
Streuungsmaß 15
Strike 502
Strike Price 486
Strip Rate 559
Strip-Hedge 587
Strong Hedge 587
Strukturbrüche 180
Stückzinsen 349
student- (t-) Verteilung 773
Stufen- oder Phasenmodell 252, 284
Substanzwertverfahren 250
Substitution Swap 402
Survivorship Bias 188, 788
Swap 613
Swap Rate 623
Swap Spread 654
Swap-Bewertung 626, 630
Swap-Linie 656
Swapmarkt 613, 621, 655
Swap-Märkte, Entwicklung der 622

Swapnote-Future 547
Swap-Option 668
Swap-Partner 615
Swap-Portfolio 658
Swap-Quotierung 622
Swapsatz 622, 678
Swapsatzrisiko 678
Swap-Spread 622
Swaption 668
Swap-Verträge 621
Switch Option 555
Switch-Analyse 537

T

T^2-Performancemaß 755
TAA 210
Tactical Asset Allocation 209
Tagestheta 432
Tangentialportfolio 90
Tax Shield 274, 275, 278
Tax Shield-Barwert 288
Tax-CAPM 268
Technische Aktienanalyse 247
Teilreproduktionswert 250
Termingeschäft 414, 527
Termingeschäft, bedingtes 415
Termingeschäft, unbedingtes 415
Terminkontrakt 548
Terms and Conditions 655
Terms Currency 674
Theta 432
Threshold 760
Tick 538, 564, 572
Time Spread 563
Time weighted Rate of Return 729
Time-Invariant Portfolio Protection 226
Time-Spread 449, 454
Timing 85, 211
Timingentscheidungen 211
Timingfähigkeiten 212, 763, 767
Timingstrategien 212
TIPP 226, 233
TIPP-M-Strategie 236
Titelselektion 775
Top-Down-Ansatz 206
Total Cash flow 272, 274
Total Cash flow-Ansatz 282

Total Return 4, 717
Total Return Swap 704
Total-Rendite 4, 717
Track Record 712, 798
Tracking Error 20, 39, 174, 187, 191, 410, 467, 750
Tracking Error Minimization Method 411
Tracking Error Risiko 188
Tracking Portfolio 225, 410
Trading 562
Transaktionskosten 187, 210, 554, 714, 789
Treynor/Black-Appraisal Ratio 749
Treynor-Mazuy-Maß 763
Treynor-Ratio 744, 748
Treynor-square measure 755
Trigger 502
Triparty Repo 687
t-Test 746, 772
Turn-around-Werte 218

U

Überrenditen 769
Überschussrendite 6, 97, 212, 740
Überschussrendite, marktbezogene 97
Umsatzmultiplikator 316
Underlying 413, 527
Underperformance 769
Underperformer 790
Unhedged Quanto Equity Swap 658
Unleveraged Strategie 402
Unsolicited Rating 390
Unternehmensanalyse 247
Unternehmensbewertung 248
Unternehmensbewertung, Anlässe 248
Unternehmensbewertung, Einzelbewertungsverfahren 250
Unternehmensbewertung, Gesamtbewertungsverfahren 251
Unternehmensbewertung, Multiplikatorverfahren 312
Unternehmensbewertung, Nominalrechnung 270
Unternehmensbewertung, Realrechnung 270
Unternehmensbewertung, Verfahren 249
Unternehmenswerttreiber 299
Up and In Cap 518
Up and Out Cap 515
Up and Out Floor 520

Upfront Prämie 521
Upside participation 470
Upside-Potential-Ratio 762
US-Treasury Bond Future 530

V

Value 216
Value Added 104
Value Added Strategien 397
Value Based Earnings 244
Value Based Management 333
Value Basis 549
Value Line Composite Index 542
Value Reporting 333
Value Spread-Ansatz 335
Value-at-Risk 24, 30, 375
Varianz 10, 78, 601
Varianz des gesamten Portfolios 71
Varianz Mapping 384
Varianz-Kovarianz-Matrix 33, 82, 111
Varianz-Kovarianz-Matrix der Residuen 99
Varianz-Kovarianz-Verfahren 375
Varianzminimierungsansatz 601
Variation Margin 497, 528, 544
Vega 434
Verlustmanagement 67
Vertical-Spreads 449
Verwaltungsgebühren 804
Volatilität 10, 417
Volatilitätskurve 172
Vollreproduktionswert 250

W

WACC 284
WACC-Ansatz 283
Währungsbeitrag 779, 782, 783
Währungserfolg 781
Währungsselektion 207
Währungsswap 613, 619, 645
Weak Hedge 587
Wertpapierdarlehen 680
Wertpapierhandel 201
Wertpapierleihe 191, 554, 578, 585, 680, 690
Wertpapierlinie 89
Wertpapierpensionsgeschäft 680
Wertpapierselektionsfähigkeiten 745

Wertpapierüberschussrendite 97
Werttreiber 304, 329
Wild Card Option 555
Wild Card Periode 555
Wochenrenditen 13
Wochentheta 432
Wölbung 48

X

Xetra Liquditätsmaß 2

Y

Yield Enhancement 652
Yield-Beta 592, 593

Z

Zeiteffekt des Risikos 52
Zeithorizont 51
Zeitoption 555
Zeitreihenanalyse 179
Zeitwert 416
Zen of Corporate Finance 298
zentraler Grenzwertsatz 722
Zero Curve 353, 356, 630
Zerobond 53, 353
Zerobondabzinsfaktor 354
Zertifikate 693
Zinsänderungsrisiko 465, 588
Zinsberechnungsmethode 622
Zinsfuture 530
Zinsoptionen 486
Zinssatz, realer 270
Zinsstrukturkurve 352
Zinsswap 601, 613, 614, 620, 653
Zinsswap-Futures 548
Zinstagezählung 348
Zinsterminkontrakt 530
Zirkularitätsproblem 280, 281, 284

Bewährte Informationsquellen

Alles rund um Börse und Wertpapiermanagement

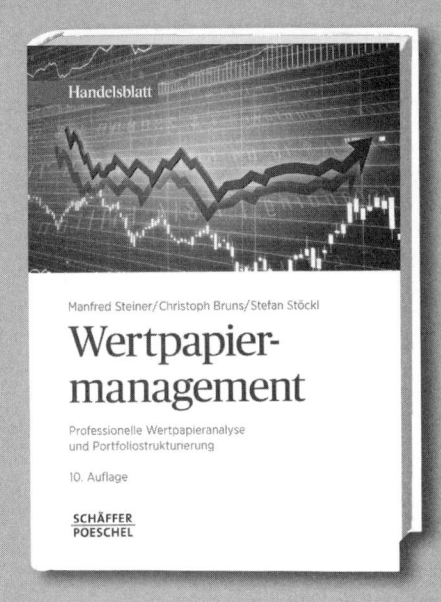

Steiner/Bruns/Stöckl
Wertpapiermanagement
Professionelle Wertpapieranalyse und Portfoliostrukturierung
10., überarb. Auflage 2012.
683 S., 210 s/w Abb., 128 Tab. Geb. € 39,95
ISBN 978-3-7910-3055-5

Von den Grundlagen des Wertpapiermanagements bis zur Messung des Anlageerfolgs. Die Autoren stellen eine umfassende Kapitalanlagekonzeption vor und zeigen u. a. wie Wertpapierportfolios zusammengestellt und Risiken beurteilt werden. Die 10. Auflage berücksichtigt die Auswirkungen der Finanzkrise sowie die Neuregelungen durch Basel III. Ein neuer Abschnitt zeigt die Grundlagen für den Handel mit Commodities (Waren, Rohstoffe) auf – veranschaulicht anhand eines Beispiels zum Hedging mit Rohstoff-Futures.

Büschgen
Das kleine Börsen-Lexikon
23., überarb. und erw. Auflage 2012.
1230 S. Geb. € 49,95
ISBN 978-3-7910-3112-5
eBook 978-3-7992-6697-0

Von A bis Z beleuchtet das Lexikon den gesamten Themenkomplex und informiert ausführlich über Geld- und Kapitalanlageprodukte, -techniken und -strategien, Finanztransaktionsinstrumente und spekulative Instrumente, nationale und internationale Institutionen, Märkte und Verfahren sowie die jeweiligen rechtlichen Rahmenbedingungen. Nicht zuletzt aufgrund der jüngsten Finanzkrise wurde die 23. Auflage in großem Umfang neu konzipiert und trägt so der Schnelllebigkeit des gesamten finanzwirtschaftlichen Sektors Rechnung.

www.schaeffer-poeschel.de

SCHÄFFER POESCHEL